suhrkamp taschenbuch 1988

Unter den lateinamerikanischen Staaten der Gegenwart nimmt Mexiko eine herausragende Stellung ein. Einmal wegen der Größe und der wirtschaftlichen Bedeutung des Landes, vor allem aber auch wegen seines besonderen politisch-gesellschaftlichen Systems der »institutionalisierten Revolution«, das Mexiko bisher eine außergewöhnliche Stabilität verliehen hat. Die Wurzeln dieser Entwicklung liegen in den Veränderungen und der institutionellen Neugestaltung, die das Land während seiner Revolution zwischen 1910 und 1940 erfahren hat.

Diese Revolution ist Gegenstand des vorliegenden Werks. Dabei wurde der zeitliche Rahmen der Untersuchung bewußt weit gespannt, um die langfristigen Kräfte der Veränderung, aber auch die unverkennbaren Kontinuitätslinien in der modernen Entwicklung Mexikos deutlich hervortreten zu lassen.

»Hans Werner Toblers ›magnum opus‹ überzeugt durch eine souveräne Darstellung. Die klare Gliederung des äußerst komplexen Stoffes macht sein Werk auch für Laien zu einer idealen Einführung. Man ist versucht, in dieser gelungenen Verbindung von Ereignisgeschichte und Analyse, verfaßt in elegantem, gut lesbarem Stil, einen künftigen Klassiker der Revolutionsliteratur zu sehen, dem man zahlreiche Übersetzungen wünscht.« *Neue Zürcher Zeitung*

Hans Werner Tobler, geb. 1941, lehrt an der Eidgenössischen Technischen Hochschule Zürich. Autor zahlreicher Publikationen über Probleme Lateinamerikas im 19. und 20. Jahrhundert, insbesondere zur Sozialgeschichte Mexikos. Forschungsaufenthalte in Mexiko: 1970/71 und 1975.

Hans Werner Tobler

Die mexikanische Revolution

Gesellschaftlicher Wandel
und politischer Umbruch
1876-1940

Suhrkamp

Veröffentlichung aus der Abteilung
für Geistes- und Sozialwissenschaften der
Eidgenössischen Technischen Hochschule Zürich
Umschlag: Francisco Villa
mit seinem Generalstab. Foto um 1915

suhrkamp taschenbuch 1988
Erste Auflage 1992

Satz: Thiele & Schwarz
Druck: Nomos Verlagsgesellschaft, Baden-Baden
Printed in Germany
Umschlag nach Entwürfen von
Willy Fleckhaus und Rolf Staudt

1 2 3 4 5 6 – 97 96 95 94 93 92

Inhalt

Vorwort zur Taschenbuch-Ausgabe I
Vorwort III
Einleitung zur Taschenbuch-Ausgabe 9

TEIL I
MEXIKO IM PORFIRIAT
(1876-1910/11)

»Modernisierung« und Krisen: zu den strukturellen Voraussetzungen der mexikanischen Revolution 23

Kapitel 1 Zur Entwicklung des unabhängigen Mexiko von der Independencia zur Begründung der »pax porfiriana« 34
Kapitel 2 Auslandsinvestitionen, wirtschaftliches Wachstum und soziale Veränderungen 49
Kapitel 3 Landwirtschaftliche Modernisierung und Agrarkrise 68
Kapitel 4 Die Oligarchisierung von Staat und Gesellschaft . 95
Kapitel 5 Krisenherde des späten Porfiriats: Zu den allgemeinen Ursachen der mexikanischen Revolution 112

TEIL II
MEXIKO IM POLITISCHEN UMBRUCH:
DAS JAHRZEHNT
DER REVOLUTIONÄREN BÜRGERKRIEGE
(1910-1920)

Grundprobleme des Revolutionsverlaufs, 1910-1920 137

Kapitel 1 Der maderistische Aufstand und der Sturz von Porfirio Díaz (1910/11) 150
Kapitel 2 Die Präsidentschaft Madero, November 1911-Februar 1913 175

Kapitel 3 Der Bürgerkrieg von 1913/14 und der Sturz des Huerta-Regimes 201
Kapitel 4 Die Spaltung der Revolutionsbewegung und der Sieg des Konstitutionalismus, 1914/16 261
Kapitel 5 Die Konstituante von Querétaro und die Verfassung von 1917 306
Kapitel 6 Die gescheiterte Stabilisierung der Revolution: Die Regierung Carranza, 1917-1920 334

Teil III

Mexiko 1920-1940: Spätrevolutionäre Stabilisierung und gesellschaftliche Reformpolitik

Die langfristigen Auswirkungen der Revolution: die Veränderungen in Staat und Gesellschaft 367

Kapitel 1 Die Herrschaft der Sonorenser, 1920-1935 380
Kapitel 2 Die mexikanisch-amerikanischen Beziehungen: Der Einfluß von außen auf den mexikanischen Revolutionsverlauf 426
Kapitel 3 Staat und Gesellschaft: Die Entstehung des neuen politischen Systems 445
Kapitel 4 Wirtschaft und Gesellschaft: Kontinuität und Wandel 478
Kapitel 5 Wandel und Kontinuität der Agrargesellschaft: Landreform und Agrarkonflikte 513
Kapitel 6 Die Präsidentschaft Cárdenas, 1934-1940: Reformpolitik und Stabilisierung des spätrevolutionären Systems 568

Schlußbemerkungen 617
Nachwort 629
Quellen- und Literaturverzeichnis 639
Register 658

Vorwort zur Taschenbuch-Ausgabe

Seit dem Erscheinen meines Buches über die mexikanische Revolution im Jahre 1984 sind zahlreiche Studien zur mexikanischen Revolutionsgeschichte erschienen, die insbesondere durch ihre regionale oder lokale Orientierung manche bisher ungenügend erhellte Facette ins Licht gerückt und dem Gesamtbild der Revolution neue Tiefenschärfe verliehen haben. Ich bedauere zwar, daß die vielfältigen neuen Forschungsresultate in der vorliegenden Taschenbuchausgabe keine Berücksichtigung gefunden haben; andererseits geht es mir in meiner Arbeit ja vor allem darum, die großen Linien der mexikanischen Revolution herauszuarbeiten, was zuweilen ohnehin auf Kosten weitergehender Detaillierung und Differenzierung gehen mußte. Im übrigen glaube ich, daß auch im Lichte der neuesten Forschung das hier vorgestellte Bild der mexikanischen Revolution zwar hin und wieder gewisser Retouchen, kaum aber einer grundsätzlichen Überarbeitung bedarf.

Andererseits ist seit 1984 nicht nur eine große Anzahl von Monographien erschienen, auch einige breitangelegte Überblicksdarstellungen, die gleichzeitig eine neue historische Deutung der analysierten Entwicklung vermitteln, wurden in der Zwischenzeit veröffentlicht. Auf drei dieser Studien wird im Nachwort näher eingegangen. 1985 erschien die umfangreiche, zweibändige Studie von François-Xavier Guerra, »Le Mexique – De l'Ancien Régime à la Révolution«; 1986 veröffentlichte Alan Knight sein monumentales, ebenfalls zweibändiges Werk »The Mexican Revolution«, das mich nicht zuletzt zur Überarbeitung der nachstehenden Einleitung angeregt hat; 1987 schließlich wurde John M. Harts Arbeit »Revolutionary Mexico – The Coming and Process of the Mexican Revolution« publiziert.[1] Allen drei Werken ist gemein, daß sie ihre Darstellung in einen größeren theoretischen Rahmen stellen, daß Erklärungsmodelle vorgestellt, Typologien entwickelt und Vergleiche angestellt werden und daß sie schließlich alle den Anspruch auf eine Neuinterpretation der von ihnen untersuchten Entwicklungen stellen. Wenn also in der ursprünglichen Einleitung noch darauf hingewiesen wurde, daß in den meisten historischen Arbeiten über die mexikanische Revolution auf eine explizite theoretische

Beschäftigung mit dem Charakter dieser Revolution verzichtet werde, so hat sich das in der Zwischenzeit gründlich geändert. Wie die Ausführungen im Nachwort zeigen, ist die Debatte über den Charakter der mexikanischen Revolution noch keineswegs abgeschlossen, ja, sie ist in gewissem Sinne neu entfacht worden, vor allem im Hinblick auf ihre bäuerlich-agrarrevolutionäre Komponente.[2] Was – u. a. aufgrund der Arbeit von Knight – noch deutlicher hervortritt, ist der heterogene Charakter dieser Revolution, die Bedeutung ihrer vielfältigen regionalen und lokalen Komponenten, die Mediatisierung popularer Bewegungen durch neue politische Eliten, die dialektische Verschränkung von »Revolution von unten« und »Revolution von oben«. Diese Interpretation der mexikanischen Revolution liegt auch der vorliegenden Studie zugrunde.
Der vorliegende Text hat denn auch gegenüber der Ausgabe von 1984 nur wenige Änderungen erfahren. Die Einleitung wurde etwas modifiziert und erweitert, vor allem aber wurde ein neues Nachwort angefügt, in dem die genannten neueren Übersichtswerke vorgestellt und ihre zentralen Aussagen kritisch erörtert werden.

Zürich, im Mai 1992 Hans Werner Tobler

1 François-Xavier Guerra, *Le Mexique – De l'Ancien Régime à la Révolution*, 2 Bde., Paris 1985; Alan Knight, *The Mexican Revolution*, Bd. 1: *Porfirians, Liberals & Peasants*, Bd. 2: *Counter-Revolution and Reconstruction*, Cambridge 1986; John M. Hart, *Revolutionary Mexico. The Coming and Process of the Mexican Revolution*, Berkeley 1987. – Grundlegend jetzt auch die Beiträge zur *Cambridge History of Latin America*, Bd. V, Cambridge 1986: Friedrich Katz, Mexico: Restored Republic and Porfiriato, 1867-1910; John Womack, The Mexican Revolution, 1910-1920; Jean Meyer, Mexico: revolution and reconstruction in the 1920s; Bd. VII, Cambridge 1990: Alan Knight, Mexico, c. 1930-1940. Insbesondere der Beitrag von Womack gilt als ein Höhepunkt »revisionistischer« Geschichtsschreibung.

2 Vgl. hinten, Nachwort, S. 637, Anm. 3.

Vorwort

Revolutionen gehören zu den wirkungsmächtigsten Erscheinungen des 20. Jahrhunderts. Sie haben die Entwicklung zahlreicher Länder, ja – denkt man etwa an Rußland und China – ganzer Weltregionen nachhaltig geprägt. Einen ähnlichen welthistorischen Rang kann die mexikanische Revolution zwar nicht beanspruchen, aber für Lateinamerika stellte sie doch die erste »wirkliche« Revolution im 20. Jahrhundert dar, die sich deutlich von den dort vorherrschenden Staatsstreichen und Armeerebellionen abhob. Dennoch stellt sich die Frage, ob die mexikanische Revolution in die Reihe großer Revolutionen des 20. Jahrhunderts eingeordnet werden kann, ob sie gar einem »Typus« der Revolution im 20. Jahrhundert entspricht, der sich von jenem ihrer Vorläuferinnen im späten 18. und im 19. Jahrhundert unterscheidet. Unverkennbar hat ja die mexikanische Revolution, im Gegensatz zur russischen und chinesischen, bei allen politischen und gesellschaftlichen Veränderungen keinen »fundamentalen Wandel der Herrschafts- und Gesellschaftsstruktur« herbeigeführt.
Die in dieser Arbeit unter dem Begriff der »Revolution« beschriebenen Ereignisse und Entwicklungen – also die gewaltsame politische Verdrängung der alten Oligarchie, die Vernichtung des porfiristischen Staatsapparates und der vorrevolutionären Armee, der Aufstieg einer neuen Führungsschicht aus den Reihen der Revolutionsbewegungen, die Entstehung eines neuen Staates und schließlich, wenn auch mit beträchtlicher zeitlicher Verzögerung, die Verwirklichung bedeutsamer gesellschaftlicher Reformen – müssen also hinsichtlich ihrer revolutionären Qualität durchaus problematisiert werden.
Der Vergleich der konkreten historischen Entwicklung Mexikos in den ersten vier Jahrzehnten unseres Jahrhunderts mit einem abstrakten Revolutionsmodell oder gar mit systematischen Revolutionstheorien steht allerdings nicht im Vordergrund dieser Studie. Vielmehr soll versucht werden, die Grundzüge dieser Revolution möglichst konkret zu beschreiben, indem jene Faktoren näher beleuchtet werden, die in Mexiko zur Entstehung einer revolutionären Situation führten, den Revolutionsbewegungen ihre Dynamik verliehen und schließlich dem spätrevolutionären Stabilisierungsprozeß zugrunde lagen.

Die eigentlichen Archivarbeiten in Mexiko und den USA habe ich in den Jahren 1970 und 1971 durchgeführt und 1975 während eines weiteren Mexiko-Aufenthaltes ergänzt. Die Arbeit an dieser Studie, oft unterbrochen durch andere Verpflichtungen, nahm also mehr als zehn Jahre in Anspruch. Dieser Umstand hat allerdings auch seine guten Seiten. Nicht nur konnte ich mich meinem Gegenstand in einer Reihe von Aufsätzen gleichsam in Stufen nähern, auch das Bild der mexikanischen Revolution hat in dieser Zeit markante Veränderungen erfahren. Wurde in den älteren Darstellungen die Revolution vor allem als scharfer gesellschaftlicher Bruch verstanden, so werden in jüngeren Forschungen mehr die Kontinuitätslinien zwischen vorrevolutionärem Porfiriat, Revolution und postrevolutionärem Regime hervorgehoben; erschienen die aufständischen Bauern im traditionellen Revolutionsbild als Hauptakteure des Geschehens, so tritt in den Arbeiten der 70er Jahre mehr und mehr die Bedeutung der Mittelschichten in den Vordergrund; prägte bis in die 60er Jahre die »Revolution des Südens« noch stark das Gesamtbild der Revolution, so haben seither die Arbeiten über die »Revolution des Nordens« deren zentrale Bedeutung für ein Gesamtverständnis der mexikanischen Revolution aufgezeigt.[1] Auch in der historiographischen Erfassung des vorrevolutionären Porfiriats sind im vergangenen Jahrzehnt bedeutende Fortschritte zu verzeichnen. Insbesondere die Erforschung der vorrevolutionären Agrarverhältnisse hat ganz neue Erkenntnisse vermittelt, die für ein Verständnis der Revolution von grundlegender Bedeutung sind.[2]
Diese neuen Forschungsergebnisse sollen in der vorliegenden Studie vorgestellt werden. Bei der zeitlichen und thematischen Spannweite dieser Arbeit beruhen selbstverständlich nur bestimmte Teile auf eigenständiger Quellenarbeit; sie betreffen vor allem Fragen des Agrarbereichs und der staatlich-politischen Entwicklung in der Zeit zwischen 1910 und 1940, insbesondere in der Periode 1920–1935, der ich mich ursprünglich in einer enger gefaßten Thematik zugewandt hatte. Allerdings stehen die Fragen nach dem Wandel der Agrargesellschaft und der Rolle der Bauern vom Porfiriat bis zum Ende der Präsidentschaft von Cárdenas (1940) sowie die Veränderungen im politischen System Mexikos ohnehin im Zentrum dieser Arbeit. Sie bezeichnen die Kernbereiche, die unter dem Einfluß der Revolution eine nachhaltige Veränderung erfuhren. Die Entwicklung der mexikanischen Wirtschaft als solche wird dagegen nur soweit behandelt,

als dies für ein Verständnis der Voraussetzungen, des Verlaufs und der Auswirkungen der Revolution notwendig ist. Dieser Bereich ist ohnehin, vor allem durch quantitativ ausgerichtete Arbeiten zum wirtschaftlichen Wachstum Mexikos, bereits gut abgedeckt.[3] Schließlich ist die Perspektive, unter welcher die mexikanische Revolution betrachtet wird, vornehmlich eine Sichtweise »von innen heraus«, d. h. daß die starken äußeren Einwirkungen auf ihren Verlauf, auch wenn sie in ihren Hauptkräften durchaus erfaßt werden, möglicherweise zu wenig in Erscheinung treten. Auch darüber liegt jetzt für die Periode 1910 bis 1920 eine hervorragende Untersuchung vor, die für ein differenzierteres Bild der Außenbeziehungen der Revolution heranzuziehen ist.[4] Überhaupt weist die vorliegende Studie trotz ihres beträchtlichen Umfangs viele Lücken informativer Art auf, die aber – insbesondere seit dem Erscheinen der breitangelegten *Historia de la Revolución mexicana* – leicht geschlossen werden können.[5] Schwerer wiegt der Umstand, daß trotz der erwähnten Forschungsfortschritte der letzten Jahre noch immer zahlreiche Gebiete innerhalb der hier behandelten Thematik wenig oder gar nicht erkundet sind. Dennoch scheint mir das Fundament insgesamt solide genug, um darauf heute eine Gesamtschau der Revolution zu gründen, die zwar zahlreiche Einzelfragen offen lassen muß, die aber zumindest ihre Umrisse deutlich in Erscheinung treten lassen wird.

Wie der Leser rasch erkennen wird, liegt mein Interesse weniger in einer möglichst detaillierten Darstellung der wechselvollen, zuweilen dramatischen Ereignisgeschichte Mexikos im frühen 20. Jahrhundert. Vielmehr sollen soziale und wirtschaftliche Strukturen, politische Prozesse, gesellschaftliche Bewegungen, soziale und politische Verhaltensmuster, also jene Faktoren aufgezeigt werden, ohne deren Kenntnis die reine Ereignisgeschichte gerade der mexikanischen Revolution oft als verwirrendes Spektakel erscheinen müßte. Andererseits ist ein knapper ereignisgeschichtlicher Überblick natürlich unabdingbar, um sich im Labyrinth der dargestellten Entwicklung zurechtzufinden. Ich hoffe, daß die angestrebte Verbindung von Ereignis- und Strukturgeschichte einigermaßen geglückt ist. Um dem Leser die Orientierung über die doch recht breite Thematik zu erleichtern, wird den drei Teilen jeweils eine knappe Einleitung vorangestellt, welche die wichtigsten Fragen und Probleme kurz aufwirft und aufzeigt, in welchen Kapiteln sie näher behandelt werden.

Bei der Arbeit an dieser Studie habe ich vielfältige Unterstützung durch Institutionen und Kollegen erhalten, für die ich herzlich danken möchte.
Ein Habilitationsstipendium des Kantons Zürich ermöglichte mir den ersten Mexiko-Aufenthalt in den Jahren 1970 und 1971 zum Quellen- und Literaturstudium. Meine Hochschule, die ETH Zürich, hat die vorliegende Arbeit ebenfalls tatkräftig gefördert. Frau Yvette Angst hat schließlich das Manuskript ins Reine geschrieben.
Angeregt und ermutigt zur Beschäftigung mit der neueren lateinamerikanischen Geschichte wurde ich von Rudolf von Albertini, während Rodolfo Stavenhagen mich auf mein ursprüngliches Thema, die damals noch kaum untersuchte Periode zwischen 1920 und 1935, hinlenkte. Am *Colegio de México* wurde ich vor allem durch Moisés González Navarro betreut; ihm, Barry Carr, Héctor Aguilar, Ramón Ruíz und Enrique Krauze verdanke ich aus vielen gemeinsamen Gesprächen wertvolle Anregungen, ebenso Manfred Mols, mit dem zusammen ich 1976 Teilergebnisse meiner Untersuchungen veröffentlichte.
Den größten Gewinn habe ich aus dem regen Gedankenaustausch mit Friedrich Katz gezogen. Aus seinen Arbeiten habe ich grundlegende Einsichten in die historische Entwicklung des modernen Mexiko gewonnen. Ich danke ihm vor allem auch für die kritische Lektüre des Manuskriptes und die zahlreichen weiterführenden Hinweise, auch wenn es mir nicht immer gelungen ist, sie in jeder Hinsicht zu berücksichtigen.
An der vorliegenden Arbeit hat meine Frau Sabeth einen gewichtigen Anteil. Sie hat mit mir zusammen in den Archiven und Bibliotheken Mexikos und der USA gearbeitet und später die umfangreichen Mikrofilme aus den *National Archives* in Washington gesichtet. In diesem Sinne ist die vorliegende Studie also auch ihr Buch.

Zürich, im November 1983 Hans Werner Tobler

1 Für eine eingehendere Behandlung des Forschungsstandes um die Mitte der 70er Jahre vgl. Hans Werner Tobler, Zur Historiographie der mexikanischen Revolution, 1910-1940, in Manfred Mols und Hans Werner Tobler, *Mexiko. Die institutionalisierte Revolution*, Köln-Wien 1976, S. 4-48; vgl.

auch Barry Carr, Recent Regional Studies on the Mexican Revolution, in *Latin American Research Review, XV, Nr. 1* 1980, S. 3-14; David C. Bailey, Revisionism and the Recent Historiography of the Mexican Revolution, in *Hispanic American Historical Review 58*, 1978, S. 62-79.

2 Vgl. Hans Werner Tobler, Bauernerhebungen und Agrarreform in der mexikanischen Revolution, in Mols/Tobler, *Mexiko*, S. 115-170, hier S. 116-123.

3 Es handelt sich hier vor allem um die Arbeiten von Clark W. Reynolds, Leopoldo Solís, James W. Wilkie und Fernando Rosenzweig.

4 Friedrich Katz, *The Secret War in Mexico – Europe, The United States and the Mexican Revolution*, Chicago UP, Chicago 1981.

5 Diese vom *Colegio de México* publizierte Reihe ist ein Gemeinschaftswerk von 16 Autoren, die 23 geplante Bände umfaßt und den Zeitraum von 1910 bis 1960 abdeckt.

[illegible] Hill, [illegible] Revolution [illegible] on the [illegible] Revolution in [illegible]
[illegible] (1969) [illegible] David
Bailey, [illegible] Recent [illegible] on [illegible] the [illegible]
Revolution [illegible] Hispanic American [illegible] Review [illegible]
1 [illegible] Hans Werner Tobler, [illegible] in der [illegible]
[illegible] Revolution [illegible] Mexico [illegible]
[illegible]
2 [illegible] E. V. Niemeyer [illegible]
[illegible] James W. Wilkie und [illegible]
3 [illegible] Mexico [illegible] The [illegible]
[illegible] Revolution [illegible]
[illegible] Mexico [illegible]
[illegible]
[illegible]

Einleitung

Jede wissenschaftliche Beschäftigung mit einer Revolution verlangt ein Minimum an theoretisch-begrifflichen Vorüberlegungen. Was ist eine Revolution? Entspricht die untersuchte Revolution einem bestimmten Typus? Läßt sie sich an einem allgemeineren Revolutionsmodell messen? Kann sie gar in ihren Ursachen, ihrem Ablauf und ihren Auswirkungen unter Bezug auf generelle Revolutionstheorien erklärt werden?

Obwohl die Revolution, wie Theodor Schieder bemerkte, »von den Großphänomenen des Geschichtsverlaufs ohne Zweifel das meistuntersuchte Problem« ist, kann von einer befriedigenden theoretischen Erfassung *der* Revolution noch keine Rede sein.[1] Das insbesondere im Bereich der systematischen Sozialwissenschaften in den letzten drei Jahrzehnten stark gestiegene Interesse an revolutionstheoretischen Fragen hat zwar eine Fülle neuer Definitionen, Klassifikationen, Typologien und Modelle der Revolution hervorgebracht, eine allgemeine Theorie der Revolution ist daraus aber zweifellos nicht entstanden.[2]

Das heißt allerdings nicht, daß diese theoretischen Reflexionen über Revolutionen für den Historiker fruchtlos geblieben wären. Sowohl die sozialpsychologischen Erklärungsmodelle als auch die systemtheoretisch orientierten *approaches* oder die den politischen Konflikt ins Zentrum rückenden Arbeiten haben unser Bewußtsein für zentrale Revolutionsfaktoren ebenso geschärft wie die Rivalität zwischen diesen Erklärungsansätzen und die schon ältere Kontroverse zwischen »bürgerlichem« und marxistischem Revolutionsverständnis. So ist es z. B. offensichtlich, daß die von Chalmers Johnson eingeführten Kategorien der »Machtdeflation« und des »Autoritätsverlustes« herrschender Eliten als zentralen Faktoren einer vorrevolutionären Krise gerade auch im Falle Mexikos größte Bedeutung beizumessen ist, wie z. B. Alan Knight am Beispiel der Legitimationskrise des spätporfiristischen Regimes gezeigt hat.[3] Ebenso findet das von James C. Davies vorgeschlagene und von Ted Gurr weiterentwickelte sozialpsychologische Erklärungsmodell mit seinem Kernbegriff der »relativen Deprivation« im Verhalten bestimmter Bevölkerungsgruppen im Porfiriat eine gewisse Entsprechung.[4] Und schließlich ist nicht zu leugnen, daß die von Charles Tilly besonders betonten

Mechanismen politischer Konflikte sozialer Gruppen auch im Falle der mexikanischen Revolution ins Zentrum jeder Untersuchung gehören.[5]

Dennoch orientiert sich die vorliegende Arbeit über die mexikanische Revolution nicht primär an diesen revolutionstheoretischen Überlegungen und ihren Kontroversen. Grundsätzlich erweist sich nämlich die Umsetzung der oft hochabstrakten Theorien und Modelle in die Untersuchung konkreter historischer Wirklichkeit allgemein als schwieriges und nicht selten problematisches Unterfangen. Andererseits hat – abgesehen von einzelnen frühen Pionierwerken – die wissenschaftliche Erforschung der mexikanischen Revolution erst vor etwa drei Jahrzehnten auf breiterer Basis eingesetzt. Anders als etwa im Falle der Französischen Revolution harren deshalb viele Einzelfragen, die für eine stärker theoretisch-systematische Erfassung dieser Revolution wichtig sind, nach wie vor ihrer Aufklärung, auch wenn, wie im Nachwort ausgeführt, gerade im vergangenen Jahrzehnt sowohl in empirischer wie auch theoretisch-methodischer Hinsicht außerordentlich wichtige Arbeiten erschienen sind.

Über die zentralen *Voraussetzungen* dieser Revolution besteht heute unter den Historikern weitgehend Konsens. Die politische Zentralisierung, d. h. die Ausdehnung und Stärkung des Nationalstaates auf Kosten regionaler und lokaler Autonomien einerseits, die zunehmende agrarische Kommerzialisierung und die damit verbundene Agrarkrise andererseits werden allgemein als wichtigste strukturgeschichtliche Ursachen, als *causes lointaines* der Revolution, verstanden. Während etwa François-Xavier Guerra anschaulich den staatlichen Zentralisierungsprozeß im Porfiriat dargestellt hat, hat andererseits Alan Knight sehr schön den allgemeinen Kontext der mexikanischen Agrarentwicklung herausgearbeitet und aufgezeigt, in welchem Maße diese Entwicklung – im Unterschied zu anderen lateinamerikanischen Ländern im selben Zeitraum – sich als besonders konfliktträchtig herausstellen sollte.[6]

Auch über die langfristig wirkenden exogenen Einflüsse auf diese vorrevolutionäre Entwicklung, d. h. die maßgeblich vom Ausland her ausgelöste wirtschaftliche Transformation mit all ihren gesellschaftlichen, kulturellen und politischen Auswirkungen, besteht weitgehende Einigkeit, auch wenn einzelne Faktoren, wie etwa die Rolle der nationalen Bourgeoisie oder die Bedeutung des mexikanischen Wirtschaftsnationalismus durchaus unterschiedlich gewichtet werden, ähnlich wie die konkreten Auswirkungen der von den USA ausgehenden Wirtschaftskrise von 1907/8 auf die Entstehung einer revolutionären Situation in Mexiko.[7] Daß schließlich der Krise des politischen Systems und den daraus resultierenden politischen Konflikten gegen Ende des Porfiriats eine zentrale Bedeutung für den Ausbruch der Revolution zukam, wird wiederum von keiner Seite in Frage gestellt.

Weit kontroverser ist dagegen nach wie vor die Frage nach dem *Grundcharakter* dieser Revolution. Entspricht er einem bestimmten Typus von Revolution, wie er sich etwa in den bürgerlichen Revolutionen des ausgehenden 18. und 19. Jahrhunderts herausgebildet hat, oder gleicht er sich stärker einem Revolutionsmuster an, wie es sich in der ersten Hälfte des 20. Jahrhunderts zwar nicht nur, aber doch maßgeblich, unter dem Einfluß der russischen Oktoberrevolution herausgebildet hat? Läßt sich diese Revolution mit den traditionellen Klassenkategorien überhaupt adäquat erfassen? Während etwa Knight diese letztere Frage verneint und sein Augenmerk letztlich auf soziokulturelle Bestimmungsfaktoren politisch-gesellschaftlichen Handelns lenkt, sehen andere Historiker, vor allem solche marxistischer Orientierung, die Revolution nach wie vor als Auseinandersetzung klar unterscheidbarer gesellschaftlicher Schichten, wobei allerdings über die zentralen Trägergruppen der Revolution keineswegs immer Übereinstimmung besteht.[8] Insbesondere die jeweilige Bedeutung der heterogenen gesellschaftlichen Gruppen wie etwa der »nationalen Bourgeoisie«, des »Kleinbürgertums«, der »Arbeiter« oder der »Bauern« werden durchaus unterschiedlich beurteilt.
Für Alan Knight beispielsweise entspricht die mexikanische Revolution stärker einem Revolutionstypus, wie er von Alexis de Tocqueville analysiert wurde, als einem Revolutionsmodell, wie es später – erst *nach* dem Ausbruch der mexikanischen Revolution – von Lenin geprägt wurde. Insofern war die mexikanische Revolution für Knight also durchaus eine Art von »bürgerlicher Revolution«, weniger allerdings durch die – nur vermeintlich – zentrale Rolle der »nationalen Bourgeoisie«, als vielmehr durch ihre langfristigen Strukturveränderungen, die sie – gestützt auf eine breite Bauernbewegung – vor allem in der Überwindung vorkapitalistischer Verhältnisse im Agrarsektor durchsetzte.[9]

Andererseits ist offenkundig, daß die mexikanische Revolution von ihren strukturellen Voraussetzungen, aber auch von ihrem äußeren Verlauf her stärker den »großen Revolutionen« des 20. Jahrhunderts als den »bürgerlichen« des 18. oder frühen 19. Jahrhunderts entspricht. Auch wenn man nicht, wie z. B. John Hart, von einer »global causation« der mexikanischen Revolution ausgeht und die nationalen Besonderheiten politisch-gesellschaftlicher Umbrüche im frühen 20. Jahrhundert stärker gewichtet, so fallen doch einige strukturelle Gemeinsamkeiten ins Auge, welche die mexikanische Revolution mit anderen »großen Revolutionen«, etwa in Rußland und China, teilt und die sich nicht zuletzt aus der »peripheren« Stellung dieser Länder im damaligen wirtschaftlich-politischen Weltsystem ergeben.[10] Die wirtschaftliche Durchdringung von außen mit ihren politisch und sozial destabilisierenden Effekten; die eng damit verbundene Agrarkrise, welche bäuerlichen Aufständen in allen drei Revolutionen ein großes Gewicht verlieh; schließlich auch bestimmte Besonderheiten im langfristigen Ablauf dieser Revolutionen, u. a. hinsichtlich der Frage, wann sie überhaupt als abgeschlossen zu betrachten seien, sind Charakteristika, welche die mexikanische Revolution mit diesen anderen Revolutionen des 20. Jahrhunderts teilt und welche ihr – neben den Merkmalen der »älteren« Revolutionen – durchaus auch solche der »modernen« Revolutionen des 20. Jahrhunderts verleihen.[11]

So wie die mexikanische Revolution also keineswegs einfach einer bestimmten Typologie zugeordnet werden kann, so läßt sich auch die Frage, wie tiefgreifend denn überhaupt ihre *Auswirkungen* auf Staat, Wirtschaft und Gesellschaft gewesen seien, kaum eindeutig beantworten. Die in den 70er Jahren einsetzende Revision des traditionellen Bildes der mexikanischen Revolution als eines scharfen gesellschaftlichen Traditionsbruches orientierte sich ja nicht zuletzt an einer sehr skeptischen Beurteilung der langfristigen Auswirkungen der Revolution. Dabei wurden vor allem die unübersehbaren Kontinuitätslinien zwischen vorrevolutionärem Porfiriat, Revolution und postrevolutionärem Regime der »institutionalisierten Revolution« hervorgehoben. Während sich diese für den französischen Historiker Jean Meyer vornehmlich in der Entwicklung des mexikanischen Staates äußerten, dessen Grundcharakter bereits im Porfiriat angelegt und der durch die Revolution auch in seiner sozioökonomischen Entwicklungsstrategie lediglich konsolidiert worden

sei, drückte sich für den mexikanischen Sozialwissenschaftler Arnaldo Córdova dieselbe Kontinuität in der durch die Revolution keineswegs unterbrochenen, im Porfiriat eingeleiteten Entwicklung des modernen Kapitalismus aus.[12] Bereits in den 60er Jahren hatten in Mexiko kritische Beobachter der spät- und postrevolutionären Entwicklung Anzeichen einer »neoporfiristischen« Politik konstatiert, was als Indiz dafür gedeutet wurde, daß die »institutionalisierte Revolution« gleichsam an ihren Ausgangspunkt zurückgekehrt sei.[13] Schließlich wurde der genuin »revolutionäre« Charakter der Entwicklung nach 1910 überhaupt in Frage gestellt, und ihr – von Ramón Eduardo Ruíz – lediglich noch der Rang einer »great rebellion« zuerkannt.[14]
Eine allseitig anerkannte Revolutionsdefinition existiert selbstverständlich nicht. Ein breites Spektrum von Begriffsbestimmungen mit je unterschiedlicher Akzentuierung »zentraler« Revolutionsmerkmale läßt sich nicht nur in der jüngeren Revolutionsliteratur feststellen; auch im zeitlichen Verlauf hat der Revolutionsbegriff, nicht zuletzt unter dem Einfluß konkreter historischer Revolutionen, mannigfache Wandlungen erfahren.[15] Über einige zentrale Charakteristika einer »echten« Revolution – im Unterschied zu den gerade in Lateinamerika grassierenden *pronunciamientos*, Staatsstreichen und Palastrevolutionen – besteht unter Historikern und Sozialwissenschaftlern allerdings ein breiter Konsens. Im folgenden werden – in enger Anlehnung an Peter Waldmann – vier Merkmalskomplexe einer Revolution festgehalten.[16] Erstens: eine Revolution bewirkt eine »tiefgreifende Umwälzung der Strukturen eines gesellschaftlichen Systems, in deren Zentrum zunächst die politische Ordnung steht«. Zweitens: ein solcher »grundlegender politischer Strukturwandel« erschöpft sich nicht im reinen Elitenaustausch, sondern verändert vor allem auch dauerhaft den »Schlüssel für die künftige Zuteilung von Machtchancen«. Drittens sollen nach dem politischen Umbruch »neue Orientierungsmarken für die politische, wirtschaftliche, soziale und kulturelle Entwicklung gesetzt« und die Realisierung eines »Alternativprogramms nationaler Zukunftsbewältigung« in die Wege geleitet werden. Was schließlich viertens die äußeren Formen des revolutionären Wandels betrifft, so seien drei Merkmale hervorgehoben: »Zum einen eine starke zeitliche Konzentration der Transformationsprozesse; zweitens die politische Mobilisierung breiter Bevölkerungsschichten (Massenbeteiligung!); drittens der Ausbruch manifester Gewalt.«

Entspricht die mexikanische Revolution den hier postulierten Kriterien? Dazu hat Alan Knight einige wichtige Überlegungen angestellt, indem er bei der Bestimmung des Revolutionscharakters eine »deskriptive« und eine »funktionale« Ebene unterscheidet.[17] Was die »deskriptiven« Elemente betrifft, so entspricht die mexikanische Revolution zweifellos den Kriterien einer echten Revolution. Eine breite Massenbeteiligung charakterisierte sie ebenso wie tiefgreifende soziale Konflikte und eine gewaltsame Auseinandersetzung um die politische Macht. Diese »äußere« Dimension der Revolution, verstärkt noch durch die lange Dauer äußerst gewaltsamer Bürgerkriege, wird denn auch in der historischen Forschung nicht in Frage gestellt. Umstritten ist allerdings ihre »funktionale« Effizienz, ihre strukturverändernde Auswirkung auf Staat, Wirtschaft und Gesellschaft. Beschränkt man sich dabei auf den formal-institutionellen Bereich und überblickt man die durch die Revolution bewirkten Veränderungen nach Abschluß der eigentlichen Bürgerkriegsphase um 1917 bzw. 1920 (also zu einem Zeitpunkt, der häufig mit dem Ende der Revolution gleichgesetzt wird), so waren diese in der Tat sehr begrenzt. Ein folgenreicher Umsturz hatte zwar stattgefunden, die vorrevolutionäre Führungsschicht war dauerhaft von der politischen Macht verdrängt und insbesondere die alte Bundesarmee vernichtet worden, auch hatten neue soziale Schichten Zugang zur Staatsführung erlangt, aber auf dem Gebiet wirtschaftlich-gesellschaftlicher Strukturreformen, insbesondere im zentralen Agrarbereich, war mit der Verfassung von 1917 lediglich ein *Programm* weitreichender Reformen verkündet, bis anfangs der 20er Jahre aber höchstens ansatzweise verwirklicht worden; ja es machten sich zwischen 1917 und 1920 gar deutliche wirtschaftlich-gesellschaftliche Restaurationstendenzen bemerkbar. Ebenso sollten die wirtschaftsnationalistischen Postulate der Verfassung von 1917 bis in die 30er Jahre weitgehend auf dem Papier bleiben. Dieses Fazit bezüglich der »funktionalen« Wirkung der mexikanischen Revolution bleibt allerdings unvollständig. Zu Recht hat Knight betont, daß die Revolution nicht einfach als Kette hervorstechender Einzelereignisse, sondern als ein *Prozeß* zu verstehen sei, dessen Folgen sich nicht in bestimmten institutionellen Veränderungen erschöpften. Indirekte, von den Führungsgruppen keineswegs intendierte Auswirkungen der Revolution, die sich z. B. in einem langfristigen Verhaltenswandel der durch die Revolution mobilisierten Bevölkerung zeigten, konnten –

obwohl naturgemäß schwer meßbar – fehlende strukturelle Reformen bis zu einem gewissen Grad durchaus kompensieren.[18] Das bäuerliche Verhalten in der Agrarreform der 20er und 30er Jahre etwa liefert dafür durchaus einige anschauliche Beispiele. Dies aber bedeutet, daß man der mexikanischen Revolution kaum gerecht werden kann, wenn man sie z. B. auf das Jahrzehnt der »revolución armada« zwischen 1910 und 1920 begrenzt, weshalb in der vorliegenden Arbeit denn auch ein wesentlich weiterer zeitlicher Rahmen gewählt wurde, der die Entwicklung bis Ende der 30er Jahre umfaßt.

Damit ist das – gerade auch im Falle der mexikanischen Revolution – besonders schwierige Problem der *Periodisierung* angesprochen. Die hier unterstellte lange zeitliche Dauer der Revolution (1910 bis 1940) erscheint zunächst nicht unproblematisch, auch wenn in der Literatur die Anwendung eines allgemeinen Periodenbegriffs der Revolution auf den Zeitraum bis 1940 und sogar darüber hinaus durchaus verbreitet ist.[19] Wenn die Revolution allerdings in einem strenger strukturellen Sinne gefaßt wird, enden Revolutionsdarstellungen meistens in den Jahren 1917, 1920 oder 1924, sei es aus pragmatischen Gründen, sei es aus der expliziten Ablehnung einer zeitlich zu weit gefaßten Revolutionsperiode.[20]
Es gibt zweifellos gute Gründe, auch hinsichtlich der zeitlichen Dauer von Revolutionen eher restriktive Kriterien anzuwenden. Andererseits erweist es sich als keineswegs einfach, die zeitliche Dauer, d. h. das Ende, der mexikanischen Revolution zu bestimmen, ein Umstand, den sie – wie bereits angedeutet – durchaus mit anderen großen Revolutionen des 20. Jahrhunderts teilt. So wirft z. B. die Periodisierung der chinesischen Revolution schwierige Probleme auf; nicht zufällig hat man sogar vom »Jahrhundert der chinesischen Revolution« gesprochen.[21] Und selbst im Falle der russischen Oktoberrevolution von 1917 hat erst der spätere Revolutionsverlauf – nach dem kurzen Zwischenspiel des »Kriegskommunismus« und der relativ langen Phase der »NEP« in den 20er Jahren – in der Stalinschen »Revolution von oben« während der 30er Jahre zur umfassenden wirtschaftlich-gesellschaftlichen Umwälzung Rußlands geführt.[22] Auch in Mexiko stehen die späteren institutionellen Reformen der 30er Jahre, als die tiefgreifendsten gesellschaftlichen Veränderungen Mexikos im 20. Jahrhundert – trotz der zeitlichen Distanz

zwischen den Revolutionsereignissen von 1910 bis 1920 und dem Cárdenas-Regime –, in mancher Beziehung in einer so unmittelbaren Verflechtung und Kausalität, daß man m. E. tatsächlich von einer zusammenhängenden Revolutionsperiode von 1910 bis 1940 sprechen kann. Nicht nur waren die führenden Cardenisten prominente Veteranen aus den Revolutionskriegen zwischen 1910 und 1920 und gründeten sich ihre Reformen ausdrücklich auf die Revolutionsverfassung von 1917; noch wesentlicher war die Tatsache, daß der politische Umsturz von 1914, d. h. die Vernichtung der alten Armee und die politische (wenn auch nicht wirtschaftliche) Entmachtung der vorrevolutionären Oligarchie, überhaupt erst die Voraussetzungen dafür geschaffen hatte, daß ein für damalige lateinamerikanische Verhältnisse so radikales Reformprogramm durchgesetzt werden konnte.

In die gleiche Richtung wirkten aber auch die bereits erwähnten indirekten Auswirkungen der Revolution, also eine teilweise Mobilisierung und ein gewisser Mentalitätswandel der Bevölkerung, nicht zuletzt auch die Widersprüche einer Landreform, die – bei aller Begrenztheit und entgegen den Absichten der politischen Führung – in den 20er und 30er Jahren eine Dynamik freisetzten, welche der cardenistischen Reformpolitik Auftrieb verlieh. Aus diesen Impulsen, die alle ihre Wurzeln in der Revolutionsphase von 1910 bis 1920 hatten, ging das cardenistische Reformexperiment von 1935 bis 1940 hervor, weit mehr jedenfalls als aus den Effekten einer für Lateinamerika allgemeingültigen wirtschaftlichen Depressionszeit.[23] So gesehen erhält die Revolutionsperiode von 1910 bis 1940 ihre innere Kohärenz, ihre unverwechselbare historische Identität.

Die vorliegende Arbeit gliedert sich in drei Hauptteile, deren Themenschwerpunkte und leitende Fragestellungen jeweils in einem Einführungskapitel knapp umrissen werden.

Teil I »Mexiko im Porfiriat (1876-1910/11)« ist der Entwicklung von Staat, Wirtschaft und Gesellschaft im *Ancien Régime* und der Entstehung einer revolutionären Situation im letzten Jahrfünft des Porfiriats gewidmet. Teil II »Mexiko im politischen Umbruch: Das Jahrzehnt der revolutionären Bürgerkriege (1910-1920)« beleuchtet die Revolution im engeren Sinne, also die Vernichtung des alten Staatsapparates und die politische Entmachtung der Oligarchie sowie die Errichtung eines neuen Revolutionsregimes auf nationaler Ebene. Teil III schließlich,

»Mexiko 1920-1940: spätrevolutionäre Stabilisierung und gesellschaftliche Reformpolitik«, wendet sich den längerfristigen Auswirkungen der Revolution zu, also jener spätrevolutionären Übergangsphase zwischen dem politischen Umbruch und der postrevolutionären Verfestigung des revolutionären Erbes zur »institutionalisierten Revolution«.

1 Theodor Schieder, Theorie der Revolution, in Schieder (Hg.), *Revolution und Gesellschaft*, Freiburg 1973, S. 13-45, hier: S. 14.

2 Einen vorzüglichen, kritischen Überblick über die kaum mehr überschaubare Literatur gibt Georg P. Meyer, Revolutionstheorien heute – ein kritischer Überblick in historischer Absicht, in Hans Ulrich Wehler (Hg.), 200 Jahre amerikanische Revolution und Revolutionsforschung, Sonderheft 2 von *Geschichte und Gesellschaft*, 1976, S. 122-176. Vgl. auch die einleitenden Beiträge von Klaus von Beyme und Volker Rittberger, in K. v. Beyme (Hg.), *Empirische Revolutionsforschung*, Opladen 1973, sowie: Urs Jaeggi und Sven Papcke, *Revolution und Theorie I – Materialien zum bürgerlichen Revolutionsverständnis*, Frankfurt/M. 1974. Beide Bände enthalten eine instruktive Auswahl »klassischer« oder neuerer Aufsätze zu Phänomen und Theorie der Revolution, so etwa bei Jaeggi/Papcke, S. 259-278, den wichtigen Beitrag von Lawrence Stone, Revolutionstheorien. Wichtig auch: Einleitung und Aufsätze bei Martin Jänicke (Hg.), *Herrschaft und Krise*, Opladen 1973. Sehr anregend aus marxistischer Sicht: Manfred Kossok (Hg.), *Studien zur vergleichenden Revolutionsgeschichte, 1500-1917*, Berlin 1974, sowie M. Kossok, *Vergleichende Geschichte der neuzeitlichen Revolutionen – Methodologische und empirische Forschungsprobleme*, Berlin 1981. Zum Problem der Revolution in Lateinamerika: Hans-Jürgen Puhle, »Revolution« von oben und Revolution von unten in Lateinamerika, in Revolution und Reformen in Lateinamerika, *Geschichte und Gesellschaft* II/2, 1976, S. 143-159.

3 Chalmers Johnson, Revolutionstheorie, Köln 1971; Alan Knight, *The Mexican Revolution, I*, Cambridge 1986, S. 165-167, wo er die Legitimationskrise des »alten Regimes« u.a. dem Verschwinden traditionaler Patronagebeziehungen zwischen Eliten und Bauern zuschreibt.

4 James W. Davies, Eine Theorie der Revolution, in von Beyme (Hg.), *Empirische Revolutionsforschung*, S. 185-204; Ted R. Gurr, *Rebellion. Eine Motivationsanalyse von Aufruhr, Konspiration und innerem Krieg*, Düsseldorf 1972.

5 Charles Tilly, Revolutions and Collective Violence, in *Handbook of Political Science*, Bd. 3, Reading 1975.

6 François-Xavier Guerra, *Le Mexique – De l'Ancien Régime à la Révolution, I*, Paris 1985, Kapitel V und VI; Knight, *Mexican Revolution*, I,

S. 150ff. Anders als im übrigen Lateinamerika war in Mexiko »das enge, antagonistische Nebeneinander von kommerziell orientierten Haciendas, Ranchos und einer bedeutenden, lokal fest verwurzelten Bauernschaft (wie es in Morelos, großen Teilen des zentralen Hochlandes und gewissen Schlüsselregionen des übrigen Mexiko anzutreffen war), charakteristisch und Grundvoraussetzung bäuerlicher Aufstände«, S. 157.

7 Zur unterschiedlichen Gewichtung dieser Faktoren etwa bei Guerra, Knight und Hart vgl. hinten, Nachwort, S. 630-637.

8 Vgl. hinten, Nachwort, S. 631, 635.

9 Knight, *Mexican Revolution*, II, S. 497 sowie S. 513: »... die Revolution sprengte den Panzer der porfiristischen Gesellschaft, indem sie die wirtschaftliche Entwicklung von ihren Fesseln befreite und eine Flutwelle unternehmerischer Dynamik auslöste; obwohl die Revolution kurzfristig die Wirtschaft zerrüttete, legte sie langfristig das Fundament für ein künftiges, anhaltendes Wachstum.« Vgl. auch Knight, The Mexican Revolution: Bourgeois? Nationalist? Or just a »Great Rebellion«?, in *Bulletin of Latin American Research*, 4/2, 1985, S. 1-37, hier S. 26: »Es war vor allem die Macht einer breiten Mobilisierung und Erhebung des Volkes, welche den Panzer des Alten Regimes sprengte...« und die dortigen Hinweise, S. 17-25, auf die Veränderungen in der nachrevolutionären Agrarstruktur.

10 Zum Ansatz von Hart vgl. hinten, Nachwort, S. 635.

11 Einige Anmerkungen zu diesem Problembereich bei Hans Werner Tobler, »Modernisierung« und Revolution im 20. Jahrhundert: Rußland, China, Mexiko – Einige Aspekte des Revolutionsvergleichs, in *Geschichte in der Gegenwart, Festgabe für Max Silberschmidt*, hg. v. J. S. Krulis-Randa, R. Schneebeli und H. J. Siegenthaler, Zürich 1981, S. 137-155.

12 Jean Meyer, Periodización e Ideología, in *Contemporary Mexico, Papers of the IV International Congress of Mexican History*, October 1973, Santa Monica, ed. by James W. Wilkie u. a., Berkeley 1976, S. 711-722; Arnaldo Córdova, *La ideología de la Revolución mexicana – la formación del nuevo régimen*, México 1973, S. 15 f.

13 Vgl. Daniel Cosío Villegas, *The Mexican and Cuban Revolutions Compared*, Lincoln 1961, S. 25.

14 Ramón E. Ruíz, *The Great Rebellion. Mexico 1905-1924*, New York 1980.

15 Karl Griewank, *Der neuzeitliche Revolutionsbegriff*, Weimar 1955.

16 Peter Waldmann, Stagnation als Ergebnis einer »Stückwerkrevolution«. Entwicklungshemmnisse und -versäumnisse im peronistischen Argentinien, in *Geschichte und Gesellschaft*, II/2, 1976, S. 160-187, hier S. 161 f.

17 Knight, *The Mexican Revolution: Bourgeois? Nationalist? Or just a »Great Rebellion«?*, S. 6ff.

18 Knight illustriert diesen Sachverhalt am Beispiel der villistischen Revolution in Chihuahua: »... es gab zwar keine Umwälzung der Produktionsverhältnisse. Aber die Revolution in Chihuahua und andernorts brachte schließlich Veränderungen von durchaus historischer Bedeutung hervor,

die weder »objektiv« noch Ergebnis der offiziellen Reformpolitik waren. Es waren vielmehr Veränderungen im Bereich der *mentalités*...«, Knight, *Mexican Revolution, II*, S. 123.

19 Vgl. z. B. die vom »Colegio de México« herausgegebene Reihe »Historia de la Revolución Mexicana«, die bis 1960 reicht. – Eine erste von Historikern und Sozialwissenschaftlern geführte Debatte zur Periodisierung der mexikanischen Revolution fand in den 40er Jahren statt, vgl. dazu Stanley R. Ross (Hg.), *Is the Mexican Revolution Dead?*, New York 1966 und die dort abgedruckten Beiträge.

20 So schließt etwa Jesús Silva Herzog seine bekannte Darstellung – *Breve Historia de la Revolución Mexicana*, México 1960 – mit der Verfassung von 1917 ab; mit dem Jahr 1920 beendet Alan Knight seine Darstellung, offenbar vor allem aus Gründen der Praktikabilität, betont er doch mit Nachdruck den weit über 1920 hinausreichenden Prozeßcharakter der Revolution. Das Jahr 1920 wird u. a. auch in der vorliegenden Arbeit als Wendemarke zwischen revolutionärer Umbruch- und spätrevolutionärer Stabilisierungsphase gesehen. Für 1924 als Ende der Revolution plädieren Ramón E. Ruiz und John Hart. Wenig überzeugend erscheint mir allerdings Harts explizite Ablehnung einer Ausdehnung der Revolutionsperiode bis 1940; Hart, *Revolutionary Mexico*, S. 18. Wenn überhaupt – zumindest bis zu einem gewissen Grad – Harts Kriterium für einen wirklich *revolutionären* Wandel, »die Veränderung der Besitzverhältnisse infolge der Ablösung ausländischer durch mexikanische Eigentümer und fremder durch lokale Kontrolle« (S. x), in Mexiko je erfüllt war, so sicher nicht 1924, sondern am Ende der Cárdenas-Zeit.

21 Wolfgang Franke, *Das Jahrhundert der chinesischen Revolution 1851–1949*, München 1958.

22 Ein fundamentaler Unterschied zwischen der Stalin'schen »Revolution von oben« wie auch der chinesischen Revolution der frühen 50er Jahre und der Politik des Cárdenas-Regimes sticht allerdings ins Auge. Während insbesondere die stalinistische Zwangskollektivierung der Landwirtschaft und die ökonomische (z. T. auch physische) Vernichtung der Kulaken äußerst blutig und gewaltsam verlief und auch die Neustrukturierung der chinesischen Gesellschaft in den frühen 50er Jahren mit intensiver Gewaltanwendung von oben verbunden war, verliefen die cardenistischen Reformen in Mexiko vergleichsweise gewaltfrei und – im Gegensatz zu Rußland – nicht auf Kosten, sondern zugunsten der Bauern.

23 Gerade wenn man die vielfältigen indirekten Auswirkungen der Revolution ins Auge faßt, werden die inneren Verknüpfungen zwischen dem Cardenismo, der sonorensischen Herrschaft und der *revolución armada* unübersehbar. Vgl. auch Knight, The Mexican Revolution: Bourgeois? Nationalist? Or just a »Great Rebellion«?, S. 17 und seine dortigen Hinweise auf die allgemeine Periodisierungsproblematik, S. 10.

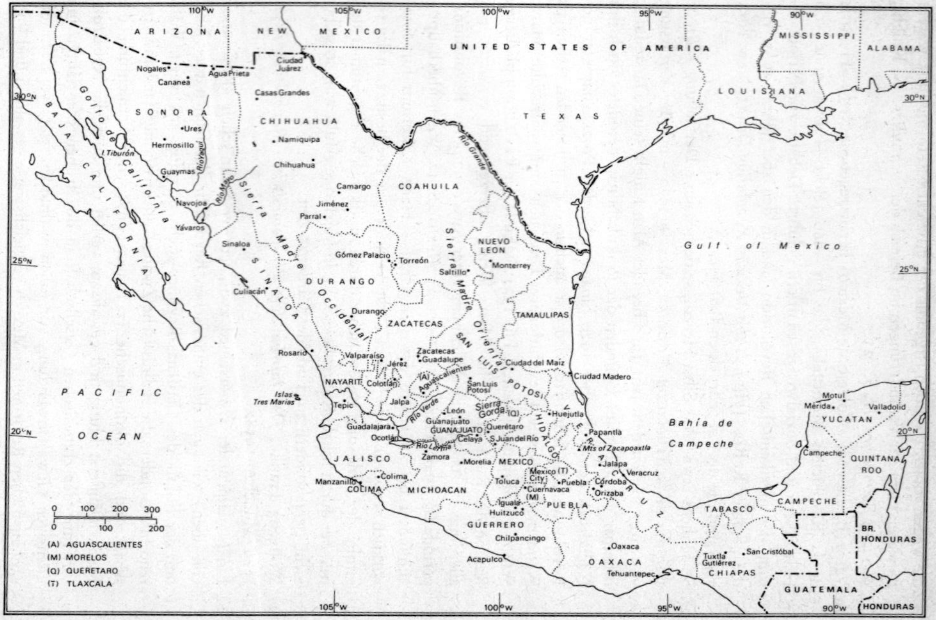
110°W
105°W
100°W
95°W
90°W
30°N
25°N
20°N
ARIZONA
NEW MEXICO
UNITED STATES OF AMERICA
MISSISSIPPI
ALABAMA
LOUISIANA
TEXAS
Rio Grande
Gulf of Mexico
Bahía de Campeche
PACIFIC OCEAN
Golfo de California
BAJA CALIFORNIA
I. Tiburón
SONORA
Nogales
Agua Prieta
Cananea
Ures
Hermosillo
Río Yaqui
Guaymas
Navojoa
Yávaros
Río Mayo
CHIHUAHUA
Ciudad Juárez
Casas Grandes
Namiquipa
Chihuahua
Camargo
Jiménez
Parral
Sierra Madre Occidental
Sierra Madre Oriental
SINALOA
Sinaloa
Culiacán
Rosario
COAHUILA
Gómez Palacio
Torreón
Saltillo
NUEVO LEON
Monterrey
DURANGO
Durango
TAMAULIPAS
ZACATECAS
Zacatecas
Guadalupe
Valparaíso
Jérez
Ciudad del Maíz
Ciudad Madero
SAN LUIS POTOSI
San Luis Potosí
(A) Aguascalientes
NAYARIT
Colotlán
Islas Tres Marías
Tepic
Jalpa
Río Verde
León
Sierra Gorda
(Q)
Huejutla
Guanajuato
GUANAJUATO
Querétaro
Celaya
S. Juan del Río
HIDALGO
VERACRUZ
Papantla
Mts of Zacapoaxtla
Guadalajara
Ocotlán
Río Lerma
Zamora
JALISCO
Morelia
MEXICO
Jalapa
Veracruz
Mexico City
(T)
Puebla
Córdoba
Orizaba
Toluca
Cuernavaca
(M)
Manzanillo
Colima
COLIMA
MICHOACAN
Iguala
Huitzuco
PUEBLA
GUERRERO
Chilpancingo
Acapulco
Oaxaca
OAXACA
Tehuantepec
TABASCO
CAMPECHE
Campeche
YUCATAN
Motul
Mérida
Valladolid
QUINTANA ROO
BR. HONDURAS
Tuxtla Gutiérrez
San Cristóbal
CHIAPAS
GUATEMALA
HONDURAS
0 100 200 300
0 100 200
(A) AGUASCALIENTES
(M) MORELOS
(Q) QUERETARO
(T) TLAXCALA

Teil I
Mexiko im Porfiriat (1876–1910/11)

»Modernisierung« und Krisen: Zu den strukturellen Voraussetzungen der mexikanischen Revolution

Zwei eng miteinander verflochtene Prozesse charakterisieren die Entwicklung Mexikos im Porfiriat: einerseits eine staatliche und wirtschaftliche »Modernisierung«; andererseits eine weitgehend daraus resultierende politisch-gesellschaftliche Krise. Bis etwa zur Jahrhundertwende war die »Modernisierung« mit ihren stabilisierenden Effekten der vorherrschende Entwicklungstrend; im Jahrzehnt vor Ausbruch der Revolution von 1910/11 machten sich dagegen immer stärker die destabilisierenden, krisenhaften Auswirkungen der vorangegangenen Veränderungen in Wirtschaft, Staat und Gesellschaft bemerkbar.[1]

Wie in den beiden folgenden Kapiteln genauer ausgeführt wird, betraf diese »Modernisierung« vor allem zwei Hauptbereiche: den Staat und die Wirtschaft. Staatliche Modernisierung bedeutete dabei vor allem eine Stärkung des Zentralstaates, der nun erstmals seit dem Ende der Kolonialzeit seinen unmittelbaren Wirkungsbereich wieder auf das ganze nationale Territorium auszudehnen vermochte. Regionale Machtbereiche, die *cacicazgos*, wurden sukzessive ausgeschaltet oder zumindest auf eine dauerhafte Loyalität gegenüber der Zentralregierung verpflichtet; periphere Regionen, insbesondere der Norden und der Süden des Landes, gerieten in zunehmendem Maße unter den Einfluß der nationalen Regierung; schließlich bewirkte die administrative Zentralisierung auf Bundes- und Gliedstaatsebene einen immer stärkeren Verlust an regionaler und lokaler Autonomie. Insgesamt bedeutete also die – wie sich zeigen sollte – besonders krisenträchtige staatliche Modernisierung vor allem eine fortschreitende Durchdringung der Gesellschaft durch den Staat und seine Organe.

Dieser Prozeß war eng verzahnt mit der gleichzeitigen Modernisierung der Wirtschaft, genauer gesagt mit der Teilmodernisierung bestimmter Bereiche der mexikanischen Wirtschaft, wie vor allem des Bergbau- und Erdölsektors, der exportorientierten Landwirtschaft, des Verkehrs- und Kommunikationssystems und – in gewissem Ausmaß – der verarbeitenden Industrie. Das durch massive ausländische Kapitalinvestitionen hervorgerufene wirtschaftliche Wachstum ließ nämlich dem mexikanischen Staat die notwendigen finanziellen Mittel zum Ausbau seiner Verwaltung und seiner Ordnungskräfte zufließen, so daß sich mit der Errichtung eines modernen Verkehrs- und Kommunikationssystems die tatsächliche Durchsetzungsfähigkeit des Staates auch in zuvor regierungsfernen Gebieten nachhaltig erhöhte. Die im Zeichen dieser Stärkung des Staates erfolgte gesellschaftliche Pazifizierung und politische Stabilisierung Mexikos war ihrerseits aber auch die zentrale Voraussetzung für das ja weitgehend durch das Auslandskapital induzierte und getragene wirtschaftliche Wachstum.

Wirtschaftswachstum und staatlich-administrative Zentralisierung bewirkten allerdings keineswegs gleichzeitig eine gesellschaftliche Modernisierung im Sinne zunehmender sozialer Integration und politischer Partizipation auch der unteren und mittleren Bevölkerungsschichten. Im Gegenteil wurden oligarchische Herrschaftsverhältnisse dadurch zementiert und ließen in Mexiko das eigentümliche Syndrom einer »konservativen Modernisierung« entstehen, deren Widersprüche nach der Jahrhundertwende die Entwicklung zunehmend bestimmen sollten. In zwei für die spätere Revolutionsentwicklung zentralen Bereichen lassen sich ihre Auswirkungen auf die politisch-gesellschaftliche Krise besonders klar aufzeigen: am Beispiel der Entwicklung des Nordens und der Veränderungen in der Landwirtschaft.

Am tiefgreifendsten wurde während des Porfiriats der Norden des Landes verändert. Bis ins letzte Viertel des 19. Jahrhunderts war der Norden eine periphere Grenzgesellschaft gewesen. Das Ende der Apachenkriege und die verkehrsmäßige Erschließung der Region durch die Fertigstellung der Eisenbahnlinie zwischen Mexico-City und den USA – beide Ereignisse fallen ins Jahr 1884 – führten zum allmählichen Verschwinden der nördlichen *frontier.* Politisch wurde der Norden nun zunehmend durch das Zentrum, ökonomisch durch die USA absorbiert. Die ausländischen Kapitalinvestitionen im Norden bewirkten nicht nur ein rasches wirtschaftliches und demographisches Wachstum, die immer enger mit dem Weltmarkt (insbesondere mit den USA) verflochtene nordmexikanische Wirtschaft wurde auch in zunehmendem Maße von internationalen Konjunkturschwankungen abhängig, wie vor allem die Krise in den Jahren nach 1907 deutlich erweisen sollte. Mit dieser Entwicklung verbunden war auch ein nachhaltiger sozialer Wandel, so etwa die Entstehung

einer neuen Mittelschicht, in deren Reihen gegen Ende des Porfiriats die politische Unzufriedenheit mit dem »geschlossenen« Herrschaftssystem unter Díaz eine besonders starke Resonanz finden sollte. Gesellschaftliche Pazifizierung und politische Zentralisierung bewirkten im Norden auch das Verschwinden traditioneller politisch-sozialer Solidarbeziehungen; an ihre Stelle trat nun zunehmend die politische und wirtschaftliche Unterwerfung der Unter- und Mittelschichten durch die regionale Oligarchie. So waren z. B. in Chihuahua die Hacendados nicht mehr, wie noch zur Zeit der Apacheneinfälle, auf die Unterstützung der bäuerlichen Militärkolonisten angewiesen; entsprechend schränkten sie nicht nur deren politische Autonomie drastisch ein, sondern begannen darüber hinaus ihre ehemaligen Partner auch wirtschaftlich, u. a. durch Enteignung ihres Landes, zu verdrängen. Schließlich führte die für das späte Porfiriat charakteristische Entstehung neuer, mit der Zentralregierung eng liierter Herrschaftscliquen in den Regionen auch im Norden zu einem wachsenden Inner-Elite-Konflikt, indem traditionelle Führungsgruppen verdrängt oder rivalisierende Politiker von einer Machtbeteiligung ausgeschlossen blieben.
Aus dieser Entwicklung des Nordens im Porfiriat resultierten unterschiedliche Konfliktfelder, die sich allerdings am Vorabend der Revolution immer mehr zu überlagern begannen: eine zunehmende soziale Unrast aufgrund der wirtschaftlichen Krise der Jahre nach 1907, bäuerliche Proteste gegen die Landenteignungspolitik der Oligarchie, wachsende politische Unzufriedenheit innerhalb der Mittelschichten gegen das versteinerte und zunehmend zentralistische Herrschaftssystem, Opposition regionaler Teileliten gegen die Machtzunahme der Zentralregierung und ihrer regionalen und lokalen Statthalter. Es erstaunt deshalb nicht, daß im Norden zwei Grundzüge die Revolution von Anfang an prägen sollten: die Tatsache, daß sämtliche Gesellschaftsklassen in ihr vertreten waren und der Umstand, daß der Kampf der »Peripherie« gegen das »Zentrum« eine ihrer wichtigsten Integrationsklammern bildete. In gewissem Sinne läßt sich denn auch die mexikanische Revolution durchaus als politische Eroberung des Landes durch den Norden, den Ausgangspunkt der mit Abstand wichtigsten Revolutionsbewegungen, verstehen.
Auch in der Agrarentwicklung des Porfiriats tritt das Syndrom einer »konservativen Modernisierung« immer deutlicher in Er-

scheinung. Entgegen den älteren Vorstellungen einer insgesamt »feudalen«, wirtschaftlich stagnierenden vorrevolutionären Haciendawirtschaft, haben jüngere Forschungen nicht nur eine zunehmende Kommerzialisierung, sondern auch eine erhebliche technisch-ökonomische Modernisierung in wachsenden Bereichen der mexikanischen Landwirtschaft nachgewiesen. Zwar war diese Modernisierung besonders ausgeprägt in der Export-Landwirtschaft sowie in jenen Sektoren, die – wie die Baumwoll- oder Zuckerproduktion – auf den nationalen Markt ausgerichtet waren; aber auch in zahlreichen Getreidehaciendas läßt sich im späten Porfiriat zumindest eine Teilmodernisierung feststellen. Die gesellschaftlichen Auswirkungen dieser Modernisierung waren indessen überwiegend regressiver Natur, insofern als davon einseitig die Großgrundbesitzer zu Lasten der Kleinbauern und Pächter profitierten. Insgesamt verlief die mexikanische Agrarentwicklung während des Porfiriats allerdings regional sehr unterschiedlich. Während sich etwa im Norden, u. a. angesichts alternativer Arbeitsmöglichkeiten für die Landarbeiter, die traditionellen Schuldknechtschaftsverhältnisse auf den Haciendas lokkerten, verschärften sich diese gleichzeitig auf den Sisalplantagen Yucatáns zu einer Art Quasi-Sklaverei. Überhaupt hat das ältere, pauschale Bild der vorrevolutionären Hacienda in den letzten Jahren eine bedeutsame Modifizierung und Differenzierung erfahren. Einerseits erwies sich die soziale Struktur dieser Güter als wesentlich komplexer als bisher angenommen, andererseits zeigte sich, daß die früher für die porfiristische Agrarentwicklung insgesamt als zentral erachtete Verdrängung der freien Dörfer durch die expandierenden Haciendas regional von sehr unterschiedlichem Gewicht war. Auch die bisher unterschätzte soziale Differenzierung innerhalb der Dörfer, d. h. die Entstehung einer prosperierenden bäuerlichen Mittelklasse, ist erst durch jüngere Regionaluntersuchungen nachgewiesen worden. Für den Revolutionshistoriker vermittelt dieses neue Bild der porfiristischen Agrarentwicklung vor allem auch wichtige Ansätze zur Erklärung des späteren Verlaufs der Revolution, insbesondere natürlich für die Aufschlüsselung der schwierigen Frage nach der bäuerlichen Beteiligung in den verschiedenen Revolutionsbewegungen.

Kapitel 1 skizziert die Entstehung des porfiristischen Regimes vor dem Hintergrund der jahrzehntelangen politischen Wirren,

außenpolitischen Konflikte und wirtschaftlichen Stagnation im Gefolge der Independencia. Bis in die 1880er Jahre gelang es Díaz, jene *pax porfiriana* zu begründen, also die gesellschaftliche Pazifizierung und politische Konsolidierung seiner Herrschaft einzuleiten, die auf mexikanischer Seite die zentralen Voraussetzungen für die in jenem Jahrzehnt einsetzenden massiven Auslandsinvestitionen in die mexikanische Wirtschaft darstellten.
Das daraus resultierende wirtschaftliche Wachstum und die damit verbundenen sozialen Veränderungen kommen in Kapitel 2 zur Sprache. Hatten die gesamten Auslandsinvestitionen in Mexiko im Jahre 1884 erst 110 Mio. Pesos betragen, so stiegen sie bis zum Ende des Porfiriats (1910) auf 3,4 Mrd. Pesos an, wobei in diesem Jahr die USA mit einem Anteil von knapp 40 % dieses Kapitals vor Großbritannien und Frankreich bereits die Führungsrolle übernommen hatten. Der Bergbau, die Erdölförderung, das Bankenwesen, beträchtliche Teile der in dieser Zeit entstehenden Leichtindustrie und – bis zur »Mexikanisierung« im Jahre 1908 – auch die Eisenbahnen wurden völlig vom Auslandskapital beherrscht. Die dadurch rasch anwachsende wirtschaftliche Abhängigkeit Mexikos vom Ausland wurde durch den primär auf die Verkehrsachsen zwischen Mexiko und den USA ausgerichteten Eisenbahnbau und die dadurch erreichte markante Steigerung des mexikanisch-amerikanischen Außenhandels noch verstärkt. Während Mexiko 1876, im Jahr der Machtübernahme durch Porfirio Díaz, erst über ein Eisenbahnnetz von knapp 700 Kilometer Länge verfügte, betrug dieses im Jahre 1900 schon fast 14000 Kilometer und im Jahre 1910 beinahe 20000 Kilometer.
Zwar waren die reinen Wachstumseffekte des Eisenbahnbaus im porfiristischen Mexiko beträchtlich, aber ein nachhaltiger Entwicklungsimpuls auf die mexikanische Industrie ging davon nicht aus, da praktisch sämtliche Ausrüstungsgüter für Bau und Betrieb der Eisenbahnen aus dem Ausland eingeführt wurden. Insofern wird man von einem ausgeprägt »kolonialen« Charakter des Eisenbahnbaus sprechen müssen, der durch die primäre Ausrichtung auf die Export- und Importinteressen noch akzentuiert wurde. Auch hinsichtlich der einseitigen Privilegierung des Großgrundbesitzes zu Lasten der Kleinbauern hatte der Eisenbahnbau im porfiristischen Mexiko, etwa im Unterschied zu jenem im nordamerikanischen *Middle West*, eindeutig sozialregressive Auswirkungen.
Die im Porfiriat entstehende Konsumgüterindustrie schließlich

erlebte zwar bis zur Jahrhundertwende unter Ausnützung der Substitutionseffekte einen gewissen Aufschwung, büßte aber danach ihre anfängliche Wachstumsdynamik bereits wieder ein. Jedenfalls konnte der Industriesektor nach der Jahrhundertwende nur noch wenige Arbeitskräfte zusätzlich absorbieren, so daß der Anteil der landwirtschaftlich Beschäftigten bis 1910 sogar wieder leicht anstieg.

Insgesamt ergab sich also eine höchst ungleichmäßige Entwicklung der mexikanischen Wirtschaft im Porfiriat: den dynamischen, vom Auslandskapital beherrschten Sektoren stand eine Binnenwirtschaft gegenüber, die – insbesondere in der traditionellen Getreidelandwirtschaft – nur ein schwaches Wachstum aufwies oder gar stagnierte. In den Augen der mexikanischen Führungsschicht bildete eine solche Entwicklung allerdings den einzigen gangbaren Weg zur angestrebten Modernisierung des Landes; darüber hinaus schien die wirtschaftliche Durchdringung Mexikos durch das Auslandskapital auch die Gefahr einer politisch-militärischen Unterwerfung, wie sie im frühen Porfiriat vor allem seitens der USA drohte, zu bannen. In der Tat bewirkte sie zunächst auch eine deutliche Verbesserung der außenpolitischen Beziehungen Mexikos zu den USA und den europäischen Großmächten. Auch in diesem Bereich verwandelten sich allerdings ihre anfänglichen Stabilisierungseffekte gegen Ende des Porfiriats eher in ihr Gegenteil. Insbesondere der Versuch der mexikanischen Regierung, die immer ausgeprägtere Abhängigkeit von den USA durch eine stärkere Begünstigung des europäischen (vor allem britischen) Kapitals zu »diversifizieren«, erwies sich letztlich als verhängnisvoll, machten die USA 1910/11 doch keinerlei Anstalten, das angeschlagene porfiristische Regime zu retten.

Was die sozialen Auswirkungen dieser wirtschaftlichen Entwicklung außerhalb der Landwirtschaft betrifft, so führten sie vor allem zu einer wachsenden gesellschaftlichen Differenzierung. Ein eigentliches Industrieproletariat entstand dabei allerdings erst in Ansätzen. Die Arbeiter im Bergbau, im Eisenbahnsektor und in der Leichtindustrie waren nicht nur gegenüber den Millionen von Bauern und Landarbeitern zahlenmäßig fast bedeutungslos, auch gegenüber den in Handwerk und Gewerbe Beschäftigten stellten sie noch eine deutliche Minderheit dar. Die frühe mexikanische Arbeiterbewegung wurde deshalb noch stark von traditionell-handwerklichen Elementen geprägt. Ideologisch zersplittert, in den modernen, ausländisch beherrschten Sektoren ausgesprochen nationalistisch und an einer eigenständigen Organisation durch mannigfache gesetzliche Verbote und Einschränkungen gehindert, suchte sie in der Regierung einen Protektor für ihre Anliegen; ohne großen Erfolg, wie die staatliche Repression der umfangreichen Streikbewegungen der Jahre 1905 und 1906 zeigte. Eine starke politische und gesellschaftliche Kraft stellte die mexikanische Arbeiterschaft am Vorabend der Revolution jedenfalls nicht dar, und es erstaunt deshalb auch nicht, daß sie erst im späteren Revolutionsverlauf – und auch dann nicht als autonomer Gestaltungsfaktor – ins politische Geschehen eingriff.

Eine markante Veränderung erfuhr im Porfiriat die Zusammensetzung der mexikanischen Mittelschicht. Während die Zahl der selbständigen Handwerker, Fuhrleute usw. zurückging, entstand – wie bereits erwähnt – vor allem im Norden eine neue Mittelklasse aus kleinen Geschäftsleuten, Rancheros, größeren Pächtern usw. Vor allem aber schwoll im Zusammenhang mit dem Ausbau des Staates die Zahl der Beamten und Regierungsangestellten gewaltig an. Diese Gruppe, am Ende des Porfiriats angesichts blockierter Aufstiegsmöglichkeiten und fallender Reallöhne besonders anfällig für politische Oppositionsbewegungen, umfaßte 1910 etwa zwei Drittel der sozial überaus heterogenen mexikanischen Mittelschicht.

Schließlich wird man eine – wenn auch kleine – Gruppe nicht übersehen dürfen, die man als »nationale Bourgeoisie« bezeichnen könnte. Diese Klasse war besonders stark im Norden vertreten. Gegen Ende des Porfiriats befand sie sich in einer zunehmenden wirtschaftlichen Konkurrenz mit dem Auslandskapital, während sie sich politisch von der eng mit diesem verflochtenen Científico-Bourgeoisie abhob, die ihrerseits die wichtigsten Regierungspositionen monopolisierte. Aus dieser Klasse der »nationalen Bourgeoisie« ging denn auch der Führer der Anti-Díaz-Bewegung und erste Revolutionspräsident, Francisco I. Madero, hervor.

Die angedeuteten wirtschaftlichen und sozialen Veränderungen betrafen die Sektoren außerhalb der Landwirtschaft. Angesichts des noch überwiegend agrarischen Charakters des vorrevolutionären Mexiko ist allerdings auch den gleichzeitigen Veränderungen im Agrarbereich Beachtung zu schenken. Kapitel 3 behandelt deshalb etwas genauer die landwirtschaftliche Modernisierung und die daraus resultierenden gesellschaftlichen Probleme. Die Grundzüge dieser Entwicklung wurden weiter oben bereits angedeutet. Auch die landwirtschaftliche Modernisierung verlief sehr ungleichmäßig, vor allem aber betraf sie die Lebens- und Arbeitsverhältnisse der einzelnen Gruppen von Groß-, Mittel- und Kleinbauern, Pächtern und Landarbeitern ganz unterschiedlich. Die am Beispiel von Morelos entwickelte Vorstellung, in ganz Mexiko sei es im Porfiriat zur Ausbildung eines bäuerlichen Revolutionspotentials gekommen, läßt sich jedenfalls nicht aufrechterhalten. Zwar führte in Morelos die wirtschaftliche Verdrängung der Dörfer durch den expandierenden Großgrundbesitz tatsächlich zu einer Situation, die dann einen fruchtbaren Boden für die spätere Bauernerhebung unter Emiliano Zapata abgeben sollte. Auch in anderen Gebieten, etwa in Chihuahua, kam es lokal oder regional zu Landkonflikten und bäuerlichen Protesten gegen Landenteignungen, aber eine generelle Bereitschaft der Bauern, für agrarische Zielsetzungen zu den Waffen zu greifen, wurde durch die porfiristische Agrarentwicklung nicht hervorgerufen. So erwies sich z. B. nicht nur die Institution der Hacienda in den revolutionären Bürgerkriegen als erstaunlich widerstandsfähig und stabil, auch in den meisten Gebieten außerhalb der zapatistischen Hochburgen spielte die Agrarfrage in der Anfangszeit der Revolution keine zentrale Rolle.

Als um so bedeutsamer sollten sich deshalb die allgemeinen Oligarchisierungstendenzen erweisen, die im Laufe des Porfiriats sowohl den Staat als auch die Gesellschaft erfaßten (Kapitel 4). Die Oligarchisierung der Staatsführung war eng mit dem bereits beschriebenen Prozeß der staatlichen Zentralisierung verbunden. Er wurde noch dadurch verschärft, daß sich das porfiristische Regierungssystem immer mehr zu einer Autokratie des Generals Díaz entwickelte, in welcher weder dem Parlament noch politischen Parteien oder anderen institutionellen politischen Gestaltungsfaktoren großes Gewicht zukam. Während die persönliche Herrschaft von Díaz im frühen Porfiriat die angestrebte politische Stabilisierung weitgehend erreichte, erwies sich die fehlende Institutionalisierung des Regimes mit der Zeit immer mehr als eine seiner großen Schwächen. Dies vor allem, nachdem im Gefolge des »Creelman-Interviews« von 1908 die politische Szene in Bewegung geriet und angesichts des Greisenalters von Díaz immer mehr das Nachfolgeproblem in den Vordergrund trat. Auch in den Staatsregierungen, dem Parlament, den Spitzen von Bürokratie und Armee kam es zu einer ausgeprägten Oligarchisierung, indem es im Kern stets der gleiche kleine Personenkreis war, der die politischen Schlüsselstellungen oder einträglichen Pfründen kontrollierte.

Dieser zunehmenden Versteinerung des politischen Systems, die von der Opposition als Politik des *carro completo* gebrandmarkt wurde, entsprach auch eine wachsende Oligarchisierung der Gesellschaft, vor allem auf regionaler Ebene. An der Scharnierstelle zwischen diesen beiden Prozessen standen die Científicos, die neue technokratische Regierungselite des späteren Porfiriats, die sich über die Kontrolle des Staates auch zu einer neuen, eng mit dem Auslandskapital verflochtenen Bourgeoisie entwickelte. Wie ihre Rivalen innerhalb des Regierungslagers, die mehr nationalistisch orientierten Militärs und gewisse Exponenten der liberaleren Oberschicht, strebten auch die Científicos nach 1908 eine Absicherung ihrer Macht über den abzusehenden Rücktritt von Díaz hinaus an, was schließlich im Vorfeld der Präsidentenwahlen von 1910 zu einer folgenreichen innenpolitischen Krise führen sollte.

Diese zunächst durch einen Konflikt innerhalb der politischen Elite ausgelöste Erschütterung des porfiristischen Regimes war allerdings nur *ein* Faktor in einem ganzen Bündel von Entwicklungen, die sich dem Historiker im nachhinein als allgemeine Ursachen der mexikanischen Revolution erschließen. Ihr Gewicht und ihre gegenseitige Verflechtung werden in Kapitel 5 näher erörtert. Die Bedeutung der Agrarfrage in den durch Landenteignungen besonders betroffenen Regionen wie etwa Morelos und (teilweise) Chihuahua wurde bereits erwähnt. In beiden Staaten kam es in der Schlußphase des Porfiriats zudem zu bedeutsamen politischen Verschiebungen, indem Exponenten der besonders bauernfeindlichen Oligarchie die Macht übernahmen und die Hoffnungen der Bauern auf eine legale, gewaltfreie Regelung ihrer Ansprüche dadurch einen schweren Schlag erlitten.

Eine allgemeinere soziale Krise rief dann vor allem der wirtschaftliche Konjunktureinbruch der Jahre nach 1907 hervor, der noch durch einen scharfen landwirtschaftlichen Produktionsrückgang im Gefolge langer Dürreperioden vertieft wurde. Über die durch die Rezession ausgelöste Kreditkrise wurden zwar auch die verschuldeten Großgrundbesitzer getroffen; es waren aber vor allem die Arbeiter und die untere Mittelschicht, die angesichts steigender Arbeitslosigkeit und fallender Reallöhne zu den Hauptopfern des Wirtschaftseinbruchs gehörten. Es ist leicht einzusehen, daß die dadurch ausgelöste soziale Unrast den gerade in diesem Zeitraum einsetzenden politischen Gärungsprozeß nachhaltig verstärkte.

Auch außenpolitisch geriet das porfiristische Regime in seiner Schlußphase – mehr unterschwellig zwar – unter zunehmenden Druck der USA. Bedeutsamer als die offenen diplomatischen Streitpunkte zwischen den beiden Ländern dürfte dabei die wachsende Entfremdung zwischen der Díaz-Regierung und den USA – sowohl der Administration als auch der nordamerikanischen Geschäftswelt – aufgrund der wirtschaftspolitischen Annäherung Mexikos an Europa und das europäische Auslandskapital gewesen sein.

Alle diese Entwicklungen vermochten zwar die vordergründige Stabilität des porfiristischen Regimes nicht in Frage zu stellen, wie die glanzvollen Zentenarfeiern der Independencia im Jahre 1910 aller Welt vor Augen führten, aber sie untergruben das Fundament der porfiristischen Herrschaft und beschleunigten ihren Zusammenbruch, als sich die Regierung eher unerwartet mit einer organisierten politischen Oppositionsbewegung und schließlich sogar mit lokalen Rebellionen konfrontiert sah.

Die unmittelbaren Auslösefaktoren, die 1910/11 zu dieser Situation führten, wurzelten in der politischen Entwicklung, die Díaz selber 1908 mit seinen Erklärungen über die Präsidentschaftswahlen von 1910 ausgelöst hatte. Die vom Präsidenten im »Creelman Interview« versprochenen demokratischen Freiheiten, die Rivalität zwischen Científicos und Anhängern des Generals Bernardo Reyes in der Nominierung des Vizepräsidentschaftskandidaten, vor allem aber die Entstehung einer breiten Anti-Wiederwahl-Bewegung, die der Kandidatur von Díaz jene von Francisco I. Madero entgegensetzte, führten zu einem Grad der politischen Mobilisierung in Mexiko, wie sie das Land seit Jahrzehnten nicht mehr erlebt hatte. Zwar wurde Díaz 1910 in den wie eh und je manipulierten Wahlen erneut zum Sieger ausgerufen, aber die Regierung ging noch einen Schritt weiter. Führende Exponenten des Maderismus, darunter Madero selber, wurden physisch verfolgt, was diese konservativen Honoratioren zwang, in den bewaffneten Widerstand zu gehen. Daraus sollte im Winter 1910/11 die erste Phase der mexikanischen Revolution hervorgehen.

1 Es wird im folgenden keineswegs beabsichtigt, die mexikanische Entwicklung etwa unter modernisierungstheoretischen Gesichtspunkten zu behandeln. Der Modernisierungsbegriff wird hier vielmehr in einem engeren Sinne auf bestimmte strukturelle Veränderungen im Bereich der Wirtschaft und des Staates angewandt, ohne damit – in der Art älterer Modernisierungstheorien – einen universellen gesellschaftlichen Prozeß mit tendenziell überall gleichen Auswirkungen zu unterstellen. Insbesondere wäre es verfehlt, im Falle Mexikos von einem teleologischen Modell »nordatlantischer Modernisierung« auszugehen und einen Gleichschritt von wirtschaftlicher und politisch-gesellschaftlicher Modernisierung (im Sinne zunehmender Demokratisierung und wachsender sozialer Integration auch der unteren Bevölkerungsschichten) anzunehmen. Im Gegenteil sind es gerade die aus bestimmten Modernisierungsschüben resultierenden politischen und gesellschaftlichen Krisen, also die sozial und politisch regressiven und destabilisierenden Effekte von Modernisierung, gemäß Barrington Moores Syndrom der »konservativen Modernisierung«, denen als strukturelle Voraussetzungen, als »causes lointaines« der mexikanischen Revolution, große Bedeutung beizumessen ist. – Für eine kritische Auseinandersetzung mit den älteren globalen Modernisierungskonzepten vgl. Hans Ulrich Wehler, *Modernisierungstheorie und Geschichte*, Göttingen 1975, insbes. S. 18-30. Eine differenzierte Anwendung von Modernisierungstheoremen könnte dagegen auch in der Revolutionsforschung durchaus fruchtbare Perspektiven erschließen, vgl. z. B. die Anregungen von Georg P. Meyer, *Revolutionstheorien*, S. 163-165, und Puhle, *Revolution*, S. 147 f. Eine überzeugende Anwendung des Krisenmodells (Identitätskrise, Legitimationskrise, Distributionskrise, Partizipationskrise, Dependenzkrise) auf die vorrevolutionäre Situation Argentiniens bei Waldmann, *Stagnation*, S. 164 ff. Zur »konservativen Modernisierung« vgl. Barrington Moore, *Soziale Ursprünge von Diktatur und Demokratie*, Frankfurt a. M. 1969. Dabei wird selbstverständlich keineswegs eine Identität der von Moore unter diesem Begriff untersuchten historischen Prozesse in Japan (und Deutschland) mit der mexikanischen Entwicklung im Porfiriat unterstellt.

Kapitel 1

Zur Entwicklung des unabhängigen Mexiko von der Independencia bis zur Begründung der »pax porfiriana«

Sucht man nach einer charakteristischen Signatur der über 30-jährigen Regierungszeit von Porfirio Díaz, so ist es die im Begriff der *pax porfiriana* ausgedrückte außergewöhnliche politische Stabilität und zunehmende gesellschaftliche »Pazifizierung« des Landes im Zeitraum zwischen 1876 und 1911. Die *pax porfiriana* war gleichermaßen eine der fundamentalen Voraussetzungen der primär auslandsinduzierten wirtschaftlichen und infrastrukturellen Modernisierung Mexikos als auch eine Folge dieses ökonomischen Wachstums- und Differenzierungsprozesses: Voraussetzung deshalb, weil damit die grundlegende Bedingung für die massiven ausländischen Kapitalinvestitionen gelegt wurde; Folge insofern, als die durch die neue wirtschaftliche Prosperität angewachsenen Staatseinnahmen den Aufbau eines effizienteren Verwaltungs- und Polizeiapparates zur Aufrechterhaltung der inneren Ruhe und Ordnung ermöglichten. Diese – politische Stabilität und ökonomisches Wachstum verkörpernde – *pax porfiriana* war eine grundlegend neue Erscheinung in Mexikos damals mehr als fünfzigjähriger Geschichte als unabhängiger Nation. Sie ist deshalb auch erst vor dem Hintergrund der vorangegangenen Jahrzehnte voller innenpolitischer Wirren, wirtschaftlicher Stagnation und militärischer Niederlagen gegen die in Mexiko intervenierenden Armeen ausländischer Mächte ganz zu ermessen. Einige Stichworte sollen deshalb diese Entwicklung seit der Independencia kurz andeuten.

Nirgendwo in Lateinamerika ist durch die antikoloniale Unabhängigkeitsbewegung das koloniale Erbe in seinen essentiellen Merkmalen überwunden worden.[1] In Mexiko stand die Erklärung der Unabhängigkeit im Jahre 1820 allerdings ganz im Zeichen der ausdrücklichen Konsolidierung der kolonial geprägten Gesellschaftsordnung gegen die liberalen Reformversuche der kurzlebigen spanischen Revolutionsregierung unter Riego. Anders als im spanisch-amerikanischen Bereich außerhalb Perus (Rio de la Plata, Chile, Venezuela, Kolumbien) hatte nämlich der auch in

Mexiko – wenn auch schwächer – bestehende Gegensatz zwischen Kreolen und Europa-Spaniern bald einer gemeinsamen, sozialkonservativen Allianz Platz gemacht, als sich nach 1810 eine ursprünglich kreolisch inspirierte Unabhängigkeitsbewegung rasch zu einem indianischen Massenaufstand mit unverkennbar sozialrevolutionären Zielsetzungen entwickelte. Die Loyalität der kreolischen Oberschicht zu Spanien entsprang deshalb vor allem ihrer Furcht vor gesellschaftlichen Umwälzungen, die dann auch durch das vereinte militärische Vorgehen von Kreolen und Spaniern gegen die indianischen Aufständischen abgewehrt werden konnten. Nachdem aber 1820 die in Spanien erneut in Kraft gesetzte Verfassung von Cádiz die Privilegien sowohl der kreolischen Aristokratie wie auch der katholischen Kirche bedrohte, zögerten diese Gruppen nicht, diesmal – wiederum in sozialkonservativer Absicht – die Unabhängigkeit von Spanien zu proklamieren.

Die kolonial geprägte Gesellschaftsstruktur, nicht zuletzt die soziale und wirtschaftliche Machtposition der Kirche, blieben so auch im unabhängigen Mexiko erhalten, um so mehr als die im »Plan von Iguala« verkündete politische und zivilrechtliche Gleichstellung von Spaniern, Kreolen und Indios diese letzteren der kolonialrechtlich-tutelären Sonderbestimmungen entblößte und damit die sozialen Ungleichheiten tendenziell weiter verschärfte. Soziale, vor allem agrarisch motivierte Konflikte sollten denn auch für mehr als ein Jahrhundert die Geschichte des unabhängigen Mexiko wie ein roter Faden durchziehen.[2]

In politischer Hinsicht standen die Chancen für die Errichtung einer das gesamte mexikanische Territorium erfassenden, stabilen Staatsgewalt ebenfalls schlecht. Nicht nur ging dem neuen Staat die Tradition politischer Selbstverwaltung ab, wie sie etwa die britischen Kolonien Nordamerikas ausgezeichnet hatte; es fehlten auch weitgehend jene sozialen Klassen, die z. B. als Exportproduzenten oder Industrielle naturgemäß ein großes Interesse an der Errichtung eines starken, zentralistischen Staates gehabt hätten.[3]

Die wichtigsten Machtfaktoren in den ersten Jahrzehnten nach der Unabhängigkeit – d. h. die noch vornehmlich für den lokalen Markt produzierenden und insofern weitgehend autarken Großgrundbesitzer, die katholische Kirche, der ungefähr die Hälfte des mexikanischen Bodens gehörte, und die aus den Unabhängigkeitskriegen hervorgegangene, jedoch keiner eigentlichen Staatsloyalität verpflichtete Armee – waren unter diesen Umständen weder willens noch fähig, nach dem Fortfall der spanischen Imperialautorität eine neue, starke Regierungsgewalt zu begründen. Vielmehr gewannen in dieser Situation regionalistische Tendenzen erneut die Oberhand; lokale und regionale Machthaber – in den ersten Jahren nach der Independencia meist ehemalige Insurgentenführer – zögerten nicht, bei jeder Gelegenheit Truppen gegen eine mißliebige Regierung auszuheben und diese mit Waffengewalt zu stürzen.[4] Eine chronische politische Instabilität war die Folge, die sich u. a. darin ausdrückte, daß in den ersten drei Jahrzehnten des unabhängigen Mexiko, d. h. bis 1850, sich 50 verschiedene, überwiegend aus Militärrevolten hervorgegangene Regierungen ablösten, von denen nicht weniger als elf unter der Präsidentschaft des Generals Santa Anna standen.[5]

Verschärft wurde diese Labilität der politischen Verhältnisse noch durch ein mächtig angeschwollenes Bandenwesen, das in Zentralmexiko vor allem mit der permanenten Aushebung und Auflösung von Armeetruppen zusammenhing, während es in den nördlichen Grenzregionen zu einem verstärkten Wiederaufleben von Indianerkriegen gegen die weißen Siedler, bzw. in der *guerra de castas* gegen die weiße Aristokratie Yucatáns kam. Dieser innenpolitischen Schwäche entsprach eine nicht minder ausgeprägte außenpolitische Anfälligkeit gegenüber wirtschaftlichen und militärischen Interventionen fremder Mächte. Zwar gelang es Mexiko Ende der 1820er Jahre, eine geplante spanische Wiedereroberung zu verhindern, aber die damit verbundene Ausweisung der Europaspanier beraubte Mexiko gleichzeitig bedeutender Kapitalien, was die Handels- und Kapitalpenetration englischer, französischer, deutscher und nordamerikanischer Kaufleute und Investoren entscheidend begünstigte. Mexiko gelangte so nicht nur zunehmend unter die vor allem britische Wirtschaftsdominanz; es verlor im Gefolge des mexikanisch-amerikanischen Krieges von 1846/48, der nach der nordamerikanischen Annexion von Texas im Jahre 1845 ausgebrochen war, im Friedensvertrag von Guadalupe Hidalgo (1848) mit den Territorien Texas, Nuevo México und Nueva California auch mehr als die Hälfte seines damaligen Staatsgebietes an seinen nördlichen Nachbarn, den *coloso del Norte*.

Die politisch-sozialen Unruhen und die außenpolitische Schwäche waren von einer nicht minder ausgeprägten wirtschaftlichen Stagnation begleitet, die sowohl auf die Bevölkerungsverluste und die Kapitalzerstörungen während des Unabhängigkeitskrieges als auch auf die fehlende politisch-soziale Stabilität und das im Niedergang befindliche Verkehrssystem in den ersten Jahrzehnten nach der Independencia zurückzuführen war. Die Silberproduktion war im Vergleich zum Jahrzehnt vor den Unabhängigkeitskriegen stark zurückgegangen; auch die landwirtschaftliche und die gewerbliche Produktion waren zwischen 1810 und 1820 auf die Hälfte bzw. auf ein Drittel zusammengeschrumpft, um sich in den folgenden Jahrzehnten nur langsam zu erholen. Dagegen hatte die unabhängige Nation eine Staatsschuld von 70 Mio. Pesos geerbt, welche durch chronisch defizitäre Staatshaushalte noch vergrößert wurde, was Mexiko in die Hände vor allem ausländischer *Agiotistas* fallen ließ. Auch die Anstrengungen zum Aufbau einer eigenen Textilindustrie, u. a. durch die Gründung einer Art früher Entwicklungsbank, des *Banco de Avío*, blieben unter diesen Umständen ohne durchschlagenden Erfolg und vermochten der noch ganz in den Anfängen steckenden, rachitischen Leichtindustrie keine dauerhaften Entwicklungsimpulse zu verleihen.

Um die Mitte des 19. Jahrhunderts, drei Jahrzehnte nach erlangter Unabhängigkeit, befand sich das territorial soeben halbierte Mexiko somit in jeder Beziehung in einem desolaten Zustand. Vor diesem Hintergrund ist es nicht erstaunlich, daß das folgende Vierteljahrhundert im Zeichen eines vornehmlich von der nachdrängenden Mittelschicht getragenen politisch-gesellschaftlichen Modernisierungsversuchs stand, der aber durch die daraus resultierende Polarisierung der politischen Kräfte in ein liberal-antiklerikales und ein konservativ-klerikales Lager die innenpolitischen Widersprüche vertiefte und das Land erneut in den Bürgerkrieg stürzte, der noch durch die Landung eines starken französischen Expeditionskorps in den 60er Jahren und den dadurch bewirkten nationalen Befreiungskrieg verschärft wurde.

Vor allem durch die häufigen Armeebildungen während der Unabhängigkeits- und der nachfolgenden Bürgerkriege hatte sich aus den Reihen der oft aus der Unterschicht oder der unteren Mittelschicht stammenden Truppenführern eine – vornehmlich mestizische – Mittelschicht herausgebildet, die auf politischem Gebiet die Vormachtstellung der alten grundbesitzenden Aristokratie in Frage zu stellen begann und die über die Erringung staatlicher Machtpositionen auch einen gesellschaftlichen Aufstieg anstrebte. Darüber hinaus war in den Städten eine zwar zahlenmäßig noch kleine, bei der politischen Passivität der großen Bevölkerungsmehrheit aber dennoch bedeutsame intellektuelle Mittelschicht von Advokaten, Journalisten, Priestern, Angestellten usw. entstanden, die sich in zwei großen politischen Gruppierungen, den Liberalen und den Konservativen, zu organisieren begannen. Während die Konservativen mit Unterstützung der gesellschaftlichen Oberschicht und der katholischen Kirche der kolonial-hispanischen Tradition verhaftet blieben und einen autoritär-zentralistischen Staat ohne demokratische Mitwirkung des Volkes anstrebten, waren die Liberalen auf das französische und noch mehr auf das nordamerikanische Verfassungsmodell ausgerichtet, strebten sie eine repräsentative Demokratie und einen föderalistischen Staatsaufbau, ein Zurückdämmen des Einflusses der katholischen Kirche, eine Verringerung der Armeebestände und die Verwirklichung liberaler Vorstellungen im Bereich der Arbeits- und Wirtschaftsverhältnisse und der Volksbildung an.

Im Jahre 1855 gelang es den Liberalen, den abgewirtschafteten Diktator Santa Anna, den Exponenten der Konservativen, zu stürzen und eine Regierung zu bilden, in welcher der Advokat Benito Juárez, ein zapotekischer Indio, eine führende Rolle übernahm.

Schon die ersten von den Liberalen erlassenen Gesetze, die sich hauptsächlich gegen kirchliche Privilegien, mit dem Desamortisationsgesetz (Ley Lerdo) aber nicht nur gegen das Kirchenland, sondern auch gegen den Gemeinbesitz indianischer *comunidades* richteten, stießen auf die Opposition der konservativ-klerikalen Kräfte. Es war aber vor allem die neue Verfassung von 1857, welche das allgemeine Wahlrecht verankerte, die bürgerlichen Rechte garantierte, die Freiheit der Lehre, der Wirtschaft, der Arbeit und der Assoziation anerkannte und den Staat zur Republik mit repräsentativ-demokratischem und föderalistischem Aufbau erklärte, welche – insbesondere durch ihre antiklerikalen Bestimmungen – den offenen, bewaffneten Widerstand der Konservativen auslöste. Der daraus resultierende, dreijährige und erbittert geführte Bürgerkrieg zwischen Konservativen und Liberalen bewirkte auch eine Radikalisierung dieser letzteren, die – jetzt unter der Führung von Benito Juárez – 1859 die sogenannten *Leyes de Reforma* über die Nationalisierung der Kirchengüter, die Aufhebung der Klöster und allgemein die Unterwerfung der Kirche unter den Staat erließen. 1861, nach den Niederlagen der konservativen Heere, konnte sich die liberale Regierung unter Juárez wieder in der Hauptstadt niederlassen, hatte aber noch immer gegen die aktive Guerrilla der Konservativen zu kämpfen, deren politische Führer nun auch nach ausländischer Militärunterstützung für ihre Sache Ausschau hielten. Hinzu kam, daß die durch den Krieg noch angewachsenen finanziellen Schwierigkeiten die Regierung Juárez zwangen, im Juli 1861 den Schuldendienst gegenüber Mexikos internationalen Gläubigern einzustellen, was im Oktober 1861 zur »Konvention von London« führte, nach der sich England, Frankreich und Spanien zur gewaltsamen Eintreibung der geschuldeten Zahlungen verpflichteten. Die inneramerikanische Konstellation schien einem solchen Vorhaben günstig, waren die USA doch durch ihren eigenen Bürgerkrieg an einem möglichen Widerstand gegen eine solche Aktion im Zeichen der »Monroe-Doktrin« gehindert. Tatsächlich zogen sich – nach der ersten Landung der europäischen Interventionstruppen in Veracruz – aber die Engländer und Spanier nach Verhandlungen mit der mexikanischen Regierung zurück, so daß sich das französische Expeditionskorps allein zur militärischen Eroberung Mexikos anschickte, die jetzt allerdings nicht mehr nur die Schuldeneintreibung, sondern – mit Unterstützung der konservativen mexikanischen Verbündeten – den Sturz der liberalen Regierung und die Errichtung eines monarchischen Systems zum Ziele hatte. In der Person Maximilians von Habsburg fand Napoleon III. einen europäischen Fürsten, der bereit war, die ihm von den konservativen Notabeln Mexikos angetragene Kaiserkrone anzunehmen. Im Mai 1864 landete Maximilian unter dem Schutz der französischen Besatzungstruppen in Mexiko, aber obwohl der neue Monarch persönlich durchaus liberalen Vorstellungen zuneigte, fand er im breiten Volk keine Unterstützung. Als nach dem Ende des amerikanischen Bürgerkrieges die USA Druck auf die Franzosen zum Abzug ihrer Truppen auszuüben begannen und überdies die wachsende deutsch-französische Kriegsgefahr Napoleon zum Abbruch seines imperialistischen Abenteuers in Mexiko zwang, war das Los der »Imperialisten« besiegelt. Ohne die französische Unterstützung brach das Kaiserreich unter den Angriffen der mit der nationalen Befreiung identifizierten liberalen Armeen rasch

zusammen. Maximilian wurde im Juni 1867 füsiliert, die Liberalen stellten unter Juárez die Republik wieder her.
Mit der sogenannten *República restaurada* setzt nach einer Konvention der mexikanischen Historiker die »moderne Geschichte«, die *Historia moderna de México*, ein.[6] Zwar bestanden jetzt, nach der militärischen Ausschaltung der mit dem »Kaiserreich« identifizierten Konservativen und der erfolgreichen Überwindung der ausländischen Intervention, welche Mexiko zudem die außenpolitische Unterstützung der USA eingetragen hatte, bessere Voraussetzungen für die Errichtung stabiler politischer Verhältnisse als je zuvor in der Geschichte des unabhängigen Mexiko. Aber auch das knappe Jahrzehnt der *República restaurada* blieb von schweren innenpolitischen Konflikten, Militärerhebungen und schließlich dem gewaltsamen Sturz der Regierung nicht verschont.[7] Dies hing mit der nach wie vor bestehenden strukturellen Schwäche des politischen Systems zusammen, das in der Verfassung von 1857 zwar eine demokratisch-repräsentative Form erhalten hatte, das aber angesichts der bestehenden sozialen Verhältnisse, der außerordentlich hohen Analphabetenrate und der markanten politischen Passivität der großen Bevölkerungsmehrheit nur geringe gesellschaftliche Repräsentanz beanspruchen konnte. Politik blieb so die Angelegenheit kleiner Zirkel innerhalb des liberalen Lagers, in welchem rasch Spannungen zwischen der die Regierungsgewalt monopolisierenden Gruppe um Juárez und Lerdo de Tejada und den bei der Verteilung einflußreicher Positionen zu kurz gekommenen ehemaligen liberalen Führern aufbrachen, insbesondere bestimmten Generälen wie z. B. Porfirio Díaz.
Juárez' Politik des Abbaus der durch Bürger- und Interventionskrieg aufgeblähten Armeebestände mußte die Rebellionsbereitschaft dieser Kreise, ihren *espíritu levantisco*, nur noch verstärken, um so mehr als die kriegsgeschädigte und ihres internationalen Kredits beraubte Wirtschaft den zehntausenden von demobilisierten Soldaten keine wirtschaftlich attraktiven Alternativen zu bieten hatte. Vorwände für eine Militärerhebung gegen die Regierung ließen sich leicht finden, konnte doch auch den Regierungen unter Juárez und, nach dessen Tod im Jahre 1872, unter Lerdo Verfassungsumgehungen und – mit einigem Recht – die Absicht vorgeworfen werden, sich in ihren Machtstellungen festzusetzen, entgegen der verfassungsmäßig vorgeschriebenen, zeitlich begrenzten Amtsdauer. Vor diesem Hinter-

grund ist die auch vor Waffengewalt nicht zurückschreckende Politik liberaler Oppositionsgruppen gegen die Regierungen Juárez und Lerdo zu sehen. Am folgenreichsten sollten dabei die militärischen Aufstände des ehemaligen liberalen Kriegshelden Porfirio Díaz sein; der erste Aufstandsversuch gegen Juárez war zwar noch kläglich gescheitert, der zweite von 1876 gegen Juárez' Nachfolger Sebastián Lerdo de Tejada war indessen von Erfolg gekrönt und sollte die mehr als dreißigjährige Herrschaft von Díaz über Mexiko einleiten.

In der historischen Rückschau erscheint – insbesondere im Vergleich mit den vorangegangenen Jahrzehnten – diese Herrschaftszeit von Porfirio Díaz, das *Porfiriato*, als eine Periode außerordentlicher politischer Stabilität und wirtschaftlichen Aufschwungs. Porfirio Díaz benötigte allerdings, wie Daniel Cosío Villegas in seinen detaillierten Untersuchungen gezeigt hat, mehr als ein Jahrzehnt, um sich als unangefochtener Machthaber auf nationaler Ebene durchzusetzen.[8] Die Einzelheiten dieser Entwicklung können hier nicht wiedergegeben werden; lediglich einige grundsätzliche Aspekte dieses mit dem Aufstieg von Díaz verbundenen politischen Stabilisierungsprozesses sollen hier kurz beleuchtet werden.

Der Erfolg der von Díaz angeführten »Revolution von Tuxtepec« brachte eine Gruppe von neuen Männern an die Macht, die sich vor allem als militärische Führer der Liberalen während der Bürgerkriege der *Reforma* und des Interventionskrieges ausgezeichnet hatten, die aber unter den Regierungen von Juárez und Lerdo nach 1867 bei der Verteilung der Staatsämter, Pfründen und Ehrenauszeichnungen nicht oder – gemessen an ihren Erwartungen – nur ungenügend zum Zuge gekommen waren. Der gemeinsame Nenner ihrer Gegnerschaft zum neuen juaristisch-lerdistischen Regime war deshalb vornehmlich persönliche Frustration über ihre Elimination aus dem neuen Herrschaftszirkel; ein klares politisches Alternativkonzept ging diesen politisch meist völlig unerfahrenen neuen Männern ab, sieht man von der allgemeinen Devise des porfiristischen Aufstandes nach »Nicht-Wiederwahl« des Präsidenten und der Staatsgouverneure ab. Aus dieser Situation ergaben sich rasch Spannungen und Rivalitäten zwischen den »Tuxtepecanos«, die leicht zu einer neuerlichen Phase von Bürgerkriegen und politischer Instabilität hätten führen können. Unter diesen Umständen kam dem politischen Geschick von Díaz große Bedeutung zu. Auch er war, wie die meisten Führer des erfolgreichen Aufstandes, ein typischer Emporkömmling aus bescheidenen sozialen Verhältnissen, der zwar eine erfolgreiche Karriere als Guerrillaführer und Militärbefehlshaber hinter sich hatte, der aber nur über eine geringe formale Bildung verfügte und dessen politische Laufbahn unter Juárez und Lerdo kläglich gescheitert war.[9] Dementsprechend beschränkte sich sein politisches Programm denn auch auf die später berühmt gewordene, den porfiristischen Regierungsstil charakterisierende Devise »Menos política, más administración!« (Weniger Politik, mehr Verwaltung!), die natürlich in hohem Maß auch seinen militärisch-autoritären Ordnungsvorstellungen entsprach. Daß es Porfirio Díaz unter diesen Umständen gelang, sich durchzusetzen, war auf seinen sicheren politischen Instinkt, vor allem aber auch – wie Cosío Villegas betont – auf seine intime Kenntnis der mexikanischen Provinz wie auch der Mentalität seiner Waffengefährten zurückzuführen: Fähigkeiten also, die es ihm, in deutlichem Kontrast zu seinen zivilen, hauptstädtisch ausgerichteten Vorgängern ermöglichten, seine durch Machtrivalitäten schon bald uneinig gewordene Gefolgschaft zu dominieren. Hinzu kam, daß die noch wachen Erinnerungen an die jahrzehntelangen Wirren der Bürger- und Interventionskriege wie auch die militärischen *pronunciamientos* unter Juárez und Lerdo den Aufstieg einer starken, Ruhe und Ordnung verheißenden Führerpersönlichkeit begünstigten.

Dennoch verlief dieser Prozeß, wie erwähnt, keineswegs rasch und reibungslos, sondern zunächst zögernd und in verschiedenen Phasen. Nach Ablauf seiner ersten Präsidentschaft im Jahre 1880 konnte es sich Díaz, der ja unter dem Banner der »Nicht-Wiederwahl« von Präsident und Gouverneuren angetreten war, jedenfalls noch nicht leisten, diese Verfassungsbestimmung einfach zu ignorieren. Einer seiner Waffengefährten, General Manuel González, löste ihn deshalb mit seiner Unterstützung zwischen 1880 und 1884 im Präsidentenamt ab. 1884 gewann Díaz erneut die Präsidentschaftswahlen, aber erst 1888 hatte er seine Machtposition so gefestigt, daß er eine Verfassungsänderung durchsetzen konnte, welche seine unbeschränkte Wiederwahl bis zum Jahr 1910 ermöglichte.

In dieser frühen Phase des Porfiriats, d. h. bevor noch die indirekten Stabilisierungseffekte des durch ausländische Investitionen induzierten Wirtschaftsaufschwungs wirksam werden konnten, kam der persönlichen Herrschaftstechnik von Díaz eine

1 Der greise Porfirio Díaz gegen Ende seiner Präsidentschaft

2 Modernisierung der Hauptstadt um die Jahrhundertwende: Inbetriebnahme der ersten elektrischen Straßenbahn

3 Hacienda im Staate Morelos

4 Typisches Dorf im zentralen Hochland

5 Kadetten in Galauniform

6 Die *rurales*, die berittene Polizeitruppe von Díaz

7 Cananea zur Zeit des Streiks von 1906

8 Streikende Bergarbeiter in Cananea

9 Streikende Textilarbeiter in Río Blanco, 1907

10 Von den Streikenden in Brand gesetzte Arbeiterhäuser in Río Blanco

11 Francisco I. Madero auf seiner Hacienda in Parras, Coahuila

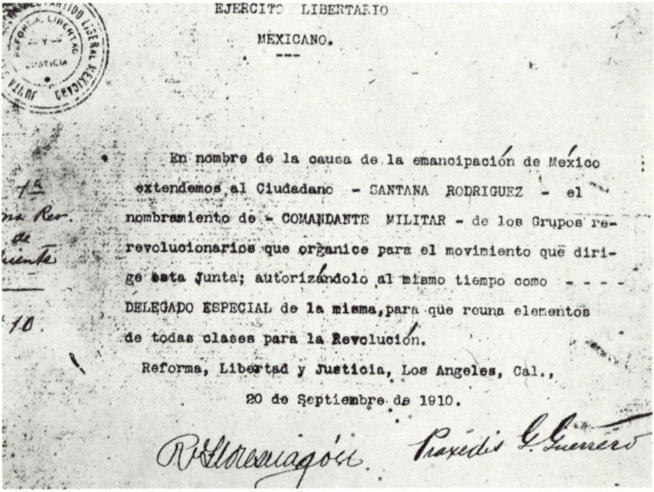

EJERCITO LIBERTARIO

MEXICANO.

En nombre de la causa de la emancipación de México extendemos al Ciudadano - SANTANA RODRIGUEZ - el nombramiento de - COMANDANTE MILITAR - de los Grupos re-revolucionarios que organice para el movimiento que dirige esta Junta; autorizándolo al mismo tiempo como - - - - DELEGADO ESPECIAL de la misma, para que reuna elementos de todas clases para la Revolución.

Reforma, Libertad y Justicia, Los Angeles, Cal.,

20 de Septiembre de 1910.

R Flores Magón. Práxedis G. Guerrero

12 »Ernennungsurkunde« der Liberalen Partei: Santana Rodríguez wird zum militärischen Anführer in Veracruz ernannt

zentrale Bedeutung zu. Diese Technik läßt sich mit den Schlagworten »Konziliationsstrategie« sowie Politik des *pan o palo* (Zuckerbrot oder Peitsche) charakterisieren, welche sich gegenseitig ergänzten. Die porfiristische Konziliationspolitik war darauf ausgerichtet, die unzufriedenen Fraktionen innerhalb des liberalen Lagers, aber auch die nach 1867 ausgeschalteten konservativen Kräfte der Kirche, der Landaristokratie, des Militärs usw. an das neue Regime zu binden, sei es, daß z. B. die antiklerikalen Verfassungsbestimmungen zwar nicht aufgehoben, aber zunehmend lascher angewandt wurden oder daß den alten Konservativen nicht nur ihr Eigentum geschützt, sondern auch wieder wachsender politischer Einfluß eingeräumt wurde. Diese porfiristische Konziliationspolitik mit der konservativ-kirchenfreundlichen Oberschicht fand auch eine gemeinsame Interessengrundlage im raschen Aufstieg der porfiristischen Führungsschicht aus bescheidenen sozialen Verhältnissen in die wirtschaftlich-gesellschaftliche Elite des Landes.[10]

Einen ähnlichen Stabilisierungseffekt hatte Díaz' Politik des *pan o palo*, die gerade auch gegen gefährliche Machtrivalen aus dem eigenen Lager angewandt wurde. Díaz schreckte zwar vor gewaltsamem Vorgehen gegen seine Feinde nicht zurück, wählte in der Regel aber eher den Weg ihrer politischen Neutralisierung durch finanzielle Bestechung, Verleihung staatlicher Pfründen usw. Auf diese Weise gelang es ihm zwar nicht, die *cacicazgos*, d. h. die Machtbereiche lokaler oder regionaler Bosse, überhaupt zum Verschwinden zu bringen, wohl aber, diese *caciques* auf persönliche Loyalität ihm gegenüber zu verpflichten, bzw. ihre Machtfülle dadurch zu beschränken, daß er in kritischen Gliedstaaten z. B. den Gouverneur und den Militärbefehlshaber der Bundestruppen gegeneinander ausspielte. Wie im Abschnitt über den inneren Aufbau des porfiristischen politischen Systems noch genauer zu zeigen ist, sollte sich diese personalistische, ganz auf die nationale Führerfigur Díaz ausgerichtete Grundkonstruktion des porfiristischen Herrschaftssystems gegen Ende von Díaz' Herrschaft zwar als ein zentraler politischer Krisenfaktor erweisen, zunächst aber gelang es Díaz auf diese Weise, unter seiner Herrschaft eine politische Stabilität bisher unbekannten Ausmaßes zu erreichen.

Der Verweis auf das politische Geschick von Díaz reicht indessen zur Erklärung der politischen Stabilität des Porfiriats, insbesondere seit den späten 80er Jahren des 19. Jahrhunderts, nicht aus.

Vielmehr wird man in diesem Faktor gewissermaßen den Katalysator sehen müssen, der seit den 80er Jahren einen sich gegenseitig bedingenden und verstärkenden Prozeß von (vornehmlich auslandsinduziertem) Wirtschaftswachstum und Ausbau der Infrastruktur einerseits, fortschreitender politisch-gesellschaftlicher Stabilisierung durch verstärkte staatliche Penetration in zuvor regierungsperiphere Bereiche andererseits in Gang setzte. Politisch-administrative Reformen des neuen Regimes zur Aufrechterhaltung von Ruhe und Ordnung und zur verwaltungsmäßigen Durchdringung auch abgelegener Gebiete gingen dabei Hand in Hand mit dem Ausbau der Eisenbahnverbindungen und der Errichtung eines modernen Kommunikationssystems (Telegraf, Telefon), welche die Kontrolle der Bundesregierung über die Staatsgouverneure und indirekt auch die Distriktchefs, die *jefes políticos*, überhaupt erst möglich machte.

Diese zunehmende politische Kontrolle der nationalen Exekutive – d. h. in letzter Instanz von Porfirio Díaz persönlich – über den Regierungs- und Verwaltungsapparat des Landes soll am Beispiel zweier neu geschaffener bzw. unter Díaz reorganisierter Institutionen der Verwaltung und der Polizei kurz beleuchtet werden. Durch die unter Díaz erreichte politische Unterwerfung der Staatsgouverneure unter die nationale Exekutive gelang es dieser auch, die von den Gouverneuren ernannten *jefes políticos*, die Distriktsvorsteher, unter ihre unmittelbare Kontrolle zu bringen. »Es waren diese Beamten, welche Díaz erlaubten, eine beträchtliche administrative Kontrolle über die lokalen Regierungseinheiten auszuüben und auf diese Weise politische Entscheidungen wirksamer als frühere Regierungen durchzusetzen.«[11]

Parallel zu diesem Ausbau der *jefaturas políticas*, denen auf Distriktsebene praktisch sämtliche Verwaltungsaufgaben von der Aufrechterhaltung von Ruhe und Ordnung bis zum Steuereinzug übertragen waren, kam es 1880 zu einer Reorganisation und Verstärkung der von Juárez 1861 ins Leben gerufenen berittenen Landpolizei, der *rurales*. Die *rurales*, von ihrer Ausrüstung, ihrer hohen Mobilität und ihrem *esprit de corps* her eine Elitetruppe, verdankten ihre Privilegien und ihre weitgehende Unabhängigkeit im porfiristischen Staatsapparat vor allem der absoluten Loyalität gegenüber Porfirio Díaz, der mit dieser Truppe nicht nur ein Machtinstrument gegenüber möglichen Rebellionen von Armeeteilen in die Hand bekam, sondern auch ein wirksames

Instrument zur Aufrechterhaltung von Ruhe und Ordnung selbst in abgelegenen ländlichen Gebieten Mexikos. Die Hauptaufgabe der *rurales* war die Bekämpfung des Bandenwesens, schloß aber auch den Einsatz gegen bäuerliche Revolten oder Arbeiterstreiks wie allgemein gegen alle Manifestationen politischer Unzufriedenheit mit dem Díaz-Regime mit ein. Obwohl nicht klar zu ermessen ist, welchen Beitrag die *rurales* an die Pazifizierung des ländlichen Mexiko während des Porfiriats tatsächlich leisteten und wie stark andere Faktoren an der in dieser Zeit spürbaren Verminderung gewaltsamer ländlicher Konflikte mitwirkten, trug die Aktivität und die Präsenz der *rurales* zweifellos dazu bei, »dem Land auf internationaler Ebene den Ruf besonderer Stabilität einzutragen.«[12] Man kann die hier angedeutete politische Stabilisierung und den parallel dazu verlaufenden Aufbau eines effizienteren Verwaltungsapparates auch als eine beträchtliche Festigung der »Autoritätsstruktur« der porfiristischen Regierung verstehen, die zweifellos den wichtigsten Beitrag des porfiristischen Regimes an den seit den 80er Jahren einsetzenden wirtschaftlichen Aufschwung darstellte. Denn mehr als in den übrigen staatlichen Initiativen zur Förderung des wirtschaftlichen Wachstums, wie etwa in der Ausrichtung staatlicher Subsidien an den Eisenbahnbau, bestimmten Steuervergünstigungen, der Abschaffung der Binnenzölle oder den Maßnahmen auf dem Währungs- und Kreditsektor wird man in der politisch-gesellschaftlichen Stabilität Mexikos unter der Herrschaft von Porfirio Díaz, d. h. in der Herstellung eines günstigen Investitionsklimas, eine zentrale Voraussetzung für ein wirtschaftliches Wachstum sehen müssen, das hier ja ganz überwiegend durch massive Auslandsinvestitionen ausgelöst wurde.[13] Zwar ist klar, daß dieser Prozeß nicht einseitig aus einer auf die innermexikanische Entwicklung beschränkten Perspektive erfaßt werden kann, entsprang doch das massive Eindringen von Auslandskapital nach Mexiko seit den 1880er Jahren allgemein den Kapitalanlagebedürfnissen der industrialisierten Länder Westeuropas und der USA, die sich gerade in diesen Jahren in einem gesteigerten wirtschaftlich-politischen Expansionismus im Zeichen eines alle unterentwickelten Regionen zunehmend durchdringenden formellen oder informellen Imperialismus äußerten.[14] Dennoch waren die innenpolitischen Veränderungen und außenpolitischen Neuorientierungen des frühen Porfiriats, wie sich etwa am Beispiel der nordamerikanischen Investitionen erweist, von gro-

ßer Bedeutung für die Einleitung dieses Prozesses ausländischer Wirtschaftsdurchdringung des Landes.[15]
Nachdem die auslandsinduzierte wirtschaftliche Modernisierung Mexikos einmal in Gang gekommen war, verstärkte sie zunächst naturgemäß die politisch-gesellschaftliche Stabilität des Landes, und zwar nicht nur infolge gesteigerter Interventionsmöglichkeiten des Staates aufgrund höherer Staatseinnahmen aus einer prosperierenden Wirtschaft, sondern auch wegen des vitalen Ordnungsinteresses des Auslandskapitals und der betreffenden ausländischen Regierungen, allen voran der USA – ein Vorgang, der sich übrigens seit der zweiten Hälfte des 19. Jahrhunderts auch in anderen, ebenfalls von dieser vornehmlich auslandsinduzierten wirtschaftlichen Modernisierung erfaßten Ländern Lateinamerikas feststellen läßt.
Bevor im fünften Kapitel aufzuzeigen ist, wie sich die in dieser Form der porfiristischen Modernisierung angelegten politischen und sozialen Spannungen schließlich immer mehr in Krisenfaktoren des porfiristischen Regimes verwandelten, soll nun die wirtschaftlich-gesellschaftliche Entwicklung Mexikos im Porfiriat in groben Umrissen skizziert werden.

1 Vgl. Stanley und Barbara Stein, *The Colonial Heritage of Latin America – Essays on Economic Dependence in Perspective*, New York, Oxford UP, 1970.
2 Jean Meyer, *Problemas campesinos y revueltas agrarias (1821-1910)*, México 1973.
3 Vgl. Friedrich Katz, *Deutschland, Díaz und die mexikanische Revolution – Die deutsche Politik in Mexiko 1870-1920*, Berlin 1964, S. 30.
4 Zum allgemeinen Problem dieser caudillistischen Herrschaftsformen im Gefolge der lateinamerikanischen Unabhängigkeitskriege vgl. jetzt den guten Überblick von Peter Waldmann, Caudillismo als Konstante der politischen Kultur Lateinamerikas? in P. Waldmann (Hg.), *Gewalt in Lateinamerika*, Köln-Wien 1978.
5 Die folgenden Ausführungen sollen lediglich den Hintergrund der »pax porfiriana« knapp skizzieren. Zur Entwicklung Mexikos in den ersten Jahrzehnten nach der Unabhängigkeit vgl. u. a. Hugh M. Hamill, *The Hidalgo Revolt*, Gainesville 1966; Günter Kahle, *Militär und Staatsbildung in den Anfängen der Unabhängigkeit Mexikos*, Köln-Wien 1969; Charles A. Hale, *Mexican Liberalism in the Age of Mora, 1821-1853*, New Haven 1968; Francisco López Cámara, *La estructura económica y social de Méxixo en la época de la Reforma*, México 1967; Walter V.

Scholes, *Mexican Politics during the Juárez Regime, 1855-1872*, New York 1957.

6 Dies ist der Obertitel des von Daniel Cosío Villegas herausgegebenen monumentalen Werkes über die mexikanische Geschichte von 1867-1911. Die ersten drei Bände der »Historia moderna de México« sind der »República restaurada«, die folgenden sechs dem »Porfiriato« gewidmet.

7 Vgl. Daniel Cosío Villegas, *La República restaurada. La vida* política, México 1959; Luis González y González u. a., *La República restaurada. La vida social*, México 1956; Francisco R. Calderón, *La república restaurada. La vida económica*, México 1965.

8 Daniel Cosío Villegas, *El Porfiriato. La vida política interior, I*, México 1970.

9 Über Porfirio Díaz vgl. neben den zahlreichen Studien von Cosío Villegas u. a. José C. Valadés, *El porfirismo: historia de un régimen*, 2 Bde., México 1941/48; Ralph Roeder, *Hacia el México moderno: Porfirio Díaz*, 2 Bde, México 1973.

10 Eine gute Beschreibung von Díaz' Konziliationspolitik findet sich bei Francisco Bulnes, *El verdadero Díaz y la Revolución*, México 1967 (1920), S. 90.

11 Robert L. Delorme, *The Political Basis of Economic Development: Mexico, 1884-1911, A Case Study*, unveröffentl. Diss., University of Minnesota 1968, S. 84 f.

12 Paul J. Vanderwood, Los Rurales: Producto de una necesidad social, in *Historia Mexicana XXII/1*, 1972, S. 34-51, hier S. 50. Vanderwood betont vor allem auch die psychologische Abschreckungsfunktion dieses Landpolizeikorps: »... auf diese Weise wurden die *rurales* ein vitaler psychologischer Faktor in der Begründung und Aufrechterhaltung der Ordnung in weiten Teilen des mexikanischen Territoriums«, S. 51. Ausführlicher dazu Paul J. Vanderwood, *The Rurales: Mexico's Rural Police Force, 1861-1914*, unveröffentl. Diss., University of Texas/Austin 1970.

13 Diese staatliche Funktion für das wirtschaftliche Wachstum im porfiristischen Mexiko erörtert eingehend Delorme, *The Political Basis*, auf der Grundlage des theoretischen Konzepts von Robert T. Holt und John E. Turner, *The Political Basis of Economic Development*, Princeton 1966.

14 Damit soll keineswegs einer monokausal ökonomischen Interpretation des modernen Imperialismus in seiner formellen wie – vor allem in Lateinamerika – informellen Ausprägung das Wort geredet werden. Zur Erörterung der vielfältigen, allerdings eng mit den Wachstumsschwankungen der Industrienationen und ihren wirtschaftlichen, politischen, gesellschaftlichen sowie ideologischen Auswirkungen zusammenhängenden Ursachen vgl. z. B. den von Hans-Ulrich Wehler herausgegebenen Band *Imperialismus*, Köln 1970.

15 Vgl. David M. Pletcher, México, campo de inversiones norteamericanas: 1867-1880, in *Historia Mexicana II/4*, 1953, S. 564-574, der nicht nur,

neben der fehlenden verkehrsmäßigen Erschließung und dem Zollproblem, der Frage der »allgemeinen Unsicherheit des Lebens und des Eigentums« im vorporfiristischen Mexiko für das Ausbleiben amerikanischer Investitionen große Bedeutung beimißt, sondern auch auf die bis 1880 gespannten außenpolitischen Beziehungen zwischen Mexiko und den USA verweist. Während sich Díaz zu Beginn seiner ersten Präsidentschaft noch nordamerikanischen Investitionen widersetzte, gelangte er aufgrund der durch Grenzstreitigkeiten verursachten Kriegsgefahr gegen 1880 immer mehr zur Überzeugung, »daß das einzige Mittel gegen den politischen Imperialismus der Vereinigten Staaten deren wirtschaftlicher Imperialismus sei« (!), S. 571. 1880 erfolgt denn auch die Verleihung von zwei großen Eisenbahnkonzessionen an amerikanische Investoren. Die damit massiv einsetzenden nordamerikanischen Investitionen müssen allerdings, wie Pletcher betont, auch vor dem Hintergrund der inneramerikanischen Entwicklung gesehen werden: »1880 hatten sich verschiedene Faktoren zugunsten der Investitionen in Mexiko verbunden. Der Nordosten der USA hatte sich von der Krise von 1873 erholt und neue Vitalität gewonnen, verbunden mit einer Zunahme des verfügbaren Kapitals, welches im amerikanischen Westen oder im Ausland investiert werden konnte. Die südlichen Staaten, vor allem Texas, hatten die Anfangsphase der *Reconstruction* überwunden und konnten nach neuen Märkten Ausschau halten«, S. 572.

Kapitel 2

Auslandsinvestitionen, wirtschaftliches Wachstum und soziale Veränderungen

Vor dem Hintergrund der stagnierenden Wirtschaft Mexikos im ersten halben Jahrhundert nach erlangter Unabhängigkeit war das charakteristische Merkmal der porfiristischen Wirtschaft ihr stetiges, verhältnismäßig starkes Wachstum.[1] Es betrug in der Periode zwischen 1877 und 1910/11 durchschnittlich 2,7 % pro Jahr und erreichte im letzten Jahrzehnt porfiristischer Herrschaft zwischen 1900 und 1910 gar 3,3 % jährlich, bei einem Bevölkerungswachstum von durchschnittlich 1,4 % zwischen 1877 und 1910 und einer leicht abgeschwächten Zunahme von 1,1 % im Jahrzehnt zwischen 1900 und 1910.[2] Diese Aggregatzahlen sagen allerdings noch wenig über das besonders rasche Wachstum der im porfiristischen Modernisierungsprozeß zentralen Sektoren der Rohstoffproduktion- und ausfuhr, sowie in geringerem Maße der verarbeitenden Industrie aus. Während nämlich das durchschnittliche jährliche Wachstum des Sozialproduktes in den Jahren 1877/78 bis 1900/01 2,1 % erreichte, belief sich das Wachstum des Bergwerkssektors in der gleichen Periode auf 7,3 % pro Jahr und jenes der landwirtschaftlichen Exporte auf 6,1 % pro Jahr (bei einem landwirtschaftlichen Wachstum von insgesamt lediglich 0,5 %), während die verarbeitende Industrie eine jährliche Wachstumsrate von 2,8 % aufwies.[3] Bereits diese Zahlen spiegeln ein markant ungleichmäßiges Wachstum der verschiedenen Wirtschaftssektoren wider: während ein großer Teil der noch immer zentralen, für den Binnenmarkt produzierenden Getreidelandwirtschaft stagnierte oder in ihrer Produktion sogar zurückfiel, wiesen die »modernen«, d. h. auf landwirtschaftlichen und mineralischen Export ausgerichteten Sektoren ein überaus dynamisches Wachstum auf.

Dieses für die porfiristische Wirtschaft charakteristische Wachstumsmuster hing aufs engste mit den seit den 1880er Jahren rasch anschwellenden ausländischen Kapitalinvestitionen zusammen. Während die ausländischen Investitionen in Mexiko im Jahre 1884 erst etwa 110 Mio. Pesos erreichten, machten sie im Jahre 1911 mehr als 3,4 Mrd. Pesos aus, die sich ungefähr zu 38 % auf die USA, zu 29 % auf Großbritannien und zu knapp 27 % auf

Frankreich verteilten, während die restlichen 16 % vor allem auf Deutschland, Holland und andere europäische Länder entfielen.[4] Die zeitlichen Investitionsschübe der einzelnen Länder wiesen dabei gewisse Unterschiede auf: die britischen Direktinvestitionen nahmen vor allem zwischen 1880 und 1890 außerordentlich stark von 9,2 Mio. £ auf 38,5 Mio. £ und dann wieder zwischen 1900 und 1911 von 40,4 Mio. £ auf 90,7 Mio. £ zu.[5] Demgegenüber wiesen die französischen und die nordamerikanischen Investitionen ein stetigeres Wachstum auf, wobei allerdings in beiden Fällen ebenfalls eine starke Zunahme der Investitionen im letzten Jahrzehnt der porfiristischen Herrschaft (1900–1910) festzustellen ist. So wuchsen die französischen Investitionen (direkte und indirekte) von 15 Mio. Francs 1879 auf 545 Mio. Francs 1898 und 1,675 Mrd. Francs 1911, während die nordamerikanischen Direktinvestitionen von 30 Mio. US-$ 1883 auf 257 Mio. US-$ 1896, 502 Mio. 1902 und 1,008 Mrd. US-$ 1911 anstiegen.[6]

Grundlage und wichtigste Voraussetzung dieses in seinen quantitativen Aspekten grob umrissenen wirtschaftlichen Wachstums Mexikos unter dem Porfiriat, wie auch wichtigster Investitionssektor für das Auslandskapital insbesondere bis zur Jahrhundertwende, bildete der Eisenbahnbau.[7]

Bei der Machtübernahme durch Porfirio Díaz hatte Mexiko über ein Eisenbahnnetz von knapp 700 km Länge verfügt, im wesentlichen die Linie entlang der traditionellen Verkehrs- und Handelsachse zwischen dem Hafen von Veracruz und der Hauptstadt. Im Jahre 1885 betrug die Schienenlänge bereits 6000 km, 1900 fast 14000 km und im Jahr 1910 war das Eisenbahnnetz auf beinahe 20000 km angewachsen. Dabei kam den Verbindungen zwischen der Hauptstadt und den Häfen des Golfs von Mexiko sowie vor allem den neuen süd-nördlichen Linien, die Mexico-City mit den USA verbanden und die neuen Minen- und Landwirtschaftszonen des Nordens erschlossen, zentrale Bedeutung zu. Die Ausrichtung des Eisenbahnnetzes folgte zwar hauptsächlich den traditionellen Verbindungswegen und Saumpfaden, dennoch bedeutete die geographische Orientierung des hauptsächlich von Amerikanern und Briten (wenn auch mit staatlichen mexikanischen Subventionen) gebauten Eisenbahnnetzes die wichtigste Voraussetzung für die kapital- und handelsmäßige Penetration des Landes durch das Ausland.[8] Obwohl Mexiko eines der wenigen lateinamerikanischen Länder war, in welchem der

Eisenbahnbau schließlich die wichtigsten Landesregionen miteinander verband, er sich also nicht, wie etwa in Chile, Brasilien oder Zentralamerika auf die Anlage von Stichbahnen beschränkte, war das Eisenbahnnetz doch ganz vorwiegend auf den Exportsektor und nur am Rande auf den Inlandsmarkt ausgerichtet, wie auch der deutsche Gesandte Wangenheim im Jahre 1906 feststellte.[9]

Der extrem nach außen gerichtete Charakter der mexikanischen Eisenbahnen äußerte sich nicht nur im überwiegenden Exportanteil ihrer Fracht, in der kapitalmäßigen Beherrschung durch ausländische Eisenbahngesellschaften (bis zur »Mexikanisierung« der Eisenbahnen in den Jahren 1907/08) und dem damit verbundenen massiven Abfluß von Zinsen, Dividenden usw. ins Ausland, sondern vor allem auch in den fehlenden Impulsen auf eine eigenständige Industrialisierung des Landes; »fast alle industriell hergestellten Güter für den Eisenbahnbau wurden aus den USA, Großbritannien, Deutschland und Frankreich eingeführt, ohne auf irgend eine Weise die Industrialisierung des Landes durch rückwärtige Kopplungseffekte anzuregen.«[10] Wenn somit auch der längerfristige *Entwicklungs*impuls des Eisenbahnbaus gering war, so trifft dies allerdings keineswegs auf den *Wachstums*beitrag des Eisenbahnsektors zu, im Gegenteil. Wie Coatsworth berechnet hat, war nämlich der Wachstumseffekt der Eisenbahnen im porfiristischen Mexiko angesichts fehlender alternativer Transportwege, insbesondere schiffbarer Binnengewässer, wesentlich höher als etwa in den USA, Großbritannien oder dem zaristischen Rußland, erreichte er doch insgesamt etwa die Hälfte des gesamten wirtschaftlichen Wachstums während des Porfiriates.[11]

Mit dem seit den 1880er Jahren nach Mexiko einströmenden Auslandskapital und dem parallel dazu verlaufenden Eisenbahnbau waren die Grundlagen für ein wirtschaftliches »Wachstum nach außen« (Prebisch) geschaffen worden, wie es im späten 19. und frühen 20. Jh. nicht nur das porfiristische Mexiko, sondern auch andere lateinamerikanische Exportwirtschaften wie z. B. Brasilien, Argentinien, Chile oder Uruguay charakterisierte. Diese Tendenz spiegelt sich besonders deutlich in den Veränderungen des Umfangs und der Zusammensetzung des mexikanischen Außenhandels während des Porfiriates wider. Insgesamt stiegen die mexikanischen Exporte während dieser Zeit um das Sechsfache an, während sich die Importe um mehr als das

Dreifache erhöhten.[12] Vor allem aber änderte sich auch die Zusammensetzung der ein- und ausgeführten Güter. Während bei den Importen 1872/73 Textilien noch 58 % der Gesamteinfuhr ausgemacht hatten, fiel ihr Anteil bis 1889/90 unter dem Einfluß der Importsubstitution durch die mexikanische Textilindustrie auf 22 %.[13] Gleichzeitig stieg bis 1910/11 der Anteil von Kapitalgütern, Rohstoffen und Halbfabrikaten an den mexikanischen Importen stark an. Auf der Exportseite zeichnete sich eine ähnliche Diversifizierung ab. 1877/78 stellten die traditionellen Edelmetallausfuhren (insbesondere Silber) noch fast zwei Drittel des Gesamtexportes dar, 1910/11 hatte sich ihr Anteil auf 46,4 % verringert, während die Ausfuhren von Kupfer, Blei, Erdöl sowie landwirtschaftlichen Rohstoffen wie Sisal und Gummi rasch anwuchsen.[14]

Diese Veränderungen waren Ausfluß des starken Aufschwungs der modernen mexikanischen Bergwerkswirtschaft im Porfiriat, die – anders als die kapitalschwachen und noch weitgehend traditionell betriebenen mexikanischen Silberminen – fast ausschließlich von ausländischen Unternehmen kontrolliert wurde, die in diesem Sektor (inkl. Erdölförderung) 1911 27,2 % des gesamten Auslandskapitals investiert hatten.[15] Verfügten nordamerikanische Unternehmen im Bergbau mit 61,7 % der ausländischen Investitionen über eine beherrschende Stellung, so gelang es den Briten, in der Erdölproduktion die Amerikaner in den letzten Jahren der porfiristischen Herrschaft von der Spitze zu verdrängen, kontrollierten sie doch 1911 55 % des im Erdölsektor investierten Auslandskapitals mit einem Anteil von 58 % der gesamten Produktion.[16] Diese Schwergewichtsverlagerung zugunsten des britischen Kapitals nach 1908 war auf eine eindeutige Favorisierung des britischen Pearson-Konzerns gegenüber seinem nordamerikanischen Rivalen durch die mexikanische Regierung zurückzuführen – eine Politik, deren Brisanz sich während des Ausbruchs und des weiteren Verlaufs der mexikanischen Revolution noch nachhaltig erweisen sollte.

Im Gegensatz zur außerordentlich dynamischen Exportwirtschaft konnte sich die auf den Binnenmarkt ausgerichtete verarbeitende Industrie weit weniger entwickeln. Dies hing vor allem mit der Tatsache zusammen, daß sich in Mexiko nur ansatzweise eine industrielle Unternehmerklasse herausbildete, daß das ausländische Kapital nur in geringem Umfang im Industriesektor investierte, ja die mexikanische Industrie vielmehr einem starken ausländischen Konkurrenzdruck ausgesetzt war und daß schließlich die soziale Struktur des Landes der Entfaltung einer auf den Binnenmarkt ausgerichteten Industrie enge Grenzen setzte.

Zwar waren durch die liberale Gesetzgebung der Reforma, die Desamortisation der Kirchengüter und vor allem durch die mit dem Eisenbahnbau und der 1896 erfolgten Aufhebung der Binnenzölle *(alcabalas)* erreichte zunehmende Kommerzialisierung des Landes grundlegende Voraussetzungen für eine kapitalistische Entwicklung geschaffen worden, aber die mexikanischen Kapitalbesitzer wagten nur selten den Schritt zur modernen Fabrikproduktion.[17] Viele der durch die Desamortisation begünstigten Neureichen folgten dem traditionellen sozialen Aufstiegskanal und wurden zu Großgrundbesitzern. Daneben übte nach wie vor der Handel eine starke Anziehungskraft aus und absorbierte einen Großteil des mexikanischen Kapitals. Aus der Landwirtschaft und dem Handel gingen zwar auch mexikanische Industriebetriebe hervor, sei es in der Verarbeitung landwirtschaftlicher Rohstoffe wie Zucker oder Tabak, sei es durch die mit dem Handel verbundene Produktion von Textilien, welche sich aus einer Art Verlagssystem entwickelt hatte; die moderne, fabrikmäßige Industrie war aber, insbesondere auch auf dem Textilsektor, vornehmlich das Werk ausländischer Unternehmer und z. T. auch ausländischen Kapitals.[18] So waren es z. B. vorwiegend französische Unternehmer, welche die moderne Baumwollindustrie aufbauten, nachdem die ebenfalls hauptsächlich von Franzosen kontrollierte Textileinfuhr angesichts der protektiven Wirkung des Preiszerfalls von Silber – der mexikanischen Währungsgrundlage vor 1905 – auf immer größere Schwierigkeiten gestoßen war.[19] Vor allem in den 90er Jahren des 19. Jahrhunderts erlebte die mexikanische Industrie durch Ausschöpfung der Import-Substitutionseffekte einen starken Aufschwung sowie eine gewisse Diversifizierung über die nach wie vor zentralen Sektoren der Textil-, Lebensmittel- und Tabakindustrie hinaus u. a. auf die Bereiche der Glas-, Zement- und Eisenwarenproduktion.[20] Sieht man von dem einzigen im Porfiriat gegründeten Stahlwerk ab, so gelang der mexikanischen Industrie allerdings weder der Durchbruch zu einer Schwer- und Grundstoffindustrie noch zu metallverarbeitenden Betrieben oder einer eigenen Rüstungsindustrie. Hier zeigte sich die extreme außenwirtschaftliche Abhängigkeit Mexikos besonders deutlich: obwohl zwischen 1886 und 1910 71 % der industriellen Investitionen ausländisch kontrolliert (wenn auch z. T. mexikanischen Ursprungs) waren, machten die ausländischen Investitionen im Industriesektor 1911 lediglich 3,9 % des gesamten Auslandskapitals aus.[21] Darüber hinaus waren die politisch-wirtschaftlichen Verbindungen der Científicos zur europäischen (vornehmlich französischen) Rüstungsindustrie viel zu eng, als daß Mexiko an den Aufbau einer eigenen Rüstungsindustrie gedacht hätte.[22]

Obwohl die industrielle Wachstumsrate zwischen 1900 und 1910 mit 3,6 % jährlich leicht über jener des Zeitraums zwischen 1877/78 und 1900/01 von 2,8 % lag, büßten zahlreiche mexikanische Industrien seit der Jahrhundertwende ihre anfängliche Wachstumsdynamik ein, nachdem die Substitutionseffekte der zuvor eingeführten Waren erschöpft waren.[23] Eine Ausweitung des Binnenmarktes für Konsumgüter scheiterte nämlich weitgehend an der sozialen Struktur des Landes mit seiner ungünstigen, »seigneurialen« Einkommensverteilung, die sich im Verlauf des porfiristischen Wachstumsprozesses noch verschärfte und damit die Zahl potentieller Käufer niedrig hielt.[24] Das relativ geringe industrielle Wachstum, verbunden mit der Einführung einer verhältnismäßig kapitalintensiven Technologie und einer zunehmenden Unternehmenskonzentration, bewirkte, daß der Industriesektor nach der Jahrhundertwende immer weniger Arbeitskräfte absorbieren konnte, was gegen Ende des Porfiriates zu einer Verschärfung der sozialen Krise führen sollte.

Während des Porfiriates erhielt die mexikanische Wirtschaft außerhalb der traditionellen Getreidelandwirtschaft also unbestreitbar starke Wachstumsimpulse, aber gleichzeitig war diese fast ganz auf den Export ausgerichtete wirtschaftliche Entwicklung in höchstem Maße ungleichgewichtig und extern kontrolliert, übte doch ausländisches Kapital am Ende des Porfiriates in sämtlichen strategischen Sektoren wie den Eisenbahnen (bis 1908), dem Bergwerkssektor, der Erdölförderung, dem Bankwesen, der Elektrizitätswirtschaft und der verarbeitenden Industrie eine beherrschende Rolle aus.[25] Bevor die wirtschaftliche und gesellschaftliche Entwicklung im Agrarsektor während des Porfiriates etwas eingehender darzustellen ist, sollen noch kurz einige soziale Auswirkungen der wirtschaftlichen Modernisierung Mexikos in diesen Jahrzehnten zur Sprache kommen.

Eisenbahnbau, verbesserte Kommunikation allgemein und die Entstehung regionaler Investitionsschwerpunkte führten im Porfiriat zu demographischen Verlagerungen und sozialen Veränderungen, die – entsprechend der Ungleichgewichtigkeit der wirtschaftlichen Entwicklung – das Land allerdings ganz unterschiedlich berührten, vor allem aber im Norden ausgeprägt waren. Wegen der besonderen Bedeutung des Nordens im späteren Revolutionsgeschehen seien hier einige dieser Veränderungstendenzen in der nördlichen Wirtschaft und Gesellschaft stichwortartig angedeutet.

Durch die ganze Kolonialzeit und bis weit ins 19. Jahrhundert war dem Norden gegenüber dem dicht besiedelten zentralen Hochland nur periphere Bedeutung zugekommen. Das weitgehende Fehlen einer seßhaften Indiobevölkerung führte hier zur ethnischen und kulturellen Dominanz von Weißen und Mestizos, während wirtschaftlich die klimatisch bedingte, extensive Viehzucht vorherrschte. Daneben prägten verstreute Minenenklaven, d. h. die Bergbaugebiete zur Förderung von Edelmetallen, die Wirtschaftslandschaft. Als ein entscheidender Katalysator zur raschen wirtschaftlichen und sozialen Veränderung des Nordens sollten sich dann gegen Ende des 19. Jahrhunderts die nordamerikanischen Investitionen im Bergbau, insbesondere zur Gewinnung von Buntmetallen, erweisen. Diese Investitionen machten den Bau von Eisenbahnen zum Transport der Erze notwendig und gaben gleichzeitig der Landwirtschaft, die die rasch anwachsende Bevölkerung zu versorgen hatte, wichtige Wachstumsimpulse. Im Unterschied zur *mesa central* profitierte hier neben dem schon häufig recht modernisierten Großgrundbesitz auch eine zunehmende Zahl unabhängiger mittlerer Landwirte, die Rancheros, von einem expansiven Absatzmarkt für ihre Produkte. Auch der Handel und andere Dienstleistungsbereiche wurden vom allgemeinen wirtschaftlichen Aufschwung begünstigt und ließen neben der ländlichen Mittelschicht der Rancheros und größeren Pächter auch eine zahlenmäßig nicht unbedeutende städtische Mittelschicht von Kleinhändlern, Transportunternehmern, Angestellten, Lehrern usw. entstehen, die dann als soziale Gruppe in der nördlichen Revolutionsbewegung nach 1913 eine zentrale Rolle spielen sollte.

Der Aufschwung neuer nördlicher Wirtschaftsregionen drückte sich auch im spektakulären Wachstum einiger städtischer Zentren des Nordens aus. Torreón z. B., als Zentrum der Baumwollregion der Laguna, zählte 1892 noch 200 Einwohner, 1900 bereits 23190 und 1910 43382 Bewohner. Cananea, der Ort der gleichnamigen nordamerikanischen Kupfermine in Sonora, entwickelte sich von 100 Einwohnern im Jahre 1891 auf 14841 im Jahre 1910.[26] Vergleicht man diese Zahlen mit den stagnierenden oder gar rückläufigen Bevölkerungszahlen gewisser Städte auf dem zentralen Hochland, so wird die ungleichgewichtige Entwicklung der mexikanischen Wirtschaft und Gesellschaft während des Porfiriates besonders deutlich.[27]

Nicht nur ökonomisch war diese Grenzgesellschaft allerdings weit weniger nach dem südlichen Verwaltungszentrum Mexico-City als nach den USA ausgerichtet, auch kulturell und in ihrem sozialen Verhaltensmuster tendierten zumindest die nördlichen Mittel- und Oberschichten eher zur Übernahme eines *american way of life*. Wie ein französischer Reisender am Ende des Porfiriates berichtete, wurden etwa die Sonorenser als die »mexikanischen Yankees« bezeichnet, »wegen ihres ausgeprägten Sparsinns und ihren engen Beziehungen zu den Amerikanern. Praktisch alle Familien der Handels- und Grundbesitzerklasse senden ihre Kinder auf Schulen in den Vereinigten Staaten«.[28] Nordamerikanische ideologische Einflüsse sollten sich denn auch mit aller Deutlichkeit in der späteren nördlichen Führungsschicht der Revolutionsbewegung feststellen lassen.

Allgemein waren unter den sozialen Auswirkungen der wirtschaftlichen Entwicklung im Porfiriat die Veränderungen in der Beschäftigungsstruktur von besonderer Bedeutung, d. h. vor allem die Entstehung einer (sozial allerdings sehr heterogenen) Arbeiterschaft außerhalb der Landwirtschaft sowie das Anwachsen und die zunehmende Differenzierung der Mittelschicht.

Entsprechend dem besonderen Charakter der porfiristischen Wirtschaftsentwicklung kann man in Mexiko indessen nicht von der Formation einer einheitlichen, »modernen« Industriearbeiterklasse sprechen. Zwar wies der Zensus von 1910 bereits 195000 Arbeiter (gegenüber 43000 im Jahre 1873) aus, welchen noch 79000 Bergarbeiter zuzurechnen sind, doch zeigt sich die zahlenmäßige Schwäche dieser Gruppe von Arbeitern in modernen Produktionszweigen, wenn man sie mit den Millionen landwirtschaftlicher Arbeitskräfte vergleicht.[29] Noch immer stellten die mehr als eine halbe Million zählenden Handwerker eine deutliche Mehrheit aller in Industrie und Gewerbe Beschäftigten dar, obwohl das Handwerk, wie sich besonders

deutlich in der Textilwirtschaft zeigte, durch die einsetzende Industrialisierung immer mehr in seiner Existenz bedroht wurde.[30]
Dieser numerischen Schwäche der industriellen Arbeitskräfte entsprach auch eine ausgesprochene soziale Heterogenität und ideologische Zersplitterung der mexikanischen Arbeiterschaft insgesamt. Eher als von einem eigentlichen Industrieproletariat, das erst ansatzweise in bestimmten Regionen und Produktionszweigen im Entstehen begriffen war, wird man von einer stark handwerklich-bäuerlich geprägten Arbeiterschaft sprechen müssen, die auch die später entstehende Arbeiterbewegung entsprechend ideologisch prägte.[31] Hinzu kam, daß gerade die wirtschaftlich fortgeschrittensten Sektoren, wie z. B. der nordmexikanische Bergbau (aber auch die Eisenbahnen) ausländisch kontrolliert waren, was einen starken nationalen Gegensatz zwischen den im allgemeinen die unteren Positionen einnehmenden Mexikanern und den ausländischen Kadern und Unternehmensleitungen hervorbrachte. Diese Situation führte von Anfang an zu einer stark nationalistischen Komponente in der Ideologie der entstehenden mexikanischen Arbeiterbewegung.
Das allgemeine Streik- und Organisationsverbot unter der porfiristischen Herrschaft wie auch die zahlenmäßige Schwäche und das noch kaum ausgebildete Klassenbewußtsein unter den Arbeitern verhinderten zwar nicht – wie weiter unten noch zu zeigen ist – heftige und z. T. blutig niedergeschlagene Arbeitskonflikte, wohl aber die Ausbildung eigentlicher Gewerkschaften zur kollektiv organisierten Durchsetzung höherer Löhne und besserer Arbeitsbedingungen; vielmehr ließ die Schwäche der mexikanischen Arbeiterschaft sie nach Protektoren in der Regierung Ausschau halten, die ihnen zwar einen gewissen patriarchalischen Schutz gewähren mochten und die auch die Bildung mutualistischer Arbeitervereine duldeten oder sogar förderten, andererseits aber die Organisation unabhängiger, auf sich selbst gestellter Gewerkschaften von vorneherein verhinderten.[32] Man wird in diesem Charakterzug einer nichtautonomen, von der Staatsführung bereits in hohem Maße abhängigen, sozial heterogenen und zahlenmäßig schwachen Arbeiterbewegung mit einem vielfältigen, stark anarchosyndikalistisch geprägten ideologischen Spektrum zweifellos eine wichtige Wurzel für die spätere Entwicklung der mexikanischen Arbeiterorganisationen während der Revolution sehen müssen, die ja gerade durch die Verstärkung

des tutelären Verhältnisses zwischen Regierung und Arbeiterschaft gekennzeichnet war.
Im Gefolge der porfiristischen Wirtschaftsentwicklung ergaben sich auch bedeutsame Veränderungen innerhalb der mexikanischen Mittelschicht.[33] Einerseits nahm zwar etwa die Zahl der selbständigen Handwerker durch die einsetzende Industrialisierung ab oder verringerte sich durch die Konkurrenz der Eisenbahnen die Bedeutung der Fuhrleute; andererseits aber nahm die Zahl der kleinen Geschäftsleute, der selbständigen Rancheros, der größeren Pächter usw. vor allem im Norden zu, wo – wie erwähnt – der wirtschaftliche Aufschwung und der soziale Wandel aufgrund der ausländischen Investitionen sowie dank der gesteigerten Kontakte mit den südlichen Grenzstaaten der USA besonders ausgeprägt waren. Noch stärker als dieses wirtschaftlich selbständige Kleinbürgertum wuchs jedoch die Gruppe der privaten und staatlichen Angestellten. Vor allem die Bürokratie erlebte durch den Ausbau der staatlichen Institutionen im Porfiriat einen starken Aufschwung, der durch die rasch anwachsenden Staatseinnahmen ermöglicht wurde.[34] Zwischen 1876 und 1910 verneunfachte sich die Zahl der öffentlichen Angestellten und Beamten, wobei nach Schätzungen von Francisco Bulnes die Regierungsangestellten 1876 erst 16 % der »Mittelklasse« stellten, 1910 aber über 70 %.[35] Obwohl diese Schätzung angesichts der markanten Zunahme der Kategorie »private Angestellte« zwischen 1895 und 1910 problematisch erscheint, macht sie doch die große Bedeutung des Staates als Arbeitgeber für alle jene Mexikaner mit einer zumindest elementaren Schulbildung deutlich, die in der vom Großgrundbesitz und ausländischen Unternehmen beherrschten und erst schwach industrialisierten Wirtschaft keine ausreichenden Beschäftigungsmöglichkeiten als nicht-manuelle Angestellte finden konnten.[36] Allerdings fristete ein Großteil dieser unteren Staatsangestellten und Beamten angesichts der fallenden Reallöhne im späten Porfiriat ein kärgliches Dasein; zusammen mit den wirtschaftlich erfolglosen *profesionistas*, d. h. den Lehrern, kleinen Advokaten, Journalisten usw., die im zunehmend geschlossenen sozio-politischen System des ausgehenden Porfiriates ebenfalls keine Möglichkeit gesellschaftlichen Fortkommens sahen, bildeten sie ein Bevölkerungssegment, dessen Unzufriedenheit sich, wie noch genauer zu zeigen sein wird, in den letzten Jahren des Porfiriates in wachsende politische Inkonformität und Opposition umzusetzen begann.

Auch auf die Zusammensetzung der wirtschaftlichen und sozialen Oberschicht hatte der besondere Charakter der wirtschaftlich-gesellschaftlichen Entwicklung im Porfiriat, d. h. die vornehmlich extern induzierte und ausländisch beherrschte Teilmodernisierung eines noch immer vorwiegend agrarischen Landes, einen nachhaltigen Einfluß. Insbesondere ließ die Vorherrschaft des Auslandskapitals in sämtlichen strategischen Wirtschaftssektoren außerhalb der Landwirtschaft keine starke, eigenständigmexikanische Bourgeoisie entstehen.[37] Zwar kam es in bestimmten Regionen, insbesondere im Norden, zur Entstehung und Konsolidierung einer neuen wirtschaftlichen Oberschicht, die man insofern als eine Art »nationale Bourgeoisie« bezeichnen könnte, als ihre unmittelbaren Verbindungen zum Auslandskapital verhältnismäßig unbedeutend waren, ja sie im späten Porfiriat gar in einen sich verschärfenden Konkurrenzkampf mit ausländischen Unternehmen in Mexiko geriet.

Die Familie des ersten Revolutionspräsidenten, Francisco I. Madero, trug unverkennbar Züge einer solchen »nationalen Bourgeoisie«. Der Großvater von Francisco I. Madero, der Familienpatriarch Evaristo, hatte als Fuhrunternehmer im Grenzverkehr zwischen dem mexikanischen Norden und dem Süden der USA begonnen, sich dann vom Baumwollhändler zum Baumwollproduzenten und Textilfabrikanten entwickelt und schließlich seine wirtschaftliche Tätigkeit immer stärker diversifiziert. Um die Jahrhundertwende umfaßte sein Geschäftsimperium große Haciendas zur Baumwollproduktion und Viehzucht ebenso wie Kohlenminen, Textilfabriken, metallverarbeitende Werke, Handelsunternehmen und Banken; bis zur Revolution hatte er eines der zehn größten Vermögen Mexikos angehäuft.[38]

Obwohl mexikanische Unternehmen wie jene der Maderos natürlich ebenfalls von dem wesentlich durch ausländische Investitionen induzierten allgemeinen Wirtschaftsaufschwung profitierten, machten sich im späten Porfiriat doch immer mehr Anzeichen einer scharfen Rivalität mit den ausländischen Firmen bemerkbar. »Madero hatte in den ersten Jahren des 20. Jahrhunderts eine Koalition von baumwollproduzierenden Grundbesitzern der Laguna-Gegend gegen die monopolartigen Ansprüche der anglo-amerikanischen Tlahualilo-Gesellschaft auf die Wasserrechte angeführt. Zur gleichen Zeit hatte der Anbau der gummiähnlichen Pflanze *Guayule* die Maderos sowie zahlreiche Großgrundbesitzer Nordmexikos in Konflikt mit der Continental Rubber Company gebracht. Von nicht geringerer Bedeutung war der Kampf, den die Maderos als Besitzer des einzigen unabhängigen Schmelzwerkes in Nordmexiko, gegen die Vorherrschaft der nordamerikanischen American Smelting and Refining Company führten.«[39]

Wenn sich hier also die Entstehung einer eigenständigen »Bourgeoisie« abzeichnete, die ihre Position – anders als die Científicos – weder vorrangig ihrer Kontrolle des Regierungsapparates noch der damit meist verbundenen Vermittlerfunktion gegenüber dem Auslandskapital verdankte, so wird man sie andererseits doch nicht allzu scharf von den übrigen Segmenten der wirtschaftlichen Oberschicht im Porfiriat abheben dürfen.

Einerseits hatten z. B. auch die Maderos im frühen Porfiriat führende politische Positionen bekleidet. Evaristo Madero war unter der Präsidentschaft von Manuel González Gouverneur seines Heimatstaates Coahuila gewesen und hatte in dieser Funktion Eisenbahnlinien anlegen lassen, welche auch den Wert seines ausgedehnten Grundbesitzers beträchtlich steigerten.[40] Zudem verfügte Evaristo Madero Zeit seines Lebens über gute Beziehungen zum Finanzminster Limantour. Auch der Gegensatz zum Auslandskapital hatte sich erst im letzten Jahrzehnt des Porfiriats deutlicher herausgebildet; vor der Jahrhundertwende hatten viele mexikanische Geschäftsleute eine engere Zusammenarbeit mit dem Auslandskapital von sich aus angestrebt.[41] Und schließlich wird man in dieser Bourgeoisie auch nicht einfach das Pendant zum modernen Industriebürgertum westeuropäischer oder nordamerikanischer Prägung sehen dürfen, da ihre agrarischen Interessen meist nicht weniger bedeutend waren als ihre Industrie-, Finanz- und Handelsinteressen.[42] Zwar gehörten etwa die Maderos sicher nicht zu einer konservativen Landaristokratie semifeudaler Großgrundbesitzer, bewirtschafteten sie doch vor allem moderne Baumwollplantagen, Guayulekultivationen, Weinberge und Viehzuchtbetriebe, in welchen auch die semifeudalen Arbeitsverhältnisse wie etwa jene der Schuldknechtschaft bereits weitgehend abgebaut worden waren. Ihr ausgedehnter Großgrundbesitz verband sie allerdings mit der mexikanischen Hacendadoschicht insgesamt mindestens insoweit, als sie sich – wie Maderos spätere Agrarpolitik deutlich machen sollte – beispielsweise einer umfassenden Landreform ebenfalls widersetzten.[43] Es ergab sich hier also kein scharfer Interessenkonflikt zwischen Industrie- und Grundbesitzerinteressen, wie er u. a. die

Wirtschaftsgeschichte Englands und der USA im 19. Jahrhundert kennzeichnete.[44]
Zwischen dieser mexikanischen »Bourgeoisie« einerseits, den ausländischen Unternehmen andererseits, entwickelte sich im Porfiriat auch eine Gruppe industrieller Unternehmer und Großkaufleute, die – als europäische, hauptsächlich spanische, französische und deutsche Immigranten – eine Intermediärposition zwischen den mexikanischen Geschäftsleuten und den Filialen ausländischer Konzerne einnahmen. Oft handelte es sich dabei um ehemalige Vertreter europäischer Handelshäuser, die während des Porfiriats zur Produktion der früher eingeführten Waren im Lande selbst übergingen, wie das Beispiel jener französischen Kaufleute illustriert, die im Zusammenhang mit den immer ungünstigeren Einfuhrbedingungen im Gefolge des Zerfalls des Silberpreises in Mexiko Textilfabriken gründeten. Diese Gruppe machte im Porfiriat zwar einen »langsamen Prozeß der Mexikanisierung« durch, ihr ausländischer Ursprung (und der oft noch damit verbundene Besitz eines europäischen Reisepasses) erhielt dieser Gruppe aber bis zur Revolution einen nach wie vor privilegierten Status.[45]
Die markanteste Veränderung der wirtschaftlich-gesellschaftlichen Oberschicht Mexikos im Porfiriat wurde jedoch durch den Aufstieg der Científicos eingeleitet. Hier handelte es sich um eine neuartige Gruppierung der mexikanischen Bourgeoisie, die – wie erwähnt – ihre wirtschaftliche Position vor allem ihrer Kontrolle des Regierungsapparates verdankte. Ihre ökonomische Rolle kann also nicht losgelöst von der Entwicklung des porfiristischen Regierungssystems verstanden werden und wird deshalb eingehender im Kapitel über die Oligarchisierung von Staat und Gesellschaft zu behandeln sein.
Zunächst soll nun aber die Entwicklung im Agrarbereich etwas ausführlicher dargestellt werden, war die mexikanische Gesellschaft, in der 1910 nicht weniger als 70 % der Arbeitskräfte in Landwirtschaft und Viehzucht beschäftigt waren, doch noch immer eine essentiell agrarische.

1 Grundlegende Literatur zur wirtschaftlichen Entwicklung im Porfiriat: Luis Nicolau d'Olwer u. a., *El Porfiriato. La vida económica*, 2 Bde., México 1965; eine gute Zusammenfassung der wichtigsten Entwicklungs-

tendenzen bei Fernando Rosenzweig H., El desarollo económico de México de 1877 a 1911, in *El Trimestre Económico, XXXII/3*, 1965, S. 405-454; statistische Daten sind zusammengetragen in El Colegio de México, *Estadísticas Económicas del Porfiriato. Comercio Exterior*, México 1960; El Colegio de México, *Estadísticas Económicas del Porfiriato. Fuerza de trabajo y actividad económica por sectores*, México, o. J. Vgl. auch Leopoldo Solís, *La realidad económica de México: retrovisión y perspectivas*, México 1970; Friedrich Katz, *Deutschland, Díaz und die mexikanische Revolution*; Clark W. Reynolds, *The Mexican Economy – Twentieth-Century Structure and Growth*, Yale UP, New Haven 1970. Zur Entwicklung einzelner Sektoren: Hans Pohl und Wolfgang Müller, Grundzüge der industriellen Entwicklung Mexikos im 19. Jahrhundert, in *Vierteljahreshefte für Sozial- und Wirtschaftgeschichte*, 1974/4, S. 458-504; Dawn Keremitsis, *La industria textil mexicana en el siglo XIX*, México 1973; John H. Coatsworth, *El impacto económico de los ferrocarriles en el Porfiriato*, 2 Bde., México 1976. – Zur sozialen Entwicklung allgemein Moisés González Navarro, *El Porfiriato. La vida social*, México 1957; Moisés González Navarro, *Estadísticas sociales del Porfiriato, 1877-1910*, México 1956.

2 Rosenzweig, S. 405; Reynolds, S. 22.

3 Reynolds, S. 21. Die Wachstumsrate von 2,1 % für das BSP bezieht sich strenggenommen nur auf die Summe der Produktion aus Landwirtschaft, Bergbau und Industrie, die 1910 zusammen etwa 64 % des BSP ausmachten. »Da über das Verhalten der übrigen Wirtschaft im Porfiriat wenig bekannt ist, wird man nicht annehmen dürfen, daß das BSP ebenfalls um 2,1 % jährlich zunahm. Es ist vielmehr wahrscheinlich, daß Verkehr, Handel, Bauwirtschaft und nicht-staatliche Dienstleistungen das Wachstum des Bergbaus, der Industrie und der Landwirtschaft übertrafen und bewirkten, daß das BSP vor 1900 um mehr als 2,1 % pro Jahr zunahm«. Für die Zeit zwischen 1900 und 1910 lauten die durchschnittlichen jährlichen Wachstumsraten wie folgt: Bergbau und Erdölförderung: 7,2 %; landwirtschaftliche Exporte: 5,6 % (Landwirtschaft insgesamt: 1,0 %); verarbeitende Industrie: 3,6 %, Reynolds, S. 22.

4 Berechnet nach Luis Nicolau d'Olwer, Las inversiones extranjeras, in *El Porfiriato. La vida económica, II*, S. 973-1185, hier S. 1154, Tab. LXV.

5 Nicolau d'Olwer, S. 1158. Die 80er Jahre des 19. Jahrhunderts brachten die Wiederherstellung der diplomatischen Beziehungen mit Großbritannien sowie die Regelung der »deuda exterior«. Das britische Kapital strömte in dieser Zeit vor allem in den Eisenbahnbau, den Bergwerkssektor und die Landwirtschaft. Die Investitionen zwischen 1900 und 1911 erfolgten dann vornehmlich seitens des britischen Pearson-Konzerns und flossen vornehmlich in die Elektrizitätswirtschaft und die Erdölförderung, S. 1158 f.

6 Nicolau d'Olwer, S. 1159 f.

7 So stellten die ausländischen Investitionen im Eisenbahnsektor 1911 mit

32,2 % der Gesamtinvestitionen noch immer den umfangmäßig wichtigsten Anlagebereich dar, in welchem 47,3 % auf nordamerikanisches und 35,5 % auf britisches Kapital entfielen, vgl. Rosenzweig, S. 432; Nicolau d'Olwer, S. 1085.

8 Dies läßt sich etwa am stark steigenden nordamerikanischen Anteil am mexikanischen Export nach der Eröffnung der ersten durchgehenden Eisenbahnverbindung zwischen den beiden Ländern in den 80er Jahren zeigen, der von 47,4 % 1880/81 auf 71,1 % 1890/91 bei einer Verdreifachung des Ausfuhrvolumens anstieg, vgl. *Estadísticas Económicas del Porfiriato. Comercio Exterior*, S. 543.

9 Dies hing, wie Wangenheim am 2. 11. 1906 an Bülow berichtete, bei den amerikanisch kontrollierten mexikanischen Eisenbahnen damit zusammen, »daß die Frachttarife auf amerikanische Interessen zugeschnitten werden und diesen zuliebe die Frachten für Sendungen innerhalb der Republik um so viel höher sind als die Fracht für Importware, daß Inlandprodukte mit amerikanischen Erzeugnissen wegen der Transportspesen nicht konkurrieren können. Mit anderen Worten, es fördern die Bahnen zwar den Handel, namentlich den amerikanischen, lassen aber eine Inlandindustrie nicht aufkommen«, zit. b. Katz, S. 61; vgl. auch Coatsworth, II, S. 37.

10 Coatsworth, II, S. 38.

11 Coatsworth, I, S. 147 f., II, S. 84. Zu den methodischen Problemen dieser in der nordamerikanischen Tradition von Fogel und Fishlow angestellten Berechnungen unter z. T. kontrafaktischen Annahmen, vgl. II, S. 95 ff.

12 Rosenzweig, S. 421.

13 Katz, S. 74.

14 Rosenzweig, S. 422; *Estadísticas Económicas del Porfiriato. Comercio Exterior*, S. 116; Katz, S. 74.

15 Rosenzweig, S. 432; das Auslandskapital kontrollierte diesen Sektor zu 98 %, vgl. Katz, S. 63.

16 Nicolau d'Olwer, S. 1129, der nordamerikanische Anteil betrug 38,5 %; Katz, S. 69.

17 Rosenzweig, S. 413-431. Die zunehmende Kommerzialisierung Mexikos drückt sich z. B. in der wachsenden Bedeutung der Geldwirtschaft aus. Hatte die Geldzirkulation pro Kopf der Bevölkerung 1880/81 noch 2,46 Pesos betragen, so stieg sie bis 1910/11 auf 20,37 Pesos an, vgl. Rosenzweig, S. 425.

18 Rosenzweig, S. 426-430. Der moderne mexikanische Unternehmer, der z. B. über eine Diversifikation seiner Handelsgeschäfte schließlich auch zur industriellen Produktion vorstieß, fehlt allerdings in der mexikanischen Wirtschaftsgeschichte nicht gänzlich. So stammte z. B. der spätere Revolutionspräsident Francisco I. Madero aus einer Familie, die in Nordmexiko einen mächtigen Unternehmenskomplex aufgebaut hatte, der neben großen landwirtschaftlichen Gütern, Bergwerken, Handels- und Transportfirmen sowie Bankhäusern auch industrielle Betriebe

umfaßte, vgl. José Vasconcelos, *Don Evaristo Madero (Biografía de un patricio)*, México 1958. Zur Bedeutung des mexikanischen Kapitals und der mexikanischen Unternehmerklasse vgl. auch Pohl/Müller, S. 487 ff.

19 Zur Textilindustrie vgl. vor allem Keremitsis; zur Bedeutung der fallenden Silberpreise: David Pletcher, The Fall of Silver in Mexico, 1870-1910, and its Effects on American Investments, in *Journal of Economic History, 18*, 1958, S. 33-55.

20 Solís, S. 65-70.

21 Solís, S. 65. Auf den Umstand, daß ein beträchtlicher Teil des von Ausländern in der mexikanischen Industrie investierten Kapitals faktisch mexikanischen Ursprungs war, verweist Rosenzweig, S. 429. – Der Industrieanteil von 3,9 % am gesamten Auslandskapital verteilte sich zu 55,2 % auf Frankreich, 20,5 % auf Deutschland, 16,1 % auf die USA und 8,2 % auf Großbritannien, vgl. Nicolau d'Olwer, S. 1121.

22 Katz, S. 71.

23 Reynolds, S. 21 f.; Solís, S. 67 ff. In diesem Zusammenhang wird man auch auf die schon früh einsetzende Unternehmenskonzentration im Industriebereich hinweisen müssen, vgl. Pohl/Müller, S. 489 f.; Katz, S. 63 f.

24 Hier machte sich zweifellos die »feudale« Struktur des Landes wachstumshemmend bemerkbar. Für eine analoge Erörterung von Industrialisierungshindernissen angesichts einer »seigneurialen« Einkommensverteilung in der Sklavenwirtschaft des amerikanischen Südens, vgl. Alfred H. Conrad und John R. Meyer, *The Economics of Slavery, and Other Studies in Econometric History*, Chicago 1964. Ob dagegen ein Mangel an Arbeitskräften durch die »feudale« Bindung großer Teile der bäuerlichen Bevölkerung an den Boden ein bedeutsames Entwicklungshemmnis darstellte, wie z. B. noch von Katz, S. 72, angenommen, erscheint heute fraglich. Sieht man von besonders qualifizierten Arbeitern ab, wird man nämlich kaum von einem generellen Mangel an Arbeitskräften sprechen können, vgl. Rosenzweig, S. 435 f., auch wenn im Einzelfall, wie z. B. in der Textilfabrik von Metepec im Staate Puebla, große Rekrutierungsschwierigkeiten aufgrund der bäuerlichen Immobilisierung durch die Institution der Schuldknechtschaft auftraten, vgl. W. E. Moore, *Industrialization and Labor: Social Aspects of Economic Development*, Ithaca 1951, S. 280.

25 Nach Katz, S. 35, standen im Jahre 1911 den Auslandsinvestitionen von insgesamt ca. 3,4 Mrd. Pesos mexikanische Kapitalien von lediglich 813 Mio. Pesos gegenüber.

26 *Estadísticas sociales*, S. 10 f.

27 Insbesondere die Zentren des im Niedergang befindlichen Handwerks oder der traditionellen Bergwerkswirtschaft wie León, Querétaro, Pachuca und Guanajuato verzeichneten zwischen 1895 und 1910 einen absoluten Bevölkerungsrückgang, vgl. Rosenzweig, S. 419, Tab. 5.

28 Vgl. Barry Carr, The Peculiarities of the Mexican North, 1880-1928: An

Essay in Interpretation, *Occasional Papers No. 4, University of Glasgow, Institute of Latin-American Studies,* 1971, S. 7.

29 Der Anteil der Beschäftigten in »modernen« Produktionszweigen ist »für 1910 mit großer Vorsicht auf rund 4–6 % der erwerbstätigen Bevölkerung zu beziffern«, vgl. Renate Rott, *Die mexikanische Gewerkschaftsbewegung. Eine Untersuchung ihrer Entstehung und Entwicklung unter besonderer Berücksichtigung der abhängigen Industrialisierung,* Kronberg 1975, S. 80.

30 Zur Krise des Handwerks vgl. Pohl/Müller, S. 490 f. Nach Donald B. Keesing, Structural Change Early in Development. Mexico's Changing Industrial and Occupational Structure from 1895 to 1950, in *Journal of Economic History, 29,* 1969, S. 716-738, begann sich die industrielle Konkurrenz wahrscheinlich erst nach der Jahrhundertwende in größerem Ausmaß auf das Handwerk auszuwirken, S. 717.

31 Einige Hinweise zur sozialen Herkunft der frühen Arbeiterschaft bei Barry Carr, *El movimiento obrero y la política en México, 1910-1929,* 2 Bde., México 1976, S. 20 ff.

32 Vgl. Marjorie Clark, *Organized Labor in Mexico,* UP of North Carolina, Chapel Hill 1934, S. 5 ff. Deutlich läßt sich die erwähnte Abhängigkeit der Arbeitervereinigungen am Beispiel des Nordostens aufzeigen, wo der langjährige Gouverneur von Nuevo León, General Bernardo Reyes, zu deren »Ehrenpräsident« gewählt wurde, vgl. Eberhardt V. Niemeyer, *El General Bernardo Reyes,* Monterrey 1966, S. 137.

33 Ebenso wie die entstehende Arbeiterschaft stellte auch die mexikanische Mittelschicht ein sehr heterogenes, sowohl qualitativ wie quantitativ schwer zu bestimmendes Konglomerat dar. Für zeitgenössische und spätere Abgrenzungs- und Quantifizierungsversuche vgl. González Navarro, *La vida social,* S. 383 ff.

34 In realen Werten (d. h. Pesos von 1900/01) stiegen die Bundeseinnahmen zwischen 1877/78 und 1910/11 von 24,5 Mio. Pesos auf 81 Mio. Pesos, vgl. *Estadísticas Económicas del Porfiriato. Fuerza de trabajo y actividad económica por sectores,* S. 323.

35 Francisco Bulnes, *El verdadero Díaz,* S. 42.

36 Vgl. Roger D. Hansen, *The Politics of Mexican Development,* Baltimore/London 1971, S. 151. Nach den von Rosenzweig, S. 438, Tab II, angeführten Zahlen wies die Rubrik »Empleados privados« mit einer durchschnittlichen Zunahme von 9,1 % pro Jahr zwischen 1895 und 1910 die weitaus höchste Zuwachsrate auf.

37 Den Begriff der »Bourgeoisie« wird man auf das porfiristische Mexiko nur in einer sehr weiten Auslegung anwenden dürfen, insbesondere deshalb, weil man kaum von der Entstehung einer homogenen bürgerlichen Klasse, etwa im Sinne der westeuropäischen oder nordamerikanischen Industriebourgeoisie, sprechen kann. Zwar kam es im Porfiriat zur Entstehung mehr oder minder bourgeoiser Gruppierungen, die aber auf vielfältige Art und Weise sowohl politisch, wie auch wirtschaftlich-

gesellschaftlich mit den anderen Segmenten der ökonomischen Elite, der porfiristischen Oligarchie, verflochten waren.

38 Vgl. Stanley R. Ross, *Francisco I. Madero, Apostle of Mexican Democracy*, Columbia UP, New York 1955, S. 3; am vollständigsten orientiert über den Aufstieg und die wirtschaftliche Karriere der Madero-Familie die schon erwähnte Studie von José Vasconcelos, *Don Evaristo Madero*. Aufschlußreiche Hinweise auf die wirtschaftliche und soziale Position der Maderos gibt auch Adrian Aguirre B., der als Rechtsanwalt der Maderos deren Verhältnisse sehr genau kannte; vgl. Tonbandinterview mit Adrian Aguirre vom Februar 1961, Archivo Sonoro des Instituto Nacional de Antropología e Historia (INAH), Departamento de Investigaciones Históricas.

39 Friedrich Katz, *Die mexikanische Oberschicht und die Revolution 1910-1920*, (Beitrag für die Tagung »Bourgeoisie in Lateinamerika«, Bielefeld, 4.-6. 3. 1978) MS.

40 Vasconcelos, *Evaristo Madero*, S. 200.

41 Vgl. dazu die Ausführungen über die Verhältnisse im Staat San Luis Potosí bei James D. Cockcroft, *Intellectual Precursors of the Mexican Revolution, 1900-1913*, UP of Texas, Austin 1968, S. 17 ff.

42 Die enge Verquickung von industriellen und agrarischen Interessen innerhalb der selben Familien unterstreicht auch Cockcroft, S. 25: »Es war kein Zufall, daß die erste Industriellenorganisation in San Luis Potosí am 27. Mai 1905 als ein »landwirtschaftliches und industrielles Zentrum« – das »Centro Agrícola e Industrial Potosino« – gegründet wurde.«

43 Auch wird man den Lebensstil der Maderos trotz ihrer unbestrittenen unternehmerischen Initiative und Innovationsfähigkeit noch kaum als durchgängig »bürgerlich« bezeichnen dürfen. Als seigneuriale Relikte könnte man etwa die Tatsache sehen, daß auch sie, wie manche andere große mexikanische Landlords vor der Revolution, z. B. ein elegantes Haus in Paris besaßen, aber auch den Umstand, daß selbst auf ihren »modernen« Haciendas schuldknechtschaftliche Arbeitsverhältnisse noch nicht völlig verschwunden waren; vgl. dazu die Aussage des Generals Alfredo Breceda M., nach welcher Francisco I. Madero kurz vor seiner Präsidentschaftskampagne auf einem ihm gehörenden Gut die *peones* von ihren Schulden entbunden habe, was ihm von seiner Familie heftige Vorwürfe eingetragen habe. Tonbandinterview mit General Alfredo Breceda M., 19. 4. 1961, Archivo Sonoro, INAH.

44 Vgl. dazu die grundsätzlichen Bemerkungen des chilenischen Ökonomen Aníbal Pinto zur spezifischen Situation Lateinamerikas: »Wenn wir als Bezugspunkt ein Hauptmerkmal des »klassischen englischen Modells« nehmen, wie es der Kampf zwischen Industriellen und Grundbesitzern war, so scheint es, daß in unseren Ländern den Widersprüchen zwischen ihnen sehr viel weniger Gewicht zukommt. Was die Aufmerksamkeit ausländischer Beobachter auf sich gezogen hat, ist in Wirklichkeit die Tendenz zur Kombination von unternehmerischen oder Besitzerfunktio-

nen. Oft ist der Industrielle gleichzeitig Großgrundbesitzer, Importeur, Kaufmann oder Finanzier. Dieser Grundzug, der objektiv die Klassensolidarität erhöht, wird durch Umstände der internen und externen Politik noch verstärkt.« Espartáco, Crítica del modelo político-económico de la »izquierda oficial«, in *El Trimestre Económico, XXXI/1*, 1964, S. 67-92, hier S. 74.

45 Katz, *Oberschicht;* zur Rolle der Franzosen in Mexiko, vgl. Jean Meyer, Les Français au Mexique au XIXe siècle, in *Cahiers des Amériques latines, 9-10*, 1974, S. 43-86.

Kapitel 3

Landwirtschaftliche Modernisierung und Agrarkrise

Der ungleichgewichtige Charakter des mexikanischen Wirtschaftswachstums prägte auch die landwirtschaftliche Entwicklung während des Porfiriates und führte zu einem ausgesprochenen Dualismus zwischen dynamisch markt-orientierten und weitgehend stagnierenden landwirtschaftlichen Sektoren. Während nämlich agrarische Exportprodukte wie Sisal, Gummi, Kaffee oder Vieh sowie die vornehmlich auf den Binnenmarkt ausgerichtete Zucker- und Baumwollproduktion einen starken Auftrieb erlebten, blieb vor allem die traditionelle – und noch weitgehend herkömmlichen Bewirtschaftungsformen verhaftete – Getreidelandwirtschaft zurück und vermochte immer weniger den durch die Bevölkerungszunahme gestiegenen Bedarf an Grundnahrungsmitteln zu decken.

Insgesamt nahm die – starken Fluktuationen unterworfene – Agrarproduktion zwischen 1877 und 1910 lediglich um 21,3 % oder jährlich 0,65 % zu, wobei einer ausgeprägten Abnahme der Produktion zwischen 1877 und 1894 um jährlich 0,81 % ein Anstieg zwischen 1894 und 1907 um 2,59 % folgte; die letzten Jahre des Porfiriates waren wiederum eher durch eine fallende Produktionstendenz gekennzeichnet.[1] Entsprechend der allgemeinen Ausrichtung der porfiristischen Wirtschaft zeichneten sich auch in der Landwirtschaft die Exportsektoren durch besonders starkes Wachstum aus, das zwischen 1877 und 1910 eine durchschnittliche jährliche Steigerungsrate von 6,29 % erreichte.[2] Hatte der Exportanteil 1877 erst 4 % der gesamten landwirtschaftlichen Produktion betragen, so stieg er bis 1910 auf annähernd 20 %.[3] Die Kaffeeproduktion z. B. erhöhte sich während des Porfiriates von 8 161 t auf 28 014 t, die Produktion von *Henequén* (Sisalfaser) stieg um mehr als das Elffache von 11 383 t 1877 auf 128 849 t 1910, die Gummiausfuhr schnellte von 25 t 1877 auf 7 429 t 1910.[4] Auch die vornehmlich auf den Binnenmarkt ausgerichtete Zucker- und Baumwollproduktion entwickelte sich relativ dynamisch. Die Baumwollproduktion stieg zwischen 1877 und 1910 von 25 177 t auf 43 462 t mit besonders hohen Wachstumsraten

nach 1892; die Zuckerproduktion verzeichnete mit einem Anstieg von 630 000 t auf über 2,5 Mio. t eine jährliche Wachstumsrate von 4,26 %.[5]
Demgegenüber ging die auf den Binnenmarkt ausgerichtete Produktion von Nahrungsmitteln zwischen 1877 und 1907 durchschnittlich um 0,47 % pro Jahr zurück.[6] Besonders die Produktion des Grundnahrungsmittels Mais verzeichnete zwischen 1877 und 1894 einen markanten Rückgang, konnte sich dann zwar wieder leicht erholen, lag aber mit 2,13 Mio t 1907 noch immer deutlich unter den 2,73 Mio t des Jahres 1877, einer allerdings besonders guten Ernte.[7] Vor allem verschlechterte sich angesichts der starken Bevölkerungszunahme zwischen 1877 und 1910 von ca. 9 Mio auf über 15 Mio die Produktion pro Kopf der Bevölkerung deutlich von 282 kg 1877 auf 144 kg 1907.[8]
Die dynamische Entwicklung der landwirtschaftlichen Exportsektoren war, ähnlich wie jene der mineralischen Produktion, vor allem auf eine starke ausländische Nachfrage, die verbesserten Transportmöglichkeiten sowie den Ausfuhrstimulus des fallenden Silberpreises zurückzuführen.[9] Obwohl insgesamt der Anteil des in Land-, Vieh- und Forstwirtschaft investierten ausländischen Kapitals mit 5,7 % relativ gering war, spielte ausländisches Eigentum oder ausländische Handelskontrolle in diesen Sektoren doch eine wichtige Rolle.[10] Einerseits kam in der Kaffee-, Tabak-, Gummi- und Baumwollproduktion ausländischen Pflanzern und Gesellschaften eine maßgebliche bis beherrschende Bedeutung zu, vor allem aber äußerte sich der ausländische Einfluß in der indirekten Form von Einkaufsmonopolen, welche ausländische Handelsgesellschaften für bestimmte mexikanische Agrarprodukte ausübten. So lag zwar die Produktion des yukatekischen Sisalhanfs in der Hand mexikanischer Großgrundbesitzer, seine Vermarktung wurde indessen durch die International Harvester Company monopolisiert, die gleichzeitig »der Bankier der Plantagenbesitzer« und die Beherrscherin von »deren gesamter Wirtschaft« war.[11]
Mit dieser Entwicklung kontrastierte die stagnierende, vor allem im zentralen Hochland betriebene Getreidelandwirtschaft. Dies hing einerseits mit einer wenig dynamischen Nachfrageentwicklung des Binnenmarktes zusammen. Zwar wirkte sich das mit dem Eisenbahnbau verbesserte Transportsystem in der Nähe der großen Bevölkerungszentren auf die Intensivierung auch der Getreidelandwirtschaft aus, in den verkehrsmäßig weniger gut

erschlossenen und von den großen Absatzmärkten entfernten Regionen wie z. B. schon in Querétaro oder noch ausgeprägter in Oaxaca verloren diese Wachstumsimpulse allerdings zunehmend an Wirksamkeit.[12] Die stagnierende Produktion war andererseits aber vor allem auch das Ergebnis einer außerordentlich niedrigen Produktivität, die sich vornehmlich aus wirtschaftspolitischen und sozialen Gründen nicht merklich verbesserte. Durch den politischen Einfluß der Großgrundbesitzer profitierte die mexikanische Landwirtschaft von hohen Schutzzöllen, die lediglich bei akuten Versorgungskrisen zeitweilig aufgehoben wurden, und die – in Verbindung mit dem ebenfalls protektiv wirkenden Fall des Silberpreises – den mexikanischen Getreideproduzenten hohe und steigende Preise sicherte. Hinzu kam, daß wegen der noch eingehender darzustellenden Arbeitsverhältnisse auf den Haciendas eine Mechanisierung der Betriebe aus Kostengründen wenig attraktiv war, wie um die Jahrhundertwende etwa der deutsche Agrarexperte Karl Kaerger feststellte.[13] Einer weitergehenden Modernisierung der Getreidehaciendas stand aber auch das unzureichende Agrarkreditsystem entgegen, das die Grundbesitzer nötigte, zu Wucherzinsen Kredite aufzunehmen.[14] Wenn auch die im Porfiriat unverkennbare Modernisierung zahlreicher Landwirtschaftsbetriebe partiell ebenfalls die günstiger gelegenen Getreidehaciendas erfaßte,[15] so wurde unter diesen Umständen die Ausdehnung der Getreideproduktion generell doch eher durch die unter der porfiristischen Herrschaft charakteristische Landausweitung der Haciendas als durch kapitalintensivere Bewirtschaftungsformen angestrebt. Da die Arbeitsproduktivität der unzureichend ernährten Landarbeiter tief war, gehörten die Hektarerträge der mexikanischen Landwirtschaft zu den niedrigsten der Welt.[16]

Der hier kurz skizzierten Entwicklung in der Ökonomie der mexikanischen Landwirtschaft entsprachen soziale Veränderungen im Agrarbereich, die in ihren Auswirkungen für ein Verständnis von Voraussetzungen und Verlauf der mexikanischen Revolution von fundamentaler Bedeutung sind, schon allein deshalb, weil sie – bei dem noch überwiegend agrarischen Charakter des porfiristischen Mexiko – etwa 70 % der Gesamtbevölkerung unmittelbar betrafen. Bestimmend für die konfliktträchtige Entwicklung im Agrarbereich war die zunehmende Konzentration des Grundeigentums durch die territoriale Ausdehnung der Haciendas in das Land unabhängiger Dorfgemein-

schaften und Kleinbesitzer und die dadurch bewirkte zwangsweise Degradierung der enteigneten Kleinbauern zu *peones*, also Landarbeitern auf den Haciendas, bzw. ihre Marginalisierung zu Halbpächtern, Tagelöhnern oder Wanderarbeitern.[17]
Die Hacienda, der mexikanische Großgrundbesitz, hatte sich in der Kolonialzeit herausgebildet und, wie andere grundlegende Strukturmerkmale des Kolonialsystems, die Independencia nicht nur überlebt, sondern sich im 19. und frühen 20. Jahrhundert noch konsolidiert.[18] Zwischen der Independencia und dem Ende des Porfiriates dehnte sich der mexikanische Großgrundbesitz nämlich noch einmal stark aus, so daß Mexiko am Vorabend der Revolution einen überaus hohen Grad der Landkonzentration aufwies. Die rechtlichen Voraussetzungen dafür waren in der Reforma und unter dem Porfiriat gelegt worden, vor allem durch die *Ley de desamortización* (Ley Lerdo) des Jahres 1856, welche das korporative Grundeigentum, sei es kirchlicher oder ziviler Natur, aufhob. Obwohl dieses Gesetz vornehmlich gegen den bedeutenden kirchlichen Grundbesitz gerichtet war, schuf es auch die Rechtsgrundlage für die spätere Auflösung des Gemeinbesitzes der Dörfer.[19]
Die Auflösung des Kirchenbesitzes – zuerst aufgrund des Desamortisationsgesetzes von 1856, dann im Gefolge der kriegsbedingten, entschädigungslosen Nationalisierung nach 1859 – führte keineswegs zu einer breiten sozialen Streuung des ehemaligen Kirchenbesitzes, sondern vielmehr zur Bildung einer neuen Großgrundbesitzerschicht vornehmlich aus den Reihen städtischer Kaufleute, Advokaten und Beamten, sowie zahlreicher Ausländer, welche bald mit der traditionellen Landaristokratie verschmelzen sollte.[20]
Wenn so die gegen die Kirche gerichtete Desamortisationspolitik der Liberalen die ursprüngliche Zielsetzung, nämlich die Schaffung einer breiten Schicht mittlerer Landwirte, nur sehr bedingt erreichte, so waren ihre langfristigen Auswirkungen auf die landbesitzenden Dorfgemeinschaften doch von großer Tragweite und sollten schließlich zu einer nochmals verstärkten Landkonzentration in den Händen weniger Großgrundbesitzer führen.
Im Gegensatz zum Kirchenbesitz blieben die Effekte der *Ley Lerdo* auf die *comunidades* in der vorporfiristischen Periode allerdings noch relativ begrenzt. Durch die Vorschrift, auch den Gemeinbesitz der *comunidades* in das individuelle Eigentum der

einzelnen Bauern zu überführen, fiel zwar der wichtigste Rechtsschutz für die Integrität des indianischen Grundbesitzes dahin, indem das nun frei veräußerliche Grundeigentum oft eine leichte Beute skrupelloser Aufkäufer und Spekulanten wurde.[21] Aber die eigentliche Enteignungswelle dörflichen Gemeinbesitzes setzte erst im Porfiriat ein, denn während der politisch instabilen Verhältnisse des Bürgerkriegs zwischen Liberalen und Konservativen, der französischen Invasion und des Zusammenbruchs des Kaiserreichs und in der república restaurada hatten viele Dörfer die ihrem Rechtsempfinden und ihrer Tradition zuwiderlaufende Umwandlung des Gemeinbesitzes in Individualeigentum noch ignorieren können. Insofern wird man bis in die Anfangsjahre des Porfiriates noch kaum von einer generellen Expansion der Haciendas auf Kosten des dörflichen Gemeinbesitzes sprechen können.[22] Mit der Stärkung des Staatsapparates unter Díaz, u. a. dem Aufbau der Landpolizei *(rurales)*, bestanden nun aber neben den rechtlichen auch die realen Voraussetzungen für eine territoriale Ausdehung des Großgrundbesitzes auf Kosten der Kleinbauern, wenn auch, nach Coatsworth, die »kritische Variable« zur Auslösung des erneuten Konzentrationsprozesses weder »die rechtlichen Veränderungen, noch die soziale und politische Befriedung unter dem porfiristischen Regime«, sondern vielmehr die »durch den Eisenbahnbau ermöglichte Kommerzialisierung der Landwirtschaft« darstellten.[23]
Coatsworth hat jedenfalls schon für die Jahre 1877 bis 1884 eine deutliche Zunahme von Agrarkonflikten im Zusammenhang mit im Bau begriffenen oder projektierten Eisenbahnlinien festgestellt, welche den spekulativen Wert des davon betroffenen Grund und Bodens rasch ansteigen ließen.[24] Die Ausdehnung des Großgrundbesitzes in dörfliches Gemeindeland konnte dabei alle Formen vom legalen Kauf über die mehr oder minder willkürliche Einverleibung umstrittenen Landes mit Hilfe bestechlicher Beamter und Richter bis zur gewaltsamen Enteignung indianischen Landes durch – meist auch politisch einflußreiche – Hacendados annehmen.[25]

Mit der fortschreitenden wirtschaftlichen und politischen Konsolidierung des porfiristischen Mexiko verlor zwar der Eisenbahnbau seine katalysatorische Wirkung für den erneuten Landkonzentrationsprozeß, dafür wirkten sich nun zunehmend die »natürlichen« Wirtschaftsfaktoren wie die »Inflation, die Preissteigerungen für mexikanische Agrarprodukte auf dem Weltmarkt, das Einströmen ausländischen Kapitals in die Landwirtschaft, die Spekulation mit mineralhaltigen Grundstücken« auf die weitere Expansion des Großgrundbesitzes aus.[26] Einen besonders dramatischen Höhepunkt erreichte der gewaltsame Vormarsch der Großgrundbesitzer in den blutigen Yaqui-Kriegen während der letzten Jahrzehnte des 19. Jahrhunderts, welche zur Enteignung eines Großteils des fruchtbaren Bodens der Yaqui-Indianer in Sonora und zur Deportation vieler gefangener Yaqui-Soldaten als Zwangsarbeiter auf die Plantagen Yucatáns und des Valle Nacional führten.[27]

Die Ausdehnung des mexikanischen Großgrundbesitzes erfolgte allerdings nicht nur durch die Usurpation und Invasion dörflichen Gemeinbesitzes, sondern auch durch die Verschleuderung der Staatsländereien, der *terrenos baldíos*, an private Grundbesitzer und Kolonisationsgesellschaften. Diese Praxis, obwohl schon unter Juárez 1863 begonnen, erlangte vor allem durch die »Kolonisationsgesetze« von 1883 und 1894 große Bedeutung, indem sie den Vermessungsgesellschaften bis zu einem Drittel des vermessenen Landes als Entschädigung zusprachen. Vor allem in den nördlichen Grenzstaaten bildeten sich so im Zusammenhang mit dem Eisenbahnbau und der allgemeinen Landspekulation riesige private Besitzungen.[28] Auch hier kam es zu Konflikten mit landbesitzenden Dörfern und unabhängigen Kleinbauern, die de facto seit langem »Staatsland« bearbeiteten, sich in Ermangelung von Rechtstiteln aber nicht gegen die Ansprüche der Vermessungsgesellschaften durchsetzen konnten. Während im dichtbesiedelten zentralen Hochland die Auswirkungen der *baldío*-Politik verhältnismäßig gering waren und hier die Hacienda vor allem von der Auflösung des Kirchenbesitzes profitierte, hatte die Veräußerung von Staatsland in der nördlichen und südlichen Peripherie des Landes einen Effekt, der »nur mit jenem der spanischen Eroberung und der Nationalisierung der Kirchengüter vergleichbar ist«.[29] Bevor in den letzten Jahren des Porfiriats die Veräußerung von Staatsland gewissen Restriktionen unterworfen wurde, waren etwa 40 Mio. ha, d. h. ein Fünftel der gesamten Staatsfläche, in die Hand privater Besitzer gelangt.[30]

Angesichts der vorliegenden statistischen Daten ist es unmöglich, die Veränderungen in den Landbesitzverhältnissen während des Porfiriats quantitativ zu bestimmen. Zwar stieg zwischen 1877 und 1910 z. B. die Zahl der Ranchos von 14705 auf 48635; da

aber unklar ist, ob im konkreten Falle die Kategorie »Rancho« einen selbständigen größeren Landwirtschaftsbetrieb oder lediglich die Untereinheit einer Hacienda bezeichnete, bleibt offen, wie stark tatsächlich der Vormarsch einer neuen ländlichen Mittelschicht im porfiristischen Mexiko gewesen ist. Während die älteren Darstellungen eine zunehmende Polarisierung der mexikanischen Agrarbevölkerung in eine winzige Gruppe von Hacendados und die riesige Mehrheit landloser *peones* annahmen, wird in der jüngsten Forschung das zahlenmäßige, aber auch das politische, gesellschaftliche und wirtschaftliche Gewicht einer Art Kulaken-Schicht stärker hervorgehoben. Eine ausgeprägtere soziale Differenzierung innerhalb der Dörfer als bisher angenommen, könnte auch eine wichtige Erklärung dafür abgeben, daß eine große Zahl von Dörfern während der Revolutionskriege keinerlei agrarrevolutionäre Aktivitäten entfaltete.[31] Nach Abzug des Staats- und Ödlandes, welches ca. 20 % ausmachte, verteilte sich die gesamte Staatsfläche zu 67,5 % auf den Großgrundbesitz, zu 25 % auf den Klein- und Mittelbesitz und zu 7,5 % auf den dörflichen Gemeinbesitz.[32] Dabei machten die Besitzer von Haciendas und Ranchos etwa 3 % der gesamten Agrarbevölkerung aus; zählt man die übrigen *agricultores* – unter denen jedoch auch Pächter, Halbpächter, *comuneros* und Kleinstbauern figurierten – hinzu, so ereichte diese sozial äußerst heterogene Schicht der Landbesitzer 17,6 % der gesamten Agrarbevölkerung, während 82,4 % zu den landlosen *peones* zählten.[33]
Die eigentliche soziale Problematik der Agrarveränderungen im Porfiriat wird allerdings erst deutlicher, wenn man die Konfliktmechanismen zwischen den expandierenden Haciendas und dem defensiven Dorf- und Kleinbesitz wie auch die Veränderungen innerhalb der Haciendas im einzelnen betrachtet und die regionalen Besonderheiten dieser Entwicklung stärker berücksichtigt.

Zunächst gilt es, die Struktur der porfiristischen Hacienda in ihren beiden sie charakterisierenden Grundmerkmalen (einerseits der großen Flächenausdehnung und andererseits der Art der Arbeits- und Pachtverhältnisse auf diesen Gütern) etwas genauer zu betrachten. Sowohl die territoriale Kontrolle, d. h. die tendenziell oligopolitische Nutzung der natürlichen Ressourcen, vor allem von Land und Wasser, wie auch die Kontrolle über abhängige (oft nicht durch freie Vertragsvereinbarung rekrutier-

te) Arbeitskräfte, waren ja für die lateinamerikanische Hacienda allgemein konstitutiv.[34]
Über die Flächenausdehnung porfiristischer Haciendas liegen zwar keine systematisch erhobenen, verläßlichen Daten vor, aber Teiluntersuchungen wie jene von Southworth und Tannenbaum lassen zumindest die Größenordnungen erkennen.[35] So ergibt sich nach Southworth am Ende des Porfiriates z. B. für Aguascalientes, einen in der Kernzone des zentralen Hochlandes gelegenen Staat, folgendes Bild: auf die 32 größten Haciendas entfielen 57,7 % der gesamten Staatsfläche, wobei 1 Hacienda 3 000 ha umfaßte, 15 zwischen 5 000 und 10 000 ha, 11 zwischen 10 000 und 20 000 ha, 4 zwischen 20 000 und 30 000 ha und schließlich ein Betrieb 40 000 ha.[36] Für die Ackerbauzone des zentralen Hochlandes, wo sich die Mehrzahl der Haciendas konzentrierte und wo sich auch, angesichts der hohen Bevölkerungsdichte und der damit verbundenen Konkurrenz um das verfügbare Land, die soziale Problematik der latifundistischen Agrarstruktur besonders deutlich auswirkte, wird man allerdings für die »typische« Hacienda eine Flächenausdehnung eher in der Größenordnung zwischen 1 000 und 3 000 ha annehmen müssen, wobei der Anteil der kultivierten, bzw. Kulturfläche am gesamten Haciendaland stark schwanken konnte.[37]
Riesige Ausmaße konnte der – dort allerdings vornehmlich auf Viehzucht ausgerichtete – Großgrundbesitz vor allem im Norden Mexikos annehmen. Die größten Latifundien, insbesondere jene im Besitz politisch einflußreicher Familien, umfaßten oft mehrere hunderttausend Hektar. Die insgesamt etwa 5 Mio. ha Land im Besitz des auch politisch dominierenden Terrazas-Clans in Chihuahua erreichten leicht die territorialen Dimensionen europäischer Kleinstaaten.[38]
Mit dem Hinweis auf die Flächenausdehnung der Hacienda ist allerdings erst eine (und wenig strittige) äußere Dimension dieser Güter aufgezeigt. Die eigentliche Bedeutung dieser Institution für die porfiristische Gesellschaft erschließt sich erst aus einer näheren Betrachtung ihrer Binnenstruktur, ihrer politischen und sozialen Funktionen, ihrer wirtschaftlichen Organisation und Außenbeziehungen, welche bei der Prädominanz des Großgrundbesitzes die vorrevolutionäre Agrargesellschaft nachhaltig prägten. Wie sich allerdings die soziale und wirtschaftliche Institution der Hacienda ganz konkret auf die Arbeits- und Lebensverhältnisse der von ihr abhängigen Menschen auswirkte

oder wie sie andererseits etwa als landwirtschaftliche Produktionseinheit unter ökonomischen Kriterien zu beurteilen ist, dies ist heute zunehmend Gegenstand wissenschaftlicher Kontroversen, nachdem die bis vor wenigen Jahren vorherrschende Einschätzung der vorrevolutionären Hacienda durch die jüngere Forschung vielfältige Korrekturen erfahren hat.[39]

Das traditonelle Bild der porfiristischen Hacienda, das durch die Werke so einflußreicher Historiker wie Frank Tannenbaum, Jesús Silva Herzog u. a. auch in der älteren Revolutionshistoriographie solid verankert wurde, war nachhaltig geprägt von der zeitgenössischen Kritik, wie sie etwa in den Publikationen von Wistano Luis Orozco und Andrés Molina Enríquez ihren Niederschlag gefunden hatte.[40] Darin wurden vor allem die repressiven Sozialverhältnisse innerhalb der Haciendas und ihre wirtschaftliche Rückständigkeit, u. a. aufgrund eines seigneurialen, vorkapitalistischen Lebensstils und fehlenden Unternehmergeistes der Hacendados angeprangert. Die Hacienda erschien dabei nicht nur als aggressive Institution gegen außen, d. h. gegen die noch freien, landbesitzenden Dörfer, sondern auch als hochgradig repressiv gegen innen, vor allem gegen die durch Schuldknechtschaft an die Güter gebundenen *peones acasillados*. Durch die bloße Existenz der Hacienda schien somit vielen älteren Historikern auch die Revolution, die ja primär als Bauernaufstand und Agrarbewegung interpretiert wurde, hinreichend motiviert zu sein.

Jüngere Untersuchungen haben zunächst die z. B. von Molina Enríquez entschieden vertretene These einer generellen ökonomischen Ineffizienz der Hacienda in Frage gestellt.[41] Die von ihm und anderen Autoren behauptete allgemeine wirtschaftliche Rückständigkeit der Hacienda, wie er sie vornehmlich am Beispiel einiger Getreidehaciendas des zentralen Hochlandes beobachtete, erweist sich nämlich als viel zu pauschal und grobmaschig, um der vielfältigen Realität des mexikanischen Großgrundbesitzes im Porfiriat gerecht zu werden. Gerade die Jahrzehnte der porfiristischen Herrschaft zeichneten sich ja – zumindest in bestimmten Regionen und in bestimmten Produktionsbereichen – durch eine technisch-ökonomische Modernisierung zahlreicher Haciendas aus, die keineswegs in das Bild einer feudal-abgeschlossenen, stagnierenden Agrarwirtschaft passen.[42]

Am frühesten und und ausgeprägtesten setzte dieser Modernisierungsprozeß, im Sinne einer verstärkten Marktorientierung, administrativ-organisatorischer Innovationen und einer zunehmenden Mechanisierung, im Plantagenbereich ein, sei es in den auf das Absatzgebiet der USA ausgerichteten Sisalplantagen Yucatáns oder bei den auf den Binnenmarkt orientierten Zukkerproduzenten von Morelos.[43] Auch die in diese Zeit fallenden großangelegten Be- und Entwässerungsprojekte, wie z. B. die hydraulischen Pionierleistungen der italienischen Einwanderer Cusi auf ihren Reis-Haciendas im Süden Michoacáns, waren Teil dieser technisch-ökonomischen Modernisierung.[44] Diese blieb durchaus nicht auf die tropische und Exportlandwirtschaft beschränkt, sondern erfaßte zumindest partiell auch Haciendas des zentralen Hochlandes, wie z. B. die Untersuchungen von Couturier über die Hacienda von Hueyapan im Staate Hidalgo oder von Nickel über die Hacienda von San José Ozumba im Staate Puebla aufzeigen.[45] Auch Cockcroft hat für die Landwirtschaft von San Luis Potosí vor allem die Bedeutung »marktorientierter Latifundisten« hervorgehoben und die These einer »feudalen« Agrarstruktur zurückgewiesen.[46] Allerdings ist es aufgrund des heutigen Forschungsstandes noch nicht möglich, den Grad der Modernisierung der mexikanischen Großlandwirtschaft im späten Porfiriat allgemein zu ermessen; wahrscheinlich wird man von einer großen Diversifikation auszugehen haben, die von der sozial und wirtschaftlich abgeschlossenen, weitgehend subsistenzorientierten Hacienda bis zum hochgradig kommerzialisierten und mechanisierten Plantagenbetrieb reichte. Nach einer Schätzung Nickels »dürften etwa 30 % der Haciendas zu Beginn der Revolution in einem Prozeß der Teilmodernisierung gestanden haben«.[47] Vor allem wird man von einer fortgeschrittenen technisch-ökonomischen Modernisierung nicht einfach auf eine durchgängige »kapitalistische« Transformation der Haciendas und Plantagen schließen dürfen, blieb doch vor allem der Bereich der Arbeitsverhältnisse auf diesen Gütern immer noch in hohem Maße vorkapitalistisch geprägt, wie besonders deutlich die Diskrepanz zwischen der forcierten Kommerzialisierung und Mechanisierung der yukatekischen Sisalplantagen und der Verschärfung der traditionellen Schuldknechtschaft zu einer Quasi-Sklaverei auf diesen Gütern aufzeigt.[48]

Wie die Ökonomie der Hacienda erscheint heute aufgrund neuerer Untersuchungen auch ihre soziale Struktur, die Art ihrer Arbeitsverhältnisse, ihrer internen gesellschaftlichen Gliederung usw. in einem teilweise veränderten Licht; diese modifizierten

Erkenntnisse über die soziale Organisation der Hacienda sind vor allem für die Revolutionshistoriker von noch größerer Bedeutung als jene über ihre wirtschaftliche Ausrichtung, hing doch von den konkreten Arbeits- und Lebensverhältnissen der verschiedenen in die Hacienda integrierten, bzw. von ihr wirtschaftlich bedrängten sozialen Gruppen in nicht geringem Maße auch ihr späteres Verhalten in der Revolution ab.
Welches waren nun aber diese konkreten Lebensbedingungen? Wie waren die Arbeitsverhältnisse tatsächlich beschaffen? Welche Bedeutung kam dabei der Institution der Schuldknechtschaft, dem *peonaje*, zu? Diese Fragen lassen sich aus dem älteren, stark idealtypisch geformten Bild der vorrevolutionären mexikanischen Hacienda kaum befriedigend beantworten, auch wenn die Beobachtungen eines Wistano Luis Orozco über die Formen der Abhängigkeit der *peones* von ihren Gutsherren, über die Anwendung körperlicher Strafen oder über die Verschuldung der *peones* in der haciendaeigenen *tienda de raya*, wie auch die Reportagen eines John Kenneth Turner über sklavenähnliche Zustände auf den Gütern Südostmexikos ohne Zweifel wichtigen Aufschluß über die soziale Physiognomie zahlreicher Haciendas im vorrevolutionären Mexiko leisten.[49] Ein insgesamt verläßlicheres Bild vermögen indessen erst an konkreten Fällen orientierte, bzw. die vielfältigen regionalen Unterschiede berücksichtigende Untersuchungen zu bringen, wie sie jetzt u. a. von Jan Bazant, Herbert J. Nickel und Friedrich Katz vorgelegt wurden.[50]
Von zentraler Bedeutung waren dabei die regional sehr unterschiedlichen, teilweise gegenläufigen Entwicklungen der landwirtschaftlichen Arbeitsverhältnisse im Porfiriat. Im Süden verschärften sich, wie schon erwähnt, unter dem Einfluß gesteigerter internationaler Nachfrage nach tropischen Agrarprodukten und unter den Bedingungen eines ausgeprägten Mangels an freiwilligen Arbeitskräften die traditionellen Formen der Schuldknechtschaft zu einer Quasi-Sklaverei; ermöglicht u. a. durch das Fehlen alternativer, außeragrarischer Beschäftigungsmöglichkeiten, durch einen äußerst wirksamen staatlichen Kontroll- und Repressionsapparat sowie die geographische Isolation der Region.[51] Auspeitschungen unbotmäßiger Landarbeiter, Einsperrungen von Fluchtverdächtigen über die Nacht oder aufwendige Verfolgung geflüchteter *peones* waren auf den Plantagen Yucatáns oder des Valle Nacional durchaus an der Tagesordnung, ganz zu schweigen von der massenhaften Zwangsdeportation von

Sträflingen oder gefangenen Yaqui-Indianern nach den Plantagen des Südostens.[52] Im dichtbesiedelten zentralen Hochland, das – nicht zuletzt wegen der massiven Enteignung bäuerlichen Gemeindelandes durch die expandierenden Haciendas und der allgemeinen Bevölkerungszunahme seit den 1880er Jahren – eher einen Arbeitskräfteüberschuß aufwies, bildete sich dagegen die Schuldknechtschaft teilweise sogar zurück.[53]

Der Norden wiederum unterschied sich vom Zentrum und Süden des Landes in mannigfacher Hinsicht. Diese außerhalb der Irrigationszonen für den Ackerbau wenig geeignete und deshalb vornehmlich auf Viehzucht ausgerichtete Region war seit der Kolonialzeit nur dünn besiedelt, und landwirtschaftlich genutzter indianischer Gemeinbesitz – wie z. B. bei den Yaquis – bildete die Ausnahme. Den Konflikten zwischen expandierenden Haciendas und selbständigen Dörfern, wie sie vor allem für das Zentrum charakteristisch waren, kam hier deshalb geringere Bedeutung zu, während der Großgrundbesitz völlig dominierte. Ähnliche Bedingungen wie im Süden – d. h. gesteigerte Exportnachfrage und Arbeitskräftemangel – führten allerdings zu einer gegenläufigen Entwicklung, d. h. eher zur Lockerung der Schuldknechtschaft und außerökonomischer Zwangsmaßnahmen, weil hier nicht nur ein alternatives Arbeitsangebot im Bergbau und im Eisenbahnbau, sondern auch die Möglichkeit bestand, sich durch Flucht über die nordamerikanische Grenze allzu drückenden Verhältnissen zu entziehen. Damit entstand im Norden ein »neuer Typus des halb industriellen, halb landwirtschaftlichen Arbeiters, welcher im Zentrum und im Süden des Landes unbekannt war«.[54]

Allgemein mußten die Grundbesitzer im Norden ihren Arbeitern, Pächtern und Halbpächtern bessere Bedingungen und höhere Löhne bieten als im dichtbesiedelten zentralen Hochland. Auch die Cowboys und Schafhirten auf den nördlichen Haciendas erfreuten sich günstigerer Arbeitsbedingungen als die *acasillados* im Zentrum und Süden; zudem verfügten sie, da sie beritten waren, über eine beträchtliche Mobilität. Die schuldknechtschaftliche Bindung der Arbeitskräfte scheint hier, außer in abgelegenen Gebieten, zunehmend durch freiwillige, patriarchalische Leistungen der Hacendados abgelöst worden zu sein.[55]

Das Problem der Verschuldung der *peones* und die in der älteren Literatur für zentral gehaltene Institution des *peonaje* wird wohl allgemein für den hier interessierenden Zeitraum künftig differenzierter zu interpretieren sein. Die im 17. Jahrhundert entstandene Institution der Schuldknechtschaft, die im Haciendabereich (aber auch in der gewerblichen Wirtschaft) zunehmend die älteren Zwangsarbeitsformen wie die *encomienda* oder das *repartimiento* ablöste, war zweifellos ein konstitutives Strukturmerkmal der kolonialen wie der nachkolonialen Hacienda. Die durch den *peonaje* erzwungene Immobilisierung von Arbeitskräften auf den Gütern bedeutete zwar keine Grundhörigkeit wie etwa im Falle der ostelbischen Bauern vor der Bauernbefreiung[56]; durch die Verpflichtung, erhaltene Vorschüsse seitens der Gutsbesitzer abzuarbeiten, d. h. durch den so bewirkten Bleibezwang verschuldeter Landarbeiter, konnte de facto allerdings doch oft ein Stamm permanenter Landarbeiter, die *peones acasillados*, auf den Haciendas festgehalten werden.[57] Welches Gewicht – angesichts der Tatsache, daß z. B. zahlreiche *peones* sogar Guthaben bei ihren Hacendados aufwiesen – der Institution des *peonaje* für die Arbeitskräfterekrutierung der Haciendas zukam, ist allerdings schon für die Kolonialzeit kontrovers geworden; für das Porfiriat wird man jedenfalls ihre Bedeutung als allgemeine Grundlage für die Arbeitsverhältnisse auf den Haciendas kaum aufrechterhalten können.[58] Abgesehen davon, daß auf den Haciendas neben vielfältigen Pachtverhältnissen auch durchaus freie Arbeitskontrakte existierten, und die Bedeutung der Institution, wie erwähnt, in gewissen Regionen gegen Ende des Porfiriates abnahm oder durch freie Lohnarbeit ersetzt wurde, sind in jüngeren Untersuchungen zunehmend auch Funktionen des *peonaje* hervorgehoben worden, welche sich nicht ausschließlich auf den – unbestrittenen – Bleibezwang der Arbeitskräfte beziehen. Die in der älteren Literatur verbreitete Annahme, der zunehmende Verschuldungsgrad der *peones* hätte für die davon betroffenen Landarbeiter eine generelle Verschärfung ihrer prekären Lebensbedingungen bedeutet, dürfte nämlich insofern fragwürdig sein, als von einer gewissen Schuldenhöhe an der Bleibezwang der *peones* in der Praxis ohnehin gewährleistet war. Eine darüber hinausgehende Verschuldung, wie sie im Porfiriat zunehmend zu beobachten ist, war deshalb wohl Ausdruck einer umfassenderen, patriarchalische Elemente einschließenden Politik der Grundbesitzer, welche durch Gewährung von (faktisch *à fonds perdu* ausgerichteten) Vorschüssen bei Festen, Hochzeiten, Krankheiten usw. eine über den schuldrechtlichen Bleibezwang hinausgehende Loyalität der *acasillados* begründen sollte. Nach Katz stieg denn auch auf vielen Haciendas »das Prestige und die Bedeutung der Arbeiter proportional zur Höhe der Vorschüsse, welche ihnen der Grundbesitzer gewährte«.[59] Nickel hat sogar vorgeschlagen, die den (Bleibezwang gewährleistenden) »Verschuldungsgrenzwert« übersteigende Verschuldung als eine »variable und jederzeit widerrufbare Lohnzulage« zu interpretieren. »Diese weitere Verschuldungsmöglichkeit hatte wahrscheinlich die Funktion, dem Verfall der Reallöhne entgegenzuwirken, ohne daß ein Anspruch auf eine entsprechende Anhebung der Nominallöhne generiert wurde. Die Annahme liegt nahe, daß diese ›Lohnzulage‹ nach der Anciennität und/oder der Leistung der Arbeiter gewährt wurde.«[60]

Damit ist ein weiteres Element der porfiristischen Agrarentwicklung angesprochen, dem in älteren Darstellungen eine zentrale Bedeutung zugemessen wurde: dem markanten Absinken der landwirtschaftlichen Reallöhne in der zweiten Hälfte des Porfiriates, das durch stark steigende Preise für die Grundnahrungsmittel bei mehr oder minder stagnierenden Nominallöhnen ausgelöst wurde.[61] Wenn aber auch die allgemeine Tendenz eines Reallohnfalles zwischen 1898 und 1911 (mit Ausnahme der Bergarbeiterlöhne) außer Frage steht, so dürften sich gerade für die fest auf den Haciendas angesiedelten Landarbeiter die Marktpreissteigerungen für Nahrungsmittel weniger unmittelbar ausgewirkt haben, erhielten die *acasillados* doch traditionellerweise einen Großteil ihres Lohnes in Waren, deren Preise oft, wie Nickel z. B. für den Maispreis der Hacienda Ozumba zwischen 1888 und 1914 gezeigt hat, konstant blieben und deutlich unter dem Marktpreis der Stadt Puebla lagen.[62] Damit stellt sich aber auch die Frage, ob die traditionell so negative Einschätzung der *tienda de raya*, also des Hacienda-Ladens, wo die *peones* ihre Grundbedürfnisse zu befriedigen hatten, nicht ebenfalls zu modifizieren ist.[63] Offensichtlich wird man die *tienda* ja gerade im Porfiriat nicht ausschließlich unter dem Gesichtspunkt der Ausbeutung der *peones* sehen dürfen, sondern auch hier gegenläufige Tendenzen, z. B. Funktionen der Preisregulierung, mitberücksichtigen müssen – ganz abgesehen davon, daß es »in abgelegeneren Gebieten keine Versorgungsalternativen zu den betriebseigenen Läden gab«.[64]

Diese Retouchen am überlieferten Bild der Hacienda sollen keineswegs die in jeder Beziehung prekären und sich tendenziell wohl eher verschlechternden Lebensbedingungen der auf der Hacienda permanent ansässigen Landarbeiter herunterspielen. Dennoch wird man nicht übersehen dürfen, daß ein beträchtlicher Teil der *acasillados,* in welchen man gemeinhin die am stärksten unterdrückte und ausgebeutete Gruppe des mexikanischen Landproletariats gesehen hat, durch das Nutzungsrecht einer kleinen Landparzelle (des *pegujal)* sowie durch allfällige patriarchalische Leistungen der Hacendados eine zumindest relativ privilegierte Position einnahm, insbesondere wenn man sie mit der wirtschaftlich-sozialen Entwicklung anderer bäuerlicher Gruppen während des Porfiriates vergleicht.

Dies gilt einerseits für die Pächter und Halbpächter des dichtbesiedelten zentralen Hochlandes, wo sich die Konkurrenz um Pachtverträge im Gefolge des allgemeinen Bevölkerungswachstums und der hier besonders ausgeprägten Dorflandenteignung verschärfte und wo z. T. auch im Zuge der Modernisierung der Haciendas die Domänenwirtschaft zu Lasten der Pächter und Halbpächter ausgedehnt wurde. Da die Teilpächter *(aparceros),* welche je nach Einsatz eigenen Saatgutes und Geräte die Hälfte oder mehr der Ernte an die Gutsherren abzuliefern hatten, einen ohnehin prekären Rechtsstatus besaßen, war es für die Gutsbesitzer ein leichtes, sie ungünstigeren Vertragsbedingungen zu unterwerfen, d. h. einen höheren Ernteanteil und vermehrte Arbeitsleistung auf dem Domänenland zu fordern, bzw. sie in einfache Landarbeiter zu verwandeln.[65] Aber auch die Pächter gehörten (mit Ausnahme der größeren Pächter vornehmlich im Norden) mehrheitlich zu den Opfern der porfiristischen Agrarentwicklung. In den 1870er Jahren war die Pachtzeit rechtlich auf drei Jahre beschränkt worden, und Pachtordnungen, wie sie Bazant etwa für die Hacienda de Bocas in San Luis Potosí erwähnt, führten zu einer stärkeren Reglementierung der Pachtverträge im allgemeinen zu Lasten der Pächter.[66] In der Hacienda Hueyapan im Staate Hidalgo z. B. wurde den Pächtern zunächst die Pacht erhöht, bevor sie auf den Status von Halbpächtern herabgedrückt wurden, die nun ihre Produktion nach den Anweisungen der Hacienda auszurichten hatten.[67] Die mit dieser Degradierung verbundene Einkommenseinbuße war somit auch von einem weitgehenden Verlust ihrer früheren wirtschaftlichen Unabhängigkeit begleitet.

Obwohl die Entwicklung der Pacht- und Teilpachtverhältnisse während des Porfiriates offenbar uneinheitlich verlief und von

Hacienda zu Hacienda große Unterschiede ja nach Marktchancen, Arbeitskräfteangebot usw. bestehen konnten, dürften sich insbesondere im zentralen Hochland die Bedingungen der Pächter und Halbpächter deutlich verschlechtert haben. Gerade am Beispiel dieser sehr umfangreichen bäuerlichen Gruppe der Pächter und Halbpächter erweist sich, daß es weniger der von älteren Autoren der Hacienda generell unterstellte »Feudalismus« war, der zur sozialen und wirtschaftlichen Degradierung dieser Bauern führte, sondern im Gegenteil die Modernisierung und zunehmende Kommerzialisierung der Landwirtschaft, also »die intensivere Form eines agrarischen Kapitalismus«.[68]

Hauptopfer der porfiristischen Agrarentwicklung waren andererseits natürlich vor allem jene unabhängigen Kleinbauern, die durch die Ausdehnung der Haciendas in den dörflichen Gemeinbesitz ihre wirtschaftliche Existenzgrundlage verloren. Paul Friedrich hat diesen Prozeß z. B. für das Dorf Naranja im Staate Michoacán untersucht, das insofern ein typisches Opfer des Landkonzentrationsprozesses und der landwirtschaftlichen Modernisierung im Porfiriat war, als es im Gefolge der Trockenlegung seiner nahegelegenen Sümpfe und der Expansion der Hacienda Cantabria in dieses Land seiner traditionellen Grundrechte beraubt wurde. Viele Dorfbewohner waren daraufhin gezwungen, sich als Tagelöhner oder Halbpächter auf der Hacienda zu verdingen, aber auch in wachsendem Maße als Wanderarbeiter ihr Leben zu fristen oder sich außerlandwirtschaftlichen Tätigkeiten zuzuwenden.[69] Man wird hier also durchaus von einem ländlichen Proletarisierungsprozeß sprechen können, der noch dadurch verschärft wurde, daß das traditionelle ländliche Gewerbe gegen die zunehmende Konkurrenz der Industrie einen immer schwereren Stand hatte. Dennoch lassen sich auch zu diesem Prozeß gegenläufige Tendenzen entdecken, die zumindest lokal oder regional eher eine Ausbreitung des Klein- und Mittelbauerntums anzeigen. So z. B. im Gebiet der *Altos* von Jalisco, wo es um die Mitte des 19. Jahrhunderts zur Übertragung von Haciendaland an Bauern und frühere Pächter kam. Am Beispiel einer Hochland-Hacienda von Michoacán hat z. B. Luis González die Fraktionierung eines Latifundiums beschrieben, das in den frühen 1860er Jahren in 36 eigenständige Betriebe aufgeteilt wurde, die sich bis 1912 durch Handänderung und Erbteilung gar in 167 Einheiten unterteilt hatten.[70]

Insgesamt ergibt sich also ein recht vielschichtiges Bild der porfiristischen Agrarentwicklung. Einerseits erweist sich die porfiristische Hacienda in ihrer sozialen Schichtung und Differenzierung »als wesentlich komplexer als bisher angenommen wurde. Man kann nicht einfach vom Hacendado, vom Mayordomo und den wenigen privilegierten Gefolgsleuten und Angestellten auf der einen, und einer großen amorphen, ungegliederten und homogenen Masse von *peones* auf der anderen Seite sprechen.«[71] Andererseits waren, wie erwähnt, auch die regionalen Gegensätze sehr ausgeprägt, so wie die einzelnen bäuerlichen Gruppen – *acasillados,* Pächter, Teilpächter, Saisonarbeiter, Tagelöhner, dörfliche Kleinbauern – in durchaus unterschiedlichem Ausmaß von dieser Entwicklung betroffen wurden. Während neben den Haciendas auch viele Rancheros und größere Pächter (vor allem im Norden) profitierten, während sich im Zuge der Hacienda-Modernisierung für qualifizierte Angestellte neue Karrieren eröffneten und schließlich zahlreiche *acasillados* zumindest einen gewissen paternalistischen Schutz der Gutsbesitzer genossen, wurden andere (und zahlenmäßig wohl weit bedeutendere) bäuerliche Sozialgruppen wie Pächter, Halbpächter und Dorfbauern in ihrem gesellschaftlichen Status degradiert und immer prekäreren wirtschaftlichen Bedingungen ausgesetzt.[72] Diese komplexe Entwicklung wird zu berücksichtigen sein, wenn weiter unten Voraussetzungen und Verlauf bäuerlicher Erhebungen in der Revolution zur Sprache kommen.

In einem Staat Mexikos, Morelos, waren – wie sich später erweisen sollte – die Auswirkungen der porfiristischen Agrarmodernisierung besonders konfliktträchtig. Einige knappe Hinweise auf die Entwicklung in Morelos, die zugleich die von ihr hervorgerufenen Konflikte deutlich machen, sollen deshalb diesen allgemeinen Überblick ergänzen und konkretisieren.[73]

Bis in die zweite Hälfte des 19. Jahrhunderts hatten in Morelos, einem seit der Kolonialzeit traditionellen Zuckeranbaugebiet Mexikos, die *pueblos,* d. h. die freien Dörfer, mit ihrem Kommunal- und Privatbesitz sowie kleine und mittlere Grundbesitzer neben der Zuckerhacienda eine zwar prekäre, aber doch mehr oder minder unabhängige Existenz führen können. Mit dem allgemeinen Wirtschaftsaufschwung Mexikos seit dem Beginn des Porfiriates und der besseren verkehrsmäßigen Erschließung des Landes eröffnete sich den morelensischen Zuckerproduzenten ein expandierender innerer Markt, auf den sich die Hacendados rasch einstellten. Die Modernisierung der Zuckerproduktion war in den 70er Jahren des 19. Jahrhunderts mit der Einführung moderner und leistungsfähigerer Zuckermühlen eingeleitet worden, welcher der Ausbau der Infrastruktur- und Bewässerungsanlagen folgte, während die Hacendados gleichzeitig in die neuen Bereiche der industriellen Weiterverarbeitung ihres Produktes und seiner Kommerzialisierung eindrangen.[74]

Diese neue Form der Zuckerproduktion setzte indessen größere Zuckeranbauflächen voraus, die nur auf Kosten des Dorflandes sowie des noch unabhängigen Klein- und Mittelbesitzes gewonnen werden konnten. Der zuvor sporadische Konflikt zwischen Haciendas und *pueblos* um Acker- und Weideland nahm nun die Form einer systematischen Enteignungspolitik der Zuckerhacendados gegenüber den landbesitzenden Dörfern an, eine Politik, die u. a. auch durch die liberalen Gesetze betreffend den Landbesitz begünstigt wurde. Entscheidend war jedoch der politische Einfluß der Zuckeraristokratie in der Verfolgung ihres Zieles, den ganzen Staat Morelos »in die perfekte Hacienda« zu verwandeln.[75] Mit Hilfe der von ihnen weitgehend kontrollierten Staatsregierung, voreingenommenen oder korrupten Gerichten und nötigenfalls dem gewogenen Ohr des Präsidenten und seiner Minister gelang es den morelensischen Großgrundbesitzern, ihre Güter – sei es pseudolegal, sei es unter Androhung oder Anwendung von Gewalt – in den alten Gemeinde- und den unabhängigen Kleinbesitz hinein auszudehnen und so nicht nur die wirtschaftlich erforderliche Vergrößerung der Zuckeranbaufläche, sondern gleichzeitig auch ein größeres Arbeitsreservoir unter den nun landlos gewordenen Bauern zu erreichen. Zahllos sind denn auch die Klagen depossedierter morelensischer Bauern und Dörfer über die Willkür der porfiristischen Behörden und Gerichte, und es ist kein Zufall, daß auch Anenecuilco, der Geburtsort Zapatas und die Wiege seiner Bewegung, am Ende des Porfiriates in einen erbitterten Streit mit einer benachbarten Hacienda über Land- und Wasserrechte verwickelt war.[76]

Von 1876 bis 1910 verminderte sich die Zahl der morelensischen *pueblos* um beinahe ein Sechstel und innerhalb der überlebenden Dörfer nahm die Bevölkerungszahl ab, während die Siedlungen innerhalb der Haciendas nun eine permanente Bevölkerung von 250 bis gegen 3 000 Bewohner zählten.[77] Selbst wenn die Dörfer als politisch selbständige Einheiten fortbestanden, verloren sie mit der zunehmenden territorialen Einkreisung durch die Haciendas immer mehr die Grundlage einer autonomen wirtschaftlichen Existenz. »Im Dorfe Jonacatepec«, so sollte 1917 ein Abgeordneter der Konstituante die Situation in Morelos charakterisieren, »beginnt acht Meter hinter der letzten Straße die Hacienda von Santa Clara; deshalb ziehen es die unglücklichen Indios vor, ins Gebirge zu ziehen, wo sie über das notwendige Land verfügen . . .«[78] Zumindest in Morelos kann man von einer zunehmenden Proletarisierung der Landbevölkerung als Folge der modernen Zuckerproduktion sprechen. Als Saisonarbeiter auf den Haciendas während der Zuckerrohrernte, als Halbpächter auf minderwertigem Haciendaland während der übrigen Zeit hatten sie ihren vordem unabhängigen Status weitgehend eingebüßt, und ihre wirtschaftliche Abhängigkeit von der Hacienda verschärfte sich zunehmend.

Die Tatsache, daß die meisten morelensischen Dörfer allerdings ihre politische Unabhängigkeit bewahren konnten, die Bevölkerung also nicht völlig von den Haciendas aufgesogen wurde und in Morelos deshalb am Vorabend der Revolution immer noch 74,1 % der bäuerlichen Bevölkerung in freien Dörfern und nur 23,7 % fest auf den Haciendas ansässig waren (gegenüber einem nationalen Durchschnitt von 51 % bzw. 46,8 %), verlieh den Agrarkonflikten in dieser Region eine besondere Brisanz, wie sich beim Ausbruch der Revolution deutlich erweisen sollte.[79]

Solange der porfiristische Machtapparat allerdings intakt blieb, hatten die Agrarproteste der betroffenen Dörfer und Kleinbauern kaum Aussicht auf Erfolg. Bewaffnete Bauernaufstände, in der vor- und frühporfiristischen Phase noch häufig[80], konnten aufgrund der verstärkten polizeilichen Kontrolle leicht auf lokaler Ebene isoliert und niedergeschlagen werden, oder sie wurden – wie im Falle der langandauernden Yaqui-Kriege – durch massiven Einsatz von Armeetruppen blutig unterdrückt. Administratives und gerichtliches Vorgehen von Dorfgemeinschaften gegen illegale Landenteignungen war in der Regel ebenfalls nicht von Erfolg gekrönt, insbesondere dann nicht, wenn die angeklagten Großgrundbesitzer wichtige politische Ämter innehatten oder über entsprechende Verbindungen verfügten. Eine echte Chance für die bedrängten Kleinbauern und Dorfgemeinschaften, ihre Rechte durchzusetzen, sollte sich erst ergeben, als der nationale und lokale Machtapparat des porfiristischen Regimes unter den Auswirkungen der Bürgerkriegsereignisse immer mehr gelähmt wurde.

1 Allgemein zur Entwicklung der porfiristischen Landwirtschaft Luis Cossío Silva, La Agricultura, in Cosío Villegas, *El Porfiriato – La vida económica I,* México 1965, S. 1-133; hier S. 3 f.; Hans Pohl u. Hans-Günther Mertens, Die Entwicklung der mexikanischen Landwirtschaft während des Porfiriates, in *Ibero-Amerikanisches Archiv, NF,* 1/1975, S. 61-103.

2 Cossío Silva, S. 94.

3 Cossío Silva, S 6; der Anteil der landwirtschaftlichen Rohstoffe für den Binnenmarkt stieg von 10% auf 17,6% mit einer jährlichen Zuwachsrate von 2,55%, S. 71.

4 Cossío Silva, S. 103, S. 119; *Estadísticas Económicas del Porfiriato. Comercio Exterior,* S. 378.

5 Cossío Silva, S. 75, S. 77, S. 82.

6 Cossío Silva, S. 16.

7 Cossío Silva, S. 19; je nach der Qualität der Ernte der ausgewählten Bezugsjahre ergeben sich allerdings etwas unterschiedliche Produktionstrends, vgl. Pohl/Mertens, S. 62 f., Anm. 2.

8 Cossío Silva, S. 19.

9 Nach Francisco Bulnes war der Aufschwung der mexikanischen Exportlandwirtschaft in hohem Maße durch externe Einwirkungen ausgelöst worden: so die Kaffeeproduktion durch die Vernichtung der brasilianischen Kaffee-Ernte im Jahre 1886; die Zunahme der *Henequén*-Produktion durch den Niedergang der Manila-Faser im Gefolge des philippinischen Aufstandes gegen Spanien 1896; die Expansion der nordmexikanischen Viehzucht durch die Verminderung der nordamerikanischen Einfuhrzölle auf mexikanisches Vieh, usw., vgl. Solís *La realidad,* S. 56 f.

10 Nach Nicolau d'Olwer, *Las inversiones,* S. 1114, verteilte sich das ausländische Kapital in Land-, Vieh- und Forstwirtschaft zu 46,6% auf Großbritannien, 42% auf die USA, 8,2% auf Frankreich und 3,1% auf Deutschland. Während sich der britische und nordamerikanische Grundbesitz vor allem in Nordmexiko konzentrierte (Viehzucht, Baumwolle), spielten deutsche Pflanzer im Kaffeeanbaugebiet von Chiapas eine besondere Rolle.

11 Vgl. Katz, *Deutschland,* S. 52, und den dort zitierten Bericht des deutschen Agrarexperten Kaumann an Bethmann Hollweg vom 20. 11. 1912.

12 Cossío Silva, S. 11, S. 13; Katz, S. 51, verweist auch auf die von den ausländisch kontrollierten Eisenbahnen verhängten hohen Frachtkosten für inländische Produkte, welche der Kommerzialisierung von Getreide enge Grenzen setzte.

13 Karl Kaerger, *Landwirtschaft und Kolonisation im spanischen Amerika, II,* Leipzig 1901, S. 649: »Der ausschlaggebende Grund aber für die Nichtanwendung der Mähmaschinen, namentlich der in den meisten Gegenden Mexikos fast allein eingeführten Bindemaschinen, ist der, daß sie bei dem niedrigen Stand des Tagelohnes einerseits und den verhältnis-

mäßig geringen Leistungen der Zugtiere (Ochsen oder Mulen) andererseits, teurer arbeiten als die Handsichel.«

14 Katz, S. 51.

15 Zur teilweisen Modernisierung von Haciendas in der Getreidezone von Puebla-Tlaxcala vgl. Herbert J. Nickel, *Soziale Morphologie der mexikanischen Hacienda,* Wiesbaden 1978, Kapitel 2 und 3; dazu ausführlicher weiter unten, S. 76 f.

16 Vg. z. B. Lauro Viadas, El problema de la pequeña propiedad, in Jesús Silva Herzog (Hg.), *La cuestión de la tierra, I,* México 1960, S. 109-163, hier S. 124.

17 Allgemein zur sozialen Entwicklung im Agrarbereich Moisés González Navarro, *El Porfiriato – La vida social* (Bd. IV der Historia Moderna de México), México 1957; Moisés González Navarro, *Estadísticas sociales del Porfiriato , 1877-1910,* México 1956. – Vornehmlich rechts- und ideengeschichtliche Überblicke über die Entwicklung der mexikanischen Agrarverhältnisse finden sich bei Manuel Fabila, *Cinco siglos de legislación agraria (1492-1940),* México 1941; Lucio Mendieta y Nuñez, *El problema agrario de México,* México [10]1968; Jesús Silva Herzog, *El Agrarismo mexicano y la Reforma agraria. Exposición y crítica,* México [2]1964; George McCutchen McBride, *The Land Systems of Mexico,* New York 1923; Helen Phipps, *Some Aspects of the agrarian question in Mexico,* Austin 1925. Vgl. auch Jorge Martínez Rios, *Tenencia de la tierra y desarollo agrario en México (Bibliografía selectiva y comentada: 1522-1968),* México 1970.

18 Zur Entstehung der kolonialen Hacienda in Mexiko allgemein: François Chevalier, *La formation des grands domaines au Mexique (Terre et société aux siècles XVI et XVII),* Paris 1952. Zur regional unterschiedlichen Entwicklung Charles Gibson, *The Aztecs under Spanish Rule. A History of the Indians of the Valley of Mexico,* Stanford UP, 1964; Charles H. Harris, A *Mexican Family Empire. The Latifundio of the Sánchez Navarro family, 1765–1867,* UP of Texas, Austin 1975; William B. Taylor, *Landlord and peasant in Colonial Oaxaca,* Stanford UP 1972. Vgl. jetzt auch Nickel, *Soziale Morphologie,* sowie die Aufsätze in Enrique Florescano (Hg.), *Haciendas, Latifundios y Plantaciones en América Latina,* México 1975.

19 Vgl. T. G. Powell, *El liberalismo y el campesinado en el centro de México (1850 a 1876),* México 1974.

20 Vgl. Jan Bazant, *Los bienes de la Iglesía en México (1856-1875) – Aspectos económicos y sociales de la Revolución liberal,* Mexico 1971. Nach Bazant ist die verbreitete Vorstellung abwegig, daß durch die Desamortisation der Kirchengüter eine in sich abgeschlossene, »feudale« Landwirtschaft auf die Marktproduktion hin orientiert worden sei, unterschieden sich doch die – meist verpachteten – Haciendas in Kirchenbesitz ökonomisch kaum vom privaten Großgrundbesitz. »Man hat den Eindruck, daß sich die Käufer (von Kirchenbesitz) oder ihre Nachkommen rasch der traditionellen Lebensweise der mexikanischen Grundbesitzer anpaßten.

Auf diese Weise konsolidierte sich offensichtlich das soziale System und die Landbesitzverhältnisse, wie sie schon am Vorabend der Reforma existierten«, S. 312, S. 314. – Daß auch führende liberale Politiker nicht zögerten, aufgrund der Desamortisationsgesetze ehemaliges Kirchenland preisgünstig zu erwerben, zeigt Powell, S. 174.

21 Powell, S. 75 ff.; Privatpersonen konnten mit Hilfe der sog. *denuncia* die Desamortisation rechtlich erzwingen. Vgl. auch Andrés Molina Enríquez, *Los grandes problemas nacionales*, Mexico 1964 (1908), der die Effekte der Übertragung der Bodenrechte in Individualeigentum wie folgt beschreibt, S. 80: »Viele der betroffenen Indios waren nicht einen einzigen Tag Eigentümer der Parzellen, die man ihnen übertragen hatte, und wenn man eine Untersuchung über die Verkaufspreise anstellen würde, so würde man feststellen, daß ein Stück Land einen Aufkäufer einige Laibe Brot, einen anderen einige Liter Mais und die meisten einige Krüge Pulque oder etwas Schnaps gekostet hatten.«

22 Nach Coatsworth waren die vorporfiristischen Agrarbewegungen überwiegend entweder Reaktionen gegen das Regime aus religiösen Gründen, wegen neuer Steuerbelastungen usw. oder aber Angriffe gegen den Großgrundbesitz seitens der Indios (in Konstellationen, die ihnen günstig erschienen), aber keine Protestbewegungen gegen eine Bedrohung oder Landusurpation durch die Hacendados, Coatsworth, II S. 54. Auch Phipps, S. 112 f., betont, daß im Vorporfiriat die Auswirkungen der Reformgesetze auf den dörflichen Gemeinbesitz gering gewesen seien.

23 Coatsworth, II, S. 48.

24 Coatsworth, II, S. 54-65, und Coatsworth, Railroads, Landholding and Agrarian Protest in the Early Porfiriato, in *Hispanic American Historical Review*, 54/1, 1974, S. 48-71.

25 Moisés González Navarro, La tenencia de la tierra en México, in *Caravelle 12*, 1969, S. 115-134, S. 115: »In der Praxis profitierten die Hacendados von der Schwäche der individuellen Eigentümer, und in gewissen Regionen kauften sie einen Großteil des dörflichen Gemeinbesitzes auf, indem sie absichtlich die verschiedenen Landkategorien *(de común repartimiento, propios de los ayuntamientos, ejidos und fundo legal)* verwechselten, um sich auch jenes Land anzueignen, das von der Desamortisation ausgenommen war wie die *ejidos* (im kolonialrechtlichen Sinne) und der *fundo legal.* « – Selbst der Wirtschaftsminister mußte 1909 die Existenz unrechtmäßiger Landenteignungen zugeben; vgl. *Memoria de la Secretaría de Fomento, Colonización e Industria, 1905-1907*, México 1909, S. 9 ff. – So hatte sich z. B. der Gouverneur von Hidalgo, der General Rafael Cravioto, gewaltsam des Landes von San Nicolas Ayotengo bemächtigt, vgl. *Diario Oficial*, 18. 6. 1917.

26 Coatsworth, II, S. 50.

27 Vgl. Evelyn Hu-Dehart, Development and Rural Rebellion: Pacification of the Yaquis in the Late Porfiriato, in *Hispanic American Historical Review*, 54/1 1974, S. 72-93.

28 González Navarro, *La vida social*, S. 187-190.

29 González Navarro, *La tenencia*, S. 118.

30 González Navarro, S. 117; für die nachfolgenden statistischen Angaben vgl. Fernando González Roa, *El aspecto agrario de la Revolución mexicana*, México 1919, S. 141 ff.; eine kritische Erörterung der vorliegenden, in sich oft recht widersprüchlichen Zahlen findet sich bei González Navarro, *La tenencia*, S. 118 ff.

31 Auf diese Entwicklung, die allerdings noch gründlicher zu erforschen ist, hat neuerdings Friedrich Katz hingewiesen. Vgl. seinen Beitrag für die *Cambridge History of Latin America: Mexico, 1867-1910*. Katz hat mir freundlicherweise eine erste Fassung seines Manuskripts zur Verfügung gestellt. Ähnlich argumentiert z. B. David A. Brading, National politics and the populist tradition, in Brading (Hg.), *Caudillo and Peasant in the Mexican Revolution*, Cambridge UP, Cambridge 1980, S. 12 f. Eine erste größere Monographie über diese Bauern-Bourgeoisie stammt aus der Feder von Frans J. Schryer, *The Rancheros of Pisaflores. The History of a Peasant Bourgeoisie in Twentieth-Century Mexico*, Toronto UP, Toronto 1980.

32 González Navarro, *La tenencia*, S. 120. Obwohl nach gewissen Schätzungen 41 % der *comunidades* einen Teil ihres Landes bis zur Revolution bewahren konnten, dürften sie im allgemeinen doch vor allem die besseren Böden eingebüßt haben. Wie prekär in gewissen Regionen die Situation der Dörfer schon am Ende der 70er Jahre geworden war, geht z. B. aus einem Bericht des Dorfes Zapaluta im Staate Chiapas an das Finanzministerium hervor: »... der größte Teil (der Einwohner) verdingt sich jetzt auf den Haciendas ..., schon ist das gesamte Staatsland in Privateigentum verwandelt, und dies in einem Maße, daß man vom Rand des Dorfes die Grenzpfähle des fremden Eigentums sieht und die Dorfbewohner sogar das tägliche Brennholz nur mit der Erlaubnis oder Großzügigkeit der Grundbesitzer beschaffen können.« Emiliano Busto, *Estadística de la República mexicana, Anéxo núm. 3 a la Memoria de Hacienda del año económico, de 1877 a 1878*, México 1880, vol. III, S. 39.

33 González Navarro, *La tenencia*, S. 119.

34 Vgl. dazu jetzt vor allem Nickel, *Soziale Morphologie*, sowie Magnus Mörner, The Spanish American Hacienda: a survey of recent research and debate, in *Hispanic American Historical Review, 53/2*, 1973, S. 183-216; Reinhard Liehr, Entstehung, Entwicklung und sozialökonomische Struktur der hispano-amerikanischen Hacienda, in Hans-Jürgen Puhle (Hg.), *Lateinamerika. Historische Realität und Dependencia-Theorien*, Hamburg 1977, S. 105-146.

35 John R. Southworth, *The Official Directory of Mines and Estates of Mexico*, México 1910; Frank Tannenbaum, *The Mexican Agrarian Revolution*, Hamden 1968 (1929).

36 Die Zahlen von Southworth sind zusammengestellt in *Estadísticas sociales del Porfiriato*, S. 64, S. 65, S. 243, hier S. 64.

37 González Navarro, *La vida social*, S. 212 f.

38 Vgl. Mark Wasserman, Oligarquía e intereses extranjeros en Chihuahua durante el Porfiriato, in *Historia Mexicana, XXII/3*, 1973, S. 279-316.

39 Ich übernehme im folgenden einige Passagen aus meinem Aufsatz »Bauernerhebungen und Agrarreform in der mexikanischen Revolution«, in Mols/Tobler, *Mexiko*, S. 117 ff.

40 Wistano Luis Orozco, *Legislación;* Andrés Molina Enríquez, *Los grandes problemas.* Vgl. auch James L. Hamon u. Stephen R. Niblo, *Precursores de la revolución agraria en México – Las obras de Wistano Luis Orozco y Andrés Molina Enríquez*, México 1975.

41 Vgl. Molina Enríquez, S. 101 ff., z. B. S. 109: »In unserem Land bedeutet Hacendado zu sein, einen sicheren und dauerhaften Titel hoher Position, Vermögens und sozialen Ansehens innezuhaben; aber es bedeutet nicht, Besitzer eines produktiven Unternehmens zu sein.« Für die Übernahme dieser ökonomischen Einschätzung der Hacendados durch spätere Autoren vgl. z. B. McBride, *The Land Systems*, S. 27, S. 29.

42 Zur Ökonomie einer ausgewählten Hacienda im porfiristischen und frührevolutionären Mexiko vgl. jetzt auch die Untersuchung von Marco Bellingeri, L'economia del latifondo in Messico. L'hacienda San Antonio Tochatlaco dal 1880 al 1920, in *Annali della Fondazione Luigi Einaudi*, Torino, vol. X, 1976, S. 287-428.

43 Zu Yucatán vgl. Friedrich Katz, Plantagenwirtschaft und Sklaverei – Der Sisalanbau auf der Halbinsel Yucatán bis 1910, in *Zeitschrift für Geschichtswissenschaft*, 1959/7, S. 1002-1027. Die yukatekische Plantagenwirtschaft hatte um 1900 den höchsten Grad der Mechanisierung erreicht, waren doch etwa 1000 Dampfmaschinen im Einsatz und erreichte das Eisenbahnnetz eine Länge von 256 km mit etwa 13 000 km daran angeschlossenen Feldbahnen. – Zur Modernisierung der morelensischen Zuckerhaciendas vgl. den Überblick bei John Womack, Zapata and the Mexican Revolution, New York 1969, hier verwendete mexikanische Ausgabe *Zapata y la Revolución mexicana*, México, S. 41 ff.

44 Vgl. Susana Glantz, *El Ejido colectivo de Nueva Italia*, México 1974.

45 Edith B. Couturier, *Hacienda of Hueyapan: The History of a Mexican Social and Economic Institution, 1550-1940*, unveröffentl. Diss., Columbia University 1965 (erschienen in einer gekürzten Fassung unter dem Titel *»La Hacienda de Hueyapan, 1550-1936«*, México 1976); Nickel, *Soziale Morphologie*, insbes. Kap. 3.

46 James D. Cockcroft, *Intellectual Precursors*, S. 29 ff.

47 Nickel, S. 115.

48 Zur allgemeinen Feudalismus-Kapitalismusdebatte für Lateinamerika vgl. André Gunder Frank, *Kapitalismus und Unterentwicklung in Lateinamerika*, Frankfurt 1969. Kritisch dazu Ernesto Laclau, Feudalism and Capitalism in Latin America, in *New Left Review, vol. 67*, May/June 1971, S. 19-38; Ruggiero Romano, Sottosviluppo economico e sottosviluppo culturale, in *Studi storici, 1971/1, S. 205-210.*

49 John Kenneth Turner, *Barbarous Mexico,* Chicago 1911; Wistano Luis Orozco, *Legislación,* z. B. vol II, S. 1 096 f.: »Der *peón* auf den Haciendas steht noch heute in der Nachfolge des versklavten Indio; noch immer ist er so etwas wie ein elendes Lasttier, bar jeder Illusion und Hoffnung. Schon im frühen Kindesalter werden dem Sohn die Ketten auferlegt, die auch sein Vater trug, und die er dann seinerseits an seine Söhne weitergibt. Noch immer bedeuten die *tiendas de raya* wie in der Kolonialzeit permanenten, organisierten Diebstahl: Voraussetzung der Versklavung. Denn dort wird dem Arbeiter seine Freiheit mit Salz, Seife und unbrauchbaren Decken abgekauft, für die ihm fabulöse Preise berechnet werden. Fast nie sieht der Beklagenswerte in seiner Hand eine Silbermünze. Der Besitzer und vor allem der Verwalter der Hacienda sind noch immer jene despotischen Herren, welche sich – die Peitsche in der Hand – jede Form von Gewalttat gegen die Arbeiter, ihre Töchter und Frauen erlauben können.« – Daß die sozialen Beziehungen auf den Haciendas, ungeachtet ihrer patriarchalischen Leistungen für die *peones,* im Kern doch auf einem eindeutigen Zwangsverhältnis beruhten, zeigt die Tatsache, daß auch außerhalb des Südens die Haciendas einen eigenen Kerker *(tlapixquera)* aufwiesen und daß »körperliche Züchtigungen in zahlreichen Gütern üblich waren«; Nickel, *Soziale Morphologie* S. 132; vgl. auch González Navarro, *La vida social,* S. 223 f.

50 Jan Bazant, Peones, arrendatarios y aparceros en México, 1851-1853, in *Historia Mexicana, XXIII/2,* 1973, S. 330-357; Bazant, Peones, arrendatarios y aparceros en México, 1868-1904, in *Historia Mexicana, XXVI/1,* 1974, S. 94-121; Bazant, *Cinco Haciendas mexicanas,* México 1975; Herbert J. Nickel, *Soziale Morphologie;* Nickel, Zur Immobilität und Schuldknechtschaft mexikanischer Landarbeiter vor 1915, in *Saeculum, XXVII/3,* 1976, S. 289-328; Friedrich Katz, Labor Conditions on Haciendas in Porfirian Mexico: Some Trends and Tendencies, in *Hispanic American Historical Review, 54/1,* 1974, S. 1-47; Katz, *La servidumbre agraria en México en la época porfiriana,* México 1976.

51 Katz, *Labor Conditions,* S. 14-23.

52 Vgl. neben Turner die Schilderungen bei Henry Baerlein, *Mexico, the Land of Unrest,* Philadelphia 1913, sowie Channing Arnold u. J. T. Frost, *The American Egypt,* London 1909.

53 González Navarro, *La vida social,* S. 222.

54 Katz, *Labor Conditions,* S. 31-37, hier S. 34.

55 Katz, S. 33.

56 Rechtlich waren die *peones* frei, und sie verfügten im Porfiriat theoretisch auch über die vollen Bürgerrechte; allerdings wurde z. B. das Wahlrecht der *peones* de facto meist kollektiv durch den »administrador o su escribiente« der Hacienda ausgeübt, vgl. Luis González y González, La hacienda queda a salvo, in *Historia Mexicana VI/1,* 1956, S. 24-38.

57 Vgl. dazu jetzt vor allem die sorgfältigen Untersuchungen von Nickel, *Soziale Morphologie,* sowie Nickel, *Immobilität.*

58 Dies bestätigt neben den Arbeiten von Nickel, Bazant und Katz auch Couturier, *Hacienda of Hueyapan.* Nach Nickel dürfte auch die immer wieder erwähnte Schuldenvererbung von geringerer Bedeutung gewesen sein, als früher angenommen wurde. Jedenfalls war die Schuldvererbung »ein Merkmal der *peonaje,* das gerade während des Porfiriates an Bedeutung verloren haben dürfte«, Nickel, *Immobilität,* S. 297.

59 Katz, *Labor Conditions,* S. 29.

60 Nickel, *Immobilität,* S. 300.

61 Nach einer Schätzung der langfristigen Reallohnentwicklung mexikanischer Landarbeiter erhielten diese am Ende der Kolonialzeit 37,5 hl Mais als Gegenwert für 250 Arbeitstage, 1891 42,5 hl, 1908 aber nur noch 23,5 hl des Grundnahrungsmittels, vgl. La curva de los salarios y el costo de la vida, in *Estadística Nacional,* México, 31. 5. 1925, S. 19. Die Angaben über die Reallohnentwicklung im Porfiriat beruhen allerdings auf unsicheren Daten; allgemein waren die Löhne im Norden und Süden höher als im Zentrum, es scheint sich also eine umgekehrte Proportionalität von Lohnhöhe und Bevölkerungsdichte ergeben zu haben, wie Ramón Fernández y Fernández bemerkt: Evolución económica del jornalero del campo, in *Crisol 25,* Jan. 1931, S. 17-33 (19). – Im Durchschnitt aller Produktionsbereiche fielen die Reallöhne, nach markantem Anstieg in der Periode von 1892 bis 1898, von 39 centavos pro Tag im Jahre 1898 (Mindestlohn in Preisen von 1900) auf 30 centavos 1911, die landwirtschaftlichen Reallöhne von 37 centavos 1898 auf 32 centavos 1902 und 27 centavos 1911, Rosenzweig, *El desarollo,* S. 447.

62 Nickel, *Immobilität,* S. 298.

63 Vgl. die negative Einschätzung bei Orozco, oben S. 92, Anm. 49; aber auch Katz, *La servidumbre,* S. 179 ff.

64 Nickel, *Soziale Morphologie,* S. 139.

65 Katz, *Labor Conditions,* S. 24 ff.

66 Bazant, *Cinco Haciendas,* S. 162 ff.; Nickel, *Soziale Morphologie,* S. 121 f.

67 Couturier, *Hacienda of Hueyapan,* S. 223 ff.

68 Brading, National politics, in Brading, *Caudillo and Peasant,* S. 13.

69 Paul Friedrich, *Agrarian Revolt in a Mexican Village,* Englewood Cliffs 1970, S. 43 ff.

70 Luis González, *Pueblo en vilo, Microhistoria de San José de Gracia,* México 1968, S. 93–97, S. 139.

71 Katz, *Labor Conditions,* S. 41.

72 Katz, 38-47.

73 Zur Agrarentwicklung in Morelos vgl. neben Womack, *Zapata,* auch Jesús Sotelo Inclán, *Raíz y razón de Zapata. Anenecuilco. Investigación histórica,* México 1943; Laura Helguera R. u. a., *Los campesinos de la tierra de Zapata, I: Adaptación, cambio y rebelión,* México 1974.

74 Vgl. oben S. 91, Anm. 43.

75 Womack, S. 53.

76 Vgl. die detailliert aufgeführten Fälle bei Womack, S. 44 ff. Am 9. März

1879 hatte die Zeitung »El Hijo del Trabajo« berichtet: »Im ganzen Staat und besonders in den Distrikten von Jonacatepec und Morelos, sind die *pueblos* verzweifelt über die Gewalttaten der Hacendados, welche sich nicht mit dem Land zufrieden geben, das sie den *pueblos* schon entrissen haben, sondern diese weiter belästigen, indem sie ihnen die Wege verwehren, die ihnen seit urdenklichen Zeiten zugestanden haben, indem sie ihnen das Wasser wegnehmen, womit sie ihre Bäume und Felder bewässert haben und indem sie ihnen überdies das Land für den Regenfeldbau und die Weiden für ihr Vieh streitig machen ...«, abgedruckt in Luis Chávez Orozco (Hg.), *Orígenes del Agrarismo en México, Documentos para la historia económica de México, vol. X*, México 1935, S. 37 f.

77 Womack, S. 42.

78 *Diario de los debates del Congreso Constituyente, México 1917, vol. II*, S. 781. – Nach Womack, S. 43 f., konnte Cuautla, das von Tag zu Tag »wie durch einen eisernen Ring« von den benachbarten Haciendas stärker eingekreist wurde, nicht einmal mehr seinen Friedhof auf eigenem Gemeindeland erweitern.

79 Zu den Zahlen vgl. Tannenbaum, *Agrarian Revolution*, S. 469, 473.

80 Vgl. Jean Meyer, *Problemas campesinos y revueltas agrarias (1821-1910)*, México 1973.

Kapitel 4

Die Oligarchisierung von Staat und Gesellschaft

Ein bestimmendes Charakteristikum des Porfiriats war zweifellos die rasch zunehmende Zentralisierung der politischen Macht, welche nach den Wirren der Jahrzehnte nach der Independencia und der ausgeprägten Fragilität der innenpolitschen Verhältnisse im Zeitraum zwischen Reforma und profiristischem *Coup d'Etat* erstmals zur Bildung einer starken nationalen Exekutive und eines zunehmend auch die peripheren Gebiete durchdringenden Staatsapparates führte. Obwohl auch der porfiristische Staat formal der liberalen Verfassung von 1857 verhaftet blieb, verlor er in der Praxis rasch seinen repräsentativ-föderalistischen Charakter, indem Legislative und Judikative zunehmend der Gewalt der Exekutive unterworfen, der föderalistische Staatsaufbau immer mehr durch zentralistische Tendenzen unterlaufen und das nationale Regierungssystem in immer autokratischerem Sinne auf die Person von Porfirio Díaz ausgerichtet wurde.[1] Dieser politische Zentralisierungsprozeß, der insbesondere in der zweiten Hälfte des Porfiriats auch zu einer ausgeprägt oligarchischen Machtverteilung führte, verlief im einzelnen sehr kompliziert und langwierig; erst seit dem Ende der zweiten Präsidentschaft von Díaz (1888) und vor allem seit den 1890er Jahren kann man von einer deutlichen Konsolidierung des porfiristischen Herrschaftssystems sprechen. Die Einzelheiten dieses Prozesses können im Rahmen dieser Übersichts-Skizze nicht nachgezeichnet werden; hingegen sollen einige seiner Grundmerkmale und Strukturelemente kurz beleuchtet werden.[2]

Die Zentralisierung der politischen Macht war einerseits auf eine bewußte politische Strategie der neuen Machthaber, andererseits aber auch auf die wirtschaftliche Entwicklung Mexikos in diesem Zeitraum zurückzuführen. So entzog z. B. die Aufhebung der wichtigsten Binnenzölle, der *alcabalas,* jenen lokalen Eliten zunehmend die wirtschaftliche Basis, die ihren politischen Einfluß in der vorporfiristischen Zeit vor allem über den Kongreß ausgeübt hatten.[3] Traditionelle lokale und regionale Oligarchien wurden zum Teil aber auch durch die bereits im ersten Kapitel angedeuteten Mechanismen direkter politischer Entmachtung sukzessive ausgeschaltet. Dadurch wurden zwar, wie erwähnt, die regionalen Machtbereiche als solche keineswegs beseitigt, wohl aber die älteren eigenständigen *cacicazcos* von gefährlichen Machtrivalen des Präsidenten vernichtet, wenn sich diese nicht als loyale Statthalter des Präsidenten ins neue Machtsystem integrieren ließen. Als ein typisches Beispiel dieser Politik kann das Vorgehen des Generals Bernardo Reyes in Nuevo León angesehen werden, der als militärischer Befehlshaber der Bundestruppen im Nordosten während der zweiten Präsidentschaft von Díaz die traditionelle Machtstellung der beiden *caciques* Jerónimo Treviño und Francisco Naranjo (beide Generäle aus den Kriegen gegen die französischen Interventionstruppen) beseitigte und mit Zustimmung des Präsidenten seine eigene politisch-militärische Vormachtstellung im Nordosten begründete, deren Basis nun allerdings die absolute Loyalität Reyes' zu Díaz darstellte.[4]

Diese Zentralisierung der politischen Macht führte zu einer zunehmenden Bedeutungslosigkeit von Legislative und Judikative gegenüber der Exekutive sowie zu einer Aushöhlung vieler traditioneller Rechte der Einzelstaaten. Sie äußerte sich vor allem auch in einer immer stärkeren Einschränkung der Gemeindeautonomie, indem zuvor gewählte Lokalbehörden nun zunehmend durch die *jefes políticos* ernannt wurden. Dieser Vorgang hatte z. B. auch für viele selbständige Klein- und Mittelbauern fatale Folgen, da die neuen Gemeindebehörden nun kaum mehr Widerstand gegen die Landenteignungspolitik der Oligarchie leisteten.[5]

Daneben war die politische Entwicklung gekennzeichnet durch eine immer stärkere Ausrichtung des ganzen Herrschaftssystems auf die Person von Porfirio Díaz. Nach 1888, d. h. seit der dritten Präsidentschaft von Díaz, »wurde kein Gouverneur oder Abgeordneter im Bundeskongreß mehr in diese Ämter gewählt, wenn er nicht vorgängig die Zustimmung des Präsidenten erlangt hatte. Kooptation, Betrug und dosierter Gebrauch von Gewalt verhinderten für lange Zeit die Entstehung einer unabhängigen und bedeutsamen politischen Gruppe, welche in der Lage gewesen wäre, eine Alternative zur Vorherrschaft von Díaz und seinen Gefolgsleuten zu bilden.« Das porfiristische Herrschaftssystem nahm so immer mehr autokratische Züge an; obwohl formal immer wieder zum Präsidenten gewählt, verfügte Díaz de facto über diktatorische Vollmachten. Abgestützt wurde seine Autorität auch durch einen zunehmenden Personenkult, »der Díaz zur unverzichtbaren Figur für die Aufrechterhaltung des politischen Friedens in einem System machte, welches ein halbes Jahrhundert durch Instabilität gekennzeichnet gewesen war.«[6] Die immer ausgeprägtere Ausrichtung des porfiristischen Machtapparates auf die Person von Porfirio Díaz hing einerseits damit zusammen, daß politische Konflikte zwischen rivalisierenden regionalen und lokalen Eliten zwar auch unter der Herrschaft von Díaz keineswegs verschwanden, daß aber alle an diesen Konflikten Beteiligten die oberste Schiedsrichterrolle des Präsidenten anerkannten.[7] Díaz' persönliche Machtstellung beruhte also nicht zuletzt auf seiner geschickten Politik des »divide et impera«. Andererseits war der personalistische Charakter der porfiristischen Herrschaft aber vor allem auf das Fehlen von politischen Institutionen, wie etwa eigenständiger Parteien und Verbände, zurückzuführen.

Politische Parteien im modernen Sinne spielten bis nach der Jahrhundertwende in Mexiko keine Rolle. Vielmehr handelte es sich um lose Wahlvereine, die in meist exklusiver sozialer Zusammensetzung unmittelbar vor den Wahlen gegründet wurden, um sich nach dem Wahlakt sogleich wieder aufzulösen. Da den von der Exekutive manipulierten Wahlen ohnehin keine echte Bedeutung zukam, diese seit den späten 80er Jahren also nur mehr akklamatorischen Charakter hatten, beschränkte sich auch die Funktion der Parteien und lokalen Clubs auf die Portierung von Kandidaten, die vorher innerhalb der regierenden Clique designiert worden waren.[8]

Juan Felipe Leal hat auf einen wichtigen Grund für diese ausgebliebene politische Institutionalisierung des porfiristischen politischen Systems hingewiesen, nämlich die besondere politische Stellung der wirtschaftlich mächtigsten Gruppe, der ausländischen Investoren: »Die Tatsache, daß die hegemoniale Fraktion der Machtelite ausländischer Herkunft war und daß sie deshalb ihre Entscheidungszentren außerhalb des Landes hatte, machte die Existenz einer politischen Szene, d. h. politischer Parteien und eines funktionierenden Kongresses, überflüssig. Deshalb wirkte sich ihr Druck nicht zugunsten eines parlamentarischen Regimes als vielmehr in Richtung auf die Diktatur der Exekutive aus, durch welche sie ihre Interessen wahrnahm. Dadurch wurden zwar die autoritären Züge des liberal-oligarchischen Staates akzentuiert, gleichzeitig aber der Nationalstaat gestärkt.«[9]

Die eigentliche Struktur des porfiristischen Herrschaftssystems wird allerdings erst transparent, wenn man sich sowohl der Zusammensetzung der neuen Machtelite und ihrer zunehmenden Oligarchisierung wie auch den politischen Verhältnissen auf regionaler Ebene näher zuwendet.

In der Anfangsphase des Porfiriats gelangten naturgemäß jene – vor allem militärischen – Gefolgsleute von Díaz an die Macht, die sich in der erfolgreichen Revolution von Tuxtepec ausgezeichnet hatten. »Die Staatsregierungen, die Militärkommandos, die Zollverwaltungen und allgemein sämtliche öffentlichen Ämter wurden unter die Caudillos des erfolgreichen Aufstandes verteilt.«[10] Nach Abel Hernández handelte es sich beim Prototypen dieser Gruppe um einen zwischen 1830 und 1835 geborenen Militär, »von bäuerlicher oder halbstädtischer Herkunft. Seine Ausbildung hatte er in kirchlichen Schulen erhalten, ohne allerdings seine Studien abzuschließen. Als Liberaler und Anhänger von Juárez hatte er an vielen Waffengängen teilgenommen und sich aufgrund seiner militärischen Erfolge in den *cacique* seiner Herkunftsregion verwandelt ... Mit 40 bis 45 Jahren stößt er in den inneren Kreis der Machtelite vor, aus dem er sich schließlich gegen Anerkennung seiner Vormachtstellung in seine Heimatregion zurückzieht. Er beschließt seine Tage gegen Ende des Porfiriats, fast ohne jeden politischen Einfluß, aber als großer Hacendado.«[11] Das Übergewicht der Generäle in der Anfangsphase des Porfiriats spiegelt sich auch im hohen Anteil von Militärs in den verschiedenen Regierungspositionen auf Bundes- und Gliedstaatenebene, sowie im nationalen Kongreß wider, der 1876-1880 59 % und 1880-1884 50 % betrug, um dann während der zweiten Präsidentschaft von Díaz, 1884-1888, auf 27,2 % abzusinken.[12]

Dieser Prozeß einer relativ raschen politischen Neutralisierung von Díaz' Waffengefährten hing vor allem mit der Anerkennung ihrer wirtschaftlichen Pfründen durch den Präsidenten zusammen. Aus Angst, ihr neu gewonnenes Vermögen im Falle politischer Konflikte wieder einzubüßen, verwandelten sie sich schießlich, wie Fernando González Roa beobachtete, »in gefügige Instrumente des Präsidenten.«[13] Der rasche wirtschaftliche und soziale Aufstieg dieser Männer aus sozial meist sehr bescheidenen Verhältnissen illustriert gleichzeitig auch ein grundlegendes Muster der Elitebildung im Mexiko des 19. Jahrhunderts, das – wie später genauer zu zeigen ist – in abgewandelter Form durchaus auch für die Revolution nach 1910 seine Gültigkeit bewahren sollte: die Tatsache nämlich, daß – wie José E. Iturriaga unterstreicht – »die Mehrheit jener, welche die höchsten Ränge der Gesellschaft einnahmen und einnehmen, ihren Aufstieg jener Kapillarität verdanken, welche durch die wiederholten gewaltsamen und plötzlichen politischen Veränderungen ausgelöst worden ist.«[14]

Während der eigentlichen Konsolidierungsphase der porfiristischen Herrschaft, d. h. seit Ende der 1880er, Anfang der 1890er Jahre stieß allerdings eine neue Gruppe von Männern in den innersten Machtbereich vor, die am Ende des Porfiriats schließlich weitgehend mit dem porfiristischen Regime überhaupt identifiziert wurden: die Científicos. Diese Gruppe leitete ihre Bezeichnung von einer gemeinsamen sozialphilosophischen Überzeugung ab, die – vornehmlich unter dem Einfluß von Auguste Comte und Herbert Spencer – in einer stark sozialdarwinistisch gefärbten »wissenschaftlichen« Theorie von Ordnung und Fortschritt gründete.[15] Die Científicos lieferten damit auch die für das späte Porfiriat charakteristische Entwicklungsideologie, die einerseits die zunehmende ökonomische Penetration Mexikos durch das »überlegene« Auslandskapital legitimieren und andererseits die Herrschaft einer technokratisch orientierten Oligarchie, insbesondere über die als rassisch und ökonomisch minderwertig verstandenen indianischen Bevölkerungsteile, rechtfertigen sollte.[16]

Trotz ihres wachsenden und schließlich in mancher Beziehung bestimmenden Einflusses vor allem auf wirtschaftspolitischem Gebiet ist es nicht einfach, die Gruppe der Científicos sowohl hinsichtlich ihrer Zusammensetzung wie auch bezüglich ihres effektiven Machtanteils innerhalb des porfiristischen Herrschaftssystems genau zu bestimmen.[17] Unter den neuen Kräften, auf die Díaz nach der sukzessiven Ablösung der »Tuxtepecanos« seit den 1890er Jahren seinen Regierungsapparat abstützte, waren die Científicos vorerst lediglich *ein* Element. Von Díaz' Schwiegervater und Innenminister Manuel Romero Rubio angeführt, legte die lose organisierte Gruppe 1893 ein politisches Programm vor, das insofern einen – wenn auch elitär geprägten – liberalen Charakter hatte, als es die persönliche Machtstellung von Porfirio Díaz eher zu begrenzen suchte. Während die Científicos mit diesen politischen Zielsetzungen allerdings nicht durchdrangen, gelang es ihnen innerhalb des folgenden Jahrzehnts zunehmend, wichtige Regierungspositionen einzunehmen, insbesondere aber, ihren informellen Einfluß auf die Politik von Porfirio Díaz gewaltig zu steigern. Wenn sie auch mit ihrem (seit dem Tod Romero Rubios) unbestrittenen Führer, dem Finanzminister José Ives Limantour, bis zur Revolution eine zentrale Regierungsposition kontrollierten und sie im letzten Jahrzehnt der porfiristischen Herrschaft zeitweilig andere wichtige Regierungsämter wie das Wirtschafts-, Innen- und das Außenminsterium innehatten, leitete sich ihr wachsender Einfluß auf die porfiristische Politik doch weniger aus einer autonomen, d. h. von Díaz unabhängigen Machtbasis, als vielmehr von ihrem ungehinderten Zugang zum Präsidenten und seiner Kamarilla ab. Wie Cosío Villegas aufgezeigt hat, war etwa die Verankerung der Científicos in den regionalen und lokalen Machtstrukturen eher schwach: unter den Gouverneuren zählte lediglich eine Minderheit zu ihrem Kreis; die lokalen Machtträger, wie die *jefes políticos* und die Gemeindepräsidenten, entzogen sich vollends ihrer Kontrolle.[18]

Wenn das Gewicht der Científicos auf die nationale Politik im späten Porfiriat dennoch unzweifelhaft zunahm, so war dies vor allem auf die für die porfiristische Herrschaft charakteristische Art des »politischen Entscheidungsprozesses« zurückzuführen, auf welchen weder Parteien noch Parlament oder Presse effektiv einwirken konnten und der deshalb informellen Einflüssen breiten Raum gewährte. Die Científicos, nach der Charakterisierung des zeitgenössischen Autors José López Portillo, »eine politische und kommerzielle Vereinigung von intelligenten, gebildeten und einflußreichen Männern, welche sich – als eine Art bürokratische Bruderschaft – in allen lukrativen Angelegenheiten gegenseitig unterstützte«[19], konnten diesen Einfluß vornehmlich aus zwei Gründen besonders nachhaltig zur Geltung bringen. Einerseits stellten sie die anerkannten Fachleute auf dem Gebiet der Finanz- und Wirtschaftspolitik sowie, als erfolgreiche Rechtsanwälte, der Jurisprudenz; Cosío Villegas charakterisiert sie denn auch als eigentliche Technokraten.[20] Andererseits fungierten sie aber auch zunehmend als Mittler zwischen dem Auslandskapital und der mexikanischen Regierung, was ihr politisches Einflußpotential naturgemäß stark erweiterte. Bevor aber der mit der politischen Rolle der Científicos verbundene wirtschaftlich-gesellschaftliche Aufstieg dieser Gruppe zu beleuchten ist, seien noch einige Hinweise auf die zunehmende

Versteinerung des Herrschaftsapparates im späten Porifiriat angebracht.
Wie erwähnt, darf dieser Apparat nicht einfach mit den Científicos schlechthin identifiziert werden. Díaz stützte sich vielmehr auch auf andere politische und militärische Gruppen, die sich zuweilen in einer scharfen Rivalität mit den Científicos befanden, wobei es nicht zuletzt diese Spannungen innerhalb der porfiristischen Führungsclique waren, die bis zum Vorabend der Revolution Díaz' persönliche Vormachtstellung festigten, erschien der Präsident doch so als unverzichtbarer Garant der Regimestabilität. Die nicht mit den Científicos verbundenen politisch-militärischen Elitegruppen waren in sich allerdings sehr heterogen. Ihre Angehörigen, vor allem die Generalität und die höheren Offiziere der Armee, die meisten Gouverneure und Mitglieder des nationalen Kongresses, verdankten ihre Position ausschließlich der persönlichen Patronage des Präsidenten und waren deshalb entschiedene Verfechter seiner periodischen Wiederwahl ins höchste Staatsamt.[21]
Nicht nur an der Staatsspitze machte sich allerdings seit den späten 1880er Jahren diese Machtperpetuierung bemerkbar. Mit der Einführung der Wiederwahlmöglichkeit des Präsidenten seit den Wahlen von 1888 breitete sich diese auf alle Ebenen der Exekutive und Legislative aus, »bis hinunter zum letzten Gemeinderat des abgelegensten und unbedeutendsten Dorfes.«[22]
Dabei rekrutierten sich sowohl die Gouverneure und Minister, als auch die Deputierten und Senatoren im Bundeskongreß und selbst die lokalen Abgeordneten zunehmend aus dem selben kleinen und geschlossenen Kreis. Der Grad der Versteinerung des politischen Systems am Vorabend der Revolution wird deutlich, wenn man die Perioden ununterbrochener Regierungstätigkeit auf der Ebene des Bundes- wie auch der Einzelstaaten betrachtet. 1910 hatte Porfirio Díaz eine ununterbrochene Regierungszeit von 26 Jahren hinter sich, der Außenminister Mariscal hatte ebenso lang dem Kabinett angehört, der Kriegsminister González Cosío war 19 Jahre im Amt, Finanzminister Limantour 17 Jahre, usw. In Chihuahua hatte der Terrazas-Clan die Macht seit Jahrzehnten monopolisiert, in Querétaro Francisco Cosío seit 26 Jahren; selbst in den Staatsparlamenten finden sich über viele Jahre hinweg immer wieder dieselben Namen.[23] »Man sieht«, so mußte Francisco Bulnes, selber prominentes Mitglied der Cientí-

ficos, nach der Revolution konzedieren, »daß der größte Teil, fast zwei Drittel der Bevölkerung der Republik, von Personen regiert wurden, welche seit mehr als 15 Jahren an der Macht gewesen waren.« Hinzu kam die zunehmende Vergreisung der meisten führenden Persönlichkeiten. Díaz selbst zählte 1910 79 Jahre. Sein Kriegs- und sein Justizminister waren beide über achtzig, zahlreiche Gouverneure waren über siebzig, die meisten mehr als sechzig Jahre alt. »In der Deputiertenkammer«, bemerkt Bulnes sarkastisch, »gab es Achtzig- und Neunzigjährige und die Mehrheit war über sechzig. Der Senat war eine Gesellschaft von Mumien in permanent komatösem Zustand. In der Armee waren die Befehlshaber unfähige Greise ...«.[24]

Diese Oligarchisierung des porfiristischen Regierungssystems, von ihren Kritikern auch als Politik des *carro completo* (des »vollen Wagens«) attackiert, sollte – wie im folgenden Kapitel noch genauer zu zeigen ist – gegen Ende des Porfiriats eine zunehmende politische Konfliktträchtigkeit erzeugen, deren Brisanz allerdings nicht allein von den verstopften politischen Partizipationskanälen im engeren Sinne herrührte als vielmehr von den dadurch ebenfalls weitgehend verbauten gesellschaftlich-wirtschaftlichen Aufstiegsmöglichkeiten, insbesondere für aufstiegsorientierte Angehörige der mexikanischen Mittelschicht. Denn die enge Verquickung von politischer Macht und wirtschaftlich-gesellschaftlichem Aufstieg, ein konstitutives Merkmal der lateinamerikanischen Entwicklung seit der Kolonialzeit, läßt sich besonders deutlich auch im Porfiriat beobachten und am Beispiel der Científicos sowie durch einige Hinweise auf die Entwicklung im regionalen Kontext illustrieren. Im Falle der Científicos wird man sogar von der Entstehung eines spezifischen Segments der mexikanischen Bourgeoisie, der »Científico-Bourgeoisie«, sprechen können, die ihre Position der Verbindung der besonderen innenpolitischen Machtverhältnisse und der wachsenden wirtschaftlichen Durchdringung Mexikos durch ausländisches Kapital in diesem Zeitraum verdankte.

Sozial stammte die Gruppe der Científicos, die sich neben einzelnen Regierungsmitgliedern vor allem aus führenden Parlamentariern, erfolgreichen Rechtsanwälten und prominenten Journalisten regierungsnaher Zeitungen zusammensetzte, in ihrer großen Mehrheit »aus der unteren Mittelschicht«. Ihre Karriere ließ sie aber schließlich »in die Oberschicht oder sogar die gesellschaftliche Spitze des Regimes« aufsteigen.[25]

Im Unterschied zu der sich im Porfiriat ebenfalls formierenden regionalen, vornehmlich nördlichen Bourgeoisie, die – wie erwähnt – ihren wirtschaftlichen Aufstieg in erster Linie eigenständiger unternehmerischer Tätigkeit verdankte, profitierten die Científicos vor allem von ihren privilegierten Kontakten zur Staatsmacht, bzw. von ihrer Verankerung im Regierungsapparat. Dadurch wurden sie zu Hauptnutznießern der porfiristischen Landenteignungspolitik, der Veräußerung von Staatsländereien, der Vergabe staatlicher Konzessionen usw.; vor allem aber machten sie sich als Vermittler zwischen den ausländischen Unternehmen und der mexikanischen Regierung unentbehrlich, insbesondere in jenen Fällen, wo der mexikanische Staat Rohstoffkonzessionen zu vergeben hatte. Die Científicos waren denn auch in den meisten Aufsichtsräten der großen ausländischen Firmen vertreten. »Die außerordentlich bedeutenden Kapitalien, die in ihren Händen zusammenflossen, wurden zunächst kaum in industriellen Unternehmen investiert, sondern im wesentlichen in der traditionellen Art und Weise der Oberschicht eines halbkolonialen Landes verausgabt: Luxus und Überweisungen an das Ausland, Erwerb von Haciendas, Anschaffung von Baugrund in den Städten und vor allem Regierungs- und Wuchergeschäfte, die ihnen angesichts ihrer beherrschenden Rolle innerhalb der Regierung einen sehr großen Gewinn einbrachten.«[26] Erst gegen Ende des Porfiriats begannen führende Científicos Investitionen auch im Industrie- und Bergwerkssektor zu tätigen; charakteristischerweise verbündeten sie sich dabei allerdings oft »mit ausländischen Unternehmen und arbeiteten mit ihnen als Partner, meist Juniorpartner, zusammen.«[27] Dabei liierten sie sich hauptsächlich mit europäischem, weniger mit nordamerikanischem Kapital; im Bereich der Rohstoffausbeutung vornehmlich mit britischen, in jenem der Industrie hauptsächlich mit französischen Unternehmen. Diese Ausrichtung entsprach auch der Haltung der mexikanischen Regierung im späten Porfiriat, welche dem immer stärkeren nordamerikanischen Wirschaftseinfluß in Mexiko durch ein größeres Gewicht europäischer Unternehmen zu begegnen suchte. Auch waren diese letzteren ihrerseits gegenüber der mächtigen nordamerikanischen Konkurrenz auf besonders enge Beziehungen zur Staatsführung angewiesen. Wie noch genauer zu zeigen ist, sollten sich die engen Beziehungen zwischen europäischem Kapital und den Spitzen der porfiristischen Regierung schließlich allerdings gegen die Stabilität des porfiristischen Regimes wenden, da dieses in der Krise des maderistischen Aufstandes nicht mehr auf nordamerikanische Unterstützung hoffen konnte.

Die zunehmende Oligarchisierung von Politik und Gesellschaft im Porfiriat läßt sich besonders eindringlich auch am Beispiel regionaler Entwicklungen aufzeigen, die – aus der Perspektive der späteren Revolutionsereignisse – deshalb von zentraler Bedeutung waren, weil sich die Opposition und schließlich auch der bewaffnete Aufstand zumindest am Anfang ja vornehmlich gegen Machtverkrustungen und Cliquenwirtschaft auf lokaler und regionaler Ebene richteten.[28] Eine besondere Bedeutung kam dabei dem nördlichen Grenzstaat Chihuahua zu; nicht nur weil sich dort die erwähnte Oligarchisierung in besonders augenfälliger Form ausbildete, sondern auch wegen der führenden Rolle Chihuahuas in der Anfangsphase der Revolution und während des Bürgerkriegs von 1913/14.

Die Geschichte Chihuahuas während des Porfiriats ist auf das engste mit dem Aufstieg der Familie Terrazas in eine Position politischer, wirtschaftlicher und gesellschaftlicher Dominanz innerhalb des Staates verbunden.[29] Luis Terrazas, das Oberhaupt des weitverzweigten Familienclans, war 1829 als Sohn eines kleineren Gewerbetreibenden in Chihuahua geboren worden, durchlief eine politische Karriere zunächst als Munizipalpolitiker und zeichnete sich Anfang der 1860er Jahre vor allem als militärischer Anführer in den Apachenkriegen und – als liberaler Anhänger von Juárez – im Bürgerkrieg gegen die Konservativen aus, was ihm den Generalsrang und 1860 auch den Gouverneursposten von Chihuahua eintrug, den er mit einigen Unterbrechungen während der folgenden 20 Jahre innehatte.[30] Parallel zu seinem politisch-militärischen Aufstieg weitete Terrazas rasch auch seinen ökonomischen Einflußbereich aus, wobei er zunächst vor allem seinen Grundbesitz gewaltig ausdehnte, indem er von den Reformgesetzen über das Kirchenland profitierte, sich eine halbe Million Hektar Land aus den *tierras nacionales* einverleibte und schließlich zu günstigen Bedingungen von der mexikanischen Regierung eine der größten Haciendas Nordmexikos erwarb, die der Staat wegen der Kollaboration ihres früheren Besitzers mit Maximilian konfisziert hatte. Auf diese Weise wurde Terrazas, der 1853 die Tochter einer prominenten Großgrundbesitzer-Familie Chihuahuas geheiratet hatte, zum Besitzer des wohl größten Latifundiums Mexikos und zum führenden Viehzüchter und Exporteur des Landes. Seine Besitzungen umfaßten schließlich mit 50 Haciendas ca. 2,7 Mio. ha Land mit einem Viehbestand von etwa 500 000 Rindern und 300 000 Schafen.[31]

Während Terrazas' frühe Karriere also zunächst ganz dem klassischen lateinamerikanischen Muster des Landerwerbs über den Aufbau einer regionalen politischen Machtstellung entsprach, nutzte er später geschickt die mit dem wirtschaftlichen Aufschwung im Porfiriat verbundenen Möglichkeiten zum Ausbau und zur Diversifizierung seines wirtschaftlichen Imperiums.[32] Da er sich während des porfiristischen Aufstandes von Tuxtepec gegen Díaz gestellt hatte, mußte er zunächst zwar eine vorübergehende Einschränkung seiner unmittelbaren politischen Macht in Chihuahua in Kauf nehmen. Der Terrazas-Clan war aber wirtschaftlich bereits so mächtig geworden und verfügte auch weiterhin über so beträchtlichen indirekten politischen Einfluß im Staate, daß es auch Díaz nicht gelang, Terrazas einfach auszuschalten. Vielmehr liegt hier ein für das Porfiriat ebenfalls charakteristisches Beispiel der Integration eines mächtigen regionalen *cacique* in das Herrschaftssystem von Díaz vor, nachdem sowohl Díaz wie Terrazas die Vorteile einer politischen Versöhnung rasch erkannt hatten. Zwar lag die Staatsregierung zwischen 1892 und 1903 in den Händen des Armee-Obersten Miguel Ahumada, aber daß die Terrazas-Familie weiterhin zu den politisch führenden des Staates gehörte, zeigt nicht nur der Umstand, daß Terrazas zwischen 1886 und 1890 als Senator im Bundeskongreß saß, sondern vor allem die Tatsache, daß er 1903 – mit Zustimmung von Díaz – erneut Gouverneur wurde und 1904 in dieser Funktion von seinem Schwiegersohn Enrique Creel abgelöst wurde, dem schließlich unmittelbar vor Ausbruch der Revolution noch Terrazas' Sohn Alberto nachfolgte. Insgesamt standen also zwischen 1860 und 1910 drei Mitglieder des Terrazas-Clans während 25 Jahren der Staatsregierung vor.[33]

An der politischen Versöhnung zwischen Díaz und Terrazas hatte nicht zuletzt dessen Schwiegersohn Enrique Creel, der zum Kreis der führenden Científicos zählte, beträchtlichen Anteil. Ende der 1870er Jahre begannen Terrazas und Creel ihre ökonomischen Aktivitäten über den Bereich der Viehzucht hinaus auszudehnen und sich im Bankgeschäft zu engagieren, einem Sektor, in welchem sich die Verquickung von politischem Einfluß und privatwirtschaftlichen Interessen besonders deutlich aufzeigen läßt.

Da das Staatsparlament von Chihuahua Bankkonzessionen gewähren konnte, erstaunt es nicht, daß davon vornehmlich die politisch führenden Familien, allen voran der Terrazas-Clan, profitierte. Terrazas und Creel gründeten 1878 den Banco Mexicano und 1882 den Banco Minero de Chihuahua, ein Institut, das sukzessive die meisten anderen Banken des Staates aufschluckte und so nach der Jahrhundertwende zur größten Bank Mexikos wurde.[34] Die Terrazas nutzten ihre politischen Beziehungen allerdings auch für ihre beträchtlichen Investitionen im Eisenbahnbau sowie vor allem für den Aufbau eines äußerst vielfältigen Industrie- und Dienstleistungskomplexes. Dieser umfaßte im letzten Jahrzehnt des Porfiriats neben umfangreichen Bergwerksbeteiligungen das Telefonmonopol und städtische Verkehrsbetriebe in Chihuahua, Bierbrauereien und Versicherungsunternehmen, Schlachthäuser und Getreidemühlen, eine Stahlschmelze und ein metallverarbeitendes Unternehmen, aber auch Textilfabriken, Restaurants usw.[35] Gegen Ende des Porfiriats expandierte die Unternehmensgruppe Terrazas-Creel weit über den Heimatstaat Chihuahua hinaus; Creel selbst wurde 1908 als prominenter Científico Aufsichtsratsvorsitzender der größten in Mexiko tätigen Erdölgesellschaft, der von der britischen Pearson-Gruppe kontrollierten El Aguila, in welcher auch Angehörige der Díaz-Familie vertreten waren.[36]
Die Terrazas-Unternehmen »nutzten in großem Maßstab den politischen Einfluß der Familie, um Konzessionen und Steuerbefreiungen zu erlangen, welche die Gewinne beträchtlich ansteigen ließen. Oft wiesen diese Unternehmen andere Mitglieder der Oligarchie oder ausländische Investoren als Teilhaber auf. (...) Wenn sich die Familie mit ausländischen Investoren zusammentat, so brachten diese im allgemeinen das technische »know how« und Kapital ein, während die Terrazas neben einem Kapitalanteil vor allem die notwendigen politischen Verbindungen sicherstellten. (...) Alle diese Unternehmen genossen Steuerfreiheit, die vom staatlichen Parlament immer wieder erneuert werden konnte, was in der Fiskalpolitik die Oppositon all jener hervorrief, die nicht zur politischen Elite gehörten.«[37] Diese politische Elite war ein »geschlossener Club der Oligarchie«. Untersucht man z. B. die Zusammensetzung der beiden Staatsparlamente der Legislaturperioden von 1905-1907 sowie 1909-1911, »so wird deutlich, daß tatsächlich die oligarchischen Gruppen die Sitze monopolisierten, und daß unter ihnen Angehörige der Familie Terrazas

deutlich dominierten. Mit wenigen Ausnahmen waren die Abgeordneten große Hacendados, Bergwerksbesitzer, Angehörige der freien Berufe oder eine Kombination davon ... Mindestens 9 der 30 Mitglieder der XXVII. Legislatur (1909-1911) hatten familiäre Beziehungen zu den Terrazas und andere hatten geschäftlich mit ihnen zu tun.«[38]
Die Herausbildung einer regionalen Oligarchie, die in Chihuahua besonders eng auch mit nordamerikanischen Investoren und Geschäftsleuten verfilzt war und deren Kern der auch politisch dominierende Terrazas-Clan darstellte, ist zwar für Chihuahua besonders gründlich untersucht worden, doch spielten sich im Porfiriat ähnliche Prozesse zweifellos auch in anderen Regionen ab. In Yucatán z. B., im Südosten des Landes, hatte ein anderes Mitglied der Científico-Oligarchie, Olegario Molina, ebenfalls eine mächtige politisch-wirtschaftliche Position aufgebaut. Molina entstammte einer Sisalpflanzerfamilie, die ihre wirtschaftliche Vormachtstellung in Yucatán aber vor allem ihrer Funktion als Vertreter und Einkaufsagenten der nordamerikanischen International Harvester Company verdankte, die ein weitgehendes Einkaufsmonopol für yukatekischen Sisalhanf besaß.[39] 1902 wurde Olegario Molina Gouverneur von Yucatán, 1905 Wirtschaftsminister in der Regierung von Díaz. Auch am Beispiel der Familie Molina zeigt sich die für die porfiristische Oligarchie charakteristische enge Verflechtung von politischen und privatwirtschaftlichen Interessen. Neben Olegario Molina »und seinem Bruder José Trinidad, Aufsichtsratsvorsitzender der Eisenbahnen, war ein anderer Bruder, Audomaro Molina, einer der reichsten Pflanzer Yucatáns. Ein weiterer Bruder, Augusto Molina, der Arzt war, wurde von Olegario zum Rektor der medizinischen Hochschule und zum Abgeordneten im Staatsparlament ernannt. Ein Neffe Olegarios, Luis Demetrio Molina, wurde zum *Jefe político* von Mérida, der Hauptstadt Yucatáns, ernannt. Der Schwiegersohn und Partner von O. Molina, Avelino Montes, übernahm, nachdem sich Molina der Politik widmete, offiziell dessen Geschäft, das mit Hilfe der International Harvester Company zum größten wirtschaftlichen Machtfaktor Yucatáns wurde. Ein zweiter Schwiegersohn, der spanische Vizekonsul Rogelio Suarez, war einer der wichtigsten Bankiers Yucatáns und widmete sich zugleich privaten Wuchergeschäften. Ihm wurde vom Gouverneur ein Monopol für die Einfuhr von Dynamit und Vieh übertragen.«[40]

Der Aufstieg der Terrazas- und Molinafamilien im Porfiriat unterscheidet sich von jenem anderer regionaler Oligarchen zwar vor allem durch den Umfang der von ihnen repräsentierten Wirtschaftsinteressen, die – wenn auch in unterschiedlicher Form – aufs engste mit ausländischen Unternehmen und Investoren verflochten waren. In bescheidenerem Maßstab war dieser Vorgang allerdings für die Entwicklung Mexikos in diesen Jahrzehnten allgemein charakteristisch. So monopolisierten z. B. im Staate Sonora, später ebenfalls ein wichtiges Zentrum der Revolution, drei führende Porfiristas – Luis E. Torres, Ramón Corral und Rafael Izábal – für Jahrzehnte den Gouverneursposten, auf dem sie sich gegenseitig ablösten. Alle drei entstammten mittelständischen Verhältnissen und vollzogen ihren Aufstieg in die Hacendadoklasse und den Kreis der Bergwerksbesitzer und führenden Kaufleute parallel zu ihrer politischen Karriere.[41]

Zahlreiche ähnliche Beispiele ließen sich leicht anführen. Gemeinsam war ihnen allen, daß – wie erwähnt – durch die zunehmende Versteinerung des porfiristischen politischen Systems die wirtschaftlich-gesellschaftlichen Mobilitätschancen für alle von der porfiristischen Herrschaftsclique Ausgeschlossenen drastisch eingeschränkt wurden; ein Prozeß, der – wie im folgenden Kapitel noch genauer zu zeigen ist – in den letzten Jahren des Porfiriats zu einem zentralen Faktor der wachsenden politischen Inkonformität unter der mexikanischen Mittelschicht werden sollte.

1 Vgl. Juan Felipe Leal, El Estado y el bloque en el poder en México: 1867-1914, in *Historia Mexicana, XXIII/4*, 1974, S. 700-721, der, S. 703, den mexikanischen Staat des Porfiriats als »liberal oligarquico« bezeichnet, in dem Sinne, daß er zwar hinschichtlich seiner juristisch-politischen Grundverfassung liberal, bezüglich der vorherrschenden politischen Praxis aber oligarchisch gewesen sei.

2 Äußerst detailliert wird die politische Entwicklung beschrieben bei Daniel Cosío Villegas, *El Porfiriato. La vida política interior, II*, México 1972.

3 Leal, S. 705; vgl. zur politischen Bedeutung der Abschaffung der *alcabalas* auch Alejandra Moreno Toscano und Enrique Florescano, El sector externo y la organización espacial y regional de México (1521-1910), in *Contemporary Mexico, Papers of the IV International Congress of Mexican History*, October 1973, hg. v. James W. Wilkie u. a., UP of California, Berkeley 1970, S. 62-96, hier S. 89.

4 Vgl. Anthony T. Bryan, *Mexican Politics in Transition, 1900-1913: The Role of General Bernardo Reyes,* unveröffentl. Diss., University of Nebraska 1970, S. 24 ff.

5 Genauer untersucht hat diese Entwicklung am Beispiel Chihuahuas Friedrich Katz, vgl. *Mexico 1861-1910,* (MS)

6 Lorenzo Meyer, Continuidades e innovaciones en la vida política mexicana del siglo XX. El antiguo y el nuevo régimen, in *Foro Internacional, XVI/1,* 1975, S. 37-63, hier S. 38, 39; aufschlußreiche Beispiele für die Designation von Kandidaten für öffentliche Ämter »von oben« auch bei Bryan, S. 160-167.

7 Meyer, S. 41 f.; vgl. auch George F. Thompson, *From Political Decay to Political Development: An Etiological Study of the Mexican Revolution,* unveröffentl. Diss., Claremont Graduate School, 1972, S. 66: »Die Stabilität des Regimes beruhte weitgehend auf der Tatsache, daß die meisten Machtrivalen von der Regierung nicht durch unüberbrückbare Interessengegensätze getrennt waren, sondern daß es ihnen lediglich um politischen Einfluß, Prestige und Patronage ging und sie deshalb durch das Angebot eines ›Anteils am Kuchen‹ leicht befriedigt werden konnten.«

8 Vgl. Vicente Fuentes Díaz, *Los partidos políticos en México,* México 1972, S. 70-140; über die manipulierten Wahlen schreibt Katz, *Deutschland,* S. 39 f.: »Schon allein die Wahlen waren eine Farce. (...) Weder eine oppositionelle Partei noch oppositionelle Kandidaten wurden geduldet. Das Ergebnis der Präsidentschaftswahl stand von vornherein fest. Die Wahlzettel wurden meistens schon vor der Wahl ausgefüllt, ja es kam sogar vor, daß man die Häftlinge der staatlichen Strafanstalten mit dieser Aufgabe betraute.« – Zur »Bedeutungslosigkeit institutioneller Strukturen« aufgrund der verhinderten politischen und gesellschaftlich-wirtschaftlichen Interessen-Organisation vgl. Thompson, S. 67 ff.

9 Leal, S. 714.

10 Fernando González Roa, *El aspecto agrario,* S. 119.

11 Gustavo Abel Hernández, *La movilidad política en México, 1876-1970,* hekt. Liz.-Arbeit, Ciencias sociales UNAM, 1968, S. 502.

12 Hernández, S. 483 f.

13 González Roa, S. 119.

14 José E. Iturriaga, *La estructura social y cultural de México,* México 1951, S. 81.

15 Vgl. Leopoldo Zea, *El positivismo en México,* México 1943, sowie Justo Sierra, *Evolución política del pueblo mexicano,* México 1957.

16 Vgl. Rott, *Die mexikanische Gewerkschaftsbewegung,* S. 21 ff.

17 Eine systematische, quellenbezogene Untersuchung über die Científicos steht noch aus. Eine Kritik der verschiedenen zeitgenössischen Arbeiten über die Científicos findet sich bei Cosío Villegas, *La vida, II,* S. 840-862; dieser Autor beleuchtet aber vor allem die politischen Aspekte des »misterio científico« (S. 840). – Mit der wirtschaftlichen Rolle der

Científicos befaßt sich ausführlicher Katz, *Deutschland*, S. 36-46, sowie Katz, *Die mexikanische Oberschicht und die Revolution von 1910-1920* (unveröffentl. MS).

18 Cosío Villegas, S. 853.

19 José López Portillo y Rojas, *Elevación y caída de Porfirio Díaz*, México 1920, zit. b. Cosío Villegas, S. 845.

20 Cosío Villegas, S. 851.

21 Cosío Villegas, S. 751.

22 Cosío Villegas, S. 317.

23 Bulnes, *El verdadero Díaz*, S. 356 ff.

24 Bulnes, S. 357, S. 359 f.

25 Cosío Villegas, S. 850. – Anders als die meisten Científicos entstammte Limantour einer reich gewordenen Familie französischer Einwanderer, deren Vermögen von Limantours Vater durch geschickte Finanzspekulationen angehäuft worden war.

26 Katz, *Deutschland*, S. 37.

27 Katz, S. 37; für die Vertretung der führenden Exponenten des porfiristischen Regimes und insbesondere der Científicos in den Aufsichtsräten der großen ausländischen Unternehmen vgl. auch die Liste bei José L. Ceceña, *México en la órbita imperial. Las empresas transnacionales*, México 1970, S. 81-84.

28 Umfangreiches Belegmaterial für diese Oligarchisierungstendenzen auf regionaler Ebene bei Hernández *La movilidad;* für San Luis Potosí vgl. die aufschlußreichen Hinweise bei Cockcroft, *Intellectual Precursors*, S. 13-34.

29 Weitgehend apologetisch über die Terrazas: José Fuentes Mares, *Y México se refugió en el desierto. Luis Terrazas: Historia y destino*, México 1954. Kritische Beiträge zur Karriere der Terrazas im Kontext der Entwicklung Chihuahuas: Harold D. Sims, Espejo de caciques: los Terrazas de Chihuahua, in *Historia Mexicana, XVIII/3*, 1969, S. 379-407; Mark Wasserman, Oligarquía e intereses extranjeros en Chihuahua durante el Porfiriato, in *Historia Mexicana, XXII/3*, 1973, S. 279-319. Zur allgemeinen Geschichte Chihuahuas während des Porfiriats vgl. Francisco R. Almada, *La Revolución en el Estado de Chihuahua, I*, México 1964.

30 Sims, S. 380 ff.

31 Sims; Wasserman, S. 281-287. Sieben der neunzehn größten Grundbesitzer Chihuahuas hatten verwandtschaftliche Beziehungen zu den Terrazas. Zusammen umfaßte ihr Grundbesitz mehr als 4,7 Mio. ha, vgl. Wasserman, S. 285.

32 Vgl. Tulio Halperin Donghi, *Historia contemporánea de América Latina*, Madrid 1969, S. 145: »Die Revolution (der Independencia) . . . hat einen Grundzug der spanischamerikanischen Realität nicht beseitigt: auch nach erlangter Unabhängigkeit bleibt die Unterstützung durch die politisch-administrative Macht für den Erwerb und die Bewahrung von Reichtum

unabdingbar. Auf dem Lande ergibt sich eine markante Kontinuität: jetzt, wie früher, kommt man zu Land weniger durch Geld als durch die Gunst der politischen Macht, die es deshalb zu erhalten gilt.«

33 Sims, *Espejo* S. 396 ff; Wasserman, *Oligarquía*, S. 293.

34 Sims, S. 392-394

35 Sims, S. 394-398; vgl. auch die Zusammenstellung des weitgefächerten Unternehmenskomplexes der Terrazas-Creel bei Wasserman, *Oligarquía*, S. 317-319.

36 Katz, *Oberschicht;* zu den Verbindungen Pearsons mit der Díaz-Familie und den Científicos vgl Raymond C. Gerhardt, *England and the Mexican Revolution, 1910-1920,* unveröffentl. Diss., Texas Tech University, 1970, S. 23-33.

37 Wasserman, *Oligarquía,* S. 288 f.

38 Wasserman, S. 294.

39 Ausführlicher dazu der schon erwähnte Aufsatz von Katz, *Plantagenwirtschaft und Sklaverei. Der Sisalanbau auf der Halbinsel Yucatán bis 1910.*

40 Katz, *Plantagenwirtschaft,* S. 1012, aufgrund der zeitgenössischen Beobachtungen von Henry Baerlein, *Mexico, the Land of Unrest,* London 1912.

41 Hernández, *La movilidad,* S. 70 ff.

Kapitel 5

Krisenherde des späten Porfiriats: Zu den allgemeinen Ursachen der mexikanischen Revolution

Auch im Falle der mexikanischen Revolution wirft die Frage nach ihren Ursachen besonders schwierige methodische und empirische Probleme auf. Zwar ist – zumindest im Nachhinein – unschwer zu erkennen, daß die Revolution letztlich ein Ausfluß von in sich verschränkten, bzw. kumulierten Teilkrisen im Bereich der politisch-staatlichen Verhältnisse, der wirtschaftlichen Entwicklung und ihrer sozialen Effekte sowie der ausländischen Einwirkungen auf Mexiko war. Ebenso kann man sie ganz generell als Ausdruck jenes Grundwiderspruchs des Porfiriats verstehen, der einerseits aus einem – insbesondere im Norden – raschen wirtschaftlichen und gesellschaftlichen Wandel und andererseits einer zunehmenden Versteinerung des oligarchischen politischen Systems resultierte. Und schließlich wird man unter den allgemeinen Revolutionsursachen sicher auch den politischen Zentralisierungsprozeß des Porfiriats nicht übersehen dürfen, d. h. die zunehmende staatliche Durchdringung bisher regierungsperipherer Gebiete, der vielfältige lokale und regionale Widerstände erzeugte, die nach 1910 ein wichtiges Fundament für zahlreiche Revolutionsbewegungen abgaben.

Während bis zur Jahrhundertwende die politisch-gesellschaftliche Stabilität Mexikos auf einem weitgehenden Konsensus der Mittel- und Oberschicht mit dem porfiristischen Regime beruhte, begann dieses Fundament insbesondere im letzten Jahrfünft des Porfiriats rissig zu werden. Nicht nur große Teile der Mittelschicht entfremdeten sich zunehmend dem Regime, auch gewisse Gruppen der Oberschicht, vor allem in den Nordstaaten, gerieten mehr und mehr in politische Opposition zur Díaz-Regierung und insbesondere zu den Científicos. Deren zunehmende politische Monopolstellung auch auf regionaler und z. T. lokaler Ebene bewirkte nicht nur für die Mittelschichten, sondern auch für einige Familien der alten Oberschicht eine wachsende politische Marginalisierung. Hinzu kam, daß in der Wirtschaftskrise nach 1907 die Mittelschichten, aber auch Teile der landbesitzenden Oberschicht durch die Steuer- und Kreditpolitik der Regierung hart getroffen wurden. Dies hatte zur Folge, daß sich gegen Ende des Porfiriats nicht nur in den unteren Schichten, die durch die Wirtschaftskrise ganz unmittelbar getroffen wurden, und unter den Bauern, die Opfer von Landenteignungen geworden waren, ein Widerstandspotential gegen das Díaz-Regime herausbildete, sondern daß sich auch in den Reihen der Mittel- und Oberschicht Kräfte entwickelten, die bereit waren, die Führung einer antiporfiristischen Opposition zu übernehmen. Dies sollte dann auch den späteren Revolutionsbewegungen im Norden von Anfang an ihr breites gesellschaftliches Spektrum, ihren ausgeprägt klassenübergreifenden Charakter, verleihen.[1]

Versucht man die allgemeinen Revolutionsursachen allerdings konkreter und im einzelnen zu fassen, so ergeben sich erhebliche Schwierigkeiten. Nicht nur bleibt im vielfältigen Netz der verschiedenen Revolutionsfaktoren der Einfluß einzelner Wirkungskräfte schwer bestimmbar, auch die empirischen Daten zur Gewichtung solcher Faktoren, wie z. B. – im sozialen Bereich – der Entwicklung der Einkommensverteilung, der Beschäftigungslage, des Reallohnniveaus, des schichtenspezifischen Lebensstandards usw. sind meist nur in sehr spärlicher und allgemeiner Form vorhanden. Beim heutigen Forschungsstand in diesen Fragen kann deshalb manche Aussage zur Entstehung einer revolutionären Krise in Mexiko lediglich die Problemstellung andeuten, ohne sich aber – wie in der Historiographie anderer großer Revolutionen – bereits auf detaillierte empirische Untersuchungen abstützen zu können.[2] Dennoch lassen sich für die Spätphase des Porfiriats verschiedene Krisenherde im Bereich von Wirtschaft und Gesellschaft, im politischen System und in den außenpolitischen Beziehungen aufzeigen, die gleichsam als strukturelle Voraussetzungen, als »causes lointaines«, der Revolution verstanden werden können. Diese Analyse allgemeiner Ursachen der Revolution wird dann allerdings im ersten Kapitel des zweiten Teils mit einer genaueren Untersuchung spezifischer Revolutionsfaktoren zu verknüpfen sein, wenn man die Besonderheiten des ja auch regional sehr unterschiedlichen mexikanischen Revolutionsverlaufs in den Griff bekommen will.

Für den Agrarbereich sind die strukturellen Veränderungen im Porfiriat mit ihren revolutionsträchtigen sozialen Auswirkungen bereits ausführlicher beschrieben worden. Auch die Entwicklung der übrigen Wirtschaftssektoren wurde in ihren Grundzügen angedeutet. Ökonomisch hatte vor allem der Konjunktureinbruch von 1908/09 im Gefolge der nordamerikanischen Wirtschaftskrise von 1907 einen nachhaltigen Einfluß auf die politisch-soziale Entwicklung am Ende des Porfiriats; er wird deshalb weiter unten etwas genauer zu beleuchten sein. Auch die Anzeichen einer verschärften sozialen Krise am Vorabend der Revolution lassen sich als Ausfluß einer konjunkturell akzentuierten, allgemein ungünstigen Lage breiter Segmente der Unter- und Mittelschicht verstehen. Die außenpolitischen Probleme, mit denen sich die Regierung Díaz in ihren letzten Jahren insbesondere im Verhältnis zu den USA konfrontiert sah, waren zwar Ausfluß einer im Porfiriat entstandenen »strukturellen« außenpolitischen Konstellation, sie wurden aber durch den Versuch der Díaz-Regierung, sich – gleichsam zur »Diversifizierung« ihrer Abhängigkeit – stärker auf Europa auszurichten, nicht unwesentlich beeinflußt. Und schließlich hatten die – wohl als zentral anzusehenden – innenpolitischen Probleme am Ende des Porfiriats ihre Wurzel wiederum in der Grundstruktur des porfiristischen Herrschaftssystems, wenn auch die unmittelbaren Ereignisse im Vorfeld der Präsidentenwahlen von 1910, seit Díaz' berühmtem Creelman-Interview von 1908, entscheidend zur akuten Verschärfung der politischen Krise beitrugen.

Die außenpolitische Konstellation des späten Porfiriats war vor allem durch zunehmende diplomatische und wirtschaftspolitische Spannungen zwischen den USA und Mexiko, insbesondere in den letzten Jahren der Díaz-Regierung, gekennzeichnet.[3] Wegen seiner geographischen Nähe, der bedeutenden amerikanischen Investitionen in die mexikanische Wirtschaft und des Umfangs des mexikanisch-amerikanischen Handels nahm Mexiko einen besonderen Platz in der nordamerikanischen Außenpolitik ein.[4] Diese gegenüber Lateinamerika und Ostasien auf dem Prinzip der *open-door policy* beruhende Außenpolitik eines »informellen Imperialismus« erhielt seit der Präsidentschaft von Theodore Roosevelt gerade gegenüber dem karibisch-zentralamerikanischen Raum eine zunehmend aggressive Note.[5] Von nordamerikanischer Seite konnten deshalb die Versuche der späten Díaz-Regierung, die einseitige Abhängigkeit Mexikos von den USA durch eine stärkere wirtschaftliche und politische Ausrichtung auf westeuropäische Länder auszugleichen, wie auch die Ansätze eines außenpolitischen Flirts mit Japan, durchaus als potentielle Bedrohung ihres Hegemonieanspruchs gewertet werden. Unter der Oberfläche normaler diplomatischer Beziehungen erhielten deshalb in den letzten Jahren der porfiristischen Herrschaft jene Strömungen innerhalb der amerikanischen Geschäftswelt und Diplomatie Auftrieb, die der Díaz-Regierung mit wachsender Skepsis begegneten und einem Machtwechsel in Mexiko zumindest nicht ablehnend gegenüberstanden.

Wichtigste außenpolitische Streitpunkte in den mexikanisch-nordamerikanischen Beziehungen waren die Chamizal-Frage, d. h. der territoriale Konflikt um eine Grenzzone, die nach der Flußlaufänderung des Río Grande entstanden war, die freundliche Aufnahme des von amerikanischen *marines* gestürzten Präsidenten von Nicaragua, Santos Celaya, an Bord eines mexikanischen Kriegsschiffes im Januar 1911, der Widerstand der Díaz-Regierung gegen die Verlängerung eines Pachtabkommens mit den USA in der Bahía de la Magdalena, welche der amerikanischen Kriegsmarine als Stützpunkt und Kohlestation diente, und schließlich der begeisterte Empfang, den Mexiko 1910 einer japanischen Offiziersdelegation bereitete, was unter amerikanischen Diplomaten den Verdacht auf mögliche Geheimkontakte zwischen Mexiko und Japan nährte.[6]

Auch auf wirtschaftspolitischem Gebiet kam es – ungeachtet des insgesamt ausgesprochen auslands- und amerikafreundlichen Klimas – immer wieder zu Friktionen: so etwa im Tlahualilo-Konflikt um die Wasserrechte des Río Nazas, wo die ursprünglich nordamerikanischen Baumwollplantagen gewährten Konzessionen durch Gerichtsentscheid zugunsten mexikanischer Großgrundbesitzer aufgehoben wurden.[7] Auch die Nationalisierung der wichtigsten mexikanischen Eisenbahnen im Jahre 1908 durchkreuzten die Pläne des Harriman-Konzerns, welcher die mexikanischen Eisenbahnen unter seine Kontrolle bringen wollte.[8] Vor allem aber war es die seit der Jahrhundertwende insbesondere von den Científicos mit Nachdruck betriebene Förderung britischer, französischer und deutscher Investitionen in Mexiko, welche wachsende Spannungen mit nordamerikanischen Unternehmungen und der diese unterstützenden US-Diplomatie hervorrief. In einer solchen Diversifikation der

wirtschaftlichen Abhängigkeit sah die mexikanische Regierung den besten Schutz gegen eine nie ausgeschlossene politisch-militärische Annexionsgefahr durch die USA, wie der deutsche Gesandte Wangenheim 1907 feststellte: »Gerade in der wirtschaftlichen Abhängigkeit erblicken die Kosmopoliten, so paradox dies klingen mag, die Garantie für die politische Selbständigkeit, insofern als sie annehmen, daß die großen hier investierten europäischen Finanzinteressen gegen amerikanische Annexionsgelüste ein Gegengewicht bilden und einmal zur völligen Internationalisierung und Neutralisierung Mexikos führen werden.«[9]
Ähnlich hatte schon 1901 der Präsident der mexikanischen Deputiertenkammer, López Portillo, in einem Gespräch mit dem französischen Gesandten die Notwendigkeit einer solchen Politik unterstrichen. Die Mexikaner müßten zwar, so López Portillo, die USA, »einen so mächtigen Nachbarn, in guter Stimmung halten und dürfen nichts tun, was ihn uns gegenüber feindlich stimmt. Andererseits haben wir das Recht und auch die Pflicht, anderswo ein Gegengewicht zum ständig wachsenden Einfluß unseres mächtigen Nachbarn zu suchen. Wir müssen uns an andere Kreise wenden, auf die wir uns unter Umständen stützen können, um unsere industrielle und kommerzielle Unabhängigkeit zu bewahren.«[10]
Besonders deutlich läßt sich dieser neue wirtschaftspolitische Kurs der Díaz-Regierung an ihrer Haltung gegenüber dem britischen Pearson-Konzern aufzeigen. Weetman Pearson, der später zum Ersten Viscount Cowdray geadelt wurde, hatte seine Karriere in Mexiko als Chef eines britischen Ingenieurunternehmens begonnen und sich im Bau der umfassenden Drainage-Anlagen in der Hauptstadt, im Hafenausbau von Veracruz und vor allem im Ausbau und Betrieb der Isthmus-Bahn von Tehuantepec ausgezeichnet. Schon früh war es ihm gelungen, einen engen gesellschaftlichen Kontakt mit den Spitzen des Díaz-Regimes wie auch mit der Díaz-Familie herzustellen, mit welchen er auch enge geschäftliche Verbindungen einging.[11] Während sich Pearson zunächst vor allem auf dem Gebiet von Transportunternehmungen (Tehuantepec-Bahn, städtische Verkehrsbetriebe) betätigte und die bedeutende Jute-Fabrik Santa Gertrudis betrieb, begann er in den letzten Jahren der Díaz-Herrschaft auch auf dem Gebiet der Erdölproduktion und -vermarktung eine immer wichtigere Rolle zu spielen.[12]

Die mexikanische Erdölproduktion hatte 1901 mit einer erfolgreichen Bohrung der nordamerikanischen Doheny-Gesellschaft eingesetzt. Bald waren es drei Gesellschaften, die das mexikanische Erdölgeschäft – Produktion und Absatz – beherrschten: neben Dohenys Mexican Petroleum Company und der mit der Standard Oil verbundenen, ebenfalls nordamerikanischen Waters-Pierce Oil Company, die Pearson-Gesellschaft, die sich 1908 unter Beteiligung zahlreicher mexikanischer Spitzenpolitiker den Namen El Aguila gab.[13] Die besonders engen Beziehungen Pearsons zum Díaz-Regime hatten ihm 1906 umfangreiche Regierungskonzessionen in den Staaten Chiapas, Veracruz, San Luis Potosí, Tamaulipas und Tabasco eingetragen, die ihm für eine Periode von 50 Jahren vollständige Steuerbefreiung garantierten.[14] Zwischen der Waters-Pierce und El Aguila, der zunächst allerdings im Produktionsbereich der große Durchbruch versagt blieb, entwickelte sich rasch ein außerordentlich harter Konkurrenzkampf um den mexikanischen Markt.[15] 1910 kam es zu spektakulären Bohrungserfolgen auf Pearsons Feldern, welche El Aguila im selben Jahr mit 59% der gesamten mexikanischen Ölproduktion zur führenden Ölgesellschaft machten und ihre Position im Konkurrenzkampf mit der Standard Oil, die im Gefolge der Mexikanisierung der Eisenbahnen 1908 schon ihre Kontrolle über die Transportmittel eingebüßt hatte, schlagartig verbesserte. Für die nordamerikanischen Ölgesellschaften bedeutete dies – angesichts der privilegierten Beziehungen des Pearson-Konzerns zur mexikanischen Regierung – ohne Zweifel eine Beeinträchtigung ihrer eigenen weiteren Entfaltungsmöglichkeiten im mexikanischen Ölgeschäft; und dies zu einem Zeitpunkt, da die mexikanische Ölproduktion rasch an nationaler und internationaler Bedeutung gewann.[16] Die nordamerikanischen Erdölunternehmen waren deshalb einem Regierungswechsel in Mexiko sicher nicht abgeneigt; ob und in welchem Ausmaß sie allerdings aktiv den Madero-Aufstand unterstützten, wird noch genauer zu erörtern sein.

Die wirtschaftlich-soziale Entwicklung Mexikos im letzten Jahrzehnt des Porfiriats trug tendenziell ebenfalls zur Destabilisierung des porfiristischen Regimes bei, auch wenn man insgesamt in diesem Zeitraum keineswegs von einer stagnierenden Volkswirtschaft sprechen kann. Im Durchschnitt der Jahre 1900 bis 1910 nahm das Sozialprodukt um jährlich 3,3% zu, gegenüber einem Wachstum von 2,1% in der Periode von 1877 bis 1900.[17]

Ungeachtet ihrer weiter oben beschriebenen strukturellen Ungleichgewichtigkeit wies also die mexikanische Volkswirtschaft insgesamt durchaus eine beträchtliche Dynamik auf. Sie brauchte mithin, wie auch das Beispiel südamerikanischer Exportwirtschaften in diesem Zeitraum zeigt, keineswegs an »systemimmanenten Widersprüchen« zu scheitern.[18]
Dennoch wirkten sich gewisse wirtschaftliche Entwicklungen nach 1900 – abgesehen von den chronischen Problemen der stagnierenden Getreidelandwirtschaft – vor allem über ihre Auswirkungen auf die Beschäftigungslage und das Reallohnniveau nachhaltig auf eine soziale und teilweise auch politische Radikalisierung breiter Bevölkerungsgruppen aus. Als ein eher strukturelles Moment kann dabei der erlahmende Industrialisierungsimpetus nach Ausschöpfung der ersten Substitutionseffekte gesehen werden.[19] Jedenfalls ging der Anteil der Beschäftigten im Sektor Industrie/Bergbau/Handwerk zwischen 1900 und 1910 von 16,6 auf 15,1 % aller Beschäftigten zurück und jener im tertiären Sektor von 17,4 % auf 16,8 %, während gleichzeitig der Anteil der in der Landwirtschaft Beschäftigten wiederum von 66 % auf 68,1 % anstieg.[20] Diesem Prozeß einer leichten *ruralization* entsprach auch ein geringer Rückgang der gesamten Beschäftigungsquote zwischen 1900 und 1910 von 35,4 % auf 34,8 %: ein Zeichen, daß die Wirtschaft bereits nicht mehr den vollen natürlichen Bevölkerungszuwachs absorbieren konnte.[21] Dieser Umstand, d. h. ein relatives Überangebot an Arbeitskräften, dürfte einen beträchtlichen Einfluß auf das langfristige Sinken der Reallöhne nach 1898 ausgeübt haben. Während die Reallöhne insbesondere in den 1890er Jahren eine deutlich steigende Tendenz aufgewiesen hatten, konnten die Nominallöhne (mit Ausnahme des Bergwerkssektors) nach 1898 mit der Inflation nicht mehr Schritt halten. Der durchschnittliche reale Mindest-Tagelohn sank zwischen 1898 und 1910 von 39 cts. auf 30 cts., wobei insbesondere in der Landwirtschaft das Reallohnniveau stark zurückging.[22] Wenn diese Zahlen auch mit einiger Vorsicht zu interpretieren sind, weil z. B. in der Landwirtschaft (wie weiter oben ausgeführt) nicht unbeträchtliche Lohnkomponenten in Naturalien ausgerichtet werden konnten und auch die Verschuldungsmöglichkeit der *peones* einen kompensatorischen Effekt hatten, so kann doch kein Zweifel bestehen, daß sich der reale, ohnehin niedrige Lebensstandard breiter Bevölkerungsschichten gegen Ende des Porfiriats tendenziell zurückbildete.

Darauf deuten z. B. auch indirekte Indikatoren, wie die Zunahme der Sterblichkeitsrate in der *clase popular*, hin.[23] Gerade im späten Porfiriat brachte also das wirtschaftliche Wachstum mit seiner Verschärfung der ungleichen Einkommensverteilung eine ausgesprochen »selektive Prosperität« (Ross) hervor, die vor allem dem ausländischen Kapital und der mit den ausländischen Investoren verbundenen mexikanischen Oberschicht zugute kam.

Eine akute Verschärfung der wirtschaftlich-sozialen Situation wurde durch die Rezession nach 1907 hervorgerufen. In Verbindung mit dem 1905 erfolgten Übergang zum Goldstandard des Peso hatte die nordamerikanische Wirtschaftskrise von 1907 nachhaltigen Einfluß auf die mexikanische Konjunktur. Fallende Exportpreise, die Kreditkrise von 1908, wachsende Arbeitslosigkeit, verbreitete Dürre in der Landwirtschaft und steigende Lebenshaltungskosten charakterisierten die wirtschaftliche Depression zwischen 1907 und 1911, die – wenn auch in unterschiedlichem Maße – alle Schichten der Bevölkerung traf und neben sozialen Protestreaktionen auch den politischen Gärungsprozeß beschleunigte, der schließlich die offene politische Krise von 1909/10 auslöste.[24] Unmittelbar betroffen von der Krise wurden jene Arbeiter in der Industrie, im Bergbau und z. T. auch in der exportorientierten Landwirtschaft, die entweder ihren Arbeitsplatz verloren oder aber kräftige Lohneinbußen in Kauf nehmen mußten. So berichtete z. B. der deutsche Konsul in Chihuahua 1909 von großen Preissteigerungen für Nahrungsmittel bei gleichzeitig sinkenden Löhnen, während sein Kollege in Guadalajara im Sommer 1909 feststellte: »Viele der hiesigen Fabriken haben die Arbeit ganz oder teilweise eingestellt, die Neubauten sind teilweise unterbrochen worden, so daß eine große Anzahl von Fabrikarbeitern fortzogen oder sich für die Erdarbeiten der im Bau begriffenen Southern-Pacific-Bahn an der Westküste anwerben ließen.«[25] Auch im Staate San Luis Potosí nahm, wie Cockcroft betont, die Arbeitslosigkeit nach 1907 rasch zu: »Eine große Zahl von Arbeitern strömte in den Staat und verließ ihn wieder in verzweifelter Suche nach einem Arbeitsplatz.«[26]

Auch der prekäre gesellschaftliche Status der Mittelschicht wurde durch die Auswirkungen der Krise zusätzlichen Belastungen unterworfen. Abgesehen von der verbreiteten Frustration innerhalb dieser Schicht angesichts der von der porfiristischen Oligarchie blockierten wirtschaftlichen und sozialen Aufstiegskanäle wurde sie nun ebenfalls Opfer der rasch steigenden Nahrungsmittelpreise, erhöhter Mieten und verschärfter Besteuerung.[27] Schließlich hatte die Krise auch Auswirkungen auf die Hacendadoklasse und gewisse Gruppen der Handels- und Industriebourgeoisie. Zahlreiche Großgrundbesitzer wurden insbesondere durch die Kreditkrise des Jahres 1908 getroffen. Da sie in der Regel hypothekarisch hoch verschuldet waren, bekamen sie vor allem die restriktive Kreditpolitik des Finanzministers Limantour zu spüren, welche die Banken zu einer Kündigung ihrer langfristigen Darlehen anhielt.[28] Jedenfalls mußten die Científicos, deren prominentester Exponent Limantour war, künftig auch unter den Grundbesitzern mit verstärkter politischer Opposition gegen ihren Herrschaftsanspruch rechnen. Auch die mexikanischen Unternehmer blieben von den Auswirkungen der Krise nicht verschont, und da sie im späten Porfiriat ohnehin durch Monopolisierungstendenzen und verschärfte ausländische Konkurrenz unter Druck gerieten, mehrten sich nun auch in der Bourgeoisie kritische – vor allem nationalistisch eingefärbte – Stimmen gegen das Díaz-Regime.[29]

Vor diesem Hintergrund sind die wachsenden sozialen und politischen Spannungen und Konflikte zu sehen, die das späte Porfiriat charakterisierten. Am augenfälligsten, wenn auch ohne unmittelbar politische Auswirkungen, waren dabei die Arbeitskonflikte, die insbesondere in den Jahren 1906/07 einen Höhepunkt erreichten. Obwohl im Porfiriat Streiks verboten waren, zählte man insgesamt mehr als 250 solcher illegaler Arbeitsniederlegungen. 1906 kam es in den nordamerikanisch kontrollierten Kupfergruben von Cananea in Sonora zu einem Ausstand, dem sich etwa 5000 Bergarbeiter anschlossen und der schließlich von mexikanischen Truppen unter Beihilfe nordamerikanischer Verstärkungen blutig niedergeschlagen wurde. Noch brutaler ging die Regierung ein Jahr später gegen streikende Textilarbeiter in Río Blanco im Staat Veracruz vor, wo schließlich Hunderte von streikenden Arbeitern von den Truppen füsiliert wurden. Während der Textilarbeiterstreik von Río Blanco offenbar eine spontane Reaktion gegen erhöhte Arbeitsanforderungen und ein verzweifelter Versuch zur Erhaltung des an sich schon prekären Lebensstandards darstellte, spielte unter den relativ gut bezahlten Bergarbeitern von Cananea die als diskriminierend empfundene, ungleiche Stellung von mexikanischen Kumpels und nordamerikanischen Vorarbeitern eine zentrale Rolle.[30]

Ohne Zweifel markierte die erhöhte Streikfrequenz und der größere Umfang von Streikbewegungen in den letzten Jahren des Porfiriats ein Klima verschärfter sozialer Konflikte. Dennoch wird man in diesen Arbeitskonflikten nicht ohne weiteres einen direkten »Vorläufer« der mexikanischen Revolution erblicken dürfen, ging es dabei doch um begrenzte Forderungen sozialen Charakters, welche das Regime als solches kaum gefährdeten. Auch kontrastiert die Heftigkeit zahlreicher Streiks im Porfiriat merkwürdig mit der Tatsache, daß die organisierte Arbeiterschaft in der Revolution lediglich eine marginale Rolle spielte, bzw. daß sie erstmals 1915 durch die konstitutionalistische Führung als ein weitgehend »von oben« organisierter und manipulierter Faktor in die revolutionären Auseinandersetzungen eingeschaltet wurde.

Wie schon angedeutet, resultierte das geringe politische Gewicht der Arbeiterschaft, abgesehen von ihrer zahlenmäßigen Schwäche und ihrer sozialen und ideologischen Heterogenität, vor allem auch aus der Tatsache, daß sie sich in Mexiko gar nicht in eigenständigen Organisationen politisch und gesellschaftlich artikulieren konnte.[31] Zwar fanden die Forderungen der Arbeiterschaft in der seit 1904 aus dem nordamerikanischen Exil operierenden politischen Oppositionsbewegung des Partido Liberal Mexicano (PLM) zunehmenden Widerhall. Unter der Führung der Brüder Flores Magón bewegte sich nämlich der PLM, der nach der Jahrhundertwende aus liberalen Zirkeln des Staates San Luis Potosí hervorgegangen war, immer stärker in anarchistischer Richtung.[32] Das 1906 verkündete Manifest der Liberalen Partei enthielt zum erstenmal auch sozialreformerische Postulate wie den Achtstundentag, die Ausrichtung eines Minimallohnes und Ansätze einer gemäßigten Agrarreform – Forderungen also, die später auch die Programmdiskussion der Revolution beherrschen sollten.[33] Zweifellos beeinflußte der PLM – die erste breiter organisierte politische Oppositionsgruppierung gegen das Díaz-Regime – auch die Streikbewegungen des späten Porfiriats, so wie sie durch die Verbreitung ihrer Zeitung »Regeneración« und durch Kontakte mit mexikanischen Oppositionellen einen politischen Umsturz in Mexiko vorzubereiten suchte.[34] Dennoch wird man ihren tatsächlichen Einfluß auf die innenpolitische Entwicklung Mexikos am Vorabend der Revolution, angesichts ihres Charakters einer Exilbewegung und einer von den mexikanischen Massen weitgehend isolierten Kaderorganisation, nicht überschätzen dürfen.

In Mexiko selbst waren es vielmehr zwei bürgerlich ausgerichtete politische Gruppierungen, welche in den innenpolitischen Auseinandersetzungen im Zusammenhang mit den Präsidentschaftswahlen von 1910 in den Vordergrund traten. Daß die Aktivitäten dieser improvisierten »Parteien« schließlich allerdings in die offene politische Krise mündeten, die wiederum zum Auslösefaktor des maderistischen Aufstandes im Winter 1910/11 werden sollte, hing mit einem grundlegenden Strukturproblem des porfiristischen Herrschaftssystems zusammen, insbesondere mit der Reformunfähigkeit des Regierungsapparates, der – ungeachtet der Überalterung seiner führenden Exponenten – keine Öffnung seiner politisch-sozialen Basis, mithin auch keine über die Person von Díaz hinausgehende Institutionalisierung, zustande brachte. Selbst Limantour, die nach dem Präsidenten gewichtigste politische Persönlichkeit, sah später in seinen Memoiren in der mangelnden Durchlässigkeit des porfiristischen politischen Systems einen entscheidenden Grund für die Revolution. Er – Limantour – hätte dem Präsidenten schon vor dem Ausbruch der Revolution, allerdings erfolglos, eine Verbreiterung der politischen Partizipationsbasis vorgeschlagen, um so das Regime zu stabilisieren, »denn so hätte man den Agitatoren, welche damals – unter dem Vorwand der überlangen Herrschaft einiger Personen in bestimmten Staaten – an der Nordgrenze politische Propaganda betrieben, den Boden entziehen können. Ich schlug auch vor, jenen, die unterschiedliche Ideen und Methoden vertraten, ja sogar neuen sozialen Elementen die politische Laufbahn und den Zugang zu öffentlichen Ämtern freizugeben, damit sie gemeinsam mit den bisherigen Trägern die Grundfesten der Regierung verstärken und verbreitern könnten . . . Auf diese Weise würden die ehrenwerten Männer, welche legitimen Ehrgeiz hätten, zur Ruhe kommen; dies in der Hoffnung, daß sich ihnen bald eine Möglichkeit zur Verwirklichung ihrer Ambitionen bieten würde.«[35]

Noch am 26. Oktober 1910, also kurz vor dem Ausbruch der Revolution, schrieb der damals in Paris weilende Finanzminister dem Präsidenten: »Im übrigen kennen Sie ja schon meine Vorstellungen über die Notwendigkeit, eine starke, gesunde und breite Regierungspartei zu begründen, welche fähig ist, mit Erfolg die Angriffe so vieler Unruhiger und Ehrgeiziger abzuwehren, welche sich auf die öffentlichen Ämter stürzen möchten; wie auch meinen Vorschlag, vorsichtig, aber mit Entschiedenheit,

die hohen politischen Chargen und Verwaltungsstellen auf Bundesebene, vor allem aber in den Einzelstaaten neu zu besetzen, und die Türen zwar nicht jenen zu öffnen, die notorisch im trüben Wasser fischen wollen, wohl aber jenen, welche sich über eine einwandfreie Vergangenheit und ehrenhafte Absichten ausweisen.«[36]
Eine katalysatorische Wirkung beim Ausbruch der politischen Krise von 1908/10 kam dem 1908 von Porfirio Díaz dem amerikanischen Journalisten Creelman gewährten (aber offenbar vornehmlich für das Ausland bestimmten) Interview zu, in welchem der Präsident seinen Rücktritt zum Ende der laufenden Amtsperiode anzukündigen schien, ein demokratisches Verfahren für die Wahlen von 1910 in Aussicht stellte und gar die Entstehung oppositioneller Parteien ermunterte.[37] Damit formierte sich erstmals eine breitere, eigenständige politische Bewegung, die sich vor allem gegen die Herrschaft der Científicos und – angesichts der nach wie vor sakrosankten Person von Díaz – gegen deren Kandidaten für die Vizepräsidentschaft, Ramón Corral, richtete. Erster Bannerträger dieser Bewegung war der populäre General und Gouverneur von Nuevo León, Bernardo Reyes, der – Zeit seines Lebens zwar ein treuer Paladin des Präsidenten – nie dem Zirkel der Científicos angehört hatte.[38] Ja, die deutliche Distanz Reyes' zu den Científicos ließ ihn in weiten Kreisen als »Kandidat des Volkes« gegen den Machtanspruch der »Científico-Plutokratie« erscheinen.[39] Reyes konnte denn auch 1908/09 einen breiten Anhang für seine Kandidatur als Vizepräsident und damit, angesichts des hohen Alters von Díaz, als dessen möglicher Nachfolger mobilisieren. Erst das Veto des Präsidenten, der den Kandidaten der Científicos favorisierte, brach der reyistischen »Volksbewegung« die Spitze, indem Reyes 1909 das Verdikt des Präsidenten akzeptierte und sich auf »Auslandsmission« schicken ließ.
Diese Konstellation ließ plötzlich einen bislang politisch weitgehend unbekannten, liberalen Großgrundbesitzer aus dem nördlichen Coahuila, Francisco I. Madero, in den Vordergrund treten. Madero hatte vor allem mit seiner Ende 1908 erschienenen Schrift »La Sucesión Presidencial en 1910« für eine Auflockerung des porfiristischen Regimes plädiert und damit publizistisches Aufsehen erregt. Nach dem »Verrat« von Reyes gelang es ihm deshalb, auch ohne die politische Popularität des Gouverneurs von Nuevo León, weitgehend das Erbe der plötzlich führungslos gewordenen reyistischen Bewegung anzutreten.[40]

Wie schon erwähnt, entstammte Francisco I. Madero einer der wirtschaftlich führenden Familien des mexikanischen Nordens.[41] Nach seiner Ausbildung in Frankreich und den USA widmete er sich zunächst der Verwaltung der väterlichen Güter und wurde schließlich selbst ein erfolgreicher Agrarunternehmer. Viel weniger erfolgreich verlief dagegen seine politische Karriere, die der dem Spiritismus zuneigende Madero seit 1904 als »Unabhängiger« ansteuerte. Ohne Unterstützung durch das porfiristische Establishment vermochte er sich selbst auf lokaler Ebene politisch nicht durchzusetzen.[42] Sein Buch »La Sucesión presidencial en 1910« ist denn auch vor allem eine politische Kritik am porfiristischen Regime, welche die wirtschaftlichen und gesellschaftlichen Probleme des Landes nur ganz am Rande streift.[43] Leitmotiv ist Maderos Kritik an jeglicher Form autokratischer Herrschaft, der er als auch für Mexiko anzustrebenden Alternative die Regierungsform der Demokratie gegenüberstellt. Vorbildcharakter haben dabei sowohl die demokratischen Systeme Westeuropas und der USA, die antiken »Demokratien«, aber durchaus auch parlamentarische Oligarchien südamerikanischer Prägung, solange sie nur das für Madero entscheidende Kriterium eines »Wechsels verschiedener Bürger an der Macht« erfüllen.[44] Während sich Madero die breite Masse der »stumpfen« ländlichen Unterschicht nicht als aktives Element einer demokratischen Erneuerungsbewegung vorstellen konnte, glaubte er in der Arbeiterschaft durchaus eine gewisse Empfänglichkeit für seine politischen Postulate zu erblicken.[45] Vor allem aber sah er in der durch das Regime noch nicht korrumpierten intellektuellen Mittelklasse den prädestinierten Träger einer liberalen, demokratischen Opposition gegen die Díaz-Herrschaft.[46]

Insgesamt schält sich aus Maderos Kampfschrift sehr deutlich die Idee einer Regierungsform heraus, die zwar auf eine Überwindung des autokratischen porfiristischen Regimes und der Cliquenherrschaft der Científicos abzielt, die aber weiterhin einer sozial recht restriktiven Vorstellung von politischer Eliterekrutierung verhaftet bleibt.[47] Wichtigste Voraussetzung zur Erlangung des angestrebten Ziels sind die »Freiheit des Wahlakts und die Nicht-Wiederwahl der hohen Amtsträger«, jene Forderungen also, die auch zum Leitspruch der maderistischen Präsidentschaftskampagne werden sollten: »Sufragio efectivo – No-Reelección«. Wie Maderos Schrift beschränkte sich die Oppositionsbewegung reyistischer wie maderistischer Observanz allgemein fast ausschließlich auf eine Kritik am politischen System des Porfiriats. Im Falle des Reyismo sollten die angestrebten politischen Reformen wie Munizipalfreiheit, Abschaffung der *jefes políticos* usw. »von oben«, also im Rahmen der porfiristischen Diktatur, durchgeführt werden, deren Legitimität Reyes ja nie in Frage gestellt hatte. Die maderistische Opposition ging während der Präsidentschaftswahlen von 1910, in welchen Madero offen gegen Díaz kandidierte, zwar einen Schritt weiter, verblieb aber stets ebenfalls innerhalb der engen Grenzen legaler politischer Betätigung. Sowohl die Beschränkung auf politische Reformforderungen wie auch die Zurückhaltung der Maderisten in der politischen Auseinandersetzung mit dem porfiristischen Establishment werden verständlich, wenn man sich etwas näher der sozialen Zusammensetzung dieser politischen Gruppierungen, wie vor allem auch den Motiven und Zielsetzungen ihrer Führungskreise zuwendet. Die stärkste politische Unterstützung erhielten sowohl die Reyes- wie die Maderobewegung durch die urbane Mittelschicht. Diese Mittelschicht hatte im Porfiriat, wie erwähnt, nicht nur zahlenmäßig stark zugenommen, sondern sich auch in ihrer sozialen Zusammensetzung nicht unwesentlich verändert, vor allem durch den rasch wachsenden Anteil schlecht entlöhnter unterer Staatsangestellter. Die Lebenskostensteigerungen des späten Porfiriats trafen diese Schicht hart, insbesondere aber waren es die geringen sozialen Aufstiegschancen in dem durch die Científico-Oligarchie blockierten Staatsapparat, bzw. in der durch ausländische Unternehmen dominierten Wirtschaft, welche innerhalb der Mittelschicht zu einer Quelle wachsender politischer Opposition gegen das Díaz-Regime wurden. Unter den kleinen Beamten führte diese Situation, wie Bulnes unterstreicht, zu einem »ungeahnten Haß der niederen Chargen gegen die höheren«, und wenn diese kleinen Bürokraten auch nicht sozialistisch eingestellt seien, so strebten sie doch mit Nachdruck eine Änderung dieses Zustandes an.[48]

Auch für die meisten Angehörigen der freien Berufe blieben die Entfaltungschancen gering, sofern sie nicht zur Spitzengruppe erfolgreicher Anwälte, gesuchter Ärzte oder prominenter Journalisten regierungsnaher Zeitungen gehörten. Viele von ihnen hatten, wie Cockcroft betont, einen »Statusverlust« zu beklagen. So etwa die in der Revolutionsbewegung später an führender Stelle tätigen Anwälte José Vasconcelos, Antonio Díaz Soto y Gama und Luis Cabrera. »Die besten Positionen, welche Vasconcelos und Díaz Soto y Gama vor der Revolution erreichten, waren 1909/10 Schreiberstellen in einer amerikanischen Anwaltskanzlei, die für große Geschäftsunternehmen tätig war. Cabrera seinerseits, der den Zugang zu einer politischen Karriere durch die Clique der Científicos blockiert fand und der auch kein namenloser Gehilfe einer Unternehmung werden wollte, wandte sich dem Journalismus zu und schrieb 1909/10 unter einem Pseudonym eine Artikelserie, in der er die Científicos der Korruption, des Diebstahls und der politischen Schurkerei anklagte.«[49]

Auch der Ingenieur Felix F. Palavicini, der später ebenfalls eine prominente Stellung in der Revolutionsführung einnehmen sollte, beklagte 1905 die fehlenden Entfaltungsmöglichkeiten dieser Schicht. In der wirtschaftlichen und sozialen Notlage der »intellektuellen Mittelklasse«, die nicht »über gesunde und ausreichende Ernährung« verfüge und deren Kleidung »schlecht und unzureichend« sei, sah er die Ursache einer möglichen Revolution in Mexiko, die hier keineswegs, wie in Europa, »von unten, von der Arbeiterschaft« ausgehen werde, von »unserem analphabetischen, apathischen Volk und noch weniger von den großen Massen der Indios.«[50] Eine ähnliche Beobachtung hatte schon im Jahre 1900 der französische Gesandte gemacht, als er auf die wachsende Inkonformität innerhalb der Mittelschicht mit dem porfiristischen politischen System verwies. Es gebe ungeachtet der großen Ruhe »eine Partei der Jugend, die unter dem Deckmantel der Prinzipienfestigkeit unbefriedigte Machtgelüste verbirgt und bestrebt ist, an den Vorteilen der Macht teilzunehmen. Anwälte, Juristen, Ingenieure, Schriftsteller und Journalisten stellen den größten Teil dieser Partei dar. Sie maßt sich an, im Namen der gesamten Zivilbevölkerung zu sprechen, und erklärt, daß sie das jetzige Militärregime durch ein Regime des Parlamentarismus und der freien Diskussion ersetzen wolle.«[51]

In Guadalajara, einer seiner Hochburgen, stützte sich der Reyismo z. B. vor allem auf »Arbeiter, Handwerker, Journalisten, Angehörige der freien Berufe, Geschäftsleute, landwirtschaftliche Pächter, Industrielle, Militärs und Staatsangestellte.«[52] Eine ähnliche soziale Zusammensetzung war auch für die meisten der 1909/10 in zahlreichen Städten entstehenden maderistisch-antireelektionistischen Clubs charakteristisch, wobei insbesondere Advokaten, Ingenieure, Studenten und Handwerker stark vertreten waren.[53]

Auch in der nationalen Führung der maderistisch-antireelektionistischen Bewegung spielten Intellektuelle kleinbürgerlicher Herkunft eine wichtige Rolle, so etwa – im Exekutivausschuß des Centro Antireeleccionista – Palavicini und Vasconcelos sowie die Journalisten Filomeno Mata und Paulino Martínez.[54] Daneben fanden sich in der Parteileitung, wie dann auch unter den führenden Exponenten der maderistischen Erhebung von 1910/11, aber auch Angehörige der sozialen Oberschicht, deren politisches Engagement kaum auf soziale Frustrationen während des späten Porfiriats zurückgeführt werden kann. Madero, Esquivel Obregón, die Brüder Vázquez Gómez, Alfredo Robles Domínguez verfügten alle über beträchtlichen Besitz und soziales Ansehen.[55] Diese Notabeln schlossen sich dem Antireelektionismus auch kaum aus wirtschaftspolitischer Opposition gegen das Díaz-Regime als vielmehr aus vorrangig politischen Motiven an.[56] Wie schon in Maderos »La Sucesión Presidencial« deutlich zum Ausdruck kam, wandten sie sich primär gegen den geschlossenen Charakter des porfiristischen politischen Systems. Madero selbst hatte ja in seiner früheren politischen Karriere die Undurchlässigkeit des porfiristischen Apparates am eigenen Leib erfahren, während z. B. in Sonora die maderistische Erhebung im Winter 1910/11 von Paula Morales und José Maria Maytorena, zwei reichen, aber durch das porfiristische Triumvirat Torres, Corral und Izábal politisch entmachteten Hacendados angeführt wurde.[57]

Mit der Nominierung von Madero und dem angesehenen Arzt Francisco Vázquez Gómez als Kandidaten für die Präsidentschaft und Vizepräsidentschaft wandte sich die antireelektionistische Partei 1910 erstmals offen gegen die Wiederwahl von Díaz. Trotz großen Zulaufs zu den maderistischen Wahlveranstaltungen, die unter dem Motto »Sufragio efectivo – No Reelección« vor allem die politische Erneuerung des Landes propagierten, hatten die Maderisten in den wie eh und je manipulierten Wahlen aber von vornherein keine echten Chancen. Als sich der Maderismus im Wahlkampf von 1910 zu einer eigentlichen Volksbewegung zu entwickeln begann, gab das Regime seine anfängliche Toleranz gegenüber dem lange unterschätzten Rivalen aus dem Norden auf, verhaftete Madero und seine engsten Mitarbeiter und erklärte den Wahlsieg von Díaz und seinem Vizepräsidenten Corral. Mit der physischen Verfolgung prominenter Anti-Reelektionisten trieb das porfiristische Regime die maderistische

Führung schließlich in den bewaffneten Widerstand, zu dem Madero – nach geglückter Flucht aus dem Gefängnis von San Luis Potosí ins nordamerikanische Exil – aufrief.[58] Damit wurde die erste Phase der mexikanischen Revolution, die maderistische Erhebung, eingeleitet.

Dennoch wird man die Entstehung bewaffneter Aufstandsherde im Winter 1910/11 weder mechanistisch aus den hier skizzierten allgemeinen Krisenerscheinungen des späten Porfiriats ableiten noch sie in eine allzu unmittelbare Verbindung mit der politischen Bewegung des Maderismus in den Jahren 1909 und 1910 bringen dürfen. Zwar begünstigten dann etwa Faktoren wie die Arbeitslosigkeit diesseits und jenseits des Río Grande sicherlich die Rekrutierungschancen für die Aufständischen, so wie z. B. die wohlwollende Neutralität der USA den Rebellen in der Grenzregion einen erweiterten Bewegungsspielraum verschaffte. Auch stellte die harte Repression des Maderismus im Sommer 1910 zweifellos das Auslösungsmoment für die Entstehung eines bewaffneten Widerstandes gegen das Díaz-Regime dar, aber die eigentlichen Ursachen der zahlreichen lokalen Aufstandsbewegungen hatten doch nur einen indirekten Bezug zu den politischen Zielsetzungen der Antireelektionistischen Partei im Wahlkampf von 1910.

Es ist deshalb notwendig, die bisher aufgezeigten allgemeinen Krisenerscheinungen und die politische Entwicklung auf nationaler Ebene mit einer genaueren Analyse der spezifisch lokalen und regionalen Faktoren zu verknüpfen, wenn man die Wurzeln und Triebkräfte der Anti-Díaz-Aufstände seit dem Spätherbst 1910 erfassen will, die schließlich den Sturz des Díaz-Regimes herbeiführten. Dabei wird man sich allerdings nicht einseitig auf die Aktivitäten der Aufständischen beschränken dürfen. Vielmehr ist es unabdingbar, die in der Krise des Winters 1910/11 unerwartet rasch voranschreitende Selbstauflösung des militärischen und administrativen Kontrollapparates des porfiristischen Regimes mit zu berücksichtigen, ist doch unübersehbar, daß in dieser ersten Phase der mexikanischen Revolution der Zusammenbruch des Díaz-Regimes mindestens so sehr auf dessen innere Morschheit wie auf die revolutionäre Herausforderung von unten zurückzuführen war. Ja, die zunehmende Paralyse von Armee und Staat angesichts eines militärisch zunächst keineswegs überwältigenden Drucks nördlicher Rebellentruppen war ihrerseits ein zentraler Faktor, der die rasche Ausbreitung bewaffneter

Aufstandsherde begünstigte und damit im Frühjahr 1911 das Los der Díaz-Regierung besiegelte.

1 Vgl. Friedrich Katz, *Mexico 1867-1910* (MS)

2 Dies gilt vor allem, wenn man den Forschungsstand über das späte Porfiriat etwa mit der äußerst vielfältigen Literatur zur Vorgeschichte der französischen Revolution, aber auch mit den Untersuchungen zur Krise des spätzaristischen Rußlands vergleicht.

3 Vgl. Daniel Cosío Villegas, *El Porfiriato: La vida política exterior, 2*, S. 251 ff.

4 Die amerikanischen Investitionen in Mexiko machten am Vorabend der Revolution mit 45,5 % fast die Hälfte der gesamten amerikanischen Auslandsinvestitionen aus, während etwa die – ebenfalls bedeutenden – britischen Investitionen in Mexiko lediglich 5 % der gesamten Auslandsinvestitionen Großbritanniens außerhalb des Empire erreichten, vgl. Alan S. Knight, *Nationalism, Xenophobia and Revolution: the place of Foreigners and Foreign Interests in Mexico, 1910-1915*, Diss. Oxford University 1974 (MS), S. 49 f.

5 Vgl. Katz, *Deutschland*, S. 40: »Im Jahre 1904 erklärte der amerikanische Bankier Speyer, dessen Bank große Investitionen in Mexiko getätigt hatte, dem deutschen Gesandten in Mexiko: ›In den Vereinigten Staaten sei man von der Überzeugung durchdrungen, daß Mexiko weiter nichts als eine Dependenz des amerikanischen Wirtschaftsgebietes sei, wie man überhaupt das ganze Gebiet südlich der Staaten bis zum Panamakanal als wirtschaftlich zu Nordamerika gehörig betrachtet.‹« Offen annexionistische Vorstellungen gegenüber Mexiko hatte – in der Tradition des *manifest destiny* – 1908 auch der demokratische Präsidentschaftskandidat und spätere Außenminister William J. Bryan verkündet.

6 Jorge Vera Estañol, *Historia de la Revolución mexicana: orígenes y resultados*, México 1967, S. 106-113; Peter Calvert, *The Mexican Revolution 1910-1914, The Diplomacy of Anglo-American Conflict*, Cambridge UP 1968, S. 21-38.

7 Vgl. Vera Estañol, S. 107 f.

8 Vgl. Katz, *Deutschland*, S. 171.

9 Zit. b. Katz, S. 42.

10 Zit. b. Katz, S. 42.

11 Gerhard, *England*, S. 23 ff.

12 Gerhard, S. 24-28; Katz, *Deutschland*, S. 44 f.

13 Vgl. Lorenzo Meyer, *México y Estados Unidos en el conflicto petrolero (1917-1942)*, México 1968, S. 13 ff.; Katz S. 64-70. Zur Zusammensetzung des Aufsichtsrates von El Aguila, dem u. a. der Sohn von Porfirio Díaz, der Außenminister Enrique Creel, der Kongreßpräsident Pablo Macedo

und der Bürgermeister von Mexico-City, Fagoaga y Pimentel, angehörten, vgl. Knight, *Nationalism*, S. 73 f.

14 Gerhard, S. 29; zu den generell äußerst unternehmensfreundlichen Konzessionen vgl. Katz, S. 66. Allgemein zur porfiristischen Erdölgesetzgebung Meyer, S. 38 ff.

15 Zu den Einzelheiten dieses mit allen Mitteln geführten Konkurrenzkampfes vgl. Katz, S. 69.

16 Zwischen 1910 und 1911 vervierfachte sich die mexikanische Ölproduktion und ließ Mexiko zum drittgrößten Ölproduzenten der Welt werden, vgl. Katz S. 69 f., vgl. auch Meyer, S. 28 ff.

17 Reynolds, *Mexican Economy*, S. 22.

18 D. h., daß man aus der volkswirtschaftlichen Entwicklung Mexikos kaum den Schluß ziehen darf, daß die kapitalistische Wirtschaft am Vorabend der Revolution – z. B. durch die Institution einer pauschal als »feudalistisch« interpretierten Agrarstruktur – an ihre Systemgrenzen gestoßen sei, die dann – gewissermaßen aus ökonomischer Zwangsläufigkeit – durch die Revolution beseitigt worden seien.

19 Im Textilsektor beispielsweise stieg zwar die Produktion weiter an, aber da eine größere Anzahl von Textilhandwerkern durch die Konkurrenz der Textilfabriken verdrängt wurde als diese an Arbeitskräften zusätzlich benötigte, fiel die Gesamtzahl der in diesem Sektor Beschäftigten. So stand zwischen 1900 und 1910 den 4000 neuen Arbeitsplätzen in der Industrie ein Verlust von 16000 Arbeitsplätzen im Textilhandwerk gegenüber, vgl. Rosenzweig, *El desarollo*, S. 444.

20 Rosenzweig, S. 438.

21 Hansen, *The Politics*, S. 21.

22 Vgl. Rosenzweig, S. 447, Tabelle 16

Reallohnentwicklung in Mexiko, 1877-1911
(in Centavos)
(tägliche Mindestlöhne, in Preisen von 1900)

Jahr	Total	Landwirtschaft	Industrie	Bergbau
1877	32	32	32	32
1885	29	27	34	31
1892	28	26	32	30
1898	39	37	50	47
1902	33	32	36	43
1911	30	27	36	72

Auch diese Zahlen können lediglich einen Hinweis auf die allgemeine Tendenz geben. Nach Berechnungen von Thompson, *From Political Decay*, S. 96 f., kam es zwischen 1900 und 1907 noch zu einem Anstieg der durchschnittlichen Reallöhne, bei einer allerdings immer ungleicheren Einkommensverteilung.

23 Vgl. González Navarro, *El Porfiriato. La vida social*, S. 47. Andererseits ist gegenüber dramatisierenden und pauschalen Äußerungen wie jenen bei Hansen, *The Politics*, S. 23, zitierten von Bulnes und Molina Enríquez, wonach sich das mexikanische Volk am Ende des Porfiriats am »Rande des Hungertodes« befunden habe, doch eine beträchtliche Skepsis angebracht.

24 Eine gute Darstellung der wirtschaftlichen und sozialen Effekte der Krise nach 1907 gibt Ruíz, *Great Rebellion*, S. 120-135. Vgl. auch Katz, *Deutschland* und *Mexico 1867-1910* sowie Cockcroft, *Intellectual Precursors*.

25 Zit. b. Katz, *Deutschland*, S. 169.

26 Cockcroft, S. 46; auch die Baumwollregion der Laguna wurde von der Krise des Jahres 1908 hart getroffen, vgl. Knight, *Nationalism*, S. 91.

27 Cockcroft, S. 42-44. Katz, *Mexico 1867-1910*, sieht in der einseitigen Besteuerung der Mittelklasse eine wichtige Ursache ihrer wachsenden Unzufriedenheit. Daneben wurde z. B. unter den provinziellen Händlern, die später eine wichtige Rolle in den nördlichen Revolutionsbewegungen spielen sollten, auch der fehlende Zugang zu günstigem Kredit, die Ausbeutung durch korrupte Beamte und die übermächtige Konkurrenz durch *company stores* als besondere Einengung ihrer Tätigkeit empfunden.

28 Cockcroft, S. 36-38.

29 Cockcroft, S. 39-42. – Demgegenüber relativiert etwa Knight, S. 114 f., deutlich die Intensität eines »wirtschaftlichen Nationalismus« innerhalb der »nationalen Bourgeoisie«. Auf jeden Fall wird man aus der Unzufriedenheit in der grundbesitzenden und industriellen Oberschicht nicht schließen dürfen, daß diese Klasse nun in eine prinzipielle politische Oppositionsstellung gegen das Díaz-Regime geraten sei. Einzelne Grundbesitzer und Geschäftsleute schlossen sich zwar später der Madero-Bewegung an. Den Schritt in den bewaffneten Widerstand vollzogen allerdings nur einige dieser Notabeln, und dann aus vorrangig politischen Motiven und – wie im Falle Maderos oder Barragáns – gegen die ausdrücklichen Warnungen ihrer Familien, vgl. Cockcroft, S. 38. Vgl. auch die Äußerungen von Evaristo Madero aus dem Jahr 1911 gegenüber Limantour, worin er sich – als »Geschäftsmann« – von den »Verrücktheiten« seines Enkels scharf distanzierte, José Ives Limantour, *Apuntes sobre mi vida pública, 1892-1911*, México 1965, S. 209. Gerade die Oberschicht profitierte ja in besonderem Maße von der »pax porfiriana«, also von der mit autoritären Mitteln hergestellten politischen und gesellschaftlichen Stabilität, wie auch von der repressiven Politik der Regierung gegenüber Streiks und Bauernaufständen.

30 Vgl. Rodney D. Anderson, Díaz y la crisis laboral de 1906, in *Historia Mexicana, XIX/4*, 1970, S. 513-535; Moisés González Navarro, La huelga de Rio Blanco, in *Historia Mexicana, VI/4*, 1957, S. 510-533; Katz, S. 169 f.

31 Vgl. oben, S. 57.
32 Vgl. dazu die ausführliche Monographie von Cockcroft, *Intellectual Precursors*, S. 91 ff.
33 Cockcroft, S. 130-133.
34 Dazu Cockcroft, S. 134 ff.
35 Limantour, *Apuntes*, S. 163.
36 Limantour, S. 177 f.
37 Vgl. Ross, *Francisco I. Madero*, S. 46 ff.
38 Zu den Einzelheiten der politischen Karriere von Reyes vgl. die beiden bereits erwähnten Arbeiten von Bryan, *Mexican Politics in Transition*, und Niemeyer, *El General Bernardo Reyes.*
39 So ein Leserbrief im reyistischen Organ »México Nuevo« vom 13. 6. 1909, zit. b. Niemeyer, S. 165. Nach Niemeyer, S. 144 f., hatte Reyes einen starken Anhang unter der Jugend, »die fest davon überzeugt war, daß Don Bernardo, der jüngste unter den führenden Persönlichkeiten der Diktatur, die Türen der Bürokratie den Jungen öffnen würde, wenn er an die Macht gelangte...«
40 Bezüglich der sozialen Basis, bis zu einem gewissen Grad aber auch hinsichtlich der in beiden Gruppierungen auf politische Reformforderungen begrenzten Zielsetzungen, ist die Kontinuität vom Reyismo zum Maderismo unübersehbar. Vgl. dazu z. B. die Aussage des Rechtsanwalts Adrian Aguirre Benavides, der sowohl innerhalb der reyistischen wie später auch der maderistischen Bewegung eine nicht unwichtige Rolle spielte: »Für die große Anzahl politisch engagierter und nun preisgegebener Reyisten bedeutete die Opposition von Madero die Rettung. Er legte ein bürgerliches Programm vor und zeigte eine Entschlossenheit, an der es Reyes gemangelt hatte. Madero verstand es auf bewundernswerte Art, jene Geisteshaltung zu nutzen, die durch die reyistische Kampagne vorbereitet worden war. (...) Ich behaupte also nicht, Antireelektionist gewesen zu sein; ich war ein zum Maderist gewordener Reyist...« Tonband-Interview von Adrian Aguirre B. vom Februar 1961, Archivo Sonoro, INAH.
41 Vgl. oben, S. 59 f.
42 Ross, *Francisco I. Madero* S. 34 ff.
43 Francisco I. Madero, *La Sucesión Presidencial en 1910 – El Partido Nacional Democrático*, San Pedro (Coahuila), Dez. 1908, hier verwendete Neuauflage: México 1960. Die Notwendigkeit gesellschaftlicher Reformen wird nicht erwähnt, im Gegenteil wird der politische Immobilismus auf die porfiristische »Wohlstandswelle« zurückgeführt; »die Nation schlief über dem materiellen Wohlstand ein«, S. 143, S. 141.
44 Madero, *La Sucesión*, S. 48, S. 179 ff., S. 22 f., S. 282.
45 Die realen Lebensbedingungen etwa der Landbevölkerung bleiben völlig im Dunkel, lediglich die politische Apathie des »niederen Volkes« wird hervorgehoben: »Dieses weiß nicht, ob es zufrieden ist oder nicht, denn in der trostlosen Dumpfheit, in der es verharrt, gibt es sich über seine

Situation keine Rechenschaft und weiß weder ob es eine Verbesserung seiner Lage anstreben kann noch ob dies überhaupt möglich ist«, Madero, S. 240.

46 Madero, S. 240.

47 Für Madero war z. B. klar, daß in Mexiko, einem Land mit 80% Analphabeten »das ungebildete Volk keinen direkten Einfluß darauf haben wird, wer die Kandidaten für die öffentlichen Ämter sein werden«, was aber nicht gegen die Einführung einer Demokratie spreche, da auch die griechische und römische Demokratie über keinen höheren Prozentsatz von Gebildeten verfügt habe, S. 296 f.

48 Zit. b. Cockcroft, *Intellectual Precursors*, S. 43.

49 Cockcroft, S. 45. Cabrera war allerdings durchaus auch als Anwalt von nordamerikanischen Unternehmen im Tlahualilo-Konflikt (vgl. oben, S. 115) tätig gewesen. Gegen die These eines verbreiteten »Statusverlusts« unter der Mittelschicht wendet sich Knight, *Nationalism*, für den der Maderismo im Gegenteil allgemein das Kennzeichen gesellschaftlicher »respectability« trug, S. 115 f. Auch wenn nicht zu bestreiten ist, »daß die gesellschaftlichen Bedingungen, welche die maderistische Mittelklasse hervorgebracht hatten, eher durch Prosperität als durch Armut gekennzeichnet waren« (S. 118), wird man m. E. daraus kaum schließen dürfen, daß Unzufriedenheit mit ihrer wirtschaftlich-sozialen Lage für viele *profesionistas*, Staatsangestellte oder ökonomisch zunehmend bedrängte Handwerker und Provinzhändler kein wichtiges Motiv für ihre politische Aktivität darstellen konnte.

50 Felix F. Palavicini, *Mi vida revolucionaria*, México 1937, S. 16.

51 Zit. b. Katz, *Deutschland*, S. 81.

52 Niemeyer, *El General Bernardo Reyes*, S. 162.

53 Vgl. z. B. die (allerdings sporadischen) Angaben über die soziale Zusammensetzung maderistischer Clubs in Oaxaca und Puebla bei Alfonso Francisco Ramírez, *Historia de la Revolución mexicana en Oaxaca*, México 1970, S. 18 f.; Atenedoro Gamez, *Monografía historica sobre la genesis de la Revolución en el Estado de Puebla*, México 1960, S. 22 f. Der Maderismo war am stärksten im mexikanischen Nordosten (Maderos Heimatregion) und allgemein in Gegenden »mit raschem ökonomischem Wachstum, relativ hoher Analphabetenrate und einer expandierenden Bevölkerung« verbreitet, Knight, *Nationalism*, S. 117.

54 Cockcroft, *Intellectual Precursors*, S. 45 f.

55 Cockcroft, S. 46; Knight, S. 114.

56 In Maderos Schrift spielen z. B. wirtschaftspolitische Erörterungen nur eine untergeordnete Rolle. Der Kreditpolitik Limantours von 1908 wird etwa als vorübergehender, krisenbedingter Maßnahme keine grundsätzliche Bedeutung zugemessen. Etwas nachdrücklicher wird allerdings der von der Regierung betriebene »Favoritismus« kritisiert, wodurch ein kleiner Kreis von Günstlingen des Regimes immer wieder ungebührlich begünstigt worden sei, *La Sucesión*, S. 224, S. 227.

57 Vgl. unten, Kap. II/1, S. 162 f., S. 167.

58 Vgl. dazu die ausführliche Ereignisgeschichte bei Ross, *Francisco I. Madero*, S. 80-112; Charles C. Cumberland, *Mexican Revolution, Genesis under Madero*, New York 1969, S. 70-118.

In einem Zeitungsinterview, das Madero 1911 einem amerikanischen Journalisten gab, erklärte er, er hätte den bewaffneten Widerstand gegen Díaz von Anfang an für unausweichlich gehalten. Auch wenn gegenüber dieser nachträglichen Aussage Maderos eine gewisse Skepsis am Platz ist, zeigt sie doch, daß Madero keinesfalls ein so naiver Träumer war, als der er oft hingestellt wird, vgl. dazu Friedrich Katz, *Secret War*, S. 113.

Teil II

Mexiko im politischen Umbruch: Das Jahrzehnt der Revolutionären Bürgerkriege (1910-1920)

Grundprobleme des Revolutionsverlaufs, 1910-1920

Die mexikanische Revolution im Bürgerkriegsjahrzehnt zwischen 1910 und 1920 ist ein äußerst komplexes Phänomen. Tatsächlich muß man von mehreren, z. T. gegenläufigen Revolutionen oder regionalen Erhebungen sprechen, die erst im nachhinein unter dem übergreifenden Dach *der* Revolution eine gemeinsame historische Identität zugesprochen erhielten. Dabei war es weniger der auch in anderen Revolutionen zu beobachtende wechselvolle Verlauf der Ereignisse, d. h. die stufenweise Radikalisierung der Revolution, der gegenrevolutionäre Restaurationsversuch, die Spaltung des Revolutionslagers und schließlich die Etablierung der siegreichen Revolutionsfraktion als neuer spät- und postrevolutionärer Führungsschicht, welche die Komplexität der mexikanischen Revolution ausmachten. Vielmehr waren es die regionalen, sozialen und kulturellen Unterschiede zwischen den einzelnen Revolutionsbewegungen, welche den ausgeprägt heterogenen Charakter *der* Revolution begründeten, die gleichsam als nationale Resultante eines vielfältigen regionalen Kräfteparallelogramms erscheint. Es ist deshalb notwendig, die spezifischen Merkmale und das komplizierte Zusammenwirken der einzelnen Revolutionsbewegungen genauer zu untersuchen, um die Auswirkungen der Revolution auf Staat und Gesellschaft Mexikos in den Griff zu bekommen.

Sehr vereinfacht kann man von zwei geographischen Hauptzentren revolutionärer Aktivität während dieser Periode sprechen: vom Norden und vom Süden. Im Norden handelte es sich dabei vornehmlich um die drei Grenzstaaten Chihuahua, Sonora und Coahuila, im Süden um das nahe der Hauptstadt gelegene Zuckeranbaugebiet von Morelos. Dieser regionalen Differenzierung der Revolution entsprachen vielfältige wirtschaftliche, soziale, politische und kulturelle Unterschiede zwischen Norden und Süden. Im Süden entwickelte sich seit 1911 unter der Führung Emiliano Zapatas eine Agrarrevolution, die als einzige große, autonome Bauernerhebung der Revolution ihren einen Flügel darstellte. Diese Bauernrevolution, eine Reaktion auf die wirtschaftliche Verdrängung der Bauern durch den expandierenden Großgrundbesitz und im wesentlichen auf die Wiederherstellung der alten Besitzverhältnisse ausgerichtet, war schon

relativ früh Gegenstand wichtiger Quellenveröffentlichungen und wissenschaftlicher Untersuchungen. Sie hat denn auch bis in die frühen 70er Jahre nachhaltig das Bild der mexikanischen Revolution insgesamt geprägt und viel zur allgemeinen Vorstellung der mexikanischen Revolution als Bauernerhebung und Agrarrevolution beigetragen. In dieser pauschalen Form ist diese Revolutionsdeutung heute zweifellos überholt. Nicht nur ignorierte sie weitgehend die Tatsache, daß es die keineswegs primär agrarisch ausgerichtete Revolution des Nordens war, welche sich schließlich gegen Ende des Jahrzehnts auf nationaler Ebene durchsetzte, auch für den Revolutionsverlauf als solchen haben jüngere Untersuchungen die entscheidende Rolle der nördlichen Revolutionsbewegungen nachgewiesen.
So viele sozialstrukturelle Gemeinsamkeiten der Norden im Vergleich zum Süden aber auch aufwies, selbst der Norden brachte keine einheitliche Revolutionsbewegung hervor. So unterschied sich z. B. die Villa-Bewegung in Chihuahua in ihren Mobilisierungsformen, aber auch in ihrer konkreten Politik erheblich von der Revolution in Sonora, deren Exponenten schließlich als neue nationale Führungsschicht aus den Bürgerkriegen hervorgehen sollten. Gemeinsam war den nördlichen Revolutionsbewegungen allerdings die ausgeprägte Heterogenität ihrer sozialen Zusammensetzung, welche – im Unterschied zum Süden – nicht nur die Artikulation eines klaren sozialreformerischen Programms erschwerte, sondern auch eine mangelnde Eigenständigkeit der Revolutionsbasis von ihrer Führung bewirkte. Ein zweiter gemeinsamer Grundzug der nördlichen Revolutionsbewegungen war die Herausbildung einer neuen Revolutionselite vornehmlich aus dem Kreis der aufständischen Militärführer seit 1913. Dieser Vorgang bedeutete eine nachhaltige soziale Verschiebung innerhalb der Revolutionsführung, verdrängten die vornehmlich aus der Mittelschicht stammenden Revolutionsgeneräle doch zunehmend die konservativen Honoratioren, die noch dem Maderismus ihren Stempel aufgedrückt hatten. Ohnehin war die zunehmende Militarisierung der Revolution, insbesondere im Norden, eines ihrer charakteristischen Merkmale. Es waren die großen Revolutionsarmeen, nicht Parteien oder politische Clubs, welche dem Revolutionskonglomerat überhaupt erst eine erkennbare Struktur verliehen. Auch der Ausgang der Revolution – sowohl der Kampf gegen das *Ancien Régime* als auch die Auseinandersetzungen innerhalb des Revo-

13 Francisco I. Madero

14 Francisco »Pancho« Villa

15 Emiliano Zapata

17 Alvaro Obregón (rechts), Plutarco Elías Calles (links)

18 Victoriano Huerta

19 Der aufständische General José de la Luz Blanco und sein Stab zu Beginn der maderistischen Erhebung

20 Der aufständische General Martín Espinosa nach der Eroberung der Stadt Tepic, Nayarit

21 Maderistische Aufständische unter Francisco Villa greifen Regierungstruppen in der Sierra von Chihuahua an

22 Regierungstruppen im Kampf gegen Zapatisten in Morelos

23 Zapatistischer Sabotageakt gegen einen Militärzug

24 Maderisten an der Grenze zu Douglas, Arizona

25 Lager der Bundesarmee in der Nähe von Mazatlán

26 Hauptquartier der Maderisten am Ufer des Rio Grande

27 Breites soziales Spektrum des Maderismus: Don Herculano de la Rodia und seine Tochter, reiche Minenbesitzer im Staate Durango, schließen sich dem maderistischen Aufstand an

28 Flucht der Zivilbevölkerung aus der Hauptstadt während der *decena trágica*, 1913

29 Der amerikanische Botschafter Henry Lane Wilson

30 Francisco Villa bricht am Grab des ermordeten Madero in Tränen aus

31 Triumphaler Einzug der Zapatisten in Cuernavaca unter dem Banner der heiligen Jungfrau von Guadalupe

32 Zapatistische Soldaten

33 Emiliano und Eufemio Zapata mit ihren Frauen, 1914

34 Adelita, die berühmteste *soldadera* der mexikanischen Revolution

35 Eine Truppe berittener Aufständischer, 1913

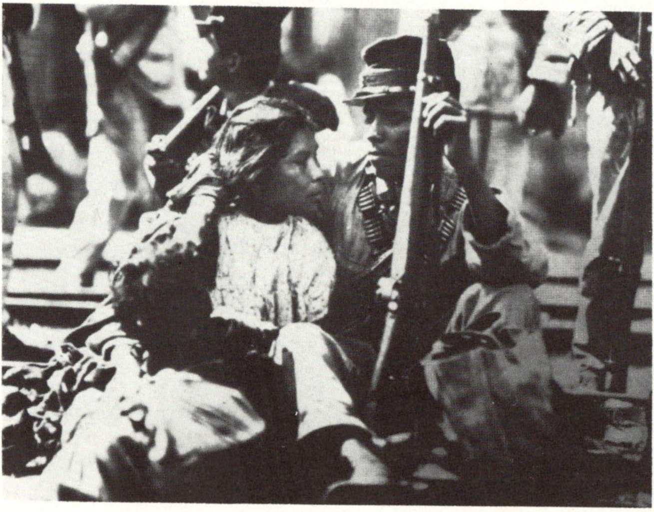

36 Soldat mit Frau, 1913

37 Für Regierungs- und Revolutionstruppen gleichermaßen bedeutsam: die Kontrolle der Eisenbahnen

38 Eine von den Aufständischen erbeutete Kanone

39 Hohe Mobilität der nördlichen Revolutionstruppen: eine Kavallerieeinheit wird auf die Bahn verladen

40 Villistische »Völkerwanderung« auf dem Schienenweg

41 Besetzung von Veracruz durch amerikanische Truppen, April 1914

42 Einmarsch Zapatas in der Hauptstadt, 1914

43 Zapatistische Soldaten in der Hauptstadt, 1914. Hier beim Frühstück im vornehmen Restaurant Sanborns

44 Villa und Zapata im Präsidentenpalast, 6. Dezember 1914. Villa im Präsidentenstuhl, rechts Zapata

45 Auswirkungen der Bürgerkriege auf die Hauptstadt: Wassermangel nach der Unterbrechung der Wasserzufuhr in Xochimilco durch die Zapatisten

46 Auswirkungen der Bürgerkriege auf die Hauptstadt: Versorgungsengpässe führen zu langen Schlangen vor den Lebensmittelläden

47 Mitglieder der Casa del Obrero Mundial

48 Angehörige der *batallones rojos*

49 Eine hauptstädtische Villa wird von Revolutionsoffizieren beschlagnahmt

50 Konstitutionalistische Offiziere beim Billardspiel in der beschlagnahmten Villa von Alberto Braniff

51 Auftakt zur Revolution »von außen« im Südosten Mexikos: Einschiffen konstitutionalistischer Truppen mit Ziel Campeche und Yucatán

52 Carranza und Regierungsmitglieder beim Einschiffen konstitutionalistischer Truppen für den Einsatz im Südosten

53 Carranza und sein Kabinett

54 Der ermordete Emiliano Zapata

55 Francisco Villa als Guerrillaführer im Norden Mexikos während der Präsidentschaft Venustiano Carranzas

56 Nach dem Sturz Venustiano Carranzas legen auch die Villisten die Waffen nieder: Verhandlungen Francisco Villas mit Vertretern des Interimspräsidenten de la Huerta, 1920

lutionslagers – wurde nicht in Barrikadenkämpfen oder politischen Aktionen in der Hauptstadt entschieden, sondern auf dem Schlachtfeld in jahrelangen blutigen Bürgerkriegen.
Allerdings wurde die Dynamik des Revolutionsverlaufs nicht nur durch innermexikanische Kräfte bestimmt. Wie in anderen Revolutionen des 20. Jahrhunderts spielten auch in Mexiko außenpolitische Faktoren eine Rolle, deren Gewicht bisher wohl eher unterschätzt wurde. Eine zentrale Bedeutung kam dabei naturgemäß der Politik der USA gegenüber Mexiko zu, die im Verlauf der Revolutionskriege indessen scharfen Kurswechseln unterworfen war, reichte sie doch von der zeitweise offenen Unterstützung der revolutionären Kräfte bis zur wiederholten militärischen Intervention im südlichen Nachbarland. Hinter der offiziellen Mexiko-Politik der ausländischen Mächte standen zudem einflußreiche *pressure groups*, deren Wirtschaftsinteressen in Mexiko durch den Revolutionsverlauf gefördert oder gefährdet werden konnten und die deshalb ebenfalls, direkt oder indirekt, auf die innere Entwicklung Mexikos Einfluß zu nehmen versuchten. Schließlich wurde auch Mexiko in die weltweite Konfrontation des Ersten Weltkriegs hineingezogen, wobei sich auch hier, wie in anderen »peripheren« Regionen, nicht nur zeigte, »wie lokale Konflikte für globale Zwecke, sondern auch, wie globale Konflikte für lokale Zwecke ausgenutzt werden konnten« (Katz). Diese außenpolitische Determinante des mexikanischen Revolutionsverlaufs gilt es jedenfalls stärker als bisher zu beachten, wenn man seine entscheidenden Triebkräfte in den Griff bekommen will.
Es stellt sich allerdings die Frage, wie weit das Jahrzehnt der Bürgerkriege zwischen 1910 und 1920 – ungeachtet der Länge, des Massencharakters und der hohen Gewaltintensität der Auseinandersetzungen – überhaupt als echte Revolution zu charakterisieren sei. Zwar wurde die politische Herrschaft der alten porfiristisch-huertistischen Oligarchie gestürzt und die alte Armee vernichtet, aber eine wirtschaftlich-gesellschaftliche Umwälzung war bis 1920 zweifellos nicht erfolgt. Dennoch stellte, wie in der Einleitung erörtert, der Zusammenbruch des porfiristischen Staates und die dauerhafte politische Verdrängung seiner Exponenten eine unerläßliche Voraussetzung dafür dar, daß in Mexiko später doch noch tiefgreifende wirtschaftliche und gesellschaftliche Reformen verwirklicht werden konnten. Daraus, und weniger aus der äußeren Gewalttätigkeit dieser Periode, leitet

sich denn auch die Bedeutung des politischen Umbruchs in diesen Jahren innerhalb der Gesamtentwicklung der Revolution zwischen 1910 und 1940 ab.

Die erste Phase dieses politischen Umbruchs, der maderistische Aufstand vom Herbst 1910 bis Frühjahr 1911, wird im ersten Kapitel dargestellt. Wiewohl er innerhalb weniger Monate, bis im Mai 1911, zum Sturz von Porfirio Díaz führte, darf der bewaffnete Aufstand in seiner Stoßkraft nicht überschätzt werden. Zwar entstanden, vor allem in den Nordstaaten, zahlreiche lokale Rebellenformationen, welche die Armeetruppen und die Landpolizei in größere oder kleinere Scharmützel zu verwickeln vermochten, aber es war mindestens so sehr die nun unvermittelt zutage tretende Unfähigkeit des Verwaltungs-Apparates und vor allem der Armee, der Krise Herr zu werden, welche die rasche Ausbreitung weiterer Aufstandsherde und damit den Sturz des porfiristischen Regimes bewirkte. Auf eine Beilegung des Konflikts drängten im Frühjahr 1911 allerdings sowohl innerhalb der maderistischen Führung als auch in der Regierung starke Kräfte, die beide an einer baldigen Rückkehr zu Ruhe und Ordnung, d. h. vor allem daran interessiert waren, die Entstehung einer breiten, nicht mehr zu kontrollierenden Revolutionsbewegung zu unterbinden. Dieser Kompromiß der maderistischen Führung mit der porfiristischen Elite, der die Aufrechterhaltung des alten Staatsapparates und der alten Armee bei gleichzeitiger Entlassung der Rebellentruppen beinhaltete, trug zwar bereits den Keim des späteren gegenrevolutionären Staatsstreichs des Generals Huerta in sich; er entsprach aber zunächst durchaus auch den sozialkonservativen Interessen der maderistischen Führung. Die Maderisten konnten während der auf Díaz' Rücktritt folgenden Interimsregierung ihre Vorstellung einer personellen Beteiligung an der Bundes- und den Staatsregierungen und – als wichtigste Forderung – auch die Abhaltung von Neuwahlen im Dezember 1911 durchsetzen, aus welchen Madero als neuer Präsident hervorging. Damit hatten die maderistischen Notabeln ihre Ziele verwirklicht, die »Revolution« schien bereits an ihr Ende gelangt zu sein.
Allerdings hatte der Aufstand von 1910/11 und die daran anschließende politische Mobilisierung im Vorfeld der wiederholten Präsidentschaftswahlen Kräfte freigesetzt, welche die Regierung Madero immer weniger kontrollieren konnte und die

über eine wachsende innenpolitische Polarisierung den mexikanischen wie ausländischen Anhängern des *Ancien Régime* schließlich so viel Auftrieb verliehen, daß sie im Februar 1913 Madero in einem blutigen Putsch stürzen konnten. Diese Entwicklung wird in Kapitel 2 näher dargestellt.

Maderos Sturz und Ermordung ging eine zunehmende Schwächung seiner Regierung voraus, die durch Aufstände aus dem Kreis seiner ehemaligen Anhänger ausgelöst wurde. Seine halbherzige Reformpolitik entfremdete ihn sowohl früheren Verbündeten im Norden als auch im Süden. Im nördlichen Chihuahua kam es 1912 zu einem Aufstand ehemaliger Maderisten unter Führung von Pascual Orozco, der sich durch Maderos einseitige Ämterpatronage brüskiert fühlte. Im südlichen Morelos ergriffen aufständische Bauern unter Führung Emiliano Zapatas die Waffen gegen die Regierung Madero, da diese die zapatistischen Landforderungen nur schleppend behandelte und schließlich – in durchaus porfiristischer Manier – mit Waffengewalt gegen die Bauern von Morelos vorging. Obwohl diese Aufstände mit Hilfe der alten Armee weitgehend niedergeschlagen werden konnten, gelang es der Regierung Madero nicht, sich zu konsolidieren. Im Lager seiner politischen Anhänger machten sich zunehmend Spannungen zwischen den gemäßigten Reformern und den Konservativen bemerkbar, während die städtischen Arbeiter ihre neuen Freiheiten für eine militantere Vertretung ihrer Anliegen nützten. In den Augen vieler alter Porfiristen, Mitglieder des diplomatischen Korps und Vertreter des Auslandskapitals erwies sich Madero als ungeeignet zur Wiederherstellung von Ruhe und Ordnung im alten Stil. Geschwächt durch die Auseinandersetzungen im eigenen Lager und ohne tatsächliche Kontrolle über den wichtigsten Machtfaktor, die nach wie vor von porfiristischen Offizieren kommandierte Armee, wurde er schließlich das Opfer jenes blutigen Militärputsches unter General Victoriano Huerta im Februar 1913, an dessen Vorbereitung auch ausländische Kräfte, vor allem der amerikanische Botschafter Henry L. Wilson, entscheidenden Anteil hatten. Mit der Militärdiktatur Huertas sollte die Restauration des *Ancien Régime* eingeleitet werden; tatsächlich löste sie jedoch einen erbitterten, eineinhalbjährigen Bürgerkrieg aus, dessen Auswirkungen ungleich tiefer reichten als der kurzlebige Aufstand der Maderisten im Winter 1910/11.

Kapitel 3 behandelt mit dem Bürgerkrieg von 1913/14 eine der zentralen Phasen der mexikanischen Revolution. Unter der Führung des maderistischen Gouverneurs von Coahuila, Venustiano Carranza, formierte sich im Frühjahr 1913 im Norden der Widerstand gegen das Regime des »Usurpators« Huerta mit dem zunächst rein politischen Ziel der Wiederherstellung der konstitutionellen Ordnung. Bedeutsam war dabei vor allem, daß sich im Laufe der Jahre 1913 und 1914 sowohl im Norden als auch im Süden starke Revolutionsarmeen herausbilden konnten, deren militärisches Zusammenwirken im Sommer 1914 schließlich die Niederlage und die Auflösung der alten Armee und damit auch den Sturz des Huerta-Regimes bewirkte.

Im Rahmen dieses Kapitels werden drei Haupttypen revolutionärer Erhebungen näher untersucht: die Revolutionen in Sonora und Chihuahua sowie der Bauernaufstand in Morelos. Die Revolution in Sonora erfolgte gleichsam als Sezession dieses maderistisch kontrollierten Staates gegenüber der Zentralregierung in der fernen Hauptstadt. Hier war es der Staat, der »von oben« die Truppen aushob und besoldete, die zum Kern der späteren Nordwest-Armee unter dem Kommando Obregóns werden sollten. Eine sozialrevolutionäre Perspektive ging dieser Bewegung, die nichts mit einem spontanen Volksaufstand gemein hatte, deshalb von Anfang an ab. Zwar wurde u. a. auf das Eigentum der Huerta-Anhänger zur Finanzierung des Krieges zurückgegriffen, aber grundsätzliche Veränderungen der Wirtschafts- und Sozialstruktur, die der Logik der sonorensischen Revolution widersprochen hätten, wurden nicht durchgeführt. Auch gewisse Professionalisierungstendenzen, die später die Revolutionsarmeen allgemein charakterisieren sollten, zeichneten sich unter den sonorensischen Truppen schon relativ früh ab.

Die zweite große nördliche Revolutionsbewegung, jene unter Führung Pancho Villas in Chihuahua, unterschied sich sowohl in ihren Mobilisierungsformen als – mindestens teilweise – auch in ihrer politischen Ausrichtung vom sonorensischen »Insurrektionsmodell«. Die Villa-Bewegung verdankte ihre Entstehung einer Mobilisierung von unten, dem mehr oder minder spontanen Anschluß Hunderter und Tausender an die »Norddivision«, die schließlich Ende 1913 den ganzen Staat Chihuahua kontrollierte. Diesem stärker »popularen« Charakter der Villa-Bewegung entsprach auch eine ausgeprägtere Radikalität ihrer Sozialpolitik. Allerdings zeichnete auch die Villa-Bewegung in dieser Hinsicht eine gewisse Ambivalenz aus. Einerseits übten in ihrer Führung zahlreiche Exponenten des alten Maderismus einen eher konservativen Einfluß aus; andererseits verlangte die kriegswirtschaftliche Logik, d. h. insbesondere die Finanzierung der Villa-Armee, daß strukturelle Reformen z. B. im Agrarbereich nicht durchgeführt oder zumindest auf eine unbestimmte Zukunft verschoben wurden. Viele Haciendas wurden zwar durch die Revolution »interveniert« und ihre Erzeugnisse, vor allem Vieh und Baumwolle, in großem Ausmaß in die USA verkauft, für den einzelnen Landarbeiter oder Pächter auf diesen Gütern änderte sich dadurch aber kaum etwas. Hinzu kam, daß – wie in Sonora – die vorrangige Aufrechterhaltung intakter Handelskanäle mit den USA – sowohl für den Absatz mexikanischer Landesprodukte als auch für den Ankauf von Waffen und Ausrüstung auf den amerikanischen Märkten – die skrupulöse Respektierung amerikanischen Eigentums voraussetzte. Auch dies schränkte die Möglichkeiten tiefgreifender Reformen ein.

Sowohl in Sonora wie in Chihuahua (wie im Norden allgemein) begünstigten diese Umstände zwar die Entstehung mächtiger Armeen, die das Stadium von Partisanentruppen rasch hinter sich ließen und schließlich imstande waren, die alte Bundesarmee in regulären Schlachten zu besiegen, aber gleichzeitig trat die Notwendigkeit sozialer Reformen für diese Armeen in den Hintergrund, da ihre Soldaten ausreichend besoldet werden konnten und ihren höheren Offizieren vielfältige Bereicherungsmöglichkeiten über die Verwaltung von Haciendas, staatliche Lieferverträge, Handelskonzessionen usw. offenstanden.

Ganz anders war die Situation im Süden. Ohne die wirtschaftlichen Ressourcen des Nordens mit seinen Beziehungen zu den USA, blieb die zapatistische Bauernbewegung darauf angewiesen, als Guerilla-Truppe durch die ansässige Bevölkerung unterhalten zu werden und ihre Waffen durch Überfälle auf die Bundesarmee zu beschaffen. Andererseits wußten die aufständischen Bauern von Morelos genau, wofür sie kämpften, nämlich für die Wiederherstellung der alten agrarischen Besitzverhältnisse, wie sie im zapatistischen »Plan von Ayala« verlangt wurde. Die soziale Homogenität der Zapatisten, ihre klare agrarrevolutionäre Ausrichtung und die starke lokale Verwurzelung der Bauern-Soldaten in ihrer Heimatregion machten zwar zunächst die Stärke dieser Bewegung, längerfristig aber auch die politische Schwäche und militärische Verletzlichkeit der »Revolution des Südens« aus.

Wie schon erwähnt, stellt dieser bäuerlich-agrarrevolutionäre Aufstandstypus innerhalb der mexikanischen Revolution keineswegs – wie früher oft angenommen – die vorherrschende Form revolutionärer Bewegungen dar. Wenn auch die Frage der Bauernbeteiligung an der Revolution außerhalb des zapatistischen Einflußgebietes zu jenen Problemen gehört, die forschungsmäßig noch nicht endgültig geklärt sind, so ist doch unübersehbar, daß nur im Zapatismus die Bauern auch von Bauern selber geführt wurden und primär für agrarrevolutionäre Zielsetzungen kämpften. In anderen Regionen, wie etwa im Norden, wurden Bauern von nicht-bäuerlichen Gruppen mobilisiert und sozial heterogenen Bewegungen eingegliedert, die keineswegs vordringlich auf eine Veränderung der Agrargesellschaft ausgerichtet waren. Der Südosten schließlich, also die Region mit den repressivsten Arbeitsverhältnissen auf den Plantagen, blieb in dieser entscheidenden Revolutionsphase weitgehend passiv und wurde erst nach 1915 von außen her »revolutioniert«. Aber auch in den in ihrer Agrarstruktur recht unterschiedlichen Staaten Michoacán und Oaxaca etwa haben neuere Untersuchungen vor allem die bäuerliche Passivität und das Fehlen agrarreformerischer Zielsetzungen während der Revolutionskriege hervorgehoben.
Insgesamt vermochten sich die revolutionären Armeen 1913/14 so stark zu entwickeln, daß sie im Laufe des Jahres 1914 die reguläre Bundesarmee immer stärker in die Defensive drängen konnten. Das Schwergewicht der militärischen Aktionen lag dabei im Norden, und es waren die Nordarmeen, vor allem jene unter dem Kommando Villas und Obregóns, die schließlich das Schicksal des Huerta-Regimes militärisch besiegelten.
Dabei kam allerdings auch externen Faktoren, vor allem der Rolle der USA, großes Gewicht zu. Nach einer Eskalation des Konfliktes zwischen den USA und dem Huerta-Regime, das sich vermehrt auf Großbritannien und britische Kapitalinteressen hin zu orientieren begann, unterstützten die USA schließlich die Revolutionäre direkt und indirekt, nicht zuletzt durch jene wirtschaftliche Allianz, die am Beispiel der kriegswirtschaftlichen Ausrichtung der Nordarmeen aufgezeigt wurde. Entgegen den Erwartungen der USA führte aber auch der Sturz des Huerta-Regimes im August 1914 noch nicht zur Wiederherstellung einer starken Regierung in Mexiko. Vielmehr sollte es schon bald zu einem neuen Bürgerkrieg, diesmal innerhalb des siegreichen Revolutionslagers, kommen.

Diese Entwicklung ist Gegenstand von Kapitel 4. Die Konfliktlinien zwischen den einzelnen Revolutionsflügeln hatten sich schon vor dem Sturz des Huerta-Regimes abgezeichnet; in den darauf folgenden Monaten, d. h. bis gegen Ende 1914, kamen sie voll zum Durchbruch. Auf der einen Seite stand die eher sozialkonservative Gruppe um Carranza, der sich später die pragmatischen Militärs um Obregón anschlossen, auf der anderen Seite die radikalen Zapatisten. Dazwischen befand sich die Villa-Bewegung, die sich schließlich, nicht zuletzt wegen der scharfen Machtrivalität zwischen Villa und Carrenza, mit den Zapatisten als »konventionistischem« Flügel gegen die »Konstitutionalisten« unter Carranza und Obregón verbündete. Trotz Anfangserfolgen geriet die Villa-Zapata-Koalition militärisch rasch in die Defensive. Die Zapatisten waren letztlich am Ringen um die nationale Vorherrschaft wenig interessiert; sie überließen deshalb der Villa-Armee die Hauptlast der Kriegsführung gegen die konstitutionalistischen Truppen, die im Juni 1915 den Villisten schwere Niederlagen zufügten. Im Windschatten dieser Auseinandersetzungen verwirklichten die Zapatisten in Morelos ihre eigene Revolution, nämlich die Wiederherstellung einer kleinbäuerlichen, auf der Dorfgemeinschaft basierenden Agrargesellschaft, wie sie den aufständischen Bauern von Anfang an vorgeschwebt hatte. Allerdings war diese regionale »Revolution in der Revolution» von kurzer Dauer. Nachdem die Konstitutionalisten nämlich die Villisten als nationalen Machtfaktor ausgeschaltet hatten, warfen sie ihr ganzes Gewicht gegen die »Revolution des Südens«, machten die zapatistischen Reformen rückgängig und unterwarfen den Staat einem eigentlichen Militärregime.
Immerhin zwang der Bürgerkrieg der Jahre 1915/16 auch die Konstitutionalisten, sich sozial stärker zu profilieren, um ihre Massenbasis zu erweitern. Einerseits gelang es Obregón, Teile der städtischen Arbeiterschaft als Verbündete zu gewinnen, die mit ihren »roten Bataillonen« in den Kampf gegen die villistisch-zapatistische »Reaktion« zogen. Dieses Bündnis legte den Grundstein für die späteren engen Beziehungen zwischen dem Staat und der »offiziellen« Arbeiterbewegung, welche um den Preis der Regierungsprotektion ihre Eigenständigkeit weitgehend aufgab. Andererseits wurde den Konventionisten durch das konstitutionalistische Agrargesetz vom Januar 1915 das Monopol der Agrarreform streitig gemacht.

Auch in dieser Phase des Bürgerkriegs suchten ausländische Mächte, allen voran die USA, auf die innermexikanische Entwicklung Einfluß zu nehmen. Der für Carranza günstige Verlauf des Bürgerkriegs zwang die Wilson-Administration schließlich, das Carranza-Regime widerwillig anzuerkennen. Dieser Schritt wiederum provozierte den villistischen Überfall auf die nordamerikanische Grenzstadt Columbus im März 1916, den die USA mit einer »Strafexpedition«, der Entsendung eines größeren Truppenverbands unter General Pershing nach Mexiko, beantworteten. Verschiedentlich stand Mexiko im Laufe des Jahres 1916 am Rand eines offenen Kriegs mit den USA. Die zunehmende Orientierung der amerikanischen Außenpolitik auf den europäischen Kriegsverlauf führte allerdings anfangs 1917 zum raschen Abzug des amerikanischen Expeditionskorps und ermöglichte Carranza, sein Regime im Innern zunehmend zu festigen.
Dazu sollte auch der Erlaß einer neuen Verfassung dienen, deren Entstehung und Hauptergebnisse in Kapitel 5 kurz dargestellt werden. Carranza hatte der Konstituante in Querétaro ein Verfassungsprojekt vorgelegt, das nur oberflächliche Veränderungen der gültigen Verfassung von 1857 vorsah. Insbesondere sollten gesellschaftliche Strukturreformen auf ein Minimum beschränkt werden. Gegen diese Politik formierte sich allerdings ein wachsender Block von Abgeordneten, die schließlich sowohl im Bereich des Arbeitsrechtes als auch der Agrarreform eine wesentlich radikalere Lösung durchsetzten. Auch innerhalb der siegreichen Konstitutionalisten, die allein die Delegierten in der Konstituante stellten, begannen sich jetzt zwei Gruppierungen herauszubilden. Während Carranza und seine meist zivilen Berater einen sozialkonservativen Kurs steuerten, wollte der linke Flügel, der in Obregón einen seiner Protektoren fand, die Arbeiter und Bauern stärker an das neue Regime binden. Zusammengehalten wurden beide Flügel u. a. durch ihre gemeinsame antiklerikale Grundhaltung, welche den Debatten von Querétaro ihren Stempel aufdrückte, aber auch durch die wirtschaftsnationalistischen Vorstellungen, die in die neue Verfassung einflossen und die vor allem die Kontrolle des Staates über seine Bodenschätze wiederherstellten. Gerade diese Bestimmungen sollten zu einem der zentralen Streitpunkte in den Beziehungen Mexikos mit dem Ausland werden, wurden dadurch doch die ausländischen Erdölgesellschaften in ihrer Rechtsstellung tangiert.

Schon während der Präsidentschaft Carranzas zwischen 1917 und 1920, mit der sich Kapitel 6 befaßt, prägte die Erdölkontroverse in wachsendem Maße die Außenbeziehungen Mexikos, die insbesondere durch den Kriegseintritt der USA im April 1917 zusätzlich verwickelt wurden. Mexiko wurde zu einem der »geheimen« Kriegsschauplätze zwischen den Entente-Staaten und den Mittelmächten, wobei der Versuch Deutschlands, Mexiko zu einem Angriffskrieg auf die USA zu verleiten, lediglich einen besonders dramatischen Höhepunkt darstellte. Der neuen Regierung Carranza gelang es allerdings, ihre Neutralität im 1. Weltkrieg zu bewahren und durch ihre feste Haltung gegenüber den USA auch nach Kriegsende eine immer wieder drohende militärische Intervention des nördlichen Nachbarn abzuwehren. Diese außenpolitischen Erfolge, zu denen auch die Durchsetzung einer höheren Besteuerung der ausländischen Ölgesellschaften gehörte, reichten allerdings nicht aus, um Carranzas Regierung im Innern dauerhaft zu festigen.

Innenpolitisch geriet nämlich die Carranza-Regierung in eine wachsende Isolierung. Daß sie weder bei den Arbeitern noch den Bauern auf Unterstützung zählen konnte, war bei ihrer zunehmend sozialkonservativen Politik nicht erstaunlich. Aber auch unter den Militärs verlor sie immer mehr an Rückhalt, was im Mai 1920 schließlich den Sturz Carranzas herbeiführen sollte.

Im Gegensatz zu seinen Nachfolgern, den sonorensischen Revolutionsführern um Obregón und Calles, verkannte Carranza die politische Bedeutung einer regimeloyalen Arbeiterbewegung. Carranza steuerte verschiedentlich einen harten gewerkschaftsfeindlichen Kurs, was die größte Gewerkschaftsorganisation, die CROM, bewog, in den Auseinandersetzungen zwischen Obregón und Carranza ihre politische Unterstützung dem sonorensischen Revolutionsgeneral zukommen zu lassen. Noch deutlicher kam Carranzas konservative Grundhaltung in seiner Agrarpolitik zum Ausdruck. Ungeachtet der entsprechenden Bestimmungen der Verfassung von 1917 verfolgte Carranza eine äußerst restriktive Ejidalpolitik, die nicht selten auch bereits vorgenommene Landverteilungen rückgängig zu machen suchte. Unverkennbar restaurativen Charakter hatte schließlich die von Carranza betriebene Rückgabe »intervenierter« Haciendas an ihre alten Eigentümer, die ebenfalls auf eine weitgehende Wiederherstellung der vorrevolutionären Agrarverhältnisse hinauslief. Auch daß die

Carranza-Regierung mit aller Kraft die Vernichtung der Restbestände der zapatistischen Armee betrieb, lag auf ihrer bauernfeindlichen Linie. 1919 gelang ihr zwar die Ermordung Zapatas, aber eine vollständige Liquidierung des Zapatismus konnte sie damit nicht erreichen; auch die letzten zapatistischen Guerillakontingente sollten sich 1920 Obregón anschließen.
Entscheidend für den Sturz Carranzas war allerdings seine Unfähigkeit, die aus den konstitutionalistischen Revolutionstruppen hervorgegangene neue Armee an sein Regime zu binden. Diese Armee entzog sich ja weitgehend der tatsächlichen Kontrolle durch die nationale Regierung, verfügten ihre Befehlshaber doch über eine beträchtliche Autonomie in den von ihnen kontrollierten Gebieten. Obwohl die Carranza-Regierung versuchte, die Generäle durch massive wirtschaftliche Konzessionen politisch zu neutralisieren, konnte sie ihrer Loyalität doch nie sicher sein. Dies zeigte sich 1920, als es zwischen Carranza und Obregón zum offenen Konflikt über die Nachfolge in der Präsidentschaft kam. Als einer der prominentesten Revolutionsgeneräle verfügte Obregón in der Armee über einen beträchtlichen Rückhalt, und es war denn auch ein Militäraufstand bzw. die mangelnde Unterstützung Carranzas durch die Armee – in den Worten Cabreras ein »Generalstreik der Generale« – welche den Sturz Carranzas herbeiführte und damit den Weg für die Präsidentschaft Obregóns freimachte.
Vordergründig stellte sich der Konflikt zwischen Carranza und seinem ehemaligen Kriegsminister Obregón als ein Ringen zwischen dem zivilen und dem militärischen Primat in der Politik dar. Tatsächlich standen Carranza und Obregón jedoch für unterschiedliche Strategien der Revolutionsstabilisierung. Carranza, dessen politische Sozialisierung noch im Porfiriat erfolgt war, verfügte über kein taugliches politisches Konzept, um die durch die Bürgerkriege ausgelösten Mobilisierungseffekte unter Kontrolle zu bringen. Obregón und die Sonorenser waren sich dagegen bewußt, daß nicht nur die politische Domestizierung der Armee eine vordringliche Aufgabe darstellte, sondern daß das neue Regime auch eine gewisse Massenbasis benötigte, was wiederum die Entwicklung neuer Mechanismen zur Massenmobilisierung und gleichzeitigen Massenkontrolle voraussetzte. Insofern entsprach der »sonorensische Weg« der Revolutionsstabilisierung viel eher den tatsächlichen Gegebenheiten Mexikos am Ende eines zehnjährigen Bürgerkriegs. Den sonorensischen Re-

volutionsführern gelang es denn auch, ihr politisches Konzept in die Praxis umzusetzen und damit die Basis für ihre verhältnismäßig stabile Herrschaft während der folgenden eineinhalb Jahrzehnte zu legen.

Kapitel 1

Der maderistische Aufstand und der Sturz von Porfirio Díaz, 1910/11

Vom November 1910 bis Mai 1911 breitete sich in Mexiko, unter dem Banner des Maderismus, eine bewaffnete Aufstandsbewegung aus, die schließlich zum Sturz von Porfirio Díaz führen sollte. Madero hatte vom nordamerikanischen Exil aus in seinem »Plan von San Luis Potosí« die Mexikaner für den 20. November 1910 zum Sturz des Präsidenten aufgerufen, ihn des Wahlbetrugs angeklagt und sich selbst als provisorischen Staatspräsidenten bezeichnet.[1] Entgegen Maderos Erwartungen ging der Aufstand allerdings nicht von den Städten – also den Zentren der antireelektionistischen Opposition – aus, als vielmehr von lokalen ländlichen Revolten, war es doch in den Städten für die porfiristische Polizei ein Leichtes gewesen, maderistische Konspirationen aufzudecken oder Aufstandsversuche, wie jenen unter Aquilés Serdán in Puebla, blutig niederzuschlagen.[2]

Auf dem flachen Lande waren dagegen die Voraussetzungen für die Entstehung von geographisch zunächst eng begrenzten Aufstandsherden günstiger. Auch diese lokalen Aufstände verdankten ihre Entstehung zwar meist dem Anstoß durch oppositionelle maderistische Politiker, aber ihre innere Entwicklungsdynamik wurde weniger durch ein abstraktes politisches Erneuerungsprogramm als vielmehr durch ganz bestimmte lokale und regionale Konstellationen und Traditionen bestimmt.[3] Insbesondere dort, wo das politische Monopol der regionalen Oligarchie auch die wirtschaftlichen und sozialen Entfaltungsmöglichkeiten der Unter- und Mittelschicht immer mehr einschränkten, wie etwa unter der Terrazas-Creel-Herrschaft in Chihuahua oder in Morelos nach der Wahl des Großgrundbesitzers Escandón zum Gouverneur, entstand im späten Porfiriat eine breite Oppositionsbewegung gegen das Regime. Schon während des maderistischen Aufstands zeichneten sich denn auch, wie später im Bürgerkrieg der Jahre 1913/14, zwei Regionen als Hauptzentren der bewaffneten Erhebung aus: der Norden sowie gewisse Teile des südlichen zentralen Hochlandes um den Kern des Staates Morelos.

Grundzüge der maderistischen Erhebung, November 1910 - Mai 1911

Die Situation im Norden war in hohem Maße durch seine periphere Lage gegenüber dem nationalen Macht- und Verwaltungszentrum gekennzeichnet. Einerseits hatte der Norden bis ins späte 19. Jahrhundert eine Art militärischer *frontier* gegen die häufigen Einfälle kriegerischer Indianer wie der Apachen, Yaquis usw. aufgewiesen, welche – über die Militarisierung der nördlichen Grenzbewohner – eine spezifisch nördliche Gewalttradition begründete.[4] Hinzu kam, daß der relativ dünn besiedelte Norden und die Möglichkeit der Grenzüberschreitung in die USA die polizeiliche Kontrolle insbesondere der Sierras weitgehend unmöglich machte: Banditen, Viehdiebe, Schmuggler, aber auch politisch motivierte *outlaws* konnten sich deshalb leicht der Verfolgung durch die Ordnungskräfte entziehen. Schon vor der Revolution bestand hier denn auch eine starke Tradition lokaler Revolten und eines verbreiteten Sozialbanditismus, welche eine wichtige Grundlage für die Ausbreitung der maderistischen Erhebung abgeben sollte.

Im dichtbesiedelten Süden in der Nähe der Hauptstadt fehlten zwar die günstigen geopolitischen Faktoren des nördlichen Grenzgebietes, aber hier war andererseits die porfiristische Agrarentwicklung so konfliktträchtig verlaufen, daß sie ein starkes bäuerliches Oppositionspotential hervorgebracht hatte, das – vorwiegend in Gebieten mit einem hohen Anteil selbständiger Dörfer – im Gefolge der zunehmenden Auflösung der porfiristischen Staatsorgane ebenfalls rasch in bäuerliche Aufstandsaktionen umschlug. Am Beispiel des maderistischen Aufstandes in Chihuahua und Sonora sowie in Morelos sollen einige Grundzüge dieser Erhebung im Winter und Frühjahr 1911 aufgezeigt werden.

Dem zentralen nördlichen Grenzstaat Chihuahua sollte in den militärischen Auseinandersetzungen der Revolution von Anfang an eine Schlüsselrolle zufallen. Wie schon geschildert, war Chihuahua während des Porfiriats immer mehr zur Domäne des Terrazas-Clans geworden, ein Prozeß, der allerdings gegen vielfältige lokale Oppositionen und z. T. offenen Widerstand durchgesetzt werden mußte.[5] Davon zeugt eine ganze Reihe von gescheiterten Revolten, die ihren Ursprung meist im Widerstand gegen manipulierte Lokalwahlen, erhöhte Besteuerung usw.

hatten.[6] Von besonders brisanter Natur war die Opposition gegen das Terrazas-Regime in jenen Gegenden Chihuahuas, wo das Land ehemaliger Militärkolonien durch die Expansion des Großgrundbesitzes enteignet oder bedroht wurde. Ähnlich wie in Morelos, wo es der traditionelle Kommunalbesitz der Dörfer war, welcher der porfiristischen Agrarpolitik zum Opfer fiel, gehörten auch in Chihuahua die Bauern dieser ehemaligen Militärkolonien zu den ersten Aufständischen der maderistischen Erhebung.[7] Allerdings beschränkte sich in Chihuahua der Aufstand nicht auf diese agrarisch motivierten Bauernrevolten, wie z. B. die Entstehung und Entwicklung der Orozquisten deutlich macht.

Im Westen Chihuahuas, in der schwer zugänglichen Sierra Madre Occidental, hatten sich im November 1910 einige Männer unter Pascual Orozco erhoben, der zum wichtigsten Militärführer des maderistischen Aufstandes werden sollte. Orozco hatte sich, nachdem er eine rudimentäre Schulbildung erworben hatte, als Maultiertreiber im Erztransportgeschäft betätigt und sich dann in dieser Sparte selbständig gemacht. Sein geschäftlicher Erfolg gestattete ihm bald, zusätzlich einen kleinen Laden zu erwerben, so daß es der Achtundzwanzigjährige 1910, als er von Abraham González, dem Chef des antireelektionistischen Clubs der Stadt Chihuahua, mit der Organisation des Aufstandes in West-Chihuahua beauftragt wurde, bereits zu einem gewissen Wohlstand gebracht hatte. Dank seiner großen Popularität gelang es ihm rasch, in seiner Heimatregion eine Gruppe von Rebellen um sich zu scharen, deren erste Aktionen sich bezeichnenderweise gegen die lokalen Vertreter der Terrazasherrschaft, gegen die besonders verhaßten örtlichen Potentaten wandten. Orozcos Biograph Michael Meyer sieht in der erbitterten Rivalität zu einem anderen Maultierhalter der Region, einem Günstling der Terrazas-Clique und »Symbol der Terrazas-Creel-Tyrannei auf lokalem Niveau«, einen entscheidenden Beweggrund für Orozcos Aktivität unter dem Banner des Maderismo.[8]

Auch an anderen Orten Chihuahuas kam es zu lokalen Erhebungen; so organisierte z. B. in Riva Palacio Francisco Villa im November 1910 eine Gruppe von 30 bewaffneten Männern, die das Banner des Maderismo ergriffen.[9] Francisco »Pancho« Villa, Sohn eines armen Halbpächters, war 1894 auf einer Hacienda im Staate Durango geboren worden. Er stammte also, als einer der wenigen unter den späteren Revolutionsführern, aus der unterbäuerlichen Schicht der *peones,* hatte allerdings schon in jungen Jahren diese Hacienda fluchtartig verlassen, nachdem er in einen blutigen Streit mit ihrem Besitzer verwickelt worden war.[10] Als Viehdieb wurde er bald »zum berühmtesten Banditen des Nordens und lebte im Volksbewußtsein als eine Art Robin Hood, als Helfer der Armen gegen die Reichen.«[11] Diese sozialbanditistische Erfahrung war allerdings nur die eine Komponente in Villas vorrevolutionärer Laufbahn, denn schon vor 1910 gelang es ihm, vor den Behörden die Spuren seiner Vergangenheit zu verwischen und in der Stadt Chihuahua Fuß zu fassen, »wo er mit Fleisch und Viehhäuten Handel betrieb und Beziehungen zu Leuten aus verschiedenen sozialen Schichten, Geschäftsleuten und einflußreichen Persönlichkeiten anknüpfte.«[12]

Die Rebellenformationen unter Orozco und Villa waren lediglich die wichtigsten innerhalb des maderistischen Aufstandes in Chihuahua, der sich im Winter 1910/11 rasch ausbreitete.[13] In allen diesen lokalen Erhebungen spielte die Persönlichkeit des jeweiligen Anführers eine ausschlaggebende Rolle. Es war die persönliche Verbundenheit zwischen dem *jefe* und »seinen Leuten«, d. h. eine Art klientelhafter Beziehung und nicht etwa die Ausrichtung auf abstrakte politische Programme, welche den Zusammenhalt dieser bewaffneten Gruppen sicherstellte.[14] Militärisch gesehen war ihre Bedeutung zunächst gering. Sie beschränkten sich auf die meist vorübergehende Einnahme einer kleineren Ortschaft oder die geglückte Überrumpelung einer isolierten Armeepatrouille, wodurch mindestens am Anfang des Aufstandes die dringend benötigten Waffen beschafft wurden. Wichtiger war dagegen die politisch-psychologische Wirkung durchziehender maderistischer Rebellen. Sie zeigten der Bevölkerung an, daß sich der Aufstand ausbreitete, daß die Regierungstruppen immer weniger in der Lage waren, die Situation außerhalb der Städte und der befestigten Stützpunkte zu kontrollieren, und sie ermutigten die politische Opposition gegen das Díaz-Regime, indem sie dessen wachsende Reaktionsunfähigkeit enthüllten.[15]

Gegenüber den Regierungstruppen hatten die Aufständischen, die zu Beginn kaum mehr als einige hundert Männer ausmachten, nicht nur den Vorteil genauester Geländekenntnis in den unwegsamen Sierras, sie genossen auch meist die Unterstützung der lokalen Bevölkerung, welche die Rebellen nicht nur materiell, sondern auch mit Nachrichten über gegnerische Truppenverschiebungen versorgte.[16]

In den ersten Monaten des Jahres 1911 wuchsen die Rebellenbestände nicht nur durch Rekrutierung im Innern Mexikos, sondern auch durch organisierte Anwerbung unter mexikanischen Arbeitern im Süden der USA an. Madero hielt sich ja an der Spitze der revolutionären Junta in San Antonio (Texas) auf, während der Führer der Maderisten in Sonora, José Maria Maytorena, in Nogales (Arizona) den Aufstand in seinem Staat finanziell und organisatorisch vorbereitete.[17] Da die Díaz-Gegner in ihrer konspirativen Tätigkeit von den amerikanischen Behörden nicht allzu scharf überwacht wurden, konnten maderistische Agenten an der Südgrenze der USA nicht nur Waffen für die aufständischen Truppen einkaufen und über die Grenze schmuggeln, sondern auch unter den dort meist als Saisonarbeiter beschäftigten Mexikanern Soldaten für ihre Truppen anwerben. So berichtete der amerikanische Konsul in Hermosillo am 6. Februar 1911 von einem ausgedehnten Waffenschmuggel der Aufständischen über den Río Bravo; einem Zeitungsartikel aus Las Cruces in New Mexico sei weiter zu entnehmen, »daß die Revolutionäre offen versuchen, Leute zu rekrutieren und ihnen ein Handgeld von 500 Pesos offerieren.« Man sehe darin seitens der mexikanischen Behörden den Beweis, »daß die Revolutionäre freie Hand und die Unterstützung der USA für ihre Sache haben.«[18]

Diese Rekrutierungspraktiken beleuchten – neben der Bedeutung klientelhafter Beziehungen – ein zweites konstitutives Merkmal in der Formation der nördlichen Rebellentruppen, das dann während des Bürgerkrieges von 1913/14 noch größeres Gewicht erlangen sollte: den Anschluß an die Revolutionsarmeen aus dem Motiv unmittelbarer Existenzsicherung und in der Erwartung regelmäßiger Besoldung.[19] Ein nicht unwichtiges Element der nördlichen Revolutionsarmeen stellten nämlich jene Arbeitslosen und Unterbeschäftigten, die sich vor allem in den durch die Wirtschaftskrise besonders betroffenen Nordstaaten, aber auch in den südlichen Grenzregionen der USA konzentrierten und die auf der steten Suche nach besseren Arbeitsbedingungen waren. Für manche dieser sehr mobilen, örtlich und sozial kaum verwurzelten Arbeiter konnte ein Anschluß an die Rebellentruppen durchaus attraktiv sein. Daß er aber häufig ohne eine klare politische und sozialreformerische Perspektive, sondern vielmehr zur kurzfristigen Befriedigung unmittelbarer Bedürfnisse erfolgte, sollte die spätere nördliche Revolutionsbewegung nachhaltig prägen. Die schwierigen wirtschaftlichen Bedingungen, die das Reservoir potentieller Soldaten der Rebellentruppen anschwellen ließen, wurden überdies in jenen nordmexikanischen Regionen drastisch verschärft, die durch Kriegsoperationen direkt oder indirekt betroffen wurden. Damit ergab sich ein in seiner Wirksamkeit nicht zu unterschätzendes, selbstverstärkendes Element des Aufstandes, konnten doch militärische Aktionen durch Unterbrechung von Transport- und Kommunikationslinien die wirtschaftliche Tätigkeit erheblich stören oder gar zum Erliegen bringen, was wiederum neue Arbeitslose zur Folge hatte, die oft nur durch Anschluß an die Rebellentruppen ihren weiteren Unterhalt sichern konnten. Dieser Mechanismus wird sehr deutlich im Bericht eines amerikanischen Bergwerksdirektors in Chihuahua geschildert: »Wir hatten dort einige Minen in Betrieb, als vor einigen Monaten die Revolution in Mexiko ausbrach und wir wegen der Unterbrechung der Mexican Northwestern Railroad keinen Nachschub mehr für das Bergwerk und die Leute erhalten konnten. Nachdem wir einige Wochen zugewartet hatten, in der Hoffnung, daß der Konflikt gütlich beigelegt würde, waren wir schließlich gezwungen, die gesamte Tätigkeit einzustellen . . . Als die Unruhen einsetzten, sahen wir, daß unsere Vorräte bald erschöpft sein würden, und ich bemühte mich, meinen Minenarbeitern, die einige Jahre für mich gearbeitet hatten, zu helfen, indem ich ihnen die nötigsten Lebensmittel verschaffte. Als ich schließlich gezwungen wurde, den Betrieb ganz zu schließen, waren diese Leute, da sie weder Geld noch Arbeit hatten, nicht in der Lage, mir die gelieferten Waren zu bezahlen. In den letzten Monaten herrschte eine verzweifelte Situation im Land, und praktisch alle Bewohner dieser Ortschaft sind entweder in die Vereinigten Staaten gezogen oder haben sich den Aufständischen angeschlossen . . .«[20]

Obwohl gegen das Frühjahr 1911 die Zahl der aufständischen Maderisten immer mehr zunahm und sich die Erhebung auch auf andere Regionen des Landes auszudehnen begann, hatten die Regierungstruppen, rein militärisch gesehen, noch immer ein deutliches Übergewicht.[21] In Sonora z. B. erlitten die Aufständischen immer dann empfindliche Niederlagen, wenn sie die offene Konfrontation mit der Armee wagten.[22] Für die Armee andererseits war es aber immer weniger möglich, außerhalb ihrer Stützpunkte und abseits der Eisenbahnverbindungen die Kontrolle aufrecht zu erhalten. Dieses Versagen von Armee und *rurales* in der Eindämmung des Aufstandes war – zusammen mit der fortschreitenden Paralyse des porfiristischen Regierungsapparates – mindestens so sehr für den unerwartet raschen Zusammenbruch des Díaz-Regimes verantwortlich wie die Herausforderung der maderistischen Erhebung von unten.

Anders als die Armeen im *cono sur* von Südamerika (Chile, Argentinien, Brasilien), die zu Beginn des 20. Jahrhunderts unter dem Einfluß europäischer Militärmissionen technisch modernisiert und in ihrer Offiziersausbildung professionalisiert worden waren, blieb die mexikanische Armee weitgehend der Militärtradition des 19. Jahrhunderts verhaftet.[23] Das bedeutete zwar, daß das mexikanische Offizierskorps, anders als die Armeespitzen in den modernisierten Streitkräften Südamerikas, keine politischen Reforminitiativen entwickelte, aber der Preis dieser Loyalität der Armee gegenüber Díaz war ihre geringe militärische Effizienz.[24] Die Armee, die ja – zusammen mit den *rurales* – in erster Linie ein Instrument zur Aufrechterhaltung der inneren Ordnung darstellte, war von Díaz aus politischen Gründen, d. h. zur Absicherung seiner persönlichen Herrschaft gegen mögliche Armeerebellionen, in ihrem Bestand und ihren Mitteln beschnitten worden. Die höchsten Ränge der militärischen Hierarchie nahmen noch immer mehrheitlich Veteranen aus den Kriegen gegen die Franzosen ein, d. h. persönliche Waffengefährten von Porfirio Díaz und Altersgenossen des greisen Präsidenten.[25]

Einen Eindruck vom Zustand der Bundesarmee vermittelt der Bericht des amerikanischen Botschafters Wilson vom Februar 1911 über die militärische Situation im Lande. Wilson verwies darin auf das rasche zahlenmäßige Anwachsen der Aufständischen, die allerdings untereinander nur einen losen Zusammenhalt hätten und deshalb noch keine ernsthafte Bedrohung darstellten. »Dieser Mangel an Organisation auf Seiten der Revolutionäre wird indessen durch die mangelnde Effektivität der Bundesarmee aufgewogen, welche schlecht geführt und bar jeden Kampfgeistes, Courage und Disziplin scheint. Die tatsächlichen Bestände scheinen auch wesentlich kleiner als die publizierten Sollbestände zu sein. Dies ist in einigen Fällen auf das Vorhandensein von unvollständigen Regimentern, in anderen, aufgrund der kursierenden Gerüchte, auf künstlich aufgeblähte Bestandslisten zurückzuführen. Diesen Mangel in der Armee scheint die Regierung erkannt zu haben, denn man hat damit begonnen, unter den kriminellen Elementen und den Müßiggängern in den großen Städten Soldaten auszuheben, um die bestehenden und rasch anwachsenden Lücken zu schließen.«[26]

Nach Limantour stieß eine wirkungsvolle Reorganisation der Armee allerdings auf wachsende Schwierigkeiten. Da überall neue Aufstände befürchtet wurden, zersplitterte sich die Armee zusehends. Trotz allen finanziellen Angeboten gelang es auch nicht, mit Freiwilligen die fehlenden Mannschaftsbestände aufzubringen. Wie der Finanzminister später feststellte, versagten auch die lokalen Regierungen; »angesichts einer anormalen Situation legten sie Apathie oder Unfähigkeit an den Tag.« Statt den Kampf gegen die Aufständischen mit den ihnen zu Gebote stehenden Mitteln aufzunehmen, »begnügten sie sich damit, über die Vorfälle zu berichten, Instruktionen zu verlangen und um Hilfe und Schutz zu ersuchen.«[27]

Der extreme Grad administrativer Zentralisierung und die Ausrichtung sämtlicher politischer und militärischer Entscheidungen auf die Person von Porfirio Díaz erwiesen sich nun, in einer nicht mehr routinemäßig zu bewältigenden Krisensituation, als entscheidender Nachteil. Die militärischen Operationen wurden dadurch in höchstem Maße schwerfällig und ineffizient.[28] Vor allem aber war eine derart schlecht geführte Armee kaum in der Lage, einen immer mehr um sich greifenden Aufstand rasch unter Kontrolle zu bringen, um so weniger als sich ihre Bestände zum großen Teil aus wenig kampfbegeisterten Zwangsrekrutierten zusammensetzten, die, nach den Worten des amerikanischen Militärattachés in Mexiko, militärisch den Aufständischen klar unterlegen waren.[29]

Das Versagen der Armee in der Kontrolle des Aufstandes führte auch zu einer zunehmenden Lähmung des politisch-administrativen Apparates. Díaz versuchte zwar durch personelle Veränderungen in der Regierung sowie durch die Ankündigung eines politischen Reformprogramms den Aufständischen den Wind aus den Segeln zu nehmen. So wurden in mehreren Bundesstaaten, darunter auch in Chihuahua, die Gouverneure ersetzt und in der Hauptstadt ein neues Kabinett gebildet. Nach Ansicht Limantours war Díaz aber bereits nicht mehr imstande, die Krise mit politischen Mitteln zu lösen. An dem nun achtzigjährigen Präsidenten hatte der Finanzminister »seit geraumer Zeit unübersehbare Zeichen zerebraler Erschöpfung« beobachtet. »Alles wollte er persönlich erledigen, oder dann vertraute er sich Gehilfen an, die sowohl der Erfahrung als auch der Verantwortung ermangelten.« An sozialen und politischen Reformen wenig interessiert, »widmete er sich mit geradezu fieberhaftem Eifer der Führung der Militärkampagne und wichtigen Modifikationen im politischen Führungspersonal des ganzen Landes.« Hinzu kam der »rapide Verfall« seines Gedächtnisses: »Es gab Fälle, wo er – im Versuch, einen Gouverneurswechsel herbeizuführen – am selben Tag seine Unterstützung zwei rivalisierenden Kandidaten versprach . . ., um schließlich einen alten Intriganten der undurchsichtigsten Sorte zu ermuntern, ebenfalls in derselben Nacht seinen Einfluß im Staatsparlament geltend zu machen, um für das Amt gewählt zu werden.«[30]

Es war vor allem diese nun immer unverhüllter zutage tretende Unfähigkeit des Regimes, sowohl militärisch wie politisch die Krise unter Kontrolle zu bringen, welche – wie etwa die Entwicklung in Morelos zeigt – die Entstehung neuer Aufstandsherde begünstigte.

Wie weiter oben ausgeführt, war die agrarische Entwicklung während des Porfiriats im Zuckeranbaugebiet von Morelos besonders konfliktträchtig verlaufen.[31] Die erbitterten Auseinandersetzungen zwischen Haciendas und Dörfern, die sich über Generationen hinweggezogen und unter den Bedingungen der *pax porfiriana* noch verschärft hatten, erfuhren 1909 durch die Wahl eines neuen Gouverneurs, der selbst zu den führenden Zuckerhacendados des Staates gehörte, eine dramatische Zuspitzung. Die Bauern hatten ihre Hoffnung auf einen unabhängigen Kandidaten, Patricio Leyva, gesetzt, der sich allerdings in der umstrittenen Wahl nicht hatte durchsetzen können. Der Ausgang dieser Wahl sollte nachhaltige Auswirkungen zeitigen. Denn einerseits waren die Bauern durch die Leyva-Kampagne politisch mobilisiert worden, andererseits fühlten sie sich nun aber auch schutzlos der Regierung ausgeliefert, da sich der neue Gouverneur, Pablo Escandón, nicht nur mit jenem alten Plan der morelensischen Zuckeraristokratie identifizierte, den ganzen Staat Morelos in die »perfekte Hacienda« zu verwandeln, sondern sich nach seiner Wahl auch sogleich daran machte, ihn durch eine systematische und ausschließlich auf die politischen und wirtschaftlichen Interessen der Großgrundbesitzer ausgerichtete Politik in die Tat umzusetzen. Der jahrzehntelange Konsolidierungs- und Ausdehnungsprozeß der Haciendas sollte damit auf Kosten des noch verbleibenden Kleinbesitzes und Dorflandes zum Abschluß gebracht werden.[32]

Für zahlreiche Dörfer von Morelos bedeutete diese Entwicklung eine unmittelbare Bedrohung ihrer wirtschaftlichen Existenz. In Anenecuilco z. B. hatte sich die benachbarte Hacienda del Hospital Land angeeignet, das traditionell zum Dorfbesitz gehörte. Da gerichtliche Schritte des Dorfes ohne Erfolg geblieben waren und die Hacienda im Sommer 1910 die Bebauung des Landes durch Dorfangehörige zu verhindern suchte, war Anenecuilco von einer eigentlichen Existenzkrise bedroht. In dieser Situation entschloß sich der neugewählte Gemeindepräsident Emiliano Zapata, mit achtzig bewaffneten Männern seines Dorfes die lebensnotwendige Aussaat auf dem umstrittenen Land mit Gewalt durchzuführen. Schon die kurz zuvor erfolgte Wahl des gerade dreißigjährigen Zapata zum neuen Gemeindevorsteher und die Ablösung des altgedienten Gemeinderates, eines Gremiums ehrwürdiger Greise, war Ausfluß dieser existentiellen Bedrohung des Dorfes gewesen, das durchaus keinen Sonderfall darstellte, war doch »von den ungefähr hundert Dörfern, die 1910 im Staate existierten, wohl kein einziges nicht in einen frischen Gerichtsstreit mit einer benachbarten Hacienda verwikkelt.«[33]

Der neue Gemeindepräsident entstammte einer lokal sehr angesehenen Familie und gehörte nach den Maßstäben der knapp 400 Einwohner zählenden Gemeinde durchaus zur gehobenen sozialen Schicht des Dorfes: er bearbeitete sein eigenes Stück Land, das er durch die Übernahme einiger Hektar Haciendaland in Halbpacht ergänzte, von seinen Eltern hatte er ein paar Stück Vieh geerbt und in den arbeitsarmen Jahreszeiten betätigte er sich überdies in kleinem Ausmaß als Pferdehändler. Es war ein Zeichen sozialen Prestiges im dörflichen Rahmen, daß weder er selbst noch andere Mitglieder seiner Familie je als Landarbeiter auf den Haciendas gedient hatten.[34]

Der Versuch des Dorfes Anenecuilco, sich auf eigene Faust Recht zu verschaffen, war Ausdruck einer allgemeinen sozialen Unrast im Staate, nicht aber Reaktion auf die Vorgänge im fernen Chihuahua unter Führung Maderos, dessen Aufruf zu einer allgemeinen Volkserhebung in Morelos zunächst ungehört verhallt war.[35] Die Ausweitung der Unruhen im Norden und ihre Rückwirkungen auf das Verhalten der nationalen und lokalen Behörden war allerdings von großer Bedeutung für die weitere Entwicklung in Morelos. Angesichts der sich abzeichnenden politischen Unruhe im Lande, hatte sich der zuständige *jefe político* den Aktionen Zapatas nicht widersetzt, da diese offensichtlich begrenzte wirtschaftlich-soziale, nicht aber politische Ziele verfolgten. Allerdings machte das erfolgreiche Beispiel von Anenecuilco rasch Schule. Umliegende Dörfer baten Zapata um Unterstützung in ihren ähnlich gelagerten Landstreitigkeiten mit benachbarten Haciendas, die angesichts fehlenden Polizeischutzes ebenfalls nachgeben mußten. Zapata erwarb sich auf diese Weise eine wachsende Reputation und verwandelte sich im Winter 1910/11 »in die effektive Autorität in diesem Teil des Staates«. Obwohl diese Entwicklung den Interessen der Grundbesitzer zuwiderlief, schreckten die lokalen Behörden zunächst vor einem harten Durchgreifen zurück, da man keinen Ausbruch offener Rebellion unter dem Banner des Maderismus provozieren wollte.[36]

Tatsächlich war seit Ende November 1910 allerdings auch in Morelos eine maderistische Konspiration im Gange, an der Zapata beteiligt war. Als im Norden die Regierungstruppen den Aufstand immer weniger kontrollieren konnten, brach die Rebellion unter Berufung auf Madero am 10. März 1911 auch in Morelos aus. Das Fehlen verbindlicher Instruktionen aus dem maderistischen Hauptquartier im fernen Norden, vor allem aber auch der ausgeprägte Unabhängigkeitswillen der lokalen Führer, die sich an der Spitze ihrer Dorfgenossen, meist mit dem Grad eines »Obersten« später gelegentlich auch eines »Generals«, der Rebellenarmee anschlossen, erschwerte zwar die Herausbildung einer einheitlichen und verbindlichen Autorität innerhalb der maderistischen Truppen in Morelos, aber die militärische Notwendigkeit eines zentralen Kommandos führte schließlich zur Wahl Zapatas zum »Obersten Chef der Revolutionsbewegung des Südens«, die im Mai 1911, zum Zeitpunkt der Waffenstillstandsverträge von Ciudad Juárez, nach der blutigen Eroberung der Stadt Cuautla bedeutende Teile des Staates militärisch kontrollierte.[37]

Entscheidend für die weitere Entwicklung auf nationaler Ebene waren allerdings die militärischen Auseinandersetzungen im Norden, insbesondere in Chihuahua. Im März 1911 hatten die maderistischen Truppen zwar bei Casas Grandes noch eine empfindliche Niederlage erlitten, aber am 10. Mai setzte der erfolgreiche Angriff der vereinigten Truppen von Orozco und Villa auf Ciudad Juárez dem politischen und militärischen Patt ein Ende.[38] Die Kapitulation der wichtigen Grenzstadt, deren Kontrolle den Aufständischen einen bedeutenden strategischen Vorteil verschaffte, brachte – mehr noch durch ihre politisch-psychologischen als durch ihre militärischen Auswirkungen – die Wende. Waffenstillstandsverhandlungen zwischen der Regierung und den Aufständischen wurden eingeleitet, deren wichtigstes Ergebnis der Rücktritt von Porfirio Díaz sein sollte.

Insgesamt hatte die maderistische Erhebung also ein gutes halbes Jahr gedauert. Entgegen den Vorstellungen Maderos waren es nicht städtische Aufstände gewesen, welche den Sturz des Díaz-Regimes bewirkt hatten, sondern ein rasch sich ausbreitendes Netz ländlicher Rebellionen, deren Anführer und Gefolgsleute sich deutlich von der mittelständisch-urbanen Anhängerschaft Maderos in seinem Wahlkampf von 1909/10 unterschieden. Die maderistischen Honoratioren spielten zwar in der – lange Zeit vom nordamerikanischen Exil aus operierenden – politischen Führung des Maderismus nach wie vor eine zentrale Rolle, die militärische Aufstandsbewegung hatte aber einen neuen Typus von Revolutionsführern hervorgebracht, der den – zuvor vornehmlich zivilen – Charakter des Maderismus nachhaltig verändern sollte. Es waren vor allem Männer aus der unteren ländlichen Mittelschicht, die sich als Organisatoren und Anführer maderistischer Rebellengruppen auszeichneten. Im Gegensatz zur rein bäuerlichen Bevölkerung auf den Haciendas oder in abgelegenen Dörfern verfügten sie meist über eine gewisse Mobilität, die ihnen auch politische Informationen und Kontakte verschaffte. In der Regel recht jung, meist ohne große formale Bildung, aber mit einer natürlichen Autorität, die sich auf ein kleines lokales Amt, eine selbständige Tätigkeit oder auch den Ruf besonderer Männlichkeit stützen mochte, gelang es diesen in der lokalen Bevölkerung fest verwurzelten Männern leicht, in der engsten Umgebung einen Stamm treuer Gefolgsleute zu rekrutieren, welche den Kern ihrer späteren Rebellentruppen ausmachten. Orozco, Villa und Zapata verkörpern jeder auf seine Art diesen Typus des Rebellenführers. Rancheros, Handwerker, Cowboys, Kleinhändler, Maultiertreiber, Kumpels stellten die lokalen Anführer der maderistischen Erhebung.[39] Eine ähnlich heterogene Zusammensetzung wiesen die Rebellentruppen insgesamt auf. Bäuerliche Elemente waren zwar – entsprechend der nach wie vor überwiegend bäuerlichen Bevölkerungsmehrheit – auch in den nördlichen Rebellentruppen stark vertreten, aber von eigentlichen agrarisch motivierten Bauernaufständen wird man in der maderistischen Erhebung mit Ausnahme von Morelos und den erwähnten Bauerngruppen in Chihuahua kaum sprechen können. Zumindest nicht im Sinne jener Vorstellung älterer Historiker, wonach sich »Tausende von Bauern« den Rebellentruppen angeschlossen hätten, weil ihnen im Punkt 3 des »Plans von San Luis Potosí« die Rückgabe ihres Grund und Bodens versprochen worden sei.[40]

Ohnehin bleiben das soziale Profil, die Motivation und der Umfang der maderistischen Aufstandsbewegung recht verschwommen, weil sich – im Gegensatz zum Bürgerkrieg der Jahre 1913/14 – während der kurzen Zeit der maderistischen Erhebung keine dauerhafte Revolutionsarmee herausbilden konnte.[41] Diese Fragen werden deshalb im Zusammenhang mit der Entstehung der nördlichen Revolutionsarmeen 1913/14 genauer zu untersuchen sein.

Obwohl die entscheidenden Anstöße zur Erschütterung des Díaz-Regimes zweifellos von den im April und Mai 1911 immer zahlreicheren, wenn auch meist unkoordiniert verlaufenden Attacken maderistischer Rebellen auf Ortschaften, Armee-Einheiten, Eisenbahnverbindungen usw. ausgingen, so konnte doch der politische Ausgang der maderistischen Erhebung von diesen lokalen Rebellenführern nicht bestimmt werden. Darüber entschied auf Seiten der Maderisten die politische Führung, die nach wie vor bei den angesehenen Geschäftsleuten, Advokaten und »revolutionären« Hacendados lag, die schon an der Spitze der Antireelektionistischen Partei gestanden hatten. Madero und einige seiner Familienangehörigen, insbesondere sein Bruder Gustavo, bildeten nach ihrer Ankunft in San Antonio den Kern der dortigen revolutionären Junta, unterstützt von den Rechtsanwälten José Maria Pino Suárez und Federico González Garza, dem Grundbesitzer und ehemaligen Senator Venustiano Carranza sowie den Brüdern Francisco und Emilio Vázquez Gómez. In Nogales, Arizona, hatte im November 1910 José Maria Maytorena, einer der wohlhabendsten und angesehensten Hacendados von Sonora, eine maderistische Junta gegründet, welche den

Aufstand in seinem Staate vorbereitete.[42] Auch die politischen Repräsentanten des Maderismus in Mexiko, wie etwa Abraham González in Chihuahua oder Alfredo Robles Domínguez in der Hauptstadt entstammten überwiegend diesem gehobenen sozialen Milieu und unterschieden sich damit deutlich von den meisten militärischen Anführern der maderistischen Erhebung. Von ihrer gesellschaftlichen Stellung und ihren beschränkten politischen Reformzielen her war die maderistische Führung jedenfalls an einer langen Dauer und einer immer weniger zu kontrollierenden Eigendynamik der von ihr eingeleiteten »Revolution« kaum interessiert; ihre große Kompromißbereitschaft in den Verhandlungen mit der Regierung nach dem Fall von Ciudad Juárez bestimmte deshalb entscheidend den politischen Ausgang der maderistischen Erhebung.

Auch die Regierung sah sich im Mai 1911 allerdings einem wachsenden Druck ausgesetzt, rasch zu einem Übereinkommen mit den Aufständischen zu gelangen. Einerseits war es ihr nicht gelungen, durch eine hastig eingeleitete »neue« Politik den Aufständischen den Wind aus den Segeln zu nehmen. Zwar wurden mehrere Staatsgouverneure und Minister des Bundeskabinetts ausgewechselt und am 1. April die Grundsätze einer »neuen« Politik verkündet, welche die wesentlichen maderistischen Postulate übernahm und eine personelle Auffrischung in den hohen Regierungsämtern, eine Reorganisation des Rechtswesens, eine Modifikation der Wahlgesetze und die Anerkennung des Grundsatzes der Nicht-Wiederwahl versprach. Selbst eine »behutsame und gerechte Unterteilung des Großgrundbesitzes« sollte durchgeführt werden. Aber alle diese Maßnahmen konnten die weitere Ausbreitung des Aufstandes nicht mehr stoppen.[43]

Andererseits machte sich ein zunehmender Druck der USA auf eine rasche Beendigung des Konfliktes bemerkbar, der den Spielraum der Díaz-Regierung weiter einschränkte. Nachdem die amerikanischen Behörden die maderistische Konspiration in den USA zunächst weitgehend toleriert hatten, begannen sie im März 1911 an der mexikanischen Grenze Truppen zusammenzuziehen und Kriegsschiffe in den Golf von Mexiko zu entsenden. Diese militärische Interventionsdrohung der USA stärkte – zumindest indirekt – wiederum die Verhandlungsposition der Maderisten, da – insbesondere nach dem spektakulären Fall von Ciudad Juárez – nun auch innerhalb der Regierung viele Kräfte auf einen raschen Waffenstillstand drängten.[44]

Schon in den Wochen und Monaten, die dem Fall von Ciudad Juárez vorangegangen waren, hatten zahlreiche private und offiziöse Kontakte zwischen der Regierung und dem maderistischen Hauptquartier stattgefunden, wobei sich insbesondere auch Familienangehörige Maderos als Vermittler betätigten. Veränderungen der Wirtschafts- und Gesellschaftsordnung figurierten selbstverständlich nicht auf der Liste der maderistischen Postulate, aber selbst ihre politischen Forderungen blieben sehr beschränkt. Sie betrafen im wesentlichen die Ablösung einzelner Gouverneure und Kabinettsmitglieder und die angemessene Beteiligung führender Maderisten an den künftigen Bundes- und Staatsregierungen, vor allem aber die unverzügliche Demission von Präsident Díaz und Vizepräsident Corral.[45] Nach langem Sträuben beugte sich Díaz schließlich dem Druck seiner engsten Mitarbeiter und erklärte am 17. Mai 1911 seinen Rücktritt. Verfassungsgemäß übernahm darauf der Außenminister, León de la Barra, die Funktion eines Interimspräsidenten, mit dem Auftrag, Neuwahlen durchzuführen. Am 21. Mai 1911 wurde mit der Unterzeichnung des Vertrags von Ciudad Juárez offiziell das Ende der Feindseligkeiten verkündet. Die erste Phase der Revolution hatte damit ihren Abschluß gefunden.

Der Kompromiß von Ciudad Juárez: Die Interimsregierung de la Barra, Mai 1911 - November 1911

So unzweifelhaft der Sturz der Regierung Díaz durch einen bewaffneten Aufstand erzwungen worden war, so sehr bemühten sich die führenden maderistischen Politiker nach Abschluß des Vertrags von Ciudad Juárez, den Eindruck eines revolutionären Bruchs zu vermeiden. Mit ihrer ausdrücklichen Zustimmung war de la Barra Interimspräsident geworden, der – nach Limantour – das Amt nur übernommen hatte, »um zu verhindern, daß die Kette der Legalität in der Präsidentennachfolge unterbrochen würde.«[46] »Wenige Revolutionen«, so Womack, »wurden von Männern vorbereitet, durchgeführt und gewonnen, die so durchgängig von den Vorstellungen einer Kontinuität der legalen Ordnung besessen waren wie die Maderisten von 1910/11. Wie es schien, lag ihnen nichts mehr am Herzen als die Bewahrung der normalen und eingefahrenen Verwaltungsformen. Das Regime von Díaz, wie auch dessen Charakter, hatten sie fasziniert. Sie waren darin aufgewachsen, und niemals schüttelten sie wirklich ihren ambivalenten Respekt vor jenem »Frieden« ab, von dem sie mit anderen Mexikanern glaubten, daß Díaz ihn gebracht habe.«[47]

Gemäß dem Vertrag von Ciudad Juárez waren die Rebellentruppen zu entlassen, »sobald in dem betreffenden Staat die notwendigen Schritte zur Wiederherstellung der öffentlichen Ordnung durchgeführt worden sind.« Die Gewährleistung dieser Ordnung war Aufgabe der Bundesarmee, die ebensowenig wie die Gerichte oder der Beamtenapparat durch den Sturz der Díaz-Regierung in ihrer alten Zusammensetzung tangiert wurde. Lediglich in einigen ausgewählten Staaten sollten unverzüglich maderistische Behörden eingesetzt werden, während auf Bundesebene erst spätere Wahlen über die Besetzung der Präsidentschaft und die Zusammensetzung des Kongresses entscheiden würden.

Diese außerordentlich weitgehende Kompromißbereitschaft der maderistischen Führung in den Verhandlungen von Ciudad Juárez stieß zwar auch im eigenen Lager – etwa bei Cabrera und Carranza – auf Kritik, sie war aber keineswegs nur Ausfluß einer politischen Weltfremdheit Maderos, wie dies in älteren Werken zumeist hervorgehoben wurde.[48] Denn jenseits aller mit der Person Maderos verbundenen Umstände deckt diese Haltung grundlegende Probleme der maderistischen »Revolution«, sowohl in ihrer Führung wie auch in ihrer Basis auf.

Was die Führung betrifft, so verband sie mit der alten porfiristischen Elite nicht nur eine grundsätzliche Interessenidentität hinsichtlich der Erhaltung der sozio-ökonomischen Grundstruktur des Landes; auch in ihren politischen Zielsetzungen war sie weit davon entfernt, einen radikalen, d. h. Armee, Verwaltung und Rechtswesen einschließenden Machtwechsel anzustreben. Eine gewisse Liberalisierung des politischen Systems mit einer zwar erweiterten, sozial aber immer noch eng begrenzten Eliterekrutierung entsprach am ehesten ihren Vorstellungen. Die Basis ihrerseits, also die maderistischen Rebellenformationen, hatten dieser sozialkonservativen Restabilisierungs-Strategie der politischen Führung wenig entgegenzusetzen. Lediglich die Zapatisten hatten eindeutige Reformvorstellungen, die sie auch rasch in einen grundsätzlichen Konflikt mit den Regierungen de la Barra und Madero bringen sollten; die nördlichen Revolutionstruppen ermangelten dagegen einer solch klaren Reformperspektive. Die spezifische Form ihrer Mobilisierung führte sie entweder zur Unterordnung unter den neuen Kurs der maderistischen Politik oder dann zu einem politisch weitgehend richtungslosen Aufbäumen gegen das neue Regime, wie es sich vor allem im Orozco-Aufstand von 1912 ausdrücken sollte. Einige Stichworte sollen diese Ausgangskonstellation der Jahre 1911/12 charakterisieren.

Madero hatte schon im Herbst 1910 einen Staatsstreich gegen Díaz durchaus nicht ausgeschlossen. In einem Presseinterview in San Antonio, Texas, hatte sein Vater am 20. November 1910 erklärt, daß die Madero-Bewegung von einflußreichen Leuten unterstützt werde: »sechsundzwanzig mexikanische Senatoren warten nur auf den Augenblick, da mein Sohn die Grenze überschreitet ... Dies ist keine unbedeutende Revolte, sondern eine Revolution, an der die vermögenden Kreise Mexikos aktiv teilhaben.«[49] Schon im Oktober 1910 hatte der amerikanische Konsul in Ciudad Porfirio Díaz mexikanische Zeitungsberichte übermittelt, in welchen von »großen Anstrengungen der Francisco I. Madero-Partei« die Rede war, »Offiziere der mexikanischen Armee zur Rebellion zu bewegen.«[50] Obwohl diese Erwartungen bekanntlich enttäuscht wurden und der Sturz der Regierung tatsächlich das Ergebnis eines bewaffneten Volksaufstandes war, brachen die Kontakte des maderistischen Hauptquartiers zur Regierung, und insbesondere zum langjährigen Familienfreund Limantour, keineswegs ab. Verwandte Maderos wie sein Onkel Ernesto Madero und sein Cousin Rafael Hernández fungierten seit Februar 1911 als offizielle Vertreter der Díaz-Regierung in den Verhandlungen mit den Aufständischen.[51] Auch der Druck der Madero-Familie auf ein rasches Arrangement mit der Regierung machte sich immer deutlicher bemerkbar, bedrohten die ökonomischen Vergeltungsmaßnahmen der Regierung, u. a. die Kreditrückforderungen mexikanischer Banken, doch zunehmend die umfangreichen Wirtschaftsinteressen der Familie.[52]

Bei allem Gewicht, das der umfangreichen Verwandtschaft Maderos beim politischen Ausgang der maderistischen Erhebung durchaus zukam, darf dieser natürlich nicht auf eine reine Familienangelegenheit reduziert werden. Nicht nur ein Maytorena unterstützte – aus ähnlichen Motiven wie die Maderos – eine rasche Beendigung des Aufstandes. Die meisten maderistischen Politiker, liberal-konservative Revolutionäre *contre coeur*, konnten an einer Fortführung der Kämpfe kaum interessiert sein.

Denn dies hätte die Entwicklung der Rebellentruppen zu einer eigentlichen, wohlorganisierten Revolutionsarmee bedeutet und damit die Gefahr heraufbeschworen, daß nicht nur der Aufstand wohl immer mehr ihrer politischen Kontrolle entglitten wäre, sondern daß daraus möglicherweise auch unabsehbare soziale Umschichtungen resultiert hätten. Gewiß war diese Politik der maderistischen Führung für sie nicht ohne Risiko. Indem sie Armee und Verwaltung weitgehend in den Händen alter Porfiristen beließ und sich gleichzeitig verpflichtete, die Rebellentruppen zu entlassen, war die Gefahr eines porfiristischen Gegenschlags nicht auszuschließen. Aber – so konnte sie durchaus mit einigem Recht erwarten – mußte die alte porfiristische Elite, mit der sie gesellschaftlich vielfältig verbunden war, nicht ebenfalls an einer möglichst raschen Rückkehr zur politischen Stabilität interessiert sein? Und verband sie nicht das gemeinsame Ziel, wesentliche Inhalte des Porfiriats, wenn auch ohne den gestürzten Präsidenten und seine engsten Mitarbeiter aus dem Kreis der Científicos, zu erhalten? Und schließlich schien eine solche systemerhaltende Restabilisierungspolitik auch deshalb nicht unrealistisch, weil von seiten der militärischen Verbände der Aufständischen kaum ein grundsätzlicher Widerstand gegen diesen Kurs zu befürchten war. Denn dort, wo z. B. wohlhabende Grundbesitzer als »revolutionäre« Hacendados ihre *peones* in den Aufstand geführt und die lokalen Freiwilligen aus eigenen Finanzmitteln unterhalten hatten, wie etwa Francisco de Paula Morales im sonorensischen Ures, warf auch die geordnete Demobilisierung dieser Truppen keine besonderen Probleme auf.[53] Zudem bestand die Möglichkeit, einen Teil der ehemaligen maderistischen Rebellen neuen Verbänden von *rurales* einzugliedern und damit ihre Existenzgrundlage weiterhin zu sichern, bzw. sie mit großzügigen Ablösungssummen abzufinden. Wo allerdings diese Ablösungssummen unzureichend und die Behandlung der maderistischen Aufständischen durch die Behörden ungeschickt waren, verweigerten diese oft die Abgabe ihrer Waffen und widersetzten sich ihrer Demobilisierung.[54] Auf jeden Fall aber stellte die Entlassung der Rebellentruppen im Norden keine grundsätzlichen politischen Probleme in dem Sinne, daß die Basis auf ihre Führung einen starken Reformdruck ausgeübt und sie sich aus grundsätzlich anderen Zielvorstellungen ihrem Führungsanspruch verweigert hätte. Die Motive ihrer Rebellion lagen ja oft im eng lokalen Rahmen, wenn es nicht überhaupt apolitisch-persönliche Loyalität gegenüber einem Rebellenführer oder unmittelbar wirtschaftliche Gründe waren, die ihren Anschluß an eine Gruppe von Aufständischen bestimmt hatten. Die kurze Dauer der Erhebung, die starke Zersplitterung der Rebellentruppen, ihre große soziale Heterogenität, die kaum ein einheitliches Klassenbewußtsein hervorbrachte – all dies waren Faktoren, die eine eigenständige politische Führung erschwerten, wenn nicht unmöglich machten. Zwar sollten sich viele lokale Rebellenformationen de facto ihrer Entwaffnung und Demobilisierung entziehen, aber ihre Kontrolle erschien mehr als ein polizeilich-militärisches denn ein politisches Problem. Gravierender war allerdings die Abfindung der wichtigsten Militärführer des maderistischen Aufstandes. Ihre neuen militärischen Ränge wurden zwar jetzt offiziell anerkannt und zum Teil erhielten sie militärische Funktionen in den neugebildeten Formationen der *rurales* oder – wie in Sonora – staatlichen Truppenverbänden. Eine Belohnung mit wichtigen politischen Ämtern blieb ihnen indessen versagt, was schon im Mai 1911 zu einem heftigen, dann allerdings beigelegten Konflikt zwischen Orozco und Villa mit Madero führte, nachdem dieser eine rein zivile Kabinettsliste für seine provisorische Regierung vorgelegt hatte.[55]

Obwohl sich hier bereits einer der späteren Krisenherde der Madero-Regierung, der Orozco-Aufstand, im Keim abzeichnete, schienen die Voraussetzungen für einen Erfolg der maderistischen Stabilisierungsstrategie insgesamt nicht ungünstig zu sein. In der Interimsregierung de la Barra waren, neben Repräsentanten des alten Regimes, auch prominente Maderisten wie die Brüder Vázquez Gómez und Manuel Bonilla sowie Maderos Verwandte Rafael Hernández und Ernesto Madero vertreten. In wichtigen Staaten insbesondere des Nordens, so in Sonora, Chihuahua und Coahuila, hatten Maderisten die politischen Führungspositionen besetzt, und schließlich war Madero für die auf Oktober 1911 angesetzten Präsidentschaftswahlen der mit Abstand aussichtsreichste Kandidat, der dann auch mit deutlicher Mehrheit gewählt wurde.[56] Andererseits war aber schon während der Interimspräsidentschaft deutlich geworden, daß an eine rasche Rückkehr zu Ruhe und Ordnung im porfiristischen Sinne nicht zu denken war; dies nicht nur wegen der unklaren Machtverhältnisse unter der Interimspräsidentschaft und der häufigen Friktionen zwischen Porfiristen und Maderisten im nationalen Regierungsapparat, sondern noch mehr aufgrund von Entwicklungen, die der maderistische Aufstand ausgelöst hatte und die auch die Regierung Madero nicht mehr in den Griff bekommen sollte.

1 Zum »Plan von San Luis Potosí« vgl. Cumberland, *Genesis,* S. 121 ff. Mit Ausnahme einiger kurzer Bemerkungen über die vorgesehene Rückgabe »willkürlich« und »amoralisch« erworbenen Landes an die ehemaligen Besitzer behandelte Maderos Aufruf zur Insurrektion für den 20. November, 6 Uhr abends (!) vor allem organisatorische Fragen der angestrebten Machtablösung.

2 Cumberland, S. 124. Zu der zentral auf seine städtische Anhängerschaft ausgerichteten Aufstandsstrategie Maderos vgl. Roque Estrada, *La revolución y Francisco I. Madero,* zit. b. Womack, *Zapata,* S. 66. – Als Madero selbst am 20. November 1910 an der Spitze weniger Getreuer mexikanisches Territorium betrat, mußte er feststellen, daß von einer allgemeinen Volkserhebung keine Rede sein konnte. Enttäuscht setzte sich Madero erneut in die USA ab, wo er zeitweilig an die völlige Aufgabe des revolutionären Vorhabens dachte, vgl. Ross, *Francisco I. Madero,* S. 128 f.

3 In Chihuahua ging z. B. die Initiative für die ersten Aufstände vom Chef der Antireelektionisten, Abraham González, aus; die Erhebung in Sonora bereitete in Nogales, Arizona, der prominente Maderist José Maria Maytorena vor, während für den Süden (Guerrero/Morelos) Maderos enger Mitarbeiter Alfredo Robles Domínguez zuständig war, der aber bald in die Hände der porfiristischen Polizei fiel.

4 In Chihuahua handelte es sich vor allem um die Abwehr von Apacheneinfällen; in Sonora waren es vornehmlich die kriegerischen Yaquis, welche unter den weißen Siedlern immer wieder zur Aufstellung von Bürgerwehren führten, vgl. Héctor Aguilar, *La frontera nómada: Sonora y la Revolución mexicana,* Mexico 1977, S. 27, S. 206. – In den ländlichen Gebieten des Nordens, z. B. in West-Chihuahua, war Waffenbesitz weit verbreitet, vgl. Interview von Eugenia Meyer mit dem villistischen General Roberto Fierro Villalobos, Februar 1973, Programa de Historia Oral (PHO), 1/42, S. 16. Zum PHO vgl. unten, Kap. 3, S. 248 f., Anm. 36.

5 Vgl. oben, S. 104 ff.

6 Almada, *La Revolución en el Estado de Chihuahua, I,* S. 93-118.

7 Auf diese wichtigen agrarischen Impulse in der maderistischen Erhebung in Chihuahua wie auch in der späteren Villa-Bewegung hat erstmals Friedrich Katz aufmerksam gemacht; vgl. Katz, *Peasant Movements in the Mexican Revolution of 1910,* MS.

8 Vgl. Michael C. Meyer, *Mexican Rebel – Pascual Orozco and the Mexican Revolution, 1910-1915,* UP of Nebraska, Lincoln 1967, S. 15-19. Auch

der Westen Chihuahuas wurde von der Krise nach 1907 hart getroffen und insbesondere in den Jahren 1908, 1909 und 1910 von Mißernten heimgesucht. Meyer sieht indessen weniger in dieser wirtschaftlich-sozialen Krise den eigentlichen Grund für den orozquistischen Aufstand als vielmehr in der Summe lange aufgestauten »persönlichen Grolls auf die Staats- und Ortsbehörden, auf die Gemeindepräsidenten, Hacendados und Richter ...«, S. 5f. – Der amerikanische Botschafter in Mexiko, Henry Lane Wilson, gab in seinem Bericht an das State Department vom 29. 12. 1910 eine Schilderung der politischen Zustände in Chihuahua: »Dieser Staat ist seit 50 Jahren unter der Kontrolle der Familie Terrazas, und alle öffentlichen Ämter sind entweder von Familienmitgliedern oder von ihnen genehmen Personen besetzt worden. Diese Form von Familienregiment, die nur zum Ausschluß vieler nützlicher und angesehener Bürger von der Teilnahme an den Staatsgeschäften führen konnte, hat natürlich eine tiefe Unzufriedenheit hervorgerufen, welche nun, wie bei früheren Gelegenheiten ihren Ausdruck in bewaffneter Revolte gefunden hat.« National Archives Washington, Records of the Department of State Relating to Internal Affairs of Mexico, 1910-1929, 812.00/622. Diese Serie wurde mikroverfilmt als Microcopy 274, 243 Rollen, hier Rolle 10. Im folgenden zitiert als: NAW, M 274, R. 10, 812.00/622.

9 Almada, *Revolución,* I, S. 170ff.

10 Vgl. Federico M. Cervantes, *Francisco Villa y la Revolución,* México 1960, S. 11ff.

11 Katz, *Deutschland,* S. 241.

12 Cervantes, S. 15.

13 Almada, I, S. 175ff.

14 Die Bezeichnung »su gente«, d. h. »seine Leute«, zur Charakterisierung der Personalstruktur in den revolutionären Armeen ist gleichsam ein stehender Ausdruck in den mexikanischen Quellen. Bezeichnend für die entscheidende Bedeutung dieser Personalbeziehungen ist eine Episode aus dem maderistischen Aufstand: Als eine Rebellengruppe unter Pancho Villa nach einem Gefecht mit den Regierungstruppen zersprengt wurde, kehrten die Soldaten nach Hause zurück, da sie (fälschlicherweise) annahmen, ihr Führer sei gefallen. Vgl. Cervantes, S. 21. Besonders deutlich wird dieser personalistisch bedingte Zusammenhalt der Truppen auch durch die Tatsache belegt, daß Pascual Orozco zuerst mit Madero für die Revolution, dann aber gegen Madero und schließlich mit Huerta gegen die Konstitutionalisten kämpfen konnte, ohne daß ihn dieser ideologische Frontwechsel bei seinen Truppen in nennenswerte Schwierigkeiten gebracht hätte, Meyer, *Mexican Rebel,* S. 105. – Für die Bedeutung persönlicher Beziehungen als Motiv für den Anschluß an die Aufständischen vgl. auch das Interview von Maria Isabel Souza, 1973, mit dem ehemaligen Villisten Andrés Rivera Marrufo, PHO/1/63, S. 3.

15 Vgl. Aguilar, *La frontera,* S. 143.

16 Nach einem Bericht des amerikanischen Militärattachés in Mexiko vom

19. 4. 1911 setzten sich die Rebellentruppen aus Einheiten in der Größenordnung zwischen 40 und 100 Mann zusammen, »jede unter dem Kommando ihres Organisators ... Es gibt keine andere militärische Organisation in diesen Rebelleneinheiten als der Gehorsam so vieler individuell zuverlässiger Männer gegenüber ihrem Führer ... Andere Vorteile der Rebellentruppen bestehen darin, daß ihnen die Bevölkerung wohlgesinnt ist; sie kennen das Terrain, alle sind sie beritten – und zwar verfügen sie über gute Pferde; auch werden sie durch keinen Troß behindert, denn all ihr Gepäck führen sie im Sattel mit.« National Archives Washington, Record Group 165 (War Department, General Staff), 5761-150.

17 Aguilar, S. 130.

18 NAW, M 274, R. 11, 812.00/789. Nach einem Konsularbericht aus Nuevo León vom 31. 1. 1911 offerierten die maderistischen Aushebungsoffiziere in den Grenzstaaten der USA künftigen Soldaten der Revolutionsarmee einen Monatssold von 60 Pesos, NAW, M 274, R. 11, 812.00/748. Damit boten sie doppelt soviel wie die reguläre Armee in Chihuahua, deren Tagessold von 1 Peso ungefähr dem Mindestlohnniveau in dieser Region entsprach (1907: 85 cts.). Vgl. Konsul in Chihuahua, 18. 4. 1911, NAW, M. 274, R. 12, 812.00/1492.

19 Finanziert wurde die maderistische Kampagne einerseits durch »Darlehen«, welche die Rebellen wohlhabenden Privatleuten und Geschäftsunternehmen auferlegten, zu einem beträchtlichen Teil aber auch aus den Privatvermögen der nicht wenigen finanziell potenten maderistischen Führer wie z. B. Madero und Maytorena, die ihre Ausgaben nach dem Sieg der Aufständischen aus der Staatskasse zurückerstattet erhielten. So wurden dem Finanzbeauftragten der Familie Madero, Gustavo Madero, 700000 Pesos für »revolutionäre Ausgaben« erstattet; Vera Estañol, *Historia*, S. 223. Maytorena stellte eine Indemnisationsforderung an die Bundeskasse in Höhe von 108000 Pesos, da er durch die Bürgerkriegswirren die Ernte auf seinen Haciendas nicht habe einbringen können, Aguilar, *La frontera*, S. 195.

20 Aussage von Daniel C. Sutton vor dem »Bureau of Investigation« in El Paso, Texas, 24. 3. 1911; NAW, M 274, R. 12, 812.00/1152. Ende März 1911 berichtete Wilson an das State Department: »Nach meinen Informationen haben praktisch sämtliche amerikanischen Bergwerke nördlich einer Linie vom Pazifik durch die Staaten Sinaloa und Zacatecas ihre Tätigkeit eingestellt. Dies wird bestimmt auch zur Arbeitseinstellung in den weiterverarbeitenden Zweigen und den Fabriken führen, und die Arbeitslosen werden zweifellos die Truppen der Revolutionäre verstärken.« NAW, M 274, R. 12, 812.00/1152. – Vgl. auch Aguilar, S. 147f., S. 155.

21 Außerhalb von Chihuahua und Sonora breitete sich der Aufstand im Norden rasch auf Durango, West-Coahuila, die Huasteca und Sinaloa aus, während im Süden vor allem Morelos und Guerrero Aufstandsbewe-

gungen hervorbrachten. Im April 1911 wurden auch aus Puebla, Tlaxcala, Hidalgo und México Rebellentruppen gemeldet, Knight, *Nationalism*, S. 146, S. 159.

22 Aguilar, S. 148, S. 150.

23 Zu den politischen Implikationen dieser militärischen Professionalisierung in den erwähnten Staaten, welche – über eine formalisierte Ausbildung der hohen Offiziere – vermehrt Angehörige der Mittelschicht in die Armeeführung brachte, die ihrerseits eine antioligarchische Reformpolitik begünstigten, vgl. José Nun, *Latin America, The Hegemonic Crisis and the Military Coup, Berkeley, Politics of Modernization Series, 7*, 1969.

24 Ein Bericht des amerikanischen Militärattachés vom 1. 4. 1911 an das amerikanische Kriegsministerium charakterisierte die Bundesarmee folgendermaßen: »Geschätzter gegenwärtiger Gesamtbestand der Bundesarmee: 12000 (Kader und Mannschaften). Offiziere: Die intelligenteren unter ihnen sind durchaus fleißig, aber ungefähr die Hälfte, vor allem unter den subalternen, ist inferior, ungebildete Mischlinge. Während es einige ausgezeichnete Offiziere gibt, unter denen einige sogar brillant sind, sind sie im allgemeinen reine Theoretiker, keine Praktiker. Mannschaft: Kein Korpsgeist, geringe Intelligenz, vielleicht drei Viertel sind analphabetische, kleine Verbrecher, welche man zum Dienst gezwungen hat. Schieß-Niveau gering, allgemeine Ausbildung noch schlechter, Disziplin mangelhaft. Das Militär ist unterbezahlt; die Soldaten werden ungenügend ernährt und meistens schlecht untergebracht.« Neben der Armee gebe es noch 10500 *rurales*, »welche als der eigentlichen Armee überlegen« betrachtet würden. NAW, M. 274, R. 138, 812.22/1.

25 Allgemein zum mexikanischen Militär: Edwin Lieuwen, *Mexican Militarism, The Political Rise and Fall of the Revolutionary Army, 1910-1940*, UP of New Mexico, Albuquerque 1968; Jorge Alberto Lozoya, *El Ejército Mexicano (1911-1965)*, México 1970.

26 NAW, M. 274, R. 11, 812.00/796.

27 Limantour, *Apuntes*, S. 264-266. – Den selben Sachverhalt unterstreicht Aguilar, *La frontera*, für die Entwicklung in Sonora, S. 127-163. Insbesondere gelang es dort dem Gouverneur nicht, über Distriktvorsteher und Gemeindepräsidenten eine wirksame lokale Selbstverteidigung zu organisieren.

28 »Die hohen Armeekommandanten bewiesen, mit wenigen Ausnahmen, notorische Unfähigkeit oder Mangel an Erfahrung, obwohl zur Entlastung einiger von ihnen gesagt werden muß, daß man sie jeder eigenen Initiative beraubte, da sie in ihren Bewegungen völlig von den Befehlen aus Mexiko abhingen. Die Führung der Kampagne lag ausschließlich in den Händen der Präsidentschaft, von wo aus die Befehle direkt zu den Kommandanten gelangten, die diese auszuführen hatten. Die Feldkommandanten ihrerseits verständigten sich auf die gleiche Weise mit der Präsidentschaft, wodurch der Weg über das Kriegsministerium meistens nicht eingehalten wurde. Zwei oder drei Offiziere aus dem Stab des

Präsidenten versandten und empfingen sämtliche Telegramme, und oft kam es vor, daß das Kriegsministerium, das den Inhalt dieser Meldungen nicht kannte, es unterließ, die entsprechenden Maßnahmen zu treffen oder Befehle ausgab, die in nicht wenigen Fällen im Gegensatz zu den Entscheidungen der Präsidentschaft standen.« Limantour, S. 256.

29 »Auf der andern Seite sind die Soldaten der Bundesarmee insgesamt sowohl individuell wie auch rein militärisch gesehen (den Aufständischen) unterlegen; sie sind stets bereit, sich zu betrinken und wilden Orgien hinzugeben, wenn immer sie einen Ort besetzen, der dazu die Möglichkeit bietet.« Bericht des amerikanischen Militärattachés vom 19. 4. 1911, NAW, RG 165 (War Department, General Staff), 5761-150.

30 Limantour, *Apuntes*, S. 257, S. 263f.

31 Vgl. oben, Kap. I/3, S. 84 ff.

32 Womack, *Zapata*, S. 8-65; zu den politischen Mobilisierungseffekten der Leyva Kampagne, S. 8-35. Zur Literatur über Voraussetzungen und Entwicklung des Zapatismo vgl. neben der oben, Kap. I/3, S. 93, Anm. 73 genannten Literatur den noch immer lesenswerten Aufsatz von François Chevalier, Un facteur décisif de la révolution agraire au Mexique: Le soulèvement de Zapata (1911-1919) in *Annales, S.E.C., 1961/1*, S. 66-85. Vgl. zu den grundlegenden Entstehungsfaktoren und konstitutiven Merkmalen des Zapatismo auch Katz, *Deutschland*, S. 234-237, S. 323f. Im folgenden stützte ich mich hauptsächlich auf die detaillierte Monographie von Womack.

33 Womack, S. 61ff.

34 Womack, S. 4.

35 Womack, S. 60f.

36 Womack, S. 64f.

37 Womack, S. 66-80.

38 Zur politischen und militärischen Entwicklung in Chihuahua und zum Angriff auf Ciudad Juárez, vgl. Alamada, *La Revolución*, I, S. 189-238. – Zur Entwicklung und Ausbreitung des maderistischen Aufstandes im ganzen Land vgl. Louis J. Secrest, *The End of the Porfiriato: the Collapse of the Díaz Government, 1910-1911*, unveröffentl. Diss., University of New Mexico, 1970, S. 119-161, S. 197-207.

39 Knight, *Nationalism*, S. 146.

40 Diese These vertritt z. B. Jesús Silva Herzog in seiner bekannten, stark ereignisgeschichtlich ausgerichteten Arbeit über die mexikanische Revolution: *Breve Historia de la Revolución mexicana*, México D.F. 1960, hier verwendete französische Ausgabe: *La révolution mexicaine*, Paris 1968, 65. Auch Frank Tannenbaum sieht in seiner Studie *The Mexican Agrarian Revolution*, S. 156ff, eine – allerdings so wenig wie bei Silva Herzog konkret belegte – Massenerhebung von Bauern als Antwort auf Punkt 3 des Plans von San Luis. Die Frage der Bauernbeteiligung in der Revolution, als ein für das Verständnis der spezifischen Anatomie dieser Revolution zentrales Problem, wird weiter unten eingehend erörtert werden.

41 Auch der quantitative Umfang der Rebellentruppen ist schwer zu ermessen. Vor dem Fall von Ciudad Juárez existierte lediglich in Chihuahua eine größere, zusammenhängende Rebellenarmee unter dem Kommando von Pascual Orozco, Francisco Villa, Agustin Estrada und José de la Luz Blanco, die insgesamt etwa 2500 Mann umfaßte, vgl. Aguilar, *La frontera*, S. 160. Nach der Kapitulation von Ciudad Juárez schossen allerdings im ganzen Land unzählige neue Rebellenformationen aus dem Boden, so daß zur Zeit des Waffenstillstandes die bewaffneten Maderisten wohl einige Zehntausende ausmachten, vgl. Cumberland, *Genesis*, S. 144f.

42 Vgl. Aguilar, S. 130. José Maria Maytorena gehörte zu den führenden Großgrundbesitzern Sonoras. In seiner sozialen Herkunft und seinem Werdegang weist er viele Parallelen zu Madero auf; so hatte er z. B. ebenfalls einen Teil seiner Ausbildung in Europa und den USA erhalten. Maytorenas ursprünglich auch politisch sehr einflußreiche Familie war während des Porfiriats von den neuen Machthabern aus dieser Position verdrängt worden. Dies hatte ihn veranlaßt, sich zunächst den Reyisten anzuschließen, bevor er unter den Maderisten Sonoras eine führende Rolle zu spielen begann. In dieser Stellung sah er sich im November 1910 ebenfalls gezwungen, Sonora zu verlassen und sich in die USA abzusetzen, Aguilar, S. 81-85.

43 Limantour, *Apuntes*, S. 249; Cumberland, *Genesis*, S. 136f.

44 Vgl. Cumberland, S. 126-128, S. 132-134, S. 138f.

45 Vgl. Limantour, S. 281, S. 284, und Cumberland, S. 131, S. 134f., S. 145-150. Zu den Details der komplizierten und langwierigen Verhandlungen vgl. auch Secrest, *The End*, S. 218-262, und Vera Estañol, *Historia*, S. 134-188.

46 Limantour, S. 307.

47 Womack, S. 88.

48 Zur Kritik Cabreras und Carranzas vgl. Ross, *Francisco I. Madero*, S. 171. – Das Argument der politischen Naivität Maderos findet sich z. B. bei Silva Herzog, S. 81. Auch Roß sieht in Maderos Politik einen »schwerwiegenden politischen Irrtum«, welcher die Bildung einer »kohärenten Revolutionspartei« sowie die Entwicklung einer »gemeinsamen Philosophie« verhindert habe, Ross, S. 167, S. 177.

49 Ross, S. 126.

50 NAW, M. 274, R. 10, 812.00/352

51 Secrest, *The End*, S. 218.

52 Cumberland, *Genesis*, S. 131.

53 Vgl. Aguilar, *La frontera*, S. 159.

54 Aguilar, S. 172.

55 Cumberland, S. 141, S. 144.

56 Zur Ereignisgeschichte der Interimspräsidentschaft vgl. Ross, *Francisco I. Madero*, S. 174-235; Cumberland, S. 152-171.

Kapitel 2

Die Präsidentschaft Madero, November 1911 – Februar 1913

Nicht anders als die Interimsregierung de la Barra war auch die Regierung Madero von Anfang an starken Spannungen ausgesetzt, die dem besonderen Charakter der 1910 eingeleiteten Revolution entsprangen. Einerseits sah sich der neue Präsident wachsendem Druck aus seinen eigenen Reihen gegenüber, der aus den vielen durch die Rebellion zwar hervorgerufenen, durch ihren militärisch-politischen Erfolg aber nur zum Teil befriedigten neuen Aspirationen und Ambitionen resultierte. Andererseits hatte er auch weiterhin mit der verhüllten oder offenen Feindschaft aus Kreisen der alten porfiristischen Eliten zu rechnen, die durch Maderos Erfolg zwar nur teilweise aus ihren Führungspositionen verdrängt, wohl aber ihres früheren Regierungsmonopols beraubt worden waren.

Die Unzufriedenheit in den eigenen Reihen entzündete sich – abgesehen vom grundsätzlichen Konflikt mit den aufständischen Zapatisten – vor allem an Maderos Weigerung, in Regierung, Verwaltung und Armee weitreichende personelle Umbesetzungen zugunsten neuer Männer, in Honorierung von deren revolutionären Meriten vorzunehmen. Von den Mitgliedern seines ersten Kabinettes hatten lediglich Abraham González und Manuel Bonilla am Aufstand teilgenommen; zwei nahe Verwandte des Präsidenten, der Finanzminister Ernesto Madero und der Wirtschaftsminister Rafael L. Hernández, gehörten zwar ebenfalls der Regierung, ihren politischen Verbindungen und gesellschaftlichen Vorstellungen nach aber deutlich dem Kreis der alten porfiristischen Führungsschicht an.

Der betont konservative Charakter seines Kabinetts, der die enge gesellschaftliche Verbindung zum *Ancien Régime* deutlich machte, bestärkte denn auch viele Anhänger Maderos in ihrer Furcht, der neue Präsident werde »mit seinen Feinden gegen seine Freunde regieren«.[1] Die hohe Bürokratie, die, gemäß der Aussage Palavicinis, nach dem Erfolg der Aufständischen völlig die alte geblieben war, wurde auch unter Madero keinem radikalen Personalwechsel unterworfen, was unter vielen ambitiösen Maderisten Bitterkeit und Enttäuschung hervorrief.[2] In der Armee schließlich hatten nach wie vor prominente porfiristische Generäle, wie etwa Victoriano Huerta, die hohen Kommandoposten inne.

Diese nur sehr partielle Ablösung der alten Führungsschicht charakterisierte in hohem Maße auch die Situation in den Gliedstaaten. Selbst in jenen nördlichen Staaten, wo erklärte Maderisten wie Maytorena, Abraham González und Carranza die Regierung übernommen hatten, blieben Friktionen zwischen diesen maderistischen Honoratioren und jenen neuen Gruppen nicht aus, die ihren Anspruch auf angemessene Beteiligung an der politischen Macht weder auf eine prominente wirtschaftliche und soziale Stellung noch eine frühere politische Karriere, sondern lediglich auf ihre Teilnahme am maderistischen Aufstand stützen konnten. In gewissen Staaten, wie etwa in Guanajuato, verblieben die porfiristischen Politiker auch während der Maderoregierung unangefochten in ihren Ämtern. In anderen, wie etwa dem Staat Michoacán, der vom maderistischen Aufstand nur am Rande erfaßt worden war, gelangten mit dem Partido Liberal Silvista zwar neue Männer an die Regierung, was aber keineswegs auch einen sozialen Wechsel in der politischen Führungsschicht bedeutete, denn »soziologisch gesehen handelte es sich dabei um die Fortsetzung des Porfiriats«.[3]

In dieser Situation war es unvermeidlich, daß es zu zahlreichen, wenn auch meist lokal eng begrenzten Konflikten zwischen Gruppen ehemaliger maderistischer Aufständischer, die sich ihrer Entlassung und Entwaffnung entzogen hatten, und den neuen, auf Ruhe und Ordnung nicht minder als ihre Vorgänger bedachten Behörden kam.[4] Zwei bewaffnete Bewegungen sprengten wegen ihrer Bedeutung und ihrer politischen Auswirkungen allerdings rasch die auch von der neuen Regierung praktizierten Formen traditioneller Bandenbekämpfung: der Aufstand im mexikanischen Norden unter Pascual Orozco und der Aufstand im Süden unter Emiliano Zapata.

Im März 1912 kam es in Chihuahua zu einem Aufstand unter Führung von Pascual Orozco, der ein deutlicher Ausdruck der wachsenden Unzufriedenheit mit Maderos einseitiger Politik der Ämterpatronage war. Orozco war zwar nach dem militärischen Sieg von Ciudad Juárez ein triumphaler Einzug an der Spitze seiner Armee in die Stadt Chihuahua zuteil geworden, eine wichtige politische Position war ihm aber, wie erwähnt, verweigert worden. Als neu ernannter Kommandant der staatlichen *rurales* kandidierte der populäre Revolutionsgeneral, unterstützt von den antigonzalistischen Kräften des Staates, gegen Abraham González als Gouverneur, zog dann aber unter dem starken Druck der maderistischen Führung seine Kandidatur zurück.[5] Im März 1912 entschloß sich Orozco zum offenen Aufstand gegen den neuen Präsidenten, wobei es durchaus bezeichnend ist, daß er in seiner Rebellion gegen Madero die Unterstützung zahlreicher wichtiger Militärführer des maderistischen Aufstandes, mit Ausnahme jener von Francisco Villa, erhielt. Diese Truppenführer, die unter ihm schon für Madero gegen Díaz gekämpft hatten, wandten sich nun mit ihren Leuten ohne Zögern auch gegen den Präsidenten Madero, der ihrer Meinung nach die Revolution verraten hatte. Dabei ist es sehr charakteristisch für die ideologische Versatilität dieser Bewegung und ihren ausgeprägten Mangel an politischer Eigenständigkeit, daß sie zwar einerseits zur Rechtfertigung ihrer Rebellion ein soziales Reformprogramm verkündete, das – wohl unter dem Einfluß der Liberalen Partei der Brüder Flores Magón – weiterging als alles, was die Regierung Madero zu konzedieren bereit war, daß sie aber gleichzeitig unter dem starken Einfluß der alten Oligarchie des Staates stand, von der sie auch erhebliche finanzielle Unterstützung erhielt. Die alte porfiristisch-terrazistische Elite in Chihuahua bediente sich nämlich der orozquistischen Bewegung, um ihrer Opposition gegen die neue maderistische Administration, die u. a. durch ein Projekt zur progressiven Besteuerung des Großgrundbesitzes auch ihre ökonomischen Interessen bedrohte, ein wirksames Instrument zu verschaffen, wobei sie darauf vertraute, Orozco nach einem erfolgreichen Aufstand leicht in ihrem Sinne manipulieren zu können.[6]

Auch in der neuen orozquistischen Bewegung zeigte sich mit aller Deutlichkeit die Präponderanz personaler Beziehungen in dieser sozial wie ideologisch heterogenen nördlichen Rebellenarmee. Orozcos brüsker politischer Frontwechsel schadete seiner Reputation kaum, und seine große Popularität in Chihuahua sicherte ihm auch jetzt die Gefolgschaft seiner ehemaligen Unterführer, die ihrerseits ohne Mühe ihre Leute unter dem Banner des jetzt antimaderistischen Orozquismo versammeln konnten.[7]

Nach militärischen Anfangserfolgen wurde Orozcos Armee, die angesichts der nun restriktiveren Haltung der nordamerikanischen Grenzbehörden zunehmend an Versorgungsschwierigkeiten litt, von den Bundestruppen unter General Huerta empfindlich geschlagen. Sie mußte sich nach Norden zurückziehen, wobei sie sich zersplitterte und von der Auflösung bedroht war, als im Februar 1913 der selbe General Huerta Madero stürzte, was Orozco dann die Möglichkeit bieten sollte, sich mit den ihm noch verbleibenden Truppen Huerta anzuschließen, um vereint mit den *federales* die langsam sich formierende konstitutionalistische Bewegung zu bekämpfen.

Es kann hier nicht darum gehen, eine Charakterisierung der Orozco-Bewegung nach Kriterien wie »revolutionär« bzw. »konterrevolutionär« vorzunehmen. So sehr bei den Orozquisten soziale Reformanliegen zum Ausdruck kamen, so unbestreitbar stellten sie sich letztlich doch in den Dienst von politisch und sozial regressiven, revolutionsfeindlichen Kräften.[8] Gerade in dieser Ambivalenz werden aber auch grundlegende Merkmale der nördlichen Revolutionsbewegung insgesamt deutlich, die hier lediglich besonders akzentuiert in Erscheinung treten: ein politisch und gesellschaftlich weitgehend richtungsloser oder zumindest unartikulierter Aktivismus, eine ausgeprägte politische Manipulierbarkeit der Basis und eines Großteils der militärischen Führer; schließlich das Fehlen einer starken, unmittelbaren Reformmotivation, wie sie in hohem Maße die aufständischen zapatistischen Bauern des Südens auszeichnete.

Dieser Aufstand im Süden ist denn auch nur vor dem Hintergrund der maderistischen Agrarpolitik und ihrer konkreten Auswirkungen auf die unteren bäuerlichen Schichten zu verstehen. Die Agrarpolitik wiederum war Teil einer umfassenderen Wirtschafts- und Sozialpolitik, welche die Haltung der neuen Regierung nicht nur gegenüber den Bauern, sondern auch gegenüber den Arbeitern zum Ausdruck brachte und die in ihren aufschlußreichen Unterschieden in der Behandlung dieser beiden Gruppen kurz skizziert werden soll.

Arbeiter waren zwar am maderistischen Aufstand in nicht geringer Zahl beteiligt gewesen, aber weder parteimäßig noch gewerkschaftlich strukturierte Arbeiterorganisationen hatten als solche beim Sturz der Regierung Díaz eine bedeutsame Rolle gespielt.[9] »Während der gegenwärtigen Revolution sind die städtischen Arbeiter untätig in ihren Städten geblieben, solange sie dort Arbeit hatten«, stellen González Roa und Covarrubias fest, »und erst nachdem die Revolution gesiegt hat, sah man, wie sie begannen, Aktivität zu entfalten.«[10] Unter Madero, der den Arbeitern schon in seinem ersten Wahlkampf größere Organisationsfreiheit als Voraussetzung einer wirksameren Interessenvertretung versprochen hatte, kam es zur Gründung zahlreicher neuer Arbeitervereinigungen, die noch immer vorwiegend mutualistischen Charakter, zum Teil aber bereits auch sozialistische oder anarchosyndikalistische Tendenzen aufwiesen. Erstmals kam es 1912 mit der Gründung der Casa del Obrero Mundial auch zur Bildung einer Dachorganisation, welche verschiedene Gewerkschaften und Arbeitervereinigungen in der Hauptstadt und einigen anderen Städten zu vereinigen suchte. Obwohl nun auch die Industriearbeiterschaft sukzessive vom Syndikalisierungsprozeß ergriffen wurde, waren es noch immer die Handwerker, die insbesondere auch in der Führung der neuen Verbände dominierten und ihnen weiterhin das Gepräge gaben.[11]

Parallel zu dieser organisatorischen Gründungsaktivität kam es nach dem Sturz der Díaz-Regierung auch zu einem Anschwellen der Streiktätigkeit. Anders als unter Díaz wurden die Streiks von der neuen Regierung im allgemeinen toleriert, auch wenn diese die Arbeiter immer wieder auf die Schädlichkeit von Streikmaßnahmen hinwies und einzelne Staatsgouverneure auch weiterhin nicht vor einem Truppeneinsatz gegen Streikende zurückschreckten.[12]

Die schon unter Díaz eingeleitete Politik einer staatlichen Intervention in den Bereich der Arbeitsverhältnisse wurde von der Regierung Madero – jetzt allerdings mit vorwiegend patriarchalischem Unterton – fortgesetzt und fand ihren Niederschlag u. a. in der Gründung der ersten Arbeitsbehörde, des *Departamento de Trabajo.* Diese Regierungspolitik hatte ihr Gegenstück in der bereits geschilderten organisatorischen Schwäche und politisch-ideologischen Anfälligkeit der mexikanischen Arbeiterschaft, an der auch der Sturz der Díaz-Regierung nichts geändert hatte. Der Maderismus leitete insofern auch keinen Emanzipationsprozeß der mexikanischen Arbeiterbewegung ein. Im Gegenteil verstärkten sich nun, wie Marjorie Clark betont, einige Grundzüge ihrer fehlenden Eigenständigkeit nur noch: »Brauchten die Arbeiter ein Versammlungslokal? Dann wandten sie sich an die Regierung. Benötigten sie Geld? Dann baten sie einen Regierungsbeamten darum und erhielten es sehr oft. Waren sie in

einen Konflikt mit den Arbeitgebern verwickelt? Wieder wurde ein Regierungsvertreter als Schiedsrichter ausgesucht.«[13]
Wiewohl die verstärkte Streiktätigkeit unter Madero und die vermehrten Forderungen der Arbeiter nach höheren Löhnen und besseren Arbeitsbedingungen ein Klima sozialer Unrast hervorbrachten, das die Regierung gegenüber den radikaleren Arbeiterorganisationen wie etwa der Casa del Obrero Mundial zunehmend repressiv reagieren ließ, blieb der Konflikt zwischen Arbeitern und Regierung begrenzt.[14] Einerseits hatte sich die nun entstehende Arbeiterbewegung ja selbst politische Abstinenz auferlegt, die nicht nur in der Tradition der mutualistischen Organisationen lag, sondern auch in jener der sich als anarchosyndikalistisch verstehenden Verbände, wie z. B. der Casa del Obrero Mundial.[15] Andererseits blieben ihre Forderungen auf unmittelbare wirtschaftlich-soziale Verbesserungen beschränkt, berührten also nicht den Bereich der Eigentumsverhältnisse in den Unternehmen.
Die Forderungen der Bauern gingen dagegen sehr viel weiter. Sie verlangten die Rückgabe ihres Grund und Bodens und waren gewillt, dafür zu kämpfen. Ihr Konflikt mit der neuen Regierung war deshalb von Anfang an von viel grundsätzlicherer Natur und nahm auch einen viel heftigeren Verlauf, der gleichzeitig ein bezeichnendes Licht auf den ambivalent »bürgerlichen« Charakter der Madero-Regierung wirft.
Wie weiter oben ausgeführt, kann die mexikanische »Bourgeoisie«, wie sie z. B. durch die Madero-Familie repräsentiert wurde, nicht einem Industriebürgertum westeuropäischer oder nordamerikanischer Prägung gleichgesetzt werden.[16] Einer der wesentlichsten Unterschiede lag in der Tatsache, daß die mexikanische »Bourgeoisie« im allgemeinen aufs engste mit bedeutenden agrarischen Interessen verflochten war. Eine »bürgerliche« Agrarreform, als Ausfluß eines Interessengegensatzes zwischen einem industriell-kommerziellen Bürgertum und einer agrarischen Landaristokratie, war deshalb von der neuen Regierung unter Madero nicht zu erwarten.[17] Ihre Agrarpolitik, die schließlich den Konflikt mit den Zapatisten unvermeidlich machte, legt davon beredtes Zeugnis ab.
Schon am 26. Mai 1911, nur wenige Tage nach Abschluß des Paktes von Ciudad Juárez, hatte Madero in einem Manifest an das mexikanische Volk betont, daß die durch Artikel 3 des »Plans von San Luis Potosí« hervorgerufenen Aspirationen nach Land-

verteilung nicht in vollem Umfang befriedigt werden könnten. Nachdem aber, nicht zuletzt durch den zapatistischen Aufstand in Morelos, die Agrarfrage immer stärker ins Zentrum der öffentlichen Diskussion gerückt war, sah sich der Präsident am 27. Juni 1912 genötigt, seine Agrarkonzeption deutlicher und »ein für allemal« zu umreißen. Madero wies die Behauptung zurück, die von ihm geführte Revolution habe die »Aufteilung des Grund und Bodens an das Proletariat« versprochen. »Ich habe mich zwar immer für den Kleinbesitz eingesetzt, aber dies heißt nicht, daß auch nur einem einzigen Grundbesitzer sein Eigentum weggenommen werden soll ... Es ist eine Sache, durch dauernde Bemühungen den Kleinbesitz zu schaffen, und eine andere, den Grundbesitz aufzuteilen, woran ich niemals gedacht und was ich auch in keiner meiner Reden oder Programme verkündet habe.« Zwar sei sein Versprechen bezüglich der Restitution unrechtmäßig erworbenen Landes an die ehemaligen Besitzer »in seiner ganzen Breite« noch nicht erfüllt, denn »aufgrund der für die Nation so vorteilhaften Verträge von Ciudad Juárez mußte die neue Regierung alle ihre Handlungen dem geltenden Gesetz unterwerfen und alle früheren Gerichtsentscheide als gültig, wie auch alle Verwaltungsakte der vorangegangenen Regierung als legitim anerkennen. Aus diesem Grunde ist es schwierig, den Grund und Boden jenen zurückzugeben, welchen er ungerechterweise weggenommen wurde und die diesbezüglichen Urteile einer Revision zu unterziehen, wenn diese Enteignung durch alle gesetzlichen Vorschriften sanktoniert wurde.« Seine Regierung plane indessen, führte der Präsident weiter aus, den enteigneten Dörfern ihre Ejidos[18] »soweit dies möglich sei« zurückzugeben sowie »einige große Landgüter« zur späteren Unterteilung aufzukaufen, womit das gleiche Resultat erzielt werde.[19]

Nicht viel anders als die porfiristische Administration in ihren letzten Jahren verstand auch die Regierung Madero die Agrarfrage vor allem als ein *problema agrícola*, d. h. weniger als ein soziales denn vielmehr ökonomisches, technisches und organisatorisches Problem, wie es sich vor allem in den ineffizienten, technisch rückständigen, aber durch Zollschutz am Leben erhaltenen Betrieben der Getreidelandwirtschaft stellte.[20] Entsprechend zahlreich waren unter der Regierung Madero die technokratischen Vorschläge für eine »Agrarreform«, die sich in erster Linie auf Bewässerungsprobleme, Importzollfragen und ähnliche

Maßnahmen konzentrierten, einen direkten Eingriff in die Landbesitzverhältnisse aber als »unmöglich« zurückwiesen.[21] Maderos Wirtschaftsminister Rafael L. Hernández wurde denn auch von seinem huertistischen Nachfolger lobend attestiert, er habe »gegen die respektlosen Tendenzen angekämpft, welche die Revolution hervorgebracht hatte und die in den blühendsten Staaten des Landes die Fackel der Anarchie entzündeten ...«. Insbesondere habe er als erklärter Gegner von Reformprojekten, die auch Landverteilungsmaßnahmen beinhalteten, »den Ungeduldigen und den Widerspenstigen die Gefahren, die Sterilität und die Ungerechtigkeit einer solchen Landverteilung an den erstbesten Antragsteller oder irgend einen Unverfrorenen klargemacht.«[22]

Weitergehende Vorschläge aus den Reihen progressiver Maderisten, die auch eine Verbesserung der sozialen Stellung von Kleinbauern und Landarbeitern anstrebten, wie sie etwa in Luis Cabreras Forderung nach Wiederherstellung der Ejidos als »Mittel zur Ergänzung des Tagelohnes der Landarbeiter« zum Ausdruck kamen, wurden von den mehrheitlich konservativen Kräften in Regierung und Kongreß zurückgewiesen.[23] Dies bedeutete, daß die mexikanische Agrarstruktur, wie sie sich im Porfiriat herausgebildet hatte, auch unter der Regierung Madero praktisch unverändert blieb. Auf der andern Seite aber hatte der maderistische Aufstand nicht nur allgemeine Hoffnungen auf eine Verbesserung auch der ländlichen Lebensverhältnisse geweckt, sondern überdies bestimmte bäuerliche Gruppen mobilisiert, die klare agrarreformerische Zielvorstellungen verfolgten. Für die meisten Campesinos ging es dabei allerdings noch nicht um eine eigentliche Veränderung der Agrarstruktur, sondern lediglich um eine Verbesserung ihrer unmittelbaren Lebens- und Arbeitsbedingungen auf den Haciendas, wie z. B. deutlich aus einem Bericht des Präsidenten der »Nationalen Landwirtschaftskammer von Tabasco« aus dem Jahre 1912 hervorgeht. Dieser betonte, daß es als »natürliche Folge« der Revolution im Südosten zu einer »Erhebung der Landarbeiter« gekommen sei, die fast den gesamten Staat sowie Yucatán und Campeche erfaßt habe. Die aufgetretenen Probleme hätten indessen zufriedenstellend gelöst werden können, »weil sämtliche Hacendados die Löhne der *peones* und die Lebensbedingungen in guten Unterkünften verbessert haben; dazu völlige Freiheit im Betreten und Verlassen der Güter, mehr Freiheit, einige Zeit auf die eigene

Arbeit zu verwenden, keine Arbeit an Sonntagen, wöchentliche Bezahlung, Arzt und Medizin unentgeltlich für die Kranken, eine menschliche Behandlung und klar umschriebene Arbeit. Als die Landarbeiter von diesen Verbesserungen erfuhren, sind sie freiwillig an ihre Arbeit zurückgekehrt.«[24]

Im Unterschied zu diesen begrenzten Lohn- und Arbeitskonflikten auf den Haciendas, die sich erst nach dem Sturz der Díaz-Regierung stärker ausbreiteten, hatten die Reformvorstellungen der Bauern von Morelos grundsätzlicheren Charakter. Wie weiter oben ausgeführt, hatten sich dort unter der Führung von Emiliano Zapata im März 1911 bewaffnete Bauern unter dem Banner des Maderismus erhoben, vor allem auch motiviert durch Maderos Versprechungen, daß den Bauern das ihnen willkürlich enteignete Land zurückgegeben würde. Im Mai 1911 hatten die Zapatisten zwar die militärische Kontrolle über wichtige Teile des Staates errungen, sahen sich aber nach dem Vertrag von Ciudad Juárez in Morelos rasch einer Koalition von wesentlich konservativeren Maderisten gegenüber, zu der auch die militärischen Führer des Aufstandes in Guerrero, die Brüder Figueroa, gehörten.[25] Gestützt auf ihr neues militärisches Prestige begannen die Zapatisten nun unter Berufung auf die maderistischen Versprechungen ihr altes Land von den Grundbesitzern zurückzuverlangen, was ihrer Ansicht nach lediglich die Erfüllung legitimer Rechtsansprüche und noch keineswegs eine Infragestellung der Institution der Hacienda als solcher bedeutete. Dennoch widersetzten sich die Hacendados, die inzwischen mit Hilfe der konservativen Maderisten ihren politischen Einfluß im Staate weitgehend wiederhergestellt hatten, diesen Forderungen. Ihre Politik war vielmehr darauf gerichtet, die frischgebackenen zapatistischen Soldaten so rasch wie möglich aus der Rebellenarmee zu entlassen und ihre Waffen einzuziehen.

Auch Madero war im Frühsommer 1911 an einer raschen Entlassung dieser Truppen interessiert, um den von ihm angestrebten friedlichen Machtwechsel nicht zu gefährden. Die von Zapata und seinen Anhängern immer wieder betonte Dringlichkeit ihrer Landforderungen, deren rasche Erfüllung sie sich vom Triumph des maderistischen Aufstandes erhofft hatten, hatte demgegenüber in den Hintergrund zu treten. Zwar verschloß sich Madero Zapatas Forderungen nicht grundsätzlich und stellte auch deren spätere, legale Verwirklichung in Aussicht, gleichzei-

tig aber erhielten die Zapata-Truppen prophylaktisch den strikten Befehl, sich jeglicher Feindseligkeiten gegenüber den Haciendas zu enthalten.
In dieser Situation gegenseitigen Mißtrauens gestaltete sich die Entlassung und Entwaffnung der zapatistischen Truppen äußerst schwierig. Einer ersten Entlassung der 2500 zapatistischen Soldaten im Juni 1911 folgte die heimliche Neuorganisation, nachdem sie sich darüber klar geworden waren, daß sie als Faktor der morelensischen Politik völlig ausgeschaltet werden sollten. Die Folge davon war, daß im August 1911, noch unter der Interimsregierung de la Barra und trotz der Vermittlungsversuche Maderos, die widerspenstigen Zapatisten nun mit militärischen Mitteln zur Räson gebracht werden sollten. In der hauptstädtischen Presse waren die Zapatisten inzwischen zu »wilden Horden«, Zapata selbst zum »modernen Attila« erklärt worden. Eine Armee unter Victoriano Huerta wurde gegen die wieder zu simplen Straßenräubern degradierten Zapatisten eingesetzt. Für den prominenten porfiristischen General war der Staat zwar Ende September »pazifiziert«, faktisch aber hatte er das Gegenteil davon erreicht. Denn Zapata hatte sich erfolgreich allen Verfolgungen durch die Armee entziehen können und Huertas »martialische Predigt«, wie der General sie nannte, hatte den Widerstand um den nun um so populäreren Zapata nur verstärkt und die Zahl seiner Anhänger erhöht, die nun auch erstmals versuchten, die Unterstützung der *acasillados,* also der auf den Haciendas dauernd ansässigen Landarbeiter, zu gewinnen.
Der Amtsantritt Maderos Anfang November 1911 ließ zwar die Hoffnung auf eine gütliche Beilegung des Konfliktes noch einmal aufleben, aber auch der Präsident Madero beschränkte sich, im Bestreben die Autorität seines neuen Amtes zu unterstreichen, darauf, die Kapitulation der Zapatisten zu verlangen, ohne gleichzeitig auf deren inhaltliche Forderungen einzugehen. Damit aber war für die Zapatisten der Bruch auch mit der Regierung Madero unvermeidlich geworden. In ihrem berühmt gewordenen »Plan de Ayala« vom 25. November 1911 sprachen sie Madero deshalb nicht nur seine Autorität als Führer der Revolution und als Präsident der Republik ab, sie begründeten damit auch ihre eigene Revolution, die »Revolution des Südens.«[26]

Die Revolution des Südens: Voraussetzungen, Struktur und Zielsetzungen der zapatistischen Bauernerhebung

Die zapatistische Bauernerhebung des Südens, die *Revolución del Sur,* verdient nicht nur als eine der wichtigsten Teilbewegungen innerhalb der Revolution besondere Beachtung. Als eine überwiegend kleinbäuerliche Agrarbewegung unterschied sie sich sowohl in ihrer sozialen Zusammensetzung als auch in ihren Organisationsformen und Zielsetzungen vielfältig von den übrigen Bewegungen der mexikanischen Revolution, wie sie dann in den Jahren 1913/14 hauptsächlich im Norden entstehen sollten. Daß sich im südlichen Teil des zentralen Hochlandes mit dem Kern Morelos – anders als in den übrigen Teilen des Landes – eine mächtige und eigenständige Bauernbewegung entwickeln konnte, hing mit einigen spezifischen Voraussetzungen dieser Region zusammen, die für ein Verständnis jener Bewegung und ihre Einordnung in den Gesamtkontext der Revolution etwas genauer zu erörtern sind.

Die spezifische politisch-gesellschaftliche Brisanz der Agrarentwicklung in diesem Gebiet resultierte vor allem aus der Tatsache, daß die Institution des *pueblo,* des freien Dorfes, dem hier besonders ausgeprägten ökonomischen Modernisierungsprozeß der Zuckerlandwirtschaft mit seinen sozial zersetzenden Effekten hatte widerstehen können. Die wirtschaftlich zwar stark angeschlagenen, politisch aber noch intakten Dorfgemeinschaften sollten – gleichsam als Kristallisationskerne des bewaffneten Widerstandes – zur Basis der zapatistischen Bewegung werden. Hinzu kam, daß dieses Gebiet intensiver Bewässerungslandwirtschaft eine relativ hohe Bevölkerungsdichte aufwies, was für die Aufständischen ein dichteres Rekrutierungs- und Kommunikationsnetz bedeutete als es sich in den dünner besiedelten Regionen mit oft weit auseinanderliegenden, vielfach isolierten Haciendas ergab. Und schließlich erleichterte die Nähe zur Hauptstadt und die ausgeprägte wirtschaftlich-geographische Mobilität vieler Bauern dieser Region auch den Kontakt mit neuen Ideen und oppositionellen Intellektuellen, was entscheidend zur politisch-ideologischen Potenz der Bauernbewegung beitrug.[27]

Zentrale Bedeutung für die Organisation und den Zusammenhalt der zapatistischen Bewegung kam der Dorfgemeinschaft, dem *pueblo libre,* zu.[28] Im Gegensatz zur Hacienda vermochte das freie Dorf seinen Bewohnern, selbst wenn diese wirtschaftlich in zunehmende Abhängigkeit von den Haciendas gerieten, einen Freiraum selbständiger, auch politischer Tätigkeit zu bewahren, wie er für die dauernd ansässige Haciendabevölkerung nicht existierte. Dort war die Abhängigkeit der Landarbeiter von den Gutsherren, sei sie loyalitätsbedingt oder repressiv erzwungen, meist so groß, daß sich auf diesen Gütern kaum spontane Aufstandsbewegungen entwickeln konnten. Erst mit dem Durchzug von Revolutionsarmeen, in der Regel also durch Impulse von außen, wurden schließlich auch Teile dieser bäuerlichen Bevölkerungsgruppe mobilisiert.[29] Das Dorf dagegen bot günstige Voraussetzungen für die Organisation eines Aufstandes, weil es gleichsam als kollektives Subjekt agieren konnte. In den Gerichtsstreitigkeiten mit den umliegenden Haciendas etwa war es stets das Dorf als Ganzes gewesen, welches durch seine gewählten Vertreter die alten Rechte zu verteidigen suchte. Im Gegensatz zu den Haciendasiedlungen ließ sich hier aber auch der bewaffnete Widerstand leichter vorbereiten. Die lange Tradition meist vergeblicher Versuche, sich auf legale Weise Recht zu verschaffen, hatte in den Dörfern, verbunden mit dem noch intakten Bewußtsein, einer von der Hacienda unabhängigen sozialen Organisation anzugehören, auch zu einer ausgeprägteren Kampfbereitschaft geführt. Daß die Dörfer in Morelos, wenn auch zahlenmäßig geschwächt, als unabhängige politische Einheiten überlebten, hing u. a. mit den spezifischen Arbeitsanforderungen des Zuckeranbaus zusammen. Denn durch die saisonal stark schwankende Nachfrage nach Arbeitskräften auf den Haciendas erwies sich das Dorf auch in den Augen der Großgrundbesitzer als eine nützliche Komplementärinstitution zur Hacienda. Als Saisonarbeiter während der vier- bis fünfmonatigen Zuckerrohrernte oder auch als Halbpächter von Haciendaland einerseits wirtschaftlich immer stärker von den Großgrundbesitzern abhängig und in vielen Fällen dadurch proletarisiert und radikalisiert, hatten diese ehemals unabhängigen Bauern durch ihre Verwurzelung in der Dorftradition andererseits – und gerade dies begründete die explosive Situation in Morelos – ihren Selbstverteidigungswillen in viel höherem Maße als die fest ansässige Haciendabevölkerung erhalten können. Dort, wo nämlich im Laufe der porfiristischen Expansion des Großgrundbesitzes ein Dorf durch den totalen Verlust seines Grund und Bodens wirtschaftlich völlig aufgerieben und mit der ökonomischen

Eigenständigkeit auch seine politische Existenzgrundlage verlor, beobachtete González Roa eine wachsende Apathie der Bevölkerung, überhaupt noch am politischen Leben teilzunehmen.[30]
Während 1910 im nationalen Durchschnitt 46,8 % der gesamten Agrarbevölkerung fest auf den Haciendas und 51 % in freien Dörfern lebten und in den bevölkerungsreichen Agrarstaaten des nördlichen und nordwestlichen Teils des zentralen Hochlandes der Anteil der *peones acasillados* auf den Haciendas gar noch wesentlich höher lag, überwog in Morelos deutlich die in freien Dörfern ansässige Landbevölkerung. Hier standen 74,1 % Dorfbevölkerung lediglich 23,7 % Haciendabevölkerung gegenüber, während etwa in Jalisco, im bevölkerungsreichsten Agrarstaat also, gegenüber 65,5 % Haciendabevölkerung nur 33,4 % in freien Dörfern lebten, in einem Staat wie Guanajuato gar nur noch 13,3 % gegenüber einem Anteil der Haciendabevölkerung von 84,3 %. Allein in jenen Staaten des zentralen Hochlandes, die zumindest teilweise zum Kerngebiet der zapatistischen Bewegung gehörten, wie etwa Puebla, Tlaxcala, México, Guerrero und Oaxaca, lagen die Verhältnisse in einem Morelos vergleichbaren Rahmen.[31]
Die Bedeutung des Dorfes als Trägerinstitution der zapatistischen Bewegung geht auch sehr deutlich aus dem »Plan von Ayala« vom 25. November 1911 hervor, erschienen die Dörfer darin doch gleichsam als handelnde Individuen; für die Zapatisten waren *pueblos* und *pueblo*, d. h. Dörfer und Volk, im Kern identisch.[32] Der »Plan von Ayala«, redigiert vom Schullehrer Otilio Montaño und unterzeichnet von den wichtigsten Militärführern der zapatistischen Bewegung, hat – zumindest in seiner ursprünglichen Form – einen unübersehbar restaurativen Gehalt.[33] Unter Berufung auf das alte Recht und die legitimierende Autorität der geschichtlichen Tradition, wurde im zentralen Passus verlangt, »daß das Land, die Wälder und das Wasser, welche die Hacendados, Científicos und *caciques* im Schatten einer korrupten Justiz usurpiert haben, ohne weiteres in den Besitz jener Dörfer oder Bürger übergehen, welche dafür ihre Rechtstitel vorweisen können und die ihres Besitzes durch den Betrug unserer Unterdrücker beraubt worden sind, welche den erwähnten Besitz unnachgiebig und mit Waffengewalt festhalten; und daß jene Usurpatoren, die sich für die rechtmäßigen Besitzer halten, dies vor den Sondergerichten, die mit dem Triumph der Revolution errichtet werden, zu beweisen haben.« Die Restitu-

tion des enteigneten Landes an die alten und rechtmäßigen Besitzer war zwar primäres, aber nicht ausschließliches Ziel der *Revolución del Sur;* denn »in Anbetracht der Tatsache, daß die überwältigende Mehrheit der mexikanischen Dörfer und Bürger nur gerade jenen Boden besitzt, auf dem sie steht, weil das Land, die Wälder und das Wasser in ganz wenigen Händen monopolisiert sind«, sollten die Großgrundbesitzer »mittels vorangegangener Entschädigung« ein Drittel ihres Landes abgeben, damit durch eine Landverteilung »dem Mangel an Prosperität und Wohlergehen der Mexikaner abgeholfen werde.« Die Güter jener Hacendados, welche sich dem »Plan von Ayala« direkt oder indirekt widersetzen sollten, waren schließlich zu nationalisieren, wobei die an sich ihren alten Besitzern zustehenden zwei Drittel für Kriegsentschädigungen sowie für Witwen- und Waisenrenten an die Hinterbliebenen der für die Verwirklichung dieser Forderungen gefallenen Revolutionäre zu verwenden waren.[34]

Wenn der »Plan von Ayala« im Laufe der jahrelangen Bürgerkriege und der daraus erwachsenden Radikalisierung der zapatistischen Bewegung in manchen Bestimmungen auch modifiziert wurde, so blieb er in seinem Kern – gleichsam als »Magna Charta« der Zapatisten – doch stets die programmatische Grundlage der »Revolution des Südens«. Unter dem entscheidenden Einfluß städtischer Intellektueller wurde später zwar der zunächst rein restaurative Charakter des zapatistischen Programms abgebaut. Aber die neuen, stärker sozialistisch orientierten Vorstellungen vermochten das ideologische Profil dieser Bewegung doch nur insofern umzugestalten, als kollektivistische Ordnungsvorstellungen auch von den dörflichen Traditionen kommunitärer Wirtschaftsformen getragen wurden.

Kennzeichnend für den eng lokal-regionalen Charakter dieser Bauernbewegung war die Beschränkung auf unmittelbar bäuerliche Forderungen im »Plan von Ayala«. Politisch begnügten sich die Zapatisten mit einer Wiederholung der entsprechenden Bestimmungen des »Plans von San Luis Potosí«, den Madero allerdings verraten habe, »um den Científicos, Hacendados und *caciques*, die uns in Sklaverei halten, zu Gefallen zu sein«. Forderungen, die sich auf die Lage der Arbeiterschaft bezogen, finden sich im ursprünglichen Programm der Zapatisten ebensowenig wie betont nationalistische Positionen, beides Programmpunkte, denen z. B. in der magonistischen Bewegung eine große Bedeutung zukam. Auch zu den urbanen und nördlichen Mittel-

schichten, die später als Führungseliten der Revolution eine so entscheidende Rolle spielen sollten, bestand kaum eine ideologische Affinität; allein schon deren Antiklerikalismus mußte den zapatistischen Bauern ihrem Wesen nach fremd bleiben.[35]
Der ausgeprägt lokal-regionale Charakter von Bauernaufständen mit typischen Merkmalen einer »Jacquerie«, die etwa Chevalier auch in der Anfangsphase der zapatistischen Bewegung konstatiert, und grundsätzlich die »lokale Begrenztheit einer jeden Bauernbewegung«, die Katz bezüglich der Zapatisten unterstreicht, welche auch kaum bereit gewesen seien, »längere Zeit ihren heimatlichen Boden zu verlassen«, verliehen der zapatistischen Bewegung ihren hohen Grad sozialer Homogenität, der zugleich ihre Stärke – hinsichtlich der Einheitlichkeit ihrer Reformforderungen –, aber auch einen wichtigen Faktor ihrer Schwäche – bezüglich der fehlenden »nationalen Perspektive – innerhalb der mexikanischen Revolution begründete.[36]
Die militärische Organisation der zapatistischen Bewegung konnte unter diesen Umständen schwerlich eine andere Form annehmen als jene der Guerilla; dies in deutlichem Unterschied zu den späteren Revolutionsarmeen des Nordens, die, wie zu zeigen sein wird, das Stadium eigentlicher Partisanenarmeen rasch überwanden. Die Grundeinheiten der zapatistischen »Befreiungsarmee des Südens« setzten sich aus sehr mobilen Gruppen in der Größenordnung von 20-300 Mann zusammen: »Die einen bewegten sich zu Fuß, die anderen auf den gedrungenen Pferden der Region oder auf Maultieren, die man den Zuckermühlen weggenommen hatte. Sie verfügten kaum über andere Feuerwaffen und Munition als jene, die sie den regulären Truppen in tollkühnen Überfällen hatten entreißen können. Auch einige Kanonen wurden auf diese Weise beschafft. Eine regelrechte Armeeverwaltung gab es ebensowenig wie eine organisierte Truppenkasse. Weder die Soldaten noch die Offiziere erhielten Sold.«[37]
Die Unmöglichkeit, sich – wie etwa die revolutionären Nordarmeen – durch einen ausgedehnten Export von Landesprodukten nach den USA große finanzielle Mittel zu beschaffen, zwang die Zapatisten von Anfang an, sich ganz auf die verhältnismäßig bescheidenen lokalen Ressourcen zu beschränken. Eine solche Armee konnte deshalb nur dann längere Zeit existieren, wenn sie in engster Symbiose mit dem Lande lebte, in welchem sie militärisch operierte. Armee und *pueblos* waren denn auch keine

getrennten Institutionen, sondern nur verschiedene Organisationsbereiche mit komplementären Funktionen derselben aufständischen Bauernbevölkerung. Auch die Kriegführung der Rebellen gehorchte aus diesem Grunde, wie Chevalier betont, nicht nur rein militärischer Logik, sondern folgte dem »Rhythmus der Feldarbeiten«, in deren Verlauf sich die zapatistischen Soldaten für Aussaat und Ernte vorübergehend wieder in friedliche Bauern verwandelten.[38]

Diese Flexibilität verlieh der zapatistischen Armee ihre außerordentliche Defensivkraft auf dem Lande, die ihre erste große Bewährungsprobe unter der neuen Regierung Madero gegen die äußerst brutal geführte Repressionskampagne unter dem Kommando des Generals Juvencio Robles zu bestehen hatte. Robles wandte seine in den 1890er Jahren bei der blutigen Niederwerfung der Yaqui-Aufstände gewonnenen Erfahrungen nun auch in Morelos an: ganze Dörfer wurden niedergebrannt und ihre Bewohner in Konzentrationslagern zusammengetrieben, um der Rebellenarmee so ihre Rekrutierungs- und Versorgungsbasis zu entziehen. Die wehrfähigen Männer, die der Bundesarmee in die Hände fielen, wurden zwangsausgehoben und den Regierungstruppen einverleibt, die im Norden gegen den orozquistischen Aufstand eingesetzt wurden. Aber wie schon zuvor die militärischen Aktionen unter Huerta scheiterte auch Robles' Terrorkampagne gegen die morelensischen Bauern. Das Resultat war nur ein weiterer, verzweifelter Solidarisierungseffekt mit der zapatistischen Armee unter der Bevölkerung, die jetzt, nach der Zerstörung ihrer Heimwesen und der Ermordnung oder Verschleppung ihrer Angehörigen, »viel mehr verloren hatte als nur ihr Land.«

Nach der ebenso blutigen wie im Endeffekt erfolglosen Kampagne von Robles kam es unter seinem wesentlich zurückhaltenderen Nachfolger Felipe Angeles im Verlauf des Jahres 1912 zwar zu einer gewissen militärischen Beruhigung in Morelos, umsomehr als auch das lokale Parlament vorübergehend Anstalten machte, durch legislative Maßnahmen die Situation der landbedürftigen Dörfer etwas zu verbessern. Aber auch diese gemäßigten Reformmaßnahmen der – im Gegensatz zu den Zapatisten – »legalen Revolutionäre« konnten letztlich gegen den Widerstand des mehrheitlich nach wie vor konservativen Staatsparlamentes nicht durchgesetzt werden.[39]

Das »zapatistische Problem« blieb jedenfalls unter der Regierung Madero ungelöst. Und wenn ihr blutiger Sturz im Februar 1913 auch nicht unmittelbar auf den zapatistischen Aufstand zurückzuführen war, so hatte dieser doch, zusammen mit der Orozco-Erhebung und der verstärkten gewerkschaftlichen Agitation der Arbeiter ein Klima der politischen und sozialen Instabilität hervorgerufen, das – gerade durch den markanten Kontrast zur Ruhe und Ordnung unter dem Porfiriat – Staatsstreichplänen im konservativ-porfiristischen Lager immer mehr Auftrieb gab.

Der »Coup d'Etat« des Generals Victoriano Huerta

Auch die Krise, die schließlich zum Sturz der Regierung Madero führte, war Ausfluß von innen- und außenpolitischen Entwicklungen, die in verhängnisvoller Weise zusammenwirkten. Innenpolitisch sollte sich die Rebellionsanfälligkeit der Armee als entscheidender Faktor erweisen, außenpolitisch war es die zunehmend reservierte Haltung der USA gegenüber der neuen Regierung und die verschwörerische Tätigkeit ihres Botschafters Henry Lane Wilson, welche den Boden für Maderos Sturz bereiteten.

Obwohl Madero eine ausgesprochen gemäßigte Sozial- und Wirtschaftspolitik betrieb und den alten Staatsapparat personell nur geringfügig umgestaltete, was ihm ja die Opposition vieler seiner ehemaligen Anhänger eintrug, gelang es ihm nicht, dafür die Unterstützung der alten Eliten in Wirtschaft und Gesellschaft, Staat und Armee zu gewinnen. Für diese Gruppen war Madero nicht nur unfähig, die stärker reformistischen Kräfte im eigenen Lager, die *renovadores,* zu kontrollieren, sondern vor allem auch außerstande, der politischen und sozialen Unruhen und Aufstände im Lande Herr zu werden. Die Großgrundbesitzer sahen in den progressiven Maderisten wie Cabrera eine Gefahr für ihre Interessen, die Unternehmer waren mit einer kämpferischen Arbeiterschaft konfrontiert, die nicht mehr in porfiristischer Manier zum Schweigen gebracht wurde, und in den hohen Rängen der Armee war der Revanchegeist nach den erlittenen Niederlagen des Jahres 1911 ohnehin wach geblieben.

Obwohl der Anfang 1912 neu gewählte Kongreß eine Mehrheit von Madero-Anhängern brachte, konnte eine starke porfiristische Minorität ihre Sitze bewahren und im Parlament heftige

Attacken gegen die neue Regierung reiten. Auch in der Presse dominierten nach wie vor die Zeitungen porfiristischer Tendenz, die ebenfalls eine systematische Opposition gegen die neue Regierung an den Tag legten. Damit wurde ein Klima geschaffen, in welchem der Ruf nach dem starken Mann immer lauter ertönte und die Frage der Loyalität der Armee zentrale Bedeutung erhielt.
Während die Politik der Übergangsregierung de la Barra im Sommer 1911 ganz auf die rasche Entlassung der maderistischen Rebellentruppen ausgerichtet gewesen war, war die alte porfiristische Armee aus dem Abkommen von Ciudad Juárez nicht nur unversehrt hervorgegangen, sie war von der neuen Regierung gar zum sichersten Hüter »der geheiligten Errungenschaften der Revolution« erklärt worden.[40] Madero, der sich von dieser Politik die Loyalität der in ihren alten Kommandostellungen belassenen porfiristischen Generalität versprach, ging so weit, selbst blutige Ausschreitungen der Armee gegen irreguläre maderistische Truppen zu rechtfertigen.[41] Die Armee stellte sich zwar hinter die Regierung Madero, soweit es um die Niederschlagung von Aufständen ging, die – wie die Erhebungen unter Orozco und Zapata – aus dem Lager der ehemaligen Maderisten hervorgingen, sie nahm aber eine sehr ambivalente Haltung gegenüber Staatsstreichversuchen aus den eigenen Reihen ein. Denn viele Offiziere konnten sich mit den neuen politischen Verhältnissen nur schwer abfinden, nicht zuletzt deshalb, weil die offizielle Beförderung einiger ehemaliger Revolutionsführer in hohe Ränge der Armee das Karrieredenken der Berufsoffiziere verletzte.[42] Zwei Militärrebellionen gegen die Regierung Madero, jene unter dem aus dem nordamerikanischen Exil zurückgekehrten Bernardo Reyes und jene unter Felix Díaz, einem Neffen des gestürzten Diktators, waren im Verlauf der Jahre 1911 und 1912 zwar kläglich gescheitert. Aber die beiden Putschisten entgingen der Hinrichtung und wurden in ein Gefängnis in der Hauptstadt überführt, wo sie dank der Komplizenschaft anderer hoher Offiziere einen neuen Armeeaufstand vorbereiten konnten, der schließlich unter der aktiven Beteiligung des amerikanischen Botschafters Henry Lane Wilson zum blutigen Sturz der Regierung Madero führte.[43]
Es steht außer Zweifel, daß Wilson in den entscheidenden Februar-Tagen des Jahres 1913, während der *decena trágica,* eine konspirativ-subversive Tätigkeit gegen die Regierung Madero

entfaltete, welche den Militärputsch diplomatisch absichern sollte.[44] Während allerdings in älteren Darstellungen die Rolle Wilsons als eigenmächtige Überschreitung seiner diplomatischen Befugnisse geschildert wurde, die von der auslaufenden Taft-Administration keineswegs gedeckt worden sei, hat neuerdings Friedrich Katz – gestützt auf die Aufzeichnungen der deutschen Diplomaten von Hintze und Bernstorff – aufzeigen können, daß Wilsons subversive Pläne sowohl Präsident Taft als auch Außenminister Knox durchaus bekannt waren.[45] Daß somit nicht nur die Person Henry Lane Wilson, sondern auch die amerikanische Regierung hinter dem Sturz Maderos stand, war vor allem auf die zunehmende Verschlechterung der mexikanisch-amerikanischen Beziehungen im Laufe des Jahres 1912 zurückzuführen.[46]

Während der Anti-Díaz-Erhebung von 1910/11 waren die Maderisten, wie erwähnt, von den USA zwar nicht aktiv unterstützt worden, sie hatten aber zweifellos von der laschen Anwendung der Neutralitätsbestimmungen durch die amerikanischen Behörden profitiert. Ob gar eine eigentliche finanzielle Unterstützung der Aufstandsbewegung durch die nordamerikanische Standard Oil Company stattgefunden hat, ist in der Forschung noch immer kontrovers. Zumindest gewisse Kontakte zwischen Gustavo Madero und Agenten der Standard Oil scheinen erwiesen zu sein, wenn auch die rasche Beendigung der Kämpfe im Frühjahr 1911 die angestrebte Finanzhilfe offenbar überflüssig machte.[47] Obwohl Madero die einseitig probritische Politik der Díaz-Regierung aufgab und keineswegs eine nationalistische Wirtschaftspolitik zu Lasten der amerikanischen Unternehmen in Mexiko einleitete, begann sich das mexikanisch-amerikanische Verhältnis seit dem Frühjahr 1912 dennoch zu verschlechtern. Offensichtlich hatte auch die neue mexikanische Regierung gewisse Erwartungen der US-Regierung und amerikanischer Geschäftsleute auf eine entschiedenere Förderung der amerikanischen Wirtschaftsinteressen nicht erfüllt; vor allem aber wurde dem Präsidenten angelastet, daß er der Unruhen im Innern, der Aufstände, Streiks und antiamerikanischen Demonstrationen nicht Herr wurde. Kurz: Madero schien ihnen, »trotz seiner konservativen Tendenzen« nicht der Mann zu sein, der fähig wäre, »zum System zurückzukehren, das General Díaz eingeführt hat.«[48]

Eine solche Rückkehr zu porfiristischen Verhältnissen versprachen sich die Konservativen dagegen von einem Militärregime.

Am 9. Februar 1913 erhoben sich einige Truppenteile unter der Führung der aus dem Gefängnis befreiten Generäle Bernardo Reyes und Felix Díaz gegen Madero, der den General Victoriano Huerta mit dem Kommando über die zunächst loyal gebliebenen Truppen in der Hauptstadt betraute. Während der anschließenden zehntägigen blutigen Kämpfe, der *decena trágica,* die vor allem unter der Zivilbevölkerung zahlreiche Opfer forderte, verbündeten sich allerdings Huerta und Díaz heimlich, um gemeinsam – mit der aktiven Unterstützung von Botschafter Wilson – die Regierung zu stürzen. Am 18. Februar wurden Madero und sein Vizepräsident Pino Suárez von den Militärs verhaftet und zum Rücktritt gezwungen und einige Tage später, allen Zusicherungen der neuen Machthaber zum Trotz, ermordet.[49]

Entgegen den Erwartungen von Maderos Feinden, die sich vom Regime des Generals Huerta eine dauerhafte neoporfiristische Restauration versprachen, brachte der Putsch vom Februar 1913 allerdings keine Stabilisierung der politisch-gesellschaftlichen Verhältnisse. Im Gegenteil wurde damit die zweite Phase der mexikanischen Revolution ausgelöst, welche den Gang der künftigen mexikanischen Entwicklung viel tiefgreifender bestimmen sollte als der Maderismus der Jahre 1911 und 1912.

1 Silva Herzog, *La révolution,* S. 97.

2 Palavicini, *Mi vida,* S. 79, S. 151.

3 Der neue Gouverneur von Michoacán, der unter Díaz Ersatzmann für die Deputiertenkammer und den Senat gewesen war, zeichnete sich dadurch aus, »daß er die politischen Ämter mit Porfiristen besetzte«, während die wenigen maderistischen Aufständischen des Staates während Maderos Präsidentschaft politisch ausgeschaltet wurden, vgl. Abel Hernández, *La movilidad,* S. 162ff, S. 407.

4 So berichtete z. B. der amerikanische Konsul in San Luis Potosí am 30. September 1911, wenige Tage, nachdem ein Maderist neuer Gouverneur geworden war: »Auch wird darüber gesprochen, daß fast alle maderistischen Militärführer, die in diesem Distrikt aktiv am Aufstand teilgenommen haben, verhaftet wurden und die Madero-Truppen zum Teil aufgelöst, zum Teil in kleine Orte verlegt wurden, während die Truppen der Bundesarmee auf mehr als das Doppelte der Maderokräfte verstärkt wurden. Es heißt, daß die gleiche Politik auch in anderen großen Städten praktiziert wird. Die Reibungen zwischen den beiden Klassen

von Truppen waren eine ständige Bedrohung.« NAW, M 274, R. 14, 812.00/2401.

5 Michael Meyer sieht in Orozcos kurzer politischer Laufbahn nicht nur ein biographisches Detail seiner Karriere, sondern einen Sachverhalt von allgemeinerer Bedeutung, der ein bezeichnendes Licht auf die pseudodemokratische Praxis der maderistischen Führung werfe: »Seine Kampagne zeigte zum erstenmal, daß die wohltönenden Worte von politischer Demokratie, wie sie in Maderos Plan von San Luis Potosí beredten Ausdruck fanden, bestenfalls die spezifisch mexikanische Adaptation an traditionell akzeptierte demokratische Grundsätze, schlimmstenfalls aber nicht mehr als eine Scharade bedeuteten. Politische Kandidaten in den Staaten waren so lange frei, ihre Kampagne zu führen, als sie sich der Rückendeckung durch die Bundesregierung in Mexico-City erfreuten.« Meyer, *Mexican Rebel,* S. 41f. – Nach Amado Aguirre intervenierte Madero auch massiv in die Kongreßwahlen im Staate Jalisco, indem er z. B. den Gouverneur autorisierte, die Hälfte der 16 Staatsdeputierten zu ernennen, während er selbst einen der beiden Senatoren persönlich designierte. »Dieses halbdiktatorische Vorgehen stieß viele Liberale vom Maderismus ab, der ... sogar von der Reaktion akzeptiert wurde, seit dem Augenblick, da einige der von Madero bezeichneten Abgeordneten Reaktionäre und prominente Mitglieder der Nationalen Katholischen Partei waren.« Amado Aguirre, *Mis memorias de campaña, Apuntes para la Historia,* México D. F., 1953, S. 23f.

6 Meyer, S. 52-61, S. 138ff. Das Programm der Orozco-Bewegung enthielt neben politischen Forderungen in der Tradition des maderistischen Liberalismus u. a. auch Postulate nach Abschaffung der *tienda de raya,* die Bezahlung der Löhne in bar und nicht in Gutscheinen sowie den Zehnstundentag. Willkürlich enteignetes Land war den alten Besitzern zurückzugeben, unkultiviertes Land und Staatsländereien sollten verteilt werden, um eine intensive Landwirtschaft zu begründen.

7 »Obwohl die meisten Soldaten für die politischen Subtilitäten der Revolution wenig Verständnis hatten«, so Meyer, »waren sie von General Orozco überzeugt worden – welcher seinerseits von der Aristokratie überzeugt worden war –, daß die Sache für die sie früher gekämpft hatten, durch Präsident Madero verraten worden war«, S. 98. Dabei ist durchaus aufschlußreich, daß die Orozquisten in ihrem Heimatstaat Chihuahua offenbar keine Rekrutierungsprobleme hatten, während der Versuch, außerhalb ihrer Kernregion, z. B. in Aguascalientes, Soldaten auszuheben, scheiterte, Meyer, S. 68.

8 In der orthodox-prorevolutionären Geschichtsschreibung wird die Orozco-Bewegung ab 1912 gemeinhin als konterrevolutionär eingestuft. Dieser These widerspricht die »revisionistische«, gutdokumentierte Arbeit von Meyer, *Mexican Rebel,* der nicht in einem mangelnden Reformwillen Orozcos, sondern vielmehr in seiner politischen Naivität den Grund für seine Verbindung mit der alten Terrazas-Oligarchie sieht. Jean Meyer hat

in seiner Übersichtsdarstellung *La révolution mexicaine*, Paris 1973, S. 42ff, Michael Meyers Einschätzung übernommen und Orozco gar auf eine Stufe mit Zapata gestellt, indem er Orozcos »tiefreichende und unbestreitbare agrarische Motivationen« herausstrich. So gewagt diese Charakterisierung auch erscheint, die sich lediglich auf Orozcos programmatische Proklamationen, nicht aber auf seine tatsächliche Politik stützen kann – Kriterien wie »revolutionär« und »konterrevolutionär« müssen im Kontext der *Revolución del Norte*, zu der unbestreitbar sowohl die maderistische wie die antimaderistische Orozcobewegung, aber auch ihre Gegenspieler auf konstitutionalistischer Seite gehören, fragwürdig bleiben.

9 Zahlreiche Arbeiter magonistischer Tendenz (d. h. Anhänger der Liberalen Partei der Brüder Flores Magón) waren in den verschiedenen Rebellengruppen aktiv gewesen, vor allem im Norden (Baja California, Nord-Chihuahua); vgl. Carr, *El movimiento*, I, S. 71. Dagegen scheint mir Ruíz die Bedeutung aufständischer städtischer Arbeiter für den Ausgang der maderistischen Erhebung zu stark zu betonen, vgl. Ramón E. Ruíz, *Labor and the Ambivalent Revolutionaries, Mexico 1911-1923*, John Hopkins UP, Baltimore 1976, S. 6.

10 Fernando González Roa und José Covarrubias, *El problema rural de México*, México 1917, S. 19.

11 Carr, I, S. 60-63. Die gewerkschaftliche Aktivität konzentrierte sich vornehmlich auf die drei Zentren Mexico-City, Veracruz und die Bergwerksgebiete des Nordens. Unter den Gründern dieser neuen Arbeiterorganisationen spielten europäische Immigranten, hauptsächlich Spanier, eine wichtige Rolle.

12 Carr, I, S. 65ff. – Für die moralische Verurteilung der Streiks durch die Behörden vgl. z. B. den Aufruf des Direktors des *Departamento de Trabajo* an die mexikanischen Textilarbeiter vom 2. 1. 1913, worin dieser die Arbeiter aufforderte, »sich nicht in schädliche und unnütze Streiks zu stürzen, weil der ihnen vorgezeichnete Weg ein anderer ist ... Ich hoffe deshalb, daß sie diese törichte und verderbliche Gewohnheit aufgeben, alle ihre Probleme durch das Mittel von Streiks lösen zu wollen, ein Mittel, das bis heute armselige Ergebnisse gezeitigt hat und das auch der beste Beweis für das Fehlen jeglicher Disziplin und guter Ordnung unter den Arbeitern wäre.«, Archivo General de la Nación, México D.F., Secretaría de Fomento, caja 7, Ex. 1.

13 Clark, *Organized Labor*, S. 22, die auch die überaus starken personalistischen Elemente in den Gewerkschaften betont: »Die Tendenz der Massen, Personen und nicht Überzeugungen zu folgen, war in den frühesten Organisationen unübersehbar; und dies verhinderte in hohem Maße die Entwicklung jeden klaren Klassenbewußtseins unter der mexikanischen Arbeiterschaft.«

14 Carr, *El movimiento* I, S. 62f. – Im allgemeinen wurden die Lohnforderungen von den Unternehmern nur sehr partiell erfüllt, vgl. z. B. über die

Situation unter den Textilarbeitern Ruíz, *Labor,* S. 32-36.

15 Der Anarchosyndikalismus etwa der Casa del Obrero Mundial war eine vor allem durch die europäischen Immigranten eingeführte Doktrin, die mehr als ein ideologischer Firnis denn als tiefverwurzelte Überzeugung ihrer Anhänger gesehen werden muß, vgl. Carr, I, 73.

16 Vgl. oben, Kap. I/2, S. 60 f.

17 In hohem Maße trifft diese Aussage auf Lateinamerika generell zu, wie Eduardo Hamuys unterstrichen hat: »Das klassische Modell kapitalistischer Wirtschaftsentwicklung, nach welchem das Anwachsen des industriellen Sektors – Unternehmer und Arbeiter – auf die traditionelle landwirtschaftliche Struktur Druck ausübt und sie in Übereinstimmung mit kapitalistischer Rationalität verändert (Agrarreform), hat in Lateinamerika niemals Wirklichkeitsgehalt besessen.« E. Hamuy, Consideraciones sociológicas sobre la Reforma Agraria, in Oscar Delgado (Hg.), *Reformas Agrarias en la América Latina. Procesos y Perspectivas,* México/ Buenos Aires 1965, S. 246.

18 Das mexikanische Ejido, wie es im Gefolge der Revolution nach 1917 einen neuen Aufschwung erleben sollte, hat seine historischen Wurzeln sowohl im ursprünglichen spanischen Ejido (der Allmende), wie in vorkolonialen mexikanischen Formen von landwirtschaftlichem Gemeinbesitz. In der heutigen, durch die mexikanische Agrarreform geschaffenen Form ist das Ejido zwar Eigentum der Nation, zur permanenten individuellen oder kollektiven Nutzung aber den einzelnen Ejidatarios übereignet. Die individuellen Ejidoparzellen, die sich vom Privateigentum vor allem durch ihre Unveräußerlichkeit und ein Hypothekarisierungsverbot unterscheiden, sind auch innerhalb der Familien »vererbbar«. Zu den rechtlichen und historischen Aspekten der mexikanischen Agrarinstitutionen von der vorkolonialen Epoche bis zur Gegenwart vgl. z. B. Lucio Mendieta y Nuñez, *El problema agrario.*

19 Brief Maderos an den Direktor der Zeitung »El Imparcial« vom 27. 6. 1912. Eine Abschrift dieses Briefes findet sich im »Archivo del General Jenaro Amezcua, Movimiento Zapatista«, Fondo VIII-2, carpeta 1, Dok.-Nr. 78, Centro de Estudios de Historia de México (CEHM), Condumex, México, D.F.; im folgenden zitiert als: Condumex, Archivo Amezcua.

20 Zur Agrarpolitik der Regierung Madero vgl. González Roa, *El aspecto agrario,* S. 215ff; Ross, *Francisco I. Madero,* S. 244.

21 Vgl. *Memoria de la Secretaría de Fomento, 1911-12,* México o.D., S. 497ff; Otto Peust, *Mexico und die Landarbeiterfrage,* México 1912 (Peust war Vorsteher der Abteilung für Landes-Ökonomie und Statistik in der General-Ackerbau-Direktion des mexikanischen Wirtschaftsministeriums.) Eine Sammlung der wichtigsten – überwiegend konservativen – Landreformprojekte dieser Jahre findet sich in Silva Herzog, *La cuestión de la tierra,* vol. I, II.

22 *Memoria de la Secretaría de Fomento, 1911-12,* S. LVIIf.

23 Luis Cabrera, La reconstitución de los ejidos de los pueblos como medio

de suprimir la esclavitud del jornalero mexicano. Discurso pronunciado en la Cámara de Diputados el 3 de diciembre de 1912. Integral abgedruckt in Silva Herzog, *La cuestión,* II, S. 279-310. Diese Rede Cabreras gehört zu den wichtigsten Dokumenten der mexikanischen Agrarreformdebatte. Auf seine Position soll weiter unten – im Zusammenhang mit der systematischen Erörterung der Agrarpolitik der Revolution – näher eingegangen werden. Cabrera, der 1912 als Nachfolger des Wirtschafts- und Agrarministers Rafael Hernández im Gespräch war, wurde vom Präsidenten, nachdem Angehörige des Madero-Clans erfolgreich dagegen interveniert hatten, dann doch nicht auf diesen Posten berufen, da – wie Hernández auf einer Kabinettssitzung erklärte – »das Kapital in Licenciado Cabrera einen ernsthaften Gegner sähe und es notwendig sei, unbedingt zu verhindern, daß die Reichen des Auslandes wie des eigenen Landes in Aufregung gerieten und zu offenen Feinden der Regierung würden.« González Roa, *El aspecto,* S. 225.

24 *Boletín de la Dirección General de Agricultura, parte II; Revista de Economía Rural y Sociología, Nr. 4,* México, Abril 1912, S. 310f. Vgl. auch den Bericht des amerikanischen Konsuls in San Luis Potosí vom 4. 12. 1912 über einen blutigen Lohnkonflikt auf der nahegelegenen Hacienda Cierra Prieta, wie er offenbar häufig auftrat. Nach Ansicht des Konsuls hatten indessen »solche Aufstände nur geringe politische Bedeutung«, waren also nicht auf grundlegendere strukturelle Änderungen ausgerichtet. NAW, M. 274, R. 22, 812.00/5665.

25 Anders als in Morelos war der maderistische Aufstand in Guerrero nicht Ausfluß einer Agrarkrise als vielmehr einer politischen Protestbewegung gegen den für das Porfiriat charakteristischen politischen Zentralisierungsprozeß und die damit verbundene einseitige Privilegierung einer kleinen Herrschaftsclique. Die Initianten und Führer des Aufstandes, wie die Brüder Figueroa, waren, als Angehörige der wohlhabenden ländlichen Mittelschicht, nicht nur keine Opfer, sondern im Gegenteil Nutznießer der porfiristischen Agrarpolitik und der Aufteilung von Kommunalland. Vgl. Ian Jacobs, Rancheros of Guerrero: The Figueroa brothers and the Revolution, in Brading, *Caudillo and Peasant,* S. 76-91.

26 Womack, S. 84-125.

27 Die Bedeutung des Kontakts mit nicht-bäuerlichen Gruppen für das aufständische Verhalten der Bauern zeigt deutlich Raymond T. J. Buve am Beispiel der Bauernaufstände in Tlaxcala, einem Morelos benachbarten und ähnliche Voraussetzungen aufweisenden Gebiet auf, vgl. Buve, Peasant movements, caudillos and landreform during the Revolution (1910-1917) in Tlaxcala, Mexico, in *Boletín de Estudios Latinoamericanos y del Caribe,* Amsterdam, 1975/18, S. 112-152.

28 Zur Bedeutung des *pueblo libre* als der – neben der Hacienda – grundlegenden soziopolitischen Institution innerhalb des mexikanischen Agrarbereichs, vgl. allgemein Tannenbaum, *Mexican Agrarian Revolution,* S. 42ff. Das Gewicht der dörflichen Tradition wurde noch dadurch

erhöht, daß die Wurzeln dieser freien Dörfer des zentralen Hochlandes bis in die vorkoloniale Zeit zurückreichten, was – wie Chevalier betont – die Geschlossenheit der dörflichen Aktionen begründete. Die »Einstimmigkeit« des Vorgehens war »Ausdruck der starken Tradition des vorspanischen *calpulli,* wo es schon damals keinen Platz für das Individuum gab, allein die Gruppe zählte.«, Chevalier, *Un facteur,* S. 67.

29 Die Tatsache, daß in Morelos erst Mitte August 1911 und unter dem solidarisierenden Einfluß von Huertas Militärkampagne, die viele Unbeteiligte zu Verdächtigten und damit zu Opfern der brutalen Repressionsmaßnahmen machte, auch die ersten *peones acasillados* auf den Haciendas organisiert und bewaffnet wurden, zeigt mit aller Deutlichkeit, daß die Initiative des bäuerlichen Widerstandes von den Dörfern und nicht etwa von den Haciendas ausging, Womack, S. 119.

30 González Roa, *El aspecto,* S. 145 f.

31 Tannenbaum, *Mexican Agrarian Revolution,* S. 466-473. Das Kerngebiet des zapatistischen Aufstandes blieb nicht auf den Staat Morelos beschränkt, sondern umfaßte schließlich auch die Grenzgebiete der umliegenden Staaten wie Puebla, Tlaxcala, México, Guerrero und Oaxaca, vgl. die Karte bei Chevalier, *Un facteur,* S. 83,

32 Vgl. Womack, S. 393.

33 Der Wortlaut des Plans ist u. a. abgedruckt bei Womack, S. 394-397.

34 Die ursprüngliche Bestimmung einer vorgängigen Entschädigung für das enteignete Gutsland sollte sich später nicht nur als unrealisierbar herausstellen, sie wurde im Verlauf des erbitterten und radikalisierenden Bürgerkriegs ebenso fallengelassen wie die vorerst zugestandene Respektierung von zwei Dritteln des Haciendalandes.

35 Die Verwurzelung der Zapatisten im katholischen Glauben zeigt sich etwa darin, daß im »Plan von Ayala« der Triumph der maderistischen Revolution an erster Stelle der Unterstützung Gottes zugeschrieben wird. Die starke religiöse Komponente der Zapatisten darf allerdings nicht in einem eng klerikalen Sinne gesehen werden vgl. Chevalier, *Un facteur,* S. 72.

36 Chevalier, S. 68; Katz, *Deutschland,* S. 237.

37 Chevalier, S. 69 f.

38 Chevalier, S. 71. Aufschlußreich sind in diesem Zusammenhang die steten Bemühungen der zapatistischen Armeeführung, eine harmonische Kooperation von Armee und Dörfern zu erhalten. So heißt es z. B. in diesbezüglichen Armeerlassen, daß die Autonomie der Dörfer zu respektieren sei; die Armee habe den Dörfern »ihre moralische und materielle Unterstützung zu gewähren, damit die Bestimmungen des Plans von Ayala verwirklicht werden«; den Dörfern andererseits wurde aufgetragen, Kundschafterdienste auszuführen, Meldungen zu übermitteln, die Truppe im Kampfe mit Lebensmitteln zu versorgen, Verwundete zu evakuieren und zu pflegen und schließlich – sofern die Soldaten keinen Sold bezogen – die Truppe zu beherbergen und zu verköstigen. Vgl. Archivo Amezcua, Condumex, carpeta 2, Doc. 109 und carp. 4, Doc. 300.

39 Womack, S. 126-155. Maderos Einschätzung der Zapatisten fand in seiner Eröffnungsrede vom 1. April 1912 vor dem Kongreß ihren bezeichnenden Niederschlag in folgenden Worten: »Glücklicherweise hat jener amorphe Agrarsozialismus, welcher für die stumpfen Geister der Bauern von Morelos nur die Form eines unheilvollen Vandalismus annehmen kann, keinen Widerhall in den übrigen Regionen des Landes gefunden.«

40 Vgl. das Zirkular des Innenministers Emilio Vázquez Gómez an die Staatsregierungen betr. die beschleunigte Entlassung der Rebellentruppen bei Aguilar, *La frontera*, S. 165 f.

41 Vgl. z. B. Maderos Lob an die Adresse der Armee nach den blutigen Ereignissen von San Luis Potosí am 12. Juli 1912; Silva Herzog, *La révolution*, S. 89.

42 Vgl. Charles C. Cumberland, *Mexican Revolution – The Constitutionalist Years*, Texas UP, Austin, 1972, S. 6.

43 Zur politischen Ereignisgeschichte der Präsidentschaft Madero vgl. Cumberland, *Genesis*, S. 185–243; Ross, *Francisco I. Madero*, S. 203–275.

44 Zur Rolle Wilsons ausführlich Ross, S. 293–311.

45 Friedrich Katz, *Secret War*, S. 46–49, S. 92–115, insbes. S. 93 und S. 112 f. Admiral von Hintze war deutscher Gesandter in Mexiko, Graf Bernstorff deutscher Botschafter in Washington.

46 Allgemein zu den amerikanisch-mexikanischen Beziehungen in dieser Periode: Berta Ulloa, *La Revolución intervenida: Relaciones diplomáticas entre México y Estados Unidos (1910-1914)*, México 1971, S. 26-55; P. Edward Haley, *Revolution and Intervention: The Diplomacy of Taft and Wilson with Mexico, 1910-1917*, MIT-Press, Cambridge (Mass.) 1970, S. 21-73; Karl M. Schmitt, *Mexico and the United States, 1821-1973: Conflict and Coexistence*, New York 1974, S. 111-126. Auf die ökonomischen Faktoren im Wandel der amerikanischen Außenpolitik gegenüber Mexiko weist Katz, *Deutschland*, S. 183-188, hin.

47 Vgl. Friedrich Katz, Mexiko und die Erdölpolitik in den Jahren 1876 bis 1913, in *Lateinamerika zwischen Emanzipation und Imperialismus, 1810-1960*, Berlin-Ost 1961, S. 211-233; Kenneth J. Grieb, Standard Oil and the Financing of the Mexican Revolution, in *California Historical Society Quarterly*, *1971/1*, S. 59-71.

48 Katz, *Deutschland*, S. 187.

49 Vgl. Ross, *Francisco I. Madero*, S. 293-340; Cumberland, *Genesis*, S. 229-243. Reyes war schon am ersten Tag des Aufstandes gefallen.

Kapitel 3

Der Bürgerkrieg von 1913/14 und der Sturz des Huerta-Regimes

Obwohl Huerta sich bemühte, dem Machtwechsel vom Februar 1913 einen pseudolegalen Anstrich zu geben, blieb seinem Regime sowohl die vollständige diplomatische Anerkennung durch das Ausland als auch die Unterwerfung sämtlicher Gliedstaaten versagt. Der amerikanische Botschafter H. L. Wilson hatte nach dem Putsch zwar mit allen Mitteln versucht, eine sofortige Anerkennung der neuen Regierung durch die USA zu erreichen, aber die auslaufende Taft-Administration wollte einen so wichtigen Schritt nicht mehr unternehmen; und der neue Präsident, Woodrow Wilson, war, wie sich zeigen sollte, nicht bereit, das Huerta-Regime völkerrechtlich anzuerkennen. Die einzelnen Gliedstaaten beugten sich zwar in ihrer großen Mehrheit den neuen Machtrealitäten, aber zwei Staaten des Nordens, Coahuila und Sonora, weigerten sich, die neue Regierung anzuerkennen. Vor allem die Nachricht von der heimlichen Ermordung Maderos und Pino Suárez' gab der Opposition gegen das Huerta-Regime starken Auftrieb. Nicht nur kam es jetzt in Coahuila und vor allem in Sonora zur Organisation des staatlichen Widerstandes, auch spontane Rebellengruppen begannen sich im Norden erneut zu formieren, während im Süden bald die Zapatisten den Kampf gegen Huerta aufnahmen.[1]

Sehr rasch schon sollte deutlich werden, daß der im März 1913 einsetzende neue Bürgerkrieg weitere Dimensionen annehmen und tiefergreifende politische und soziale Folgen zeitigen sollte als die Madero-Erhebung von 1910/11. Nicht nur war Huerta gewillt, die Kampagne gegen die Konstitutionalisten im Norden und die Zapatisten im Süden mit allen verfügbaren Mitteln durchzufechten, auch die Anti-Huerta-Koalition hatte aus dem Mißerfolg von Maderos Kompromißpolitik gelernt und war entschlossen, nicht nur die Huerta-Regierung zu stürzen, sondern auch das Bundesheer zu zerschlagen und die Bürokratie zu eliminieren, zwei »porfiristische« Institutionen also, die entscheidend für den zunächst fast reibungslosen Machtwechsel von Madero zu Huerta verantwortlich waren. Unter diesen Voraussetzungen war ein langer und erbitterter Bürgerkrieg zu erwarten. Die langfristig wohl wichtigste und für den späteren Verlauf der Revolution entscheidende Folge dieses neuen Bürgerkriegs war die Bildung starker Revolutionsarmeen im Norden und damit die Entstehung einer – auch sozial gesehen – neuen revolutionären Elite aus ihren militärischen Befehlshabern.

Die fundamentale Bedeutung der mexikanischen Revolutionsarmee nicht nur als militärisches Instrument zum Sturz des Huerta-Regimes, sondern vor allem auch als zentrale soziale und politische Basisorganisation der Revolutionsbewegung ergab sich aus dem besonderen Charakter dieser Revolution. Anders als in den europäischen Revolutionen vom ausgehenden 18. Jahrhundert bis zur russischen Revolution von 1917 kam in Mexiko der Hauptstadt (und den städtischen Massen insgesamt) nur eine untergeordnete Bedeutung zu. Entschieden wurde die Revolution hier durch militärische Aktionen, die sich fern der Hauptstadt ereigneten. Typisch städtische Revolutionsorganisationen wie Klubs, Parteien, Räte usw. spielten in den entscheidenden Phasen der Revolution deshalb eine geringe Rolle, und entsprechend traten Volkstribune, Intellektuelle, Redner und Volksagitatoren gegenüber den Militärführern stark in den Hintergrund.

Es läßt sich deshalb durchaus sagen, daß die mexikanische Revolutionsbewegung in hohem Maße überhaupt erst durch die Institution der Armee politisch und sozial strukturiert wurde, wobei der Begriff »Armee« allerdings sehr unterschiedliche Gebilde deckt: von der kleinen, selbständig operierenden Gruppe bewaffneter Rebellen unter einem lediglich lokal anerkannten Anführer bis hin zu den späteren durchorganisierten und hierarchisierten Divisionen und »Armeekorps« der Nordarmee. Von großer Bedeutung war dabei, daß sich diese Armee als Organisation tendenziell verselbständigte und sich damit weitgehend ihre eigene *raison d'être* schuf, ein Vorgang, der im Norden durch die Verschwommenheit der Reformziele begünstigt wurde. An die Stelle eines durch gemeinsamen Veränderungswillen getragenen Zusammenhalts revolutionärer Organisationen, wie bei den Zapatisten des Südens, traten deshalb innerhalb der revolutionären Nordarmeen als zentrale Integrationsfaktoren weitgehend die innere Logik militärischer Organisation und vor allem die Eigengesetzlichkeit militärischer Aktionen im Rahmen des Bürgerkriegs. Die der militärischen Organisation eigenen engen personalen Beziehungen zwischen dem Führer und seinen Leuten entsprachen ja auch, wie bereits angedeutet, in hohem Maße der psychischen Disposition vieler Soldaten dieser Nordarmeen wie auch ihrem Mangel an abstrakten politischen Orientierungspunkten. Solange die Armee militärische Erfolge erzielte und solange sie die wichtige ökonomische Funktion der Existenzsicherung ihrer Soldaten erfüllte – sei es durch regelmäßige Soldzahlung, sei es durch die Möglichkeit zur Plünderung – bedurfte sie für ihre Existenz kaum einer weiteren Rechtfertigung. Dies bedeutete allerdings gleichzeitig einen geringen Grad eigenständiger politischer Mobilisierung der Revolutionssoldaten, die schließlich auf den Verlauf der Revolution auch nur einen schwachen Einfluß ausüben konnten.[2]

Die Bildung starker Revolutionsarmeen im Norden veränderte aber auch die Zusammensetzung der Revolutionsführung nachhaltig. Mit der Entstehung eines mächtigen, durchorganisierten Revolutionsheeres nahm naturgemäß auch das politische Gewicht seiner Befehlshaber zu, die sich in sozialer Hinsicht von den maderistischen Notabeln deutlich unterschieden. Die Organisation und Führung der Revolutionstruppen verlangte Männer, die zwar lokales Ansehen genossen und oft auch lokale Führungspositionen innehatten, die andererseits aber genügend volksverbunden waren, um die Rekrutierungsaufgaben und den Aufbau einer Rebellenarmee praktisch durchführen zu können. Es erstaunt deshalb nicht, daß diese nördlichen Militärführer aus einem recht homogenen sozialen Milieu, vornehmlich aus der unteren ländlichen und städtischen Mittelschicht, stammten. Als selbständige Kleinhändler und Rancheros, aber auch als abhängige Angestellte, Schullehrer usw. hatten sie z. T. schon an der maderistischen Erhebung teilgenommen, ohne aber unter der Madero-Regierung über subalterne politische Positionen hinauszugelangen. Im Laufe des Bürgerkriegs der Jahre 1913/14 bot sich ihnen nun erstmals die Möglichkeit, durch eine erfolgreiche Militärkarriere in kurzer Zeit in einflußreiche Positionen von nationaler Bedeutung aufzusteigen. Dies setzte allerdings eine Verdrängung der alten porfiristisch-huertistischen Führungsschicht in Regierung, Verwaltung und Armee voraus; ein Kompromiß mit der alten Machtelite, wie er noch den Maderismus charakterisiert hatte, war für diese neue Revolutionsführung schon aus diesem Grunde ausgeschlossen.

Die Bildung des anti-huertistischen Widerstands hatte, wie

erwähnt, unmittelbar nach Huertas blutigem Putsch eingesetzt. Dabei trat als politischer Führer dieser Bewegung rasch der Gouverneur des Staates Coahuila, Venustiano Carranza, in den Vordergrund, der nicht nur den Huerta-Putsch durch eine offizielle Resolution seines Staatsparlamentes verurteilen ließ, sondern der sich auch sofort bemühte, mit staatlichen Truppen den Kern einer Anti-Huerta-Front aufzubauen.[3] Militärisch mußte Carranza in Coahuila allerdings rasch der Übermacht der Bundesarmee weichen, was ihn nicht hinderte, sich am 26. März 1913, im »Plan von Guadalupe«, zum Führer der »konstitutionalistischen Armee« auszurufen.[4] Carranza leitete diesen politischen Anspruch von der Tatsache ab, daß er innerhalb der Anti-Huerta-Opposition in seiner Eigenschaft als gewählter Gouverneur der höchste politische Repräsentant der »konstitutionellen Ordnung« war, deren Wiederherstellung denn auch das Hauptziel der konstitutionalistischen Bewegung unter Carranza darstellte.

Wie Madero stammte auch Carranza aus dem nordöstlichen Grenzstaat Coahuila. Der 1913 bereits Vierundfünfzigjährige hatte allerdings im Gegensatz zu Madero schon im Porfiriat eine erfolgreiche Karriere als Provinzpolitiker durchlaufen, die ihn über alle Stufen vom Gemeindepräsidenten von Cuatro Ciénagas bis zum Senator und schließlich zum Interimsgouverneur seines Staates geführt hatte. Eine grundsätzliche Opposition Carranzas zum porfiristischen Regierungssystem darf bei ihm deshalb wohl ausgeschlossen werden. 1909 kandidierte Carranza als Gouverneur von Coahuila, aber seine engen Beziehungen zu Bernardo Reyes erwiesen sich in der kritischen Situation im Vorfeld der Präsidentenwahlen nun als eine schwere politische Hypothek. Porfirio Díaz widersetzte sich seiner Kandidatur, und die damit besiegelte Niederlage bei den Gouverneurswahlen dürfte der Hauptgrund für seinen Anschluß an die maderistische Bewegung von 1910/11 gewesen sein. Erwartungsgemäß wurde Carranza dann allerdings nach dem Erfolg der maderistischen Erhebung doch noch Gouverneur seines Heimatstaates.[5]

Sowohl seiner politischen Karriere wie auch seinem sozialen Status als mittlerer Grundbesitzer entsprechend, der sich vornehmlich der Viehzucht widmete, gehörte Carranza jenem Notabelnkreis an, wie er die maderistische Führungsspitze charakterisiert hatte. Politisch hatte er allerdings im Gegensatz zu

Madero immer für einen konsequenten Kurs gegenüber der alten porfiristischen Machtelite plädiert. Deutlicher als der gestürzte Präsident hatte er die Staatsstreichgefahren erkannt, für die sich insbesondere die Armee geradezu anbot.[6] In der entschlossenen Ablehnung jeglicher Kompromißpolitik mit dem Huerta-Regime traf sich Carranza deshalb durchaus mit dem Gros der nördlichen Militärführer, die sich im Frühjahr und Sommer 1913 der konstitutionalistischen Bewegung anschlossen. In seinen gesellschaftspolitischen Vorstellungen unterschied sich der konservative Gouverneur von Coahuila dagegen kaum von Madero. Spätere sozialprogressive Beteuerungen Carranzas oder gewisse seiner legislativen Initiativen waren denn auch weniger Ausfluß seiner persönlichen Ordnungsvorstellungen als vielmehr taktisch notwendige Anpassungen an rasch wechselnde Machtkonstellationen. Seine konservative gesellschaftspolitische Position zeigte sich dagegen sehr deutlich bei der Abfassung des »Plans von Guadalupe«, der sich auf die Forderung nach Wiederherstellung der konstitutionellen Ordnung beschränkte und weitergehende wirtschaftliche und soziale Reformpostulate bewußt ausschloß.[7]

Im Laufe der folgenden Monate gelang es Carranza, seine Autorität als oberster Chef der konstitutionalistischen Bewegung zu festigen. Seine Funktion war allerdings vornehmlich auf die des *politischen* Führers beschränkt, der auf die vorderhand entscheidenden militärischen Aktivitäten der konstitutionalistischen Truppen nur einen indirekten Einfluß hatte. In diesem Bereich lag die Initiative vielmehr bei regionalen Militärorganisationen, deren Charakter im folgenden etwas genauer zu beleuchten ist. Dabei stehen die beiden wichtigsten Bewegungen des Nordens, die konstitutionalistische Bewegung in Sonora und die Villa-Bewegung in Chihuahua, im Zentrum. Nicht nur kam ihnen im Bürgerkrieg mit der Huerta-Armee ein militärisch ausschlaggebendes Gewicht zu; die Revolutionsbewegungen in Sonora und Chihuahua stellen auch zwei deutlich unterschiedliche Typen eines »Insurrektionsmodells« (Aguilar) dar, welche die ganze Spannweite revolutionärer Mobilisierung im Norden abdecken.

Die Entstehung der konstitutionalistischen Revolutionsbewegung in Sonora

Dem nordwestlichen Grenzstaat Sonora kommt in der mexikanischen Revolution eine besondere Bedeutung zu. Zwar lag die politische Führung sowohl der maderistischen Erhebung von 1910/11 wie auch der konstitutionalistischen Bewegung 1913/14 bei Männern aus Coahuila, während die stärksten militärischen Truppenverbände in Chihuahua entstanden, aber die langfristig entscheidende Prägung des mexikanischen Revolutionsverlaufs sollte von einem Kreis sonorensischer Revolutionsführer ausgehen, dem es in den 20er- und frühen 30er-Jahren gelang, die politische Macht auf nationaler Ebene weitgehend zu monopolisieren. Unter diesem Gesichtswinkel erweist sich eine genauere Untersuchung des spezifischen Kontexts der Revolution in Sonora, ihrer Voraussetzungen, ihres Charakters und ihrer nationalen Auswirkungen, als besonders aufschlußreich.

Die im ersten Teil beschriebenen allgemeinen Charakteristika der sozio-ökonomischen Entwicklung des mexikanischen Nordens im Porfiriat treffen in hohem Maße auch auf Sonora zu. Der mit der Immobilität der politischen Machtverhältnisse kontrastierende rasche wirtschaftlich-gesellschaftliche Wandel war hier vor allem die Folge von massiven nordamerikanischen Investitionen im Kupferbergbau, aber auch im Landwirtschafts- und Viehzuchtsektor. Dieser wirtschaftliche Aufschwung hatte nicht nur zu einer allgemeinen Bevölkerungszunahme, sondern vor allem auch zu einer wesentlich stärkeren sozialen Differenzierung der sonorensischen Gesellschaft als in den Ackerbaugebieten des zentralen und südlichen Hochlandes geführt. So stieg der Anteil der Minenarbeiter an der ökonomisch aktiven Bevölkerung zwischen 1877 und 1910 von 9 % auf 12 %, vor allem aber kam es auch zur stärkeren Entwicklung eines tertiären Sektors, d. h. des Kleinhandels, der Zoll- und Import-Export-Firmen, der Transportunternehmen, der Restaurants und *saloons*, der Banken und Schulen. Hier lag die wirtschaftliche Basis einer nicht unbedeutenden Mittelschicht, die dann in der sonorensischen Revolutionsführung eine immer wichtigere Rolle spielen sollte.[8]

Während die maderistische Erhebung in Sonora unter der politischen Leitung des liberalen Großgrundbesitzers José Maria Maytorena erfolgte, zeichneten sich unter den militärischen Führern des Aufstandes – neben oppositionellen Hacendados, die sich, wie die Brüder Morales, an die Spitze ihrer bewaffneten *peones* setzten – vor allem Angehörige der Mittelschicht aus. Im Süden des Staates hatte sich z. B. der aufstrebende Landwirt Benjamín Hill, *síndico* der Gemeinde Navojoa und entschiedener Anhänger Maderos, an die Spitze einer Rebellentruppe gesetzt, während sich im Norden Salvador Alvarado, Rafael Romero und Juan Cabral unter dem Banner des Maderismus erhoben. Alvarado war zunächst Angestellter in einer Apotheke gewesen und hatte sich dann in dieser Branche in Cananea selbständig gemacht, Romero hatte sich im nördlichen Bergwerkszentrum ebenfalls im Kleinhandel betätigt, während Cabral Kassierer in einer Holzhandlung gewesen war.[9]

Nach dem Rücktritt von Porfirio Díaz gehörte Sonora zu jenen Nordstaaten, die einen verhältnismäßig tiefgreifenden Personalwechsel in der politischen und administrativen Führung des Staates erlebten. Dabei wurde zwar auch in Sonora in der Person Maytorenas ein typischer Vertreter der maderistischen Honoratioren zum Gouverneur gewählt, aber mehrere maderistische Militärführer kamen jetzt auf Gemeinde- und Distriktebene zum Zuge. So wurde z. B. Hill *prefecto político,* d. h. Bezirkschef, von Arizpe, Romero übernahm die selbe Funktion in Hermosillo, während Alvarado und Cabral Kommandoposten in den aus maderistischen Irregulären neu geschaffenen Staatstruppen erhielten.[10] Während der Präsidentschaft Maderos formierte sich so in Sonora eine neue politisch-militärische Führungsschicht aus (auch in sozialer Hinsicht) *homines novi,* die zunächst zwar noch keine eigentlichen politischen Spitzenpositionen einnahmen, sich aber eine starke lokale und regionale Basis schaffen konnten, die es ihnen nach dem Huerta-Putsch ermöglichte, zunehmend die politischen Geschicke Sonoras zu bestimmen. Zu dieser Gruppe stießen auch Maderisten, die ihre beginnende politische Karriere nicht einer militärischen, sondern einer zivilen Tätigkeit verdankten, wie etwa Adolfo de la Huerta und Plutarco Elías Calles, die später beide das Präsidentenamt bekleiden sollten. De la Huerta, der einer angesehenen sonorensischen Familie entstammte, hatte sich nach seinen Studien zunächst als Sänger versucht, dann als Buchhalter in einer Bank gearbeitet, um schließlich zum Geschäftsführer einer größeren Gerberei aufzusteigen. Als Mitarbeiter Maytorenas begann er 1911, als Dreißigjähriger, seine politische Karriere, die ihn zunächst als Abgeordneter ins staatliche Parlament führte. Plutarco Elías Calles, der – neben

Obregón – zur beherrschenden politischen Figur Mexikos in den 20er- und frühen 30er-Jahren werden sollte, begann seine Karriere unter Maytorena im Jahre 1911, im Alter von 24 Jahren, als Polizeichef der wichtigen Grenzstadt Agua Prieta.[11]
Calles war 1887 als unehelicher Sohn eines vermögenden Hacendado geboren worden, hatte aber seine Jugend in sehr bescheidenen sozialen Verhältnissen verbracht, nachdem seine Mutter einen kleinen Gastwirt geheiratet hatte. Nach kurzer beruflicher Tätigkeit als Volksschullehrer betätigte sich Calles in unterschiedlichen Positionen, vor allem als kleiner Geschäftsmann, als Verwalter einer Hacienda seines leiblichen Vaters, als Mitbesitzer einer kleinen Mühle, als Geschäftsführer eines Hotels, aber auch als kleiner Staatsangestellter. In all diesen Tätigkeitsbereichen war ihm ein durchschlagender Erfolg versagt geblieben; erst in seiner neuen Funktion als Polizeichef von Agua Prieta erhielt er die Möglichkeit, seine bedeutenden organisatorischen und administrativen Talente zu entfalten.
Die neue politisch-militärische Führungsschicht Sonoras setzte sich allerdings nicht nur aus diesem Kreis überzeugter Maderisten zusammen. Zu ihr stießen auch Männer, die sich kaum für die maderistische Sache engagiert hatten, die aber unter Maytorena von der politischen Ablösung prominenter Porfiristen profitierten. Auf diese Weise war auch Alvaro Obregón, später unbestrittener Chef der sonorensischen Revolutionsführer, ins politische Leben eingetreten, als er im September 1911 zum Gemeindepräsidenten von Huatabampo gewählt wurde.[12]
1880 als jüngstes von achtzehn Kindern auf der Hacienda Siquisiva im sonorensischen Bezirk Alamos geboren, wuchs Obregón als Halbwaise in bedrängenden materiellen Verhältnissen auf. Eine eigentliche Schulbildung hatte er nur in rudimentärer Form erhalten, und da ein ursprünglich vorhandener kleiner landwirtschaftlicher Familienbesitz offenbar nicht hatte gehalten werden können, sah sich Obregón, dessen große autodidaktische Lernfähigkeit von all seinen Biographen betont wird, schon in frühen Jahren genötigt, in verschiedenen Berufen – vor allem in solchen, in denen seine technischen Fähigkeiten zur Geltung kamen – ein Auskommen zu suchen. Bereits als Jüngling war er zum Verwalter einer kleinen Getreidemühle avanciert, hatte dann aber diese Stelle wieder aufgegeben und als Angestellter in einer Zuckermühle des benachbarten Staates Sinaloa gearbeitet, um schließlich sein Glück als Reisevertreter einer Schuhfabrik im

sonorensisch-sinaloensischen Grenzgebiet zu versuchen. Obregóns Ziel war jedoch, selbständiger Landwirt zu werden. Um die Jahrhundertwende hatte er sich deshalb in Huatabampo, im fruchtbaren Mayogebiet, niedergelassen, wo es ihm gelang, bis zum Ausbruch der Revolution einen mittelgroßen Landwirtschaftsbetrieb von einigen hundert Hektar Ausdehnung aufzubauen. Obregón verkörperte also den aufstrebenden, wirtschaftlich erfolgreichen Ranchero, der seine neuerworbene Position offenbar nicht durch eine Beteiligung an der maderistischen Oppositionsbewegung aufs Spiel setzen wollte. Ähnlich wie Calles verfügte auch Obregón über verwandtschaftliche Beziehungen zu alten Hacendado-Familien Sonoras, was möglicherweise seine späteren, eher konservativen agrarpolitischen Vorstellungen mitgeprägt hat.[13]

Eigentlicher Ausgangspunkt für Obregóns steile militärische und politische Karriere war allerdings weniger seine verhältnismäßig unbedeutende Stellung als Gemeindepräsident, als vielmehr die damit verbundenen Aufgaben der lokalen militärischen Selbstverteidigung im Zusammenhang mit dem drohenden Einfall von Orozco-Truppen nach Sonora im Jahre 1912.

Die Mobilisierung staatlicher, also von der regulären Bundesarmee unabhängiger Truppen gegen den befürchteten Orozco-Einfall entsprach einer politischen Strategie, welche die maderistische Staatsregierung in Sonora von Anfang an mit Entschiedenheit verfolgte. Maytorena war es gelungen, in zähen Verhandlungen mit der Zentralregierung deren Zustimmung zur Bildung und Finanzierung staatlicher Truppenverbände zu erhalten, was der Staatsregierung nicht nur eine größere Unabhängigkeit von der noch immer porfiristisch beherrschten, in Sonora stationierten Bundesarmee verlieh, sondern ihr auch erlaubte, durch die Inkorporation ehemaliger maderistischer Aufständischer die politisch gefährlichen Auswirkungen der Entlassung dieser Truppen zu mildern.[14] Mit der Aushebung neuer Soldaten durch die Präfekten und Gemeindepräsidenten im Frühjahr 1912 gegen den befürchteten Orozco-Einfall wurde das Potential von staatlichen, de facto außerhalb der Armeehierarchie operierender Militärverbände noch erhöht.

Eines der stärksten Kontingente der neugebildeten Hilfstruppen konnte der initiative Gemeindepräsident von Huatabampo, Obregón, ausheben: mehr als 100 Rekruten, die von der Staatsregierung Waffen und Sold erhielten, während Obregón als Kom-

mandant dieses von ihm organisierten »4. Irregulären Bataillons von Sonora« der Rang eines Oberstleutnants verliehen wurde. In verschiedenen erfolgreichen Kämpfen gegen die Orozquisten vermochte sich das militärische Naturtalent Obregón, der niemals eine formelle militärische Ausbildung erhalten hatte, besonders auszuzeichnen, so daß er im Herbst 1912, nach erfolgreichem Abschluß der antiorozquistischen Kampagne, dank seiner neugewonnenen militärischen Reputation eine Position errungen hatte, die seine früheren Einflußmöglichkeiten als kleiner Gemeindepräsident bei weitem übertraf.[15]
Dieser in Sonora – im Gegensatz zu anderen Staaten – weitgehend erfolgreiche Aufbau eines eigenständigen, antiporfiristischen und gegenüber der neuen Staatsregierung loyalen Militärs in den Jahren 1911 und 1912 sollte zu einer zentralen Voraussetzung für den Erfolg des sonorensischen Widerstandes gegen Huerta werden. Gleichzeitig ließ diese Form der staatlich verordneten und staatlich kontrollierten Militarisierung in Sonora, wie sie sich insbesondere in der Organisation der Orozco-Abwehr zeigte, auch bereits wesentliche Elemente des sonorensischen »Insurrektionsmodells« erkennen, wie es dann vor allem seit 1913 zum Tragen kommen sollte. Im Zusammenhang mit der Inkorporation Obregóns und seiner Truppen in die staatliche Militärmaschinerie hatte, wie Aguilar betont, schon Maytorena diese Besonderheiten klar erkannt, nämlich »den deutlichen Unterschied zwischen einem Revolutionsführer, der im Kampf spontan entstandene Kontingente unter seinem Kommando vereinigt, und jemandem, der, wie Obregón, seine revolutionäre Karriere nicht als bewaffneter Bürger ... begann, sondern als militärischer Kommandant, als Oberstleutnant mit einem hohen militärischen Grad und mit Truppen, welche durch den Staat besoldet wurden und welche ebensogut bewaffnet und ausgerüstet waren wie die übrigen Truppen des Bundes.«[16]
Nach dem Huerta-Putsch vom Februar 1913 war es die Gruppe der Bezirks-Präfekten und der hohen Offiziere der Staatstruppen, der eine Schlüsselstellung zufiel und die den künftigen Kurs Sonoras gegenüber der Zentralregierung entscheidend beeinflussen sollte. Sonora war neben Coahuila der einzige Staat der Republik, der sich Huertas Machtergreifung widersetzte, aber im Gegensatz zu der mehr symbolischen Geste der Staatsorgane von Coahuila konnte der Widerstand in Sonora sehr rasch effektiv organisiert werden. Von großer Bedeutung war dabei, daß

Sonora sich auf eigene staatliche Truppen stützen konnte, die eine sofortige Übernahme der Macht durch die in Sonora stationierte Bundesarmee zu verhindern vermochten. Allerdings war auch in Sonora die Entscheidung gegen Huerta angesichts des sonst überall reibungslos verlaufenen Machtwechsels nicht spontan und als unmittelbare Reaktion auf den Februar-Putsch gefallen. Denn unabhängig von den Risiken einer solchen Politik angesichts der erdrückenden Übermacht der Bundesarmee warf die Frage, wie eine solche Widerstandsbewegung längerfristig zu organisieren sei, gravierende Probleme auf. Für eine spontane Volkserhebung gegen das Huerta-Regime fehlten in Sonora nicht nur die Voraussetzungen unter der Bevölkerung, auch für die potentiellen Führer dieser Bewegung, die Offiziere der Staatstruppen und die Bezirkspräfekten, kam ein solches »Insurrektionsmodell« schwerlich in Frage. Sie sahen vielmehr in einer staatlich organisierten und kontrollierten Militarisierung analog zur Aushebung der Anti-Orozco-Truppen die Möglichkeit eines effektiven Widerstandes gegen das Huerta-Regime. Dies setzte allerdings, angesichts der leeren Staatskassen, die Erschließung unkonventioneller Finanzierungsquellen voraus, die unter den gegebenen Umständen nur die Form einer mehr oder weniger konfiskatorischen Besteuerung der großen privaten Vermögen annehmen konnte. Eine solche Politik aber mußte Gouverneur Maytorena, selber prominenter Repräsentant der anvisierten Oberschicht, irritieren. Im Konflikt über die einzuschlagende Politik nach dem Huerta-Putsch kamen deshalb in Sonora auch deutlich die unterschiedlichen sozialen und wirtschaftlichen Positionen der zum Widerstand entschlossenen Militärs und Präfekten einerseits, des Gouverneurs Maytorena andererseits, zum Ausdruck, den die Aussicht erschreckte, daß »nun zu einer allgemeinen Konfiszierung von Vermögenswerten geschritten würde, wobei auch Leute betroffen würden, die nichts mit Politik zu tun hatten und die für die Ereignisse in der Hauptstadt keine Verantwortung trugen«.[17] Maytorena, weder gewillt, unter diesen Bedingungen den Kampf gegen Huerta aufzunehmen noch die Regierungsgewalt formell abzugeben, zog sich deshalb vorübergehend »krankheitshalber« ins nordamerikanische Exil zurück und überließ die Regierungsgeschäfte einem Interimsgouverneur, Ignacio L. Pesqueira, der zusammen mit den hohen Offizieren der Staatstruppen – Obregón, Hill, Cabral, Alvarado u. a. – sogleich daran ging, die staatlichen Militärbestände zu verstärken.[18]

Angesichts der bereits erwähnten grundlegenden Bedeutung der Armee als Basisorganisation der mexikanischen Revolution kommt den spezifischen Modalitäten in der Formation der sonorensischen Revolutionsarmee größte Bedeutung zu. Auch bei der 1913 entstehenden Armee, deren Kern die schon existierenden Staatstruppen ausmachten, handelte es sich keineswegs um die spontane Bildung freiwilliger Miliztruppen im Sinne eines Volksaufstandes von unten. Es fehlten also jene Merkmale, die man gemeinhin mit »Revolutionsarmeen« zu verbinden pflegt und die etwa das zapatistische Bauernheer tatsächlich in hohem Maße charakterisierten. In gewissem Sinne handelte es sich hier vielmehr um eine Armee mit unverkennbar »professionellen« Zügen, da die Initiative zur Bildung dieser staatlichen Verbände wie auch die Besetzung der hohen Kommandoposten von der etablierten staatlichen Autorität ausging und die Ausrüstung und Bewaffnung der Truppen, vor allem aber ihre regelmäßige Besoldung, direkt oder indirekt aus staatlichen Mitteln erfolgte. »Professionell« waren diese Truppen zwar nicht in einem engen militärischen Sinne, da ja sowohl die Soldaten wie ihre Offiziere ausbildungsmäßig fast ausnahmslos militärische Laien waren.[19] Aber die Tatsache einer regelmäßigen Besoldung der Truppen wie auch die zu diesem Zweck aufgebaute innere Heeresorganisation machten die soldatische Existenz gleichsam zu einem »Beruf«, mit allen Konsequenzen, die sich daraus für eine *Revolutions*-Bewegung ergaben. Durch den Staat wurde die Versorgung der Familienangehörigen der eingezogenen Soldaten sichergestellt, die ihrerseits, ähnlich wie die Beschäftigten in Haciendas und Bergwerken, nur einen Teil ihres Soldes ausbezahlt erhielten, während der andere Teil ihnen als Beitrag für ihre Bewaffnung und Ausrüstung abgezogen wurde. »Auf diese Weise«, bemerkt Aguilar, »bestätigte die Regierung – in der Organisation ihres eigenen Revolutionsheeres – genau jene Arbeits- und Beschäftigungsmuster, die ihr als einzige aus ihrem sozialen Milieu vertraut waren: als Arbeitgeber im Kriegshandwerk waren ihre Kriterien zur Behandlung der Soldaten mehr oder weniger die gleichen, wie sie in den damaligen Bergwerken und Haciendas üblich waren.«[20] Unter diesen Umständen wurde die regelmäßige Besoldung zu einer wichtigen Voraussetzung für Zusammenhalt und Fügsamkeit der Truppen, wie etwa Alvarado deutlich erkannte, als er im August 1913 die Notwendigkeit ausreichender Mittel für die Soldausrichtung unterstrich, »denn von der Besoldung der Truppen hängt es ab, daß diese zufrieden sind«.[21] Gleichzeitig bedeutete diese militärische Organisationsform aber auch, daß sich die Revolutionsbewegung in Sonora nicht veranlaßt sah, für ihre Existenz eine neue – eigentlich revolutionäre – Legitimität zu begründen, welche über eine rein politische Argumentation hinausgegangen wäre. In den Manifesten, die die Revolution in Sonora ideologisch begründeten, nahm der Kampf gegen Huerta denn auch viel stärker den Charakter einer Sezession, einer traditionellen Auseinandersetzung zwischen autonomen politisch-territorialen Einheiten als den eines sozial motivierten Volksaufstandes an. Es waren deshalb auch Ausdrücke wie »Souveränität«, »Ehre«, »Vaterland«, »Pflichterfüllung« usw., welche die zentralen Anliegen der sonorensischen Revolutionsführer zum Ausdruck brachten.[22]

Nicht nur ging der sonorensischen Revolution somit eine Perspektive sozialrevolutionärer Veränderung weitgehend ab, im Gegenteil, die Logik des eingeschlagenen Weges verlangte – nicht zuletzt, um eine »normale« Staatsverwaltung und damit »normale« Staatseinnahmen zu gewährleisten – die Respektierung der gesellschaftlichen Struktur und der bestehenden Eigentumsverhältnisse. Dies schloß zwar bestimmte Formen von Zwangsbesteuerung (in Fällen prominenter politischer Gegner auch Konfiskationen größeren Ausmaßes) durchaus nicht aus, aber diese Maßnahmen erfolgten im Rahmen einer staatlichen Ausnahmepolitik und hatten nichts gemein mit den destruktiven Formen einer spontanen Neuordnung der sozialen Verhältnisse durch eine erfolgreiche aufständische Volksbewegung. Die Regierung ließ denn auch keine spontanen Requisitionen durch die Truppen zu, sondern bemühte sich um eine streng kontrollierte, geordnete Durchsetzung der kriegswirtschaftlichen Maßnahmen. Nachdem am Anfang der Kampagne gegen Huerta die notwendigen Finanzmittel durch einen forcierten Export von Vieh und Landesprodukten aufgebracht wurden, welche die Großgrundbesitzer der Regierung in Form von Zwangsquoten abzuliefern hatten, wurde schon im Mai 1913 eine dem Kriegsministerium angegliederte *Oficina de Administración de Bienes de Ausentes* eingerichtet, welche die unmittelbare Bewirtschaftung jener Güter übernahm, deren Besitzer als Feinde des Konstitutionalismus den Staat verlassen hatten.[23]

Bereits Mitte April 1913 war es den Staatstruppen gelungen, mit Ausnahme der Hafenstadt Guaymas, den größten Teil des

Staatsterritoriums unter ihre Kontrolle zu bringen. Damit sicherten sie sich nicht nur den Zugang zu den beträchtlichen Steuern der nordamerikanischen Bergwerksgesellschaften im Norden Sonoras, sondern auch zu den erheblichen Zolleinnahmen aus dem Grenzverkehr, finanziellen Mitteln also, die für den Ankauf von Waffen und Ausrüstung in den USA von größter Bedeutung waren, denn wie die übrigen Nordarmeen unterhielten auch die Sonorenser in den Vereinigten Staaten Handelsagenturen, deren Hauptzweck der Aufkauf von Kriegsmaterial und dessen Transport nach Mexiko war.[24]

Unter diesen Bedingungen entstand in Sonora eine Revolutionsarmee, welche – relativ gut ausgerüstet, regelmäßig bezahlt und verhältnismäßig diszipliniert – wenig mit einem Partisanenheer gemein hatte, wie es die zapatistische Bewegung charakterisierte, die über unverhältnismäßig geringere Mittel und, wegen ihrer geographischen Lage, auch kaum über Versorgungsmöglichkeiten aus dem Ausland verfügte. Dafür war diese Armee in Sonora auch, wie nordamerikanische Beobachter vermerkten, durchaus als ein eigentlicher Ordnungsfaktor anzusehen. Abgesehen von außerordentlichen Besteuerungsmaßnahmen wurde fremdes Eigentum, insbesondere, wenn es sich in nordamerikanischen Händen befand, nicht angetastet. »Bis jetzt«, meldete der nordamerikanische Konsul in Nogales am 28. März 1913 an das State Department, »folgte auf die militärischen Erfolge der Staatstruppen die unverzügliche Wiederherstellung der normalen Verwaltung, und eine gute Ordnung wird aufrechterhalten. Die staatlichen Stellen sind durchaus gewillt, die bestehende Ordnung der Dinge wie bisher aufrechtzuerhalten.«[25] Und sein Kollege aus Hermosillo lobte die Disziplin der Truppen, wenn er auch nicht unterließ hinzuzufügen, »daß, wenn diese keinen Sold erhielten, die Sache anders aussehen dürfte.«[26]

Diese wirtschaftliche Funktion der Armee war um so bedeutsamer, als, wie bereits während des maderistischen Aufstandes, die normale Geschäftstätigkeit vieler Firmen durch die Kriegsereignisse gestört wurde, was die Zahl der Arbeitslosen rasch anschwellen ließ. Unter diesen Bedingungen kam der Armee auch eine außermilitärische Aufgabe zu, insofern als sie, wie der Konsul in Nogales durchaus realistisch feststellte, dazu beitragen könne, »das Problem der Beschäftigung der Arbeitslosen zu lösen, indem diese in die Armee eintreten können«.[27]

Diese Grundzüge einer »professionellen« Revolutionsarmee waren zwar in Sonora besonders stark ausgeprägt, sie fehlten allerdings, wie noch zu zeigen ist, auch in den anderen Segmenten der Nordarmee keineswegs. Dennoch wird man die Charakteristika der vom Staat organisierten und kontrollierten und im Rahmen der staatlichen Legalität operierenden Sonora-Armee nicht pauschal auf die nördliche Revolutionsbewegung insgesamt projizieren dürfen.

Schon mit dem Vorstoß der sonorensischen Armee nach Süden unter dem Oberbefehl Obregóns, in dessen Verlauf sie durch die Eingliederung anderer Revolutionstruppen zum Armeekorps des Nordwestens, also zu einer der drei großen Heereseinheiten der Nordarmee, anwachsen sollte, veränderte sich in gewissem Maße auch ihre Physiognomie. Dies nicht nur durch das quantitative Anschwellen ihrer Bestände, sondern vor allem auch durch ihre stärkere Integration in die Konstitutionalistische Armee als ganze, deren anderer – und rein militärisch wohl noch wichtigerer – Großverband die in Chihuahua entstandene, berühmte *División del Norte* unter dem Kommando von Francisco Villa darstellte.

Die Entstehung der Villa-Bewegung in Chihuahua

Zu Recht hat Friedrich Katz betont, daß von »allen revolutionären Bewegungen die Villa-Bewegung die am schwersten zu definierende« sei.[28] Nicht nur das Bild Villas selbst, facettenreich und widersprüchlich, auch die von ihm geführte *División del Norte* ist von Legenden umrankt. Erst in jüngster Zeit hat der *villismo*, vor allem durch die umfangreichen Forschungen von Katz, deutlichere Konturen und differenziertere Züge gewonnen.[29] Auf die Anfänge von Villas revolutionärer Karriere im maderistischen Aufstand wurde weiter oben, S. 152 f., kurz verwiesen. Nach dem Waffenstillstand von Ciudad Juárez zog sich Villa mit dem Grad eines Obersten und einer Belohnung von 10000 Pesos ins Privatleben zurück, um sich erneut seinen kommerziellen Aktivitäten zu widmen. Aus einem Gefühl starker persönlicher Loyalität gegenüber Madero hatte er sich nicht an der Orozco-Rebellion gegen Madero beteiligt, ja sich im Gegenteil mit seinen ehemaligen Soldaten der militärischen Kolonne angeschlossen, die unter dem Oberkommando des Generals

Victoriano Huerta zur Bekämpfung der Orozquisten gebildet worden war. Im Verlauf des Feldzugs hatte Villa seine Beförderung zum General erhalten, wäre aber von Huerta, der wie viele andere Karriereoffiziere diesem »General« unkonventioneller Formation mit kaum verhüllter Verachtung begegnete, wegen angeblicher Insubordination beinahe füsiliert worden, wenn Madero nicht persönlich interveniert hätte. Villa wurde hierauf in ein Gefängnis nach Mexico-City überführt, von wo aus ihm im Dezember 1912 die Flucht nach den USA gelang. Dort erreichte ihn auch die Nachricht von der Ermordung Maderos durch den ihm besonders verhaßten Huerta, worauf er Anfang März an der Spitze von acht Mann den Río Grande überschritt, um in Chihuahua eine neue, mächtige Armee gegen Huerta zu organisieren, die nach wenigen Wochen bereits über 3000 Mann umfaßte.[30]

In mannigfacher Hinsicht unterscheidet sich die Entstehung der konstitutionalistischen Revolutionsbewegung in Chihuahua von jener in Sonora. Insbesondere in ihren weitgehend spontanen und popularen Mobilisierungsformen und ihrer weit radikaleren Konfiskationspolitik hebt sich die Villa-Bewegung deutlich von der staatlich organisierten und kontrollierten Revolutionsbewegung in Sonora ab. Beiden Bewegungen gemeinsam war jedoch eine auf intakten Handelsbeziehungen zu den USA basierende Kriegswirtschaftspolitik, deren innere Logik auch im Einflußbereich der sozialradikaleren Villa-Bewegung eigentliche wirtschaftliche und gesellschaftliche Strukturveränderungen verhinderte. Auch war sowohl in Sonora wie in Chihuahua der Anschluß der meisten Revolutionssoldaten an die Revolutionsarmeen nicht durch klare gesellschaftsreformerische Zielsetzungen motiviert, was in beiden Fällen eine charakteristische politische Schwäche der Basis gegenüber ihrer Führung bewirkte. In dieser Beziehung unterscheiden sich sowohl die Revolutionsbewegung in Sonora als auch jene in Chihuahua grundsätzlich von der südlichen Bauernbewegung unter Zapata. Und insofern gehört die Villa-Bewegung nicht nur geographisch zur *Revolución del Norte*, so sehr sie sich auch in manchen Aspekten von den übrigen Nordbewegungen abhebt. Einige zentrale Voraussetzungen, Entfaltungsbedingungen und Strukturmerkmale der Villa-Bewegung in den Jahren 1913/14 sollen deshalb im folgenden kurz beleuchtet werden.

Die politische Entwicklung Chihuahuas im Porfiriat, gekennzeichnet durch die politische und wirtschaftliche Vorherrschaft der Terrazas-Familie, wurde weiter oben bereits dargestellt.[31] Auch in Chihuahua hatte die im Vergleich zu den traditionellen Ackerbaugebieten des zentralen und südlichen Hochlandes weiter fortgeschrittene soziale und wirtschaftliche Differenzierung eine gesellschaftlich vielfältige Oppositionsbewegung gegen das Díaz- bzw. das Terrazas-Regime hervorgebracht, wie der amerikanische Konsul in Chihuahua im Oktober 1913 in einem Bericht über die Revolutionsvoraussetzungen im Norden unterstrich. Hier könne man nicht mehr lediglich von zwei Klassen, dem Landarbeiter und dem Großgrundbesitzer, sprechen, »hier besteht eine selbstbewußte Mittelklasse von kleinen Händlern, Handwerkern, Fuhrunternehmern, Eisenbahnern, kaufmännischen Angestellten usw., und diese Leute kämpfen seit Jahren um eine Verbesserung ihrer Lebensbedingungen . . .«.[32] Allerdings fehlten in Chihuahua – im Gegensatz zu Sonora oder Coahuila – liberale Hacendado-Familien wie die Maytorenas, Maderos oder Carranzas, die 1911/12 in ihren Staaten eine echte politische Ablösung der alten Díaz-Oligarchie hatten durchsetzen können.[33] Die politischen Verhältnisse in Chihuahua waren denn auch unter Maderos Präsidentschaft höchst instabil. Vor allem der große Orozco-Aufstand des Jahres 1912, den die alte Terrazas-Oligarchie tatkräftig förderte, ließ keine – auch militärisch abgesicherte – Stabilisierung der maderistischen Staatsregierung zu, wie sie für Sonora beschrieben wurde. Unmittelbar nach dem Huerta-Putsch wurde Gouverneur Abraham González, einer der engsten Mitarbeiter Maderos, von den in Chihuahua stationierten Bundestruppen abgesetzt. Staatsregierung, Administration und Parlament gingen in die Hände der Huerta-Anhänger über, die sich nicht nur aus alten Exponenten des Terrazas-Regimes, sondern auch aus Orozquisten zusammensetzten, nachdem sich Orozco mit seiner Bewegung Huerta angeschlossen hatte.[34] Zwar erhoben sich auch in Chihuahua einige verstreute staatliche Hilfstruppen aus ehemaligen Maderisten gegen Huerta, aber die Schaffung einer schlagkräftigen Anti-Huerta-Armee konnte unter diesen Umständen nicht – wie in Sonora – durch den Staatsapparat erfolgen, sondern war auf eine spontane Volksmobilisierung angewiesen, die hauptsächlich durch Francisco Villa und seine Unterführer erfolgte. Dabei kam der charismatischen Ausstrahlung einer Figur wie Villa und seiner festen Verwurzelung in seinem Heimatstaat Chihuahua ausschlaggebende Bedeutung zu. Villa selbst war sich dieses Umstands durchaus bewußt, wie aus einem von Adolfo de la Huerta überlieferten Gespräch unmittelbar vor Villas Rückkehr aus den USA nach Mexiko hervorgeht. Villa hatte nämlich de la Huertas Aufforderung, sich der Revolutionsbewegung in Sonora anzuschließen, entschieden abgelehnt und sich stattdessen für die Rückkehr nach Chihuahua entschlossen: »In Ihrem Staat kenne ich die Leute nicht, die Erde dort ist mir fremd. In meinem Staat Chihuahua bin ich zehnmal soviel wert als ich es in Sonora je sein könnte . . .«[35] Villas Ruf als erfolgreicher Militärführer des maderistischen Aufstandes, seine sozialbanditistische Reputation, seine starke persönliche Ausstrahlung verschafften ihm in den Dörfern Chihuahuas rasch einen großen Anhang. Es waren also vornehmlich personalistische Motive, die Bewunderung für einen berühmten *jefe* sowie die ansteckende Wirkung eines Anschlusses an die Villa-Armee auf Brüder, Nachbarn usw., welche die Bestände der *División del Norte* im Frühjahr und Sommer 1913 rasch anschwellen ließen. Diesen Eindruck gewinnt man jedenfalls aus den zahlreichen Interviews mit villistischen Veteranen, welche in den letzten Jahren durch ein Historikerteam des *Instituto Nacional de Antropología e Historia* durchgeführt wurden.[36]

Immer wieder werden darin Villas persönliche Anziehungskraft, seine magnetische Ausstrahlung hervorgehoben, der sich in den Dörfern Chihuahuas offenbar nur wenige entziehen konnten.[37] »Viele Villisten bezeugen, daß allein schon der euphorische Ruf »Viva Villa!« eine populare Reaktion auslöste, die einen unmittelbaren und freiwilligen Anschluß an die Armee bewirkte.«[38] Oft schlossen sich ganze Gruppen von Brüdern, Verwandten, Freunden den durchziehenden Truppen an, wie der villistische Veteran Santos Marquez Parada berichtet, der sich als Jüngling ebenfalls den Revolutionstruppen anschloß, nachdem er erfahren hatte, daß einer seiner Brüder von den Villisten mitgenommen worden war.[39] Persönliche Probleme und Streitigkeiten, lokale Fehden, Abenteuerlust dürften ebenfalls weit verbreitete Motive für den Eintritt in die Armee gewesen sein, wie etwa der Aussage von Victoriano Macías zu entnehmen ist, der sich als Siebzehnjähriger den durchziehenden Revolutionstruppen anschloß: »Es gefiel mir, mit dem Schicksal zu spielen. Nicht weil ich eine bestimmte Idee gehabt hätte. Welche Idee hätte ich schon haben können? Keine. Aber ich sah den Haufen Männer, ah! Also ich mit dabei!«[40]

So deutlich also aus diesen Quellen der spontane Charakter der Massenmobilisierung in der Villa-Armee hervorgeht, so schwach waren nach den selben Zeugnissen ihre ideologischen Beweggründe. Für den hohen Anteil extrem junger Männer unter den villistischen Rekruten scheinen rein aktivistische Motive ganz im Vordergrund gestanden zu haben, wie auch der spätere General Roberto Fierro Villalobos bezeugt, der sich als Sechzehnjähriger der Villa-Armee angeschlossen hatte: »Damals, wie heute, stürzte sich die ganze Jugend ins Abenteuer (a la bola), um zu sehen, was dabei herauskommt.«[41] Nach dem villistischen Offizier Pedro Caloca Larios hatten »die Leute des Nordens, welche die Revolution militärisch entschieden, keine Ideologie«, eine Beobachtung, die sicher für einen Großteil der unteren Ränge in der Villa-Armee (und anderer nördlicher Revolutionstruppen) zutraf.[42] Programmatische Erörterungen scheinen jedenfalls nach den Aussagen zahlreicher Veteranen kaum eine Rolle in der villistischen Massenmobilisierung gespielt zu haben.

Dies schloß keineswegs aus, daß der *villismo* durchaus als eine Bewegung erschien, die sich allgemein für mehr Freiheit und insbesondere für eine größere soziale Gerechtigkeit einsetzte, was nicht zuletzt auf Villas sozialbanditistische Reputation, seinen Ruf als Freund der Armen und seine spontane Unterstützung von Bedürftigen zurückzuführen war.[43] Aus diesem Grund sei Villa in Chihuahua 1913/14 auch so beliebt gewesen: »Sehen Sie, Villa traf z. B. an einem bestimmten Ort ein und sah, wie arm wir waren. Wenn er Geld bei sich hatte, zog er es aus der Tasche und gab es uns. Sonst gab uns keiner Geld, und keiner unterstützte die Armen außer ihm.«[44]

Zwar hat Friedrich Katz kürzlich aufgezeigt, daß auch im frühen *villismo* agrarrevolutionäre Motive eine Rolle spielten, insbesondere unter den Nachkommen jener Militärkolonisten, deren Besitz im Porfiriat durch die expandierenden Haciendas bedroht oder enteignet worden war, wie etwa der hohe Anteil von Villisten aus dem Dorf Namiquipa anzeigt.[45] Dennoch wird man das Gewicht dieser agrarrevolutionären Komponente für die Entstehung der villistischen Bewegung insgesamt nicht überschätzen dürfen. In den Interviews mit den villistischen Veteranen spielen jedenfalls agrarrevolutionäre Zielsetzungen kaum eine Rolle. Weder werden sie von den Veteranen als bewußte Motive ihres Anschlusses an die Villa-Armee genannt, noch wurden offenbar sozialreformerische Postulate, wie etwa das

Versprechen einer Landverteilung an die Bedürftigen, als Rekrutierungsargument eingesetzt.[46]

Ungeachtet ihres überwiegend bäuerlichen Charakters entwikkelte sich die Villa-Armee auch nicht, wie die *Revolución del Sur*, zu einer eigentlichen Bauernbewegung mit klaren agrarreformerischen Zielsetzungen.[47] Dazu fehlte nicht nur ein entsprechendes Bewußtsein unter den meisten Villisten, selbst jenen bäuerlicher Herkunft; auch die soziale Heterogenität der Villa-Truppen sowie die Zusammensetzung der militärischen und politischen Führung der Villa-Bewegung verhinderten, wie noch zu zeigen ist, eine solche Entwicklung, der überdies auch die spezifischen kriegswirtschaftlichen Bedürfnisse der Armee-Finanzierung entgegenstanden.

Im Laufe des Jahres 1913 gelang es Villa, sowohl von Carranza als auch von seinen Unterführern als oberster militärischer Befehlshaber der Revolutionstruppen in Chihuahua anerkannt zu werden, gleichzeitig vermochte er eine schlagkräftige Armee aufzubauen, deren Kern zunächst hauptsächlich aus Kavallerie bestand.[48] Schon im Mai 1913 kontrollierten die Villisten einen Großteil des flachen Landes von Chihuahua, während sich die Bundestruppen, die *federales*, darauf beschränkten, die wichtigsten Städte zu halten.[49] Anfang Dezember 1913 schließlich konnten die Villa-Truppen die Hauptstadt Chihuahua einnehmen und damit praktisch die Kontrolle über den ganzen Staat gewinnen.[50]

Die im Vergleich zur Revolution in Sonora sozialradikalere Ausrichtung des *villismo* zeigte sich deutlich nach der Übernahme der Staatsregierung von Chihuahua durch Villa.[51] Einerseits wurden nun gewisse Sozialmaßnahmen zugunsten der breiten Bevölkerungsschichten erlassen, wie etwa die Festsetzung von Höchstpreisen für Grundnahrungsmittel oder auch die in typisch villistischer Manier erfolgende spontane Warenverteilung aus den konfiszierten Beständen spanischer Warenhäuser an die Bedürftigen der Stadt Chihuahua.[52] Weit bedeutsamer war allerdings die villistische Konfiskationspolitik in der Landwirtschaft, d. h. die staatliche »Intervention« der großen Landgüter der alten Oligarchie, namentlich der als konterrevolutionär eingestuften Familien der Terrazas, Creel usw.[53] Obwohl das erste villistische Konfiskationsdekret vom 12. 12. 1913 längerfristig eine Aufteilung dieser Güter an die Veteranen, die enteigneten ehemaligen Kleinbesitzer und den Staat zur Versorgung von Witwen und

Waisen gefallener Revolutionssoldaten vorsah, nahm die villistische Agrarpolitik in Nordmexiko in den Jahren 1913/14, wie Katz aufgezeigt hat, in der Praxis einen anderen Verlauf.[54] Dies vor allem deshalb, weil die Erträge aus diesen Gütern direkt unter Staats- und Armeeverwaltung gerieten. Die beträchtlichen Ausgaben für Ausrüstung, Bewaffnung und Unterhalt der Villa-Armee wurden zu einem guten Teil aus dem Verkauf von Vieh, Baumwolle und anderen Agrarprodukten der beschlagnahmten Haciendas an vornehmlich nordamerikanische Abnehmer bestritten, was eine doppelte Eindämmung von Besitzumschichtung und strukturellen Veränderungen auch innerhalb der intervenierten Güter bedeutete. Einerseits stand für die villistische Verwaltung der wirtschaftliche Ertrag der beschlagnahmten Güter im Vordergrund, was Umverteilungsmaßnahmen zugunsten der bäuerlichen Bevölkerung nicht ratsam erscheinen ließ, andererseits war der – besonders in Nordmexiko – umfangreiche nordamerikanische Grundbesitz dadurch geschützt, daß diese villistische Strategie der Kriegsfinanzierung auf das Wohlwollen und die Unterstützung der USA angewiesen war.

Abgesehen von dieser kriegswirtschaftlichen Logik der villistischen Agrarpolitik sind allerdings noch weitere Faktoren dafür anzuführen, daß im Norden Mexikos unter villistischer Herrschaft, anders als in Morelos 1914/15, keine tiefgreifenden agrarischen Strukturveränderungen stattfanden: einerseits die Rolle der villistischen Führungsschicht, andererseits die soziale Heterogenität und die politisch-gesellschaftliche Schwäche der villistischen Basis.

Die Führungsschicht der villistischen Bewegung setzte sich aus hohen Offizieren der Armee und aus Angehörigen einer neuen, zivilen Bürokratie zusammen, die mit der fortschreitenden Kontrolle immer ausgedehnterer Gebiete durch Villas Armee zu deren Verwaltung eingesetzt werden mußte. Gerade in dieser Bürokratie fanden sich viele ehemalige Maderisten, die aufgrund ihrer sozialen Stellung und ihrer »maderistischen« Gesellschaftsvorstellungen an raschen und tiefgreifenden Strukturveränderungen kaum interessiert waren. Vor allem aber boten sich nun zahlreichen villistischen Generälen und kommerziellen Agenten der Armee beträchtliche wirtschaftliche Bereicherungs- und soziale Aufstiegsmöglichkeiten, die ihre Nutznießer rasch in einen grundsätzlichen Interessenkonflikt zu egalitären und redistributiven Sozialreformen bringen mußten. Diese villistische

Führungsschicht verdankte ihren raschen wirtschaftlichen Aufstieg jenen kommerziellen Betätigungsfeldern, die aus den wirtschaftlichen Bedürfnissen einer rasch anwachsenden Armee entstanden. Einerseits mußte die Besoldung der Truppen sichergestellt werden, andererseits waren große Mittel für den Ankauf der notwendigen Waffen und Ausrüstung in den USA erforderlich.[55] Dies brachte, wie z. B. der amerikanische Konsul in Chihuahua feststellte, eine neue Gruppe von Staatskonzessionären hervor, welche sich die lukrativsten Monopole aneigneten: »Felix Sommerfeld beispielsweise ist Inhaber der Dynamit-Konzession, Villas Bruder Hipólito verfügt über die Spiel-Konzession in Juárez und zusammen mit einem Amerikaner namens Holmes auch über die Viehexport-Konzession. Die Finnigan-Brown-Company besitzt die Konzession für die Ausfuhr von Häuten aus dem Staat Chihuahua. Alberto Madero, ein Onkel des verstorbenen Präsidenten, war bis vor kurzem Inhaber der Vieh-Konzession.«[56]

Wohl noch bedeutsamer für die Herausbildung einer neuen, wenn z. T. auch kurzlebigen wirtschaftlichen Oberschicht aus der villistischen Führung war die Übernahme der intervenierten Haciendas durch die Revolutionsgeneräle. Dabei handelte es sich oft um die größten unter den konfiszierten Gütern, vornehmlich um solche aus dem Besitz der Familie Terrazas.[57] Folgenreich war dabei, daß die neuen Herren diesen Besitz zunehmend als ihr Privateigentum betrachteten und so von ihren neuen wirtschaftlichen Interessen her einer Agrarreform oft feindlich gegenüberstanden, ein – für die nördliche Revolution insgesamt gültiges – Faktum, das sich dann insbesondere nach dem Abschluß der eigentlichen Bürgerkriegsphase, d. h. nach 1916/17, als Hindernis für eine reformorientierte Agrarpolitik erweisen sollte.[58]

John Reed hat in seinen berühmten Reportagen über die Villa-Revolution in Nordmexiko auch die Inbesitznahme konfiszierter Güter durch Revolutionsgeneräle anschaulich geschildert: »Das Rancho war eines der zahlreichen Güter der Hacienda ›El Canutillo‹, und den ganzen nächsten Tag durchfuhren wir seine ausgedehnten Ländereien, die, wie man mir sagte, mehr als 2 Millionen acres umfassen. Der Hacendado, ein reicher Spanier, hatte das Land vor zwei Jahren fluchtartig verlassen. ›Wer ist jetzt der Besitzer?‹ ›General Urbina . . .‹. (. . .) Ich stand in der Dämmerung auf und schaute mich in Las Nieves um. Die ganze Ortschaft gehört General Urbina – Leute, Häuser, Vieh und die unsterblichen Seelen. In Las Nieves übt er – und er allein – die hohe wie die niedere Gerichtsbarkeit aus. Das einzige Geschäft des Ortes befindet sich in seinem Haus . . .«[59]

Nicht nur auf den durch die Revolutionsgeneräle unmittelbar übernommenen Gütern, auch auf den durch die neugegründeten Staatsbehörden wie die *Administración General de Confiscaciones* verwalteten bzw. von ihr an Privatpersonen verpachteten Haciendas änderte sich an ihren inneren Verhältnissen kaum etwas. »Es gibt keine Anzeichen (dafür), daß innerhalb dieser Haciendas zugunsten der ärmsten Gruppen deutliche Veränderungen der Arbeitsverhältnisse und der Pacht- und Halbpachtbedingungen im Vergleich zur vorrevolutionären Zeit stattgefunden haben.«[60] Dies bedeutete, daß für den Großteil der Landbevölkerung die villistische Revolution keine unmittelbare Verbesserung ihrer Arbeits- und Lebensverhältnisse brachte. Ein Teil der Erträge aus den konfiszierten Gütern ermöglichte zwar eine Senkung der Nahrungsmittelpreise und eine Versorgung der Städte, wenn Knappheit oder Hungersnot drohten, indem z. B. die Stadt Chihuahua durch die Armee direkt mit Vieh von den Terrazas-Gütern versorgt oder Getreide durch die Regierung zu Vorzugspreisen abgegeben wurde.[61] Der Großteil dieser Erträge wurde allerdings für die Ausrüstung und den Unterhalt der Villa-Armee verwendet, die nicht zuletzt wegen ihrer soliden wirtschaftlichen Basis zur bestausgerüsteten und stärksten militärischen Formation im Bürgerkrieg gegen die Huerta-Armee wurde.

Systematische Landverteilungen scheinen dagegen im villistischen Herrschaftsbereich 1913/14 nicht durchgeführt worden zu sein.[62] Zwar hat Villa offenbar sporadisch in Einzelfällen begrenzte Landverteilungen angeordnet, die aber rein lokalen Charakter hatten, auf der Einschüchterung der betroffenen Grundbesitzer beruhten und deshalb nach dem Durchzug der Truppen wohl meist wieder rückgängig gemacht wurden.[63] Für eigentliche Bauernaufstände, Jacqueries mit spontaner Landbesetzung, gibt es in dieser Periode ebenfalls keine Anzeichen.[64]

Wie läßt sich dieser Tatbestand erklären?

Im Unterschied zu Morelos gingen der Basis der nördlichen Revolutionsbewegung agrarrevolutionäre Zielsetzungen weitgehend ab. Zwar mochte dabei, wie Katz unterstreicht, die Tatsache eine Rolle spielen, daß 1914/15 ein beträchtlicher Teil der Bevölkerung Chihuahuas in der villistischen Armee fern ihres

Heimatstaates kämpfte und deshalb eine Landreform bis zu ihrer Rückkehr aufgeschoben werden mußte.[65] Entscheidend dafür aber dürfte wohl der mangelnde Druck von unten zur Verwirklichung grundlegender Veränderungen in den Agrarverhältnissen gewesen sein. Diese Passivität erklärt sich vor allem aus der unterschiedlichen Sozialstruktur des Nordens gegenüber dem südlichen Hochland. Hier stellten die Bauern mit etwa 40% der Beschäftigten einen weit geringeren Teil der Gesamtbevölkerung als im Süden, was sich auch in der sozial heterogenen Zusammensetzung der Villa-Truppen ausdrückte, in welchen neben den Bauern Viehhüter und Bergarbeiter starke Kontingente stellten.[66] Auch die Bauern selbst unterschieden sich in mancher Beziehung von den Bauern des Südens. Ein weit größerer Teil von ihnen lebte als *acasillados* fest auf den Haciendas, verfügte also weder über eigenständige Dorfinstitutionen noch über eine Tradition selbständiger bäuerlicher Existenz, Faktoren, die ja in Morelos für die Entstehung einer agrarrevolutionären Bauernbewegung von grundlegender Bedeutung waren. Die *acasillados* zeichneten sich nicht nur im Norden, sondern überall durch eine besondere Passivität aus, ein Problem, auf das unter grundsätzlichen Gesichtspunkten zurückzukommen ist.

Allgemein war die Tradition freier Dorfgemeinschaften im Norden viel schwächer entwickelt als im kolonial geprägten altindianischen Siedlungsgebiet des südlichen Hochlandes. Zudem setzte sich ein beträchtlicher Teil der bäuerlichen Bevölkerung aus Zugewanderten aus den übrigen Teilen Mexikos zusammen, die in Chihuahua niemals Land besessen hatten.[67] Die Viehhüter schließlich brachten als »rückständigster Teil des Landproletariats einer Bodenreform meist nur geringes Verständnis und Interesse« entgegen.[68] Und von den starken nicht-bäuerlichen Gruppen in der Villa-Bewegung waren ohnehin keine agrarreformerischen Initiativen zu erwarten. »Als Viehhüter, Maultiertreiber, Banditen, Eisenbahnarbeiter, Hausierer, entflohene *peones* verfügten die Villisten über keine klar definierten Klasseninteressen oder feste Bindungen an ein Stück Erde.«[69]

Dieses Unvermögen der villistischen Basis in der Formulierung und Verwirklichung eines klaren Agrarreformprogramms war Ausdruck ihrer allgemeinen ideologischen Unsicherheit und politischen Schwäche in der Durchsetzung ihrer spezifischen gesellschaftlichen Interessen. Es steht zwar außer Frage, daß der Kampf der Villisten immer auch einer größeren *justicia social* galt, die den »Armen« gegenüber den »Reichen«, den »Enterbten« gegenüber den »Mächtigen« zu ihrem Recht verhelfen sollte.[70] Aber diese diffusen Aspirationen konnten sich weder in ein klares, verbindliches Programm noch gar – gegen die konservativen Stömungen in der villistischen Führung, die reformfeindliche Politik Carranzas und den durch Villas »Allianz« mit den USA erheblichen nordamerikanischen Einfluß – in eine neue gesellschaftliche Realität umsetzen.[71]

Im Gegensatz zu den durch Agrarversprechungen motivierten und mit einer Landreform entschädigten Zapatisten traten deshalb auch in der villistischen Armee – wie im Norden überhaupt – andere Instrumente zur Rekrutierung und zur Erhaltung der Loyalität der Revolutionstruppen in den Vordergrund: Soldzahlung an die Soldaten und vielfältige Bereicherungsmöglichkeiten für die Führer, durch die Übernahme intervenierter Haciendas, Handelsmonopole, stattliche Konzessionen usw.

Schließlich läßt sich auch in der Villa-Armee ein den nördlichen Revolutionstruppen gemeinsames Charakteristikum feststellen, nämlich die Tendenz, sich zu verselbständigen und gleichsam zum Selbstzweck zu werden. Diese militärische Eigengesetzlichkeit konnte auch durchaus zu jenen ursprünglichen gesellschaftlich-politischen Zielsetzungen in Widerspruch geraten, deren Durchsetzung ihr als bewaffneter Arm der Revolution eigentlich aufgetragen war. Rein militärisch gesehen war die Villa-Armee in den Jahren 1913/14 allerdings außerordentlich erfolgreich. Sie hatte einen maßgeblichen, wenn nicht entscheidenden Anteil an der militärischen Kampagne der Nordarmeen, die im Sommer 1914 zur Niederlage Huertas und der alten Bundesarmee führen sollte.

Carranza und der Nordosten in der Revolución del Norte

Gegenüber den in Sonora und Chihuahua entstandenen starken Revolutionsarmeen kam dem mexikanischen Nordosten – Coahuila, Nuevo León und Tamaulipas – ein deutlich geringeres militärisches Gewicht zu. Andererseits nahm Coahuila, als Heimatstaat Carranzas und anfänglich Sitz der politischen Führung der konstitutionalistischen Bewegung, einen besonderen Platz ein. Im Rahmen dieses Überblicks kann es allerdings nicht darum gehen, im Detail auf die Entstehung der Revolutionsver-

bände in Coahuila und im übrigen Nordosten und auf die militärische Ereignisgeschichte in dieser Region einzugehen, auf deren Anfänge weiter oben bereits kurz verwiesen wurde.[72]
Die wichtigsten Militärführer des Nordostens, wie Pablo González, Lucio Blanco, Jesús Carranza u. a. gingen aus dem Kreis ehemaliger maderistischer Aufständischer hervor, welche 1912 auch die irregulären Staatstruppen im Kampf gegen die Orozquisten befehligt hatten.[73] Wie in den übrigen Nordregionen des Landes wuchs der ursprüngliche Kern dieser konstitutionalistischen Verbände aus den irregulären Staatstruppen im Verlauf des Jahres 1913 auch im Nordosten durch spontanen Anschluß oder Rekrutierung von Freiwilligen langsam an, wenn auch in geringerem Ausmaß als in Sonora und Chihuahua. Denn hier bestand weder die Möglichkeit einer staatlichen Organisation der Armee »von oben« wie in Sonora noch erfolgte eine breite Massenmobilisierung wie unter Villa in Chihuahua. Die soziale Zusammensetzung der Truppen war auch im Nordosten sehr heterogen. Nach dem Bericht des späteren Generals Francisco L. Urquizo schlossen sich Kumpel aus den stillgelegten Kohlebergwerken Nordcoahuilas ebenso den Konstitutionalisten an wie Cowboys vom Río Bravo.[74] Durch Zwangsanleihen unter den Wohlhabenden, lokale Requisitionen usw. hielten sich diese Truppen 1913 über Wasser, vornehmlich in der Defensive gegenüber den Bundestruppen und ohne daß es ihnen gelungen wäre, wie die Truppen Villas und Obregóns bereits im Laufe des Jahres 1913 nachhaltige militärische Erfolge gegenüber den *federales* zu erringen.[75] Für ein Verständnis der nördlichen Revolutionsbewegung insgesamt ist denn auch weniger die im engeren Sinne militärgeschichtliche Entwicklung dieser Region als vielmehr die Politik Carranzas von Bedeutung. Carranzas Autorität als oberster Führer der konstitutionalistischen Bewegung wurde allerdings nicht in allen nördlichen Teilbewegungen gleichermaßen anerkannt. Während seine Stellung als oberster militärischer und politischer Führer im Nordosten fest verankert war und er sich in Sonora unter Ausnutzung der inneren politischen Spannungen unter den konstitutionalistischen Führern nach Maytorenas Rückkehr aus den USA ebenfalls fest etablieren konnte, entzog sich die Villa-Bewegung zunehmend der faktischen Kontrolle durch Carranzas Hauptquartier, auch wenn sich die Villisten bis zum offenen Bruch mit Carranza formal der konstitutionalistischen Hierarchie unterordneten.

Obwohl es Carranza während des Bürgerkriegs von 1913/14 nicht gelang, eine einheitliche Politik der verschiedenen konstitutionalistischen Gruppierungen wirklich durchzusetzen und er das sehr unterschiedliche Vorgehen der einzelnen Militärbefehlshaber weitgehend tolerieren mußte, lassen sich aus seinen Anweisungen und aus seiner Korrespondenz mit den militärischen und politischen Exponenten der konstitutionalistischen Bewegung doch einige Grundzüge seiner Politik herausschälen, die insbesondere in ihren Unterschieden zur Politik der Villisten und Zapatisten aufschlußreich ist.[76]
Während die politischen und militärischen Führer Sonoras beim Aufbau ihrer Armee vor einer begrenzten Konfiskationspolitik nicht zurückschreckten und die Villa-Bewegung die staatliche Intervention und eigenständige Bewirtschaftung zahlreicher Haciendas in Chihuahua und später Durango gar zu ihrem wichtigsten wirtschaftlichen Fundament machte, steuerte Carranza von Anfang an einen Kurs, welcher Eingriffe in die bestehenden Eigentumsverhältnisse auf ein Minimum zu beschränken suchte. Dies galt nicht nur für die skrupulöse Respektierung ausländischen, vor allem nordamerikanischen Eigentums, sondern – im Gegensatz zu den Villisten – auch für die Güter der mexikanischen Oberschicht.[77] »Wenn Carranza die Konfiskation von Gütern nicht verhindern konnte, unterstrich er mit allem Nachdruck den vorübergehenden Charakter solcher Maßnahmen und untersagte die Verteilung von Land an die Bauernschaft. So bald als möglich gab er diese Besitzungen ihren Eigentümern zurück.«[78] So intervenierte Carranza z. B. scharf gegen eine von General Lucio Blanco 1913 vollzogene Landverteilung an Soldaten und bedürftige Bauern auf einer Hacienda in Tamaulipas, obwohl es sich hier um einen besonders symbolträchtigen politischen Akt handelte, da sich die betroffene Hacienda im Besitz eines Enkels von Porfirio Díaz befand.[79]
Neben einer verstärkten Besteuerung der ausländischen Öl- und Bergwerksgesellschaften und der Erhebung von Exportzöllen an der Grenze suchte Carranza das Problem der Kriegsfinanzierung vor allem auch durch die Ausgabe eigenen Geldes zu lösen.[80] Dabei unterstrich Carranza von Anfang an den Ausnahmecharakter dieser Maßnahmen, erließ er doch bereits im Mai 1913 ein Dekret, in welchem Ausländern und Mexikanern nach Abschluß des Krieges Entschädigung für revolutionsbedingte Verluste in Aussicht gestellt wurde.[81]

In dieser sozialkonservativen Kriegsfinanzierungspolitik traf sich Carranza durchaus mit dem sonorensischen Gouverneur Maytorena, der – wie Carranza Angehöriger der Grundbesitzerklasse – Eingriffe in die bestehende Eigentumsstruktur durch eine staatliche Konfiskationspolitik ebenfalls ablehnte und in Sonora bis zum Dezember 1913 »die letzte Spur einer möglichen staatlichen Interventionspolitik auslöschte«.[82]
Ungeachtet seiner bisweilen sozialradikalen Rhetorik zur Verbreiterung der popularen Basis seiner Bewegung, wie sie sich etwa in seiner Rede in Hermosillo im September 1913 äußerte, prägte ein fundamental sozialkonservativer Zug Carranzas Politik auch nach der Bildung einer eigentlichen Gegenregierung zum Huerta-Regime, die er im Oktober 1913 in der sicheren sonorensischen Hauptstadt ins Leben rief.[83] Charakteristisch dafür war auch, »daß weder der Bereich der Arbeitsbeziehungen noch die Landwirtschaft als so wichtig betrachtet wurden, daß für sie ein eigenes Ministerium gebildet worden wäre.«[84]
Nicht nur von der Villa-Bewegung hob sich somit Carranzas Politik deutlich ab, grundlegend unterschied sie sich vor allem auch von der Bauernbewegung des Südens unter Emiliano Zapata.

Die Entwicklung im Süden und das Problem der Bauernbeteiligung an den Revolutionskriegen

Nach seinem Putsch gegen Madero hatte Huerta vorerst versucht, die Zapatisten zu einem Waffenstillstand zu bewegen. Aber im Gegensatz zu den Orozquisten gingen diese, mit Ausnahme einiger weniger lokaler Führer, auf ein solches Angebot nicht ein. Huerta beauftragte darauf den General Juvencio Robles, der schon 1912 erfolglos versucht hatte, mit einer Terrorkampagne ohnegleichen der aufständischen Zapatisten Herr zu werden, erneut mit dem Feldzug gegen Morelos. Wiederum versuchte Robles mit einer Truppe von 5000 bis 8000 Mann und mit brutalsten Methoden, die zapatistische Armee zu vernichten: die gesamte Landbevölkerung des kleinen Staates wurde in Konzentrationslagern zusammengetrieben, die wehrfähigen Männer, die den *federales* in die Hände fielen, wurden zwangsausgehoben und den Regierungstruppen einverleibt, die im Norden gegen die konstitutionalistischen Armeen eingesetzt wurden; jedes Dorf, das auch nur im Verdacht stand, ein »Banditennest« zu sein, wurde niedergebrannt und dem Erdboden gleichgemacht. Unter Einsatz solcher Methoden war es Robles zwar bis im August 1913 gelungen, Morelos zu »pazifizieren«, aber nur um den Preis der völligen sozialen und wirtschaftlichen Zerrüttung des Staates, wodurch nicht zuletzt auch die politischen Verbündeten des huertistischen Regimes, die morelensischen Zuckerhacendados, ökonomisch getroffen wurden.[85]

Die angestrebte Vernichtung der zapatistischen Armee aber war Robles damit keinesweg gelungen; lediglich die zeitweilige Vertreibung der zapatistischen Tuppen aus Morelos hatte er erreicht. Im südlichen Nachbarstaat Guerrero formierte sich die zapatistische Armee neu; inzwischen hatten sich auch in anderen Staaten der mexikanischen Kernregion – in Michoacán, México, Tlaxcala, Puebla, im Distrito Federal und in Hidalgo und Oaxaca – bewaffnete Gruppen gebildet, die sich den »Plan von Ayala« zu eigen machten und sich schließlich auch Zapatas Oberbefehl unterstellten.[86] Gleichzeitig gelang es dem zapatistischen Hauptquartier in Guerrero, seine Autorität gegenüber den zahlreichen lokalen Führern verstärkt durchzusetzen und mit dieser Straffung der Armeeorganisation auch die militärische Effektivität zu erhöhen. Allerdings konnten sich die zapatistischen Truppen nicht im gleichen Maße wie die nördlichen Revolutionsarmeen zu modern ausgerüsteten und gut bewaffneten Militärverbänden entwickeln. Weder verfügten sie über eine eigenständige und solide wirtschaftliche Basis wie z. B. die Villisten noch hatten sie aufgrund ihrer geographischen Lage Zugang zu Waffen und anderen Versorgungsgütern aus den USA. Sie mußten deshalb ihre Waffen von den feindlichen Bundestruppen erbeuten oder auf dem Schwarzmarkt erwerben.[87] Große Teile der zapatistischen Truppen verfügten anfänglich über gar keine Waffen oder bestenfalls über einige alte Flinten, Pistolen und Macheten.[88] Selbst für die Munition mußten die Soldaten oft aus eigenen Mitteln aufkommen.[89]

Auch sonst entsprachen die Existenzbedingungen der stark dezentralisiert operierenden zapatistischen Truppen jenen eines Partisanenheeres, welches auf die unmittelbare Unterstützung durch die lokale Bevölkerung angewiesen war. Soldzahlungen an die Truppe erfolgten höchst unregelmäßig, und selbst das Essen mußte oft buchstäblich zusammengebettelt werden.[90] Zwangsabgaben versorgten die Truppen mit dem Notwendigsten, wobei sich die Zapatisten, nach der Aussage des zapatistischen Veteranen Andrés Avila Barrera, auf die Plünderung der *casas grandes,* also den Besitz der wohlhabenden Familien, beschränkt hätten.[91]

Im Gegensatz zu den gut ausgerüsteten Nordarmeen fehlten den Zapatisten deshalb die Mittel für lange und wiederholte Belagerungen großer feindlicher Garnisonen. Dennoch errangen sie am 24. März 1914 mit der Einnahme der guerrensischen Hauptstadt Chilpancingo einen großen militärischen Erfolg, der den Weg für eine erfolgreiche Kampagne nach Norden – nach Morelos und schließlich bis in die unmittelbare Nähe der Bundeshauptstadt – freimachte. Indirekt profitierten die zapatistischen Truppen dabei allerdings vom raschen Vorstoß der Nordarmeen nach Süden, wodurch das Huerta-Regime gezwungen wurde, einen Teil der in Morelos stationierten Truppen abzuziehen und in die Staaten nördlich der Hauptstadt zu verlegen.[92]

Stärker als den Revolutionstruppen des Nordens blieb den Zapatisten die sozialrevolutionäre Zielsetzung ihres Kampfes stets bewußt. Obwohl die »Befreiungsarmee des Südens« noch im Winter 1913/14 um ihr physisches Überleben kämpfen mußte und sie noch nicht in der Lage war, ihren Einfluß territorial so zu festigen, daß sie bereits Agrarreformen durchführen konnte, verlor die eigentliche Zielsetzung der zapatistischen Bewegung – die tiefgreifende Veränderung der Agrarverhältnisse – nie ihre zentrale Bedeutung. So wurden die Dörfer in einem Befehl des zapatistischen Hauptquartiers vom 28. Juli 1913 aufgerufen, gemäß dem »Plan von Ayala« ihr Land in Besitz zu nehmen und die zapatistischen Truppen angewiesen, den Dörfern dabei »ihre moralische und materielle Unterstützung« zu gewähren.[93] Auch in der Ratifikation des »Plans von Ayala« vom 19. Juli 1914 durch Zapata und seine wichtigsten Militärführer, in welcher sich diese der »infamen Absicht«, die Revolution »auf einen simplen Personalwechsel der Regierenden zu beschränken«, entschieden widersetzten, kam diese sozialrevolutionäre Zielsetzung der Zapatisten deutlich zum Ausdruck.[94]

So eindeutig also der *zapatismo* aufgrund seiner kleinbäuerlichen Zusammensetzung, seiner klaren agrarrevolutionären Programmatik und seiner noch genauer zu beleuchtenden Agrarreformpolitik in den Jahren 1914/15 als revolutionäre Bauernbewegung zu charakterisieren ist, so problematisch wäre es andererseits, aus der Optik der relativ gut untersuchten *Revolución del Sur* die mexikanische Revolution insgesamt als Bauernerhebung und Agrarrevolution verstehen zu wollen.[95]

Daß die nördlichen Revolutionsbewegungen nicht als agrarisch motivierte Bauernaufstände gesehen werden können, wurde weiter oben bereits aufgezeigt. Wie Héctor Aguilar betont, war »das Fehlen eines agrarischen Drucks . . ., eines der erstaunlichsten Merkmale der sonorensischen Revolution«.[96] Den im Porfiriat in blutigen Unterdrückungskriegen enteigneten Yaqui-Indianern, die sich während der Revolutionskriege als gefürchtete Soldaten zum Teil den Truppen Obregóns anschlossen, wird man eine starke agrarische Motivation zwar nicht absprechen können, aber in ihrem grundsätzlichen Verhältnis zur weißen Bevölkerung und zu den vorrevolutionären, revolutionären und nachrevolutionären Behörden Sonoras war ihre Beteiligung an den Revolutionskriegen doch nur ein Faktor unter anderen. Selbst als Bauern unterschieden sich die Yaquis in sozialer und kultureller Hinsicht mannigfach von jenen Kleinbauern des Zentrums, deren koloniale Tradition und rechtlich verankerte kommunale Existenz sie als Träger einer Bauernrevolution prädestinierten. Vor allem aber vermochte die Yaqui-Komponente keinesfalls die sonorensische Revolutionsbewegung insgesamt nachhaltig zu prägen.[97]

Die Agrarproblematik Sonoras war – außerhalb der indianischen Gebiete – nicht wie im Zentrum in erster Linie durch eine zunehmende Verknappung des bäuerlichen Landes gekennzeichnet, sondern vielmehr durch einen Mangel an Wasser und Arbeitskräften. Mit dem Bau ausgedehnter Bewässerungsanlagen, u. a. durch nordamerikanische Unternehmen, entwickelte sich hier ein Typus moderner und relativ kapitalintensiver Landwirtschaft, der auch für die mittleren und kleineren Landwirte Vorbildcharakter erlangte, und der die Agrarvorstellungen der sonorensischen Revolutionsführer, wie etwa Obregóns, nachhaltig prägte. Mit den restaurativen Zielsetzungen der aufständischen Kleinbauern des Zentrums hatten diese agrarpolitischen Konzeptionen kaum mehr etwas gemein.[98]

In gewissen Gegenden Chihuahuas hatten zwar agrarrevolutionäre Beweggründe unter bestimmten bäuerlichen Gruppen während des maderistischen Aufstandes eine beträchtliche Rolle gespielt, mit der Entwicklung des *villismo* zu einer mächtigen

Regionalbewegung in den Jahren 1913/14 hatte diese bäuerlich-agrarrevolutionäre Komponente aber an relativer Bedeutung eingebüßt.[99] Wie bereits erwähnt, erschwerte die allgemein differenziertere Wirtschafts- und Gesellschaftsstruktur des Nordens ohnehin die Herausbildung einer homogenen, agrarisch motivierten Bauernbewegung.[100]
Hinzu kam der im Norden überdurchschnittlich hohe Anteil der bäuerlichen Bevölkerung, welcher nicht in freien Dörfern, sondern in Siedlungen auf den Haciendas lebte. Unter diesen *peones acasillados* waren agrarrevolutionäre Aktivitäten nicht nur im Norden, sondern auch im übrigen Mexiko generell sehr schwach vertreten. Im Gegenteil schlossen sich diese *peones* angesichts der revolutionären Unruhen oft mit den Grundbesitzern in einer gemeinsamen Abwehrfront nach außen, gegen durchziehende Revolutionstruppen oder bäuerliche Aufständische umliegender Dörfer, enger zusammen.
Zur Erklärung dieses Sachverhaltes ist es notwendig, kurz an die im ersten Teil skizzierte porfiristische Entwicklung im Agrarbereich, insbesondere auf den Haciendas, zu erinnern.[101] Generell wird man die während der Revolutionskriege, aber auch während der spätrevolutionären Phase allgemein zu beobachtende, ausgeprägte Passivität der *acasillados* auf deren enge Bindung an die Haciendas zurückführen können.
So sieht etwa der Anthropologe Eric Wolf, der sich in vergleichenden Untersuchungen mit modernen Bauernerhebungen beschäftigt hat, allgemein in der allzu engen Abhängigkeit der Bauern von den Gutsherren einen Hauptgrund für fehlendes bäuerliches Aktionspotential.[102] »Der arme Bauer oder der landlose Landarbeiter, welcher für seinen Lebensunterhalt ganz oder zum größten Teil von einem Gutsherrn abhängt, verfügt über keinen taktischen Freiraum. Er befindet sich vollständig innerhalb des Machtbereichs seines Arbeitgebers, ohne ausreichende eigene Hilfsmittel, die ihm in einer Macht-Auseinandersetzung zur Verfügung stünden. Es ist deshalb unwahrscheinlich, daß arme Bauern und landlose Landarbeiter den Weg der Rebellion beschreiten, es sei denn, sie seien fähig, sich auf externe Machtfaktoren abzustützen, um die sie kontrollierende Macht herauszufordern.«[103] In älteren Studien wurde diese enge Bindung der *peones* an die Hacienda vornehmlich auf die haciendaeigenen Zwangsinstitutionen zur Aufrechterhaltung der inneren Ordnung auf diesen Gütern zurückgeführt; und daß diese

repressiven Kontrollmechanismen etwa im Südosten Mexikos tatsächlich eine große Rolle in der dort zu beobachtenden bäuerlichen Passivität in den Jahren 1910 bis 1914 spielten, wird weiter unten noch zu zeigen sein. Daneben wird man aber auch die relativ große innere Stabilität der Hacienda während der Revolutionskriege aufgrund eines gewissen paternalistischen Schutzes der Grundbesitzer gegenüber ihren *peones* und den daraus erwachsenen Loyalitätsbeziehungen dieser letzteren zu ihren Herren nicht unterschätzen dürfen, zumal sich die Situation der *acasillados* in der spätporfiristischen Agrarentwicklung im Vergleich zu anderen bäuerlichen Gruppen nicht ungünstig gestaltete.[104] Angesichts der Tatsache, daß 1910 annähernd die Hälfte der bäuerlichen Bevölkerung fest auf den Haciendas ansässig war, kommt diesem Faktor zweifellos eine große Bedeutung für die regionale Begrenzung lokaler Bauernerhebungen in der Revolution zu.

Nicht nur im Norden und – wie noch zu zeigen ist – im Süden wird man die Bedeutung agrarrevolutionärer Bauernbewegungen deshalb relativieren müssen. Selbst in der dichtbesiedelten Ackerbauzone des zentralen Hochlandes konnten sich – außerhalb des zapatistischen Einflußgebietes – keine bedeutenderen Bauernbewegungen mit klaren agrarrevolutionären Zielsetzungen entwikkeln. Zwar läßt sich beim gegenwärtigen Forschungsstand noch kein regional oder gar lokal umfassendes Bild der sozialen Bewegungen und Veränderungen während der Zeit der Revolutionskriege gewinnen, und genauere lokale Untersuchungen könnten sehr wohl die durch die jüngere, »revisionistische« Historiographie stark eingeschränkte Bedeutung bäuerlich-agrarrevolutionärer Aufstände in der Revolutionsbewegung wieder aufwerten.[105] Dennoch läßt sich zumindest die traditionelle Vorstellung des generell oder überwiegend bäuerlich-agrarrevolutionären Charakters der Revolution aufgrund der vorliegenden Untersuchungsergebnisse und ausgewerteten Quellenbestände kaum bestätigen.

Konsultiert man etwa die nordamerikanischen Konsularberichte aus Mexiko zur Zeit des Huerta-Regimes, so fällt auf, wie wenig – außerhalb der zapatistischen Bewegung – von agrarisch motivierten Bauernaufständen, auch in den dicht besiedelten Agrarzonen des zentralen Hochlandes, die Rede ist.[106] Zwar wird darin immer wieder berichtet, daß sich einzelne *peones* oder auch ganze Gruppen von Landarbeitern bewaffneten aufständischen Truppen anschlossen, die gerade in der betreffenden Region operierten. Dabei scheint vor allem auch die Furcht vor der *leva,* der militärischen Zwangsaushebung durch die Bundestruppen, eine große Rolle gespielt zu haben, während im Südosten offenbar auch der Umstand ins Gewicht fiel, dadurch der dort besonders drückenden Schuldknechtschaft entfliehen zu können.[107] Auch werden in den Konsularberichten häufig Plünderungen und Verwüstungen von Haciendas erwähnt. Aber dies waren gewissermaßen übliche Begleiterscheinungen des Bürgerkrieges, da sich auf den großen Landgütern ja nicht nur die Aufständischen, sondern auch die *federales* verproviantierten, ihre Pferdebestände ergänzten, Decken und Tücher beschlagnahmten usw. Gegen die Institution des Großgrundbesitzes als solche scheinen sich die revolutionären Aktionen dagegen nicht gerichtet zu haben: von spontanen Landverteilungen oder tiefgreifenden Neuordnungen der sozialen Beziehungen auf den Haciendas ist in diesen Berichten, die sich immerhin auf ein recht dichtes Konsularnetz stützten, kaum die Rede.[108] Guanajuato beispielsweise, einer der fruchtbarsten und dichtbesiedelten Agrarstaaten des Zentrums mit einem besonders hohen Anteil der Haciendabevölkerung an der gesamten Bauernschaft, war offenbar noch im Januar 1914 so ruhig, daß er – angesichts des wachsenden militärischen Druckes der Konstitutionalisten im Norden – praktisch seiner sämtlichen Truppen entblößt werden konnte, ohne daß die Behörden deshalb einen Aufstand befürchtet hätten. Schon Ende 1912 hatte der *consular agent* in Guanajuato zwar einige Rekrutierungserfolge der Zapatisten unter den Landarbeitern der Haciendas vermerkt, bereits zwei Wochen später aber gemeldet, »daß der größere Teil der Banditen auf die Haciendas an ihre Arbeit zurückgekehrt« sei. Nach dem amerikanischen Diplomaten ging Anfang 1914 die einzige Gefahr in Guanajuato von 200 in der Stadt León stationierten *rurales* aus, die ihren Sold nicht rechtzeitig erhalten hatten und nun mit Meuterei drohten. Das Volk dagegen, meldete der amerikanische Beobachter, »ist sehr apathisch und scheint sich nicht darum zu kümmern, auf welche Seite das Pendel ausschlagen wird«. Und noch im März 1914 konnte derselbe Gewährsmann berichten, daß sich »gegenwärtig keine bewaffneten Banden von Revolutionären in diesem Staate« befänden.[109]

Daß auch in Michoacán die Revolutionsereignisse nicht vorwiegend als bäuerlich-agrarrevolutionäre Erhebung verstanden werden können, zeigen einige neuere Untersuchungen, die ein recht differenziertes Bild vom bäuerlichen Verhalten in drei geographisch und sozio-ökonomisch unterschiedlichen Regionen dieses Staates vermitteln.[110]

Paul Friedrich hat den agrarischen Protest im Dorf Naranja auf der *Meseta tarasca* näher untersucht. Wie im ersten Teil bereits erwähnt, hatte Naranja im Porfiriat aufgrund der Expansion der benachbarten Hacienda Cantabria einen Großteil seines ursprünglichen Grund und Bodens eingebüßt, was einen Prozeß fortschreitender Proletarisierung und Marginalisierung vieler Dorfbewohner eingeleitet hatte.[111] Der daraus entstehende Konflikt zwischen dem Dorf und der Hacienda wurde hier noch dadurch verschärft, daß die spanischen Großgrundbesitzer *acasillados* aus anderen Regionen hergebracht hatten, so daß sich dem ökonomisch-sozialen Konflikt zwischen Hacienda und Naranjeños noch ein ethnisch-kultureller überlagerte.

Unter diesen Umständen kam es auch während der Bürgerkriege zu keinerlei Solidarität zwischen Dorfbewohnern und *peones* der Hacienda; im Gegenteil, die Hacienda erwies sich in ihrem inneren Aufbau als stabil, und auch die Erschütterung der traditionellen politischen Verhältnisse durch die Bürgerkriegsereignisse gab keinen Anstoß zur gewaltsamen Veränderung der lokalen Agrarstruktur. Die meisten Dorfbewohner hatten »keine klaren Vorstellungen bezüglich des Landproblems«; die Versuche, angestammte Dorfrechte zurückzugewinnen, erfolgten auch während der revolutionären Bürgerkriege durch Anrufung der Gerichte und nicht etwa durch gewaltsame Aktionen, und selbst jene Dorfbewohner, welche im Bürgerkrieg die Waffen ergriffen, richteten diese nicht gegen die Hacienda, sondern schlossen sich den großen Revolutionsarmeen an, die ja, mit Ausnahme der Zapatisten, nicht primär für agrarreformerische Zielsetzungen kämpften.[112]

Anders war die Situation im Dorf San José de Gracia, an der Grenze zum Staat Jalisco, dessen *microhistoria* Luis González auf so eindrückliche Weise nachgezeichnet hat.[113] Hier herrschte individueller Kleinbesitz vor, und wenn auch keineswegs alle Josefinos Landbesitzer waren, so spielte hier die Agrarproblematik während der Bürgerkriege doch kaum eine Rolle, wie überhaupt das Dorf die Auswirkungen der kriegerischen Auseinandersetzungen mehr oder minder passiv erlitt.[114] In der Region von Taretan und in der *tierra caliente* von Nueva Italia war dagegen der Großgrundbesitz dominant, sei es in Form des eher traditionellen Latifundiums wie in Taretan oder der modernen Reishacienda wie in Nueva Italia. In keinem der beiden Gebiete kam es während der Bürgerkriege zu Protestaktionen oder gar Aufständen der *peones.* »Die erste Herausforderung des Hacienda-Systems in Taretan war nicht Ergebnis bäuerlicher Agitation, sondern kam als Reaktion auf die Verabschiedung der Verfassung von 1917 und den Erlaß weiterer Agrargesetze auf nationaler Ebene.«[115] In Nueva Italia führten die Revolutionsereignisse, vor allem die stete Gefahr des Einfalls marodierender Banden, gar zum engeren Zusammenschluß von Eigentümern und *peones;* das normale Funktionieren der Hacienda wurde durch Bestechung der Anführer der Rebellentruppen erkauft und offenbar auch durch materielle Konzessionen an die *peones,* um diese daran zu hindern, sich der »bola« anzuschließen.[116]

Am ausgeprägtesten waren bäuerliche Passivität und das Fehlen agrarrevolutionärer Bewegungen während der Jahre 1910–1914 zweifellos im Südosten des Landes. Auch innerhalb dieser Region bestanden allerdings wiederum vielfältige Unterschiede, die das bäuerliche Verhalten während der Revolutionskriege beeinflußten. Im Staate Oaxaca z. B., einem Nachbarstaat von Morelos, fehlten die Voraussetzungen für die Entstehung agrarrevolutionärer Bewegungen wohl vor allem deshalb, weil dieser Staat vom porfiristischen Modernisierungsprozeß nur ganz am Rande erfaßt worden war und weil insbesondere die weitgehende Erhaltung des indianischen Landbesitzes den Bauern Oaxacas die Weiterführung ihrer traditionellen Lebensweise gestattete. »Die Bauern Oaxacas blieben überwiegend passiv oder kämpften gar für die Bewahrung des status quo, eines status quo, welcher in mancher Hinsicht jenem Zustand vergleichbar war, für dessen Wiederherstellung die Bauern von Morelos zu den Waffen griffen.«[117]

Die Plantagenwirtschaft Yucatáns hatte dagegen, wie im ersten Teil bereits aufgezeigt, im Porfiriat einen besonders raschen technisch-ökonomischen Modernisierungsprozeß durchlaufen.[118] Nicht nur hatte sich unter dem Díaz-Regime die Produktion von *henequén* (Sisal) mehr als verzehnfacht, auch hinsichtlich des Mechanisierungsgrades nahmen die Plantagen Yucatáns bereits um die Jahrhundertwende eine Spitzenstellung innerhalb der mexikanischen Landwirtschaft ein. Mit dieser technisch-ökonomischen Modernisierung kontrastierte allerdings die Entwicklung der Arbeitsverhältnisse auf diesen Gütern aufs schärfste. Hier traten die weiter oben erwähnten paternalistischen Elemente der Haciendaorganisation eindeutig hinter nackten Zwangsmechanismen zurück. Im Zeichen des Produktions- und Exportbooms agrarischer Rohstoffe und eines gleichzeitig ausgeprägten Mangels an freiwilligen Arbeitskräften nahm die betriebsinterne- und externe Repression ein solches Ausmaß an, daß man durchaus von einer Verschärfung der traditionellen Schuldknechtschaft zu einer Quasi-Sklaverei sprechen kann. Nicht zuletzt wurde das Arbeitskräfteproblem auf den Plantagen Yucatáns und des Valle Nacional auch durch massenhafte Zwangsdeportationen von Sträflingen und gefangenen Yaqui-Indianern nach dem Südosten zu lösen versucht.[119]

Während der Jahre 1910 bis 1914 waren die revolutionären Aktivitäten gerade in dieser Region zweifellos am schwächsten. Die hier besonders krassen Formen institutioneller Gewalt scheinen, verbunden mit spezifischen ethnischen Problemen, die Möglichkeiten für Gewaltausbrüche von unten auf ein Minimum reduziert zu haben, wie etwa Katz feststellt: »Gemeinsame Aktionen der Landarbeiter auf den südlichen Haciendas wurden durch die großen Unterschiede ihrer Herkunft behindert. Sonorensische Yaquis, Deportierte aus Zentralmexiko und Maya-Indianer arbeiteten Seite an Seite auf den Sisalplantagen. Dies führte zu gegenseitigen Rivalitäten und Konflikten, welche die Hacienda ausnützte. Ein anderer wichtiger Faktor war, daß sich die südlichen Haciendas weit weniger als die Haciendas im übrigen Land auf nationale oder staatliche Repressionsorgane abstützen mußten, da sie im allgemeinen über einen eigenen Polizeiapparat verfügten.«[120]

Die in den Jahren 1910–1914 im Südosten vorherrschende »Ruhe und Ordnung« ließ hier auch keine autochthone revolutionäre Bauernbewegung entstehen.[121] Die Revolution drang nach 1914 vielmehr »von außen« her nach Yucatán ein, und es waren die aus ganz anderen wirtschaftlich-gesellschaftlichen Verhältnissen hervorgegangenen nördlichen Revolutionstruppen konstitutionalistischer Provenienz, welche hier die traditionellen Sozialbeziehungen auf den Haciendas aufbrechen und eine Agrarbewegung unter den Landarbeitern organisieren sollten, die – in hohem Maße durch diese Ausgangslage bedingt – während der folgenden Jahre und Jahrzehnte weitgehend von oben gesteuert wurde.

Auf die hier etwas näher behandelten Fragen nach dem Gewicht der bäuerlich-agrarrevolutionären Komponente in der Revolution wird in den folgenden Kapiteln sowohl im Zusammenhang mit den Zapatisten als auch hinsichtlich der nationalen Agrarreformpolitik zurückzukommen sein. Zunächst gilt es jedoch, den Verlauf der Bürgerkriegsereignisse der Jahre 1913/14 bis zum Zusammenbruch des Huerta-Regimes, vor allem auch unter dem Gesichtspunkt der außenpolitischen Entwicklung und der kriegsentscheidenden militärischen Auseinandersetzungen, darzustellen.

Der außenpolitische Druck der USA auf die mexikanische Regierung und der Zusammenbruch des Huerta-Regimes

Im Verlauf der Jahre 1913/14 hatte das Huerta-Regime nicht nur gegen einen wachsenden militärischen Druck seitens der konstitutionalistischen und zapatistischen Revolutionstruppen zu kämpfen, es sah sich auch mit einer zunehmend feindseligen Haltung der USA konfrontiert. Auch Großbritannien und Deutschland versuchten auf die innere Entwicklung Mexikos Einfluß zu nehmen, wie überhaupt Mexiko in den folgenden Jahren, insbesondere während des 1. Weltkriegs, immer mehr ins Spannungsfeld der weltpolitischen Auseinandersetzungen zwischen den USA, Großbritannien und Deutschland geriet.[122] Allein die USA vermochten allerdings einen unmittelbaren und nachhaltigen Einfluß auf den mexikanischen Revolutionsverlauf auszuüben; die Politik der europäischen Mächte gegenüber dem revolutionären Mexiko wird im folgenden deshalb lediglich am Rande gestreift.

Obwohl Huerta mit der aktiven Unterstützung des amerikanischen Botschafters Wilson an die Macht gelangt war, erfüllten sich, ähnlich wie nach Maderos Regierungsantritt, die Hoffnungen der in Mexiko tätigen nordamerikanischen Unternehmen und der US-Diplomatie auf eine besondere Förderung der nordamerikanischen Interessen nicht. Auch Huerta war an der Aufrechterhaltung eines gewissen außenpolitischen Spielraums interessiert, was nur durch die Abstützung auf europäische Mächte und – hauptsächlich britische – wirtschaftliche Interessengruppen möglich war. Vor allem aber waren die zunehmenden mexikanisch-amerikanischen Spannungen Ausfluß der neuen

Mexiko-Politik des in den USA eben an die Regierung gelangten Präsidenten Woodrow Wilson, mit dessen Vorstellungen von einer »moralischen« Außenpolitik Huertas blutiger Putsch natürlich nicht vereinbar war.
So sehr für Wilson »moralische« Prinzipien in der Politik wegleitend sein mochten, so wenig darf allerdings seine Mexikopolitik und seine Weigerung, die Regierung Huerta diplomatisch anzuerkennen, einseitig in dieser idealistischen Perspektive gesehen werden. Einerseits bedeutete ja Wilsons Haltung gegenüber Mexiko keineswegs einen Bruch mit den Grundprinzipien der damaligen amerikanischen Außenpolitik, die hauptsächlich auf der Doktrin der *open door-policy* beruhte. Auch der neue Präsident »war ein überzeugter Anhänger jenes Konzepts von Ordnung und Stabilität, wie es von den industriellen Gläubigernationen vertreten wurde . . . Wilson teilte die Weltanschauung jener, welche überzeugt waren, daß es die Mission der USA sei, die institutionellen Voraussetzungen von Ordnung und Stabilität der unterentwickelten Welt als eine notwendige Begleiterscheinung der ökonomischen Durchdringung zu vermitteln«.[123] Für Wilson waren nun aber durch die Politik Huertas gerade diese politischen Grundlagen einer »konstitutionellen Ordnung« in Frage gestellt, »unter welcher legitime Geschäftstätigkeit blühen und die Türen dem Handel offen stehen würden.«[124] Andererseits wurde Wilson in seiner zunehmend Huerta-feindlichen Politik aber auch durch jene amerikanischen Konzerne unterstützt, die in Mexiko in der Rohstoff-Produktion, insbesondere der Erdölförderung, tätig waren. Diese Unternehmen sahen sich – vor allem angesichts der starken Stellung des britischen Cowdray-Konzerns – in ihren weiteren Entfaltungsmöglichkeiten bedroht und steuerten ebenfalls auf eine Ablösung der Huerta-Regierung hin.[125] Die amerikanische Regierung versuchte deshalb, Huerta zunächst durch politischen und wirtschaftlichen Druck zur Wiederherstellung verfassungsmäßiger Zustände aufgrund freier Wahlen zu bewegen, um schließlich – nach dem Scheitern dieser Politik – durch militärische Pressionen und offene Unterstützung der Konstitutionalisten Huertas Sturz anzustreben.
Die wichtigsten Stationen dieser Entwicklung können hier nur stichwortartig umrissen werden.[126] In der ersten Phase, vom *Coup d'Etat* im Februar bis zur gewaltsamen Auflösung des Kongresses durch Huerta im Oktober 1913, verfolgte die ameri-

kanische Regierung eine Politik, welche Huerta durch diplomatischen Druck, aber auch durch wirtschaftliche Avancen wie etwa eine in Aussicht gestellte Regierungsanleihe, zum Rücktritt und zur Abhaltung freier Wahlen zu bewegen versuchte. Dabei favorisierten die Amerikaner vor allem eine Präsidentschaftskandidatur des katholisch-konservativen Außenministers Federico Gamboa. Obwohl sich Präsident Wilson in dieser Phase seine Informationen über die Lage in Mexiko bereits nicht mehr über den huertafreundlichen Botschafter Henry Lane Wilson, sondern über seine Sonderbeauftragten William B. Hale und John Lind beschaffte, war seine Mexiko-Politik noch ganz auf den Kontakt mit der Huerta-Regierung ausgerichtet, während die Konstitutionalisten noch keine bedeutende Rolle in der amerikanischen Diplomatie spielten.[127]

Die gewaltsame Auflösung des noch unter Madero gewählten und zunehmend oppositionellen Kongresses durch Huerta am 10. Oktober 1913, die Abhaltung manipulierter Wahlen und die Tatsache, daß sich Huerta nun als militärischer Diktator dauerhaft zu etablieren schien, leitete die zweite, aktivere Phase der amerikanischen Mexiko-Politik ein, die Wilson auch gegenüber der britischen Regierung absichern konnte.[128] Nach einem Bericht des amerikanischen Außenministers Bryan an den amerikanischen Botschafter in London, W. H. Page, vom 19. November 1913 sah die amerikanische Mexikopolitik vier verschiedene Stufen vor: vom Rückzug diplomatischer Vertretungen über die Aufhebung des Waffenembargos gegenüber den Konstitutionalisten bis zur Blockade mexikanischer Häfen und den Einsatz der Armee.[129] Da Wilson eine offene amerikanische Intervention nur als ultima ratio ins Auge faßte, begann die amerikanische Regierung im Winter 1913/14 vor allem auf die Karte der Konstitutionalisten zu setzen, von welchen sie sich einen raschen Sieg über das Huerta-Regime erhofften. Dabei vertraute Wilson allerdings darauf, daß die USA die Revolutionsbewegung so würde lenken können, daß ihnen die angestrebte oberste Schiedsrichterrolle bei der Neuordnung der politischen Verhältnisse Mexikos zufallen würde.[130]

Als erster Schritt aktiver Unterstützung der Konstitutionalisten erfolgte Anfang Februar 1914 die Aufhebung des Waffenembargos gegenüber Mexiko. Dennoch schien sich die militärische Situation in den folgenden Wochen zugunsten Huertas zu stabilisieren, was in den USA, die sich – auch aufgrund der

Aktivitäten des konstitutionalistischen Beauftragten in Washington, Luis Cabrera – immer eindeutiger mit der konstitutionalistischen Sache zu identifizieren begannen, wachsende Beunruhigung auslöste.[131] Vor diesem Hintergrund sind denn auch jene dramatischen Ereignisse zu sehen, die im April 1914 zur amerikanischen Besetzung der Hafenstadt Veracruz führten. Auf den an sich unbedeutenden äußeren Anlaß (vorübergehende Festnahme amerikanischer Seeleute im Hafen von Tampico) und die daraus resultierende Eskalation der amerikanischen Forderungen nach formeller Entschuldigung der mexikanischen Regierung für den Zwischenfall soll hier nicht näher eingegangen werden.[132] Für die amerikanische Regierung war damit jedenfalls die Gelegenheit gegeben, den seit längerer Zeit erwogenen direkten Schlag gegen das Huerta-Regime zu führen, das durch die amerikanische Besetzung von Veracruz von seinem wichtigsten Einfuhrhafen für europäische Waffen, aber auch von beträchtlichen Zolleinnahmen abgeschnitten wurde. Andererseits führte die amerikanische Intervention allerdings auch zu einer vorübergehenden patriotischen Sammlung hinter Huerta, und auch Carranza sah sich veranlaßt, scharf gegen den Einsatz der amerikanischen Marine zu protestieren. Die USA ihrerseits begnügten sich mit der begrenzten Besetzung von Veracruz und akzeptierten das Vermittlungsangebot der »ABC-Staaten« (Argentinien, Brasilien, Chile), deren Repräsentanten zur diplomatischen Regelung des mexikanisch-amerikanischen Konflikts im nordamerikanischen Niagara-Falls zusammentraten. Für die USA ging es dabei darum, ihren bestimmenden Einfluß auf die Neuordnung der innenpolitischen Verhältnisse Mexikos durchzusetzen, ein Plan, der allerdings an der konstitutionalistischen Weigerung scheiterte, Vertreter nach Niagara-Falls zu entsenden.[133] Inzwischen zeigte sich nämlich immer deutlicher, daß eine Lösung des innermexikanischen Konflikts nicht auf dem von den USA angestrebten Verhandlungsweg, sondern nur über die militärische Entscheidung möglich war. Die Schlußphase des Bürgerkrieges soll deshalb jetzt noch etwas näher beleuchtet werden.

Auszugehen ist dabei von der inneren Verfassung des Huerta-Regimes, dessen Entwicklung hier jedoch nicht im Einzelnen verfolgt werden kann.[134] Zunächst war es Huerta gelungen, den Machtwechsel mehr oder minder reibungslos zu vollziehen, wobei ihm der Umstand zu Hilfe kam, daß (mit Ausnahme einiger Nordstaaten) unter Madero weder in der Armeeführung noch in der hohen Beamtenschaft ein wirklicher Personalwechsel stattgefunden hatte. Auch die gesellschaftliche Struktur des Landes war ja unter Madero kaum verändert worden, so daß sich Huerta auf starke politische und gesellschaftliche Gruppen des *Ancien Régime* abstützen konnte, was seiner Herrschaft einen unverkennbar restaurativen Charakter verlieh.[135]

Das neue Regime zeichnete sich bald durch verbreitete Korruption, politische Willkür und schließlich einen offenen Terror von oben aus, wie selbst ein erklärter Anhänger Huertas, der deutsche Gesandte Admiral von Hintze, feststellte.[136] Einen Höhepunkt erreichte Huertas autoritäre Politik schließlich mit der gewaltsamen Auflösung des Parlamentes und der Einkerkerung zahlreicher oppositioneller Abgeordneter.

Trotz dieser diktatorischen Maßnahmen gelang es Huerta nicht, eine schlagkräftige Armee gegen die konstitutionalistischen und zapatistischen Revolutionstruppen aufzubauen. Der zunehmende politisch-wirtschaftliche Druck der USA und die amerikanische Besetzung von Veracruz schnitten Huerta sowohl vom Waffennachschub als auch von Zollerträgen und ausländischer Finanzhilfe immer mehr ab. Hinzu kam, daß auch die innere Verfassung der huertistischen Armee desolat war, litt sie doch an all jenen Mängeln und Defekten, die schon Limantour während der maderistischen Erhebung festgestellt und für ihren militärischen Mißerfolg verantwortlich gemacht hatte. Nur, daß jetzt die allgemeine Korruption, die gerade auch das ganze Militärwesen umfaßte, angesichts des absehbaren Endes des Huerta-Regimes ganz außergewöhnliche Dimensionen annahm.[137]

Das Heer zählte zwar, wie ein informierter Augenzeuge berichtet, an die 100 000 Mann, war aber faktisch ein zusammengewürfelter Haufen von Zwangsrekrutierten, die nicht nur auf dem platten Land zusammengetrieben, sondern auch in den großen Städten aus den Gefängnissen geholt oder – bei großen Menschenansammlungen – unmittelbar von der Straße abgeführt wurden. »Von dort werden sie direkt in die Kasernen gebracht, in eine Uniform gesteckt und mit einer Waffe versehen, worauf sie unverzüglich ihrem Bataillon zugeteilt und in die Schlacht geschickt werden.«[138]

Gleichzeitig, berichtet Vera Estañol weiter, sei es auch zu einer wahren Inflation höherer Offiziersgrade in der Armee gekommen, insbesondere unter jenen Offizieren, die zwar keine militä-

rische Erfahrung, dafür gute Beziehungen zum Regierungspalast gehabt hätten. Kompetenzstreitigkeiten und Eifersucht innerhalb des Offizierskorps und damit ein völliger Mangel an Koordination der militärischen Aktionen seien die Folge gewesen, was zur Aufreibung ganzer Einheiten von *federales* geführt habe, während gleichzeitig andere wohlausgerüstete Bundestruppen in geringer Entfernung völlig untätig geblieben seien.[139]
Demgegenüber gelang es den Revolutionstruppen im Norden nicht nur, ihre Bestände zu erhöhen und ihre Bewaffnung und Ausrüstung zu verbessern, sondern im Laufe des Jahres 1914, immer weiter nach Süden vorzustoßen.[140] Auch in verschiedenen Staaten des zentralen Hochlandes, etwa in Michoacán und San Luis Potosí, bildeten sich nun bewaffnete Formationen, die dort – allerdings noch ohne direkte Verbindung zu den Nordarmeen – vornehmlich mit Guerillataktiken huertistische Truppen zu binden versuchten.
Die großen Nordarmeen dagegen entwickelten sich rasch von Partisanenformationen zu Armeen durchaus konventionellen Typus. So war z. B. die villistische *División del Norte,* die 1914 gegen 50 000 Mann umfaßte, in Kavallerie, Infanterie und Artillerie gegliedert und konnte sich auf wohlorganisierte Sanitäts-, Transport- und Versorgungstruppen stützen.[141] Ein großer Teil der leichten Waffen und der übrigen Kriegsausrüstung stammte aus den USA, schwere Artilleriegeschütze fielen der villistischen Armee oft als Kriegsbeute nach erfolgreichen Gefechten gegen die Bundesarmee in die Hände. Zwar war auch Villas *División del Norte* eine Armee, die nicht nur Soldaten, sondern oft auch deren Angehörige, also Frauen und Kinder, umfaßte, was Friedrich Katz deren Truppenbewegungen mit eigentlichen »Völkerwanderungen« vergleichen ließ, aber auch darin unterschied sich das Revolutionsheer nicht grundsätzlich von der Bundesarmee, in deren Reihen die *soldaderas,* d. h. die Frauen der Soldaten, ebenfalls wichtige Versorgungsfunktionen wahrnahmen.[142]
Waren zu Beginn der villistischen Kampagne bei Angriffen auf kleinere Garnisonen der Bundesarmee die berühmten Frontalangriffe der villistischen Kavallerie meist schlachtentscheidend gewesen, so machte im späteren Verlauf des Feldzuges, während der Angriffe auf die strategisch höchst bedeutsamen und von der Bundesarmee deshalb schwer verteidigten Städte wie Torreón und Zacatecas, der Angriff immer mehr durchaus klassischen Formen der Belagerung und Stürmung von Festungen Platz.[143]

Für den militärischen Erfolg der konstitutionalistischen Armeen war dabei von Bedeutung, daß die über die großen Distanzen hauptsächlich mit der Eisenbahn transportierten Revolutionstruppen den üblicherweise in befestigten Städten verschanzten Bundestruppen zahlen- und manchmal auch ausrüstungsmäßig überlegen waren. So standen z. B. in der Schlacht von Zacatecas, die als eine der Entscheidungsschlachten des Bürgerkrieges gilt, den ca. 5000 belagerten *federales* nicht nur eine 23 000 Mann umfassende konstitutionalistische Armee, zum größten Teil Villisten, gegenüber, auch der Kommandant der villistischen Artillerie, General Felipe Angeles, ein brillanter Karriereoffizier porfiristischer Formation, der sich unter Madero als Befehlshaber der Zapata bekämpfenden Armee in Morelos durch relative Zurückhaltung ausgezeichnet und sich nach Huertas Putsch Carranza und dann Villa angeschlossen hatte, verfügte über 39 Geschütze gegenüber lediglich 10 der Verteidiger.[144]

Mit dem spektakulären Fall der Festung Zacatecas am 23. Juni 1914 war der huertistischen Armee gleichsam das Rückgrat gebrochen worden, nachdem bereits im April mehrere Städte des Nordostens, darunter die nördliche Industriemetropole Monterrey, in die Hände der Konstitutionalisten gefallen und Obregóns Truppen entlang dem Pazifik erfolgreich nach Süden vorgestoßen waren, während sich die zapatistische Armeee mit Iguala und Chilpancingo der bedeutendsten Städte Guerreros bemächtigt hatte.[145] Allerdings konnte sich die Bundesarmee vorerst noch im südlichen Teil des zentralen Hochlandes und im Süden halten und noch immer befand sich auch die Hauptstadt unter ihrer Kontrolle.

In den dichtbesiedelten Kernregionen Mexikos hatte sich die Bildung bewaffneter aufständischer Truppen auf ähnliche Art und Weise vollzogen wie während des maderistischen Aufstandes. Diese kleineren und kleinen, weitgehend selbständig operierenden Einheiten inkorporierten sich nun mit dem Vormarsch der Nordarmeen nach Süden häufig den großen und bereits in recht hohem Maße durchorganisierten und hierarchisierten Armeeverbänden des Nordens. Das rasche Anschwellen dieser Armeen in den letzten Kriegsmonaten war deshalb einerseits zwar auf individuelle Anwerbung neuer Soldaten, in noch höherem Maße aber auf die Eingliederung bereits bestehender kleinerer Gruppierungen in größere Einheiten zurückzuführen, wobei die lokalen Anführer mit höheren Offiziersrängen, je nach der Anzahl der von ihnen eingebrachten Leute, belohnt wurden.[146]

Angesichts der sich seit April/Mai 1914 immer deutlicher abzeichnenden militärischen Niederlage des Huerta-Regimes begann sich seine Regierung im Juli 1914 aufzulösen. Schon Anfang des Monats hatten sich die wichtigsten Regierungsmitglieder in »Sondermission« nach Europa abgesetzt, am 15. Juli 1914, noch bevor die Spitzen der konstitutionalistischen Armeen in der Nähe der Hauptstadt angelangt waren, dankte auch Huerta ab und verließ das Land. Am 13. August kapitulierte schließlich das Oberkommando der Bundesarmee in Teoluyacán, 30 Kilometer nördlich der Hauptstadt, gegenüber den konstitutionalistischen Generälen Alvaro Obregón und Lucio Blanco, deren Truppen zwei Tage später in der Hauptstadt einmarschierten. Das Huerta-Regime war zusammengebrochen. Konstitutionalisten und Zapatisten sahen sich nun vor die Aufgabe gestellt, ein Revolutionsregime zu errichten.

1 Vgl. Cumberland, *Mexican Revolution – The Constitutionalist Years,* S. 11-57.

2 Noch deutlicher als bei den Konstitutionalisten zeigt sich diese politische Orientierungslosigkeit bei den Orozco-Truppen, die sich nach dem Februar-Putsch schließlich der Huerta-Armee anschlossen. Wie sehr diese Armee aus ihrem rein personalen Loyalitätshorizont manipulierbar war, geht aus einem aufschlußreichen Bericht aus Durango vom 24. 2. 1913, also unmittelbar nach dem Putsch, an das amerikanische State Department hervor: »Cheche Campos hat gegenwärtig mit seiner Rebellenbande von ca. 1200 Mann sein Quartier auf dem Rancho Refugio, wenige Meilen westlich der Stadt Lerdo, Durango, aufgeschlagen. Er ließ dem *jefe político* in Lerdo eine Nachricht zukommen, daß er auf Instruktionen von General Orozco warte, und daß, falls dieser die Anweisung gebe, er mit Freuden die Waffen niederlegen und in der Bekämpfung des Banditentums in dieser Region behilflich sein wolle. Es wird gesagt, daß Benjamín Argumedo, Indio Mariano, Galaviz und andere Rebellenführer auf Befehle von Cheche Campos warten, so daß Orozcos Entscheid für die Situation hier von großer Bedeutung ist und von der Bevölkerung mit großer Spannung und nicht geringer Besorgnis erwartet wird.« NAW, M. 274, R. 24, 812.00/6733

3 Cumberland, *Constitutionalist Years,* S. 17-22.

4 Cumberland, S. 70f.

5 Zu Carranzas vorrevolutionärer Karriere vgl. Alfredo Breceda, *Don*

Venustiano Carranza, rasgos biográficos escritos en 1912, México 1930, 7ff. Auch über Carranza existiert leider noch keine wissenschaftlich fundierte und umfassende Biographie. Einige wenige Hinweise auf seine soziale und wirtschaftliche Position finden sich bei Bernardino Mena Brito, *Ocho diálogos con Carranza*, México 1933 sowie in der stark anticarranzistisch gefärbten Publikation von Clodoveo Valenzuela und Amado Chaverri Matamoros, *Sonora y Carranza*, México 1921, S. 372f.

6 Zu Carranzas Kritik an Maderos Kompromißpolitik im Gefolge der Abkommen von Ciudad Juárez vgl. Kap II/1, S. 165; wie der Gouverneur von Sonora, Maytorena, hatte auch Carranza bei Madero immer wieder für eine Verstärkung der – von der regulären Armee unabhängigen – Staatstruppen plädiert, vgl. Aguilar, *La frontera*, S. 266.

7 Nach einem Bericht Francisco Múgicas, der damals als junger Hauptmann zu den Konstitutionalisten der ersten Stunde gehörte, hatte Carranza die Aufnahme sozialer Reformpostulate der jungen Offiziere – darunter auch solche zur Agrarreform – in den »Plan von Guadalupe« mit der Begründung abgelehnt, daß dadurch nur der Widerstand mächtiger Kreise heraufbeschworen und so der entscheidende Kampf gegen den Usurpator Huerta unnötig verlängert werde; vgl. Silva Herzog, *La révolution*, S. 141ff. Zu Carranzas Ablehnung einer sozialreformerischen Ausrichtung der konstitutionalistischen Bewegung vgl. auch *Memorias de Don Adolfo de la Huerta, según su propio dictado. Transcripción y comentarios del Lic. Roberto Guzman Esparza*, México 1957, S. 66ff., sowie Interview mit dem General Gustavo Salinas vom 14. 7. 1961, Archivo Sonoro, INAH.

8 Zur Entwicklung Sonoras im Porfiriat vgl. jetzt Héctor Aguilar, *La frontera nómada: Sonora y la Revolución mexicana*, S. 19-124. Die folgenden Ausführungen über die Anfänge der Revolution in Sonora stützen sich im wesentlichen auf die minutiöse und erkenntnisreiche Studie dieses Autors.

9 Aguilar, S. 21f., S. 35, S. 85f., S. 122.

10 Aguilar, S. 177.

11 Aguilar, S. 85f.; über Herkunft und frühe Karriere von Calles vgl. S. 180ff.

12 Zur frühen Biographie Obregóns und die Hintergründe seiner Wahl zum Gemeindepräsidenten vgl. Aguilar, S. 222-232.

13 Vgl. neben Aguilar die biographischen Angaben u. a. bei Roberto Quirós Martínez, *Alvaro Obregón, su vida y su obra*, México 1928; Juan Djed Bórquez, *Obregón, Apuntes biográficos*, México 1929; Carlos Barrera, *Estampas de un Caudillo*, México 1957. Eine angesichts des Fehlens einer wissenschaftlich fundierten Biographie wertvolle, auf sein politisches Denken ausgerichtete biographische Skizze Obregóns gibt Narciso Bassols Batalla, *El pensamiento político de Alvaro Obregón*, México 1967.

14 Aguilar, S. 199.

15 Aguilar, S. 230ff.
16 Aguilar, S. 231f.
17 Zit. b. Aguilar, S. 279.
18 Zur politischen Entwicklung in Sonora im Februar 1913, Aguilar, S. 273-281.
19 Was die Soldaten und ihren militärischen Ausbildungsstand betrifft, bestand allerdings kaum ein wesentlicher Unterschied zwischen Revolutionsarmee und regulärer Bundesarmee, die ja ihrerseits ebenfalls das Gros ihrer Mannschaften unter vergleichbaren Bedingungen aus derselben Bevölkerungsschicht aushob und ihnen, nicht anders als die Revolutionsarmeen, lediglich eine rudimentäre Grundausbildung vermitteln konnte. Aber selbst hinsichtlich der Offizierskorps bot der relativ niedrige technische Stand des Militärwesens den Karriereoffizieren keine entscheidenden Vorteile; Naturtalente wie Obregón und Villa vermochten auch ohne formelle Generalstabsausbildung in durchaus traditionellen und keineswegs an Guerillatechniken ausgerichteten Schlachten den Befehlshabern der Bundesarmee empfindliche Niederlagen beizubringen.
20 Aguilar, S. 323f.
21 Aguilar, S. 330.
22 Aguilar, S. 288-294. In seinen Kriegsmemoiren versuchte Obregón, allerdings nur schwach und am Rande, auch eine soziale, in ihrer äußerst allgemein gehaltenen Form jedoch wenig überzeugende Begründung für seine Partizipation an der Revolution zu geben: » . . . ich wurde mir auch gewahr, welch gewaltiges Ungleichgewicht zwischen den privilegierten Kasten und den arbeitsamen Klassen bestand . . . Diese Erfahrung führte mich zur Überzeugung, daß es notwendig sei, die Tyrannei zu hassen, da wir die Freiheit weder zu lieben noch zu erobern verstanden.« Seinen Entschluß, gegen Huerta vorzugehen, begründete er dann allerdings mit der Notwendigkeit, »die Legalität der Regierung und die nationale Würde zu verteidigen.« Alvaro Obregón, *Ocho mil kilómetros en Campaña,* México 1917, hier verwendete Neuauflage, México 1959, S. 4, S. 29. – Demgegenüber sind die Memoiren eines anderen sonorensischen Generals, Pedro J. Almadas, von aufschlußreicher Offenheit. Nach seinen eigenen Ausführungen scheint Almadas Eintritt in die konstitutionalistische Armee überhaupt keiner wie auch immer gearteten ideologischen Position, sondern einer rein lokalen Konstellation – seiner Bekanntschaft mit Obregón – sowie einer gewissen Neigung zum Militär entsprungen zu sein. Almada, ebenfalls in Huatabampo ansässig und, wie Obregón, ein im lokalen Rahmen erfolgreicher *self-made man,* war von Obregón aufgefordert worden, sich den Konstitutionalisten anzuschließen: » . . . er (Obregón) fügte hinzu: ›Und wenn Du uns unterstützen willst, ohne irgendeine Verpflichtung Deinerseits, Du weißt, wir haben Victoriano Huerta soeben die Anerkennung verweigert.‹ Ich entgegnete ihm sogleich, daß ich zu

seiner Verfügung stehe. ›Sehr gut, dann komm morgen vorbei, damit ich Dich zum Hauptmann 2. Klasse ernenne.‹ Pedro J. Almada, *Con mi cobija al hombro*, México 1936, S. 148f.

23 Dazu ausführlich Aguilar, S. 320-327.

24 Die Bedeutung dieser Kriegsmaterialbeschaffung (wie auch die dort zweifellos recht lasche Praxis der amerikanischen Grenzüberwachung) mag daraus ersehen werden, daß im Mai 1913 durch die Staatsregierung von Sonora ein Flugzeug für die konstitutionalistische Armee in den USA nicht nur gekauft, sondern auch erfolgreich nach Mexiko geschmuggelt (sic!) werden konnte; vgl. Interview des Generals Gustavo Salinas vom 14. 7. 1961, Archivo Sonoro, INAH.

25 NAW, M. 274, R. 24, 812.00/6980.

26 NAW, M. 274, R. 24, 812.00/6855. In diesem Bericht vom 17. 3. 1913 schätzte der Konsul die Zahl der konstitutionalistischen Truppen in Sonora bereits auf mindestens 6000 Mann.

27 NAW, M. 274, R. 24, 812.00/6980. – Am 10. 6. 1913 berichtete der Generaldirektor einer amerikanischen Bergwerksgesellschaft in Sonora an das State Department: »Für uns, die wir in Sonora stark engagiert sind, ist dies eine sehr interessante Situation. Die *constitucionalistas* haben den ganzen Staat mit Ausnahme der Hafenstadt Guaymas unter ihre Kontrolle gebracht, und sie nehmen die Staatsgeschäfte in einer äußerst vertrauenswürdigen Art und Weise wahr. In Tat und Wahrheit wird der Staat genau so verwaltet wie er es immer wurde. Steuern bezahlen wir sowohl der lokalen Staatsregierung wie der Bundesregierung in Mexico-City, bezahlen sie also oft doppelt . . .«. NAW, M. 274, R. 26, 812.00/7823.

28 Katz, *Deutschland*, S. 241.

29 Vgl. schon Katz, *Deutschland*, wo er in den die Villa-Bewegung betreffenden Abschnitten in knapper Form fundamentale Probleme des *villismo* aufgeworfen hat. Zwei wichtige Aufsätze zu Einzelfragen sind aus seiner Feder bereits erschienen: Agrarian Changes in Northern Mexico in the Period of Villista Rule, 1913-1915, in *Contemporary Mexico*, S. 259–273; Pancho Villa and the Attack on Columbus, New Mexico, in *American Historical Review*, *83/1*, 1978, S. 101-130. Ich verdanke Katz auch viele wertvolle Anregungen aus persönlichen Gesprächen. Die folgenden Ausführungen über den *villismo* stützen sich deshalb überwiegend auf seine Forschungen.

30 Cervantes, *Francisco Villa*, S. 27-43; Almada, *La revolución*, II, S. 25; Katz, *Deutschland*, S. 241.

31 Vgl. Kap. I/4, S. 104 ff.

32 NAW, M 274, R. 30, 812.00/9484.

33 Katz, *Pancho Villa and the Attack on Columbus*, S. 104.

34 Almada, *La revolución*, II, S. 15-28.

35 Memorias de don Adolfo de la Huerta, 56f.

36 Vgl. »Programa de Historia Oral« (PHO) des »Departamento de

Etnología y Antropología« des »INAH« unter der Leitung von Eugenia Meyer. Im Rahmen dieses Programms wurden erstmals systematisch Revolutionsveteranen befragt, wobei neuerdings vor allem die »visión popular« der Revolutionsereignisse im Vordergrund steht, d. h. daß vor allem Veteranen bescheidener wirtschaftlicher und sozialer Herkunft, oft Analphabeten, befragt wurden. Anfangs 1975 lagen z. B. bereits 86 Interviews mit ehemaligen Villisten vor, die – zunächst auf Tonband aufgenommen – anschließend transkribiert und der Forschung zugänglich gemacht wurden. – Von Mitarbeitern dieses Programms wurden einige dieser Interviews bereits auch in Form kleinerer, hektographierter Studien ausgewertet. Vgl. z. B. über die Villa-Bewegung: Maria Isabel Souza, *Porqué con Villa? Estudios 8,* 1975; Ximena Sepulveda Otaiza, *La Revolución en Bachíniva, Estudios 7,* 1975.

37 Vgl. z. B. die Interviews mit dem villistischen Offizier José de Baez, PHO/1/34 (Interview vom 15. 1. 1973 durch Maria Isabel Souza), S. 14, sowie jene mit dem villistischen Veteranen Cecilio Robles, PHO/1/7 (Interview vom 2. 8. 1973 durch Alicia O. de Bonfil und Eugenia Meyer), S. 12.

38 Vgl. Maria Isabel Souza, *Porqué con Villa?*, S. 8.

39 PHO/1/64 (Interview vom 16. 7. 1973 durch Maria Alba Pastor), S. 3f. – Daß neben den vielen unzweifelhaft Freiwilligen unter den villistischen Soldaten wohl auch zahlreiche Rekruten unter Anwendung sozialen Drucks ausgehoben wurden, deuten häufig wiederkehrende Formulierungen, wie etwa: »nos levantaron«, »nos llevaron«, »nos trajeron«, d. h. »sie hoben uns aus«, »sie führten uns weg«, usw. an. Vgl. dazu auch Ximena Sepulveda Otaiza, *La Revolución en Bachíniva,* S. 5.

40 PHO/1/111 (Interview vom 29. 10. 1973 durch Maria Isabel Souza), S. 3f.

41 PHO/1/42 (Interview vom 13./21. 2. 1973 durch Eugenia Meyer), S. 24.

42 PHO/1/36 (Interview vom 23. 1. 1973 durch Maria Isabel Souza), S. 6. Der extreme Grad politischer Orientierungslosigkeit zeigt sich z. B. in der Aussage des ehemaligen Sergeanten Adalberto López Jara, der sich nach 1914 plötzlich in einer antivillistischen Truppe wiederfand, ohne diesen Frontwechsel irgendwie erklären zu können, vgl. PHO/1/43 (Interview vom 20. 2. 1973 durch Laura Espejel López), S. 21. Vgl. dazu auch Maria Isabel Souza, *Porqué con Villa?*, S. 10f. Vgl. schließlich Katz, *Deutschland,* S. 325, bezüglich seiner Charakterisierung der villistischen Cowboys, die sicherlich in hohem Maße für die villistischen Revolutionssoldaten insgesamt zutrifft: »Man wußte zwar, gegen wen man kämpfte, besaß aber nur sehr vage Vorstellungen darüber, wofür man ins Feld zog. Vor allem fehlte das Verständnis der Vorgänge, die sich außerhalb des eng begrenzten Gebietes vollzogen, in dem die Bewegung ihren Schwerpunkt hatte.«

43 Wiederholt wird berichtet, die Villisten hätten zwar keine spezifischen Reformversprechen gemacht, wohl aber »Freiheiten für das Volk, ein

besseres Leben für das Volk« in Aussicht gestellt, vgl. PHO/1/34, S. 14. Nach Cecilio Robles wurde ihnen »justicia social« und »Ruhe und Frieden und Arbeit« versprochen, vgl. PHO/1/7, S. 10. Vgl. auch PHO/1/33, S. 19.

44 Vgl. Interview mit Andrés Rivera Marrafo (durch Maria Isabel Souza vom 16. 7. 1973), PHO/1/63, S. 20. Vgl. auch PHO/1/33, S. 19.

45 Friedrich Katz, *The Secret War in Mexico*, S. 8f.; Ximena Sepulveda Otaiza, *La revolución en Bachíniva.*

46 Die Frage, ob z. B. bei der Rekrutierung neuer Anhänger eine spätere Landreform in Aussicht gestellt wurde, wird wiederholt verneint, vgl. z. B. PHO/1/7, PHO/1/34. – Im Gegenteil fällt auf, daß manche der Befragten sich eher positiv über die porfiristischen Verhältnisse äußern, nicht zuletzt über die Haciendas, deren patriarchalische Züge hervorgehoben werden. Vgl. dazu auch Ximena Sepulveda O., *La Revolución en Bachíniva,* S. 5.

47 Der hohe Anteil villistischer Soldaten bäuerlicher Herkunft wird immer wieder hervorgehoben. Vgl. auch Maria Isabel Souza, *Porqué con Villa?,* S. 5.

48 Nach dem ehemaligen villistischen Leutnant J. Arias, der 1914 als Achtzehnjähriger in die Villa-Armee eintrat, schlossen sich vor allem jene Leute den villistischen Truppen an, die bereits über Pferde und Waffen verfügten, PHO/1/33, S. 40.

49 Vgl. Bericht des amerikanischen Konsuls in Chihuahua vom 3. 5. 1913, NAW, M. 274, R 25, 812.00/7427.

50 Zur politischen und militärischen Entwicklung in Chihuahua bis zur villistischen Besetzung der Stadt Chihuahua vgl. Almada, *La revolución,* II, S. 29-61.

51 Viel zum Bild Villas als eines radikalen Sozialrevolutionärs beigetragen hat John Reed, der 1913/14 als Journalist für nordamerikanische Zeitungen über den Verlauf der mexikanischen Revolution berichtete. Vgl. John Reed, *Insurgent Mexico,* (Erstauflage 1914), hier verwendete – mit einer Einleitung von Albert Michaels und James Wilkie versehene – Neuauflage, New York 1969.

52 Vgl. Katz, *Agrarian Changes,* S. 269. Vgl. zur villistischen Konfiskationspolitik gegenüber den Spaniern auch den ausführlichen Bericht des betont Villa-feindlichen amerikanischen Konsuls von Chihuahua, Marion Letcher, vom 21. 2. 1914, NAW, M 274, R 35, 812.00/11043. Als jene Ausländergruppe mit dem geringsten Rückhalt in einer starken ausländischen Macht, die in ihren führenden Exponenten überdies eng mit der Terrazas-Familie verfilzt und ausgesprochen Huerta-freundlich war, wurden die Spanier die Hauptopfer der neuen Regierung, deren Politik gerade in dieser Frage auch deutlich antiklerikale Untertöne aufwies.

53 Vgl. Cervantes, *Francisco Villa,* S. 79-81. Unter anderen wurden als »Feinde des Volkes« ausdrücklich die Terrazas, Creels, Falomirs ge-

nannt, vgl. Marte R. Gómez, *La Reforma agraria en las filas villistas,* México 1966, S. 40. Nach Konsul Letcher waren bis Februar 1914 »alle Bergwerke, der städtische und landwirtschaftliche Grundbesitz usw. im Eigentum der zahlreichen vermögenden Familien Chihuahuas konfisziert worden. Die Stadthäuser werden meist von Offizieren der konstitutionalistischen Armee bewohnt. (...) Alle konfiszierten Häuser und Geschäfte, welche gegenwärtig nicht durch Offiziere und Soldaten besetzt sind, sind sequestriert worden und ihre Mieterträge fließen in die Staatskasse«, 812.00/11043.

54 Katz, *Agrarian Changes.* – Auf Villas grundsätzliche Agrarreformkonzeptionen, die immer stark von der Idee der Veteranenversorgung geprägt waren und auf die vielfältigen innen- und außenpolitischen Einflüsse auf die Realisierung, bzw. Nicht-Realisierung dieser Vorstellungen wird weiter unten im Zusammenhang mit der allgemeinen Erörterung der Bauernbeteiligung und Agrarreform in der Revolution zurückzukommen sein.

55 Haupthandelsgüter der Villisten waren Vieh und – nach erlangter Kontrolle über den Staat Durango – Baumwolle, letztere aus den beschlagnahmten Baumwollplantagen der Comarca Lagunera, vgl. Katz, *Deutschland,* S. 318. – In einem Bericht des »kommerziellen Agenten der konstitutionalistischen Regierung« aus El Paso, Texas, vom 27. Juli 1914 an Carranza heißt es, daß Angehörige der Madero-Familie große Mengen Baumwolle billig aufkauften, um sie nach den USA zu exportieren. Weiter berichtete der carranzistische Agent: »Ein Herr Garrett hat, zusammen mit Herrn Ophelia, dem Schwager von Lázaro de la Garza, und diesem selbst, den gesamten Viehbestand der Terrazas aufgekauft und von der Kaufsumme einen Teil an General Villa und einen Teil an Terrazas übergeben. Diese Operation bezieht sich auf 300000 Stück Vieh, wofür sie Hipólito Villa, der die Konzession für den Viehexport besitzt, 225000 Dollar vorschossen. Man bemerkt hier eine große Aktivität seitens der Agenten des Generals Villa im Aufkauf von Waffen und Munition sowie jeder Art von Kriegsmaterial«, Archivo de Carranza, Condumex, Bd. 1914, 16.-31. Juli.
Die faktische materielle Unabhängigkeit Villas von Carranza aufgrund seiner wirtschaftlichen Autonomie betonte auch Präsident Wilsons Sonderbeauftragter Carothers in einem Bericht an das State Department vom 9. 4. 1914, NAW, M 274, R 35, 812.00/11461.

56 Bericht vom 25. 8. 1914, NAW, M 274, R. 40, 812.00/13232.

57 Katz, *Agrarian Changes,* S. 262.

58 Dazu ausführlicher Hans Werner Tobler, Las paradojas del Ejército revolucionario – su papel social en la Reforma agraria mexicana, 1920-1935, in *Historia Mexicana, XXI/1,* 1971, S. 38-79. Vgl. auch unten, Kap. III/5, S. 530 ff.

59 Reed, *Insurgent Mexico,* S. 53, S. 57.

60 Katz, *Agrarian Changes,* S. 266.

61 Katz, S. 269f.

62 Katz, S. 271.

63 Vgl. z. B. die Aussage von J. Arias über eine »Landverteilung« in Durango. »Statt von den Hacendados Geld zu verlangen, sagte ihnen Villa: Ich verlange, daß Sie diesem oder jenem soundso viel Boden übergeben, damit er ihn bearbeite. Damals erfolgte die Übertragung des Bodens nicht aufgrund von irgendwelchen Papieren oder Dokumenten, sondern unter der Furcht, die sie vor Villa hatten.« PHO/1/33, S. 20. – Eine ähnliche Aussage findet sich bei R. Fierro, PHO/1/42, S. 39. Vgl. für eine frühe villistische »Landverteilung« aus einer Terrazas-Hacienda auch Almada, *La revolución*, II, S. 42f.

64 Katz, *Agrarian Changes*, S. 268.

65 Katz, S. 263.

66 Katz, *Peasant Movements*, S. 17f.; Katz, *Deutschland*, S. 241. Genauere Untersuchungen über die soziale Zusammensetzung der Villa-Armee sind mir nicht bekannt. Die umfangreiche Literatur über die Nordarmeen und ihre Feldzüge gegen das Díaz- und Huerta-Regime ist ganz überwiegend in einem engen militärgeschichtlichen Sinne ausgerichtet, ohne der (allerdings schwierig abzuklärenden) Frage nach der sozialen Struktur dieser Armeen, ihren Mobilisierungsformen und Motivationsmustern usw. genauer nachzugehen. Vgl. z. B. über die Villa-Armee die im traditionell militärgeschichtlichen Sinne abgefaßte Arbeit von Arturo Langle Ramírez, *El Ejército Villista*, México 1961. Erste Anhaltspunkte lassen sich – neben der sozialen Analyse der wichtigsten Ursprungsgebiete dieser Armeen – heute z. B. aus einer Auswertung der Veteraneninterviews gewinnen. Eine ebenfalls durchaus ergiebige Quelle können die zahlreichen mexikanischen Revolutionsromane darstellen. Vgl. dazu John Rutherford, *Mexican Society during the Revolution, A Literary Approach*, Oxford 1971.

67 Katz, *Agrarian Changes*, S. 273.

68 Katz, *Deutschland*, S. 325f.

69 Womack, *Zapata*, S. 189.

70 Vgl. z. B. die Vorschläge der *División del Norte* auf der Konferenz von Torreón, worin es u. a. heißt: » . . . im Verständnis, daß der gegenwärtige Kampf ein Kampf der Enterbten gegen die Mächtigen ist . . .«, Cervantes, *Francisco Villa*, S. 200f. – Vgl. auch die von Reed, *Insurgent Mexico*, S. 57, überlieferte Aussage eines villistischen Arztes: »Diese Revolution! Täuschen Sie sich nicht. Es ist ein Kampf des Armen gegen den Reichen. Ich war sehr arm vor der Revolution und nun bin ich sehr reich.«

71 Martin Luis Guzmán, einer ihrer Angehörigen und späteren literarischen Chronisten, verglich die eruptive Energie der villistischen Armee mit der Wirkung einer gewaltigen Walze, die aber letztlich weitgehend in äußerer Bewegung verpuffte, vgl. *El Aguila y la Serpiente*, México [10]1970. »Mehr Naturgewalt denn politische Kraft«, vermochten die

Villisten, wie Womack, S. 189, betont, »ihrem *populismo* kein reales Ziel zu setzen.«

72 Vgl. oben S. 204; Zur Entwicklung der konstitutionalistischen Bewegung in Coahuila vgl. Ildefonso Villarello Velez, *Historia de la Revolución Mexicana en el Estado de Coahuila*, México 1970, S. 227-273.

73 Villarello, S. 218. – Ranghöchster Offizier der nordöstlichen Truppen wurde Pablo González, dem allerdings der Ruf anhaftete, unter den Befehlshabern der großen Heereseinheiten der am wenigsten erfolgreiche zu sein. Auch González war kleinbürgerlicher Herkunft. Als Frühwaise in sehr bescheidenen Verhältnissen aufgewachsen, hatte er, ähnlich wie Obregón, lediglich eine rudimentäre Schulbildung erhalten und seinen Geburtsstaat Nuevo León schon in jungen Jahren verlassen, um u. a. auch in den USA als kleiner Angestellter zu arbeiten. Nach Mexiko zurückgekehrt, hatte er sich vor der Revolution in einem kleinen Ort im Staate Coahuila niedergelassen, wo er sich in der Lokalpolitik und privat als Kleinhändler betätigte. Am maderistischen Aufstand hatte er sich als einer unter vielen militärischen Unterführern beteiligt. Erst unter Carranza, dessen konstitutionalistischer Bewegung er sich von Anfang an angeschlossen hatte, gelang ihm der Aufstieg zum Divisionsgeneral, d. h. zum höchsten militärischen Rang der mexikanischen Armee, und damit auch zu einer einflußreichen Position in der mexikanischen Politik bis zur endgültigen Machtübernahme durch die Sonorenser nach Carranzas Sturz. Zur Biographie von Pablo González vgl. José Morales Hesse, *El General Pablo González, Datos para la Historia, 1910-1916*, México 1916.

74 Vgl. Francisco L. Urquizo, *Memorias de Campaña*, México 1971, S. 38.

75 Eine anschauliche Schilderung des Alltagslebens dieser Truppen gibt Urquizo, *Memorias*.

76 Vgl. Cumberland, *Constitutionalist Years*, S. 74-80.

77 Vgl. Condumex, Archivo de Carranza, Bd. 1913, junio 1-10, Circular Nr. 3 vom 7. 6. 1913; Beispiele für Carranzas Protektion mexikanischer Grundbesitzer: Bd. 1913, mayo 16-31; Bd. 1914, 1-5 de septiembre. – Vgl. andererseits die Konfiskationsanweisung von Carranzas Bruder, des Generals Jesús Carranza, an General Nicolas Flores vom 13. Juli 1914, nach welcher die »Güter unserer Feinde« zu konfiszieren seien, Bd. 1914, 1-15 de julio.

78 Katz, *Pancho Villa*, S. 103.

79 Vgl. Armando de Maria y Campos, *La vida del general Lucio Blanco*, México 1963, S. 54ff.

80 Cumberland, *Constitutionalist Years*, S. 76-78. Zur Besteuerung der Ölgesellschaften äußerte sich Carranza später folgendermaßen: »Durch diese Maßnahmen war die revolutionäre Regierung nicht nur in der Lage, finanzielle Mittel aufzubringen, sondern sie begann damit auch ein altes Problem zu lösen, indem sie nämlich die Erdölgesellschaften, welche glaubten, von Steuerleistungen befreit zu sein, dazu brachte,

einen Beitrag an den Staatshaushalt zu leisten«, zit. b. Cumberland, S. 76.

81 Cumberland, S. 80.

82 Aguilar, *La frontera,* S. 367.

83 Cumberland, S. 82f. – Zu Carranzas Rede in Hermosillo, in welcher er auch eine spätere Verteilung des »Grund und Bodens und des nationalen Reichtums« in Aussicht stellte, vgl. Silva Herzog, *La révolution,* S. 151.

84 Cumberland, S. 82f.

85 Womack, *Zapata,* S. 156-167.

86 Womack, S. 168ff.

87 Vgl. z. B. den Bericht des amerikanischen *consular agent* in Puebla vom 19. 8. 1913 über zapatistische Aktivitäten im Süden des Staates, NAW, RG 84 (Records of American Foreign Service Posts), Mexico City, Consulate General, Bd. 1913, vol. VIII, 800.

88 Vgl. Interview von Laura Espejel mit dem ehemaligen Zapatisten Andrés Avila Barrera, 15. 8. 1973, PHO/1/53, S. 16.

89 Vgl. Interview von Eugenia Meyer mit dem ehemaligen zapatistischen Offizier Tiburcio Cuellar Montalvo, 8. 3. 1973, PHO/1/45, S. 26f.

90 PHO/1/53, S. 20-29; PHO/1/45, S. 27.

91 PHO/1/53, S. 28.

92 Womack, S. 178ff.

93 Vgl. Condumex, Archivo Amezcua, carp. 2, Doc. 109.

94 Womack, S. 185.

95 Vgl. als Beispiele solcher pauschalisierenden Einschätzungen noch die älteren Studien von Silva Herzog, *La révolution mexicaine,* und Tannenbaum, *Mexican Agrarian Revolution.* Vgl. auch Stanley R. Ross (Ed.), *Is the Mexican Revolution Dead?,* New York 1966, S. 8, aufgrund des Forschungsstandes um die Mitte der 60er Jahre: »Hinsichtlich ihrer fundamentalen Triebkräfte und grundlegenden Zielsetzungen ... war die mexikanische Revolution für drei Jahrzehnte essentiell eine agrarische Erhebung.«

96 Héctor Aguilar, The relevant tradition. Sonoran leaders in the revolution, in Brading, *Caudillo and Peasant,* S. 98.

97 Aguilar, S. 98ff.

98 Aguilar, S. 101f.

99 Vgl. oben, S. 152 f. und S. 219 ff.

100 Vgl. oben, S. 224.

101 Vgl. Kap. I/3, S. 77 ff.

102 Eric Wolf, *Peasant Wars of the Twentieth Century,* New York 1969.

103 Wolf, S. 290.

104 Vgl. Kap. I/3, S. 82.

105 Vgl. z. B. Alan Knight, Peasant and caudillo in revolutionary Mexico 1910-1917, in Brading, *Caudillo and Peasant,* der am Beispiel mehrerer lokaler Bauernaufstände das Gewicht der agrarrevolutionären Komponente in der Revolutionsbewegung wiederum stark herausstreicht. Es ist

sicher nicht zu bezweifeln, daß auch im Norden die Revolutionstruppen oft bäuerlichen Ursprungs waren, was aber, wie das Beispiel der Villisten zeigt, noch wenig über ihren agrar*revolutionären* Charakter aussagt. Die Schwierigkeit der Gewichtung lokaler bäuerlicher Aufstandsherde im regionalen Kontext mag sich etwa daran zeigen, daß z. B. der amerikanische Konsul in Veracruz in seinem Bericht vom 4. 9. 1913 »kleine Banden von Unzufriedenen in den Bergregionen« erwähnte, deren rebellische Haltung er in der Unzufriedenheit mit den bestehenden Agrarverhältnissen motiviert sah, NAW, M. 274, R. 29, 812.00/8851, während sonst der selbe Konsul überwiegend die »Ruhe und Ordnung« in seinem Bezirk betonte.

106 So übermittelte z. B. im Sommer 1913 der amerikanische Konsul in Veracruz 14 Berichte von überwiegend nordamerikanischen Grundbesitzern oder Plantagenverwaltern in den Regionen Veracruz, Puebla, Oaxaca, die durchgängig die auf ihren Gütern herrschende »Ruhe und Ordnung« betonten: »Alles ist sehr ruhig ... Ich habe den Eindruck, daß die Leute in dieser Gegend nicht sehr kriegerisch sind. Jedenfalls zeigen sie keine sehr große (überhaupt keine) Neigung, ›in den Krieg zu ziehen‹«. (Tuxtepex, Oaxaca, 12. 6. 1913); » ... es gibt weder Anzeichen revolutionärer Tätigkeit in unserer unmittelbaren Nachbarschaft, noch haben wir in jüngster Zeit von irgendwelchen Räubereien gehört ... Die Haltung der Leute zu politischen Angelegenheiten ist allgemein sehr apathisch ...«, (Aire Libre, Puebla, 13. 6. 1913), NAW, M 274, R. 27, 812.00/8005.

107 Daß die *leva* oft zu Lokalrebellionen führte, wird u. a. auch in den amerikanischen Konsularberichten immer wieder erwähnt, vgl. z. B. NAW, M. 274, R. 29, 812.00/9224; R. 31, 812.00/9730. Am 8. 2. 1914 meldete der amerikanische Konsul aus Frontera, daß in Tabasco zahlreiche *peones* aus den Haciendas entflohen seien, um sich so den drückenden Schulden, die bis zu 200 pesos ausmachten und deshalb während eines ganzen Arbeitslebens nicht abgetragen werden könnten, für immer zu entledigen, NAW, M 274, R. 35, 812.00/11081.

108 Ich habe in diesem Zusammenhang nicht nur die direkt dem State Department in Washington zugestellten und in der Regel in die Serie 812 ... (Microcopy 274) aufgenommenen Konsularberichte konsultiert, sondern auch die diesbezüglich vielleicht noch aufschlußreicheren Dokumente der »Record Group 84« (Records of American Foreign Service Posts) durchgesehen. Dabei handelt es sich vornehmlich um Korrespondenz von konsularischen Unterbezirken, die in ihrem politischen Gehalt nicht für so bedeutsam angesehen wurde, daß man sie direkt nach Washington übermittelt hätte. Im Konsulatsarchiv aufbewahrt und erst nach 30 Jahren nach Washington überführt, reflektiert deshalb gerade diese Korrespondenz in hohem Maße den »Normalzustand« in den verschiedenen Regionen. Besonders wichtig sind dabei die Akten des Generalkonsulats von Mexico-City, in dessen Bereich die

verschiedenen dichtbesiedelten Agrarstaaten gehörten, wo keine eigentlichen Konsuln, sondern lediglich *consular agents* tätig waren. – Eine sehr differenzierte Darstellung des bäuerlichen Verhaltens im Staate Tlaxcala, das je nach dem Anteil der bäuerlichen Bevölkerung in freien Dörfern, bzw. Haciendas deutlich unterschiedlich war, gibt Raymond Buve, *Peasant movements, caudillos and Landreform during the Revolution (1910-1917) in Tlaxcala.* Buve unterstreicht auch die große Bedeutung nicht-bäuerlicher Elemente (Lehrer, Arbeiter usw.) für die Entstehung einer Agrarbewegung in Tlaxcala.

109 NAW, RG 84, Mexico-City, Consulate General, Bd. 1914, vol. IV, 800, 9. 1. 1914, 10. 3. 1914; ibid., Bd. 1913, vol. VIII, 800, Berichte vom 11. 6. 1913, 5. 7. 1913, 18. 11. 1913. – Zur *leva* durch die *federales* in Guanajuato, wodurch neben den Minenarbeitern besonders auch viele *peones* der Haciendas in die Bundesarmee gepreßt wurden, vgl. ibid., Bd. 1913, vol. VIII, 800, Bericht vom 21. 11. 1913. – Schon 1912 hatte ein in Guanajuato ansässiger nordamerikanischer Bankier darauf hingewiesen, daß der Staat von der (maderistischen) Revolution kaum erfaßt worden sei: »Politische Unruhen innerhalb dieses Staates sind äußerst selten gewesen, und der Einfluß der vergangenen Revolution hat sich lediglich darin bemerkbar gemacht, daß das alte politische Regime durch Leute ersetzt wurde, die mehr der Mittelklasse angehören.« NAW, RG 84, Mexico-City, Consulate General, Bd. 1912, vol. IV, 800, 11. 10. 1912.

110 Ich übernehme im folgenden einige Passagen aus meinem Aufsatz »Bauernerhebungen und Agrarreform in der mexikanischen Revolution«, in Mols/Tobler, *Mexiko,* S. 130ff.

111 Vgl. Kap. I/3, S. 83.

112 Friedrich, *Agrarian Revolt,* S. 43-57.

113 Vgl. Kap. I/3, S. 83.

114 González, *Pueblo,* S. 169ff.

115 Vgl. Henry A. Landsberger und Cynthia N. Hewitt, *Preliminary Report on a Case Study of Mexican Peasant Organizations,* unveröffentlichtes Manuskript im Centro de Investigaciones Agrarias, México D. F., S. 15; Sergio Alcántara Ferrer, *El proceso de cambio económico-social en Taretan,* Mich., unveröffentlichtes Manuskript im Centro de Investigaciones Agrarias.

116 Luis González, Tierra caliente, in *El Colegio de México (Ed.) Extremos de México – Homenaje a don Daniel Cosío Villegas,* México 1971, S. 115-149; Susana Glantz, *El Ejido.*

117 Vgl. Ronald Waterbury, Non-revolutionary Peasants: Oaxaca compared to Morelos in the Mexican Revolution, in *Comparative Studies in Society and History,* 1975/17, S. 410-422, hier S. 411.

118 Vgl. Kap. I/3, S. 77.

119 Vgl. F. Katz, *Plantagenwirtschaft und Sklaverei;* Turner, *Barbarous Mexico.* Vgl. z. B. auch den Bericht des amerikanischen Konsuls in Progreso vom 19. 3. 1911: »Die *peones* auf den großen Plantagen

werden von den Besitzern wie Vieh gehalten ... Diese *peones* erhalten einen sehr geringen Lohn. Einige von ihnen werden sehr schlecht behandelt, ausgepeitscht und auf mannigfache Art bestraft.« NAW, M 274, 812.00/1084.

120 Katz, *Labor Conditions,* S. 44f.

121 Diese Situation traf auch auf Chiapas zu; vgl. z. B. Henri Favre, *Cambio y continuidad entre los Mayas de México,* México 1971, S. 68-72.

122 Vgl. dazu jetzt das grundlegende Werk von Friedrich Katz, *The Secret War in Mexico. Europe, the United States and the Mexican Revolution,* das eine umfassende Darstellung der amerikanischen und europäischen Mexikopolitik, ihrer gegenseitigen Verflechtung und Beeinflussung und ihrer Auswirkungen auf Mexiko gibt.

123 Vgl. Robert F. Smith, *The United States and Revolutionary Nationalism in Mexico, 1916-1932,* Chicago UP, Chicago 1972, S. 31, eine ausgezeichnete Studie zum amerikanisch-mexikanischen Verhältnis in dieser Periode. – Zum Konzept der *open door policy* vgl. William A. Williams, *The Tragedy of American Diplomacy,* New York 1962.

124 Smith, S. 31.

125 Vgl. zur Haltung der in Mexiko tätigen amerikanischen Unternehmen und ihren Einfluß auf Wilsons Mexiko-Politik: Katz, *Deutschland,* S. 248ff.

126 Eine detaillierte diplomatische Ereignisgeschichte findet sich bei P. Edward Haley, *Revolution and Intervention: The Diplomacy of Taft and Wilson with Mexico, 1910-1917,* MIT-Press, Cambridge 1970, S. 83-151.

127 Haley, S. 83-106.

128 Haley, S. 119ff; ausführlich wird die amerikanisch-britische Diplomatie in ihrer Haltung gegenüber Huerta behandelt bei Calvert, *Mexican Revolution,* S. 167ff.

129 Haley, S. 123.

130 Haley, S. 126, S. 138f.

131 Wie sehr die amerikanische Regierung Anfang 1914 sich den politischen Zielsetzungen der Konstitutionalisten anzunähern begann, geht aus einem Bericht von Außenminister Bryan an Botschafter Page in London hervor, worin es u. a. heißt: »Die Männer des Nordens, welche eine Revolution durchführen und ein Programm verfolgen, das die Ursachen, welche eine verfassungsmäßige Regierung in Mexiko unmöglich machten, an der Wurzel anpackt, sind keine bloßen Rebellen ...«, zit. b. Haley, S. 127.

132 Ausführlich zur amerikanischen Besetzung von Veracruz: Robert E. Quirk, *An Affair of Honor: Woodrow Wilson and the Occupation of Vera Cruz,* Lexington 1962.

133 Haley, S. 129-149.

134 Vgl. dazu Cumberland, *Constitutionalist Years,* S. 58-70 sowie vor allem Michael C. Meyer, *Huerta. A Political Portrait,* UP of Nebraska, Lincoln 1972.

135 Gegenüber der orthodox-revolutionsfreundlichen Geschichtsschreibung, in welcher Huerta als eine der finstersten Gestalten der mexikanischen Geschichte überhaupt erscheint, ist Meyers Werk über Huerta in gewissem Sinne revisionistisch. Insbesondere wird man Huertas »reaktionäre« Gesellschaftspolitik kaum so scharf von jener seiner »revolutionären« Vorgänger und Nachfolger abheben dürfen, wie dies in der älteren Revolutionshistoriographie getan wurde.

136 Vgl. Katz, *Deutschland,* S. 231f.

137 Vgl. die bei Katz, S. 231, zitierte Charakterisierung der Korruption unter Huerta durch Hintze: »Dazu kommt eine Bestechlichkeit und Verderbtheit der Regierung, die alles bisher Dagewesene übertrifft. Jeder scheint doppelt, und doppelt schnell stehlen zu wollen, weil er weiß, er hat nicht viel Zeit dazu. Ein mir vorgelegter Kontrakt auf Lieferung von Schnelladekanonen z. B. beläuft sich im ganzen auf rund 10 Mill. Mark, davon sind 7,5 Mill. Bestechungsgelder, und 2,5 Mill. stellen den Wert des Objektes dar. (Einer der schlimmsten ist der älteste Sohn des Präsidenten, Hauptmann Huerta.) Leider ist die Armee von dieser Verderbtheit nicht frei.« (24. 9. 1913). – Vgl. auch die scharfe Kritik von Jorge Vera Estañol, der als prominenter Anwalt und konservativer Politiker aus der Zeit des Porfiriats keinerlei Sympathien für die Revolution bekundet. Vera Estañol erwähnt die großen außerordentlichen Kredite für die Armee, die aber nur zum kleinsten Teil wirklich für die Kriegsführung verwendet worden seien, »der Rest dient allein der persönlichen Bereicherung, vom Diktator an abwärts, an eine Legion von Beamten, Angestellten, Militärs und Favoriten, welche in den Versorgungsgeschäften oder den staatlichen Einkäufen ihre Hände im Spiele haben oder dann in der Einziehung, Verwaltung und Ausgabe öffentlicher Gelder: die Vermögen entstehen über Nacht«, Vera Estañol, *Historia,* S. 351.

138 Vera Estañol, S. 351.

139 Vera Estañol, S. 351f. »Damit auch nichts fehle«, bemerkt Vera Estañol sarkastisch, »widmen sich die neuen Kommandanten der Kolonnen, Brigaden und Divisionen, mit ganz wenigen Ausnahmen, der Geschäftemacherei; die Offiziere der in Guaymas stationierten Division eröffnen Geschäfte, Restaurants, Spielhöllen und Häuser von zweifelhafter Reputation. Sie stellen Gutscheine für die tägliche Soldzahlung der Truppen aus und nehmen diese mit einem Abschlag an Zahlung. Dieser Präzedenzfall findet einen Nachahmer im Befehlshaber der Nordostdivision, der zudem die Kaufleute zu Sonderabgaben nötigt, eine Bank eines Teils ihrer Einlagen beraubt und noch ähnliche Gewalttaten begeht. Die Übergriffe jener, die dazu die materiellen Möglichkeiten haben, nehmen auf jede nur denkbare Art und Weise zu«, S. 353.

140 Für die militärgeschichtlichen Einzelheiten vgl. Cumberland, S. 111-150.

141 Die Zahl von 50000 Mann stammt aus Langle Ramírez, *El Ejército,* S. 54, und dürfte an der oberen Grenze liegen. Andere Autoren schätzen die

Zahl auf 20000 bis 30000 Mann. Die Kerntruppe der villistischen Armee stellte die Kavallerie, während etwa Obregóns Armee stärker infanteristisch ausgerichtet war. Sowohl die Infrastruktur dieser Armee – u. a. ein Sanitätseisenbahnzug mit ganzen Operationssälen – wie auch die verhältnismäßig gute Bewaffnung – vom Standardgewehr, dem nordamerikanischen Karabiner »Winchester 30-30«, über Maschinengewehre bis zu leichter und schwerer Artillerie – zeigen deutlich, daß es sich bei den Nordarmeen um Verbände handelte, die der Bundesarmee auch ausrüstungsmäßig weitgehend ebenbürtig waren, vgl. Langle Ramírez, S. 54, S. 155ff.

142 Katz, *Deutschland*, S. 243; eindrückliche Schilderungen dieser »Völkerwanderungen« finden sich bei John Reed, *Insurgent Mexico*. – Schon 1911 hatte sich der amerikanische Militärattaché, der Huerta auf seinem Feldzug gegen die aufständischen Zapatisten in Morelos begleitet hatte, über die *soldaderas* in der Bundesarmee mokiert: »Eine bemerkenswerte und einzigartige Erscheinung sind die *soldaderas*, Frauen in anscheinend unbegrenzter Anzahl, welche die Truppen begleiten und in jedem Lager Proviant für die Soldaten beschaffen. Man sagt, sie seien notwendig und nützlich für diese Aufgaben, weil es keine Quartiermeister gebe; aber selbst unter diesen Umständen möchte es scheinen, daß die »Fütterung« durch die Soldaten selbst vorgenommen werden könnte und daß demnach der eigentliche Zweck dieser *soldaderas* darin besteht, einen Dienst zu leisten, der nur vom weiblichen Geschlecht erbracht werden kann.« Bericht vom 26. 8. 1911, NAW, War Department, General Staff (Record Group 165), 5761-299.

143 Eine typisch villistische Kavallerieattacke beschreibt Langle R., *El Ejército*, S. 60, im Zusammenhang mit dem Angriff auf Gómez Palacio: die Kavalleriebrigaden »setzten sich zuerst in Trott, dann in Galopp und schließlich durchbrachen sie, nach klassischer Art der Kavallerie der *División del Norte*, in vollem Lauf die feindlichen Linien.« Demgegenüber empfand der villistische General Federico Cervantes die Schlacht von Zacatecas, in der die Artillerie eine wichtige Rolle spielte, als eine Kriegsoperation, »welche sich am stärksten dem Typus der klassischen Schlacht annäherte«. Langle R., S. 94.

144 Die Zahlen stammen aus Miguel A. Sánchez Lamego, *Historia militar de la Revolución constitucionalista*, México, 1956/60, 5 Bde., vol. V, 258; andere Autoren, z. B. Langle R., nennen ein weniger großes zahlenmäßiges Ungleichgewicht zwischen angreifenden Konstitutionalisten und belagerten *federales*. – Eine eigentliche Militärgeschichte der Revolution kann und soll hier nicht gegeben werden; die hier gemachten Angaben sollen lediglich einen groben Eindruck der Kriegsführung während der Anti-Huerta-Kampagne vermitteln. In diesem Bürgerkrieg bestanden auf Seiten der Revolutionstruppen zur selben Zeit die unterschiedlichsten Kriegstechniken nebeneinander: von der reinen Partisanentätigkeit kleiner und kleinster lokaler Gruppen gegen mehr oder minder isolierte

Abteilungen der Bundestruppen über Formen kombinierter Guerilla- und traditionellerer Belagerungstechniken, wie sie beispielsweise die Zapatisten praktizierten, bis hin zur quasi-traditionellen Kriegführung 1914 im Norden unter Einsatz eines recht differenzierten Waffenarsenals. Zur eigentlichen Kriegsgeschichte der konstitutionalistischen Armeen vgl. die beiden grundlegenden Werke von Juan Barragán R., *Historia del Ejército y de la Revolución Constitucionalista*, México 1946, 2 vols.; sowie das auf umfangreichem Archivmaterial basierende, sämtliche Schlachtverläufe minutiös nachzeichnende Werk von Miguel Sánchez Lamego.

145 Vgl. oben, S. 230.

146 Diese Form der Eingliederung bereits bestehender bewaffneter Gruppen in größere Armeeverbände ist ein charakteristisches Merkmal in der Entwicklung der mexikanischen Revolutionsarmeen, die natürlich durch die erwähnten klientelhaften Beziehungen zwischen den Soldaten und ihren militärischen Anführern entscheidend erleichtert wurde, da es in der Regel genügte, einen *jefe* zum Anschluß an eine bestimmte Armee zu bewegen. Andererseits blieben diese personalen Loyalitätsbeziehungen aber auch nach der Eingliederung dieser Einheiten in bereits verstärkt »professionalisierte« Armeen bestehen, was zu Konflikten mit einer schon etwas abstrakteren Hierarchie und Befehlsstruktur in diesen Armeeverbänden führen konnte. Wie die Eingliederung einer solchen kleinen bewaffneten Gruppe etwa vor sich gehen konnte, schildert Amado Aguirre, *Memorias*, S. 68: in Jalisco hatte sich 1914 der »General« José Morales Ibarra mit seinen Leuten der Kolonne des obregonistischen Generals Manuel Diéguez angeschlossen. Da er aber nur über 100 Mann verfügte, sei ihm lediglich der Grad eines Oberstleutnants zuerkannt worden. Aguirre selbst hatte sich Diéguez individuell zur Verfügung gestellt und in seiner Eigenschaft als Ingenieur – nach üblichem Brauch – den Grad eines Majors erhalten, *Memorias*, S. 45.

Kapitel 4

Die Spaltung der Revolutionsbewegung und der Sieg des Konstitutionalismus, 1914/16

An der Aufgabe, ein von allen revolutionären Kräften gemeinsam getragenes neues Regime zu errichten, sollte die Anti-Huerta-Koalition zerbrechen. Die Folge davon war ein neuer, nun innerhalb des Revolutionslagers ausgetragener Bürgerkrieg, der erst nach blutigen Kämpfen in den Jahren 1915/16 schließlich von den Carranzisten gewonnen wurde, die damit ihre Herrschaft auf nationaler Ebene begründeten.

Zunehmende Spannungen vor allem zwischen Villa und Carranza hatten sich allerdings schon vor dem endgültigen Sturz des Huerta-Regimes bemerkbar gemacht. Insbesondere im Zusammenhang mit der Einnahme der Stadt Zacatecas war es faktisch zur Insubordination der *División del Norte* gegen Carranza gekommen, der daraufhin der Norddivision den Kohle- und Waffennachschub blockiert und so den Truppen Obregóns die Einnahme der Hauptstadt ermöglicht hatte.[1]

Auch die Beziehungen der Zapatisten zu Carranza waren lose und durch gegenseitiges Mißtrauen geprägt. Zapata hatte Carranza nie als Führer einer auch die »Revolution des Südens« einschließenden, also umfassenden Revolutionsbewegung, ja nicht einmal als unbestrittenen Chef der nördlichen Revolution anerkannt, während die Konstitutionalisten ihrerseits die Zapatisten durch eine Vereinbarung mit den Huerta-Truppen erfolgreich an einer militärischen Besetzung der Hauptstadt gehindert hatten.[2]

Im Zusammenhang mit der Frage, wie das neue Revolutionsregime beschaffen sein und insbesondere wer seine Führung übernehmen sollte, brachen diese Spannungen nun offen aus.

Die Spaltung der Revolutionsbewegung: politische, soziale, ideologische Faktoren

In diesem Konflikt spielten zweifellos markante Persönlichkeitsunterschiede zwischen den wichtigsten Revolutionsführern, ihre politische Machtrivalität sowie eine uneinheitliche soziale Zusammensetzung der einzelnen Revolutionsflügel mit entsprechend unterschiedlichen gesellschaftlichen Reformvorstellungen eine bedeutsame Rolle; das Auseinanderbrechen des siegreichen Revolutionslagers in einen konstitutionalistischen und einen konventionistischen Flügel läßt sich schließlich auch als Aufluß unterschiedlicher politischer Kulturen und Herrschaftsstrategien deuten.

Den ausgeprägten Persönlichkeitsgegensatz zwischen Villa und Carranza etwa, aufgrund einer völlig verschiedenen sozialen Herkunft, einer gegenläufigen, vorrevolutionären Karriere und eines markanten Alters- und Temperamentsunterschiedes soll Villa selbst nach seiner ersten Begegnung mit Carranza folgendermaßen beschrieben haben: »Mein erster Impuls war Respekt gegenüber diesem alten Herrn, welcher der Repräsentant jener Ehre und Gerechtigkeit war, für die unsere Leute auf dem Schlachtfeld ihr Leben hingaben. Ich umarmte ihn in großer Gemütsbewegung, aber schon nach wenigen Worten begann mein Blut zu erstarren, denn ich begriff, daß ich ihm mein Herz nicht würde öffnen können, da ich für ihn kein Freund, sondern ein Rivale war. Niemals schaute er mir direkt in die Augen und seine ganze Konversation beschränkte sich darauf, mir immer unsere unterschiedliche Herkunft deutlich zu machen und mir vor Augen zu führen, daß er alles gewesen war: vom Gemeindepräsidenten, *jefe político,* Gouverneur und Senator bis zum *primer jefe* der konstitutionalistischen Bewegung. Auch erklärte er mir Dinge von Dekreten und Gesetzen, die ich nicht verstand, die aber nicht den Kern unserer Unterhaltung betrafen. Daraufhin beschränkte ich mich, ihm zuzuhören und all seine Bewegungen zu beobachten . . . Ich hatte den Eindruck, einen Notar und keinen Volksführer vor mir zu haben, den Besitzer einer Hacienda, aber nicht den Bannerträger der Hoffnungen der Landarbeiter. Zwischen diesem Mann und mir gab es keine Gemeinsamkeiten: er war ein Politiker und ich ein bescheidener Kämpfer, er strebte mit allen Fasern nach der Präsidentschaft und ich wollte viele Dinge für mein Land, die er nicht verstehen konnte.«[3]

Nun strebte allerdings auch die Villa-Bewegung 1914 nach nationaler Vorherrschaft. Nicht nur gebot Villa über eine der stärksten Armeen, er verfügte auch über eine Reihe von militärischen und zivilen Beratern, die hinsichtlich Erfahrung und

Kompetenz der carranzistischen Führung durchaus nicht nachstanden. Und schließlich hatte er im Sommer 1914 auch einen beträchtlichen Rückhalt in den USA, sowohl unter amerikanischen Geschäftsleuten als auch innerhalb der amerikanischen Regierung. Der Konflikt zwischen Villa und Carranza war deshalb zweifellos auch das Ergebnis einer Machtrivalität um die nationale Führung. Wie Friedrich Katz unlängst aufgezeigt hat, erschöpfte er sich allerdings keineswegs darin, vielmehr spielten auch unterschiedliche gesellschaftliche Kräfte innerhalb der beiden Lager eine Rolle.

Obwohl auch die Villa-Bewegung in ihrer Führung einen konservativen Flügel aufwies, welcher der Carranza-Führung politisch-ideologisch sehr nahestand, blieb die Villa-Bewegung doch viel stärker als die Carranzisten durch ihren popularen Ursprung geprägt. Dies zeigte sich nicht nur in der im vorangegangenen Kapitel erwähnten radikaleren villistischen Sozialpolitik, sondern vor allem auch in ihrer Haltung zur Landfrage. So war z. B. im Pakt von Torreón vom 8. Juli 1914, der die erste Krise in den Beziehungen zwischen Villa und Carranza notdürftig beigelegt hatte, auf villistische Initiative auch eine Klausel über die Notwendigkeit einer künftigen Landreform beigefügt worden. Auch wenn in den villistischen Dokumenten die Landreformziele weit weniger als in jenen der Zapatisten im Zentrum standen und die Villisten auch keine eigentliche Landreform verwirklichten, trug die Villa-Bewegung doch weit mehr als die anderen nördlichen Revolutionsbewegungen auch einen bäuerlichen Charakter. »Es ist kennzeichnend, daß, mit wenigen Ausnahmen, alle Bauernführer oder Bauernbewegungen in Nordmexiko auf Villas Seite standen.«[4] Aus diesem Grunde widersetzte sich Villa denn auch entschieden einer Rückgabe der Haciendas an ihre alten Eigentümer, wie sie Carranza dann in großem Maßstab durchführen sollte.[5]

Eine vollends unterschiedliche soziale Basis und entsprechend gegensätzliche gesellschaftliche Reformziele lagen schließlich dem Bruch zwischen den Zapatisten und dem Carranza-Lager zugrunde. Den Zapatisten ging es hauptsächlich um die Anerkennung ihrer radikalen Agrarreformideen, eine Forderung, der Carranza in der von den Zapatisten vorgebrachten ultimativen Form natürlich nicht zustimmen konnte. Insbesondere die kategorische zapatistische Forderung, Carranza und seine Generäle hätten den »Plan von Ayala« zu unterzeichnen und Carranza selber die Exekutivgewalt abzutreten, führten im September 1914 zum Abbruch der Verhandlungen zwischen Vertretern Carranzas und dem zapatistischen Hauptquartier in Morelos.[6] Die zapatistische Führung war an einem Verhandlungserfolg wohl wenig interessiert, denn das Mißtrauen gegenüber einem Mann wie Carranza mit seinen herrschaftlichen Attitüden muß unter den morelensischen Bauern tief verwurzelt gewesen sein. Eine Einigung war umso unwahrscheinlicher geworden, als zu jener Zeit bereits Kontakte zwischen den Zapatisten und der Villa-Bewegung bestanden, die ihrerseits aus ihrer Aversion gegen Carranza ebenfalls kein Hehl machte.

Die Bruchstellen innerhalb der siegreichen Anti-Huerta-Koalition, entlang deren dann die Spaltung des Revolutionslagers in einen konstitutionalistischen und einen konventionistischen Flügel erfolgen sollte, waren somit im Spätsommer 1914 bereits unübersehbar geworden. Konkurrierende Machtaspirationen, gegensätzliche gesellschaftliche Reformvorstellungen aufgrund der unterschiedlichen sozialen Zusammensetzung der einzelnen Bewegungen, persönliche Abneigungen zwischen den wichtigsten Revolutionsführern waren die auslösenden Momente für den Ausbruch des offenen Konflikts innerhalb der Revolutionsführung, der schließlich zu einem neuen Bürgerkrieg führen sollte.

Darüber hinaus lag der Spaltung des Revolutionslagers in einen carranzistischen und einen villistisch-zapatistischen Flügel allerdings auch ein tieferliegendes politisches und sozio-kulturelles Konfliktmuster unvereinbaren politisch-sozialen Verhaltens und gesellschaftlicher Perspektive zugrunde. Den hauptsächlichen Unterschied zwischen diesen beiden Revolutionsflügeln sieht z. B. Alan Knight vor allem in ihrer gegensätzlichen politischen Kultur, die im Falle des *villismo* (und noch stärker bei den Zapatisten), durch ihren Lokalismus geprägt und durch eine traditionelle oder charismatische Autorität legimitiert gewesen sei, ganz im Gegensatz zu den Exponenten des *carranzismo*, deren liberal-urbane, den lokalen Horizont transzendierende Perspektive und legal-rationale Autoritätsvorstellung sie zu den prädestinierten Trägern einer »nationalen Synthese« machten. Dieser Gegensatz, der sich besonders deutlich in der politischen Polarisierung über die Rolle der katholischen Kirche äußerte, war »nicht klassenbedingt, sondern das Ergebnis einer auseinanderstrebenden kulturellen Entwicklung von Stadt und Land,

unterschiedlicher Regionen, des ›alten‹ und des ›neuen‹ Mexiko.«[7]
Vor diesem Hintergrund sind Verlauf und Auswirkungen der politischen Krise im Herbst 1914 und des daraus resultierenden Bürgerkriegs zu sehen, deren Grundzüge nun etwas genauer beleuchtet werden sollen.

Die Konvention von Aguascalientes

Nach der Einnahme der Hauptstadt durch konstitutionalistische Truppen hatte Carranza in der zweiten Hälfte des Monats August 1914 die Regierungsgeschäfte übernommen; allerdings in einer bedeutsamen Abweichung von den Bestimmungen des »Plans von Guadalupe« nicht als Interimspräsident, sondern als »Oberster Chef der konstitutionalistischen Armee, beauftragt mit der Exekutivgewalt der Nation«, was ihm die Möglichkeit zu einer späteren offiziellen Präsidentschaftskandidatur offenließ.[8] Dieser unzweideutige Machtanspruch Carranzas verstärkte nicht nur den Widerstand der Villisten, sondern auch das Mißtrauen unabhängiger Militärführer wie etwa Obregón gegenüber Carranza. Auf dessen Ersuchen versuchte Obregón im September 1914 in zwei, teilweise dramatisch verlaufenden Begegnungen mit Villa den offenen Bruch zwischen der *División del Norte* und Carranza zu verhindern, was ihm allerdings nicht gelang, da sich die Norddivision am 22. September 1914 offiziell von Carranza lossagte.[9]
Damit war die von Carranza auf den 1. Oktober 1914 in die Hauptstadt einberufene »Junta« der Revolutionsführer, zu der auch die Zapatisten eine Einladung erhalten hatten, obsolet geworden. Carranza hatte diese »Junta« ohnehin als ein reines Beratungsorgan ohne Befugnis zu grundsätzlichen Entscheiden konzipiert; diese sollten einer späteren, regulär gewählten Legislative vorbehalten bleiben. Da überdies zahlreiche Delegierte ihre Nomination Carranza persönlich verdankten und die Konvention in der von Carranza politisch kontrollierten Hauptstadt stattfand, wäre sein Einfluß in der Versammlung weiterhin vorherrschend gewesen. Damit stieß er allerdings auch auf den Widerstand vieler politisch noch nicht festgelegter konstitutionalistischer Militärführer, die sich als die eigentlichen Träger der

Revolutionsbewegung verstanden und die nun entsprechenden Einfluß auf die Gestaltung der nationalen Politik zu nehmen gedachten.
Im Bemühen, ein völliges Auseinanderbrechen der verschiedenen Armeefraktionen zu verhindern, kam Obregón eine Schlüsselstellung zu. Er hatte bereits Ende September mit Vertretern Villas die Einberufung einer repräsentativeren Konvention nach der neutralen Stadt Aguascalientes vereinbart; Carranzas »Junta« löste sich deshalb, nach einigen einleitenden Sitzungen, in welchen es vor allem um das Problem der Delegiertenwahl für Aguascalientes ging, von selbst auf.
Carranzas Anspruch, die oberste Führung der gesamten Revolutionsbewegung zu verkörpern, hatte damit einen schweren Schlag erlitten, um so mehr als die Militärs um Obregón – unter Berufung auf die Abmachungen des »Paktes von Torreón« – den Grundsatz durchgesetzt hatten, daß nur Armeevertreter, nicht aber Repräsentanten der zivilen Regierungsgewalt, auf deren Kontrolle Carranzas Machtposition weitgehend beruhte, als Delegierte nach Aguascalientes wählbar waren. Vollends in Frage gestellt wurde die Autorität Carranzas, der zunächst die Regierungsgeschäfte in der Hauptstadt weiterführte, durch den Beschluß der Konvention, sich schon während ihrer Eröffnungssitzung für souverän zu erklären.[10] Allerdings sollte der Umstand, daß die in Aguascalientes vertretene Revolutionsarmee ein Konglomerat von Truppen war, die ihren inneren Zusammenhalt weitgehend dem Prinzip der personalen Gefolgschaft verdankte und es deshalb weniger darum ging, einen politisch-programmatischen Konsensus zu finden als vielmehr ein diffiziles Abstimmen gegensätzlicher Machtansprüche von Personen und Gruppen zu erreichen, schließlich zum Scheitern der Konvention und damit zum definitiven Auseinanderbrechen der revolutionären Koalition führen.
Vier Gruppen lassen sich in der Konvention von Aguascalientes unterscheiden, an der 57 Generäle und Militärgouverneure sowie 95 weitere Vertreter von Truppeneinheiten teilnahmen: Zum einen die Anhänger Carranzas, dann die geschlossene Gruppe der Villisten, die zwar nur eine Minderheit darstellte, der sich aber am 26. Oktober als dritte Gruppe eine auf villistische Anregung zur Konvention eingeladene zapatistische Delegation von 26 Mitgliedern zugesellte.[11] Die zahlenmäßig stärkste Gruppe schließlich, die einzige auch, die eine Versöhnung der Armee mit

Carranza nicht von vorneherein ausschloß, stellten die unabhängigen Armeeführer der Nordwestarmee unter Alvaro Obregón sowie einige Kommandanten anderer Nordtruppen, die wie Eulalio Gutiérrez (und anders als der Oberbefehlshaber der Nordostarmee, Pablo González) nicht Carranzas unmittelbarem Einfluß unterstanden. Diese Gruppe war, wie sich zeigen sollte, grundsätzlich nach beiden Seiten hin koalitionsbereit, d. h. sowohl gegenüber der bürgerlich-konservativen Gruppe um Carranza wie auch gegenüber der populär-progressiven Allianz von Villisten und Zapatisten. Ihrer sozialen Herkunft nach überwiegend kleinbürgerlich, waren die Vertreter dieses grundsätzlich reformbereiten, »linken« Flügels der Carranza-Bewegung »auf mannigfache Weise sowohl mit den bürgerlichen als auch mit den bäuerlichen Revolutionären verbunden.«[12] Den sozialen Reformbegehren, die vor allem von den zapatistischen Abgesandten mit allem Nachdruck gestellt und von den villistischen Delegierten einstimmig unterstützt wurden, standen sie denn auch nicht in grundsätzlicher Ablehnung gegenüber. So wurde am 28. Oktober 1914 nach erregten Debatten der »Plan von Ayala« im »Prinzip« angenommen.[13]

Obwohl damit durch eine repräsentative Versammlung von Revolutionsführern erstmals ein radikales Landreformprogramm verabschiedet worden war, darf diese Entscheidung nicht überbewertet werden. Vordringlich ging es in Aguascalientes ja vor allem darum, das Problem der rivalisierenden Machtansprüche zu lösen. Ein Ausweg aus der verfahrenen Situation schien allein im gleichzeitigen Rücktritt Carranzas, Villas und Zapatas zu liegen, wozu sich Carranza – zumindest verbal unter Nennung bestimmter Bedingungen – gegenüber der Konvention bereit erklärte. Aber obwohl die Konventionsdelegierten den Rücktritt Carranzas und Villas mit überwältigender Mehrheit annahmen und gleichzeitig, auf Vorschlag Obregóns, General Eulalio Gutiérrez zum provisorischen Präsidenten der Republik wählten, dachten weder Carranza noch Villa ernsthaft an einen Rücktritt, während Zapata, der sich in Aguascalientes nur durch eine inoffizielle Delegation vertreten ließ, noch weniger an die Konventionsbeschlüsse gebunden war.

Carranza hatte sich denn auch, als ihn Anfang November eine Konventionsdelegation von der Annahme seines Rücktritts durch die Versammlung unterrichten wollte, bereits vorsichtshalber aus der Hauptstadt nach Puebla, also in Richtung auf den Hafen von Veracruz, abgesetzt. Nachdem ein letzter Vermittlungsversuch Obrégons zwischen der Konvention und Carranza gescheitert war, wurde dieser durch die Versammlung seiner sämtlichen Ämter enthoben. Zu diesem Zeitpunkt hatten die villistischen Truppen, deren Kommando Villa offensichtlich keineswegs niederzulegen gedachte, in Erwartung der offiziellen Kriegserklärung der Konvention an Carranza bereits den Staat Aguascalientes betreten. Carranza sprach nun seinerseits der Konvention jeglichen Rechtsstatus ab und forderte die ihm unterstellten Offiziere ultimativ auf, Aguascalientes zu verlassen.[14] Angesichts dieser Zuspitzung der Situation sah sich die Gruppe um Obregón zu einer raschen Entscheidung genötigt. Carranzas Anspruch, weiterhin als oberster Führer der Revolutionsbewegung anerkannt zu werden, war nicht weniger eindeutig als Villas Versuch, über die Beherrschung der Konvention und eine Koalition mit den Zapatisten seinerseits eine hegemoniale Position in der mexikanischen Politik zu erringen. In dieser Situation dürften für die Gruppe um Obregón weit weniger ideologische Gesichtspunkte als realistische Erörterungen über ihre eigenen künftigen Karrieren innerhalb der beiden verfeindeten Lager ausschlaggebend gewesen sein. In einer von Villa und seinen zivilen und militärischen Beratern wie etwa Felipe Angeles beherrschten und auf seine starke *División del Norte* gestützten Bewegung mußten für Obregón und seine Anhänger diese Aussichten begrenzter erscheinen als in dem militärisch vorläufig noch schwachen, gerade deshalb aber auf die Unterstützung erfahrener und populärer Militärführer angewiesenen carranzistischen Lager. Nach letzten und vergeblichen Versuchen, die Stellung des provisorischen Präsidenten Eulalio Gutiérrez innerhalb der Konvention zu stärken und Villas Abberufung von seinem Kommando doch noch zu erreichen, stellte sich die Gruppe um Obregón deshalb mit ihren Truppen erneut Carranza zur Verfügung. Ein offener Krieg zwischen den Carranzisten und einer villistisch-zapatistischen Koalition war damit unvermeidlich geworden. Am 19. November 1914 erklärte Obregón Villa den Krieg und evakuierte gleichzeitig mit seinen Truppen die Hauptstadt, da sie den auf Mexico-City marschierenden Verbänden von Villisten und Zapatisten unterlegen waren. In Veracruz, dessen Hafen gerade in jenen Tagen von den amerikanischen Besatzern geräumt wurde, schufen sich die Carranza-Kräfte eine neue Basis, während die Truppen Villas und Zapatas in die Hauptstadt einmarschierten.[15]

Die soziale Profilierung der Konstitutionalisten: Agrargesetz vom 6. 1. 1915 und Pakt mit der Casa del Obrero Mundial

Der Bürgerkrieg zwischen den Truppen der Konvention, d. h. der Villa-Zapata-Koalition, und den Konstitutionalisten unter Führung Carranzas und Obregóns, sollte nicht nur die Rivalität zwischen den beiden Revolutionslagern um die nationale Hegemonie zugunsten der letzteren entscheiden, er führte auch zu einer schärferen politisch-ideologischen Profilierung der beiden Revolutionsflügel. Angesichts der Tatsache, daß beide Bürgerkriegsseiten revolutionäre Legitimität in Anspruch nahmen, sahen sich nämlich auch die Konstitutionalisten zunehmend genötigt, zur Gewinnung einer soliden Massenbasis ihr bislang vornehmlich politisches Programm durch soziale Reformpostulate zu ergänzen, welche vermehrt auf die vordringlichen Bedürfnisse der breiten Bevölkerungsschichten ausgerichtet waren.
Zwar hatten schon im Laufe des Sommers 1914 einzelne konstitutionalistische Militärgouverneure verschiedene Sozialreformmaßnahmen verkündet, so etwa die Abschaffung der Schuldknechtschaft der *peones,* die Festsetzung eines Mindestlohnes und die Einführung des 8-Stunden-Tages.[16] Aber zur Gewinnung einer starken Basis für die carranzistische Bewegung waren diese vereinzelten regionalen Maßnahmen keineswegs ausreichend. Dazu waren weitergehende Konzessionen an die Unterschichten erforderlich, wie einzelne carranzistische Führer, allen voran Obregón, klar erkannten. Einerseits galt es, den Konventionisten das Monopol des durch die Zapatisten verkörperten Agrarreformprogramms durch ein eigenes Agrargesetz streitig zu machen, andererseits war die Unterstützung der städtischen Arbeiter zu gewinnen, die zwar, national gesehen, nur eine kleine Minderheit, in den von den Carranzisten beherrschten Städten im Raume Veracruz-Puebla aber doch eine nennenswerte Kraft darstellten. Zudem konnte sich, dessen war sich besonders Obregón bewußt, die carranzistische Bewegung, die ja kaum über eine bäuerliche Basis verfügte, durch einen Pakt mit den Arbeitern auch politisch stärker profilieren.

Bereits am 12. Dezember 1914, also nur wenige Tage nach dem Zusammentreffen Villas mit Zapata vom 4. Dezember in Xochimilco, das eine enge Koalition zwischen den beiden konventionistischen Armeen und damit ihre militärische Überlegenheit gegenüber den Carranzisten zu besiegeln schien, kündigte Carranza ein Agrargesetz an, das am 6. Januar 1915 auch tatsächlich erlassen wurde und das zum Grundstein der modernen mexikanischen Agrargesetzgebung werden sollte. Betrachtet man lediglich den Inhalt dieses Gesetzes, an dessen Ausarbeitung Luis Cabrera entscheidenden Anteil hatte, so stand es den Bestimmungen des »Plans von Ayala« in keiner Hinsicht nach. Im Gegenteil: es strebte nicht nur eine Lösung des Agrarproblems auf nationaler Ebene an, sondern rief auch gleichzeitig die Institutionen ins Leben, die mit der Verwirklichung der Gesetzesbestimmungen beauftragt waren. Vor allem aber beschränkte es sich nicht mehr nur auf die *Restitution* von Ejidos, sondern sah für jene Fälle, wo eine widerrechtliche Enteignung von Gemeindeland durch die Dörfer mit Rechtstiteln nicht nachgewiesen werden konnte, auch die Möglichkeit von Ejido-*Dotationen* aus angrenzendem Haciendaland vor.[17]

So weitreichend – im Vergleich mit allen bisherigen Projekten der nördlichen Revolutionsbewegung – diese Bestimmungen aber auch waren, und so bedeutsam sie insbesondere für die spätere Gesetzgebung werden sollten, kurzfristig war damit allein doch keine nennenswerte bäuerliche Basis für die carranzistische Bewegung zu gewinnen, denn welche Mängel auch immer dem »Plan von Ayala« anhaften mochten, entscheidend war – in der Konkurrenz mit den Zapatisten – weniger der Buchstabe von Gesetzen oder Erlassen als vielmehr der tatsächliche Veränderungswille, der hinter solchen Programmen stand.

Um so dringlicher wurde unter diesen Umständen für die carranzistische Führung die politische Unterstützung durch die städtische Arbeiterschaft. Obwohl sich schließlich nur ein Teil der gewerkschaftlich organisierten Arbeiter auf einen Pakt mit der konstitutionalistischen Führung einließ, der in der Aufstellung der »roten Bataillone« gipfeln sollte, kommt diesem Vorgang doch insofern eine große Bedeutung zu, als er eine entscheidende Weichenstellung im Verhalten der mexikanischen Arbeiterbewegung aufzeigt, die auch für das Verständnis ihrer späteren Entwicklung und insbesondere ihrer Beziehungen zum Staat einen wichtigen Schlüssel liefert. Einige Grundfaktoren, die

zu diesem Bündnis führten, seien hier deshalb etwas näher beleuchtet.
Auszugehen ist dabei von der bereits geschilderten besonderen Situation der mexikanischen Arbeiterbewegung dieser Jahre, d. h. von der absoluten zahlenmäßigen Schwäche der Arbeiterschaft, dem Übergewicht der traditionell-handwerklichen Elemente über die modernen Fabrikarbeiter, den ausgeprägt nationalistischen Strömungen und der Tendenz, im Staat einen Beschützer insbesondere gegen die ausländischen Unternehmen zu suchen, schließlich von der ideologischen Zersplitterung und der Aufspaltung in zahlreiche Gruppierungen weniger nach programmatischen Gesichtspunkten als nach dem Prinzip personaler Gefolgschaft.[18]
Trotz dieses Mangels an organisatorischer und ideologischer Eigenständigkeit der mexikanischen Gewerkschaften muß die einseitige Bindung eines Teils der Arbeiterschaft an den konstitutionalistischen Flügel, wie sie durch den Pakt zwischen der Casa del Obrero Mundial und den Konstitutionalisten zustande kam, zunächst überraschen, hatte die Casa doch stets ein wie auch immer geartetes politisches Engagement abgelehnt.
Wie schon erwähnt, ging die Initiative für diesen Pakt von der konstitutionalistischen Führung aus, in welcher vor allem Obregón den politisch-propagandistischen Wert eines solchen Bündnisses klar erkannte, während der konservativere Carranza diesen Plänen offenbar mit beträchtlicher Skepsis begegnete.[19] Auch die organisierte Arbeiterschaft ihrerseits konnte sich keineswegs über der Frage einigen, ob sie überhaupt zugunsten einer Revolutionspartei in den Bürgerkrieg eingreifen sollte und, wenn ja, auf welcher Seite. Schon auf die Textilarbeiterschaft übte die Casa nur noch einen beschränkten Einfluß aus und die gut organisierten, den nordamerikanischen International Workers of the World (IWW) nahestehenden Eisenbahner oder die Erdölarbeiter entzogen sich ohnehin weitgehend ihrem Führungsanspruch; sie versagten den Carranzisten denn auch ihre Unterstützung. Es waren also, wie Jean Meyer betont, vor allem die Arbeiter der Hauptstadt, »die alten Gremien und nicht das industrielle Proletariat, welche sich in diesem Zeitraum aktiv betätigen«.[20] Aber selbst innerhalb der Führungszirkel der Casa bestand eine starke Opposition gegen den Pakt mit den Konstitutionalisten. So hatte sich z. B. ein Gründungsmitglied der Casa, der Advokat Antonio Díaz Soto y Gama, bereits früher den

Zapatisten angeschlossen und einen bedeutenden Einfluß auf Programm und Politik der »Revolution des Südens« erlangt. Auch der Vorsitzende der Schneidervereinigung, Luis Mendez, verweigerte Carranza seine Unterstützung, während andere Mitglieder der Casa gar offen für eine Unterstützung der Konventionisten eintraten.[21]

Daß unter diesen Umständen der Pakt zwischen der Führung der Casa und den Konstitutionalisten am 17. Februar 1915 dennoch zustande kam, war auf folgende Gründe zurückzuführen. Zum einen hatte die von konstitutionalistischen Führern betriebene Sozialpolitik unter den Gewerkschaftsführern zweifellos den Eindruck verstärkt, daß der Konstitutionalismus zum Träger einer echten Sozialrevolution werden würde, in welcher auch die Anliegen der Arbeiterschaft gebührende Berücksichtigung fänden.[22] Seine gewerkschaftsfreundliche Haltung hatte z. B. Obregón schon im September dadurch unterstrichen, daß er der Casa das Kloster Santa Brígida als Versammlungslokal und die Druckerei der katholischen Zeitung »La Tribuna« übergeben hatte.[23] Auch Obregóns energische Maßnahmen zur Linderung der Hungersnot in der Hauptstadt im Februar 1915, u. a. durch eine Sonderbesteuerung des Klerus und der Kaufmannschaft, erhöhte die Bereitschaft der Gewerkschaftsführung zu einem Bündnis mit den Konstitutionalisten.[24]

Zum anderen führten die Bürgerkriegsereignisse und die rasch wechselnde militärische Besetzung der Hauptstadt durch konstitutionalistische und konventionistische Truppen zur Verschärfung der wirtschaftlichen und sozialen Notlage in der Kapitale.[25] Insbesondere das Verbot des villistischen Geldes durch die Konstitutionalisten während ihrer vorübergehenden Besetzung der Hauptstadt zwischen Ende Januar und März 1915 führte zu einer drastischen Verknappung des Warenangebotes, da die Händler, in Erwartung einer baldigen Wiedereinnahme der Hauptstadt durch die Konventionisten, sich weigerten, konstitutionalistisches Geld zu akzeptieren.[26] Zudem konnte Mexico-City, das von zapatistischen Truppen umzingelt war, nicht mehr ausreichend versorgt werden, was zu enormen Preissteigerungen für Grundnahrungsmittel und zu einer eigentlichen Hungersnot führte. In dieser Situation fielen die konstitutionalistischen Rekrutierungsanstrengungen auf einen günstigen Boden; die Aussicht auf einen hohen Sold und die Möglichkeit, dem Hunger der Hauptstadt zu entfliehen, dürften deshalb für viele Rekruten

der entscheidende Beweggrund für ihren Anschluß an die konstitutionalistischen Truppen gewesen sein.[27]
Schließlich ist aber noch ein dritter – ideologischer – Faktor zu erwähnen, der für manche Arbeiterführer die Entscheidung zugunsten der Konstitutionalisten und gegen die Konventionisten maßgeblich beeinflußte. Bei allen Unterschieden der sozialen Herkunft und der politisch-gesellschaftlichen Zielsetzungen verband vor allem der gemeinsame Antiklerikalismus konstitutionalistische Führer und anarchosyndikalistische Arbeiter. Die zapatistischen Soldaten, die im Dezember 1914 und Januar 1915 die Hauptstadt besetzt hielten, die auf ihren Sombreros das Bildnis der heiligen Jungfrau und um ihren Hals das Kreuz trugen und deren agrarische Anliegen den städtischen Arbeitern weitgehend fremd blieben, erschienen den Führern der Casa als Werkzeuge des Klerus und der Reaktion.[28] »Dieser Umstand«, so betonte später ein Angehöriger der Casa, »war der Hauptgrund (!) unseres Exodus nach Orizaba, um die liberalen Ideen zu bekräftigen und das Recht der Arbeiter auf ein besseres Leben zu erkämpfen.«[29]
Es waren also auch soziokulturelle Faktoren, die zum Bündnis zwischen der Casa und dem Konstitutionalismus führten. Mit den villistischen Soldaten und den katholischen zapatistischen Bauern verband die städtischen Arbeiter kulturell wenig, mit Carranza, dem Repräsentanten des Bürgertums, hatten sie dagegen zumindest die »Urbanität und das antiklerikale Jakobinertum« gemein.[30]
Auf dieser Basis kam schließlich am 17. Februar 1915 jener Pakt zwischen der Casa del Obrero Mundial und der konstitutionalistischen Führung zustande, nach welchem die Arbeiter 6 »rote Bataillone« aufstellten, deren Bestand einige tausend Mann umfaßte und die sich – meist nach Berufszweigen – unter frei gewählten Offizieren zu militärischen Einheiten zusammenschlossen.[31] Obwohl sie im Laufe des Jahres 1915 auch an den großen Schlachten des Bajío gegen die Villisten beteiligt waren, scheint ihr rein militärischer Beitrag für die Konstitutionalisten eher bescheiden gewesen zu sein, wurden die »roten Bataillone« doch hauptsächlich für Hilfsfunktionen eingesetzt.[32] Dagegen war der politisch-propagandistische Effekt des Bündnisses mit der Casa für die Konstitutionalisten beträchtlich. In Artikel 6 der Vereinbarung vom 17. 2. 1915 waren die Mitglieder der Casa ausdrücklich zu politischen Propagandaaufgaben verpflichtet

worden. Finanziert durch das carranzistische Innenministerium, warben mobile Propagandatrupps der Casa unter den Arbeitern für die Sache des Konstitutionalismus. Auch wenn diese Propagandaaktionen nicht überall den gewünschten Erfolg erzielten und insbesondere die militärischen Rekrutierungsversuche der Gewerkschaftsfunktionäre bei den Arbeitern oft auf Widerstand stießen, konnten sich die Konstitutionalisten dadurch doch vermehrt als Sozialreformer profilieren.[33]

Für die Casa eröffneten sich aus dem Bündnis mit den Konstitutionalisten neue, bedeutende Expansionsmöglichkeiten, hielt doch Art. 4 der Vereinbarung fest, daß die konstitutionalistischen Militärbehörden die Organisationstätigkeit der Casa in ihrem Einflußgebiet zu unterstützen hatten. Tatsächlich konnte die Casa ihren Aktionsradius von Mérida in Yucatán bis nach Monterrey im nördlichen Nuevo León ausdehnen.[34]

Über die konkrete Bedeutung dieses kurzlebigen Bündnisses im Jahre 1915 hinaus beleuchtet der Pakt zwischen Gewerkschaften und Konstitutionalismus allerdings ein grundsätzliches Problem in den Beziehungen zwischen Arbeiterorganisationen und Staat während der mexikanischen Revolution und der daran anschließenden spät- und postrevolutionären Entwicklung. Zum erstenmal zeichnete sich hier nämlich deutlich das Grundmuster aller späteren Beziehungen zwischen der jeweils majoritären Gewerkschaft und dem Staat ab. Die enge Anlehnung an den Staat, d. h. faktisch die Unterwerfung unter die Regierung, gab zwar der Arbeiterbewegung immer wieder für kürzere oder längere Zeit große Expansionsmöglichkeiten und verschaffte ihren Führern oft einflußreiche öffentliche Positionen, aber eben nur um den Preis der Aufgabe ihrer Eigenständigkeit. Rein quantitatives Wachstum, verbunden mit der unvermeidlichen Korrumpierung opportunistischer Arbeiterführer in ihren neuen, Reichtum und Prestige verschaffenden Positionen sollten schließlich – besonders ausgeprägt in den 20erJahren – einen Koloß auf tönernen Füßen hervorbringen, eine Arbeiterbewegung mit einer von oben weitgehend manipulierten, passiven Mitgliedschaft, die, wie die spätere Entwicklung zeigen sollte, von der Regierung nicht nur jederzeit kontrolliert, sondern, wenn nötig, auch mit Leichtigkeit zerschlagen werden konnte.

Der Bürgerkrieg zwischen Konventionisten und Konstitutionalisten im Jahre 1915 war nicht nur durch eine Reihe äußerst blutiger und verlustreicher Schlachten gekennzeichnet, sondern auch durch die große Zahl der daran beteiligten Soldaten, die auf beiden Seiten Zehntausende erreichte. Schon im Herbst 1914 hatten nämlich lokale Truppenkommandanten mit allen Mitteln versucht, ihre Bestände durch Neu-Rekrutierungen zu erhöhen, nicht zuletzt durch Soldaten der ehemaligen Huerta-Armee. Dabei war es oft weniger ein allgemeines politisch-gesellschaftliches Programm als vielmehr die Höhe des in Aussicht gestellten Soldes, welches als zentrales Rekrutierungsargument herausgestellt wurde.[35]

Auch in diesem revolutionsinternen Bürgerkrieg wirkten einige selbstverstärkende Mechanismen mit, die schon frühere Phasen der Revolutionskriege charakterisiert hatten. Der Krieg führte nämlich nicht nur in der Hauptstadt, sondern in weiten Regionen des Landes zur wirtschaftlich-sozialen Zerrüttung, zu verbreiteter Arbeitslosigkeit, Lebensmittel-Verknappungen und enormen Preissteigerungen, ja zu eigentlichen lokalen Hungersnöten.[36] Diese soziale Notlage wiederum hatte ein Anschwellen der Armeen zur Folge, wirkte doch die Aussicht auf eine regelmäßige Besoldung als starkes Motiv für einen zumindest vorübergehenden Anschluß an eine der rivalisierenden Armeen. Schließlich waren viele kleinere oder größere militärische Führer an einer Fortsetzung des Krieges interessiert, weil davon weitgehend ihre persönliche Karriere abhing. »Wie das Außenministerium weiß«, bemerkte z. B. der amerikanische Konsul in Nogales in seinem Bericht vom 6. April 1915, »stammen praktisch alle der gegenwärtigen militärischen Führer in den verschiedenen Lagern aus bescheidenen Verhältnissen. Ihr Aufstieg hat ihnen allen mehr oder weniger große Vermögen eingebracht. Darin liegt für sie die Versuchung, die Revolution endlos fortzusetzen«.[37]

Der politisch-militärische Verlauf des Bürgerkrieges zwischen Konventionisten und Konstitutionalisten im Laufe des Jahres 1915 soll hier stichwortartig angedeutet werden.[38] Während die Truppen der Konvention zu Beginn des Jahres 1915 noch den größten Teil Mexikos einschließlich der Hauptstadt kontrollierten, hatte sich Ende des Jahres das Blatt völlig gewendet: die Konstitutionalisten hatten die militärische Vorherrschaft errungen und damit das Fundament für die Errichtung ihrer Herrschaft auf nationaler Ebene gelegt.

Diese zunächst überraschende Wende ist allerdings nicht allein auf den Umstand zurückzuführen, daß die Carranzisten im Hafen von Veracruz über eine ausgezeichnete Versorgungsbasis und in ihrer Kontrolle der wichtigsten Eisenbahnlinien zwischen Veracruz und Mexico-City über die Möglichkeit zu raschen Truppenverschiebungen ins mexikanische Kernland verfügten. Auch können die großen militärischen Erfolge der Carranzisten nicht allein Obregóns unzweifelhaftem strategischen und taktischen Geschick zugeschrieben werden; vielmehr ist eine wichtige Voraussetzung der militärischen Niederlage der Konventionisten in deren eigener Unfähigkeit zu wirksamer militärischer Kooperation zu sehen.

Schon wenige Tage nach dem Zusammentreffen zwischen Villa und Zapata in Xochimilco und dem darauf unternommenen Feldzug zapatistischer Truppen gegen die Stadt Puebla waren die militärischen Koordinationsmängel der Konventionisten offen zutage getreten.[39] Die Koalition zwischen Villisten und Zapatisten verdankte ihre Existenz ja vor allem der gemeinsamen Ablehnung Carranzas, viel weniger aber einem politisch begründeten Einigungsbestreben, und insofern verfügte sie auch nur über ein äußerst fragiles Fundament. Formal waren die beiden Bewegungen zwar durch die Regierung der Konvention zusammengehalten, die aber – »eine Art Kopf ohne Körper«[40] – der realen Macht, die nach wie vor bei Villa und Zapata selbst lag, weitgehend ermangelte. Als schon die ersten Militäroperationen der Zapatisten gegen Puebla im Dezember 1914 den mangelnden Willen der Konventionisten zu enger gegenseitiger Unterstützung deutlich machten, verzichteten die zapatistischen Truppen, denen Puebla kampflos in die Hände gefallen war, auf eine dauerhafte Besetzung und Verteidigung der Stadt und zogen sich nach Morelos zurück. Dort widmeten sich die Zapatisten fortan unabhängig von den Villisten der Verwirklichung ihrer »eigenen«, regionalen Revolution in Morelos.

Dieser faktischen Sezession der Zapatisten aus der bewaffneten Auseinandersetzung um die nationale Hegemonie entsprach auch eine zunehmende politische Krise innerhalb des konventionistischen Lagers.[41] Die Stellung des ersten, noch von der Gesamtkonvention gewählten Präsidenten, General Eulalio Gutiérrez, war Anfang 1915 unhaltbar geworden, da er weder die persönliche Unterstützung Villas noch jene Zapatas genoß. Auch sein Nachfolger, der Villist Roque González Garza, sah sich bald mit zunehmenden politischen Spannungen zwischen villistischen und zapatistischen Delegierten in Parlament und Regierung der Konvention konfrontiert. »Es brach eine Diskrepanz zwischen den Delegierten des Nordens und jenen des Südens auf, und diese Diskrepanz ergab sich, allgemein ausgedrückt, aus einer ideologischen Divergenz. Der Süden war radikaler, mehr interessiert an Sozialreformen durch direkte Aktion. Die *División del Norte* dagegen setzte sich für eine größere Kontinuität mit der Vergangenheit und für graduellere Reformen ein . . .«.[42] Die zunehmend zapatistisch dominierte Konventionsversammlung setzte auch gegen die Bedenken der villistischen Vertreter, »welche sich innerhalb der Konvention in der Rolle der Verteidiger der traditionellen Rechtsvorstellungen des 19. Jahrhunderts hinsichtlich des Privateigentums und der Individualrechte befanden«, radikale Sozialreformmaßnahmen, auch solche auf dem Gebiet der Arbeitsgesetzgebung, durch.[43]

So interessant diese Debatten unter ideengeschichtlichen Aspekten aber auch immer waren, angesichts der militärischen Entwicklung im Frühjahr und Frühsommer 1915 büßten sie ihre praktische politische Gestaltungskraft rasch ein. Als bedeutender Vorteil für die Konstitutionalisten sollte sich in dieser Situation nämlich die fehlende militärische Kooperation zwischen den Konventionsarmeen erweisen. Die mangelnde Bereitschaft der Zapatisten, sich militärisch aktiv auf der Seite ihres Bündnispartners zu engagieren, war allerdings nicht nur auf die wachsenden politischen Spannungen zwischen Villisten und Zapatisten zurückzuführen. Sie entsprang letztlich vor allem der charakteristischen lokalen Verwurzelung der zapatistischen Bauernarmee, die nur schwer zu großräumigen militärischen Aktionen außerhalb ihrer Stammregion zu bewegen war. Die Carranzisten konnten so ihre Kräfte zunächst auf den mächtigeren der beiden militärischen Gegner, die villistische Armee, konzentrieren, die im Verlauf des Jahres 1915 in einer Reihe äußerst blutiger und verlustreicher Schlachten geschlagen und als nationaler Machtfaktor ausgeschaltet wurde.

Auf den militärischen Verlauf dieser Schlachten in der Region des Bajío, der im nordwestlichen Teil des Zentralplateaus gelegenen Kornkammer Mexikos, soll hier nur kurz eingegangen werden.[44] In vier großen Schlachten in der Nähe der Städte Celaya, León und Aguascalientes wurden die villistischen Truppen zwischen dem 6. April und dem 10. Juli 1915 von der Armee Obregóns vernichtend geschlagen. Obregón bediente sich dabei der europäischen Taktik des Schützengrabenkrieges; gegen seine mit Maschinengewehren ausgerüsteten und in den Bewässerungskanälen der Haciendas verschanzten Truppen blieben Villas charakteristische Frontalangriffe erfolglos. Nach seiner vierten großen Niederlage bei Aguascalientes im Juli 1915 war nicht nur Villas Stern als Feldherr verblaßt und seine Armee durch feindliche Maschinengewehrsalven dezimiert, der »Kentaur des Nordens« hatte damit außerhalb Chihuahuas auch seine frühere Attraktivität auf die Massen weitgehend eingebüßt.[45] In Chihuahua gelang es ihm zwar, eine Guerillatruppe wechselnder Stärke am Leben zu erhalten und dort carranzistischen Armeeeinheiten immer wieder einzelne Niederlagen zuzufügen, vor allem aber der Carranza-Regierung auch durch seinen Überfall auf die amerikanische Grenzstadt Columbus und die dadurch ausgelöste nordamerikanische Strafexpedition erhebliche außenpolitische Schwierigkeiten zu bereiten, aber als entscheidender machtpolitischer Faktor waren die Villisten auf nationaler Ebene durch ihre militärischen Niederlagen im Bajío ausgeschaltet worden, während gleichzeitig die Konstitutionalisten ihre Kontrolle über den größten Teil des Landes auszudehnen begannen.[46] Bevor diese Entwicklung unter innen- wie außenpolitischen Aspekten darzustellen ist, sei die regionale Entwicklung der zapatistischen Revolution in Morelos etwas genauer beleuchtet. Diese regionale »Revolution innerhalb der Revolution« fand gleichsam im Windschatten der erbitterten militärischen Auseinandersetzungen zwischen Villisten und Konstitutionalisten statt und sollte Morelos in kurzer Zeit tiefgreifend umgestalten.

Die regionale »Revolution in der Revolution«: Morelos 1914/15

Im Verlauf des Krieges gegen Huerta 1913/14 hatte die zapatistische Bewegung nicht nur hinsichtlich ihrer militärischen Organisation einen bedeutsamen Wandel durchgemacht, der die Schlagkraft der anfänglich nur sehr lose miteinander verbundenen Truppeneinheiten durch Stärkung des zentralen Kommandos erhöhte; auch in politischer Hinsicht gewann die südliche

Revolutionsbewegung in dieser Zeit deutlich an Profil.[47] 1911 war es noch der dörfliche Volksschullehrer Otilio Montaño gewesen, der im wesentlichen die in der unmittelbaren Erfahrung eines oft jahrelangen und meist vergeblichen Kampfes gegen die Haciendas gründenden Hoffnungen der aufständischen morelensischen Bauern nach einem eigenen Stück Land im »Plan von Ayala« zum Ausdruck gebracht hatte. Nun schlossen sich den Zapatisten politische Flüchtlinge aus der Hauptstadt an, die als städtische Intellektuelle mit einer teilweise langen Vergangenheit politischer Betätigung zunehmend Einfluß auf Programm, Politik und Verwaltung der südlichen Revolutionsbewegung erlangten.

So hatte etwa der Anwalt Antonio Díaz Soto y Gama, der schon 1899 in San Luis Potosí an der Gründung der Liberalen Partei und 1912 an jener der anarchosyndikalistischen Casa del Obrero Mundial beteiligt gewesen war, nach der Schließung der Casa durch Huerta im Mai 1914 die Hauptstadt verlassen und bei Zapata Aufnahme gefunden. Dieser hatte Soto y Gama, dessen Agrarvorstellungen stark von den bäuerlichen Idealen eines Tolstoi und Kropotkin geprägt waren, die Stelle eines Sekretärs im zapatistischen Hauptquartier zugewiesen. Andere frischgebackene Sekretäre in Zapatas Stab, wie der Anwalt Miguel Mendoza López Schwerdtfeger, vertraten weniger anarchosyndikalistische als – allerdings recht vage – marxistisch-sozialistische Vorstellungen. Als Chef der zapatistischen Verwaltung gewann schließlich ein ehemaliger Ingenieurstudent aus Puebla, Manuel Palafox, großen Einfluß.[48]

Unter dem ideologischen Einfluß dieser Intellektuellen, aber auch aufgrund der Auswirkungen des Bürgerkriegs begann sich die zapatistische Bewegung in ihren gesellschaftlichen Zielsetzungen nun unverkennbar zu radikalisieren. So hatten die Zapatisten im Juli 1914 nicht nur ihre Forderungen nach tiefgreifenden Sozialreformen »zugunsten der großen Masse der Unterdrückten« und ihren Widerstand gegen die »infame Absicht (die Revolution) auf einen simplen Personalwechsel der Führungsschicht zu beschränken«, in scharfer Form ausgedrückt, sondern im September 1914 auch bereits das im »Plan von Ayala« enthaltene Prinzip einer Entschädigung an die Grundbesitzer für das zu enteignende Land bewußt aufgegeben.[49] Und schon am 8. September 1914 erließ das zapatistische Hauptquartier ein Dekret, das den Artikel 8 des »Plans von Ayala« in Kraft setzte.

Danach war der Landbesitz, aber auch das städtische Eigentum aller »Feinde der Revolution« zu nationalisieren und das Land entweder an bedürftige Dörfer zu verteilen oder zum Unterhalt von Witwen und Waisen gefallener Revolutionäre zu verwenden; mit den Einkünften aus verstaatlichtem städtischem Besitz sollte schließlich die Grundlage eines Agrarkreditsystems geschaffen werden.

Damit waren die ersten Schritte eines umfassenden Umverteilungsprozesses eingeleitet worden, der in Morelos faktisch allerdings oft schon früher, nämlich mit der Wiederbesetzung der Dörfer durch zapatistische Truppen, eingesetzt hatte. Jetzt wurden überall Agrarkommissionen aus lokal angesehenen Bürgern ins Leben gerufen, welche die spontane Landnahme durch vorerst provisorische Entscheide zu regeln hatten. Nur in Fällen von unüberbrückbaren Konflikten zwischen benachbarten Dörfern traten Vertreter Zapatas oder dieser selbst als Schlichter auf.[50]

Dieser Vorgang einer radikalen Umwälzung der bestehenden Besitzverhältnisse in Morelos in der Zeit von Mitte 1914 bis Mitte 1915, also dem einzigen Zeitraum zwischen 1910 und 1920, in welchem Morelos vom Krieg verschont blieb, ist innerhalb der mexikanischen Revolution als ganzer einzigartig. Nicht nur das Ausmaß dieses Wandels, der auch äußerlich die morelensische Agrarlandschaft in wenigen Monaten tiefgreifend umgestaltete, auch die Art und Weise sowie das Tempo dieser Veränderungen heben die zapatistische Revolution in Morelos unverkennbar vom Revolutionsverlauf in anderen Regionen Mexikos ab.

Wie John Womack auf eindrückliche Art gezeigt hat, war die zapatistische Bewegung trotz der unzweifelhaften Professionalisierungstendenzen auch der »Befreiungsarmee des Südens« im Krieg gegen Huerta im Kern eine genuine Volksbewegung geblieben. Die weiter oben am Beispiel der villistischen Armee angedeuteten Tendenzen der Nordarmeen zur Verselbständigung und zur Loslösung von ihrer popularen Basis, die diesen Armeen insbesondere fern von ihren Ursprungsgebieten nicht selten die Züge einer Besatzungssoldateska verliehen, traten in Morelos weit weniger in Erscheinung, und die Armee wurde jedenfalls nirgends als verselbständigte Institution zum zentralen oder gar alleinigen Entscheidungsfaktor. Vielmehr behielt die Armee ihren Grundcharakter bei, lediglich »eine bewaffnete Liga der Gemeinwesen des Staates« zu sein, und insofern traten in dieser

Phase der morelensischen Revolution – durchaus nach dem Willen des zapatistischen Hauptquartiers – die politischen Einheiten der Dörfer gegenüber der Institution der Armee stärker in den Vordergrund.[51]

Vor allem blieb auch eine weitgehende Identifizierung von Führung und Basis in der zapatistischen Bewegung erhalten. Anders als in den nördlichen Revolutionsarmeen, deren Führer nach raschem sozialem Aufstieg strebten, blieben Zapata solche persönlichen Ambitionen im wesentlichen fremd. Zwar gab es auch innerhalb der zapatistischen Armee und Verwaltung durchaus Tendenzen zur individuellen Bereicherung. Und insbesondere die »Verwaltung« konfiszierter Zuckermühlen durch zapatistische Generäle hätte auch hier – bei einer dauerhaften zapatistischen Kontrolle von Morelos – eine neue Großgrundbesitzerschicht hervorbringen können, nicht unähnlich jener, die aus der nördlichen Revolutionsgeneralität hervorging.[52] Aber anders als im Norden bildeten Zapata und seine engsten Mitarbeiter noch ein starkes Gegengewicht gegen solche Tendenzen. Davon zeugt nicht nur die Tatsache, daß in Morelos die meisten enteigneten Haciendas tatsächlich den Bauern übergeben wurden, dafür spricht auch die Lebensweise der zapatistischen Führung, nachdem im Sommer 1914 ganz Morelos unter zapatistische Kontrolle geraten war. Zapata hatte sein Hauptquartier nämlich nicht etwa in Cuernavaca aufgeschlagen, das 1915 zeitweise der Konventionsregierung als Sitz diente und das als Lokalmetropole durchaus einen Abglanz großstädtischer Kultur und Annehmlichkeiten zu bieten hatte, sondern seinen Sitz in das kleine Dorf Tlaltizapán im Süden des Staates verlegt, wo er und sein Stab das einfache Leben der Dorfbewohner teilten. »Hier gab es im Gegensatz zu Mexico-City keine Entfaltung eroberten Luxus, weder genüßlichen Konsum erbeuteter Schätze noch Bienenschwärme von Bürokraten, die vom Telefon weg in die Limousine sprangen, sondern lediglich den normalen und langsamen Ablauf der Geschäfte der Ortsansässigen. Zapata verbrachte seine Tage in den Büros einer etwas im Norden der Ortschaft gelegenen ehemaligen Reismühle, wo er Petitionen entgegennahm und sie an Palafox in der Hauptstadt weiterleitete oder diesbezügliche Entscheidungen traf, und wo er die Strategie und Politik festlegte und Befehle erließ.«[53]

Bis in die Kleidung setzten sich dabei egalitaristische Tendenzen durch. Nicht nur die zapatistischen Generäle, auch die Sekretäre städtischer Herkunft trugen gewöhnlich die helle Arbeitskleidung des einfachen morelensischen Bauern, und selbst villistische Alliierte aus dem Norden zogen es vor, auf ihren Reisen durch Morelos ihre Kaki-Uniform abzulegen, um nicht als Auswärtige und Städter dauernd Anfeindungen seitens der Bevölkerung ausgesetzt zu sein.[54]

In bezeichnendem Unterschied zur Landreformkonzeption der Carranzisten respektierten die Zapatisten bei ihrer Agrarreform lokale Traditionen und dörfliche Autonomie. Das carranzistische Agrargesetz vom 6. Januar 1915 hatte zwar ebenfalls die Möglichkeit der Landübertragung an bedürftige Dörfer geschaffen, hielt aber ausdrücklich fest, daß es sich dabei keineswegs darum handeln könne, »die alten kommunitären Besitzformen neu zu beleben oder ähnliche Institutionen zu schaffen« und daß das Land später in individuellen Besitz zu überführen sei.[55] In Morelos sollte dagegen, wie Palafox im September 1914 erklärte, »die Landverteilung in Übereinstimmung mit den Gewohnheiten und Bräuchen jeden Dorfes durchgeführt werden . . ., das heißt, wenn ein bestimmtes Dorf für das kommunale System optiert, wird es so durchgeführt werden, und wenn ein anderes Dorf die Aufteilung des Landes in Kleinbesitz wünscht, wird es so geschehen.«[56]

Anfangs 1915 entfaltete Zapatas Chef-Sekretär Palafox, der Agrarminister der Konvention geworden war, eine fieberhafte Aktivität, um den Prozeß der Landverteilung auch in anderen von den Konventionstruppen damals noch kontrollierten Staaten, wie z. B. Hidalgo und Guanajuato, in Gang zu bringen. In bezeichnendem Gegensatz zu Morelos mußten in diesen Staaten ohne eigentliche agrarrevolutionäre Tradition, die Bauern von den Behörden allerdings erst aufgefordert werden, ihre Landforderungen anzumelden. Gleichzeitig gründete Palafox eine »Nationale Landkreditbank« und schuf die Grundlagen zur Bildung regionaler Landwirtschaftsschulen sowie einer Nationalfabrik für landwirtschaftliche Geräte. Außerdem wurden »Agrarkommissionen« aus jungen Agronomen gebildet, die mit den technischen Aufgaben der Vermessung und Abgrenzung des verteilten Landes in den Staaten Morelos, Puebla, México sowie im Distrito Federal beauftragt waren.[57]

Während diese Maßnahmen außerhalb des rasch schrumpfenden Einflußgebietes der Konventionsregierung kaum mehr praktische Bedeutung erlangten, war in Morelos bereits im März 1915 die

Landverteilung, die den ungefähr einhundert Dörfern des Staates »den größten Teil der Ackerfläche, der Wälder und des Wassers« zurückgegeben hatte, im wesentlichen abgeschlossen und die Dörfer, wie Zapata an Roque González schrieb, »in den Besitz dieses Landes« getreten.[58]

Die Umwälzung der Besitzverhältnisse spiegelte sich schon im Frühjahr 1915 in einer veränderten Agrarlandschaft wider: die für das porfiristische Morelos charakteristischen Zucker- und Reiskulturen waren weitgehend verschwunden, denn die Dörfer waren wieder hauptsächlich dazu übergegangen, ihre traditionellen Nahrungsmittel wie Mais und Bohnen, Chili und Gemüse anzubauen.[59] Diese Rückkehr zur Subsistenzwirtschaft drohte allerdings die ohnehin knappen Einkünfte der staatlichen zapatistischen Verwaltung noch mehr zu verringern. Das zapatistische Hauptquartier ermunterte daher die Bauern, zum Zuckerrohranbau zurückzukehren. Die von ihren ehemaligen Besitzern fluchtartig verlassenen Zuckermühlen sollten unter der Verwaltung zapatistischer Generäle als staatliche Betriebe geführt werden. Ähnlich wie in der villistischen Armeeverwaltung sollten diese Unternehmen zur Finanzierung der zapatistischen Armee und Verwaltung herangezogen werden; gleichzeitig spiegelte die Sozialisierung dieser Betriebe aber auch eine zunehmende allgemeine sozialistische Tendenz innerhalb der zapatistischen Führung wider, die z. B. auch im »allgemeinen Arbeitsgesetz« vom 7. November 1915 deutlich zum Ausdruck kommt.[60]

Die Veränderungen in Wirtschaft, Gesellschaft und politischem System in Morelos in den Jahren 1914/15 bedeuteten im mexikanischen Revolutionsverlauf zweifellos die tiefgreifendste Umwälzung vor den cardenistischen Reformen der späten 30erJahre. Es schien sich hier ein Nebeneinander von traditioneller Dorfwirtschaft und moderner, gemeinwirtschaftlich organisierter Zukkerproduktion abzuzeichnen. Unabhängig von ihren ökonomischen Überlebenschancen war diese neue Ordnung allerdings einem raschen Untergang geweiht. Die Konsolidierung der zapatistischen Revolution hätte ja den Fortbestand jener ungewöhnlichen Autonomie von Morelos vorausgesetzt, deren sich der kleine Staat von Sommer 1914 bis gegen Ende 1915 erfreute. Nach den vernichtenden Niederlagen der villistischen Armee im Bajío war es indessen offenkundig geworden, daß die nationalen Bedingungen der zapatistischen Sezession und ihrer eigenständigen regionalen Revolution innerhalb der nationalen Revolution nicht mehr lange bestehen würden.

Grundzüge der außen- und innenpolitischen Entwicklung 1915/16

Im Laufe des Sommers und Herbstes 1915 hatten die Konstitutionalisten ihre nationale Vormachtstellung nämlich zunehmend konsolidieren können. Militärisch kontrollierten sie nun den größten Teil des Landes, nachdem sie die Villisten immer weiter nach Norden zurückgedrängt hatten; am 2. August 1915 besetzten sie erneut – und nun definitiv – die Hauptstadt und im Oktober 1915 wurden sie schließlich von der lange widerstrebenden Wilson-Regierung als de facto-Regierung Mexikos anerkannt.

Die Anerkennung Carranzas durch die USA war allerdings erst unter dem Druck der militärischen Entwicklung in Mexiko erfolgt, denn noch bis in den Sommer 1915 hatte die amerikanische Regierung versucht, in Mexiko eine Lösung ohne Carranza und unter unmittelbarer politischer Einflußnahme der USA durchzusetzen.[61] Bis zu den schweren Niederlagen Villas im Bajío hatte die amerikanische Diplomatie auf Villa als künftigen Machthaber Mexikos gesetzt; danach strebte sie eine erzwungene Einigung unter den verfeindeten Revolutionsführern an, um so zu verhindern, daß der von Wilson persönlich abgelehnte, als schwer beeinflußbar geltende, nationalistische Carranza eine Vormachtstellung erringen würde.[62] Wilsons Aufruf vom 2. Juni 1915 an die verschiedenen mexikanischen Revolutionsführer wurde allerdings nur von dem militärisch inzwischen in die Defensive geratenen Villa positiv beantwortet, während sowohl Carranza als auch Zapata die amerikanische Initiative als Einmischung in die mexikanischen Angelegenheiten zurückwiesen.[63] Auch verschiedene Pläne des amerikanischen Außenministeriums, eine äußerst heterogene und selbst Exponenten des gestürzten Huerta-Regimes miteinschließende Anti-Carranza-Front in Mexiko aufzubauen, erwiesen sich als unrealistisch.[64] In dieser Situation ergriffen die USA die Initiative zu einer panamerikanischen Mexiko-Konferenz, die unter Beteiligung der USA, Argentiniens, Brasiliens und Chiles am 5. August 1915 in Washington zusammentrat. Ihr Ziel war, in Mexiko eine »Konferenz der Unterführer« einzuberufen, aus welcher eine den USA genehme Regierung hervorgehen sollte. Um dabei den Schein eines militärischen Gleichgewichts zwischen Konstitutionalisten und Villisten zu wahren und so Carranza zu einem Kompromiß zu zwingen, war Außenminister Lansing bereit, Villa aktiv zu unterstützen, indem er den Absatz der von Villa in Mexiko konfiszierten Güter in den USA erleichterte.[65] Das immer stärkere militärische Übergewicht der Konstitutionalisten ließ sich aber auch damit nicht mehr korrigieren, und Carranza konnte denn auch im Bewußtsein seiner militärischen Überlegenheit, die Anfang September noch durch eine Reihe weiterer Siege über die Villisten und die Einnahme von Torreón unterstrichen wurde, am 10. September die Vorschläge der panamerikanischen Konferenz formell zurückweisen.[66]

Die USA hätten jetzt nur noch durch eine militärische Intervention in Mexiko ihre ursprünglichen Pläne zur politischen Ausschaltung Carranzas verwirklichen können. Aber diese Möglichkeit schied vor allem angesichts der internationalen Lage, d. h. des Kriegs in Europa und seiner Auswirkungen auf die amerikanische Außenpolitik, aus. Die Haltung gegenüber Deutschland war für die USA von zentraler Bedeutung, und dieser Politik hatte sich auch die amerikanische Mexikopolitik unterzuordnen, was, wie Lansing in sein Tagebuch schrieb, bedeutete, daß die USA nicht in Mexiko intervenieren dürften, weil eine militärische Verwicklung der USA in Mexiko Deutschland nur gelegen kommen könne. Auch die Anerkennung einer »vorherrschenden Partei« im mexikanischen Bürgerkrieg zur Stabilisierung der innenpolitischen Verhältnisse dieses Landes laufe Deutschlands Interessen zuwider, weshalb eben die USA einen solchen Schritt tun müßten.[67] Daß diese »vorherrschende Partei« aber nur die Konstitutionalisten sein konnten, war inzwischen auch den USA klar geworden. Am 19. Oktober 1915 anerkannten sie deshalb die Carranza-Regierung als de facto-Regierung Mexikos, ein Schritt, den die lateinamerikanischen Länder wenige Tage später nachvollzogen.

Durch ihre militärischen Erfolge und die Anerkennung durch die USA hatten die Konstitutionalisten im Herbst 1915 ihre nationale Vormachtstellung deutlich festigen können, zumal die amerikanische Regierung nach der Anerkennung Carranzas die Waffenausfuhr an die anticarranzistischen Truppen unterband, ja sogar zugunsten der Carranzisten in die militärischen Auseinandersetzungen eingriff.[68] Dennoch war der Bürgerkrieg noch nicht zu Ende. Sowohl die Villisten als auch die Zapatisten setzten ihren Kampf gegen das konstitutionalistische Regime fort.

Obwohl sich Villas Armee nach den großen Niederlagen im Frühjahr und Sommer 1915 zum großen Teil aufgelöst und wieder auf den Kern einer Guerillatruppe zurückgebildet hatte, vermochte Villa der Carranza-Regierung weiterhin ernste Schwierigkeiten zu bereiten. Dies weniger im rein militärischen Bereich als vor allem durch die außenpolitische Lage, in die Mexiko durch den villistischen Angriff auf die amerikanische Grenzstadt Columbus am 9. März 1916, nach Katz »das einzige Beispiel einer lateinamerikanischen Militärintervention in den USA«, gestürzt wurde.[69]

Villa hatte nach der Anerkennung Carranzas durch die USA eine scharf antiamerikanische Haltung eingenommen. Im Januar 1916 z. B. hatten villistische Truppen in Nordmexiko einen Eisenbahnzug angehalten und auf Villas Befehl waren 17 Passagiere, nordamerikanische Ingenieure, füsiliert worden. Der villistische Angriff auf Columbus, der 17 Amerikanern und mehr als 100 Mexikanern das Leben kostete, führte in den USA zu einer außerordentlich scharfen antimexikanischen Reaktion, die schließlich in der Entsendung einer amerikanischen »Strafexpedition« unter dem Kommando von General Pershing nach Mexiko zur Verfolgung der »villistischen Banditen« gipfelte und damit die Carranza-Regierung in einen außenpolitischen Konflikt mit den USA verwickelte, der bis an den Rand des offenen Krieges führte.

Auf Voraussetzungen und Auswirkungen des villistischen Angriffs auf Columbus soll hier im einzelnen nicht eingegangen werden.[70] Wie Katz überzeugend aufgezeigt hat, lagen dem Überfall nicht einfach, wie bisher meist angenommen, Rachegefühle des von den USA »verratenen« Villa zugrunde, sondern ebenso Villas Überzeugung, daß die amerikanische Anerkennung Carranzas durch weiterreichende mexikanische Zugeständnisse an die USA erkauft worden sei, welche Mexiko in ein amerikanisches Protektorat zu verwandeln drohten.[71] Obwohl dieser Verdacht Villas gegen Carranza tatsächlich unbegründet war, konnte ihm eine gewisse Plausibilität nicht abgesprochen werden, da Villa Pläne aus dem amerikanischen Außenministerium bekannt waren, die durchaus ein solches Ziel anstrebten; auch die abrupte Wendung der USA in der Frage der Anerkennung Carranzas mußte Villa in diesem Verdacht bestärken.[72]

Seinen militärischen Zweck erreichte das mehr als 6000 Mann starke nordamerikanische Expeditionskorps in Mexiko allerdings nicht. Die schwerfälligen, mit Artillerie ausgerüsteten amerikanischen Truppen erwiesen sich nicht nur als ungeeignet zur Verfolgung der hochmobilen villistischen Verbände, im Gegenteil profitierte Villa von der starken antiamerikanischen Stimmung, welche die Pershing-Expedition in Nordmexiko auslöste. »Während vieler Monate – so lange Carranza unfähig schien, Pershings Strafexpedition aus dem Lande zu verweisen – wurde Villa zum Symbol des nationalen Widerstandes in Chihuahua. Geschlagen und nahezu vernichtet im Dezember 1915, schwoll seine Armee wieder an und erreichte einige tausend Mann im September 1916. Sie nahm sogar die Stadt Chihuahua wieder ein und verteidigte sie gegen carranzistische Kräfte. Erst nachdem die amerikanischen Truppen im Februar 1917 das Land verließen, schrumpfte Villas Armee wieder zusammen.«[73]

Die Carranza-Regierung ihrerseits konnte das Eindringen amerikanischer Armeeverbände weit ins Landesinnere natürlich nicht akzeptieren. Sie protestierte mit Nachdruck gegen diese Verletzung der mexikanischen Souveränität, worauf ein äußerst scharfer diplomatischer Notenwechsel zwischen den beiden Regierungen einsetzte. Lokale Gefechte zwischen mexikanischen und amerikanischen Truppen in Mexiko verschärften die Spannungen noch. Auf beiden Seiten wurden Kriegsvorbereitungen getroffen; ein offener Krieg zwischen den USA und Mexiko schien im Juni 1916 unmittelbar bevorzustehen.[74]

Wiederum waren es die Kriegsereignisse in Europa, d. h. das immer gespanntere Verhältnis der USA zu Deutschland, welche die amerikanische Regierung vor einem Krieg mit Mexiko zurückschrecken und ihre starre Haltung gegenüber der mexikanischen Regierung aufgeben ließ. Wenn die USA ihre Truppen auch zunächst in Mexiko beließen, so nahmen sie im Juli 1916 doch Verhandlungen mit der mexikanischen Regierung über einen Truppenrückzug auf, die sich zwar über Monate hinzogen, aber im Februar 1917, angesichts des kurz bevorstehenden Eintritts der USA in den Krieg gegen Deutschland, zum endgültigen Rückzug des amerikanischen Expeditionskorps aus Mexiko führten, was die Carranza-Regierung durchaus als außenpolitischen Erfolg verbuchen konnte. Darüber hinaus zeitigte die Pershing-Expedition aber auch längerfristige innenpolitische Auswirkungen, löste sie doch »eine starke Welle antiamerikanischen Nationalismus aus« und hinterließ sie »ein Legat von Feindschaft und Mißtrauen, das es jedem mexikanischen Führer für eine gewisse Zeit unmöglich machte, eine Annäherung an die USA zu suchen.«[75]

Anders als die militärischen Auseinandersetzungen zwischen Konstitutionalisten und Villisten vor dem Hintergrund der Pershing-Expedition verlief die konstitutionalistische Abrechnung mit den Zapatisten, die auf eine rasche Liquidierung der morelensischen Revolution hinauslief, ohne dramatische außenpolitische Begleitumstände. Nach der erneuten Einnahme der Hauptstadt durch konstitutionalistische Truppen im August 1915 sahen sich die Zapatisten militärisch rasch in die Defensive gedrängt. Im Frühjahr 1916 stellte General Pablo González eine Armee von 30 000 gut ausgerüsteten Soldaten auf, der es Ende April 1916 gelang, die zapatistischen Verteidigungslinien zu durchbrechen und am 2. Mai 1916 die Hauptstadt des Staates, Cuernavaca, einzunehmen.[76] Auch die übrigen von zapatistischen Truppen vorerst noch gehaltenen Städtchen und Dörfer, darunter das zapatistische Hauptquartier Tlaltizapán, fielen nun in rascher Folge in die Hände der neuen Okkupanten, die in ihrem Verhalten die lokale Bevölkerung durchaus an die alten Besatzungstruppen der ehemaligen Bundesarmee erinnern mußten: Kriegsgefangene wurden summarisch erschossen oder, wie zu Zeiten Díaz' und Huertas, nach Yucatán deportiert, wo ihnen, nach den Worten des sonorensischen Generals Benjamín Hill, Gelegenheit geboten wurde, sich »durch Arbeit in nützliche Glieder der Gesellschaft und ihrer Familien« zu verwandeln.[77]
Viele Dorfbewohner flohen vor dem Terror der neuen Besatzungsmacht nach Süden oder nach Osten ins Gebirge; und wenn sich auch Reste der zapatistischen Armee unter Zapata der völligen Vernichtung entziehen konnten, so war doch offenkundig geworden, daß eine Wiederaufnahme des bewaffneten Kampfes, wenn überhaupt, nur auf der Basis erneuter Kleinkriegführung einer Partisanenarmee würde erfolgen können.
Im Abwehrkampf gegen die konstitutionalistische Übermacht zeigten sich einmal mehr die rein agrarische Ausrichtung und die enge provinzielle Perspektive der »Revolution des Südens«. In einem emphatischen »Aufruf an die Nation« vom 26. Oktober 1915 wurde noch einmal der Hacendado als einziger Feind der Revolution herausgestellt und alle »übrigen Klassen der Gesell-

schaft« aufgefordert, sich dem zapatistischen Kampf gegen den »Usurpator der natürlichen Reichtümer, den infamen Sklavenhändler, der die Menschen als Arbeitstiere behandelt, den unproduktiven und müßiggängerischen Hacendado« anzuschließen; im übrigen wurden die Konstitutionalisten als finstere Alliierte eben dieser Grundbesitzerklasse diskreditiert.[78]

Der Versuch, die »Revolution des Südens« durch eine territoriale Ausdehnung der agrarrevolutionären Bauernerhebung gegen die Konstitutionalisten zu retten, war außerhalb von Morelos allerdings zum Scheitern verurteilt. Nicht nur fehlten dort weitgehend die Voraussetzungen für großangelegte bauernrevolutionäre Aktivitäten, auch die Konstitutionalisten, die im Verlauf des Jahres 1915 immerhin ein umfangreiches Sozialreformprogramm entwickelt hatten, erschienen dort keineswegs als jene Konterrevolutionäre, als die sie die Zapatisten aus ihrer Sicht heraus hinzustellen versuchten.[79]

Wenn es den Zapatisten somit nicht gelang (ebensowenig wie den Villisten) noch einmal eine breite Front gegen die Konstitutionalisten aufzubauen, die deren nationale Herrschaft ernstlich hätte erschüttern können, so scheiterten allerdings auch die Konstitutionalisten an der Aufgabe, Morelos dauerhaft zu »pazifizieren«. Einmal mehr erwies sich nämlich in ihrer Heimatregion die ungebrochene Defensivkraft der überlebenden zapatistischen Guerillatruppen, die, wie weiter unten noch zu zeigen ist, für die Carranza-Regierung bis an ihr Ende ein ungelöstes Problem darstellen sollte.

Das Jahr 1916 war indessen nicht nur durch die massive Militärkampagne der Konstitutionalisten gegen die zapatistische Bauernbewegung gekennzeichnet; auch zwischen dem Carranza-Regime und der Casa del Obrero Mundial, also den Verbündeten des Jahres 1915 im Kampf gegen die Konventionisten, kam es nun zu einem heftigen Konflikt.

Zunächst hatten die Gewerkschaften dank ihres Paktes mit den Konstitutionalisten ihre Organisationen stark ausbauen können. »Wo immer neues Gebiet durch die carranzistischen Truppen erobert wurde, gründeten die Arbeitergruppen Zweigstellen der Casa del Obrero Mundial. Dies war deshalb nicht schwierig, weil zu dieser Zeit jedermann wußte, daß sich die Casa hoher offizieller Gunst erfreute.«[80] Von den neugegründeten Organisationen unternommene erfolgreiche Streiks zur Durchsetzung höherer Löhne, die meist die Unterstützung der frisch eingesetzten konstitutionalistischen Militärgouverneure erhielten, trugen dazu bei, das Ansehen und die Attraktivität der neuen Zweigstellen der Casa zu erhöhen.[81] Nach der endgültigen Festsetzung der konstitutionalistischen Truppen in der Hauptstadt erhielt das Stammhaus der Casa das Palastgebäude des Jockey-Clubs als Sitz zugeteilt, also ein besonders auffälliges Symbol der ehemaligen Aristokratie, während sich die Casa in Morelia im erzbischöflichen Palais niederließ.[82]

Um die Jahreswende 1915/16 machten diese Zeichen behördlicher Gunstbezeugungen gegenüber dem gewerkschaftlichen Koalitionspartner im Kampf gegen die Konventionisten allerdings immer mehr einem Klima zunehmender Konfrontation zwischen Arbeiterschaft und dem Carranza-Regime Platz. Jetzt war nämlich die konstitutionalistische Führung nicht mehr auf die politisch-militärische Unterstützung durch die Casa angewiesen, was sich in der formalen Auflösung der »roten Bataillone« am 13. Januar 1916 äußerte. Im Gegenteil sahen Carranza und viele seiner engsten Mitarbeiter in der Arbeiterbewegung nun vor allem eine Organisation, deren politischer Aktivismus sie zunehmend irritierte, wie ein heftiger Angriff des Generals Pablo González auf die Casa im Januar 1916 deutlich machte.[83] Zudem nahmen die sozialen Konflikte im Gefolge der rasch sich verschlechternden Wirtschaftslage zu. Die Kriegsereignisse hatten vielerorts zur Schließung von Bergwerken und Fabriken geführt, die Arbeitslosigkeit hatte ein »alarmierendes Ausmaß« angenommen und die Zerrüttung der landwirtschaftlichen Produktion eine verbreitete Hungersituation und einen »scharfen Anstieg der Lebensmittelpreise« hervorgerufen.[84] In dieser Situation waren es vor allem die fallenden Reallöhne der Arbeiter unter den Auswirkungen der Papiergeldinflation, die sowohl auf konventionistischer wie auf konstitutionalistischer Seite den Bürgerkrieg weitgehend finanziert hatte, die in der ersten Hälfte des Jahres 1916 zu einer verstärkten Streiktätigkeit führten.[85] Die Forderung nach Entrichtung der Löhne auf Goldbasis anstatt in rasch sich entwertendem Papiergeld wurde denn auch zum Kern aller Streiks, die nun in rascher Folge in Veracruz, im Erdölgebiet von Tampico, im Distrito Federal und anderen städtischen Zentren ausbrachen.[86] Solange sich die Streiks gegen private Unternehmen richteten, wurden sie von den Behörden widerwillig toleriert, sobald sie sich aber auch auf den öffentlichen Dienstleistungssektor ausweiteten und mit dem Problem des

Papiergeldes die Verantwortlichkeit der Regierung ins Zentrum der Auseinandersetzungen rückte, ging die Regierung gegen die Organisatoren der Streiks mit aller Härte vor.
In diesem Konflikt zwischen Gewerkschaften und Regierung erwiesen sich die Arbeiterorganisationen als eindeutig schwächerer Teil. Es zeigte sich nun, wie sehr die früheren gewerkschaftlichen Erfolge vor allem auf die staatliche Patronage und weniger auf die innere Stärke der Casa zurückzuführen waren.[87] Nun wandte sich der Staat mit seinem ganzen Gewicht gegen die Gewerkschaften. Im März 1916 berichtete der österreichische Gesandte in Mexiko über die zunehmende Verschlechterung der Beziehungen zwischen den Arbeitern und der Regierung Carranza: »Die Fabrik- und Landarbeiter sind aber enttäuscht, weil man die ihnen gemachten Versprechungen nicht halten konnte. Anfangs wurden sie mit geradezu ungeheurer Liebeswerbung umgarnt. (...) Das Proletariat wurde übermütig, und auch die Arbeiter der Eisenbahnen und anderer staatlicher Unternehmungen veranstalteten nun Ausstände. So hatte es natürlich die Regierung nicht gemeint; sie wandte sich nun gegen ihre früheren Schützlinge, warf sie aus den ihnen eingeräumten Palästen hinaus und verbot ihnen die Abhaltung von Versammlungen ohne vorherige behördliche Genehmigung. Mit der Liebe der Fabrikarbeiter für die Carranza-Verwaltung ist es seither natürlich aus.«[88]
Die Streiks, welche die Gewerkschaften unter dem Druck der sozialen Krise dennoch ausriefen, standen deshalb unter einem für die Arbeiter ungünstigen Vorzeichen. So wurde z. B. ein erster Streikversuch in der Hauptstadt im März 1916 nach unverhüllten Interventionsdrohungen des Stadtkommandanten von den Initianten abgebrochen. Da aber die darauf folgenden Verhandlungen für die Arbeiter zu keiner Verbesserung ihrer Lage führten, wurde für den 1. August 1916 ein Generalstreik proklamiert, der allerdings durch sofortige Truppenbesetzung der bestreikten Betriebe und durch Verhaftung der Streikführer schon im Keime erstickt wurde. Dieser Generalstreikversuch war für die Regierung Carranza nicht nur Anlaß zur zwangsweisen Auflösung der Casa del Obrero Mundial, Carranza griff auch auf ein drakonisches Gesetz aus dem Jahre 1862 zurück, das praktisch jede Form gewerkschaftlichen Widerstandes mit dem Tode bestrafte.[89] Die von Carranza angestrebte Aburteilung der Streikführer durch spezielle Militärgerichtshöfe scheiterte zwar am Unwillen dieser Tribunale, derart drakonische Bestimmungen

anzuwenden, aber auch ohne die Vollstreckung von Todesurteilen gegen die Streikführer hatte Carranza damit die Zerschlagung der Casa del Obrero Mundial sowie die Beendigung der Streiksituation erreicht.[90] Aufstieg und Niedergang der Casa del Obrero Mundial in den Jahren 1915 und 1916 machten in der Geschichte der mexikanischen Arbeiterbewegung erstmals die ausschlaggebende Bedeutung des Staates sowohl in der Förderung als auch in der Auflösung von Gewerkschaftsorganisationen deutlich, ein Beziehungsmuster, das für die spätere Gewerkschaftsentwicklung geradezu prototypischen Charakter annehmen sollte. Die Zerschlagung der Casa durch die Carranza-Regierung zeigt aber auch Carranzas mangelndes politisches Gespür im Umgang mit neuen politischen und gesellschaftlichen Organisationen, die aus den Revolutionsereignissen hervorgegangen waren. Insbesondere verstand es Carranza nicht, diese neuen Kräfte in einem regimestabilisierenden Sinne so in das neue politisch-gesellschaftliche System einzubauen, wie es seinen sonorensischen Nachfolgern in den 20er Jahren gelingen sollte. Die staatliche Repression der Arbeiterbewegung im Jahre 1916 darf allerdings nicht als Ausfluß einer generell reaktionären, »neoporfiristischen« Politik des Carranza-Regimes gesehen werden. Carranza selbst versuchte durch einen betont nationalistischen Kurs nach außen seine geringe Reformbereitschaft nach innen zu kompensieren, vor allem aber mußte er auch sozialradikaleren Strömungen insbesondere innerhalb der konstitutionalistischen Armee Rechnung tragen.

Der Kurs der neuen Gesellschafts- und Wirtschaftspolitik des konstitutionalistischen Revolutionsregimes sollte sich zwar besonders deutlich aus den Debatten der Verfassunggebenden Versammlung von Querétaro im Dezember 1916 und Januar 1917 herausschälen, er zeichnete sich aber bereits in einer ganzen Reihe von Maßnahmen, Dekreten und Initiativen der konstitutionalistischen Führung während der Jahre 1915 und 1916 ab.

So hatte z. B. Obregón am 9. April 1915, also unmittelbar nach seinem ersten Sieg über Villa in Celaya, ein Dekret erlassen, das den Landarbeitern des Bajío einen Minimallohn von 75 Centavos pro Tag sowie eine Erhöhung der ihnen zustehenden Getreideration zusicherte.[91] In Yucatán führte der carranzistische Militärgouverneur Salvador Alavardo eine Reihe wichtiger Reformmaßnahmen durch, nachdem er 1915 an der Spitze einer konstitutionalistischen Armee auf der sezessionsanfälligen Halbinsel gelandet war. Sein Agrargesetz vom 3. Dezember 1915, das eine

Aufteilung der Sisalplantagen unter die Landarbeiter vorsah, mußte er zwar nach dem energischen Protest der yukatekischen Großgrundbesitzer auf Anweisung Carranzas wieder aufheben, aber die Schuldknechtschaft wurde abgeschafft, ein Minimallohn für die *peones* festgesetzt und die Hacendados verpflichtet, für ihre Arbeitskräfte Schulen zu errichten.[92] Wenn das Land somit auch in den Händen der alten Plantagenbesitzer verblieb, so doch mit der Auflage, daß sie ihren Sisalhanf künftig einer staatlichen Einkaufsgesellschaft ablieferten. Damit konnte nicht nur das Handelsmonopol der International Harvester Company gebrochen werden; dem Staat erwuchs aus den Gewinnen des Sisalverkaufs auch eine wichtige Finanzquelle, auf welche die Carranza-Regierung angesichts der verminderten Zoll- und Steuereinnahmen dringend angewiesen war.[93]

Noch größere Bedeutung kam in diesem Zusammenhang allerdings der Frage der Erdölbesteuerung zu. Die Erdölförderung war in Mexiko in den Jahren des Bürgerkriegs im Gegensatz zu anderen Produktionsbereichen, nicht nur nicht zurückgegangen, sondern hatte, nicht zuletzt wegen der gestiegenen internationalen Nachfrage nach Ausbruch des Ersten Weltkrieges, einen gewaltigen Produktionsanstieg von ca. 3,6 Mio. Fässern im Jahre 1910 auf 40,5 Mio. Fässer 1916 und 63,8 Mio. Fässer im Jahre 1918 verzeichnen können.[94] Im gleichen Zeitraum hatten die nordamerikanischen Erdölinvestitionen in Mexiko von 20 Mio. Dollars 1911 auf 200 Mio. Dollars 1918 zugenommen und ihren Anteil – hauptsächlich auf Kosten der zuvor dominierenden britischen Erdölinteressen – von 38,5 % auf 75 % der gesamten ausländischen Erdölinvestitionen in Mexiko ausgedehnt.[95] Unter diesen Umständen lag eine erhöhte Besteuerung der Erdölproduktion nahe, um so mehr, als diese sich bis zur Revolution weitgehender Steuerfreiheit erfreut hatte. Ende 1914 erhöhte Carranza denn auch die Steuerquote durch Einführung einer neuen Exportsteuer, welche zu einem Anstieg des an den mexikanischen Staat abgeführten Steuerbetrags führte.[96] Gleichzeitig wurde in den »Ergänzungen zum Plan von Guadalupe« im Dezember 1914 eine Revision u. a. auch der Erdölgesetze angekündigt und diese Notwendigkeit in einem Dekret vom 7. Januar 1915 mit der Begründung wiederholt, daß sich die »Erdölförderung in Mexiko entwickelt habe, ohne daß . . . die Nation oder die Regierung den gerechten und ihnen zustehenden Nutzen daraus erhalten hätten«.[97]

Wenn damit aber auch eine deutlich über den reinen Besteuerungsbereich hinausgehende Überprüfung des Rechtsstatus ausländischer Ölgesellschaften in Mexiko angekündigt war, so fühlten sich die ausländischen Erdölfirmen durch solche Schritte zunächst doch noch wenig betroffen. Dies nicht nur, weil sie in der Verteidigung ihrer Positionen der diplomatischen Unterstützung durch ihre Regierungen sicher sein konnten, sondern vor allem auch, weil in diesen Jahren das Erdölgebiet am Golf von Mexiko durch die im Dienste der Erdölfirmen stehenden Söldnertruppen unter General Manuel Peláez dem direkten Eingriff der Carranza-Regierung faktisch entzogen blieb.[98] Die Haltung der Erdölgesellschaften änderte sich allerdings, als von mexikanischer Seite durch die neue Verfassung von 1917 eine grundsätzliche Neuregelung des Verhältnisses zwischen dem mexikanischen Staat und den ausländischen Erdölgesellschaften verabschiedet wurde. Die entsprechenden Verfassungsbestimmungen sollten denn auch zum Hauptstreitpunkt in den außenpolitischen Beziehungen Mexikos nach 1917, insbesondere im Verhältnis zu den USA, werden, ein Bereich, auf den weiter unten noch genauer einzugehen ist.

So folgenreich die außenpolitischen Auswirkungen der Revolutionsverfassung von 1917 aber auch waren, ihre Bedeutung erschöpfte sich keineswegs in ihren wirtschaftsnationalistischen Bestimmungen. Vielmehr strebte sie eine umfassende Umgestaltung der politischen, gesellschaftlichen und wirtschaftlichen Verhältnisse an, die das nachrevolutionäre Mexiko tiefgreifend vom porfiristischen *Ancien Régime* unterscheiden sollte. Es ist deshalb angezeigt, im nächsten Kapitel Ausgangslage, Verlauf und Ergebnisse der Verfassunggebenden Versammlung von Querétaro etwas genauer zu beleuchten.

1 Cervantes, *Francisco Villa,* S. 188.

2 Womack, *Zapata,* S. 191. – Nach Klausel IV des Vertrags von Teoloyucán sollten die *federales* die Orte »San Angel, Tlalpam, Xochimilco und andere gegenüber den Zapatisten« so lange halten, bis sie dort von konstitutionalistischen Truppen abgelöst würden.

3 Puente, *Memorias de Francisco Villa,* zit. b. Cervantes, S. 114f.

4 Katz, *Secret War,* S. 262.

5 Katz, *Secret War,* S. 260-265, 280-287. Katz erörtert auch eingehend die Gründe, weshalb der agrarisch-bäuerliche Charakter der Villa-Bewegung

bisher zu wenig klar erkannt wurde. Die konservativen Villisten, welche die Manifeste verfaßten, spielten die Landfrage herunter, zeitweilige Rücksichtnahme auf die USA wirkte in die gleiche Richtung. Als sich schließlich der konservative Flügel nach den Niederlagen der Villa-Armee im Jahre 1915 von Villa lossagte und dieser eine echte Landreform plante, war seine Bewegung bereits zu schwach, um sie auch durchsetzen zu können.

6 Womack, *Zapata*, S. 193-207. Auch in der Umgebung Carranzas gab es jedoch Kräfte, die für einen Ausgleich mit den Zapatisten eintraten, da sie dem sozialen Reformprogramm der »Revolution des Südens« Sympathie entgegenbrachten: konstitutionalistische Generäle wie Lucio Blanco, der die erste, von Carranza allerdings desavouierte Landverteilung in Tamaulipas durchgeführt hatte, oder Antonio I. Villareal, der sich vor der Revolution in den USA im PLM betätigt hatte. Auch Luis Cabrera, einer der engsten zivilen Berater Carranzas, der sich bereits 1912 in seiner berühmten Kammerrede als Anhänger der Landreform profiliert hatte, gehörte dieser Gruppe an. Carranza selbst stand den zapatistischen Ideen allerdings weitgehend verständnislos gegenüber, wie eine seiner damaligen Äußerungen, daß »dieser Plan der Landverteilung doch der bare Unsinn« sei, deutlich macht, vgl. Womack, S. 195. Dennoch hätte Carranza wohl einer begrenzten Landverteilung in Morelos zugestimmt, wenn er dadurch eine effektive Neutralisierung der Zapatisten hätte erreichen können.

7 Vgl. dazu den anregenden Essay von Alan Knight, Peasant and caudillo in revolutionary Mexico, 1910-1917, in Brading, *Peasant and Caudillo*, S. 17-58, hier S. 48. Ähnlich argumentiert hat schon Jean Meyer in seinem Aufsatz über die »roten Bataillone«, vgl. unten S. 297, Anm. 30. Auch Katz, *Secret War*, S. 264f., erwähnt diese Konfliktlinie zwischen dem konstitutionalistischen und dem konventionistischen Lager, sieht darin aber insofern auch ein klassenspezifisches Moment, als im Gefolge der staatlichen Zentralisierung während des Porfiriats vor allem die Mittel- und Unterschichten zu Verfechtern der föderalistischen Idee geworden waren. »Es war deshalb nicht erstaunlich, daß Föderalisten, Regionalisten und Lokalisten, oft unterschiedlicher Herkunft und politischer Überzeugung, dazu tendierten, Villa und nicht Carranza zu unterstützen. Sie waren überzeugt, daß sowohl Villa als auch Carranza hauptsächlich an ihren eigenen Regionen interessiert waren . . .«.

8 Zu den ersten Maßnahmen der Carranza-Regierung – Geldpolitik (d. h. zwangsweise Einführung der konstitutionalistischen Währung in der Hauptstadt), antiklerikale Maßnahmen, rasche Ersetzung der alten Polizei und bestimmter Beamtengruppen – vgl. die Berichte des amerikanischen Spezialagenten Canova an Außenminister Bryan vom 25. 8., 28. 8. und 2. 9. 1914, NAW, M 274, R. 40, 812.00/13129, 13136, 13157.

9 Cervantes, *Francisco Villa*, S. 260ff; auch in Sonora hatte Gouverneur Maytorena unmittelbar nach dem Zusammenbruch des Huerta-Regimes

begonnen, eine anticarranzistische Front aufzubauen und loyale Anhänger Carranzas aus ihren politischen und militärischen Stellungen zu entfernen, vgl. Cumberland, *Constitutionalist Years,* S. 152ff.

10 Für eine detaillierte Darstellung der Konvention von Aguascalientes, ihre Vorgeschichte, ihre Entschlüsse usw. vgl. Robert E. Quirk, The Mexican Revolution, 1914-1915. The Convention of Aguascalientes, Bloomington 1960, hier benutzte span. Ausgabe: *La Revolución mexicana. La Convención de Aguascalientes,* México 1962; Die stenographischen Protokolle der Konventionsdebatten finden sich bei Florencio Barrera Fuentes, *Crónicas y debates de la soberana Convención revolucionaria,* 3 vols., México 1964-1965.

11 Bezeichnend für den wachsenden ideologischen Einfluß nicht-morelensischer und erst zur Zeit des Huertaregimes zur Südarmee gestoßener Zapatisten auf die »Revolution des Südens« ist der Umstand, daß unter den 26 Delegierten der zapatistischen Armee in Aguascalientes lediglich einer, der Anwalt (!) Galván aus Tepoztlán, rein morelensischen Ursprungs war; Womack, *Zapata,* S. 212.

12 Katz, *Deutschland,* S. 322.

13 Quirk, S. 121-123; Womack, S. 214. – Nach Silva Herzog, welcher der Konvention von Aguascalientes als junger Journalist beigewohnt hatte, war mit dem Eintreffen der zapatistischen Delegation eine neue Etappe des Konvents eröffnet worden. »Es ist unbestreitbar«, schrieb der Berichterstatter damals, »daß man mit der Ankunft der Zapatisten über revolutionäre Grundsätze zu reden begonnen hat, über wirtschaftliche Reformen, über ein Regierungsprogramm. Die Zapatisten gaben der Konvention einen revolutionären Inhalt.« Silva Herzog, *La révolution,* S. 188.

14 Quirk, S, 124-132.

15 Quirk, S. 132-142.

16 Silva Herzog, S. 182f.; Carr, *El movimiento,* I, S. 81.

17 Integral abgedruckt ist das Gesetz u. a. bei Pastor Rouaix, *Genesis de los artículos 27 y 123 de la Constitución política de 1917,* Puebla 1945, hier verwendete Neuauflage México 1959, S. 295-300. Da das Gesetz vorrangig einen eindeutig situationsbedingten politischen Zweck – den der Mobilisierung der Campesinos für die carranzistische Sache – hatte, war es in mancher Beziehung wahrscheinlich gewollt vage gehalten; so blieb etwa die Frage nach der Form der Entschädigung des zu enteignenden und in Dorfbesitz zu überführenden Landes offen. Auf den materiellen Gehalt des Gesetzes wird weiter unten, im Zusammenhang mit der Verabschiedung des Artikels 27 der Verfassung von 1917, näher eingegangen werden.

18 Vgl. Kap. I/2, S. 56 ff.

19 Ruíz, *Labor,* S. 52.

20 Vgl. Jean Meyer, Los obreros en la revolución mexicana: los Batallones Rojos, in *Historia Mexicana, XXI/1,* 1971, S. 1-37, hier S. 6.

21 Carr, *El movimiento I.,* S. 83, S. 88; Quirk, *La Convención,* S. 203.

22 Vgl. etwa als Beispiel für die Bemühungen carranzistischer Emissäre in den Textilfabriken von Veracruz, die Unterstützung der Arbeiter zu gewinnen, das Gründungsprotokoll der »Vereinigung zum Widerstand gegen die Kapitalisten« in der Jutefabrik Santa Gertrudis in Orizaba vom 12. Januar 1915. Diese Vereinigung war auf Initiative des Direktors der (carranzistischen) Arbeitsbehörde gegründet worden. Nach dem Protokoll versprach die Arbeitsbehörde den Arbeitern Unterstützung im »Kampf gegen die Kapitalisten« und zur Erreichung eines Minimallohnes. »Er (d. h. der Direktor der Arbeitsbehörde, H.W.T.) ließ uns gleichzeitig wissen, daß wir jetzt eine Regierung hätten, der das Wohl der Arbeiter im allgemeinen am Herzen liege und daß wir deshalb die Verpflichtung hätten, sie zu unterstützen, denn wenn sie fiele, was unwahrscheinlich sei, wären wir die am meisten geschädigten .... Die Sklaverei in unserem Land ist für immer abgeschafft, und deshalb müßten wir, wenn es nötig sei, zur Erhaltung dieses neuen Zustandes die Waffen ergreifen ...« Archivo General de la Nación, Secretaría de Fomento, Departamento de Trabajo, 1915, caja 2, Exp. 3.

23 Carr, I, S. 81.

24 Katz, *Deutschland*, S. 318.

25 Vgl. E. W. Kemmerer, *Inflation and Revolution: Mexico's Experience of 1912-1917*, Princeton 1940, S. 47-52.

26 Vgl. die Berichte von Siliman und dem brasilianischen Botschafter vom 4. 2. und 2. 3. 1915 an das State Departement, NAW, M 274, R. 43, 812.00/14352, 14477; vgl. auch Quirk, S. 198ff.

27 Quirk, S. 204: »Es ist wahrscheinlich, daß der – trotz des zwischen den Arbeiterführern und Carranza abgeschlossenen Vertrags – entscheidende Grund für die Arbeiter, sich der Armee des Generals Pablo González anzuschließen, in der Aussicht auf Geld und Essen und nicht in einer ideologischen Affinität zur konstitutionalistischen Revolution bestand.«

28 Vgl. Carr, I, 84ff. Den demagogischen Gehalt der Erklärungen der Casa, wonach es darum gehe, nun auf Seiten der Carranzisten einen Kreuzzug gegen die »Reaktion«, gegen den »einzigen gemeinsamen Feind: die Bourgeoisie« zu unternehmen, kommentiert ironisierend Jean Meyer *Los obreros*, S. 14; »Merkwürdige Bourgeoisie: die zapatistische Infanterie! Außergewöhnliche Bourgeoisie: die villistische Kavallerie.«

29 Meyer, S. 15.

30 Meyer, S. 15.: »Weil die mexikanische Gesellschaft noch immer heterogen war, verlief die Trennungslinie nicht nach Klassengrenzen, sondern entsprechend kultureller Aspekte.«

31 Die Zahlen der in den »roten Bataillonen« organisierten Arbeiter-Soldaten schwanken in den verschiedenen Quellen zwischen 4000 und 8000 Mann, vgl. Carr, I, S. 89.

32 Carr, I, S. 90.

33 Zur Rekrutierungspraxis der Casa-Funktionäre und zur Opposition vieler Arbeiter gegen diese Politik, vgl. Clark, *Organized Labor*, S. 31f.; Ruíz,

Labor, S. 53. Vgl. auch den Bericht des amerikanischen Konsuls in Veracruz vom 13. 4. 1915 über die konstitutionalistischen Rekrutierungspraktiken: »Auch Streiks wurden indirekt durch die konstitutionalistischen Agenten ermutigt, offenbar in der Hoffnung, dadurch neue Rekruten für die Armee zu gewinnen. In einigen Fabriken in der Umgebung von Orizaba wurde dieses Ziel erreicht, aber in anderen Unternehmen des gleichen Gebietes wurden die Löhne für bestimmte Arbeiter so stark erhöht, daß der von der Armee angebotene Sold keine Versuchung mehr darstellte. Es gibt auch Berichte, wonach die Konstitutionalisten zuweilen Rekruten durch Drohungen, Gewaltanwendung und andere verwerfliche Maßnahmen gewonnen haben.« NAW, M 274, R. 44, 812.00/14982.

34 Carr, I, S. 90, 94; Clark, S. 33. Vgl. auch den Bericht des amerikanischen *consular agent* in Puebla vom 10. 2. 1915 über die Gewerkschaftsaktivitäten in Puebla unter dem Schutz der carranzistischen Behörden, NAW, M 274, R 43, 812.00/14463.

35 Vgl. z. B. die Berichte des amerikanischen Vizekonsuls in Ciudad Porfirio Díaz vom 26. und 28. 9. 1914, NAW, M 274, R 41, 812.00/13360, 13370.

36 Die amerikanischen Konsularberichte sowohl aus dem Zentrum als auch aus dem Norden des Landes sind voll von Schilderungen über lokale Hungersnöte, Fabrikschließungen, Arbeitslosigkeit usw. Nach dem Bericht des britischen Vizekonsuls in Gómez Palacio an den britischen Botschafter in Washington vom 4. Juni 1915 waren 3 Hauptgründe für diese Situation verantwortlich: 1) Einschränkung der Anbaufläche und Vernichtung von Ernten durch die Kriegswirren, 2) große Nahrungsmittelexporte in die USA zur Bezahlung von Kriegsmaterial, 3) lokale Hortung von Nahrungsmitteln wegen unterbrochener Transportsysteme und wegen der Weigerung der Händler, gegen rasch sich entwertendes Papiergeld ihre Vorräte zu verkaufen. NAW, M 274, R 46, 812.00/15307.

37 NAW, M 274, R 44, 812.00/14863, vgl. auch 812.00/14579 sowie den Bericht des amerikanischen Konsuls in Veracruz vom 5. 3. 1915 über die Eingliederung eines »villistischen« Bandenführers in die carranzistischen Truppen unter Verleihung des Ranges eines Obersten, NAW, M 274, R 44, 812.00/14850.

38 Ausführlich dazu, im Rahmen der politischen Ereignisgeschichte Cumberland, *Constitutionalist Years,* S. 180-211; stärker militärgeschichtlich orientiert sind die Werke von Miguel A. Sánchez Lamego und Juan Barragán.

39 So war z. B. die den Zapatisten von Villa zugesagte Artillerie mit großer Verspätung und dann nicht auf dem vorgesehenen Schienenwege eingetroffen, so daß die Zapatisten die Kanonen auf Maultierrücken über den Paß zwischen den beiden Vulkanen (Popocatépetl und Ixtaccíhuatl) transportieren mußten; Womack, *Zapata,* S. 218. Federico Cervantes, selbst ein ehemaliger Offizier in der villistischen Armee, spricht sogar den Verdacht aus, daß Villa eine Niederlage der Zapatisten zu jenem

Zeitpunkt gar nicht ungelegen gekommen wäre, um dadurch seinem eigenen Hegemonieanspruch um so mehr Nachdruck zu verschaffen; Cervantes, *Francisco Villa*, S. 361.

40 Katz. *Deutschland*, S. 323.

41 Einen detaillierten Überblick über die politische Entwicklung der Konvention gibt Quirk, *La Convención*, S. 163-195, 218-273; für den vollständigen Text der Konventionsdebatten vgl. Florencio Barrera Fuentes, *Crónicas*.

42 Quirk, S. 165.

43 Quirk, S. 232.

44 Ausführliche Darstellungen dieser Schlachten finden sich u. a. bei Langle R., *El Ejército*, Cervantes, *Francisco Villa*, Alvaro Obregón, *Ocho mil kilómetros en campaña*. Genaue Zahlen über die im Bajío konzentrierten Truppen, die allerdings sowohl auf villistischer wie auf konstitutionalistischer Seite nicht die gesamten Heeresbestände umfaßten, fehlen zwar, doch dürften sie in der Größenordnung von zusammen etwa 50 000 Mann gelegen haben. Es steht außer Zweifel, daß diese Schlachten besonders verlustreich waren. Im ganzen machten die Verluste wohl mehrere tausend Tote und eine noch höhere Anzahl von Verwundeten aus.

45 Nach den ersten großen Niederlagen der villistischen Truppen sah sich Villa genötigt, den Sold in seiner Armee zu erhöhen, vgl. den Bericht des amerikanischen Konsuls in Aguascalientes vom 10. 5. 1915, NAW, M 274, R 45, 812.00/15032; dessenungeachtet berichtete der amerikanische Vizekonsul in Durango am 24. Mai 1915, daß die villistischen Rekrutierungsbemühungen nur geringe Erfolge zeitigten, NAW, M 274, R 45, 812.00/15117.

46 Zur langsamen Auflösung der villistischen Armee im Herbst 1915 vgl. z. B. den Bericht des amerikanischen Vizekonsuls in Monterrey vom 3. September 1915 über den Abfall eines villistischen Truppenteils zu den Konstitutionalisten, wobei als Hauptgrund »das völlige Ausbleiben des Soldes während mehr als zwei Monaten und der totale Mangel an Kriegsmunition« angegeben wird, NAW, M 274, R 48, 812.00/16156. Über die Situation in Aguascalientes und Zacatecas berichtete am 25. November 1915 der amerikanische Konsul in Aguascalientes: »... weitere Banden von Villisten ergeben sich, wobei sie für die Abgabe ihrer Waffen, Munition und Pferde ein Entgelt erhalten und dann auf freien Fuß gesetzt werden.« NAW, M 274, R 50, 812.00/16900.

47 Vgl. neben der Studie von Womack, an die ich mich im folgenden eng anlehne, auch die neueren Untersuchungen von Laura Helguera R, *Los campesinos, I*, und vor allem Arturo Warman, *... Y venimos a contradecir – Los campesinos de Morelos y el estado nacional*, México, 1976.

48 Nicht immer lag dem Anschluß städtischer Flüchtlinge an die »Revolutionsbewegung des Südens« eine besondere ideologische Affinität zur morelensischen Bauernbewegung zugrunde, z. T. ergab sich ihr An-

schluß an die Zapatisten einfach aus der Tatsache, daß zapatistische Hochburgen die nächstgelegenen Gebiete waren, die sich Huertas Kontrolle entzogen, vgl. dazu z. B. die Aussage von Luis T. Navarro, in *Diario de los debates del Congreso Constituyente, II,* S. 1082. – Palafox hatte vor der Revolution in verschiedenen Staaten des Landes als Buchhalter und Verkäufer gearbeitet, bevor er Angestellter auf einer Hacienda in Morelos geworden war. In dieser Eigenschaft hatte er Zapata kennengelernt und sich als Sechsundzwanzigjähriger dessen Bewegung angeschlossen; Womack, S. 163.

49 Vgl. »Acta de ratificación del Plan de Ayala« vom 19. 7. 1914, Archivo Amezcua, Condumex, carp. 2, Doc. 149, sowie den Brief Zapatas an Antenor Salas vom 4. 9. 1914, worin er es als »Ungerechtigkeit« bezeichnet, »wenn der campesino für das Land bezahlen müßte, das ihm ja gehört.« Zit. b. M. González Navarro, Zapata y la Revolución agraria mexicana, in *Caravelle 9,* 1967, S. 21.

50 Womack, S. 227-229.

51 Womack, S. 223f. – Nach einem Beschluß der zapatistisch dominierten Konventionsregierung vom 3. 11. 1915 sollte – nach abgeschlossener Pazifizierung der Republik – das stehende Heer, »das von den Regierungen manipulierte Mordinstrument zur Unterdrückung und Ausbeutung des wehrlosen Volkes«, abgeschafft, die Kasernen in Schulen verwandelt und lediglich eine Miliztruppe aufrechterhalten werden, vgl. Archivo Amezcua, Condumex, carp. 3, Doc. 209.

52 So betont etwa Quirk, *La Convención,* S. 253, der sich in seiner Arbeit allerdings stark auf das antizapatistisch gefärbte Privatarchiv von Roque González Garza stützt, die auch in der zapatistischen Armeeführung herrschende Korruption. Auch Womack stellt gewisse Ansätze zur individuellen Bereicherung und zu selbstherrlichem Vorgehen der Armee gegenüber den Dörfern fest, betont allerdings die Tatsache, daß diese Tendenzen rasch unter Kontrolle gebracht werden konnten; Womack, S. 222, S. 232-235.

53 Womack, S. 238. – Zur Lebensweise der nördlichen Revolutionsoffiziere nach der Einnahme der Hauptstadt im Sommer 1914 vgl. z. B. den Bericht Canovas an das State Department vom 25. 8. 1914: »Es macht den Anschein, daß man alle Maßnahmen getroffen hat, um Plünderungen oder andere Ausschreitungen durch Soldaten und Zivilisten zu verhindern. Allerdings geht hier, wie in anderen Städten, die Beschlagnahme von Wohnhäusern für die Offiziere weiter. Oft sind diese Häuser nur noch von den Dienstboten bewohnt, aber in einigen Fällen wurden auch die Besitzer daraus vertrieben. In allen Fällen wurden nur die schönsten Häuser beschlagnahmt, einige davon sind eigentliche Paläste.« NAW, M 274, R 40, 812.00/13129.

54 Womack, S. 237.

55 Vgl. Präambel des Agrargesetzes vom 6. 1. 1915.

56 Womack, S. 224.

57 Womack, S. 226-228.
58 Womack, S. 230.
59 Womack, S. 236.
60 Womack, S. 231, 236. – In Art. 2 des »Allgemeinen Arbeitsgesetzes« vom 7. 11. 1915 wurde festgehalten, daß der Staat »unter Berücksichtigung der vorgegebenen sozialen und politischen Bedingungen eine allmähliche und schrittweise Sozialisierung der Produktionsmittel« als Endziel anstrebe. Im gleichen Gesetz wurde u. a. die Errichtung munizipaler Betriebe und Werkstätten postuliert sowie arbeitsfreies Einkommen verboten, vgl. Abschrift dieses Gesetzes in Archivo Amezcua, Condumex, carp. 3, Doc. 210. Von den zapatistischen Sekretären hatte sich Miguel Mendoza López Schwerdtfeger in einem Aufsatz in der Zeitung »Convención« im Juni 1915 persönlich gegen das Privateigentum an Grund und Boden ausgesprochen, vgl. González Navarro, *Zapata,* S. 26.
61 Zu den Einzelheiten der amerikanischen Mexikopolitik in diesem Zeitraum vgl. Haley, *Revolution,* S. 152-186; vgl. auch Quirk, *La Convención,* S. 275-314, sowie Katz, *Deutschland,* S. 328-331. – Diese Politik wurde in zunehmendem Maße durch den 1. Weltkrieg bestimmt. Angesichts der erhöhten Bedeutung der mexikanischen Rohstoffe für die amerikanische Wirtschaft strebten die USA zwar eine rasche Beendigung des mexikanischen Bürgerkriegs und die Errichtung einer proamerikanischen Regierung an, was »in den USA den Wunsch nach einer bewaffneten Intervention in Mexiko« verstärkte. Andererseits fürchtete die amerikanische Administration aber angesichts der europäischen Kriegsereignisse und ihrer zunehmenden Auswirkungen auf die USA eine militärische Verstrickung in den mexikanischen Bürgerkrieg. Für Wilson und Lansing sollte dieser zweite Faktor die entscheidende Rolle spielen, vgl. Katz, S. 328.
62 Katz, S. 329; Haley, S. 161. – Die persönliche Ablehnung Carranzas durch Wilson geht aus einem Kommentar des amerikanischen Präsidenten gegenüber Außenminister Lansing vom Juli 1915 hervor, welcher sich auf die unkooperative Haltung carranzistischer Behörden gegenüber amerikanischen Rot-Kreuz-Vertretern bezog, die die hungernde Bevölkerung der Hauptstadt unterstützen wollten. »Diese Politik ist nicht nur enttäuschend, sie ist widerlich. Ich glaube, ich habe noch nie einen Mann getroffen, mit dem es so unmöglich gewesen ist, auf der Basis humanitärer Grundsätze zu verhandeln, wie dieser Mensch Carranza.« NAW, M 274, R 46, 812.00/15409–1/2.
63 Haley, S. 162ff; Katz, S. 329.
64 Haley, S. 168-170. Nach Haley schlug der Chef der Mexiko-Sektion im Außenministerium, Canova, »eine Phantasie als Lösung vor, welche an die Schweinebucht-Operation unter der Eisenhower- und Kennedy-Regierung erinnert«, S. 168. Größeres Gewicht mißt diesem Plan allerdings Katz zu, vgl. unten, Anm. 72, S. 302.
65 Gegenüber Wilson rechtfertigte Lansing seine Haltung am 9. August 1915

folgendermaßen: »Der Grund, weshalb wir Villa eine Möglichkeit zur Geldbeschaffung bieten sollten, ist folgender: wir möchten nicht, daß die Carranza-Partei unser einziger Verhandlungspartner in Mexiko ist. Carranza scheint so wenig umgänglich zu sein, daß uns zumindest der Schein einer Opposition gegen ihn die Möglichkeit gibt, einen Kompromiß zwischen den verschiedenen Parteien herbeizuführen. Ich halte es deshalb gegenwärtig für angezeigt, die Villa-Partei unter Waffen zu halten, bis ein Kompromiß erreicht worden ist ... Ich glaube, daß Villa verzweifelt Geld benötigt«, zit b. Haley, *Revolution*, S. 173.

66 Haley, S. 180.

67 Haley, S. 183f.

68 Haley, S. 182; vgl. auch Katz, *Deutschland*, S. 331: »Um Carranza den guten Willen zu zeigen, entschloß man sich, den ahnungslosen Villa zu opfern. Am 1. November 1915 führte Villa bei Agua Prieta an der amerikanischen Grenze mit 8000 Mann, die ihm noch geblieben waren, seine letzte Entscheidungsschlacht gegen Carranza. Die Schlacht war noch unentschieden, als in der Nacht vom 2. November 3000 Carranza-Soldaten, denen die amerikanische Regierung den Durchmarsch erlaubt hatte, Villa in den Rücken fielen. Dabei zeigten ihnen Scheinwerfer von der amerikanischen Seite der Grenze die Stellungen von Villas Soldaten. Durch dieses Manöver wurde die Schlacht für Carranza entschieden.«

69 Friedrich Katz, Pancho Villa and the Attack on Columbus, New Mexico, in *American Historical Review*, 83/1, 1978, S. 101-130.

70 Vgl. dazu den vorzüglichen Aufsatz von Katz, *Pancho Villa*.

71 Katz, *Pancho Villa*, S. 102.

72 Zu den Hintergründen dieses von Canova, dem Chef der Mexiko-Sektion ausgearbeiteten Interventionsplanes, der die Unterstützung von amerikanischen Geschäftsleuten als auch von prominenten Exponenten des Huerta-Regimes hatte, vgl. Katz, *Pancho Villa*, S. 117ff.

73 Katz, *Pancho Villa*, S. 128.

74 Zu den diplomatischen Einzelheiten vgl. Haley, *Revolution*, S. 187-223.

75 Katz, *Secret War*, S. 565, 573; vgl. auch Haley, S. 224-247; sowie Katz, *Deutschland*, S. 334-336.

76 Womack, *Zapata*, S. 244-249.

77 Womack, S. 249f.

78 Womack, S. 242f. Abschrift des Manifestes, das am 18. 4. 1916 von den in Jojutla versammelten zapatistischen Kommandanten erneut verkündet wurde in Archivo Amezcua, carp. 4, Doc. 258.

79 Nach Katz zeigt sich die provinzielle Beschränkung in der Politik der zapatistischen Bauernrevolution vor allem auch in ihrem »beschränkten Verständnis für Probleme der Arbeiterschaft.« Noch im zapatistischen Arbeitsgesetz vom November 1915 fehlten »einige der wichtigsten Forderungen, die die mexikanische Arbeiterbewegung seit den Streiks von Cananea und Río Blanco gestellt hatte: Nationalisierung ausländischen Eigentums, gleiche Bezahlung und Behandlung für ausländische und

mexikanische Arbeiter, weitgehende und festumrissene Streikrechte und Garantie der Stellung der Gewerkschaften.« Katz, *Deutschland*, S. 323f.

80 Clark, *Organized Labor*, S. 33. – Wie viele neue Mitglieder die Casa in dieser Zeit rekrutieren konnte, läßt sich nicht ermitteln. Nach Angaben der Casa zählte sie Ende 1915 in insgesamt 36 über das ganze Land verstreuten Zweigstellen 800000 Mitglieder, eine Zahl, die von Jean Meyer, *Los obreros*, S. 19, als weit übertrieben zurückgewiesen wird, da Mexiko zu dieser Zeit selbst unter Einschluß der Handwerker nicht 800000 Arbeiter zählte. Zudem blieben die Rekrutierungserfolge der Casa selbst in einer Stadt wie Monterrey, dem wichtigsten Industriezentrum des Nordostens, auf vorindustrielle Arbeiterkategorien wie Maler, Schneider, Zimmerleute usw. beschränkt, während sich die Fabrikarbeiter der Syndikalisierung durch die Casa entzogen. Ein Beispiel für das inflationäre Anschwellen der Mitgliederzahlen lieferte das Stammhaus der Casa in der Hauptstadt, deren Mitgliederzahl von 4000 im Februar 1915 innerhalb von 6 Monaten auf 52000 anstieg; Meyer, S. 21.

81 Clark, S. 33. Zur anfänglichen Kooperation zwischen Armeeführung und Gewerkschaften in Jalisco, die allerdings auch dort rasch wachsenden Spannungen Platz machte, vgl. Amado Aguirre, *Memorias*, S. 263-266.

82 Meyer, *Los obreros*, S. 20.

83 Vgl. Cumberland, *Constitutionalist Years*, S. 262ff; Carr, *El movimiento*, I, S. 96f.

84 Clark, S. 37; Katz *Deutschland*, S. 387. Über die durch die Einstellung der Arbeit in den Silberbergwerken Guanajuatos besonders hart betroffene Bevölkerung jenes Staates berichtete in der Konstituante von Querétaro der Abgeordnete Nicolas Cano, selber ein Minenarbeiter, in der Sitzung vom 22. 12. 1916: » . . . vor ungefähr drei Monaten haben die Bergwerke im Staat Guanajuato sämtliche Arbeiten eingestellt; wir, meine Herren, als wir sahen, daß das Elend auf uns zukam . . ., gelangten an die Behörden und erreichten mit Hilfe der Staatsregierung, daß die Arbeiter und ihre Familien Wegzugsgenehmigungen aus der Stadt Guanajuato erhielten. Ungefähr sechzehntausend Personen sind weggezogen; wir dagegen, die wir blieben, befanden uns in einer wahrhaft schrecklichen Lage. Glauben Sie mir, meine Herren, es kam in dieser Zeit selten vor, daß es nicht einen oder zwei Hungertote täglich gab.« *Diario de los debates del Congreso Constituyente, I*, S. 874.

85 Zu den Auswirkungen der Papiergeldinflation vgl. vor allem Kemmerer, *Inflation*, S. 43ff. Im April 1916 wurden z. B. nicht weniger als 21 verschiedene Papiergeldsorten von den konstitutionalistischen Behörden als Zahlungsmittel anerkannt.

86 Clark, *Organized Labor*, S. 40.

87 Die innere Schwäche der Casa unterstreicht Meyer, *Los obreros*, S. 21, der gerade in der künstlichen Aufblähung durch die paraproletarischen Elemente der *Sans-culottes* ohne jegliches Klassenbewußtsein eine ideologische Schwächung der Gewerkschaften sieht.

88 Zit. b. Katz, *Deutschland*, S. 387f.

89 Carr, *El movimiento*, I, S. 100.

90 Clark, S. 43, führt die Zurückhaltung der Militärtribunale in der Anwendung dieses unverhältnismäßigen Gesetzes vor allem auf den Einfluß des damaligen Kriegsministers Obregón zurück. Ein solches Verhalten Obregóns entspricht auch durchaus seiner späteren Politik, durch gewisse Konzessionen eine für die Staatsführung nützliche politische Neutralisierung der Arbeiterorganisationen zu erreichen. Allerdings darf diese Haltung nicht einfach pauschal als arbeiterfreundlich gedeutet werden. Denn wo seine Politik keinen Erfolg hatte, wie etwa im Fall der nicht kooperationsbereiten Eisenbahner, die schon im November 1915 »militarisiert« und zu Angehörigen der konstitutionalistischen Armee erklärt worden waren, zögerte Obregón durchaus nicht, im Mai 1916 die Militärbefehlshaber anzuweisen, alle Agitatoren unter den Eisenbahnern sofort zu verhaften; vgl. Clark, S. 41. – Indirekt trugen die unterbundenen Streiks des Jahres 1916 schließlich doch dazu bei, daß Ende 1916 die bisherige Papiergeldemission eingestellt wurde, was eine allmähliche Verbesserung auch der sozialen Situation der städtischen Arbeiterschichten bewirkte.

91 Zu den vorkonstitutionellen Dekreten der carranzistischen Armeekommandanten und Militärgouverneure, die weitgehend deren persönlicher Initiative überlassen blieben und dadurch sehr unterschiedlichen Charakter aufwiesen, vgl. Gabriel Ferrer Mendiolea, *Historia del Congreso Constituyente de 1916-1917*, México 1957, S. 21-24. In San Luis Potosí hatte z. B. ein carranzistischer Oberst, Emiliano G. Saravia, am 15. April 1915 ein Dekret erlassen, nach welchem eine Hacienda aufzuteilen und daraus einzelne Grundstücke zwischen 3 und 5 ha an Interessenten zu verkaufen (!) waren; S. 23. Zu Obregóns Dekret vom 9. 4. 1915 vgl. *Memoria de la Secretaría de Gobernación, 1913-1916*, México 1916, S. 338f.

92 Ferrer Mendiolea, S. 23f.

93 Vgl. Katz, *Deutschland*, S. 327. – Die Schaffung eines staatlichen Verkaufsmonopols sowie die weltkriegsbedingte Marktlage führten dazu, daß der Verkaufspreis für ein Pfund Sisalhanf von 4 1/2 cts. im Jahre 1911 auf 19 1/2 cts. im Jahr 1917 stieg; Katz, S. 332.

94 Vgl. Lorenzo Meyer, *México*, S. 19. Der außerordentliche Anstieg der mexikanischen Erdölproduktion, die am Ende des Ersten Weltkrieges immerhin 15,4 % der gesamten Welt-Erdölförderung ausmachte, gerade in den Jahren des mexikanischen Bürgerkriegs, erklärt sich vor allem aus der geographischen Lage der Erdölfelder am Golf von Mexiko, in der Nähe der Ausfuhrhäfen Tampico und Tuxpan. Während etwa die ausländischen Bergwerke im Binnenland u. a. durch die häufigen Unterbrechungen der Eisenbahnverbindungen im Gefolge der Kriegsereignisse in ihrer wirtschaftlichen Aktivität weitgehend gelähmt wurden, waren die mexikanischen Erdölhäfen, vor denen prophylaktisch immer wieder

ausländische Kriegsschiffe aufkreuzten, unter der Kontrolle der Erdölfirmen.

95 Meyer, *México*, S. 25.

96 Die Steuerabgaben stiegen so von 1,94 Mio. Pesos im Jahre 1915 auf 3,09 Mio. Pesos 1916 und 7,55 Mio. Pesos im Jahre 1917 an; Meyer, *México*, S. 31. Obwohl sich die Erdölfirmen in Mexiko über die angeblich hohe Steuerbelastung beklagten, mußte z. B. allein die amerikanische Mexican Petroleum Company 1919 auf dem in Mexiko geförderten und in die USA eingeführten Öl 5 Mio. Dollars an den nordamerikanischen Fiskus abführen, während die gesamte Steuerleistung an den mexikanischen Staat im selben Jahr lediglich 2 Mio. Dollars betrug; Meyer, S. 32. Gemessen an den Gewinnen der Erdölgesellschaften waren die Abgaben an den mexikanischen Staat jedenfalls gering; nach den bei Lorenzo Meyer, S. 32, angeführten Zahlen schwankten sie, je nach Berechnungsgrundlage, zwischen 5 % und 21,5 % der Gewinne. Nach Katz, *Deutschland*, S. 392, stieg z. B. die Dividende beim britischen Pearson-Konzern im Rahmen des Ölbooms – trotz Erhöhung der Steuerquote – von 8 % 1914 auf 20 % 1917 und 25 % 1918.

97 Pastor Rouaix, *Genesis*, S. 305; Meyer, *México*, S. 87.

98 Die Frage, ob der 1914 erfolgte anticarranzistische Aufstand unter Manuel Peláez in der Erdölzone von Tamaulipas und Veracruz der direkten Initiative der Ölunternehmen entsprungen war oder nicht, ist in der Literatur noch umstritten. Auf jeden Fall aber erhielt Peláez für seine »Schutzfunktion« von den Erdölfirmen bedeutende finanzielle Zuwendungen. Auch in Washington wurden die Beziehungen zwischen den amerikanischen Ölunternehmen und Peláez gutgeheißen; vgl. Meyer, *México*, S. 72-74.

Kapitel 5

Die Konstituante von Querétaro und die Verfassung von 1917

Ohne Zweifel stellt die Verabschiedung der neuen Verfassung von 1917 ein wichtiges Ereignis in der Revolutionsgeschichte dar. Aus der Retrospektive erscheint sie als jenes Dokument, in welchem die zuvor diffuse und widersprüchliche Revolutionsprogrammatik plötzlich scharfe Konturen gewinnt. Allerdings war die Entwicklung Mexikos nach 1917 durch einen zum Teil erheblichen Widerspruch zwischen praktischer Regierungspolitik und wirtschaftlich-gesellschaftlichen Reformmandaten der Verfassung gekennzeichnet, weshalb die Bedeutung der Verfassung im spät- und postrevolutionären Wandel Mexikos nicht überschätzt werden darf, wie dies in zahlreichen älteren Darstellungen geschehen ist. Dennoch ist auf ihre Entstehung und ihre Ergebnisse etwas näher einzugehen, nicht zuletzt deshalb, weil damit bedeutsame Momente in einer kritischen Übergangsphase der konstitutionalistischen Revolutionsbewegung sichtbar werden.

Obwohl durch den Ausschluß von Villisten, Zapatisten und Ex-Huertisten nur Angehörige und Anhänger der Konstitutionalisten zur Verfassunggebenden Versammlung wählbar waren, ist der indirekte Einfluß der Villisten und Zapatisten auf den Kongreßverlauf doch unübersehbar. Insbesondere die von den Zapatisten so hartnäckig vertretenen Agrarreformforderungen hatten dieses Problem so stark ins allgemeine politische Bewußtsein gehoben, daß es auch die Diskussionen um den Artikel 27 nachhaltig – wenn auch mittelbar – beeinflußte. Auch zeigte sich in den Debatten der Konstituante von Querétaro rasch, daß die Abgeordneten keineswegs eine einheitliche politische Auffassung vertraten. Vielmehr bildeten sich gegensätzliche Flügel heraus, die einer allgemeineren Machtrivalität innerhalb der konstitutionalistischen Führung, insbesondere zwischen den Gruppen um Carranza und Obregón, entsprachen.

Carranza hatte seine politische Führungsposition nach den konstitutionalistischen Erfolgen gegen Villisten und Zapatisten und nach der Anerkennung seines Regimes durch die USA deutlich festigen können. In seiner Regierung umgab er sich vor allem mit einer Gruppe von zivilen Ministern und Mitarbeitern, die ihre Stellung nicht wie die *self-made men* an der Spitze der konstitutionalistischen Armeen einer erfolgreichen Militärkarriere, sondern ausschließlich Carranzas Vertrauen und ihrer beruflichen Kompetenz, hauptsächlich als Juristen und Ingenieure, verdankten. Diese Gruppe verfolgte, wie sich gerade am Beispiel der Verfassungsdebatte zeigen sollte, einen politisch weitgehend konservativen Kurs, der allerdings, anders als die maderistische Politik der Jahre 1911/12, keinen Kompromiß mit der traditionellen politischen Elite, sondern im Gegenteil einen umfassenden Personalwechsel in der Staats- und Armeeführung sowie in der Verwaltung einschloß.[1] Auf regionaler und lokaler Ebene mußte diese zivile Führungsgruppe um Carranza ihre Autorität allerdings weitgehend an jene Armeeführer abtreten, die als Militärgouverneure oder Platzkommandanten die tatsächliche Macht vor Ort innehatten. Selbst in die Zentralregierung hatte Carranza einige prominente Armeeführer berufen müssen, allen voran Alvaro Obregón, der das Amt des Kriegsministers ausübte.

Vordergründig erwies sich somit die Machtrivalität zwischen Carranza und Obregón auch als Konkurrenz zwischen militärischer und ziviler Revolutionselite; im Kern ging es allerdings um unterschiedliche innenpolitische Stabilisierungsstrategien, deren Exponenten Carranza einerseits, Obregón und die Sonorenser andererseits verkörperten. Carranza und seine Anhänger glaubten, eine solche Stabilisierung durch den Einsatz traditioneller politischer Instrumente erreichen zu können; auch für tiefergreifende gesellschaftliche Reformen sahen sie keine Notwendigkeit. Obregón und die Sonorenser dagegen erkannten, daß die Erschütterungen eines jahrelangen Bürgerkriegs, die daraus resultierende Mobilisierung beträchtlicher Teile der mexikanischen Bevölkerung und die Entstehung vielfältiger neuer Macht- und Einflußgruppen aus dem Revolutionsgeschehen eine neue Politik erforderten, die nicht nur gewissen gesellschaftlichen Reformaspirationen Rechnung trug, sondern die auch eine wesentlich breitere soziale Abstützung verlangte, eine Politik also, wie sie die Sonorenser dann in den 20er Jahren durch die Integration neuer Massenorganisationen in ihr Regime verwirklichen sollten. Obwohl sich diese grundlegenden Divergenzen in der langfristigen politisch-gesellschaftlichen Stabilisierungsstrategie erst gegen Ende von Carranzas Präsidentschaft und in den Anfangsjahren

der sonorensischen Hegemonie deutlich herausschälten, lagen sie doch auch schon den politischen Kontroversen in der Konstituante von Querétaro zugrunde.
Carranzas fundamental konservative Politik zeigte sich deutlich in seinem gegenüber der Konstitution von 1857 nur leicht modifizierten Verfassungsentwurf sowie in seiner Ansprache auf der Eröffnungssitzung der Konstituante, welche den Deputierten die Grundideen seines Projektes verdeutlichen sollte.
Bezeichnenderweise äußerte sich Carranza darin vornehmlich und ausführlich zu politischen Problemen: zum Komplex der Individualrechte, wie sie schon in der liberalen Verfassung von 1857 niedergelegt, durch die politische Wirklichkeit bis zum Ende des Porfiriates aber immer stärker ausgehöhlt worden seien; zu Fragen der Zivil- und Strafgerichtsbarkeit und schließlich zum Problem von Präsidentschafts-, bzw. parlamentarischem Regierungssystem, wobei er sich entschieden für ersteres und damit für eine starke Stellung der Exekutive aussprach. Soziale und wirtschaftliche Reformmaßnahmen, die ja, unter dem Druck des Bürgerkriegs zwischen den verfeindeten revolutionären Fraktionen, seit Dezember 1914 auch den Kern seiner eigenen Gesetze und Dekrete ausgemacht hatten, wurden von ihm dagegen nur am Rande und recht beiläufig erwähnt. Der ganze Komplex der Arbeiterschutzbestimmungen, der dann – entgegen Carranzas Absicht – in den umfangreichen Artikel 123 der neuen Verfassung einfließen sollte, war in seinem Projekt einer späteren Gesetzgebung durch reguläre Legislativen vorbehalten und erhielt somit keinen verfassungsmäßigen Rang. Carranza folgte hier fast völlig dem Text der liberalen Verfassung von 1857, die in Artikel 5, unter dem Abschnitt über die »individuellen Garantien« und entsprechend den liberalen Grundvorstellungen um die Mitte des 19. Jahrhunderts, lediglich einige allgemeinste Bestimmungen über Arbeitskontrakte enthalten hatte.
Von noch größerer Tragweite war Carranzas äußerst restriktiver Entwurf zum Artikel 27, der den ausgedehnten Bereich des Grundeigentums, der Wasserrechte und der Bodenschätze regelte. Auch hier übernahm Carranza praktisch unverändert die entsprechenden Bestimmungen der Verfassung von 1857, wobei insbesondere die unveränderte Beibehaltung des Grundsatzes einer vorgängigen Entschädigung bei Landenteignungen im öffentlichen Interesse die Anwendung von Carranzas eigenem

Agrargesetz vom 6. Januar 1915 in der Praxis wohl jeder konkreten Bedeutung beraubt hätte.[2]

Aus Carranzas Verfassungsprojekt läßt sich einerseits seine Sicht der Revolution als einer rein politischen herauslesen, der aufgetragen war, »die Militärdiktatur zu zerstören« und die zivile Herrschaft zu sichern; sein Entwurf zeigt andererseits aber auch, in wie hohem Maße seine sozialreformerischen Erlasse der Jahre 1914/15 der taktischen Anpassung an die Bürgerkriegssituation entsprungen waren, zielte sein Verfassungsprojekt doch gerade nicht auf eine verfassungsmäßige Verankerung dieser vorkonstitutionellen Reformpolitik.

Wie sich allerdings in den Debatten der Konstituante rasch zeigen sollte, war eine Mehrheit der Abgeordneten nicht bereit, Carranzas sozialkonservativem Verfassungsprojekt zuzustimmen. Wer waren diese Abgeordneten? Waren sie repräsentativ für die siegreiche Revolutionsbewegung? Welches war ihr politischer Hintergrund, ihre soziale und regionale Herkunft, ihre berufliche Position?

Wie schon erwähnt, waren lediglich Anhänger der Konstitutionalisten in die Verfassunggebende Versammlung wählbar. Dabei erfolgte die Designation der Kandidaten für die Konstituante in recht autoritärer Weise von oben, d. h. seitens der Carranza-Regierung in der Hauptstadt, der Gouverneure in den Gliedstaaten und der Armeekommandanten in den Militärzonen. Nationale politische Parteien, die eigene Kandidaten für Querétaro hätten aufstellen können, fehlten; und wo sich in aller Eile lokale Wahlvereine bildeten, konnten diese nur mit Unterstützung der Regierung eine freie Tätigkeit entfalten. Auch die Tatsache, daß sich in den meisten Wahlkreisen lediglich ein einziger »offizieller« Bewerber für den Sitz in der Konstituante bewarb, verhinderte eine echt demokratische Wahl.[3]

Der Kongreß, der Anfang Dezember 1916 in der Provinzstadt Querétaro zusammentrat, ist sehr unterschiedlich charakterisiert worden. Während er für einen Konservativen porfiristischer Formation wie Jorge Vera Estañol eine plebejische Versammlung von »allergeringstem psychosozialem Niveau« darstellte, verkörperten die Abgeordneten von Querétaro nach Eberhardt Niemeyer einen ziemlich genauen Querschnitt durch die damalige mexikanische Gesellschaft; für Peter Smith repräsentierten sie eine kulturelle und sozio-ökonomische Elite.[4] Einige nähere Angaben zur Sozialstruktur, zur regionalen Herkunft, zum

militärischen, bzw. zivilen Status, zum Altersaufbau usw. der Abgeordneten sind deshalb angezeigt.
Nach Romero Flores umfaßten die 220 Delegierten (einschließlich Stellvertreter): »62 Anwälte, 22 hohe Offiziere, 19 Landwirte, 18 Lehrer, 16 Ingenieure, 16 Ärzte, 14 Journalisten, 7 Buchhalter, 5 Gewerkschaftsführer, 4 Bergarbeiter, 3 Eisenbahner, 2 Apotheker, 1 Schauspieler und 31 Angehörige anderer Berufe, darunter Handwerker, Händler und Angestellte«.[5] Die große Mehrzahl der Abgeordneten stammte aus ländlichen Gebieten, hatte eher provinzielle Anschauungen und gehörte, als mehrheitlich Dreißig- und Vierzigjährige, vorwiegend der jüngeren Generation an.[6]
Nach Smith stammten weniger als 12% der Abgeordneten aus der Unterschicht, während 85% der (allerdings sehr weitgefaßten) Mittelschicht angehörten und immerhin mehr als die Hälfte der Deputierten eine akademische Ausbildung aufwies. »Für eine Gesellschaft, in welcher die Mehrheit der Erwachsenen weder lesen noch schreiben konnte, war die carranzistische Delegation kaum repräsentativ. Diese Elite war überproportional gebildet und auch überdurchschnittlich privilegiert in ihrem sozio-ökonomischen Status, auch wenn sie mehrheitlich nicht der Oberschicht angehörte.«[7] Die Deputierten repräsentierten somit ziemlich genau jene neue Revolutionselite, die sich mehrheitlich aus Mittelschichtsangehörigen rekrutierte und die nun das politische Erbe der porfiristischen Führungsschicht antrat, von der sie sich in sozialer Hinsicht allerdings deutlich unterschied.
Bei dieser Ausgangskonstellation, d. h. der weitgehend improvisierten und gelenkten Designation und Wahl der Abgeordneten, ihrer geringen Repräsentativität als Vertreter schon konstituierter gesellschaftlicher und politischer Gruppierungen und ihrer relativ großen sozialen Homogenität war die rasch einsetzende Polarisierung der Konstituante deshalb weniger Ausfluß von grundsätzlichen politischen Divergenzen als vielmehr von machtpolitischen Rivalitäten innerhalb der konstitutionalistischen Führungsgruppe und z. T. unverkennbar persönlichen Aversionen.[8]
Die beiden Flügel, die sich im Kongreß rasch herausbildeten, umfaßten einerseits die Obregón nahestehenden »Jakobiner«, eine Mehrheit der Delegierten, andererseits die »Liberalen«, die meist enge Gefolgsleute Carranzas waren.[9] Führer der »Liberalen«, die sich zunächst ganz auf Carranzas Verfassungsprojekt

konzentrierten, war Erziehungsminister Felix F. Palavicini; dieser Flügel stellte in der Person von Luis M. Rojas auch den Kongreßpräsidenten. Hauptexponent der »Jakobiner« war der Vorsitzende der einflußreichen »ersten Verfassungskommission«, General Francisco J. Múgica.[10]

Hauptkontroverse zwischen »Jakobinern« und »Liberalen« (oder »Gemäßigten«) war die Frage, welche Aufgaben der Staat übernehmen und welche Kompetenzen der Zentralregierung zukommen sollten. Während die »Jakobiner« einen starken Staat als »sozio-ökonomische Institution« (Smith) anstrebten, die rein politische Macht der Zentralregierung und insbesondere des Präsidenten aber beschneiden wollten, steuerten die »Liberalen« zwar ein starkes Präsidialregime, gleichzeitig aber einen Staat mit nur beschränkten wirtschaftlich-gesellschaftlichen Interventionsbefugnissen an.[11]

Diese unterschiedlichen Auffassungen zeigten sich erstmals in der Debatte über den Artikel 3, der zwar die Haltung des Staates gegenüber dem Erziehungswesen zum Gegenstand hatte, der sich aber – wie dann auch Art. 130 – vor allem auch mit dem Verhältnis von Kirche und Staat befaßte. Obwohl beide Flügel in der Konstituante eine generell antiklerikale Position vertraten, hielt Carranzas Verfassungsentwurf an der Bildungsfreiheit fest und schrieb lediglich für die staatlichen Schulen einen laizistischen Unterricht vor. Die »Jakobiner« setzten dagegen nach langen und erregten Debatten eine verstärkte Staatskontrolle über das Erziehungswesen durch, die insbesondere jeden kirchlichen Einfluß auf die Primarschule ausschaltete. In ähnlicher Weise wurde später Carranzas Entwurf für den Artikel 130, der im wesentlichen die antiklerikalen Bestimmungen der liberalen Verfassung von 1857 (vor allem die Trennung von Kirche und Staat) übernommen hatte, durch die »Jakobiner« nachhaltig verschärft.[12]

Während die antiklerikalen Artikel durchaus in der mexikanischen Verfassungstradition seit der Reformbewegung der Mitte des 19. Jahrhunderts lagen, sollten insbesondere die vom Kongreß völlig neu gestalteten Artikel 123 und 27, welche den Bereich der Arbeitsverhältnisse und die Frage von Landbesitz und Bodenschätzen regelte, der Verfassung ein neues Profil verleihen.[13]

Die gesetzliche Regelung der Arbeitsverhältnisse: Der Artikel 123

Dieser Komplex bildete in Form des umfangreichen Artikels 123 den neuen Titel VI der Verfassung: »Über die Arbeit und die soziale Vorsorge.« Ihr Anwendungsbereich bezog sich zwar primär auf die Arbeitskräfte in Gewerbe und Industrie, hatte in wichtigen Punkten aber auch für die große Zahl von Landarbeitern Gültigkeit.

Grundlegende Zielsetzung des Artikels 123 war, wie in der Präambel des Entwurfs der offiziösen Redaktionskommission festgehalten wurde, die »Erfüllung der dringenden Bedürfnisse der arbeitenden Klassen des Landes durch Präzisierung der ihnen zustehenden Rechte in ihren vertraglichen Beziehungen zum Kapital, mit dem Ziel, soweit wie möglich die gegensätzlichen Interessen von Kapital und Arbeit zu harmonisieren ...«[14]

Dazu wurde grundsätzlich für sämtliche Arbeitskräfte der Arbeitstag auf acht Stunden begrenzt, mindestens ein arbeitsfreier Tag pro Woche eingeführt sowie ein Minimallohn und das Recht auf eine angemessene Beteiligung an den Betriebsgewinnen festgelegt.[15] Besondere Bestimmungen verkürzten die Nachtarbeit, unterstellten Frauen und Mütter einem besonderen Schutz und untersagten grundsätzlich die Beschäftigung von Kindern unter zwölf Jahren. Weiter wurden den Unternehmern finanzielle Unterstützungsverpflichtungen im Falle von Arbeitsunfällen auferlegt; sie hatten ihren Arbeitern zudem billige Wohnungen zur Verfügung zu stellen sowie bei außerhalb bestehender Ortschaften angesiedelten Betrieben auch für Schulen, Sanitätsstellen sowie die »übrigen notwendigen Gemeinschaftseinrichtungen« zu sorgen.[16]

Sowohl für die Arbeiter wie die Unternehmer wurde die Koalitionsfreiheit und das Recht auf Streiks bzw. Aussperrungen anerkannt, wobei Arbeitskonflikte aber grundsätzlich einem »Schlichtungs- und Schiedsgerichtsorgan« zu unterbreiten waren, das sich aus ebenso vielen Kapital- wie Arbeitervertretern sowie einem Repräsentanten der Regierung zusammensetzen sollte.[17]

Schließlich wurden in einer insbesondere für die vielen landwirtschaftlichen Arbeitskräfte wichtigen Bestimmung sämtliche Schulden für verfallen erklärt, »welche die Arbeiter in ihren Arbeitsverhältnissen bis zur Verabschiedung dieser Verfassung

gegenüber ihren Arbeitgebern, deren Angehörigen oder Mittelsmännern« eingegangen waren.[18] Für die Zukunft durften solche Schulden nur noch die Maximalhöhe eines Monatslohnes erreichen und in keinem Fall auf Familienangehörige des Schuldners übertragen werden, womit die Institution der Schuldknechtschaft ihre rechtliche Grundlage verloren hatte. Gleichzeitig untersagte die Verfassung die Auszahlung des Arbeitslohnes »in Form von Waren oder Gutscheinen oder irgend eines anderen Geldersatzes«; ergänzt wurde diese Vorschrift über die Bar-Entlöhnung durch das ausdrückliche Verbot der durch die Unternehmer betriebenen *tiendas de raya.*[19]
Zum Bereich der Arbeiterschutzbestimmungen ist schließlich noch der Artikel 5 zu zählen, der einen allgemeinen Rahmen zur Regelung von Arbeitskontrakten setzte und auf den allein sich Carranzas Verfassungsprojekt beschränkt hatte.[20] Neben der zeitlichen Beschränkung der Arbeitsverträge auf höchstens ein Jahr wurde darin auch ausdrücklich untersagt, gegen Arbeiter, die vertraglichen Abmachungen nicht nachkamen, Zwangsmittel zur Vertragserfüllung einzusetzen.[21]
Die Regelung der Arbeitsverhältnisse durch den Artikel 123 konnte allerdings die grundlegenden sozialen Probleme der mexikanischen Agrargesellschaft nicht lösen. Dazu bedurfte es einschneidender Eingriffe in die bestehende Grundbesitzordnung, die eine prinzipielle Neufassung des Artikels 27 der Verfassung von 1857 voraussetzten.[22] Carranza hatte sich in seinem Verfassungsentwurf, wie bereits angedeutet, auch in diesem Punkt auf Nebensächlichkeiten beschränkt; insbesondere beließ er das schon in der Verfassung von 1857 enthaltene Prinzip einer vorgängigen Entschädigung von Grundbesitzern im Falle von Enteignungen aus öffentlichem Interesse unangetastet. Von der klaren Reformkonzeption des Dekrets vom 6. Januar 1915 war in diesem Verfassungsentwurf kaum mehr etwas zu spüren; es sollte denn auch der Verfassungskommission unter Múgica vorbehalten bleiben, Carranzas eigenes Dekret in die Verfassung aufzunehmen und ihm so konstitutionellen Rang zu verleihen.[23]
Es ist charakteristisch für Carranzas Projekt, daß es sich auch in diesem Punkt nicht auf eine substantielle Veränderung der gesellschaftlichen Verhältnisse, sondern vielmehr auf die Ausschaltung oder Beschränkung kirchlichen und ausländischen Einflusses im Bereich des Grundbesitzes ausrichtete.[24]
Auch der Artikel 27, der in Carranzas Entwurf, wie selbst sein

Wirtschaftsminister Rouaix einräumte, »das fundamentale Problem der Verteilung von Grund und Boden« nicht angriff, erfuhr deshalb durch die Konstituante eine tiefgreifende Veränderung, deren redaktionelle Vorbereitung, wie schon im Falle des Artikels 123, wiederum der Rouaix-Kommission übertragen wurde.[25]

Der Artikel 27: Die Neuordnung des ländlichen Grundbesitzes und der Anspruch der Nation auf die Bodenschätze

Der Artikel 27 der Verfassung von 1917 läßt sich inhaltlich in zwei Hauptbereiche aufgliedern: einerseits in die rechtliche Neuordnung des landwirtschaftlichen Grundbesitzes durch Wiederbelebung der alten Institution des Ejidos sowie durch die Schaffung des »kleinen landwirtschaftlichen Privatbesitzes« *(pequeña propiedad)* auf der Grundlage der aufzuteilenden Haciendas, andererseits in die verfassungsmäßige Verankerung der unveräußerlichen und direkten Eigentumsrechte der Nation an den Bodenschätzen, deren Ausbeutungsrecht vom Staat lediglich in Form von Konzessionen an Private übertragen werden konnte. Obwohl der Großteil der konkreten Ausführungen dieses Artikels sich auf den ersten Bereich bezog und die Bestimmungen über die Bodenschätze lediglich zwei kurze Abschnitte in der allgemeinen Exposition des Artikels 27 einnahmen, sollten doch gerade diese letzteren in den folgenden Jahren zeitweise die ganze Verfassungsdiskussion beherrschen, da sie eine außenpolitisch höchst bedeutsame jahrelange Kontroverse zwischen den ausländischen Erdölgesellschaften und ihren Regierungen mit dem mexikanischen Staat auslösten.
Die auf die Neuordnung des ländlichen Grundbesitzes ausgerichtete allgemeine Zielsetzung des Artikels 27, wie er schließlich vom Plenum verabschiedet und in die Verfassung aufgenommen wurde, ging besonders deutlich aus den einleitenden Erklärungen hervor, welche die Múgica-Kommission den Abgeordneten in der Sitzung vom 29. Januar 1917 vorlegte: »Da in unserem Land der Grund und Boden fast die einzige Quelle des Reichtums darstellt und er in wenigen Händen zusammengerafft wurde, haben die Grundbesitzer eine gewaltige Machtstellung erworben und stellen so, wie die Geschichte beweist, ein ständiges Hindernis für die fortschrittliche Entwicklung der Nation dar. Anderer-

seits hat der historische Konzentrationsprozeß des Grundeigentums im Verhältnis von Grundbesitzern und Landarbeitern eine Situation hervorgebracht, welche heute viele Ähnlichkeiten mit den in der Kolonialzeit angelegten Beziehungen zwischen den Konquistadoren und den kommendierten Indianern aufweist; und aus dieser Situation ergibt sich die drückende Lage der arbeitenden Klasse auf dem Lande. Ein solcher Zustand hat eine verheerende Auswirkung auf die Wirtschaft, kommt es doch häufig vor, daß die nationale landwirtschaftliche Produktion die Konsumbedürfnisse nicht zu befriedigen vermag. Diesen Sachverhalt zu korrigieren, bedeutet unserer Ansicht nach, das Agrarproblem zu lösen, und die Mittel, welche zu diesem Zweck angewandt werden müssen, bestehen in der Schmälerung der Machtstellung der Latifundisten und in der Anhebung des wirtschaftlichen, intellektuellen und moralischen Niveaus der Landarbeiter. Der erste Schritt in dieser Richtung wurde mit dem Erlaß des Dekrets vom 6. Januar 1915 unternommen, das nach unserem Vorschlag in den Rang eines verfassungsmäßigen Gesetzes erhoben werden soll, mit dem Zusatz, daß alle Dörfer und *comunidades* mit dem Land versehen werden sollen, das durch ihre Bewohner bearbeitet werden kann. Nachdem dieser erste Schritt getan ist, besteht der folgende darin, die Latifundien auszumerzen, wobei die Rechte der Eigentümer durch Entrichtung einer Entschädigung gewahrt bleiben.« Das Ziel sei nicht, sämtliche Mexikaner in Landeigentümer zu verwandeln, sondern bestehe lediglich darin, »die Voraussetzungen zu schaffen, damit alle jene zu Grundbesitz kommen können, welche den Willen und die Fähigkeit dazu besitzen«. Wenn eine wohlüberlegte Reform in diesem Sinne erfolge, »so wird sich die Lage der arbeitenden Klassen auf dem Lande unzweifelhaft verbessern; die Arbeiter, welche eigenes Land erwerben, werden über die Unabhängigkeit und den Wohlstand verfügen, welche für eine Anhebung ihres intellektuellen und moralischen Niveaus notwendig sind; und die Verminderung der Zahl der Landarbeiter durch die Aufteilung der großen Güter wird bewirken, daß ihre Arbeit gefragter und besser entlohnt wird. Das Ergebnis wird schließlich darin bestehen, daß die landwirtschaftliche Produktion auf einen Stand über den Konsumbedürfnissen steigt.«[26]

In der Exposition des Artikels 27 wird festgehalten, daß ursprünglich alles Land und Wasser innerhalb der Staatsgrenzen der Nation zustand; diese habe das Recht, das Dominium darüber an

Einzelpersonen zu übertragen und so den Privatbesitz zu begründen.[27] Dieser Privatbesitz wurde im Grundsatz ausdrücklich anerkannt, eine Enteignung war folglich nur möglich »im öffentlichen Interesse und mittels Ausrichtung einer Entschädigung«.[28] Dennoch war damit ein wichtiger Schritt über Carranzas Entwurf hinaus getan worden, da die Forderung nach einer »vorgängigen Entschädigung« im Falle von Enteignung fallengelassen und durch das wesentlich flexiblere »mittels Entschädigung« (mediante indemnización) ersetzt worden war.[29]

Durchaus im Sinne Carranzas wurden dann die einschränkenden Bestimmungen hinsichtlich des Besitzes von Grund und Boden durch Ausländer sowie das Grundbesitzverbot für Kirchen und Aktiengesellschaften in den Artikel 27 aufgenommen.[30] Vom Verbot des Grundbesitzes durch religiöse und zivile Korporationen, das einen Eckstein der Verfassung von 1857 und die Rechtsgrundlage für die umfangreichen Enteignungen von Dorfländereien im Porfiriat gebildet hatte, wurden nun in Abs. VI ausdrücklich ausgenommen »die Kondominien (condueñazgos), Weiler (rancherías) Dörfer (pueblos), Kongregationen (congregaciones), Stämme (tribus) und die übrigen korporativen Ortschaften (corporaciones de población), welche tatsächlich oder rechtlich den kommunalen Besitzstatus wahren; sie haben das Recht, gemeinsam den Boden, die Wälder und das Wasser zu bewirtschaften, welches ihnen gehört oder welches ihnen gemäß dem Gesetz vom 6. Januar 1915 zurückgegeben worden ist. Das Gesetz wird die Modalitäten der Aufteilung – lediglich des Bodens – bestimmen.«[31] Die Absicht, die Dörfer als Zentren eigenständiger landwirtschaftlicher Produktion neu zu beleben, wurde durch weitere Bestimmungen des Abs. VII bekräftigt, die im wesentlichen auf dem Gesetz vom 6. Januar 1915 beruhten: »Es werden für nichtig erklärt alle Maßnahmen, Dispositionen, Resolutionen und Operationen der Landabgrenzung, jede Konzession, Vergleich, Sentenz, Transaktion, Veräußerung oder Versteigerung, welche ganz oder teilweise die Kondominien, Weiler, Dörfer, Kongregationen, Stämme und übrigen korporativen Ortschaften, die seit Erlaß des Gesetzes vom 25. Juni 1856 noch bestehen, ihres Bodens, ihrer Wälder und ihres Wassers beraubt haben; und in gleicher Art sind sämtliche Maßnahmen, Dispositionen, Resolutionen und Operationen nichtig, welche künftig stattfinden und dieselben Effekte zeitigen. Folglich wird alles Land, Wasser und Wald, das den erwähnten Korporationen weggenommen wurde, ihnen zurückgegeben, in Übereinstimmung mit dem Dekret vom 6. Januar 1915, welches weiterhin als konstitutionelles Gesetz in Kraft bleibt. Für den Fall, daß auf der Grundlage dieses Gesetzes das Land, welches eine der erwähnten Korporationen verlangt, nicht in Form der Restitution zugestanden werden kann, soll sie es in Form der Dotation erhalten, ohne daß in irgend einem Falle die notwendige Zuteilung unterlassen werde.«[32]

Diese Bestimmungen bezogen sich allerdings, wie gesagt, nur auf die Mitglieder der erwähnten Gemeinden; aus dem ganzen Bereich der Ejidalpolitik, sei es in Form von Restitutionen oder Dotationen, waren somit die auf den Haciendas fest ansässigen *peones* ausgeschlossen. Auch die radikale Mehrheit der Konstituante sah eine völlige Verwandlung dieser Kategorie der abhängigen Agrarbevölkerung, des eigentlichen Landproletariats, in selbständige Bauern nicht vor. Deren Lage sollte sich vielmehr durch Lohnerhöhungen und zusätzliche soziale Schutzmaßnahmen verbessern. Immerhin sollte auch initiativen Angehörigen dieser Schicht der Weg zu individuellem Kleinbesitz offen stehen, und zwar über eine gesetzlich vorgeschriebene, unabhängig von der Ejidalpolitik zu erfolgende Aufteilung der Latifundien. Dazu wurden in der Verfassung aber lediglich einige Grundsätze skizziert, deren gesetzliche Ausführung der Bundes- und den Staatslegislativen in der folgenden Legislaturperiode aufgetragen war. Die Einzelstaaten hatten dabei die Freiheit, die vor jeder staatlichen Enteignung geschützte Maximalgröße des Grundbesitzes selbständig zu bestimmen. Besitzer größerer Güter waren innerhalb einer zu bestimmenden Frist gehalten, den Rest aufzuteilen und zum Verkauf anzubieten. Dieses Land war von den Käufern innerhalb eines bestimmten Zeitraumes selbst zu bezahlen, wobei dem Staat lediglich eine Garantiefunktion übertragen wurde, der er durch Ausgabe staatlicher Schuldscheine einer noch zu schaffenden öffentlichen »Agrarschuld« – und nicht etwa durch die Entrichtung von Bargeld – nachzukommen hatte.[33]

Mit diesen Bestimmungen zur staatlichen Ejidalpolitik und zur Förderung des landwirtschaftlichen Kleinbesitzes waren, wie Pastor Rouaix erklärte, die grundlegenden Ziele der Revolution verwirklicht worden. Denn die zuvor geknechteten *peones* seien damit zu freien Bürgern geworden, »die Nation verwandelte auf einen Schlag ihre koloniale Struktur in eine demokratische

Organisation, und der organische Frieden, der in der Gleichheit und der Gerechtigkeit verankerte Frieden, welcher der einzig wahre und dauerhafte ist, wurde in unserem Vaterland begründet . . .«[34]

Auf Verfassungsebene war damit in der Tat der Weg zu einer tiefgreifenden Veränderung der agrarischen Eigentumsordnung freigegeben, nur bedeutete dies, wie weiter unten ausführlicher darzulegen sein wird, noch nicht automatisch die Umsetzung dieses Verfassungsauftrags in die Praxis. Dieser während langer Jahre mehr theoretisch als praktisch relevante Rechtsanspruch sollte sich noch deutlicher am Beispiel jener Bestimmungen des Artikels 27 erweisen, welche die Eigentumsansprüche der Nation an den Bodenschätzen regelten.

Dieser Teil des Artikels 27 betraf zwar die Bodenschätze in ihrer Gesamtheit, richtete sich faktisch aber hauptsächlich gegen den rechtlichen Status der ausländischen Erdölgesellschaften, deren Bedeutung hinsichtlich des Umfangs investierten Kapitals und der geförderten Rohölmenge ja gerade seit dem Ausbruch der Revolution sprunghaft angestiegen war.[35] Carranza hatte denn auch, wie bereits erwähnt, die Ölgesellschaften vor allem fiskalisch stärker zu belasten begonnen und überdies schon im Dezember 1914 eine Überprüfung ihrer rechtlichen Stellung angekündigt. Dennoch fehlte in seinem der Konstituante vorgelegten Verfassungsentwurf jeder Hinweis auf eine Neufassung der Rechtsgrundlage zur Förderung des mexikanischen Erdöls, welches in einem 1884 erlassenen Minengesetz – in deutlichem Gegensatz zur kolonialen Rechtstradition – dem Besitzer des darüber liegenden Landes als Eigentum überlassen worden war.[36] Diese Bestimmung, unter der die hauptsächlich ausländischen Erwerber der reichen Ölfelder Mexikos nicht nur zu Konzessionären, sondern zu Eigentümern der Erdölvorkommen geworden waren, wurde nun durch Artikel 27 der neuen Verfassung ausdrücklich revidiert, indem der Nation das »direkte Dominium« über alle »Mineralien, . . . das Erdöl und sämtliche festen, flüssigen und gasförmigen Hydrokarburate« übertragen wurde.[37] Ebenso unterstanden gewisse Kategorien von Gewässern als öffentliche Gewässer den gleichen Bestimmungen. In beiden Fällen wurde in der Verfassung festgelegt, daß »das Dominium der Nation unveräußerlich und unverjährbar ist, und Konzessionen von der Bundesregierung an Private oder gemäß den mexikanischen Gesetzen gebildete zivile oder kommerzielle

Gesellschaften lediglich unter der Bedingung übertragen werden können, daß reguläre Arbeiten für die Ausbeutung der betreffenden Elemente unternommen und die gesetzlichen Bestimmungen eingehalten werden«.[38]

Die Verfassung von 1917 als »Magna Charta« der Revolution?

Auf zwei Hauptprinzipien stützten sich also die neuen Sozial- und Wirtschaftsartikel der Verfassung von 1917: einerseits auf den Grundsatz der staatlichen Intervention in den Bereich der Arbeitsverhältnisse, andererseits auf die deutliche Betonung der sozialen Funktion des Eigentums, im Sinne der Unterordnung individueller Eigentumsansprüche unter die vorrangigen Interessen der Gemeinschaft, Grundsätze, welche die mexikanische Verfassung in den Augen ihrer Gegner schon bald als sozialistisch, ja bolschewistisch erscheinen ließen.[39]

Tatsächlich aber dachten selbst die in der Konstituante von Querétaro erfolgreichen Radikalen keineswegs an die Errichtung einer sozialistischen Gesellschaftsordnung, auch wenn sie gelegentlich die auf Verfassungsebene durchgesetzten Sozialreformen als sozialistisch bezeichnen mochten.[40] Die staatsinterventionistische Zielrichtung des Artikels 123 hatte ja im Gegenteil zum Zweck, den Klassenkampf durch die Harmonisierung der gegensätzlichen Interessen von Arbeit und Kapital überflüssig zu machen; insofern zeigt sich hier vielmehr bereits ein deutlicher Ansatz zu jener halbkorporatistischen Ordnung, die sich dann später, mit der fortschreitenden Entwicklung der Revolutionspartei, auch institutionell durchsetzen sollte. Unmißverständlich äußerte sich das nicht-sozialistische Gesellschaftsverständnis auch im Kommentar der »Múgica-Kommission« zum Artikel 27, worin das Privateigentum ausdrücklich anerkannt und festgehalten wurde, daß das »Trachten nach Abschaffung des individuellen Grundeigentums in seiner Essenz nur als Utopie betrachtet werden« könne.[41]

Wenn die neue Verfassung somit keineswegs als sozialistisch bezeichnet werden kann, so enthielt sie andererseits eine für die Zeit ihrer Verabschiedung doch ungewöhnliche Fülle konkreter Sozialschutzbestimmungen, die sie, selbst im Vergleich mit jenen der wirtschaftlich fortgeschritteneren Staaten Westeuropas oder

der USA, als in mancher Beziehung progressiver erscheinen ließ.[42] Im Kontext der mexikanischen Agrargesellschaft bedeutete jedenfalls allein schon die rechtliche Aufhebung der semifeudalen Institution der Schuldknechtschaft ein wichtiger Schritt in Richtung auf die soziale Modernisierung des Landes. Und vor allem im Bereich der Grundeigentumsverhältnisse ließ die neue Verfassung weitreichende Veränderungen zu.

Dabei fällt insbesondere die zentrale Bedeutung auf, die dem Ejido als einer Form dorfgebundenen Grundeigentums zukam. Dies bedeutete allerdings nicht, daß in der durch die *norteños* politisch stark beeinflußten, wenn nicht gar dominierten Konstituante diese Form landwirtschaftlichen Besitzes als ein Ziel an sich angesehen worden wäre. Nach den Vorstellungen dieser Abgeordneten sollte sich die mexikanische Landwirtschaft ja letztlich vielmehr auf eine Vielzahl kleinerer und mittlerer Privatbetriebe stützen. Sowohl die traditionelle Hacienda wie auch der dorfgebundene Grundbesitz sollten deshalb schrittweise durch den dynamischen und modernen Klein- und Mittellandwirt verdrängt werden. Das an die Tradition kommunitärer Bewirtschaftung anknüpfende Ejido wurde deshalb lediglich als transitorische Einrichtung konzipiert, wie deutlich aus einer charakteristischen Bemerkung von Fernando González Roa, einem für die Belange der Landreform eintretenden Mitarbeiter Carranzas, hervorging: »Wir können nicht leugnen, daß das Individualeigentum der kommunalen Besitzform überlegen ist; aber in dem Stadium, in dem wir uns befinden, ist eine vorübergehende Phase absolut unerläßlich, welche die Verwandlung der Proletarier in individuelle Besitzer ermöglicht.«[43] Aus diesem Grunde wurde auch die spätere Aufteilung des Ejidolandes in Individualparzellen gesetzlich vorgeschrieben sowie grundsätzlich die Bedeutung der *pequeña propiedad* stark betont. Daß in der späteren Praxis sich die mexikanische Landreform dann doch ganz überwiegend auf den Ejidalbereich konzentrieren sollte, hatte mannigfache und von den Verfassungsschöpfern 1917 wohl kaum gänzlich abgesehene Gründe, auf die bei der Behandlung der konkreten Anwendung der Agrarreformgesetze näher eingegangen werden soll.

Weniger kontrovers war dagegen, ungeachtet der erhitzten Kongreßdebatten, der antiklerikale Inhalt, überhaupt nicht umstritten die wirtschaftsnationalistische Ausrichtung der neuen Verfassung. Antiklerikalismus und nationalistische Aversionen gegen eine übermächtige Stellung des Auslandskapitals waren insbesondere unter den *norteños* stark verbreitet, und zwar sowohl in deren sozialkonservativen wie progressiven Fraktion. In Carranzas Verfassungsentwurf waren zwar die Ausländer wohl Erwerbsbeschränkungen für mexikanisches Grundeigentum unterworfen worden, er selbst hatte darin aber keine Initiative zur Veränderung des Rechtsstatus der ausländischen Erdölfirmen ergriffen. In diesem Punkt spricht allerdings alles dafür, daß sich Carranza der Einführung dieses Absatzes durch die Rouaix-Kommission und dann der Verabschiedung durch die Konstituante nicht nur nicht widersetzte, sondern sie sogar ausdrücklich billigte. Nach seinen späteren Ausführungen hatte Rouaix Carranza über die Arbeit seiner Kommission, die zu den ersten redaktionellen Entwürfen der späteren Artikel 27 und 123 führte, ständig auf dem laufenden gehalten. Während sich aber Carranza etwa zu dem von der Rouaix-Kommission redigierten Artikel 123 lediglich »in kurzen Sätzen« geäußert habe, was Rouaix in seinem späteren Bericht dennoch als sein grundsätzliches Einverständnis deutete, sei die Einfügung der Bestimmungen über die Bodenschätze ausdrücklich erst nach »vorgängiger Zustimmung und Ermächtigung durch den Staatschef« erfolgt.[44] Da in diesem Bereich Carranzas Haltung mit seinen früheren Schritten wie auch mit seiner späteren Politik durchaus übereinstimmt, gibt es keinen Grund, an der von Rouaix überlieferten Zustimmung Carranzas zu zweifeln. Es war ja auch, wie Lorenzo Meyer zu Recht betont, in diesem »ausländisch beherrschten Sektor – in dem es praktisch keine zu beeinträchtigenden nationalen Interessen gab –, daß ein der Anwendung radikaler Maßnahmen abgeneigter Staatsmann logischerweise versuchte, durch eine eindeutig nationalistische Haltung die an wirklichen Veränderungen interessierten radikalen Elemente an sich zu binden«[45]; ähnliches ließe sich sicher auch über die politisch integrative Wirkung der in die Verfassung einfließenden antiklerikalen Maßnahmen sagen.[46]

Sieht man allerdings von den Übereinstimmungen in diesen beiden Punkten ab, so stellte die Verabschiedung der von Carranzas ursprünglichem Projekt gerade in den fundamentalen Bereichen der künftigen wirtschaftlichen und sozialen Umgestaltung des Landes doch stark abweichenden Revolutionsverfassung im ganzen eine unverkennbare politische Niederlage Carranzas gegenüber den radikalen Abgeordneten dar. In den Schlußabstimmungen passierten sowohl der Artikel 123 wie der Artikel 27 oppositionslos; und wenn man hier auch ein taktisch bedingtes Einschwenken der konservativen Carranzisten auf offenkundig nicht mehr zu verhindernde Plenumsentscheidungen in Rechnung stellen muß, so erscheinen doch gerade diese beiden zentralen Artikel im Kongreß von einem echten majoritären Konsensus getragen.[47]

Dennoch stellt sich die Frage, ob die Verfassung von 1917 wirklich in dem hohen Maße als verbindlicher Ausdruck revolutionären Veränderungswillens begriffen werden darf, als die sie gemeinhin gesehen wird. Daß die Verfassung unter der Regierung Carranzas, 1917-1920, in ihren sozialen Reformmandaten praktisch toter Buchstabe blieb, war bei Carranzas sozialpolitischen Vorstellungen keineswegs erstaunlich; aber auch während der mit Obregóns Präsidentschaft einsetzenden langen Hegemonieperiode der Sonorenser in der nationalen Politik wurde die Verfassung in ihren radikalen Postulaten lange nicht in dem Maß zur Richtschnur der praktischen Politik, wie sich das die progressiven Abgeordneten um Múgica, die eigentlichen »Väter« der Verfassung, erhofft hatten. Dies hing nicht nur mit einem zunehmenden Amtsinhaber-Konservatismus der in den 20er Jahren an die Schalthebel der Macht aufgestiegenen Sonorenser zusammen, sondern auch mit dem ideologischen Standort Obregóns und seiner engsten Gefolgsleute, die zwar während der Konstituante aus vornehmlich innenpolitischen Gründen die radikalen »Jakobiner« gegen die carranzistischen »Liberalen« protegiert hatten, die politisch aber Carranza doch wohl näher standen als den echten Radikalen vom Schlage eines Múgica.[48] Besonders hinsichtlich der Landreformbestimmungen etwa verhehlte Obregón als dynamischer, aufstrebender Ranchero aus dem Norden seine Skepsis gegenüber weitreichenden Eingriffen in die bestehende Eigentumsordnung, vor allem auch gegenüber einer vorrangig auf das Ejido ausgerichteten Agrarpolitik, durchaus nicht, wie 1919 deutlich aus seinen entsprechenden Erklärungen als Präsidentschaftskandidat hervorging.[49] Auch die wirtschaftsnationalistischen Bestimmungen des Artikels 27 empfand der spätere Präsident Obregón zeitweise eher als eine »unglückliche« Hypothek, die insbesondere das Verhältnis zu den USA schwer belastete.[50]

Die Verabschiedung der radikalen Verfassungsartikel war wohl vielmehr auf eine gewisse Eigendynamik der Konstituante zurückzuführen, in deren Verlauf sich die progressiven Abgeordneten immer stärker durchzusetzen vermochten. Allerdings ist es schwierig, progressive und liberale Deputierte nach klaren Kriterien wie etwa soziale Herkunft, ökonomische Position, Alter oder ziviler bzw. militärischer Status zu unterscheiden.[51] Nach den minutiösen Untersuchungen von Smith erweisen sich die genannten Merkmale für diesen Zweck als wenig aussagekräftig. Am ehesten stellte die regionale Herkunft ein Unterscheidungskriterium dar, standen doch den »jakobinischen« Hochburgen des Nordwestens und der Golfregion die carranzistischen Bastionen von Coahuila und dem Zentrum gegenüber.[52] Eine gewisse politische Polarisierung innerhalb des konstitutionalistischen Lagers nach regionalen Loyalitäten scheint sich also bereits in Querétaro abgezeichnet zu haben.[53]

Allerdings wäre es verfehlt, nur die Gegensätze innerhalb der Konstituante zu betonen. In einer weiteren Perspektive erscheint der Kongreß von Querétaro nämlich, wie Smith aufgezeigt hat, als in der Sache weit weniger gespalten als die z. T. erbitterten öffentlichen Kontroversen zwischen »Liberalen« und »Jakobinern« erwarten ließen. Vielmehr zeichnete sich der Kongreß durch eine relativ hohe politische und soziale Homogenität aus; die politischen Divergenzen bezogen sich oft mehr auf Fragen der Modalitäten als auf den Kern einer Sache. »Indem die Revolution die Macht der konstitutionalistischen Bewegung unter Carranza übertrug, fand sie ihren fundamentalen Ausdruck in einer gebildeten Mittelklasse, welche wenig – oder kein – Interesse an den Arbeitergewerkschaften oder an der Landverteilung hatte.« Unter dem Druck von unten, so Smith, anerkannte aber diese Elite die Notwendigkeit sozialer Veränderungen und gab ihr in der Verfassung von 1917 Ausdruck.[54]

Ähnlich ambivalent sollte der Einfluß der neuen Verfassung auf die politische Entwicklung der folgenden Jahre bleiben. Zwar blieb den wirtschaftlich-gesellschaftlichen Reformmandaten der Verfassung in der politischen Realität vor der zweiten Hälfte der 30er Jahre eine durchschlagende Wirkung versagt, andererseits aber gab sie als Legitimationsbasis jenen Kräften Rückhalt, die sich auch in diesen Jahren einer vorwiegend sozialkonservativen Stabilisierung für echte Reformen der mexikanischen Gesellschaft einsetzten.

1 Vgl. z. B. die Memoiren von Felix F. Palavicini, eines Prototyps der neuen zivilen Ministergruppe um Carranza, der unmittelbar nach seiner Ernennung zum Chef des Erziehungsministeriums im August 1914 das gesamte Personal dieser Behörde entlassen hatte; Palavicini, *Mi vida*, S. 208.

2 Vgl. die Rede Carranzas vom 1. 12. 1916, in *Diario de los debates del Congreso Constituyente, 1916-1917*, 2 vols., Neuausgabe der »Comisión nacional para la celebración del sesquicentenario de la proclamación de la Independencia nacional y del cincuentenario de la Revolución mexicana«, México 1960 (im folgenden: DdCC), hier vol. I, S. 385-399. Carranzas Verfassungsprojekt ist abgedruckt: I, S. 503-532. Diese beiden Bände enthalten den vollständigen Text der Kongreßdebatten. Wichtig für die Entstehung der Art. 27 und 123 ist das bereits angeführte Werk von Pastor Rouaix, *Genesis de los artículos 27 y 123 de la Constitución política de 1917*. Eine knappe, allerdings rein referierende Übersicht über den Kongreßverlauf gibt Gabriel Ferrer Mendiolea, *Historia*. Zwei Abgeordnete aus dem radikalen bzw. konservativen Flügel haben später eine Geschichte des Kongresses aus ihrer Sicht verfaßt. Für den »jakobinischen« Standpunkt obregonistischer Richtung vgl. Juan de Dios Bojorquez, *Crónica del Constituyente*, México 1938; für die konservativ-carranzistische Position Felix F. Palavicini, *Historia de la Constitución de 1917*, México 1938.

3 Vgl. E. V. Niemeyer, *Revolution at Querétaro – The Mexican Constitutional Convention of 1916-1917*, Texas UP, Austin/London 1974, S. 33-35. – Für die Designation »offizieller« Kandidaten »von oben« vgl. auch die Aussage von Julian Adame, der als einziger Kandidat im Wahlkreis von Zacatecas aufgestellt wurde, PHO/1/32, 41.

4 Vera Estañol, *Historia*, S. 495; Niemeyer, S. 42; Peter H. Smith, La política dentro de la Revolución: El Congreso Constituyente de 1916-1917, in *Historia Mexicana, XXII/3* (1973), S. 363-395, hier S. 365 f.

5 Zit. b. Niemeyer, S. 39.

6 Niemeyer, S. 40-42.

7 Smith, S. 364-366.

8 Die Rivalität zwischen Obregón und Carranza fand z. B. in der Kontroverse über die Wählbarkeit jener meist Carranza nahestehenden Abgeordneten, die als Parlamentarier unter Huerta weiterhin in ihren Ämtern verblieben waren, öffentlichen Ausdruck. Während Obregón diesen Deputierten die Wahlfähigkeit absprach, beharrte Carranza auf der Rechtmäßigkeit ihrer Wahl. Diese Kontroverse fand in den Debatten der Konstituante einen lebhaften Widerhall; vgl. DdCC I, S. 49, S. 198-237, S. 860-862, S. 920-924. Aufschlußreich für die Auswirkungen dieser Kontroverse auf den Kongreßverlauf sind die Erklärungen des Kongreßpräsidenten Rojas in der Sitzung vom 16. 12. 1916, worin er sich auf frühere kritische Bemerkungen Obregóns gegen ihn und seine Gesinnungsfreunde bezog: » . . . aber eine Sache habe ich festgestellt, meine Herren: daß nämlich viele, welche vor den Erklärungen des Generals

Obregón meine Freunde waren, seit diesem Augenblick ihre Freundschaft verleugneten und glaubten, daß ich ein Mann sei, dem es nicht zustehe, im Kongreß Einsitz zu nehmen, weil ich ein Feigling gewesen sei; diese Männer verdienen meine Verachtung, weil sie keine Überzeugung haben, sondern einem Mann folgen, von dem sie glauben, daß sie von ihm etwas erhalten können.« *DdCC I*, S. 741.

9 Die – im Rahmen der mexikanischen »politischen Kultur« natürlich reichlich problematische – Unterscheidung zwischen carranzistischen »Liberalen« und obregonistischen »Jakobinern« traf u. a. der Kongreßpräsident Rojas in seiner Rede vom 16. 12. 1916. Historisch würden die von ihm repräsentierten Liberalen »die durch die Völker englischer Zunge erkämpften Grundsätze verkörpern« und sich auf die Verfassung von 1857 berufen, während die Jakobiner »als Modell das heroische und gebildete Frankreich nehmen, welches uns ebenfalls Freiheit und schöne Modelle zur Nachahmung (!) gegeben hat«, *DdCC I*, S. 784.

10 Múgica war fraglos einer der führenden und profiliertesten Vertreter der progressiven Offiziere der konstitutionalistischen Armeen. Gebürtig aus Michoacán, also dem zentralen Hochland, entstammte er einer Familie von Dorfschullehrern, deren Berufstradition auch er hätte fortsetzen sollen. Als junger Mann arbeitete er dann aber als Drucker und Journalist, wurde Mitarbeiter der antiporfiristischen Zeitschrift »Regeneración« und schloß sich den Reyisten an, bevor er sich aktiv an der maderistischen Erhebung beteiligte. Als junger Hauptmann gehörte er zu den Soldaten der ersten Stunde der konstitutionalistischen Armee Carranzas, in deren Reihen er, unter General Lucio Blanco, an der Kampagne gegen Huerta teilnahm. In der Konstituante von Querétaro spielte Múgica, wie auch Pastor Rouaix, *Genesis*, S. 238, anerkennt, die führende Rolle. In seiner späteren politischen Laufbahn kollidierte sein Radikalismus allerdings mit der deutlich sozial-konservativeren Politik der Sonorenser, welche Múgicas Karriere dann auch ein vorläufiges Ende setzten. Erst während der Präsidentschaft seines Landsmannes Lázaro Cárdenas gelangte Múgica als prominentes Regierungsmitglied nochmals für einige Jahre in eine Schlüsselstellung der nationalen Politik. Zu Múgicas Biografie vgl. Armando de Maria y Campos, *Múgica, crónica biográfica*, México 1939.

11 Smith, *La política*, S. 372.

12 Der schließlich verabschiedete Art. 3 der Verfassung von 1917 lautete: »Die Schulbildung ist frei, aber sie ist in den staatlichen Anstalten laizistisch, ebenso die Primar-, Elementar- und höhere Ausbildung, welche in privaten Schulen erteilt wird. – Keine religiöse Korporation und kein Priester irgend einen Kultes können Primarschulen errichten oder leiten. – Private Primarschulen können nur unter öffentlicher Aufsicht errichtet werden. – In den staatlichen Schulen erfolgt die Primarschulausbildung unentgeltlich.« – Der ausführliche Art. 130 auferlegte der katholischen Kirche eine ganze Reihe einschneidender Beschränkungen; er erklärte die Ehe zum Zivilvertrag, verlangte von den Priestern die

mexikanische Nationalität, verbot ihnen die Kritik am »staatlichen Grundgesetz, an den Behörden im besonderen und an der Regierung im allgemeinen« und sprach ihnen das aktive wie das passive Wahlrecht ab. Die Errichtung neuer Kirchen unterlag der Genehmigung des Innenministeriums. Den einzelstaatlichen Legislativen wurde lediglich das Recht eingeräumt, die Maximalzahl von Priestern in ihren Staaten zu bestimmen. Jede politische Vereinigung, deren Bezeichnung »ein Wort oder einen Hinweis in Verbindung mit irgend einer religiösen Konfession« enthielt, war untersagt. Überdies unterlag die Kirche den restriktiven Bestimmungen von Abs. II des Artikels 27, welcher der Kirche jeglichen Besitz von Grund und Boden oder darauf aufgenommener Hypotheken untersagte, sowie die Kirchengebäude wie auch die übrigen kirchlichen Immobilien wie Bischofspaläste, Priesterseminarien usw. verstaatlichte. Text der Verfassung von 1917 u. a. in *DdCC II*, S. 1181-1220.

13 Die Ausarbeitung dieser beiden Artikel wurde einer außerhalb des Kongresses tagenden Kommission unter Carranzas Wirtschafts- und Agrarminister Pastor Rouaix anvertraut. Detaillierte Berichte über die Sitzungen dieser Redaktionskommission bei Rouaix, *Genesis*. Zu den öffentlichen Debatten in der Konstituante über die Art. 5 und 123 vgl. die Sitzungen vom 12., 19., 26., 27. und 28. 12. 1916 sowie vom 23. 1. 1917; *DdCC I*, S. 587 f., S. 804-806, S. 968-989, S. 1001-1019, S. 1023-1058, *DdCC II*, S. 838-841 (Artikel 5); Sitzung vom 23. 1. 1917, *DdCC II*, S. 831-863 (Artikel 123). Für die Redaktion des neuen Artikels waren indessen die inoffiziellen Sitzungen der Rouaix-Kommission, die außerhalb der regulären Sitzungszeit des Kongresses stattfanden, von größerer Bedeutung. Der von dieser Arbeitsgruppe unterbreitete Entwurf wurde schließlich von 68 Abgeordneten aus beiden Flügeln in ganz oder allgemein zustimmendem Sinne unterzeichnet; Rouaix, S. 116. – Pastor Rouaix gehörte zwar ebenfalls dem Kreis von Carranzas engen Mitarbeitern an, vertrat aber innerhalb dieser Gruppe eine sozial fortschrittliche Haltung. Seiner Ausbildung nach Ingenieur und von seiner beruflichen Tätigkeit her mit den Agrarproblemen seines Staates vertraut, war er während des Bürgerkriegs gegen Huerta provisorischer Gouverneur von Durango geworden und hatte in dieser Eigenschaft am 20. November 1913 ein, wenn auch sehr gemäßigtes, Agrargesetz für seinen Staat erlassen; vgl. Rouaix, S. 277-282. Bis zu einem gewissen Grad vermochte Pastor Rouaix so in seiner Person die Gegensätze zwischen den beiden Blöcken zu überbrücken. Aus einer Haltung ausgeprägter persönlicher Loyalität gegenüber Carranza, dem er auch später wieder als Wirtschaftsminister diente, neigt er in seinem Buch allerdings dazu, die Differenzen zwischen Carranzas konservativer Position und den schließlich die Verfassung prägenden radikaleren Kräften stark herunterzuspielen. Es finden sich in seinem Werk denn auch nur spärliche und indirekte Hinweise auf Carranzas Verhalten gegenüber dem Kongreßverlauf in Querétaro.

14 Rouaix, S. 108.

15 Abs. I, IV, VI; Abs. VI lautete: »Der Mindestlohn, der dem Arbeiter zusteht, ist jener, der unter Berücksichtigung der regionalen Unterschiede für ausreichend erachtet wird, die normalen Lebensbedürfnisse des Arbeiters zu decken, seine Bildung und seine ehrbaren Vergnügungen, wobei angenommen wird, er sei Familienvater. In jedem Unternehmen der Landwirtschaft, des Handels, der Industrie oder des Bergbaus haben die Arbeiter ein Recht auf eine Beteiligung an den Gewinnen ...« Der Zusatz über die Gewinnbeteiligung war von der Verfassungskommission unter Múgica dem Rouaix-Projekt angefügt und im Plenum durchgesetzt worden.

16 Abs. II, III, V, XII, XIV.

17 Abs. XV, XVII, XX. Der vom Plenum verabschiedete Abs. XVIII spezifizierte, im Unterschied zur Rouaix-Kommission und im Bestreben, den gewerkschaftlichen Spielraum zu erhöhen, daß Streiks nur dann als »ungerechtfertigt« (ilícito) gelten könnten, »wenn die Mehrheit der Streikenden Gewalt gegen Personen oder Eigentum« ausübten. Aussperrungen dagegen waren nur im Falle von Überproduktion und nach Genehmigung durch die »Schlichtungs- und Schiedsgerichtsjunta« zulässig (Abs. XIV).

18 Diese Bestimmung ging als Artikel 13 in die »Transitorischen Artikel« ein. In der Präambel des Rouaix-Entwurfes hieß es dazu: »In unserem Projekt figuriert eine Neuerung, welche jene überraschen mag, denen die herrschenden Bedingungen in den Arbeitszentren der Republik unbekannt sind, wo es immer die unheilvolle *tienda de raya* gegeben hat, jene unerbittliche Falle, in der die Arbeiter gefangen wurden und wo sie nicht nur der im Schweiße ihres Angesichts erworbenen Frucht ihrer Arbeit, sondern sogar ihrer Freiheit und ihrer politischen und bürgerlichen Rechte beraubt wurden und wo sie durch verbrecherische und abscheuliche Praktiken der patronalen Verwaltung an ihre unglückseligen Nachkommen gekettet wurden, durch die enormen Schulden, welche auf jenen lasteten und die sich in direktem Verhältnis zur Zeit oder Dauer der Knechtschaft erhöhten. Die Gerechtigkeit fordert, daß solche Kredite nicht anerkannt werden, welche von der Lieferung schlechter und auf exorbitante Weise verteuerter Ware herrühren, um so einem Menschen zu versklaven, dessen elend entlöhnte Arbeit den Herrn auf außerordentliche Weise bereicherte ...«, Rouaix, S. 110 f.

19 Abs. X, XXVII e.

20 Die einzige wesentliche Neuerung in Carranzas Verfassungsprojekt zum gesamten Komplex des Arbeitsrechtes hatte in der Beschränkung der Arbeitskontrakte auf ein Jahr bestanden; vgl. Rouaix, S. 69; *DdCC I*, S. 504.

21 Auch diese Bestimmung ist auf dem Hintergrund einer verbreiteten Praxis der zwangsmäßigen Erfüllung von Arbeitskontrakten während des Porfiriats zu sehen, wie der Abgeordnete Federico Ibarra in der Sitzung vom

23. Januar 1917 erklärte: »Ich glaube, daß es in dieser Kammer niemanden gibt, der nicht weiß, daß z. B. bei den Arbeiteranwerbungen die Arbeiter zur Vertragserfüllung, nachdem der Kontrakt einmal unterschrieben war, zu regelrechten Gefangenen gemacht und als Gefangene behandelt wurden, bis ihr Vertrag erfüllt war.« Ibarra verwies dann darauf, »daß acht Millionen unserer Landsleute unwissend sind, Analphabeten ... und daß es diese Leute sind, mit welchen solche Arbeitsverträge abgeschlossen werden.« Würde ein ausdrückliches Verbot der Anwendung von Zwangsmitteln in solchen Fällen unterlassen, so bedeutete dies »die Sanktionierung der Sklaverei in unserem Land.« *DdCC II*, S. 839 f. Eindrückliche literarische Schilderungen der Lebensverhältnisse solcher Kontraktarbeiter finden sich z. B. in den Romanen von Bruno Traven.

22 Auch Pastor Rouaix betonte das besondere Gewicht des Artikels 27, da er, im Gegensatz zum Artikel 123, bestehende Eigentumsverhältnisse tangierte: »Andererseits strebte der Arbeiter aus materieller Unmöglichkeit niemals nach dem Besitz der Fabrik, während der Campesino sehr wohl von Anfang an begriff, daß seine Erlösung im Besitz des Bodens lag.« *Genesis*, S. 143.

23 Wie Carranza selbst ausführte, schien ihm die unveränderte Übernahme der Verfassungsbestimmungen von 1857 (Enteignungsmöglichkeit zu öffentlichem Nutzen bei *vorgängiger* Entschädigung) durchaus ausreichend, »um Grund und Boden aufzukaufen und in der passenden Form unter jene zu verteilen, welche sich der landwirtschaftlichen Arbeit zuwenden wollen, und um so den landwirtschaftlichen Kleinbesitz zu begründen, welcher im Maße der öffentlichen Bedürfnisse zu fördern ist«, *DdCC I*, S. 391. Carranza hatte im übrigen schon vor der Eröffnung der Konstituante die Bestimmungen des Dekrets vom 6. Januar 1915, das wohlweislich das heikle Problem der Entschädigungsfrage durch Ausklammerung der Indemnisationsfrage umgangen hatte, durch persönliche Erklärungen und administrative Schritte deutlich verwässert. So hatte er schon weniger als ein halbes Jahr nach Erlaß seines Dekretes (und sicher nicht zufällig im Gefolge des dritten großen Sieges Obregóns gegen Villa) am 11. Juni 1915 ausdrücklich erklärt, daß es zur Lösung des Agrarproblems »keine Konfiskationen geben wird. Dieses Problem wird durch die angemessene Verteilung jenes Grund und Bodens gelöst werden, welcher sich noch im Besitz der Regierung befindet ..., durch den Aufkauf und die Enteignung großer Landstücke, wenn dies notwendig sein sollte, durch die übrigen Mittel des Aufkaufs, welche die Gesetze des Landes ermöglichen. (...) Jeder von Einzelpersonen oder legalen Regierungen legitim erworbene Besitz, der kein Privileg oder Monopol darstellt, wird nicht angetastet werden.« Am 19. September 1916 stoppte Carranza überdies durch ein Dekret die provisorische Zuteilung von Ejidos durch die lokalen Gouverneure, was in der Praxis zu einer erheblichen Verminderung der Landzuteilungen führen mußte; vgl. zu diesen beiden

Schritten Carranzas Silva Herzog, *El Agrarismo,* S. 245 f. In diesem Licht erscheint Carranzas konservativer Verfassungsentwurf als durchaus folgerichtig, wie ja vor allem auch seine spätere Regierungspraxis diese ausgesprochen sozialkonservative Position nur bestätigt.

24 Carranzas Entwurf bekräftigte nicht nur das schon in der Verfassung von 1857 enthaltene, während des Porfiriats faktisch aber zunehmend ausgehöhlte Verbot kirchlichen Grundbesitzes, sondern dehnte dieses Verbot auch auf Aktiengesellschaften aus, da sich dahinter oft der Klerus oder Ausländer verborgen hielten. Ausländer sollten zudem bezüglich ihres mexikanischen Grundbesitzes ausdrücklich auf ihre Rechtsansprüche als Ausländer verzichten; vgl. *DdCC I,* S. 391 f. Diese Bestimmungen wurden denn auch in den neuen Artikel 27 übernommen (Abs. I, II, IV).

25 Rouaix, S. 146. Zur redaktionellen Ausarbeitung und zur Verabschiedung des Artikels 27 vgl. S. 143-215.

26 *DdCC II,* S. 1071 f. Zu den öffentlichen Debatten in der Konstituante über den Artikel 27 vgl. die Sitzung vom 29. 1. 1917, *DdCC II,* S. 1071-1136. Der Artikel 27 mußte unter großem Zeitdruck diskutiert werden, da der Kongreß am 31. Januar 1917 zu Ende ging. Aus diesem Grunde beschloß der Kongreß am 29. Januar 1917, fortan in permanenter Session zu tagen, um vor allem den Artikel 27 noch verabschieden zu können. Der Umstand, daß die Sitzung über den Artikel 27 die ganze Nacht bis morgens um halb vier Uhr dauerte und Deputierte verschiedentlich aufgerufen werden mußten, nicht einzuschlafen, mag mit ein Grund für die schwache Opposition bei der Detailberatung des umfangreichen Artikels 27 gewesen sein, dessen genauer Text auch noch nicht gedruckt vorlag. Andererseits hatte, nach Pastor Rouaix, S. 214, in den Tagen zuvor eine große Zahl interessierter Abgeordneter an der Redaktion des Artikels direkt oder indirekt mitgewirkt, was auch seine relativ rasche Verabschiedung erkläre. Zum ersten Entwurf der Rouaix-Kommission, der in zehn Tagen vorbereitet werden mußte, zu seiner Modifikation durch die »Verfassungskommission« unter Múgica sowie zur Verabschiedung des Artikels 27 vgl. Rouaix, S. 143-215.

27 Artikel 27, Exposition.

28 Artikel 27, Exposition.

29 Diese Formel sollte in der Praxis darauf hinauslaufen, daß die mexikanische Agrarreform später im wesentlichen konfiskatorischen Charakter annahm, wohl die einzige Form auch, unter der sie überhaupt zu verwirklichen war.

30 Abs. I, II, IV. Abs. I bestimmte, daß nur Mexikaner Grundbesitz erwerben konnten. Ausländer hatten gegenüber dem mexikanischen Außenministerium zu erklären, daß sie sich hinsichtlich ihres mexikanischen Grundbesitzes als Mexikaner betrachteten und auf jeden diesbezüglichen Rechtsschutz ihrer Regierungen verzichteten. »In einem Streifen von 100 Kilometern längs den Grenzen und 50 Kilometern längs der Küste können Ausländer unter keinen Umständen direktes Eigentum an

Grund und Boden erwerben.« Nach Abs. II verfielen bestehende Kirchengüter dem Staat.

31 Unter welcher Bezeichnung sie auch immer klassifiziert wurden, lediglich Ortschaften mit autonomer Existenz konnten nach der Verfassung in den Genuß von Restitutionen oder Dotationen von Ejidoland kommen, nicht aber Ansiedlungen auf den Haciendas, die als Teil dieser Güter und somit als bar jeder politischen Selbständigkeit betrachtet wurden. – Während sich das Gesetz vom 6. Januar 1915 noch ausdrücklich gegen jegliche Wiederbelebung kommunitärer Wirtschaftsformen ausgesprochen hatte und auch der ursprüngliche Entwurf der Rouaix-Kommission einen deutlichen Passus gegen die Wiederbelebung von *comunidades* enthalten hatte (vgl. Rouaix, S. 171), fiel diese Bestimmung in der Vorlage der Múgica-Kommission weniger explizit aus und blieb ausdrücklich auf eine Aufteilung des Bodens (nicht also des Waldes und des Wassers) beschränkt. Immerhin blieb der Auftrag zur späteren Aufteilung von Gemeindeland und seine Verwandlung in Individualbesitz auch in dieser dann verabschiedeten Fassung bestehen.

32 Abs. VII. Lediglich Güter bis zu einer Ausdehnung von 50 ha waren vor Enteignungen zur Dotation oder Restitution von Ejidoland ausgenommen. »Was diese Fläche übersteigt, muß der Gemeinde (comunidad) zurückgegeben werden, wobei der Besitzer dafür zu entschädigen ist.« Obwohl solche Enteignungen eines sanktionierenden Richterspruches bedurften, hatten die politischen Behörden das Recht zu vorgängiger administrativer Inbesitznahme des betreffenden Landes, ein Passus, der sich in der Praxis der Landverteilung als sehr bedeutsam erweisen sollte.

33 Diese Bestimmungen galten nur in den durch die Ejidalpolitik nicht betroffenen Fällen. Insofern lassen sich zwei deutlich unterscheidbare Ebenen in der mexikanischen Agrarpolitik feststellen: die in der Bundesverfassung verankerten Grundsätze über den ejidalen Bereich sowie die stärker der einzelstaatlichen Initiative überlassene Förderung des privaten Kleinbesitzes. Auch im Falle von Enteignungen im Rahmen der Ejidalpolitik erfolgte die Entschädigung in Form von staatlichen Schuldscheinen, sog. »bonos«. Betr. die Aufteilung der Haciendas hielt Abs. VII e fest: »Der Wert der einzelnen Grundstücke (aus den aufzuteilenden Gütern, d. Vf.) wird in Jahresraten entrichtet, welche Kapital und Kredite amortisieren, und zwar in einem Zeitraum von mindestens zwanzig Jahren, während derer der Käufer das Land nicht veräußern kann. Der Zinssatz darf 5 % pro Jahr nicht übersteigen.« Allgemein wurde die Entschädigungssumme nach dem Steuerwert + 10 % festgelegt, was in der Mehrzahl der Fälle wohl deutlich unter dem realen Wert der Güter lag. Veteranen der konstitutionalistischen Armee und deren Angehörige sollten für den Erwerb von Land aus Güteraufteilung in den Genuß von Sonderbestimmungen kommen (VII, f). – Schließlich wurde der Regierung auch die Kompetenz übertragen, sämtliche Verträge, die von früheren Regierungen seit 1876 mit Einzelpersonen oder Gesellschaften

zur Vermessung und Aufteilung von »Ödland« abgeschlossen worden waren (und die zu riesigen Latifundien in den Händen dieser Konzessionäre geführt hatten), zu revidieren und für nichtig zu erklären.

34 Rouaix, S. 155.

35 Vgl. oben, Kap. II/4, S. 293.

36 1884 hatte Erdöl noch keine Rolle gespielt; damals war es vielmehr darum gegangen, Kohle aus den allgemeinen Bestimmungen der auch im unabhängigen Mexiko noch gültigen kolonialen Rechtstradition über die Bodenschätze herauszunehmen, nach welcher der direkte Eigentumsanspruch auf Bodenschätze der Krone (bzw. nach 1821 der mexikanischen Nation) zustand. Erdöl hatte 1884 denselben Status wie Kohle erhalten, ging also ins direkte Eigentum des Oberflächenbesitzers über. Diese Bestimmungen wurden 1909, zu einem Zeitpunkt also, da Erdöl in der Tat schon eine beträchtliche wirtschaftliche Rolle spielte, von der porfiristischen Gesetzgebung ausdrücklich bestätigt. Vgl. zu den juristischen Aspekten Lorenzo Meyer, *México*, S. 38 ff.

37 Um die reale Bedeutung dieser Verfassungsrevision ermessen zu können, welche Eigentümer in einfache Konzessionäre mit allen sich daraus ergebenden Implikationen verwandelte, ist darauf hinzuweisen, daß 1917 90% der mexikanischen Ölfelder in ausländischem Besitz waren und daß praktisch sämtliche von den Ölgesellschaften bis 1938 (dem Jahr der Verstaatlichung durch Cárdenas) ausgebeuteten Felder noch unter den Bestimmungen der porfiristischen Gesetzgebung erworben worden waren, was später vor allem für die kontroverse Frage der Retroaktivität des neuen Artikels 27 von Bedeutung wurde. Vgl. Meyer, S. 82. Angaben zur Verteilung der Felder auf die wichtigsten ausländischen Erdölgesellschaften finden sich bei Meyer, S. 82, Anm. 13.

38 Art. 27, Exposition.

39 Vgl. z. B. die Schrift des ehemaligen Sekretärs von Madero, Roque Estrada, *Concentración antibolchevique*, México 1923; F. McCullagh, *Red Terror in Mexico*, New York 1928.

40 Vgl. z. B. die Äußerung Múgicas in der Sitzung vom 18. 12. 1916: »Was die gerechte Entlöhnung und das volle Einverständnis (des Arbeiters bezüglich seines Arbeitsvertrags, d. Vf.) betrifft, meine Herren Abgeordneten, so werden Sie verstehen, wie schwierig es ist, diese beiden Ideen, welche bis heute das Problem des Sozialismus (!) nicht nur in Mexiko, sondern der ganzen Welt ausmachen, genau zu bestimmen ...«, *DdCC I*, S. 1051.

41 *DdCC II*, S. 1072, Sitzung vom 29. 1. 1917.

42 Die Rouaix-Kommission hatte sich in der Redaktion des Artikels 123 auf Vorarbeiten gestützt, die José N. Macías im Auftrag Carranzas mit der Untersuchung der nordamerikanischen, englischen und belgischen Arbeitsgesetzgebung geleistet hatte.

43 Fernando González Roa, *El aspecto*, S. 313.

44 Rouaix, S. 118, S. 161.

45 Meyer, *México*, S. 80. Meyer sieht einen möglichen Grund für die Unterlassung einer entsprechenden Initative in Carranzas Projekt im Umstand, »daß es schwieriger war, äußeren Druck auf die Konstituante als auf den Präsidenten anzuwenden, vor allem, wenn man sich die Feindseligkeit vergegenwärtigt, welche wichtige nordamerikanische Sektoren Carranza persönlich entgegengebracht hatten«.

46 Vgl. dazu Jean Meyer, *Los obreros*; Barry Carr, *Anticlericalism during the Mexican Revolution, 1910-1930*, unveröffentl. MS.

47 Der Artikel 123 wurde mit 163, der Artikel 27 mit 150 Stimmen ohne Gegenstimme verabschiedet, *DdCC II*, S. 863, S. 1136. Nach Ferrer Mendiolea, *Historia*, S. 153, konnten die »Jakobiner« 2/3, die »Liberalen« 1/3 der Abgeordneten auf sich vereinigen.

48 Nach einem späteren Zeugnis des Generals Heriberto Jara, der in Querétaro selbst zu den prominenten Mitgliedern des radikalen Flügels zählte, hatte Obregón keinen Anteil etwa an der inhaltlichen Gestaltung des Artikels 27: »Was den Artikel 27 betrifft . . ., so wandte sich die Linke ebenfalls nicht an den General Obregón, um von ihm zu erfahren, wie sie sich zu verhalten hatte.« Aus einem Brief Jaras an Vicente Lombardo Toledano, zit. b. Bernardino Mena Brito, *Ocho diálogos con Carranza*, S. 213. Auch Carranza soll später gegenüber einem Gesprächspartner einen Einfluß Obregóns und seines engeren Kreises zwar auf den Inhalt der Artikel 3 und 130 konzediert, einen solchen auf den Artikel 27 aber verneint haben, Mena Brito, S. 56.

49 Vgl. Alvaro Obregón, *El problema agrícola y agrario*. Conferencia dada en la Cámara Agrícola Nacional Jalisciense, el día 18 de noviembre de 1919, Guadalajara 1919. Vgl. dazu unten, Kap. II/6, S. 351.

50 Nach dem Protokoll einer Kabinettssitzung vom 4. 11. 1922, auf welcher die – angesichts des Standes der mexikanisch-amerikanischen Beziehungen – äußerst heikle Frage der Reglementierung des Artikels 27 in seinen Bestimmungen über das Erdöl zur Debatte stand, äußerte sich Obregón als Präsident wie folgt: »Wenn der Artikel 27 nur nicht so unübersehbar bestünde . . ., aber unglücklicherweise existiert er im Korpus unserer Grundgesetze, und wir können keinen Schritt dahinter zurückgehen.« Zit. b. Lorenzo Meyer, *México*, S. 136.

51 Vgl. Smith, *La política*, dessen Aufsatz auf einer quantitativen Auswertung der Abstimmungen mittels Faktoranalyse beruht. Interessanterweise konnte Smith auch die z. B. von Lieuwen, *Mexican Militarism*, S. 41 ff., S. 155, vertretene Auffassung einer besonders starken Übervertretung der Militärs unter den »Jakobinern« nicht bestätigen.

52 Smith, S. 377 ff., der dort mögliche Bestimmungsfaktoren für die regionale Homogenität im Abstimmungsverhalten der Abgeordneten aufführt: neben der Entfernung vom nationalen Machtzentrum, dem Grad politischer Autonomie der Region und der Stärke der Arbeiterbewegungen in den entsprechenden Gliedstaaten scheint mir vor allem der Faktor des »control partidista«, d. h. des beherrschenden Einflusses von

Carranza oder Obregón in den jeweiligen Regionen von großer Bedeutung, vgl. dazu auch Anm. 53.

53 Besonders stark waren diese Loyalitäten unter den militärischen Abgeordneten in Querétaro; vgl. dazu z. B. die Aussage des Abgeordneten Calderón aus Jalisco in der Sitzung vom 18. 12. 1916: »Was ist denn daran erstaunlich, daß die Deputationen von Tepic, Colima, Sinaloa und andere so etwas wie Freundeskreise bilden, da es in allen diesen Abordnungen Militärs gibt, die dem nordwestlichen Armeekorps angehören?« *DdCC I*, S. 787.

54 Smith, S. 381 f., S. 373.

Kapitel 6

Die gescheiterte Stabilisierung der Revolution: Die Regierung Carranza, 1917-1920

Mit der Verabschiedung der Revolutionsverfassung von 1917 und der Wahl Carranzas zum verfassungsmäßigen Präsidenten im März 1917 schien die mexikanische Revolution ihren Höhepunkt überschritten zu haben und in eine Phase der Konsolidierung eingetreten zu sein. Allerdings sollte Carranza die von ihm angestrebte Stabilisierung der spätrevolutionären Verhältnisse mißlingen. Dies nicht nur wegen des weiterwirkenden bewaffneten Widerstandes linker und rechter Oppositionsbewegungen gegen die Carranza-Regierung, sondern letztlich wohl vornehmlich durch Carranzas Unvermögen, die neuen, durch die Bürgerkriege geschaffenen Verhältnisse in seiner Politik entsprechend zu berücksichtigen. Insbesondere gelang es Carranza nicht, seine Regierung auf eine breite Massenbasis abzustützen, entfremdete er sich doch durch seine konservative Sozialpolitik den breiten Massen von Bauern und Arbeitern immer mehr: ein Mangel, den auch seine betont nationalistische Außenpolitik nicht aufzuwiegen vermochte. Unter diesen Umständen sollte sich die Machtbasis Carranzas als zu schwach erweisen, um dem Druck der von ihm im Zusammenhang mit der Präsidentschaftsnachfolge herausgeforderten sonorensischen Führungsgruppe um Obregón standhalten zu können. Im Gefolge der durch den offenen Bruch zwischen Carranza und Obregón im Mai 1920 ausbrechenden Militärrebellion stürzte die Carranza-Regierung in wenigen Tagen wie ein Kartenhaus in sich zusammen.

Ungeachtet der im letzten Kapitel angedeuteten Spannungen zwischen rivalisierenden Elitegruppen innerhalb der konstitutionalistischen Führung wurde Carranzas Kandidatur für das Präsidentenamt 1917 nicht ernsthaft bestritten. Als einziger offizieller Bewerber erzielte er in den Wahlen vom 11. März annähernd 200000 Stimmen: ein Ergebnis, das bei einer Gesamtbevölkerung von ca. 15 Millionen und ungefähr 3 Millionen Wahlberechtigten allerdings nur eine beschränkte Repräsentativität beanspruchen konnte.[1] Nach Vera Estañols kritischem Kommentar nahmen an der Wahl denn auch lediglich »die Armeeangehörigen, ungefähr 150000 an der Zahl, einige Zivilisten der Bürokratie, die Bekehr-

ten der letzten Stunde und einige Gruppen von *peones* teil, die man in Karren an die Wahlurne geführt und ihnen dafür einen Taglohn ausgerichtet hatte, der zwischen 50 Centavos und 1 Peso schwankte«.[2]
Deutlicher als in den Präsidentschaftswahlen kam die politische Rivalität zwischen den Carranzisten und ihren Gegnern in den gleichzeitig stattfindenden Kongreßwahlen und im Versuch, die Gliedstaaten unter Kontrolle zu bringen, zum Ausdruck. Dabei knüpfte auch Carranza an unverkennbar porfiristische Traditionen der Beeinflussung der Wahlen »von oben« an. Regierungstreue, d. h. carranzistische Kandidaten wurden auf vielfältige Weise gefördert: durch Unterstützung mit Regierungsgeldern, durch entsprechenden Druck auf die Gouverneure, durch den Versuch, oppositionelle Parteibildungen zu unterlaufen, usw.[3] Während Carranza sein Ziel, den oppositionellen Kräften den Zugang zum Kongreß zu versperren, nicht erreichte und er insbesondere nach den Kongreßwahlen von 1918 mit einer starken Opposition im Parlament zu rechnen hatte, war er in der Durchsetzung seiner Kandidaten für die Gouverneursposten der Einzelstaaten erfolgreicher, konnte er doch 1917 von neunzehn Staatsregierungen vierzehn mit seinen engen Gefolgsleuten besetzen.[4] Auch diese Gouverneurswahlen waren von heftigen, z. T. bewaffneten Auseinandersetzungen, Betrugsvorwürfen, Einschüchterungen an den Urnen usw. begleitet, so daß auch in der Carranza-Zeit schwerlich von einer Verwirklichung jener demokratischen Forderungen die Rede sein kann, wie sie in Maderos Postulat nach »Sufragio efectivo« oder in der Verfassung von 1917 aufgestellt worden waren.[5]
In den drei Jahren seiner Regierung schälten sich die Grundelemente von Carranzas Politik deutlich heraus. Während er im Innern eine im wesentlichen sozialkonservative Politik betrieb, die in deutlichem Widerspruch zu den soeben verabschiedeten Reformmandaten der neuen Verfassung stand, versuchte er nach außen, einen nationalistischen Kurs einzuschlagen, der ihn allerdings rasch in Konflikt vor allem mit den ausländischen Erdölfirmen und deren Regierungen brachte.

Grundprobleme der mexikanischen Außenpolitik unter Carranza und der Erdölkonflikt mit den USA, 1917-1920

Die mexikanische Außenpolitik unter Carranza, insbesondere das zentrale Verhältnis zu den USA, blieb vorerst stark durch die Kriegsentwicklung in Europa beeinflußt. Nach dem Sturz Huertas hatte Carranza zunächst eine antideutsche Haltung eingenommen, nach gescheiterten Annäherungsversuchen an Japan und im Zusammenhang mit dem mexikanisch-amerikanischen Konflikt des Jahres 1916 im Gefolge der Pershing-Expedition nach Mexiko diese Politik aber zunehmend in einem prodeutschen Sinne revidiert.[6] Insbesondere versuchte die mexikanische Regierung im Herbst 1916 von Deutschland vermehrte Militär- und Rüstungshilfe zu erlangen – ein Ansinnen, auf das die deutsche Regierung damals allerdings noch nicht einging.[7] Mit dem deutschen Beschluß zur Aufnahme des uneingeschränkten U-Boot-Krieges zu Beginn des Jahres 1917 und der daraus resultierenden Gefahr eines Kriegseintritts der USA auf Seiten der Entente-Staaten wurde Mexiko für Deutschland aber plötzlich interessant. Um nämlich im Falle eines amerikanischen Kriegseintritts amerikanische Truppen an der Südgrenze der USA oder in Mexiko zu binden, versuchte Deutschland, Mexiko zu einem Angriff auf die USA zu bewegen. Diesem Ziel diente das Angebot des deutschen Außenministers Zimmermann an Mexiko vom Januar 1917, in welchem Mexiko ein Bündnis auf folgender Grundlage vorgeschlagen wurde: »Gemeinsame Kriegführung, gemeinsamer Friedensschluß. Reichliche finanzielle Unterstützung und Einverständnis unsererseits, daß Mexiko in Texas, Neu Mexiko, Arizona früher verlorenes Gebiet zurückerobert.«[8] Dieses Bündnis-Angebot, die sog. »Zimmermann-Depesche«, wurde allerdings bei der telegraphischen Übermittlung vom britischen Marinegeheimdienst abgefangen, entschlüsselt und an die amerikanische Regierung weitergeleitet.[9] Insofern erwies sich die »Zimmermann-Depesche«, deren Inhalt in den USA bekannt gemacht wurde, als Bumerang für Deutschland. Nicht nur gab sie in den USA jenen Kräften starken Auftrieb, die sich für einen Kriegseintritt gegen Deutschland einsetzten, auch für Mexiko kam ein Eintreten auf das deutsche Bündnisangebot nicht in Frage. Einerseits begannen gerade in jenem Zeitpunkt die amerikanischen Truppen der Pershing-Expedition das Land zu räumen, andererseits verkannte natürlich auch die mexikanische Regierung nicht die Abenteuerlichkeit des deutschen Vorschlags, durch einen Angriff auf die USA Texas, New Mexico und Arizona zurückzuerobern. »Nachdem Carranza immer mehr den Eindruck gewonnen hatte, daß keine unmittelbare Gefahr einer amerikanischen Invasion bestand, lehnte er am 14. April das Bündnisangebot ab.«[10]

Für die USA hatte die Europapolitik, insbesondere nach dem amerikanischen Kriegseintritt im April 1917, absolute Priorität. Hauptaufgabe des im Februar 1917 nach Mexiko entsandten neuen amerikanischen Botschafters Henry P. Fletcher war es deshalb, »alles zu unternehmen, um einen Bruch mit Carranza zu vermeiden«, also Mexiko »ruhig zu halten« und die wichtigsten kontroversen Probleme in den mexikanisch-amerikanischen Beziehungen, vor allem die unterschiedliche Interpretation des Artikels 27, bis nach Kriegsende herunterzuspielen.[11] Dennoch ließ sich nicht verhindern, daß diese Fragen schon 1917/18 das mexikanisch-amerikanische Verhältnis und insbesondere die Beziehungen zwischen der mexikanischen Regierung und den ausländischen Erdölunternehmen nachhaltig bestimmten.

Mit der Verabschiedung der Verfassung von 1917 hatte der »revolutionäre Nationalismus« (Smith) Mexikos ein deutliches Profil erhalten. Die daraus resultierende Politik Carranzas war zwar nicht antikapitalistisch oder auf die grundsätzliche Eliminierung des Auslandskapitals ausgerichtet, wohl aber strebte sie eine verstärkte Kontrolle über die ausländischen Unternehmen an, um auf diese Weise die eigenständige Entwicklung Mexikos voranzutreiben.[12] Diesem wirtschaftlichen Nationalismus entsprach auch Mexikos Versuch, sich als »Führer oder Beispiel für die unterentwickelten Nationen Lateinamerikas in ihrem Streben nach wirtschaftlicher Unabhängigkeit« zu profilieren. Politisch schlug sich diese Haltung in Mexikos Anstrengungen vom Februar 1917 nieder, in der westlichen Hemisphäre einen »Block der Neutralen« gegenüber den Kriegsparteien des 1. Weltkriegs zu bilden. Diese auf wirtschaftliche Eigenständigkeit und politische Unabhängigkeit ausgerichtete Politik fand schließlich in der »Carranza-Doktrin« von 1919 ihren Ausdruck, die vor allem den in der »Monroe-Doktrin« implizierten Kontrollanspruch der USA über die innere und äußere Politik Mexikos zurückwies.[13]

Präsident Wilson und andere amerikanische Regierungsmitglieder anerkannten zwar die Existenz gravierender Probleme in

Mexiko, lehnten aber einen »revolutionären« Weg zu ihrer Lösung entschieden ab. Dies galt natürlich insbesondere für die Politik der mexikanischen Regierung gegenüber den ausländischen Unternehmen.[14]

Diese Politik war nicht nur Ausfluß des mexikanischen Nationalismus; sie wurde auch durch die schwierige wirtschafts- und finanzpolitische Lage der Carranza-Regierung bestimmt. Mit Ausnahme der Sisal- und vor allem der Erdölproduktion litten die meisten Wirtschaftszweige unter den Auswirkungen des Bürgerkriegs. Entsprechend waren auch die Staatseinnahmen zurückgegangen. Zudem bestand noch immer ein weitgehendes Handelsembargo der USA gegenüber Mexiko, das nicht nur Waffen und Munition, sondern auch Nahrungsmittel umfaßte. Angesichts dieser wirtschaftlichen Schwierigkeiten und der großen Militärausgaben der Regierung im Kampf gegen die bewaffneten Oppositionsbewegungen versuchte die Carranza-Regierung wiederholt, in den USA eine Staatsanleihe zu erlangen. Das State Department widersetzte sich allerdings diesem Vorhaben, solange die mexikanische Regierung nicht bereit war, ungeachtet des Artikels 27 die Eigentumsrechte der ausländischen Unternehmen voll anzuerkennen, eine Forderung, auf die Carranza nicht einging.[15] Carranza versuchte deshalb, erhöhte Staatseinnahmen durch verstärkte Kontrolle und Besteuerung der florierenden Exportsektoren, d. h. der Sisalproduktion und der Erdölförderung, zu erreichen. Neben der bereits erwähnten Schaffung einer staatlichen Einkaufsgesellschaft für Sisalhanf in Yucatán sollte insbesondere der prosperierende Erdölsektor einen größeren Ertrag für den mexikanischen Staat abwerfen. Zu diesem Zweck erhob die mexikanische Regierung im April 1917 eine Exportsteuer für Erdöl in Höhe von 10 %, die zwar bei den betroffenen Unternehmen auf heftigen Widerspruch stieß, von der amerikanischen Regierung aber noch hingenommen wurde.[16] Eine sehr scharfe Reaktion des State Department erfolgte dagegen auf das von Carranza am 19. Februar 1918 erlassene Erdöldekret, das insofern deutlich über den Fiskalbereich hinausging, als es auch auf vor 1917 von den Ölgesellschaften erworbenen Feldern die Entrichtung einer *Royalty* verfügte und neue Bohrungen auf diesen Feldern von einer vorgängig eingeholten Regierungsgenehmigung abhängig machte. Gleichzeitig wurden die Ölgesellschaften verpflichtet, ihre Eigentumstitel bei der mexikanischen Regierung registrieren zu lassen. Es war insbesondere diese

Registrierpflicht, welche nicht nur die Ölgesellschaften, sondern auch die amerikanische Regierung zu einem scharfen Protest veranlaßte, sahen doch die Amerikaner in diesem Punkt mit einem gewissen Recht den Versuch zur Durchsetzung des in Artikel 27 vorgesehenen Rechtsanspruchs des mexikanischen Staates auf die Bodenschätze.[17] Angesichts des amerikanischen Widerstandes zog Carranza zwar im August 1918 die Registrierpflicht zurück, was auch zu einer Entspannung im mexikanisch-amerikanischen Verhältnis führte; aber schon 1919 kam es zu einem neuen Höhepunkt im mexikanisch-amerikanischen Erdölkonflikt. Jetzt verlangte nämlich die Regierung Carranza, ungeachtet des zunehmenden politischen Drucks der USA, nicht nur die vorgängige Einholung einer Regierungsgenehmigung für Bohrungen auf bisher nicht ausgebeuteten Feldern, sondern versuchte diese Forderung auch durch Militäreinsatz gegen unbotmäßige Gesellschaften durchzusetzen.[18] Dieser erneute Anlauf der Regierung Carranza, die Ölgesellschaften mit Hilfe des Artikels 27 besser in den Griff zu bekommen, sollte in der zweiten Hälfte des Jahres 1919 hart an den Rand einer militärischen Intervention der USA führen.

In den USA hatten sich einflußreiche Gruppen allerdings schon früher für einen harten Kurs gegenüber Mexiko eingesetzt. Vor allem die Ölgesellschaften hatten sich als Reaktion auf die sich seit 1916/17 deutlich abzeichnende nationalistische Politik der mexikanischen Regierung zu einflußreichen *pressure groups* zusammengeschlossen, so zur Vereinigung der Erdölproduzenten in Mexiko und 1919 zu der ebenfalls von den Erdölunternehmen dominierten Nationalen Vereinigung zur Verteidigung der nordamerikanischen Interessen in Mexiko.[19] In Mexiko selbst führten die Erdölunternehmen eine aufwendige Privatdiplomatie gegen Geist und mögliche Auswirkungen des Artikels 27, vor allem aber unterstützten sie mit massiven finanziellen Mitteln die Privatarmee des anticarranzistischen Generals Manuel Peláez, der ihnen dafür einen gewissen Schutz gegen Eingriffe der Regierungstruppen bot.[20]

Die offizielle amerikanische Mexikopolitik suchten die Ölgesellschaften vor allem über ihre guten persönlichen Beziehungen zu Chefbeamten des State Departments in ihrem Sinne zu beeinflussen. Dieser Einflußkanal erweiterte sich noch, als im Rahmen der kriegswirtschaftlichen Organisation der USA zahlreiche Geschäftsleute, darunter auch Vertreter der Ölbranche, als sog.

dollar-a-year men in hohe Verwaltungsposten aufrückten.[21] Dennoch gelang es diesen Gruppen nicht, den angestrebten Konfrontationskurs mit Mexiko durchzusetzen, obwohl im Außenministerium mehrere hohe Funktionäre eine solche Politik befürworteten und schließlich neben dem amerikanischen Mexiko-Botschafter Fletcher auch Außenminister Lansing zunehmend einer »harten Linie« zuneigten. Einmal entschärfte nämlich, wie erwähnt, die Regierung Carranza durch temporäre Konzessionen immer wieder die Spannungen zwischen den beiden Ländern, vor allem aber war Präsident Wilson während des Krieges nicht bereit, zugunsten der amerikanischen Ölinteressen eine militärische Konfrontation mit Mexiko zu riskieren.[22]

Auch nach Kriegsende stand für Wilson die Versailler Friedenskonferenz so stark im Zentrum seiner Außenpolitik, daß er den Beziehungen zu Mexiko kaum Aufmerksamkeit schenkte. Wenn dieser Umstand auch einerseits die Wirkungsmöglichkeiten Lansings und seines Stabs bezüglich der amerikanischen Mexikopolitik erhöhte, so setzten Wilsons außenpolitische Prioritäten den Exponenten einer »hard line«-Politik gegenüber Mexiko andererseits doch gleichzeitig klare Grenzen. Dies zeigte sich deutlich während der Krise der amerikanisch-mexikanischen Beziehungen im zweiten Halbjahr 1919, die noch durch die innenpolitischen Kontroversen in den USA akzentuiert wurde. Die oppositionellen Republikaner versuchten nämlich, die amerikanische Mexikopolitik zu einem Hauptangriffspunkt in ihrem Kampf gegen Wilson zu machen. Besondere Bedeutung kam dabei einem Untersuchungsausschuß des Senats unter dem Vorsitz des Republikaners Albert B. Fall zu, der allen Klagen – vor allem auch jenen der amerikanischen Erdölfirmen – gegen die Regierung Carranza ein wirksames Forum verschaffte und damit auch einer interventionistischen Haltung in der amerikanischen Bevölkerung den Boden zu bereiten suchte.[23] Das dabei gezeichnete Bild einer »bolschewistischen« Carranza-Regierung wurde allerdings zunehmend auch von Repräsentanten der Administration aufgenommen, unter welchen Lansing nach Wilsons Schlaganfall im Oktober 1919 eine besondere Bedeutung zukam. Bei Lansings zunehmend hartem Kurs gegenüber Mexiko scheinen auch innenpolitische Überlegungen eine Rolle gespielt zu haben, versprach er sich doch offenbar von einer Intervention in Mexiko eine Ablenkung der damals akuten innen- und sozialpolitischen

Probleme nach außen, wie seinen Tagebuchnotizen zu entnehmen ist.[24]
Alle Versuche in dieser Richtung scheiterten allerdings am Widerstand Wilsons, der nicht nur aus parteipolitischen Überlegungen keinen offenen Bruch mit Mexiko wünschte, sondern der auch erkannte, daß die interventionistischen Kräfte nur eine verhältnismäßig kleine Gruppe umfaßten, die auch keineswegs die Gesamtheit der in Mexiko engagierten amerikanischen Wirtschaftsinteressen repräsentierten.[25]
Wenn damit aber auch eine militärische Konfrontation mit Mexiko unter der Regierung Carranza vermieden werden konnte und Anfang 1920 durch Konzessionen sowohl der mexikanischen Regierung als auch der Ölgesellschaften sogar eine deutliche Entspannung in den Beziehungen zwischen den beiden Ländern eintrat, so bedeutete dies natürlich keineswegs, daß damit auch die tiefgreifenden Kontroversen zwischen Mexiko und den USA über den Artikel 27 verschwanden. Diese Kontroverse sollte in den folgenden Monaten und Jahren in aller Schärfe wieder aufleben, wobei die amerikanische Regierung nach dem gewaltsamen Sturz der Regierung Carranza im April 1920 in diesen Auseinandersetzungen allerdings ein zusätzliches und wirkungsvolles Instrument in die Hand erhalten sollte: jenes der diplomatischen Anerkennung der neuen mexikanischen Regierung.

Die Haltung gegenüber den Gewerkschaften und die Agrarpolitik Carranzas

Im Gegensatz zu Carranzas nationalistischer Außenpolitik, die sich durchaus am Geist der neuen Verfassung von 1917 orientierte, verfolgte Carranza sowohl in der Arbeits- wie in der Agrarpolitik einen weitgehend sozialkonservativen Kurs, der ihm zunehmend die Unterstützung sowohl der Arbeiter als auch der Bauern entzog.
Nach der Auflösung der Casa del Obrero Mundial durch Carranza im Sommer 1916 hatten mexikanische Arbeiterorganisationen wiederholt versucht, sich eine neue organisatorische Struktur zu geben. Die in Querétaro verabschiedeten Bestimmungen des Artikels 123 schienen gewerkschaftlichen Organisationen den nötigen und nun erstmals auch verfassungsmäßig

gewährleisteten Spielraum zu einer eigenständigen Interessenpolitik zu geben. Nachdem ein erster 1916 in Veracruz stattfindender Kongreß zum nationalen Zusammenschluß der mexikanischen Arbeiterorganisationen an ideologischen und personellen Gegensätzen gescheitert war, kam es im Oktober 1917 in Tampico zu einem – hauptsächlich von den der amerikanischen International Workers of the World (IWW) nahestehenden Ölarbeitern inspirierten – zweiten Versuch, eine vom Staat unabhängige nationale Gewerkschaftsorganisation zu gründen. Auch auf dieser Tagung, auf der wiederum nur eine Minderheit der mexikanischen Arbeiterschaft repräsentiert war, verhinderten Fraktionsgegensätze zwischen den radikalen Ölarbeitern des Golfs und den »possibilistischen« Vertretern der Gewerkschaften aus dem Distrito Federal eine Einigung.[26] Erst aus dem dritten Kongreß vom Mai 1918 in Saltillo sollte schließlich eine neue nationale Dachorganisation, die Confederación Regional de Obreros Mexicanos (CROM), hervorgehen, deren Entstehung wiederum deutlich jenes Muster einer starken Abhängigkeit vom Staat aufzeigt, wie es bereits dem Pakt der Casa del Obrero Mundial mit den Konstitutionalisten zugrunde gelegen hatte und wie es dann vor allem das Verhältnis zwischen CROM und Regierung in den 20er Jahren prägen sollte.

Schon die Einberufung des Gründungskongresses nach Saltillo war auf Initiative des Gouverneurs von Coahuila, Gustavo Espinoza Mireles, erfolgt; das Staatsparlament hatte offiziell das Patronat über die Versammlung übernommen, die auch von der Regierung finanziert wurde. Selbst die Reise- und Unterhaltskosten der Delegierten wurden aus staatlichen Mitteln aufgebracht.[27] Unter diesen Auspizien konnte es schwerlich zur Bildung einer eigenständigen, von der Regierung unabhängigen Gewerkschaftsorganisation kommen, auch wenn sich der Gründungskongreß – ganz in der Tradition der mexikanischen Arbeiterbewegung – verbal gegen jegliche politische Aktivität der Arbeiterorganisation aussprach und als Programm den »Klassenkampf durch ausschließlich direkte Aktion« verkündete.[28] Ideologischen Fragen sollte allerdings, wie der neugewählte Generalsekretär Luis Morones verkündete, künftig ohnehin ein geringeres Gewicht gegenüber den organisatorischen Anstrengungen der neuen Gewerkschaft zukommen, deren Mitgliederzahl bis 1920 indessen nur langsam auf ca. 50000 zunahm.[29]

Trotz der offiziellen Geburtshilfe durch den Gouverneur von

Coahuila, die Carranza offenbar billigte, wenn nicht sogar förderte, waren die Beziehungen zwischen der CROM und der Carranza-Regierung bald durch wachsende Spannungen gekennzeichnet.[30] Vor allem die von der CROM unterstützten Streiks des Jahres 1919 führten zu einer raschen Verschlechterung ihrer Beziehungen zur Regierung, deren Chef die politische Bedeutung einer ins Regime integrierten Gewerkschaftsbewegung, im Gegensatz zu den sonorensischen Führern, verkannte. Es erstaunt deshalb nicht, daß sich – wie noch zu zeigen ist – die Führer der CROM und die von ihnen 1919 gegründete Mexikanische Arbeiterpartei 1919 immer mehr auf den Präsidentschaftskandidaten Obregón auszurichten begannen, von dem sie zu Recht eine aufgeschlossenere Haltung der Regierung gegenüber den Arbeiterorganisationen erwarteten.

Auch in seiner Agrarpolitik verfolgte Carranza insofern einen sozialkonservativen Kurs, als er wenig Neigung zeigte, die verfassungsmäßigen Reformmandate in die Praxis umzusetzen. Wie bereits erwähnt, hatte Carranza schon vor der Verabschiedung des Artikels 27 in Querétaro die durch sein Dekret vom 6. Januar 1915 ermöglichte provisorische Zuteilung von Ejidoland durch die Staatsgouverneure wieder rückgängig gemacht, um zu verhindern, »daß provisorische Entscheidungen oder Zuteilungen, wie transitorisch sie auch seien, Auswirkungen zeitigten sowie Rechte und Interessen begründen, die im Falle ihrer Rückgängigmachung schwere Konflikte und Schwierigkeiten für die Dörfer, die Regierung und Privatpersonen hervorrufen«.[31] Obwohl diese Maßnahme für den weiteren Verlauf der Landreform ohne praktische Bedeutung blieb, macht sie – wie schon Carranzas konservatives Projekt für den Artikel 27 – seine geringe Reformbereitschaft auf diesem Gebiet deutlich, die sowohl seinen allgemeinen gesellschaftlichen Ordnungsvorstellungen entsprach als auch Ausfluß seiner eigenen wirtschaftlichen Position als mittelgroßer Grundbesitzer war.[32]

So erließ z. B. die *Comisión Nacional Agraria* unter Carranza, also die oberste der mit der Durchführung der Landreform beauftragte Behörde, am 31. Januar 1919 ein verfassungsmäßig fragwürdiges Rundschreiben an die lokalen Agrarkommissionen, nach welchem sich die Bauern, die Anspruch auf Ejidaldotationen erhoben, vorgängig schriftlich zu verpflichten hatten, dem Staat die Entschädigungssumme an die enteigneten Grundbesitzer zurückzuerstatten.[33] Am 20. Dezember 1919 schließlich legte

Carranza sein Veto gegen ein von den Kammern vorgelegtes Gesetzesprojekt, die *ley de tierras ociosas* ein, das landlosen Campesinos die temporäre Nutzung brachliegenden Landes ermöglichen sollte, da der Präsident darin einen Anschlag auf das in der Verfassung verankerte Privateigentum erblickte. Dieser Gesetzesentwurf widerspreche »den Geboten des sozialen Rechtsempfindens, da es das Eigentumsrecht in einer Art und Weise schmälert, die sich in keiner Weise auf die Verfassungsbestimmungen zurückführen läßt. (...) Das Privateigentum ist ausdrücklich im Artikel 27 der geltenden Verfassung anerkannt. (...) Die Landbevölkerung ist der täglichen Fürsorge durch die Regierung teilhaftig geworden, welche sich bemüht hat, ihre Bedürfnisse zu befriedigen, von ihrer materiellen Position bis hin zur Sphäre ihrer verbesserten politischen Stellung. Aber das Gleichgewicht der Gemeinschaft verlangt denselben Eifer in der Gewährleistung der Rechte der übrigen Klassen, indem diese gegen jede Beeinträchtigung ihrer verfassungsmäßigen Freiheiten geschützt werden.«[34]

Eine ähnlich paternalistisch-konservative Haltung lag Carranzas willkürlichem Eingreifen in die Ejidalangelegenheiten des Dorfes Xochimilco zugrunde. In diesem Fall war eine definitive Landzuteilung durch Präsidialbeschluß Carranzas rückgängig gemacht worden, wobei ein Behördenvertreter betonte, Dotations- und Restitutionsentscheidungen seien lediglich »als Gnadenerweise zu betrachten« und somit ohne weiteres widerrufbar; eine Auffassung, die selbst vom traditionell konservativen Obersten Gerichtshof auf das bestimmteste zurückgewiesen wurde.[35]

Von einer eigentlichen Landreform zugunsten der landhungrigen Bauern und Dörfer kann man deshalb unter Carranza schwerlich sprechen, wie auch aus der deutlichen Verminderung neu verteilten Ejidolandes unter seiner Präsidentschaft hervorgeht: von 90000 ha im Jahre 1917 auf 25000 ha 1918 und lediglich 6000 ha im Jahre 1919.[36]

Im Gegenteil begann Carranza, einen großen Teil der staatlich intervenierten Haciendas ihren alten Eigentümern zurückzugeben. Darin zeigte sich am deutlichsten der unverkennbar restaurative Grundzug seiner Präsidentschaft. Schon 1914/15 hatte Carranza die ersten Rückgaben intervenierter Ländereien an ihre alten Eigentümer verfügt; als Präsident setzte er diese Politik in großem Maßstab fort.[37] Die scharfen Angriffe der Zapatisten gegen Carranza, den »Eigentümer ausgedehnter Ländereien in Cuatro Ciénagas, Staat Coahuila«, der deswegen seine »Kameraden Hacendados« schütze, waren im Kern also durchaus zutreffend.[38] Eine vollständige Restauration der alten agrarischen Eigentumsverhältnisse fand allerdings auch unter Carranzas Präsidentschaft nicht statt. Kirchlicher Besitz blieb weitgehend konfisziert, ebenso das Eigentum konventionistischer Gegner, wie etwa der Grundbesitz Maytorenas in Sonora. Schließlich konnte Carranza auch eine gewisse Besitzumschichtung zugunsten der neuen Revolutionselite, die sich auf vielfältige Weise – von pseudolegalem Vorgehen bis zur Anwendung nackter Gewalt – in den Besitz ausgedehnter Ländereien brachte, nicht unterbinden.[39] Die Bildung dieser neuen Großgrundbesitzerschicht – ein wesentliches Charakteristikum dieser Revolution – wird weiter unten noch genauer zu beleuchten sein.

Daß sich Carranza mit dieser konservativen Agrarpolitik, die ja lediglich das Gegenstück zu seiner Arbeiterpolitik darstellte, keine Massenunterstützung schaffen konnte, liegt auf der Hand. Von bäuerlicher Seite durfte er jedenfalls keine Hilfe erwarten, wenn sein Regime in Gefahr geraten sollte, wie aus dem aufschlußreichen Bericht einer Bauernorganisation in Durango an Obregón hervorgeht.[40]

Offenkundig war seine Agrarpolitik auch alles andere als geeignet, um eine Einigung mit den von der nationalen Exekutive noch immer nicht vollständig kontrollierten Zapatisten herbeizuführen. Da der Präsident eine politische Lösung des »Zapata-Problems« ausschloß, blieb ihm nur die Fortsetzung der seit Díaz' Tagen angewandten Strategie der militärischen Bekämpfung der südlichen Aufständischen.[41] Allerdings vermochten seine Armeen so wenig wie jene von Porfirio Díaz, Madero und Huerta eine dauerhafte militärische Lösung, d. h. die endgültige Niederwerfung der südlichen Befreiungsarmee, zu erzwingen. Ein Hinweis auf die letzte Phase der zapatistischen Bewegung nach dem Zusammenbruch ihrer militärischen und politischen Kontrolle über den Staat Morelos im Frühjahr 1916 erscheint somit angezeigt.

Die »Revolution des Südens« in der Defensive

Wie weiter oben erwähnt, war es den konstitutionalistischen Truppen unter dem Oberbefehl von Pablo González im Frühjahr

1916 zwar gelungen, die zapatistischen Verteidigungslinien in Morelos zu durchbrechen und die Städte und Dörfer des Staates unter ihre Kontrolle zu bringen. Aber eine eigentliche und dauerhafte »Befriedung« von Morelos mit militärischen Mitteln vermochten auch die Konstitutionalisten nicht zu erreichen, obwohl sie, ganz in der Tradition eines Huerta oder Juvencio Robles, mit Terrormaßnahmen jeden Widerstand zu ersticken suchten.[42] Erneut zeigte sich nämlich unter diesen Umständen die außerordentliche Defensivkraft der morelensischen Rebellen, die zweifellos noch durch die wahllose gonzalistische Repression verstärkt wurde. Zwar waren die Zapatisten – mehr denn je geplagt von Waffen- und Geldmangel und in ihren Beständen von ehemals 20000 Mann auf weniger als 5000 Mann zusammengeschrumpft – gezwungen, wieder vornehmlich zur Guerillataktik zurückzukehren. Aber auch die Konstitutionalisten konnten angesichts der ausbleibenden durchschlagenden Erfolge nicht endlos 30000 Mann in Morelos stationiert halten, um so weniger, als seit Mitte 1916 die unter dem Kommando von Felix Díaz in Oaxaca operierende Armee zur ernsthaftesten militärischen Bedrohung des Carranza-Regimes geworden war und auch im Norden weiterhin die Villisten sowohl den carranzistischen Truppen wie auch dem nordamerikanischen Expeditionsheer trotzten.
Unter diesen Umständen begannen die überdies von Malaria, Ruhr und Typhus heimgesuchten konstitutionalistischen Besatzungstruppen im Dezember 1916 Morelos erneut zu räumen und überließen selbst die größeren Ortschaften und die Hauptstadt Cuernavaca wieder der zapatistischen Kontrolle.[43]
Im Gegensatz zur Situation vom Sommer 1914 bis Herbst 1915 war diese Kontrolle aber sehr beschränkt. Nicht nur hatten die Konstitutionalisten sämtliche Waffen- und Munitionsvorräte mit sich geführt und lag fortan die strategische Initiative auf ihrer Seite, auch wirtschaftlich, sozial und politisch stand Morelos am Rande des Zusammenbruchs.[44]
Auch wenn es dem zapatistischen Hauptquartier gelang, eine rudimentäre Verwaltung wiederaufzubauen, so war doch an eine längerfristige Reformpolitik wie 1914/15 nicht mehr zu denken. Vielmehr mußte die zapatistische Bewegung jetzt um ihr bloßes Überleben kämpfen, denn auch in der »Befreiungsarmee des Südens« machten sich immer stärker Verschleißerscheinungen bemerkbar. Einerseits nahmen zapatistische Truppenteile Amne-

stieangebote der Regierung an und legten die Waffen nieder. So hatte sich in Tlaxcala ein prominenter Verbündeter Zapatas, Domingo Arenas, mit den Carranzisten geeinigt. Seine Armee wurde in das nationale Heer überführt, ihm und seinen Offizieren wurden ihre militärischen Grade offiziell anerkannt und sogar die von Arenas vorgenommenen provisorischen Landverteilungen wurden in diesem Falle durch die carranzistischen Behörden sanktioniert.[45] Auch die Angebote der materiell und finanziell weit besser ausgestatteten Felixisten gewannen für die zapatistischen Soldaten an Attraktivität. Zapata hatte zwar gewisse militärische Operationen mit den Felixisten koordiniert, es aber abgelehnt, mit den Bannerträgern eines reaktionären Anti-Carranzismus ideologisch gemeinsame Sache zu machen.[46] Andererseits mehrten sich auch die persönlichen Konflikte innerhalb der zapatistischen Führung. Im Mai 1917 wurde Otilio Montaño, der ehemalige Volksschullehrer, dem im wesentlichen die Redaktion des »Plans von Ayala« zugeschrieben wird, unter der Anklage des Hochverrats hingerichtet. Im Juni 1917 kam es zu einer heftigen Auseinandersetzung zwischen Zapatas Bruder Eufemio und einem seiner wichtigsten Offiziere, in deren Verlauf Eufemio Zapata umgebracht wurde, worauf sein Widersacher mit seinen Leuten auf die Seite der Konstitutionalisten überlief.[47]
Angesichts solcher Zerreißproben mußten die Zapatisten dringend nach starken Verbündeten Ausschau halten, auch wenn dies ein gewisses Abrücken von ihren bisher vertretenen radikalen Positionen bedeutete. Mit dieser neuen Politik traten innerhalb der zapatistischen Führungsspitze auch neue Männer in den Vordergrund. Während der radikale Manuel Palafox seinen früher beherrschenden Einfluß immer mehr einbüßte und sich später verbittert von Zapata lossagte, wurde mit Gildardo Magaña nun ein Mann Zapatas engster Mitarbeiter, der schon immer versucht hatte, die zapatistische Bewegung stärker in die auf nationaler Ebene dominanten Strömungen zu integrieren und so der »Revolution des Südens« ihren sezessionistischen Charakter zu nehmen.[48]
Bereits im Juli 1917, als sich die politischen Spannungen zwischen Obregón und Carranza deutlich abzeichneten, hatte sich Zapata öffentlich lobend über Obregón geäußert. Im April 1918, nachdem in der winterlichen Trockenzeit erneut konstitutionalistische Truppen unter Pablo González in Morelos eingedrungen waren, erließ Zapata ein neues »Manifest an das mexikanische

Volk«, das vor allem die notwendige Einheit aller »wahren«, d. h. anticarranzistischen Revolutionäre beschwor und die spezifischen Forderungen des »Plans von Ayala«, welcher in künftigen zapatistischen Aufrufen übrigens nicht mehr erwähnt wurde, stark in den Hintergrund rückte.[49]

Weder politisch noch militärisch gelang es allerdings den Zapatisten, eine wirksame anticarranzistische Front aufzubauen oder die soziale Restauration in Morelos unter dem Regime von Pablo González zu verhindern. Zahlreiche Haciendas begannen unter der Verwaltung seiner Generäle ihren Betrieb wieder aufzunehmen. Arbeitskräfte aus anderen mexikanischen Regionen wurden für den entvölkerten Staat angeworben, und im Frühjahr 1919 konnte die hauptstädtische Zeitung »Excelsior« melden: »Morelos kehrt zu einem Leben in Ordnung zurück!« Diese Ordnung war allerdings in grundlegenden Zügen wieder die alte, denn »1919 waren, nicht anders als im Jahre 1911, die Bauern, welche die Felder für die Sommerregen vorbereiteten, in ihrer Mehrheit Halbpächter und Tagelöhner«.[50]

Als militärische Kraft spielten die Zapatisten, die durch Desertionen und die Auswirkungen der spanischen Grippe dezimiert worden waren, im Frühjahr 1919 kaum mehr eine Rolle. Selbst für eine Guerillakriegführung reichten die Bestände nicht mehr aus. Politisch war damit das »Zapata-Problem« für Carranza allerdings noch keineswegs gelöst. Ja, die politische Komponente der zapatistischen Opposition erhielt im Zusammenhang mit den bevorstehenden Präsidentschaftswahlen von 1920 zunehmend Gewicht, zumal Zapata (wie auch Villa) nicht als konterrevolutionärer Anti-Carranzist vom Schlage eines Felix Díaz oder Manuel Peláez abgestempelt werden konnte. Am 17. März 1919 wandte sich Zapata »zum ersten und letzten Mal« in einem »offenen Brief« an Carranza und forderte ihn zum Rücktritt auf. Der Brief war eine flammende Anklage gegen Carranzas Regime: »Niemals haben Sie auch nur den Gedanken gehabt, daß die Revolution für die breiten Massen Verbesserungen bringen solle, für jene gewaltige Legion der Unterdrückten, die Sie und die Ihren mit Ihren Predigten aufwiegelten. (...) Im Agrarbereich sind die Haciendas an Generäle oder Günstlinge abgetreten oder verpachtet, die alten Latifundisten der Großbourgeoisie in nicht wenigen Fällen durch moderne Grundbesitzer ersetzt, welche Epauletten, Képi und eine Pistole am Gürtel tragen; die Dörfer sind in ihren Hoffnungen betrogen. Weder werden die Ejidos den

Dörfern zurückgegeben, welche in ihrer überwiegenden Mehrheit enteignet bleiben, noch wird Land an die Werktätigen, die armen und wirklich bedürftigen Campesinos, verteilt.« Ebenso scharf verurteilte Zapata die korrumpierende Gewerkschaftspolitik und die Wahlmanipulationen der Regierung: »Was die Wahlen betrifft, so haben Sie meisterlich Ihren alten Chef, Porfirio Díaz, nachgeahmt und in manchen Fällen übertroffen.« Schließlich wurden die Praktiken der konstitutionalistischen Armee angeprangert: »Die sogenannte konstitutionalistische Soldateska ist zur Geißel der Dörfer und des flachen Landes geworden ... Diese Soldateska raubt auf dem Lande Saatgut, Vieh und Arbeitstiere; in den kleinen Dörfern plündert sie die Hütten der Armen oder zündet sie an, und in den großen Ortschaften spekuliert sie in großem Maßstab mit dem geraubten Getreide und der gestohlenen Fahrnisse, begeht am hellichten Tage Morde, überfällt Automobile und entführt auf offener Straße Leute, selbst zur Zeit des größten Verkehrs ...«[51]

Trotz aller militärischen Schwäche der Zapatisten hatte die Carranza-Regierung alles Interesse, Zapata als Exponenten und Symbol seiner Bewegung zu vernichten. Da sie seiner in militärischen Kämpfen niemals hatte habhaft werden können, versuchte sie, ihn durch Verrat in ihre Gewalt zu bringen. Dieses Manöver hatte Erfolg. Dem gonzalistischen Kavallerieobersten Guajuardo gelang es – unter dem Vorwand des in Aussicht gestellten Übertritts mit Mannschaft und Ausrüstung zu den Zapatisten – mit Zapata Kontakt aufzunehmen, ihn in eine Falle zu locken und dort am 10. April 1919 zu ermorden.[52]

Aus den Führungskämpfen um Zapatas Nachfolge ging schließlich Gildardo Magaña als neuer Chef der »Befreiungsarmee des Südens« hervor. Allerdings ging den zapatistischen Restbeständen bei der unverkennbaren Konsolidierung der carranzistischen Herrschaft nennenswerter Einfluß auf die nationale Politik ab. Einige zapatistische Führer ergriffen angesichts der bedrohlichen Zuspitzung der mexikanisch-amerikanischen Konflikte im November 1919 die Chance, um im Zeichen nationaler Einheit ehrenvoll die Waffen gegen Carranza niederzulegen; andere zapatistische Generäle liefen Anfang 1920 zu Felix Díaz über.[53]

Die von Magaña verfolgte, politisch klügste und folgenreichste Strategie strebte eine Eingliederung der zapatistischen Rumpfbewegung in das von Obregón angeführte anticarranzistische Lager

an: ein Vorgang, auf den weiter unten noch kurz zurückzukommen ist.
Wiewohl bewaffnete Aufstandsgruppen – neben den Zapatisten vor allem die von Felix Díaz und Manuel Peláez kommandierten Verbände im Süden und in der Golfzone sowie die im Norden weiterhin unbezwungenen villistischen Guerilleros – der Regierung Carranza bis zu ihrem Ende zu schaffen machten, ging die eigentliche Gefahr für die Carranza-Regierung nicht so sehr von diesen bewaffneten Aufstandsherden als vielmehr von der Zuspitzung der innenpolitischen Gegensätze im Vorfeld der Präsidentschaftswahlen von 1920 aus, d. h. vom immer deutlicher sich abzeichnenden Antagonismus zwischen Carranza und Obregón.[54]

Der Wahlkampf von 1919/20 und der Sturz Carranzas

Der Widerstand Carranzas gegen eine Präsidentschaftskandidatur Obregóns begann sich im Laufe des Jahres 1919 immer deutlicher abzuzeichnen. Im Januar 1919 erklärte der Präsident die Einleitung politischer Kampagnen für die Präsidentschaftswahlen von 1920 für verfrüht und forderte stattdessen die Einheit aller Revolutionäre hinter der nach Ansicht Carranzas immer noch in ihrer Existenz bedrohten Regierung.[55] Carranzas innenpolitische Gegner erkannten darin wohl nicht zu Unrecht die Absicht des Präsidenten, im Schutze des von ihm verhängten politischen Moratoriums einen eigenen Kandidaten als seinen Nachfolger aufzubauen und so seine Vormachtstellung über das Ende seines Mandats auszudehnen. Diese Politik richtete sich vor allem gegen den 1917 als Kriegsminister zurückgetretenen Obregón, dessen Anhänger in Armee, Verwaltung und Kongreß sich seitens der Regierung einem zunehmenden Druck ausgesetzt sahen oder die gar ihre Ämter aufgeben mußten. Schließlich verlor angesichts des starken Regierungsdrucks auch die Obregón-freundliche Liberal-konstitutionalistische Partei in den Wahlen zur 28. Legislatur ihre frühere Mehrheit.[56] Alle Anzeichen deuteten somit darauf hin, daß Carranza nicht gewillt war, Obregóns Kandidatur offiziell zu unterstützen.
Unter diesen Umständen konnte Obregón seine Bewerbung um die Präsidenschaft nur noch unter prononciert anticarranzistischen Vorzeichen lancieren. Am 1. Juni 1919 erklärte er sich

offiziell zum Präsidentschaftskandidaten und erläuterte diesen Schritt in einem umfangreichen Wahlmanifest, das zwar eine unverkennbare Kritik an der Regierung Carranza, hingegen kein eigentliches Wahlprogramm enthielt.[57] Obregón erklärte sich darin zum Bannerträger jener breiten liberalen Strömungen in der mexikanischen Geschichte, die auf den Schlachtfeldern zwar stets über die Konservativen gesiegt, deren Erfolge sich aber angesichts rasch korrumpierter liberaler Führer immer wieder als Pyrrhussiege herausgestellt hätten. Eine solche Gefahr neokonservativer Restauration glaubte Obregón auch unter dem Carranza-Regime zu erkennen. Die Person des Präsidenten wurde dabei zwar lediglich indirekter und verhüllter Kritik unterzogen, dafür aber die von Carranza protegierten neokonservativen Ex-Revolutionäre, die »in ihren Fahnen als höchstes Ziel ... das Motto ›Macht und Reichtum‹ führen«, um so schärfer attackiert. In dieser Sitauation sei, so Obregón, auch kein explizites Wahlprogramm vonnöten, das sich am Schluß ohnehin »als gereimte Prosa« erweise, sondern vielmehr die moralische Integrität des Präsidentschaftskandidaten. In durchaus maderistischer Manier stellte er deshalb das Prinzip des *sufragio efectivo,* das die »Hauptachse der bewaffneten Bewegung dargestellt« habe, ins Zentrum seines Programms. Die Lösung des »politischen Problems«, d. h. die moralische Qualität des künftigen Präsidenten und die Effektivität des Wahlrechts würde »automatisch die Lösung vieler anderer Probleme von kapitaler Bedeutung« bringen.

Die Hinweise auf diese anderen Probleme »von kapitaler Bedeutung« blieben in Obregóns Manifest zwar sehr vage, in ihrer Akzentuierung aber doch recht aufschlußreich. Während er unverkennbar für eine flexiblere Haltung in der Außenpolitik plädierte, was wohl nur auf eine erhöhte Konzessionsbereitschaft gegenüber dem Auslandskapital hinauslaufen konnte, finden sich in seinem Programm keinerlei Hinweise auf die Notwendigkeit wirtschaftlicher und sozialer Strukturreformen. Obregóns grundsätzlich sozialkonservative Haltung sollte dann vor allem auch in seinen agrarpolitischen Vorstellungen deutlich werden, die er im November 1919 in einer Rede vor den Grundbesitzern Jaliscos entwickelte, in der er sich – ganz aufstrebender kapitalistischer Agrarunternehmer – zwar für die Förderung der Kleinlandwirtschaft, aber entschieden gegen eine forcierte Aufteilung des Großgrundbesitzes aussprach.[58]

Schon am 9. Juni 1919 wurde die konservative Einfärbung von Obregóns Wahlmanifest von der hauptstädtischen Zeitung »Excelsior« mit Befriedigung registriert: »Er (Obregón) scheint sich von jenen jakobinischen Umtrieben völlig distanziert zu haben, die man ihm zuschrieb. Wir können in ihm keine sozialistischen Tendenzen mehr erkennen wie die, welche seinerzeit jene Personen in Schrecken versetzten, die damit rechneten, daß er eines Tages das erste Amt im Staate übernehmen könnte. Nein, ganz im Gegenteil: im ganzen Manifest gibt es nicht einen falschen Ton.«[59]

Wie sehr der Wahlkampf von 1919/20 allgemein unter konservativen Losungen ausgetragen wurde, wird auch aus Programm und Persönlichkeit von Obregóns Rivalen deutlich. Der von Carranza aufgebaute Regierungskandidat Ignacio Bonillas, Botschafter in Washington, war in Mexiko weitgehend unbekannt und galt als blasse Figur, die mit der amtierenden Regierung und ihrer Politik identifiziert wurde.[60] Der dritte Bewerber, der ambitiöse, aber militärisch glücklose General Pablo González, ehemaliger Oberbefehlshaber der Nordostarmee und nun Kandidat einer *liga democrática*, verkündete im November 1919 eine »Minimalplattform«, die noch akzentuierter als Obregóns Manifest restaurative Züge aufwies.[61] Zwar wurde darin einleitend die Verfassung von 1917 als Grundlage anerkannt, ihre Revision aber in »all jenen Punkten« in Aussicht gestellt, »die durch die nationale Lebenserfahrung als unrealisierbar, exzessiv oder mangelhaft signalisiert werden«. In seiner Agrarpolitik stimmte González völlig mit Obregóns Ausführungen vor den Grundbesitzern Jaliscos überein, indem auch er festhielt, daß »die Essenz des nationalen Agrarproblems nicht so sehr in der Aufteilung der Besitztümer als in der integralen Bebauung des kultivierbaren Bodens besteht«. In den Beziehungen zu den USA wurde schließlich eine »freundschaftliche Lösung« und die Anerkennung legitim erworbener Rechte von Ausländern postuliert. Es ist deshalb nicht überraschend, daß González sofort eine breite Unterstützung durch Hacendados, mexikanische und ausländische Geschäftsleute sowie – wegen seiner weniger kirchenfeindlichen Haltung – auch des Klerus erhielt.[62]

Der unverkennbar konservative Grundzug im Programm aller Kandidaten wirft ein bezeichnendes Licht auf die Beschränktheit des gesellschaftlichen Veränderungswillens innerhalb der gesamten Revolutionsführung. Nur zwei Jahre nach den Verfassungsdebatten von Querétaro traten nun in den Auseinandersetzungen um die Präsidentschaftswahl von 1920 die eigentlichen Aspirationen der neuen Revolutionselite unverhüllt zu Tage; sie waren – wie Obregón in seinem Manifest durchaus zutreffend analysiert hatte – weniger auf die Verwirklichung der »liberalen Prinzipien«, also echte politisch-gesellschaftliche Veränderung, als vielmehr auf die Sicherung persönlicher Machtpositionen ausgerichtet.

Unter diesen Voraussetzungen setzte im Herbst 1919 der eigentliche Wahlkampf ein, in welchem sich General Pablo González gegen den Protégé des Präsidenten, Bonillas, und den ungleich populäreren Obregón nur geringe Chancen ausrechnen konnte. Die Hauptauseinandersetzung fand denn auch zwischen dem als »Zivilist« gegen die Generäle aufgebauten Bonillas und Obregón statt. Während Bonillas seinen Wahlkampf allerdings mit weitgehender Unterstützung der Regierungsmaschinerie führen konnte, sah sich Obregón in seinen Wahlversammlungen zunehmenden behördlichen Schikanen ausgesetzt.[63]

Bei der Lancierung seiner Kandidatur im Juni 1919 hatte sich Obregón, entsprechend der vieldeutigen Pauschalität seines Programms, als vollständig unabhängig und frei »von Verpflichtungen irgendwelcher Art« erklärt. Im Juli 1919 hatte er allerdings der Portierung seiner Kandidatur durch den Partido Liberal Constitucionalista (PLC) zugestimmt, und im August war er – der eigentliche Architekt des Paktes mit der Casa del Obrero Mundial vom Jahre 1915 – in diskrete Verhandlungen mit dem Partido Laborista Mexicano (PLM) getreten, die in einen Geheimvertrag mündeten, nach welchem Obregón, einmal als Präsident gewählt, dem PLM und der CROM für ihre Wahlunterstützung offizielle Förderung in Aussicht stellte.[64] Von größerer Bedeutung waren jedoch die Kontakte, die Obregón auf seinen Wahlreisen mit sympathisierenden Gouverneuren und führenden Armeekommandanten anknüpfen konnte. Obregón war dabei in der Wahl von potentiellen Verbündeten durchaus nicht zimperlich; so nahm er u. a. auch mit dem anticarranzistischen General Manuel Peláez Verbindung auf, der wie allgemein bekannt, im Solde der nordamerikanischen Erdölfirmen »Schutz«-Funktionen in der Golfzone ausübte.[65]

Im April 1920 versuchte Carranza, den gefährlichen Rivalen seines Protégés Bonillas noch vor dem eigentlichen Wahlgang auszuschalten. Unter dem Verdacht, in ein Militärkomplott des

Generals Cejudo gegen Carranza verwickelt zu sein, wurde Obregón als Zeuge vor den Militärgerichtshof nach Mexico-City beordert. Während seines von Polizisten genau überwachten Aufenthaltes in der Hauptstadt erfuhr er am 11. April 1920, daß die Zentralregierung seinen engen Gefolgsmann Adolfo de la Huerta als Gouverneur von Sonora abgesetzt hatte, was nur bedeuten konnte, daß man Obregón seine starke Basis in Sonora entziehen wollte. Gleichzeitig wurde er gewarnt, daß er am folgenden Tag festgenommen werden sollte. Dieser Verhaftung konnte sich Obregón indessen dadurch entziehen, daß es ihm gelang, als Eisenbahner verkleidet, die Hauptstadt zu verlassen und sich nach Guerrero abzusetzen.[66]

Ein offener und nun wohl zwangsläufig in bewaffnete Auseinandersetzungen mündender Konflikt zwischen der Regierung Carranza und den Anhängern Obregóns war jetzt nicht mehr zu vermeiden. In Sonora widersetzten sich der von Carranza abgesetzte Gouverneur Adolfo de la Huerta und die obregónfreundlichen Armeekommandanten um Calles und Alvarado den Befehlen aus der Hauptstadt und begangen, mit lokalen Ressourcen den Widerstand gegen den erwarteten Einmarsch loyaler Regierungstruppen zu organisieren. Obregón selbst fiel zwar in Guerrero in die Hände des Befehlshabers der Regierungstruppen, der, wie alle Truppenkommandanten und Gouverneure, strikte Anweisung hatte, Obregón unverzüglich zu verhaften und nach Mexico-City zu bringen. Aber General Fortunato Maycotte, Kommandant in Guerrero und ein ehemaliger Waffengefährte Obregóns aus den Kämpfen gegen Villa, weigerte sich, diesen Befehl gegen seinen früheren Vorgesetzten auszuführen und unterstellte sich stattdessen mit seinen Truppen dem Sonorenser.[67] Damit hatte die einsetzende Armeerebellion gegen Carranza auch im Süden eine nun rasch expandierende Ausgangsbasis gefunden.

Um der Nation klarzumachen, daß die nun schnell anwachsende bewaffnete Bewegung gegen Carranza gerechtfertigt, ja geboten war, wurde am 23. April 1920 von den Aufständischen in Sonora der »Plan von Agua Prieta« verkündet. Dieses Manifest, das kein eigentliches Programm enthielt, klagte Carranza der verfassungswidrigen Einmischung in die Souveränität eines Bundesstaates (Sonora) und der Aufzwingung (imposición) eines Nachfolgekandidaten unter Verletzung der Wahlrechte des Volkes an. Die Wiederherstellung der verfassungsmäßigen Rechte war der »Liberalkonstitutionalistischen Armee« aufgetragen, deren Oberbefehl in den Händen von Adolfo de la Huerta lag, wenn auch offenkundig Obregón selbst das Haupt der Bewegung gegen Carranza darstellte.[68]

Als eine eigentliche Volksbewegung wird man die »Bewegung von Agua Prieta« kaum bezeichnen können, auch wenn sich vereinzelt gewisse Bevölkerungsgruppen spontan den rebellierenden Truppenteilen anschlossen.[69] Das rasche Anschwellen der Rebellenarmee war vielmehr auf das Überlaufen hoher Armeekommandanten zurückzuführen, die mit den ihnen unterstellten regulären Truppen die Aufstandsbewegung verstärkten. Zu Beginn waren diese Desertionen wohl vor allem Obregóns Reputation in Armeekreisen zuzuschreiben; mit wachsender Stärke entwickelte die Bewegung allerdings eine zunehmende Sogwirkung auf jene schwankenden Generäle, die vor allem darauf bedacht waren, sich der aussichtsreicheren Partei anzuschließen.[70]

Ende April 1920 hatten sich bereits die wichtigsten Befehlshaber des Nordens, des Westens und der Golfküste gegen Carranza gestellt.[71] In Morelos schließlich waren unter Magañas Führung die Truppen der jetzt rasch wieder anwachsenden zapatistischen Armee auf Obregóns Linie eingeschwenkt und hatten sich ebenfalls der Sammelbewegung von Agua Prieta eingegliedert.[72] Noch schien sich Carranza allerdings auf die starken, in der weiteren Region um die Hauptstadt stationierten Armeeverbände unter dem Oberbefehl von Pablo González stützen zu können. Angesichts der wachsenden Stärke der obregonistischen Bewegung zog es González aber vor, die Hauptstadt zu verlassen und sich schließlich ebenfalls auf die anticarranzistische Seite zu schlagen.[73]

Damit war Carranzas Position militärisch unhaltbar geworden. Mit Hilfe der wenigen noch loyal verbliebenen Truppen unter dem Kommando seiner engsten Gefolgsleute setzte er sich am 7. Mai 1920 mit seinem Stab und einer in die Tausende gehenden Begleitung auf dem Schienenweg nach Veracruz ab. Aber schon im Staate Puebla wurde seine Kolonne von feindlichen Truppen aufgehalten. Carranza und einer kleinen Gruppe engster Mitarbeiter gelang zwar im Schutze der zwischen loyalen und aufständischen Truppen geführten Scharmützel die Flucht zu Pferd durch die Sierra von Puebla, aber bereits am 21. Mai 1920 wurde der flüchtige Präsident in einer Hütte des Dörfchens Tlaxcalantongo von einem Offizier, der sich ihm als Führer angeboten hatte, ermordet.[74] Damit war, nach Madero, auch der zweite Präsident aus den Reihen der Revolutionsbewegung einem Gewaltverbrechen zum Opfer gefallen, wenn diesmal das Staatsoberhaupt auch nicht von einer reaktionären Generalität, sondern vielmehr von seinen eigenen früheren Anhängern aus dem Amt verjagt und schließlich umgebracht worden war.

Ein eigentlicher Bürgerkrieg war dem Sturz und der Ermordung Carranzas nicht vorausgegangen. Der Ausspruch von Carranzas Minister Cabrera, daß die »Bewegung von Agua Prieta« weniger eine eigentliche Aufstandsbewegung als vielmehr ein »Streik der Generäle«, die Aufkündigung ihrer geschuldeten Loyalität gegenüber der Regierung gewesen sei, ist im Kern sicher zutreffend. Nur zeigt dieser »Streik der Generäle« eben auch, wie wenig Carranza die Armee als wichtigste politische Kraft wirklich im Griff hatte. Es war eine verhängnisvolle Fehleinschätzung der realen Machtkonstellation, wenn Carranza glaubte, von der hohen Warte des Palastes von Chapultepec seine Politik allein Kraft Amtsautorität durchsetzen zu können.

Im Gegensatz zu Carranza sollten es die durch den Erfolg der »Bewegung von Agua Prieta« an die Macht gelangten Sonorenser sehr viel geschickter verstehen, die politischen Voraussetzungen für eine Stabilisierung des spätrevolutionären Regimes zu schaffen. Große Armeerebellionen blieben zwar auch in den 20er Jahren nicht aus; aber es ist bezeichnend, daß die »Bewegung von Agua Prieta« der letzte *erfolgreiche* Militäraufstand in der mexikanischen Revolutionsgeschichte bleiben sollte.

Am 9. Mai 1920 hielt Obregón an der Spitze seiner Truppen einen triumphalen Einzug in die Hauptstadt. Der Erfolg seiner Kandidatur für die verschobenen Präsidentschaftswahlen im Herbst 1920 erschien praktisch sicher, zumal der Sturz der Carranza-Regierung eine weitgehende Pazifizierung des Landes ermöglichte, gelang es doch, fast alle anticarranzistischen Aufstandsgruppen – von den Zapatisten über die Truppen von Manuel Peláez bis hin zu den Villisten – in eine Politik der nationalen Befriedung einzubinden. Mit dem Sturz der Carranza-Regierung wurde so eine neue Phase der mexikanischen Revolutionsgeschichte eingeleitet, die ganz im Zeichen einer fünfzehnjährigen politischen Prädominanz der Sonorenser auf nationaler Ebene stand.

1 Vera Estañol, *Historia*, S. 585. Die Tatsache, daß neben Carranza auch Obregón und Pablo González Stimmen erhielten, bedeutete nicht, daß diese beiden ranghöchsten Generäle der konstitutionalistischen Armee offiziell gegen Carranza kandidiert hätten. Nach Vera Estañol war vielmehr schon vor Carranzas Wahl (und gewissermaßen als deren Bedingung) Obregón durch eine Absprache innerhalb der Spitzen der revolutionären Koalition als Carranzas Nachfolger im Jahre 1920 designiert worden; S. 584, S. 605.

2 Vera Estañol, S. 585. Vgl. dazu auch die aufschlußreichen Äußerungen von Palavicini und Casados in den Debatten von Querétaro über die Deputiertenwahlen in Yucatán und Veracruz im Jahre 1912 sowie die Bemerkungen Jaras zum Wahlverhalten wirtschaftlich abhängiger Arbeiter und *peones*, in *DdCC*, S. 328 f., S. 977.

3 Vgl. dazu ausführlicher Cumberland, *Constitutionalist Years*, S. 362 ff.

4 Cumberland, S. 370.

5 Cumberland, S. 365 ff.

6 Vgl. Katz, *Deutschland*, S. 352.

7 Katz, S. 354 f.

8 Zit. b. Katz, S. 359.

9 Ausführlicher dazu Katz, S. 359 ff.

10 Katz, S. 369.

11 Robert F. Smith, *The United States and Revolutionary Nationalism*, S. 93.

12 Zum Konzept des »nationalistischen Entwicklungsprogramms« der Carranza-Regierung vgl. S. Smith, S. 75-78.

13 Smith, S. 79-84.

14 Smith, S. 85 ff.

15 Smith, S. 109-113.

16 Smith, S. 101 f. Aufschlußreich in diesem Zusammenhang eine Tagebuchnotiz von Wilsons engem Berater Colonel House vom 18. 7. 1917: »Der Krieg hat eine phänomenale Preissteigerung für Erdöl bewirkt, und doch möchten sie (die britischen und amerikanischen Erdölgesellschaften) uns eher zu einem Krieg mit Mexiko bewegen als der mexikanischen Regierung zu erlauben, eine vernünftige Steuer zu erheben. Die mexikanische Regierung muß leben können, und sie kann ohne Steuereinnahmen nicht leben.«, zit. b. Smith, S. 102.

17 Smith, S. 117 ff. In seiner Protestnote vom 2. April 1918 unterstrich das amerikanische Außenministerium den »konfiskatorischen Charakter« von Carranzas Maßnahmen. – Vgl. auch Lorenzo Meyer, *México*, S. 89. Abgestützt wurde dieser Schritt Carranzas durch eine hauptsächlich von Beamten des Industrieministeriums entwickelte Rechtstheorie, nach welcher dem Artikel 27 auch bei radikaler Auslegung kein retroaktiver Charakter anhaftete. Nach dieser Interpretation wäre dies z. B. lediglich dann der Fall gewesen, wenn der mexikanische Staat die Rückerstattung des Gegenwerts des vor 1917 geförderten Öls verlangt hätte; auch wurde auf das Präjudiz der entschädigungslosen Abschaffung der Sklaverei in

den USA verwiesen, letztlich alles Argumente, die den Zweck hatten, »eine revolutionäre Maßnahme in die Kleidung des traditionellen internationalen Rechts zu stecken und mit den Großmächten in ihren eigenen Begriffen zu reden . . .« Meyer, S. 86 f.

18 Smith, S. 154.

19 Neben diesen *pressure groups* der Erdölindustrie organisierten sich 1917 in London auch die ausländischen Gläubiger der mexikanischen Staatsschuld. Anfang 1919 wurde das zunehmend einflußreiche, unter nordamerikanischer Kontrolle stehende International Committee of Bankers on Mexico ins Leben gerufen, das im Verhältnis zu Mexiko allerdings eine wesentlich flexiblere Haltung als die intransigenten Ölgesellschaften einnahm. – Zur massiven diplomatischen Unterstützung, welche die USA, aber auch westeuropäische Länder ihren in Mexiko wirtschaftlich engagierten Landsleuten zukommen ließen, vgl. auch Meyer, *México,* S. 96-100.

20 Smith, S. 150 ff., zu den Beziehungen zwischen amerikanischen Ölgesellschaften und Peláez vgl. oben, Kap. II/4, Anm. 98, S. 305.

21 Vgl. dazu Smith, S. 95 f., der sowohl die vielfältigen Berührungspunkte als auch gewisse Differenzen zwischen den wirtschaftlichen Interessengruppen und dem State Department in der Mexikopolitik herausarbeitet.

22 Ausführlich dazu Smith, S. 150 ff.

23 Die Ergebnisse der Hearings der Fall-Kommission wurden in zwei voluminösen Bänden veröffentlicht: United States Senate Documents. Foreign Relations Committee. *Investigation of Mexican Affairs. Report and Hearings. 2 vols.*, 66th Congress, 2nd Session, Senate Document Nr. 285, Washington D.C. 1920.

24 Vgl. Howard F. Cline, *The United States and Mexico,* S. 191, nach dem Lansing Ende 1919 mit dem Gedanken spielte, »daß ein Krieg mit Mexiko für Wilson und die Demokraten auch Vorteile haben könnte: er würde die gespaltenen Vereinigten Staaten einigen, die Unruhe in der Arbeiterschaft eindämmen und der sozialistischen Agitation ein Ende bereiten, die das freie Unternehmertum zu bedrohen schien«.

25 Smith, S. 174 ff. Schon am 9. August 1919 hatte Wilson eine militärische Intervention in Mexiko abgelehnt mit der Begründung, ein solches Vorgehen würde zu sehr an den deutschen Einfall in Belgien erinnern, Cline, S. 187.

26 Marjorie Clark, *Organized Labor,* S. 57 f.; Barry Carr, *El movimiento,* I, S. 129 ff.

27 Clark, S. 60.

28 Clark, S. 61: »Alles in allem war das Programm des Kongresses so gemäßigt, wie es sich auch die konservativste Regierung nur wünschen konnte; beredter Ausdruck dafür, daß die Führer nicht an durchgreifenden revolutionären Maßnahmen interessiert waren.«

29 Carr, S. 134.

30 Zur Rolle Carranzas in der Vorbereitung des Kongresses von Saltillo vgl. Cumberland, *Constitutionalist Years,* S. 388, Anm. 80.

31 Manuel Fabila, *Cinco siglos de legislación agraria en México (1493-1940)*, México 1941, S. 296.

32 Carranzas Stellung innerhalb der Grundbesitzerschicht ist aufgrund der mir zugänglichen Hinweise nicht eindeutig zu bestimmen. Nach Cumberland, S. 383, Anm. 62, erreichte sein Besitz in Coahuila im Jahre 1918 lediglich einen Steuerwert von 35 000 Pesos, was etwa der Hälfte bis einem Drittel des realen Wertes entsprochen hätte. Nach dem von seinem Anhänger Bernardino Mena Brito in seinem Werk *Ocho diálogos con Carranza* veröffentlichten persönlichen Testament Carranzas hinterließ dieser bei seinem Tod u. a. verschiedene Ranchos in Cuatro Ciénagas, deren gesamte Ausdehnung immerhin 71 681 ha, wenn auch überwiegend Weideland, erreichte; S. 24 f. In der stark anticarranzistisch gefärbten und 1921 im Gefolge des militärischen Triumphes der Bewegung von Agua Prieta veröffentlichten Publikation *Sonora y Carranza* wird Carranza beschuldigt, seinen Besitz im Lauf der Revolution aus bescheidenen Anfängen beträchtlich ausgedehnt zu haben; am Ende seiner Karriere sei er Besitzer eines Pferdestalls im Wert von 200 000 Pesos, der Hacienda »Landeta« in Guanajuato im Wert von 110 000 Pesos sowie eines »sumptuösen Palastes« in Mexico-City, dieser letztere ein Geschenk von zweien seiner Generäle, gewesen; S. 373. Vgl. zu diesem letzten Punkt die betreffenden Akten in Archivo General de la Nación, Obregón-Calles (AGN, O.C.), 7/4. 103-H-8 sowie meinen Aufsatz *Las paradojas* S. 70.

33 Fabila, *Cinco Siglos*, S. 338.

34 Vgl. *Boletín de la Cámara Central Agrícola de México, Tomo I*, Nr. 2, August 1920. In derselben Nummer dieses Organs der Grundbesitzer wurde auch ein Artikel der hauptstädtischen Zeitung »Excelsior« vom 26. 12. 1919 nachgedruckt, worin Carranza zu seiner ablehnenden Haltung gegenüber der *ley de tierras ociosas* beglückwünscht wurde: »Die von der Exekutive vertretene Doktrin ist die gerechte und rechtmäßige bezüglich des juristischen Konzeptes, welches der Staat auf den Privatbesitz anwenden muß; und was immer dieser Doktrin nicht entspricht, ist schlicht und einfach ein Attentat.« – Vgl. zum Eingehen Carranzas und seines Agrarministers auf gewisse Initiativen der poblanischen Grundbesitzer, die an die Stelle von Ejidaldotationen ein System regulären Landverkaufs an die Bauern setzen wollten, das Schreiben des Sindicato de Agricultores de Puebla an Obregón vom 21. 4. 1922, AGN, O.-C., 106/6, 818-E-28 (1).

35 Vgl. Gerichtsentscheid vom 19. 10. 1919; AGN, O.-C., 112/7, 818-X-15.

36 Tannenbaum, *Mexican Agrarian Revolution*, S. 329. Diese Zahlen beziehen sich auf die provisorische Landverteilung, die Carranza mit seinem Dekret vom 19. September 1916 an sich ja abgeschafft hatte; aber auch die definitiv verteilte Landfläche ging von 74 700 ha im Jahre 1918 auf 24 300 ha im Jahre 1919 zurück; S. 329.

37 Erstmals gründlich untersucht hat diesen Prozeß Katz, *Secret War*, S. 287 ff., auf der Grundlage von 1978 erstmals zugänglichen Akten des

Innenministeriums. Der quantitative Umfang dieser Restauration ist zwar nicht bekannt, völlig abwegig ist aber folgende Äußerung von Max Link, *Die Ursachen des industriellen Aufstiegs Mexikos,* Zürich 1970, S. 117, betreffend die mexikanische Agrarsituation um 1920: »Die Klasse der Gutsbesitzer, welche zwischen 60 und 70 Prozent des nationalen Vermögens besessen hatte, war von den Haciendas verschwunden . . .«

38 Zu den Angriffen der Zapatisten auf den Hacendado Carranza vgl. Archivo Amezcua, Condumex (CEHM), carp. 4, Doc. 279.

39 Ausführlich dazu H. W. Tobler, *Las paradojas,* sowie unten, Kap. III/5.

40 Vgl. Schreiben des Sindicato Agrario Confederado del Estado de Durango an Präsident Obregón vom 20. 10. 1921, worin es heißt: »In Anbetracht der Tatsache, daß unter der Regierung des Herrn Carranza die Agrargesetzgebung ganz offen verraten wurde, beschlossen wir, uns selber für die Respektierung unserer Rechte einzusetzen . . . und gleichzeitig schlossen wir uns während der von Ihnen, Herr Präsident, angeführten Bewegung vom Mai (der Bewegung von Agua Prieta, d. Vf.) zusammen, um die Pflichtvergessenen zu bekämpfen, indem sich mehr als eintausendfünfhundert unserer Mitglieder dem Kommando des Divisionsgenerals Jesús Augustín Castro freiwillig unterstellten. Auf diese Weise schlossen wir uns der eingeleiteten Befreiungsbewegung an, ungeachtet der Aufrufe zur Unterstützung der carranzistischen Regierung, welche uns zu jenem Zeitpunkt der damalige Gouverneur des Staates, der Ex-General Domingo Arrieta, zukommen ließ.« AGN, O.-C., 111-1/4, 818-T-79.

41 Während Carranza mit weniger bedeutenden »Rebellen«, selbst mit einem Verbündeten Zapatas wie Domingo Arenas in Tlaxcala, durchaus zu Einigungen kam, die sogar Konzessionen gegenüber bereits durchgeführten lokalen Landverteilungen einschließen konnten, war aus Carranzas Sicht eine Verständigungslösung mit Zapata ausgeschlossen, vgl. Womack, *Zapata,* S. 293.

42 »In ihrer Frustration entluden die untergebenen Kommandanten ihren Zorn über alles, was ihnen in den Weg kam. Am 30. September ließ der Oberst Jesús Guajuardo 180 Einwohner von Tlaltizapán, Männer, Frauen und Kinder, umbringen. Er behauptete, daß die Familien Zapatisten seien und daß sie sich der Zahlung eines von ihm auferlegten Zwangsdarlehens widersetzt hätten.« Womack, *Zapata,* S. 263. Guajuardo sollte später, im April 1919, die Schlüsselrolle in der Ermordung Zapatas zufallen.

43 Womack, S. 256-258, S. 265-267.

44 In manchen Regionen von Morelos hatte ihn die Situation, so berichtete ein nordamerikanischer Journalist, an jene im kriegsverwüsteten Belgien erinnert; Womack, S. 300.

45 Womack, S. 268 f.

46 Die Beziehungen der Zapatisten zu den Felixisten scheinen in der Zeit zwischen 1916 und 1920 gewissen Schwankungen unterworfen gewesen zu sein. Die von Felix Díaz – einem Neffen des 1911 gestürzten Diktators und Hauptpartner Huertas in dessen Putsch vom Februar 1913 – geführte

anticarranzistische Bewegung erhielt u. a. regelmäßige Zuwendungen von reichen Exilierten in den USA. Ihr reaktionäres politisches Programm, das sich nach 1917 auch ausdrücklich gegen die »sozialistische« Verfassung von Querétaro richtete, wurde hinter den Kampfparolen für den alten Liberalismus der Verfassung von 1857 kaschiert. Neben ihrer relativ starken militärischen Position lag ihre Bedeutung für die Zapatisten vor allem darin, daß sie in derselben Großregion, d. h. im Gebiet südöstlich der Hauptstadt – mit Zentrum Oaxaca – operierten. 1916 hatten die Zapatisten noch stark die politisch-ideologische Eigenständigkeit ihrer Bewegung gegenüber den Felixisten betont. Im Frühjahr 1918 waren dagegen, nach Zapatas eigenen Vorstellungen, offenbar auch über rein militärische Koordinationsbestrebungen hinausgehende engere Kontakte zu den Felixisten in den Bereich des Möglichen gerückt. Nach der durch Zapatas Ermordung ausgelösten Krise in der südlichen Befreiungsbewegung unterstellten sich im Januar 1920 schließlich vier Generäle und eine größere Anzahl untergeordneter zapatistischer Kommandanten formell dem Oberbefehl von Díaz; Womack, S. 259, S. 279, S. 297, S. 350.

47 Womack, S. 281-283.

48 Gildardo Magaña entstammte einer wohlhabenden Familie Michoacáns, wo sich sein Vater als Kaufmann mit 800 Maultieren eine angesehene wirtschaftliche Position aufgebaut hatte. Politisch geriet Magañas Vater als Liberaler alter Schule in Opposition zum Porfirismo, eine Position, die auch seine Söhne, darunter Gildardo, der in Philadelphia Handelsstudien betrieben hatte, teilten. Als Teilnehmer an der gescheiterten Konspiration von Tacubaya im März 1911 war Magaña als Zwanzigjähriger, zusammen mit Vater und Brüdern, nach Morelos, dem am nächsten gelegenen antiporfiristischen Kampfgebiet, geflohen und hatte sich dort den zapatistischen Truppen angeschlossen; Womack, S. 284-286.

49 Ausführlich dargestellt ist die »neue« zapatistische Politik mit ihrem Netz »diplomatischer Kanäle« bei Womack, S. 292 f., S. 296, S. 298 f. Charakteristisch für diese neue Linie ist ein Brief Zapatas vom 5. 2. 1919 an Francisco Vázquez Gómez, in welchem zwar die Notwendigkeit einer Agrarreform erwähnt, gleichzeitig aber betont wurde, »daß wir in keiner Weise jene radikalen Maßnahmen fördern . . ., welche in der Landwirtschaft die allmächtige Antriebskraft der privaten Initiative zu ersticken drohen«, zit. b. Womack, S. 311.

50 Womack, S. 312 f.

51 Abschrift des Briefes in Archivo Amezcua, carp. 5, Doc. 363.

52 Ausführlich zu den Hintergründen von Zapatas Ermordung, Womack, S. 317-325. Die Ermordung Zapatas, »eines simplen Banditen«, wurde von den Carranzisten mit großer Publizität gefeiert; Guajuardo wurde zum Brigadegeneral befördert und erhielt eine Belohnung von 50000 Pesos.

53 Womack, S. 326-350.

54 Im Gegensatz zur Bürgerkriegssituation zur Zeit des Díaz- und Huerta-Regimes lag während Carranzas Regierung der Schwerpunkt des militärischen Widerstandes weniger im Norden als im Südosten und der Golfzone sowie in einigen Regionen des zentralen und nördlichen Hochlandes. Das bedeutendste Segment dieser bewaffneten Verbände wurde von Felix Díaz kontrolliert. Mit ihm waren andere wichtige Kommandanten wie Manuel Peláez, Higinio Aguilar, Juan Andrew Almazán und die Brüder Cedillo in San Luis Potosí mehr oder weniger eng verbündet. Auch kleinere Militärrebellionen, wie z. B. jene von Puebla, Tlaxcala, Tamaulipas und Guerrero gerieten rasch unter felixistische Kontrolle, vgl. Womack, S. 297. – Zum Widerstand der villistischen Guerilleros gegen die Carranza-Truppen im Norden vgl. Katz, *Deutschland*, S. 384 f.

55 Narciso Bassols, *El pensamiento político de Alvaro Obregón*, S. 28.

56 Bassols, S. 33. Im Mai 1919 versuchte Carranza, Obregóns Basis, Sonora, unter Kontrolle zu bringen, indem er führende sonorensische Politiker wie Calles und de la Huerta in die Regierung bzw. auf diplomatische Posten berief und Mutationen im Kommando der in Sonora stationierten Bundestruppen vornahm, vgl. Edwin Lieuwen, *Mexican Militarism*, S. 50.

57 Integral abgedruckt ist Obregóns Manifest vom 1. Juni 1919 u. a. in Daniel Moreno, *Los partidos políticos del México contemporáneo (1916-1971)*, 2. Aufl., México 1971, S. 19-32.

58 A. Obregón, *El problema agrícola y agrario.*

59 Zit. b. Bassols, S. 30.

60 Cumberland, *Constitutionalist Years*, S. 404; John W. F. Dulles, *Yesterday in Mexico, A Chronicle of the Revolution, 1919-1936*, Austin 1961, S. 19 f.

61 Text dieser Minimalplattform bei Moreno, S. 30-48.

62 Lieuwen, S. 55; Cumberland, S. 404.

63 Dulles, S. 19 f.; Lieuwen, S. 51 f.

64 Zu den Hintergründen dieses Geheimvertrags vom August 1919 zwischen Obregón und dem Gewerkschaftsführer Luis Morones vgl. ausführlich Carr, *El movimiento I*, S. 141-144. Obregón selbst scheint die Initiative für dieses Abkommen ergriffen zu haben, das in Punkt 6 festhielt, daß eine von ihm geführte künftige Regierung »die legale Befugnis des Zentralkomitees der CROM zur direkten Verhandlung mit dem Arbeitsministerium in allen die Gewerkschaften betreffenden Angelegenheiten anerkenne, wodurch die CROM das ausschließliche Vertretungsrecht der Arbeiterbewegung zugesprochen erhielt«, Carr, S. 144.

65 Lieuwen, *Mexican Militarism*, S. 53; Dulles, *Yesterday*, S. 24. Peláez gehörte denn bezeichnenderweise auch zur engeren Begleitung Obregóns während dessen triumphalen Einzugs in die Hauptstadt Anfang Mai 1920, Bassols, *El Pensamiento*, S. 29 f. Carranza mußte in diesen Kontakten Obregóns, die leicht in eine Militärrebellion umschlagen konnten, natürlich ein beträchtliches Risiko sehen; Magaña z. B. hatte schon im

Juni 1919 einen neuen und für den Präsidenten verhängnisvollen Bürgerkrieg zwischen Obregonisten und Carranza-Regierung vorausgesagt, wobei hier natürlich bis zu einem gewissen Grad auch der Wunsch Vater des Gedankens gewesen sein mochte; vgl. seinen Brief an Amezcua vom 24. 6. 1919 in Archivo Amezcua, Condumex (CEHM), carp. 5, Doc. 381. Immerhin mußten diese militärischen Kontakte Obregóns Carranza Anfang 1920 als konspirativ erscheinen und darin dürfte auch ein Grund für seine Intervention in Sonora und den Versuch zur vorgängigen Elimination Obregóns aus dem Wahlkampf gelegen haben.

66 Detaillierte anekdotische Hinweise auf diese Vorgänge finden sich bei Dulles, S. 24-31, sowie Ronald Atkin, *Revolution! Mexico 1910-20*, London 1969, S. 313 f. Der Konflikt zwischen der Zentralregierung und Sonora war von Carranza bereits Ende 1919 eingeleitet worden, als der Präsident den Río Sonora zum Bundesgewässer erklärte; im März 1920 wurde dann der Obregón-Gegner Manuel Diéguez von Carranza zum Kommandanten der Bundestruppen in Sonora ernannt, alles vorbereitende Schritte, die schließlich in der Absetzung de la Huertas gipfelten.

67 Dulles, S. 31 f. Auch der Gouverneur von Guerrero, der General Francisco Figueroa, schloß sich der Rebellion gegen Carranza an.

68 Dulles, S. 33 f.

69 Vgl. oben S. 360, Anm. 40 über den Anschluß anticarranzistischer Bauern an die »Bewegung von Agua Prieta«. Auch die Arbeiter wurden nun von den Führern des PLM aufgerufen, Obregón und de la Huerta aktiv zu unterstützen; Dulles, *Yesterday*, S. 32. Diese Elemente dürfen aber nicht darüber hinweg täuschen, daß es sich bei der »Bewegung von Agua Prieta« im Kern um eine Erhebung regulärer Truppen gegen die Regierung Carranzas handelte.

70 Dabei spielten – neben den äußerst wichtigen persönlichen Loyalitätsbeziehungen – natürlich auch materielle Zusicherungen und Versprechen an diese Kommandanten eine große Rolle. Vgl. dazu unten Kap. III/3, S. 457 f.

71 Lieuwen, S. 54.

72 Im Dezember 1919 hatte Magaña selbst – angesichts der außenpolitischen Krise mit den USA – mit Carranza Kontakt aufgenommen, was faktisch auf eine Neutralisierung der ihm folgenden Zapatisten gegenüber der Regierung hinauslief, vgl. auch oben, S. 349. Im März 1920, nachdem ein bewaffneter Konflikt zwischen Carranza und Obregón immer wahrscheinlicher geworden war und ein obregonistischer Emissär mit ihm Kontakt aufgenommen hatte, entschieden sich aber die Zapatisten unter Magañas Einfluß, aktiv für Obregóns Seite Partei zu ergreifen. Dem zapatistischen Veteranen Genovevo de la O gelang es, einen der engsten Mitarbeiter Obregóns, den General Benjamín Hill, der von seinem Posten als Befehlshaber der metropolitanen Truppen ebenfalls geflohen war, aus carranzistischem Gebiet in Sicherheit zu bringen. Als Exponent der zapatistischen Truppen sollte de la O dann auch einen Platz in Obregóns

engerer Begleitung während seines Einzugs in die Hauptstadt erhalten; Womack, *Zapata*, S. 352 ff.

73 Dulles, S. 35 f.; Lieuwen, S. 54.

74 Ausführlich über die äußeren Vorgänge, die schließlich zu Carranzas Ermordung führten, Dulles, S. 36-48; vgl. auch Ramón Beteta, *Camino a Tlaxcalantongo*, México 1961. Die Frage, ob Carranzas Ermordung lediglich auf das Konto seines Mörders, des Generals Rodolfo Herrero, zurückzuführen oder ob auch Obregón in diese Tat irgendwie verwickelt war, ist unter Anhängern und Gegnern Obregóns heftig umstritten.

Teil III
Mexiko 1920-1940: Spätrevolutionäre Stabilisierung und gesellschaftliche Reformpolitik

Die langfristigen Auswirkungen der Revolution: Die Veränderungen in Staat und Gesellschaft

Während zwischen 1910 und 1920 die politische Herrschaft der alten Oligarchie endgültig beseitigt und durch jene einer neuen revolutionären Führungsschicht ersetzt worden war, kennzeichnete die zwei Jahrzehnte zwischen 1920 und 1940 ein tieferreichender, institutioneller Wandel des Staates und bestimmter Sektoren von Wirtschaft und Gesellschaft. In dieser Periode wurde das Fundament für jenes postrevolutionäre Mexiko gelegt, das sich – zumindest zwischen etwa 1940 und 1970 – durch eine bemerkenswerte politische Stabilität und gleichzeitiges hohes Wirtschaftswachstum, das *milagro mexicano*, auszeichnete.

Diese Periode zerfällt allerdings in zwei deutlich unterschiedliche Phasen. Die Jahre zwischen 1920 und 1935 standen im Zeichen der »sonorensischen Hegemonie«, d. h. sie waren geprägt durch eine neue nationale Elite, deren Hauptexponenten aus dem nordwestlichen Grenzstaat Sonora stammten. Der zweiten Hälfte der Dreißigerjahre vermochte dagegen der damalige Präsident Lázaro Cárdenas aus dem zentralmexikanischen Staat Michoacán seinen Stempel aufzudrücken. Natürlich unterschied die beiden Phasen mehr als die Herkunftsregion ihrer Präsidenten. Während die Sonorenser ihre Hauptanstrengung auf die politische und gesellschaftliche Stabilisierung des Landes nach dem zehnjährigen Bürgerkrieg und insbesondere auf den Aufbau des neuen Staates richteten, dabei allerdings den gesellschaftlichen Reformen zunehmend geringere Priorität einräumten, stand die Präsidentschaft von Lázaro Cárdenas ganz im Zeichen wirtschaftlicher und gesellschaftlicher Veränderungen. Sie nahm frühe Postulate der mexikanischen Revolution wieder auf und verlieh ihr so überhaupt erst den Charakter auch einer sozialen Revolution.

Unter der Regierung Alvaro Obregóns (1920-1924) und seines Nachfolgers Plutarco Elías Calles (1924-1928) stand die politische Stabilisierung des neuen Regimes ganz im Vordergrund. Vorrangig war dabei die Zähmung der überaus rebellionsanfälligen Armee sowie die sukzessive Ausdehnung der zentralen Regierungsgewalt über das gesamte Staatsgebiet. In gewissem Sinne erinnert dieser Vorgang durchaus an die entsprechende

Politik von Porfirio Díaz im späten 19. Jahrhundert, die Armee als autonome politische Kraft auszuschalten und die regionalen *cacicazgos* unter Kontrolle zu bringen. Auch in den 1920er Jahren war die Armee als wichtigster Machtfaktor aus den Bürgerkriegen hervorgegangen; ebenso hatten sich wiederum zahlreiche regionale Machtbereiche herausgebildet, denen die Zentralregierung zunächst eine relativ große Autonomie zugestehen mußte. Allerdings unterschied sich der Staat, wie er unter den sonorensischen Revolutionsführern in den 20er- und frühen 30er Jahren Gestalt annahm, wesentlich vom porfiristischen Staat. Einer der wichtigsten Unterschiede lag darin, daß sich der neue Staat dadurch einen »populistischen« Anstrich gab, daß er mit Erfolg die neu entstandenen Massenorganisationen von Arbeitern und Bauern ins Regime integrierte bzw. an die Regierung zu binden verstand. Damit konnten nicht nur die Mobilisierungseffekte der Revolutionskriege aufgefangen, sondern gleichzeitig dem neuen Regime auch eine breitere Legitimitätsbasis verliehen werden. In gewissem Ausmaß konnte die Regierung sogar auf bestimmte Gruppen ihrer »Massenbasis«, etwa bewaffnete Agraristen, unmittelbar zurückgreifen, wenn es z. B. galt, eine Armeerebellion niederzuwerfen.

Während so das neue sonorensische Revolutionsregime eine breitere politische Basis erhielt, erfuhren die staatlich protegierten Gewerkschaften und (in geringerem Ausmaß) die regierungstreuen Bauernverbände einen bemerkenswerten quantitativen Aufschwung. Weil sie aber weitgehend »von oben« organisiert worden waren, ging ihnen eine echte Eigenständigkeit ab, was ihre tatsächliche Durchsetzungsfähigkeit, insbesondere in Konfliktfällen mit dem Staat, entscheidend einschränkte. So gesehen läßt sich die Politik der Regierungen unter Obregón und Calles denn auch am ehesten als Massenmobilisierung unter gleichzeitiger Massenkontrolle charakterisieren.

Dieser innenpolitischen Stabilisierungspolitik, die natürlich eine gewisse soziale Reformbereitschaft voraussetzte, entsprach in den 20er Jahren auch das Bemühen der Sonorenser um eine außenpolitische Absicherung ihres Regimes. Sowohl Obregón als auch Calles mußten deshalb vorrangig eine Normalisierung der Beziehungen mit den USA anstreben, die allerdings nur durch massive Konzessionen Mexikos, vor allem gegenüber den amerikanischen Ölgesellschaften und Großgrundbesitzern, erreicht werden konnte. Einer radikalen wirtschaftlich-gesellschaftlichen

Umgestaltung Mexikos waren somit auch von außen enge Grenzen gesetzt.

Der soziale Veränderungswille der neuen Revolutionselite war aber ohnehin gering. Rasch bildete sich nämlich aus ihren Reihen eine neue Bourgeoisie und Grundbesitzerschicht heraus, die nicht nur wegen ihrer wirtschaftlichen Partikularinteressen, sondern auch aufgrund ihres zunehmend sozialkonservativen Gesellschaftsbildes weitergehende Reformen ablehnten, da diese sich als Störfaktoren für den angestrebten Wiederaufschwung der Wirtschaft erweisen konnten. Nachdem sich das Calles-Regime Anfang der 30er Jahre zunehmend konsolidiert hatte, steuerte es deshalb einen immer reformfeindlicheren Kurs, der den baldigen »Thermidor« der Revolution anzukündigen schien, ohne daß allerdings bis dahin die zentralen Revolutionspostulate zugunsten der breiten Bevölkerungsschichten auch nur annähernd verwirklicht worden wären.

Vor diesem Hintergrund erstaunt der in der zweiten Hälfte der 30er Jahre unter der Präsidentschaft von Lázaro Cárdenas vollzogene politische Kurswechsel umso mehr. Nicht nur wurde nun in wenigen Jahren eine tiefgreifende Landreform verwirklicht, auch die ausländischen Ölgesellschaften wurden 1938 nationalisiert und allgemein eine Politik betrieben, die vielen Zeitgenossen als eine Art »mexikanischer Sozialismus« erschien.

Die Frage stellt sich natürlich, welches die Gründe für diese markante Abkehr des Cardenismus von der Politik seiner Vorgänger war. Eine einfache Erklärung ist nicht möglich; ganz unterschiedliche Faktoren wirkten dabei zusammen. Einerseits politische Rivalitäten innerhalb der Revolutionselite, dann aber auch ein zunehmender Druck des linken Flügels der Revolutionspartei, der insbesondere mit dem schleppenden Verlauf der Agrarreform unzufrieden war. Ob und wie weit die Auswirkungen der Weltwirtschaftskrise auf Mexiko den Cardenismus und seine radikale Reformpoltik erklären, ist noch immer eine kontroverse Frage, waren doch in Mexiko die Effekte der großen Depression weniger ausgeprägt als in anderen lateinamerikanischen Ländern mit stärker ausgebildeter Mono-Export-Wirtschaft. Dagegen ist unverkennbar, daß unter Cárdenas der außenpolitische Spielraum für weiterreichende Eingriffe in die bestehende Wirtschaftsstruktur, insbesondere für eine Verstaatlichung der Ölgesellschaften, größer war als in den 20er Jahren, weil die USA im Zeichen der von Roosevelt eingeleiteten *good neighbor policy* und im Vorfeld des 2. Weltkrieges vor direkten Interventionen in die mexikanische Innenpolitik zurückschreckten.

Unter der Präsidentschaft von Cárdenas hat sich Mexiko in mancher Hinsicht, vor allem auch im Agrarbereich, tiefgreifend verändert. Daneben sind aber auch Kontinuitätslinien zum Regime der Sonorenser unübersehbar. In der Schaffung einer eigenen Massenbasis für den Kampf gegen die konservative Fraktion revolutionärer Veteranen um Calles knüpfte Cárdenas nämlich unverkennbar an die »sonorensische« Tradition der Organisation politischer und gesellschaftlicher Verbände »von oben« an. Darin lag zweifellos auch eine Schwäche des Cárdenas-Regimes, welcher der Präsident nach 1938 – unter dem Einfluß einer wachsenden innen- und außenpolitischen Opposition gegen seine Politik – durch eine Verlangsamung des Reformtempos und eine Annäherung an die Gruppierungen der politischen Mitte Rechnung trug.

Wie in der Einleitung näher erörtert, wirft die Charakterisierung des Cardenismus und seine Einordnung in den Gesamtverlauf der mexikanischen Revolution Fragen auf, die keineswegs leicht zu beantworten sind. Auf diese Problematik wird deshalb in den zusammenfassenden Schlußbemerkungen zurückzukommen sein.

Einen Überblick über die Hauptereignisse während der Herrschaft der sonorensischen Revolutionsführer zwischen 1920 und 1935 vermittelt Kapitel 1. Die geschickte innen- und außenpolitische Absicherung seiner Regierung erlaubte Obregón, die erste große Militärrebellion der 20er Jahre, den de la Huerta-Aufstand von 1923/24, zu überstehen. Dieser Konflikt machte zwei innenpolitische Grundprobleme deutlich, die während der 20er Jahre wiederholt zu ernsten Erschütterungen des neuen Regimes führen sollten. Erstens das Fehlen eines institutionalisierten Mechanismus zur Kürung des »offiziellen« Präsidentschaftskandidaten, was dem amtierenden Präsidenten ein entscheidendes Gewicht bei der Bezeichnung seines Nachfolgers verschaffte. Zweitens die Disposition großer Teile der Armee, in den dadurch regelmäßig hervorgerufenen politischen Krisen zugunsten »übergangener« Präsidentschaftsanwärter zu intervenieren und die Wahl durch eine vorgängige militärische Entscheidung zu präjudizieren. Auch im Falle der Wahl von Calles zum Präsidenten für die Jahre 1924 bis 1928 hatte der Sieg der Regierungstruppen gegen die de la Huerta-Rebellen den Wahlakt zur bloßen Formalität werden lassen. Nach der unter Obregón in die Wege geleiteten Konsolidierung des Regimes konnte sich Calles als Präsident zunächst stärker als sein Vorgänger der Wirtschaftspolitik zuwenden, die in ihrem technokratischen Charakter und in ihrer einseitigen Ausrichtung auf Wachstumsprioritäten durchaus Leitideen der Científicos aufgriff, auch wenn jetzt dem Staat ein größeres Gewicht zur Kompensierung der im Vergleich zum Porfiriat reduzierten Bedeutung neuer Auslandsinvestitionen zugedacht wurde. Allerdings waren die innen- und außenpolitischen Bedingungen für die Verwirklichung dieser Modernisierungsstrategie in der zweiten Hälfte der 20er Jahre noch nicht ganz herangereift. Einerseits kam es unter Calles noch einmal vorübergehend zu einer Verschärfung der außenpolitischen Spannungen zwischen Mexiko und den USA, andererseits erschütterte vor allem ein breiter Volksaufstand zwischen 1926 und 1929 das Regime. Anders als die Generalsverschwörungen, die zwar Truppen gegen die Regierung in Marsch setzen, aber keine politischen und gesellschaftlichen Bewegungen auslösen konnten, stellte der Cristero-Aufstand zumindest im Westteil des zentralen Hochlandes eine eigentliche katholisch-bäuerliche Massenbewegung dar. Vordergründig war die Erhebung eine Antwort auf die antiklerikale, betont kirchenfeindliche Politik der Calles-Regierung, in einem weiteren Zusammenhang aber wohl auch eine Reaktion der traditionellen katholisch-bäuerlichen Gesellschaft auf eine wiederum zunehmende Penetration durch den »modernen«, religionsfeindlichen Staat.

Durch nordamerikanische Vermittlung konnte 1929 der mexikanische Kirchenkampf beigelegt und damit auch der Cristero-Krieg beendet werden. Da gleichzeitig eine nachhaltige Entspannung in den mexikanisch-amerikanischen Beziehungen eintrat, kam es Anfang der 30er Jahre zu einer raschen Konsolidierung des Regimes, zumal es 1928/29 eine gefährliche innenpolitische Krise im Gefolge der Ermordung des erneut zum Präsidenten gewählten Obregón überstanden hatte. Aus dieser Krise ging Calles als »starker Mann« des Regimes, als *jefe máximo* der Revolution, hervor. Die Präsidenten, die bis 1934 das oberste Staatsamt bekleideten, unterwarfen sich denn auch alle der Autorität von Calles, der seine informelle Machtposition vor allem auf die Kontrolle der 1929 neu geschaffenen nationalen Revolutionspartei abstützte. Mit Hilfe dieser Partei gelang es ihm nicht nur, die heterogene Revolutionselite stärker zu disziplinieren, auch der Spielraum der regionalen Machtbereiche wurde nun sukzessive wieder zugunsten der Zentralregierung eingeschränkt. In dieser Konstellation erfolgte Ende 1933 zunächst die Nominierung und 1934 die Wahl des Generals Lázaro Cárdenas zum neuen Staatspräsidenten, ein Ereignis, dessen weitreichende Folgen damals allerdings noch keineswegs abzusehen waren.

Vor dem Hintergrund dieses ereignisgeschichtlichen Ablaufs der sonorensischen Hegemonieperiode greifen die nachfolgenden Kapitel einige zentrale Bereiche auf, die eine eingehendere Darstellung erfahren. In Kapitel 2 wird kurz auf die mexikanisch-amerikanischen Beziehungen eingegangen, die gleichsam den äußeren Bedingungsrahmen für den Kurs der mexikanischen Revolution absteckten. Die USA hatten ein vitales Interesse an der raschen Wiederherstellung einer stabilen Regierung in Mexiko, die sich allerdings an die internationalen Spielregeln der von den USA praktizierten *open-door policy* zu halten hatte. Neben der grundsätzlichen Bedeutung, die Mexiko in dieser außenpolitischen Strategie der USA zukam, standen auch konkrete amerikanische Wirtschaftsinteressen großen Umfangs auf dem Spiel, vor allem im Bergwerks- und Erdölsektor sowie im Großgrundbesitz. Überdies war das nordamerikanisch geführte International Committee of Bankers on Mexico auch der Verhandlungspartner der mexikanischen Regierung in der schwierigen Frage der Regelung der mexikanischen Staatsschulden gegenüber dem Ausland.

Diesen ausländischen, vornehmlich nordamerikanischen Interessen mußte die Regierung Obregón Rechnung tragen, wenn sie von den USA (und den europäischen Staaten) diplomatisch anerkannt werden wollte, was wiederum eine wichtige Bedingung für ihre Stabilität im Innern darstellte. In der »Bucareli-Konferenz« des Jahres 1923 ging Mexiko denn auch weitgehend auf die nordamerikanischen Forderungen ein. Die Calles-Regierung steuerte zwar vorübergehend noch einmal einen unabhängigeren Kurs in der Erdölfrage und der Zentralamerikapolitik, was die Spannungen mit den USA erneut verschärfte; aber noch unter demselben Präsidenten kam es im Zeichen der engen persönlichen Beziehungen zwischem ihm und dem amerikanischen Botschafter Dwight Morrow zu einer nachhaltigen Entspannung im Verhältnis zwischen den beiden Staaten. Unverkennbar färbten die konservativen Ordnungsvorstellungen des Bankiers Morrow Ende der 20er-, Anfang der 30er Jahre auch auf die mexikanische Wirtschafts- und Sozialpolitik ab, die nun einen zunehmend reformfeindlichen Kurs einschlug.

Insgesamt hat also der Druck der USA auf die mexikanische Innenpolitik während der 20er und frühen 30er Jahre den Spielraum für radikale Reformen in Mexiko eingeengt. Allerdings war die neue Staatsführung selber immer weniger an grundsätzlichen Veränderungen interessiert, wie in Kapitel 4 genauer aufgezeigt wird.

Kapitel 3 ist zunächst der Entstehung des neuen politischen Systems gewidmet und beleuchtet damit einen wichtigen Bereich in den Beziehungen zwischen Staat und Gesellschaft. Bestimmend für den Charakter des aus der Revolution hervorgehenden neuen Regimes war die Tatsache, daß am Ende der Revolutionskriege ein »prekäres Gleichgewicht« (Gramsci) zwischen den gesellschaftlichen Klassen bestand. Diese Situation verschaffte der neuen Revolutionselite einen beträchtlichen Spielraum bei der Gestaltung des neuen politischen Systems. Zunächst wird deshalb die Frage nach der Zusammensetzung der neuen politischen Führungsschicht abgeklärt, die sozial überwiegend aus der Mittelschicht und regional mit einem überdurchschnittlichen Anteil aus den Nordstaaten stammte. Obwohl der wichtigste Aufstiegskanal für die neue Elite allgemein eine militärische Karriere in den konstitutionalistischen Revolutionstruppen darstellte, kam es in den 20er Jahren zu häufigen Konflikten zwischen der politischen Führung, deren Hauptexponenten zwar selber ehemalige Revolutionsgeneräle waren, die nun aber die Armee vermehrt der politischen Kontrolle unterwerfen wollten, und jenen Armeekommandanten im aktiven Dienst, die sich mit einer ausschließlich militärischen Funktion nicht abfinden wollten. Angesichts der während der ganzen 20er Jahre zentralen Bedeutung der Armee als politischem Machtfaktor ersten Ranges gilt es, diese aus den konstitutionalistischen Revolutionstruppen hervorgegangene neue Armee genauer zu untersuchen. Dabei lassen sich auch einige für diese Revolution insgesamt konstitutive Grundmuster aufzeigen.

Besonders eindrucksvoll ist die Verwandlung einer ursprünglich popularen Revolutionstruppe in eine Armee, die in den 20er und frühen 30er Jahren einen zunehmend sozialkonservativen Kurs steuerte, im Zusammenhang mit der Agrarreform oft mit Waffengewalt gegen landfordernde Bauern vorging und vor allem ein Instrument zur raschen persönlichen Bereicherung ihrer höheren Offiziere darstellte. Die Ansätze zu dieser Transformation sind bereits in den Anfangsphasen der Revolutionskriege zu finden, nämlich in den besonderen Mobilisierungsmechanismen und der rasch einsetzenden »Professionalisierung« der Revolutionsarmee, deren Entwicklung in den 20er Jahren sowohl hinsichtlich der Rolle des Offizierskorps als auch jener der einfachen Soldaten genauer beleuchtet wird. Das Scheitern von drei großen Armeerebellionen in den 20er Jahren und damit die Ausschaltung einer großen Zahl politisch besonders ambitiöser Generäle erleichterte es der Regierung Anfang der 30er Jahre allerdings, die Armee zunehmend ihrer politischen Kontrolle zu unterwerfen. Diese Domestizierung der Armee war gleichzeitig eine wichtige Voraussetzung für den Erfolg jener politischen Institutionalisierung, die 1929 mit der Gründung der nationalen Revolutionspartei eingeleitet wurde. Wie die politischen »Parteien« der frühen 20er Jahre war auch die nationale Revolutionspartei eine Gründung von oben, hatten doch Calles und der damalige Staatspräsident Portes Gil die Initiative dazu ergriffen. Von Anfang an verstand sich der PNR denn auch als eine Regierungspartei, die zunehmend staatliche oder halbstaatliche Funktionen übernahm und sich so allmählich zum zentralen politischen Lenkungsorgan entwickelte.

Dieser Prozeß der politischen Konsolidierung ist vor dem Hintergrund des wirtschaftlich-gesellschaftlichen Wandels zu sehen, der in Kapitel 4 näher dargestellt wird. Charakteristisch für die Zeit der sonorensischen Hegemonie war das geringe Ausmaß an strukturellen Veränderungen in Wirtschaft und Gesellschaft. Zwar versuchte das neue Regime eine im Vergleich zum vorrevolutionären Porfiriat national eigenständigere Wirtschaftspolitik einzuleiten und insbesondere den Staat vermehrt als wirtschaftliches Entwicklungsorgan einzusetzen; aber diese unter Cárdenas wieder aufgenommene und vor allem in der Zeit nach 1940 mit Nachdruck betriebene Politik zeitigte zunächst nur bescheidene Ergebnisse. An der Grundtatsache, daß zentrale Bereiche der mexikanischen Wirtschaft auch nach der Revolution durch das Auslandskapital dominiert wurden, vermochte sie jedenfalls nichts zu ändern. Einzig die nationale Zusammensetzung des Auslandskapitals hatte sich als Folge der Revolution

nachhaltig verändert, indem die USA ihre Vormachtstellung zu Lasten des europäischen Kapitals weiter hatten ausbauen können.
Grundsätzliche Eingriffe in die bestehenden Eigentumsverhältnisse fanden lediglich im Bereich des landwirtschaftlichen Grundbesitzes statt; eine »Sozialisierung« der übrigen Wirtschaftssektoren, wie sie von linken Minderheitsgruppen gefordert wurde, stand dagegen nicht zur Debatte. Auch die Gewerkschaften fanden sich, ungeachtet ihrer radikalen Rhetorik, rasch mit dem kapitalistischen Wirtschaftssystem ab. Ohnehin stellten sie keine starke politische und gesellschaftliche Kraft dar, obwohl sie dank massiver Regierungsprotektion unter der Regierung Calles ihre Mitgliederzahl beträchtlich aufblähen konnten. Im Konfliktfall mit der Regierung, wie er 1928/29 eintrat, erwiesen sie sich als Koloß auf tönernen Füßen, dessen mangelnde Verankerung in der Basis seinen raschen Sturz herbeiführte. Aufstieg und Niedergang der CROM als einer regierungsabhängigen Gewerkschaft waren allerdings mehr als eine Episode in der mexikanischen Gewerkschaftsgeschichte. Dieser Vorgang markierte vielmehr ein Grundmuster des Abhängigkeitsverhältnisses der »offiziellen« Arbeiterbewegung von der Regierung, das nicht nur für die Cárdenas-Zeit, sondern insbesondere auch für die postrevolutionäre Entwicklung nach 1940 durchaus charakteristisch blieb. Die im Kern konservative, wenig reformbereite Wirtschaftspolitik des sonorensischen Regimes ist allerdings ohne eine genauere Beleuchtung der wirtschaftlichen Aktivitäten und Karrieren ihrer Exponenten nicht zu verstehen. Die Herausbildung einer neuen wirtschaftlichen Oberschicht aus dem Kreis der Revolutionselite ist nämlich eines der hervorstechendsten Merkmale dieser Periode. Obregón selber kann durchaus als Prototyp dieser neuen revolutionären Bourgeoisie gelten, die ihren wirtschaftlichen Aufstieg vor allem der Kontrolle über den Staatsapparat verdankte. Durch staatliche Konzessionen und Lieferverträge, privilegierten Zugang zu öffentlichen Kreditquellen, ausgewählte Infrastrukturinvestitionen, militärische »Inbesitznahme« von Haciendas usw. bildete sich eine neue Oberschicht aus Großgrundbesitzern, Kaufleuten, Bankiers und Industriellen heraus, welche die alte, politisch entmachtete Oligarchie allerdings nicht einfach wirtschaftlich verdrängte, sondern sich ihr vielmehr als ein neues – durch ihr politisches Machtmonopol allerdings vielfältig privilegiertes – Segment integrierte.

Dieser Vorgang läßt sich besonders deutlich im Agrarbereich beobachten, stellte der Aufstieg von Revolutionsgenerälen zu wohlbestallten Großgrundbesitzern doch ein weitverbreitetes soziales Karrieremuster dar, das durchaus an vorrevolutionäre Vorbilder anknüpfte. Allerdings ergaben sich daraus häufig Konflikte mit landfordernden Bauern, die u. a. in Kapitel 5 näher dargestellt werden. Ein höchst konfliktreicher Verlauf kennzeichnete nämlich allgemein die Durchführung der Landreform unter der Herrschaft der Sonorenser. Im Gegensatz zu Carranza waren Obregón und Calles zwar bereit, eine begrenzte Landverteilung zuzulassen, insbesondere wenn diese – wie im Fall der ehemaligen zapatistischen Hochburgen – zur gesellschaftlichen Pazifizierung chronischer Unruheherde beitrug. Aber eine weiterreichende Landreform, welche das kleinbäuerlich-genossenschaftliche Ejido an Stelle der alten Haciendas gesetzt hätte, widersprach ihren am Leitbild des modernen Agrarunternehmers orientierten Ordnungsvorstellungen. Ihrer Agrarpolitik lagen denn auch vornehmlich politische, weniger wirtschaftlich-gesellschaftliche Motive zugrunde. In Phasen innenpolitischer Krisen, z. B. während Armeeaufständen, wurde die Landverteilung zur Gewinnung regimeloyaler Bauern beschleunigt, in Phasen der Konsolidierung des Regimes, wie Anfang der 30er Jahre, gedrosselt. Auch regional verlief die vorcardenistische Landreform sehr ungleichmäßig. In Regionen wie etwa Veracruz, Michoacán usw., die im Gegensatz zu Morelos zwar keine starke bäuerliche Revolutionstradition kannten, wo aber in den 20er Jahren unter Bauernführern neuen Schlages bzw. unter der Patronage einzelner Staatsgouverneure stärkere Bauernorganisationen entstanden, reagierte die Zentralregierung mit einer Mischung von Reformbereitschaft und politischem Druck bzw. militärischer Repression. Im größten Teil des Landes, insbesondere im Norden, wo der Druck von unten schwach und der Widerstand gegen Reformen seitens konservativer Staatsregierungen stark waren, änderte sich an den alten Agrarverhältnissen bis zum cardenistischen Regime allerdings kaum etwas.

Ungeachtet der Mandate der Verfassung von 1917, die den landbedürftigen Dörfern das Recht auf ein Ejido zugestanden, fanden sich die Bauern meist in einer zur Durchsetzung ihrer Forderungen zu schwachen Position. Nicht nur wurden sie von den betroffenen Grundbesitzern ökonomisch unter Druck gesetzt, auch die Armee intervenierte, wie erwähnt, nicht selten gegen landfordernde Bauern und verwandelte sich so zu einem wichtigen Alliierten der alten (und neuen) Grundbesitzerklasse. Selbst die innerdörflichen Konflikte und die Landstreitigkeiten zwischen den Dörfern nahmen als Folge des schleppenden, ungewissen Verlaufs der Landreform zu.

Schließlich trat Anfang der 30er Jahre ein volkswirtschaftliches Problem immer deutlicher zutage. Einerseits war nämlich die Landreform bereits zu weit gegangen, indem sie – ungeachtet des begrenzten Umfangs des reformierten Agrarsektors – auch die von der Reform noch unberührte Landwirtschaft nachhaltig negativ beeinflußte, da die Grundbesitzer aus Furcht vor künftigen Enteignungen Produktion und Investitionen oft drosselten. Andererseits war sie aber auch zu wenig weit gegangen, da der reformierte Agrarsektor nicht nur umfangmäßig zu klein und qualitativ ungenügend, sondern vor allem auch von jeglicher staatlicher Förderung vernachlässigt blieb. Diese Problematik verlangte eine klare politische Entscheidung: entweder eine rasche Abkehr von jeglicher weiterer Landverteilung und unmißverständliche Eigentumsgarantien an die Hacendados, wozu der Kreis um Calles tendierte, oder die beschleunigte Verwirklichung einer umfassenderen Agrarreform, in welcher dem Ejido mehr als nur eine Subsistenzfunktion zuerkannt wurde. Für diesen zweiten Weg plädierten die Anhänger des linken Flügels der Revolutionspartei, die sich nach der Wahl von Cárdenas zum Präsidenten auch weitgehend durchsetzen konnten.

Die Grundzüge der Cárdenas-Periode werden im abschließenden Kapitel 6 näher dargestellt. Im Vordergrund stehen dabei die wirtschaftlich-gesellschaftlichen Reformen unter seiner Präsidentschaft, aber auch die weitere Institutionalisierung des politischen Systems, welche die Kontinuitätslinie vom Regime der Sonorenser zu den nachrevolutionären Regierungen seit 1940 markiert.

Die unter Cárdenas verwirklichte Agrarreform war insofern zweifellos die wichtigste gesellschaftliche Reform, als von ihr weitaus am meisten Menschen unmittelbar betroffen wurden. Innerhalb weniger Jahre wurden die Besitzverhältnisse in der agrarischen Kernzone des zentralen Hochlandes drastisch verändert, die traditionelle Hacienda weitgehend zerschlagen und die Zahl der durch die Reform begünstigten Ejidatarios stark erhöht. 1940, am Ende von Cárdenas' Präsidentschaft, entfiel immerhin fast die Hälfte der gesamten Ackerfläche auf die Ejidos, die nun

auch eine stärkere staatliche Förderung auf dem Gebiet des Kreditwesens, der technischen Unterstützung und der Vermarktung ihrer Produktion erfuhren.
Auch für die Anliegen der Arbeiterschaft war die Cárdenas-Regierung offener als ihre Vorgänger. In vielen Fällen unterstützte sie die Gewerkschaften in ihrem Kampf um bessere Arbeitsbedingungen, wie der starke Anstieg der Streikzahlen deutlich macht. Im Erziehungswesen sollte durch das Experiment der »sozialistischen Erziehung« der Boden für eine künftige sozialistische Gesellschaft bereitet werden – ein Projekt, dessen praktische Bedeutung aber aus mancherlei Gründen gering blieb.
Schließlich erreichte die cardenistische Reformpolitik im März 1938 mit der Verstaatlichung der ausländischen Erdölgesellschaften ihren Höhepunkt – ein Schritt, der noch unter Carranza und Obregón wohl zu einer bewaffneten Intervention der USA geführt hätte.
Weit weniger radikal war allerdings die Abkehr vom Kurs seiner Vorgänger in Cárdenas' Politik der weiteren Konsolidierung des politischen Systems. Wie am Anfang dieses Kapitels erwähnt, knüpfte er dabei durchaus an die »sonorensische« Tradition der politischen Organisation von oben an, als er den unter seiner Ägide neu entstandenen Gewerkschaftsverband CTM und die ebenfalls auf Regierungsinitative geschaffene nationale Bauernorganisation CNC in die 1938 auf semikorporativer Basis reorganisierte Revolutionspartei eingliederte. Das Grundmuster einer nicht von unten nach oben, sondern deutlich von oben nach unten strukturierten Partei, mit einer in zwangsmitgliedschaftlichen Korporationen organisierten Basis ohne echte politische Eigenständigkeit und ohne wirkliches Klassenbewußtsein, blieb so erhalten und begründete letztlich auch die politische Schwäche der cardenistischen »Revolution von oben« im politischen Konflikt zwischen dem Präsidenten und den innen- und außenpolitischen Gegnern seiner Reformpolitik.
So gesehen, wird man den Cardenismus vornehmlich als eine Konsolidierung des spätrevolutionären Systems verstehen können: sozial vor allem durch die Effekte der Landreform, politisch durch den Ausbau der Revolutionspartei und wirtschaftlich u. a. durch die Nationalisierung der Erdölindustrie und allgemein durch den unter Cárdenas ausgebauten »aktiven Staat«. Auf dieser Grundlage konnten Cárdenas' Nachfolger seit den 40er Jahren eine Politik beschleunigter Industrialisierung einleiten,

gleichzeitig aber mittels der gesellschaftlichen und politischen Kontrollmechanismen der Revolutionspartei die politisch und sozial destabilisierenden Effekte raschen wirtschaftlichen Wachstums auf ein Minimum beschränken, womit ein wesentlicher Kern des *milagro mexicano* nach 1940 bezeichnet sein dürfte.

Kapitel 1

Die Herrschaft der Sonorenser, 1920-1935

Nach dem Sturz und der Ermordung Carranzas im Mai 1920 standen die 20er und frühen 30er Jahre zunehmend im Zeichen der politisch-gesellschaftlichen Stabilisierung unter der Hegemonie sonorensischer Politiker. Von einer Periode *sonorensischer* Hegemonie auf nationaler Ebene kann man zwischen 1920 und 1935 deshalb sprechen, weil in diesem Zeitraum nicht weniger als vier der sechs Präsidenten sonorensischer Herkunft waren, vor allem aber, weil die beiden mit Abstand wichtigsten Caudillos dieser Zeit, Alvaro Obregón und Plutarco Elías Calles, aus dem nordwestlichen Grenzstaat Sonora stammten. Aufgrund der stark personalistischen Beziehungen innerhalb der neuen politischen Elite gelangten nun zahlreiche enge Gefolgsleute der sonorensischen Caudillos in hohe Ämter. Dabei verlieh einerseits die gemeinsame regionale Herkunft aus den Nordstaaten, andererseits die Verwurzelung in den ehemaligen nördlichen Revolutionsarmeen, insbesondere dem von Obregón befehligten nordwestlichen Armeekorps, dieser neuen Führungsgruppe eine beträchtliche Homogenität, die noch durch ihre überwiegend mittelständische soziale Herkunft unterstrichen wurde. Während der Präsidentschaft Obregóns (1920-1924) stammten 60 % der nationalen Machtelite, des *circulo interior*, aus den Nordstaaten, 35 % allein aus Sonora; gleichzeitig waren fast 60 % der hohen Regierungsämter mit Armeeoffizieren besetzt.[1]

Den Auftakt der sonorensischen Präsidentenreihe machte der Gouverneur von Sonora, Adolfo de la Huerta, das nominelle Haupt der siegreichen »Bewegung von Agua Prieta«. De la Huerta wurde nach dem Sturz und der Ermordung Carranzas vom Kongreß zum Interimspräsidenten gewählt, um den Rest von Carranzas Amtszeit auszufüllen und die Präsidentschaftswahlen durchzuführen. Wie weiter oben, im Zusammenhang mit der Revolution in Sonora, bereits ausgeführt, gehörte Adolfo de la Huerta schon früh zum engeren Kreis der sonorensischen Revolutionsführer, wobei seine Karriere allerdings eher untypisch, nämlich außerhalb der militärischen Laufbahn in den Revolutionsarmeen verlaufen war.[2]

Die Politik de la Huertas während seiner Interimspräsidentschaft vom Mai bis November 1920 war, in enger Abstimmung mit dem künftigen Präsidenten Obregón, vordringlich auf die Wiederherstellung stabiler Verhältnisse ausgerichtet: außenpolitisch durch den Versuch, bessere Beziehungen zu den USA herzustellen, innenpolitisch durch das Bestreben, die militärische Situation nach der Armeerebellion gegen Carranza unter Kontrolle zu bringen.

Die Beziehungen zu den USA waren deshalb von besonderer Bedeutung, weil die Vereinigten Staaten den gewaltsamen Regierungswechsel vom Mai 1920 zum Anlaß genommen hatten, um die diplomatische Anerkennung der neuen mexikanischen Regierung von der vorgängigen Erfüllung amerikanischer Forderungen abhängig zu machen, die sowohl die Kontroverse um den Artikel 27 als auch die Frage des Schuldendienstes mexikanischer Staatsanleihen und die Entschädigung revolutionsbedingter Eigentumsverluste betrafen. Obwohl Obregón und de la Huerta grundsätzlich bereit waren, den Amerikanern in diesen Fragen entgegenzukommen, konnten sie aus innenpolitischen Gründen nicht auf eine formelle Anerkennung der amerikanischen Bedingungen durch einen internationalen Vertrag eingehen. Die USA blieben deshalb bei ihrer Verweigerung der diplomatischen Anerkennung Mexikos; erst 1923, im Gefolge des »Bucareli-Abkommens«, sollte es zur Wiederaufnahme normaler diplomatischer Beziehungen zwischen beiden Ländern kommen.[3]

Innenpolitisch stand während der Regierungszeit de la Huertas die militärische Pazifizierung des Landes im Vordergrund. Vordringlich war dabei die Ausschaltung der Gefolgsleute Carranzas unter den Armeekommandanten und die Überführung der ihnen unterstellten Truppen in die nun von den Sonorensern kontrollierte Bundesarmee. Während die führenden carranzistischen Generäle wie Pablo González, Cándido Aguilar, Manuel Diéguez u. a. ihrer Kommandos enthoben und ins Exil vertrieben wurden, versuchte de la Huerta mit Erfolg, die untergeordneten Befehlshaber durch massive finanzielle Zuwendungen aus der Staatskasse zur Loyalität gegenüber der neuen Regierung zu bewegen – eine Praktik, die übrigens auch gegenüber Felix Díaz angewandt wurde.[4]

Unterschiedlich war die Wiedereingliederung der beiden Teilbewegungen der ehemaligen anticarranzistischen Konvention in den nationalen Verband. Während sie im Falle der Zapatisten schon durch deren rechtzeitigen Anschluß an die »Bewegung von Agua Prieta« vorbereitet worden war und zahlreichen Führern der ehemaligen »Befreiungsarmee des Südens« unter der Herrschaft der Sonorenser die Tür für politische oder militärische Karrieren geöffnet wurde, warf die Demobilisierung der villistischen Restbestände und die politische Rehabilitation Villas größere Probleme auf.[5] Auch zwischen Villa und der »Bewegung von Agua Prieta« war es zwar während der anticarranzistischen Armeerebellion zu gewissen Kontakten gekommen, aber nach dem Sturz Carranzas herrschte ein prekärer, immer wieder unterbrochener Waffenstillstand zwischen den in Chihuahua stationierten Bundestruppen und den Villisten vor. Obwohl Obregón und Calles offenbar zu einer militärischen Eliminierung Villas neigten, konnte Interimspräsident de la Huerta schließlich eine Vermittlungslösung durchsetzen. Diese beruhte darauf, daß die villistischen Verbände gegen die Zusicherung einer Landzuteilung an die villistischen Veteranen aufgelöst und Villa selbst durch die Übergabe der Hacienda El Canutillo in Durango die Möglichkeit einer zivilen Existenz als Großgrundbesitzer geboten wurde.[6] Auch im Falle Villas blieb somit der schon unter Díaz häufig praktizierten Neutralisierung gefährlicher Widersacher durch wirtschaftliche Konzessionen der Erfolg nicht versagt. Der berüchtigte »Kentaur des Nordens« nahm in mancher Beziehung die Züge eines etablierten Hacendados an, dessen politischer Machtanspruch hinter den kommerziellen Aktivitäten des frischgebackenen Agrarunternehmers zurückzutreten schien.[7]

Bezüglich der militärischen Pazifizierung des Landes war de la Huertas Innenpolitik also recht erfolgreich. Abgesehen von den weiterhin ungeklärten außenpolitischen Beziehungen konnte Obregón, nach einem unangefochtenen Wahlsieg, sein Amt als Präsident am 1. Dezember 1920 jedenfalls unter recht günstigen Voraussetzungen antreten.

Die Regierung Obregón, 1920-1924

Auch unter Obregón blieb indessen die innenpolitische Stabilisierung und die außenpolitische Absicherung des neuen Regimes das Hauptziel der Regierung.[8] Bis zum Ausbruch der schwerwiegenden innenpolitischen Krise von 1923/24 im Zusammenhang mit der Präsidentschaftsnachfolge gelang es Obregón tatsächlich, die innenpolitische Situation weiter zu stabilisieren und erste gesellschaftliche Reformen einzuleiten. Die militärischen Putschversuche der Jahre 1921 und 1922, die vor allem auf ehemalige Anhänger Carranzas zurückgingen, konnten keinen breiteren Anhang mobilisieren und blieben als isolierte Generalsverschwörungen ohne Erfolg.[9]

Die unter Obregón eingeleiteten gesellschaftlichen Reformen betrafen vor allem den Bereich des Bildungswesens und der – allerdings klar begrenzten – Landreform. Vor allem im Bereich des Erziehungswesens zeichnete sich die Regierung Obregón, d. h. das neugeschaffene Erziehungsministerium unter José Vasconcelos, durch bemerkenswerte Leistungen aus. Nicht nur wurde diesem Ministerium unter der Regierung Obregón ein weit höheres Budget als unter all ihren Vorgängern zugestanden, auch die inhaltlichen Akzente der Erziehungspolitik wurden nun unter der tatkräftigen Leitung von Vasconcelos neu gesetzt. Dies bedeutete vor allem eine stärkere Förderung des ländlichen Elementarunterrichtes auch in jenen entlegenen Gebieten, die bisher kaum je einen Lehrer gesehen hatten. Vasconcelos verstand es, zu diesem Zweck *misiones rurales* aus Freiwilligen zu organisieren und zu motivieren, die in den abgelegensten Winkeln des Landes den Unterricht aufnahmen, der sich nicht auf eine Vermittlung abstrakter Lehrinhalte beschränkte, sondern auch die Förderung praktisch-manueller Fertigkeiten umfaßte. Auch wurde, wenn nötig, durch die Abgabe unentgeltlicher Mahlzeiten ein erfolgreicher Schulbesuch für unterernährte Kinder überhaupt erst möglich gemacht. Neben dem Ausbau des ländlichen und städtischen Elementarunterrichts und der Erwachsenen-Alphabetisierung fanden unter Vasconcelos' Amtsführung aber auch die Künste, nicht zuletzt die Werke der bekannten »Muralisten« wie Siqueiros, Orozco und Rivera, eine bedeutende öffentliche Förderung.[10]

Während so unter Vasconcelos der Grundstein zum modernen mexikanischen Erziehungssystem gelegt wurde, setzte erstmals unter Obregón auch eine eigentliche Landreformpolitik ein. Wie weiter unten genauer zu zeigen ist, blieb allerdings auch unter seiner Regierung der Umfang der Landverteilung beschränkt und vor allem auf gewisse politisch sensible Regionen ausgerichtet. Dies galt insbesondere für die zentralmexikanischen Staaten des ehemaligen zapatistischen Bauernaufstandes, deren weitgehende Pazifizierung Obregón durch die frühe Bestätigung zahlreicher zapatistischer Landverteilungen erreichen konnte. In den übrigen Regionen des Landes, wo entweder der bäuerliche Druck von unten nach einer Landverteilung schwächer war als in Zentralmexiko oder wo sich konservative Staatsregierungen der Ejidalpolitik widersetzten, gingen allerdings von der Regierung Obregón kaum Reforminitiativen aus. Dennoch reichte die erstmals auf breiterer Basis eingeleitete Landreform aus, um keine breite oppositionelle Bauernbewegung entstehen zu lassen, ja um sogar eine gewisse Regimeloyalität unter den politisch organisierten und von der Landreform begünstigten Bauern zu schaffen.[11]

Stand schon in der Agrarpolitik für die Regierungen Obregón und Calles die stabilitätspolitische Funktion der Landreform ganz im Vordergrund, so galt dies noch mehr für ihre Haltung gegenüber den Gewerkschaften.[12] Die besonderen Beziehungen zwischen der Regierung Obregón und dem nationalen Gewerkschaftsverband CROM wie auch mit der aus ihm hervorgegangenen Arbeiterpartei waren bereits im geheimen Wahlabkommen vom August 1919 festgehalten worden. Unter Obregón und noch ausgeprägter unter Calles wurde denn auch die »offizielle« Arbeiterbewegung zu einer wichtigen politischen Stütze des neuen Regimes. Die unter Obregón einsetzende und von Calles weitergetriebene Bildung regierungsloyaler und weitgehend »von oben« gelenkter Gewerkschaften und Bauernorganisationen sollte den Boden für das neue, spätrevolutionäre politisch-gesellschaftliche System Mexikos legen. So embryonär diese Entwicklungen unter der Präsidentschaft von Obregón auch noch waren, im politischen Kontext der frühen 20er Jahre kam ihnen doch schon einige Bedeutung zu.

Diese – weiter unten genauer darzustellenden – politischen Verhältnisse der frühen 20er Jahre sind u. a. vom mexikanischen Historiker Vicente Fuentes Díaz auf den Begriff des *caudillismo revolucionario* gebracht worden.[13] Mit dieser Charakterisierung soll die Tatsache hervorgehoben werden, daß in den 20er Jahren die tatsächliche Macht noch immer bei den nationalen Caudillos wie Obregón und Calles und den zahlreichen regionalen *caciques* lag. Faktoren wie den damaligen politischen »Parteien« oder Institutionen wie dem Kongreß kam dagegen weit geringeres politisches Gewicht zu. Diese politische Ausgangskonstellation

der sonorensischen Herrschaft läßt sich durch einige Hinweise auf die politische Entwicklung während der Präsidentschaft Obregóns anschaulich illustrieren, insbesondere am Verhältnis zwischen Regierung und Parteien und Kongreß.
In der Anfangszeit von Obregóns Präsidentschaft versuchte das Parlament noch, gegenüber der Exekutive eine eigenständige Politik zu betreiben. Insbesondere die im Parlament majoritäre Liberal-konstitutionalistische Partei (PLC) verstand sich – unter Berufung auf die verfassungsmäßigen Kompetenzen des Kongresses – als politisches Gegengewicht zur Regierung, obwohl sie ursprünglich die Kandidatur Obregóns unterstützt hatte und unter ihren Mitgliedern einige Minister zählte. Der Einfluß dieser Partei, der vor allem auf der Kontrolle der »permanenten Kommission« der Deputiertenkammer beruhte, begann allerdings rasch abzubröckeln, als die Partei unmittelbaren Einfluß auf die Regierungspolitik zu nehmen versuchte und dabei auch vor Konflikten mit dem Präsidenten nicht zurückschreckte. Die Regierung, und vor allem Obregóns Innenminister Calles, reagierten auf diese Herausforderung, indem sie die im Parlament schwächeren Parteien nach Kräften förderten und diese 1922 zu einer kurzlebigen Koalition zusammenführten, welche den PLC von der Kontrolle der »permanenten Kommission« und den damit verbundenen vielfältigen Patronagemöglichkeiten zu verdrängen vermochte. Ohne diesen Rückhalt und in offener Opposition zur Regierung, begann sich der PLC rasch aufzulösen.[14]
Es zeigte sich hier erstmals deutlich, wie gering das Eigengewicht dieser »Parteien« gegenüber der Exekutive war. Dies hing vor allem damit zusammen, daß die »Parteien« über keine eigentliche gesellschaftliche Basis und gewachsene institutionelle Strukturen verfügten, sondern viel eher ad-hoc gebildete Wahlvereine und Parlamentarier-Clubs darstellten. Als Honoratiorenzirkel ohne wirklichen Rückhalt in der Wählerschaft und ohne echtes ideologisches Fundament waren sie in hohem Maße auf das Wohlwollen oder zumindest die Duldung der Regierung angewiesen. Dies zeigte nicht nur die Ausschaltung des PLC im Jahre 1922, sondern auch die 1923/24 nach einem heftigen Konflikt mit der Regierung erfolgende Eliminierung des Partido Nacional Cooperatista, jener Partei also, die zunächst vom Niedergang des PLC profitiert und sich im Kongreß als neue Mehrheitspartei etabliert hatte.[15]

Auch die »Massenparteien«, wie die unter Führung des ehemaligen zapatistischen Sekretärs Antonio Díaz Soto y Gama gegründete Nationale Agraristenpartei oder die mit der CROM verbundene Arbeiterpartei, konnten kein echtes Gegengewicht zur Regierung entwickeln, im Gegenteil. Es waren gerade diese neuen Parteien und Massenorganisationen, die besonders eng mit der Regierung verbunden waren und von ihr nach Kräften gefördert wurden, somit aber auch in besonderem Maße von ihr abhängig waren. Ihre Funktion bestand vor allem in der Neutralisierung oder Eliminierung regierungsoppositioneller Parteien, wobei die CROM offenbar auch vor massiver Einschüchterung unliebsamer Politiker und oppositioneller Parlamentarier nicht zurückschreckte.[16]

Bei aller Heftigkeit der politischen Auseinandersetzungen und der parlamentarischen Opposition gegen die Regierung Obregón waren es unter diesen Umständen jedenfalls weder die Parteien noch der Kongreß, die Obregóns Herrschaft wirklich gefährden konnten. Da Obregón auch die Position der regionalen *caciques* im wesentlichen nicht antastete, blieb als entscheidender Machtfaktor lediglich die Armee, die imstande war, Obregóns Regierung zu stürzen. Diese Gefahr war um so größer, je isolierter außenpolitisch die neue Regierung war, würde doch im Falle einer erneuten Armeerebellion der Haltung der USA wie immer großes Gewicht zukommen.

Der außenpolitischen Absicherung des neuen Regimes, d. h. vor allem der Normalisierung der Beziehungen zu den USA, maßen die Sonorenser deshalb von Anfang an zentrale Bedeutung zu. Es wurde bereits erwähnt, daß unter der Interimspräsidentschaft de la Huertas mexikanische Initiativen zur Wiederherstellung normaler diplomatischer Beziehungen mit den USA ergriffen wurden, diese aber an der unnachgiebigen Haltung der amerikanischen Regierung scheiterten, insbesondere an der amerikanischen Bedingung nach vorgängiger Unterzeichnung eines die amerikanischen Forderungen enthaltenden »Freundschafts- und Handelsvertrags«.

Für die Regierung Obregón blieb allerdings die diplomatische Anerkennung durch die USA weiterhin ein vorrangiges Ziel. Zwar versuchte auch sie, wie weiter unten genauer darzustellen ist, am nationalistischen Kurs der Regierung Carranza im Prinzip festzuhalten, in der Praxis sah sie sich allerdings unter dem massiven Druck der USA zu weitgehenden Konzessionen gezwungen. Dennoch schob die Regierung Harding zunächst die Anerkennung weiter hinaus. Auch die formelle Anerkennung von Mexikos äußerer Staatsschuld in Höhe von über 1 Mrd. Pesos durch Obregóns Finanzminister Adolfo de la Huerta im »De la Huerta-Lamont-Abkommen« des Jahres 1922 erreichte noch keines der beiden damit von Mexiko angestrebten Ziele: weder die diplomatische Anerkennung durch die USA noch die Gewährung einer neuen internationalen Anleihe. Erst auf der »Bucareli-Konferenz« vom Mai bis August 1923 sollte dann jener Durchbruch erzielt werden, der zur diplomatischen Anerkennung Mexikos durch die USA führte: ein Durchbruch, der allerdings nur durch weitgehende mexikanische Zugeständnisse an die amerikanischen Forderungen erreicht worden war. Dabei sollten sich weniger die öffentlich bekannten Verträge (die im wesentlichen die Regelung revolutionsbedingter Eigentumsverluste von US-Bürgern betrafen) als besonders kontrovers erweisen als vielmehr jener geheim gehaltene »extra-offizielle Pakt«, der darauf hinauslief, amerikanisches Eigentum an Ölfeldern und Grundbesitz weitgehend von den Bestimmungen des Artikels 27 auszunehmen.[17]

Die durch diese Konzessionen erkaufte Anerkennung Mexikos durch die USA, der – zunächst mit Ausnahme Großbritanniens – rasch die meisten europäischen Länder folgten, sollte sich für die Regierung Obregón schon bald als äußerst wichtig erweisen, als nämlich gegen Ende 1923 eine schwerwiegende innenpolitische Krise in Mexiko ausbrach.

Die de la Huerta-Rebellion, 1923/24

Es überrascht nicht, daß die Hauptursache dieser Krise die Frage der Präsidentennachfolge nach Ablauf von Obregóns Mandat Ende 1924 war. Beim Fehlen von echten Parteien im Sinne autonomer politischer Gestaltungsfaktoren, bei der nach wie vor beschränkten Repräsentativität des Wahlaktes und bei dem weitreichenden Einfluß, den die Regierung durch das Innenministerium auf den Wahlkampf und den Wahlausgang nehmen konnte, waren die Chancen eines unabhängigen Kandidaten von vorneherein äußerst gering. Was den »offiziellen«, d. h. den von der amtierenden Regierung favorisierten Kandidaten betraf, so lag es nahe, daß er aus der engeren Umgebung des Präsidenten stammen und bereits wichtige politische oder militärische Positionen bekleidet haben würde. 1923 standen zwei Regierungsmitglieder als mögliche »offizielle« Kandidaten im Vordergrund: zum einen der ehemalige Interimspräsident und Finanzminister Adolfo de la Huerta, zum anderen der Innenminister Plutarco Elías Calles, beide wie Obregón Sonorenser. Allerdings gab es auch für die Auswahl des »offiziellen« Kandidaten kein formelles, anerkanntes Verfahren, so daß letztlich der amtierende Präsident den Ausschlag gab. Obregóns Entscheidung fiel im Frühjahr 1923 zugunsten von Calles, dem vorerst auch de la Huerta seine öffentliche Unterstützung zukommen ließ. Auch der Partido Nacional Cooperatista, seit den Wahlen von 1922 stärkste Partei im Kongreß, schloß sich wie die meisten übrigen Parteien der Kandidatur Calles an, obwohl zahlreiche »Kooperatisten« wie auch andere politische Gruppierungen lieber de la Huerta auf den Schild gehoben hätten.[18]

Im Laufe des Sommers 1923 begann die anfänglich breite Unterstützung für eine Kandidatur von Calles allerdings abzubröckeln. In der Armeespitze hatte Calles unter ehemaligen Revolutionsgenerälen einflußreiche Gegner, die sich aufgrund ihrer militärischen Karriere eher für das Präsidentenamt prädestiniert glaubten. Calles' Ruf als Sozialradikaler und seine engen Beziehungen zur CROM von Morones trugen ihm ebenfalls eine wachsende Gegnerschaft ein. Zudem wurde Calles verdächtigt, in die unter dubiosen Umständen erfolgte Ermordung Pancho Villas im Juli 1923 verwickelt zu sein, da Villa als entschiedener Anhänger de la Huertas galt.[19] Schließlich führten die umstrittenen Gouverneurswahlen im Staate San Luis Potosí, bei denen der Vorsitzende des Partido Nacional Cooperatista, Jorge Prieto Laurens, den Sieg beanspruchte, zur Spaltung der Partei und zur Bildung eines vehement regierungsfeindlichen Flügels unter Prieto Laurens, da Obregón die Gouverneurswahlen annullieren ließ. In dieser Situation zunehmender innenpolitischer Konflikte sah sich de la Huerta einem ständig wachsenden Druck ausgesetzt, sich als Kandidat der oppositionellen »Kooperatisten« portieren zu lassen. Im Gefolge einer Auseinandersetzung mit Obregón, in welcher er auch die Bucareli-Verträge kritisierte, reichte de la Huerta schließlich seine Demission als Finanzminister ein und ließ sich im Oktober auch offiziell als Präsidentschaftskandidat des Partido Nacional Cooperatista aufstellen.

Damit war ein Höhepunkt in den innenpolitischen Auseinandersetzungen erreicht, die im Laufe des Herbstes 1923 einen immer unversöhnlicheren Charakter annahmen. Am 1. September hatte Parlamentspräsident Prieto Laurens Obregón anläßlich des traditionellen *informe*, d. h. des öffentlichen Rechenschaftsberichts des Präsidenten vor dem Parlament, durch eine herausfordernde Rede provoziert. De la Huerta seinerseits wurde nach seinem Rücktritt als Finanzminister von Regierungsseite der Unfähigkeit in seiner Amtsführung bezichtigt und für die desolate Situation der mexikanischen Staatsfinanzen verantwortlich gemacht. Die Schärfe des Konflikts zeigte sich auch darin, daß der von Prieto Laurens geführte Parteiflügel der »Kooperatisten« unter dem Druck der Regierung täglich Anhänger verlor. De la Huerta fühlte sich nicht nur in seiner politischen Bewegungsfreiheit eingeschränkt, sondern auch in seiner persönlichen Sicherheit bedroht. In diesem Klima der Einschüchterung oppositioneller Politiker durch die Regierung oder ihr nahestehende Aktionsgruppen schien eine demokratische Lösung der Präsidentennachfolge nicht mehr gewährleistet. Auch Vasconcelos gewann Ende 1923 den Eindruck, daß Obregón Calles dem Land als seinen Nachfolger aufzwingen wollte.[20]

Ähnlich wie in der Nachfolgekrise der Jahre 1919/20 war in dieser Situation die Haltung der Armee von ausschlaggebender Bedeutung. Zwar hatte der erfahrene Militär Obregón die Armee zweifellos weit besser im Griff als Carranza, aber von einer effektiven politischen Kontrolle der Armee, d. h. ihrer wichtigsten Kommandanten, konnte noch immer keine Rede sein. Der Präsident versuchte dem befürchteten Armeeaufstand durch Versetzungen in wichtigen Kommandos und massive Bestechung der als schwankend eingestuften Generäle zuvorzukommen, aber die allgemeine politische Polarisierung war im November 1923 bereits so weit fortgeschritten und so stark in die Heeresführung eingedrungen, daß eine Erhebung großer Teile der Armee nicht mehr verhindert werden konnte.[21] Ende November, Anfang Dezember 1923 erhoben sich die ersten Armeeverbände im Westen und Südosten des Landes, denen sich rasch weitere Truppenteile anschloßen, so daß sich schließlich etwa die Hälfte der Armee in Rebellion gegen die Regierung befand.[22] Obwohl für die meisten rebellierenden Armeeführer persönliche Ambitionen oder Aversionen gegen Obregón und Calles im Vordergrund standen, verlieh die Proklamation des »Plans von Veracruz« am 7. Dezember 1923 durch de la Huerta und seine zivilen und

militärischen Gefolgsleute der Aufstandsbewegung auch einen politischen Anstrich.[23]
Dennoch vermochte die de la Huerta-Rebellion kein klares politisch-ideologisches Profil zu gewinnen. Zwar waren gewisse sozialkonservative Züge unübersehbar, vor allem im Bereich der Agrarpolitik, wo der »Plan von Veracruz« eine Entschädigung enteigneter Grundbesitzer in bar statt in staatlichen Schuldscheinen propagierte, eine Maßnahme, die das Tempo der Landverteilung zweifellos noch stärker gedrosselt hätte.[24] Auch die Tatsache, daß die Aufständischen offenbar häufig durch die Hacendados und ihren Anhang unterstützt wurden, während andererseits die Regierung unter den Agraristen Hilfstruppen zu rekrutieren vermochte, verlieh der de la Huerta-Rebellion eine eher »reaktionäre« Couleur.[25] Dennoch wird man die pauschale Charakterisierung dieser Bewegung als »reaktionär«, wie sie dann von der siegreichen Regierung verwendet wurde, nicht zum Nennwert nehmen dürfen, insbesondere nicht im Sinne eines prinzipiellen Gegensatzes zwischen »revolutionärem« Regierungslager und »reaktionären« de la Huertisten. Den programmatischen Erklärungen im »Plan von Veracruz«, der etwa auch die Forderung nach Einführung des Frauenwahlrechts oder nach vermehrten Bildungsaufwendungen enthielt, kam ohnehin eher ornamentale Bedeutung zu, und in der Führung der de la Huerta-Bewegung wiederum bestanden beispielsweise bezüglich des Agrarproblems durchaus unterschiedliche Auffassungen. Während sich nämlich etwa General Guadalupe Sánchez, Befehlshaber der Aufständischen in der Region von Veracruz, tatsächlich eine aggressiv ejidal- und bauernfeindliche Haltung an den Tag legte, hatte sich General Antonio I. Villareal, der im de la Huerta-Lager für die Agrarpolitik zuständig war, als Obregóns Agrarminister in einem durchaus reformfreundlichen Sinne profiliert; auch General Salvador Alvarado, der sich ebenfalls der Rebellion angeschlossen hatte, kann aufgrund seiner Reformtätigkeit in Yucatán schwerlich als Exponent einer »reaktionären« Agrarpolitik eingestuft werden.[26]
Auch die Differenzen zwischen Regierung und Aufständischen hinsichtlich der Haltung Mexikos gegenüber den USA wird man nicht überbewerten dürfen. Zwar war im Kreise de la Huertas die Opposition gegen die Bucareli-Verträge unübersehbar, und General Cándido Aguilar, der Schwiegersohn Carranzas, begründete seinen Anschluß an den de la Huerta-Aufstand vom nordame-

rikanischen Exil aus denn auch ausdrücklich mit nationalistischen Motiven; aber eine eigentlich antiamerikanische Politik wagten auch die Aufständischen aus Furcht vor möglichen amerikanischen Reaktionen nicht zu betreiben.[27] Insgesamt war das de la Huerta-Lager durch eine ausgeprägte Heterogenität ohne klare politische Führung und Zielsetzung gekennzeichnet, und zusammengehalten nur durch den gemeinsamen Feind, die Regierung. Dies zeigte sich auch daran, daß die – neben Guadalupe Sánchez – wichtigsten Militärbefehlshaber des Aufstandes, Enrique Estrada im Westen und Fortunato Maycotte im Süden, de la Huertas Autorität als Chef der Rebellion gar nicht anerkannten. Diese »Rebellion ohne Kopf« scheiterte denn auch nicht zuletzt an der fehlenden Koordination zwischen den wichtigsten aufständischen Truppenverbänden.[28]

Auf den militärischen Verlauf des Bürgerkriegs, der – ebenso wenig wie die Militärrebellion von Agua Prieta 1920 – spontane Volksbewegungen auslöste, sondern im wesentlichen eine interne Auseinandersetzung innerhalb der Armee war, soll hier nicht näher eingegangen werden.[29] Bereits im Februar und März 1924 hatten die Aufständischen entscheidende Schlachten gegen die Regierungstruppen verloren und bis April/Mai war der letzte Widerstand der de la Huerta-Rebellion gebrochen. Dieser für die Regierung günstige Ausgang des Bürgerkriegs war auf verschiedene Faktoren zurückzuführen: ebenso auf die militärischen Koordinationsmängel unter den Aufständischen wie auf die energische Führung der Regierungstruppen durch Obregón, der persönlich das Kommando der wichtigsten Feldzüge übernahm. Welcher Anteil dabei den von der Regierung in aller Eile ausgehobenen und bewaffneten Agraristen zukam, die mit unterschiedlichem Erfolg gegen die rebellierenden Armeetruppen kämpften, ist schwer auszumachen. Von großer, möglicherweise ausschlaggebender Bedeutung war dagegen ohne Zweifel die Unterstützung, welche die USA von Anfang an der Regierung zukommen ließen. Diese Hilfe betraf einerseits prompte Waffenlieferungen (darunter Flugzeuge) an die Regierung, andererseits die Verweigerung solcher Waffenlieferungen an die Aufständischen.[30] Jetzt zahlten sich für Obregón die Konzessionen der Bucareli-Verträge aus, und die Regierung setzte denn auch alles daran, um im Dezember 1923 und Januar 1924 die Verträge durch den mexikanischen Senat ratifizieren zu lassen. Um die nötige Zweidrittelmehrheit zu erreichen, schreckte insbesondere die der Regierung nahestehende CROM vor heftigen Attacken auf die opponierenden Senatoren nicht zurück. Einer ihrer Exponenten, Senator Field Jurado, wurde am 23. Januar 1924 auf offener Straße erschossen – von Killern, die vermutlich im Auftrag der CROM handelten. Drei weitere oppositionelle Senatoren wurden entführt und für einige Tage in einem Versteck festgehalten. Erst in diesem Klima massiver Einschüchterung konnte schließlich die Ratifizierung der Bucareli-Verträge mit der gerade ausreichenden Stimmenzahl durchgesetzt werden.[31]

Es erstaunt nicht, daß unter diesen Umständen auch die Abrechnung der Regierung mit den Anführern der gescheiterten Rebellion äußerst hart ausfiel. Wer von diesen – anders als etwa de la Huerta oder General Enrique Estrada – nicht in die USA entkommen konnte, fiel den Erschießungspeletons der Regierungstruppen zum Opfer. Dies galt vor allem für die hohen Offiziere, die nach summarischen Standgerichtsurteilen auf ausdrücklichen Befehl der Regierung erschossen wurden; das Kriegsministerium schreckte aber auch vor der Exekution von Zivilisten unter Berufung auf das Militärstrafrecht nicht zurück, selbst wenn es den zum Tode Verurteilten, wie im Falle des Advokaten Ramón Treviño, zu diesem Zweck vorgängig eigens zum Armeegeneral ernennen mußte.[32]

Insgesamt fielen der de la Huerta-Rebellion etwa 7000 Menschen zum Opfer. Auf Seiten der Rebellen kamen mehr als zwei Dutzend Generäle – meist unter den Kugeln der Erschießungskommandos – um: eine Verdünnung der Armeespitze, die Obregón mit der Beförderung von 54 loyalen Offizieren in den Generalsrang allerdings mehr als wettmachte.[33]

Nach der Niederschlagung der de la Huerta-Rebellion waren die Präsidentschaftswahlen des Jahres 1924 nur noch eine Formsache. Kein unabhängiger Kandidat hätte gegen Calles eine echte Chance gehabt. Der einzige Gegenkandidat, General Angel Flores aus Sinaloa, erhielt bei den Wahlen im Juli 1924 250000 Stimmen, gegen 1,34 Mio. für Calles. Dem Wahlresultat kam aber ohnehin nur eine begrenzte Bedeutung zu; wie im Falle der Nachfolgekrise von 1920 war auch diesmal die wirkliche Entscheidung nicht an der Wahlurne, sondern auf dem Schlachtfeld gefallen.[34]

Die Regierung Calles, 1924–1928

Während Obregóns Regierungspolitik vordringlich auf die innen- und außenpolitische Absicherung des neuen Regimes ausgerichtet gewesen war, konnte sich Calles am Anfang seiner Präsidentschaft vermehrt dem wirtschaftlichen Wiederaufbau zuwenden.[35] Die für die spät- und postrevolutionären Regimes so charakteristische, auf wirtschaftliches Wachstum und Modernisierung der volkswirtschaftlichen Struktur abzielende Politik läßt sich denn auch erstmals deutlich während der Regierungszeit von Calles feststellen. In der Betonung der Wachstumspriorität, aber auch im ausgesprochen technokratischen Charakter der wirtschaftspolitischen Führungsgruppe unter Calles zeigen sich unverkennbare Parallelen zur Wirtschaftspolitik der Científicos. Die von Calles herangezogenen Wirtschaftspolitiker und Experten, wie etwa der Finanzminister Alberto J. Pani, der Ingenieur Gonzalo Robles oder der Advokat Manuel Gómez Morin, der erste Verwaltungsratspräsident des *Banco de México,* waren erklärte Anhänger einer Fortschrittsdoktrin, die sich im Kern kaum von jener der Científicos unterschied. Sie zögerten denn auch nicht, wenn nötig prominente Científicos als Berater heranzuziehen. Für Gómez Morin z. B. war die Herausforderung der Zeit eine neue Organisation, keine neue Religion; konkrete Taten und keine Predigten waren vonnöten, kurz: eine Haltung, die er im Schlüsselbegriff *businesslike* zum Ausdruck brachte.[36]

Im Unterschied zum Porfiriat waren die von der Regierung Calles ausgehenden wirtschaftspolitischen Initiativen allerdings wesentlich zahlreicher und umfassender. Schon 1925/26 sollten durch eine ganze Reihe von Maßnahmen das Banken- und Steuersystem modernisiert sowie das Problem der äußeren Staatsschuld neu geregelt, aber auch der Infrastrukturausbau des Landes vor allem auf dem Gebiet des Straßenbaus und der Bewässerungsanlagen vorangetrieben werden.[37]

Voraussetzung für diese wirtschaftliche Rekonstruktionspolitik war eine Sanierung des bisher stets defizitären Staatshaushaltes, der sich Finanzminister Pani im Jahre 1925 mit Erfolg annahm. Mit der dauerhaften Einführung von Einkommenssteuern zur Ergänzung der bisherigen indirekten Steuern wurde ein erster Schritt zur Modernisierung des Steuersystems getan. Von grundlegender Bedeutung war aber 1925 vor allem die Schaffung des

Banco de México, einer mexikanischen Nationalbank mit Mehrheitsbeteiligung des Staates, der u. a. das alleinige Recht zur Banknotenemission, aber auch zur Regelung der Geldmenge, des Wechselkurses, des Diskontsatzes usw. zugestanden wurde. Die Gründung dieser betont nationalen Bankinstitution rief zwar Opposition unter den internationalen Banken, insbesondere auch seitens des International Committee of Bankers on Mexico hervor; sie konnte aber dank der günstigen Haushaltsituation auch ohne eine – von den New Yorker Bankiers verweigerte – ausländische Kreditaufnahme verwirklicht werden. Ergänzt wurde das auf die nationalen Bedürfnisse ausgerichtete Bankensystem durch die Schaffung einer nationalen Bank für den landwirtschaftlichen Kredit, den *Banco Nacional de Crédito Agrícola*.[38]

Parallel zu diesen Maßnahmen im staatlichen Bankwesen ergriff die Regierung Calles Initiativen auf dem Gebiet des Infrastrukturausbaus. Der 1925 geschaffenen *Comisión Nacional de Caminos* war aufgetragen, die zerfallenden kolonialen Verkehrswege durch moderne Straßen zu ersetzen. Im gleichen Jahr wurde auch die *Comisión Nacional de Irrigación* ins Leben gerufen, die für die Errichtung von Bewässerungsanlagen zuständig war und die ihre Arbeit mit dem Bau großer Dämme in Aguascalientes, Coahuila und Nuevo León in Angriff nahm. Schließlich schuf die Regierung Calles eine Reihe von dezentralisierten landwirtschaftlichen Schulen und setzte den unter Vasconcelos begonnenen Ausbau des ländlichen Schulwesens mit der Errichtung von mehr als 2000 Landschulen fort.[39]

Unverkennbar ging es bei all diesen Maßnahmen um die Einleitung eines nationalen Entwicklungsprogramms, das allerdings nicht unabhängig von den internationalen Finanzverpflichtungen Mexikos und den ausländischen Wirtschaftsinteressen im Land durchgesetzt werden konnte. Die Regierung Calles versuchte deshalb, den Spielraum für eine autonome nationale Politik zu erweitern. Zentrale Bedeutung kam dabei dem Verhältnis zu den ausländischen Gläubigern, aber auch zu den in Mexiko tätigen Auslandsunternehmen, insbesondere den Ölgesellschaften zu. Weder in der Frage der äußeren Staatsschulden noch in ihrem Verhältnis zu den Ölgesellschaften vermochte die Regierung Calles allerdings den vorgegebenen Rahmen zu sprengen.

In den Verhandlungen mit dem International Committee of Bankers on Mexico, die sich im »Pani-Lamont-Abkommen« vom Oktober 1925 niederschlugen, erreichte der mexikanische Finanzminister durch die vereinbarte Reprivatisierung der mexikanischen Eisenbahnen zwar eine Ausgliederung der Eisenbahntitel aus der mexikanischen Staatsschuld, eine grundsätzliche Revision des »De la Huerta-Lamont-Abkommens« aus dem Jahre 1922 kam indessen – insbesondere in der Frage des Schuldendienstes – nicht zustande.[40]

Noch weniger gelang es der Regierung, die ausländischen Ölgesellschaften zu einer kooperativen Haltung gegenüber dem mexikanischen Staat zu bewegen. Im Gegenteil: die parlamentarischen Beratungen verschiedener Projekte zum Erdölgesetz im Laufe des Jahres 1925 riefen wegen ihres teilweise radikalen Charakters nicht nur die erneute Opposition der betroffenen Unternehmen hervor, sondern führten schon zu Beginn von Calles' Präsidentschaft wiederum zu einem zunehmend gespannten Verhältnis zwischen Mexiko und den USA. Während die USA erwarteten, daß Mexiko als Gegenleistung zur erfolgten diplomatischen Anerkennung und zur Unterstützung der Regierung Obregón in der de la Huerta-Rebellion nun eher auf die amerikanischen Vorstellungen in der mexikanisch-amerikanischen Kontroverse eingehen würde, verlangte Calles' Programm einer stärker eigenständigen, nationalen Entwicklung, daß sich auch die ausländischen Ölgesellschaften den nationalen Gesetzen unterwarfen. Da die Ölgesellschaften auf die entschiedene Unterstützung durch den amerikanischen Botschafter James R. Sheffield, aber auch auf weitgehendes Verständnis von Außenminister Kellogg zählen konnten, führte die Ölkontroverse des Jahres 1925 rasch zu einer diplomatischen Krise zwischen beiden Ländern, die im Juni 1925 in der kaum verschleierten Drohung Kelloggs gipfelte, die USA könnten der mexikanischen Regierung im Falle einer neuen Revolution ihre Unterstützung entziehen. Auch in dieser Krise konnte ein offener Bruch zwischen beiden Ländern verhindert werden, nicht zuletzt dadurch, daß die mexikanische Regierung amerikanische Befürchtungen über den radikalen Kurs im Kongreß durch erklärte Konziliationsbereitschaft zu entkräften verstand. Bereits im November 1926 kam es neuerdings zu einem außenpolitischen Konflikt, als Mexiko im Bürgerkrieg von Nicaragua die Partei des Liberalen Sacasa in ihrem Kampf gegen die amerikanischen *marines* aktiv unterstützte. Dieser Konflikt markierte nun aber die letzte offene Krise in den Beziehungen zwischen den beiden Ländern, kam es doch im Verlauf des Jahres 1927 zu einer dauerhaften Entkrampfung der amerikanisch-mexikanischen Beziehungen, ja zu einer zunehmenden Annäherung zwischen beiden Ländern, die ihren sichtbarsten Ausdruck im engen Verhältnis zwischen Calles und dem neuen amerikanischen Botschafter Dwight D. Morrow finden sollte.[41]

Daß das von der Regierung Calles 1925 eingeleitete wirtschaftliche Entwicklungsprogramm bald ins Stocken geriet, lag nicht nur an den eben erwähnten außenpolitischen Problemen und den 1926/27 infolge geringerer Erdöleinnahmen sinkenden Staatseinnahmen, sondern war vor allem auch auf die sich seit 1926 ausbreitenden innenpolitischen Krisenherde zurückzuführen. Wie schon 1919/20 und 1923/24 wurde auch in der zweiten Hälfte von Calles' Mandat das Problem der Präsidentennachfolge akut; es konnte diesmal allerdings – wie weiter unten zu zeigen ist – ohne allzu große innenpolitische Erschütterungen überwunden werden. Dagegen begann seit 1926 ein anderer Konflikt die Präsidentschaft von Calles zu überschatten und die Regierungspolitik immer mehr zu bestimmen: der Konflikt mit der katholischen Kirche und die daraus entstehende breite Aufstandsbewegung der Cristeros gegen die Regierung.

Der Konflikt zwischen Kirche und Staat und die Cristiada

Dieser Konflikt ist natürlich vor dem Hintergrund der langen antiklerikalen Tradition des mexikanischen Staates seit der *Reforma* um die Mitte des 19. Jahrhunderts zu sehen.[42] Wie weiter oben ausgeführt, war es allerdings unter Porfirio Díaz zu einer Wiederannäherung zwischen Kirche und Regierung gekommen und auch während der maderistischen Phase der Revolution hatten kirchenfeindliche Postulate noch kaum eine Rolle gespielt. Erst während des Bürgerkriegs von 1913/14 war die antiklerikale Orientierung der Revolution, d. h. ihrer konstitutionalistischen Führer, immer deutlicher in den Vordergrund getreten, z. T. als Reaktion auf die angeblich massive Unterstützung Huertas durch den Klerus, z. T. als Ausfluß eines jakobinischen Rationalismus, der gerade unter den Exponenten des carranzistisch-obregonistischen Flügels der Konstitutionalisten verbreitet war. Nicht zuletzt der Antiklerikalismus hatte ja auch die gemeinsame ideologische Basis für das Zusammengehen von Konstitutionalisten und hauptstädtischen Arbeitern bei der Rekrutierung der

»roten Bataillone« im Jahre 1915 abgegeben. Schließlich waren antiklerikale Vorstellungen in breitem Umfang in die Verfassung von 1917 eingeflossen, welche der Kirche nicht nur jeglichen Grundbesitz aberkannte und ihre Rolle im Bildungswesen beschnitt, sondern auch die Priester einschneidenden Beschränkungen in politischen und z. T. sogar kultischen Angelegenheiten unterwarf.[43]

Schon vor Calles' Präsidentschaft standen deshalb Kirche und Staat in einem ausgeprägten Spannungsverhältnis zueinander. Insbesondere während Obregóns Regierungszeit war es immer wieder zu begrenzten Konflikten zwischen Regierung und Klerus gekommen, nicht zuletzt wegen der wachsenden Rivalität zwischen der scharf antiklerikalen Führung der CROM und den katholischen Verbänden in ihren Anstrengungen zur gewerkschaftlichen Organisation von Arbeitern und Bauern.[44] Obregón hatte allerdings mit seiner pragmatischen Politik eine Eskalation des Konflikts stets verhindert und so einen prekären modus vivendi zwischen Kirche und Staat ermöglicht.

Mit dem Amtsantritt von Calles und dem rasch wachsenden politischen Einfluß der CROM und ihres Führers Luis Morones nahmen die Angriffe auf die Kirche an Umfang und Schärfe rasch zu. Im Februar 1925 kam es mit aktiver Unterstützung der CROM zur Gründung einer von Rom unabhängigen Staatskirche, die unter den Gläubigen zwar nur wenig Anhänger fand, seitens der Regierung aber eine wohlwollende Förderung erfuhr.[45] Die staatliche Unterstützung dieser schismatischen Bewegung zeigte unübersehbar an, daß unter Calles die Regierung gewillt war, die antiklerikalen Verfassungsbestimmungen aktiv durchzusetzen. Den Anlaß dazu lieferte Anfang 1926 eine Stellungnahme des Erzbischofs von Mexico-City, der die kirchenfeindlichen Artikel der Verfassung von 1917 entschieden ablehnte. Diese Äußerungen und die scharfe Reaktion der Regierung darauf bildeten den Auftakt zu einem rasch eskalierenden Konflikt zwischen Kirche und Staat, der zunächst die klassischen Formen eines »Kulturkampfes« annahm. Die Regierung reagierte auf die katholischen Proteste mit der Schließung katholischer Schulen und Klöster sowie der Ausweisung ausländischer Priester und Nonnen, der Verhaftung des besonders kämpferischen Bischofs von Huejutla und der Ausweisung des apostolischen Gesandten. Schließlich erließ die Regierung am 24. Juni 1926 eine Reihe von Strafgesetzen gegen den Klerus, die u. a.

auch die amtliche Registrierpflicht für sämtliche Priester vorschrieben. Das Episkopat antwortete darauf nicht nur mit der Exkommunikationsdrohung gegen jene Geistliche, die sich der Registrierpflicht unterziehen wollten, sondern auch mit der Ankündigung einer unbefristeten Einstellung aller kirchlichen Handlungen. Die katholische Liga Defensora de la Libertad Religiosa rief ihrerseits zu einem wirtschaftlichen Boykott der Regierung auf.[46]

Ohne Zweifel entwickelte die Eskalation des Konfliktes zwischen Kirche und Staat im Jahre 1926 eine beträchtliche Eigendynamik, die schließlich – ungeachtet der zurückhaltenden Diplomatie des Vatikans und wiederholter Vermittlungsbemühungen gemäßigter Persönlichkeiten des Regierungslagers – zum offenen Bruch führte. Dennoch stellt sich die Frage, ob der Konflikt von Calles und der CROM nicht aus politischen Gründen bewußt verschärft und ausgeweitet wurde. Einerseits mag sich Calles davon eine Entlastung von wachsenden innen- und außenpolitischen Schwierigkeiten versprochen haben. Innenpolitisch machte sich nämlich 1926 bereits das Problem der Präsidentennachfolge von 1928 in Form eines zunehmenden Druckes der Anhänger Obregóns auf die Regierung bemerkbar, die dann im Kongreß auch eine Verfassungsänderung durchsetzten, welche die Wiederwahl Obregóns ermöglichte. Außenpolitisch machte der Regierung die Haltung der USA und der Widerstand der Ölgesellschaften gegen die Erdölgesetze zu schaffen: eine Opposition, die Calles um so mehr irritierte, als für die Regierung die Komplizenschaft zwischen dem mexikanischen Klerus und den ausländischen Ölgesellschaften eine ausgemachte Sache war.[47] Daß sich der Präsident in dieser Situation vom neu entfachten Antiklerikalismus eine Stärkung seiner Position innerhalb des revolutionären Lagers erhoffte, ist ebensowenig von der Hand zu weisen wie die Vermutung des britischen Botschafters, der darin ein mögliches Ablenkungsmanöver zur Kaschierung der konservativen Wende in der Außen- und Gesellschaftspolitik sah.[48]

Darüber hinaus gehörte Calles – im Unterschied zum pragmatischeren Obregón – auch zu den ausgeprägt doktrinären Antiklerikalen, der in der Kirche nur den antagonistischen Gegner zu erkennen vermochte. Nach einem Bericht des französischen Diplomaten Lagarde im Gefolge eines Gesprächs mit Calles im August 1926 ging der Präsident den religiösen Konflikt »in einem mystischen und apokalyptischen Geiste an; der gegenwärtige

Konflikt war seinem Empfinden nach nicht ein lokaler Konflikt zwischen Kirche und Staat, wie er in fast allen Ländern stattgefunden hat, sondern ein unversöhnlicher Kampf zwischen der religiösen und der laizistischen Idee, zwischen Reaktion und Fortschritt, zwischem dem Licht und der Finsternis«.[49]
Diese unversöhnliche Haltung des Präsidenten, die insbesondere von den Führern der CROM mit Nachdruck unterstützt, aber auch von großen Teilen des freimaurerisch orientierten Offizierskorps geteilt wurde, trug zweifellos viel dazu bei, daß sich in Mexiko der ursprüngliche Kirchenkampf rasch in eine breite katholisch-bäuerliche Aufstandsbewegung gegen die Regierung, die Erhebung der Cristeros, ausweitete.
Diese Bewegung, die Cristiada, ist Gegenstand einer breitangelegten, äußerst quellenreichen und auch methodisch vielfältigen Untersuchung aus der Feder von Jean Meyer; sie kann im folgenden nur in einigen Grundzügen knapp umrissen werden.[50]
Die ersten lokalen Aufstände katholischer Gläubiger gegen die Maßnahmen der Regierung erfolgten bereits in der zweiten Hälfte des Jahres 1926, weiteten sich dann aber im Januar 1927 zu einer breiten, weitgehend spontanen Erhebung im Gebiet des westlichen und zentralen Hochlandes, d. h. vor allem in den Staaten Jalisco, Colima, Michoacán, Guanajuato und Zacatecas aus.[51] Obwohl die katholische Liga auf die Aufstandsbewegung Einfluß zu nehmen und daraus politisches Kapital zu schlagen versuchte, ist die Cristero-Bewegung, wie Meyer unterstreicht, als eine weitgehend spontan entstandene, eigenständige Massenbewegung katholisch-bäuerlicher Ausrichtung zu sehen. Mit den Exponenten des urban-kleinbürgerlichen politischen Katholizismus, die die Liga repräsentierten, hatten die ländlichen Aufständischen wenig gemein. Sie erhielten von der Liga denn auch kaum materielle Unterstützung in Form von Waffen, Geld oder militärisch-organisatorischer Führung.[52] Noch distanzierter war das Verhältnis der mexikanischen Bischöfe zu den aufständischen Cristeros. Wohl konnten diese anfänglich auf die moralische Unterstützung des Episkopates zählen, einer Identifizierung von Kirche und Cristiada aber widersetzten sich die Bischöfe, wie sie – und insbesondere der Vatikan – denn auch auf eine politische, nicht auf eine militärische Lösung des Konfliktes tendierten.[53]
Die in der älteren mexikanischen Historiographie verbreitete Vorstellung der Cristero-Rebellion als einer vom Klerus und dem

politischen Katholizimus inszenierten und manipulierten konterrevolutionären Bewegung muß deshalb nach Meyers Forschungsresultaten grundsätzlich revidiert werden.

Zweifellos waren die Aufhebung des religiösen Kultes und die zunehmenden antikirchlichen Unterdrückungsmaßnahmen der Regierung die Hauptgründe für den Cristero-Aufstand, wenn er auch – z. B. in Jalisco – durch lokale politische Ereignisse wie etwa die blutigen Wahlkämpfe vom November 1926, begünstigt wurde.[54] Neben dieser zentralen religiösen Komponente lag der Erhebung allerdings auch eine allgemeine Ablehnung des Staates und seiner Organe und Funktionäre zugrunde, die immer stärker in das dörfliche Leben eingriffen. Wie Luis González in seiner Monographie über das Dorf San José de Gracia gezeigt hat, empfanden die Dorfbewohner diese Eingriffe als schmerzliche Zerstörung ihrer lokalen Tradition und Autonomie, während sie von den wirtschaftlichen Entwicklungsvorhaben der Calles-Regierung in keiner Weise profitierten.[55] In diesem Sinne war die Cristero-Rebellion auch Ausfluß eines allgemeinen ländlich-traditionellen Widerstandes gegen die zunehmende staatlich-administrative Durchdringung einer dörflichen Gesellschaft, die eben im Kerngebiet der Cristiada, dem alten Mexiko von Anáhuac (und im Unterschied zum Norden und Südosten des Landes) noch sehr stark in den »mentalen und kulturellen Strukturen des hispanischen, mestizischen und katholischen Amerika« verwurzelt war.[56]

»Jalisco, Nayarit, Zacatecas und Guanajuato erheben sich in Maßen im Januar. Eine wehrlose Menge findet zusammen; alle Altersklassen sind vertreten, Männer und Frauen, Kinder und Greise; die Rancheros strömen in die Dörfer, wo die Leute sie erwarten; man hat den Eindruck einer Wallfahrt. Inmitten des allgemeinen Jubels werden die Behörden abgesetzt und durch Akklamation ein neuer Gemeinderat gewählt.«[57]

Der massive Einsatz von Regierungstruppen gegen diese zunächst kaum oder nur unzulänglich bewaffnete katholische Massenbewegung führte allerdings rasch zur Entstehung einer eigentlichen Cristero-Armee, die in ihrer äußeren Organisation und der Art ihrer Kriegführung viele Parallelen zur zapatistischen Partisanenarmee aufweist, auch wenn sie – wie Meyer betont – im Unterschied zu allen anderen Aufständen der mexikanischen Revolutionsgeschichte keinen Caudillo als personale Klammer der Bewegung kannte.[58] Wie die Zapatisten waren aber auch die Cristeros angesichts eines dauernden Waffen- und Geldmangels auf die Guerillakriegführung angewiesen, die auf kleinen Gruppen lokal operierender Partisanen beruhte, deren wichtigster Vorteil gegenüber den *federales* die vielfältige Unterstützung war, die sie seitens der ansässigen Bevölkerung erfuhren. Nach Meyer war der bewaffnete Widerstand das Werk einer ländlichen Koalition unterschiedlicher sozialer Klassen, in welcher lediglich die Reichen und die Agraristen, d. h. die von der staatlichen Agrarreform begünstigten Ejidatarios, fehlten. Rancheros, also mittlere Grundbesitzer, waren unter den bewaffneten Cristeros ebenso vertreten wie Kleinbauern, Pächter und landlose *peones*. Hacendados scheinen keine aktive Rolle in der Erhebung gespielt zu haben, wenn ihnen auch die gegen die staatliche Agrarreform gerichteten Vorstellungen der Kirche und der Cristeros durchaus gelegen kamen.[59] Daß die Agraristen andererseits als staatliche Hilfstruppen gegen die Cristeros aufgeboten wurden und damit der Agrarfrage in der Cristiada eine erhebliche Bedeutung zukam, wird im Kapitel über die Agrarreform noch genauer aufzuzeigen sein.

Auf den Verlauf der Kriegsereignisse kann hier im einzelnen nicht eingegangen werden. Nach Meyer stand den schlecht bewaffneten und anfänglich nur sehr lose koordinierten Cristero-Truppen eine Armee gegenüber, die sehr gut ausgerüstet war und über moderne Waffen – darunter Flugzeuge – verfügte. Andererseits profitierten die Cristeros von ihrem großen Rückhalt in der lokalen Bevölkerung und ihrer ausgeprägten Mobilität, insbesondere unter den berittenen Verbänden. Das traditionelle Muster der Kriegführung in der mexikanischen Revolution wiederholte sich 1927 bis 1929 in der Cristiada. Nur daß es jetzt die aus den ehemaligen Revolutionstruppen hervorgegangene Bundesarmee war, die mit konventionellen Mitteln der Kriegführung den Cristero-Aufstand niederzuwerfen suchte. Allen Anstrengungen der Regierungstruppen zum Trotz mißlang dies. Zu den anfänglich 20000 schlecht bewaffneten und unkoordiniert operierenden Cristeros hatten sich bis 1929 weitere 30000 gesellt, die zwar nach wie vor ungenügend ausgerüstet, unter dem Einfluß des Generals Gorostieta nun aber wesentlich besser organisiert und geführt waren. Der Armee gelang es jedenfalls nicht, den Krieg, der auf beiden Seiten mit äußerster Brutalität geführt wurde, rasch für sich zu entscheiden. Im Gegenteil: im Verlauf des Jahres 1929 kam es zu einer Intensivierung und Ausweitung des

Aufstandes, der nicht nur eine zunehmende wirtschaftliche Zerrüttung in der landwirtschaftlichen Kernzone des westlichen und zentralen Hochlandes bewirkte, sondern auch einen wachsenden Anteil der Staatsausgaben zur Finanzierung des Krieges verschlang.[60] Der Cristero-Aufstand drohte von einem lokal-regionalen zu einem nationalen Krisenherd zu werden – eine Entwicklung, die sowohl die mexikanische Regierung als auch die mexikanischen Bischöfe und der Vatikan sowie die vor allem an stabilen Verhältnissen in Mexiko interessierten USA verhindern wollten.[61]
Vor diesem Hintergrund kam es im Juni 1929, u. a. durch Vermittlung des amerikanischen Botschafters Dwight Morrow zu jenen *arreglos* zwischen Kirche und Staat, die im wesentlichen die Situation des Jahres 1925 wiederherstellten. Die Kirche nahm den Gottesdienst wieder auf und entzog der Cristero-Bewegung damit ihre eigentliche *raison d'être*. Tatsächlich leiteten die *arreglos* vom Juni 1929 das Ende der Cristiada ein, für viele militante Cristeros freilich ein heimtückischer Dolchstoß der kirchlichen Hierarchie in den Rücken der kämpfenden Bewegung.[62]

Das Problem der Präsidentennachfolge von 1928

Die Beilegung des offenen Konfliktes zwischen Staat und Kirche erfolgte bereits unter dem Nachfolger von Calles im Amt des Präsidenten. Wie schon erwähnt, führte das Problem der Präsidentschaftsnachfolge von 1928 nicht zu vergleichbaren innenpolitischen Erschütterungen, wie sie die Nachfolge von 1924 mit der de la Huerta-Rebellion ausgelöst hatte. Dies hing vor allem damit zusammen, daß Obregón erneut sein Interesse für die Präsidentschaft bekundete und seine Kandidatur innerhalb der politischen und militärischen Elite schließlich eine so massive Unterstützung fand, daß sich ihr auch Calles nicht widersetzen konnte, wenn er je eine entsprechende Absicht gehegt hatte. Calles' engem Vertrauten Morones etwa, der sich selber durchaus als möglichen Nachfolger im höchsten Staatsamt sah, gelang es jedenfalls nicht, den Präsidenten öffentlich zugunsten seiner Kandidatur festzulegen. Um Obregón den Weg für eine neue Präsidentschaft zu ebnen, bedurfte es allerdings einer vorgängigen Verfassungsrevision, da ja die Wiederwahl eines Präsidenten

– Hauptangriffspunkt der maderistischen Revolution – eindeutig ausgeschlossen war.
An den Widerständen gegen diese Verfassungsrevision zeigte sich allerdings, daß auch Obregón keineswegs die einhellige Unterstützung der *familia revolucionaria* für eine erneute Präsidentschaft fand, auch wenn der General Amado Aguirre schon im August 1925 dem ehemaligen Kriegsminister Serrano mitteilte, daß Obregón der Kandidat der Armee sei.[63] Keineswegs alle führenden Generäle und vor allem nicht alle einflußreichen Gruppierungen in Regierung und Parlament teilten nämlich diese Auffassung. Im Parlament, das in den ersten Jahren von Calles' Regierung durch eine verwirrende Vielfalt kurzlebiger, sich heftig befehdender Koalitionen gekennzeichnet war, verfügten Obregóns Anhänger zunächst über keine Mehrheit.[64] Im Regierungslager war Morones der entschiedenste Gegner einer Verfassungsreform, die nur noch die unmittelbare Wiederwahl eines amtierenden Präsidenten, nicht aber die erneute Wahl eines ehemaligen Präsidenten ausschließen wollte. Noch 1925 scheiterte denn auch im Senat ein entsprechender Vorstoß.[65]
Wenn es den Anhängern Obregóns dennoch gelang, Ende 1926 diese Verfassungsrevision durchzusetzen und im Anschluß daran die Dauer der Präsidentschaft von vier auf sechs Jahre auszudehnen, so vor allem, weil es Obregón geschickt verstand, sich vor dem Hintergrund der wachsenden innenpolitischen Krise als möglicher Retter der Nation zu präsentieren. Stand dahinter eine machiavellistische Strategie Obregóns, der einerseits Calles ins antikatholische Abenteuer stürzte, um sich gleichzeitig als Vermittler zwischen Kirche und Staat zu profilieren, und der im Herbst 1926 den letzten blutigen Yaqui-Krieg provozierte, um an der Spitze siegreicher Regierungstruppen neues Prestige zu gewinnen? Solche Vermutungen sind – wie etwa Jean Meyer ausführt – durchaus nicht von der Hand zu weisen, lassen sich aber dokumentarisch nicht belegen.[66] Tatsache bleibt allerdings, daß Obregón von der sich zuspitzenden nationalen Krise profitierte, daß seit dem Sommer 1926 seine politische Stellung neben dem Präsidenten so stark geworden war, daß man sogar von einer »Diarchie« von Calles und Obregón gesprochen hat und daß sich schließlich Ende 1926 eine parlamentarische Mehrheit für die erwähnte Verfassungsrevision zugunsten Obregóns fand.[67]
Dennoch waren damit noch keineswegs alle Widerstände gegen Obregóns Kandidatur überwunden. Eine heterogene Koalition

von »Antireelektionisten« aus prinzipiellen Gegnern der Wiederwahl, vor allem aber aus politischen Feinden Obregóns bemühte sich weiter, seine erneute Wahl zum Staatschef zu verhindern. Als aussichtsreichste Opponenten gegen Obregón traten 1927 zwei seiner engsten ehemaligen Mitarbeiter und Waffenbrüder hervor, die Generäle Arnulfo Gómez und Francisco Serrano, die beide 1924 zentrale Positionen in der Bekämpfung der de la Huerta-Rebellion eingenommen hatten.[68] Ihr Wahlkampf stieß allerdings auf vielfache Behinderungen, insbesondere in jenen Staaten, die von Obregóns Anhängern kontrolliert wurden. Auch in diesem Wahlkampf schien es für unabhängige Kandidaten ohne Unterstützung durch die Staatsmaschinerie kaum eine echte Wahlchance zu geben.[69]

Dieser Umstand beleuchtet einen allgemeinen Grundzug des politischen Systems Mexikos in den 20er Jahren, der allerdings auch später nur sehr partiell abgebaut werden konnte: das Fehlen einer wirklichen Demokratie und entsprechender politischer Verhaltensweisen und Praktiken der an der Macht befindlichen Gruppen. Von der politischen Realität erbitterter Machtkämpfe in den Gliedstaaten mit verbreiteter Wahlfälschung, Manipulierung der Parteien durch die Regierung, Oktroyierung genehmer Kandidaten ohne Rücksicht auf das Wahlergebnis usw. hat Ernest Gruening in seinem Werk »Mexico and its heritage« ein ebenso schonungsloses wie facettenreiches Bild vorgelegt, das um so glaubwürdiger erscheint, als Gruening dank guter Beziehungen zur Zentralregierung die Möglichkeit hatte, laufende Verwaltungsakten des Innenministeriums einzusehen.[70] Sein Fazit ist denn auch eindeutig: »Seit dem Sturz von Díaz ist kein Präsident in sein Amt gelangt, ohne daß seine Wahl nicht durch einen vorgängigen Sieg auf dem Schlachtfeld ratifiziert worden wäre. Aber es sind vor allem die Wahlen in den Gliedstaaten – gleichsam Labortests zur Beantwortung der Frage, ob dem immer wieder ausgedrückten Wunsch nach Volksherrschaft eine einigermaßen entsprechende Realität gegenübersteht –, welche unwiderleglich enthüllen, daß bis heute überhaupt kein Fortschritt in der demokratischen Praxis eingetreten ist.«[71]

Es erstaunt deshalb nicht, daß im politischen Kontext der 20er Jahre regierungsfeindliche Generäle auch im Zusammenhang mit der bevorstehenden Wahl von 1928 wiederum der Versuchung erlagen, die Regierung über einen Militärputsch zu stürzen und damit auch Obregón auszuschalten. Der Plan, der vorsah, während einer Militärdemonstration auf dem Flugplatz der Hauptstadt Calles, Obregón und Kriegsminister Amaro festzunehmen und zu erschießen, war diesen allerdings bekannt und konnte so vereitelt werden.[72] Das Scheitern des Putschversuchs von Balbuena, von dem unklar ist, wie weit Gómez und Serrano verantwortlich daran beteiligt waren, ließ auch die von Gómez geplanten Armeeaufstände in verschiedenen Regionen des Landes im Keime ersticken; stattdessen schlug nun die Regierung mit aller Härte gegen Serrano, Gómez und ihre Gefolgsleute, aber auch gegen einen weiteren Kreis ihrer politischen Gegner zurück. Serrano wurde mit einer Gruppe politischer Freunde, darunter drei Generäle, in Cuernavaca festgenommen und in der Nacht vom 3. auf den 4. Oktober 1927 auf ausdrücklichen Befehl von Calles mit all seinen Gefährten verfahrenslos füsiliert; Gómez, der nach Veracruz entkommen war, wurde Anfang November von einer Militärpatrouille aufgespürt und standrechtlich erschossen.[73] Die Vergeltungsmaßnahmen der Regierung beschränkten sich allerdings nicht nur auf die engsten Anhänger von Gómez und Serrano. »Zwischen Montag, dem 3. und Freitag, dem 7. Oktober befahl die Regierung die verfahrenslose Hinrichtung von 25 Generälen und 150 weiteren Personen, von denen kaum einer Anzeichen einer Rebellionsabsicht an den Tag gelegt hatte.«[74] Am 3. Oktober wurden schließlich 23 Abgeordnete, die gegen die Verfassungsrevision über die Wiederwahl protestiert hatten, aus dem Parlament ausgeschlossen.[75] Alle diese Maßnahmen erinnern in ihrer Art an die Abrechnung der Regierung Obregón mit den Führern der besiegten de la Huerta-Rebellion, und wie im Jahre 1924 war damit die Vorentscheidung für die Wahl von Calles' Nachfolger gefallen.[76] Kein Kandidat konnte sich nach der blutigen Flurbereinigung vom Oktober 1927 gegen Obregón noch irgendwelche Chancen ausrechnen, auch nicht der zunehmend isolierte Morones, dessen eigene Abgeordnete aus der CROM noch rechtzeitig auf den Wagen des unwiderstehlich gewordenen *obregonismo* aufgesprungen waren.[78] Unter diesen Umständen war die unangefochtene Wahl Obregóns am 1. Juli 1928 denn auch keinerlei Überraschung.

Zu einer erneuten Präsidentschaft Obregóns sollte es dennoch nicht kommen. Während eines Banketts zu seinen Ehren wurde Obregón am 17. Juli 1928 im hauptstädtischen Restaurant La Bombilla von einem als Karikaturisten getarnten Attentäter erschossen. Es stellte sich heraus, daß die Tat von einem jungen, fanatischen Katholiken, José de León Toral, begangen worden war, der in Obregón den Exponenten der antikirchlichen Regierungspolitik sah und der mit seiner Tat auch die katholischen Brüder Pro rächen wollte, die 1927 unter der Anklage, an einem mißglückten Attentat gegen Obregón beteiligt gewesen zu sein, nach einem äußerst summarischen Verfahren hingerichtet worden waren. Ob das Attentat wirklich nur das Werk eines Einzelnen war oder ob dahinter militante katholische Organisationen standen, konnte durch die nachfolgende Untersuchung nicht geklärt werden. Auch nicht die Frage, ob hinter der Tat Torals letztlich Luis Morones stand, der Obregón vor seiner Wahl heftig attackiert hatte.[78] Morones und seine politischen Gefolgsleute sahen sich jedenfalls nach dem Attentat so scharfen Angriffen seitens der Obregonisten ausgesetzt, daß die Kabinettsmitglieder des Partido Laborista demissionieren mußten.[79] Auch Calles, der ebenfalls nicht vom Vorwurf verschont blieb, in irgendeiner Form in die Ermordung Obregóns verwickelt zu sein, war zunächst politisch weitgehend isoliert. Im Parlament war er mit einer feindseligen obregonistischen Mehrheit konfrontiert, deren Führer »eine Haltung offener Rebellion gegen Präsident Calles an den Tag legten«.[80] Auch eine militärische Erhebung obregonistischer Militärs lag durchaus in der Luft.

Calles gelang es allerdings, die ernste, wenn auch kurzlebige politische Krise, die Obregóns Ermordung ausgelöst hatte, zu überstehen; einerseits, indem er dem politischen Druck der erbitterten Obregonisten vorübergehend nachgab, andererseits indem es sein Kriegsminister Amaro verstand, die Loyalität der wichtigsten Armeeführer gegenüber dem Präsidenten aufrechtzuerhalten. Auch die Tatsache, daß Calles seine Gegner beschwichtigte, indem er eine Verlängerung seiner Präsidentschaft über den Ablauf seines Mandats hinaus ausschloß und daß gleichzeitig in der Person des ehemaligen Gouverneurs von Tamaulipas, Emilio Portes Gil, ein sowohl Obregonisten wie Callisten genehmer Kandidat für die nun notwendig gewordene Interimspräsidentschaft gefunden wurde, trug zur Entschärfung der politischen Krise bei.[81] So konnte der abtretende Präsident am 1. September 1928 anläßlich seiner traditionellen Rede vor dem Kongreß über den Stand der Nation in emphatischen Worten sein »politisches Testament« verkünden: die Herrschaft der Caudillos sei abgeschlossen und es gelte, nun zu einer Herrschaft der »Institutionen und der Gesetze« überzugehen.

Tatsächlich sollte allerdings die Zeit bis 1935 durch den Aufstieg Calles' zum unbestrittenen Führer der mexikanischen Politik, zum *jefe máximo* der Revolution, gekennzeichnet sein. Diese Phase mexikanischer Geschichte hat denn auch die Bezeichnung Maximat (maximato) erhalten.[82]

Das Maximat, 1929-1935

Es ist an dieser Stelle nicht möglich, im einzelnen den komplizierten Weg nachzuzeichnen, auf dem es Calles gelang, seine persönliche Machtstellung so zu konsolidieren, daß er – während dieser Zeit meist ohne formelles Regierungsamt – sowohl in Mexiko wie auch im Ausland als der starke Mann hinter dem Thron, als unbestrittener *jefe máximo* Mexikos, galt.[83] Lediglich einige Grundzüge dieses Vorgangs, die mit der allgemeinen politischen Entwicklung während des Maximats zusammenhängen, können hier knapp aufgezeigt werden.

Zunächst ist auf die im Frühjahr 1929 erfolgte Gründung der Nationalen Revolutionspartei (Partido Nacional Revolucionario: PNR) hinzuweisen, in welcher sowohl Calles als auch der Interimspräsident Emilio Portes Gil von Anfang an eine prominente Rolle spielten. Eine weitgehende Identifizierung von Partei und Regierung, ja von Partei und Staat, schälte sich somit seit der Gründung der neuen Partei als eines ihrer Grundmerkmale heraus. Wie im übernächsten Kapitel genauer aufzuzeigen ist, bestand eine Hauptaufgabe der Partei in der Disziplinierung und besseren Kontrolle der heterogenen politischen Elite, insbesondere auch der regionalen Machtbereiche, durch die nationale Führungsgruppe um Calles. Nicht zuletzt sollte damit auch ein politisches Instrument zur Sicherstellung einer friedlichen, d. h. nicht mit Waffengewalt ausgetragenen Regelung der Präsidentennachfolge geschaffen werden.[84] Diese Aufgabe vermochte allerdings die im März 1929 in Gründung befindliche Partei noch nicht zu erfüllen. Zwar wurde in Querétaro der Kandidat von Calles, das politische Leichtgewicht Pascual Ortiz Rubio, als Präsidentschaftskandidat des PNR nominiert, aber mitten in die Debatten dieses Gründungskongresses platzte am 3. März 1929 die Nachricht, daß sich bedeutende Teile der Armee unter Führung des Generals Escobar gegen die Regierung erhoben hätten.[85]

Die Escobar-Rebellion war die letzte der großen Militärrebellionen, die im Gefolge der Revolution eine gewaltsame Eliminierung der Regierung anstrebten.[86] Wie die de la Huerta-Rebellion von 1923/24 oder der Gómez-Serrano-Putsch von 1927 blieb allerdings auch diese Armeerevolte ohne Erfolg. Zwar konnten die rebellierenden Generäle mit den unter ihrem Kommando stehenden Truppen, die hauptsächlich in den Nordstaaten stationiert waren, gegen ein Drittel der gesamten Armeebestände in den Aufstand führen, aber ungeachtet einiger Anfangserfolge in den allerersten Tagen der Erhebung zeichnete sich das Scheitern der Militärrebellion schon sehr bald ab. Über die konspirativen Vorbereitungen der Calles feindlich gesinnten Generäle, die sich als Anhänger des ermordeten Obregón erklärten, war nämlich die Regierung bestens informiert gewesen. Die Rebellion traf sie deshalb nicht unvorbereitet. Sie ergriff sofort alle Maßnahmen zur Niederschlagung des Aufstandes. Insbesondere wurde noch am Tag des Ausbruchs der Rebellion Calles zum Kriegsminister ernannt, womit er den Oberbefehl über die regierungstreuen Truppen übernahm. Die Position der Rebellen litt dagegen von Anfang an unter der Tatsache, daß es ihnen weder gelang, für ihre Sache eine breitere politische Resonanz zu finden noch die erhoffte militärische Unterstützung durch die aufständischen Cristeros zu erhalten oder gar in den USA Rückhalt zu finden.

Zwar wurde auch diese Generals-Erhebung mit dem üblichen »Plan«, dem »Plan von Hermosillo«, begründet, der wortreich die »Tyrannei« von Calles brandmarkte, aber die rein personalistischen Motive der Rebellenführer waren so offenkundig, daß die Militärrebellion keinerlei politische oder gesellschaftliche Bewegung gegen die Regierung auszulösen vermochte. Sogar die Präsidentschaftskandidaten der Opposition, vor allem José Vasconcelos, distanzierten sich von den rebellierenden Generälen. Diesen gelang es auch nicht, die aufständischen Cristeros, die im Frühjahr 1929 eine neue Offensive lancierten, für ihre Ziele einzusetzen. Mehr als eine kurzlebige Interessengemeinschaft im Kampf gegen die Regierungstruppen kam nicht zustande. Zu Recht nämlich sahen die Cristeros in den Escobaristen einen Teil des ihnen verhaßten Regimes, auch wenn sich die abgefallenen Generäle noch so Calles-feindlich gebärden mochten.

Vor allem fanden die Rebellen auch keinerlei Rückhalt in den USA. Im Gegenteil: die unter dem Einfluß des engen persönlichen Verhältnisses zwischen Calles und dem amerikanischen Botschafter Morrow erfolgte Annäherung der beiden Länder zahlte sich auch jetzt, wie schon während der de la Huerta-Rebellion, für die Regierung aus. Aus den USA trafen nämlich sogleich bedeutende Waffenlieferungen für die Regierungstruppen ein, die auch jetzt wieder, wie schon während früherer Armeerebellionen, durch Kontingente bewaffneter Agraristen, vornehmlich aus San Luis Potosí und Veracruz, verstärkt wurden. Unter diesen Umständen fanden sich die Rebellen schon wenige Tage nach Ausbruch des Aufstandes in der Defensive; Ende März wurden sie von den Regierungstruppen in der Schlacht von Jiménez entscheidend geschlagen. Im April 1929 blieb den Überresten der Escobar-Truppen nur noch die Flucht auf nordamerikanisches Territorium, nach Arizona. Dorthin hatten sich schon früher andere aufständische Generäle, an ihrer Spitze Francisco R. Manzo, abgesetzt, die jetzt ihre Teilnahme am gescheiterten Aufstand damit zu rechtfertigen suchten, daß sie von »ehrgeizigen Militärs und perversen Politikern« betrogen worden seien.[87] Sarkastisch hat später Luis Cabrera die Escobar-Rebellion charakterisiert: »Diese Rebellion, die als Eisenbahn- und Bank-Rebellion in die Geschichte eingegangen ist, hatte nicht die Bedeutung der Erhebung von 1923, denn sie beschränkte sich darauf, daß die Aufständischen das Geld der Banken plünderten und sich mit der Eisenbahn in die Vereinigten Staaten zurückzogen ...«.[88] So kurzlebig die Escobar-Rebellion also auch war, ihre Auswirkungen auf die längerfristige politische Stabilisierung Mexikos waren dennoch erheblich. Einerseits endete nämlich auch dieser gescheiterte Aufstand mit der physischen und politischen Eliminierung einer größeren Gruppe besonders rebellionsanfälliger Generäle, nämlich 9 Divisons- und 8 Brigadekommandanten sowie 30 Brigadiers. Hinzu kamen 51 Deputierte und vier Senatoren, die wegen ihrer Verwicklung in den Aufstand ebenfalls ihre Sitze verloren. Und schließlich wurde in vier Nordstaaten – Sonora, Chihuahua, Durango und Zacatecas – die Staatsregierung ausgewechselt.[89] Andererseits gilt es, neben dieser kurzfristigen militärisch-politischen Flurbereinigung auch längerfristige Auswirkungen des mißlungenen Escobar-Aufstandes festzuhalten. Insbesondere auf die Armee, d. h. auf potentielle Aufstandsführer unter den Armeekommandanten, zeitigte das Scheitern der dritten großen Militärrebellion in den 20er Jahren unverkennbar einen nachhaltigen Abschreckungsef-

fekt; zusammen mit den Reformmaßnahmen, die unter dem Kriegsminister Amaro fortgesetzt wurden, bewirkte er in den 30er Jahren eine fortschreitende Disziplinierung der Armee, die nun jedenfalls ihre frühere Rolle als Schiedsrichter in nationalen politischen Auseinandersetzungen nicht mehr spielen konnte.
Diese Tatsache begünstigte in hohem Maße die Konsolidierung des Calles-Regimes in den frühen 30er Jahren. Allerdings ist die zunehmende Stärke der Zentralregierung und der nationalen Revolutionspartei im Zusammenhang mit zwei weiteren Hauptfaktoren zu sehen. Einmal kam, wie weiter oben erwähnt, im Juni 1929 auf Vermittlung Morrows das Abkommen mit der katholischen Kirche zustande, das den Cristero-Aufstand beendete und damit die Position der Zentralregierung weiter festigte; zum anderen erfuhr das Calles-Regime durch die guten Beziehungen zu den USA auch eine außenpolitische Abstützung.
Wie im Kapitel über die mexikanisch-amerikanischen Beziehungen genauer dargestellt wird, basierte das neue Verhältnis zwischen Mexiko und den USA zunächst auf jenem Abkommen zwischen Botschafter Morrow und Calles von Ende 1927, welches eine pragmatische Regelung des Erdölkonfliktes brachte, indem Mexiko zwar seinen abstrakten Rechtsanspruch nicht aufzugeben brauchte, materiell aber die ausländischen Erdölgesellschaften in ihren Hauptinteressen geschützt wurden.[90] Auch wenn daraus noch keineswegs ein harmonisches Verhältnis zwischen den Ölgesellschaften und der mexikanischen Regierung resultierte und ebenso weitere Streitpunkte in den beiderseitigen Beziehungen, wie vor allem die Regelung der Staatsschulden, die Entschädigung für enteignete amerikanische Grundbesitzer usw. ungelöst blieben, so vermochten diese Probleme dennoch die eingetretene Entspannung zwischen den beiden Ländern nicht zu gefährden. Dies vor allem auch deshalb nicht, weil sich Mexiko grundsätzlich bereit erklärte, den amerikanischen Forderungen, z. B. in der zentralen Schuldenfrage, entgegenzukommen und die Nichterfüllung der eingegangenen Verpflichtungen vor allem einer objektiven, durch die Depression verschärften Zahlungsunfähigkeit Mexikos zuzuschreiben war. Hinzu kam aber auch, daß sich die allgemeine außenpolitische Orientierung der USA gegenüber Lateinamerika seit den späten 20er Jahren insofern zu ändern begann, als ihre bisherige, aus der Zeit Theodore Roosevelts stammende interventionistische Stoßrichtung nun zugunsten einer neuen Strategie langsam abgebaut wurde, welche die

Schaffung eines »hemisphärischen« Solidaritätssystems, natürlich weiterhin unter Führung der USA, anstrebte. Unter Franklin D. Roosevelt sollte dann diese neue lateinamerikapolitische Orientierung der USA, vor allem auch angesichts des japanischen Imperialismus in Ostasien und des immer expansiveren Kurses von Deutschland und Italien, unter der Bezeichnung *good neighbor policy* voll zum Durchbruch kommen.
Ohne Zweifel begünstigte das entspannte Verhältnis zu den USA die Konsolidierung des Calles-Regimes in den frühen 30er Jahren. Die zunehmend konservative Wirtschafts- und Sozialpolitik in Mexiko schien zudem auch eine ideologische Annäherung zwischen den beiden Regierungen zu signalisieren, die oft auf den beträchtlichen Einfluß des ehemaligen Bankiers Morrow auf Calles und seine engsten Mitarbeiter zurückgeführt wird. Wenn aber auch der Einfluß des amerikanischen Botschafters auf die mexikanische Finanz- und Agrarpolitik im Sinne »konservativer« Grundsätze vielfältig belegt ist und daraus – vor allem hinsichtlich der Landverteilung – eine zunehmende Reformskepsis der mexikanischen Regierung resultierte, so darf die vom Calles-Regime Anfang der 30er Jahre vollzogene konservative Wende in der Reformpolitik doch nicht einseitig dem nordamerikanischen Einfluß zugeschrieben werden. Vielmehr gilt es in diesem Zusammenhang auch die vielfältigen Eigeninteressen der neuen politischen Führungsschicht zu berücksichtigen, aus deren Kreis sich in den 20er und 30er Jahren nicht nur eine neue Großgrundbesitzerklasse, sondern auch eine neue Bourgeoisie herausbildete.[91] Dieser Vorgang war für den Kurs der mexikanischen Revolution seit den 20er Jahren von zentraler Bedeutung; er wird deshalb im Kapitel über den wirtschaftlich-gesellschaftlichen Wandel genauer dargestellt werden.[92] Jedenfalls läßt sich das zunehmend reformfeindliche Klima der frühen 30er Jahre ohne Bezug auf die bedeutenden wirtschaftlichen Partikularinteressen der neuen Revolutionselite und das entsprechende, zunehmend konservative Gesellschaftsbild der nationalen Führungsgruppe um Calles nicht verstehen. Immer mehr traten jetzt die Prioritäten eines ungehinderten Wirtschaftswachstums in den Vordergrund; wirtschaftlich-gesellschaftliche Reformen, insbesondere im Agrarbereich, erschienen dabei als Störfaktoren, die es sukzessive auszuschalten galt.
Dieser konservativen Konsolidierung unter dem Maximat entsprach auch die Tatsache, daß sich die Wirtschaft Mexikos durch

die Revolutionsereignisse und die spätrevolutionäre Stabilisierungspolitik der Sonorenser nicht grundsätzlich verändert hatte.[93] Zwar unterschied sich das sonorensische Revolutionsregime in seiner Wirtschaftspolitik von den vorrevolutionären Científicos zweifellos durch einen stärker nationalistischen Kurs, d. h. im Bestreben, die ausländischen Unternehmen, vornehmlich jene im zentralen Bereich der Rohstoffausbeutung, stärker zu besteuern, um damit mehr Mittel für die wirtschaftliche Entwicklung des Landes aufzubringen. Damit kam nun auch dem Staat naturgemäß eine größere Bedeutung als Initianten und unmittelbarem Träger wirtschaftlicher Modernisierung zu. Diese nationalistische Politik beinhaltete aber keine prinzipielle Opposition gegen die wirtschaftliche Durchdringung Mexikos durch das Auslandskapital, sie war vielmehr der Versuch, die Position Mexikos innerhalb der bestehenden wirtschaftlichen Abhängigkeitsbeziehungen graduell zu verbessern. Nach den Worten Obregóns ging es vor allem darum, das ausländische *capital honesto* in Mexiko zu fördern.

Tatsächlich blieb denn auch, trotz der nationalistischen Wirtschaftsbestimmungen der Verfassung von 1917, der beherrschende ausländische Einfluß auf die mexikanische Wirtschaft bestehen, ja erfuhr bis Ende der 20er Jahre sogar noch eine Verstärkung, wobei vor allem die nordamerikanischen Unternehmen auf Kosten der europäischen ihre Vormachtstellung weiter ausbauen konnten.[94] Nicht nur waren nämlich die zentralen Bereiche der Erdölförderung und des Bergbaus nach wie vor unter fast ausschließlich nordamerikanischer und britischer Kontrolle, auch in der Textilindustrie etwa ergab sich gegenüber dem Porfiriat keine grundsätzlich veränderte Situation, waren doch noch 1930 von den insgesamt 205 Textilfabriken des Landes lediglich 75 in ausschließlich mexikanischem Besitz.[95] Schließlich erfolgten trotz der Politik der mexikanischen Regierung, den »Aufstieg von mexikanischen Geschäftsleuten in Konkurrenz mit den Ausländern zu ermutigen«, die meisten industriellen Neugründungen seit der Revolution »hauptsächlich als Zweigniederlassungen ausländischer (meist nordamerikanischer) Industriekonzerne«.[96]

Vor diesem hier nur angedeuteten Hintergrund von Mexikos internationaler Stellung und des wirtschaftlich-gesellschaftlichen Kontextes sei abschließend die innenpolitische Entwicklung unter dem Maximat noch etwas näher erörtert.

Parallel zur zunehmenden Stärkung des Staates in den frühen

30er Jahren – und vielfältig verflochten mit diesem Prozeß – erfolgte der Aufstieg Calles' zum unbestrittenen »starken Mann« Mexikos, zum *jefe máximo* der Revolution. Es ist an dieser Stelle nicht möglich, im einzelnen diesen Vorgang nachzuzeichnen, der mit häufigen innenpolitischen Krisen, sowohl innerhalb der Regierung wie auch zwischen dieser und dem Kongreß und vor allem der immer deutlicher von Calles dominierten Partei zusammenhing.[97] Die Hintergründe dieser Krisen, z. T. von Calles provoziert, z. T. von ihm geschickt zur weiteren Stärkung der eigenen Position ausgenützt, sind im übrigen noch weitgehend undurchsichtig, basieren doch die meisten historischen Darstellungen zur Innenpolitik dieser Zeit mehr auf der naturgemäß kontroversen Memoirenliteratur als auf Primärquellen. Dennoch treten einige Grundzüge dieser Entwicklung deutlich zutage.

Der maßgeblich von Calles designierte Präsidentschaftskandidat Pascual Ortiz Rubio, ein ehemaliger Gouverneur von Michoacán und später als Botschafter lange im Ausland, war nach seiner Wahl vor die Aufgabe gestellt, sich eine eigene politische Hausmacht zu schaffen, um damit eine minimale Autonomie für eine eigenständige Politik zu erreichen. Diesem Versuch widersetzte sich nicht nur der ehemalige Interimspräsident Portes Gil, von seiner Position innerhalb der Regierung wie vor allem auch von der Spitze des PNR aus, sondern auch Calles, der die Rivalität zwischen den beiden Politikern benutzte, um sich selbst als oberster Schiedsrichter ins Spiel zu bringen mit dem Ziel, die politische Stellung von Portes Gil wie auch jene des Präsidenten zu schwächen. Ohne eigenständige Basis im Kongreß und in der Partei sah sich deshalb der Präsident politisch zunehmend isoliert. Seit 1931 begann sich deshalb das tatsächliche Machtzentrum immer mehr zu Calles zu verlagern. Im Oktober 1931 bewirkte dieser den Rücktritt der vier einflußreichen Divisionsgeneräle Amaro, Almazán, Cárdenas und Cedillo aus der Regierung Ortiz Rubio, wodurch dieser die wichtigsten Stützen für eine von Calles einigermaßen unabhängige Politik verlor. Den *coup de grâce* versetzte Calles dem Präsidenten schließlich im August 1932, als er seine noch über ein Regierungsamt verfügenden Gefolgsleute aufforderte, ihren Rücktritt einzureichen. Ortiz Rubio befand sich damit gewissermaßen im luftleeren Raum und erklärte denn auch sogleich seinen Rücktritt von der Präsidentschaft.[98] Für die verbleibende Amtsperiode bis Ende 1934 war deshalb ein Nachfolger zu wählen, der als *presidente substituto*

vom Kongreß zu ernennen war. Tatsächlich war es allerdings Calles, der einen engen Gefolgsmann aus seinem Heimatstaat Sonora, den Revolutionsgeneral Abelardo L. Rodríguez, zum Nachfolger von Ortiz Rubio bestimmte.
Abelardo Rodríguez hatte während der Revolutionskriege seine militärische Laufbahn ausschließlich in sonorensischen Einheiten durchlaufen, war 1916, als 25-jähriger, zum Obersten ernannt worden, und 1920 – als Belohnung für seinen Anschluß an die Bewegung von Agua Prieta – zum General. Bis in die frühen 30er Jahre gehörte Rodríguez, der als Militärkommandant von Baja California dort vor allem den Aufbau seiner privaten Geschäfte betrieben hatte, noch nicht zur eigentlichen Spitzengruppe nationaler Politiker. Calles hatte seinen Vertrauensmann dann allerdings in wichtige Positionen der Regierung Ortiz Rubio gesetzt, bevor er ihn mit der Präsidentschaft betraute.[99] Ungeachtet der Tatsache, daß der neue Präsident nicht ohne Erfolg die Würde seines Amtes nach außen zu wahren trachtete, akzeptierte er von Anfang an den politischen Vorrang des *jefe máximo*.[100] Dies schlug sich nicht zuletzt auch im Stil der persönlichen Beziehungen zwischen beiden nieder: während nämlich Calles den Präsidenten duzte, siezte dieser seinen Mentor![101] Die Hauptaufgabe von Rodríguez, »einer Art Kabinettschef des eigentlichen Führers des Regimes, Calles'«, bestand denn auch vor allem darin, den reibungslosen Ablauf der Verwaltung sicherzustellen.[102] Da Rodríguez im Gegensatz zu Ortiz Rubio niemals versuchte, eine eigene politische Basis gegen Calles aufzubauen und seine Regierung deshalb von den Zerreißproben seines Vorgängers verschont blieb, konnte er durchaus eine effektive Regierungsarbeit verrichten und auch einige wichtigere Gesetzesvorhaben, so auf dem Gebiet der Agrarpolitik, des Arbeitsrechts und der Schaffung einer nationalen Erdölgesellschaft realisieren.[103]
Während der Präsidentschaft von Rodríguez erreichte Calles den Zenith seiner persönlichen Machtstellung, was sich auch in einem wachsenden Personenkult um den *jefe máximo* ausdrückte. Sowohl der Präsident als auch seine Minister begaben sich häufig in die Privatresidenz von Calles nach Cuernavaca zur Beratung wichtiger Staatsgeschäfte; auf Reisen benützte Calles den Präsidentenzug und wurde von Militäreskorten begleitet; Staatsparlamente verliehen ihm Ehrentitel, und in Schulbüchern wurde er als herausragender Staatsmann gefeiert.[104]

Der unverkennbaren Konsolidierung des Regimes unter der Führung von Calles entsprach in den frühen 30er Jahren auch ein Prozeß zunehmender staatlicher Zentralisierung. Während der Revolution war der nationale Staat, der ja im Porfiriat eine erhebliche Stärkung erfahren hatte, wieder in regionale Machtbereiche auseinandergebrochen, die auch die Errichtung einer neuen Zentralregierung unter Carranza und seinen Nachfolgern zunächst durchaus überlebten.[105] Die regionalen Machthaber – einflußreiche Generäle, Gouverneure mit unabhängiger politischer Basis in regionalen Parteien und Verbänden oder Caudillos wie etwa Saturnino Cedillo, der sich in San Luis Potosí auf eine Art Privatarmee aus bewaffneten Agraristen stützte – bildeten jedenfalls noch während des Maximats einen politischen Faktor, den die Zentralregierung keineswegs ignorieren konnte. In der Regel tolerierte die nationale Führung die regionalen Machtbereiche einflußreicher *caciques*, solange diese keine Gefahr für die Zentralregierung darstellten. Zwischen der Zentrale und den regionalen *caciques* ergab sich ein komplizierter modus vivendi, der ganz unterschiedliche Formen annehmen konnte, je nach der Art der politischen oder militärischen Machtbasis eines *cacique*.[106] Dennoch wurde dadurch der unmittelbare Handlungsspielraum der Regierung natürlich erheblich eingeengt, und es erstaunt denn auch nicht, daß sie unter Calles versuchte, diese zentrifugalen Kräfte zunehmend unter Kontrolle zu bringen. Wie im Kapitel III/3 gezeigt wird, war eines der Instrumente zur Erreichung dieses Ziels die neugeschaffene nationale Revolutionspartei; die Zentralregierung schreckte aber auch vor dem Einsatz der Armee gegen einen regionalen Machthaber nicht zurück, wenn dieser – wie der Gouverneur von Veracruz, Adalberto Tejeda – Aspirationen auf die nationale Führung erkennen ließ und sich gleichzeitig auf eine regionale Bauernbewegung abstützte, deren sozialradikaler Kurs ohnehin mit der zunehmend konservativen Gesellschaftsphilosophie des Regimes kollidierte.[107] Obwohl auch am Ende des Maximats noch keineswegs alle regionalen Machtbereiche verschwunden waren und sich mächtige *caciques* insbesondere dann halten konnten, wenn sie über gute persönliche Beziehungen zu Calles verfügten, war die unter Calles eingeleitete und unter Cárdenas fortgesetzte politische Gewichtsverlagerung von den Regionen ins Zentrum doch eine der zentralen politischen Entwicklungstendenzen dieser Jahre.

Die hier skizzierte Konsolidierung des spätrevolutionären Regimes unter der Führung von Calles und der seit Beginn der 30er Jahre zunehmend sozialkonservative Kurs der Revolution, der ihren baldigen »Thermidor« anzukündigen schien, mögen zunächst erstaunen, wenn man bedenkt, daß diese Entwicklung mitten in die Zeit der großen Depression fiel, deren wirtschaftlicher Tiefpunkt in Mexiko im Jahre 1932 erreicht wurde. In anderen lateinamerikanischen Ländern hatten ja die wirtschaftlichen und sozialen Auswirkungen der Weltwirtschaftskrise der frühen 30er Jahre auch bedeutsame innenpolitische Veränderungsprozesse in Gang gesetzt. Der Zusammenbruch der Mono-Export-Sektoren in Ländern wie Kuba, Chile oder Brasilien führte dort zu einer politischen Radikalisierung der Unterschichten oder zu antioligarchischen Umwälzungen (wie im Falle Brasiliens), die tendenziell die Entstehung – z. T. allerdings kurzlebiger – »populistischer« Regimes begünstigten.[108] Auch im Falle Mexikos liegt es zunächst nahe, den Cardenismus, also die Präsidentschaft von Lázaro Cárdenas zwischen Ende 1934 und Ende 1940, in einen engen Zusammenhang mit den wirtschaftlichen und sozialen Effekten der Weltwirtschaftskrise zu bringen. Die Designation Cárdenas' zum offiziellen Präsidentschaftskandidaten des PNR im Jahre 1933 erscheint in dieser Perspektive als politische Reaktion auf die wirtschaftliche und soziale Krise, der Cardenismus der Jahre 1935 bis 1940 als populistische und nationalistische Antwort auf die vorangegangene Depression.[109]
Wiewohl ein genereller Einfluß der Weltwirtschaftskrise auch auf die innenpolitische Entwicklung Mexikos durchaus nicht auszuschließen ist, übersieht eine zu sehr auf das »lateinamerikanische Muster« der Reaktion auf die Depression ausgerichtete Betrachtungsweise doch die vielfältigen wirtschaftlichen und politischen Besonderheiten Mexikos, die dieses Land damals von den meisten übrigen Staaten des Subkontinents unterschieden. Einmal waren die wirtschaftlichen Effekte der Depression auf Mexiko geringer als auf jene lateinamerikanischen Länder, deren Wirtschaft einseitig vom Exportsektor dominiert wurde. Zwar wurde auch in Mexiko – mit einer Halbierung der Produktion zwischen 1929 und 1932 – der Bergbau durch die Krise hart getroffen, während der Produktionsindex der verarbeitenden Industrie im gleichen Zeitraum um ca. ein Drittel zurückging; aber angesichts des relativ geringen Gewichts dieser Sektoren in der mexikanischen Volkswirtschaft – die Erdölproduktion war

schon im Verlauf der 20er Jahre erheblich zurückgegangen –, hielt sich der gesamtwirtschaftliche Produktionsrückgang mit ca. 16 % zwischen 1929 und 1932 in Grenzen.[110] Lorenzo Meyer hat zu Recht unterstrichen, daß gerade die Rückständigkeit der mexikanischen Wirtschaft und das noch große Gewicht des traditionellen Agrarsektors den Schlag der Depression abfederten, vor allem auch durch die Tatsache, daß offenbar zahlreiche Arbeitslose der Exportwirtschaft vorübergehend von der landwirtschaftlichen Subsistenzwirtschaft absorbiert werden konnten.[111] Zwar kam es auch in Mexiko unter dem Eindruck der Krise zu sozialen Protestaktionen auf lokaler Ebene, aber eine (auch politisch effektive) Radikalisierung breiter Bevölkerungsschichten vermochten sie nicht auszulösen, zumal die Arbeiterbewegung, nach dem Niedergang der CROM, gerade in jenen Jahren an einer manifesten organisatorischen Schwäche litt.[112]
Waren so schon die wirtschaftlich-sozialen Effekte der Krise in Mexiko schwächer als in den erwähnten lateinamerikanischen Ländern, so unterschied sich Mexiko vollends im politischen System von diesen. Die Ausschaltung der alten Oligarchie, die politische Integrierung der Mittelschichten und die mehr paternalistische Einbeziehung der Unterschichten ins politisch-gesellschaftliche System waren in Mexiko als Folge der Revolution bereits verwirklicht. Trotz seines faktisch zunehmend sozialkonservativen Kurses stellte sich auch das Calles-Regime nach außen durchaus als ein »populistisches« dar. Aus diesen Gründen blieben die innenpolitischen Veränderungseffekte der Depression in Mexiko relativ gering; einem starken, politisch artikulierten Druck als Folge der Weltwirtschaftskrise sah sich das Calles-Regime jedenfalls nicht ausgesetzt.[113]
Dies schloß allerdings nicht aus, daß im allgemeinen Klima der Depression innerhalb der *familia revolucionaria* gewisse Strömungen Auftrieb erhielten, welche die sozialen Reformpostulate und die nationalistische Ausrichtung der Verfassung von 1917 wieder stärker in den Vordergrund rückten. Insbesondere in der Führung der Bauernverbände wuchs die Unzufriedenheit mit dem schleppenden Verlauf der Landreform.[114] Diesem sozialprogressiven Flügel der politischen Führung gesellten sich im Laufe des Jahres 1933, als es darum ging, den offiziellen Präsidentschaftskandidaten des PNR zu benennen, jene Vertreter der Armeeführung und der regionalen politischen Gruppierungen bei, welche sich gegen die zunehmende politische Zentralisierung

und vor allem gegen die immer exklusivere Machtposition von Calles und seiner Kamarilla wandten.[115]
Von den beiden aussichtsreichsten »Präkandidaten«, den Generälen Manuel Pérez Treviño und Lázaro Cárdenas, entsprach letzterer sowohl durch seine fortschrittliche sozialpolitische Ausrichtung als auch durch seine größere Distanz zur Calles-Gruppe stärker den Erwartungen der beiden eben erwähnten Gruppierungen als der allzu eng mit Calles und der PNR-Führung identifizierte Pérez Treviño. Da Cárdenas überdies als »Präkandidat« in seinen politischen Äußerungen strikt innerhalb der callistischen Orthodoxie verblieb und die übliche Reverenz gegenüber dem *jefe máximo* beachtete, widersetzte sich Calles Cárdenas' Nominierung nicht, zumal der politische Spielraum des künftigen Präsidenten durch ein verbindliches Regierungsprogramm eingeschränkt werden sollte.[116] Dieser *plan sexenal* (Sechsjahresplan) erfuhr allerdings auf dem Kongreß des PNR im Dezember 1933, der gleichzeitig Cárdenas zum Präsidentschaftskandidaten bestimmte, einige erhebliche Veränderungen, insbesondere auf dem Gebiet der Agrarpolitik, wo sich die Bauernvertreter mit ihren radikaleren Vorstellungen durchzusetzen vermochten. Schon das letzte Amtsjahr von Präsident Rodríguez, 1934, war deshalb durch eine Wiederbelebung der Landreform gekennzeichnet, die dann unter Cárdenas eine beträchtliche Beschleunigung und Vertiefung erfahren sollte.[117]
Eine gewisse, mehr unterschwellige politische Klimaveränderung machte sich somit bereits ein Jahr vor Cárdenas' Amtsantritt bemerkbar. Noch war allerdings Calles' oberste Schiedsrichterrolle keineswegs in Frage gestellt und auch ein grundlegender Kurswechsel in der Wirtschafts- und Sozialpolitik, wie er dann unter Cárdenas tatsächlich eingeleitet wurde, zeichnete sich noch nicht ab. Erst nachdem Cárdenas im Verlauf des Jahres 1935 seine eigene Stellung gegenüber Calles immer mehr hatte ausbauen und den *jefe máximo* als maßgebenden politischen Faktor schließlich ausschalten können, war der Weg für eine neue Politik tiefgreifender gesellschaftlicher Veränderungen frei geworden. Diese Entwicklung wird im Schlußkapitel genauer dargestellt werden. Zunächst sollen nun aber in den folgenden Kapiteln die mexikanisch-amerikanischen Beziehungen, die Entstehung des neuen politischen Systems, der wirtschaftlich-gesellschaftliche Wandel sowie die Agrarpolitik und Landreform in der Periode zwischen 1920 und 1934 näher beleuchtet werden.

1 Hernández, *La movilidad política,* S. 593, S. 627.

2 Zur Biographie de la Huertas vgl. oben, Kap. II/3, S. 207.

3 Zu den mexikanisch-nordamerikanischen Beziehungen vgl. ausführlich Kapitel III/2.

4 Edwin Lieuwen, *Mexican Militarism,* S. 61 ff.; John W. F. Dulles, *Yesterday in Mexico,* S. 71 ff.

5 Was die ehemaligen Zapatisten betrifft, so spielte etwa Antonio Díaz Soto y Gama bis zur Ermordung Obregóns im Jahre 1928 eine bedeutsame innenpolitische Rolle als Chef des von ihm mitbegründeten Partido Nacional Agrarista und als prominenter Abgeordneter. Zapatistische Generäle wie Gildardo Magaña und Genovevo de la O konnten unter den Sonorensern ihre politische und militärische Karriere ebenfalls fortsetzen. Während Obregóns Präsidentschaft spielten in der *Comisión Nacional Agraria* eine zeitlang ehemalige Zapatisten eine wichtige Rolle. Vor allem konnten sie auch in Morelos weiterhin beträchtlichen politischen Einfluß ausüben.

6 Cervantes, *Francisco Villa,* S. 617-629; Lieuwen, S. 62 ff.; Dulles, S. 66–70.

7 Vgl. dazu H. W. Tobler, *Las paradojas,* S. 71 ff. Die Frage, ob sich Villa 1923 der de la Huerta-Rebellion gegen Obregón und Calles angeschlossen hätte und so erneut zu einem wichtigen militärischen Faktor geworden wäre, läßt sich deshalb nicht eindeutig beantworten, weil Villa bereits im Juli 1923 ermordet wurde, unter äußeren Umständen allerdings, in welchen die sich abzeichnende Spaltung innerhalb der ursprünglichen sonorensischen Führungsgruppe eine Rolle gespielt haben dürfte. Cervantes, S. 639, macht jedenfalls Calles direkt für Villas Ermordung verantwortlich, wobei Obregón diesem Plan zugestimmt habe. In der de la Huerta-Rebellion 1923/24 schloß sich Villas Bruder Hipólito tatsächlich dem Armeeaufstand gegen Obregón und Calles an.

8 Zum ereignisgeschichtlichen Ablauf der Regierungszeit von Obregón vgl. vor allem Dulles, *Yesterday.* Vgl. auch Randall George Hansis, *Alvaro Obregón, the Mexican Revolution and the Politics of Consolidation, 1920-1924,* unveröffentl. Diss., University of New Mexico 1971.

9 Dulles, S. 113-117.

10 Eine sehr positive Würdigung von Vasconcelos' Leistungen als Erziehungsminister gibt Jean Meyer, *La révolution,* S. 120-127. Vgl. auch Ramón E. Ruíz, *Mexico. The Challenge of Poverty and Illiteracy,* San Marino (Cal.) 1963, S. 16 ff.

11 Vgl. dazu ausführlich unten, Kap. III/5.

12 Vgl. dazu Marjorie R. Clark, *Organized Labor;* Barry Carr, *El movimiento obrero,* sowie weiter unten, Kap. III/4, S. 486 ff.

13 Zum Begriff des »caudillismo revolucionario« vgl. Vicente Fuentes Díaz, in *México, 50 años de Revolución, Bd. III: La Política,* México 1961, S. 389 ff., sowie unten, Kap. III/3, S. 446 ff.

14 Dulles, S. 126-135.

15 Dulles, S. 206.
16 Vgl. dazu ausführlich unten, Kap. III/3, S. 468 ff.
17 Dazu ausführlicher unten, Kap. III/2.
18 Dulles, S. 173-176, S. 181-196.
19 Dulles, S. 177-180.
20 Dulles, S. 197 ff.
21 Zur Armee allgemein vgl. ausführlich unten, Kap. III/3, S. 454 ff.
22 Die Zahlen betr. die abgefallenen Truppen schwanken. Meyer, *La révolution,* S. 133, sieht in der ersten Hälfte Dezember 1923 60 % der Armee im Aufstand, während Lieuwen, S. 76, offenbar gestützt auf Luis Monroy Durán, *El último caudillo. Apuntes para la historia de México, acerca del movimiento armado de 1923 en contra del gobierno constituido,* México 1924, S. 108 ff., die Stärke der abgefallenen Truppen auf ca. 20 % des Offizierskorps und 40 % der Mannschaftsbestände schätzt.
23 Die ausführlichste Darstellung zur de la Huerta-Rebellion aus der Sicht der Regierung stammt von Luis Monroy Durán, *El último caudillo,* der insbesondere auch die Lage in den einzelnen Bundesstaaten schildert. Ebenfalls kritisch über die de la Huerta-Bewegung äußert sich Alfonso Capetillo, *La rebelión sin cabeza,* México 1925, der sich ursprünglich dem Aufstand angeschlossen hatte. Stark unter dem Gesichtspunkt der Armeerebellion und der militärgeschichtlichen Aspekte behandelt Hansis, *Alvaro Obregón,* S. 207-251, die Auseinandersetzung zwischen Regierung und der de la Huerta-Bewegung. De la Huertas Version der Ereignisse findet sich in seinen *Memorias,* S. 233 ff.
24 Zum »Plan von Veracruz« vgl. Dulles, S. 219; schon im März 1923 hatte der amerikanische Geschäftsträger Summerlin in einem Bericht an das State Department auf die »konservativere Haltung« de la Huertas in der Agrarreformpolitik hingewiesen, NAW, M 274, R. 79, 812.00/26255.
25 Monroy Durán, S. 111, S. 287, erwähnt die Unterstützung der Hacendados für die de la Huerta-Rebellion vor allem in den Staaten von »Jalisco, Michoacán, Colima und anderen des Zentrums und des Westens der Republik«. Zur Rekrutierung von Bauern durch die Regierung vgl. z. B. S. 236 (Durango) und S. 401 ff. (San Luis Potosí). Die Haltung von Hacendados und *agraristas* in ihrer Parteinahme für die Regierung oder die Aufständischen war allerdings oft weniger von nationalen Überlegungen bestimmt als Ausfluß lokaler Agrarkonflikte, vgl. z. B. Monroy Duráns Hinweise auf die Situation in Zacatecas, S. 500, S. 507.
26 Vgl. dazu ausführlich Hans Werner Tobler, Alvaro Obregón und die Anfänge der mexikanischen Agrarreform. Agrarpolitik und Agrarkonflikt, 1921-1924, in *Jahrbuch für Geschichte von Staat, Wirtschaft und Gesellschaft Lateinamerikas,* 8, 1971, S. 310-365.
27 Capetillo, *La rebelión,* S. 141 ff.; Meyer, *La révolution,* S. 135.
28 Capetillo, S. 133-139. Monroy Durán, S. 442 ff.: »Die militärische Befehlsgewalt der Rebellen war nicht zentralisiert. Jeder aufständische General verfuhr nach eigenem Gutdünken. Dies war der Hauptgrund

für das Scheitern der Bewegung. Unzweifelhaft hegte jeder aufständische Militärführer die Hoffnung, den Triumph für sich persönlich ausnutzen zu können, betrachteten sich doch sowohl Guadalupe Sánchez als auch Estrada und Maycotte als künftige Staatspräsidenten.«

29 Vgl. dazu Hansis, S. 243-247.

30 Meyer, S. 135; Dulles, S. 228-230.

31 Dulles, S. 236-240.

32 Dulles, S. 248-263.

33 Meyer, S. 137.

34 Dulles, S. 264 ff.

35 Zum ereignisgeschichtlichen Ablauf der Regierungszeit von Calles vgl. wiederum vor allem Dulles, *Yesterday;* unter den älteren Darstellungen vgl. auch Ricardo J. Zevada, *Calles – El Presidente,* México 1971, sowie Holland D. Watkins, *Plutarco Elías Calles: El Jefe Máximo of Mexico,* unveröffentl. Diss., Texas Technological College, 1968. Grundlegend jetzt die Bände 10 und 11 der *Historia de la Revolución Mexicana.* Bd. 10: Enrique Krauze unter Mitarbeit von Jean Meyer und Cayetano Reyes, La reconstrucción económica, México 1977; Bd. 11: Jean Meyer unter Mitarbeit von Enrique Krauze und Cayetano Reyes, Estado y sociedad con Calles, México 1977, im folgenden zitiert als *Historia 10, Historia 11.*

36 Krauze, *Historia 10,* S. 7-17.

37 Krauze, S. 18-26.

38 Krauze, S. 31-52; Dulles, S. 281-285.

39 Dulles, S. 289-292.

40 Krauze, S. 53-57; Dulles, S. 286-288.

41 Vgl. dazu ausführlicher unten, Kap. III/2. Meyer, *Historia 11,* S. 7-38.

42 Grundlegend das bahnbrechende Werk von Jean Meyer, *La Cristiada,* 3 Bde., México 1973 ff.; eine knappe Zusammenfassung bei Meyer, *Historia 11,* S. 210-275, und Meyer, *La révolution,* S. 161-193. Vgl. auch Robert E. Quirk, *The Mexican Revolution and the Catholic Church, 1910-1929,* Indiana UP, Bloomington 1973, sowie Barry Carr, *Anticlericalism during the Mexican Revolution, 1910-1930.*

43 Vgl. oben, Kap. II/5, S. 311.

44 Carr, *Anticlericalism,* S. 20.

45 Carr, S. 22-24; Dulles, S. 300.

46 Meyer, *Historia 11,* S. 219-236; Dulles, S. 300-308.

47 Meyer, *Historia 11,* S. 225 ff.

48 So vermutete der britische Botschafter in Mexiko im Februar 1926, »daß eine mögliche Erklärung für die antiklerikale Kampagne darin liegt, daß sie ausgelöst wurde, um die Aufmerksamkeit des Volkes von möglichen bevorstehenden Konzessionen gegenüber den USA im Bereich der Erdöl- und Eigentumsgesetze abzulenken«, zit. b. Carr, *Anticlericalism.*

49 Zit. b. Meyer, *Historia 11,* S. 224.

50 Vgl. Anm. 42.

51 Meyer, *Historia II*, S. 246; Carr, S. 30.
52 Meyer, *La révolution*, S. 168; Carr, S. 29.
53 Meyer, *La révolution*, S. 182-186; Carr, S. 29.
54 Meyer, *Historia II*, S. 240.
55 Luis González, *Pueblo en vilo*, S. 197.
56 Meyer, *Historia II*, S. 253.
57 Meyer, *Historia II*, S. 246.
58 Meyer, *La révolution*, S. 187.
59 Meyer, *Historia II*, S. 252 ff.; vgl. auch Carr, S. 30 ff.
60 Meyer, *La révolution*, S. 169-178.
61 Meyer, *Historia II*, S. 257-275; Carr, S. 34 ff.
62 Meyer, *La révolution*, S. 179, S. 181; Carr, S. 34 ff.
63 Meyer, *Historia II*, S. 127.
64 Meyer, *Historia II*, S. 124 ff.
65 Meyer, *Historia II*, S. 127.
66 Meyer, *La révolution*, S. 149 ff.
67 Meyer, *Historia II*, S. 126; Dulles, S. 333 ff.
68 Zu den Umständen und Voraussetzungen der Wiederwahl Obregóns vgl. Meyer, *Historia II*, S. 123-145. Zur Kandidatur und zum Wahlkampf der Generäle Gómez und Serrano, Dulles, S. 332-341.
69 Vgl. z. B. die heftigen Angriffe Palavicinis auf die Regierungsunterstützung Obregóns in seinem Artikel in »El Pensamiento« vom 4. Juni 1927. Danach erfreute sich Obregón der uneingeschränkten Unterstützung durch die Regierung. »Er reist im Zug des Präsidenten. Wenn er in die Hauptstadt kommt, wohnt er im Chapultepec-Palast. Regierungsautomobile stehen zu seiner Verfügung, Telegraphenverbindungen benutzt er gebührenfrei; schließlich hat er unbegrenzten Kredit bei der Bank von Mexiko und der Nationalen Agrarkreditbank.« Die Lage unabhängiger Kandidaten sei dagegen äußerst schwierig. »Wie kann man die öffentliche Meinung gegen die Wiederwahl organisieren ohne genügend Geld, ohne die Banken, ohne die nationale Lotterie, ohne Zeitungen, ohne Post und Telegraph, ohne die Eisenbahn, ohne die Gouverneure?«
70 Ernest Gruening, *Mexico and its heritage*, New York 1928, S. 393-394.
71 Gruening, S. 393.
72 Dulles, S. 342-347.
73 Dulles, S. 349-354.
74 Meyer, *Historia II*, S. 141.
75 Dulles, S. 351.
76 Äußerst scharf verurteilte José Vasconcelos, Obregóns ehemaliger Erziehungsminister, die blutigen Oktoberereignisse in seinem Artikel »Qué pasa en México?« in der Pariser Zeitschrift »paris-madrid« vom 10. November 1927.
77 Dulles, S. 340.
78 Dulles, S. 312-315, S. 362-378; zu den ungeklärten Kontroversen über

seine mögliche Verquickung von Morones in die Tat vgl. Meyer, *Historia 11*, S. 145-150.

79 Dulles, S. 381.

80 Emilio Portes Gil, *Quince años de política mexicana*, México 1954, S. 23.

81 Vgl. Dulles, S. 379-383, S. 388-395.

82 Vgl. allgemein zum Maximat jetzt vor allem Lorenzo Meyer (unter Mitarbeit von Rafael Segovia und Alejandra Lajous), *Historia de la Revolución mexicana, 12* – Período 1928-1934: Los inicios de la institucionalización, La política del Maximato, México 1978; Lorenzo Meyer, *Historia de la Revolución mexicana, 13* – Período 1928-1934: El conflicto social y los gobiernos del Maximato, México 1978. Im weiteren Dulles, *Yesterday in Mexico*, S. 404-604; sowie Emilio Portes Gil, *Quince años*, Alberto J. Pani, *Apuntes Autobiográficos, II*, México 1950; Francisco Javier Gaxiola, *El Presidente Rodríguez (1932-1934)*, México 1938; Francisco Díaz Babio, *Un drama nacional, La crisis de la Revolución*, México 1939.

83 Anschaulich dargestellt wird Calles' tatsächliche Machtposition und die ihn umgebende Kamarilla in den Memoiren von Portes Gil und Pani sowie den Publikationen von Gaxiola und Díaz Babio. – Wie allgemein anerkannt Calles' persönliche Machtstellung war, zeigt der diplomatische »faux pas« des amerikanischen Botschafters Josephus Daniels, der sich in einem Interview im November 1934 nicht scheute, den Privatmann Calles öffentlich als den »starken Mann« des Landes zu bezeichnen, vgl. Gaxiola, S. 126. – Lakonisch beginnt der Bericht eines schweizerischen Geschäftsmannes über eine Geschäftsreise nach Mexiko vom 26. September bis 5. Oktober 1932 mit den Worten: »Der starke Mann in Mexico ist General Plutarco Elías Calles. Von 1924 bis 1928 war er Präsident des Landes, jetzt ist er nominell nur noch Kriegsminister, aber was er tut ist wohlgetan, und was er sagt wird ausgeführt.« Bericht von Dr. H. F. Sarasin über seine Reise nach Brasilien, Argentinien, Chile, Peru, Venezuela, Mexico und New York, 1. Juni – 4. November 1932, vom 7. November 1932, Schweizerisches Wirtschaftsarchiv, Basel.

84 Vgl. unten, Kap. III/3, S. 471 ff.

85 Segovia/Lajous, *Historia 12*, S. 61.

86 Allgemein: Segovia/Lajous, S. 64-84; Dulles, S. 436-458; Portes Gil, S. 263 ff.

87 Segovia/Lajous, S. 80; zum aufschlußreichen Verhalten einzelner Generäle in dieser Erhebung vgl. unten, Kap. III/3, S. 460.

88 Zit. b. Dulles, S. 457.

89 Segovia/Lajous, S. 84.

90 Vgl. unten, Kap. III/2, S. 438.

91 Vgl. Hans Werner Tobler, Revolutionsgeneräle als »businessmen«: Zur Entstehung und Rolle der revolutionären Bourgeoisie in Mexiko, 1910-1940, in *Dritte Welt: Historische Prägung und politische Herausforderung – Festschrift zum 60. Geburtstag von Rudolf von Albertini*,

herausgegeben von P. Hablützel, H. W. Tobler und A. Wirz, Wiesbaden 1983, S. 195-213.

92 Vgl. unten, Kap. III/4, S. 494 ff.

93 Vgl. unten, Kap. III/4, S. 479 ff.

94 John Womack, L'économie mexicaine pendant la Révolution, 1910-1920: Historiographie et analyse, in *Etudes Mexicaines 3*, (1980), S. 117-142.

95 Dawn Keremitsis, *La industria textil mexicana en el siglo XIX*, México 1973, S. 235.

96 Joseph E. Sterrett und Joseph S. Davis, *The fiscal and economic condition of Mexico. Report submitted to the International Committee of Bankers on Mexico*, 1928, S. 75, S. 208.

97 Einen guten Überblick über diese Entwicklung geben Meyer, Segovia und Lajous, *Historia 12*, S. 85-187.

98 Sehr kritisch gegenüber der Präsidentschaft von Ortiz Rubio Gaxiola, *El Presidente Rodríguez*, S. 34-52; Portes Gil, *Quince años*, S. 486, Pani, *Apuntes II*, S. 149, S. 169. Die häufigen Interventionen in die Regierungsgeschäfte des Präsidenten durch Calles betont Francisco Díaz Babio. Gegenüber dem aufgrund der Memoirenliteratur verbreiteten Bild Ortiz Rubios als dem Prototypen des willfährigen Marionettenpräsidenten betonen Meyer u. a., *Historia 12*, stärker die Versuche Ortiz Rubios, eine eigenständige politische Basis gegenüber Calles aufzubauen.

99 Meyer u. a., *Historia 12*, S. 158-187. Eine sehr wohlwollende Darstellung von Rodríguez' Präsidentschaft gibt Gaxiola in seinem Werk. Rodríguez selber widmet einen kurzen Abschnitt seiner Autobiografie, S. 143-160, seiner Tätigkeit als *presidente substituto*. Dieses Werk ist allerdings weit aufschlußreicher in den dem früheren Werdegang von Rodríguez und insbesondere seinen geschäftlichen Aktivitäten gewidmeten Teilen, vgl. Abelardo Rodríguez, *Autobiografía*, México 1962.

100 Gaxiola, S. 119 f.

101 Vgl. den Telegrammwechsel zwischen Calles und Rodríguez vom 12./13. Juni 1934, AGN, ALR, Paket 134, 562.1/135.

102 Meyer u. a., *Historia 12*, S. 163.

103 Meyer u. a., S. 164 f.

104 Meyer u. a., S. 168-170.

105 Vgl. z. B. die Beiträge in Brading, *Caudillo and Peasant*.

106 Eine gute allgemeine Darstellung dieses Prozesses und eine anschauliche Konkretisierung am Beispiel der Beziehungen zwischen der Zentralregierung und den Staaten Veracruz, Chihuahua und San Luis Potosí gibt Lorenzo Meyer, *Historia 13*, S. 253-319.

107 Vgl. Romana Falcón, *El Agrarismo en Veracruz – La etapa radical (1928-1935)*. México 1977.

108 Für einen Vergleich der mexikanischen mit der brasilianischen (und argentinischen) Entwicklung vgl. z. B. *Geschichte und Gesellschaft, II/2* (1976): Revolution und Reformen in Lateinamerika.

109 Vgl. zu diesen Deutungen Lorenzo Meyer, *Historia 12*, S. 273 f.
110 Lorenzo Meyer, *Historia 13*, S. 11.
111 Meyer, *Historia 13*, S. 11, der sich auf entsprechende Berichte nordamerikanischer Konsuln stützt.
112 Vgl. unten, Kap. III/4, S. 493 f.
113 So wie die lokalen sozialen Protestaktionen von Arbeitslosen von den Behörden in vielen Fällen ignoriert wurden, blieb auch der aufwendige Lebensstil der mexikanischen Oberschicht durch die Krise unbeeinträchtigt. Vgl. die anschauliche Schilderung bei Meyer, *Historia 13*, S. 17-21.
114 Vgl. unten, Kap. III/5, S. 555 f.
115 Eine plausible Darstellung dieser politischen Entwicklung gibt Lorenzo Meyer, *Historia 12*, S. 273-287.
116 Daß die Regierung einen eher konservativen Sechsjahresplan vorsah, geht aus der Anweisung des Präsidenten an die Redaktionskommission hervor, keine »utopischen Maßnahmen« ins Auge zu fassen, vgl. Gaxiola, S. 149.
117 Vgl. unten, Kap. III/5 und III/6, S. 585 ff.

Kapitel 2

Die mexikanisch-amerikanischen Beziehungen: Der Einfluß von außen auf den mexikanischen Revolutionsverlauf

Nachdem im ersten Kapitel vornehmlich die innenpolitische Entwicklung zwischen 1920 und 1934 zur Sprache kam, soll im folgenden der äußere Rahmen knapp umrissen werden, in welchem sich diese Entwicklung vollzog. Unübersehbar übten ja äußere Einwirkungen, insbesondere die Politik der USA gegenüber Mexiko, einen nachhaltigen Einfluß auf die mexikanische Innenpolitik in diesem Zeitraum aus.

Noch mehr als während des Porfiriats und der revolutionären Umbruchphase bis zum Ende des 1. Weltkriegs stand das Verhältnis zu den USA ganz im Zentrum der mexikanischen Außenpolitik. Deutschland war durch die Kriegsniederlage politisch und wirtschaftlich nachhaltig geschwächt worden, und wenn es auch in den 20er Jahren seine wirtschaftliche Expansion in verschiedene Länder Südamerikas wieder aufnahm, so spielte es doch in Mexiko keine bedeutende Rolle mehr. Auch Frankreich und Großbritannien konnten nach 1918 nicht mehr an ihre Vorkriegsposition in Mexiko anknüpfen. Insbesondere das britische Kapital blieb zwar bedeutend, es sah sich aber, wie auch das französische, einem starken Verdrängungsdruck durch nordamerikanische Unternehmen ausgesetzt.[1]

Auch die spätrevolutionären Regierungen versuchten zwar, nicht anders als zuvor Díaz und Carranza, die europäischen Mächte gegen die USA auszuspielen und so ihren außenpolitischen Spielraum zu erweitern, aber diese Strategie konnte, wie Jean Meyer bemerkt, angesichts der neuen internationalen Kräfteverhältnisse keine durchschlagenden Erfolge mehr zeitigen: »Die mexikanische Regierung kannte den Einfluß des Kapitals auf die europäischen Regierungen, und sie bot deshalb weitreichende Vergünstigungen zur Anlockung europäischer Investitionen in Mexiko an. Wie schon Limantour strebte sie die Schaffung eines Blocks von europäischen Kapitalinteressen als Gegengewicht zum amerikanischen Kapital an; an sich eine intelligente Politik, die nur den einen Nachteil hatte, daß sie zu spät kam, in einem Zeitpunkt, da Europa die globale Hegemonie eingebüßt hatte

57 Die Exponenten der »sonorensischen Hegemonie«: Alvaro Obregón (rechts) und Plutarco Elías Calles (links)

58 Der bauernfeindliche General Guadalupe Sánchez, Befehlshaber in Veracruz und einer der Anführer der de la Huerta-Rebellion von 1923/24

59 Arbeiter bestreiken die Bierbrauerei von Toluca

60 Cristeros bei einer Messe unter freiem Himmel im Hochland von Jalisco

61 Die Brutalität des Krieges: aufgehängte Cristeros entlang der Bahnlinie von Guadalajara nach Colima

62 Lázaro Cárdenas

63 Flugblatt des berühmten Muralisten Diego Rivera gegen die reformfeindliche Haltung der Kirche in der Frage der Landverteilung

64 Lázaro Cárdenas im Gespräch mit einem Campesino

65 Mexikanische Arbeitersiedlung auf den Ölfeldern vor der Nationalisierung der Ölgesellschaften

66 Anlagen einer ausländischen Ölgesellschaft

67 Hauptstädtische Massendemonstration zur Unterstützung der Politik von Präsident Cárdenas

und es die Verteidigung seiner Interessen den Vereinigten Staaten anvertraute.«[2]
Da die europäischen Länder in ihrer Mexikopolitik die Führungsrolle der USA weitgehend anerkannten, wie etwa die Abstimmung der europäischen auf die nordamerikanische Politik in der Frage der Anerkennung der Obregón-Regierung zeigt, beziehen sich die folgenden Abschnitte zur mexikanischen Außenpolitik deshalb vor allem auf das zentrale Verhältnis zwischen Mexiko und den USA.

Unabhängig von der jeweiligen Administration in den USA war die amerikanische Strategie seit Ausbruch der Revolution von den Prämissen ihrer *open-door policy* bestimmt. Dies setzte aus amerikanischer Sicht in Mexiko geordnete politische Verhältnisse und vor allem eine Regierung voraus, welche die internationalen Spielregeln der *open-door policy* anerkannte, also insbesondere den Schutz ausländischen Eigentums garantierte. So unterschiedlich die Mittel zur Erreichung dieses Ziels auch waren, so unverändert blieb der Kern dieser Politik während des ganzen hier untersuchten Zeitraums.
Während bis 1915/16 für die USA vor allem die Wiederherstellung von Ruhe und Ordnung in Mexiko und die Errichtung einer stabilen Regierung im Vordergrund standen, war es nach 1917 die Kontroverse über die nationalistische Wirtschaftspolitik der mexikanischen Regierung und vor allem über den wirtschaftsnationalistischen Inhalt der Verfassung von 1917, welche die mexikanisch-amerikanischen Beziehungen prägte. Diese Position machte Außenminister Hughes 1923, unmittelbar vor der Anerkennung der Regierung Obregón durch die USA, in seinen Instruktionen an die amerikanischen Vertreter in der Bucareli-Konferenz nochmals deutlich: »Es soll beachtet werden, daß die fundamentale Streitfrage immer die Sicherung amerikanischer Eigentumsrechte in Mexiko gewesen ist, vor allem gegen die konfiskatorische Anwendung der Bestimmungen der mexikanischen Verfassung von 1917.«[3] An erster Stelle ging es dabei um den Rechtsstatus der nordamerikanischen Erdölgesellschaften, deren Eigentumstitel durch den Artikel 27 tangiert wurden. Zweitens stand die Anwendung dieses Artikels auf amerikanischen Grundbesitz im Zusammenhang mit der ejidalen Landverteilung zur Debatte und drittens sollte Mexiko amerikanische Bürger für revolutionsbedingte Eigentumsverluste entschädigen. Daneben

spielte die – nicht nur amerikanische, sondern vor allem auch europäische Gläubiger betreffende – Regelung der mexikanischen Staatsschulden eine zentrale Rolle in den Beziehungen zwischen den beiden Staaten. Diese lassen sich während des hier untersuchten Zeitraums in drei Phasen gliedern: zwischen 1920 und 1923 stand die Frage der diplomatischen Anerkennung der Regierung Obregón durch die USA im Vordergrund; nach erfolgter Anerkennung kam es 1923/24 zunächst zu einer Entspannung im mexikanisch-amerikanischen Verhältnis, die aber zwischen 1925 und 1927, unter der Regierung Calles, durch eine neue Konfrontation abgelöst wurde; nach 1927/28 trat schließlich, unter der Ägide des neuen amerikanischen Botschafters Dwight Morrow, eine nachhaltige Entkrampfung in den zwischenstaatlichen Beziehungen ein.

Die zwischenstaatlichen Beziehungen bis zur Anerkennung der Regierung Obregón, 1923

Die Gründe, weshalb die Nachfolger Carranzas – de la Huerta und Obregón – nach dessen Sturz auf eine rasche Anerkennung ihrer Regierung durch die USA drängten, wurden im letzten Kapitel dargestellt. Die noch amtierende Wilson-Administration zögerte diese Anerkennung jedoch hinaus. Insbesondere das State Department beharrte auf einer völkerrechtlich verbindlichen Anerkennung seiner Rechtsauffassung durch Mexiko als Vorbedingung für die Anerkennung. Mit dem Übergang zur republikanischen Administration unter Harding versteifte sich diese Haltung zunächst noch. In einem »Freundschafts- und Handelsvertrag« sollte die mexikanische Regierung ausdrücklich das Prinzip der Nicht-Rückwirkung der entsprechenden Verfassungsbestimmungen von 1917 anerkennen. Einer solchen Forderung konnte Obregón allerdings aus innenpolitischen Gründen nicht zustimmen, hätte ihre Erfüllung doch nordamerikanisches Eigentum formell dem Anwendungsbereich der mexikanischen Verfassung entzogen.

Einen doktrinären Nationalismus vertrat das neue sonorensische Regime dennoch nicht. Zwar hielten auch die Sonorenser am Grundsatz der nationalen Kontrolle über die Bodenschätze fest, zumal sie auf die Steuern aus der Erdölförderung angewiesen waren, die im Jahre 1921 mit 26 % der Welt-Erdölproduktion einen Höhepunkt erreichte.[4] Auch waren auf umstrittenen Feldern Ölkonzessionen an Mexikaner sowie an nicht-amerikanische Ölgesellschaften vergeben worden, die von einflußreichen mexikanischen Politikern protegiert wurden.[5] Daraus ergab sich natürlich auf mexikanischer Seite ein konkretes Interesse an einer möglichst nationalistischen Interpretation der entsprechenden Verfassungsbestimmungen. Insgesamt aber steuerte die mexikanische Regierung in dieser Frage einen durchaus moderaten Kurs und versuchte hinter den Kulissen, den mexikanischen Nationalismus gegenüber den USA herunterzuspielen.

Schon im Juni 1920 hatte Obregón gegenüber dem amerikanischen Geschäftsträger Summerlin erklärt, daß er Carranzas antiamerikanische Politik für einen »großen Fehler« gehalten habe und daß er bereit sei, »die Spielregeln einzuhalten« (»to play the game«).[6] Immer wieder unterstrich er auch das Interesse seines Landes an weiterem Auslandskapital, sofern es sich dabei um »produktives« Kapital – *capital honesto* – handelte: »Die Naturreichtümer Mexikos, seine unerschöpflichen Vorräte an industriellen Rohstoffen, könnten in Verbindung mit dem Industriekapital der Vereinigten Staaten in naher Zukunft eine unschätzbare Quelle zur Versorgung der wichtigsten Weltmärkte werden.«[7] Im Vorfeld der Anerkennungsverhandlungen von 1923 sah es Obregón in einem vertraulichen Brief an den texanischen Gouverneur Pat M. Neff gar als seine Aufgabe an, nationalistische Aversionen in seinem Land zu dämpfen und insbesondere xenophoben Strömungen in den »unteren Klassen« entgegenzutreten, um so den Weg für ein besseres gegenseitiges Verständnis vorzubereiten.[8]

Auch unvoreingenommene amerikanische Beobachter erkannten rasch, daß die angeblich extreme Haltung der mexikanischen Regierung nicht den Tatsachen entsprach. So erklärte der New Yorker Bankier Thomas W. Lamont, Präsident des International Committee of Bankers on Mexico, in einer Rede vor amerikanischen Geschäftsleuten im März 1922, er sei vor seiner Reise nach Mexiko durch den britischen Geheimdienst darauf aufmerksam gemacht worden, daß sich die mexikanische Regierung aus Mitgliedern der »Dritten Internationalen« zusammensetzte. »Als ich allerdings dort eintraf, fand ich sie zwar etwas radikal, aber in keiner Weise bolschewistisch oder anarchistisch.«[9] Auch der amerikanische Pressemagnat William Randolph Hearst, der in Mexiko umfangreiche Ländereien besaß und der zur Zeit Carranzas in seinen Zeitungen eine harte Interventionslinie gegenüber Mexiko vertreten hatte, sah in Obregón den Mann, der amerikanisches Leben und Eigentum in Mexiko wirkungsvoll zu schützen verstand. »Er ist ein Mann von vielseitigen Fähigkeiten: ein erfolgreicher Geschäftsmann, Besitzer eines bedeutenden Vermögens, ein brillanter Militär . . .«.[10]

Zunächst, d. h. in den Jahren 1921/22, beharrte das amerikanische Außenministerium allerdings auf seiner kompromißlosen Haltung in der Anerkennungsfrage, die stark von der intransigent-dogmatischen Position der großen amerikanischen Ölgesellschaften beeinflußt wurde.[11] Die Ölgesellschaften wehrten sich einerseits gegen neue mexikanische Steuern, wie die im Juni 1921 verfügte Erdölexportsteuer, die sie mit einer vorübergehenden Produktionseinstellung beantworteten, wie vor allem gegen die »konfiskatorischen« Bestimmungen des Artikels 27 der Verfassung von 1917.[12] Danach waren sie u. a. verpflichtet, auf ihren noch nicht ausgebeuteten Feldern Bohrkonzessionen bei der mexikanischen Regierung einzuholen. Obwohl Mexiko im September 1921 dem Druck der Ölgesellschaften und der amerikanischen Regierung insofern nachgab, als der Oberste mexikanische Gerichtshof einem Einspruch der Texas Oil Company stattgab und der Gesellschaft volle Eigentumsrechte über alle jene Felder zuerkannte, auf welchen vor dem 1. Mai 1917 irgendwelche »positive Vorkehren« für eine künftige Erdölförderung getroffen worden waren, rückten weder die Ölgesellschaften noch das State Department von ihrer Position ab. Unterstaatssekretär Fletcher charakterisierte in einem Brief an Harding die mexikanische Haltung vielmehr als Ausfluß des »russischen Eigentumsbegriffs«. »Das Problem ist nicht, wie viele es Sie glauben machen möchten, ein Problem des *approach*, sondern eher dasjenige fundamentaler Unterschiede bezüglich der Unverletzlichkeit des Privateigentums.«[13]

Diese dogmatische Haltung, die sich, wie Morrow später einmal ironisch bemerkte, mehr um die *Rechte* an Öl als um das Öl selber drehte, geriet allerdings auch in den USA zunehmend unter Beschuß.[14] Einmal setzten sich kleinere, unabhängige amerikanische Ölfirmen, die den Konflikt zwischen der mexikanischen Regierung und den großen Ölfirmen genutzt und sich schon unter Carranza Konzessionen auf Feldern dieser letzteren gesichert hatten, für die Anerkennung der Regierung Obregón ein. Ebenfalls für die Anerkennung der mexikanischen Regierung plädierten zunehmend Handelskreise im Südwesten der USA, die sich von einer Wiederherstellung regulärer diplomatischer Beziehungen ein Anwachsen ihres Mexikohandels versprachen.[15] Der politische Einfluß dieser promexikanischen *pressure groups* auf die amerikanische Regierung ist allerdings schwer zu ermessen. Immerhin bewirkte er bis im Januar 1923 in 16 amerikanischen Bundesstaaten die Verabschiedung von Senatsresolutionen zugunsten der diplomatischen Anerkennung Mexikos.[16] Noch wichtiger für das allmähliche Abrücken der amerikanischen Regierung von ihrer kompromißlosen Linie war aber wohl die Haltung des International Committee of Bankers on Mexico, das sich immer mehr zu einem »inoffiziellen Instrument« (Smith) der amerikanischen Mexikopolitik verwandelte.

Das International Committee of Bankers on Mexico war im Februar 1919 gegründet worden, um die Interessen der ausländischen Gläubiger der mexikanischen Staatsschulden wahrzunehmen, auf welchen seit Anfang 1914 der Schuldendienst eingestellt worden war.[17] Es umfaßte sieben amerikanische, fünf britische und vier französische Finanzinstitute; deutsche Banken waren nicht vertreten.[18] Obwohl sich etwa vier Fünftel der mexikanischen Obligationen in den Händen europäischer Gläubiger befanden, übernahm der amerikanische Bankier Thomas W. Lamont vom Bankhaus J. P. Morgan & Co. das Präsidium des Komitees, was die durch den 1. Weltkrieg erfolgte politische Gewichtsverlagerung zugunsten der USA deutlich signalisierte. Das *Committee* bemühte sich vor allem um eine möglichst vollständige Vertretung der ausländischen Gläubigerinteressen in seinen Händen, um so gegenüber der mexikanischen Regierung eine starke Verhandlungsposition zu gewinnen. Dieses Ziel wurde weitgehend erreicht.

Die mexikanischen Staatsschulden im Ausland reichten weit ins Porfiriat zurück. Nach einer Berechnung des *Committee* erreichten sie im Jahr 1921 die Höhe von insgesamt 508,8 Mio. Dollar. Dabei waren die von der Regierung Huerta aufgenommenen und von den Revolutionsregierungen stets bestrittenen Anleihen ausgeklammert, andererseits eine Schuld der mexikanischen Eisenbahnen in Höhe von 243,7 Mio. Dollar eingeschlossen. Hinzu kamen 207 Mio. Dollar an aufgelaufenen Zinsen.[19]

Die Regierung Obregón war grundsätzlich bereit, diese Schulden anzuerkennen und eine Garantie für die Wiederaufnahme des

Schuldendienstes zu bieten. Dies geschah in einem Abkommen zwischen dem mexikanischen Finanzminister de la Huerta und Lamont im Juni 1922, das im September gleichen Jahres vom mexikanischen Kongreß ratifiziert wurde.[20] Die mexikanische Regierung versprach sich von diesem Abkommen einerseits rasche Fortschritte in der Anerkennungsfrage, andererseits die Gewährung einer neuen Anleihe, die Mexiko für die Schaffung einer Zentralbank und für landwirtschaftliche Entwicklungsprojekte verwenden wollte.[21] Diese beiden Ziele wurden zwar nicht erreicht, weder kam es zu einem unmittelbaren Durchbruch in der Anerkennungsfrage, noch erhielt Mexiko die gewünschte neue Anleihe. Dennoch bedeutete das Abkommen einen wichtigen Schritt auf dem Weg zur 1923 erfolgenden Anerkennung Mexikos durch die USA.

Zunehmend beeinflußten nämlich die New Yorker Bankiers die Politik des State Department in der Anerkennungsfrage.[22] Im Unterschied zu den großen Ölgesellschaften hatten die Bankiers keine umfangreichen Investitionen gegen eine angeblich konfiskatorische Politik zu verteidigen, sondern sich vielmehr um gute Beziehungen zur mexikanischen Regierung mit dem Ziel einer befriedigenden Schuldenregelung zu bemühen.[23] Die weniger doktrinäre, mehr auf die Regelung praktischer Fragen ausgerichtete Politik des International Committee of Bankers on Mexico begann Anfang 1923 auch innerhalb des Außenministeriums Wirkung zu zeigen und führte zu einem Umdenken in der Anerkennungsfrage. Angesichts der unter Obregón erreichten politischen Stabilisierung Mexikos und der bereits erbrachten mexikanischen Konzessionen, wurde die Idee eines formellen »Freundschafts- und Handelsvertrags«, der in den Augen der Mexikaner wie eine Art *Platt-Amendment* erscheinen mußte, als Vorbedingung für Anerkennungsverhandlungen fallengelassen.[24]

Im April 1923 einigten sich die beiden Regierungen auf eine Konferenz, auf der die zwischen beiden Staaten strittigen Fragen erörtert und zu einer Regelung geführt werden sollten. Am 14. Mai 1923 traten die beiden Zweierdelegationen, die sich aus persönlichen Vertretern der beiden Präsidenten zusammensetzten, zum erstenmal in einem Gebäude an der Bucareli-Straße in der mexikanischen Hauptstadt zu jenen Gesprächen zusammen, die bis zum 15. August 1923 dauerten und als »Bucareli-Konferenz« bekannt wurden.[25]

Wie eingangs dieses Kapitels erwähnt, stand für die USA die

Anwendung des Artikels 27 auf die amerikanischen Ölgesellschaften und den amerikanischen Grundbesitz im Vordergrund. Daneben ging es um die Entschädigung für Eigentumsverluste, die amerikanische Bürger während der Bürgerkriegswirren erlitten hatten. Dieser letzte Punkt fand mit der Unterzeichnung zweier *Claims Conventions* eine offizielle Regelung. Weit umstrittener als dieses öffentliche Ergebnis der Bucareli-Konferenz war indessen der »extra-offizielle Pakt«, d. h. die von den beiden Delegationen unterzeichneten Protokolle der Verhandlungen über die Anwendung des Artikels 27 auf nordamerikanisches Eigentum.
In der Erdölfrage widersetzten sich die Mexikaner zwar einer formellen Modifikation der entsprechenden Verfassungsbestimmungen, wie sie von den Ölgesellschaften nach wie vor verlangt wurde, bekundeten andererseits aber den Willen ihrer Regierung, das entsprechende Urteil des Obersten mexikanischen Gerichtshofes aus dem Jahre 1921 über den nicht-retroaktiven Charakter des Artikels 27 ihrer künftigen Erdölpolitik zugrundezulegen. Gleichzeitig stimmten sie »einer so weiten Auslegung der ›positiven Vorkehren‹ zu, daß praktisch alle für die Ölgesellschaften wichtigen Felder unter diese Bestimmung fielen«.[26]
Im Falle der Agrarfrage kam es zwar ebenfalls nicht zu einem von beiden Seiten formell akzeptierten Übereinkommen, wohl aber zu einer praktischen Regelung, deren Kern darin bestand, daß Mexiko Landenteignungen amerikanischer Bürger im Rahmen der Ejidalpolitik, soweit sie 1755 ha überstiegen, nicht in Schuldscheinen der staatlichen Agrarschuld, sondern in bar entschädigen sollte.[27]
Die Frage nach dem völkerrechtlichen Stellenwert dieser Protokolle sollte in Mexiko heftige Kontroversen auslösen. Obregóns innenpolitische Gegner bezichtigten den Präsidenten, die »nationale Souveränität verschachert« zu haben, wie es in einem Manifest der de la Huerta-Rebellen vom Februar 1924 heißt.[28] Die Regierung habe in einem »Geheimvertrag« die mexikanische Souveränität gegenüber den USA in einem zentralen Bereich aufgegeben. Demgegenüber wurde von Regierungsseite betont, dem in den Protokollen enthaltenen bloßen »Gedankenaustausch« sei keine völkerrechtliche Bedeutung zugekommen und habe deshalb auch keinen mexikanischen Souveränitätsverzicht beinhalten können.[29]
In der Tat stellten die Protokolle keinen »Geheimvertrag« dar;

ihr rechtlicher Status blieb unbestimmt, wie Jahre später auch der amerikanische Botschafter in Mexiko, Dwight Morrow, in einem vertraulichen Memorandum festhielt: »Anläßlich der Warren-Payne Vereinbarung [Bucareli-Konferenz, d. Vf.] gaben die mexikanischen Vertreter eine eindeutige Erklärung ab, welche weitgehend auf dem Fall der Texas Oil Company beruhte. Es ist nicht klar, daß diese von den amerikanischen Delegierten akzeptiert wurde. Im Gegenteil, sie brachten einen Vorbehalt an, und die mexikanischen Vertreter erklärten daraufhin, daß sie das Recht der Vereinigten Staaten anerkannten, einen Vorbehalt anzubringen ... Wenn dies aber so ist, wurde dann überhaupt ein Übereinkommen (agreement) oder auch nur eine Verständigung erreicht?«[30] Wie immer auch der rechtliche Status der Bucareli-Konferenz zu beurteilen ist, politisch bedeutete sie jedenfalls ein weitgehendes Nachgeben Mexikos gegenüber nordamerikanischem Druck. Zwar behielt die Verfassung von 1917 dem Buchstaben nach weiterhin ihre Gültigkeit; ihr Anwendungsbereich war aber erheblich eingeengt, soweit ausländisches, vornehmlich nordamerikanisches Eigentum davon betroffen war. Als Gegenleistung wurde die Regierung Obregón Ende August 1923 seitens der USA diplomatisch anerkannt, ein Schritt, den – mit Ausnahme Großbritanniens – die meisten europäischen Nationen rasch nachvollzogen.

Konflikt und Krise, 1925-1927: Erdölkontroverse und Nicaraguapolitik

Die Bedeutung der diplomatischen Anerkennung Mexikos durch die USA sollte sich schon sehr rasch, nämlich während der de la Huerta-Rebellion von 1923/24, erweisen.[31] Die eindeutige Unterstützung der mexikanischen Regierung durch die USA in diesem Bürgerkrieg trug wesentlich zur raschen Niederlage der Aufständischen bei. Während der restlichen Amtszeit Obregóns blieben die Beziehungen zwischen den beiden Staaten entspannt, ungeachtet der Tatsache, daß Mexiko im Laufe des Jahres 1924 wegen der durch den Bürgerkrieg verursachten Finanzprobleme eine vorübergehende Suspendierung des Schuldendienstes gegenüber seinen ausländischen Gläubigern ankündigen mußte.

Mit dem Amtsantritt von Präsident Calles im Dezember 1924 trat jedoch eine rasche Verschlechterung in den zwischenstaatlichen Beziehungen ein. Wie schon angedeutet, strebte Calles eine beschleunigte wirtschaftliche Entwicklung des Landes an. Dazu gehörte auch eine stärkere nationale Kontrolle der Bodenschätze. Die im Jahre 1925 im mexikanischen Parlament geführten Debatten über den Erlaß eines Ausführungsgesetzes zum Artikel 27 riefen nicht nur eine scharfe Opposition seitens der Ölgesellschaften hervor, sondern stießen auch auf den erbitterten Widerstand des neuen amerikanischen Botschafters James R. Sheffield, der sich die Haltung der Ölgesellschaften weitgehend zu eigen machte.[32]

Sheffield verkörperte eine unverhüllt imperialistische, stark rassistisch gefärbte Position gegenüber Mexiko. In seinen Augen waren die Mexikaner Barbaren, die letztlich nur die Sprache der Gewalt verstünden und die durch die »Söhne von Mutter Yale« zivilisiert werden sollten.[33] Seine kompromißlose Ablehnung des mexikanischen Nationalismus begründete er 1926 mit einer Art Dominotheorie: »Jede Schwäche in unserer Haltung hier wird zweifellos sofort in anderen Ländern ihren Niederschlag finden.«[34] Schon im Juni 1925 hatte Sheffield Außenminister Kellogg bewogen, jene ominöse Warnung an die mexikanische Regierung auszusprechen, daß diese im Falle einer neuen Revolution nicht mehr unbedingt mit amerikanischer Hilfe rechnen könne. Die Spannungen zwischen Mexiko und den USA wurden verschärft, als der mexikanische Kongreß im Dezember 1925 das Erdölgesetz in einer relativ radikalen Form verabschiedete. Danach waren die Ölgesellschaften verpflichtet, ihren »Besitz« durch die mexikanische Regierung »bestätigen« zu lassen, wofür ihnen eine fünfzigjährige »Konzession« auf jenen vor 1917 erworbenen Feldern erteilt würde, auf denen »positive Vorkehren« zur Erdölförderung vorgenommen worden waren.[35] Nach Ansicht der Ölgesellschaften war dieses Gesetz unannehmbar; sie bekämpften es deshalb von Anfang an mit allen Mitteln. Ein heftiger Konflikt zwischen diesen und der mexikanischen Regierung war die Folge. Angesichts der Weigerung der Ölgesellschaften, das neue Gesetz zu befolgen, reagierte die mexikanische Regierung mit einer Mischung aus partiellen Konzessionen und der Androhung militärischer Gewalt zur Durchsetzung der gesetzlichen Bestimmungen.[36]

Die harte Haltung der Ölgesellschaften wurde natürlich stark von der offiziellen Mexikopolitik der USA beeinflußt. Von Mitte

1925 bis Mitte 1927 gaben sowohl in der amerikanischen Botschaft in Mexiko als auch im State Department zunehmend jene Kräfte den Ton an, die einen harten Kurs gegenüber Mexiko, notfalls auch in Form einer militärischen Intervention, befürworteten. 1926 wurde nämlich der Ölkonflikt noch durch die Kontroverse um die Nicaragua-Politik der beiden Länder überlagert, was eine zusätzliche Verschärfung der außenpolitischen Spannungen bewirkte.[37]
In Nicaragua unterstützten die USA den konservativen General Díaz in seinem Kampf gegen den liberalen Vizepräsidenten Sacasa, der von Mexiko anerkannt wurde. Während die USA 1926 *marines* nach Nicaragua entsandten, unterstützte Mexiko die Liberalen mit Waffenlieferungen und einigen Kontingenten freiwilliger Truppen.[38] Dies bewog Außenminister Kellogg im Januar 1927, dem Senat ein Memorandum unter den Titel »Bolshevik Aims and Policies in Mexico and Latin America« zuzustellen. Viele Anzeichen deuteten jetzt auf eine bevorstehende militärische Intervention der USA in Mexiko hin.[39]
Allerdings formierten sich in den USA gleichzeitig starke Kräfte gegen einen solchen interventionistischen Kurs. Eine heterogene Allianz aus südstaatlichen Demokraten und progressiven Senatoren wie William Borah und Robert M. La Follette sprach sich im Kongreß gegen eine Intervention aus. Auch einflußreiche Zeitungen wie die »New York Times«, Gewerkschaften und prominente Exponenten der Universität plädierten für eine Verständigungslösung mit Mexiko.[40]
Daß diese im Sommer 1927 schließlich zustande kam, war allerdings auch der flexiblen Haltung der mexikanischen Regierung zuzuschreiben. Im Ölkonflikt z. B. war auch die Calles-Regierung, bei allem Beharren auf ihrer grundsätzlichen Rechtsposition gegenüber den Ölgesellschaften, bereit, auf eine strikte Gesetzesanwendung zu verzichten.[41] Zudem verfügte sie mit den als »konservativ« geltenden Regierungsmitgliedern (Finanzminister Pani und Außenminister Sáenz) auch über wichtige informelle Kontakte zu den Ölgesellschaften. Und schließlich zeigte sich die nicht grundsätzlich gegen amerikanische Investitionen gerichtete Haltung der mexikanischen Regierung auch darin, daß sie amerikanische Industrieunternehmen, wie etwa die Ford Motor Company, mit vorteilhaften Investitionsbedingungen zur Errichtung von Niederlassungen in Mexiko ermunterte.[42]
Entscheidend – wie schon im Vorfeld der Anerkennungsverhand-

lungen von 1923 – waren aber auch jetzt wieder die relativ guten Beziehungen zwischen der mexikanischen Regierung und den amerikanischen Bankiers des International Committee of Bankers on Mexico. Das im Oktober 1925 neu vereinbarte Abkommen über die mexikanischen Schulden zwischen Finanzminister Pani und Lamont brachte zwar gegenüber der Regelung von 1922 keine grundsätzliche Änderung, trug aber, wie Smith betont, dazu bei, »eine Brücke verhältnismäßig harmonischer Kommunikation während einer Periode der Verschlechterung der offiziellen Beziehungen aufrechtzuerhalten.«[43] Von Seiten der Bankiers kamen denn auch jene Impulse, die im Spätsommer 1927 zu einer Überwindung der Krise in den mexikanisch-amerikanischen Beziehungen führen sollten. Die Ablösung des eng mit den Ölgesellschaften verbundenen Botschafters Sheffield durch den Bankier Dwight W. Morrow, Teilhaber des Bankhauses J. P. Morgan und enger Mitarbeiter Lamonts, dokumentierte auch nach außen den neuen Kurs der amerikanischen Mexikopolitik.[44]

Morrow und die Annäherung zwischen Mexiko und den USA, 1927-1934

Auch Botschafter Morrow hielt in seiner Haltung gegenüber Mexiko letztlich an den eingangs dieses Kapitels umschriebenen Prämissen der amerikanischen *open-door policy* fest.[45] In seinem Stil unterschied er sich allerdings erheblich von seinem Vorgänger. Schon Lamont hatte 1922 erkannt, welche Bedeutung dem richtigen Ton in den Beziehungen mit mexikanischen Regierungsvertretern zukam: »Man konnte sie mit einem Stück Zucker um die ganze Welt führen, aber nicht einen Zentimeter vor sich her treiben.«[46] Während der aggressive Kurs der Ölfirmen meist nur eine Versteifung der mexikanischen Position bewirkte, gelang es den Bankiers durch ihre konziliante Art, gute persönliche Beziehungen mit führenden Exponenten des sonorensischen Regimes herzustellen.[47] Dieser Umstand erleichterte Morrow zweifellos seine Aufgabe, verfügte er doch bereits nach kurzer Zeit über ausgezeichnete Kontakte zu Calles und anderen Regierungsmitgliedern, wie etwa dem Finanzminister Montes de Oca.

Darauf allein war aber natürlich die unter Morrows Ägide eintretende nachhaltige Entkrampfung der amerikanisch-mexikanischen Beziehungen nicht zurückzuführen. Vielmehr war auch die mexikanische Regierung – angesichts wachsender innerer Probleme im Zusammenhang mit dem sich ausbreitenden Cristero-Aufstand und zunehmender wirtschaftlicher Schwierigkeiten als Folge verminderter Ölsteuern – an einer raschen Lösung der außenpolitischen Krise mit den USA interessiert. Vor allem aber zeigte sich nun, daß sich auch die wirtschaftspolitischen Vorstellungen der mexikanischen Führung keineswegs so grundsätzlich von jenen der amerikanischen Geschäftswelt unterschieden wie das die antimexikanische Propaganda während der 20er Jahre immer wieder behauptet hatte. Die sich aus dem Kreis der sonorensischen Revolutionsführung herausbildende neue Bourgeoisie war durchaus empfänglich für jene Vorschläge Morrows, die auf eine Sanierung der mexikanischen Wirtschaft nach konservativen Grundsätzen, damit natürlich auch auf ein Ende der gesellschaftlichen Reformen, hinausliefen.[48]

Vorrangig zur Beilegung der akuten zwischenstaatlichen Krise im Herbst 1927 war die Entschärfung des Erdölkonflikts. Mit der prompten Reform des Erdölgesetzes von 1925 entsprach Calles den Vorschlägen Morrows, indem vor allem die Bestimmung der *concesiones confirmatorias* aufgehoben, also die formellen Eigentumsrechte der Ölgesellschaften auf ihren vor 1917 erworbenen Feldern seitens des mexikanischen Staates anerkannt wurden.[49] Faktisch war man damit zu jener Situation zurückgekehrt, wie sie 1923 auf der Bucareli-Konferenz vereinbart worden war. Obwohl sich damit die 1917 eingeleitete Erdölgesetzgebung als »rein formale Reform« (L. Meyer) erwiesen hatte, stimmten die Ölgesellschaften, die nach wie vor einen überaus legalistischen Standpunkt vertraten, aber auch der neuen Regelung nicht zu. Da sie nun aber nicht mehr auf den Rückhalt des Botschafters und des State Department zählen konnten, verlor ihre Opposition gegen das neue Gesetz stark an politischem Gewicht, während sie gleichzeitig der mexikanischen Regierung erlaubte, in der Öffentlichkeit ihr Gesicht zu wahren.[50]

Auch bei der Beilegung des mexikanischen Kirchenkampfes und damit der Beendigung des Cristero-Aufstandes spielte Morrow eine bedeutsame Rolle, vor allem als diplomatischer Vermittler zwischen der mexikanischen Regierung und dem Vatikan. Ebenso zeigte sich Morrows Interesse an einer dauerhaften politischen Stabilisierung Mexikos in seiner Parteinahme für Calles nach der innenpolitischen Erschütterung im Gefolge der

Ermordung Obregóns. Und schließlich setzte sich Morrow auch mit Nachdruck für eine unzweideutige Unterstützung der mexikanischen Regierung durch die USA während der Escobar-Rebellion vom März 1929 ein.

Neben der vorrangigen politischen Stabilisierung Mexikos, deren Garanten er in Calles (auch nach dessen Rücktritt vom Präsidentenamt) erblickte, sah Morrow in einer umfassenden finanziellen Sanierung Mexikos eine weitere Grundvoraussetzung für das Gelingen der von ihm verfolgten Politik. Auf seine Initiative untersuchten zwei amerikanische Experten des International Committee of Bankers on Mexico den Zustand der mexikanischen Wirtschaft hinsichtlich Mexikos Zahlungsfähigkeit.[51] In seinem Bemühen, eine langfristige Lösung zu erreichen, verstieß Morrow in den Augen seiner ehemaligen Bankierskollegen gar gegen die Interessen des *Committee*, da er eine einseitige Begünstigung der in ihm vertretenen Auslandsobligationäre ablehnte.[52] Über seine engen Kontakte zum mexikanischen Finanzminister Montes de Oca, den er nach einer Aussage des amerikanischen Militärattachés Mac Nab »unter seine Fittiche genommen hatte, um ihn Finanzpolitik zu lehren«, versuchte Morrow auch Einfluß auf den mexikanischen Staatshaushalt zu nehmen.[53] Unproduktive Ausgaben sollten eingeschränkt, Landenteignungen z. B. nur noch in dem Maße durchgeführt werden, als sie in bar entschädigt werden konnten, um so ein weiteres Anwachsen der staatlichen Agrarschuld zu vermeiden.

So sehr Morrows Rezepte einer orthodox-konservativen Finanz- und Wirtschaftspolitik auf die späte Calles-Regierung und das frühe Maximat abfärbten, so wenig konnten sie allerdings – angesichts der vorherrschenden innenpolitischen und wirtschaftlichen Verhältnisse in Mexiko – eine grundlegende Wende herbeiführen. Das Tempo der Landverteilung wurde zwar vorübergehend gedrosselt, dann aber auf Druck des Agraristenflügels des PNR wieder beschleunigt. Auch eine grundlegende Sanierung der mexikanischen Staatsschulden überstieg die wirtschaftlichen Möglichkeiten Mexikos, zumal nachdem sich die Weltwirtschaftskrise auch hier auszuwirken begann. Noch einmal wurde zwar zwischen Mexiko und dem International Committee of Bankers on Mexico ein neues Schuldenregelungsabkommen ausgehandelt, aber auch dieses konnte angesichts der finanziellen Probleme Mexikos nicht in Kraft treten. Mexiko anerkannte zwar seine internationalen Schuldverpflichtungen,

sah sich aber bis 1943 außerstande, den Schuldendienst wieder aufzunehmen.[54]
Wie erwähnt, lassen sich die mexikanisch-amerikanischen Beziehungen in den frühen 30er Jahren ungeachtet der zahlreichen offenen Probleme zwischen beiden Ländern als durchaus normal bezeichnen.[55] Sowohl Morrows Nachfolger J. Reuben Clark als auch der von Präsident Roosevelt 1933 ernannte Botschafter Josephus Daniels waren Anhänger einer kooperativen Politik gegenüber Mexiko, die sich klar von jener Konfrontationshaltung unterschied, welche die amerikanische Mexikopolitik Anfang der 20er Jahre und dann wiederum zwischen 1925 und 1927 bestimmt hatte.[56]
Wie eingangs erwähnt, kam gegenüber dem absolut prioritären Verhältnis mit den USA Mexikos Außenpolitik im Verhältnis zu anderen Staaten nur sekundäre Bedeutung zu. Selbst die wirtschaftlich noch immer stark in Mexiko engagierten europäischen Staaten wie Großbritannien und Frankreich konnten kaum eine von der amerikanischen wirklich unabhängige Mexikopolitik betreiben. Der amerikanischen Diplomatie und dem International Committee of Bankers on Mexico gelang es, die zunächst sowohl von Frankreich als auch Großbritannien in Aussicht genommene Anerkennung der Regierung Obregón zu verhindern und eine amerikanisch-westeuropäische Einheitsfront gegenüber der Obregón-Regierung herzustellen. Mit Ausnahme Großbritanniens, das erst unter der Regierung Calles wieder normale diplomatische Beziehungen zu Mexiko aufnahm, vollzogen die meisten europäischen Staaten die diplomatische Anerkennung Mexikos im Kielwasser der amerikanischen.
Von besonderem Charakter war das Verhältnis Mexikos zur Sowjetunion. Als erstes amerikanisches Land hatte Mexiko 1924 die diplomatischen Beziehungen mit der Sowjetunion aufgenommen, die allerdings nicht nur eine außenpolitische, sondern – im Verhältnis zwischen der mexikanischen Regierung und der mexikanischen Kommunistischen Partei – auch eine innenpolitische Dimension aufwiesen.[57] Als 1929 die KP zur offenen Opposition gegen die Regierung Portes Gil überging, wurden ihre Mitglieder und Anhänger nicht nur Opfer einer harten Repression durch Polizei und Armee, auch das mexikanisch-sowjetische Verhältnis wurde dadurch so sehr belastet, daß Mexiko Anfang 1930 seine diplomatischen Beziehungen zur Sowjetunion abbrach.[58]

Überblickt man die mexikanisch-amerikanischen Beziehungen dieses Zeitraums in ihrem Zusammenhang, so ist unverkennbar, daß sie den innenpolitischen Kurs Mexikos nachhaltig beeinflußten. Eine Erklärung des mexikanischen Revolutionsverlaufs, insbesondere der Anfang der 30er Jahre eintretenden sozialkonservativen Wende, allein aus diesem Druck von außen, wäre dennoch zu kurzschlüssig. Dies läßt sich an der Wirtschafts- und Sozialpolitik des sonorensischen Regimes deutlich aufzeigen, die in Kapitel 4 zur Sprache kommt. Das folgende Kapitel soll nun aber zunächst die innenpolitische Situation darstellen, die vor allem durch die Entstehung eines neuen politischen Systems gekennzeichnet war.

1 Zum Vormarsch des amerikanischen Kapitals auf Kosten des europäischen vgl. Jean Meyer, *Historia 11*, S. 40-44; vgl. auch unten, Kap. III/4, S. 482 ff.

2 Meyer, *Historia 11*, S. 44. Die stärkere Anlehnung Großbritanniens an die USA wurde wohl auch durch die Natur ihrer Investitionen – Erdöl, landwirtschaftliche Güter, *public utilities*, usw. – bestimmt; Investitionen also, die, anders als etwa ausländische Handelsinteressen, angesichts der nationalistischen mexikanischen Politik als besonders verwundbar galten, vgl. Meyer, S. 43. – Friedrich Katz mißt vor allem auch der Tatsache große Bedeutung zu, daß die britische Mexikopolitik nach der Übernahme des Pearson-Konzerns durch Royal Dutch Shell immer stärker durch britische Ölinteressen bestimmt wurde und daß diese den mexikanischen Nationalismus offenbar stärker fürchteten als die nordamerikanische Konkurrenz. Einen möglichen Grund für die deutsche Passivität in Mexiko in den 20er Jahren sieht Katz in der wachsenden finanziellen Abhängigkeit der Weimarer Republik von den USA. (Mitteilung von F. Katz an den Verfasser).

3 Zit. b. Robert F. Smith, *The United States and Revolutionary Nationalism in Mexico, 1916-1932*, S. 220. Diese Studie ist die beste Darstellung der amerikanischen Mexikopolitik im hier untersuchten Zeitraum; ich folge ihr in den Grundzügen in den nachstehenden Abschnitten.

4 Dulles, *Yesterday*, S. 106-109. Die steigenden Produktions- und Ausfuhrziffern des Erdöls kompensierten bis zu einem gewissen Grad den starken Rückgang der übrigen Hauptexportgüter wie Silber, Kupfer, Sisal usw. in der Depression von 1921. 1922 entfielen von 280 Mio. Pesos Bundeseinnahmen über 80 Mio. Pesos allein auf Produktions- und Exportsteuern des Erdöls.

5 Vgl. Lorenzo Meyer, *México y Estados Unidos en el conflicto petrolero (1917-1942)*, S. 112 f. Dieses Werk ist grundlegend für den in den mexikanisch-amerikanischen Beziehungen zentralen Erdölkonflikt.

6 Smith, S. 178.
7 Telegramm Obregóns an den »Chicago Commercial Herald and Examiner« vom 22. 9. 1920, in A. Obregón, *Campaña política del C. Alvaro Obregón candidato a la presidencia de la República, 1920-1924*, México 1923, vol. V, S. 235. Eine ähnliche Haltung zum Auslandskapital kommt auch in späteren Ausführungen Obregóns immer wieder zum Ausdruck.
8 AGN, O.-C., 16/9, 104-R-1-E-10.
9 Smith, S. 213 f. – In den Pamphleten der antimexikanischen Organisationen der USA war die Charakterisierung der mexikanischen Regierung als »bolschewistisch« die Regel, vgl. das Material in AGN, O.-C., 15-1/6, 104-R-1-E-1.
10 Artikel von W. R. Hearst in »The New York American« und »The Washington Times« vom 13. November 1921 unter dem Titel: »Obregón has brought peace to Mexico and deserves Recognition.«
11 Smith, S. 190-195.
12 Meyer, *México*, S. 120 ff.
13 Zit. b. Smith, S. 191.
14 Zum Kommentar Morrows gegenüber Lamont, vgl. Smith, S. 247.
15 Vgl. dazu das Material in AGN, O. C., Pakete 15-1 und 16, worin detaillierte Berichte über die Tätigkeit nordamerikanischer politischer Organisationen, Wirtschaftsverbände, Staatslegislativen usw. zugunsten einer diplomatischen Anerkennung Mexikos enthalten sind; vgl. auch Smith, S. 195-203, und Meyer, S. 128 ff.
16 AGN, O. C., 15-1/7, 104-R-1-E-6.
17 Jan Bazant, *Historia de la deuda exterior de México (1823-1946)*, México 1968, S. 180, S. 184.
18 Bazant, S. 184.
19 Smith, S. 209; eine detaillierte Aufstellung der äußeren Schuld Mexikos bei Bazant, S. 188-192.
20 Smith, S. 210 f; Bazant, S. 186 ff.
21 Bazant, S. 193.
22 Smith, S. 204-218.
23 Die unterschiedliche Haltung dieser beiden wichtigsten amerikanischen *pressure groups* in der amerikanischen Mexikopolitik diskutiert ausführlich Robert F. Smith, The Morrow Mission and the International Committee of Bankers on Mexico: The Interaction of Finance Diplomacy and the New Mexican Elite, in *Journal of Latin American Studies, I*, 2, S. 149-166. – Da die 1921 erlassene Erdölexportsteuer für den Schuldendienst gegenüber den ausländischen Gläubigern bestimmt war, kam es auch zu einem gewissen Interessenkonflikt zwischen Bankiers und Ölgesellschaften, den die mexikanische Regierung auszunützen suchte.
24 Smith, *United States*, S. 218 f.
25 Eingehend diskutiert und dokumentiert werden die Verhandlungen auf der Bucareli-Konferenz und ihre Vorgeschichte bei Alberto J. Pani, *La cuestión internacional mexicano-americana durante el gobierno*

del general Don Alvaro Obregón, México 1924; Aarón Sáenz, *La política internacional de la Revolución: estudios y documentos,* México 1961; Manuel González Ramírez, *Los llamados tratados de Bucareli,* México 1939; Antonio Gómez Robledo, *The Bucareli Agreements and International Law,* México 1940. Während die ersten drei Autoren Obregóns Außenpolitik verteidigen, unterzieht Gómez Robledo die Bucareli-Abkommen einer scharfen Kritik aus völkerrechtlicher Sicht.

26 Meyer, *México,* S. 143.

27 Zu den Diskussionen um die Agrarfrage vgl. Pani, *La cuestión,* S. 35 f, S. 51 f.

28 Meyer, S. 145.

29 Dulles, S. 171.

30 Zit. b. Smith, S. 222.

31 Vgl. oben, Kap. III/1, S. 387 ff.

32 Meyer, S. 154-160.

33 Smith, S. 232 f.

34 Smith, S. 233.

35 Meyer, S. 151-160.

36 Meyer, S. 167-169.

37 Dazu ausführlich Smith, S. 235-237.

38 Zur mexikanischen Hilfeleistung an die Liberalen Nicaraguas vgl. Jean Meyer, *Historia de la Revolución mexicana 11,* S. 23 f.

39 Smith, S. 238.

40 Smith, S. 238-240.

41 Meyer, S. 167.

42 Smith, S. 230 f.

43 Smith, S. 244; zu den Verhandlungen um das Pani-Lamont-Abkommen vgl. Smith, S. 241-243; Bazant, S. 194-198.

44 Smith, S. 241.

45 Zu Person und Werk Morrows vgl. Harold Nicolson, *Dwight Morrow, Finanzmann und Diplomat in USA,* Berlin o. J., bes. Kap. XV und XVI; Stanley R. Ross, Dwight Morrow and the Mexican Revolution, in *Hispanic American Historical Review,* 1958/4; Smith, S. 244 ff; L. Meyer, *México,* S. 176 f; Jean Meyer, *Historia 11,* S. 35-38.

46 Smith, S. 190.

47 Gute Kontakte bestanden insbesondere zu Finanzminister Pani, Ex-Präsident Obregón, Augustín Legorreta und Botschafter Tellez, Smith, S. 245.

48 Vgl. unten, Kap. III/4, S. 494 ff.

49 L. Meyer, *México,* S. 178-183.

50 Smith, S. 256 f.

51 Vgl. Joseph E. Sterrett und Joseph S. Davis, *The Fiscal and Economic Condition of Mexico, Report submitted to the International Committee of Bankers on Mexico, 1928;* vgl. auch: G. Butler Sherwell, *Mexico's Capacity*

to Pay. A General Analysis of the Present International Economic Positio. of Mexico, Washington 1929.

52 Smith, S. 262 f.

53 Smith, S. 263, S. 262.

54 Zur Frage der Schuldenregelung ausführlich Lorenzo Meyer, *Historia de la Revolución mexicana, 12*, S. 215-227; Bazant, S. 207-211.

55 Vgl. oben, Kap. III/1, S. 410 f.

56 Ausführlich dargestellt ist das Verhältnis zwischen Mexiko und den USA in diesem Zeitraum bei L. Meyer, *Historia 12*, S. 189-260.

57 Die mexikanische Kommunistische Partei, 1919 von Ausländern gegründet und auch später im wesentlichen von Ausländern geführt, zählte 1924 etwa 1 000 Mitglieder. Ebensowenig wie die anderen politischen Parteien der frühen 20er Jahre stellte also die KP eine eigenständig gewachsene, moderne Massenpartei dar, vgl. J. Meyer, *Historia 11*, S. 45.

58 J. Meyer, *Historia 11*, S. 45-51; L. Meyer, *Historia 12*, S. 261-264.

Kapitel 3

Staat und Gesellschaft: Die Entstehung des neuen politischen Systems

Eines der fundamentalen Ergebnisse der Revolutionsereignisse zwischen 1910 und 1920 war die Entstehung eines neuen politischen Systems, das dem spät- und postrevolutionären Staat seinen unverkennbaren Stempel aufdrücken sollte. Zwar lassen sich auch im nachrevolutionären Staat unschwer Kontinuitäten zum vorrevolutionären Staat unter Porfirio Díaz erkennen, besonders etwa in seiner nach wie vor autoritären Grundstruktur. Denn eine Entwicklung auf eine pluralistische Demokratie, wie z. B. von den Maderisten propagiert und von wichtigen Exponenten des postrevolutionären Regimes als Realität unterstellt, hat in Mexiko nach 1910 zweifellos nicht stattgefunden. Dennoch lassen sich der vor- und der nachrevolutionäre Staat Mexiko keineswegs einander gleichsetzen. Bei allen Gemeinsamkeiten der beiden politischen Systeme – etwa der geringen Bedeutung des Wahlaktes, der Dominanz der Exekutive über Parlament und Judikative, des Übergewichts der Zentralregierung über die Einzelstaaten, usw. – hat erst der spät- und nachrevolutionäre Staat jenen Grad der Institutionalisierung erreicht, der maßgeblich die außergewöhnliche politische Stabilität Mexikos im vergangenen halben Jahrhundert begründet hat. Während der Díaz-Staat zwar Ausdruck einer »autoritären Situation« gewesen, an seiner rein personalistischen Abstützung aber letztlich zerbrochen war, wurde – wie Lorenzo Meyer betont – erst durch die Revolution »der Schritt von einer autoritären Situation zu einem autoritären System« möglich.[1]

Als wichtigste Veränderungen gegenüber dem abgekapselten porfiristischen Regime sind in der spätrevolutionären Institutionalisierung des politischen Systems die breitere Abstützung auf (allerdings weitgehend regierungsgelenkte) Massenorganisationen sowie eine deutlich höhere Durchlässigkeit der politischen Elite festzuhalten.

Die Grundzüge dieses neuen Staates, wie er dann vor allem in den 30er Jahren seine bis heute gültige Prägung erhielt, schälten sich allerdings erst ganz allmählich heraus. Die Ausgangskonstellation

dieses Prozesses soll im folgenden vor allem aus der Perspektive der Herrschaftssicherung der neuen sonorensischen Revolutionselite und der politischen Stabilisierungserfordernisse nach den Zerrüttungen eines zehnjährigen Bürgerkriegs skizziert werden.
Die politische Situation Mexikos war in den 20er Jahren durch eine ausgeprägte politische Instabilität gekennzeichnet, die sich am sichtbarsten in den zwei großen Armeeaufständen der Jahre 1923/24 und 1929 sowie im Cristero-Krieg manifestierte. Für die neue Revolutionselite ging es deshalb vorrangig darum, im Interesse ihrer eigenen Herrschaftssicherung eine rasche Stabilisierung der innenpolitischen Verhältnisse herbeizuführen, was schließlich durch die politische Zähmung der Armee, die fortschreitende Kontrolle der Zentralregierung über die regionalen Machtbereiche und die Abstützung des neuen Regimes auf von oben geschaffene politische Parteien und Massenorganisationen auch gelang. Bevor dieser Vorgang im einzelnen etwas genauer darzustellen ist, sei kurz die Frage erörtert, ob der Stabilisierungsstrategie der neuen Elite tatsächlich eine so fundamentale Rolle für die politische Entwicklung in den 20er und frühen 30er Jahren zuzumessen sei bzw. ob dadurch nicht das Gewicht anderer politischer Gestaltungskräfte unterschätzt werde.
Die zentrale Bedeutung der neuen Revolutionselite läßt sich besonders gut aus einer Betrachtung der politischen Verhältnisse der 20er Jahre erschließen, welche ihre bonapartistischen Züge unterstreicht. Eine solche Interpretation des *caudillismo revolucionario* hat z. B. der sowjetische Historiker Anatol Shulgovski unter Bezug auf die theoretischen Arbeiten Antonio Gramscis vorgeschlagen.[2] Aufschlußreich in diesem Zusammenhang ist dabei vor allem die Frage nach dem Autonomiegrad der neuen Elite. In welchem Maße bestand im spätrevolutionären Mexiko eine von den gesellschaftlichen Klassen weitgehend unabhängige Staatsführung, die ja ein wesentliches Merkmal bonapartistischer Herrschaft darstellt? Diese Frage ist einerseits vor dem Hintergrund der mexikanischen Staats- und Gesellschaftsentwicklung vor der Revolution, andererseits vor allem auch unter dem Gesichtspunkt der spezifischen Revolutionsauswirkungen zu erörtern.
Ein allgemeines Charakteristikum der lateinamerikanischen Staats- und Gesellschaftsentwicklung im 19. Jahrhundert wird

man auch für das vorrevolutionäre Mexiko festhalten können: nämlich den Umstand einer im Vergleich zu Westeuropa und Nordamerika schwachen gesellschaftlichen Differenzierung. Diese Tatsache war vor allem Ausfluß einer hier verspätet einsetzenden, schwachen und abhängigen Industrialisierung sowie der Kontrolle zentraler Wirtschaftssektoren durch das Auslandskapital.[3] Neben der heterogenen Schicht der Grundbesitzer konnten sich deshalb keine starken gesellschaftlichen Klassen, wie etwa ein modernes Industriebürgertum oder ein Proletariat herausbilden, welche die politische Herrschaft im Staat hätten übernehmen können. Insofern besaß in Lateinamerika der Staat stets eine größere Unabhängigkeit von den relativ schwachen und politisch kaum oder gar nicht organisierten gesellschaftlichen Klassen, als dies das moderne westliche – liberale oder marxistische – Staatsverständnis unterstellte. Dies erklärt nicht nur das relativ große Echo korporativstaatlicher Ideen in Lateinamerika, sondern vor allem auch die im 20. Jahrhundert ausgeprägte Tendenz zur Verwirklichung korporativer Staatsmodelle, wie etwa in Mexiko in den 30er Jahren.[4]

Der geringe Grad organisierter politischer Repräsentanz der gesellschaftlichen Kräfte war, wie weiter oben aufgezeigt, im porfiristischen Mexiko besonders ausgeprägt gewesen. Durch die Revolutionsereignisse zwischen 1910 und 1920 hatten sich die Bedingungen für eine von den gesellschaftlichen Klassen weitgehend unabhängige politische Elite, die neue Revolutionsführung, noch verstärkt. Nach Shulgovski war nämlich in den 20er Jahren in Mexiko eine Hauptvoraussetzung für eine bonapartistische Politik insofern gegeben, als ein sehr fragiles Gleichgewicht, ein *catastrófico equilibrio*, zwischen den wichtigsten gesellschaftlichen Kräften bestand, von denen am Ende des Bürgerkriegs keine für sich allein eine hegemoniale Position erringen konnte.[5] Die alte porfiristische Oberschicht hatte zwar ihre politische Macht eingebüßt, ihre wirtschaftliche Stellung aber weitgehend behaupten können. Die radikale Bauernbewegung der Zapatisten war von den konstitutionalistischen Truppen militärisch eliminiert worden. Die Arbeiterbewegung hatte sich, abgesehen von ihrer zahlenmäßigen Schwäche und ideologischen Heterogenität, durch ihre Unterwerfung unter den Staatsapparat jeglichen politischen Eigengewichts begeben. Die nationale Bourgeoisie schließlich, soweit sie als eigenständige und von der traditionellen Oligarchie sowie dem nach wie vor übermächtigen Auslandskapital klar abgrenzbare Klasse überhaupt bestand, war ebenfalls schwach und kaum organisiert. In dieser Konstellation konnte sich – durchaus bonapartistisch – eine »den sozialen Klassen entbundene und gleichwohl bourgeoisen Interessen« verpflichtete Staatsführung, die neue Revolutionselite, etablieren, deren Überlebenschancen stark von ihrem Geschick abhingen, die gegensätzlichen gesellschaftlichen Kräfte in eben diesem fragilen Gleichgewicht auszubalancieren.[6]

Gegenüber dieser langfristigen Herausforderung an die neue Staatsführung stand in den 20er Jahren allerdings noch die unmittelbare Herrschaftssicherung jener Kerngruppe der Revolutionselite im Vordergrund, die sich vor allem um den 1920 siegreichen Caudillo Obregón scharte, und die, wie sich jeweils im Vorfeld der Präsidentennachfolge zeigte, durchaus nicht unangefochten war. Insbesondere von unzufriedenen Armeekommandanten, aber auch von starken regionalen Machthabern drohte der von den Sonorensern kontrollierten Zentralregierung in den 20er Jahren stete Gefahr. Vor allem die Armee war ein permanenter Krisenherd, war sie doch damals noch keineswegs eine einheitliche, zentral und straff geführte Institution, sondern eher ein Konglomerat aus einer Vielzahl von weitgehend unabhängigen Truppenkörpern unter dem Kommando der jeweiligen Befehlshaber und damit, nach den Worten von Portes Gil, »gewissermaßen deren Privateigentum«.[7] Aus der Rivalität dieser Armeeführer um die Macht und ihrer gleichsam konstitutiven Rebellionsanfälligkeit ergaben sich die größten Belastungen der politischen Stabilität in den 20er Jahren. Verstärkt wurde dieses Krisenpotential durch die im Gefolge der Revolutionskriege wiederauflebenden lokalen und regionalen Herrschaftsbereiche, die *cacicazgos*, die von der Zentralregierung nur schwer kontrolliert werden konnten oder die gar offen toleriert werden mußten. Denn die Revolutionsbewegung hatte eine Vielzahl größerer und kleinerer Führer hervorgebracht, die sich unter den Machtverhältnissen der 20er Jahre einer relativ hohen Autonomie erfreuten, und die erst mit dem allmählichen Machtzuwachs der nationalen Regierung – nicht unähnlich den Vorgängen unter der Herrschaft von Porfirio Díaz – sukzessive der zentralen Kontrolle unterworfen werden konnten.

Angesichts der Schwäche und der begrenzten Eigenständigkeit der Bauern- und Arbeiterorganisationen sowie der politischen Ohnmacht der alten Oberschicht nahmen die heftigen politischen

Auseinandersetzungen der 20er Jahre vornehmlich die Form von Konflikten innerhalb der neuen Revolutionselite an. Lediglich der Cristero-Aufstand kann als eine genuine Volksbewegung *gegen* das neue Regime gesehen werden, die zwar während längerer Zeit größere militärische und wirtschaftliche Ressourcen der Regierung binden, die Regierung in ihrer Existenz aber nicht gefährden konnte. Die Rivalität verschiedener Gruppen und Einzelpersonen der neuen Revolutionselite um die Macht auf nationaler, regionaler oder lokaler Ebene war deshalb das Grundcharakteristikum der politischen Situtation in den 20er Jahren. Das neu entstehende politische System war ganz von dieser Ausgangskonstellation geprägt. Einige zentrale Trägergruppen und Institutionen dieses politischen Systems sollen im folgenden etwas näher beleuchtet werden, wobei das Interesse vor allem der revolutionären Elite, der Armee (als dem in den 20er Jahren zentralen Machtfaktor) und schließlich der Entstehung und Entwicklung politischer Parteien gilt.

Die neue Revolutionselite

Die im einleitenden Abschnitt dieses Kapitels aufgeführten Faktoren – Ergebnis des besonderen Verlaufs der mexikanischen Revolution zwischen 1910 und 1920 – sollten der neuen Revolutionselite in der Gestaltung des spätrevolutionären politischen und gesellschaftlichen Systems Mexikos eine strategische Rolle zuweisen. Im Rahmen dieser Arbeit soll diese Revolutionselite unter zwei Hauptgesichtspunkten genauer untersucht werden. Einerseits hinsichtlich ihrer politischen Bedeutung im engeren Sinne, dann aber auch unter dem Aspekt ihrer wirtschaftlichen Betätigung, also unter der Fragestellung, in welchem Maße aus der Revolutionsführung auch eine neue Oberschicht, etwa eine revolutionäre Bourgeoisie, hervorging. Bevor in diesem Kapitel zunächst die *politische* Rolle der neuen Elite dargestellt wird, stellt sich allerdings die Frage nach ihrer Abgrenzung. Wer gehörte dieser neuen Revolutionselite an? Wie gelang der Aufstieg in diese neue Führungsgruppe? Bestanden soziale, regionale, kulturelle Gemeinsamkeiten, welche der neuen Elite eine gewisse Homogenität verliehen?
Den eigentlichen Führungskern der neuen Elite zwischen 1920 und 1935 bildeten die aus Sonora stammenden Caudillos Obre-

gón und Calles sowie ihre engsten Gefolgsleute. Der Aufstieg dieser neuen Führungsgruppe in der konstitutionalistischen Bewegung Sonoras wurde weiter oben ausführlicher dargestellt. Dabei wurde nicht nur auf die überwiegend kleinbürgerliche Herkunft und das vorherrschende Karrieremuster – die militärische Laufbahn – hingewiesen, sondern auch auf den besonderen Charakter des »sonorensischen Insurrektionsmodells« innerhalb der mexikanischen Revolution, das auch das spätere politische Verhalten der sonorensischen Revolutionsführer nachhaltig prägen sollte.[8]

Die Sonorenser nahmen in der Zeit zwischen 1920 und 1935 allerdings lediglich die Spitzenpositionen innerhalb der neuen, aus der Revolution hervorgegangenen politischen Elite ein, deren Zusammensetzung sich nur aus einer systematischen Untersuchung der neuen Führungsschicht erschließen läßt. In diesem Zusammenhang sind zwei Werke zu erwähnen, die beide auf die neue Revolutionsführung im Kontext einer Längsschnittanalyse der mexikanischen politischen Elite vom Porfiriat bis ins postrevolutionäre Regime der 60er und 70er Jahre eingehen.[9] Während die ältere Arbeit von Gustavo Abel Hernández Enríquez die politische Mobilität in Mexiko vor allem aus einer Untersuchung der wichtigsten politischen Positionen und ihrer Inhaber auf der Ebene der Einzelstaaten und der Zentralregierung ableitet, ist Peter Smiths neuere Studie »Labyrinths of Power – Political Recruitement in Twentieth-Century Mexico« ein breitangelegter Versuch, mittels quantitativer Methoden zu einer systematischen Erfassung der mexikanischen politischen Elite, ihrer Herkunft und Entstehung, ihrer Zusammensetzung und ihres Wandels zu gelangen. Smith unterscheidet dabei eine politische Elite im weiteren Sinne, die im wesentlichen vom Präsidenten über die Regierungsmitglieder und Gouverneure der Einzelstaaten bis hinab zu den Senatoren und Deputierten reicht, von einer eigentlichen politischen Spitzengruppe, welche die Präsidenten, Parteiführer, Bundesminister und Direktoren der wichtigsten Staatsbetriebe umfaßt.[10] Die Militärs werden bei Smith als Teil der politischen Elite nur so weit erfaßt, als sie gleichzeitig eines der genannten Ämter bekleideten, was zwar in den 20er Jahren, insbesondere unter der Regierung Obregón häufig vorkam, was aber – wie weiter unten zu zeigen ist – kein angemessenes Bild vom faktischen Gewicht der unzähligen großen und kleinen *War Lords* in den 20er Jahren zu vermitteln vermag.[11]

In seinem Werk unterscheidet Smith drei Hauptperioden: die späte Díaz-Zeit, die hier besonders interessierenden *revolutionary leaders* zwischen 1917 und 1940 sowie die postrevolutionäre Elite nach 1946. Es ist nicht erstaunlich, daß sich die politische Elite nach 1917 bzw. 1920 zu einem sehr hohen Grad aus Veteranen der Revolutionsbewegung rekrutierte. Unter den von Smith erhobenen Daten findet sich überhaupt kein Angehöriger dieser neuen Führungsgruppe, der schon vor 1911 ein wichtiges politisches Amt innegehabt hätte.[12] Daß auch der Zugang zur »zivilen« politischen Elite vorrangig über eine militärische Karriere in den Revolutionsarmeen verlief, ist angesichts der zentralen Bedeutung der Revolutionsarmeen als Trägerinstitutionen der Revolution ebenfalls nicht verwunderlich. Von 370 identifizierten Angehörigen der politischen Elite zwischen 1917 und 1940 hatten 55 ausschließlich zivile Funktionen in der Revolution erfüllt, 315 aber eine militärische Karriere hinter sich.[13]

Auch ein weiteres Ergebnis von Smiths systematischer Untersuchung bestätigt bisherige – mehr impressionistische – Einschätzungen der neuen Revolutionselite, etwa die Tatsache, daß die neue Führung fast ausschließlich aus dem siegreichen konstitutionalistischen Flügel der Revolution stammte, wobei nach 1920 der Anteil exponierter Carranzisten stark zurückgegangen sein dürfte. Die übrigen Revolutionsbewegungen waren in der neuen Elite dagegen nur schwach vertreten. »Unter den Elitemitgliedern, deren Aktivität in der Revolution einigermaßen bekannt ist, hatte nur eine Handvoll – weniger als zehn Prozent – je in den Bewegungen von Carranzas wichtigsten Gegnern, Pancho Villa und Emiliano Zapata, gedient. Kaum einer hatte zu den Anhängern der Brüder Flores Magón oder Pascual Orozcos gehört.«[14]

Alle diese Faktoren verliehen der neuen politischen Elite eine bemerkenswerte Homogenität. Dies gilt nicht nur für Merkmale wie etwa die Altersstruktur, d. h. – in markantem Gegensatz zur porfiristischen Führungsschicht – den hohen Anteil der weniger als 40-jährigen unter den Spitzenpolitikern in der Zeit von Carranza bis Cárdenas; es gilt vor allem auch für die regionale Herkunft der neuen Führungsschicht. Der Umstand, daß die Revolution gleichsam eine Eroberung Mexikos durch den Norden gewesen war, spiegelte sich in der regionalen Zusammensetzung der Elite, insbesondere in ihrem überproportionalen Anteil von *norteños,* wider. Diese nahmen in der Zeit zwischen 1917 und 1940 mehr als 44 % der politischen Spitzenpositionen ein,

während der Bevölkerungsanteil des Nordens bei weniger als 25 % lag. Besonders stark war der Nordwesten, also die Heimatregion von Obregón und Calles, vertreten; nach Abel Hernández stammten zwischen 1920 und 1935 allein 22,2 % der Mitglieder der Bundesregierung aus Sonora.[15] Dabei waren die nördlichen Revolutionsführer – anders als die hochgradig urbane porfiristische Elite – hauptsächlich auf dem Lande, vor allem in ländlichen Kleinstädten aufgewachsen.[16] Von besonderer Bedeutung für die Anatomie der neuen Elite ist natürlich ihre soziale Zusammensetzung. Was läßt sich über die soziale Herkunft und den vorrevolutionären beruflichen Werdegang ihrer Mitglieder aussagen?
Nach Smiths – in dieser Hinsicht allerdings nur bedingt repräsentativen – Untersuchungsergebnissen stammte der Großteil, nämlich 68,3 % der *revolutionary leaders* zwischen 1917 und 1940 aus der Mittelschicht, 14,9 % aus der Oberschicht und 16,8 % aus der Unterschicht.[17] Damit scheint das soziale Rekrutierungsmuster der politischen Elite durch die Revolution keineswegs nachhaltig verändert worden zu sein, stammten doch auch im Porfiriat mehr als die Hälfte (54,3 %) und in der postrevolutionären Elite mehr als zwei Drittel (70,3 %) der politischen Führungsgruppe aus der Mittelschicht.[18] Auch bezüglich des vom Porfiriat bis zum postrevolutionären Regime abnehmenden Anteils der aus der Oberschicht bzw. des wachsenden Prozentsatzes der aus der Unterschicht stammenden Angehörigen der politischen Elite (1900-1911: 34,3 % bzw. 11,4 %; 1917-1940: 14,9 % bzw. 16,8 %; 1946-1971: 5,7 % bzw. 24 %) markiert die Revolution keineswegs einen Bruch.[19] Vielmehr erscheint sie als Phase eines Kontinuums, dessen wesentliche Bestimmungsgründe, wie Smith vermutet, vor allem in der allgemeinen sozioökonomischen Entwicklung des Landes liegen.[20] Diese Kontinuität wird in den vorliegenden Daten auch durch die ausbildungsmäßigen und beruflichen Karrieremuster der politischen Elite unterstrichen. Danach war eine akademische Ausbildung in allen drei untersuchten Perioden eine zentrale Voraussetzung für den Zugang zur politischen Elite, wobei insbesondere ein durchgängig hoher Anteil von Juristen festzustellen ist; ein markanter Kontrast zur »offiziellen« Revolutionsversion, welche die »bescheidene Herkunft« der »Väter und Anführer der mexikanischen Revolution« hervorhebt.[21]
Wie in anderen Bereichen bestätigt sich somit auch auf dem Gebiet der politischen Eliterekrutierung jene jüngere Einschät-

zung der Revolution, die gegenüber dem von der älteren Revolutionsforschung betonten scharfen Traditionsbruch stärker die Kontinuitätslinien vom Porfiriat bis zur Gegenwart unterstreicht. Dennoch bleibt auch dieses Bild zu differenzieren, treten doch in der Längsschnittanalyse von Smith die tatsächlichen, revolutionsbedingten Brüche in der politischen Elite Mexikos wohl zu wenig deutlich hervor. Dies ist nicht nur auf die Ausklammerung der eigentlichen Bürgerkriegsjahre zwischen 1910 und 1917 sowie auf den bereits erwähnten Umstand zurückzuführen, daß in der spätrevolutionären Elite Exponenten der sozialradikaleren Zapata- und Villa-Bewegung nur noch schwach vertreten waren, sondern auch auf die nur unzureichende Erfassung der sozioökonomischen Ausgangsposition (soziale Herkunft, berufliche Stellung, Ausbildungsgrad, usw.) der neuen Führungsgruppe zwischen 1920 und 1940. Dabei erweist sich auch die von Smith angeführte Konstante der *middle-class-origins* der politischen Elite insofern als nicht unproblematisch, als dadurch wohl eine zu starke Kontinuität zwischen Porfiriat und Revolution unterstellt wird, umfaßt die Kategorie »Mittelklasse« doch ein überaus breites Spektrum sozioökonomischer Positionen. Durch die Revolution kam jedenfalls ein ganz bestimmtes Segment dieser »Mittelklasse« zum Zuge: nämlich die ökonomisch nicht saturierten und durch die porfiristischen Verhältnisse sozial und politisch frustrierten Angehörigen der *unteren* Mittelschicht. Zwar ist Smith zuzustimmen, daß Bauern und Arbeitern in der Führung der dominanten Revolutionsbewegungen (und damit auch der spätrevolutionären Elite) kein großes Gewicht zukam; dennoch erscheint die Charakterisierung der Revolution als *bourgeois movement* fragwürdig.[22] Auch wenn man, wie Smith, diese Charakterisierung lediglich von den Führungsgruppen der Revolution ableitet, wird man sie bis zu einem gewissen Grad zwar auf die maderistischen Honoratioren, nicht aber auf die mit dem Aufstieg der konstitutionalistischen Bewegung nach 1913 zunehmend militarisierte neue Revolutionselite anwenden können. Diese Feststellung wird zweifellos noch erhärtet, wenn man sich jenen zahlreichen Armeekommandanten zuwendet, die in Smiths politischer Elite nicht figurieren, die aber zumindest bis Ende der 20er Jahre eine zentrale Position in der mexikanischen Machtstruktur einnahmen. Die Rolle der Armee sei deshalb im folgenden Abschnitt etwas genauer dargestellt.

Das große Gewicht, das den Militärs – nach dem Zwischenspiel des Zivilisten Carranza – seit 1920 in der politischen Machtstruktur Mexikos wieder zukam, läßt sich bereits an der starken Vertretung hoher Offiziere in der politischen Elite ablesen. In der Regierung Obregón waren mehr als die Hälfte der höchsten Positionen von Militärs besetzt; unter den Regierungen von Calles und Portes Gil sank dieser Anteil zwar etwas, um aber während des Maximats erneut anzusteigen.[23] Auch innerhalb der weiteren politischen Elite zwischen 1917 und 1940 hat Smith einen Anteil von 35,9 % Militärs errechnet – ein Prozentsatz, der nicht nur weit über jenem der postrevolutionären Elite (12,2 %), sondern auch deutlich über jenem der porfiristischen Führungsschicht (25,1 %) liegt.[24] Diese Zahlen widerspiegeln allerdings noch keineswegs das ganze politische Gewicht der Militärs in den 20er Jahren, da darin die unzähligen aktiven Armeekommandanten nicht enthalten sind, die auf regionaler und lokaler Ebene oft eine de facto-Herrschaft ausübten und die auch wiederholt große Armeerebellionen gegen die Regierung auslösten.

Dennoch wäre es verfehlt, das neue Regime nach 1920 als »militaristisch« zu bezeichnen, wie dies z. B. Edwin Lieuwen im Titel seiner Monographie über die mexikanische Revolutionsarmee zum Ausdruck gebracht hat.[25] Der populare Ursprung der Revolutionsarmee, aus deren konstitutionalistischen Beständen am 1. Mai 1917 offiziell die neue Bundesarmee, das *Ejército Nacional*, hervorging, vor allem aber auch die Tatsache, daß es unter den Revolutionsgenerälen – militärischen *self-made men* ziviler Herkunft! – praktisch keine ehemaligen Karriereoffiziere mit ausgeprägtem Kastenbewußtsein gab, ließen einen »Militarismus« moderner Prägung nicht aufkommen.[26] Keinesfalls darf deshalb aus dem politischen Gewicht der Revolutionsgeneralität ein »militaristischer« Herrschaftsstil der sonorensischen Führung abgeleitet werden, der etwa, wie der wilhelminische Militarismus, bis in die militärischen Wertvorstellungen hinein Staat und Gesellschaft durchdrungen hätte.[27]

Obregón und Calles, aber auch die politisch führenden Generäle in ihrem Gefolge waren viel eher »uniformierte Zivilisten als Zenturionen oder Prätorianer«.[28] Ihre Anstrengungen waren deshalb auch darauf gerichtet, die Bestände der Armee abzubauen, das Militärbudget zu kürzen, die Ausbildung zu professionalisieren, vor allem aber die große Zahl ehrgeiziger Generäle zu zähmen und der politischen Kontrolle zu unterwerfen. Diesem für ihre eigene Herrschaftssicherung zentralen Vorhaben maßen die Sonorenser in ihrer politischen Stabilisierungsstrategie der 20er Jahre denn auch vorrangige Bedeutung zu.

Was war das für eine Armee, deren Zähmung sich als so schwierig erweisen sollte, wie ja vor allem die großen Armeerebellionen der Jahre 1923/24 und 1929 deutlich zeigten? Zur Beantwortung dieser Frage ist es notwendig, zunächst einige allgemeine Charakteristika ihrer Entstehung in Erinnerung zu rufen und insbesondere die für ihr Verhalten in den 20er Jahren bedeutsamen Faktoren etwas genauer zu betrachten.

Ungeachtet der Tatsache, daß nach 1920 auch einige zapatistische Veteranen ins *Ejército Nacional* integriert wurden, blieb der Einfluß der zapatistischen Armeetradition – also die kleinbäuerliche, lokal verwurzelte und sozialrevolutionäre Ausrichtung einer Partisanenarmee – auf die neue Bundesarmee äußerst gering. Dagegen gilt es bei der Suche nach ihren prägenden Einwirkungen, Entstehungsbedingungen und Entwicklungstendenzen der nördlichen Revolutionsarmeen genauer zu betrachten, aus denen ja im wesentlichen die neue Nationalarmee hervorging. Zwar wird man auch im Norden den *orígen popular*, den popularen Ursprung der bewaffneten Revolutionsverbände, als einen grundlegenden Unterschied zu einer traditionellen Armee betonen müssen. Dennoch läßt sich damit noch keineswegs der Charakter der späteren Bundesarmee bestimmen.[29] Dies nicht nur, weil z. B. der Kern der sonorensischen Revolutionsarmee keineswegs aus einem Volksaufstand hervorgegangen, sondern vielmehr durch die etablierten Staatsbehörden ausgehoben worden war; auch dort, wo spontane Entstehungsformen der Revolutionsarmee vorherrschten, wie etwa in der Villa-Armee von 1913 oder in den vielen lokalen und regionalen Verbänden bewaffneter Aufständischer, die sich später den großen Heeresformationen angliederten, wurde nämlich der *orígen popular* bald durch Professionalisierungstendenzen überlagert, welche die Armeen immer mehr zu ideologisch indifferenten Militärmaschinerien werden ließen.[30]

Am Beispiel der villistischen Armee wurde weiter oben auf die ausgeprägte programmatische Orientierungslosigkeit vieler Soldaten hingewiesen, die den häufigen Wechsel ganzer Truppenteile von einer revolutionären Faktion in die andere während der

Revolutionskriege miterklären.[31] Die soldatische Existenz wurde immer mehr zu einem Beruf mit einer spezifischen beruflichen »Mobilität«, wobei der Wechsel von einem Lager ins andere nicht selten mit Aufstiegschancen verbunden war. Dies galt, wie der konstitutionalistische Veteran Vicente Estrada berichtet, selbst für viele Soldaten der alten, huertistischen Bundesarmee, »weil sie keine andere Tätigkeit kannten als Soldat zu sein«. Bei einem Fahnenwechsel hätten ideologische Zielsetzungen keine Rolle gespielt. »Wenn eine Faktion aufhörte zu existieren, suchten sie sich unverzüglich einer anderen anzuschließen, und sie wurden gut aufgenommen«. Insbesondere für die Offiziere bedeutete der Wechsel des Lagers oft eine Beförderung: »Welchen Grad hast Du bis jetzt bekleidet? – Ich war Hauptmann. – Gut, wenn Du zu uns kommst, bist Du Major!«[32] Über einen – sicherlich krassen – Fall ständigen Fahnenwechsels berichtete am 15. März 1916 ein Beamter des amerikanischen *Customs Service* in El Paso. Der beim villistischen Angriff auf die amerikanische Grenzstadt Columbus gefallene Oberst Cecilio Luna hatte nach den bei ihm aufgefundenen Papieren »mit oder gegen Madero, Orozco, Obregón, Hill, Maytorena und Villa gekämpft, so wie sich gerade die Gelegenheit dazu ergab«.[33]

Diese Disponibilität der Revolutionstruppen wurde verstärkt durch die hochgradig personalistischen Beziehungen zwischen den Soldaten und ihren militärischen Führern. Wenn ein General die Seiten wechselte, folgten ihm »seine« Leute meist bedingungslos, waren sie doch in der Regel auch von ihm rekrutiert worden. Dieses klientelistische Muster prägte, wie der Revolutionsgeneral Urquizo am Beispiel der maderistischen Armee beschrieb, in besonderem Maße die frührevolutionären Armeen: »Die einzelnen Verbände bildeten auch keine Einheiten mit militärischer Bezeichnung, sondern erhielten den Namen ihrer Anführer; z. B. nannte man die Truppe unter dem Kommando des Obersten Sixto Ugalde die »Leute von Don Sixto«, jene von Oreste Pereyra »die Leute von Don Oreste«.[34] Für den militärischen Grad, mit dem ein solcher Anführer seine Karriere in der Armee begann, war meist die Zahl der von ihm eingebrachten Leute maßgebend. So hatte sich z. B. der »General« José Morales Ibarra 1914 den Truppen von Diéguez angeschlossen; es war ihm aber lediglich der Grad eines Oberstleutnants zuerkannt worden, da seine Gefolgschaft weniger als 100 Mann umfaßte.[35]

Mit dem Anwachsen der nördlichen Revolutionstruppen zu

eigentlichen Divisionen wurde zwar auch die militärische Hierarchie formalisiert, aber die personalen Loyalitätsbeziehungen blieben in der Armee doch weit stärker als etwa die Disziplin gegenüber den zentralen Befehlsgewalten oder gar gegenüber der Staatsführung.

Als Kriegsminister unter Carranza vermochte Obregón 1916 zwar die großen konstitutionalistischen Truppenverbände in eine neue, nationale Heeresorganisation unter der formellen Kontrolle des Kriegsministeriums zu überführen, aber es gelang ihm weder die personalen und lokalen Loyalitätsbeziehungen innerhalb der Armee zu überwinden, noch das gewaltig aufgeblähte Offizierskorps nennenswert abzubauen.[36] Unter der Regierung Carranza erfreuten sich die Militärs vielmehr eines ausgeprägten Freiraums auf lokaler und regionaler Ebene; »die Militärbezirke waren regelrechte Feudalherrschaften, in welchen die Generäle nach Belieben über Menschenleben und Haciendas verfügten«.[37] Für den Präsidentschaftskandidaten Obregón sollte sich allerdings gerade diese Struktur der Armee im Kampf gegen Carranza 1920 als vorteilhaft erweisen, verfügte Carranza als Präsident doch nur über einen schwachen Rückhalt unter den Generälen, deren »Generalstreik« im Rahmen der Bewegung von Agua Prieta sein Schicksal besiegelte.

Auch Obregón konnte sich als Präsident allerdings nur sehr bedingt auf die Loyalität der Armee verlassen. Immerhin verstand er es als wohl prominentester Revolutionsgeneral weit besser als der Zivilist Carranza, durch eine Mischung von gewichtigen Konzessionen an die Armeeführer und dosierten administrativen Reformen eine gewisse Kontrolle über die Armee zu erlangen.

Zunächst führte der Triumph der anticarranzistischen Bewegung von Agua Prieta im Mai 1920 allerdings zu einem starken Anschwellen der Armeebestände und insbesondere des Offizierskorps, schloß sich damals doch ein Großteil der noch operierenden anticarranzistischen Verbände Obregóns Armee an. »Obregón«, so der Veteran und spätere Kommandant der *guardia presidencial,* Vicente Estrada, »nahm alle auf, die kamen: Felixisten, Klerikale . . ., Villisten, die sich noch nicht ergeben hatten, Zapatisten; alle traten in die Armee ein, und so wußte man nicht mehr, wer ein Revolutionär war und wer ein Feind der Revolution.«[38] Einen anschaulichen Eindruck von den Modalitäten der Integration solcher Truppenteile in die von Obregón geführte

Armee vermittelt der Bericht des Brigadegenerals Epigmenio Jiménez, der sich mit seinen Truppen am 10. Mai 1920 Obregón unterstellt und im Juli 1920 mit dem Kriegsministerium folgende Abmachungen getroffen hatte: »Erstens, daß dem Unterzeichneten und seinen Untergebenen die militärischen Grade anerkannt würden, die sie zu jenem Zeitpunkt bekleideten. Zweitens, daß dem Unterzeichneten eine Hacienda oder ein Rancho an einem ihm genehmen Ort übergeben würde, sowie die nötige landwirtschaftliche Ausrüstung. Drittens, daß dem Unterzeichneten 20000 Pesos in Gold überreicht und daß die erwähnten Truppen unter seinem Kommando verbleiben würden ...«[39]
Die Inflation in den hohen Armeerängen im Gefolge der Bewegung von Agua Prieta sollte sich längerfristig als gravierendes Problem erweisen. Im Zusammenhang mit der Armeerebellion gegen Carranza waren zwar von den damals aktiven sieben Divisionsgenerälen, dem höchsten Rang in der mexikanischen Armee, vier aus der Armee ausgeschlossen worden; Obregón hatte aber gleichzeitig neun Armeeführer zu Divisionsgenerälen befördert. Während im letzten Jahr der Regierung Carranza (1919) das Offizierskorps 277 Generäle, 2617 *jefes* (Obersten und Majore) und 12493 *oficiales* (Hauptleute und Leutnants) umfaßt hatte, war es nach dem Sturz Carranzas 1920 auf 500 Generäle, 3397 *jefes* und 14818 *oficiales* angestiegen. Diesem Korps von insgesamt 18697 Offizieren stand ein Mannschaftsbestand von 98623 Soldaten und Unteroffizieren gegenüber.[40]
Um diese politisch wenig zuverlässige Armee besser unter Kontrolle zu bringen, versuchte Obregón als Präsident einerseits die überhöhten Armeebestände abzubauen, andererseits die wichtigsten Armeeführer durch vielfältige Konzessionen politisch zu neutralisieren. Dem ersten Ziel galt die Einführung einer »Reserve«, welche den Offizieren das Ausscheiden aus dem aktiven Dienst zu attraktiven Bedingungen erleichtern sollte. Für die ausgemusterten Soldaten und Offiziere wurde überdies die Gründung von Agrarkolonien vorgesehen, deren Erfolg allerdings bescheiden blieb. Überhaupt erwies sich der Abbau der Armee als schwieriges Unterfangen.[41] Wohl wurden die Bestände in den unteren Rängen reduziert und gegen Insubordination zuweilen hart durchgegriffen, wie die Exekution jener rebellierenden Offiziere zeigt, die nach ihrer Versetzung in die »Reserve« einen lokalen Truppenaufstand angezettelt hatten.[42] Mit den einflußreichen Armeeführern legte sich Obregón allerdings nicht

an. Vielmehr wurde deren Wohlverhalten durch materielle Konzessionen oder Tolerierung ihrer lokalen de facto-Herrschaft erkauft. So betonte z. B. der amerikanische Militârattaché in einem Bericht vom Mai 1922 »die Tendenz der Armeekommandanten, in der Regel die bestehende Regierung zu unterstützen, als Folge der praktisch uneingeschränkten Macht, die sie in den meisten Ortschaften innehaben, mit allen dazugehörigen Möglichkeiten, sich durch Korruption und andere unrechtmäßige Methoden zu bereichern.«[43] Das prekäre Gleichgewicht zwischen nationaler Regierung und Armee hielt jedoch innenpolitischen Belastungsproben, wie sie sich stets im Zusammenhang mit der Präsidentschaftsnachfolge ergaben, nicht stand. Im Gegenteil: durch die massive Einmischung der Armeeführer in die Auswahl möglicher Präsidentschaftskandidaten weitete sich das Nachfolgeproblem jeweils erst zu einer ernsten innenpolitischen Krise aus. Wie bereits erwähnt, kam es in den 20er Jahren im Zusammenhang mit der Präsidentennachfolge zu drei großen Armeerebellionen in den Jahren 1923/24, 1927 und 1929. Zwar war dafür einerseits die Tatsache verantwortlich, daß es noch keine allgemein anerkannte institutionelle Regelung zur Kürung des »offiziellen« Präsidentschaftskandidaten gab, so daß jede Lösung als *imposición* des scheidenden Staatschef erscheinen mußte; andererseits aber waren es gerade die führenden Generäle, die durch ihr Verhalten das Nachfolgeproblem zur Staatskrise verschärften. Sei es, daß die wichtigsten Armeekommandanten sich selber für das höchste Staatsamt prädestiniert glaubten, sei es, daß sie sich von einem gewaltsamen Regierungswechsel Vorteile versprachen, sei es schließlich, daß klientelistische Loyalitäten ihr Verhalten bestimmten oder daß sie sich angesichts der Spaltung der Armee einfach für das eine oder andere Lager entscheiden mußten; für die Militärs der 20er Jahre war abstrakte Staatsloyalität in den seltensten Fällen Richtschnur ihres Handelns. In dieser gleichsam konstitutiven Rebellionsanfälligkeit der Armeeführer der 20er Jahre wirkte zweifellos die Tradition der Revolutionskriege nach, wo zentrale politische Angelegenheiten und vor allem auch die Machtfrage stets militärisch entschieden worden waren, wie zuletzt noch der Erfolg der von Obregón angeführten Bewegung von Agua Prieta gezeigt hatte.

Grundsätzliche politische oder ideologische Divergenzen mit der Regierung lagen diesen Militärerhebungen jedenfalls nicht zugrunde. Während bei den führenden Exponenten der Armeerebellionen politische Ambitionen im Vordergrund standen, schlossen sich die untergeordneten Kommandanten aus den verschiedensten, oft zufälligen Beweggründen einer Rebellion an. So hatte sich z. B. in der de la Huerta-Rebellion der General Jesus Solís »wegen schlechter Behandlung durch die Zentralregierung« dem Kommando des aufständischen Generals Abundio Gómez unterstellt.[44] Zur selben Zeit hatte sich der ehemals zapatistische General Tiburcio Cuellar zunächst in den Dienst der Regierungspropaganda gestellt und in der Sierra von Puebla callistische Clubs ins Leben gerufen, sich dann aber von seinen Vorgesetzten zum Aufstand gegen die Regierung Obregón überreden lassen: eine Entscheidung, die für ihn übrigens keine gravierenden Folgen zeitigte, wurde er doch bereits 1926 wieder in die Armee aufgenommen.[45] Aufschlußreich ist auch das Verhalten des Generals Agustín de la Vega in der Escobar-Rebellion von 1929. In einem Brief des Gouverneurs von Chihuahua an Präsident Rodríguez vom Oktober 1932 suchte der Gouverneur die Beteiligung de la Vegas an der Escobar-Rebellion zu entschuldigen: »Als der Ex-General de la Vega den Befehl erhielt, sich mit seinem Regiment nach Chihuahua zu begeben, hatte er den festen Vorsatz, Escobar zu bekämpfen. Er verhehlte diese Absicht auch nicht gegenüber einigen seiner Untergebenen. Als er jedoch in Chihuahua anlangte, bewegten ihn Imperative der Dankbarkeit und moralische Überlegungen anderer Art, sich gegen seinen Willen dem Ex-General Caraveo in seinem Abenteuer anzuschließen.«[46] Wie während der Revolutionskriege folgten – zumindest in den frühen 20er-Jahren – die Soldaten ihren Offizieren meist bedingungslos in den Bürgerkrieg, sei es auf Seiten der Regierung, sei es auf Seiten der Aufständischen. Nach einem Bericht des amerikanischen Konsuls in Piedras Negras vom 10. Oktober 1927 waren in der ersten Hälfte der 20er-Jahre die Beziehungen zwischen den Soldaten und ihren Kommandanten noch »fast jene feudaler Gefolgsleute«.[47] Und auch der General Tiburcio Cuellar berichtet, seine Leute seien ihm *de cariño,* aus Zuneigung, überallhin gefolgt.[48]

Angesichts dieser Struktur der Armee war es für die Regierung eine vorrangige Aufgabe, die Streitkräfte unter Kontrolle zu bringen. Was das Offizierskorps betrifft, so wurden z. B. zahlreiche Generäle, die sich der de la Huerta-Rebellion angeschlossen hatten, nach der Niederlage der Aufständischen aus der Armee eliminiert, darunter nicht wenige führende Generäle der Revolutionskriege. Andererseits aber mußte Obregón zur Belohnung der loyal gebliebenen Militärs einen ganzen Schub von Beförderungen vornehmen, wobei mehrere der 1924 ausgezeichneten Generäle sich 1927 und 1929 an die Spitze neuer Armeerebellionen setzen sollten. Es waren allerdings gerade diese gescheiterten Militärerhebungen, die schließlich die Domestizierung der Armee erleichterten. Denn die Tatsache, daß diese Rebellionen sowohl aus militärischem Ungenügen der Aufständischen als auch wegen der geschickten innen- und außenpolitischen Absicherung der Regierung scheiterten, ließ nicht nur das Risiko bei künftigen Militärerhebungen ansteigen, sondern führte auch zu einer eigentlichen Dezimierung des besonders rebellionsanfälligen Teils der Generalität.

Hinzu kam, daß vor allem unter dem Kriegsminister von Calles, General Amaro, energische Anstrengungen zur Professionalisierung und Entpolitisierung der Armee unternommen wurden. Die bei Rebellionen abgefallenen Truppenteile wurden zwar unter neuen Befehlshabern meist wieder rasch in die Armee integriert.[49] Aber den Beziehungen zwischen der Truppe und ihren Kommandanten wurde zunehmend der klientelistische Charakter genommen, indem etwa die Kommandanten der großen Militärbezirke, aber auch solche kleinerer Verbände, häufig versetzt wurden, ohne daß die ihnen unterstellten Truppen diesen Wechsel mitmachten. »Bis vor etwa zwei Jahren«, meldete der amerikanische Konsul von Salina Cruz im Oktober 1927 an das State Department, »war es Brauch, daß bei der Versetzung eines Generals die Truppe mit ihm zog. Jetzt aber bleibt die Truppe am Ort, nur der Kommandant wechselt. Das 23. Bataillon ist seit fast zwei Jahren in diesem Distrikt stationiert, und in diesem Zeitraum sind nicht weniger als fünf Wechsel unter den Generälen erfolgt, und noch mehr in den unteren Rängen. (. . .) Dieses System dürfte wohl zu einer Schwächung der Lehenstreue gegenüber einem bestimmten Kommandanten und zu einer Verstärkung der Loyalität gegenüber der Einheit oder der Armee als ganzer führen.« Im weiteren berichtete der Konsul von einem aufschlußreichen Gespräch mit einem Soldaten der lokalen Garnison, der sich ihm gegenüber folgendermaßen geäußert habe: »Warum sollten wir einfachen Soldaten uns einer Aufstandsbewegung anschließen? Wir bekommen regelmäßig unseren Sold und es geht uns recht gut. Wenn wir als Rebellen in die Berge gehen, sind wir allen Arten

von Gefahren und Entbehrungen ausgesetzt. Ich war ein Rebell und weiß, daß wir oft keine Nahrung hatten. Wir mußten im Freien bei jedem Wetter und ohne warme Kleidung nächtigen. Und schließlich erhielten die Generäle alles und wir gar nichts.«[50]
Auch der Konsul von Piedras Negras berichtete im April 1929, daß sich die lokalen Truppen geweigert hätten, »ihrem kommandierenden General – General Escobar – zu folgen und daß sie der Regierung gegenüber loyal blieben.«[51]
Mit dem Scheitern der Escobar-Rebellion im Frühjahr 1929 hatte die Armee ihre Rolle als entscheidender Machtfaktor in der mexikanischen Politik ausgespielt; jedenfalls konnte sie sich keine Schiedsrichterrolle in der Frage der Präsidentennachfolge mehr anmaßen. Die Erfahrungen von drei gescheiterten Armeeaufständen in den Zwanzigerjahren, die dabei erfolgte Ausschaltung der besonders unzuverlässigen Militärs und die Tatsache, daß die politisch führenden Generäle wie Calles, Cárdenas, Amaro, Almazán und Cedillo fest in den nationalen Regierungsapparat und die neugegründete nationale Revolutionspartei integriert waren, führte zu einem deutlichen politischen Gewichtsverlust der Armee in den 30er Jahren. Zwar nicht in dem Sinne, daß den Militärs als Spitzenpolitikern weniger Bedeutung zugekommen wäre; im Gegenteil erhöhte sich der Anteil der Militärs in den obersten Staatsämtern noch einmal leicht. Aber die Armee war jetzt doch nicht mehr das gefügige Werkzeug einzelner Kriegsherren in der Verfolgung ihrer eigenen politischen Interessen, so daß sie zumindest als nationales Machtinstrument zunehmend in den Hintergrund trat.
Auf lokaler und regionaler Ebene spielte die Armee allerdings nach wie vor eine bedeutende Rolle. Eine Beschränkung des Blickwinkels auf die spektakulären Armee-Erhebungen und Rebellionen politisch ambitiöser Generäle vermag nämlich keineswegs ein realistisches Bild der politischen, vor allem auch der gesellschaftlichen Rolle der Armee in den 20er und 30er Jahren zu vermitteln. Für den überwiegenden Teil der mexikanischen Bevölkerung hatten ja die erfolgreichen oder gescheiterten Militärrebellionen der 20er Jahre kaum irgendwelche Auswirkungen auf ihr tägliches Leben, ganz im Gegensatz zum Verhalten der Armee auf lokaler Ebene. Hier mußte sich erweisen, wie weit die Armee, die Obregón noch 1923 als den »vielleicht kräftigsten Zweig der Revolution« bezeichnet hatte, tatsächlich dieser Einschätzung entsprach.[52] Versuchte die Armee den revolutionären

Legaten wirklich zum Durchbruch zu verhelfen oder wurde sie im Gegenteil zu einer sozialkonservativen Kraft, die in dieser Beziehung die traditionelle Rolle der porfiristischen Armee übernahm?

Betrachtet man z. B. die häufigen Interventionen von Armeetruppen in die Auseinandersetzungen um die Agrarreform in den 20er und frühen 30er Jahren, so ergibt sich ein recht klares, wenn auch zunächst paradox anmutendes Bild. Die Armee, die das porfiristische Herrschaftssystem zerschlagen und die alte Oligarchie politisch in die Defensive gedrängt hatte, erwies sich nämlich sehr oft als wichtigster Alliierter der alten Grundbesitzerklasse in der Bewahrung ihres Eigentums, also in der Aufrechterhaltung jener latifundistischen Agrarstruktur, die nach der offiziellen Revolutionsprogrammatik eine tiefgreifende Umgestaltung erfahren sollte. »Die Armee ist der größte Feind des Campesino«, berichtete der Ingenieur Jorge Vizcaíno im September 1925 an den Delegierten der »Nationalen Agrarkommission« in Veracruz. »Die Armee ist nur dem Namen nach national und insofern, als sie ungerechtfertigterweise mit den Mitteln der ganzen Nation ausgehalten wird. Ich sage das deshalb, weil ich sie, ohne jede Ausnahme, auf Seiten der Reichen gesehen habe, deren Leib und Gut sie beschützt ..., während andererseits die armen Bauern, die die große Mehrheit der Bevölkerung ausmachen, erbarmungslos verfolgt werden. Deshalb ist die Armee tatsächlich, auch wenn das Gesetz das Gegenteil sagt, keine nationale Einrichtung, sondern jene einer sozialen Klasse, nämlich der Reichen ...«.[53] Ähnlich hatte 1923 ein von Obregón mit der Untersuchung eines blutigen Konflikts zwischen Agraristen und Armeetruppen beauftragter General das Verhalten der Armee beschrieben: »Die Streitkräfte haben sich zahlreicher Übergriffe schuldig gemacht und werden deshalb von der Mehrheit der unteren Bevölkerungsschichten abgelehnt. In allen Fällen haben sie die Zusammenarbeit mit den Gemeindebehörden verweigert und ihren bewaffneten Einfluß zugunsten der Grundbesitzer eingesetzt. Es herrscht hier eine sehr gedrückte Stimmung, weil es überhaupt keine Gerechtigkeit gibt. Diese sucht man vergebens unter den armen Bauern, die – weit entfernt von den Siedlungszentren – in armseligen Hütten hausen und von den Grundbesitzern und Militärs wie wilde Tiere behandelt werden.«[54]

Die überwiegend bauernfeindliche Rolle der Armee wird im

Kapitel über die Agrarreform eingehender dargestellt.[55] Einige allgemeine Charakteristika der Armee, die dieses reformfeindliche Verhalten miterklären, seien aber schon hier erörtert.
Wie erwähnt, hatten sich – insbesondere im Norden – aus den frührevolutionären Truppen schon bald eigentliche Armeen herausgebildet, in denen ihr popularer Ursprung kaum mehr nachwirkte. Das Militär »verlor seine lokale und regionale Verwurzelung und hatte nur noch wenig Beziehung zu den Landsleuten und sozialen Gruppen, aus denen es einmal hervorgegangen war. Es lebte von der Armee und hatte darin ein neues Netz von Sozialbeziehungen aufgebaut.«[56] Ideologische Motive spielten – wenn überhaupt – für eine Soldatenlaufbahn eine untergeordnete Rolle, wie etwa die Karriere des einfachen Soldaten Adalberto López Jara zeigt, der – nach eigenem Zeugnis – aus »Not und Hunger« in die Armee eingetreten war.[57] Aus den untersten Schichten der Hauptstadt stammend, ohne Schulbildung und mit zehn Jahren Halbwaise, hatte er sich 1914 als 14-jähriger mit anderen Jugendlichen den Villisten angeschlossen, weil man ihnen 25 Centavos Tagessold angeboten hatte. Plötzlich fand er sich in der Nordost-Division unter Pablo González wieder, wo die Soldaten erstmals mit Uniformen ausgerüstet wurden. 1920 befand er sich – noch immer einfacher Soldat, aber nun mit einem Tagessold von 1 Peso 40 Centavos – auf Seiten der carranzistischen Verbände, geriet deshalb in Gefangenschaft, trat dann aber in die Truppen von General Guadalupe Sánchez ein. Diesem folgte er zunächst »gezwungenermaßen« in die de la Huerta-Rebellion, um dann allerdings angesichts der Niederlage der Aufständischen zu desertieren. 1925 schloß er sich erneut der Armee an, wurde 1926 gegen die Cristeros eingesetzt und 1936 schließlich zum Sergeanten 2. Klasse befördert.[58]
Die Verwandlung der Revolutionsarmee in ein Militär *pur et simple* beschreibt eindrücklich auch der konstitutionalistische Veteran Vicente Estrada, unter Obregón Kommandant der *guardia presidencial:* » . . . sehr rasch verwandelte sich der größte Teil der Offiziere von bewaffneten Bürgern, wie wir uns stolz nannten, in reine Soldaten. Schon gefiel ihnen die Uniform, die Befehlsgewalt, alle diese Dinge, und Stück für Stück ging die Mystik des bewaffneten Bürgers verloren. Immer mehr wurden sie zu Soldaten, die sich nun definitiv der militärischen Karriere zuwandten.«[59]
Diese Karriere ließ die höheren Offiziere rasch zu Mitgliedern

einer privilegierten Kaste werden, wie etwa der nordamerikanische Konsul in Durango im Juni 1924 beobachtete. Die Straßen von Durango seien voll von Generälen und anderen Offizieren, »viele von ihnen verfügen über sehr kostspielige private Automobile . . . Das Volk schaut im allgemeinen mit großem Argwohn auf die Militärs, welche die einzigen Leute im Land zu sein scheinen, die prosperieren.«[60] Welche lukrativen Möglichkeiten der Dienst in der Armee, etwa an der Spitze eines Militärbezirks, in sich schloß, hat der spätere Divisionsgeneral Pedro J. Almada mit durchaus ungewöhnlicher Offenheit anschaulich beschrieben. Almadas Ausführungen, Bericht über eine erfolgreiche militärische Karriere, verdienen deshalb eine nähere Betrachtung.[61]

Almada wurde 1883 in Alamos im Staate Sonora geboren, als Sohn eines kleinen Ranchero, der ihm und seinen vier Brüdern »einige Kühe und ein Stück Land« hinterließ. Die Primarschulausbildung konnte er nur mit Unterbrechungen absolvieren. Als 18-jähriger verließ er sein Dorf, trat in die porfiristische Armee ein, um kurz darauf zu desertieren und sich einer Goldgräberexpedition anzuschließen. Dennoch ließ ihn das Militär nicht los, »denn ich hatte immer davon geträumt, Soldat zu werden, einerseits wegen des dieser Karriere eigenen Glanzes, andererseits wegen des leicht verdienten Soldes.«[62] Im ausgehenden Porfiriat hatte Almada jedoch, wie er schreibt, zunächst im Zivilleben Erfolg, wurde er doch in Huatabampo, der Gemeinde Obregóns, Inhaber dreier Bäckereien, Polizeichef und Alleinvertreter für »Singer«-Nähmaschinen. In dieser Eigenschaft als lokaler Geschäftsmann stellte er sich 1913 Obregón zur Verfügung und wurde mit dem Grad eines Hauptmanns 2. Klasse dem 4. Irregulären Bataillon von Sonora zugeteilt.[63] In rascher Folge machte der damals 30-jährige Almada Karriere. Im April 1914 wurde er Hauptmann 1. Klasse, im November 1914 Major, im Mai 1915 Oberstleutnant, im Januar 1916 Oberst, im Juni 1917 *General Brigadier* und im März 1921 *General de Brigada*.[64] Als Sonorenser und enger Gefolgsmann von Obregón und Calles wurden ihm in den 20er und 30er Jahren wichtige militärische Funktionen übertragen, so etwa das Kommando verschiedener Militärbezirke. Hier lagen für die Militärs, wie Almada am Beispiel seiner Vorgänger (!) im Kommando des Militärbezirks von Puebla beschreibt, äußerst vielfältige und vielversprechende Tätigkeitsbereiche. »Meine Vorgänger hatten großes Glück zur Zeit, als dort ein Herr Laudio Arrojado Gouverneur war, dem sie das Leben schwer machten. Sie überwachten sehr genau die Staatskasse, um in Erfahrung zu bringen, wann größere Beträge eingingen ... Nachdem sie die entsprechenden Informationen hatten, beauftragten sie ihre Mitarbeiter, einmal die Arbeiter, ein anderes Mal die Bauern aufzuwiegeln. Der Zweck war, einen Konflikt herbeizuführen, damit der Kommandant des Militärbezirks dem Gouverneur erklären konnte: ›Wenn diese Situation bis morgen zwölf Uhr nicht geregelt ist, können Sie Ihren Koffer packen, wenn Sie nicht wollen, daß man Ihnen das Fell überzieht!‹ Darauf erhob sich der Gouverneur von seinem Sessel, zu Tode erschrocken, und fragte: ›Was ist zu tun, Herr General?‹ Antwort des Generals: ›Sie übergeben mir 20000 Pesos und ich werde dafür sorgen, daß die Angelegenheit noch diese Nacht geregelt wird.‹ Und tatsächlich brach der nächste Tag in vollkommener Ruhe an.«[65] Wie Almada weiter berichtet, blieben solche Praktiken nicht auf den Gouverneur beschränkt. Auch die Industriellen seien zu großzügigen finanziellen Zuwendungen bereit gewesen, um etwa einen drohenden Streik abzuwenden, und ebenso hätten auch die Hacendados den Schutz des Kommandanten gesucht, »der mit den Töchtern der Grundbesitzer auszureiten pflegte.«[66]

Es ist klar, daß solche Praktiken zwar den aufwendigen Lebensstil vieler Offiziere zu finanzieren vermochten, daß sie aber unvereinbar waren mit einer – wie auch immer gearteten – sozialreformerischen Ausrichtung der Armee. Von den Soldaten, die sich der Routine des täglichen Militärlebens überließen, wenn sie nicht, was bei zwangsweise Ausgehobenen häufig vorkam, nur auf eine günstige Gelegenheit zur Desertion lauerten, waren gesellschaftsverändernde Impulse ohnehin kaum zu erwarten. Für die Offiziere wiederum bot die Armee eine günstige Gelegenheit zur raschen Bereicherung oder zum dauerhafteren wirtschaftlich-sozialen Aufstieg. Diesem Phänomen der Herausbildung einer neuen Großgrundbesitzerschicht und einer neuen Bourgeoisie aus den Reihen der Revolutionsführer (und damit der Militärs) müssen wir uns weiter unten noch eingehender zuwenden, weil darin ein wichtiger Schlüssel zum Verständnis des spezifischen Revolutionsverlaufs in der Zeit vor Cárdenas zu sehen ist. Jedenfalls ist festzuhalten, daß von der Armee keine Impulse zur politischen, wirtschaftlichen und gesellschaftlichen Erneuerung des Landes ausgingen, wie sie in der Revolutionsverfassung von 1917 festgehalten war.

In mancher Beziehung nahm die neue Armee Züge an, die sie von der alten – porfiristischen – nicht allzu sehr unterschieden. Daran änderten auch die energischen Reform- und Modernisierungsbemühungen von Calles' Kriegsminister, General Joaquín Amaro, wenig.[67] Zwar wurde unter seiner Ägide der Truppenabbau fortgesetzt: ein Problem, das vor allem hinsichtlich des weit überdotierten Offizierskorps unverändert akut war, zählte die Armee 1927 doch bei einem Bestand von 72000 Mann nicht weniger als 14000 Offiziere, was dazu führen konnte, daß ein Brigadegeneral lediglich ein Bataillon kommandierte.[68] Eine grundlegende Veränderung gelang jedoch auch Amaro nicht. Auch unter der Regierung Calles wurden weiterhin zwischen 20% und 40% der Staatsausgaben für den Unterhalt der Armee gebraucht, und dem Versuch, über die wieder eröffnete Militärakademie einen neuen Typus des professionellen Offiziers heranzubilden, blieb eine weitreichende Wirkung ebenfalls versagt. Eine durchgängige Modernisierung der Armee und ihre primäre Ausrichtung auf die Verteidigung des Landes gegen Angriffe von außen fand jedenfalls nicht statt.[69] Vielmehr stand noch in den 30er Jahren die innere Ordnungsfunktion der Armee ganz im Vordergrund. Die Armee müsse, wie Amaro 1930 erklärte, »die Überwachung der Straßen, Haciendas und Dörfer sicherstellen ... Immer wieder, wenn Konflikte in den Fabriken ausbrechen oder wenn Ruhe und Ordnung bedroht sind, müssen wir ausrücken und sie wieder herstellen«.[70] Daß diese Aufgabe »einer Landpolizei« und die starke räumliche Zersplitterung der Truppen die Ausbildung der Armee für den Verteidigungsfall kaum zuließen, betonte 1934 auch der damalige Kriegsminister General Pablo Quiroga, »ist es doch schon schwierig, allein die administrative und disziplinarische Kontrolle über das Militärpersonal aufrechtzuerhalten, da sich dieses über Gebiete von Hunderten von Quadratkilometern verteilt und kleine Gruppen von Soldaten zwei, drei, ja fünf und sechs Tagemärsche vom Hauptquartier ihrer Einheit stationiert sind.«[71]

Wenn sich die Armee somit auch in mancher Beziehung der alten porfiristischen Armee angeglichen hatte, so ist doch ein grundlegender Unterschied festzuhalten. Ungeachtet ihrer überwiegend sozialkonservativen und häufig bauernfeindlichen Rolle in den 20er und frühen 30er Jahren war die neue Armee – aus ihrer ganzen Entstehungsgeschichte heraus – doch nicht einfach ein Werkzeug der alten Oligarchie, das der Regierung eine Art

eigenständiger Vetomacht hätte entgegensetzen können. Dies sollte sich im Falle der cardenistischen Agrarreform deutlich erweisen. »So fraglich auch der »revolutionäre« Charakter der neuen, aus der Revolution hervorgegangenen Armee ist«, hat Friedrich Katz zu Recht betont, »so sicher kann man doch sagen, daß die alte Bundesarmee, wäre sie nicht vernichtet worden, sich genauso gegen Cárdenas wie gegen den an Reformen weit weniger interessierten Madero gewandt hätte.«[72]
Zudem war die Armee, wie erwähnt, durch die gescheiterten Armeerebellionen der 20er Jahre zunehmend domestiziert worden. Das politische Schwergewicht begann sich deshalb auf andere Institutionen zu verlagern, unter denen vor allem der Nationalen Revolutionspartei wachsendes Gewicht zukam. Der Entwicklung der politischen Parteien müssen wir uns jetzt deshalb noch etwas genauer zuwenden.

Zur Entwicklung der politischen Parteien

Es wurde bereits kurz angedeutet, daß die Entwicklung politischer Parteien im Mexiko der 20er Jahre nicht am Maßstab des modernen westlichen Parteienbegriffs gemessen werden kann. Denn die Vorstellung der politischen Partei als eines »Transmissionsriemens gesellschaftlicher Kräfte« mit dem Ziel der politischen Einflußnahme im Regierungsbereich, also die Vorstellung einer bereits »konstituierten Bürgerschaft«, entbehrte in Mexiko weitgehend der Realität.[73] Politische Parteien entstanden deshalb entweder als Honoratiorenvereinigungen und Wahlclubs ohne breites gesellschaftliches Fundament oder als »von oben«, d. h. durch die Regierung initiierte oder geförderte und somit von ihr weitgehend gelenkte »Massenparteien«. In beiden Fällen kann man jedoch nicht von einem eigenständigen Aufbau der Parteien von der gesellschaftlichen Basis her sprechen, was auch die ausgeprägte Manipulierbarkeit und Zerbrechlichkeit dieser Parteien miterklärt.[74]
Sehr anschaulich hat Luis Monroy Durán Aufstieg und Niedergang von politischen Parteien des ersten Typus in den frühen 20er Jahren beschrieben: »Die politischen Parteien, welche in Mexiko gegründet werden, beginnen praktisch ausnahmslos mit der Zusammenkunft einer kleinen Gruppe von Politikern untergeordneter Bedeutung, welche sich anschließend bemühen, für

ihre Listen den Namen eines Ministers, zweier oder dreier Senatoren und ebensovieler Deputierter zu gewinnen. Das Ziel solcher Gruppierungen besteht im allgemeinen in der Besetzung von Ämtern, die durch Volkswahl vergeben werden und die – selbstredend – den Parteigründern zufallen ... Wenn in diesem schicksalhaften politischen Spiel die Umstände günstig sind und wenn man auf irgend eine Weise die Unterstützung der Regierung gewinnt, vor allem wenn diese einer anderen Partei Wind aus den Segeln nehmen muß, weil sie zu stark geworden ist, dann ist der Triumph gewiß; und sogleich strömen der beiläufig gegründeten Organisation ungezählte Mitglieder zu, so ungezählt immer die Aspirationen auf eine öffentliche Anstellung sind ... Nun kommt man auch auf den Gedanken, daß es angebracht sein könnte, das Parteiprogramm vorzustellen, welches – wie es naheliegt – voll ist von philosophischen Grundsätzen und sozialen Prinzipien der Erneuerung, der Besserstellung des Volkes usw. usw. An diesem Punkte angelangt, ist die Partei komplett und bemüht, sich auf die verschiedenen Bundesstaaten auszudehnen. Wenn aber die offizielle Gunst sich ein wenig von der Partei entfernt, verbreitet sich Entmutigung in ihren Reihen und niemals läßt zuerst die Agonie und dann das Verschwinden der wenig zuvor noch mächtigen politischen Gruppe auf sich warten.«[75]

Allerdings erwiesen sich nicht nur diese »Honoratioren«-Parteien in den 20er Jahren als äußerst fragil, selbst den neuen »Massenparteien« ging politische Eigenständigkeit gegenüber der Regierung weitgehend ab. Auch in diesen Parteien gingen nämlich die entscheidenden Organisationsimpulse überwiegend von oben aus, d. h. durch Persönlichkeiten und Gruppen, die eng mit den Regierungen in den Einzelstaaten oder auf Bundesebene verflochten waren. Dies gilt bereits in beträchtlichem Maße für die Bauernparteien und Bauernorganisationen, die in den 20er Jahren auf nationaler und regionaler Ebene ins Leben gerufen wurden. So hing z. B. auch das Schicksal der Nationalen Agraristenpartei unter Díaz Soto y Gama stärker von den Beziehungen zwischen dem Hauptquartier der Partei und der Regierung als von der Eigendynamik an der bäuerlichen Basis der Partei ab.[76]

Noch ausgeprägter war indessen im Falle der »offiziellen« Arbeiterbewegung die Verflechtung mit der Regierung und die Abhängigkeit von ihr. Als Partei dieser Arbeiterbewegung fungierte zwar die mexikanische Arbeiterpartei PLM (Partido Laborista Mexicano), die aber lediglich »den politischen Appendix der CROM darstellte und immer nur im Sinne eines automatischen Reflexes ihrer Politik handelte«.[77] Die folgenden Bemerkungen beziehen sich deshalb vor allem auf die Beziehungen zwischen Regierung und Führung der CROM.[78]

Die grundlegenden Voraussetzungen für das Vormundschaftsverhältnis des Staates gegenüber der Arbeiterbewegung wurde weiter oben, am Beispiel der Bildung der »roten Bataillone« im Jahre 1915 und der Gründung der CROM 1918, bereits aufgezeigt. Im Austausch für die politische Unterstützung des neuen Regimes und als Belohnung für die betonte Mäßigung in ihren sozialpolitischen Forderungen erfuhren CROM und PLM eine starke Förderung, die sich nicht zuletzt in der freizügigen Ausstattung ihrer Exponenten mit wichtigen öffentlichen Ämtern äußerte. So wurde Luis N. Morones, der unbestrittene Boß von CROM und PLM, unter Obregón Direktor der staatlichen Rüstungsfabriken, Celestino Gasca Gouverneur des Distrito Federal und Eduardo Moneda Chef des Amtes für soziale Fürsorge. Der Staat unterstützte die CROM aber auch tatkräftig in der Organisation ihrer »Massenbasis«. Dies bedeutete z. B. eine weitgehende (wenn auch kaschierte) Finanzierung der CROM durch den Staat, erwies sich doch die in der Satzung vorgesehene Finanzierung der Organisation durch freiwillige Mitgliederbeiträge angesichts der verbreiteten Apathie der einfachen Mitglieder als illusorisch.

Vor allem unter der Präsidentschaft von Calles erhielten CROM und PLM größeren politischen Einfluß, konnten sie doch – neben zahlreichen Vertretern in den Staatsparlamenten – 40 Deputierte und 11 Senatoren im Bundeskongreß sowie 2 Staatsgouverneure und die Regierung im Distrito Federal stellen.[79] Morones wurde zum Minister für Industrie, Handel und Arbeit ernannt und konnte dieses Amt zu einer der wichtigsten Regierungspositionen ausbauen. Ausländische Beobachter sahen in dieser Entwicklung bereits die bevorstehende Machtergreifung durch die Arbeiterklasse.[80]

Dies war allerdings eine krasse Mißdeutung der tatsächlichen Machtverhältnisse, denn eine starke eigenständige Kraft stellte die offizielle Arbeiterbewegung, d. h. CROM und PLM, keineswegs dar. Nachdem ihr nämlich – im Gefolge des Konflikts mit dem starken Obregón-Lager im Wahlkampf von 1927 und 1928 und insbesondere nach der Ermordung Obregóns – die staatliche

Patronage entzogen wurde, setzte nach 1928 rasch ihr glanzloser Niedergang ein.
In den Strudel der politischen Krise von 1928/29, welche die Ermordung Obregóns ausgelöst hatte, geriet aber auch die nationale Agraristenpartei. Ihren Führern Díaz Soto y Gama und Aurelio Manrique wurde die Feindschaft mit Calles zum Verhängnis, nachdem dieser gestärkt aus der Krise hervorgegangen war. Bei der institutionellen Schwäche, die auch diese Partei charakterisierte, – »eine Gruppe agraristischer Generäle, die sich hinter der Eloquenz von Díaz Soto y Gama verschanzte« –, bedeutete die politische Eliminierung ihrer Führer gleichzeitig einen entscheidenden Gewichtsverlust für die Partei als solche.[81]
Schließlich geriet in der Krise von 1928/29 auch die Stellung von unzähligen lokalen und regionalen Klein- und Kleinstparteien ins Wanken: ein Umstand, der ebenfalls die von Calles angestrebte politische Flurbereinigung erleichterte. Diese sollte durch die Schaffung einer neuen nationalen Dachpartei für alle revolutionären Organisationen, die Nationale Revolutionspartei (Partido Nacional Revolucionario), erreicht werden, deren Gründung und Entwicklung jetzt etwas genauer dargestellt sei. Auf die äußeren Bedingungen, die 1929 zur Gründung der Nationalen Revolutionspartei führten, wurde weiter oben bereits verwiesen. Im folgenden sollen einige grundsätzliche Aspekte im Zusammenhang mit Struktur und Funktion dieser Partei erörtert werden, die – als Vorläuferin des späteren PRI – für das moderne politische System Mexikos zentrale Bedeutung erlangen sollte.[82]
Zunächst ist festzuhalten, daß auch diese Partei »von oben« ins Leben gerufen wurde, nämlich von Calles und seinen engsten Gefolgsleuten, die – unter dem Eindruck der politischen Krise von 1928/29 – damit ein Instrument zur Kontrolle der heterogenen politischen Führungsgruppe, der *familia revolucionaria*, in die Hand bekommen wollten. Insofern strebte die Partei damals auch weniger die Eingliederung breiter Bevölkerungsschichten als vielmehr die politische Einbindung der unzähligen regionalen und lokalen *caciques* in die Disziplin einer nationalen Organisation an. Dies sollte durch den Zusammenschluß der Regional- und Lokal-»Parteien« unter dem Dach des PNR geschehen, der deshalb anfänglich eine Art Föderation einer Vielzahl von zunächst noch mehr oder minder autonomen Parteigruppierungen darstellte. Die hohe Zahl der Delegierten auf den ersten

Kongressen des PNR (874 und 950) zeigt die Vielzahl der dort vertretenen lokalen politischen Gruppierungen an, denen sich die wichtigsten nationalen Politiker, aber auch regionale Caudillos wie Cedillo aus San Luis Potosí, Tejeda aus Veracruz oder Cárdenas aus Michoacán zugesellten, während die Führer der alten nationalen Parteien wie Díaz Soto y Gama oder Luis Morones außerhalb der neuen Partei blieben.[83]

Der regionalen Vielfalt der neuen Partei entsprach eine ausgeprägte gesellschaftliche Heterogenität der von ihr eingegliederten Gruppierungen: Bauernorganisationen und Arbeiterassoziationen waren ebenso vertreten wie politische Vereinigungen mit ausgesprochenem Mittelschichtenanhang und sogar einige sozial denkende Grundbesitzer.[84] Entsprechend dieser sozialen Struktur der Partei wurde – wenn auch nicht im Parteiprogramm, so doch in den auf die praktische Politik ausgerichteten Erklärungen der Parteiexponenten – ihr »klassenloser« Charakter hervorgehoben.[85] Gleichzeitig wurde der soziale Konziliations- und der regionale Ausgleichscharakter der neuen Partei betont, »um so den Frieden und die politische Stabilität im Namen der nationalen Bedürfnisse aufrechtzuerhalten.«[86] Diese tatsächliche Ausrichtung der neuen Partei wurde im Parteiprogramm allerdings verschleiert, indem die Partei – in Übereinstimmung mit der offiziellen Revolutionsrhetorik – zur politischen Vertretung der »proletarischen Mehrheit« erklärt wurde, die in der »Bauern- und Arbeiterklasse die wichtigsten sozialen Faktoren der mexikanischen Gesellschaft« sehe.[87]

Diesem Programm kam in der Praxis allerdings ohnehin geringe Bedeutung zu. Als vorrangige Aufgabe der Partei schälte sich nämlich von Beginn an ganz klar die politische Unterstützung des bestehenden Regimes heraus. Dabei zeigte sich schon im Anfangsstadium die weitgehende Identifizierung von Staat und Partei im Verständnis ihrer Gründer. So wurde etwa die Delegiertenzahl für die Parteikongresse aufgrund der Gesamtbevölkerung eines Gliedstaates und nicht etwa gemäß dem relativen Gewicht der vertretenen politischen Organisationen festgelegt; auch war den Lokalbehörden aufgetragen, die Registrierung jener Organisationen zu überwachen, die sich dem PNR anzuschließen wünschten.[88]

Die enge Verflechtung von Partei und Staat zeigte sich auch in der Art, wie Portes Gil als Staatspräsident die Regierungsangestellten zur Finanzierung der neuen Partei heranzog, indem er ihnen zu

diesem Zwecke einen bestimmten Gehaltsabzug auferlegte.[89] Schließlich kam der Partei auch eine wachsende Bedeutung in der Kontrolle der Wahlen zu, eine Aufgabe, die traditionellerweise das Innenministerium wahrgenommen hatte.[90] Alberto Pani sah in der Partei denn auch vor allem ein »monopolistisches Regierungsinstrument« zur Kontrolle der Wahlen, während Francisco Javier Gaxiola, Sekretär des Präsidenten Abelardo Rodríguez, im PNR schon rasch Entwicklungstendenzen in Richtung auf eine »Staatspartei« erblickte.[91]
Die ihr von ihren Gründern zugedachten Hauptaufgaben erfüllte die neue Partei jedenfalls in hohem Maße. In den Wahlen konnte sie sich auf regionaler und nationaler Ebene rasch als dominante politische Kraft durchsetzen.[92] Vor allem aber gelang es den Callisten auch, über ihren bestimmenden Einfluß auf die zentralen Leitungsorgane der neuen Partei, die angestrebte politische Disziplinierung der *familia revolucionaria* sukzessive zu verwirklichen. Von besonderer Bedeutung war dabei, daß die Partei 1933/34 die ihr affilierten halbautonomen Parteiorganisationen lokaler und regionaler Ausrichtung auflöste und durch eigene Unterorganisationen ersetzte, deren Mitglieder individuell dem PNR beizutreten hatten.[93] Auf diese Art gelang es, die zentrifugalen Kräfte innerhalb der Parteiorganisation besser in den Griff zu bekommen und die politische Macht in den Händen von Calles und seinen Gefolgsleuten weiter zu zentralisieren.

1 Vgl. dazu Lorenzo Meyer, Continuidades e innovaciones en la vida política mexicana del siglo XX. El antiguo y el nuevo régimen, in *Foro Internacional, 61, XVI/1*, 1975, S. 37-63.
2 Anatol Shulgovski, *México en la Encrucijada de su Historia,* sowjet. Original-Ausgabe, Moskau 1967, span. Übersetzung, México 1968.
3 Vgl. allgemein zu dieser Problematik Alfred Stepan, *The State and Society – Peru in Comparative Perspective,* Princeton UP, 1978, S. 23ff.
4 Einen guten Überblick über die in der neueren politologischen Literatur zu Lateinamerika geführte Korporatismus-Debatte gibt Stepan, insbes. Teil I, S. 3-113.
5 Shulgovski, S. 37ff.
6 Vgl. Manfred Mols, *Mexiko im 20. Jahrhundert, Politisches System, Regierungsprozeß und politische Partizipation,* Paderborn 1981, S. 81.
7 Emilio Portes Gil, *Quince años,* S. 254.
8 Vgl. oben, Kap. II/3, S. 206ff.

9 Peter H. Smith, *Labyrinths of Power. Political Recruitment in Twentieth-Century Mexico*, Princeton UP, 1979; Gustavo Abel Hernández Enríquez, *La movilidad política en México, 1876-1970*, México 1968.

10 Smith, S. 15ff; zur allgemeinen Erörterung seines Elitekonzepts vgl. S. 4ff. sowie S. 317ff. Smiths engerer politischer Elite entspricht bei Abel Hernández annähernd der sog. *círculo interior*, der sich aus den Ministern und Staatssekretären der Zentralregierung zusammensetzt.

11 Smith ist sich dieser Problematik durchaus bewußt, stieß aber bei seinen Recherchen im Militärbereich offenbar auf unüberwindbare Hindernisse, vgl. S. 322, Anm. 12. – Die unzureichende Berücksichtigung des Militärs fällt in den drei von Smith untersuchten Perioden zweifellos für den Zeitraum 1917-1940 am stärksten ins Gewicht.

12 Smith, S. 24 (Tabelle 1-1).

13 Smith, S. 23.

14 Smith, S. 24.

15 Smith, S. 69 (Tabelle 3-1), 71; Abel Hernández, *La movilidad*, S. 570.

16 Smith, S. 74.

17 Smith, S. 77 (Tabelle 3-3).

18 Smith, S. 77 (Tabelle 3-3).

19 Smith, S. 77 (Tabelle 3-3).

20 Smith, S. 79f.

21 Smith, S. 80-87, 9.

22 Smith, S. 79.

23 Abel Hernández, S. 519, S. 593; Smith, S. 94.

24 Smith, S. 88.

25 Edwin Lieuwen, *Mexican Militarism. The Political Rise and Fall of the Revolutionary Army, 1910-1940*.

26 Vgl. zur Kritik an Lieuwen Jorge Alberto Lozoya, in *Historia Mexicana, XVIII*, 2, 1968, S. 305ff, sowie Lozoya, El Ejército mexicano, in *Centro de Estudios Internacionales, Lecturas de política mexicana*, México 1977, S. 355-376, hier S. 355f.

27 Zur wilhelminischen Spielart des Militarismus vgl. Hans Ulrich Wehler, *Das Deutsche Kaiserreich, 1871-1918*, Göttingen, 1973, S. 158ff.

28 Jean Meyer, *Historia de la Revolución mexicana, 11*, S. 76.

29 Den »orígen revolucionario y popular« der neuen Bundesarmee betont nachdrücklich J. A. Lozoya, *El Ejército mexicano (1911-1965)*, México 1970, S. 41, der sich allerdings mit dieser lapidaren Feststellung begnügt und die Armee gar zum Träger eines »cambio social violento« stilisiert, ohne allerdings den Inhalt dieses Wandels kritisch zu untersuchen.

30 Vgl. oben, Kap. II/3 und II/4.

31 Vgl. oben, Kap. II/3, S. 218 f.

32 PHO 4/12, Interview vom Februar/März 1973 durch E. Meyer und A. Bonfil, S. 15, S. 32.

33 NAW, M 274, R. 51, 812.00/17571.

34 Francisco L. Urquizo, *Orígen del Ejército Constitucionalista,* México 1964, S. 17.

35 Vgl. Amado Aguirre, *Mis Memorias,* S. 65. Aguirre selber war mit dem Grad eines Majors in die Armee eingetreten, weil, wie ihm General Diéguez erklärt hatte, »alle Ingenieure mit diesem Grad in unsere Reihen aufgenommen werden«, Aguirre, S. 45.

36 Lieuwen, S. 45 f.

37 Portes Gil, *Quince años,* S. 253.

38 PHO 4/12, S. 32.

39 AGN, O.-C., 1-1, 101-G-22.

40 Lozoya, *El Ejército,* S. 127 f.

41 Zur Armeepolitik Obregóns vgl. Lieuwen, S. 67 ff.

42 Bericht des amerikanischen Geschäftsträgers Summerlin an das State Department vom 22. 3. 1922, NAW, M 274, R. 77, 812.00/25502.

43 NAW, M 274, R. 77, 812.00/25669. – Immer wieder angeführt wird der Obregón zugeschriebene Ausspruch, kein General könne einer Kanonade von 50000 Pesos widerstehen, vgl. Lieuwen, S. 64.

44 Luis Monroy Durán, *El último caudillo,* S. 291.

45 PHO 1/45, Interview 1973 durch E. Meyer, S. 47 ff.

46 AGN, ALR, 61, 512/5.

47 NAW, M 274, R. 87, 812.00/28878.

48 PHO 1/45, S. 45.

49 Bericht des amerikanischen Konsuls in Piedras Negras vom 7. 10. 1924, NAW, M 274, R. 82, 812.00/27381.

50 NAW, M 274, R. 87, 812.00/28878.

51 NAW, M 274, R. 138, 812.22/20.

52 So Obregón in einem Brief an den Gemeindepräsidenten von Orizaba vom 22. 3. 1923, AGN, O.-C., 108-1/10, 818-P-61.

53 AGN, O.-C., 112/6, 818-V-3.

54 Bericht des Brigadiers Manuel Navarro Angulo an Obregón vom 6. 7. 1923, AGN, O.-C., 109-1/5, 818-S-61.

55 Vgl. unten Kap. III/5, S. 527 ff. sowie Tobler, *Las paradojas.*

56 Arturo Warman, *Y venimos,* S. 149, vgl. auch AGN, O.-C., 112/6, 818-V-3.

57 PHO 1/43, Interview durch L. Espejel, S. 5 f.

58 PHO 1/43, S. 21-55.

59 PHO 4/12, S. 53.

60 NAW, M 274, R. 82, 812.00/27301.

61 Pedro J. Almada, *Con mi cobija al hombro,* México 1936; vgl. auch P. J. Almada, *Mis memorias de Revolucionario,* México 1928.

62 Almada, *Con mi cobija,* S. 16-45, S. 48.

63 Almada, S. 140; Almada, *Mis memorias,* S. 5 f.

64 Almada, *Mis memorias,* S. 58.

65 Almada, *Con mi cobija,* S. 199 f.

66 Almada, S. 202.

67 Über die Armee unter Amaro vgl. Jean Meyer, *Historia 11,* S. 60-76.

68 Vgl. AGN, Portes Gil, P. 22, 4/879/809 (9932).

69 Meyer, S. 72-74.

70 Secretaría particular de la Presidencia de la República, Versión taquigráfica de los Acuerdos colectivos en el año 1930, S. 9. Acuerdo colectivo vom 28. 8. 1930, AGN, ALR, 6-100/83.

71 Brief Quirogas an den Innenminister vom 1. 3. 1934, AGN, ALR, 99-541.5/87.

72 Friedrich Katz, Innen- und außenpolitische Ursachen des mexikanischen Revolutionsverlaufs, in *Jahrbuch für Geschichte von Staat, Wirtschaft und Gesellschaft Lateinamerikas*, 15/1978, S. 100.

73 Vgl. Manfred Mols, Parteien und Entwicklung in der Dritten Welt – Theoretisch-methodologische Überlegungen; illustriert am Beispiel des mexikanischen »Partido Revolucionario Institucional«, in Wolfgang Jäger (Hg.), *Partei und System. Eine kritische Einführung in die Parteiforschung*, Stuttgart 1973, S. 214f. – Vgl. auch Robert E. Scott, *Mexican Government in Transition*, Illinois UP, Urbana 1964, S. 115ff.

74 Vicente Fuentes Díaz, *Los partidos políticos en México*, México 1972, spricht in diesem Zusammenhang, S. 181-203, von »partidos caudillistas«.

75 Monroy Durán, *El último caudillo*, S. 30.

76 Vgl. Bertha Lerner Sigal, Pârtido Revolucionario Institucional, in Antonio Delhumeau A. (Hg.), *México: realidad política de sus partidos*, México 1970, S. 53f., Anm. 24, S. 30.

77 Fuentes Díaz, S. 192.

78 Vgl. dazu auch unten, Kap. III/4, S. 488 ff.

79 Clark, *Organized Labor*, S. 76; Meyer, *Historia 11*, S. 82.

80 So etwa Karl Kautsky, vgl. unten Kap. III/4, S. 490.

81 Meyer, *Historia 11*, S. 100; Lerner Sigal, S. 56.

82 Vgl. neben den Arbeiten von Lerner Sigal und Fuentes Díaz auch Robert K. Furtak, *Revolutionspartei und politische Stabilität in México*, Hamburg 1969.

83 Lerner Sigal, S. 60f.

84 Lerner Sigal, S. 60.

85 Lorenzo Meyer, *Historia 12*, S. 88.

86 Lerner Sigal, S. 63.

87 Vgl. *PNR, La democracia social en México. Historia de la Convención Nacional Revolucionaria – Constitución del PNR*, México 1929, S. 50.

88 Rafael Segovia/Alejandra Lajous, *Historia 12*, S. 46.

89 Der Lohn von sieben Tagen pro Jahr wurde zu diesem Zweck einbehalten, vgl. Portes Gil, *Quince años*, S. 238.

90 Portes Gil, S. 240f.

91 Alberto J. Pani, *Apuntes Autobiográficos, II*, S. 110; Francisco Javier Gaxiola, *El Presidente Rodríguez*, S. 18.

92 Vgl. in diesem Zusammenhang z. B. den Briefwechsel zwischen dem Präsidenten Portes Gil und dem Gouverneur von Jalisco vom Oktober/Dezember 1929. Auf eine entsprechende Anfrage des Präsidenten antwor-

tete der Gouverneur am 28. 10. 1929, es sei allgemein bekannt, »daß der Partido Nacional Revolucionario in Jalisco die einzige starke Organisation darstellt, welche das politische Feld vollkommen beherrscht«. Am 26. 12. 1929 berichtete er über den Ausgang der Munizipalwahlen: »In praktisch allen Gemeinden setzte sich die Einheitsliste des Partido Nacional Revolucionario durch«, AGN, Portes Gil, Ex. 6/599/104, Reg. 1711 b, Paket 38.

93 Lorenzo Meyer, *Historia 12*, S. 186f.

Kapitel 4

Wirtschaft und Gesellschaft: Kontinuität und Wandel

Betrachtet man die Entwicklung von Wirtschaft und Gesellschaft unter der Herrschaft der Sonorenser, so läßt sich eine eigentümliche Mischung von Kontinuität und Wandel gegenüber dem vorrevolutionären Porfiriat beobachten. Außerhalb des Agrarbereichs, der wegen seiner noch immer zentralen Bedeutung für die mexikanische Gesellschaft im folgenden Kapitel gesondert behandelt wird, fällt zunächst die ausgeprägte Kontinuität der wirtschaftlichen Strukturen auf. Dies gilt insbesondere für die nach wie vor ungebrochene, ja in gewissen Bereichen sogar noch verstärkte Dominanz des Auslandskapitals, aber auch für die Gesamtstruktur der mexikanischen Volkswirtschaft, die Zusammensetzung und geographische Ausrichtung ihres Exportsektors, usw. So weit die neue Revolutionsführung überhaupt eine Veränderung der wirtschaftlichen Verhältnisse anstrebte – etwa im Versuch, eine größere nationale Kontrolle über die Wirtschaft zu erlangen – blieb sie in ihren Bemühungen ohne durchschlagenden Erfolg. Auch von einer nachhaltigen Veränderung der sozialen Verhältnisse der breiten Bevölkerungsschichten als Folge der Revolution kann in diesem Zeitraum kaum die Rede sein.

Dieses Bild der Kontinuität ist dennoch unvollständig. Insbesondere in ihrer wirtschaftlichen Entwicklungsstrategie unterschied sich nämlich die spätrevolutionäre Staatsführung deutlich vom wirtschaftspolitischen Kurs der Científicos. Dies gilt insbesondere auch für die Beziehungen zwischen Staat und Arbeiterbewegung, welche bereits in den 20er Jahren die korporativstaatlichen Elemente des postrevolutionären politisch-gesellschaftlichen Systems vorprägten. Schließlich gehört die Entstehung einer neuen Bourgeoisie aus dem Kreis der Revolutionsführung zu jenen Entwicklungen, deren rein wirtschaftlicher Stellenwert zwar nicht überschätzt werden darf, die aber gerade für ein Verständnis des Grundkurses dieser Revolution von zentraler Bedeutung ist.

Diese ausgewählten Themenkreise sollen im folgenden etwas genauer dargestellt werden. Zunächst werden die Grundzüge der mexikanischen Wirtschaftsentwicklung vom Ausbruch der Revolution bis zur Präsidentschaft von Cárdenas skizziert und einige Fragen im Zusammenhang mit der Entwicklung des Lebensstandards kurz erörtert, anschließend kommt die sonorensische Entwicklungsstrategie und das besondere Verhältnis zwischen Staat und Gewerkschaften zur Sprache und abschließend wird die Entstehung der neuen revolutionären Bourgeoisie genauer beleuchtet.

Grundzüge der wirtschaftlichen Entwicklung, 1910-1935

Die Vermutung liegt nahe, daß die Revolutionskriege zwischen 1910 und 1920 auch auf die wirtschaftliche Entwicklung Mexikos in diesem Zeitraum einen nachhaltigen Einfluß ausübten. Joseph E. Sterrett und Joseph S. Davis, die im Mai 1928 dem International Committee of Bankers on Mexico einen ausführlichen Bericht über die wirtschaftliche Situation Mexikos vorlegten, umschrieben die wirtschaftlichen Revolutionseffekte denn auch folgendermaßen: »Die Revolutionsjahre, insbesondere die Jahre 1913-1916, waren durch eine massive Zerstörung und Desorganisation geprägt, welche in unterschiedlichem Ausmaß alle Bereiche des wirtschaftlichen Lebens in ganz Mexiko betrafen. Sicherheit, Vertrauen und der öffentliche Kredit verschwanden. Die Währung brach zusammen, und das Bankensystem wurde fast vollständig vernichtet. Eisenbahnanlagen wurden zerstört und das Kommunikationssystem lahmgelegt. Die Viehherden wurden dezimiert und die landwirtschaftliche Produktion ging ganz erheblich zurück. Der Bergbau erlitt einen Einbruch, bis der kriegsbedingte Preisanstieg wieder zu erhöhter Produktion unter großen Schwierigkeiten führte.«[1] Ungeachtet dieser revolutionären Einwirkungen kann man, entgegen einer weitverbreiteten Ansicht, dennoch nicht von einem dramatischen und allgemeinen Niedergang der mexikanischen Wirtschaft in diesem Jahrzehnt sprechen.[2] Vielmehr gilt es, sowohl zeitlich und regional als vor allem auch sektoriell genauer zu differenzieren.

Höhepunkte der kriegerischen Auseinandersetzungen bildeten die Jahre 1913/14 und 1915; besonders betroffen wurden davon die Regionen des Nordens und des südlichen Zentrums. Am stärksten wurden deshalb der Bergbau, die Baumwollproduktion und die Viehzucht sowie der Zuckeranbau in Mitleidenschaft gezogen. Im Verkehrswesen führten die unterbrochenen Eisenbahnlinien zu einer vorübergehenden Wiederbelebung des Verkehrs auf Saumpfaden. Die verarbeitende Industrie erholte sich dagegen nach 1916 relativ rasch, und auch der Bergbau vermochte, wie erwähnt, seine Produktion unter dem Einfluß der gesteigerten Kriegsnachfrage wieder zu erhöhen.[3]

Einen eigentlichen Boom erlebten in diesem Jahrzehnt die Sisal- und vor allem die Erdölproduktion. Unter dem Schutz der Truppen des Generals Peláez konnten die ausländischen Ölfirmen – unbehelligt von den Bürgerkriegswirren – ihre Förderung gewaltig ausdehnen. Hatte diese im Jahre 1910 erst 3,6 Mio. Faß betragen, so war sie im Jahre 1915 bereits auf 32,9 Mio. Faß und im Jahre 1921, ihrem Höhepunkt, auf 193,4 Mio. Faß angestiegen.[4] Ihr Anteil am Sozialprodukt dieses Jahres betrug mit 1,7 Mrd. Pesos mehr als 15 %.[5]

Nach dem scharfen Rückgang bis 1915/16 erreichte das Bruttosozialprodukt bis 1920/21 wieder annähernd das Niveau von 1910, was im Zusammenhang mit dem deutlichen Bevölkerungsschwund dieses Jahrzehnts statistisch sogar ein leicht höheres Pro-Kopf-Produkt ergab.[6] Ein britischer Geschäftsmann, Sir William Wiseman, der im März 1921 im Auftrag der französischen Sektion des internationalen Bankierskomitees Mexiko bereiste, betonte zwar insbesondere die »Desorganisation« und den Produktionsrückgang in der Landwirtschaft als Folge des bedrohten Grundeigentums, unterstrich im übrigen aber, daß »Handel und Industrie ihren normalen Lauf« nähmen und daß »die Lage insgesamt wesentlich besser scheine als man dies nach zehn Jahren Revolution hätte annehmen können«. »Mehrere Geschäftsleute haben mir gestanden, daß sie jetzt mehr Geld verdienten als zur Zeit von Díaz, und es gibt zahlreiche Beispiele von Bergwerken und Fabriken, die wegen der Revolution keinen einzigen Tag schließen mußten.«[7]

Bis 1926 setzte sich der wirtschaftliche Wachstumstrend beschleunigt fort, wobei in diesem Jahr erstmals auch Landwirtschaft und Viehzucht, deren Anteil am Sozialprodukt zwischen 1910 und 1920 stark zurückgegangen war, die vorrevolutionären Produktionswerte wieder erreichten. Auch der Bergbau verzeichnete bis 1929 hohe Zuwachsraten und übertraf in diesem Jahr mit einer Produktion von 1,6 Mrd. Pesos jene des Jahres 1910 um mehr als die Hälfte.[8] Als einziger wichtiger Produktionszweig entwickelte sich die Erdölförderung in den 20er Jahren rückläufig. Geringe Investitionslust der ausländischen Ölgesellschaften angesichts ihres Rechtsstreites mit der mexikanischen Regierung, die Erschöpfung einzelner Felder und die Erschließung neuer Ölquellen außerhalb Mexikos, z. B. in Venezuela, bewirkten einen Rückgang der mexikanischen Ölförderung auf einen Wert von nur noch 560 Mio. Pesos im Jahre 1929.[9]

In ihren Grundzügen unterschied sich die mexikanische Wirtschaft Ende der 20er Jahre nicht grundsätzlich von jener des späten Porfiriats. Am meisten ins Gewicht fiel der geschrumpfte Anteil von Landwirtschaft und Viehzucht am Sozialprodukt. Hatte er 1910 noch etwa 35 % ausgemacht, so war er 1929 auf 25 % gefallen, während gleichzeitig der Anteil der extraktiven Industrie (Bergbau und Erdöl) von 9,2 % auf 13,5 % angestiegen war; die Sektoren Handel und verarbeitende Industrie steuerten sowohl 1910 als auch 1929 je etwa 20 % bzw. 15 % an das Sozialprodukt bei.[10]

Auch die Struktur des mexikanischen Außenhandels erfuhr in diesem Zeitraum keine grundsätzliche Veränderung; nach wie vor wurde der Export durch Bergbauprodukte und Erdöl sowie landwirtschaftliche Erzeugnisse dominiert, wobei sich der Anteil der ersten beiden mit rund 75 % im Jahre 1926 (gegenüber 60 % im Jahre 1910) noch weiter verstärkt hatte.[11]

Der Exportsektor erlitt denn auch im Gefolge der Weltwirtschaftskrise der frühen 30er Jahre den schärfsten Einbruch. Hatte er 1929 noch ein Volumen von 590 Mio. Pesos erreicht, so ging er bis im Jahre 1932 auf 304 Mio. Pesos zurück, erholte sich dann aber rasch und übertraf 1934 mit 643 Mio. Pesos bereits wieder den Stand von 1929.[12] Trotz dieses Einbruchs der mexikanischen Exporte blieben allerdings, wie bereits erwähnt, die Auswirkungen der Depression auf die mexikanische Wirtschaft als Ganze relativ begrenzt.[13]

Insgesamt wird man also den unmittelbaren Einfluß der Revolution auf die mexikanische Wirtschaft bis Mitte der 30er Jahre nicht überbewerten dürfen, sieht man einmal von den kurzfristigen Einwirkungen der Jahre 1913-16 und von der Landwirtschaft ab, wo sich die einsetzende Landreform zweifellos auf die Produktionsentwicklung negativ auswirkte. Die mit dem Revolutionsverlauf verbundenen Wachstumsprobleme sollen hier allerdings nicht weiter verfolgt werden.[14] Vielmehr gilt es, noch

etwas näher die Frage zu erörtern, in welchem Ausmaß aus der Revolution auch qualitative Veränderungen in der Wirtschaft, insbesondere im Bereich der Eigentumsverhältnisse, resultierten.
Eine erwähnenswerte Umverteilung von Eigentum fand lediglich im Bereich landwirtschaftlichen Grundbesitzes statt und auch diese blieb, wie im folgenden Kapitel genauer aufgezeigt wird, bis 1935 relativ begrenzt. In den anderen Wirtschaftsbereichen standen dagegen Eingriffe in die bestehenden Eigentumsverhältnisse nie ernsthaft zur Debatte. Wenn überhaupt, so wurde die vorrevolutionäre mexikanische Oberschicht durch die Revolution unmittelbar also lediglich in ihren agrarischen Interessen tangiert; so weit sie in außeragrarischen Wirtschaftszweigen engagiert war, vermochte sie ihre Stellung wohl weitgehend zu behaupten. Allerdings ist gerade diese Frage, wie nämlich die alte Oligarchie die Revolution wirtschaftlich überlebte, noch kaum erforscht. Es ist deshalb durchaus möglich, daß genauere Untersuchungen ein differenzierteres Bild dieser Entwicklung hervorbringen könnten. Insbesondere bleibt noch weitgehend unklar, ob und in welchem Ausmaß die alte mexikanische Oberschicht durch die nachdrängende revolutionäre Bourgeoisie wirtschaftlich verdrängt wurde oder wie stark allenfalls die Verschmelzung von alter und neuer Oberschicht zu gewichten ist, für die es bereits in den 20er Jahren durchaus Anzeichen gab.[15]
Im Unterschied zu den revolutionsbedingten Verschiebungen innerhalb der mexikanischen Oberschicht läßt sich über den Einfluß der Revolution auf die Stellung des Auslandskapitals und ausländischer Geschäftsleute in der mexikanischen Wirtschaft ein genaueres Bild gewinnen. An sich wäre von den nationalistischen Bestrebungen der Revolution her eine Verminderung des ausländischen Wirtschaftseinflusses in Mexiko, d. h. eine zunehmende »Mexikanisierung« der Wirtschaft, zu erwarten gewesen. Interessanterweise war dies aber keineswegs der Fall, ja in manchen Bereichen nahm der ausländische Wirtschaftseinfluß bis zur Cárdenas-Zeit sogar noch zu. Dies einerseits durch die Zufuhr neuen Auslandskapitals, andererseits (wie etwa im Bergbau) dadurch, daß die großen ausländischen Unternehmen während der Revolution kleinere mexikanische Produzenten aufgekauft hatten.[16] Die ungebrochene, ja noch akzentuierte Vormachtstellung ausländischer Firmen in der mexikanischen Wirtschaft traf

nicht nur auf die traditionellen Investitionssektoren im Bergbau und der Erdölförderung zu, wo nach wie vor amerikanisches und britisches Kapital dominierte.[17] Auch im Bereich der *public utilities,* wo 1926 z. B. 94 % der Investitionen in den Elektrizitätswerken ausländischer Herkunft waren, im Versicherungswesen, im Handel und in der Industrie läßt sich diese Tendenz beobachten.[18] »Ausländische Handelsfirmen haben 1926 an Zahl gegenüber 1910 stark zugenommen«, stellte 1929 Butler G. Sherwell fest. »Der größte Zuwachs ist auf die Niederlassung amerikanischer Firmen zurückzuführen, welche in fast allen kommerziellen Bereichen tätig sind. Amerikanische Firmen haben einen wesentlichen Anteil des früher deutschkontrollierten Arznei- und Eisenwarenhandels übernommen; das gleiche geschah mit dem früher fast vollständig von Spaniern kontrollierten Lebensmittelhandel.«[19]

Auch in der Industrie kontrollierten nach wie vor Ausländer die wichtigsten Sektoren. In der Textilindustrie, traditionellerweise eine Domäne der Franzosen und Spanier, schätzte Sherwell ihren Anteil auf 98 %, konnten doch die Spanier nicht mehr – wie noch vor der Revolution – als Mexikaner gelten.[20] Auch in der übrigen Industrie – von Tabakfabriken über Brauereien bis hin zu Schmelzwerken und Bauunternehmen – stellte Sherwell 1926 einen bestimmenden, z. T. dominierenden ausländischen Einfluß fest.[21] Unter den industriellen Neuinvestitionen der 20er Jahre spielten wiederum amerikanische Großunternehmen wie Du Pont, British-American Tobacco, International Match, Palmolive, Ford und Simmons eine führende Rolle, die – als Reaktion auf die mexikanischen Schutzzölle – Niederlassungen bzw. Montagewerke in Mexiko gründeten.[22]

Eine genaue Bestimmung der quantitativen Entwicklung des Auslandskapitals und seiner ländermäßigen Herkunft ist zwar aufgrund der verfügbaren Unterlagen nicht möglich, zumindest ihr Trend läßt sich aber einigermaßen abschätzen. Nach Berechnungen von Womack nahmen die gesamten Auslandsinvestitionen von 3,4 Mrd. Pesos im Jahre 1911 auf über 4 Mrd. Pesos im Jahre 1929 und 7,48 Mrd. im Jahre 1932 zu, bevor sie dann, vor allem als Folge der cardenistischen Nationalisierungen, 1939 auf 2,57 Mrd. zurückgingen.[23] Auch wenn sich das britische Kapital bis in die 30er Jahre relativ gut behaupten konnte, zeichnete sich doch schon in der Zwischenkriegszeit jener Vorgang der Verdrängung der europäischen Wirtschaftsinteressen durch amerikanische ab, der sich dann nach dem 2. Weltkrieg verstärkt fortsetzen sollte.

Insgesamt kontrollierten Ende der 20er, Anfang der 30er Jahre also die Ausländer »die produktiven Aktivitäten des Landes« in nicht geringerem Maße als vor der Revolution.[24] Sterrett und Davis schätzten 1929 die Zahl der Spanier auf 35 000, jene der Amerikaner und Chinesen auf je etwa 30000 und jene der Briten, Deutschen, Franzosen und Italiener auf je etwa 5 000 bis 6000. Nach ihrem Eindruck zeigten diese Ausländer wenig Neigung, sich zu »mexikanisieren«, hielten sie doch »in hohem Maße an ihrer Nationalität fest, selbst für ihre in Mexiko geborenen Kinder . . .«[25]

Wie wenig durch die Revolution die Auslandsabhängigkeit der mexikanischen Wirtschaft gelockert worden war, zeigte sich schließlich auch in der regionalen Orientierung des mexikanischen Außenhandels, der nach wie vor, ja in noch stärkerem Maße als vor der Revolution, auf die USA ausgerichtet war. Während um 1900 50 % bis 60 % der mexikanischen Einfuhren aus den USA stammten, war dieser Anteil um 1930 auf 60 % bis 70 % gestiegen, dies bei Exporten in die USA, die sowohl vor der Revolution als auch in den 20er Jahren stets etwa 70 % bis 80 % der gesamten mexikanischen Ausfuhren ausmachten.[26]

Bis zur Präsidentschaft von Cárdenas blieben also die unmittelbaren Auswirkungen der Revolution auf die mexikanische Wirtschaft, insbesondere auch hinsichtlich des nach wie vor dominanten ausländischen Einflusses, denkbar gering. Wie veränderte sich nun in diesem Zeitraum die soziale Lage der breiten Bevölkerungsschichten? Was die Bauern betrifft, so wird diese Frage im folgenden Kapitel genauer erörtert, zumal sich bei ihnen mit der einsetzenden Landreform die Regierungspolitik unmittelbar auswirkte. Auch der nichtbäuerlichen Bevölkerung waren zwar in der Verfassung von 1917 soziale Verbesserungen in Aussicht gestellt worden, so im Bereich der Arbeitsverhältnisse, der sozialen Verpflichtungen der Unternehmer gegenüber ihren Beschäftigten, der Einführung eines Minimallohnes, usw., aber diese Bestimmungen blieben so allgemein und in der Praxis vielfach wirkungslos, daß daraus jedenfalls noch nicht auf eine generelle Anhebung des Lebensstandards von Arbeitern und unteren Angestellten geschlossen werden kann.[27] Eher wäre wohl aufgrund zeitgenössischer Beobachtungen und allgemeiner wirtschaftlicher und sozialer Indikatoren die Beantwortung der Frage

zu erwarten, ob aus der Revolution tatsächlich auch eine Veränderung des Lebensstandards resultierte. Leider vermitteln die verfügbaren Unterlagen aber keineswegs ein verläßliches Bild der eingetretenen Veränderungen, sofern solche überhaupt erfolgten. Sterrett und Davis widmen zwar einige Seiten ihres Berichtes der Frage des Lebensstandards und konstatieren – bei allgemein tiefem Niveau – zumindest Anzeichen gradueller Fortschritte in einzelnen Bereichen, etwa unter dem Einfluß mexikanischer Rückwanderer aus den USA.[28] Ein allgemeiner Trend der Entwicklung zwischen 1910 und 1930 läßt sich daraus aber nicht ableiten. Auch spätere wissenschaftliche Versuche, die Entwicklung des »Armutsniveaus« zu messen, bleiben angesichts der prekären Datenlage zumindest für die Zeit vor dem 2. Weltkrieg wenig ergiebig. So stellt zwar James Wilkie in seiner bekannten Arbeit über die Staatsfinanzen und den sozialen Wandel Mexikos seit 1910 schon für die Periode 1910 bis 1930 eine deutliche Abnahme seines »Armutsindex« fest, kann sich dabei aber lediglich auf kulturelle Indikatoren wie die Analphabetenrate und die Verbreitung der spanischen Sprache stützen.[29] Auch eine Ableitung der sozio-ökonomischen Lage einzelner Bevölkerungsschichten, der Einkommensverteilung usw. aus den verfügbaren makroökonomischen Daten erweist sich für diese Periode, wie Clark Reynolds zu Recht betont, als äußerst problematisch. Jedenfalls stellt er kaum Übereinstimmung zwischen den wirtschaftlichen Wachstumskurven und den statistischen Veränderungen des Pro-Kopfproduktes mit dem von Wilkie behaupteten Rückgang des »Armutsindex« fest.[30]
Auch wenn Sterrett und Davis in der Anhebung des Lebensstandards der breiten Bevölkerungsschichten »eine bewußte Zielsetzung« des neuen Regimes erblickten, die dem alten weitgehend fremd gewesen sei, so wird man die effektiven Auswirkungen staatlicher Politik auf diesem Gebiet doch gering veranschlagen müssen. Sofern sich überhaupt nennenswerte Veränderungen im Lebensstandard einzelner Bevölkerungsgruppen ergaben, so waren diese – insbesondere während der Depression der frühen 30er Jahre – primär auf volkswirtschaftliche Determinanten wie Konjunkturschwankungen oder strukturelle Veränderungen innerhalb und zwischen den einzelnen Produktionssektoren, kaum aber auf eine bewußte und umfassende staatliche Sozialpolitik zurückzuführen.[31]
Diese Elemente einer die Revolution überlebenden strukturellen

Kontinuität der mexikanischen Wirtschaft und der außeragrarischen Gesellschaftsverhältnisse gilt es im Auge zu behalten, wenn in den folgenden Abschnitten noch etwas näher einige revolutionsbedingte Veränderungen in diesem Bereich dargestellt werden.

Die sonorensische Entwicklungsstrategie und das Verhältnis zwischen Staat und Gewerkschaften

Wie die vorrevolutionären Científicos räumten auch die Sonorenser, insbesondere Calles und seine wirtschaftspolitischen Berater, einer raschen wirtschaftlichen Entwicklung des Landes hohe Priorität ein. Und wie die Científicos stützten auch sie sich dabei auf ein bewußtes Konzept wirtschaftlicher Entwicklung, eine »eigentliche Wachstumstheorie«.[32] Diese unterschied sich allerdings in zwei Hauptelementen von der wirtschaftlichen Modernisierungsstrategie der Científicos. Zwar stand auch für die Sonorenser, ungeachtet der populistisch-radikalen Untertöne ihrer Politik, der kapitalistische Grundcharakter der mexikanischen Wirtschaftsordnung niemals in Frage.[33] Aber sie strebten, im Unterschied zu den porfiristischen Wirtschaftstechnokraten, eine verstärkte nationale Kontrolle der mexikanischen Wirtschaft an, maßen dem Staat als aktivem Entwicklungsfaktor ein viel größeres Gewicht bei.

Das Bemühen um eine Rückgewinnung nationaler Souveränität über die mexikanische Wirtschaft lag nicht nur der mexikanischen Politik in der Erdölkontroverse zugrunde; es prägte ganz allgemein die wirtschaftspolitischen Vorstellungen des sonorensischen Regimes. Für Manuel Gómez Morín, einen der Architekten dieser Politik, durfte Mexiko nicht mehr »dem schweren Irrtum der letzten Generation« verfallen, die dem Auslandskapital bedingungslos Tür und Tor geöffnet hatte. Auslandskapital war zwar weiterhin notwendig, aber dieses Kapital sollte gemäß »einem wohldurchdachten Plan . . ., unter unserer Kontrolle und ausgerichtet auf unsere Bedürfnisse aufgenommen werden.«[34]

Angesichts des übermächtigen ausländischen Wirtschaftseinflusses schien dabei lediglich der Staat in der Lage zu sein, die strategischen wirtschaftlichen Entscheidungszentren wieder stärker aus dem Ausland nach Mexiko zurückverlagern zu können.

Schon daraus ergab sich natürlich eine unverkennbar etatistische Ausrichtung der sonorensischen Entwicklungsstrategie. Die zentrale Bedeutung, welche die neue Revolutionselite dem Staat im Entwicklungsprozeß beimaß, gründete sich aber auch auf ihre Einschätzung, daß angesichts der schwach entwickelten nationalen Bourgeoisie von der Privatwirtschaft allein keine ausreichenden Impulse für ein beschleunigtes wirtschaftliches Wachstum zu erwarten seien. Der Staat selber mußte deshalb wirtschaftlich aktiv werden, wobei der Bereitstellung von Investitionskapital durch den Staat in diesem Entwicklungskonzept primäre Bedeutung zukam. Mit der Gründung der staatlichen Zentralbank, des *Banco de México*, wurde ein erster Schritt in diese Richtung unternommen. Daneben hatte der Staat aber auch jene Infrastrukturinvestitionen auf dem Gebiet des Verkehrswesens, des Kommunikationssystems, der landwirtschaftlichen Bewässerung usw. vorzunehmen, die dem privaten Unternehmer überhaupt erst ausreichende Investitionsanreize bieten würden.[35]
Der Staat sollte somit zu jenem Faktor werden, der langfristig nicht nur die mexikanische Wirtschaft wieder in eine »nationale Ökonomie« zurückverwandeln, sondern der auch der Entwicklung des nationalen Kapitalismus kräftige Impulse verleihen würde. »Als wichtigstes Instrument zur Kapitalisierung der finanziellen Ressourcen, als regulierende Macht, als wichtigster Gesprächspartner der ausländischen Investoren, stellt sich der Staat unweigerlich als einziger Ausdruck des öffentlichen Wohls dar. Er beginnt, sich in diesen Jahren als eine Institution *sui generis* zu verstehen, mit unmittelbarer und ausgedehnter wirtschaftlicher Verantwortung, ausgestattet mit einer besonderen Autorität. Es handelt sich darum, den Kapitalismus über die Zentralisierung der wirtschaftlichen Entscheidungen und eine durch den Staat ausgeübte Vormundschaft aufzubauen.«[36]
Diese Vorstellung eines *estado empresarial* (J. Meyer) ließ sich unter der Herrschaft der Sonorenser allerdings erst ansatzweise, mehr in der Theorie als in der Praxis, verwirklichen. Vor allem erwies sich der mexikanische Staat noch als zu schwach, um die angestrebte nationale Kontrolle über die mexikanische Wirtschaft herzustellen. Nach wie vor dominierte ja, z. T. sogar in noch verstärktem Maße, das Auslandskapital nicht nur die extraktive Industrie und damit den zentralen Exportsektor, sondern breitete sich, wie gezeigt wurde, auch in den übrigen Wirtschaftszweigen

aus. Angesichts begrenzter nationaler Ressourcen, insbesondere bei fallenden Staatseinnahmen nach 1926, blieben aber auch die Möglichkeiten des Staates limitiert, von sich aus eine rasche wirtschaftliche Entwicklung auszulösen. Die verschiedenen Initiativen, welche z. B. die frühe Calles-Regierung in diesem Bereich ergriff, zeitigten denn auch – wie im ersten Kapitel erwähnt – lediglich Teilerfolge. Auf die spezifische Prägung des neuen politisch-gesellschaftlichen Systems Mexikos, das erst unter Cárdenas und dem postrevolutionären Regime seine volle Ausgestaltung erfahren sollte, übte diese Entwicklungsstrategie der neuen Revolutionselite dennoch einen nachhaltigen Einfluß aus. Insbesondere die korporativstaatlichen Elemente des neuen Systems waren Ausfluß dieser Entwicklungsstrategie, die dem Staat eine zentrale Rolle bei der Überwindung wirtschaftlicher Rückständigkeit zuwies.

Deutlich zeichnete sich das neue politisch-gesellschaftliche System in den 20er Jahren in den Beziehungen zwischen dem Staat und der »offiziellen« Gewerkschaftsbewegung ab. Die Wurzeln dieses besonderen Verhältnisses zwischen Arbeiterbewegung und Staat wurden in Teil II aufgezeigt: bereits die Bildung der »roten Bataillone« und ihre Eingliederung in das konstitutionalistische Revolutionslager im Juni 1915 brachten exemplarisch den spezifischen Charakter dieses Bündnisses zum Ausdruck.[37] Während sich die Führer der zahlenmäßig schwachen, sozial heterogenen und ideologisch zersplitterten Arbeiterbewegung vom Staat sowohl die Förderung ihrer sozialen Anliegen als auch eine Stärkung ihrer Organisation versprachen, sahen die konstitutionalistischen Revolutionsführer um Obregón den Nutzen ihrer Allianz mit den Gewerkschaften – neben dem eher bescheidenen militärischen Beitrag der »roten Bataillone« – vor allem in der politischen Unterstützung und breiteren gesellschaftlichen Legitimierung ihres nationalen Hegemonieanspruchs. Carranza verkannte zwar den hohen Stellenwert dieses Bündnisses für die politische Stabilisierung der spätrevolutionären Verhältnisse, aber die Sonorenser setzten den 1915 eingeschlagenen Weg in den 20er Jahren um so entschlossener fort.

Auf die politische Eingliederung der CROM und ihres Parteiappendix, des PLM, in das sonorensische Regime wurde weiter oben bereits kurz verwiesen.[38] Neben einflußreichen Stellungen im Staatsapparat für zahlreiche leitende Gewerkschaftsfunktionäre bewirkte die staatliche Protektion der regimeloyalen Gewerk-

schaft, d. h. der CROM, vor allem auch einen erstaunlichen quantitativen Aufschwung dieser Organisation.[39]
Schon unter der Präsidentschaft von Obregón stieg die Mitgliederzahl der CROM gemäß ihren eigenen Angaben von 50000 im Jahre 1920 auf nicht weniger als 1,2 Millionen im Jahre 1924. 1928, auf ihrem Höhepunkt, beanspruchte sie die Vertretung von 2 Millionen Mitgliedern. Ungeachtet der Tatsache, daß diese Zahlen als weit übertrieben erscheinen, kann der CROM in dieser Periode ein außergewöhnliches Wachstum nicht abgesprochen werden.[40] Welches waren die Gründe dafür?
Es steht außer Frage, daß diesem Wachstum keine spontane, eigenständige Mobilisierung der mexikanischen Arbeiterschaft zugrunde lag. Vielmehr war es das Ergebnis einer Organisation von oben, welche die CROM dank ihrer engen Verflechtung mit dem Staatsapparat von einer außergewöhnlich privilegierten Position aus durchführen konnte.[41]
Zum ersten konnte sich die CROM auf bedeutende finanzielle Ressourcen stützen, die nicht etwa aus freiwilligen Beiträgen ihrer Mitglieder stammten, sondern aus geheimen staatlichen Quellen, Zuwendungen bestimmter Unternehmen und vor allem aus Zwangsabgaben von Staatsangestellten im CROM-kontrollierten öffentlichen Dienst alimentiert wurden.[42] Diese beträchtlichen Mittel erlaubten der CROM eine intensive – wenn auch oberflächliche – Propaganda- und Werbetätigkeit zur Gewinnung neuer Mitglieder. Ebenso konnte die CROM ihre Stellung auch dadurch ausbauen, daß sie in der Regel ihre Forderungen gegenüber den Unternehmen – sei es mit oder ohne Streik – durchzusetzen vermochte. Dies war nicht nur darauf zurückzuführen, daß allen Beteiligten an Arbeitskonflikten bewußt war, daß hinter der CROM die schützende Hand des Staates stand, sondern auch darauf, daß sie über ihre Vertreter auch stark in jenen staatlichen Schlichtungsgremien vertreten war, die über Legalität oder Illegalität von Streiks zu entscheiden hatten. Aufgrund ihrer Stellung war die CROM deshalb auch in der Lage, zumindest für einzelne privilegierte Gruppen unter ihren Mitgliedern bessere Lohn- und Arbeitsbedingungen auszuhandeln, obwohl das Gros der mexikanischen Arbeiterschaft in den 20er Jahren nur wenig von der forcierten Syndikalisierung profitiert haben dürfte.[43]
Ihren Aufstieg verdankte die CROM schließlich auch der kompromißlosen Bekämpfung rivalisierender Gewerkschaften,

die sich ihrer Kontrolle entzogen. Dabei handelte es sich vor allem um die 1921 gegründete, ihrem Anspruch nach anarchosyndikalistisch orientierte Confederación General de Trabajo (CGT) und um katholische, kommunistische oder der nordamerikanischen IWW nahestehende Organisationen sowie um unabhängige Berufsverbände wie jene der Eisenbahner und der Elektriker. Auch in diesem innergewerkschaftlichen Kampf, der immer mehr ins Zentrum ihrer Aktivität rückte, kam der CROM die Unterstützung durch den Staat zugute. Wenn sie z. B. einen ihr nicht genehmen Streik rivalisierender Gewerkschaften nicht aus eigener Kraft, etwa durch Einsatz von Streikbrechern, unterbinden konnte, wurden solche Streiks von Staats wegen oft als illegal erklärt und nötigenfalls mit Armeetruppen unterdrückt.[44] Dennoch gelang es der CROM nicht, diese rivalisierenden Gewerkschaften völlig auszuschalten. Immer mehr konzentrierte sie sich nun aber auf den intersyndikalen Kampf, hinter den die ursprüngliche Auseinandersetzung zwischen Arbeit und Kapital zurückzutreten hatte. »Das Kapital fand sich«, bemerkt Marjorie Clark, »in der Tat in einer – im Vergleich zu den früheren Jahren der Revolution – stetig verbesserten Situation.«[45] Eine deutliche Abnahme syndikalistischer Militanz sollte denn auch – insbesondere unter der Präsidentschaft von Calles – immer mehr die politisch-gewerkschaftliche Linie der CROM bestimmen.[46]

Unter Calles erreichten die Führer von CROM und PLM den Höhepunkt ihres politischen Einflusses. Calles hatte sich in seinem Wahlkampf stark auf diese Organisationen abgestützt und sich insbesondere auch als Kandidat der Arbeiterbewegung vorgestellt. Die Berufung des CROM-Führers Luis N. Morones in das wichtige Amt des Ministers für Industrie, Handel und Arbeit verstärkte, vor allem im Ausland, noch den Eindruck, daß in Mexiko – wie Karl Kautsky bemerkte – »das Proletariat immer stärker und unabhängiger wird und gegenwärtig, unter der Präsidentschaft von Calles, bereits den Staat beherrscht . . .«[47]

Von einer zunehmenden Unabhängigkeit des »Proletariats« konnte unter Calles allerdings nicht die Rede sein, im Gegenteil. Vielmehr zeichnete sich mit zunehmender Verflechtung von Gewerkschafts- und Staatsbürokratie immer mehr jene spezifische Gewerkschaftspolitik ab, in welcher anstelle einer echten Repräsentation der Gewerkschaftsmitglieder zunehmend deren Kontrolle durch den Gewerkschaftsapparat trat, wobei die

CROM zu einem wichtigen Faktor politisch-gesellschaftlicher Systemstabilisierung wurde. Sowohl Calles als auch die CROM-Führung näherten sich dabei immer stärker korporativstaatlichen Vorstellungen an. Der Staat wurde als autonomes Organ über den gesellschaftlichen Klassen begriffen, der den institutionellen Rahmen für den Interessenausgleich zwischen Kapital und Arbeit zu schaffen hatte.[48] Nach Calles hatten die Unternehmer die Pflicht, die Arbeit »als integralen Teil produktiver Tätigkeit« und damit auch ihren sozialen Schutzanspruch im Rahmen des Artikels 123 anzuerkennen, während den Gewerkschaften aufgetragen war, sich in die bestehende kapitalistische Wirtschaftsordnung zu integrieren.[49] Diese auch von der CROM-Führung geteilte Gewerkschaftskonzeption verdeutlichte Calles im November 1927 in einem Interview mit der »New York Times«: »Nichts liegt mir ferner, als die friedliche wirtschaftliche Entwicklung Mexikos zu stören oder in das gegenwärtige wirtschaftliche System einzugreifen. Aber ich muß mit Nachdruck darauf hinweisen, daß ich die Gewerkschaften als absolut unerläßlich für dieses kapitalistische System betrachte. Denn die Gewerkschaften üben eine doppelte Funktion aus. Sie sind einerseits ein Gegengewicht zur wachsenden Macht des Kapitals, und für den Fall eines Angriffs auf die Kapitalisten dienen die Gewerkschaften als Barrikade.«[50]

Die Gewerkschaften hatten nach den Vorstellungen von Calles und der CROM-Führung allerdings mehr als nur eine systemstabilisierende Aufgabe. Sie sollten darüber hinaus eine wichtige Rolle in jener durch den Staat eingeleiteten wirtschaftlichen Entwicklung spielen, deren Konzept weiter oben dargestellt wurde. Entsprechende Losungen wurden schon 1925 durch einen führenden CROM-Funktionär ausgegeben: »Weit davon entfernt, daß die Arbeiter der Errichtung neuer Industrien und der Investition ausländischen oder nationalen Kapitals Hindernisse in den Weg legen wollen, bekunden sie vielmehr erneut ihren Willen zur Zusammenarbeit, um in kürzester Zeit den wirtschaftlichen Wiederaufbau des Landes . . . zu erreichen.«[51] Auch die stark rückläufige Zahl von Streiks unter der Regierung Calles, die von 125 im Jahre 1924 auf 15 im Jahre 1927 zurückging, signalisierte eine zunehmend unternehmerfreundliche Haltung der CROM.[52]

Wie die sonorensische Entwicklungsstrategie insgesamt konnte allerdings auch die darin den Gewerkschaften zugedachte Rolle in den 20er und frühen 30er Jahren noch nicht voll zum Tragen kommen. Erst nach 1940, im Zuge der raschen Industrialisierung des Landes, sollten sich auch die besonderen mexikanischen Gewerkschaftsverhältnisse, d. h. die korporative Eingliederung der Gewerkschaften in die Staatspartei und die weitgehende Regierungskontrolle der Syndikate, als ein bedeutsamer institutioneller Faktor des postrevolutionären *milagro mexicano* erweisen.

Aufstieg und Niedergang der CROM ließen allerdings bereits in den 20er Jahren ein Grundmuster der gewerkschaftsinternen Organisation und des Verhältnisses zum Staat zutage treten, welches das mexikanische Gewerkschaftswesen bis heute nachhaltig geprägt hat. Eine Tradition eigenständiger gewerkschaftlicher Solidarität und Aktivität konnte sich unter den Bedingungen der beschriebenen Organisation der Arbeiter von oben nicht herausbilden. Die großen Massen von Arbeitern, die über die (oft unter äußerem Druck erfolgte) Angliederung ihrer Regionalverbände oder Berufsorganisationen an die CROM-Zentrale zumindest nominell CROM-Mitglieder wurden, verband schwerlich ein Gefühl echter Verbundenheit mit ihrer Gewerkschaft, zumal ihre Mitwirkungsmöglichkeiten in der Organisation äußerst beschränkt waren. Nach ihren Statuten war die CROM zwar durchaus demokratisch strukturiert, in der Praxis hatten die Basisorganisationen allerdings kaum Einfluß auf die Politik des Dachverbandes. Diese wurde vielmehr eigenmächtig durch ein oligarchisch zusammengesetzes, über Kooptation erneuertes Gremium von Spitzenfunktionären der CROM, den *Grupo Acción* unter Luis Morones, bestimmt.[53] Auch eine klare ideologische Integrationsklammer fehlte in der CROM, zeichnete sie sich doch gerade durch ihre doktrinäre Unbestimmtheit und ihren ausgeprägten programmatischen Opportunismus aus.[54] Die manipulatorischen Praktiken in den Gewerkschaften wurden allerdings, wie Lorenzo Meyer wohl zu Recht vermutet, auch durch die soziale Zusammensetzung der mexikanischen Arbeiterschaft begünstigt, wenn nicht überhaupt erst ermöglicht. Obwohl die CROM überwiegend städtische Arbeiter umfaßte, verfügten nämlich auch diese in ihrer Mehrheit nicht über eine gefestigte Tradition industrieller Arbeitserfahrung. »Mexiko blieb weiterhin durch den agrarischen Charakter seiner Gesellschaft geprägt, auch in der Welt der Arbeiter. Vielleicht erklärt dieser ländliche Charakter vieler Industriearbeiter teilweise die ausgeprägt autoritäre und paternalistische Natur ihrer Organisationen und damit auch die schwache Partizipation der Basis in den Entscheidungen und Aktivitäten der Gewerkschaftsführung.«[55]

Dies alles begründete letztlich eine fundamentale innere Schwäche der CROM. Ungeachtet ihrer großen Mitgliederzahl stellte sie deshalb keine eigenständige, bestimmende politisch-gesellschaftliche Kraft dar, sondern erwies sich – einmal abgeschnitten vom Lebensnerv, der sie mit der Regierung verband – vielmehr als ein Koloß auf tönernen Füßen.

Dies zeigte sich mit aller Deutlichkeit, als CROM und PLM 1928, im Gefolge der durch Obregóns Ermordung ausgelösten innenpolitischen Krise, zunächst der staatlichen Patronage verlustig gingen und dann – während der Präsidentschaft von Portes Gil – gar auf offene Ablehnung der neuen Regierung stießen. In rascher Folge kam es nun zum Abfall ganzer Gewerkschaftsorganisationen, insbesondere jener, die sich zuvor nur unter äußerem Druck der CROM angeschlossen hatten. »Polizei- und Militärkräfte, welche von Morones so freizügig zum Aufbau der CROM eingesetzt worden waren, wurden nun ebenso freizügig für ihre Vernichtung eingesetzt. Arbeitsinspektoren begannen, ihren Einfluß gegen die CROM zu wenden und oppositionelle Organisationen aufzubauen.«[56]

Der rasche Niedergang der CROM in den Jahren 1928/29 sollte gerade in der Zeit der Weltwirtschaftskrise zu einer allgemeinen Schwächung der mexikanischen Arbeiterbewegung führen. Zwar versuchten die mit der CROM konkurrierenden Gewerkschaften deren Erbe anzutreten, aber unter dem Maximat gelang es keiner, die frühere Hegemonieposition der CROM zu erlangen. Die Kommunistische Partei erlebte unter Portes Gil anfänglich zwar einen kurzen Aufschwung, aber nach einem gescheiterten Aufstandsversuch im Jahre 1929 wurde sie Opfer der harten Repression durch die Regierung, die nach 1930 ohnehin einen immer schärfer antikommunistischen Kurs steuerte. Die CGT ihrerseits verbündete sich mit dem schwachen Präsidenten Pascual Ortiz Rubio und wurde in den Strudel seines Sturzes hineingezogen.[57]

Die Tatsache, daß sich während des Maximats keine hegemoniale Gewerkschaft im Sinne der CROM der 20er Jahre herausbilden konnte, lag allerdings auch in der veränderten Haltung der politischen Führung begründet. »Nach Meinung von Calles

stellten die Unterstützung durch die Armee, die Partei, die guten Beziehungen mit Washington, die Verständigung mit gewissen Agraristen sowie die Niederlage der Kirche mehr als ausreichende Machtelemente dar, so daß das Regime darauf verzichten konnte, eine ohnehin angeschlagene CROM erneut unter die wichtigsten politischen Akteure aufzunehmen.«[58]
Auch die Verabschiedung der *Ley Federal de Trabajo* im Jahre 1931, welche – 14 Jahre nach Erlaß der Verfassung von 1917 – aufgrund des Artikels 123 erstmals das Arbeitsrecht auf Bundesebene gesetzlich regelte, erfolgte ohne maßgebliche gewerkschaftliche Beteiligung.[59] Erst 1934 begann sich, im Zusammenhang mit den bevorstehenden Präsidentschaftswahlen, auch im Gewerkschaftsbereich eine neue Konstellation abzuzeichnen, als die von Vicente Lombardo Toledano gegründete, u. a. aus abgesplitterten CROM-Organisationen gebildete Confederación General de Obreros y Campesinos de México (CGOCM) eine neue Phase gewerkschaftlicher Militanz und eine ausgeprägt streikfreudige Politik einleitete.[60] Auf diese Entwicklung, die unter Cárdenas zur Erneuerung des engen Bündnisses zwischen Regime und »offizieller« Arbeiterbewegung führen sollte, wird im Schlußkapitel noch zurückzukommen sein.

Die Entstehung einer »revolutionären Bourgeoisie«

Wie einleitend erwähnt, fällt in die Zeit der sonorensischen Herrschaft auch die Entstehung einer neuen wirtschaftlichen Oberschicht aus dem Kreis der siegreichen nördlichen Revolutionsführer. Dieser Vorgang vermochte zwar die alte wirtschaftlich-soziale Elitestruktur Mexikos nicht von Grund auf umzugestalten, da die vorrevolutionäre Oberschicht durch die Revolution ja nur politisch entmachtet, in ihren wirtschaftlichen Domänen aber – zumindest bis zur Agrarreform unter Cárdenas – kaum tangiert worden war. Dennoch ist die Entstehung dieser Revolutionsbourgeoisie für ein tieferes Verständnis der Verhaltensweise der neuen, politisch maßgeblichen Führungsschicht, mithin auch des spezifisch »sonorensischen« Revolutionskurses, von großer Bedeutung.
Im vorangehenden Kapitel wurde die Entstehung einer neuen politischen Elite aus dem Kreis der – vornehmlich nördlichen – Revolutionsführer dargestellt. In Anknüpfung daran soll nun

aufgezeigt werden, wie der militärisch-politischen Karriere ihrer Exponenten sehr oft auch ein rascher Aufstieg in die Klasse der Großgrundbesitzer, Bankiers, Konzessionäre, Kaufleute und Industriellen entsprach. Dieser Vorgang soll am Beispiel einiger prominenter sonorensischer Revolutionsgeneräle exemplifiziert werden, die ja gleichzeitig auch den Kern der neuen politischen Elite stellten.

Dabei ist noch einmal die Ausgangskonstellation der sonorensischen Revolution – sowohl bezüglich der sozialen Herkunft ihrer Führer als auch der spezifischen Sozialisierungsformen der sonorensischen Insurrektion – kurz in Erinnerung zu rufen. Wie die meisten Militärführer des Nordens überhaupt stammten auch die sonorensischen Revolutionsgeneräle überwiegend aus den mittleren und unteren Segmenten der Mittelschicht; sie waren im Porfiriat als Kleinhändler, Rancheros, Fuhrleute, Angestellte, Lehrer, Pächter usw. tätig gewesen. Aufstrebende Rancheros wie Obregón und Hill gehörten zwar schon im späten Porfiriat zu den wohlhabenderen Bürgern ihrer Region, viele spätere Revolutionsgeneräle stammten aber aus bescheidenen sozialen Verhältnissen. So etwa der spätere Staatspräsident Abelardo Rodríguez, der diese für seine spätere politisch-militärische und wirtschaftliche Laufbahn zentrale Erfahrung in seiner Autobiographie so umschrieb: »Ich war von einem Angstkomplex besessen, alt zu werden, ohne meinen Wohlstand gesichert zu haben ... Daher kam es, daß ich mich stets bemühte, den künftigen Wohlstand meiner Familie sicherzustellen.«[61]

Wenn – wie die Biographie Obregóns vermuten läßt – eine begrenzte soziale Mobilität auch im ausgehenden Porfiriat durchaus existierte, so waren die Aufstiegskanäle für jene ambitionierten Angehörigen der Mittelschicht, aus denen sich das Gros der sonorensischen Revolutionsführer rekrutierte, doch recht eng. Vor allem war ihnen angesichts des geschlossenen porfiristischen Herrschaftssystems eine politische Karriere als nach wie vor sicherste Route sozialen Aufstiegs verbaut. Erst der maderistische Aufstand und die darauf folgenden politischen Umschichtungen, vor allem aber der Bürgerkrieg gegen das Huerta-Regime 1913/14, brachten für die neuen Revolutionsführer eine schlagartig erhöhte politische Mobilität, welche sie rasch in bedeutende Machtpositionen hob und damit auch die Ausgangsposition für ihre wirtschaftlichen Karrieren schuf. Der wirtschaftlich-soziale Aufstieg der Revolutionsführung wurde begünstigt durch den besonderen Charakter der sonorensischen Revolution, die – wie weiter oben gezeigt wurde – viel eher eine »von oben« organisierte, sozial »neutrale« Sezession denn eine echte Volkserhebung darstellte. Diese Tatsache ließ vor allem auch keine neue sozialrevolutionäre Legitimität entstehen, welche die Abhebung der Revolutionsführung von der Basis und ihre rasche Verwandlung in eine neue wirtschaftliche Oberschicht diskreditiert hätte.

In dieser Konstellation kam es schon während der Jahre des Bürgerkriegs zur Entstehung einer neuen wirtschaftlichen Oberschicht revolutionärer Provenienz. Am charakteristischsten scheint dabei zunächst der Aufstieg der neuen Revolutionselite in die Großgrundbesitzerschicht gewesen zu sein – ein Vorgang, der gleichzeitig die starke Kontinuität vorrevolutionärer Muster sozialer Mobilität widerspiegelt.[62] Die Möglichkeiten des Zugangs der nördlichen Revolutionsführer zur Hacendado-Klasse – anfänglich vor allem mittels »Intervention« der Güter durch die verschiedenen Revolutionsbewegungen – waren vielfältig und werden im folgenden Kapitel genauer dargestellt.[63] Jedenfalls typisiert der zum Hacendado gewordene ehemalige Revolutionsgeneral am eindrücklichsten den Werdegang vieler größerer und kleinerer Revolutionsführer vom Chef einer aufständischen Truppe zum Mitglied des gesellschaftlichen Establishments.

Allerdings ist es fraglich, ob diese Gruppe »revolutionärer« Neo-Hacendados bereits als neue »Bourgeoisie« zu bezeichnen ist. Eher trifft diese Bezeichnung schon auf jene Spitzengruppe der neuen Revolutionselite zu, die in den 20er und frühen 30er Jahren parallel zur Sicherung ihrer politischen Macht auch ihre wirtschaftlichen Aktivitäten zunehmend auszubauen und zu diversifizieren begann.

Obregón selber kann durchaus als Prototyp dieser rasch in die wirtschaftliche Oberschicht aufsteigenden neuen Revolutionselite gesehen werden. Als mittlerer Ranchero, Besitzer eines landwirtschaftlichen Betriebes von etwa 150 ha Fläche, hatte sich Obregón 1912 der sonorensischen Revolution angeschlossen. Seine brillante militärische Karriere führte ihn nicht nur an die Spitze der wichtigsten Revolutionsarmeen, sondern unter Carranza auch ins Amt des Kriegsministers. Während seines vorübergehenden Rückzugs aus der aktiven Politik unter der Präsidentschaft Carranzas, begann Obregón seine neue politisch-militärische Machtstellung zu nutzen, um seine privaten geschäftlichen Interessen energisch zu fördern. Sein spektakulärer wirt-

schaftlicher Aufstieg erfolgte, als es ihm, nach 1917/18 gelang, in die Domänen der etablierten Geschäfts- und Handelskreise Nordwestmexikos einzubrechen und diese aus dem wegen der wirtschaftlichen Krise ohnehin geringen Handel zu verdrängen.[64]
Wie der amerikanische Konsul in Nogales berichtete, war Obregón »in einer Art Maklergeschäft tätig, welches sich vornehmlich mit der Garbanzo-Ernte, aber auch mit der Ausfuhr von Vieh in die Vereinigten Staaten befaßt. Er ist im Besitz einer Konzession der Bundesregierung zur Vermarktung dieser Produkte, die ihm einen gewissen Erlaß von Exportsteuern gewährt, dessen sich normale Exporteure nicht erfreuen ... Als Obregón von Mexico-City hierher kam, verfügte er nur über verhältnismäßig geringe finanzielle Mittel, aber die letzte Garbanzo-Ernte hat ihm einen schönen Reingewinn eingetragen, dessen Höhe allgemein auf etwa 30000 US-Dollar geschätzt wird«.[65] Obregóns privilegierte Position beruhte indessen nicht nur auf der Exportsteuervergünstigung, wie einem weiteren Bericht des amerikanischen Konsuls in Guaymas vom 11. 1. 1918 über Einzelheiten der staatlichen Förderung von Obregóns kommerzieller Tätigkeit zu entnehmen ist. Der General verfüge auch über eine Bundeskonzession, »welche ihn berechtigte, 50 cents pro Sack auf allem im südlichen Teil Sonoras angebauten Garbanzo einzuziehen; und dank eines Arrangements mit den Staatsbehörden, welches ganz und gar nicht fair gegenüber den anderen Aufkäufern war, realisierte er einen Gewinn, welcher auf 60000 bis 100000 Pesos geschätzt wird. Er ist gegenwärtig daran, die Vermarktung der nächsten Ernte auf die gleiche Art und Weise vorzubereiten ...«[68]
Schließlich konnte sich Obregón dank seiner guten Beziehungen zu höchsten amerikanischen Regierungsstellen auch Vorzugsbedingungen auf dem nordamerikanischen Absatzmarkt sichern. So wurde ihm z. B. 1918 auf Intervention von Außenminister Lansing gestattet, einen Teil der Kaufsumme von 2,3 Mio. Dollar aus dem Garbanzo-Export in Gold und Silber nach Mexiko einzuführen, obwohl – wie es in einem Bericht des *Federal Reserve Board* an das Außenministerium vom 22. 7. 1918 hieß – »das *Board* normalerweise die Ausfuhr von Gold oder amerikanischer Währung im Zusammenhang mit der Einfuhr von Garbanzo nicht bewilligen würde«.[67]
Trotz des errungenen Monopols des Garbanzo-Handels scheinen

Obregóns Unternehmungen auf diesem Gebiet allerdings kein durchschlagender kommerzieller Erfolg gewesen zu sein, wie die bei seinem Tod bekannt gewordene hohe Verschuldung vermuten läßt.[68] Daß Obregón in den 20er Jahren seine Unternehmen dennoch zu einem kleineren Wirtschaftsimperium ausbauen konnte, lag nach Ansicht zahlreicher zeitgenössischer Beobachter denn auch weniger an genuin unternehmerischen Leistungen des Sonorensers als vielmehr an seiner ungehinderten Nutzung vielfältiger staatlicher Ressourcen.[69]

Obregóns geschäftliche Aktivitäten sollten rasch der ganzen Region ihren Stempel aufdrücken, wie 1928 in einem amerikanischen Konsularbericht aus Guaymas über die »Auswirkungen der Ermordung Obregóns auf die wirtschaftliche Situation Südsonoras« festgehalten wurde: »Die bemerkenswerte wirtschaftliche Entwicklung des Yaqui- und Mayotales während des letzten Jahrzehnts und insbesondere während der letzten zwei Jahre ist in hohem Maße nicht nur auf die große Energie, den Unternehmungsgeist und die fortschrittlichen Ideen des verstorbenen Generals Obregón zurückzuführen, sondern auch auf sein Prestige, das durch seinen politischen Einfluß entscheidend verstärkt wurde. Dieser Einfluß bewirkte solche besonderen Förderungsprogramme seitens der Bundesregierung (welche sonst möglicherweise nicht ins Auge gefaßt worden wären) wie jährliche Exportembargos auf Garbanzo, bis die alten Überschüsse abgesetzt waren, die Ausgabe von ca. 5 Mio. Pesos für Hafenausbauten in Yavaros, den Aufkauf von Bewässerungsanlagen und Land im Yaquital sowie Projekte für den Ausbau von Irrigationsanlagen im Yaqui- und Mayotal. Einer der besten Beweise für die Früchte von General Obregóns Macht ist die Stadt Cajeme. 1926 war diese Ortschaft wenig mehr als eine verlassene Prärie, heute hat Cajeme eine Bevölkerung von mehr als 6000 Einwohnern, besitzt eine Anzahl verhältnismäßig wichtiger Industrien, Verkaufsunternehmen und Mühlenanlagen und ist ein Verteilungs-, Vermarktungs- und Bankenzentrum. Navojoa hat sich von einem schläfrigen landwirtschaftlichen Nest zu einem Zentrum von nicht geringer Bedeutung entwickelt.«[70]

Motor dieser Entwicklung war der Ausbau des privaten Geschäftsimperiums Obregóns. Einerseits dehnte der General in den 20er Jahren – also während seiner Präsidentschaft und der daran anschließenden Jahre eines nach wie vor ungebrochenen politischen Einflusses – seinen Grundbesitz gewaltig aus. Bei

seinem Tod im Jahre 1928 umfaßten seine Ländereien Tausende von Hektar bewässerten oder bewässerbaren Ackerlandes in der fruchtbaren Yaqui- und Mayo-Region.[71] Daneben blieb er weiterhin im Großhandel tätig, weitete nun aber seine Aktivitäten auch auf den Bereich der verarbeitenden Industrie sowie den Dienstleistungs- und Bankensektor aus. So kontrollierte Obregóns Gruppe 1928 allein in Cajeme (dem späteren Ciudad Obregón) und Navojoa: eine Reismühle, eine Konserven- und Seifenfabrik, ein großes Handelsunternehmen für Automobile, Baumaterialien, landwirtschaftliche Geräte usw., zwei große landwirtschaftliche Versuchsstationen, eine Bank, eine Getreidemühle, ein kleines Warenhausunternehmen sowie ein Tankstellennetz. »Diese Liste«, bemerkte dazu der amerikanische Konsul in Guaymas, »erhebt keinen Anspruch auf Vollständigkeit, aber sie hilft, den wirtschaftlichen Einfluß und die Macht General Obregóns aufzuzeigen, die überragende Stellung, welche er in diesen recht wichtigen Zentren eingenommen hat . . . .«[72]
Eine derart expansive Geschäftspolitik war nur durch massive Mobilisierung direkter oder indirekter staatlicher Ressourcen möglich. Einmal setzten in diesem Gebiet nun umfangreiche öffentliche Infrastrukturinvestitionen (vor allem im Sektor der Bewässerungsanlagen, der Transportverbindungen und des Hafenausbaus) ein, die zwar der Region als Ganzer zugute kamen, bei der wirtschaftlichen Vormachtstellung Obregóns in diesem Gebiet aber vor allem auch seine privaten wirtschaftlichen Interessen förderten. So hatte Obregón – nach Aussage seines ehemaligen Finanzministers de la Huerta – noch als Präsident den Bau einer Eisenbahnlinie von Navojoa nach Yavaros und den Ausbau des dortigen Hafens angeordnet, um dadurch »den Nutzen seiner Ländereien in Huatabampo zu steigern.«[73] Diese Bahnlinie mußte offenbar mit hohen Staatszuschüssen subventioniert werden, wie einem Bericht aus den 30er Jahren zu entnehmen ist.[74] Auch hinsichtlich der Frachtraten auf staatseigenen Schiffen soll Obregón beträchtliche Vergünstigungen erhalten haben.[75] Überhaupt erst möglich wurde seine äußerst expansive und keineswegs risikolose Geschäftspolitik aber zweifellos erst durch seinen privilegierten Zugang zu staatlichen Finanzquellen. »Wenn in der Vergangenheit die Finanzen von General Obregón in die Krise gerieten«, stellte der amerikanische Konsul in Guaymas kurz nach dessen Ermordung fest, »blieb Unterstützung durch die Regierung und andere Banken, welche ihm

persönlich vertrauten oder auch diesbezüglich unter einen gewissen Druck gesetzt wurden, nicht aus. Wenn jetzt in diesen Unternehmen eine Finanzkrise ausbricht, woher wird dann die Hilfe kommen?«[76]

Dieser Frage und dem weiteren Schicksal von Obregóns Unternehmungen nach seinem Tod soll an dieser Stelle allerdings nicht mehr nachgegangen werden. Die quellennahe Schilderung von Obregóns Geschäftsgebaren sollte lediglich einige Mechanismen der »ursprünglichen Akkumulation« von Kapital durch die sich formierende Revolutionsbourgeoisie möglichst anschaulich beleuchten. Obregóns Karriere als Geschäftsmann kam dabei angesichts seiner herausragenden politischen Stellung und seines außergewöhnlichen geschäftlichen Expansionsdranges zwar ein besonderes Gewicht zu. Aber die Tatsache, daß sich die neue Oberschicht vor allem über ihre Kontrolle des Staatsapparates oder einfach unter Ausnützung ihrer faktischen – etwa militärischen – Machtposition herausbildete, charakterisierte durchaus den wirtschaftlichen Aufstieg dieser Gruppe insgesamt.

So heißt es in einem Bericht des amerikanischen Konsuls in Guaymas vom 5. 2. 1918: »General Calles, der Gouverneur des Staates, plant in geheimer Zusammenarbeit mit Pancho Elías (seinem Halbbruder) und anderen die Errichtung einer Gerberei und Schuhfabrik in Agua Prieta sowie einer Bank in Hermosillo; von Oberst Gálvez, welcher vor kurzem von den Yaquis getötet wurde, wird berichtet, daß er alle seinem Kommando unterstellten Soldaten für den Abbau seiner privaten Guano-Vorkommen eingesetzt hat; General Manzo, welcher im Besitz der konfiszierten Güter des früheren Gouverneurs Maytorena gewesen ist, ließ mehrere Hundert seiner Soldaten diesen Privatbesitz bewirtschaften.«[77]

Eine besonders aktive, gleichsam tentakulär ausgreifende geschäftliche Tätigkeit legte einer der nach Obregón prominentesten sonorensischen Militärführer, General Benjamín G. Hill, an den Tag. Hill entstammte derselben sozialen Schicht wie Obregón, war vor der Revolution Ranchero in Navojoa gewesen und rückte als *divisionario* unter Carranza in die Spitze der konstitutionalistischen Armee auf. 1920 Militärkommandant des Distrito Federal, schloß er sich der Erhebung seines Landsmannes Obregón gegen Carranza an, wurde in Obregóns erstem Kabinett Kriegsminister, starb allerdings schon wenige Tage nach Übernahme dieses Amtes unter ominösen Umständen. Allem

Anschein nach scheint Hill keine Gelegenheit ausgelassen zu haben, um in den wenigen Jahren seiner Karriere ein beträchtliches Vermögen anzuhäufen. So besaß er – nach der von seiner Witwe Obregón am 7. 6. 1921 unterbreiteten Liste sowie einer Aufstellung vom 20. 10. 1923 – bei seinem Tod folgende Vermögensteile: ein später an die Regierung verkauftes Landgut, die Hacienda de Coapam, einen Landbesitz von 4527 ha in der Region von Huatabampo, den er in die von ihm mitbegründete Compañía Irrigadora y fraccionadora del Río Mayo einbrachte, einen Landwirtschaftsbetrieb in Nativitas, eine Viertelsbeteiligung an der Pacht dreier Haciendas im Staate México, schließlich die Hälfte der Hacienda La Encarnación im Staate Guanajuato, mit einer Ausdehnung von 2885 ha, in deren Besitz sich Hill in seiner Eigenschaft als militärischer Interventor während der Bewegung von Agua Prieta gebracht hatte.[78]
Vom Finanzministerium hatte Hill zwei Erdölkonzessionen in den Staaten Tamaulipas und Puebla erworben, vom Wirtschaftsministerium eine mit einem Wert von 120000 Pesos veranschlagte Wasserkonzession am Río Mayo. Schließlich war Hill an einigen Geschäftsunternehmen beteiligt, u. a. an der Pneufabrik Pelzer, an der Compañía Placeres de Oro de Michoacán, S. A., sowie an den Ferrocarriles de la Costa del Golfo. Vor allem hatte sich der General auch zahlreiche Gewinnbeteiligungen an privaten Firmen sowie an Liefer- und Bauverträgen mit öffentlich kontrollierten Unternehmen gesichert, so z. B. eine Kommission von 4 % auf den Bruttoeinnahmen der Stierkampfarena in der Hauptstadt, sodann die Rechte auf den halben Gewinn aus dem Lieferungsvertrag für Eisenbahnschwellen an die Ferrocarriles Nacionales auf den Strecken Matamoros-Monterrey und Monterrey-Tampico sowie einen Gewinnanteil von 25 % aus einem Bauvertrag mit den Ferrocarriles Nacionales zur Errichtung der Strecke von Veracruz nach Santa Lucrecia.«[79]
Gegenüber der Energie und Zielstrebigkeit, mit der Obregón systematisch sein weitgefächertes Geschäftsunternehmen aufbaute und der nicht minder ausgeprägten Hartnäckigkeit, mit der Hill – vor allem über Land- und Konzessionserwerb sowie Beteiligung an Bau- und Lieferverträgen – ein beträchtliches Vermögen anhäufte, nahm sich die geschäftliche Tätigkeit von Plutarco Elías Calles eher bescheiden aus. Aber auch Calles hatte schon in der Zeit, da ihm noch der Ruf eines Radikalen und verkappten Bolschewiken vorausging, in Sonora begonnen, sich

im Bergbau- und vor allem im Bankensektor zu engagieren. So war Calles u. a. Mehrheitsaktionär der Compañía Bancaria Mercantil y Agrícola de Sonora, S. A., deren Geschäftserfolg in beträchtlichem Ausmaß von ihren privilegierten Beziehungen zu Regierungsbehörden abhing.[80]

Auch im Falle von Calles stellte der Erwerb von Landbesitz ein wichtiges Attribut seines sozialen Aufstiegs dar. Wie alle Spitzenmitglieder der *familia revolucionaria* besaß er schließlich verschiedene Residenzen und Landgüter, darunter die Zuckerhacienda El Mante, die bis Ende der 20er Jahre außerordentlich hohe Kredite des neugegründeten *Banco de México* erhalten hatte.[81] Schließlich scheint Calles auch in beträchtlichem Ausmaß an der mexikanischen Tochtergesellschaft der amerikanischen A.T.T. beteiligt gewesen zu sein: ein aufschlußreiches Beispiel für die offenbar zunehmenden wirtschaftlichen Beziehungen zwischen der Revolutionsbourgeoisie und dem Auslandskapital.[82]

Abschließend sei noch kurz die geschäftliche Laufbahn zweier weiterer Exponenten der sonorensischen Revolutionselite beleuchtet, die in diesen Jahren ebenfalls den Grundstein breitangelegter Wirtschaftskomplexe legten: Abelardo L. Rodríguez und Aarón Sáenz.

Rodríguez, 1932-34 letzter Staatspräsident sonorensischer Herkunft, entstammte einem sozialen Milieu, in welchem sich eine semi-proletarische wirtschaftliche Existenz mit einer ausgeprägt kleinbürgerlichen Familientradition und Ideologie verband. Sein »Angstkomplex, alt zu werden, ohne (seinen) Wohlstand gesichert zu haben«, wurde bereits erwähnt. Gelegenheit, diesem Schicksal zu entrinnen, bot sich ihm in den 20er Jahren als Gouverneur von Baja California, wo er u. a. über seine Kontrolle zahlreicher Vergnügungsetablissements wie *saloons, cabarets* usw. vom einsetzenden Touristikboom in der Grenzregion profitierte. Als Mitbegründer von »70, 80 oder mehr Unternehmen« häufte er im Laufe der Jahre ein Vermögen an, das ihm Ende der 40er Jahre den Ruf eintrug, zur absoluten Spitzengruppe der »Millionäre der Revolution« zu gehören.[83]

Aarón Sáenz schließlich war zwar nicht aus Sonora gebürtig, sondern stammte aus dem nordöstlichen Nuevo León, gehörte aber insofern zu den »Sonorensern«, als er seine militärische Karriere im Stab von Obregóns Nordwestarmee und seine politische Laufbahn (u. a. als Außenminister) in den 20er- und

der ersten Hälfte der 30er Jahre als Gefolgsmann der sonorensischen Präsidenten Obregón und Calles absolviert hatte. Als Sohn einer Familie der gehobenen Mittelschicht hatte er als einer der verhältnismäßig wenigen Revolutionsoffiziere das Gymnasium in Saltillo und die Universität in Mexico-City besucht. Parallel und im Anschluß an seine öffentliche Laufbahn entwickelte sich Sáenz zu einem der großen Zuckerindustriellen und Bankiers des Landes, um – nach seinem Ausscheiden aus der aktiven Politik unter Cárdenas – schließlich ganz in die *iniciativa privada*, die Privatwirtschaft, hinüberzuwechseln.[84] 1964 bekleidete Sáenz, nach einer Aufstellung der Zeitung »El Universal«, neben seiner Stellung als Präsident der Nationalen Gesellschaft der Zukkerproduzenten folgende Positionen: Verwaltungsratspräsident der Compañía Mexicana de Aviación, Präsident der Sociedad Nacional de productores de alcohol, Präsident der Versicherungsgesellschaft Atlas und der Immobilienbank Atlas, Präsident und Direktor des Banco de Industria y Comercio, S. A. sowie *consejero* des Banco de México und zahlreicher anderer Bankinstitute des Landes.[85]
In mancher Beziehung symbolisiert sein Werdegang besonders eindrücklich den hier an einigen Beispielen illustrierten Prozeß der Bildung einer neuen Bourgeoisie aus dem Kreis der ehemaligen Revolutionsführer, wie er schließlich in den 60er Jahren in der Überschrift einer Laudatio zu Aarón Sáenz' 75. Geburtstag in der Zeitung »Novedades« auf die wohl kürzeste Formel gebracht werden sollte: »Ein vorbildlicher Mexikaner: Revolutionär und Geschäftsmann!«[86]
Es kann hier nicht darum gehen, die Bildung einer neuen Bourgeoisie aus dem Kreis der Revolutionselite, ihren Verwandten, Protégés usw. durch das Aufzeigen ähnlicher Karrieren weiter auszumalen. Die Liste an einschlägigen Beispielen ließe sich mühelos beliebig verlängern.[87] Vielmehr soll abschließend versucht werden, diesen Vorgang in den weiteren Rahmen der wirtschaftlichen und sozialen Entwicklung Mexikos einzuordnen. Dabei fallen zunächst einige unverkennbare Gemeinsamkeiten mit den gesellschaftlichen Auswirkungen früherer politischer Umbrüche auf. Ähnlich wie die siegreichen Porfiristen im späten 19. Jahrhundert vollzog auch die neue Revolutionselite ihren wirtschaftlichen und sozialen Aufstieg vornehmlich über die politische Machtergreifung und die Nutzung des Staatsapparates. Auch für sie gilt (wie für die vorrevolutionäre Científico-

Bourgeoisie), daß weniger die Bourgeoisie den Staat als vielmehr der Staat die Bourgeoisie hervorgebracht hat.[88] Auch in ihren gesellschaftlichen Ambitionen und ihrem Lebensstil knüpfte die revolutionäre Bourgeoisie an Verhaltensmuster der porfiristischen Elite an. Besonders deutlich zeigte sich dies in der Tatsache, daß – wie schon erwähnt – auch für viele Revolutionsgeneräle der Einstieg in die Großgrundbesitzerklasse primäres Kennzeichen ihrer Integration in die Oberschicht darstellte sowie im Umstand, daß es – ähnlich wie in den Jahrzehnten nach der porfiristischen Machtergreifung – offenbar auch nach der Revolution von 1910, zumindest in der zweiten Generation, zu einer zunehmenden Verschmelzung von »alter« und »neuer« Oberschicht kam.
Allerdings sind auch deutliche Unterschiede zwischen Científicos und revolutionärer Bourgeoisie festzuhalten. Den im vorangehenden Abschnitt beschriebenen Divergenzen in der wirtschaftspolitischen Strategie zwischen vor- und nachrevolutionärer Elite entsprachen auch unterschiedliche Muster der privaten »Kapitalakkumulation«. Während die Científicos ihren wirtschaftlichen Aufstieg vor allem als Vermittler zwischen dem Auslandskapital und dem mexikanischen Staat sowie als Partner ausländischer Unternehmen vollzogen, stützte sich die revolutionäre Bourgeoisie unmittelbar auf den mexikanischen Staat ab und profitierte primär von den neuentwickelten staatlichen Kreditorganisationen, dem staatlichen Infrastrukturausbau usw. Wie weit diesen Besonderheiten von Científicos und Revolutionsbourgeoisie auch ein unterschiedliches Wirtschaftsverhalten im privatwirtschaftlichen Bereich entsprach, ist schwierig zu beurteilen. Einerseits betätigte sich auch die revolutionäre Bourgeoisie in den »traditionellen« Bereichen der Landwirtschaft, des Finanzgeschäfts und Großhandels, der Bauspekulation usw., andererseits engagierten sich Leute wie Obregón, Sáenz, Almazán u. a. doch zunehmend auch in »modernen« Sektoren wie dem Agrobusiness, der verarbeitenden Industrie usw. Es ist allerdings beim heutigen Forschungsstand noch kaum zu entscheiden, ob sich die revolutionäre Bourgeoisie – über die ihr gemeinsamen Formen der Kapitalakkumulation hinaus – auch durch eine Gemeinsamkeit ihrer Wirtschaftstätigkeit auszeichnete.[89]
Schließlich ist auch die ökonomische Bedeutung der revolutionären Bourgeoisie schwer zu ermessen. Ungeachtet des beträchtlichen Umfangs einzelner Unternehmen in ihrem Besitz darf deren Gewicht in der mexikanischen Wirtschaft insgesamt sicher-

lich nicht überschätzt werden. Nach wie vor war diese ja vom Auslandskapital beherrscht, und auch die vorrevolutionäre Oberschicht konnte ihre Stellung nach der Revolution im Handel, im Bankwesen und der Industrie weitgehend behaupten.[90] Die neue Revolutionsbourgeoisie verdrängte denn auch die alte Oberschicht nicht einfach aus ihren angestammten Domänen, sondern gliederte sich dieser vielmehr als ein neues – durch ihre politische Stellung zunächst privilegiertes – Segment ein. In gesellschaftlicher Hinsicht scheint jedenfalls der Verschmelzungsprozeß von alter und neuer Oberschicht seit Ende der 20er Jahre, sicher aber seit dem 2. Weltkrieg weitgehend vollzogen gewesen zu sein, wobei (wie schon während des Porfiriats) »die Verheiratung das sicherste Mittel für die Fusion« von alter und neuer Elite darstellte.[91]

Auch wenn dieser Vorgang im einzelnen genauer erforscht werden muß, steht doch außer Frage, daß der Umstand, daß sich die politischen Führer zunehmend auch als private Unternehmer betätigten, nicht ohne Einfluß auf ihre wirtschaftlich-gesellschaftlichen Ordnungsvorstellungen blieb. Diese Tatsache sollte sich vor allem auch in der staatlichen Agrarpolitik auswirken, die im folgenden Kapitel genauer dargestellt wird.

1 Joseph E. Sterrett und Joseph S. Davis, *The Fiscal and Economic Condition of Mexico – Report submitted to the International Committee of Bankers on Mexico,* 25 May 1928. Dieser umfangreiche Bericht (243 Seiten und Anhang) stellt, zusammen mit der Arbeit von Sherwell (vgl. Anm. 18) die wichtigste Quelle zur wirtschaftlichen Entwicklung Mexikos bis in die späten 20er Jahre dar.

2 Dies betont mit Nachdruck in einem »revisionistischen« Aufsatz John Womack, L'économie mexicaine pendant la Révolution, 1910-1920: Historiographie et analyse, in: *Etudes Mexicaines, 3* (1980), S. 117-142.

3 Womack, S. 119f.

4 Sterrett/Davis, S. 197.

5 Berechnet nach Leopoldo Solís, *La realidad económica mexicana: retrovisión y perspectivas,* México 1970, S. 91. – Die bei Solís aufgeführten Werte entsprechen Pesos von 1950; vgl. Anm. 12.

6 Womack, S. 126, Tab. 1. Insgesamt ging die Bevölkerung zwischen 1910 und 1921 infolge revolutionsbedingter Einflüsse, Auswanderung, epidemischer Krankheiten und Unterernährung netto um 360000 Menschen

von 15,16 auf 14,8 Mio. Einwohner zurück, vgl. Clark W. Reynolds, *Mexican Economy*, S. 18, Tab. 1.2.

7 Bericht von Sir William Wiseman vom 24. 3. 1921 an J. Simon, Président du Groupe Français du Comité International pour la Protection des Porteurs de Valeurs Mexicaines, Kopie im Schweizerischen Bundesarchiv, Bern.

8 Solís, S. 90f; Werte in Pesos von 1950.

9 Solís, S. 91; Werte in Pesos von 1950.

10 Berechnet nach Solís, S. 90f.

11 Krauze, *Historia 10*, S. 213.

12 L. Meyer, *Historia 13*, S. 39; Werte in laufenden Pesos.

13 Vgl. oben, Kap. III/1, S. 416 f.

14 Vgl. dazu neben der Arbeit von Solís vor allem das stark quantitativtheoretisch ausgerichtete Werk von Reynolds, *Mexican Economy*, das sowohl hinsichtlich seines methodischen Ansatzes als auch seiner statistischen Basis die beste Studie über die wirtschaftlichen Wachstumsprobleme Mexikos im 20. Jahrhundert darstellt. In einer Berechnung der wirtschaftlichen *opportunity costs* der mexikanischen Revolution zwischen 1910 und 1940 kommt er, S. 325, zum Schluß, daß diese »wesentlich kleiner waren als man hätte vermuten können«. Ohne Revolution wäre das (hypothetische) Pro-Kopf-Produkt im Jahre 1940 unter den günstigsten Annahmen lediglich 18 % höher gewesen als das tatsächlich erreichte. Zu den längerfristig positiven wirtschaftlichen Auswirkungen der Revolution vgl. Reynolds, S. 326.

15 Vgl. dazu unten, S. 504 f.

16 Solís, S. 96.

17 Zum Bergbau vgl. Marvin D. Bernstein, *The mexican mining industry, 1890-1950*, New York 1964; zum Erdöl: Merrill Rippy, *Oil and the Mexican Revolution*, Leiden 1972. Sowohl im Bergbau als auch in der Erdölproduktion betrug der Anteil des Auslandskapitals über 90 %.

18 Butler G. Sherwell, *Mexico's Capacity to pay. A general analysis of the present International economic position of Mexico*, Washington 1929, Manuskript, 92 S., hektographiertes Exemplar aus dem *Banco de México*, S. 42.

19 Sherwell, S. 47.

20 Sherwell, S. 45f.

21 Sherwell, S. 46f.

22 Sterrett/Davis, S. 208; vgl. auch José Luis Ceceña, *México en la órbita imperial – las empresas transnacionales*, México 1975, S. 117ff.

23 Womack, S. 127, Tab. 2. Etwas unterschiedliche Zahlen geben Krauze/Meyer, *Historia 10*, S. 289-291, die aber trendmäßig ebenfalls einen deutlichen Anstieg der nordamerikanischen Investitionen zwischen 1910 und 1929 signalisieren. Während sich nach Womacks Angaben das britische Kapital bis in die frühen 30er Jahre knapp hinter dem amerikanischen behaupten konnte, geben Krauze/Meyer für 1929 eine

wesentlich ungleichere Verteilung des Auslandskapitals an: USA: 3 Mrd. Pesos, Großbritannien: 900 Mio. Pesos, Frankreich: 375 Mio. Pesos, Verschiedene: 325 Mio. Pesos, S. 291.

24 Sherwell, S. 84.

25 Sterrett/Davis, S. 73.

26 Womack, S. 128.

27 Zu den entsprechenden Bestimmungen des Artikels 123 vgl. Kap. II/5, S. 312 f. Insbesondere im Bereich der landwirtschaftlichen Lohnverhältnisse und Arbeitsbedingungen blieben die entsprechenden Bestimmungen weitgehend toter Buchstabe, wie etwa Marjorie Clark beobachtete. Auch der 8-Stunden-Tag wurde nur in einer Minderheit der Betriebe eingehalten, vgl. Clark, *Organized Labor,* S. 164, 226. – Zur Einführung eines regional differenzierten gesetzlichen Minimallohnes im Jahre 1933 vgl. L. Meyer, *Historia 13,* S. 157-159.

28 Sterrett/Davis, S. 219-223.

29 James W. Wilkie, *The Mexican Revolution: Federal Expenditure and Social Change since 1910,* California UP, Berkeley 1967, S. 258. Für die Zeit bis 1940 standen Wilkie lediglich drei, den offiziellen Volkszählungen entnommene, aber nur beschränkt aussagefähige Indikatoren zur Verfügung: Analphabetenrate, Prozentsatz der nicht spanisch sprechenden Bevölkerung und Prozentsatz der in Ortschaften mit weniger als 2500 Einwohnern lebenden Bevölkerung.

30 Reynolds, S. 43-47.

31 So weist z. B. Reynolds, S. 205, auf die möglichen Auswirkungen des wachsenden Anteils des Auslandskapitals in der extraktiven Industrie für die (ungleichere) Einkommensverteilung hin oder auf den relativen Rückgang des ländlichen Prokopfeinkommens im Verhältnis zum nationalen Durchschnitt in der Zeit zwischen 1910 und 1940, S. 74, Tab. 2.8.

32 J. Meyer, *Historia 11,* S. 284.

33 So erklärte z. B. Calles, dem damals noch der Ruf eines verkappten Bolschewiken anhaftete, schon 1924 in einem Interview mit der Zeitung »El Demócrata«: »Individuelle Ambitionen existieren bei uns in einem so außergewöhnlichen Ausmaß, daß sie nur im gegenwärtigen gesellschaftlichen System, das von der Arbeiterpartei kapitalistisch genannt wird, befriedigt oder gedämpft werden können«, vgl. Robert H. Murray, (Hg), *Mexico before the World: Public Documents and Addresses of Plutarco Elías Calles,* New York 1927, S. 34ff. – Vgl. dazu auch Calles' Äußerungen über die Aufgabe der Gewerkschaften bei der Verteidigung der kapitalistischen Wirtschaftsordnung, S. 491.

34 Zit. b. J. Meyer, *Historia 11,* S. 287.

35 Vgl. J. Meyer, *Historia 11,* S. 283-290; Krauze, *Historia 10,* S. 7-106.

36 J. Meyer, *Historia 11,* S. 289.

37 Vgl. oben, Kap. II/4, S. 273 f.

38 Vgl. oben, Kap. III/1, S. 384 ff., III/3, S. 469 f.

39 Grundlegend für die Gewerkschaftsentwicklung in den 20er- und frühen

30er Jahren ist noch immer die 1934 erschienene Pionierarbeit von Marjorie R. Clark, *Organized Labor in Mexico.* Vgl. daneben jetzt vor allem Barry Carr, *El movimiento obrero,* sowie die entsprechenden Abschnitte in den verschiedenen Bänden der *Historia de la Revolución mexicana.*

40 Carr, *El movimiento,* II, 6.

41 Unverblümt hat ein hoher Funktionär des sonorensischen Regimes, der Sekretär des Präsidenten Abelardo Rodríguez, Francisco J. Gaxiola, diesen Sachverhalt zum Ausdruck gebracht. Im Gegensatz zur gesellschaftlich gewachsenen europäischen Arbeiterbewegung sei die mexikanische ein Produkt des Staates; »... die Macht der mexikanischen Gewerkschaften stand immer in direktem Verhältnis zur Unterstützung, die ihnen der Staat hat zukommen lassen ...«, Gaxiola, *El Presidente Rodríguez,* S. 484, S. 487.

42 Clark, S. 105; Carr, I, S. 180f.

43 Carr, I, S. 181; II, S. 25-28; Clark, S. 110f.

44 Clark, S. 98ff., S. 113f.; Carr, I, S. 184ff.

45 Clark, S. 109.

46 Vgl. Ernest Gruening, *Mexico and its heritage,* S. 376f.

47 Zit. b. A. Shulgovski, *México en la encrucijada,* S. 47.

48 Diese Vorstellungen prägten auch nachhaltig das Denken Obregóns, vgl. Narciso Bassols, *El pensamiento político de Alvaro Obregón,* S. 108ff. Klar brachte auch Alberto J. Pani diesen Gedanken zum Ausdruck, als er – unter Bezug auf die von ihm ausgegangenen staatlichen Initiativen zur Organisation von Handel und Industrie – die Notwendigkeit auch der Organisation der Arbeiterschaft hervorhob. Seinem Wirtschaftsministerium sei dabei aufgetragen gewesen, »die Konflikte zwischen Kapital und Arbeit zu lösen und, vor allem, solche Konflikte zu vermeiden, durch eine gerechte und geeignete Koordination dieser beiden hauptsächlichen Produktionsfaktoren«, A. J. Pani, *Apuntes Autobiográficos,* I, S. 263.

49 »El Demócrata«, 20. 9. 1923, in Murray, *Mexico,* S. 6ff.

50 Interview vom 27. 11. 1927, in Murray, *Mexico,* S. 193ff.

51 Carr, II, S. 42f. – Auch Gruening beobachtete an der 1. Mai-Demonstration von 1925 das Verschwinden früherer klassenkämpferischer Slogans. Diese seien Forderungen gewichen, wie: »Laßt uns mehr mexikanische Produkte herstellen und konsumieren!«, Gruening, S. 376.

52 Vgl. Clark, S. 119.

53 Clark, S. 63; Carr, II, S. 10-12.

54 Clark, S. 68f.; Carr, II, S. 13f.

55 L. Meyer, *Historia 13,* S. 113.

56 Clark, S. 134, S. 136f.

57 Clark, S. 268ff; L. Meyer, *Historia 13,* S. 114-130.

58 L. Meyer, *Historia 13,* S. 107.

59 L. Meyer, *Historia 13,* S. 105.

60 L. Meyer, *Historia 13,* S. 166-171.

61 Abelardo L. Rodríguez, *Autobiografía*, S. 171; ähnlich äußerte sich einer seiner Biographen über Obregón: »Das Joch der Armut ... hinterließ keine dauerhaften Spuren, weder in seinem Charakter noch in seiner Physiognomie. Er betrachtete diese Armut als ein Stimulans und nicht als Erniedrigung.« E. J. Dillon, Mis encuentros con Alvaro Obregón, in *CRISOL*, Juli 1929.

62 Vgl. Gustavo Abel Hernández, *La movilidad política*, S. 502, über die spätere soziale Karriere der 1876 siegreichen porfiristischen Militärs: »Sie beenden ihre Tage gegen Ende des Porfiriats, ohne Gewicht in der nationalen Politik, aber als Besitzer großer Haciendas.«

63 Vgl. unten, Kap. III/5, S. 530 ff.; ausführlich dargestellt ist dieser Vorgang bei H. W. Tobler, *Las paradojas*.

64 So berichtete der amerikanische Konsul in Guaymas am 5. 2. 1918: »Die Kaufleute und die übrigen Zivilisten sind darüber hinaus unzufrieden, weil sich zahlreiche Generäle und Obersten in verschiedenen Geschäftsbereichen festgesetzt und die etablierten Kaufleute aus dem ohnehin geringen Handel verdrängt haben. Obregón z. B. kontrolliert mit seiner Clique von Offizieren das Garbanzo-Geschäft ...«, NAW, M 336, R. 57, 862.20212/949. Garbanzo = mexikanische Kichererbse (amerikanisch: chick pea). – Ich lehne mich im folgenden an meinen Aufsatz *Revolutionsgeneräle als »businessmen«* an, S. 200-207.

65 Bericht vom 15. 1. 1928, NAW, M 274, R. 62, 812.00/21668.

66 NAW, M 274, R. 62, 812.00/21690.

67 Vgl. Obregóns »Memorandum« vom 16. 4. 1918 an das State Department, RG 59, 612.119/1463 und Brief des *Federal Reserve Board* vom 22. 7. 1918 an das State Department, NAW, RG 59, 612.119/1916.

68 Bei seinem Tod scheint Obregón außerordentlich hoch verschuldet gewesen zu sein, so etwa gegenüber der amerikanischen Handelsgesellschaft W. R. Grace & Co., sowie – nach wiederholt geäußerten Vermutungen in den amerikanischen Konsularberichten – auch gegenüber nordamerikanischen Banken, vgl. NAW, M 274, R. 94, 812.00 Sonora/1. In diesem Bericht wurde auch erwähnt, »daß ungefähr 2 Millionen Pesos Schulden gegenüber mexikanischen Staatsbanken bestehen; dieser Betrag wird von ihnen abgeschrieben werden.« – Nach einem Bericht Schoenfelds vom 21. 10. 1926 brachte Obregóns »Monopol des mexikanischen Garbanzohandels ihm nicht die erhofften Gewinne wegen der Anhebung der spanischen Importzölle auf Garbanzo und weil Obregón seine großen Vorräte zu überhöhten Preisen zurückhielt«, NAW, M 274, R. 84, 812.00/28017. – In verschiedenen amerikanischen Konsularberichten werden Obregóns Aspirationen auf eine zweite Präsidentschaft in direkte Verbindung mit seiner hohen Verschuldung gebracht. Vgl. z. B. den Bericht Sheffields vom 31. 5. 1927, der ein Gespräch Obregóns mit einem Vertreter der Firma Wells Fargo wiedergibt, nach welchem Obregón erklärt hatte, »daß er finanziell ruiniert wäre, wenn jemand Präsident

würde, der ihm und seiner Politik nicht wohlgesinnt sei«, NAW, M 274, R. 86, 812.00/28452.

69 Zweifel an der kaufmännischen Solidität von Obregóns Geschäftsgebaren wird in den meisten amerikanischen Konsularberichten geäußert. Vgl. z. B. den Bericht des amerikanischen Konsuls in Mazatlán vom 25. 7. 1926 über ein vertrauliches Gespräch mit dem Gouverneur von Sinaloa, Alejandro Vega: »Eine Tatsache, die immer klarer zutage tritt, ist Obregóns Gier nach Geld und Einfluß ... Man weiß, daß ihm seine Macht erlaubt, zahlreiche Luftschlösser zu errichten, im Bestreben, der industrielle Monarch der Westküste zu werden. Wenn alle von ihm angekündigten Projekte tatsächlich realisiert würden, würde dies die Verwirklichung des Unmöglichen bedeuten, wenn man seine geringe Finanzbasis, seine Unfähigkeit, normalen Kredit zu erhalten und seinen allgemeinen Mangel an unternehmerischen Fähigkeiten in Rechnung stellt. Er hat allerdings größten, vielleicht sogar absoluten politischen Einfluß auf die mexikanische Regierung. Häufig wird er als König bezeichnet, und Cajeme, Sonora, als seine Residenz. Dies allein erklärt seinen Erfolg.« NAW, M 274, R. 84, 812.00/27850.

70 Bericht vom 21. 7. 1928, NAW, M 274, R. 94, 812.00 Sonora/1.

71 Aufgrund der mir vorliegenden Unterlagen läßt sich der genaue Umfang von Obregóns Grundbesitz bei seinem Tod nicht ermitteln. Immerhin umfaßte allein Obregóns Compañía Distribuidora del Yaqui, die lediglich eines seiner zahlreichen Unternehmen darstellte, »33000 ›acres‹ kultivierten Landes im Cajeme-Tal, mit ausreichend Wasser für die Irrigation« (»La Gaceta«, Guaymas, 25. 1. 1929).

72 NAW, M 274, R. 94, 812.00 Sonora/1.

73 *Memorias de Don Adolfo de la Huerta,* S. 236.

74 Vgl. Memorandum der Firma E. K. Smoot vom 19. 6. 1934, in AGN, ALR, paq. 138, 571.1/5.

75 Vgl. NAW, M 274, R. 84, 812.00/27850.

76 Bericht vom 8. 8. 1928, NAW, M 274, R. 94, 812.00 Sonora/4.

77 NAW, M 336, R. 57, 862.20212/949. Die hohen Offiziere stellten eine privilegierte Kaste dar, berichtete der Konsul, und »obwohl die Soldaten selbst in Lumpen gehen und oft ihren Sold nicht erhalten, sind doch alle Offiziere noch immer gut versorgt mit Goldwährung und sind sündhaft verschwenderisch in ihren Ausgaben für Automobile, Juwelen für Frauen und andere Formen eines aufwendigen Lebensstils. Es wird auch berichtet, daß innerhalb des letzten Jahres mehr als vierzig Zahlmeister der Armee aus der Republik verschwunden sind.«

78 AGN, O.-C., 7/4, 103-H-8. Die Geschichte der Hacienda La Encarnación ist hinsichtlich der hier behandelten Aspekte in mancher Beziehung aufschlußreich. Unter Carranza hatte sich einer seiner Lieblingsgeneräle, Juan Barragán, mit offensichtlich sehr dubiosen Methoden und dank Carranzas Protektion in den Besitz dieser Hacienda gebracht. Nach dem Sturz Carranzas hatte sein Anhänger Barragán aber das Land verlassen

müssen, worauf Hill als militärischer Interventor seine Hand auf besagte Hacienda legte. Zum weiteren Schicksal dieser Hacienda vgl. Tobler, *Las paradojas,* S. 70. – Barragán hatte sich 1917 als Gouverneur von San Luis Potosí über seine Kontrolle des staatlichen Transportwesens an großen Manipulationen des Maismarktes beteiligt und so in einer ausgeprägten Mangelsituation beträchtliche Gewinne eingesteckt, vgl. den Bericht des amerikanischen Konsuls in San Luis Potosí vom 9. Dezember 1917, NAW, RG 59, 612.119/587.

79 AGN, O.-C., 7/4, 103-H-8. Wie problematisch offenbar viele Eigentumstitel von Hills neuerworbenem Vermögen waren, geht auch aus der Klage seiner Witwe an Obregón hervor, ihr verstorbener Mann hätte noch »viele andere Dinge« besessen, welche, »da sie nicht notariell beglaubigt waren, ohne den leisesten Protest von irgendeiner Seite, in die Hände seiner Favoriten und Protégés übergegangen sind.«

80 AGN, O.-C., 6-2, 103-E-8; 7/4, 103-H-31.

81 Krauze, *Historia 10,* S. 50.

82 Vgl. Joe C. Ashby, *Organized Labor and the Mexican Revolution under Lázaro Cárdenas,* Chapel Hill 1963, S. 25.

83 Rodríguez, *Autobiografía,* S. 161; vgl. auch Francisco Naranjo, Los millonarios de la Revolución, in »Diario de Yucatán«, 3./4./5. September 1948. Nach Berichten des amerikanischen Konsuls in Mexicali vom 8. 3. und 1. 4. 1924 war Rodríguez als Gouverneur von Baja California offenbar in einen großangelegten Drogenschmuggel sowie illegalen Alkoholverkauf verwickelt, vgl. NAW, RG 59, 811.114 N 16/475, 811.114/3391.

84 Unter Obregón und Calles war Sáenz Vizeaußenminister und Außenminister sowie Gouverneur von Nuevo León, unter Ortiz Rubio Wirtschaftsminister, unter Abelardo Rodríguez Erziehungsminister und Bürgermeister von Mexico-City. – Am 15. 5. 1941 berichtete die Zeitung »Novedades« über die schweren Anklagen von Ejidatarios des Zuckeranbaugebietes im Staate México gegen die Zuckerproduzenten: » . . . wir scheinen die Beute des Löwen zu sein, welcher uns in der Höhle auflauert, um uns zu verschlingen. Wir meinen damit Aarón Sáenz, den größten Ausbeuter in der Zuckerwirtschaft von ganz Mexiko.«

85 »El Universal«, 8. 7. 1964.

86 »Novedades« berichtete am 3. 6. 1966: Das Bankett zu Ehren von Aarón Sáenz »trug zur Klärung eines entscheidenden Punktes bei: des scheinbaren Widerspruchs zwischen dem revolutionären Kriterium, im strikten Sinne der mexikanischen Revolution, und der Tätigkeit in der Privatwirtschaft . . . Widerspricht dieses revolutionäre Kriterium, seine revolutionäre Überzeugung, vielleicht seiner Tätigkeit als Unternehmer? (. . .) Im Gegenteil, er bestätigte mit seiner Tätigkeit als Unternehmer innerhalb der privatwirtschaftlichen Ordnung, die wir haben, jenes revolutionäre Ideal, das ihn zum Kampf gegen Díaz und Huerta im Namen der Freiheit der Arbeit und der Rechte der Arbeiter führte. Und so haben, auf die

gleiche Art und Weise, andere Revolutionäre gehandelt, mit derselben Absicht, neue Quellen des Reichtums, der Produktion und des Konsums zu schaffen . . .«

87 Die hier etwas näher beleuchteten geschäftlichen Karrieren einiger prominenter Sonorenser waren zweifellos typisch für den beschriebenen Vorgang als Ganzen. Vgl. z. B. die Artikelserie von Francisco Naranjo, Los millonarios de la Revolución, in »Diario de Yucatán«, September 1948. Vielfältiges Material zu diesem Themenkreis findet sich auch in den amerikanischen Konsularberichten. Daß diese nicht selten tendenziös abgefaßt waren und wohl auch immer wieder Falschinformationen enthielten, ist nicht zu übersehen. Dennoch bringen sie den Kern der privaten Kapitalakkumulation dieser neuen Bourgeoisie zweifellos zutreffend zum Ausdruck. Eine eindrückliche literarische Behandlung des Themas gibt Carlos Fuentes, *La muerte de Artemio Cruz*, México 1964.

88 Vgl. Rodolfo Stavenhagen, Reflexiones sobre el proceso político actual, in El sistema mexicano, in *nueva política*, 1/2 1976, S. 15-22, hier S. 19.

89 Im Unterschied zu den guten empirischen Untersuchungen über die Científico-Bourgeoisie und den aufschlußreichen jüngeren Studien über die politische Elite gibt es für das nachrevolutionäre Mexiko noch kaum systematische Untersuchungen über die wirtschaftlichen und sozialen Eliten. Deshalb bleiben auch noch viele Fragen betr. die wirtschaftliche Rolle der Revolutionsbourgeoisie, ihre wirtschaftlichen Verflechtungen mit der alten Oberschicht, dem Auslandskapital usw. offen. Dieser Umstand dürfte nicht zuletzt auf die unverkennbare politische Brisanz dieser Thematik zurückzuführen sein.

90 Vgl. Jean Meyer, *Historia 11*, S. 300, für den die Exponenten der revolutionären Bourgeoisie in ihrem wirtschaftlichen Gewicht »gegenüber den wahren Vermögen im Finanzwesen, dem Handel und der Industrie kleine Wichte bleiben«.

91 Meyer, *Historia 11*, S. 300. Dort, S. 291-303, auch einige Hinweise auf die wirtschaftlichen und gesellschaftlichen Verflechtungen von Revolutionselite, alter Oberschicht, ausländischen Geschäftsleuten und dem sich langsam »mexikanisierenden« Bürgertum europäischen Ursprungs. – Zum gesellschaftlichen Verschmelzungsprozeß von »alter« und »neuer« Oberschicht vgl. auch José E. Iturriaga, *La estructura social y cultural de México*, México 1951, S. 81.

Kapitel 5

Wandel und Kontinuität der Agrargesellschaft: Landreform und Agrarkonflikte

Der Frage nach den revolutionsbedingten Veränderungen in der Agrargesellschaft kommt im Rahmen der vorliegenden Studie eine fundamentale Bedeutung zu. Allein schon die Tatsache, daß in diesen Jahrzehnten noch immer mehr als zwei Drittel aller Beschäftigten in der Landwirtschaft tätig waren, Mexiko also weiterhin ein typisches Agrarland war, verlieh der Agrarentwicklung ihren zentralen Stellenwert. Aber auch der Umstand, daß die mexikanische Revolution in älteren Darstellungen oft pauschalisierend als Bauernerhebung und Agrarrevolution charakterisiert wurde, macht eine eingehendere Untersuchung dieser Fragen notwendig, wenn man zu differenzierteren Einsichten in den Charakter dieser Revolution gelangen will. Dies ist auch der Grund, weshalb den Abschnitten über die Agrarverhältnisse im Porfiriat und dem Problem der Bauernbeteiligung an den Revolutionskriegen zwischen 1910 und 1920 verhältnismäßig breiter Raum gegeben wurde. Als Hintergrund der spätrevolutionären Agrarentwicklung seien deshalb die Hauptergebnisse dieser Kapitel ganz kurz in Erinnerung gerufen.[1]

Als wichtiger Schlüssel für ein Verständnis der regional sehr unterschiedlichen Intensität bäuerlicher Erhebungen in der Revolution wurde auf jene neueren Forschungen verwiesen, die – im Gegensatz zu älteren Einschätzungen der vorrevolutionären Agrarstruktur – die ausgeprägte Vielfalt der porfiristischen Agrarverhältnisse betonen. Insbesondere das traditionelle Bild der vorrevolutionären Hacienda erfuhr dabei beträchtliche Korrekturen, indem die große gesellschaftliche Differenzierung innerhalb der Haciendas hervorgehoben und damit auch eine wichtige Erklärung für ihre – zunächst erstaunlich anmutende – Stabilität während der Revolutionskriege gefunden wurde. Auch die markanten regionalen Verschiedenheiten der porfiristischen Agrarverhältnisse wurden dargestellt, die ein ganz unterschiedliches politisches Protestpotential der Bauern hervorbrachten. Tendenzen zur Entstehung neuer mittelbäuerlicher Schichten kontrastierten scharf mit der gleichzeitigen Enteignung unabhängiger Kleinbauern durch den expansiven Großgrundbesitz. Ähnlich gegenläufig verlief die Entwicklung der Arbeitsverhältnisse auf den Haciendas, lockerten sie sich doch z. B. im Norden, während sie sich im Südosten zu einer Quasi-Sklaverei verhärteten. Ebenso unterschiedlich erfaßte die wirtschaftliche Modernisierung Mexikos im Porfiriat die einzelnen Agrarregionen. Während die wirtschaftlichen und sozialen Effekte des raschen Wachstums der Zuckerwirtschaft in Morelos den Boden für die spätere Bauernerhebung unter Emiliano Zapata bereiteten, blieb z. B. Oaxaca von solchen Umwälzungen praktisch unberührt. Entsprechend verschieden – nämlich weitgehend passiv – sollten sich denn auch die Bauern dieser Region in den Revolutionskriegen verhalten.

Die Komplexität dieser Situation prägte hinsichtlich seines bäuerlich-agrarischen Charakters nachhaltig den Revolutionsverlauf zwischen 1910 und 1920. Lediglich im Süden, im Kerngebiet um Morelos, konnte sich eine eigenständige Bauernrevolution unter bäuerlicher Führung und mit genuin agrarreformerischen Zielsetzungen entwickeln, die – ungeachtet aller politisch-militärischen Wechselfälle – ihre bäuerliche Identität im Kern bewahrte. In den übrigen Revolutionsbewegungen erfolgte die Mobilisierung der Bauern dagegen meist unter überwiegend nicht-bäuerlicher Führung und in sozial heterogenen Verbänden, für welche die Verwirklichung einer umfassenden Agrarreform einen weit geringeren Stellenwert besaß als für die Zapatisten. Mit der militärischen Niederlage der »Revolution des Südens« in den Jahren 1915/16 büßte der radikale Bauernflügel seinen politischen Einfluß auf den weiteren Revolutionsverlauf zwar weitgehend ein, dennoch mußten nun auch die Sieger im revolutionären Bürgerkrieg, also die nördlichen Konstitutionalisten, der Agrarproblematik vermehrt Rechnung tragen, hatten sie doch zur Verbreiterung ihrer gesellschaftlichen Basis im Bürgerkrieg selber Agrarreformpostulate in ihr Programm aufgenommen. Zudem hatten die Revolutionskriege unter den Bauern auch außerhalb der zapatistischen Hochburgen Mobilisierungseffekte ausgelöst und Erwartungshaltungen geweckt, die von der neuen Regierung nicht einfach ignoriert werden konnten. Die Regierung Carranza steuerte zwar in der Agrarpolitik einen überwiegend restaurativen Kurs, aber die sonorensische Führungsgruppe erkannte rasch, daß die von ihr angestrebte dauerhafte politisch-gesellschaftliche Stabilisierung auch die Bauern miteinschließen und damit ihre Reformanliegen berücksichtigen mußte.

Diese primär politische Zielsetzung bestimmte denn auch weitgehend die Landreformpolitik der Sonorenser. Geprägt durch ihre nördliche Herkunftsregion stellte sich ihnen das Agrarproblem wesentlich anders dar als den Bauern des »alten Mexiko«, d. h. des zentralen und südlichen Hochlandes. Ihnen ging es vor allem um eine Modernisierung der landwirtschaftlichen Produktion; als Leitbild schwebte ihnen der effiziente Agrarunternehmer vor, der sich allerdings auch seiner sozialen Verantwortung gegenüber seinen Arbeitskräften bewußt sein sollte. Eine Vernichtung des Großgrundbesitzes als solchen und seine Ersetzung durch eine kleinbäuerliche Wirtschaft stand für sie dagegen niemals zur Debatte. Das neu zu belebende Ejido sollte deshalb gewisse Auswüchse des traditionellen Haciendasystems korrigieren und der kleinbäuerlichen Wirtschaft neben – aber keineswegs anstelle – der Latifundienwirtschaft eine Existenzmöglichkeit sichern. Dieser Grundgedanke hatte schon Luis Cabreras berühmte Kammerrede über das Ejido im Jahre 1912 durchzogen; er lag im Kern aber auch dem carranzistischen Agrargesetz vom Januar 1915 und dem Artikel 27 der Verfassung von 1917 zugrunde. Von einer spontanen Neugestaltung der Grundbesitzverhältnisse durch die Bauern selber, wie sie die zapatistische Agrarreform charakterisiert hatte, konnte deshalb unter der sonorensischen Herrschaft keine Rede sein. Vielmehr sollte es Aufgabe des Staates sein, die Landreform in Gang zu setzen und damit gleichzeitig sicherzustellen, daß der Prozeß unter Kontrolle gehalten werden konnte. Vor allem ließ sich über dieses Verfahren auch das primär politische Ziel der Landreform, nämlich die gesellschaftliche Pazifizierung chronischer Unruheherde und die Schaffung einer Schicht regimeloyaler Bauern unter den neuen Ejidatarios, am ehesten erreichen.
Diese Ausgangskonstellation bestimmte in hohem Maße den ebenso schleppenden wie widersprüchlichen und konfliktreichen Verlauf der vorcardenistischen Landreform, die sich von revolutionären Agrarreformen, wie sie etwa die Umwälzungen in Rußland, China oder Kuba kennzeichnen, deutlich abhebt. Die wirtschaftliche Stellung der Großgrundbesitzer, vor allem unter der Regierung Carranza, war nämlich wieder weitgehend hergestellt worden, so daß die Hacendados einer Landreform vielfältigen Widerstand entgegensetzen konnten. Auch politische Behörden, Gerichte und vor allem die Armee widersetzten sich in vielen Fällen einer Landverteilung, wie sie in der Verfassung

vorgesehen war. Und schließlich waren auch die Möglichkeiten der Bauern, auf Tempo und Umfang der Landreform Einfluß zu nehmen, sehr unterschiedlich. In manchen Regionen des Landes war der bäuerliche Druck auf Verwirklichung der Landreformpostulate schwach; sei es, daß die *peones* auf den Haciendas, die zunächst auch rechtlich von Landzuteilungen ausgeschlossen waren, sich den Mobilisierungsversuchen der Agraristen entzogen, sei es, daß die Bauern in durchaus konservativen Eigentumsvorstellungen die Idee einer staatlichen Land-Dotation von sich aus ablehnten oder sei es, daß eine Landforderung den Bauern als so riskantes Unternehmen erschien, daß von vornherein darauf verzichtet wurde. Lediglich in jenen Regionen, wo die Bauern durch die Revolutionskriege hochgradig mobilisiert worden waren, wie vor allem in Morelos, oder wo in den 20er Jahren eine politische »Sekundärmobilisierung« der Bauern erfolgte, kam es schon in der Zeit vor Cárdenas zu größeren Landverteilungen. Wo der bäuerliche Druck von unten dagegen schwach war, änderte sich an den alten Agrarverhältnissen bis zur Präsidentschaft von Cárdenas kaum etwas.
Im ersten Abschnitt wird deshalb ein knapper Überblick über den regional sehr unterschiedlichen Verlauf der vorcardenistischen Landreform gegeben; die Agrarpolitik des sonorensischen Regimes und die sie begleitenden Agrarkonflikte kommen im zweiten Abschnitt zur Sprache; wirtschaftliche und soziale Auswirkungen der Landreform werden im dritten Abschnitt dargestellt; abschließend werden einige Grundprobleme und Hauptwidersprüche dieser Landreform beleuchtet, welche sich unter dem Maximat in den frühen 30er Jahren zuspitzten und die schließlich den späteren Kurs der cardenistischen Agrarreform entscheidend bestimmten.[2]

Regionale Unterschiede im Verlauf der Landreform

Im Gegensatz zur cardenistischen Agrarreform, die im wesentlichen ein das ganze nationale Territorium erfassender Vorgang war, zeichnete sich die Landreform der 20er und frühen 30er Jahre durch markante regionale Unterschiede aus. Eine Sonderstellung nahm dabei das Gebiet der ehemaligen zapatistischen »Revolution des Südens« ein, dessen Pazifizierung vom sonorensischen Regime durch relativ weitreichende Konzessionen an die

Bauern schon in den frühen 20er Jahren erreicht wurde. Weniger rasch und äußerst konfliktreich verlief dagegen die Landreform in jenen Staaten des zentralen Hochlandes, wo die Bauern zwar Landforderungen stellten, sie aber ohne besonderen politischen Rückhalt »von oben« auf den heftigen Widerstand der Grundbesitzer und ihrer Verbündeten stießen. Wiederum anders verlief die Landreform in jenen Gliedstaaten, die im Gegensatz zu Morelos zwar keine ausgeprägte bäuerliche Revolutionstradition kannten, wo aber in den 20er Jahren unter Bauernführern neuen Schlages bzw. unter Initiative und Kontrolle einzelner Gouverneure stärkere Bauernorganisationen entstanden. Weitgehend intakt blieben schließlich die alten Agrarverhältnisse in jenen zahlreichen Staaten vornehmlich des Nordens, aber auch des Südens, wo der bäuerliche Druck von unten schwach war oder der Widerstand von oben – seitens der Hacendados und konservativer Staatsregierungen – so stark, daß schlagkräftige Bauernorganisationen kaum entstehen konnten.
Einen Sonderfall stellte die vorcardenistische Landreform in *Morelos* dar. Nur hier war es ja zu einer eigentlichen Bauernrevolution und – in ihrem Verlauf – zu wirklich revolutionären Veränderungen in der alten Agrarstruktur gekommen.[3] Nach 1919 waren zwar die Zapatisten immer mehr in die Defensive gedrängt worden, und Morelos hatte auch die militärische Besetzung durch konstitutionalistische Truppen sowie die Anfänge der carranzistischen Restauration der alten Haciendawirtschaft im Winter 1919/20 erlebt, aber der politische und soziale Mobilisierungseffekt der zapatistischen Bewegung war dadurch nicht eliminiert worden. Luis García Pimentel, Sohn der bedeutendsten Großgrundbesitzerfamilie des Staates, hatte diesen Sachverhalt sehr genau erkannt und in besorgten Briefen an seine Eltern im Januar und Februar 1920 festgehalten. Viele Dorfbewohner von Jonacatepec seien mit »Forderungen« an ihn gelangt, und wenn auch der »militante Zapatismo« gestorben sei, so sei doch »der friedliche Zapatismo weiterhin am Leben und werde auch nicht sterben«.[4]
Mit dem Sturz Carranzas, der neuerlichen Flucht der vorübergehend nach Morelos zurückgekehrten Hacendados aus dem Staat und der unter Magañas Führung politisch geschickt vollzogenen Integration der zapatistischen Restbestände in die siegreiche sonorensische Aufstandsbewegung von Agua Prieta eröffneten sich den morelensischen Bauern neue Chancen für die Verwirk-

lichung einer Landreform. Einerseits begannen unter der Regierung Obregón führende Ex-Zapatisten wie etwa Díaz Soto y Gama eine nicht unwichtige Rolle in der nationalen Politik zu spielen, andererseits wurde ehemaligen Zapatisten auch die militärische und politische Verwaltung des Staates Morelos übertragen. Der betont reformfreundliche Kurs der Staatsregierung zeigte sich schon bald in den Erklärungen des neuen Gouverneurs Parrés, der eine umgehende Behandlung der eingereichten Landforderungen durch die staatlichen Behörden in Aussicht stellte.[5]

Allerdings wirkte in Morelos auch ein beträchtlicher Druck von unten auf eine rasche Realisierung der Landreform. Der hohe Mobilisierungsgrad der Bauern im ehemaligen zapatistischen Einflußgebiet drückte sich vor allem auch in der – im Vergleich zu anderen Regionen – sehr hohen Anzahl von Landforderungen *(solicitudes de tierra)* schon in den allerersten Jahren des sonorensischen Regimes aus. So entfielen im Staate Morelos von insgesamt 299 Anträgen in den Jahren 1915-1935 139 allein auf die Jahre 1920 und 1921, und weit mehr als die Hälfte des bis 1935 provisorisch verteilten Ejido-Landes, nämlich 116788 ha von 192400 ha, wurde bereits in den Jahren 1920 bis 1922 den Dörfern übergeben.[6] Schon 1926 belief sich in Morelos der Anteil der Ejidatarios an der gesamten ländlichen Bevölkerung auf 25,3 %, bei einem damaligen Bundesdurchschnitt von 4,3 %, und der Anteil des Ejido-Landes an der gesamten Staatsfläche auf 32,9 % bei einem Bundesdurchschnitt von lediglich 2,6 %.[7] Bereits 1922 hatte denn auch der Agronom E. Alanís Patiño auf einer Reise durch Morelos feststellen können, »daß die ejidale Wirtschaft den Staat schon weitgehend prägte, zu Gunsten einer Bevölkerung, deren Rechte sich aus ihrem Verhalten im Kriege herleiteten«.[8] Der Krieg hatte allerdings nicht nur bewirkt, daß die Bauern nun aktiv ihre Rechte wahrnahmen, er hatte auch das traditionelle Haciendasystem weitgehend zerstört und eine Wirtschaft hinterlassen, »welche sich nicht mehr in den alten Formen wiederherstellen ließ«.[9] Für die rasche Ausbreitung des Ejido in Morelos war neben diesen Faktoren allerdings auch die Tatsache bedeutsam, daß sich hier die Zentralregierung diesem Vorgang nicht widersetzte, weil es ihr in erster Linie um die dauerhafte politisch-gesellschaftliche Befriedung eines chronischen Unruheherdes ging. Obwohl Obregón, wie die meisten Exponenten der nationalen Führung, dem Ejido an sich eher skeptisch gegenüberstand, kam für ihn eine Restauration der alten Landbesitzverhältnisse und der Haciendawirtschaft in Morelos nicht in Frage, wie er im März 1922 Luis García Pimentel in aller Bestimmtheit mitteilte.[10]

Ungeachtet aller Mängel der sonorensischen Landreform, die auch die Situation in Morelos kennzeichnen sollten und die weiter unten genauer beleuchtet werden, wurde der politische Zweck der Landverteilung, die dauerhafte Pazifizierung der Region, weitgehend erreicht.[11] Davon zeugt nicht zuletzt der geringe Widerhall der Cristero-Rebellion im »katholischen« Morelos.[12]

Weit konfliktreicher als dort verlief die Landreform in jenen Staaten des zentralen Hochlandes außerhalb des ehemaligen zapatistischen Aufstandsgebietes, wo zwar der Kampf zwischen Großgrundbesitz und landbedürftigen Dörfern real existierte und wo die Bauern sich auch langsam ihrer neuen Rechte bewußt wurden, wo aber andererseits die Haciendawirtschaft die revolutionären Bürgerkriege im wesentlichen überlebt hatte, die großen Güter weiterhin unter der Kontrolle ihrer alten (oder neuer) Eigentümer standen und diese in ihrem Abwehrkampf gegen die Landreform mächtige politische und militärische Verbündete zu mobilisieren vermochten.

Ebenfalls sehr gewaltsam verliefen im allgemeinen die Auseinandersetzungen um die Landreform in jenen Staaten, die während der revolutionären Bürgerkriege zwar keine breiten und spontanen Bauernbewegungen hervorgebracht hatten, wo es nun aber in den 20er Jahren zu einer intensiveren Organisation der Bauern kam. Diese »sekundäre« Bauernmobilisierung, wie man sie nennen könnte, erfolgte vor allem in jenen Staaten, wo progressivere Gouverneure unter den Bauern eine politische Basis suchten, nicht zuletzt, um sich so unter den noch ungefestigten politischen Verhältnissen der frühen 20er Jahre eine regionale Machtposition aufzubauen. Dabei spielten zwar Impulse von unten – d. h. seitens der bäuerlichen Basis und ihrer unmittelbaren Exponenten – durchaus eine Rolle; wichtig war aber vor allem die Patronage durch die Staatsbehörden, d. h. der Anstoß zum organisatorischen Zusammenschluß »von oben«, wie er dann später auch weitgehend die cardenistische Bauernpolitik charakterisieren sollte.[13]

Der politische Autonomiegrad der neuen Bauernorganisation war dabei unterschiedlich; während sich z. B. in Michoacán und vor allem in Veracruz die Bauernverbände durch eine recht weitgehende Selbständigkeit auszeichneten, dienten sie in anderen Staaten primär den politischen Zwecken der Gouverneure und anderer lokaler oder regionaler *caciques*.[14]

Zum erstenmal wurde diese Form der von oben initiierten politischen Organisation der Bauern in *Yucatán* praktiziert, wo General Salvador Alvarado in den Jahren nach 1916 bäuerlichen Sukkurs für seine gegen die Interessen der Plantagenbesitzer und vor allem der International Harvester Company gerichtete Politik der staatlichen Kontrolle des lukrativen Sisalhandels benötigte. Entschädigt wurden die Bauern hier aber zunächst nicht durch Land, sondern durch bessere Arbeitsbedingungen auf den Gütern, u. a. durch Abschaffung der Schuldknechtschaft und Erhöhung der Löhne, bis dann Anfang der 20er Jahre unter Alvarados Nachfolger Felipe Carrillo Puerto ein radikalerer Kurs eingeschlagen und mit der Landverteilung begonnen wurde.[15]

Unter anderen Bedingungen kam es Anfang der 20er Jahre in *Michoacán*, während der kurzen Amtszeit des radikalen Gouverneurs Francisco J. Múgica, zu einer Überlagerung von Initiativen zur Bauernorganisation und Landreform »von oben« (d. h. seitens der Staatsregierung) und Impulsen zur Bildung bäuerlicher Organisationen von unten, die insbesondere vom Dorf Naranja unter Führung von Primo Tapia ausgingen.[16] Tapia verkörperte dabei einen neuen Typus von Bauernführer, der – keineswegs in typisch bäuerlichen Verhältnissen aufgewachsen und schon vor der Revolution in die USA emigriert – dort mit der anarchosyndikalistischen Exilbewegung der Brüder Flores Magón und der radikalen Gewerkschaftstätigkeit der IWW in Berührung gekommen war. Die Einflußmöglichkeiten der 1922 von Tapia gegründeten Liga de Comunidades y Sindicatos Agraristas de Michoacán hingen allerdings stark von der politischen Orientierung der jeweiligen Staatsregierung und vom Widerstand der lokalen Militärbefehlshaber ab. Die Nachfolger Múgicas im Gouverneursamt steuerten einen überwiegend bauernfeindlichen Kurs, der 1926 in der Ermordung Tapias durch Armeetruppen gipfelte. Erst 1928, als Cárdenas die Staatsregierung übernahm, erhielten die Agraristen in Michoacán neuen Auftrieb.

Die bedeutendste der regionalen Bauernorganisationen entwickelte sich während der 20er Jahre im Staat *Veracruz*, der sich in dieser Zeit allgemein durch ein sozialradikales Klima auszeichnete. Auch hier erhielten die Bauernorganisationen erst Auftrieb, als sie 1920 mit dem neuen Gouverneur Adalberto Tejeda eine enge politische Koalition eingingen.[17] Unter der Patronage des Gouverneurs, der seinerseits auf die politische Unterstützung der Bauern angewiesen war, gewann die Liga de Comunidades Agrarias von Veracruz an Gewicht, begann sich dann aber unter der Führung von Ursulo Galván und durch engere Kontakte zur mexikanischen KP in eine Richtung zu bewegen, die immer stärker mit dem zunehmend sozialkonservativen Kurs auf nationaler Ebene kollidieren mußte. Hier sollte es denn auch, wie noch zu zeigen ist, zu besonders heftigen Agrarkonflikten kommen.

Wie einleitend erwähnt, zeichneten sich vor allem die peripheren Regionen Mexikos im Norden und im Süden (mit Ausnahme Yucatáns) durch eine wesentlich stärkere Kontinuität der alten Agrarverhältnisse aus. In diesen – geographisch allerdings nicht scharf abgrenzbaren – Gebieten, wo entweder die Hacienda gegenüber der Dorflandwirtschaft ein deutliches Übergewicht hatte, wo der indianische Landbesitz (wie in Oaxaca) noch weitgehend intakt war oder wo ein relativ breit gestreuter Klein- und Mittelbesitz existierte, blieben die Landreform und die sie begleitenden Agrarkonflikte in der Vor-Cárdenas-Zeit sehr begrenzt.[18] Dies gilt vor allem für jene Staaten, denen selbst die zurückhaltende Agrarpolitik der Bundesregierung zu weit ging.[19] Hier wirkte sich nicht nur die weitgehend intakte politische und gesellschaftliche Kontrolle durch Lokalbehörden, Hacendados, Armee und Gerichte in einem konservativen Sinne aus, hier spielte zweifellos auch das fehlende Klassenbewußtsein der Bauern, der sowohl gesetzlich verankerte wie mentalitätsmäßig begründete Sonderstatus der *peones acasillados* und schließlich die Ablehnung der Landreform durch die katholische Kirche eine wichtige Rolle bei der politischen Immobilität der Bauern und der Erhaltung der alten Agrarverhältnisse.

Agrarpolitik und Agrarkonflikte

Bei allen oben angedeuteten regionalen Unterschieden im Verlauf der vorcardenistischen Landreform ist ein allgemeiner Grundzug festzuhalten: ihr äußerst konfliktreicher und widersprüchlicher

Charakter. Von eigentlichen Bauernaufständen im »klassischen« Sinne wird man dabei zwar nicht mehr sprechen können, wohl aber von weitverbreiteten, sehr oft auch gewaltsamen Auseinandersetzungen um Grund und Boden. Diese nahmen zwar keinen nationalen Charakter an, sondern blieben gebietsmäßig begrenzt und meist auf die Dorfebene isoliert; dennoch gewinnt man aus den Quellen den Eindruck eines versteckten, jahrelangen Kleinkriegs zwischen Bauern und Grundbesitzern. Drei Hauptfaktoren verdienen bei der Behandlung dieser Agrarkonflikte besondere Beachtung. Erstens die nationale Agrarpolitik der Zentralregierung, die den politischen und rechtlich-administrativen Rahmen absteckte, innerhalb dessen sich die Landreform zu vollziehen hatte. Zweitens das Durchsetzungspotential der landfordernden Bauern, und drittens die Möglichkeiten der betroffenen Grundbesitzer, sich Landenteignungen erfolgreich zu widersetzen. Diese Ausgangskonstellation ist zunächst etwas genauer zu beleuchten, bevor dann – am Beispiel einiger ausgewählter Fälle – die Agrarkonflikte als solche dargestellt werden.
Wie schon erwähnt, waren die agrarpolitischen Vorstellungen der sonorensischen Revolutionselite keineswegs auf eine tiefgreifende Agrarreform und schon gar nicht auf eine zentral auf das Ejido orientierte Umgestaltung der bestehenden Agrarstruktur ausgerichtet.[20] Nach Obregóns Vorstellungen sollte die Landverteilung an die Dörfer in Form von Ejidos lediglich die gröbsten gesellschaftlichen Mißstände lindern und gleichzeitig jene Großgrundbesitzer zu einer wirtschaftlichen und sozialen Modernisierung ihrer Güter anspornen, die noch immer traditionellen Praktiken verhaftet waren.[21] Da diese, so Obregón in einem Brief an die Industrie- und Handelskammer des Staates Nuevo León, »auf ihren Haciendas noch immer äußerst primitive Produktionsmethoden anwenden, ziehen es viele von ihnen vor, die Produktion einzustellen, statt vernünftigere Löhne zu bezahlen, denn mit ihren altmodischen Arbeitsgewohnheiten könnten sie nur dann Gewinn erzielen, wenn sie Arbeitskräfte zu jenen Bedingungen gewinnen könnten, wie sie sie vor 1910 erhielten«.[22] Wirtschaftlich effizient organisierte Betriebe sollten dagegen als *unidades agrícolas* nicht direkt durch die Landverteilung betroffen werden können.[23]
Ihren zentralen Stellenwert erhielt die Ejidalpolitik in den Augen der neuen Staatsführung allerdings weniger aus solchen wirtschaftlichen und sozialen Zielsetzungen als vielmehr im Rahmen

ihrer allgemeinen politischen und gesellschaftlichen Stabilisierungsstrategie, die sie in den frühen 20er Jahren einleitete. Dabei ging es nicht nur um die unmittelbare Entschärfung potentieller Krisenherde wie etwa im Falle von Morelos, sondern ebenso um die Schaffung regimetreuer bäuerlicher Organisationen, auf deren Unterstützung das Regime in der Konsolidierungsphase der 20er Jahre nicht weniger angewiesen war als auf den politischen Sukkurs der Gewerkschaften. Neben den regierungstreuen Gewerkschaften waren es ja Bauernorganisationen wie die nationale Agraristenpartei unter Díaz Soto y Gama, die staatlichen Ligas de Comunidades Agrarias sowie die regionalen Bauernorganisationen, die dem sonorensischen Regime jenen populistischen Anstrich verliehen, der es nach außen so deutlich von der vorangegangenen Regierung Carranza abhob.

Vor allem aber konnte das Regime in akuten Krisensituationen, wie während der großen Armeerebellionen der 20er Jahre und der Cristero-Erhebung, auf das Reservoir der Agraristen zurückgreifen und bäuerliche Hilfstruppen rekrutieren, die allerdings nach ihrem militärischen Einsatz meist rasch wieder entwaffnet wurden.[24] Die für das Regime zentrale *politische* Zielsetzung der ejidalen Landverteilung brachte Präsident Calles 1926 gegenüber dem antiagraristischen Ex-Gouverneur von Chihuahua, Ignacio C. Enríquez, prägnant zum Ausdruck: »Die Ejidalpolitik ist das beste Mittel, um diese Leute zu kontrollieren, indem man ihnen lediglich sagt: Wenn Du Land willst, hast Du auf der Seite der Regierung zu stehen; wenn Du aber nicht mit der Regierung bist, erhältst Du eben auch kein Land.«[25]

Auf der anderen Seite widersetzten sich nicht nur die betroffenen Grundbesitzer nach Kräften der ejidalen Landverteilung, auch antiagraristische Staatsregierungen sowie die Armee opponierten in vielen Fällen der Schaffung von Ejidos. Und schließlich zwang auch der Druck von außen, insbesondere seitens der USA, die Regierung zu einer zurückhaltenden Anwendung der Agrargesetze.

Der spezifische politische und rechtlich-administrative Rahmen der *reforma agraria institucional* (Warman) war deshalb Ausfluß dieser Ausgangskonstellation, welche die Regierung zwang, sowohl den bäuerlichen Forderungen als auch den konservativen *pressure groups* Rechnung zu tragen. Dies konnte nur durch eine strikte Dosierung und Kontrolle der Landverteilung geschehen, was sowohl durch die rechtliche Grundlage als vor allem auch durch das komplizierte administrative Verfahren der Landvergabe sichergestellt wurde. Nach dem neuen Agrarrecht, das auf dem carranzistischen Agrargesetz vom 6. Januar 1915 und dem Artikel 27 der Verfassung von 1917 beruhte, konnten nur selbständige Dörfer in den Genuß von Restitutionen oder Dotationen von Ejidoland kommen; die auf den Haciendas ansässigen *peones*, mithin mehr als ein Drittel der mexikanischen Bauernbevölkerung, war von vornherein von jeglicher Landzuteilung ausgeschlossen. Darüber hinaus war auch das administrative Verfahren der Landzuteilung schwerfällig und hindernisreich. Die Kompetenz zur provisorischen Landverteilung lag zwar beim jeweiligen Staatsgouverneur, die definitive Bestätigung, die oft Jahre auf sich warten lassen konnte, blieb aber dem Präsidenten vorbehalten.[26] Zudem unterlagen sämtliche Ejidalentscheide der gliedstaatlichen und der nationalen Exekutive der *amparo*-(= Rechtsschutz-)Bestimmung der mexikanischen Verfassung, wodurch provisorische oder definitive Landzuweisungen durch Distriktsgerichte oder den Obersten Gerichtshof rückgängig gemacht werden konnten.[27]

Für die Bauern bedeutete der komplizierte rechtlich-administrative Instanzenweg, daß die Chancen einer Landforderung höchst ungewiß waren und sie sich auf eine oft jahrelange Auseinandersetzung mit Behörden, Gerichten und Grundbesitzern einzustellen hatten.[28] Zweifellos verzichteten deshalb viele Bauern unter diesen Umständen überhaupt auf die Einleitung entsprechender Verfahren. Dieser Umstand sowie die bürokratische Verzögerung bäuerlicher Landanträge bewirkten allein schon ein stark gebremstes Tempo der Landverteilung.[29]

Wichtiger noch für den schleppenden Verlauf der vorcardenistischen Landreform war allerdings die vielerorts ungebrochene wirtschaftliche Machtstellung der Hacendados und ihr politischer Einfluß im lokalen Bereich. In den mexikanischen Präsidialakten taucht jedenfalls immer wieder die Klage von Bauern auf, daß sie sich seit ihrer Landeingabe bei den Behörden schweren wirtschaftlichen Pressionen seitens der Hacendados ausgesetzt sähen, daß diese ihnen alte Pachtverträge kündigten, sie nicht einmal mehr als einfache *peones* auf ihren Haciendas beschäftigten und ihnen auf jede mögliche Art die wirtschaftliche Grundlage zu entziehen suchten.[30]

Ein anschauliches Beispiel eines solchen Vorgangs stellt die Geschichte der Bildung eines Ejido in der Gemeinde Taretan im

Staate Michoacán dar: »Die Behandlung der im Jahre 1920 eingereichten Landforderung durch die Agrarbehörden dauerte zwölf Jahre, bevor die Bewilligung zur Errichtung eines Ejido erteilt wurde. In der Zwischenzeit kam es zu einem markanten Niedergang der Dorfwirtschaft. Der Verwalter der Hacienda schränkte seine wirtschaftlichen Aktivitäten ein, indem er mehr und mehr Zuckerrohrfelder in Viehweiden verwandelte. Arbeitslosigkeit unter den Tagelöhnern war das Ergebnis. Gleichzeitig büßte die Gemeinde die kommerzielle und kulturelle Patronage durch die Hacienda ein: Geschäfte schlossen, Orchester und Zeitungen verschwanden. Für die Dorfbewohner war es schwierig, Wasser und Holz zu erhalten, die gewöhnlich durch die Hacienda geliefert wurden.«[31]

Ließ sich ein Dorf dennoch nicht von einer Ejidalpetition abhalten, so kam es – meist nach der provisorischen Landzuteilung – immer dann zu häufig gewaltsamen Agrarkonflikten, wenn sich die betroffenen Grundbesitzer einer solchen Entscheidung auch physisch widersetzten. Dazu bedienten sie sich oft bewaffneter Privattruppen, *guardias blancas*, die sich aus ausgemusterten Soldaten unter dem Kommando ehemaliger Offiziere zusammensetzen konnten, in vielen Fällen aber auch aus *peones acasillados* bestanden, die im Auftrag ihrer Herren das Gutsland verteidigten und dabei in krassen Fällen auch vor der Verwüstung der neugeschaffenen Ejidos nicht zurückschreckten.[32] So berichteten ehemalige *peones* der Hacienda La Concepción im Staate Veracruz in einem Brief an Präsident Calles: » . . . wir selber als *peones* der vorerwähnten Hacienda schlugen auf Befehl des Verwalters Díaz die Kaffeesträucher und Fruchtbäume der erwähnten Pächter um; Mais, Bohnen, Pfeffer und Tabak wurden auf den Feldern der Campesinos vernichtet, damit Zuckerrohr angebaut werden konnte. Wir waren Zeugen der Niederbrennung ihrer Ranchos . . . Alle Brandschatzungen erfolgten im Schutze der Nacht . . .«[33]

Schließlich intervenierten in vielen Fällen auch die parastaatlichen *Defensas sociales* auf Seiten der betroffenen Grundbesitzer, wie der ehemalige Gouverneur von Morelos, José G. Parrés, in einem Bericht über die Agrarsituation im Staate México festhielt: »Es genügt, daß jemand die Interessen der Gemeinschaft verteidigt und die Anwendung der Agrargesetze verlangt, damit er erbarmungslos von den sogenannten *Defensas sociales* verfolgt wird, die nichts anderes sind als von Hacendados bewaffnete und unterhaltene Truppen, die mit Unterstützung oder zumindest mit Duldung der lokalen Behörden gegen die Dörfer vorgehen, wobei sie sich nicht auf die Bedrohung von Agraristen beschränken, sondern in den meisten Fällen auch vor individuellem oder kollektivem Mord nicht zurückschrecken. Die Verbrecher gehen dabei fast immer völlig straflos aus.«[34]

Allerdings wäre es einseitig, lediglich die Gewaltanwendung seitens der Hacendados und ihrer Verbündeten zu betonen. Auch Gutsbesitzer oder ihre Verwalter fielen immer wieder Gewaltverbrechen der Campesinos zum Opfer. Auch illegale Landinvasionen fanden zweifellos statt, und wo agraristische Gouverneure die Staatsregierung kontrollierten, zögerten die Lokalbehörden nicht, in den Landkonflikten auch die *Defensas sociales* oder die staatliche *guardia civil* gegen die Grundbesitzer einzusetzen.[35] Wo schließlich Bauern im Kampf gegen regierungsfeindliche Armeerebellionen bewaffnet worden waren, gelang es ihnen vorübergehend sogar, die Kontrolle über begrenzte Gebiete zu erringen und dort die Grundbesitzer in die Defensive zu drängen.[36]

In dieser Situation verbreiteter Gewalttätigkeiten begannen sich sowohl die Grundbesitzer als auch die Bauern organisatorisch enger zusammenzuschließen. Die Grundbesitzer schritten 1920 zur Neugründung der Cámara Central Agrícola de México, deren Hauptzweck in der ersten Nummer ihrer Zeitschrift klar umrissen wurde: »Im letzten Viertel des vergangenen wie noch zu Beginn des gegenwärtigen Jahrhunderts stellten sich die brennenden Probleme, denen wir heute gegenüberstehen, nicht. Damals genügte es, sich mit der Produktion und Ihren Fortschritten zu beschäftigen, aber es war nicht nötig, sich im Kern mit dem Problem des mehr oder minder bedrohten Eigentums auseinanderzusetzen.«[37]

Die Bauern ihrerseits begannen, sich unter dem Einfluß der nationalen Agraristenpartei oder lokaler Politiker zu organisieren und Ejido-Forderungen einzubringen; in den Augen der poblanischen Grundbesitzer das Werk von »Agitatoren«, die damit das Agrarproblem überhaupt erst geschaffen hätten. »Die Agitatoren, die gerne Deputierte werden möchten, hetzen uns die Dörfer in schlimmster Art und Weise auf . . .«, schrieb im April 1922 das Sindicato de Agricultores de Puebla an Obregón, und einen Monat später beklagte sich die Cámara Agrícola de Puebla beim Präsidenten: »So entstand dieser Schwarm von Drohnen . . ., welcher über die fruchtbaren Felder des Landes herfiel wie eine Heuschreckenplage. So kamen sie in jedem Dorf, in jeder Stadt ans Tageslicht, richteten das agraristische Banner auf und betrogen die unschuldigen Campesinos, indem sie ihnen ein künftiges Paradies vorgaukelten . . .«.[38] Eine wichtige Rolle im organisatorischen Zusammenschluß der Bauern und in der Aufklärung über ihre verfassungsmäßigen Rechte spielten auch die neugegründeten Ligas de Comunidades Agrarias, auf deren Kongressen, wie zum Beispiel aus dem Gründungsprotokoll der Liga im Staate Guerrero hervorgeht, auch die Frage eines möglichst effektiven Widerstandes der Bauern gegen ihre Verfolgung durch *guardias blancas, Defensas sociales* und Truppen der regulären Armee diskutiert wurde.[39] Aus einem vertraulichen Bericht des örtlichen Truppenkommandanten, des bauernfeindlichen Generals Rómulo Figueroa, über diesen Gründungskongreß geht die Bedeutung hervor, welche die Campesinos der Frage ihrer Bewaffnung beimaßen. Figueroa berichtete Obregón, die Bauern seien aufgefordert worden, sich ein Gewehr zu beschaffen »und dieses strenger zu hüten als die eigene Frau, die eigenen Kinder, ja selbst die eigene Mutter, denn damit besäßen sie alles, was sie brauchten, um sich gegenüber der Macht der Reichen Respekt zu verschaffen.« Dies bedeute aber, so Figueroa, »eine schwere Bedrohung für Ruhe und Ordnung im Staate, da damit der Keim einer Anarchie gelegt wird, die Rußland weit in den Schatten stellen würde«.[40]

Daß sich in den häufigen Landkonflikten der 20er Jahre in der Regel allerdings eher die Grundbesitzer als die Bauern durchsetzen konnten, lag vor allem an der einseitigen Intervention der Armee auf Seiten der Hacendados. Es gehört zu den besonderen Paradoxa der spätrevolutionären Entwicklung unter dem Regime der Sonorenser, daß die zum *Ejército Nacional* gewordene ehemalige Revolutionsarmee, welche das alte porfiristische Herrschaftssystem zerschlagen und die alte Oligarchie politisch in die Defensive gedrängt hatte, nun in vielen Fällen als wichtigster Verbündeter der alten Grundbesitzerklasse in der Erhaltung ihrer wirtschaftlichen und gesellschaftlichen Position auftrat. Wesentliche Grundzüge dieser Armee und ihre Verwandlung aus einer aufständischen Truppe in ein weitgehend professionalisiertes Heer ohne enge gesellschaftliche Beziehung zu ihrem sozialen oder regionalen Herkunftsmilieu wurden in Kapitel 3 bereits aufgezeigt.[41] Diese Entwicklung erklärt denn auch die oft bauernfeindlichen Aktivitäten der Armee in der Landreform der 20er und frühen 30er Jahre.

Es ist aufschlußreich, daß die Rolle des Militärs auf dem flachen Lande nach der Revolution wohl bedeutsamer war als jene der *federales* im späten Porfiriat, war doch die vorrevolutionäre Stabilität der Gesellschaft durch den von der Revolution in Gang gesetzten politischen und sozialen Gärungsprozeß ernsthaft erschüttert worden. Scharfsichtigen Beobachtern war dieser Widerspruch der Revolution in den 20er Jahren nicht verborgen geblieben. So heißt es z. B. in einem Bericht über die Agrarsituation im Staate Jalisco im Jahre 1922: ». . . ich verlange Garantien für die Bewohner und vor allem für die *comunidades*, die in zahlreichen Fällen den von den Militärbehörden geschützten Grundbesitzern zum Opfer fallen in viel schlimmerer Art als zur Zeit von Porfirio Díaz.«[42] Auch der im Staate Veracruz tätige Agronom Jorge Vizacaíno verwies auf die zentrale Rolle des Militärs, als er die »tyrannische« Herrschaft der Grundbesitzer brandmarkte, die diese bereits nicht mehr direkt, sondern mit Hilfe des Militärs ausüben . . .«.[43]

Die zahllosen Klagen von Dörfern, Bauernorganisationen, Gewerkschaften und einzelnen Gouverneuren über die ständigen Interventionen der Armee ziehen sich wie ein roter Faden durch die mexikanische Agrargeschichte der 20er und frühen 30er Jahre. In Veracruz, wo unter der Regierung des bauernfreundlichen Gouverneurs Adalberto Tejeda die Konflikte zwischen Armee einerseits, Staatsbehörden und Agraristen andererseits besonders scharfe Formen annahmen, bezeichnete das Staatsparlament die Armee öffentlich als *plaga social.*[44] Dabei konnte ein mächtiger Divisionsgeneral und *Jefe de Operaciones Militares* seinen Einfluß zugunsten betroffener Grundbesitzer direkt geltend machen, wie etwa Guadalupe Sánchez in Veracruz; oft genügte indessen ein Leutnant und sein kleines auf der Hacienda einquartiertes Detachement, um ein Dorf an der Bewirtschaftung seines Ejidos zu hindern und die Agraristen zu terrorisieren.[45] So beklagte sich 1923 der Gemeindepräsident von San Pedro Teyuca im Staate Puebla über die ständigen Eingriffe eines kleinen Armeedetachements in die Angelegenheiten seines Dorfes: ». . . ungefähr um halb ein Uhr desselben Tages, als die Campesinos mit ihren Ochsengespannen an der Feldarbeit waren, näherte sich ihnen der Leutnant des Detachements der Hacienda von San José Ternel in Begleitung seiner bewaffneten Soldaten, bedrohte die erwähnten Bauern und hinderte sie an der Arbeit, mit der Absicht, sie von jenen Feldern zu vertreiben. Er teilte ihnen mit, daß er keine Befehle außer jenen des Besitzers besagter Hacienda von Ternel befolge, da er von diesem ja bezahlt würde ...«[46]

In Jalisco mußte sich der Präsident eines *Comité Agrario* vom örtlichen Truppenkommandanten als »Bandit« beschimpfen lassen, »weil er Land gefordert hatte«; in Guerrero hatte General Figueroa einer Bauerndelegation mitgeteilt, »daß, wenn wir Grund und Boden wollten, wir ihn ja kaufen könnten, daß diese Agrargesetze das Werk von Soto y Gama seien, und wenn dieser Herr Land verschenken könne, er doch hierher zur Landverteilung kommen solle, wenn er es wage«.[47] In den Fällen, da Obregón zur Aufklärung besonders schwerwiegender Zwischenfälle persönliche Beauftragte vor Ort entsandte, wurden die bäuerlichen Klagen meist bestätigt. So hielt z. B. der Brigadegeneral Manuel Navarro Angulo in seinem Bericht über Landkonflikte in der Region von Tuxtlas in Veracruz die Komplizität der Armee mit den Grundbesitzern unmißverständlich fest: »Alle Grundbesitzer sind bewaffnet ... Die Bauern wurden gemäß der kürzlichen Anweisung entwaffnet, aber die Grundbesitzer behalten ihre Waffen mit Zustimmung der Militärbehörde. Es herrscht eine tiefe Kluft zwischen den zivilen und militärischen Behörden, und in den Konflikten zwischen den ersten und den Grundbesitzern schlagen sich die Armeetruppen entschieden auf Seiten der letzteren.« Es herrsche hier, schloß der General seinen Bericht, »eine sehr gedrückte Stimmung, weil es überhaupt keine Gerechtigkeit gibt. Diese sucht man vergebens unter den armen Bauern, die – weit entfernt von den Siedlungszentren – in armseligen Hütten hausen und von den Grundbesitzern und Militärs wie wilde Tiere behandelt werden«.[48]

Wie war es möglich, daß die Armee in der Frage der Landreform sich in vielen Fällen so bauernfeindlich verhielt? Zwei Hauptfaktoren seien – neben den allgemeinen Erörterungen dieser Frage in Kapitel 3 – noch einmal besonders betont: die fehlende gesellschaftliche Verbindung der Soldaten mit der lokalen Bauernbevölkerung und die vielfältigen Bereicherungsmöglichkeiten, die für die Offiziere aus der Verhinderung der Landverteilung resultieren konnten.

Die geringe lokale Verwurzelung der Truppen wird in einem Bericht über die Agrarsituation in Veracruz klar hervorgehoben. Die Soldaten stammten oft aus »weit entfernten Orten«, sie hätten in der Region »weder eine Familie zu achten noch Interessen zu verteidigen«. »Ich fragte einen Soldaten aus Colima, der zum Detachement von Omealca gehörte, ob er nicht die Folgen bestimmter Vergehen fürchte, die er zusammen mit anderen Soldaten begangen hatte. Er antwortete mir bestimmt, daß sie hier niemand kenne und daß, wenn die alten Frauen allzu laut kreischten, sie höchstens von einem Ort in einen anderen verlegt würden.«[49]

Wichtiger als die Disponibilität der Truppe im Einsatz gegen Bauern war allerdings die Haltung der höheren Armeekommandanten, die nach den Worten eines hohen Staatsbeamten von Veracruz, »in diesem Staate alle zu Grundbesitzern geworden sind und deshalb nicht gegen ihre eigenen Interessen vorgehen, auch wenn sie gelobt haben, die Verfassung zu respektieren und ihr Achtung zu verschaffen«.[50] In der Tat bot nämlich gerade die Landreform besonders günstige Voraussetzungen für die hohen Offiziere, sich in der Landwirtschaft festzusetzen, da ja der Armee in den Auseinandersetzungen zwischen Agraristen und Grundbesitzern oft eine entscheidende Schiedsrichterrolle zufiel. In dieser Situation schlossen sich die Militärs nicht selten als »Partner« oder »Pächter« mit Grundbesitzern zusammen, die von Landenteignungen betroffen oder bedroht waren. Um der Enteignung eines Teils ihrer Ländereien zu entgehen, waren viele Hacendados nämlich bereit, ihren Beschützern vorteilhafte Verträge anzubieten. So beutete etwa ein General Espejel jahrelang als »Pächter« des betroffenen Grundbesitzers die Magueypflanzungen der Ejidos von Atitalaquia und Tlamaco im Staate Hidalgo aus.[51] Im Grenzgebiet von Puebla und Tlaxcala hatten sich Truppen des Generals Fortunato Maycotte auf der Hacienda Xalostoc niedergelassen und trotz wiederholter Befehle des Kriegsministeriums diese Hacienda nicht geräumt, sondern dort vielmehr einen schwungvollen Pulque-Handel aufgezogen.[52]

Besonders anschaulich kommt die »Militarisierung« der Landwirtschaft in einer Klage der Bauern von Chiquahuapan im Staate Puebla vom November 1933 zum Ausdruck. Obwohl im Besitze definitiver Ejidos, würden sie seit langem von Armeesoldaten an deren Bewirtschaftung gewaltsam gehindert. »Um die Agrargesetze zu umgehen, übergab der Besitzer der Hacienda El Paredón, Gelacio García, dieses Gut in scheinbarer Pacht dem General Gabriel Barrios, der hier bis heute mit Soldaten des 46. Bataillons die Verwaltung übernommen hat. Die Soldaten arbeiten hier ohne Uniform ..., begeben sich aber monatlich nach ihrem Hauptquartier in San Joaquín, um ihren Sold in Empfang zu nehmen.« Unter den Militärs seien zu erwähnen: »Leutnant Dias Barrios, gegenwärtiger Verwalter der Hacienda El Paredón, Sergeant Filiberto Flores, gegenwärtiger Verwalter der Hacienda Tenancingo, Antonio Cabrera, dessen militärischen Grad wir nicht kennen, gegenwärtiger Verwalter der Hacienda Corral Blanco ...«[53]

Den für die spätrevolutionäre Landreform so charakteristischen Widerspruch zwischen landfordernden Bauern und ehemaligen Revolutionsgenerälen brachten die Bauern von San José de los Sabinos im Staate Guanajuato auf die wohl knappste Formel, als sie sich über den wirtschaftlichen Boykott eines Großgrundbesitzers beklagten, »der sich unter den Schutz des Generals Domínguez gestellt hat, welcher sich aus einem Revolutionär in einen Großgrundbesitzer und Beschützer der Latifundisten verwandelt hat«.[54]

Allerdings funktionierte diese Allianz nicht immer. Nicht nur Bauern wurden nämlich Opfer des Militärs, auch Grundbesitzer beklagten sich immer wieder über Übergriffe oder regelrechte Enteignungen durch mächtige Generäle. Wie weiter oben aufgezeigt, gehen die Anfänge der neuen, »revolutionären« Grundbesitzerschicht in die Zeit der Revolutionskriege zurück, als sich Truppen auf den Haciendas einquartierten, Grundbesitzer ihre Ländereien wegen der Revolutionswirren vorübergehend verließen oder vertrieben wurden und ausgedehnte Besitztümer durch die Revolutionäre »interveniert« wurden. Dadurch entstand zweifellos eine verbreitete Rechtsunsicherheit hinsichtlich der Eigentumsverhältnisse, da nicht wenige militärische Neo-Hacendados diese Ländereien zunehmend als ihr Privateigentum zu betrachten begannen. Obwohl unter der vorwiegend restaurativen Präsidentschaft von Carranza viele »intervenierte« Haciendas ihren alten Eigentümern zurückgegeben wurden, verblieb dennoch ein beträchtlicher Teil unter der Kontrolle der neuen Revolutionselite, bemächtigten sich doch manche Generäle mit Gewalt oder unter Ausnutzung verworrener Rechtsverhältnisse bzw. mit Hilfe dubioser Verträge dieser Güter. So hatte z. B. in Chihuahua der General Ernesto García auf Befehl Villas eine Hacienda ihren rechtmäßigen Besitzern zurückgegeben, die ihm dafür »als eine Art Kommission oder Dank verschiedene Grundstücke ›schenkten‹, die er heute (1922) bearbeitet«.[55] Nach dem

Scheitern der Escobar-Rebellion im Jahre 1929 wurden die rebellierenden Generäle Eulalio Gutiérrez und J. Gonzalo Escobar willkürlichen Vorgehens im Zusammenhang mit ihrem Erwerb von Haciendas angeklagt, da sich die Kläger in dieser politischen Situation Chancen der Wiedergutmachung versprachen. Eulalio Gutiérrez hatte eine Hacienda zwar mit 30000 Pesos angezahlt, dann aber weder Kapital noch Zinsen weiter entrichtet. Über Escobar beklagte sich im September 1929 ein gewisser Gonzalo del Castillo Negrete beim Präsidenten, daß es dem »Ex-General J. Gonzalo Escobar, gestützt auf seine militärische Machtstellung, gelang, ihm den materiellen Besitz der Baumwollfarm Concordia zu entreißen . . .«. Vom Obersten Gerichtshof hätte er zwar Recht bekommen, doch hätte er dieses Recht gegen den General nicht durchsetzen können, denn »Escobar versuchte den Unterzeichneten festzunehmen, so daß er fliehen mußte«.[56] Die verworrene Situation, die oft solche Besitzveränderungen charakterisierte, geht deutlich aus einem Brief an Präsident Portes Gil aus dem Jahre 1929 hervor, der sich auf das Rancho Jesús Maria im Staate México bezieht. Nachdem die Zapatisten aus der »Ortschaft Chalco und Umgebung« vertrieben worden seien, »bemächtigte sich der Kommandant der carranzistischen Truppen des Ranchos Jesús Maria, welches durch den General Millán, den Gouverneur des Staates México, bewirtschaftet wurde. Die Generäle Millán, Tejeda, Méndez, Hill, Peralta, etc. etc. lösten sich sukzessive in der Bewirtschaftung desselben ab, als ob es sich um ein Erblehen der Generalität gehandelt hätte.« Vorübergehend sei das Rancho dann seinem rechtmäßigen Besitzer zurückgegeben worden, »aber kurze Zeit darauf tauchte der Ex-Oberst Vargas mit Armeetruppen auf, ermächtigt durch den General Hill, und vertrieb unter Todesdrohungen den Verwalter, den Herr Amieva ernannt hatte . . . Durch eine Reihe von Kombinationen, deren Aufzählung zu weit führen würde, gelangte das Rancho Jesús Maria in die Gewalt des Generals Abundio Gómez, Ex-Gouverneur des Staates, auf dessen Namen es eingetragen ist«.[57]

Der Vorgang solcher Besitzumschichtungen zugunsten der neuen Revolutionsführer soll hier nicht weiter illustriert werden; ähnlich gelagerte Beispiele ließen sich in großer Zahl anführen.[58] Vielmehr gilt es, eine wichtige Konsequenz dieser Entwicklung für die vorcardenistische Landreform festzuhalten. Unabhängig davon nämlich, auf welche Art und Weise sich die Militärs in der

Landwirtschaft festsetzten – ob über die Enteignung alter Grundbesitzer oder die Verdrängung von Ejidatarios – die Tatsache, daß sich aus ihrem Kreis eine neue, an einer tiefgreifenden Agrarreform naturgemäß nicht mehr interessierte Grundbesitzerschicht herausgebildet hatte, war zweifellos ein wichtiger Grund für den schleppenden Verlauf der Landverteilung.
Dieser ist allerdings nicht nur aus den Hindernissen und Widerständen zu erklären, die sich den landfordernden Bauern entgegenstellten. In vielen Fällen fehlte nämlich auch ein starker bäuerlicher Druck von unten auf eine rasche Verwirklichung der Agrarreform. Eine besondere Rolle spielten dabei die auf den Haciendas fest ansässigen *peones acasillados.* Diese hatten sich schon während der Revolutionskriege weitgehend passiv verhalten, sich zwar hin und wieder durchziehenden Revolutionsarmeen angeschlossen, aber keine eigentlichen agrarrevolutionären Aktivitäten entfaltet. Im Gegenteil verteidigten die *acasillados* zusammen mit ihren Herren sogar oft die Haciendas gegen Angriffe von außen.[59] Dieses Verhalten der *acasillados* wurde einerseits durch die auf den Haciendas besonders wirksamen Mechanismen sozialer Kontrolle, daneben sicher aber auch durch die relative Privilegierung vieler *acasillados* und die patriarchalischen Beziehungen zwischen Hacendados und Landarbeitern mitbestimmt.[60] Es erstaunt deshalb nicht, daß eine ähnliche Haltung die *acasillados* in hohem Maße auch während der Landreform der 20er und frühen 30er Jahre auszeichnete. Denn zu ihren mentalitätsmäßigen Bindungen an die Hacienda trat jetzt ihr rechtlicher Ausschluß aus dem Kreis der Landberechtigten hinzu, während andererseits der Erfolg einer dörflichen Landforderung gegen »ihre« Hacienda die eigenen Arbeitsplätze gefährden konnte. Wie in anderen – im folgenden Abschnitt noch zu beschreibenden – Bereichen wirkte sich die vorcardenistische Landreform auch in dieser Beziehung konfliktverschärfend aus: zu den Auseinandersetzungen zwischen Agraristen und Grundbesitzern, den Rivalitäten zwischen einzelnen Dörfern um Landrechte und den innerdörflichen Polarisierungstendenzen im Gefolge der Entstehung ejidaler *cacicazgos* gesellte sich nun eben auch der wirtschaftliche Interessenkonflikt zwischen Ejidatarios und *acasillados.*
Obwohl die *acasillados* bis 1934 keine Landforderungen stellen konnten, war auch ihre Position durch die Revolutionsgesetze über die Arbeitsverhältnisse, insbesondere durch die Abschaf-

fung der Schuldknechtschaft, nachhaltig betroffen worden. Wie entwickelten sich die Arbeitsbedingungen auf den Haciendas, nachdem der schuldrechtliche Bleibezwang aufgehoben worden war? Leider fehlen systematische Untersuchungen darüber, wie sich die gesetzlichen Bestimmungen in der Praxis auswirkten; auch in dieser Hinsicht dürften die regionalen Unterschiede beträchtlich gewesen sein. Am nachhaltigsten wirkte sich die von konstitutionalistischen Generälen wie Alvarado und Múgica verfügte Abschaffung der Schuldknechtschaft wohl im Südosten aus, weil sie in Staaten wie Yucatán oder Tabasco in besonders harter Form durchgesetzt worden war. Was Zentralmexiko betrifft, so hat jetzt Herbert J. Nickel erste Ergebnisse einer Untersuchung über die Entwicklung im Hochland von Puebla-Tlaxcala vorgelegt.[61]

Zu einer größeren Abwanderung der *peones* von den Gütern dieser Region kam es nach Aufhebung der Schuldknechtschaft offenbar nicht. Aufschlußreich ist aber doch die Tatsache, daß z. B. auf der Hacienda Ozumba ein deutlicher Verhaltenswandel auch unter den *acasillados* festzustellen ist. Selbst wenn diese zunächst die Institution der Hacienda nicht in Frage stellten, so zeitigte doch Anfang der 20er Jahre »die Syndikalisierungsbewegung auch auf Ozumba Wirkung«. Die Landarbeiter forderten einen Taglohn von 2 Pesos und den 8-Stunden-Tag; 1921 kam es gar zu einem Streik »wegen des den Arbeitern zu hoch erscheinenden Arbeitstempos«. Die veränderten Sozialbeziehungen auf dieser Hacienda kamen deutlich in einem Schreiben des Verwalters zum Ausdruck, der sich beklagte, »man befinde sich in einer Zeit, in der man keinerlei Tadel aussprechen und viel weniger Zwang als früher anwenden dürfe, um die *peones* zur Erfüllung ihrer Pflichten zu bewegen«.

Im Gegensatz zum Porfiriat, wo die Gutsbesitzer bei Unruhen auf ihren Gütern mit der Unterstützung durch die Staatsorgane rechnen konnten, waren ihre repressiven Reaktionsmöglichkeiten jetzt viel beschränkter. Zwar konnte auch auf Ozumba gelegentlich mit Hilfe eines lokalen Militärdetachements ein Streik beendet werden, aber es scheint doch, daß die Gutsbesitzer überwiegend durch eine Verbesserung der Lohn- und Arbeitsbedingungen ihre *acasillados* auf den Gütern zu halten suchten.

Selbst in der begrenzten Region von Puebla-Tlaxcala war das Verhalten der *acasillados* gegenüber der Hacienda recht unterschiedlich. So konservierte z. B. die Hacienda Rinconada »bemerkenswert lange die traditionellen Sozialbeziehungen«. Noch 1950 zeigte sich hier der Besitzer besorgt »über die unablässigen Kreditwünsche (und die Verschuldung) der Arbeiter«, die in diesem Fall, wie Nickel bemerkt, von der Revolution nicht erreicht worden waren. Anders war die Situation auf Ozumba, wo sich in den 30er Jahren zumindest ein Teil der *peones acasillados* an den neu entstandenen Ejidogemeinden orientierte und »seine Erwartungen auf analoge Chancen« ausrichtete. Unter den Nutznießern der in den 30er Jahren durchgeführten Aufteilung dieser Hacienda befanden sich deshalb auch ehemalige *acasillados*.

Wie vielfältig das Verhalten unterschiedlicher bäuerlicher Gruppen in der Landreform war, soll am Beispiel des Staates Michoacán, über den einige aufschlußreiche agrargeschichtliche Studien vorliegen, angedeutet werden. Auf den Haciendas der *tierra caliente*, z. B. in Taretan, kam es zwar Ende der 20er Jahre zu einer gewissen Syndikalisierung der Landarbeiter, die aber den Ejidalforderungen der Dorfbewohner ablehnend gegenüberstanden, wie Landsberger/Hewitt feststellten: »Die Verzögerung in der Behandlung der Eingabe zur Errichtung eines Ejido in Taretan wurde zweifellos begünstigt durch die schwache Unterstützung dieser Forderung an der Basis. Es ist eine (von den agraristischen Führern in der Gemeinde in verschiedenen Interviews beklagte) Tatsache, daß es bis 1929 keine offene bäuerliche Agitation für die Aufteilung der Hacienda gab. Revolutionäre, die von Zeit zu Zeit in die Region kamen, waren nicht imstande, die Tagelöhner der Hacienda zu überzeugen, daß deren Land aufgeteilt werden konnte oder sollte (...) Einer der »L«-Brüder erinnert sich beispielsweise, daß er sich glücklich schätzte, wenn er in einer Gruppe von hundert Tagelöhnern zehn finden konnte, die bereit waren, eine Landpetition zu unterschreiben.« Noch im August 1936 protestierten hier 84 Landarbeiter gegen die Errichtung eines Ejidos.[62]

Anders war die Situation im Dorf Naranja, auf dem Hochland der *meseta tarasca*, auf dessen von Paul Friedrich untersuchte Agrargeschichte weiter oben bereits verwiesen wurde.[63] Auch hier erwies sich während der Revolutionskriege die Hacienda als erstaunlich stabil; zu gewaltsamen Aktionen der dörflichen Bauernbevölkerung gegen die Hacienda kam es jedenfalls nicht. Erst unter dem Einfluß des Bauernführers Primo Tapia kam es

hier Anfang der 20er Jahre zur Bildung einer Bauernorganisation, die Ejidalforderungen stellte. Interessanterweise unterstützten dabei zahlreiche Veteranen der Revolutionsarmeen aktiv die Agrarbewegung unter Tapia, sicher ein aufschlußreiches Beispiel für den längerfristigen gesellschaftlichen und politischen Mobilisierungseffekt der Revolutionskriege.[64] Dennoch konnte auch Tapia in Naranja nicht mit einer breiten und spontanen Unterstützung der Dorfbewohner für Landforderungen rechnen, wie etwa der Umstand zeigt, daß er die Unterschriften für die Ejido-Forderung des Dorfes unter dem Vorwand sammelte, es handle sich dabei um die Petition für die Abordnung eines Priesters nach Naranja.[65]
Wo schließlich individueller Kleinbesitz vorherrschte, wie in dem von Luis González beschriebenen Dorf San José de Gracia, spielte die Agrarfrage während der Revolution kaum eine Rolle, obwohl keineswegs alle Josefinos Landbesitzer waren. Zur Waffe griffen hier viele katholische Dorfbewohner erst in den 20er Jahren, während der *Cristiada*, aber nicht etwa im Kampf um die Agrarreform, sondern vielmehr zur Verteidigung ihres Glaubens und der katholischen Kirche gegen die antiklerikale Politik von Präsident Calles. Die Landreform wurde hier wesentlich von oben eingeleitet, vor allem unter Lázaro Cárdenas, zunächst in seiner Eigenschaft als Gouverneur von Michoacán, dann als Präsident der Republik.[66]
Es ist unverkennbar, daß ähnlich wie während der Revolutionskriege auch unter dem spätrevolutionären Regime der Sonorenser der bäuerliche Druck von unten zur Verwirklichung der Landreform von sehr unterschiedlicher Stärke war. Ein gewisser bäuerlicher Konservatismus ist nämlich nicht zu übersehen, und zwar nicht nur dort, wo – wie etwa in Oaxaca – der indianische Landbesitz durch die porfiristische Modernisierung kaum tangiert worden war.[67] Auch in anderen Regionen, insbesondere in jenen starker katholischer Prägung, kann man von einem ausgeprägten bäuerlichen Konservatismus sprechen, lehnten doch auch viele ejidalberechtigte Kleinbauern die Idee einer vom Staat verliehenen Land-Dotation ab. So wiesen z. B. im Staat Michoacán die Bauern von Pátzcuaro das ihnen von Gouverneur Múgica angebotene Ejido zurück; ein ähnliches Verhalten beobachtete Friedrich auch in Naranja, nämlich, »die paradoxe Weigerung der meisten Naranjeños, sich aktiv an irgendwelchen Landforderungen zu beteiligen. Das Ejido war für ihren eigenen Nutzen, aber

viele wollten es nicht«.[68] Unzweifelhaft spielte dabei die z. T. heftige Ablehnung der »konfiskatorischen« Landreformpolitik durch den Klerus eine Rolle, vermutlich aber auch (insbesondere bei älteren Bauern) eine durchaus traditionelle Eigentumsvorstellung, die sich mit einer »geschenkweisen« Übertragung von Land durch den Staat nicht vertrug.[69] Zahlreiche Grundbesitzer reagierten denn auch geschickt auf diese bäuerliche Haltung, indem sie unter der Drohung von Landenteignungen Parzellen an ihre Landarbeiter zu günstigen Preisen verkauften.[70]

Hinzu kam, daß ja in weiten Teilen des Landes die wirtschaftliche Machtstellung der Grundbesitzer durch die Revolution höchstens vorübergehend in Frage gestellt worden war, die ökonomische Abhängigkeit der Bauern von den Haciendas also weiterbestand. Diese Tatsache war in all jenen Gebieten von zentraler Bedeutung, wo die Bauern über keine schlagkräftigen Organisationen und keinen starken Rückhalt in einer reformfreundlichen Staatsregierung verfügten. Aber selbst wo dies der Fall war, wie z. B. in Veracruz (und zeitweise in Michoacán und Yucatán), blieb – anders als in Morelos – der Umfang der Landreform begrenzt.[71]

Dies hing nicht zuletzt mit den spezifisch caudillistischen Formen der bäuerlichen Mobilisierung in den 20er Jahren zusammen, die eben stark durch politische Initiativen von oben erfolgte, was zwar ein rasches quantitatives Anwachsen der Bauernverbände ermöglichte, gleichzeitig aber auch eine fundamentale Schwäche dieser Organisationen begründete, die in der Regel starkem äußeren Druck – etwa bei Fortfall der Patronage durch die Staatsregierung, bei Eingriffen der Armee, der Bundesbehörden usw. – kaum widerstehen konnten.[72] Dies zeigte sich besonders deutlich in Veracruz, wo die Bauernorganisationen während der zweiten Amtszeit von Tejeda zwar den Höhepunkt ihres Einflusses erreichten, gleichzeitig aber auch der politische Druck der Bundesregierung gegen die regionale Machtposition Tejedas rasch zunahm und 1933 – mit der Entwaffnung der tejedistischen Bauernmilizen durch die Armee – dem veracruzanischen Agrarismo ein vernichtender Schlag zugefügt wurde: ein Vorgang, der natürlich auch das seit den späten 20er Jahren rasch anwachsende Gewicht der Zentralregierung deutlich widerspiegelt.[73] Die Problematik der vorcardenistischen Landreform zeigt sich allerdings nicht nur in ihrem eben beschriebenen konfliktreichen und widersprüchlichen Verlauf, sondern auch in ihren gesellschaftlichen, politischen und wirtschaftlichen Auswirkungen, die nun etwas genauer zu beleuchten sind.

Das Ejido: Aspekte der Alltagsrealität im reformierten Agrarsektor

Ungeachtet der heftigen politischen und gesellschaftlichen Konflikte, welche die Landreform auf lokaler, regionaler und nationaler Ebene hervorrief, kann von einer tiefgreifenden Veränderung der mexikanischen Agrarstruktur vor der Präsidentschaft von Cárdenas keine Rede sein. Dies gilt sowohl bei einer Betrachtung der mexikanischen Agrargesellschaft als ganzer als auch bei einer genaueren Untersuchung des Kernbereichs der Landreform, d. h. des neu geschaffenen Ejidalsektors.[74]
Einen ersten Eindruck von der Kontinuität der alten Agrarstruktur vermitteln die geringen quantitativen Veränderungen in den Besitzverhältnissen. Bis 1930 waren durch provisorische oder definitive Ejidalentscheide insgesamt 8,344 Mio. ha Land an 4189 Ejidos verteilt worden. Demgegenüber umfaßten die privaten landwirtschaftlichen Besitzungen damals noch immer eine Fläche von insgesamt 123,15 Mio ha Land.[75] Weniger als 7% der Gesamtfläche waren also in den ersten 15 Jahren der Landreform von Umverteilungsmaßnahmen betroffen worden. Im Bereich der Privatbetriebe dominierte nach wie vor der Großgrundbesitz, umfaßten doch die über 1 000 ha großen Güter, die lediglich 2,2% aller Privatbetriebe ausmachten, nicht weniger als 83,4% des gesamten Privatlandes.[76] Allein diese Fläche – 102,8 Mio ha – war noch immer mehr als zehnmal so groß wie die gesamte Ejidofläche. Von einer nennenswerten Korrektur der extrem ungleichen Landbesitzverhältnisse kann also bis 1930 nicht gesprochen werden. Daran änderte sich bis Ende 1933, also bis zum Vorabend der Präsidentschaft von Cárdenas, wenig. Zwar stieg die Fläche verteilten Landes bis zu diesem Zeitpunkt auf 10,7 Mio ha, die sich auf 6453 Ejidos mit etwa 1 Million Ejidatarios verteilte; daneben aber existierten weiterhin mehr als 2 Millionen völlig besitzlose Landarbeiter, Tagelöhner, Klein- und Halbpächter, usw.[77] Zu Recht zog Simpson deshalb in den frühen 30er Jahren folgendes Fazit einer damals mehr als fünfzehnjährigen Landreform: »Mexiko ist noch immer überwiegend ein Land der Haciendas und der Hacendados.«[78]

Die Beharrungskraft der vorrevolutionären Agrarverhältnisse spiegelte sich auch in der regional und sektoriell weiterhin sehr ungleichen Entwicklung der Agrarproduktion wider, die durch die Revolution und die vorcardenistische Landreform ebenfalls nicht grundsätzlich überwunden, sondern z. T. sogar noch vertieft wurde. Wie schon im Porfiriat war nämlich auch in den 20er Jahren die Landwirtschaft durch den Gegensatz zwischen einem – von der Landreform kaum berührten – dynamischen Exportsektor und jener Landwirtschaft gekennzeichnet, welche Grundnahrungsmittel für den Binnenmarkt anbaute. Während z. B. der Nordwesten in den 20er Jahren einen starken landwirtschaftlichen Aufschwung erlebte und seine Agrarausfuhren gewaltig steigerte, schrumpfte die traditionelle Mais- und Bohnenproduktion, die im zentralen und südlichen Hochland vorherrschte, im Gefolge der Revolution weiter und verschärfte so den schon im Porfiriat angelegten »dualistischen« Charakter der mexikanischen Landwirtschaft.[79]

Betrachtet man also die spätrevolutionäre Landreform in einer Makroperspektive unter vorwiegend quantitativen Gesichtspunkten, so waren ihre Effekte bis zur Mitte der dreißiger Jahre denkbar gering, und zwar sowohl hinsichtlich der Verschiebungen in den Besitzverhältnissen als auch in bezug auf die landwirtschaftlichen Produktionstrends, wenn man einmal vom Rückgang der Subsistenzproduktion absieht. Dennoch bedeutete die Landreform einen tiefen Einschnitt in die traditionelle Agrargesellschaft. Welches waren ihre politischen, wirtschaftlichen, sozialen und kulturellen Einflüsse auf die betroffenen Bauern und Grundbesitzer, auf die innerdörflichen Verhältnisse, auf die politischen und wirtschaftlichen Beziehungen auf dem Lande? Diese Fragen gilt es nun vermehrt ins Blickfeld zu rücken, um – jenseits aggregierter Datenreihen – einige Aspekte der Alltagsrealität der ländlichen Gesellschaft aufzuzeigen.[80]

Auszugehen ist dabei von der Wirtschaft des neugeschaffenen Ejido-Sektors, die sowohl für die Existenz des einzelnen Ejidatarios als auch für den Stellenwert der Ejidos innerhalb der mexikanischen Landwirtschaft von entscheidender Bedeutung war. Ein erstes Kennzeichen der vorcardenistischen Landreform war der geringe Umfang und die oft schlechte Qualität des verteilten Bodens. Im nationalen Durchschnitt betrug die auf den einzelnen Ejidatario entfallene Fläche rund 10 ha, wovon etwa

3 ha Ackerland waren.[81] Im zentralen Hochland, wo Ende 1933 etwa 60 % aller Ejidatarios lebten, lagen die zugeteilten Flächen allerdings deutlich unter diesem Wert. Hier machten sie in den 20er Jahren zwischen 3 und 6 ha aus, wodurch auf den einzelnen Ejidatario lediglich etwa 1-2 ha Ackerfläche entfielen.[82] Hinzu kam der ausgeprägte Wassermangel, der sich in dieser weitgehend auf Trockenfeldbau ausgerichteten Region besonders nachteilig auswirkte. Von den bis Ende 1933 definitiv geschaffenen 4090 Ejidos hatten lediglich 540 entsprechende Wasserrechte erhalten.[83] »Schlechtes Land und wenig Wasser«, so faßte Simpson eine 1933 durchgeführte Untersuchung von 850 Ejidos zusammen.[84]

Verschärft wurden die wirtschaftlichen Probleme der Ejidos durch rückständige landwirtschaftliche Produktionstechniken, fehlende Fruchtwechselwirtschaft und Mangel an Düngemitteln. In der Regel wurde der Ackerbau auf dem zentralen Hochland mit Holzpflügen und Ochsengespannen betrieben, aber oft verfügten die Ejidatarios weder über eigene Zugtiere noch über die Mittel, sich solche anzuschaffen.[85] Besonders ausgeprägt war im Vergleich zu den privaten Großbetrieben der geringe Mechanisierungsgrad in den Ejidos. Während diese 1930 immerhin 10,7 % der gesamten landwirtschaftlichen Produktion erzeugten, verfügten sie z. B. lediglich über 1,8 % der Traktoren, 2,6 % der Dreschmaschinen und 0,4 % der installierten Motorenleistung.[86]

Auch der Zugang zum staatlichen Agrarkreditsystem blieb den Ejidos weitgehend versperrt. Zwar war 1926 ein nationales Agrarkreditsystem aufgebaut worden, aber es vermochte, wie noch zu zeigen ist, seine Aufgabe, dörfliche Kreditgenossenschaften mit günstigem Kapital zu versorgen, nicht zu erfüllen. Noch 1933 standen 96 % aller Ejidatarios außerhalb des staatlichen Kreditsystems und waren damit weiterhin auf die Kreditaufnahme bei privaten ländlichen Geldverleihern gegen Wucherzinsen angewiesen.[87]

Vergegenwärtigt man sich die eben erwähnten Strukturmängel der neugeschaffenen Ejidos, so erstaunt es kaum, daß sie in der Regel mit großen wirtschaftlichen Schwierigkeiten zu kämpfen hatten. Nur in Ausnahmefällen vermochte nämlich die Ejidoparzelle den wirtschaftlichen Unterhalt des Ejidatarios und seiner Familie zu decken. Meistens waren Zusatzverdienste notwendig, die wiederum zu einer Vernachlässigung des Ejidos führen konnten. Sehr anschaulich werden diese Probleme in einem

Bericht über 38 Ejidos im Staate México aus dem Jahre 1933 zusammengefaßt: »Es ist eine verbreitete Gewohnheit unter den Ejidatarios im flachen Teil dieser Zone, daß sie ihren Lebensunterhalt durch Tätigkeiten zu bestreiten suchen, die keinen Zusammenhang mit ihrem Ejido haben. Wegen der Kleinheit ihrer Parzellen und wegen des fast völligen Fehlens von Wasser zur Irrigation können sie nur Trockenfeldbau betreiben, und weil dessen Ertrag für ihren Lebensunterhalt nicht ausreicht, verbringen sie den restlichen Teil ihrer Zeit (den größeren) als ambulante Händler oder indem sie in Gruppen außerhalb ihrer Dörfer arbeiten ... Die Ejidatarios, welche in den Dörfern der Hügelzone leben, sind praktisch alle ambulante Händler oder arbeiten als Tagelöhner auf benachbarten Haciendas ... Eines der Hauptprobleme, mit denen ich in dieser Zone konfrontiert bin, ist der Mangel an Zusammenarbeit und die geringe Beteiligung der Ejidatarios an den Angelegenheiten, die das Ejido als Ganzes betreffen ... Diese Haltung ist weniger auf ein Desinteresse der Ejidatarios zurückzuführen als auf die Notwendigkeit, daß sie außerhalb ihrer Dörfer Arbeit suchen ... In keinem Ejido wird die landwirtschaftliche Arbeit systematisch durchgeführt, denn viele Ejidatarios haben keine Ochsen und müssen warten, bis die Besitzer von Ochsen ihre Arbeit erledigt haben und sie sie ihnen vermieten wollen.«[88]

Obwohl für diese Zeit systematische Erhebungen über die Einkommen der Ejidatarios aus ihrem Ejido fehlen, zeigen die wenigen verfügbaren Daten doch in aller Deutlichkeit auf, daß sie den Lebensunterhalt einer Familie in der Regel bei weitem nicht zu decken vermochten. Simpson hat das durchschnittliche Einkommen eines Ejidatarios für die Jahre 1929/30 mit ca. 80 Pesos pro Jahr veranschlagt, was einem Tageseinkommen von ca. 44 Centavos entsprach.[89] Der Tageslohn eines Landarbeiters betrug zur gleichen Zeit zwischen 80 Centavos und 1 Peso, während die minimalen Unterhaltskosten für eine ländliche Familie pro Tag auf etwa 2 Pesos geschätzt wurden.[90] Unter diesen Umständen vermochte die vorcardenistische Landreform keine fühlbare Verbesserung des ländlichen Lebensstandards herbeizuführen. Nach wie vor war das Leben der großen Mehrheit der ländlichen Bevölkerung, insbesondere im zentralen und südlichen Hochland, durch bittere Armut geprägt, wie Simpson in einer eindrücklichen Beschreibung der ländlichen Lebensverhältnisse aufgezeigt hat.

Die Ernährungssituation war sowohl quantitativ wie qualitativ unzureichend. Mais-Tortillas, Bohnen (frijoles) und Chile-Pfeffer waren die Hauptnahrungsmittel. Ein hoher Alkoholkonsum in Form von Pulque ergänzte die ländliche Diät, deren Unzulänglichkeit von Simpson als »Index eines Lebensstandardes« bezeichnet wurde, »der sich oft in gefährlicher Nähe des reinen Subsistenzniveaus bewegt.«[91] Auch die überaus engen ländlichen Wohnverhältnisse – meist einräumige, fensterlose »Häuser« –, die völlig unzureichenden hygienischen Bedingungen, die hohen Sterblichkeitsraten und schließlich auch eine verbreitete geistig-kulturelle Monotonie prägten weiterhin das alltägliche Leben »weiter Bereiche des ländlichen Mexiko«.[92] Nur in besonders günstigen Ausnahmefällen hatte durch die Errichtung eines Ejidos der Zyklus von Armut und Passivität erfolgreich durchbrochen werden können.[93]

Die Problematik des vorcardenistischen Ejidos zeigte sich allerdings nicht nur in seiner wirtschaftlichen Insuffizienz und seinen geringen oder fehlenden sozialen Wohlstandseffekten, sondern ebenso in den politischen und gesellschaftlichen Polarisierungstendenzen, die es auf lokaler und regionaler Ebene oft auslöste.

Hatte ein Ejido sein Land erhalten, so war es die Aufgabe des von den Ejidatarios gewählten »Verwaltungskomitees«, das Land gerecht zu verteilen und die Bewirtschaftung des Ejidos zu organisieren.[94] Bis zum Erlaß des »Gesetzes über das Ejido-Patrimonium« von 1925/26, das die definitive Zuteilung von Parzellen an die einzelnen Ejidatarios vorschrieb, hatten die Ejidos ihr Land gemeinsam zu bewirtschaften. Dieser Vorschrift der »Nationalen Agrarkommission« aus dem Jahre 1922 war allerdings in der Praxis kaum nachgelebt worden. In den meisten Fällen waren nämlich die Ejidos in einzelne Parzellen aufgeteilt und den Ejidatarios zur Bewirtschaftung zugewiesen worden, ohne daß diese allerdings verbindliche Rechtstitel auf ihren Parzellen erhalten hätten.[95] Auch nach der Verabschiedung des Gesetzes über das Ejido-Patrimonium änderte sich an diesem Zustand wenig, da bis 1934 lediglich in 7% der Ejidos eine definitive, durch individuelle Rechtstitel geschützte Parzellenzuteilung erfolgt war.[96] Die »Verwaltungskomitees« besaßen deshalb einen erheblichen Spielraum, die Parzellen periodisch umzuverteilen und bestimmte Gruppen von Ejidatarios einseitig zu begünstigen. Die zahllosen Klagen über korrupte Ejidoverwaltungen, über willkürliche Eingriffe der agarischen Oberbehörden in die Angelegenheiten der Ejidos, über verbreiteten Wahlbetrug, ja über gewaltsame Auseinandersetzungen zwischen rivalisierenden Gruppen von Ejidatarios vermitteln denn auch ein recht düsteres Bild von der politischen Realität in vielen Ejidos.[97] Dazu gehörte vor allem auch die Entstehung eigentlicher ejidaler *cacicazgos,* also die Herausbildung privilegierter Führungscliquen, welche die Ejidoverwaltung monopolisierten und zu ihrem eigenen Vorteil nutzten.[98] Begünstigt wurde dieser Prozeß durch die Tatsache, daß die Ejidos oft von außen politisiert wurden. Regionalpolitiker, Gouverneure, politische Parteien usw. versuchten das politische Potential der Ejidatarios, sei es als Wähler oder sei es auch als bewaffnete Agraristen, für ihre eigenen Zwecke zu nutzen.[99] Innerhalb der Ejidos führte diese Entwicklung nicht nur zu politischen Konfrontationen, sondern auch zu einer wachsenden wirtschaftlichen und sozialen Polarisierung unter den Ejidatarios. So heißt es in einem entsprechenden Bericht: »Die Verteilung der Parzellen erfolgt in dieser Zone in völlig desorganisierter Form ... In vielen Fällen hatten die Führer der Agrarbewegung den Boden schon vor der Landzuteilung besetzt, und sie halten diese Grundstücke weiterhin in ihrem Besitz ... Dies bedeutet, daß heute eine ungleiche Verteilung der Parzellen besteht, welche in vielen Fällen einem eigentlichen Monopol gleichkommt ... Es ist nicht unüblich in den Ejidos an der Costa Grande, Ejidatarios mit 15 ha Land zu finden, während andere nur auf eine Hektare kommen ...«[100] Auch die Manipulation dörflicher Kreditgenossenschaften bot vielfältige Bereicherungsmöglichkeiten für korrupte Ejido-Verwaltungen, wie in den Quellen immer wieder betont wird. Jedenfalls war der von Simpson beschriebene Werdegang zweier ejidaler *caciques,* die sich von Führern der Agrarbewegung in neue Dorfpotentaten verwandelt hatten, keineswegs untypisch für die Entwicklung in vielen Ejidos. Während sich im Ejido von Tapilula »Rincón, der Verteidiger der Armen, im Laufe der Jahre in Rincón, den Geschäftsmann, verwandelt hatte«, besaß ein anderer Ejido-*cacique,* Pablo Martínez, schließlich »neben seiner Ejido-Parzelle, das Hotel, das Kino und den Hahnenkampf-Ring in Remedios ...«[101]

Aus dieser neuen Ejido-Oligarchie sowie aus den erfolgreichen Nutznießern privater Landverkäufe aus bedrohten Haciendas bildete sich eine neue Klasse mittlerer Bauern heraus, die immer weniger als Verbündete, denn vielmehr als Gegner der kleinen

Ejidatarios in Erscheinung traten. »Die schärfsten agrarischen Konflikte sind gegenwärtig jene zwischen den enteigneten armen Bauern, welche Ejidos anstreben, und den verbürgerlichten Bauern, welche ihre Führungsposition aufrecht erhalten wollen«, heißt es in einem Bericht aus dem Jahre 1934.[102] Auch die Rancheros standen den Ejidatarios oft feindlich gegenüber und verweigerten ihnen jede wirtschaftliche Zusammenarbeit.[103] Diese Besitzer mittelgroßer Betriebe, die ihren Grund und Boden eigenhändig bewirtschafteten, wurden nämlich relativ häufig Opfer ejidaler Landenteignungen, während die großen Haciendas verhältnismäßig weniger tangiert wurden, stammte doch nur etwa die Hälfte des bis 1933 definitiv verteilten Ejidolandes aus eigentlichen Haciendas, während die andere Hälfte kleineren und mittleren Betrieben weggenommen worden war.[104]

In dieser Situation sahen sich deshalb die Ejidatarios nicht nur einer ständigen Konfrontation mit den Haciendas und den darauf beschäftigten *peones acasillados* ausgesetzt, sondern auch mit jenen Gruppen kleinerer und mittlerer Landwirte, die ihren angestammten Besitz zu verteidigen oder ihr neu erworbenes Land zu sichern suchten. Und schließlich wurde die soziale Isolierung der Ejidatarios im innerdörflichen Bereich nicht selten durch die Rivalität, ja Feindschaft benachbarter Dörfer verschärft, die durch die Schaffung eines Ejido ausgelöst worden war.[105]

Vergegenwärtigt man sich die eben dargestellten Probleme des neu geschaffenen Ejido-Sektors, so wird man schwerlich von einem Erfolg der vorcardenistischen Landreform sprechen können. »Tatsächlich hatte die Landreform die Aspirationen einer minoritären Gruppe von Bauern, ein Stück Land zu besitzen, erfüllt«, bemerkt Lorenzo Meyer, »aber es war ihr nicht gelungen, eine nennenswerte Verbesserung ihres Lebensstandards herbeizuführen.«[106] Wo lagen die Gründe für diesen Mißerfolg?

Zweifellos waren die meisten Ejidatarios schlecht darauf vorbereitet, sich in selbständige Landwirte zu verwandeln. In ihrer großen Mehrheit Analphabeten, gewohnt, Arbeiten nach Anweisung von Vorgesetzten auszuführen und ohne finanzielle Mittel zur Investition in ihre Parzellen, wären sie in besonderem Maße auf eine systematische Unterstützung durch den Staat angewiesen gewesen. Gerade diese Förderung blieb aber aus. Nachdem die Ejidos aus vornehmlich politischen Gründen einmal geschaffen worden waren, blieben sie weitgehend sich selbst überlassen. Die Vernachlässigung der Ejidos durch den Staat – mit Ausnahme natürlich der politischen Kontrolle – zeigt deutlicher als alle offiziellen Erklärungen zur Agrarpolitik oder alle Veränderungen im Agrarrecht, welche Rolle das sonorensische Regime den Ejidos zuerkannte: nämlich diejenige einer komplementären Subsistenzeinheit. Dies zeigte sich zunächst darin, daß die finanziellen und personellen Mittel, welche die nationale Agrarkommission für die innere Organisation der Ejidos einsetzen konnte, völlig unzureichend waren. So stand nach einer Schätzung Simpsons im Jahre 1925 ca. 1 Peso pro Ejidatario und Jahr für diese Aufgabe zur Verfügung.[107] Nicht weniger deutlich zeigte sich die Vernachlässigung der Ejidos in der Ausrichtung des nationalen Irrigationsprogramms, das ausschließlich den mittleren und größeren Privatbetrieben zugute kam und von dessen Investitionen in Höhe von 86 Mio Pesos (bis 1934) »kein einziges Ejido-Dorf profitierte«.[108] Ähnlich einseitig zugunsten der großen Grundbesitzer wirkte sich schließlich das 1926 geschaffene staatliche Agrarkreditsystem aus.[109]

Dieses hätte an sich durch die Förderung lokaler Kreditgenossenschaften nach dem Raiffeisen-Prinzip auch mittlere und kleine Bauern – mithin auch die Ejidatarios – erfassen sollen. Wie schon erwähnt, erfüllte es diese Aufgabe allerdings kaum, hatte doch noch 1934 die überwältigende Mehrheit der Ejidatarios keinen Zugang zum staatlichen Agrarkredit. Dies war zwar auch auf die Ungeübtheit der Ejidatarios im Umgang mit einem modernen Kreditsystem zurückzuführen, wurden Darlehen doch noch oft als »Angelegenheit persönlicher Gunstbezeugung und politischer Intrige« betrachtet.[110] Aber der Hauptgrund für diese Entwicklung lag in der einseitigen Kreditgewährung an private Großgrundbesitzer, vornehmlich solche revolutionärer Provenienz.[111] Während sich diese kleine Gruppe politisch einflußreicher Neo-Hacendados zwischen 1926 und 1931 mehr als 80 % der staatlichen Agrarkredite sicherte, entfielen auf die ejidalen Kreditgenossenschaften weniger als 10 % der gesamten Kreditsumme.[112]

Trotz dieser krassen Vernachlässigung des Ejidosektors durch den Staat und der vielfältigen strukturellen Mängel der neugeschaffenen Ejidos war die Bilanz der vorcardenistischen Landreform indessen nicht ausschließlich negativ. Dies gilt selbst für den rein wirtschaftlichen Bereich, wo dem Ejido von seinen Gegnern

oft pauschal die Verantwortung für den starken Rückgang der Mais- und Bohnenproduktion angelastet wurde. Zwar ging die Produktion dieser beiden Grundnahrungsmittel zwischen 1901/07 und 1927/33 tatsächlich um ca. 30% bzw. 22% zurück.[113] Dafür war aber der Ejidosektor als solcher nicht unmittelbar verantwortlich. Einerseits war er nämlich insgesamt zu klein, um diesen scharfen Produktionsrückgang zu bewirken, andererseits zeigt ein Produktivitätsvergleich zwischen Ejidos und Haciendas ein durchaus ausgeglichenes Bild, allerdings auf beidseits sehr tiefem Niveau.[114] Der Produktionsabfall in diesen zentralen Bereichen der mexikanischen Agrarproduktion war deshalb wohl viel eher – neben klimatisch bedingten Mißernten Ende der 20er Jahre – auf die durch die Landreform bewirkte allgemeine Rechtsunsicherheit, welche die privaten Landbesitzer ihre Produktion drosseln ließ, und die Auswirkungen der Bürgerkriege, insbesondere der Cristero-Rebellion, zurückzuführen.[115]
Auch im kulturellen und gesellschaftlichen Bereich beobachtete Simpson in den frühen 30er Jahren nicht nur negative Auswirkungen der Landreform. Zu den positiven Errungenschaften der Revolution zählte er vor allem das ländliche Schulsystem, das zwar nur langsame Fortschritte machte, das aber in jenen Ejidos, wo es wirklich Fuß faßte, einen tiefgreifenden Verhaltenswandel auszulösen begann.[116] Die Kirche als zentraler geistig-kultureller Orientierungspunkt wurde hier langsam abgelöst durch die laizistische Schule und eine neue dörfliche »politische Kultur«, welche die lange Tradition geistiger und politisch-gesellschaftlicher Passivität zumindest ansatzweise zu überwinden begann.[117] »Das Wachstum der Ejido-Bewegung selber ist ein deutliches Anzeichen für diesen Vorgang. Die Tatsache, daß bis Ende 1933 mehr als 14000 Dörfer Landpetitionen eingereicht haben (die oft durch Landschullehrer angeregt wurden), zeigt eine Gemeinsamkeit der Absichten und Zielsetzungen auf, die eine neue Note in der mexikanischen Geschichte darstellt.«[118] So konfliktiv und gewaltträchtig der politische Sozialisierungsprozeß in den Ejidos auch oft verlief, er war, so Simpson, doch jener »apathischen Hoffnungslosigkeit« vorzuziehen, »welche diese selben Leute nur einige Jahre zuvor« ausgezeichnet hatte.[119] Und schließlich trug die Landreform auch indirekt zur Auflockerung der starren ländlichen Gesellschaft bei, insbesondere durch eine gesteigerte geographische und soziale Mobilität der ländlichen Bevölkerung.[120]

Wie also war das Ejido zu beurteilen? War es eine verfehlte Einrichtung, die nach den Wirren der Revolutionskriege zwar eine nützliche politische Stabilisierungsfunktion erfüllt hatte, die es aber als ineffiziente Produktionseinheit in möglichst engen Grenzen zu halten galt? Oder stellte das Ejido, befreit von seinen strukturellen Mängeln der Anfangszeit, ein auch wirtschaftlich vielversprechendes Instrument zur Demokratisierung der mexikanischen Agrargesellschaft und zur Überwindung der traditionellen Latifundienwirtschaft dar? Diese Fragen lagen den Kontroversen der mexikanischen Agrarpolitik seit den späten 20er Jahren zugrunde. Ihr Verlauf, der gleichzeitig grundlegende politische Entwicklungstendenzen dieser Jahre aufzeigt, sei abschließend noch kurz dargestellt.

Die Kontroversen um die Agrarpolitik in den frühen dreißiger Jahren

Plutarco Elías Calles hatte Ende 1924 bekanntlich als »Radikaler« die Präsidentschaft angetreten. In seiner Wahlkampagne hatte er sich nicht nur als Kandidat der Arbeiter, sondern auch als jener der Bauern zu profilieren versucht. Sein Bekenntnis zur Fortsetzung der Landreform war allerdings von Anfang an mit dem Bestreben verbunden gewesen, die Reform in geordnete Bahnen zu lenken, »damit unsere landwirtschaftliche Produktion nicht darunter leidet.«[121] Das Ejido verstand er als eine Zwischenstation auf dem Weg zu einer neuen Landwirtschaft, die zwar vermehrt auf dem Klein- und Mittelbesitz, aber durchaus auch auf modernen, produktiven Großbetrieben beruhen würde. Dazu mußte der Ejidatario zum selbständigen Klein-Landwirt werden, mit einer ihm definitiv übertragenen Parzelle, wie es das Gesetz über das Ejido-Patrimonium von 1925/26 vorsah. Ebenso sollte die Landverteilung als solche auf eine klare gesetzliche Grundlage gestellt werden, was durch den Erlaß eines entsprechenden Gesetzes im Jahre 1927 geschah. Nach Auffassung von Calles und seiner Regierung konnte mit der Schaffung des Ejido allein allerdings die angestrebte Modernisierung der mexikanischen Landwirtschaft nicht erreicht werden. Ergänzende Maßnahmen waren dazu notwendig, wie etwa die landwirtschaftliche Kolonisation, für welche 1926 die gesetzliche Grundlage geschaffen wurde, und vor allem ein nationales Bewässerungs- und

Agrarkreditprogramm, das der Landwirtschaft als Ganzer neue Wachstumsimpulse verleihen sollte.[122]

Diese vornehmlich auf landwirtschaftliches Wachstum und Modernisierung der Produktionsverhältnisse ausgerichtete Haltung Calles' war schon 1925 von zahlreichen amerikanischen Diplomaten registriert und als Anzeichen für einen neuen, konservativeren agrarpolitischen Kurs der Regierung begrüßt worden.[123] So richtig diese Beobachtung einer unverkennbaren Skepsis des Präsidenten gegenüber der Institution des Ejidos aber wohl auch war, Calles war sich andererseits stets der zentralen politischen Dimension der Landverteilung bewußt und hütete sich deshalb zunächst, einen offenen Kurswechsel in dieser Frage einzuleiten.[124] Im Gegenteil, angesichts der innenpolitischen Erschütterungen seines Regimes, insbesondere unter dem Eindruck der Cristero-Erhebung, wurde das Tempo der Landverteilung sogar forciert.[125] Die reformfreundliche Politik wurde auch unter dem Interimspräsidenten Emilio Portes Gil 1929 fortgesetzt, nicht zuletzt, weil die Regierung in diesem Jahr ein letztes Mal auf Bauernmilizen bei der Bekämpfung eines großen Armeeaufstandes, der Escobar-Rebellion, zurückgreifen mußte.[126] Unter Portes Gils Nachfolger, Pascual Ortiz Rubio, bahnte sich allerdings ein markanter Kurswechsel in der Agrarreformpolitik an. Zwar legte auch der neue Präsident ein Lippenbekenntnis zur Fortsetzung der Landreform ab, betonte aber gleichzeitig, »daß die Großlandwirtschaft einen mächtigen Gleichgewichtsfaktor unserer Wirtschaft darstellt und sie deshalb meine entschiedene Unterstützung verdient«.[127] Bedeutsamer als diese konservativen Agrarvorstellungen Ortiz Rubios, der ja – wie oben gezeigt wurde – nur über einen begrenzten politischen Einfluß verfügte, waren allerdings die gleichzeitigen agrarpolitischen Äußerungen Calles', die in dieselbe Richtung wiesen. Der Ex-Präsident, der sich anschickte, seine politische Schiedsrichterrolle als *jefe máximo* aufzubauen, hatte im Dezember 1929, im Anschluß an eine Europa-Reise, erstmals öffentlich seine Zweifel an der wirtschaftlichen Funktionstüchtigkeit des Ejidos – und damit der Opportunität einer unveränderten Landverteilung – zum Ausdruck gebracht.[128] Noch unmißverständlicher äußerte sich Calles gegenüber einem Journalisten im Juni 1930. Die bisher praktizierte Landreform sei ein »Mißerfolg«. »Das Glück der Bauern besteht nicht darin, daß sie ein Stück Land erhalten, wenn ihnen die Ausbildung und die Mittel fehlen, es zu bewirtschaften. Eher

führen wir sie auf diesem Weg ins Verderben, weil wir ihre Begehrlichkeiten wecken und ihren Müßiggang fördern.« Dem »Fiasko« müsse Einhalt geboten werden. »Was im Augenblick des Kampfes geschaffen wurde, muß bestehen bleiben. Der Paria, der ein Stück Land erhielt, soll es behalten.« Nun aber sei eine Neuorientierung der Politik notwendig; »es ist unerläßlich, daß jede Staatsregierung eine mehr oder minder kurze Frist festsetzt, innerhalb derer die gesetzlich befugten Dörfer Landpetitionen einreichen können. Nach Ablauf dieser Frist aber kein Wort mehr in dieser Angelegenheit! Dann geht es darum, allen Garantien zu geben, dem kleinen und dem großen Landwirt, damit die Initiative belebt wird und der öffentliche und private Kredit aufersteht. Auf diese Art und Weise wird erneut Vertrauen entstehen und damit der Wiederaufschwung eingeleitet«.[129]
Damit war der Startschuß für eine konservative Wende in der Agrarreformpolitik erfolgt. Die Regierung Ortiz Rubio entfaltete sogleich eine rege Aktivität, um die Landverteilungspolitik gesetzlich zu begrenzen. Mit einem Dekret vom Dezember 1930 wurde der Kreis landberechtigter Bauern eingeschränkt, bestimmte landwirtschaftliche Betriebe mit industrieller Weiterverarbeitung der Landesprodukte von Ejidaldotationen ausgenommen und Erweiterungen bestehender Ejidoflächen erschwert.[130]
Von besonderer Bedeutung war die Anweisung des Präsidenten an die Nationale Agrarkommission vom Mai 1930, im Staate Aguascalientes (und später in weiteren Staaten) eine Frist von zwei Monaten zur Einreichung weiterer Landpetitionen anzusetzen und nach erfolgter administrativer Behandlung dieser Eingaben die staatlichen Agrarbehörden aufzulösen.[131] Die Landverteilung schien damit Anfang der dreißiger Jahre sukzessive auszulaufen, was sich auch in einer starken Drosselung des Tempos der Landverteilung unter Ortiz Rubio ausdrückte. Hatten 1929, unter der Regierung Portes Gil, noch 692 Dörfer Land erhalten, so waren es 1931 noch 373 Dörfer und 1932 gar nur noch 208 Dörfer.[132]
Dennoch konnte die Regierung Ortiz Rubio nicht in allen Bereichen ihren konservativen agrarpolitischen Kurs durchsetzen. Mit der Verabschiedung eines Gesetzes, das den Gerichten das Recht zur *amparo*-Gewährung bei Ejido-Dotationen entzog, errangen nämlich die agraristischen Abgeordneten gleichzeitig einen bedeutsamen Erfolg.[133]
Diese Widersprüche in der agrarrechtlichen Entwicklung in der

Anfangsphase des Maximats zeigten eine tiefergehende Uneinigkeit innerhalb der Revolutionselite über den einzuschlagenden agrarpolitischen Kurs an. Schon in den Kabinettsberatungen, die während des Jahres 1930 zum großen Teil der neuen Agrarpolitik gewidmet waren, traten Meinungsverschiedenheiten zutage zwischen jenem Regierungs- und Parteiflügel, der eine möglichst rasche Beendigung der Landreform anstrebte, und jener Gruppe die – vornehmlich aus politischen Opportunitätserwägungen – einen schroffen Kurswechsel ablehnte.[134] Die erste Gruppe, zu der neben dem Präsidenten Ortiz Rubio vor allem der Finanzminister Montes de Oca und der Erziehungsminister Sáenz gehörten, wurde indirekt durch Calles unterstützt, der an den Regierungsberatungen zwar nur sporadisch teilnahm, seinen Einfluß aber mittelbar – etwa durch sein Sprachrohr Puig Casauranc – sehr nachhaltig ins Spiel brachte. Für diesen konservativen Flügel der Regierung war die Revolution an ihr Ende gelangt, wie es Finanzminister Montes de Oca unverblümt ausdrückte.[135] Die Gruppe um den Agrarminister Perez Treviño, den Industrieminister Luis León und vor allem Portes Gil betonte dagegen stärker die nach wie vor bestehende politische Notwendigkeit der Fortführung der Landreform. »Unglücklicherweise«, so der Agrarminister, »haben sich nämlich die Agraraspirationen nicht von Anfang an in allen Dörfern bemerkbar gemacht, sondern sind – vor allem in den sehr rückständigen Dörfern – erst ganz allmählich zu Tage getreten«.[136]

Diesen politischen Bedenken über eine allzu schroffe konservative Wende in der Agrarpolitik kam allerdings in der Regierung und der Parteiführung nur noch geringes Gewicht zu, wie die Verabschiedung des Dekrets vom Dezember 1930 zeigte. Offensichtlich hatten die Bauern – ähnlich wie die Arbeiter – in den Augen der konservativen Exponenten der Staatsführung ihre frühere Bedeutung als politische Verbündete der Regierung weitgehend eingebüßt, nachdem das Regime sich Anfang der dreißiger Jahre unverkennbar zu konsolidieren begann.[137]

Die Durchsetzung der neuen Agrarpolitik wurde erleichtert durch die organisatorische Schwäche der Bauern. Ihre nationale Partei, der Partido Nacional Agrarista, war – ähnlich wie die Arbeiterpartei nach 1928 – im Zusammenhang mit der Escobar-Rebellion von 1929 in den Strudel der durch Obregóns Ermordung ausgelösten Staatskrise geraten; künftig spielte sie keine nennenswerte politische Rolle mehr.[138] Die nicht parteipolitisch

ausgerichteten Bauernorganisationen waren gespalten. Die stärkste Bauernliga hatte sich unter dem Patronat des Gouverneurs Adalberto Tejeda und unter Führung von Ursulo Galván in Veracruz entwickelt. Aus dieser Organisation ging 1926 die Liga Nacional Campesina hervor, die ihr Aktionsfeld auf 16 Staaten ausdehnte und 300000 Mitglieder umfaßte.[139] Wegen ihrer radikalen Ausrichtung und ihrer engen politischen Verbindung mit Tejeda, der seine regionale Machtposition wesentlich auf die Liga und die bewaffneten Bauernmilizen von Veracruz abstützte, geriet die Liga Nacional Campesina allerdings seit 1930 zunehmend unter Beschuß der Zentralregierung.[140] Als Gegengewicht baute die Regierung eine eigene, weitgehend von ihr abhängige Bauernliga, die Liga Central de Comunidades Agrarias, auf, die aber die ihr zugedachte Aufgabe – Kontrolle und Disziplinierung der Campesinos – wegen ihrer schwachen Verankerung in der bäuerlichen Bevölkerung kaum erfüllen konnte.[141]
Die Regierung entschloß sich deshalb, die Bastionen des radikalen Agrarismus frontal anzugreifen, insbesondere dort, wo er sich auf starke Bauernmilizen stützte und die Basis für regionale Machtaspirationen abgab. Der Hauptschlag richtete sich folglich gegen Veracruz, dessen bewaffnete Bauernkontingente Anfang 1933 unter massivem Armeeinsatz gewaltsam aufgelöst wurden.[142] Diese Politik wurde nachhaltig von der Armeeführung unterstützt, die in den Bauernmilizen eine bewaffnete Gegenmacht erblickte, die sich ihrer Kontrolle entzog.
Es erstaunt nicht, daß der neue agrarpolitische Kurs auch von den Organisationen der alten Oberschicht lebhaft begrüßt wurde, die sich von Anfang an der Landverteilungspolitik widersetzt hatten. Dazu gehörten die große nationale Presse, die Industrie- und Handelskammern und insbesondere die Verbände der Großgrundbesitzer.[143] Da diese Kräfte allerdings noch immer als revolutionsfeindlich galten, ihnen also auch im spätrevolutionären Regime die politische Legitimität weitgehend abging, hüteten sich selbst die konservativen Exponenten der Staatsführung vor einer offenen Allianz mit diesen Gruppen.[144] Wenn bedrohte Hacendados ihre Interessen verteidigen wollten, taten sie es deshalb oft durch mehr oder weniger diskrete Vermittlung ihnen wohlgesinnter Generäle oder Politiker.[145]
So unverkennbar die Anfang der 30er Jahre eingeleitete neue Agrarpolitik auf eine allmähliche Aushöhlung des Artikels 27 der Verfassung von 1917 hinauslief, so wenig gelang es ihr allerdings,

die Landreform tatsächlich zu beenden und die Agrarbewegung zum Verschwinden zu bringen. Nicht nur Tejeda hatte sich nämlich dem neuen agrarpolitischen Kurs widersetzt, auch gemäßigtere Gouverneure, wie etwa Cárdenas in Michoacán, bekannten sich weiterhin öffentlich zur Institution des Ejidos und setzten in ihrem Staat die Landverteilung fort.[146] Auch die Bastionen des relativ konservativen agraristischen Caudillos Saturnino Cedillo in San Luis Potosí wurden nicht angetastet, seine Bauernmilizen – im Gegensatz zu jenen Tejedas – nicht zerschlagen.[147]

Diese Duldung des gemäßigten Agrarismus durch die Zentralregierung machte deutlich, daß die Kontroversen um den Kurs der Agrarpolitik nicht zu trennen waren von den allgemeinen machtpolitischen Rivalitäten innerhalb des Regimes. Sowohl Cárdenas als auch Cedillo gehörten nämlich – im Unterschied zu Tejeda – jener nationalen Machtelite an, in der Calles eine immer deutlichere Vorrangstellung einnahm. Der regionale Caudillo Tejeda dagegen profilierte sich als potentieller Herausforderer des *jefe máximo*. Dieser Umstand trug nicht weniger als sein radikaler Agrarismus dazu bei, daß er zur Zielscheibe zentralstaatlicher Interventionen wurde. Es ist durchaus aufschlußreich, daß selbst ein Mann wie Cárdenas, in seiner damaligen Eigenschaft als Kriegsminister, nicht zögerte, die Armee gegen die tejedistischen Bauernmilizen einzusetzen, weil es dabei vor allem auch um die Ausschaltung eines möglichen politischen Konkurrenten ging.[148] Andererseits nützte Ortiz Rubio seine betont konservative Agrarpolitik wenig, um sich im Präsidentenamt zu halten. Nachdem er bei Calles aus anderen Gründen in Ungnade gefallen war, wurde er im September 1932 zur Demission gezwungen.[149]

Der Sturz Ortiz Rubios gab den Anhängern der Landreform naturgemäß neuen Auftrieb. Sein Nachfolger Abelardo Rodríguez trug diesen Kräften insofern Rechnung, als er die antiagraristischen Maßnahmen seines Vorgängers sukzessive aufhob.[150] Der konservative Flügel der Staats- und Parteiführung hatte sich also in dieser wichtigsten Frage der Gesellschaftspolitik nicht vollständig durchsetzen können. Nach vorübergehenden Positionsgewinnen der Konservativen unter Ortiz Rubio begann das Pendel jetzt wieder in die andere Richtung auszuschlagen.

Als Gegengewicht zu den konservativen »Veteranos« bildete sich nämlich immer deutlicher eine Gruppe von »Agraristen« heraus, die im Laufe der Jahre 1933 und 1934 ihren Vorstellungen zunehmend politisches Gewicht zu verleihen verstanden.[151] Die Agraristas stellten zunächst durchaus keinen homogenen Block dar; erst im Zusammenhang mit ihrer Ausrichtung auf die Präsidentschaftskandidatur von Cárdenas nahm die Gruppe klarere Konturen an. Ihre wichtigsten Exponenten waren Parlamentarier, wie der Abgeordnete Gilberto Fabila; sie bekleideten Ministerposten wie Marte R. Gómez und Narciso Bassols, oder sie waren Verbandsfunktionäre wie der Führer der 1933 gegründeten Confederación Campesina Mexicana, Graciano Sánchez.[152] Einflußreiche Politiker wie Cárdenas, Cedillo und Portes Gil standen diesem Flügel nahe. Im Unterschied zu den Veteranos stammten die Agraristas weniger aus dem Norden, sondern eher aus dem Zentrum und dem Süden, also aus den traditionellen Ackerbaugebieten mit ihren »klassischen« Konflikten zwischen Dorfgemeinschaft und Großgrundbesitz. Vor allem aber gehörten die Agraristas und ihr wachsender Anhang von Regional- und Lokalpolitikern nicht zu jenem innersten Kreis der nationalen Führung, der sich unter dem Maximat oligarchisch abzuschließen drohte. Unter dem Banner des neu belebten Agrarismus konnten sie sich deshalb zusammenschließen, um so ihrer wachsenden politischen Marginalisierung zu entgehen. »Tatsächlich erblickten zahlreiche Lokalpolitiker im Agrarismus die einzige Möglichkeit, mit der Zentralregierung von einer Position der Stärke aus zu verhandeln.«[153] Insofern war die unterschiedliche Beurteilung der Agrarfrage also nicht zu trennen von jener unterschwelligen Machtrivalität innerhalb des Regimes, die im Laufe des Jahres 1933 vor allem im Kampf um die Nomination des »offiziellen« Präsidentschaftskandidaten zum Ausdruck kam.

Es stellt sich in diesem Zusammenhang natürlich auch die Frage, wie stark der Druck von unten, d. h. seitens der Bauern, in Richtung auf eine Wiederbelebung der Landreform wirkte. Führten die sozialen Auswirkungen der Wirtschaftskrise zu einer Radikalisierung der Bauern, die sich unmittelbar in einen entsprechenden politischen Druck umsetzte? Bewirkte die unter Ortiz Rubio verhängte Suspendierung der Landverteilung in verschiedenen Staaten dort eine derartige politische Mobilisierung der Bauern, daß die agaristischen Politiker zu einer entschiedenen Verfechtung bäuerlicher Reformanliegen geradezu gezwungen wurden? Oder gingen vielmehr die Impulse zur

Mobilisierung der Bauern wiederum »von oben« aus, also von jenen agraristischen Politikern, die damit vornehmlich ihre eigenen Karrierechancen fördern wollten?
Die Beantwortung dieser Fragen ist beim heutigen Forschungsstand keineswegs einfach. Eine eindeutige Kausalität läßt sich jedenfalls schwerlich erkennen; eher erscheint die neue agraristische Politik als Resultante vielfältiger, z. T. gegenläufiger Kräfte und Einflüsse. Dies gilt vor allem für die Haltung der Bauern. Eine manifeste politische Radikalisierung zuvor unorganisierter Bauern läßt sich in den frühen 30er Jahren nämlich insgesamt nicht feststellen. Die Auswirkungen der Depression auf die mexikanische Landwirtschaft betrafen ja vor allem die exportorientierten Sektoren, mithin vor allem Landarbeiter, und weniger die subsistenzorientierte kleinbäuerliche Wirtschaft. Die vorübergehende Suspendierung der Landverteilung unter Ortiz Rubio löste in den davon betroffenen Staaten ebenfalls keinen bäuerlichen Aufruhr aus. Und schließlich konnten die radikalen Bauernmilizen in Veracruz durch die Armee mit erstaunlicher Leichtigkeit entwaffnet werden.[154]
Mit dieser unmittelbaren politisch-organisatorischen Schwäche der Bauern kontrastierte allerdings der unterschwellige Trend eines langfristigen Verhaltenswandels in der Bauernschaft. Dieser Umstand hing zweifellos auch mit dem Generationenwechsel in der bäuerlichen Bevölkerung zusammen. Im Gegensatz zur oft konservativen Haltung älterer Bauern, waren die jüngeren unter revolutionären und spätrevolutionären Verhältnissen politisch sozialisiert worden, was sie für die staatliche Agrarreformpolitik empfänglicher machte, wie etwa Luis González am Beispiel der cardenistischen Landreform in San José de Gracia aufgezeigt hat.[155] Die Beobachtungen von Simpson in den Jahren 1933/34 wie auch die zitierte Aussage des Agrarministers Perez Treviño aus dem Jahre 1930 über das allmähliche Eindringen agraristischer Ideen selbst in »sehr rückständige Dörfer« weisen in die gleiche Richtung. Sie erklären mit die Tatsache, daß – ungeachtet der konservativen Agrarpolitik Anfang der 30er Jahre – die Zahl der Landpetitionen während des Maximats erheblich zunahm.[156]
An diese – wenn auch noch vornehmlich diffuse – Reformerwartung breiter kleinbäuerlicher Schichten konnten die agraristischen Politiker anknüpfen, als sie in den Jahren 1933/34 immer nachdrücklicher ihre Vorstellungen für eine Neuorientierung und Vertiefung der Agrarreformpolitik in die politische Arena trugen,

was sie notwendigerweise in offenen Konflikt mit den Veteranos bringen mußte.
Im Juni 1933 hatte Calles nämlich in einem weitverbreiteten Interview nochmals seine kritische Einschätzung der bisherigen Ejidalpolitik bekräftigt.[157] Diese Vorstellungen sollten in einem »Plan Sexenal« festgeschrieben werden, dessen redaktionelle Vorbereitung im Sommer 1933 angekündigt wurde. Allerdings handelte es sich bei diesem »Sechs-Jahres-Plan«, wie Simpson zu Recht betont hat, nicht um einen eigentlichen Mehrjahresplan nach sowjetischem Vorbild, sondern vielmehr um eine »party platform« des PNR, die auf dem Parteikongreß im Dezember 1933 – gleichzeitig mit der Erkürung des »offiziellen« Präsidentschaftskandidaten – verabschiedet werden sollte.[158] Der Entwurf zu diesem »Plan«, der hauptsächlich von Veteranos ausgearbeitet wurde, lag denn auch keineswegs auf der Linie der Agraristas, die nicht nur eine Beschleunigung der Landverteilung verlangten, sondern auch eine Erweiterung der landberechtigten Bauern auf den Kreis der *peones acasillados* anstrebten und allgemein die Vorstellung des Ejidos als einer lediglich transitorischen Einrichtung überwinden wollten.[159] Diese neue, radikalere Konzeption der Agrarreform bestimmte dagegen bereits in hohem Maße die Debatten der *Gran Comisión Agraria,* jener Parlamentskommission unter dem Vorsitz des agraristischen Abgeordneten Gilberto Fabila, die im Oktober 1933 eine Neuordnung des Agrarrechts in einem umfassenden »Código Agrario« vorbereitete.[160] Vor allem aber setzte sie sich auch auf dem Kongreß des Partido Nacional Revolucionario vom Dezember 1933 in Querétaro durch. In einer immer wieder durch tosenden Beifall unterbrochenen Brandrede gelang es Graciano Sánchez, die Mehrheit der Parteidelegierten auf die Linie der Agraristas festzulegen und den von den Veteranos vorgelegten Entwurf zu Fall zu bringen.[161]
Wichtige Anliegen der Agraristas schlugen sich deshalb nicht nur in der Neufassung des »Plan Sexenal«, sondern auch in dem im März 1934 verabschiedeten »Código Agrario« nieder, der als wichtigste Neuerung erstmals auch den *peones acasillados* grundsätzlich das Recht zugestand, Landpetitionen einzureichen. Schon im Januar 1934 war mit der Schaffung eines autonomen Agrardepartements eine weitere Forderung der Agraristas verwirklicht worden.[162]
Unverkennbar konnten also die Agraristas Ende 1933, Anfang 1934 nicht unerheblich Terraingewinne verzeichnen. Hinzu kam,

daß mit Lázaro Cárdenas ein ihnen nahestehender Politiker zum Präsidentschaftskandidaten des PNR gewählt worden war. Die vorsichtige Wiederbelebung der Landreform unter Präsident Abelardo Rodríguez spiegelte denn auch die politische Klimaveränderung deutlich wider.[163]

Dennoch konnte von einem wirklichen Durchbruch der neuen Agrarpolitik 1934 noch keine Rede sein. Der »Código Agrario« war vielmehr ein Kompromiß zwischen dem konservativen und dem progressiven Flügel des Regimes, und so lange Calles seine Vormachtstellung behaupten konnte, blieb eine radikale Neuorientierung der Agrarpolitik im Sinne der Agraristas höchst unwahrscheinlich. Auch Cárdenas als Präsidentschaftskandidat hütete sich, in dieser Frage auf offenen Kollisionskurs zum *jefe máximo* zu gehen.

Eine eindeutige Entscheidung über den künftigen agrarpolitischen Kurs der Regierung, die sowohl die Veteranos als auch die Agraristas (wenn auch in entgegengesetzter Richtung) anstrebten, erfolgte 1934 jedenfalls nicht. Die Veteranos hatten sich zwar als zu schwach erwiesen, ihre Politik vollständig durchzusetzen, aber auch die Agraristas waren nicht imstande, den von ihnen angestrebten Kurswechsel in der Agrarreform tatsächlich einzuleiten. Dazu bedurfte es einer grundlegenden Verschiebung in den Machtverhältnissen, die unter der Präsidentschaft von Cárdenas auch tatsächlich eintrat. Die neue, wesentlich von den Vorstellungen der Agraristas geprägte Landreform ab 1935 ist deshalb nur im Kontext der allgemeinen Politik des Cardenismus zu verstehen, deren Grundzüge im folgenden Kapitel dargestellt werden.

1 Vgl. oben Kap. I/3, II/3, 4

2 In den folgenden Abschnitten stütze ich mich u. a. auf einige meiner früheren Aufsätze, welche die hier aufgegriffenen Fragen wesentlich detaillierter behandeln. Vgl. vor allem *Las paradojas del Ejército revolucionario;* Alvaro Obregón und die Anfänge der mexikanischen Agrarreform: Agrarpolitik und Agrarkonflikt, 1921-24, in *Jahrbuch für Geschichte von Staat, Wirtschaft und Gesellschaft Lateinamerikas,* 8/1971, S. 310-365; Bauernerhebungen und Agrarreform in der mexikanischen Revolution, in: Mols/Tobler, *Mexiko. Die Institutionalisierte Revolution,* S. 115-170; Conclusion: peasant mobilisation and the revolution, in Brading, *Caudillo and Peasant,* S. 245-255; *Peasants and*

the Shaping of the Revolutionary State, 1910-1940, in: *Peasant Rebellions in Mexico,* (MS).

3 Vgl. Teil II.

4 Womack, *Zapata,* S. 349.

5 Womack, S. 301ff.

6 Vgl. *Memoria del Departamento Agrario: Apéndice Estadístico, 1936-1937,* México o. D. (hekt.), S. 64.

7 Tannenbaum, *Mexican Agrarian Revolution,* S. 498f.

8 E. Alanís Patiño, La Economía Ejidal de Morelos, in *Sociedad Agronómica de México,* Primer Ciclo de Conferencias (Oct./Nov. 1937), México 1938, S. 63-81; hier S. 68.

9 Alanís Patiño, S. 68; vgl. auch Arturo Warman, *Y venimos,* S. 157.

10 AGN, O.-C., 111/2, 818-T-12.

11 »Region« bezieht sich hier auf das ganze Kerngebiet des zapatistischen Aufstandes, schließt also auch Teile der an Morelos angrenzenden Staaten ein. Vgl. z. B. den jährlichen Rechenschaftsbericht des Präsidenten vom 1. September 1921, worin es heißt: »Die Zahl der Landforderungen nimmt rasch zu ..., dabei läßt sich feststellen, daß die größte Zahl von Landforderungen aus jenen Regionen stammt, deren Bewohner während langer Zeit bewaffnete Aufständische gewesen waren, die aber heute vollkommen befriedet sind.«, *Diario de los debates de la Cámara de Diputados, XXIX Legislatur,* 1921, S. 19. Ähnlich war die Situation in Tlaxcala; vgl. dazu Iván Restrepo u. José Sánchez Cortés, *La Reforma Agraria en cuatro regiones,* México 1972, S. 15.

12 Warman, S. 173.

13 Charakteristisch für diesen Typus war z. B. die Bauernorganisation in Veracruz, vgl. Heather Fowler, *The Agrarian Revolution in the State of Veracruz, 1920-1940: The Role of Peasant Organizations,* unveröffentl. Diss., The American University, Washington D. C., 1970, S. 389: »Die Organisation in Veracruz war zwar Ausfluß von Kräften, welche von unten kamen, die sich aber erst wirksam artikulieren konnten, als Gouverneur Tejeda den Impuls von oben einbrachte.«

14 Dies war etwa der Fall unter Saturnino Cedillo in San Luis Potosí. Vgl. Dudley Ankerson, Saturnino Cedillo: a traditional caudillo in San Luis Potosí 1890-1938, in Brading, *Caudillo and Peasant,* S. 140-168.

15 Salvador Alvarado, *Mi actuación revolucionaria en Yucatán,* México 1918; Gilbert M. Joseph, Caciquismo and the revolution: Carrillo Puerto in Yucatán, in Brading, *Caudillo and Peasant,* S. 193-221.

16 Eine Biographie Tapias stammt von Apolinar Martínez Múgica, *Primo Tapia, semblanza de un revolucionario michoacano,* México 1946; vgl. auch Heather Fowler Salamini, Revolutionary caudillos in the 1920s: Francisco Múgica and Adalberto Tejeda, in Brading, *Caudillo and Peasant,* S. 169-192.

17 Dazu Fowler, *Agrarian Revolution; Revolutionary caudillos.*

18 Vgl. dazu unten, S. 536.

19 Dies traf, während der Regierung Obregón, insbesondere für einige Nordstaaten zu, deren Gouverneure, wie z. B. die Generäle César López de Lara in Tamaulipas, Angel Flores in Sinaloa und Ignacio C. Enríquez in Chihuahua einen ausgesprochen ejidalfeindlichen Kurs steuerten, vgl. Tobler, *Alvaro Obregón,* S. 336, S. 356.

20 Vgl. Alvaro Obregón, *El problema agrícola,* wo er sich zwar für die Förderung der »kleinen Landwirtschaft«, gleichzeitig aber entschieden gegen eine forcierte Aufteilung des Großgrundbesitzes ausspricht.

21 Vgl. Alvaro Obregón, *El problema agrario.* Version taquigráfica del cambio de impresiones tenido por el presidente electo con un numeroso grupo de diputados al Congreso de la Unión. Octubre de 1920, México o. D., wo er vor allem auch den »transitorischen Charakter des Agrarproblems« betont. Ähnliche Vorstellungen über die indirekten Modernisierungseffekte der Landreform finden sich auch bei Portes Gil, *Quince años,* S. 78.

22 Brief Obregóns vom 14. 1. 1922, AGN, O.-C., 106/6, 818-E-28 (1).

23 Tobler, *Alvaro Obregón,* S. 334f.

24 Zur Aushebung von Bauern als Hilfstruppen und den Problemen ihrer Entwaffnung nach erfolgtem militärischen Einsatz vgl. z. B. AGN, O.-C., 106-1/9, 818-H-29 (Coahuila 1924); 112/8, 818-Z-11 (Aguascalientes/Zacatecas 1924), 104-7, 818-A-14 (allgemein über Entwaffnung von Agraristenverbänden nach der de la Huerta-Rebellion); AGN, Portes Gil, 39, 2/888' 701 (Durango, 1929). Vgl. auch Bericht Summerlins an das State Department vom 4. 1. 1924, NAW M 274, R. 81, 812.00/26/767, sowie »El Universal«, 13./15.2.1924.

25 Vgl. I. C. Enríquez, Errores de nuestro sistema agrario, in »Excelsior«, México, 5. 10. 1970, 19A. – Wie sehr die Regierungsinitiativen auf dem Gebiet der Landreform von der allgemeinen politischen Konstellation abhingen, geht deutlich aus einem Rundschreiben von Calles vom 10. 2. 1927 an alle Gouverneure hervor, in welchem – unter der Drohung der Cristero-Erhebung – die Lokalbehörden zu einer rascheren Gangart in der Landverteilung aufgefordert werden, vgl. AGN, O. C., 106-7, 818-E-46.

26 Für die grundlegenden Agrargesetze, Anweisungen der »Nationalen Agrarkommission« usw. vgl. Manuel Fabila, *Cinco siglos de legislación agraria (1492-1940),* I, México 1941. – Die rechtlichen Aspekte bildeten den Hauptgegenstand der älteren Darstellungen zur mexikanischen Agrarreform; vgl. zur Agrarrechtsentwicklung v. a. Jesús Silva Herzog, *El Agrarismo mexicano y la Reforma agraria. Exposición y crítica,* México 1964; Lucio Mendieta y Nuñez, *El problema agrario de México,* México 1968. Vgl. auch die Bibliographie von Jorge Martínez Rios, *Tenencia de la tierra y desarollo agrario en México,* México 1970.

27 Vgl. Tobler, *Alvaro Obregón,* S. 340f. – Der Präsident des Obersten Gerichtshofes betonte gegenüber Obregón 1922 die »Inopportunität« der provisorischen Landverteilung, da dabei die technischen Modalitäten wie »Identifikation, Abgrenzung und Ausmessung« der betroffenen

Grundstücke oft zu wenig beachtet würden und deshalb die Gewährung des *amparo* zugunsten der Grundbesitzer »sozusagen sicher« sei. Er plädierte deshalb für eine starke Verminderung der provisorischen Dotationen und Restitutionen, da im Falle der Anwendung von Gewalt zur Durchsetzung richterlicher Entscheide gegen den Widerstand der Dörfer, der »Tag nicht ferne« sei, an dem »ein neuer bewaffneter Konflikt« ausbreche. Obregón lehnte diesen Vorschlag allerdings als verfassungswidrig ab, vgl. AGN, O. C., 106/6, 818-E-28 (1).

28 Als Beispiel sei hier der Bericht von José G. Parrés an Agrarminister de Negri vom Oktober 1924 über den Stand der Agrarreform im Staate México angeführt. Daraus resultiert, daß von 1915 bis 1924 455 Anträge auf Restitution oder Dotation von Ejidos eingereicht worden waren. Davon waren 96 gelöst worden, »116 blieben pendent lediglich wegen fehlender Planung«, aber »233 sind in absolute Vergessenheit geraten . . ., einige davon wurden vor mehr als neun Jahren eingereicht, ohne daß je eine Entscheidung gefallen wäre und ohne Hoffnung, daß die gegenwärtigen Behörden diese Anträge je behandeln . . .«, AGN, O. C., 106/6, 818-E-28 (2).

29 Auch die in den frühen 20er Jahren noch stark von ehemaligen Zapatisten geprägte Nationale Agrarkommission war sich dieser Problematik bewußt. Aus diesem Grund erließ sie am 15. 11. 1922 ein Rundschreiben, welches einleitend u. a. festhielt, daß die Verwirklichung der Agrarreform beim gegenwärtigen Tempo »nicht weniger als zweihundert Jahre« dauern würde. Deshalb wurde eine drastische Beschleunigung des administrativen Verfahrens zur Landenteignung angeordnet, eine Weisung, die allerdings auf Befehl Obregóns sofort aufgehoben werden mußte, vgl. AGN, O. C., 104/6, 818-A-56. Zu den Hintergründen und Auswirkungen dieses Zirkulars vgl. Tobler, *Alvaro Obregón*, S. 353-355.

30 Vgl. z. B. den Bericht des Ejido-Präsidenten von Sacramento, Durango, vom 20. 1. 1923, an Obregón, worin es heißt: ». . . von nun an wurde keinem, der die Petition unterschrieben hatte, mehr Arbeit gegeben . . .«, AGN, O. C., 112/6, 818-V-7; Bauern aus Coluca, Guerrero, berichteten am 21. 5. 1923 dem Präsidenten: »Die Hacendados stehen uns in absoluter Feindschaft gegenüber. Wir erhielten nicht einmal mehr als Tagelöhner Arbeit; man will uns auch kein Land in Pacht übergeben. Schon seit langer Zeit haben wir keine Arbeit mehr . . .«, AGN, O. C., 105/11, 818-C-82. – Allerdings kam es offensichtlich auch vor, daß sich Bauern nach Einreichung einer Ejidalforderung weigerten, alte Pachtverträge zu erfüllen, vgl. den entsprechenden Brief eines Ranchero aus Zacatecas vom 21. 5. 1925 an Calles, AGN, O. C., 110/6, 818-S-212.

31 Henry A. Landsberger u. Cynthia N. Hewitt, *Preliminary Report on a Case Study of Mexican Peasant Organizations*, unveröffentl. MS im »Centro de Investigaciones Agrarias«, México D. F., S. 16f. – Im Staate México wurde ein von der Töpferei lebendes Dorf nach seinem Antrag

auf Ejidos durch die Hacienda von der lebensnotwendigen Holzzufuhr abgeschnitten, AGN, O. C., 109/3, 818-S-72.

32 Über die Privattruppen auf den Haciendas vgl. z. B. den Bericht des amerikanischen Konsuls in Guadalajara vom 24. 4. 1920: »Jede Hacienda von einer gewissen Größe unterhält ihre eigene Kompanie von Soldaten als Schutz gegen die Einfälle von Banditen. Diese Soldaten werden durch die Haciendabesitzer unterhalten, ausgerüstet und besoldet; sie gehören nicht zu den regulären Armeetruppen, sondern haben die Aufgabe, auf Kosten der Haciendas diesen Schutz zu gewähren.« NAW, M 274, R. 71, 812.00/23'847.

33 Brief vom 10. 4. 1926, AGN, O. C., 104-1/10, 818-C-16.

34 AGN, O. C., 106/6, 818-E-28 (1).

35 Daß unter einem radikalen Gouverneur – wie etwa Múgica in Michoacán – die *Defensas sociales* auch auf Seiten der Bauern intervenierten, zeigt Friedrich, *Agrarian Revolt*, S. 99. In Veracruz waren im März 1923 Grundbesitzer durch die staatliche *guardia civil* erschossen worden, vgl. AGN, O. C., 108-1/10, 818-P-61.

36 Vgl. z. B. den Bericht des Verwalters der amerikanischen Guerrero Land and Timber Company vom 23. 12. 1924 über den »Herrschaftsbereich« des Agraristenführers Valente de la Cruz im südlichen Guerrero, vgl. Bericht des amerikanischen Konsuls in Acapulco v. 23. 12. 1924, NAW, M 274, R82, 812.00/27'489. Auch im Tal von San Martín im Staate Puebla hatten die im Zusammenhang mit der de la Huerta Rebellion bewaffneten Bauernverbände vorübergehend ihre Herrschaft errichtet und die ihnen feindlichen Grundbesitzer vertrieben, vgl. den Bericht Summerlins an das State Department vom 4. 1. 1924, NAW, M 274, R.81, 812.00/26'767. Für eine anschauliche Schilderung der Landkonflikte in Puebla aus der Sicht einer betroffenen Grundbesitzerin vgl. Evans, Rosalie and Daisy Caden Pettus, *The Rosalie Evans Letters from Mexico*, Bobbs-Merrill, Indianapolis, 1926. Es ist nicht von der Hand zu weisen, daß eine stärkere Abstützung auf Haciendaquellen das Bild einer einseitig »aggressiven« Hacienda durchaus modifizieren könnte. In diese Richtung deuten jedenfalls die jüngeren Untersuchungen von Herbert J. Nickel, *Landarbeiter in der mexikanischen Revolution (1910-1940)*, Universität Bayreuth, Lehrstühle Geo-Wissenschaften, Forschungsmaterialien 6, 1982.

37 Boletín de la Cámara Central Agrícola de México, Nr. 1, Juli 1920.

38 AGN, O. C., 106/6, 818-E-28 (1).

39 Vgl. z. B. Protokoll über die Verhandlungen des »Primer Congreso Agrarista« von Guerrero in Iguala, 15. 1. 1923, AGN, O. C., 106-1/8, 818-G-15.

40 Bericht Figueroas an Obregón, 18. 1. 1923, AGN, O. C., 106-1/8, 818-G-15.

41 Vgl. oben, Kap. III/3, S. 454ff.

42 Bericht des Abgeordneten Natalio Espinosa über die Vorkommnisse in

Mazamitla an den Partido Nacional Agrarista vom 24. 4. 1922, AGN, O. C., 108-1/10, 818-P-44.

43 Bericht Vizcaínos vom 4. 9. 1925 an den Delegierten der Nationalen Agrarkommission in Veracruz, AGN, O. C., 112/6, 818-V-3.

44 Vgl. Tobler, *Alvaro Obregón*, S. 346.

45 In Veracruz hatte sich General Guadalupe Sánchez offen auf die Seite der Hacendados geschlagen. Die betont bauernfeindliche Haltung eines anderen *Jefe de Operaciones*, des Generals Fortunato Maycotte, mußte sogar die Landwirtschaftskammer von Puebla bestätigen, vgl. AGN, O. C., 110/7, 818-S-25. Sowohl Sánchez als auch Maycotte beteiligten sich in führender Position an der de la Huerta-Rebellion gegen Obregón.

46 Brief vom 28. 5. 1923, AGN, O. C., 111-1/4, 818-T-124.

47 Bericht einer Bauerndelegation in Iguala an Obregón, 14. 6. 1923, AGN, O. C., 106-1/9, 818-I-6.

48 Bericht Navarro Angulos an Obregón, 4./6. 7. 1923, AGN, O. C., 109-1/5, 818-S-61.

49 Bericht Vizcaínos, AGN, O. C., 112/6, 818-V-3.

50 Brief Victorio E. Gongoras an Obregón, 16. 3. 1923, AGN, O. C., 108-1/10, 818-P-61.

51 AGN, O. C., 104/5, 818-A-21.

52 AGN, O. C., 112/7, 818-X-1.

53 AGN, ALR, 111, 552.5/50. Vgl. auch den Bericht des Ingenieurs C. Esperanza, Inspektor des Agrardepartements, vom 18. 10. 1934 über die bauernfeindliche Haltung einiger Generäle in Tamaulipas. Nach diesem Bericht waren die Bauern der Hacienda Santo Domingo durch die Armee vertrieben worden. »General Leonardo M. Hernández H., Kommandant der Garnison von Matamoros, hat die Hacienda besetzt, um sie in Absprache mit dem Besitzer zu bewirtschaften; aus diesem Grund ist er besonders hart gegenüber den Agraristen . . .«, AGN, ALR, 114, 552.5/518.

54 Brief vom 28. 5. 1934, AGN, ALR, 121, 552.14/1236.

55 AGN, O. C., 105/11, 818-C-66.

56 AGN, Portes Gil, paq. 22, 4/909/802.

57 AGN, Portes Gil, paq. 14, 6/834/802.

58 Vgl. Tobler, *Las paradojas*.

59 Vgl. Luis González, Tierra caliente, in El Colegio de México (Hg.), *Extremos de México – Homenaje a don Daniel Cosío Villegas*, México 1971, S. 115-149.

60 Vgl. oben, Kap. I/3. Zum Verhalten der *acasillados* vgl. jetzt vor allem auch die – stark auf Haciendaquellen beruhende – Studie von Herbert J. Nickel, *Landarbeiter,* welche die vorherrschende Passivität der *acasillados* in den Revolutionskriegen bestätigt. Wie Raymond Buve in seinen Untersuchungen über Tlaxcala sieht auch Nickel die stärkere oder schwächere Mobilisierung der Landbevölkerung allgemein vor allem als Folge der »zentralen« bzw. »peripheren« Lage von Dörfern und

Haciendas, d. h. der Tatsache, ob bäuerliche Gruppen in engerem oder loserem Kontakt mit städtischen und industriellen Bevölkerungskreisen standen.

61 Nickel, *Landarbeiter*, insbes. S. 51-65. Sämtliche im folgenden angeführten Zitate sind dieser Arbeit entnommen.

62 Landsberger/Hewitt, *Preliminary Report*, S. 17ff.

63 Vgl. oben, Kap. I/3, S. 83, II/3, S. 235.

64 Friedrich, *Agrarian Revolt*, S. 90.

65 Friedrich, S. 91f.

66 Luis González, *Pueblo*, S. 194, S. 223ff.

67 Ronald Waterbury, *Non revolutionary Peasants*, S. 410-422.

68 Friedrich, *Agrarian Revolt*, S. 91.

69 Als Beispiel für die reformfeindliche Haltung vieler Priester vgl. den Bericht eines Vertreters des Ejido von Coluca, Jalisco, vom 28. 11. 1922: »Der Pfarrer und drei Priester predigen gegen die Agraristen und bezeichnen sie als Banditen, ebenso die Regierung. Sie haben ein Syndikat katholischer Arbeiter gegründet, die sie gegen Regierung und Agraristen eingeschworen haben«, AGN, O. C., 111/3, 818-T-62. Am 25. 11. 1921 berichtete der Gouverneur von Puebla, daß Priestermissionen in den Dörfern des Staates antiagraristische Propaganda betrieben und mit dem Entzug kirchlicher Dienstleistungen drohten, »damit die Dörfer auf Landforderungen verzichten oder das Land denen abkaufen, die sie als legitime Besitzer bezeichnen«, AGN, O. C., 106/6, 818-E-28 (1). – Zum konservativen Eigentumskonzept vieler Bauern vgl. Luis González, *Pueblo*, S. 226. Selbst jene Dorfbewohner, die keine Grundbesitzer waren, »blieben einer Eigentumsvorstellung verhaftet, welche sich mit Ejidalbesitz nicht vereinbaren ließ. Man glaubte, daß es nur zwei legitime Arten gab, um Land als Eigentum zu erhalten: durch Kauf oder durch Erbschaft. Es war dem Ansehen abträglich, Land als Geschenk zu erhalten; man wurde scheel angeschaut, wenn man Grundbesitzer aufgrund einer Landübertragung durch die Regierung wurde«.

70 Vgl. z. B. Landsberger/Hewitt, *Preliminary Report*, S. 16: »Der Hacendado verfolgte eine Doppelstrategie zum Schutz seines Landes gegen Landforderungen aufgrund der neuen Gesetze. Zunächst begann er 1926, Land in Parzellen von 5-7 ha zum Kauf anzubieten.«

71 Während 1930 insgesamt ca. 1/7 der nationalen Ackerfläche in Ejidalbesitz überführt war, waren es in Veracruz nur ca. 1/10, in Michoacán weniger als 1/9 und nur in Yucatán mehr als 1/3 der jeweiligen staatlichen Ackerfläche. Die entsprechenden Zahlen für 1935 lauten: insgesamt ca. 1/5; Veracruz ca. 1/5; Michoacán ca. 1/4; und Yucatán ca. 1/2. Der große Sprung der Cárdenas-Zeit läßt sich an den Zahlen von 1940, verglichen mit jenen von 1935, ablesen: 1940 insgesamt ca. 1/2; Veracruz ca. 2/3; Michoacán ca. 5/8; und Yucatán ca. 3/4. – Dagegen hatte der Ejidalanteil an der gesamten Ackerfläche von Morelos schon 1930 ca. 70 % betragen,

der bis 1940 auf ca. 80% anstieg. Primer Censo Ejidal 1935; Segundo Censo Agrícola Ganadero 1940.

72 Vgl. zu dieser Problematik jetzt vor allem die aufschlußreichen Beiträge in Brading, *Caudillo and Peasant* sowie Tobler, *Conclusion* in Brading.

73 Fowler, *Agrarian Revolution;* vgl. jetzt vor allem auch Romana Falcón, *El Agrarismo en Veracruz – la etapa radical (1928-1935),* México 1977.

74 Zwar beschränkte sich die mexikanische Agrarreformgesetzgebung nicht auf die Landverteilung in Form von Ejidos, sondern umfaßte auch Kolonisationsprogramme, Aufteilung von Haciendas aufgrund von Staatsgesetzen usw., aber alle diese Maßnahmen zeitigten nur einen verhältnismäßig geringen Effekt. Nach Eyler N. Simpson, *The Ejido. Mexico's Way Out,* UP of North Carolina, Chapel Hill 1937, S. 201, profitierten davon bis Ende 1933 weniger als 40000 Bauern, während die Zahl der Ejidatarios zu diesem Zeitpunkt immerhin etwa 750000 erreichte. Im Zentrum der folgenden Ausführungen steht deshalb ganz die ejidale Landverteilung.

75 Simpson, *Ejido,* S. 626.

76 Simpson, S. 652.

77 Simpson, S. 208; die Zahlen betr. die Ejidos und die Ejidatarios schließen hier sowohl definitive als auch provisorische Landzuteilungen ein, vgl. Simpson, S. 610f. (Tab. 19) und S. 613 (Tab. 20).

78 Simpson, S. 203.

79 Reynolds, *Mexican Economy,* S. 100-107.

80 Ich stütze mich im folgenden vor allem auf das grundlegende Werk von Eyler N. Simpson, *The Ejido. Mexico's Way Out.* Diese in der Mitte der 30er Jahre entstandene monumentale Studie kann heute als klassische Quelle über die mexikanische Agrarsituation in den späten 20er und frühen 30er Jahre gelten. Simpson hatte auf ausgedehnten Reisen selbst in abgelegene ländliche Regionen, wie auch durch die kritische Beobachtung der Agrarpolitik, durch die minutiöse Auswertung der Agrargesetze und vor allem durch das Studium laufender Verwaltungsakten der Agrarbehörden (die späteren Autoren, wie etwa dem Verfasser, nicht mehr zugänglich waren) einen profunden Einblick in die Realität der mexikanischen Agrargesellschaft und der vorcardenistischen Landreform gewonnen. Als entschiedenem Verfechter einer Vertiefung der Agrarreform blieben ihm – als kritischem Wissenschaftler – allerdings auch deren problematische Seiten durchaus nicht verborgen. – Ebenfalls sehr verdienstvoll und materialreich sind die späteren Untersuchungen von Moisés T. de la Peña. Vgl. vor allem *El pueblo y su tierra – Mito y realidad de la Reforma agraria en México,* México 1964 sowie seine in den 40er- und frühen 50er Jahren erschienenen Regionaluntersuchungen über die Staaten Campeche, Veracruz, Chihuahua, Zacatecas, Guerrero und Chiapas.

81 Simpson, S. 180.

82 Vgl. J. Meyer, *Historia 10,* S. 117; Simpson, S. 178f. und S. 628 (Tab. 28)

In Tlaxcala z. B. hatte 1923 ein Dorf 120 ha Land »von schlechter Qualität« erhalten. Diese Fläche »würde nicht einmal eine Hektar pro landberechtigten Bewohner ausmachen«, AGN, O. C., 105/11, 818-C-36. 1932 unterstrich Marte R. Gómez in einem Memorandum an den Agrarminister als eines der Hauptprobleme der bisherigen Landreform, daß die Dörfer in der Regel »Land von der schlechtesten Qualität und in geringstmöglichem Umfang erhalten« hätten, vgl. AGN, ALR, Ex. 552.1/94-293.

83 Simpson, S. 187.

84 Simpson, S. 211-216.

85 Simpson, S. 256-260.

86 Simpson, S. 693 (Tab. 75).

87 Simpson, S. 392-411, S. 382.

88 Umfrage der Nationalen Agrarkommission bei 850 Ejidos vom März 1933, zit. b. Simpson, S. 211-216, hier S. 214f.

89 Simpson, S. 262 u. Anm. 26.

90 Simpson, S. 712 (Tab. 90), S. 302.

91 Simpson, S. 263-267.

92 Simpson, S. 268-276.

93 Diesen Fall beschreibt Simpson in seiner *case study* des Dorfes Octlan, S. 306-315.

94 Zur inneren Organisation der Ejidos vgl. Simpson, S. 316ff.

95 Simpson, S. 318ff.

96 Simpson, S. 342.

97 Vgl. vor allem Simpson, S. 348-353 sowie die von ihm beschriebene *case study* IV mit dem bezeichnenden Titel »Pistols and Politics«, S. 354-374.

98 Zahlreiche Berichte über diese Praktiken finden sich auch in den Präsidialakten, vgl. z. B. AGN, O.-C., 108-1/9, 818-P-5 (Puebla, 1925); 107-1/4, 818-M-36 (Hidalgo, 1922); 104-1/10, 818-C-47 (Durango, 1922). Ähnliche Klagen über korrupte Ejido-Verwaltungen sind auch noch in den 60er Jahren anzutreffen, vgl. z. B. die Akten über das Ejido Casas Grandes, Chihuahua, Archivo del Departamento de Asuntos Agrarios y Colonización, Exp. 397.

99 Simpson, S. 348ff., S. 416f.

100 Umfrage der Nationalen Agrarkommission, 1933, zit. b. Simpson, S. 336f.

101 Simpson, S. 368f., S. 434.

102 Gilberto Fabila, La producción ejidal frente a la producción agrícola privada, »El Nacional«, 4. 8. 1934; Simpson, S. 435.

103 Simpson, S. 106f.

104 Simpson, S. 184-186.

105 Simpson, S. 105 (Anm. 4), S. 212. Vgl. auch AGN, ALR, 118, 552.14/561 (Puebla, 1933); AGN, ALR, 118, 552.14/566 (México, 1933).

106 L. Meyer, *Historia 13*, S. 195.

107 Simpson, S. 332.

108 Simpson, S. 191; zum Irrigationsprogramm vgl. auch Krauze, *Historia 10*, S. 134-145.

109 Einen sehr guten Überblick gibt Simpson, S. 375-411; ausführlich zur Gesetzesentstehung: Krauze, *Historia 10*, S. 146-161. Vgl. auch Manuel Mesa A., Der landwirtschaftliche Kredit in Mexiko, in *Annalen der Gemeinwirtschaft, 15.* Jg., 2, 1939: »Die Gemeinwirtschaft in Mexiko«, S. 236-258.

110 Simpson, S. 106.

111 Krauze, *Historia 10*, S. 156-158.

112 Simpson, S. 388. Gleichzeitig erhielten vor und während der Wirtschaftskrise der 30er Jahre z. B. die Henequén-Pflanzer und die Zuckerproduzenten Staatshilfe in Millionenhöhe, vgl. Simpson, S. 408; L. Meyer, *Historia 13*, S. 30.

113 Simpson, S. 499f.

114 Simpson, S. 508f., vgl. auch Reynolds, *Mexican Economy*, S. 127, S. 146f.

115 L. Meyer, *Historia 13*, S. 36.

116 Simpson, S. 230-252, S. 277-305.

117 Simpson, S. 108, S. 308-315.

118 Simpson, S. 300.

119 Simpson, S. 352.

120 Simpson, S. 301f.

121 R. H. Murray, *Mexico before the World*, S. 7f.

122 Simpson, S. 92f. S. 94f.

123 Vgl. z. B. den Bericht Schoenfelds vom 14. 1. 1925, NAW, M 274, R. 194, 812.52/1262; Bericht des amerikanischen Konsuls in Durango, David J. D. Myers, vom 3. 7. 1925, NAW. M 274, R. 96, 812.001/C 13/6.

124 Vgl. J. Meyer, *Historia 10*, S. 110.

125 Simpson, S. 97.

126 Zur Agrarpolitik von Portes Gil vgl. Marte R. Gómez, *La Reforma Agraria de México – su crisis durante el periodo 1928-1934*, México 1964, S. 19ff.

127 Rede vom 2. 6. 1929 in Toluca, »El Universal«, 3. 6. 1929.

128 »El Universal«, 23. 6. 1930.

129 Ausführlich dazu Simpson, S. 115ff.

130 Simpson S. 117f. Großen positiven Widerhall fand diese Politik in der nationalen Presse, vgl. z. B. die Artikelüberschriften in der Zeitung »Excelsior«, 31. 5. 1930: »Agrarreform: Liquidierung des Agrarismo in zwei Staaten: Aguascalientes und Tlaxcala«; 13. 6. 1930: »Agrarreform: In der Laguna gibt es kein Agrarproblem mehr«; 8. 2. 1931: »Sinaloa: es existiert kein Landproblem«; 19. 2. 1931: »Coahuila: die Landverteilung ist beendet worden«.

131 L. Meyer, *Historia 13*, S. 217ff.

132 Simpson, S. 118.

133 Simpson, S. 118-120. Nach Simpson waren bis 1928 5500 *amparos*

gegen Ejidalentscheide bei den Gerichten eingelegt worden. Von den bis zu diesem Zeitpunkt behandelten 2000 Fällen waren 1800 zugunsten der Landbesitzer entschieden worden. Vgl. auch M. R. Gómez, *La Reforma*, S. 55.

134 Vgl. Presidencia de la República, Secretaría particular: Version taquigráfica de los Acuerdos colectivos celebrados en el año 1930. Diese Protokolle fanden sich zufällig in den Präsidialakten von Abelardo L. Rodríguez, AGN, ALR, paq. 6, Ex. 100/83. Im folgenden zit. als Acuerdos colectivos.

135 Acuerdo colectivo vom 27. 10. 1930, S. 6: »Wir müssen akzeptieren, daß die Revolution vorbei ist ...«.

136 Acuerdo colectivo vom 29. 4. 1930, 11. – Auch León und Perez Treviño waren allerdings keine entschiedenen Verfechter der Landreform; sie wurden später ebenfalls den konservativen »Veteranos« zugerechnet.

137 Vgl. oben, Kap. III/1, S. 411 ff.

138 Vgl. oben, Kap. III/3, S. 471.

139 L. Meyer, *Historia 13*, S. 245.

140 Meyer, S. 246.

141 Meyer, S. 246-248. In der Kabinettsberatung vom 29. 4. 1930 wies Luis León auf die »schädliche Politisierung« der Bauern durch die unabhängigen Bauernligen hin. » ... deshalb glaube ich, daß Regierung und Partei sich dieses Problems annehmen und eine Einheits-Bauern-Organisation schaffen müssen, die allein die Bauern disziplinieren und orientieren kann«, Acuerdo colectivo vom 19. 4. 1930, S. 29.

142 Meyer, *Historia 13*, S. 251f.

143 Meyer, S. 233.

144 Meyer, S. 187.

145 Vgl. Portes Gil, *Quince años*, S. 381.

146 Vgl. die Rede Cárdenas' vor dem Instituto de Investigaciones sociales der Universidad Michoacana, »El Nacional«, 20. 11. 1930.

147 Meyer, *Historia 13*, S. 251f.

148 Meyer, S. 251.

149 Vgl. oben, Kap. III/1, S. 413.

150 Simpson, S. 125.

151 Die Begriffe »Veteranos« und »Agraristas« wurden von Simpson, S. 126, eingeführt.

152 Simpson, S. 444, Anm. 5.

153 L. Meyer, *Historia 13*, S. 238.

154 Meyer, S. 252.

155 Vgl. Luis González, *Pueblo en vilo*, S. 226ff.

156 Während die Zahl der eingereichten Landpetitionen zwischen 1920 und 1928 (mit Ausnahme des Jahres 1921) immer deutlich unter 1000/Jahr lag, stieg sie von 620 im Jahr 1928 auf 1335 im Jahr 1929 (Escobar-Rebellion). Während der vier Jahre 1930-1933 lag sie immer über 1200 Petitionen/Jahr, 1934 stieg sie gar auf 2635. Vgl. *Memoria del Departa-*

mento Agrario, Apéndice Estadístico 1936/1937, hektografiert, México o. D., Solicitudes de Tierras iniciadas de 1915 a 1935.

157 »El Nacional«, 15. 6. 1933.

158 Simpson, S. 452, Anm. 28.

159 Vgl. »El Nacional«, 3. 12. 1933. Eine gute Darstellung der neuen, »agraristischen« Konzeption der Agrarreform gibt Simpson, S. 443-451.

160 Simpson, S. 455ff.

161 »Excelsior«, 6. 12. 1933. Zum Verlauf der Debatten am Parteikongreß von Querétaro vgl. PNR, *Memoria de la Segunda Convención Nacional Ordinaria del Partido Nacional Revolucionario,* efectuada en la Ciudad de Querétaro del 3 al 6 de diciembre de 1933, México 1934. Interessant der Hinweis in der Rede von Graciano Sánchez, es seien die (unabhängigen) Bauernorganisationen gewesen, welche unter den Campesinos »eine neue Ideologie« hervorgebracht hätten, *Memoria,* S. 109.

162 Im autonomen (d. h. nicht mehr vom Landwirtschaftsministerium abhängigen) Agrardepartement sahen die Agraristas ein wichtiges Instrument zur Vereinheitlichung und Beschleunigung des administrativen Ablaufs der Landreform. Zu den damit verbundenen organisatorischen Neuerungen vgl. Simpson, S. 456f.

163 Vgl. die Rundschreiben Rodríguez' an die Gouverneure vom 2. 5. und 24. 7. 1934, welche die Staatsregierungen zu einer Intensivierung der Ejidalpolitik aufforderten, AGN, ALR, p. 121, 552.14/1176.

Kapitel 6

Die Präsidentschaft Cárdenas, 1934-1940: Reformpolitik und Stabilisierung des spätrevolutionären Systems

Mit Lázaro Cárdenas trat am 1. Dezember 1934 erstmals seit Ausbruch der Revolution im Jahre 1910 ein Präsident sein Amt an, der nicht aus dem Norden, sondern aus dem zentralen Hochland stammte.[1] Gleichzeitig gelangte mit ihm ein Angehöriger der jüngeren Generation von Revolutionspolitikern ins höchste Staatsamt. Sowohl seine regionale Herkunft als auch sein Alter wirkten sich zweifellos auf seine spätere Regierungstätigkeit aus, zumal diese beiden Faktoren nicht auf den Präsidenten beschränkt blieben, sondern zunehmend jenen Personenkreis charakterisierten, der mit Cárdenas den politischen Kurs während seiner Präsidentschaft bestimmen sollte.[2] Allerdings blieb der herkunfts- und generationsmäßige Bruch in der politischen Elite begrenzt. Cárdenas selber verkörperte gleichsam die Scharnierstelle zwischen der älteren und der jüngeren Generation, den bislang dominierenden *norteños* und den nachrückenden Politikern aus Zentralmexiko. Obwohl deutlich jünger als die führenden Exponenten der sonorensischen »Dynastie«, hatte er doch seit 1913/14 aktiv an den Revolutionskriegen teilgenommen, und zwar hauptsächlich in nördlichen, sonorensischen Einheiten, so daß er – obwohl aus Michoacán gebürtig – in gewissem Sinne durchaus als »sonorensischer« Revolutionsoffizier gelten konnte.

Von seiner militärisch-politischen Karriere her war Cárdenas mithin ein typischer Vertreter jener Revolutionselite, die – über eine erfolgreiche militärische Laufbahn in den nördlichen Revolutionsarmeen – in den 20er und frühen 30er Jahren sukzessive in die Spitzengruppe der neuen Armee und schließlich auch in politische Schlüsselstellungen auf nationaler Ebene aufstieg.[3]

Geboren wurde Lázaro Cárdenas am 21. Mai 1895 in der Kleinstadt Jiquilpan im Westen des Staates Michoacán, als Kind einer zehnköpfigen Familie, die eine kleine Gastwirtschaft betrieb. Schon in früher Jugend mußte Cárdenas als Hilfsschreiber auf der Präfektur und als Angestellter in einer Druckerei zum Lebensunterhalt der Familie beitragen. Im Mai 1913 wurde er in die Revolutionsereignisse verwickelt, als er für antihuertistische Rebellen revolutionäre Manifeste druckte, die nachrückenden Huertatruppen in die Hände fielen. Cárdenas, gerade achtzehnjährig, mußte untertauchen und entzog sich durch Flucht in das von Rebellen kontrollierte Gebiet einer drohenden Festnahme. Dort stellte er sich im Juli 1913 dem General Guillermo García Aragón, Anführer einer Kolonne von 700 Mann, zur Verfügung und ersuchte um Aufnahme in dessen Verband. Da er schreibkundig war, wurde er im Rang eines Hauptmanns 2. Klasse in den Stab des Generals aufgenommen, wo er dessen Korrespondenz zu erledigen hatte.

Cárdenas' erster militärischer Einsatz blieb allerdings eine kurze Episode. Sein Verband erlitt gegen die Huerta-Truppen schwere Niederlagen und löste sich teilweise auf. Cárdenas gelang es, in der Hauptstadt von Jalisco, Guadalajara, unterzutauchen, bis er sich im Juni 1914 erneut einem konstitutionalistischen Truppenverband anschließen konnte.

Im September 1914, also bereits nach dem Sturz des Huerta-Regimes, wurde er als Rechnungsführer des 22. Kavallerieregimentes zum Major befördert. Bald darauf geriet er mit seiner Einheit in die zunächst politischen, dann auch militärischen Auseinandersetzungen im Gefolge der Spaltung des siegreichen Revolutionslagers in einen konstitutionalistischen und einen konventionistischen Flügel. Seine Truppe schloß sich Obregón und Carranza an und wurde in den Norden Sonoras verlegt, wo der General Plutarco Elías Calles die Grenzstadt Agua Prieta gegen eine Übermacht villistischer Truppen verteidigte.

In Agua Prieta machte der zwanzigjährige Cárdenas, inzwischen zum Regimentskommandanten und Obersten befördert, die Bekanntschaft von Calles, die für seine weitere militärische und politische Karriere von entscheidender Bedeutung werden sollte. Calles, beinahe doppelt so alt wie Cárdenas, lernte die militärischen Fähigkeiten, den Mut und die Verläßlichkeit seines Untergebenen schätzen und wurde zu einer Art Mentor des jungen Revolutionsoffiziers aus Michoacán. Bis 1920 diente Cárdenas denn auch hauptsächlich in sonorensischen Einheiten. Als Kommandant der 1. Brigade von Sonora erreichte ihn 1920 in Veracruz die Nachricht von der Militärerhebung von Agua Prieta gegen Carranza, der er sich aus Loyalität zu seinen sonorensischen Chefs anschloß. Als Belohnung dafür wurde er zu seinem 25. Geburtstag in den untersten Generalsrang – jenen eines *general brigadier* – befördert.

In den 20er Jahren setzte Cárdenas als verläßlicher Gefolgsmann der sonorensischen Präsidenten Obregón und Calles seine militärische Karriere in zunehmend wichtigeren Positionen fort. Im Gefolge der de la Huerta Rebellion wurde er – vor allem wegen seiner politischen Loyalität – zum *general de brigada* befördert und von Calles 1925 mit der wichtigen Militärkommandantur in der Huasteca betraut, wo die großen ausländischen Erdölgesellschaften tätig waren. Cárdenas hatte deshalb während seiner dreijährigen Dienstzeit in Tampico Gelegenheit, die Probleme dieses für die mexikanisch-amerikanischen Beziehungen so zentralen Wirtschaftssektors aus der Nähe kennenzulernen. 1928 wurde er zum *general de división*, also in den höchsten Dienstrang der mexikanischen Armee, befördert. Im selben Jahr begann sich allerdings der Schwerpunkt seiner Tätigkeit vom rein militärischen auf den politischen Bereich zu verlagern, übernahm er doch im September 1928 als Gouverneur die Regierung seines Heimatstaates Michoacán. Auch Cárdenas verdankte damals allerdings sein neues Amt mehr der traditionellen Designation von oben als einer echten Volkswahl oder gar eigener Popularität, hatte er sich doch während seiner langen Abwesenheit von Michoacán in seinem Heimatstaat kaum politisch profilieren können.

Dies änderte sich rasch während seiner Amtszeit als Gouverneur.[4] In enger Zusammenarbeit mit den Gewerkschaften seines Staates leitete Cárdenas eine Politik sozialer Reformen ein. Mit besonderem Nachdruck setzte er sich auch für die Anliegen der Kleinbauern ein und beschleunigte – im Gegensatz zur damals bereits zunehmend konservativen Politik auf nationaler Ebene – in seinem Staat das Tempo der Landverteilung. Anders als etwa Tejeda in Veracruz konnte Cárdenas in Michoacán diesen Kurs durchsetzen, ohne auf den Widerstand der Zentralregierung zu stoßen. Dies vor allem deshalb, weil Cárdenas' politische Loyalität zu Calles nicht in Zweifel gezogen werden konnte. Mehr noch: während seiner Zeit als Gouverneur von Michoacán wurde Cárdenas zunehmend mit politischen Aufgaben betraut, die seinen Aufstieg in die nationale Führungsgruppe anzeigten. So wurde er 1930 an die Spitze des neugegründeten Partido Nacional Revolucionario berufen, wo er wichtige politische Freundschaften knüpfen konnte.[5] Im August 1931 wurde er für kurze Zeit Innenminister unter Ortiz Rubio und Anfang 1933 Kriegsminister unter dessen Nachfolger Abelardo Rodríguez. Im selben Jahr wurde er schließlich vom PNR zum offiziellen Präsidentschaftskandidaten für die Wahlen von 1934 bestimmt.

Die Umstände dieser Designation wurden weiter oben bereits angedeutet.[6] Wer immer auch den Anstoß für seine Nominierung gegeben haben mochte, fest steht, daß sich Calles ihr nicht widersetzte und daß Cárdenas in den Jahren 1933/34, ungeachtet seiner progressiven Neigungen, doch vorwiegend als Exponent des politischen Establishments und als Garant seiner Kontinuität erschien. Daran änderte selbst die Tatsache wenig, daß Cárdenas als erster Präsidentschaftskandidat ausgedehnte Wahlreisen unternahm, die ihn auch in abgelegene Regionen und schwer zugängliche Dörfer führten.[7] Sein überwältigender Erfolg bei den Wahlen vom Juli 1934 war denn auch mehr das Ergebnis der traditionellen Wahlkontrolle durch das Innenministerium und den PNR als Ausdruck einer spontanen, wirklich repräsentativen Volkswahl.[8]

Auch Cárdenas erschien deshalb zunächst, wie seine Vorgänger im Präsidentenamt seit 1929, als in hohem Maße abhängig von jenen politischen Kräften, die noch immer in Calles den *jefe máximo* anerkannten. Zur Durchsetzung einer – seinen eigenen Überzeugungen zweifellos entsprechenden – radikaleren Politik mußte sich Cárdenas deshalb zuvor der politischen Kontrolle durch Calles und seine Gefolgsleute entledigen, was während seines ersten Amtsjahres, 1935, denn auch tatsächlich geschah. Ob er dabei den Bruch mit Calles bewußt provozierte oder ob er lediglich die Begleitumstände seines Konflikts mit Calles geschickt ausnützte, um diesen politisch auszuschalten, muß hier offen bleiben; jedenfalls hatte Calles Ende 1935, Anfang 1936 seinen früher bestimmenden Einfluß auf die mexikanische Politik eingebüßt.

Die Präsidentschaft von Cárdenas läßt sich denn auch in drei deutlich unterschiedliche Phasen gliedern: die erste Phase bis zur Verbannung von Calles im Frühjahr 1936 galt im wesentlichen dem Aufbau einer eigenen Machtbasis; die zweite Phase, 1936-1938, markierte den Höhepunkt sozialer Reformen im Agrarbereich, in der Nationalisierungspolitik und in der staatlichen Förderung der Gewerkschaften; die dritte Phase schließlich,

1938-1940, war vornehmlich auf die politische Konsolidierung des Regimes ausgerichtet, das sich als Folge der vorangegangenen Reformpolitik wachsendem innen- und außenpolitischem Druck ausgesetzt sah.

Das Ende des Maximats: Die politische Konsolidierung des Cárdenas-Regimes, 1935/36

Wie seine Vorgänger im Amt seit 1929 verfügte auch Cárdenas bei Antritt der Präsidentschaft Anfang Dezember 1934 über keine starke, eigenständige politische Stellung. In der Regierung war er von einer Mehrheit persönlicher Gefolgsleute von Calles umgeben, die Gliedstaaten entzogen sich weitgehend seiner Kontrolle und auch im Kongreß konnte er sich auf keine solide Hausmacht abstützen.[9] Hinzu kam, daß gewisse von der Calles-Clique geschürte innenpolitische Konflikte seine Position weiter schwächen und ihn dadurch in größere politische Abhängigkeit vom *jefe máximo* bringen sollten.[10]

Diese Konflikte entzündeten sich einerseits an der »sozialistischen« Erziehungspolitik der Regierung, vor allem aber auch an dem durch einige Calles-Anhänger wiederbelebten radikalen Antiklerikalismus, der im Landwirtschaftsminister und ehemaligen Gouverneur von Tabasco, Tomás Garrido Canabal, seinen extremsten Exponenten fand.[11]

Zunehmend wurden diese Konflikte während des ersten Regierungsjahres von Cárdenas allerdings durch eine soziale Unrast überlagert, die von rasch sich ausbreitenden Streikbewegungen ausging. Schon 1934 war die Zahl der Streiks mit 202 gegenüber dem Vorjahr mit nur 13 stark angestiegen. Diese verstärkte syndikalistische Aktivität hing einerseits mit dem einsetzenden wirtschaftlichen Wiederaufschwung nach Überwindung des Tiefpunktes der Krise, andererseits mit der fortschreitenden Neuorganisation der Gewerkschaften als Reaktion auf die Auflösung der CROM zusammen. Unter Cárdenas nahm die Streikfrequenz nochmals stark zu, kam es doch 1935 zu nicht weniger als 642 Arbeitsausständen.[12] Die von der alten CROM abgefallenen neuen Gewerkschaften steuerten nun einen deutlich kämpferischen Kurs, nicht zuletzt deshalb, weil der neue Präsident ihren Anliegen grundsätzlich wohlwollend gegenüberstand.

Für die Unternehmer war nicht nur die verstärkte Streiktätigkeit der Gewerkschaften ein Alarmsignal; noch mehr beunruhigte sie die Tatsache, daß die Streiks zunehmend politischen Charakter annahmen und daß sich die arbeiterfreundliche Haltung der Regierung in einer wachsenden Zahl von Arbeitsgerichts-Urteilen zugunsten der streikenden Arbeiter ausdrückte. Auch für die konservativen Veteranos um Calles zeichnete sich im ersten Halbjahr 1935 eine bedenkliche soziale Radikalisierung ab, der sie durch ein Machtwort des *jefe máximo* Einhalt zu gebieten suchten. Gedrängt von einigen seiner Gefolgsleute im Senat, ließ sich Calles im Juni 1935 zu einer öffentlichen Erklärung zur politischen Lage bewegen, die in der nationalen Presse sogleich einen breiten Widerhall fand.[13] Vordergründig kritisierte Calles darin die Haltung der Gewerkschaften, tatsächlich aber versuchte er, dem Präsidenten jenen Rahmen abzustecken, innerhalb dessen sich dieser bewegen durfte. Erinnerungen an das Vorgehen von Calles gegenüber dem Präsidenten Ortiz Rubio im Jahre 1932 wurden wach, die bald darauf dessen vorzeitigen Rücktritt bewirkt hatten; auch das politische Schicksal von Cárdenas erschien nun plötzlich als höchst ungewiß. Nicht nur in der Presse wurden die »patriotischen Erklärungen des Generals Plutarco Elías Calles« gepriesen, auch im Kongreß erklärte sich eine breite Mehrheit als Anhänger des sonorensischen Generals.[14]

Dennoch gelang es Cárdenas, die von Calles provozierte Kraftprobe erstaunlich rasch zu seinen Gunsten zu entscheiden. Von Anfang an erhielt der Präsident zwar die Unterstützung der neuen Gewerkschaften, die sich durch Calles' Erklärungen in ihrem Existenzrecht bedroht sahen, aber diese Unterstützung allein hätte ihm kaum erlaubt, eine so ernste innenpolitische Krise erfolgreich durchzustehen. Cárdenas hatte sich vielmehr seit Beginn seines Mandats systematisch in jenem Sektor einen starken Rückhalt geschaffen, der als einer der wenigen seiner unmittelbaren Einflußnahme zugänglich war: der Armee. In der Armeeführung, aber auch in den Kommandos der großen Militärbezirke hatte Cárdenas in aller Stille wichtige Umbesetzungen vorgenommen und ihm loyale Generäle in Schlüsselstellungen gebracht. Cárdenas kam dabei seine lange Erfahrung als aktiver Soldat zugute. Er war mit den verschiedenen politischen Strömungen in der Armee bestens vertraut, außerdem verfügte er unter jüngeren Offizieren über einen erheblichen Anhang. Und schließlich reaktivierte Cárdenas zu Beginn seiner Präsidentschaft mehrere ehemals carranzistische Generäle, die unter dem sonorensischen Regime wenig Entfaltungsmöglichkeiten gehabt hatten und auf deren Loyalität er im Falle eines Konflikts mit Calles durchaus zählen konnte.[15]

Jedenfalls fühlte sich Cárdenas im Juni 1935 stark genug, um Calles' Herausforderung anzunehmen. Unmißverständlich wies er die Anschuldigungen des *jefe máximo* zurück, pochte auf seine verfassungsmäßige Stellung als Staatsoberhaupt und forderte gleichzeitig sein Kabinett zum Rücktritt auf. Angesichts der festen Haltung des Präsidenten steckte Calles zurück. Er erklärte nicht nur, daß seine Äußerungen in der Presse verzerrt wiedergegeben worden seien, sondern kündigte gleichzeitig seine Abreise ins Ausland an. Diese »Flucht« von Calles bewirkte einen schlagartigen politischen Szenenwechsel. Ehemals treue Gefolgsleute des *jefe máximo* wechselten mit fliegenden Fahnen ins Lager des Präsidenten über; Calles selber, der sich vorübergehend in die USA zurückzog, wurde über Nacht zum Gegenstand heftiger politischer Attacken.[16]

Cárdenas nutzte die Gunst der Stunde, um zunächst seine Regierung tiefgreifend umzubilden. An die Stelle der entlassenen Calles-Gefolgsleute setzte er eigene Anhänger oder alte Rivalen des entmachteten *jefe máximo,* wie den zum Landwirtschaftsminister ernannten Saturnino Cedillo. Der Präsident war sich allerdings darüber im klaren, daß diese politische Flurbereinigung nur der Anfang sein konnte. Insbesondere in den Gliedstaaten verfügten die Calles-Anhänger nämlich noch über starke Bastionen. Getragen von seinem neu gewonnenen politischen Prestige, unterstützt durch einflußreiche politische Gegner von Calles wie Portes Gil, Almazán und Cedillo und mit dem Rückhalt in der Armee, begann Cárdenas die wichtigsten callistischen Gouverneure sukzessive zu entmachten.[17] Durch einen entsprechenden Beschluß des Senats wurden Gouverneurswahlen annulliert und Calles-treue Staatsregierungen ausgewechselt. Gleichzeitig wurden oppositionelle Kräfte in diesen Staaten von der Bundesregierung nach Kräften gefördert, so daß es dem Präsidenten – wenn auch gegen starken lokalen Widerstand – gelang, 1935/36 in den meisten Staaten cardenistischen Mehrheiten zum Durchbruch zu verhelfen.[18] Ende 1935, Anfang 1936 war Cárdenas' Machtbasis jedenfalls bereits so gefestigt, daß auch die Rückkehr von Calles aus den USA im Dezember 1935 keine Erschütterung seiner Position mehr bewirken konnte. Zwar schöpften die anti-cardenistischen Gruppen aus der Rückkehr des ehemaligen *jefe máximo* nochmals Hoffnung auf einen politischen Umschwung, aber ihre verschwörerischen Aktionen blieben ohne Erfolg und endeten im April 1936 mit der Verbannung von Calles und dreien seiner engsten Gefolgsleute, darunter Morones, ins Ausland.[19]

Die erzwungene Exilierung von Calles markierte auch nach außen das Ende des Maximats, nachdem die wichtigsten Anhänger von Calles schon vorher sukzessive aus ihren Machtpositionen verdrängt worden waren. Diesen Sieg über die zuvor jahrelang dominierende Gruppe innerhalb des spätrevolutionären Regimes hatte Cárdenas vor allem durch eine geschickte politische Koalitionsbildung erreicht, die sich allerdings vorwiegend auf die gemeinsame Gegnerschaft zum *jefe máximo* abstützte. So hatte Cárdenas den damals noch einflußreichen General Saturnino Cedillo zum Landwirtschaftsminster ernannt und damit in seine Regierung eingebunden. Emilio Portes Gil, ein anderer prominenter Gegner von Calles, wurde an die Spitze des PNR berufen; einflußreiche regionale Caudillos, wie etwa der General Juan A. Almazán, unterstützten ebenfalls die Entmachtung der Calles-Anhänger.[20] Diese Koalition, die lediglich die heterogenen Anti-Calles-Strömungen in einem kurzlebigen Zweckbündnis zusammenfaßte, war allerdings eine unsichere Basis für den Präsidenten. Keiner der erwähnten Politiker identifizierte sich nämlich mit dem von Cárdenas angestrebten Kurs tiefgreifender gesellschaftlicher Reformen. Zur Durchsetzung seiner weitgesteckten Ziele war Cárdenas deshalb auf einen politischen Rückhalt angewiesen, der weit über jenen traditioneller Caudillos der alten Garde hinausging.

Diese eigenständige politische Basis lag, wie Cárdenas klar erkannte, in den Massenorganisationen der Arbeiter und Bauern, die es – wie im Falle der Gewerkschaften – in sein Regime politisch zu integrieren bzw. – wie im Falle der Bauern – als regimeloyalen nationalen Verband erst noch zu organisieren galt. Unverkennbar knüpfte Cárdenas also in der Organisation einer Massenbasis für sein Regime an »sonorensische Traditionen« an, allerdings mit einigen wesentlichen Unterschieden. Die Gewerkschaften, die sich schließlich zum neuen Dachverband der CTM (Confederación de Trabajadores de México) zusammenschlossen, waren nicht so einseitig ein Geschöpf der Regierung wie die CROM der frühen 20er Jahre. Sie hatten sich im Maximat als relativ staatsunabhängige Gewerkschaften herausgebildet und gingen in der Krise vom Juni 1935 von sich aus ein engeres Bündnis mit dem Staate ein. Dies fiel ihnen um so leichter, als sich die Cárdenas-Regierung viel stärker als das Regime der 20er Jahre tatsächlich mit einer kämpferischen Gewerkschaftspolitik identifizierte.

Die Bauern verfügten dagegen zu Beginn von Cárdenas' Präsidentschaft noch über keine repräsentative nationale Organisation. Auch und vor allem gegenüber den Bauern unterschied sich allerdings die Cárdenas-Regierung erheblich von ihren Vorgängerinnen der 20er- und frühen 30er Jahre. Die Beschleunigung und Vertiefung der Agrarreform war eines ihrer vorrangigen politischen Ziele. Die Bauern wurden zwar weitgehend »von oben« organisiert, aber gleichzeitig kamen sie – in wesentlich höherem Maße als in den 20er Jahren – tatsächlich in den Genuß eigenen Landes. Diese zweite Phase der Massenmobilisierung durch das spätrevolutionäre Regime unterschied sich somit deutlich von der ersten in den 20er Jahren. Sie kann deshalb auch nicht losgelöst von der Reformpolitik des Cárdenas-Regimes beschrieben werden. Diese äußerte sich vornehmlich in drei Bereichen: in ihrem Verhältnis zu den Gewerkschaften und ihrer Haltung gegenüber Arbeitskonflikten; in der Nationalisierungspolitik, die in der Verstaatlichung der ausländischen Ölgesellschaften gipfelte, und schließlich in der Landreformpolitik, die zu einer tiefgreifenden Veränderung der Agrarstruktur führte.[21]

Das Verhältnis von Staat und Gewerkschaften

Daß die Arbeiterbewegung zu einer der wichtigsten Stützen des Cárdenas-Regimes werden sollte, war beim Amtsantritt von Cárdenas keineswegs vorauszusehen. Wie weiter oben angedeutet, war das Maximat ganz im Zeichen der Auflösung der ehemals mächtigen CROM gestanden. Bereits 1929 hatten sich fünf CROM-Führer, darunter der spätere CTM-Chef Fidel Velázquez, von Morones losgesagt und außerhalb der CROM die Federación Sindical de Trabajadores del Distrito Federal gegründet. 1932 trat ein weiterer CROM-Führer, Alfredo Pérez Medina, aus der CROM aus und gründete die Cámara del Trabajo. Innerhalb der CROM-Führung kam es schließlich 1933 zu einer Spaltung zwischen dem konservativen Flügel unter Luis Morones

und einer linken, marxistisch orientierten Strömung unter dem Intellektuellen Vicente Lombardo Toledano, aus der im Oktober 1933 die Confederación General de Obreros y Campesinos Mexicanos (CGOCM) hervorging.[22]
Die mexikanische Arbeiterbewegung war in den frühen 30er Jahren allerdings nicht nur organisatorisch zersplittert, sondern auch in ihrer sozialen Zusammensetzung und ihrer politischen Ausrichtung noch immer höchst heterogen. So unterschieden sich z. B. die Gewerkschaften im Distrito Federal, die sich vornehmlich aus ungelernten, leicht ersetzbaren Beschäftigten in der Kleinindustrie, im Gewerbe und im Handwerk zusammensetzten, deutlich von jenen Industriegewerkschaften, welche etwa die Eisenbahner, die Minen- und Metallarbeiter oder die Beschäftigten in der Elektro- und Erdölwirtschaft umfaßten. Während in den erstgenannten Syndikaten eine Tradition eigenständiger gewerkschaftlicher Organisation weitgehend fehlte und oft manipulative Praktiken in der Verbandspolitik grassierten, waren die großen Industriegewerkschaften weniger anfällig für Korruption im Innern und politische Manipulierbarkeit nach außen.[23] Schließlich war auch die politische Ausrichtung der einzelnen Gewerkschaften bzw. ihrer Führungsgremien höchst unterschiedlich, ja gegensätzlich. Während z. B. die alte CROM-Führung unter Morones unverändert einen scharf antikommunistischen Kurs steuerte, nahmen etliche Kommunisten führende Positionen in einzelnen Industriegewerkschaften oder Landarbeiterorganisationen ein.[24]
Die 1934/35 aktivsten Gewerkschaften waren die in der CGOCM unter Lombardo Toledano zusammengeschlossenen Syndikate. Sowohl dieser Gewerkschaftsflügel als auch die großen Industriegewerkschaften suchten anfänglich Distanz zur Regierung Cárdenas zu wahren.[25] Auch von den Kommunisten konnte das Cárdenas-Regime zunächst natürlich keinerlei Unterstützung erwarten.
Dies änderte sich schlagartig mit den antigewerkschaftlichen Erklärungen von Calles im Juni 1935.[26] Angesichts des drohenden *Coup d'Etat* von rechts schlossen sich die wichtigsten Gewerkschaften zum Comité Nacional de Defensa Proletaria zusammen, aus dem im Februar 1936 schließlich ein neuer Gewerkschaftsdachverband, die Confederación de Trabajadores de México (CTM) hervorging.[27] Cárdenas förderte nach Kräften den gewerkschaftlichen Zusammenschluß in einer neuen starken

Zentrale, die ihm im Konflikt mit Calles politischen Rückhalt verschaffte, während andererseits die Gewerkschaften durch die Regierungsunterstützung starken Auftrieb erhielten.[28] Selbst die Kommunisten stimmten im Zeichen ihrer Volksfront-Strategie dieser neuen Allianz mit dem Cárdenas-Regime zu.[29]

Die politische Intervention von Calles hatte somit das Gegenteil der beabsichtigten Wirkung erzielt. Statt die militanten Gewerkschaften zu schwächen, hatte sie vielmehr zu einer Erneuerung des Bündnisses zwischen Regierung und Arbeiterbewegung geführt. So sehr davon auch die Arbeiterorganisationen profitierten, längerfristig bewirkte es vor allem die solide Kontrolle des Staates über die Gewerkschaften, die 1938 auch institutionell in die reformierte Revolutionspartei eingegliedert wurden. Dazu trugen zwar einerseits die Gewerkschaften selber bei, die auch innerhalb der neuen CTM ihre traditionellen Gegensätze und Spannungen nicht völlig überwinden konnten und damit in ihrer Position gegenüber der Regierung geschwächt blieben. Entscheidend aber war, daß auch das Cárdenas-Regime stets darauf bedacht war, das Übergewicht des Staates in den Beziehungen mit der Arbeiterbewegung aufrecht zu erhalten.[30] Dies hatte zur Folge, daß der CTM – ungeachtet aller Förderung durch den Staat – nicht nur kein Monopol gewerkschaftlicher Vertretung zugestanden wurde, sondern vor allem auch, daß die CTM ihre Anstrengungen zur Organisation des Landarbeiterproletariats aufgeben mußte, die nach dem Willen von Cárdenas dem neu zu gründenden nationalen Bauernverband vorbehalten blieb.[31]

Es ist unverkennbar, daß sich im Verhältnis zwischen Gewerkschaften und Staat unter Cárdenas ein Beziehungsmuster wiederholte, das im Kern schon in den 20er Jahren angelegt worden war. Allerdings sollte sich der ungleichgewichtige Charakter dieser Allianz mit seinen für die mexikanische Arbeiterschaft folgenreichen Auswirkungen erst nach 1940 immer deutlicher herausschälen. Im Unterschied zum sonorensischen Regime der 20er Jahre, als die fortschreitende gewerkschaftliche Organisation von oben, im Rahmen der CROM, mit einer immer geringeren syndikalistischen Aktivität verbunden gewesen war, unterstützte nämlich die Cárdenas-Regierung tatkräftig eine kämpferische Gewerkschaftspolitik.

Schon in seiner Entgegnung auf die Erklärungen von Calles vom Juni 1935 hatte Cárdenas die Legitimität des Streiks als Mittel zur Verbesserung von Arbeitsverhältnissen ausdrücklich anerkannt.[32]

Noch unmißverständlicher brachte er seine Vorstellungen zum Verhältnis zwischen Kapital und Arbeit anläßlich seiner persönlichen Intervention in einem schweren Arbeitskonflikt in Monterrey im Februar 1936 zum Ausdruck. Dabei bekräftigte Cárdenas nicht nur die Rolle, die er dem Staat als oberstem Schiedsrichter in sozialen Konflikten zuerkannte, sondern rief auch die Gewerkschaften auf, ihre alten Rivalitäten zu überwinden und sich in einer starken Einheitsgewerkschaft zusammenzuschließen. Unternehmer, die ihren Betrieb angesichts von legitimen Forderungen der Arbeiter nicht weiter führen wollten, wurden aufgefordert, diesen der Belegschaft oder der Regierung zu übertragen; ein Punkt, der später im Enteignungsgesetz von 1936 seinen Niederschlag finden sollte.[33]

Es ist nicht erstaunlich, daß sich unter diesen für die Gewerkschaften günstigen Verhältnissen die Streiktätigkeit zunächst noch verstärkte. Hatte man im Jahre 1935 642 Streiks gezählt, so waren es 1936 659, 1937 833 und 1938 794.[34] Wesentlicher als die große Zahl von Arbeitsausständen war allerdings die Tatsache, daß die Arbeitsgerichte, deren Urteil sich die Gewerkschaften in der Regel freiwillig unterwarfen, mehrheitlich zugunsten der Arbeiterschaft entschieden. Was die Gewerkschaften wohl kaum aus eigener Kraft erreicht hätten, nämlich den Abschluß von für sie günstigen kollektiven Arbeitsverträgen, konnten sie so mit Hilfe des Staates meist durchsetzen.[35]

Neben dieser für die große Mehrzahl der Fälle typischen Art der Konfliktregelung, die an den Eigentumsverhältnissen in den Unternehmen nichts änderte, kam es allerdings im Gefolge einiger besonders schwerer Arbeitskonflikte auch zur Enteignung von Unternehmen und zu ihrer Nationalisierung bzw. Übertragung an eine aus der Belegschaft gebildete Kooperative.[36]

Von der Anwendung des Enteignungsgesetzes von 1936 waren verschiedene kleinere Unternehmen ebenso betroffen wie umfangreiche Wirtschaftskomplexe, deren Expropriation im In- und Ausland großes Aufsehen erregte.[37] Dies traf zunächst auf die Enteignung der großen Ländereien in der Laguna-Region im Jahre 1936 zu, auf die im Abschnitt über die Agrarreform zurückzukommen ist.[38] Die zweite spektakuläre »Nationalisierung« war die vollständige Verstaatlichung der mexikanischen Eisenbahnen im Jahre 1937. Der mit Abstand folgenreichste Eingriff war schließlich die Nationalisierung der ausländischen Erdölunternehmen im März 1938.

Der Nationalisierung der Eisenbahnen im Juni 1937 waren langanhaltende Streikaktionen in diesem Unternehmen vorausgegangen, das bereits seit 1908 zu 51% im Besitz des mexikanischen Staates war. Die »Verstaatlichung« betraf also lediglich die Enteignung der Minderheitsaktionäre (durch Entschädigung) sowie die Übernahme der riesigen Obligationenschulden unmittelbar durch den mexikanischen Staat. Originell an diesem Schritt war weniger die Verstaatlichung als solche als vielmehr die Übertragung der Betriebsleitung an ein aus den Reihen der Eisenbahngewerkschafter gebildetes Management, womit die von Cárdenas favorisierte Form der Arbeiterselbstverwaltung erstmals auf ein riesiges Staatsunternehmen angewandt wurde.[39]
Während die Nationalisierung der Eisenbahnen, eines weitgehend maroden Unternehmens, das seit langem Dividenden und Zinszahlungen an Aktionäre und Obligationäre eingestellt hatte, vor allem in Mexiko großes Aufsehen erregte und als Schritt in Richtung eines »mexikanischen Sozialismus« interpretiert wurde, löste die ein Jahr später erfolgende Nationalisierung der ausländischen Ölgesellschaften auch international heftige Reaktionen aus.

Die Nationalisierung der ausländischen Erdölgesellschaften

Auch in der Erdölindustrie standen Arbeitskonflikte am Anfang jener dramatischen Entwicklung, die schließlich am 18. März 1938 im Nationalisierungsdekret von Präsident Cárdenas gipfelte.[40] Im Zuge der von der Regierung geförderten Syndikalisierung hatten sich 1936 die 18000 Erdölarbeiter in einer starken Industriegewerkschaft zusammengeschlossen, die sich der CTM angliederte. Diese Gewerkschaft verlangte von den Ölgesellschaften den Abschluß eines kollektiven Arbeitsvertrages, der u. a. namhafte Lohnerhöhungen und eine stärkere Vertretung mexikanischer Arbeitnehmer in Kaderpositionen vorsah. Die Verhandlungen zwischen Gewerkschaften und Ölgesellschaften zogen sich allerdings im Winter 1936/37 ohne Ergebnis in die Länge, da die Unternehmen die Lohnforderungen der Gewerkschaften für weit übertrieben hielten. In dieser Situation riefen die Gewerkschaften Ende Mai 1937 einen Generalstreik in der Erdölindustrie aus, den sie allerdings bereits am 9. Juni beendeten, indem sie sich freiwillig dem Schiedsspruch des obersten nationalen Arbeitsgerichts unterstellten.[41] Nach mexikanischem Arbeitsrecht hatte damit diese Behörde die Möglichkeit, eine Untersuchung über die wirtschaftlichen Verhältnisse der Ölgesellschaften durchzuführen, um zu klären, welche Lohnerhöhungen diese verkraften könnten. Von diesem Augenblick an verlor der ursprüngliche Arbeitskonflikt an Bedeutung, da sich jetzt die ausländischen Erdölunternehmen und der mexikanische Staat als unmittelbare Kontrahenten gegenüberstanden. Zunächst wurde durch eine mexikanische Expertenkommission ein umfangreiches Gutachten über die ausländischen Erdölgesellschaften erstellt, das nicht nur die finanziellen Möglichkeiten der Unternehmen zur Ausrichtung der umstrittenen Lohnerhöhung klärte, sondern viel umfassender und sehr kritisch ihre Aktivitäten seit Aufnahme der Produktion in Mexiko durchleuchtete.[42] Das Ausmaß möglicher Lohnerhöhungen blieb zwar vordergründig weiterhin der Streitpunkt zwischen den Ölfirmen und den mexikanischen Behörden, aber sowohl für die Ölgesellschaften wie auch für den mexikanischen Staat nahm der Konflikt nun rasch einen grundsätzlichen Charakter an.[43]

Die Ölgesellschaften beharrten auf ihrer traditionell starren Position, welche jegliche Einflußnahme des mexikanischen Staates auf ihre Tätigkeit – sei es in Form juristischer, steuerlicher oder sozialpolitischer Intervention – als Verletzung wohlerworbener Eigentumsrechte strikt ablehnte. Die mexikanische Regierung aber war unter Cárdenas entschlossener denn je, das wirtschaftsnationalistische Programm der Revolution, das im »Sechs-Jahres-Plan« von 1934 nochmals einen deutlichen Niederschlag gefunden hatte, in die Praxis umzusetzen.[44] Dies mußte zwar noch keineswegs auf die Übernahme der Ölgesellschaften durch den Staat hinauslaufen, wohl aber auf die Unterordnung des bisher besonders privilegierten Auslandskapitals unter das mexikanische Recht, eine Forderung, die sich in erster Linie auf die »koloniale« Enklavenwirtschaft des Ölsektors bezog.

Daß es die Ölgesellschaften in dieser Lage wagten, sowohl dem gegen sie gefällten, auf das mexikanische Expertengutachten abgestützten Schiedsspruch des zuständigen Arbeitsgerichts als auch dem ähnlich lautenden Urteil des von ihnen angerufenen Obersten Gerichtshofes zu trotzen, war auf ihre – allerdings verfehlte – Einschätzung des Risikos einer solchen Haltung zurückzuführen. In der Vergangenheit hatten sich die Ölgesellschaften ja in ihren häufigen Konflikten mit dem mexikanischen

Staat letztlich stets durchsetzen oder zumindest die tatsächlichen Auswirkungen größerer Staatskontrolle in Grenzen halten können. Hinzu kam, daß die Ölgesellschaften der mexikanischen Regierung eine Nationalisierung auch deshalb nicht zutrauten, weil sie überzeugt waren, daß Mexiko technisch und wirtschaftlich nicht in der Lage sein würde, die Ölproduktion weiterzuführen.[45]

Für die Regierung andererseits bedeutete die Ablehnung des Urteils des Obersten Gerichtshofes von Anfang März 1938 durch die Ölgesellschaften eine unverhüllte Herausforderung des mexikanischen Staates. Die Antwort darauf war die Verkündung der Nationalisierung der Ölunternehmen durch Präsident Cárdenas am 18. März 1938.[46] Daß Cárdenas diesen Schritt wagte, der zwar an sich ganz auf der Linie seiner Politik lag, andererseits aber doch enorme internationale und wirtschaftliche Risiken in sich barg, war auf eine Reihe von Faktoren zurückzuführen. Einmal hatten sich die Ölgesellschaften selber in eine unhaltbare Lage hineinmanövriert, indem sie auch das Urteil des Obersten mexikanischen Gerichtshofes ignorierten. Von größerer Bedeutung war allerdings, daß Cárdenas seine Position als genügend stark einschätzte, um die Nationalisierung zu wagen.

Innenpolitisch hatte er nämlich seine Stellung seit 1936 weiter festigen können, und auch außenpolitisch hatte sich der Spielraum für die Durchsetzung wirtschaftsnationalistischer Maßnahmen beträchtlich erweitert.[47] Dies nicht nur als Folge der allgemeinen Neuorientierung der amerikanischen Lateinamerika-Politik im Zeichen von Roosevelts *good neighbor policy*, sondern vor allem auch im Zusammenhang mit der Zuspitzung der internationalen Krise im Gefolge der immer expansiveren Politik Japans in Ostasien und Deutschlands in Europa; unmittelbar vor der Nationalisierung waren die japanischen Invasoren in Schanghai und Nanking einmarschiert und hatte Hitler den »Anschluß« Österreichs an das »Dritte Reich« erzwungen. Cárdenas war sich durchaus darüber im klaren, daß die USA in dieser Situation, da sie sich mit Nachdruck um eine Intensivierung der inneramerikanischen Beziehungen bemühten, kaum einen offenen Bruch mit Mexiko oder gar eine bewaffnete Intervention riskieren würden.[48]

In Mexiko löste das Nationalisierungsdekret eine Welle patriotischer Begeisterung und nationaler Geschlossenheit hinter dem Präsidenten aus. Nicht nur Arbeiter und Bauern feierten die

Nationalisierung mit riesigen Massendemonstrationen, auch die überwältigende Mehrheit des Bürgertums und der Katholiken, mit denen Cárdenas schon seit der Ausschaltung von Calles einen modus vivendi gefunden hatte, standen mit Überzeugung hinter der Nationalisierung.[49]
Wie weiter unten noch zu zeigen ist, nutzte Cárdenas den günstigen Augenblick sehr geschickt, um durch die Reorganisation der nationalen Revolutionspartei seine politische Basis weiter zu stärken. Auf diesen innenpolitischen Rückhalt war der Präsident auch dringend angewiesen, sah sich Mexiko doch nach dem März 1938 mit schwierigen technisch-ökonomischen Problemen in der verstaatlichten Ölindustrie, aber auch mit starkem internationalem Druck seitens der amerikanischen und britischen Regierung sowie der enteigneten Ölgesellschaften konfrontiert. Entgegen den Prognosen des ehemaligen ausländischen Managements konnten die rein technischen Probleme der Ölförderung durch die mexikanische Belegschaft befriedigend gelöst werden.[50] Wesentlich gravierender waren die Belastung der außenpolitischen Beziehungen Mexikos zu den USA und Großbritannien sowie die wirtschaftlichen Auswirkungen infolge der internationalen Boykottmaßnahmen der enteigneten Ölgesellschaften.
Mit Großbritannien kam es infolge der Nationalisierung zum Abbruch der diplomatischen Beziehungen für mehrere Jahre.[51] Viel bedeutsamer war für Mexiko allerdings sein Verhältnis zu den USA. Im Gegensatz zur britischen Regierung nahm die amerikanische Regierung eine flexiblere Haltung ein. Anders als die Briten und die Ölgesellschaften anerkannte sie im Grundsatz das Recht des mexikanischen Staates auf eine Nationalisierung der ausländischen Ölgesellschaften, allerdings unter der Voraussetzung einer prompten und angemessenen Entschädigung für die enteigneten Unternehmen.[52] Da zwischen den USA und Mexiko in dieser Frage indessen erhebliche Meinungsverschiedenheiten bestanden, waren auch die mexikanisch-amerikanischen Beziehungen nach der Nationalisierung keineswegs unbelastet.[53] Für die amerikanische Regierung stand lediglich fest, daß eine bewaffnete Intervention in Mexiko ebensowenig in Frage kam wie die Unterstützung innermexikanischer Rebellionen gegen Präsident Cárdenas.[54] In der Frage der angemessenen Reaktion auf die Nationalisierung bestanden dagegen innerhalb der amerikanischen Administration und Diplomatie erhebliche Differenzen. Das State Department unter Außenminister Cordell

Hull war noch immer in hohem Maße einer traditionellen Lateinamerikapolitik verhaftet, wie sie vor der Verkündung der *good neighbor policy* praktiziert worden war. Entsprechend groß war die politische Unterstützung, welche das Außenministerium den Ölgesellschaften in ihrem Konflikt mit der mexikanischen Regierung zukommen ließ, insbesondere indem es durch wirtschaftlichen Druck Mexiko gegenüber den Forderungen der Ölgesellschaften gefügig zu machen suchte.[55] Auf der anderen Seite identifizierte sich der amerikanische Botschafter in Mexiko, Josephus Daniels, vorbehaltlos mit der *good neighbor policy*, was ihn in vielen Fällen eher zum Vermittler zwischen amerikanischen und mexikanischen Interessen als zum einseitigen Verfechter der amerikanischen Position werden ließ.[56] Da Daniels – als Marineminister im 1. Weltkrieg damals unmittelbarer Vorgesetzter Franklin D. Roosevelts – über einen privilegierten Zugang zum Präsidenten verfügte, gelang es ihm immer wieder, besonders kritische Situationen in den Beziehungen zwischen den beiden Ländern zu entschärfen.[57]

Die grundlegenden Differenzen zwischen Mexiko und den USA, die sich um das Ausmaß und die Zahlungsmodalitäten der Entschädigungssumme drehten, blieben zunächst allerdings bestehen, bis schließlich 1942, unter dem Einfluß des 2. Weltkrieges und der nordamerikanischen Bemühungen um eine kontinentale Verteidigungsallianz, eine weitgehend den mexikanischen Vorstellungen entsprechende Regelung dieser Frage erreicht werden konnte.[58]

Daß bis zu diesem Zeitpunkt die Erdölkontroverse die politischen Beziehungen zwischen Mexiko und den USA so stark belastete, war vor allem auf die unnachgiebige Haltung der enteigneten Ölgesellschaften zurückzuführen. Im Unterschied zur amerikanischen Regierung erachteten sie die Nationalisierung als illegal und konfiskatorisch; offiziell gingen sie denn auch gar nicht auf das mexikanische Angebot von Verhandlungen über die Entschädigung ein. Ohnehin bestand zwischen ihrer Schätzung einer angemessenen Entschädigungssumme, welche die gesamten Ölvorkommen ihrer Felder miteinschloß, und dem mexikanischen Angebot, das lediglich die oberirdischen Produktions- und Fördereinrichtungen berücksichtigte, eine riesige Kluft. Während die Schätzung der Ölgesellschaften, die zunächst auch vom amerikanischen State Department übernommen wurde, einen Wert von rund 1 Milliarde US-$ erreichte, errechneten

die mexikanischen Experten eine Entschädigungssumme von ca. 40 Mio US-$.[59]
Die Ölgesellschaften versuchten denn auch – obwohl vergeblich – durch wirtschaftlichen Druck auf Mexiko wieder in den Besitz ihrer Unternehmen zu gelangen. Ihre wichtigste Waffe war dabei der Boykott mexikanischen Öls auf den von ihnen kontrollierten internationalen Märkten.[60] Im Zeitpunkt der Nationalisierung hatte Mexiko immerhin noch 60 % seiner Produktion exportiert. Trotz massiver Preisunterbietung blieben diese Absatzmärkte der nationalen Ölgesellschaft PEMEX nun fast vollständig verschlossen. Obwohl die Cárdenas-Regierung in ihrer internationalen Politik eine entschieden antifaschistische Position vertrat, die insbesondere auch in ihrer Solidarisierung mit dem republikanischen Spanien gegen den Franco-Aufstand zum Ausdruck kam, sah sie sich unter diesen Umständen gezwungen, auch mit den Achsenmächten und Japan Öl-Lieferverträge abzuschließen.[61] Mit dem Ausbruch des 2. Weltkrieges gingen diese Märkte Mexiko allerdings wieder verloren, so daß das Land seinen Charakter als bedeutender Ölexporteur verlor.[62] Die mexikanische Ölproduktion wurde nun zunehmend auf dem Inlandmarkt abgesetzt, der sich mit der beschleunigten Industrialisierung rasch ausweitete.
Kurzfristig gesehen waren die wirtschaftlichen Kosten der Öl-Nationalisierung für Mexiko zweifellos beträchtlich, zumal in Verbindung mit jenen direkten und indirekten wirtschaftlichen Konsequenzen der Nationalisierung, die sich u. a. in einer verstärkten Kapitalflucht und einer drastischen Abwertung des Pesos gegenüber dem Dollar äußerten.[63] Sie verschärften die ohnehin schon angespannte wirtschaftliche und soziale Lage des Landes, die vor allem aus der raschen Durchführung der Agrarreform in den ersten drei Jahren von Cárdenas' Amtszeit resultierte. Die cardenistische Agrarreform, die zusammen mit der Nationalisierungspolitik die mexikanische Wirtschaft und Gesellschaft am nachhaltigsten veränderte, ist jetzt deshalb etwas genauer zu beleuchten.

Die cardenistische Agrarreform

Die Ausgangslage für die cardenistische Agrarreform wurde im vorangehenden Kapitel ausführlich beschrieben. Daß sich nach

1935 Tempo und Inhalt der Agrarreform so nachhaltig veränderten, war auf mehrere Faktoren zurückzuführen. Einerseits gelangten die Agraristas nun in einflußreiche Positionen, von wo aus sie ihr Konzept einer radikalen Neuorientierung der Agrarpolitik in die Praxis umsetzen konnten. Von nicht geringerer Bedeutung war aber auch der Umstand, daß sich Cárdenas persönlich, wie kein anderer Präsident vor oder nach ihm, mit den Anliegen der Kleinbauern und Landarbeiter identifizierte. Als »presidente errante« besuchte er auf mehreren, z. T. monatelangen Reisen selbst die abgelegensten Regionen des Landes und gewann so eine intime Kenntnis der wirtschaftlichen und sozialen Not jener ländlichen Unterschicht, die zu seiner Zeit noch immer die Mehrheit der mexikanischen Bevölkerung ausmachte.[64] In all seinen Aufzeichnungen und öffentlichen Erklärungen findet sich immer wieder die entschiedene Willensäußerung, diese Situation zu verändern. Es überrascht denn auch nicht, daß in vielen Fällen der unmittelbare Anstoß zur Durchführung der Agrarreform auf lokaler oder regionaler Ebene vom Präsidenten persönlich ausging.[65]

Nachdem er im Sommer 1935 den Machtkampf mit Calles zu seinen Gunsten entschieden hatte, wandte sich Cárdenas mit Nachdruck dem Agrarproblem zu. Unmittelbar nach der politischen Flurbereinigung vom Juni 1935 gab der Präsident Instruktionen, die Organisation der Bauern in einem einzigen, nationalen Verband in die Wege zu leiten.[66] Gleichzeitig wurde das Tempo der Landverteilung beschleunigt, die in den Jahren 1936/37 ihren Höhepunkt erreichen sollte. Die quantitative Ausdehnung der Landreform war indessen nur der eine Grundzug der cardenistischen Agrarpolitik. Noch bedeutsamer war ihre qualitative Neuorientierung, d. h. vor allem die Revision des Ejido-Konzepts als einer lediglich auf den Subsistenzbereich anwendbaren Institution und seine Ausdehnung auch auf den Bereich der kommerziellen Landwirtschaft.

Die Geschwindigkeit der cardenistischen Landverteilung läßt sich zunächst daran ermessen, daß allein zwischen 1935 und 1940 annähernd ebensoviele Ejidatarios in den definitiven Besitz ihres Landes gelangten wie in den ersten 20 Jahren der Agrarreform seit 1915 insgesamt, und flächenmäßig sogar doppelt so viel Land verteilt wurde wie in den 20 vorangegangenen Jahren.[67] Dies bedeutete auch, daß die durchschnittliche Parzellengröße pro Ejidatario sich unter Cárdenas gegenüber den 20er Jahren ungefähr verdoppelte, ebenso der übrige kollektiv genutzte Ejido-Boden außerhalb der Ackerfläche.[68]

Die vor allem unter der Präsidentschaft von Cárdenas eingetretene Veränderung der Agrarbesitzverhältnisse erschließt sich auch aus einem Vergleich der Zensusdaten von 1930 und 1940. Während 1930 die Ejidatarios lediglich 15 % der gesamten in der Landwirtschaft tätigen Bevölkerung ausgemacht hatten, stellten sie 1940 32 %, wobei – wie erwähnt – in diesem Zeitraum Umfang und Qualität des Ejidolandes überproportional zunahmen. 1930 umfaßten die Ejidos lediglich 13,4 % allen Ackerlandes und 13,1 % der bewässerten Fläche, was wertmäßig 10,2 % des gesamten landwirtschaftlichen Bodens ausmachte; 1940 waren die entsprechenden Werte auf 47,4 %, 57,3 % und 35,9 % angestiegen. Noch ausgeprägter nahm der Anteil des im Ejidalsektor investierten Kapitals am gesamten landwirtschaftlichen Kapital von 3,7 % im Jahre 1930 auf 52,6 % 1940 zu. Die quantitative Gewichtsverlagerung zugunsten des Ejidalsektors drückte sich schließlich auch in der Zunahme seines Produktionsanteils aus: waren 1930 lediglich 11 % der gesamten landwirtschaftlichen Produktion auf die Ejidos entfallen, so stieg dieser Anteil 1940 auf 50,5 %.[69]

Allein schon aus diesen Zahlen wird ersichtlich, daß sich die cardenistische Agrarreform nicht auf die quantitative Dimension reiner Landverteilung beschränkte, sondern bedeutende qualitative Verbesserungen innerhalb des reformierten Agrarsektors anstrebte und teilweise realisierte. Dabei kam vor allem einer besseren Kreditversorgung der Landwirtschaft eine wichtige Funktion zu.[70] Unter Cárdenas wurde nicht nur der Anteil der für landwirtschaftlichen Kredit bestimmten Staatsausgaben gegenüber den früheren Regierungen stark angehoben, sondern mit der 1935 erfolgenden Reorganisation des landwirtschaftlichen Kreditwesens auch eine nationale Ejidalbank geschaffen, deren (auf den Ejidalbereich beschränkte) Transaktionen rasch von 23,3 Mio. Pesos im Jahre 1936 auf 63,4 Mio. Pesos im Jahre 1938 anstiegen.[71] Dabei kam zwar erstmals ein beträchtlicher Teil der traditionellen Ejidatarios (1936-1938 : ca. 300000) in den Genuß eines staatlichen Bankkredits; die starke Zunahme des ejidalen Kreditvolumens in diesen Jahren war aber vornehmlich auf die Gründung eines neuen Typus von Ejido, des *ejido colectivo*, zurückzuführen.

Das *ejido colectivo*, eine landwirtschaftliche Produktionskoope-

rative, verdeutlicht wohl am besten den neuen Kurs der cardenistischen Agrarreformpolitik.[72] Wie weiter oben gezeigt wurde, war das Ejido sowohl unter Carranza als auch unter der sonorensischen Herrschaft primär als Subsistenzeinheit verstanden und seine Funktion als eine eminent soziale, aber nur am Rande wirtschaftliche gesehen worden. Dementsprechend waren hauptsächlich marginale Böden aus dem Besitz traditioneller Haciendas verteilt worden; der produktionstechnisch effiziente moderne Großgrundbesitz, insbesondere die Plantagenwirtschaft, blieb von Aufteilungsmaßnahmen zugunsten ejidaler Landverteilung weitgehend ausgenommen. Diese Politik beruhte auf der Überzeugung von der gesamtwirtschaftlichen Notwendigkeit produktiver Großbetriebe; die *acasillados* waren folgerichtig bis 1934 vom Recht auf Landzuteilung ausgeschlossen gewesen und auch die Ejidoparzelle wurde vornehmlich als Einkommensergänzung für die in den Erntezeiten nach wie vor auf den Haciendas beschäftigten Campesinos, nicht aber als mögliche wirtschaftliche Alternative zum Großgrundbesitz gesehen.
Unter Cárdenas wurde nun aber – oft aufgrund eines starken Druckes der gewerkschaftlich jetzt ebenfalls organisierten Landarbeiter – der Schritt zur Enteignung auch hochproduktiver Haciendas der Baumwoll-, Getreide-, Reis- und Sisalproduktion vollzogen, wobei aus primär wirtschaftlichen Überlegungen auf die Parzellierung der Betriebe verzichtet und die Produktion im Rahmen kollektiver Bewirtschaftung fortgeführt wurde. Dieser neue Typus landwirtschaftlicher Produktionskooperativen entsprach sowohl dem Konzept jener Agronomen und Agrarpolitiker, die eine kollektivierte Landwirtschaft anstrebten als auch Cárdenas' persönlicher Präferenz für die Arbeiterselbstverwaltung, sei es im industriellen oder landwirtschaftlichen Sektor. Hinzu kam, daß der zuvor sakrosankte Bereich der kommerziellen Landwirtschaft durch die Depression der frühen 30er Jahre einen besonders harten Schlag erhalten hatte, was – wie Clark Reynolds unterstreicht – die Enteignung dieser Betriebe auch unter volkswirtschaftlichen Gesichtspunkten wesentlich leichter machte, »als wenn eine allgemeine Prosperität und hohe Landpreise vorgeherrscht hätten.«[73]
Der neue Typus des *ejido colectivo* wurde erstmals im Oktober 1936 in der Laguna, einem ca. 500000 ha umfassenden, zum großen Teil bewässerten Baumwoll- und Getreideanbaugebiet in den Staaten Coahuila und Durango verwirklicht.[74] Wegen ihres

ausgebauten Irrigationssystems gehörte die Laguna zu den fruchtbarsten Ackerbaugebieten des Landes. Die Baumwollproduktion erfolgte im Rahmen eines modernen kapitalistischen Plantagensystems, das einen außerordentlich hohen Grad der Landkonzentration und ausländischer Kontrolle aufwies. »1928 waren 75 Haciendas mit einer Fläche zwischen 1000 und 10000 ha, 19 mit mehr als 10000 ha und 3 mit mehr als 100000 ha registriert, von denen viele ausländischen Gesellschaften, vorwiegend nordamerikanischen und englischen, gehörten.«[75] Betrieben wurden die Plantagen mit einem Kern von Stammarbeitern, den *acasillados*, sowie jenen Tagelöhnern und Wanderarbeitern, die während der Erntezeit zu Tausenden aus anderen Regionen in die Laguna strömten. Anders als im zentralen Hochland mit seinem Landkonflikt zwischen bäuerlicher Dorfgemeinschaft und Hacienda herrschte hier ein eher industrieller Typus von Arbeitskonflikt vor, der sich vornehmlich um höhere Löhne, bessere Arbeitsbedingungen und verstärkte Sozialleistungen der Arbeitgeber drehte, wie sie im mexikanischen Arbeitsrecht vorgesehen waren.

In den frühen 30er Jahren verschärften sich unter dem Einfluß der Depression, des Arbeitsmangels und der Trockenheit die sozialen Spannungen in der Laguna. Die Großgrundbesitzer selber schlugen deshalb die Schaffung von Ejidos vor, um die explosive soziale Situation zu entschärfen. Diese Ejidos, 1934 – wie damals üblich – auf marginalen Böden geschaffen, vermochten die soziale Unrast in der Laguna allerdings keineswegs zu dämpfen.[76] Im Gegenteil; 1935 nahm die Streiktätigkeit – zunächst in überwiegend spontaner, unkoordinierter Form – weiter zu.[77] Nachdem die CTM auch unter den Landarbeitern militantere Gewerkschaften aufgebaut hatte, gipfelten diese Arbeitskonflikte 1936 schließlich in einem Generalstreik und in blutigen Auseinandersetzungen zwischen Landarbeitern und Grundbesitzern, welche Tausende von Streikbrechern in die Region geholt hatten. In dieser Situation entschloß sich Cárdenas zur Enteignung der Ländereien in der Laguna. Innerhalb kürzester Zeit wurde im Herbst 1936 die Landaufteilung durchgeführt, wobei von Anfang an aus produktionstechnischen Gründen und wegen der gemeinsamen Nutzung der Bewässerungsanlagen auf die Zuteilung individueller Parzellen verzichtet wurde.[78] Insgesamt wurden über 440000 ha Land an mehr als 34000 Campesinos verteilt, die in 296 kollektiven Ejidos zusammengefaßt wurden.[79]

An sich waren die neu geschaffenen Produktionsgenossenschaften autonome Betriebe, deren innere Organisation von den Ejidatarios selber bestimmt wurde; faktisch übernahm allerdings der *Banco Ejidal* die übergeordnete Unternehmensführung, indem er die einzelnen kollektiven Ejidos nicht nur mit Kredit versorgte, sondern ihnen auch bei der Vermarktung der Ernte, mit technischer Beratung usw. zur Seite stand.[80] Der Agrarreform in der Laguna kommt aus zwei Gründen ein besonderer Stellenwert zu. Zum einen wurde hier erstmals das kollektive Ejido verwirklicht, zum andern handelte es sich um ein besonders reiches und ausgedehntes Landwirtschaftsgebiet. In den folgenden Jahren wurde das kollektive Ejido auch in anderen Regionen eingeführt, so u. a. in den fruchtbaren Gebieten des Yaqui-Tales in Sonora, in den Reisanbaugebieten Südmichoacáns, in Sinaloa sowie – in etwas abgewandelter Form – auf den Sisalplantagen Yucatáns.[81]

Unter Cárdenas erfuhr die mexikanische Agrarreform somit nicht nur eine starke Beschleunigung der traditionellen Landverteilung, sondern erhielt – ungeachtet der zahlenmäßig nach wie vor dominierenden individuell bearbeiteten Ejidos – mit der Begründung des *ejido colectivo* auch eine neue qualitative Dimension, die von den radikalen Agraristen als Schritt auf dem Weg zu einem »mexikanischen Sozialismus« lebhaft begrüßt, von den Verfechtern der traditionellen Landreform aber ebenso heftig abgelehnt wurde.[82]

Es ist nicht erstaunlich, daß auch die – im Vergleich zur vorangehenden ja viel umfassendere – Agrarreform unter Cárdenas keineswegs gewaltfrei verlief, sondern im lokalen Rahmen noch oft auf den erbitterten Widerstand der betroffenen Grundbesitzer stieß; insbesondere dort, wo diese in den örtlichen politischen oder militärischen Behörden Rückhalt fanden.[83] Daß die Agrarreform dennoch auf wesentlich breiterer Basis durchgesetzt werden konnte, war vor allem darauf zurückzuführen, daß – anders als unter der sonorensischen Herrschaft – die Zentralregierung nun alle verfügbaren Mittel zu ihrer Verwirklichung einsetzte. Das juristische Verfahren der Landvergabe und der entsprechende organisatorische Apparat waren schon vor Cárdenas in einem Sinne reformiert worden, der auf eine zügigere Landverteilung abzielte. Mit dem Enteignungsgesetz von 1936 erhielt die Regierung ein weiteres wichtiges Instrument zur Durchsetzung der Landreform in die Hand. Auch die Bauern, durch das Cárdenas-Regime mobilisiert und organisiert, vermochten nun einen stärkeren Druck auszuüben, zumal die Regierung nicht zögerte, unter ihnen eine 60000 Mann umfassende, gut bewaffnete *defensa rural* zur Verteidigung der Errungenschaften der Agrarreform aufzustellen.[84] Entscheidend war allerdings, daß das Cárdenas-Regime nicht nur in den neu geschaffenen Massenorganisationen einen starken politischen Rückhalt fand, sondern – wie noch genauer zu zeigen ist – auch die Armee in einem Maße ihrer Kontrolle unterwerfen konnte, daß diese Institution nicht mehr, wie noch in den 20er und frühen 30er Jahren, eine eigene, vielfach bauernfeindliche Agrarpolitik betreiben konnte.[85]

Zwischen 1936 und 1938 fühlte sich die Regierung jedenfalls stark genug, um die Agrarreform auch gegen erheblichen ausländischen wie innermexikanischen Widerstand durchzusetzen. Von der Agrarreform wurden nun nicht nur mexikanische Hacendados betroffen, sondern vermehrt auch ausländische Großgrundbesitzer sowie zahlreiche Revolutionsgeneräle, insbesondere natürlich solche callistischer Observanz.[86] Erst ab 1938, als die Cárdenas-Regierung im Gefolge der Erdöl-Nationalisierung allgemein einen gemäßigteren Kurs zu steuern begann, wurde auch das Tempo der Landverteilung merklich gedrosselt. Dessen ungeachtet bewirkte die cardenistische Agrarreform einen nachhaltigen agrarischen Strukturwandel. Die Hacienda war zwar am Ende der Cárdenas-Zeit noch keineswegs völlig verschwunden, in ihrer Bedeutung gegenüber dem ejidalen Kleinbesitz aber doch stark zurückgedrängt worden.[87] Der alte Gegensatz zwischen Minifundien und Latifundien erhielt nach 1940 jedenfalls insofern eine neue Qualität, als der lokale Konflikt zwischen Hacienda und dörflichen Kleinbauern nun stärker einem sektoralen und teilweise regionalen Gegensatz zwischen privaten und ejidalen Minifundisten einerseits, den neu entstandenen, hochmodernen und kapitalintensiven Großgrundbesitzen andererseits abgelöst wurde.[88]

Welches waren nun aber die wirtschaftlichen, sozialen und politischen Auswirkungen der cardenistischen Agrarreform? Diese Frage läßt sich kaum eindeutig beantworten: lediglich einige, manchmal durchaus gegenläufige Effekte sollen hier kurz aufgezeigt werden.

Schon die wirtschaftliche Evaluation des Ejidosektors wirft, wie Clark Reynolds gezeigt hat, sehr komplexe Probleme auf.[89]

Festhalten kann man zunächst die Tatsache, daß es ungeachtet der tiefgreifenden Veränderungen in der agrarischen Besitzstruktur unter Cárdenas nicht zu einem Einbruch der landwirtschaftlichen Produktion kam.[90] Die Produktion von Nahrungsmitteln stieg zwischen 1925 und 1940 sogar um ca. 50% an, und der Eigenkonsum landwirtschaftlicher Erzeugnisse erhöhte sich zwischen 1930 und 1940 beträchtlich.[91] Und schließlich folgten auf die cardenistische Agrarreform nach 1940 zwei Jahrzehnte außerordentlich hoher Wachstumsraten in der mexikanischen Landwirtschaft.

Ob diese Entwicklung dank oder allenfalls trotz der vorangehenden Agrarreform erfolgte, ist damit allerdings noch nicht geklärt, auch wenn die rein wirtschaftlichen Auswirkungen der Agrarreform überwiegend kritisch beurteilt werden.[92] Die verbreitete Ansicht, zumindest die individuell bearbeiteten Ejidos hinkten hinsichtlich ihrer Produktivität hinter den privaten Landwirtschaftsbetrieben hinterher, bedarf nämlich nach Reynolds der Differenzierung.[93]

Zwar ist unbestritten, daß die starken landwirtschaftlichen Wachstumsimpulse der 40er und 50er Jahre nicht vom Ejidosektor und schon gar nicht von den individuell wirtschaftenden Ejidatarios ausgingen. Diese hatten zwar unter Cárdenas etwas größere Parzellen und auch eine gewisse finanzielle und technische Unterstützung durch den Staat erhalten, aber im Vergleich mit den privaten Betrieben, insbesondere den Restbeständen der enteigneten Haciendas, waren sie bezüglich Landqualität, Kapitalausstattung, Wasserversorgung usw. nach wie vor krass benachteiligt. Dennoch leisteten sie »einen wichtigen Beitrag zum gesamten landwirtschaftlichen Produkt, da sie wenig Kapital benötigten und sonst unbeschäftigte Arbeitskraft einsetzten, um Nahrungsmittel für den Eigenbedarf zu erzeugen, welche andernfalls durch die kommerzielle Landwirtschaft hätten produziert werden müssen.«[94]

Im Unterschied zu den individuellen Ejidos, in welchen der gesteigerte Arbeitseinsatz und die damit verbundene erhöhte Flächenproduktivität im Vordergrund standen, war dem kollektiven Ejido unter Cárdenas auch ausdrücklich ein wirtschaftlicher Vorbildcharakter zuerkannt worden.[95] Vermochte es diese Erwartung zu erfüllen?

Auch in der Beurteilung der kollektiven Ejidos gehen die Meinungen auseinander. Salomón Eckstein, einer der besten

Kenner der Materie, kommt – am Beispiel der Laguna – zu einer insgesamt positiven Bewertung der wirtschaftlichen Leistungsfähigkeit der kollektiven Ejidos, nachdem diese gewisse Rückschläge infolge der überstürzten Landverteilung überwunden hatten.[96] Ein längerfristiger Vergleich der wirtschaftlichen Effizienz zwischen kollektiven Ejidos und Privatbetrieben wird allerdings dadurch verzerrt, daß nach 1940 die staatliche Landwirtschaftspolitik sich immer stärker zugunsten der privaten Mittel- und Großbetriebe auswirkte.[97]

Die Beurteilung einer Agrarreform kann sich allerdings nicht in isolierten Vergleichen betriebswirtschaftlicher Effizienz erschöpfen. Vielmehr gilt es, ihre indirekten volkswirtschaftlichen Effekte ebenso zu berücksichtigen, wie ihre gesellschaftlichen Auswirkungen und politischen Konsequenzen. Dazu seien hier vorerst lediglich einige Stichworte angedeutet, werden diese Fragen doch im Zusammenhang mit einer umfassenderen Erörterung der Revolutionsauswirkungen in den Schlußbemerkungen nochmals aufgegriffen.

Auf die indirekten volkswirtschaftlichen Effekte der Agrarreform hat Reynolds mit Nachdruck hingewiesen.[98] Er sieht sie u. a. in einem »höheren Hektarertrag in sämtlichen Regionen, einer größeren Stabilität ländlicher Einkommen«, aber auch in der Schaffung eines ländlichen Arbeitsreservoirs für Industrie, Dienstleistungssektor und kommerzielle Landwirtschaft.[99] Was die gesellschaftlichen Auswirkungen der Agrarreform betrifft, so lassen sich diese auf zwei Ebenen beobachten. Einerseits auf der Ebene – statistisch allerdings nur schwer faßbarer – individueller Wohlstandseffekte für die Ejidatarios, andererseits hinsichtlich ihrer gesamtgesellschaftlichen Konsequenzen.

Eine allgemeine Aussage über die Veränderung der wirtschaftlichen und sozialen Lage der Ejidatarios läßt sich angesichts der großen Unterschiede in der materiellen Ausstattung der Ejidos kaum treffen. Immerhin sicherte das Ejido in der Regel eine minimale Eigenversorgung, in günstigeren Fällen auch die Vermarktung von Überschüssen. In der Laguna z. B., einer allerdings privilegierten Region, wurde als Folge der Agrarreform ein sichtbarer Anstieg des allgemeinen Lebensstandards unter den ehemaligen Landarbeitern festgestellt.[100]

Daneben hatte die Landverteilung aber auch gesamtgesellschaftliche Auswirkungen. Unabhängig von der jeweiligen materiellen Situation bedeutete der mit der Ejidoparzelle faktisch verbundene Landbesitz doch oft auch die Erfüllung tief verwurzelter Aspirationen zuvor landloser Campesinos und für einen beträchtlichen Teil der kleinbäuerlichen Bevölkerung auch eine gewisse wirtschaftlich-soziale Absicherung. Die politisch-gesellschaftliche Stabilisierungsfunktion der Agrarreform äußerte sich nicht nur in einer verstärkten Regimeloyalität der begünstigten Bauern, sondern ebensosehr darin, daß mit der Schaffung des ejidalen Kleinbesitzes die Land-Stadt-Wanderung abgebremst und so während eines längeren Zeitraums eine allzu rasche, den urbanen wirtschaftlichen Absorptionsmöglichkeiten vorauseilende, übermäßige Verstädterung mit all ihren sozial destabilisierenden Auswirkungen verzögert wurde.[101]

Unmittelbare politische Auswirkungen zeitigte die Agrarreform schließlich durch die – parallel zur Landverteilung erfolgende – Organisation der Bauern in regierungstreuen Verbänden. Noch wesentlich stärker als bei der gleichzeitigen Syndikalisierung der Arbeiter gingen dabei die Organisationsimpulse »von oben«, d. h. seitens der Regierung aus. Gemäß einem Bericht des *Departamento Agrario* wurde nämlich 1935/36 die *unificación campesina* mit Hilfe von Regierungsangestellten eingeleitet, »mittels der verschiedenen Außenbehörden des *Departamento Agrario,* wodurch es gelang, die überwältigende Mehrheit der Bauern für die angestrebte Vereinigung zu gewinnen.«[102] Auch die Untersuchung von Buve über die Agrarentwicklung in Tlaxcala während der 30er Jahre zeigt deutlich, daß die neuen Wellen der Bauernmobilisierung in diesem Staate unter Cárdenas nur zum Teil von unten, in hohem Maße jedoch von jenen Lokalpolitikern ausgingen, die in der Agrarreformpolitik vielversprechende politische Karrierechancen erblickten.[103]

Ihre politische Integration in die von Cárdenas 1938 reorganisierte Revolutionspartei hatte allerdings für die Bauern einen ambivalenten Charakter: einerseits wurde ihnen damit zwar ein gewisser politischer Einfluß auf die nationale Politik zugestanden, andererseits aber wurden sie gleichzeitig einer verstärkten staatlichen Kontrolle unterworfen, die sich für sie vor allem längerfristig als sehr problematisch erweisen sollte.[104] Damit ist bereits ein Charakteristikum des Cárdenas-Regimes angesprochen, das jetzt in seinen allgemeinen Grundzügen noch etwas genauer darzustellen ist.

Das Cárdenas-Regime: Zum Verhältnis von Staat, Gesellschaft und Wirtschaft

So markant sich das Cárdenas-Regime in seiner Reformpolitik auch von seinen Vorgängern unterschied, in der Rolle, die es dem Staat als zentralem Gestaltungsfaktor auch in Wirtschaft und Gesellschaft zuerkannte, blieb es durchaus der »sonorensischen« Revolutionstradition verhaftet. Auch für Cárdenas stellte, ähnlich wie für Calles, die Idee eines starken, aktiven Staates eine Grundprämisse seiner politischen Philosophie dar. Während aber, wie weiter oben gezeigt wurde, Calles seine Ideen nur ansatzweise realisieren konnte, war Cárdenas in dieser Hinsicht wesentlich erfolgreicher.[105]

Schon in seiner Inauguralrede bei der Amtsübernahme hatte Cárdenas seine Vorstellung von der Rolle des Staates unmißverständlich zum Ausdruck gebracht: »Allein der Staat vertritt ein allgemeines Interesse und deshalb besitzt auch nur er eine Vision des Ganzen. Die Intervention des Staates muß immer umfassender, immer häufiger und immer durchgreifender werden.«[106]

Daß der Staat mithin auch zur Organisation der gesellschaftlichen Gruppen legitimiert und berufen sei, stand für Cárdenas außer Frage.[107] Dies galt vor allem für die Arbeiter und Bauern, schloß aber auch die Unternehmer keineswegs aus. Wenn dabei Arbeiter und Bauern eine besondere Förderung durch den Staat erfuhren, so deshalb, weil es nach Cárdenas galt, ein Gleichgewicht zwischen den gesellschaftlichen Kräften herzustellen, das bisher nicht existierte.[108] Der Aufbau starker, militanter Gewerkschaften, aber auch der Einsatz des Streikmittels dienten diesem Ziel und wurden deshalb vom Cárdenas-Regime grundsätzlich unterstützt; die Herrschaft einer sozialen Klasse oder die Errichtung eines sozialistischen Wirtschaftssystems wurden damit allerdings nicht angestrebt. So sehr Cárdenas auch die Form der Kooperative förderte, so sehr blieb die Überführung von Produktionsmitteln in Kollektiveigentum – wie etwa im Falle der *ejidos colectivos* oder der spektakulären Nationalisierung von Eisenbahnen und Ölgesellschaften – auch unter seiner Präsidentschaft die Ausnahme.[109]

Vor allem war der Staat auch bestrebt, die Kontrolle über die großen gesellschaftlichen Organisationen nicht zu verlieren, was sich insbesondere in seinem Verhältnis zur CTM zeigte.[110] Um ein Übergewicht dieses Verbandes zu verhindern, tolerierte er nicht nur die Konkurrenz rivalisierender Gewerkschaftszentralen wie jene der CROM und der CGT, sondern verwehrte ihr auch die gewerkschaftliche Organisation von Landarbeitern und Regierungsangestellten. Landarbeiter und Kleinbauern, d. h. insbesondere die Ejidatarios, wurden unmittelbar durch den Staat und den PNR organisiert, die Beamten erhielten eine eigene Organisation und wurden schließlich ebenfalls in die 1938 reorganisierte Revolutionspartei integriert.[111]

Die Reorganisation des PNR im Frühjahr 1938 erfolgte somit – unter dem unmittelbaren Eindruck der Erdölnationalisierung – in einer für das Regime zwar besonders günstigen innenpolitischen Konstellation, kam aber angesichts der eben beschriebenen Entwicklung keineswegs als Überraschung, zielte die Organisation gesellschaftlicher Gruppen durch den Staat doch unverkennbar auf eine korporatistische Staats- und Gesellschaftsform hin.[112] Der wesentliche Unterschied des neuen Partido de la Revolución Mexicana (PRM) gegenüber dem PNR bestand denn auch in der semikorporativen Struktur der neuen Partei.[113] Während der PNR bei seiner Gründung als eine Art Kaderpartei konzipiert worden war, die vor allem die heterogene politische Elite des Landes disziplinieren und der nationalen Führungsgruppe um Calles unterordnen sollte, ging die Revolutionspartei aus der Reorganisation von 1938 als eine Massenpartei hervor. Allerdings handelte es sich dabei nicht um eine Massenpartei mit überwiegend freiwilliger Mitgliedschaft, sondern um die Inkorporation der bereits »organisierten Massen« in die vier Sektoren der neuen Partei: den Arbeitersektor, den Bauernsektor, den Militärsektor und schließlich den *sector popular* als Sammelbekken der Staatsbeamten und vielfältiger, vornehmlich mittelständischer Gruppierungen, die in den andern drei Sektoren keinen Platz hatten. Arbeiter, Bauern und Militär wurden durch die Zugehörigkeit zu ihren jeweiligen Verbänden automatisch Mitglieder der neuen Partei, die deshalb, wie Arnaldo Córdova betont, mehr als Administrator von Korporationen als von »Massen« schlechthin fungierte.[114]

In ihrem Programm bekannte sich die Partei zwar zum Ziel einer »sozialistischen Gesellschaftsordnung« und einer »Demokratie der Werktätigen«, aber diesen Postulaten kam schon in der späten Cárdenas-Zeit nur mehr geringe Bedeutung zu.[115] Auch eine echte demokratische Mitwirkung der in den vier Sektoren organisierten Parteibasis an der Parteipolitik konnte sich nicht entwickeln, da sich die autoritäre Entscheidungsstruktur der einzelnen Verbände und Sektoren nun in der Partei als ganzer reproduzierte. »Der politische Entscheidungsprozeß«, bemerkt dazu Mols, »wird in einem kleinen Kreis von nicht durch Mandat, sondern durch Beiwahl ergänzten Funktionsträgern oligopolisiert, der breiten Masse der Bevölkerung gewährt man ein organisatorisches Netz von Anknüpfungsmöglichkeiten, die aber nicht einer authentischen Partizipation gelten, sondern als Instrumente der Kontrolle und der dosierten Wohlverhaltensprämien fungieren.«[116]

Entsprechend seinem korporatistischen Gesellschaftsmodell konnte es der Staat allerdings nicht bei der Organisation und Kontrolle der Massenverbände und der mit ihm ohnehin eng verflochtenen Gruppen des Militärs und der Beamten bewenden lassen. Auch die Wirtschaft, bzw. die Unternehmer, sollten stärker an den Staat gebunden werden. Der Einbau eines »Unternehmersektors« in die Revolutionspartei wurde zwar nicht ins Auge gefaßt, denn einerseits stand die große Mehrheit der Unternehmer ja in historischer Gegnerschaft zu dem durch den PRM nun auch institutionell strukturierten revolutionären Lager, und andererseits hätte sich diese Gruppe ohnehin nicht im gleichen Maße wie Bauern und Arbeiter »von oben« organisieren lassen. Dennoch setzte der Staat mit dem Erlaß der *Ley de Cámaras de Comercio e Industria* im Jahre 1936 auch gegenüber den Unternehmern eine stärkere Kontrolle durch.[117]

Sämtliche Unternehmer wurden nun nämlich gezwungen, der Confederación de Cámaras Industriales (CONCAMIN) bzw. der Confederación de Cámaras Nacionales de Comercio (CONCANACO) beizutreten, die durch Gesetz zu »Organen der Zusammenarbeit mit dem Staat für die Erfüllung der mit der nationalen Industrie und dem nationalen Handel verbundenen Aufgaben« erklärt wurden.[118] Auf diese Weise gelang es dem Staat, seinen bestimmenden Einfluß auch auf die Unternehmerverbände auszudehnen und damit jene *special relationship* zwischen *iniciativa privada* und Staat zu begründen, die von vielen Unternehmern anfänglich zwar als Zwangsjacke empfunden wurde, die sich in ihrer weiteren Entwicklung unter den nachcardenistischen Regierungen allerdings immer stärker zugunsten der Unternehmerinteressen auswirken sollte.[119]

Unter Cárdenas dehnte der mexikanische Staat seinen Einfluß auf die Wirtschaft nicht nur durch die Kontrolle über die Unternehmerverbände aus, sondern ebenso durch die Intensivierung seiner eigenen wirtschaftlichen Aktivitäten. Unmittelbar geschah dies durch die Überführung enteigneter Unternehmen in Staatsbesitz; weitaus am bedeutendsten war dabei die Nationalisierung der Erdölindustrie und die Schaffung der staatlichen Erdölgesellschaft PEMEX, die schließlich zu einem Hauptpfeiler der mexikanischen Volkswirtschaft werden sollte. Nachhaltigen indirekten Einfluß übte der Staat sodann durch seine Investitionen in die Infrastruktur – Bewässerung, Straßenbau, Elektrifizierung usw. – aus. Unter Cárdenas übertraf der kumulierte Anteil von wirtschaftlichen und sozialen Staatsausgaben erstmals deutlich jenen der Verwaltungsausgaben im Bundesbudget. Während die Regierung Obregón 17,9 % und die Regierung Calles 24,8 % der Staatsausgaben in wirtschaftliche Investitionen gelenkt hatten, stieg dieser Anteil unter Cárdenas auf 37,6 %.[120] Gleichzeitig wurde das von Calles in den 20er Jahren begründete System staatlicher Entwicklungsbanken und Finanzierungsinstitutionen kräftig ausgebaut. Und schließlich wurde versucht, durch zollpolitische Maßnahmen und steuerliche Anreize der nationalen Wirtschaft, insbesondere der verarbeitenden Industrie, Wachstumsimpulse zu verleihen.[121]

Unverkennbar förderte der Staat zwischen 1935 und 1940 so die wirtschaftliche Entwicklung, deren Hauptträger auch nach den Vorstellungen von Cárdenas weiterhin die privatwirtschaftlichen Unternehmen bilden sollten. »Trotz der sozialistischen Rhetorik, die damals en vogue war«, bemerkt Medin, »steht außer Zweifel, daß der Kapitalismus durch das cardenistische Regime nicht nur nicht geschädigt wurde, sondern daß gerade zu dieser Zeit die Grundlagen für jene industrielle Entwicklung gelegt wurden, die Mexiko bis heute charakterisieren sollte.«[122]

Während das ausländische Kapital unter dem Einfluß des neu belebten Nationalismus und im Gefolge der Erdölnationalisierung vorübergehend stark an Bedeutung für die mexikanische Volkswirtschaft verlor und die nationalen Großunternehmen, wie etwa die Wirtschaft Monterreys, weiterhin in scharfem politisch-ideologischem Gegensatz zum Cárdenas-Regime standen, bildete sich im Zuge der einsetzenden Industrialisierung eine rasch wachsende Gruppe kleinerer und mittlerer Industrieunternehmer heraus, die sich dem neuen Regime auch politisch zunehmend verbunden fühlte.[123]

Insgesamt erfuhr das spätrevolutionäre System unter Cárdenas

zweifellos eine nachhaltige Konsolidierung: Agrarreform und staatliche Gewerkschaftspolitik erweiterten die soziale Basis des Regimes; der Nationalismus – insbesondere die Verstaatlichung der ausländischen Ölunternehmen – wirkte als wichtige Integrationsklammer zwischen ganz unterschiedlichen Bevölkerungsschichten; die Parteireform von 1938 verstärkte den seit Beginn der 30er Jahre einsetzenden Prozeß politischer Zentralisierung beträchtlich; schließlich vermochte der Staat auch seinen Einfluß auf die Wirtschaft auszudehnen.
Trotz dieser Entwicklung, die auch die unmittelbare Machtposition des Präsidenten festigte, sah sich Cárdenas seit 1938 einem wachsenden innen- und außenpolitischen Druck ausgesetzt, der ihn zwang, seine bisherige Politik zu modifizieren und einen gemäßigteren Kurs einzuschlagen. Die Schlußphase seiner Präsidentschaft, gewissermaßen die Scharnierstelle zwischen revolutionärer und postrevolutionärer Entwicklung, soll nun abschließend noch etwas genauer beleuchtet werden.

Die politische Konsolidierung des Cárdenas-Regimes, 1938-1940: Das Ende der Revolution?

Die Verstaatlichung der ausländischen Ölgesellschaften im März 1938 bildete den Höhe-, gleichzeitig aber auch den Wendepunkt des cardenistischen Reformkurses.
Unter der Oberfläche der durch die Enteignung ausgelösten Welle nationaler Begeisterung und Geschlossenheit hinter dem Präsidenten, begann sich der in- und ausländische Druck auf das Cárdenas-Regime rasch zu verstärken. Die ausländischen Retorsionsmaßnahmen als Antwort auf die Verstaatlichung wurden weiter oben bereits erwähnt. Der Boykott des mexikanischen Erdöls durch die internationalen Ölgesellschaften, die zeitweilige Einstellung amerikanischer Silberkäufe in Mexiko, die Verweigerung amerikanischer Anleihen an Mexiko, der beschleunigte Kapitalabfluß aus Mexiko im Gefolge der Nationalisierung verschärften in Mexiko die wirtschaftlichen Probleme, die sich dort schon vor der Nationalisierung aufgrund innermexikanischer Entwicklungen zugespitzt hatten.[124] Zur Finanzierung ihrer wirtschaftlichen Investitionen und sozialen Ausgaben nahm die Regierung nämlich bewußt große Haushaltsdefizite in Kauf,

die durch immer neue Kredite der Zentralbank an die Regierung gedeckt wurden. Eine beträchtliche Inflation war die Folge, welche vor allem die städtische Bevölkerung traf, die zusätzlich häufige Versorgungsschwierigkeiten infolge der raschen Durchführung der Agrarreform zu verkraften hatte.[125] Nach Luis González war die cardenistische Landreform unter der städtischen Bevölkerung denn auch keineswegs populär, wie überhaupt die cardenistischen Reformen und ihre wirtschaftlich-sozialen Begleiterscheinungen eine zunehmende politische Polarisierung zur Folge hatten.[126]

Cárdenas sah sich deshalb seit 1937/38 mit einer wachsenden inneren Opposition unterschiedlicher Gruppen und Bewegungen konfrontiert. Besonders spektakulär – unter den veränderten politischen Bedingungen der späten 30er Jahre aber auch bereits reichlich anachronistisch – mutete dabei die offene Rebellion des Generals Saturnino Cedillo an, der im Stil eines aufständischen Caudillo der 20er Jahre von seiner Basis San Luis Potosí aus Cárdenas zu stürzen versuchte. Der Putschversuch Cedillos, dem auch konspirative Verbindungen zu Vertretern der enteigneten Ölgesellschaften nachgesagt wurden, scheiterte allerdings kläglich. Im Januar 1939 fiel er in seinem Versteck in der Sierra den Kugeln ihn verfolgender Regierungstruppen zum Opfer.[127]

Einen anderen, moderneren Typus von Opposition gegen das Cárdenas-Regime stellten die seit 1937 rasch wachsenden rechtsradikalen Bewegungen und Gruppierungen dar. Die bedeutendste unter ihnen war die 1937 gegründete Unión Nacional Sinarquista, die in ihrer Ideologie und ihren Organisationsformen unverkennbare Affinitäten zum italienischen Faschismus und insbesondere zur spanischen Falange aufwies.[128] In ihren sozialen und regionalen Rekrutierungsfeldern knüpften die *sinarquistas* an die Tradition der Cristeros an. Unter den katholischen Landarbeitern und Kleinbauern, vor allem des Bajío, die trotz der beschleunigten Landverteilung unter Cárdenas nicht in den Genuß der Agrarreform gekommen waren, fanden auch sie einen Großteil ihres Anhangs, der schon bald Tausende von Mitgliedern umfaßte.[129] Neben den *sinarquistas*, die als einzige rechtsradikale Bewegung straff geführte Organisationen aufzubauen vermochten, entstand eine ganze Reihe von kleineren politischen Gruppierungen, welche das Cárdenas-Regime als marxistisch und sozialistisch bekämpften und ihr eher geringes politisches Eigengewicht durch angebliche oder tatsächliche Verbindung zu

Agenten des europäischen Faschismus aufzuwerten suchten, eine Entwicklung, die auch in Washington mit wachsender Besorgnis verfolgt wurde.[130]

Natürlich verharrte auch die »alte« Rechte, d. h. das konservative Bürgertum, in ihrer traditionellen Frontstellung zum Cárdenas-Regime, waren ihre Leitbilder des »ökonomischen Liberalismus und der Evolutionslehre à la Spencer« doch unvereinbar mit der cardenistischen Umverteilungspolitik zugunsten der Unterschichten.[131] Eine eigene, durchschlagskräftige politische Organisation vermochte sie allerdings nicht hervorzubringen, weshalb sie zum Teil im Wahlkampf von 1939/40 den Kandidaten des konservativen Revolutionsflügels, Almazán, unterstützte.[132]

Am stärksten unter Druck geriet der cardenistische Reformkurs indessen weniger durch die Opposition der neuen (oder alten) Rechten als vielmehr durch wachsenden Widerstand aus den Reihen des heterogenen revolutionären Lagers selber. Bei dieser Opposition, die sich im Zusammenhang mit den Präsidentschaftswahlen von 1940 schon 1938/39 zu artikulieren begann, handelte es sich vornehmlich um ehemalige Revolutionsgeneräle und Politiker, die durch Cárdenas aus ihren früheren Machtpositionen entfernt oder auf weniger bedeutsame Posten abgeschoben und in manchen Fällen auch durch die cardenistischen Reformen in ihren wirtschaftlichen Interessen getroffen worden waren.[133] Gemeinsam war all den vielfältigen Gruppierungen konservativer Revolutionsveteranen jedenfalls ihre scharfe Opposition gegen die radikalen Reformen der Jahre 1936 bis 1938, die sie als sozialistische Verirrung und Abweichung vom rechten Weg der mexikanischen Revolution brandmarkten.[134] Da sie nicht mehr dem engeren Kreis der Staats- und Parteiführung angehörten, zogen sie es vor, ihre Wahlkampfvorbereitungen nicht innerhalb, sondern außerhalb der »offiziellen« Partei, des PRM, zu führen. Im Gegensatz zu früheren oppositionellen Wahlbündnissen, die gegen die Parteimaschinerie der Regierung von Anfang an keinerlei Erfolgschancen gehabt hatten, stellte diese Opposition durchaus eine echte Herausforderung an das Regime dar, nicht zuletzt, weil ihre wichtigsten Exponenten, wie etwa die Generäle Joaquín Amaro und Juan Andreu Almazán, über einen starken Rückhalt in der Armee verfügten. Die zunächst sehr heterogene Opposition gewann noch an Gewicht, nachdem sie sich auf die gemeinsame Kandidatur von Almazán geeinigt hatte.[135]

Almazán war eine schillernde Figur. Als junger Medizinstudent hatte er sich dem Maderismus angeschlossen und dort rasch militärische Karriere gemacht. Obwohl er sich später enger Kontakte zu Zapata rühmte, hatte er während des Bürgerkriegs von 1913/14 auf Seiten der Huerta-Armee gekämpft und sich später den konterrevolutionären Verbänden von Felix Díaz angeschlossen. Wie viele andere Carranza-Feinde unterschiedlichster Observanz war auch Almazán nach Carranzas Sturz im Jahre 1920 durch Obregón in die neue Armee aufgenommen worden, in der er rasch zu einem der wichtigsten Militärbefehlshaber aufstieg. Parallel zu dieser militärischen Karriere mit Schwerpunkt in der nordöstlichen Industrieregion von Monterrey bekleidete er in den 30er Jahren verschiedentlich Ministerämter und entfaltete eine rege privatwirtschaftliche Aktivität, wie sie am Beispiel der sonorensischen Revolutionsführer beschrieben wurde. Als bedeutender Unternehmer, der vornehmlich im Baubereich tätig war, verfügte er über gute Kontakte zur konservativen Geschäftswelt Monterreys, die ihn denn auch in seinem Wahlkampf unterstützte. Als aktiver Militär verfügte er aber auch über vielfältige Beziehungen in der Armee und über einen guten Ruf auch bei den mittleren und unteren Rängen aufgrund seiner sozialpolitischen Maßnahmen zugunsten der ihm unterstellten Truppen.[136] Und schließlich fanden die städtischen Mittelschichten in Almazán ebenso ihren Bannerträger wie unzufriedene, dem Cárdenas-Regime entfremdete Gruppen von Arbeitern und Bauern.[137] Almazán führte deshalb eine zahlenmäßig durchaus bedeutende, sozial breit gefächerte und finanziell-organisatorisch potente Opposition an, der auch die Regierung in ihrer Wahlkampfvorbereitung Rechnung tragen mußte.

Von zentraler Bedeutung war deshalb die Wahl des PRM-Kandidaten für die Präsidentschaftsnachfolge; bei seiner überragenden Stellung in der Staats- und Parteiführung kam dabei Cárdenas zweifellos das entscheidende Wort zu.[138] An sich hätte sich Cárdenas' Verkehrs- und Kommunikationsminister Francisco J. Múgica, ein enger Freund des Präsidenten, von seiner politisch-ideologischen Ausrichtung her als Nachfolgekandidat aufgedrängt. Múgica, wie Almazán Revolutionsgeneral, aber trotz seiner fleckenlosen »revolutionären« Karriere mit weit geringerem Prestige in der Armee als dieser, hatte seit seinem Anschluß an die konstitutionalistischen Truppen immer eine ausgesprochen sozialradikale, pointiert nationalistische Position vertreten.[139] Erstmals im öffentlichen Rampenlicht gestanden, war Múgica als Wortführer der radikalen Abgeordneten auf dem verfassunggebenden Kongreß von Querétaro 1916/17.[140] Unter Obregón und Calles war seine weitere politische und militärische Karriere allerdings abgeblockt worden. Múgica verdankte es der Protektion seines Landsmannes Cárdenas, daß er schließlich wieder eine politische Rolle spielen konnte, die ihm ohnehin näher lag als eine rein militärische Tätigkeit. Die Reformen der Jahre 1936 bis 1938 hatte er tatkräftig gefördert, und im Frühjahr 1938 war er einer der entschiedensten Verfechter der Öl-Nationalisierung gewesen. Den radikalen Reformkurs des Cárdenas-Regimes verkörperte er also wie kein zweiter in der Führungsmannschaft des Präsidenten.

Dennoch fiel die Wahl von Cárdenas nicht auf Múgica, sondern auf einen eher farblosen Militärbürokraten, den politisch gemäßigteren Verteidigungsminister General Manuel Avila Camacho.[141] Es war offenkundig, daß mit dieser Kandidatur der Almazán-Bewegung Wind aus den Segeln genommen werden sollte.[142] Einerseits bot der Präsidentschaftskandidat des PRM eine gewisse Gewähr dafür, daß die Loyalität der Armee bewahrt werden konnte. Diesem Zweck diente ja vor allem auch die Inkorporation des Militärs in den PRM, um durch eine »legitime«, öffentliche Beteiligung des Militärs am politischen Entscheidungsprozeß regimefeindliche politische Strömungen oder gar Umsturzpläne in der Armee unterlaufen zu können. Dieses Ziel wurde in der spannungsgeladenen Wahlkampfphase denn auch weitgehend erreicht.[143] Andererseits verkörperte Avila Camacho, in markantem Gegensatz zu Múgica, auch eine politische Position, die sich nicht allzu stark von jener Almazáns unterschied.[144] Die cardenistischen Reformen sollten zwar konsolidiert, aber nicht weitergetrieben, die Landverteilung fortgesetzt, aber gleichzeitig auch der mittlere und kleine Besitz geschützt und gefördert und schließlich dem in- und ausländischen Kapital günstige Investitionsbedingungen geboten werden.[145]

Diese Politik der Konsolidierung prägte ganz allgemein die letzten beiden Jahre von Cárdenas' Amtszeit.[146] Man darf darin zwar keinen brüsken Kurswechsel erblicken, aber unverkennbar war der radikale Reformkurs der Jahre 1936/38 an seine außen- und innenpolitischen Grenzen gestoßen.[147] Eine Fortsetzung dieses Kurses hätte, wie Cárdenas klar erkannte, im Zusammen-

hang mit der durch die Präsidentschaftswahlen virulent gewordenen politisch-gesellschaftlichen Spaltung des Landes einen Bürgerkrieg provozieren und die Gefahr eines rechten oder gar rechtsradikalen Regimes heraufbeschwören können.
Die politische Wende von 1938 zeigte somit nicht nur den Einfluß der äußeren Grenzen für eine radikale mexikanische Reformpolitik auf, sondern legte gleichzeitig eine inhärente innenpolitische Schwäche des Cárdenas-Regimes bloß. So eindrucksvoll nämlich die Erfolge der cardenistischen Mobilisation und Organisation von Arbeitern und Bauern in quantitativer Hinsicht waren, so war doch auch diese Mobilisation weitgehend von oben erfolgt und verlieh deshalb dem Cárdenas-Regime jene »prekäre Basis, wie sie jeder ›Revolution von oben‹ eigen ist.«[148]
Der seit 1938 eingeschlagene Kurs zur politischen Mitte konnte zwar einen erbitterten Wahlkampf und einen äußerst gewalttätigen und blutigen Wahltag, den 7. Juli 1940, nicht verhindern.[149] Aber ungeachtet der Tatsache, daß der glänzende Wahlsieg Avila Camachos offensichtlich durch betrügerische Manipulationen des Wahlergebnisses zustande gekommen war, kam es nicht zum befürchteten Aufstand von Almazán-Anhängern, den der Kandidat der Opposition für den Fall einer Wahlfälschung angekündigt hatte. Von den USA, die mit der Wahl Avila Camachos die innenpolitische Kontinuität unter ihnen genehmen, konservativeren Vorzeichen gewährleistet sahen, konnte der geschlagene Almazán keinerlei Unterstützung erwarten.[150] Für ihn selber stand nicht nur seine politische Existenz auf dem Spiel. Mit dem Verzicht, sich an die Spitze einer risikoreichen Rebellion zu setzen, opferte er denn auch seine politischen Ambitionen der Sicherheit einer ungestörten Tätigkeit als erfolgreicher Geschäftsmann. Damit war einer gewaltsamen Opposition gegen die Regierung die Spitze gebrochen.
Aus der innenpolitischen Kraftprobe des Jahres 1940 war das Cárdenas-Regime somit als klarer Sieger hervorgegangen. Die 1938 reorganisierte Revolutionspartei hatte ihre politische Durchschlagskraft eindrücklich unter Beweis gestellt. Daran sollte sich auch unter den nachfolgenden Regierungen nichts ändern. Im Gegenteil: mit der zunehmenden Verlagerung des politischen Schwerpunktes nach rechts und der immer engeren Symbiose zwischen privatwirtschaftlichem und öffentlichem Sektor konnte sich die »institutionalisierte Revolution« weiter konsolidieren. Nur ging diese mit einem raschen wirtschaftlichen

Wachstum verbundene Konsolidierung nun vornehmlich auf Kosten der Bauern und Arbeiter, die zwar weiterhin als zahlenmäßig majoritäre Sektoren in die Revolutionspartei eingebunden blieben, aber angesichts fehlender demokratischer Strukturen in ihren Verbänden und in der Partei ihre Interessen nur mangelhaft durchsetzen konnten. Auch dies gehört – nicht weniger als die Reformen im Agrarbereich oder die Nationalisierung des Erdöls – zum Legat der Cárdenas-Regierung. Ihre Einordnung in den umfassenden Rahmen von Mexikos spät- und postrevolutionärer Entwicklung entzieht sich denn auch nicht nur unter diesem Gesichtspunkt einer allzu pauschalisierenden Charakterisierung.

1 Eine Ausnahme war der ebenfalls aus Michoacán stammende Präsident Pascual Ortiz Rubio, der aber, wie oben gezeigt wurde, während seiner kurzen Amtszeit keine eigenständige Politik gegen Calles durchsetzen konnte.

2 Vgl. Luis González, Los artífices del cardenismo, *Historia de la Revolución mexicana, 14,* México 1979, S. 114 ff.

3 Ausführliche Biographien über Lázaro Cárdenas finden sich u. a. bei William C. Townsend, *Lázaro Cárdenas, Mexican Democrat,* Ann Arbor 1952; Fernando Benitez, *Lázaro Cárdenas y la Revolución Mexicana,* 3 Bde., México 1977-1978. Einen knappen Überblick über den Werdegang von Cárdenas bis zur Übernahme der Präsidentschaft gibt González, *Historia 14,* S. 185-243, an die ich mich im folgenden anlehne. – Autobiographische Aufzeichnungen enthält Lázaro Cárdenas, *Obras I, Apuntes 1913-1940,* México 1973.

4 González, *Historia 14,* S. 222-226.

5 González, S. 227.

6 Vgl. oben, Kap. III/1. S. 418.

7 Vgl. *Partido Nacional Revolucionario, La gira del general Lázaro Cárdenas, Síntesis ideológica,* México 1934.

8 Dies betont mit Nachdruck González, *Historia 14,* S 243.

9 Vgl. Alicia Hernández Chávez, La mecánica cardenista, *Historia de la Revolución mexicana, 16,* Período 1934-1940, México 1979, S. 41-43.

10 Hernández Chávez, S. 47 f.

11 Luis González, Los días del presidente Cárdenas, *Historia de la Revolución Mexicana 15,* (1934-1940) México 1981, S. 22-26; Dulles, *Yesterday in Mexico,* S. 611-624.

12 Vgl. Joe C. Ashby, *Organized Labor and the Mexican Revolution under Lázaro Cárdenas,* S. 99; Dulles, S. 625-633.

13 Dulles, S. 634-639; González, *Historia 15,* S. 37 ff.

14 González, S. 38; Dulles, S. 640 ff.

15 Vgl. Hernández Chávez, S. 44-46. Dieser Band enthält eine ausgezeichnete Analyse des Verhältnisses zwischen Armee und Cárdenas-Regime, vgl. Kap. III: El Ejército y el régimen cardenista, S. 77-118.

16 Dulles, S. 640-646; González, *Historia 15*, S. 42 ff.

17 Eine gute Darstellung dieses Prozesses gibt Hernández Chávez, S. 60-75.

18 Vgl. Hernández Chávez, S. 60: »In vierzehn Staaten war der Machtwechsel spektakulär.«

19 Dulles, S. 659-681; González, *Historia 15*, S. 61 f., S. 74-78.

20 Vgl. Hernández Chávez, S. 54 ff.

21 Im Erziehungswesen sollte schließlich durch das Experiment der »sozialistischen Erziehung« der Boden für eine künftige sozialistische Gesellschaft bereitet werden. Die praktische Bedeutung der »sozialistischen Erziehung« blieb zwar begrenzt, sie provozierte aber – ähnlich wie der von Cárdenas allerdings sukzessive abgebaute staatliche Antiklerikalismus – eine heftige Opposition insbesondere unter der aktiv katholischen Bevölkerung und in den städtischen Mittel- und Oberschichten. Zur »sozialistischen Erziehung« vgl. Victoria Lerner, La educación socialista, *Historia de la Revolución mexicana, 17*, Período 1934-1940, México 1979.

22 Ashby, *Organized Labor,* S. 17 f.; dieses Werk ist die umfassendste Darstellung der mexikanischen Arbeiterbewegung unter Cárdenas und ihres Verhältnisses zum Staat; vgl. auch Hernández Chávez, S. 121-127.

23 Vgl. Hernández Chávez, S. 128-134.

24 Hernández Chávez, S. 136-139.

25 Ashby, S. 47; Hernández Chávez, S. 140.

26 Ashby, S. 28-31; Hernández Chávez, S. 56 f.

27 Zur Gründung und Struktur der CTM, vgl. Ashby, S. 72-97.

28 Die Angaben über die zahlenmäßige Größe der CTM schwanken. Unbestreitbar aber entwickelte sich die CTM unter Cárdenas zum weitaus größten Gewerkschaftsdachverband, der am Ende der Cárdenas-Regierung gegen 1 Million Mitglieder umfaßte, vgl. Ashby, S. 79; Hernández Chávez, S. 164. Ähnlich wie die Exponenten der CROM in den 20er Jahren erhielten auch führende Funktionäre der CTM unter Cárdenas einflußreiche politische Ämter, so unter anderem 30 Sitze in der Abgeordnetenkammer, vgl. Hernández Chávez, S. 164 f.

29 Hernández Chávez, S. 143, S. 145.

30 Zu den heftigen Konflikten zwischen linkem und rechtem Flügel innerhalb der CTM, aus welchen schließlich die konservativeren, antikommunistischen Kräfte als Sieger hervorgingen, vgl. Hernández Chávez, S. 154-165.

31 In den Arbeitersektor des PRM wurden 1938 neben der CTM auch die rivalisierenden Gewerkschaftszentralen der CROM und der CGT sowie die unabhängigen Metall- und Bergarbeiter inkorporiert; zur Organisation der Bauern vgl. unten, S. 594.

32 González, Historia 15, S. 41.

33 Monterrey, die Hauptstadt des nordöstlichen Grenzstaates Nuevo León, war das Zentrum der nationalen, d. h. vornehmlich mexikanisch kontrollierten Industrie. Autonome Gewerkschaften fehlten hier vor 1936 weitgehend, die Arbeiter waren stattdessen meist in »gelben« Syndikaten unter faktischer Kontrolle der Unternehmer organisiert. In diese Domäne versuchten Ende 1935 Funktionäre der in Entstehung begriffenen CTM einzubrechen, um eigene, radikalere Gewerkschaften aufzubauen. Aus der Rivalität zwischen alten und neuen Gewerkschaften resultierte Anfang 1936 ein Streik in einer Glasfabrik, der sich – angesichts der gewerkschaftsfreundlichen Haltung der Regierung – rasch in eine grundsätzliche Kraftprobe zwischen der mexikanischen Unternehmerklasse und dem Cárdenas-Regime ausweitete. Cárdenas reiste deshalb im Februar 1936 persönlich nach Monterrey, wo er in einer »14-Punkte«-Erklärung seine Politik zum Verhältnis zwischen Kapital und Arbeit darlegte, vgl. Ashby, S. 33-35. – Zum politischen Umfeld dieser Intervention von Cárdenas, der auch im Staate Nuevo León eine ihm genehme neue Regierungsmehrheit herbeizuführen suchte, vgl. Hernández Chávez, S. 64-69.

34 Ashby, S. 99.

35 Ashby, S. 286, 289.

36 Grundlage dieser Enteignungen war das Enteignungsgesetz vom Oktober 1936. Danach war es unter bestimmten Voraussetzungen möglich, Unternehmen »im öffentlichen Interesse« zu enteignen. Vgl. zu diesem Gesetz Tzvi Medin, *Ideología y praxis política de Lázaro Cárdenas,* México 1972, S. 124 f.

37 Ashby, S. 276; S. 287; González, *Historia 15,* S. 170.

38 Vgl. unten, S. 588 ff.

39 González, S. 167-171; Ashby, S. 122-141, dort auch eine eingehende Erörterung der Probleme, die sich aus der Nationalisierung ergaben.

40 Zur Nationalisierung der ausländischen Ölgesellschaften existiert eine sehr umfangreiche Literatur. Ich stützte mich im folgenden hauptsächlich auf die ausgezeichnete Arbeit von Lorenzo Meyer, *México y Estados Unidos en el conflicto petrolero,* S. 198-264. Vgl. auch die sehr übersichtliche Darstellung von Merill Rippy, *Oil and the Mexican Revolution,* Leiden 1972; sowie Ashby, *Organized Labor,* S. 179-271. Eine vornehmlich ereignisgeschichtliche Schilderung gibt Luis González, *Historia 15,* S. 172-192. Dort überall Hinweise auf die Spezialliteratur und auf die intensive publizistische Kontroverse zwischen Mexiko und den USA in den Jahren unmittelbar nach der Öl-Nationalisierung.

41 Ashby, S. 194-211.

42 Vgl. *Gobierno de México, El petroleo de México:* Recopilación de documentos oficiales del conflicto de orden económico de la industria petrolera, con una introducción que resume sus motivos y sus consecuencias, México 1940.

43 Während die mexikanische Expertenkommission eine Erhöhung der jährlichen Lohnsumme durch die Gesellschaften im Umfang von 26 Mio. Pesos für gerechtfertigt und für die Unternehmen tragbar erachtete, offerierten diese den Gewerkschaften 20 Mio. Pesos, ein Angebot, das sie unmittelbar vor der Verstaatlichung auf 22 Mio. Pesos erhöhten, vgl. Meyer, S. 108, S. 216. Diese verhältnismäßig geringen Differenzen machen deutlich, daß der Kern des Konflikts Ende 1937, Anfang 1938 bereits nicht mehr in der Lohnkontroverse bestand.

44 Im Gegensatz zur Cárdenas-Regierung standen die konservativen Callisten den nationalistischen Postulaten des 6-Jahres-Planes distanziert gegenüber, da sie offenbar direkte und indirekte Interessen in der ausländischen Ölindustrie hatten, vgl. Rippy, S. 178. Cárdenas dagegen hatte schon 1935 vor Minenarbeitern erklärt, Mexiko könne nicht zu Wohlstand gelangen, wenn es weiterhin als »Sirene für das Auslandskapital« wirke, zit. b. Meyer, S. 201.

45 Zur Haltung der Ölgesellschaften vgl. Meyer S. 209, S. 216. – Ein erster Versuch Mexikos, neben den ausländischen Ölgesellschaften eine eigene nationale Ölgesellschaft aufzubauen, war unter der Regierung von Abelardo Rodríguez an fehlendem Kapital auch tatsächlich weitgehend gescheitert, vgl. Meyer, S. 196-197. 1935 entfielen auf die nationale Gesellschaft Petromex gerade 1,75 % der gesamten Ölproduktion, vgl. González, *Historia 15*, S. 173.

46 González, S. 178 ff; das Enteignungsdekret ist abgedruckt bei Rippy, S. 213.

47 Vgl. Meyer, S. 219.

48 Vgl. González, *Historia 15*, S. 176. Daß Cárdenas und Múgica die günstige internationale Konstellation für die Durchführung der Nationalisierung klar erkannten, geht u. a. aus Cárdenas' Tagebuchaufzeichnungen hervor, vgl. Cárdenas, *Apuntes I.*, S. 387 ff.

49 Vgl. González, S. 178-181.

50 Nach Ansicht gewisser Beobachter wurde dies durch die relativ veraltete – und deshalb einfachere – technische Ausrüstung der mexikanischen Ölgesellschaften erleichtert. Anders als die Eisenbahnen mit ihrer Arbeiterselbstverwaltung wurden die nationalisierten Ölunternehmen direkt dem Staat unterstellt, was – zusammen mit nicht erfüllten Lohnforderungen der Gewerkschaften – auch nach 1938 wiederholt zu Arbeitskonflikten in der Ölindustrie führte. Über Struktur und Probleme der nationalisierten Ölindustrie orientiert Rippy, S. 263-284.

51 Vgl. Rippy, S. 230-234. Erst im Oktober 1941 wurden die diplomatischen Beziehungen wiederhergestellt.

52 Am 30. März 1938 anerkannte der amerikanische Außenminister Hull das Recht Mexikos, als souveräner Staat Eigentum unter mexikanischer Jurisdiktion zu expropriieren, vgl. Rippy, S. 219; zur entgegengesetzten Haltung der Ölgesellschaften vgl. Meyer, S. 229.

53 Ein Hauptstreitpunkt bei der Bewertung der Entschädigungssumme war

die Frage, ob die Ölreserven der enteigneten Unternehmen einzuschließen seien. Nach mexikanischer Auffassung war dies nicht der Fall, da die Bodenschätze nach geltendem Recht ohnehin Eigentum der Nation waren. Im übrigen drängten die USA auf eine möglichst prompte Entschädigung, während Mexiko einen Zahlungsmodus in zehn Jahresraten offerierte.

54 Für die an politischer Stabilität in Mexiko interessierte amerikanische Regierung ging es vor allem darum, nicht etwa durch die Unterstützung anticardenistischer Rebellionen die Gefahr eines faschistischen Staatsstreichs im südlichen Nachbarland heraufzubeschwören, vgl. Meyer, S. 227, S. 239.

55 Vgl. Meyer, S. 230, S. 234 f.

56 Zu Person und Politik von Josephus Daniels, eines genuinen Exponenten von New Deal und *good neighbor policy*, vgl. Josephus Daniels, *Shirtsleeve Diplomat*, UP of North Carolina, Chapel Hill 1947; E. David Cronon, *Josephus Daniels in Mexico*, UP of Wisconsin, Madison 1960.

57 Vgl. Meyer, S. 230 ff.

58 Aufgrund der Vereinbarung von 1942 bezahlte Mexiko schließlich den enteigneten amerikanischen Ölgesellschaften eine Entschädigungssumme in Höhe von ca. 30 Mio. US-$, nachdem einzelne Unternehmen schon früher auf mexikanische Entschädigungsofferten eingegangen waren, vgl. Meyer, S. 258-262. Eine detaillierte Darstellung der Regelung des Konfliktes mit der amerikanischen Regierung und den von dieser zunehmend unter Druck gesetzten Ölgesellschaften gibt Rippy, S. 285-314.

59 Vgl. Meyer, S. 259 f.; zur Haltung der Ölgesellschaften vgl. S. 240 ff.

60 Vgl. Rippy, S. 247-253; Meyer, S. 246-251.

61 Vgl. Rippy, S. 253-257. – Zum Verhältnis zwischen Mexiko und dem republikanischen Spanien vgl. Luis González, *Historia 15*, S. 129-135, S. 229-239. Mexiko protestierte z. B. auch gegen den »Anschluß« Österreichs an Deutschland.

62 Dies gilt selbstverständlich nur für den hier untersuchten Zeitraum. In den 70er Jahren setzte bekanntlich ein neuer Ölboom ein, der Mexiko wiederum zum viertgrößten Erdölproduzenten der Welt werden ließ.

63 Vgl. Rippy, S. 244 ff. Nicht nur die Ölgesellschaften zogen ihre Guthaben von mexikanischen Banken ab, auch viele private – ausländische wie mexikanische – Bankkunden versuchten, ihr Kapital ins Ausland zu bringen, was zu einem scharfen Rückgang der mexikanischen Währungsreserven führte. Diese Situation wurde noch dadurch verschärft, daß das amerikanische Schatzamt seine Silberkäufe in Mexiko zeitweise einstellte. Zwischen dem 20. und 27. März 1938 kam es so zu einer Wertsteigerung des Dollars von 3,6 auf 6 Pesos, vgl. González, *Historia 15*, S. 190.

64 Vgl. González, S. 89-94.

65 González, S. 48 ff.

66 Vgl. dazu unten, S. 594, 596.

67 Die Zahl der zwischen 1915 und 1935 begünstigten Ejidatarios betrug insgesamt 940 526, zwischen 1935 und 1940: 775 845. Die Zahlen für die verteilten Landflächen lauten: 1915-1935: 11,017 Mio ha; 1935-1940: 20,137 Mio. ha. Vgl. Sergio Reyes Osorio/Rodolfo Stavenhagen/ Salomón Eckstein/Juan Ballestreros u. a.; *Estructura agraria y desarollo agrícola de México,* México 1974, S. 50. – Dieser vom »Centro de Investigaciones Agrarias« (CIA) in México herausgegebene umfangreiche und enzyklopädische Band ist die grundlegende Arbeit zur Entwicklung der mexikanischen Agrarverhältnisse im 20. Jahrhundert; im folgenden zit. als CIA, *Estructura agraria.*

68 *CIA, Estructura agraria,* S. 52.

69 Für die Veränderung der landwirtschaftlichen Besitz- und Beschäftigungsstruktur vgl. auch Rodolfo Stavenhagen, Aspectos sociales de la estructura agraria en México, in R. Stavenhagen u. a., *Neolatifundismo y explotación – de Emiliano Zapata a Anderson Clayton & Co.,* México 1968, S. 29. Dem Anstieg der Ejidatarios von 15 % auf 32 % der gesamten landwirtschaftlichen Bevölkerung entsprach auch ein Anstieg der (in ihrer Mehrzahl kleinen und kleinsten) Landeigentümer von 17 % auf 32 %, so daß sich der Anteil der landlosen Campesinos zwischen 1930 und 1940 von 68 % auf 32 % verringerte. – Für die übrigen Zahlen vgl. Salomón Eckstein, *El ejido colectivo en México,* México 1966, S. 61.

70 Darüber hinaus gehende Versuche einer allgemeinen technischen Unterstützung zeitigten keine großen Erfolge, vgl. Eckstein, S. 58.

71 Vgl. James W. Wilkie, *The Mexican Revolution,* S. 138; *CIA, Estructura agraria,* S. 836.

72 Das grundlegende Werk zum *ejido colectivo* ist Salomón Eckstein, *El ejido colectivo en México.*

73 Reynolds, *Mexican Economy,* S. 153.

74 Zur Agrarreform in der Laguna vgl. Clarence Senior, *Land Reform and Democracy,* Florida UP, Gainesville 1958; Eckstein, *El ejido colectivo,* S. 131-142; Ashby, *Organized Labor,* S. 142-178.

75 Eckstein, S. 132.

76 González, *Historia 15,* S. 102.

77 Ashby, S. 152.

78 González, S. 102 ff.

79 Eckstein, S. 135.

80 Zur inneren Organisation der kollektiven Ejidos allgemein vgl. Eckstein, S. 102-128.

81 Vgl. Eckstein, S. 150-178; González, S. 145-151, S. 157-160, S. 208-211; Susana Glantz, *El Ejido colectivo de Nueva Italia,* México 1974.

82 Während etwa die Devise der Liga de Agrónomos socialistas lautete: »Weder Ejidos noch Kleinbesitz; Haciendas ohne Hacendados!«, unterzog z. B. Luis Cabrera, der »Vater« des ersten Agrargesetzes von 1915, die cardenistische Landreform, insbesondere die Kollektivierungsten-

denzen, einer überaus scharfen Kritik, vgl. Cabrera, *Un ensayo comunista en México,* México 1938.

83 Vor allem die von konservativen Kreisen als »radikale Agitatoren« attackierten *maestros rurales* wurden oft Opfer blutiger Konflikte im Zusammenhang mit der Agrarreform, vgl. David L. Raby, *Educación y revolución social en México (1921-1940),* México 1970, S. 72; González, *Historia 15,* S. 63.

84 Vgl. Gerrit Huizer, *La lucha campesina en México,* Mexico 1970, S. 72; González, *Historia 15,* S. 63.

85 Vgl. dazu unten. S. 603, Anm. 143.

86 In der Laguna wurden z. B. neben Plantagen in britischem, amerikanischem und spanischem Besitz auch die Güter von fünf Revolutionsgenerälen enteignet, vgl. González, S. 103. 1937 wurden z. B. auch die Haciendas Santa Barbara und El Mante im Besitz von Plutarco Elías Calles an ihre Landarbeiter aufgeteilt, vgl. González, S. 145.

87 Im offiziellen Rechenschaftsbericht des Innenministeriums über die Zeit der Cárdenas-Regierung – Secretaría de Gobernación, *Seis años de gobierno al servicio de México, 1934-1940,* México 1940, S. 327 – heißt es zwar: »Trotz der bis heute erfolgten Landverteilung und der durch die Regierung geförderten Unterteilung der großen Güter in Kleinbesitz, weist Mexiko hinsichtlich des Landkonzentrationsgrades nach wie vor einen essentiell latifundistischen Charakter auf.« Diese Aussage bezieht sich allerdings auf die landwirtschaftliche Gesamtfläche und nicht auf die eigentliche Ackerfläche, wo ja die Prädominanz der alten Haciendas tatsächlich entscheidend abgebaut wurde. Allerdings konnte auch unter Cárdenas der schon unter den Sonorensern einsetzende Trend zur Bildung eines *neolatifundismo* (hauptsächlich in den neuen Bewässerungsgebieten des Nordens) nicht aufgehalten werden.

88 Für einen knappen Überblick über die Grundzüge der mexikanischen Agrarentwicklung nach 1940 vgl. H. W. Tobler, Bauernerhebungen und Agrarreform in der mexikanischen Revolution, in Mols/Tobler, *Mexiko,* S. 161-170.

89 Vgl. Reynolds, *Mexican Economy* , S. 134-160.

90 Im Gegenteil: zwischen 1930 und 1940 nahm der Wert des landwirtschaftlichen Produkts (Ackerbau + Viehzucht) von 3,55 Mrd. Pesos auf 4,97 Mrd. Pesos (Pesos von 1950) zu, Reynolds, S. 60.

91 Reynolds, S. 97.

92 Für eine kritische Beurteilung der wirtschaftlichen Resultate der Agrarreform vgl. z. B. González, *Historia 15,* S. 160.

93 Reynolds, S. 147-149.

94 Reynolds, S. 152, Anm. 26.

95 Vgl. die Rede von Cárdenas im Zusammenhang mit der Agrarreform in der Laguna, wo er dem Ejido nicht nur eine soziale Funktion zuerkannte, sondern auch eine wirtschaftliche Veranwortung »für die Ernährung des Landes«. Cárdenas, *Mensaje a la nación,* November 1936.

96 Eckstein, S. 142 ff. Die – politisch notwendige – rasche Durchführung der Agrarreform in der Laguna erlaubte keine sorgfältige technisch-wirtschaftliche Planung. Da den alten Eigentümern 150 ha Land nach ihrer Wahl zustand, wählten sie das fruchtbarste und vor allem infrastrukturell am besten erschlossene Land, d. h. meist die Kernzone (Casco) der alten Hacienda, aus. Auf diese Weise war es nicht möglich, die alten Plantagen als betriebswirtschaftliche Einheiten in die neuen kollektiven Ejidos zu überführen. Hinzu kam, daß diese – wirtschaftlich gesehen – viel zu viele Mitglieder zählten, da in der Laguna auch Tausende von lediglich temporären Wanderarbeitern in den Genuß der Landverteilung kamen, vgl. Eckstein, S. 134-138.

97 Tobler, *Bauernerhebungen,* S. 161 ff.

98 Reynolds, S. 140, S. 142, S. 154.

99 Reynolds, S. 140, S. 154.

100 Vgl. Ashby, S. 167, S. 176-178. Vgl. auch Nathan L. Whetten, *Rural Mexico,* Chicago UP, Chicago 1948, S. 215-239, insbes. S. 235-239. Für eine allgemeinere Beurteilung der wirtschaftlich-gesellschaftlichen Auswirkungen der mexikanischen Agrarreform vgl. Tobler, *Bauernerhebungen,* S. 161 ff.

101 Auf diese politisch-gesellschaftliche Stabilisierungsfunktion der Agrarreform hat u. a. mit Nachdruck hingewiesen: François Chevalier, Ejido et stabilité au Mexique, in *Revue Française de Science Politique, vol. XVI/4,* 1966, S. 717-752.

102 *Memoria del Departamento Agrario, 1935/36,* México 1936 (hekt.), S. 88 ff., hier S. 90, Vgl. auch Raymond Buve, State governors and peasant mobilisation in Tlaxcala, in Brading, *Caudillo and Peasant,* S. 236: »Nach dem Agrarkongreß (1935) wurden auf staatliche Initiative rasch Bezirksverbände gegründet, und die Bauern mit Nachdruck aufgefordert, ihnen beizutreten, ließen doch die Einladungen keinen Zweifel an ihrem verbindlichen Charakter offen«.

103 Buve, *State governors,* S. 222-244.

104 Besonders scharf kritisiert hat die negativen politisch-gesellschaftlichen Auswirkungen der Agrarreform Jean Meyer, *La révolution mexicaine,* S. 263 f. Anstatt die Bauern wirklich zu emanzipieren, habe die Agrarreform unter ihnen nur soziale und politische Zwietracht gesät und den Ejidatario einer neuen Abhängigkeit, nämlich jener vom Staat, unterworfen. Diese Kritik deckt sicher eine (früher vielleicht zu wenig beachtete) Dimension der mexikanischen Agrarreform auf, tendiert aber gleichzeitig dazu, die mit dem Übergang vom landlosen Campesino zum Ejidatario *auch* verbundenen Möglichkeiten politischer, sozialer und wirtschaftlicher Emanzipation auszublenden. Vgl. zu dieser Problematik auch die Schlußbemerkungen, unten. S. 618 f.

105 Vgl. oben, Kap. III/4. S. 486 ff.

106 Zit. nach Arnaldo Córdova, *La política de masas del cardenismo,* México 1974, S. 180 f.

107 Im Zusammenhang mit seiner Intervention in den Arbeitskonflikt von Monterrey im Februar 1936 hatte Cárdenas diese Aufgabe des Staates unmißverständlich zum Ausdruck gebracht: »Die Regierung ist der Schiedsrichter und der Regulator des sozialen Lebens«, vgl. oben, S. 579.

108 Vgl. Córdova, S. 186.

109 Vgl. Tzvi Medin, *Ideología y praxis política de Lázaro Cárdenas,* S. 225 ff; Córdova, S. 177 ff.

110 Vgl. dazu vor allem Ashby, *Organized Labor,* sowie Medin, S. 82 ff.

111 Grundlegend zur Organisation der Bauern und ihrer politischen Inkorporation in das spätrevolutionäre Regime: Moisés González Navarro, *La Confederación Nacional Campesina. Un grupo de presión en la reforma agraria mexicana,* México 1977; zur Organisation der Staatsangestellten vgl. Córdova, S. 123 ff.

112 Zur Reorganisation der Revolutionspartei von 1938 vgl. Bertha Lerner Sigal, Partido Revolucionario Institucional, in A. Delhumeau A., *México: realidad política de sus partidos,* S. 68-77; González Navarro, *La Confederación,* S. 89-115; Córdova, S. 146-176; Medin, S. 98-113. – Vgl. auch Manfred Mols, *Mexiko im 20. Jahrhundert. Politisches System, Regierungsprozeß und politische Partizipation,* Paderborn 1981, S. 96 ff.

113 Vgl. González Navarro, *La Confederación,* S. 92 f., der vor allem den »indirekten« Charakter der neuen Partei betont. – Semikorporativ war ihr Aufbau, weil sie die Unternehmer nicht einschloß; diese wurden allerdings ebenfalls einer stärkeren staatlichen Kontrolle unterworfen, vgl. unten, S. 597.

114 Córdova, S. 164.

115 Zum Parteiprogramm vgl. Medin, S. 106 f.; zur geringen faktischen Bedeutung dieser Postulate nach 1938 vgl. Lorenzo Meyer, El estado mexicano contemporáneo, in El Estado político mexicano, *Historia Mexicana, XXIII/4,* 1974, S. 722-752, hier S. 741.

116 Mols, S. 99.

117 Eine ausführliche Erörterung dieses Gesetzes und seiner Auswirkungen findet sich bei Córdova, S. 197-201.

118 Art. 4, zit. nach Córdova, S. 198.

119 Daß die postrevolutionäre Entwicklung nach 1940 durch eine immer engere Symbiose zwischen öffentlichem und privatem Sektor gekennzeichnet war, ist eine der zentralen Thesen des bekannten Werkes von Raymond Vernon, *Le dilemme du Mexique – les rôles respectifs du secteur public et du secteur privé dans le développement,* Paris 1966 (amerikanische Originalausgabe, Harvard UP, 1963). Reynolds, *Mexican Economy,* S. 186, spricht in diesem Zusammenhang von einer »alliance for profits«.

120 Wilkie, *Mexican Revolution,* S. 32.

121 Reynolds, S. 167; Córdova, S. 189 f.; Medin, S. 114-129. Insgesamt machten die staatlichen Infrastrukturinvestitionen unter Cárdenas mehr als 1 Mrd. Pesos aus, vgl. Vernon, S. 93.

122 Medin, S. 122. – Die Frage, ob die Anfänge der »industriellen Revolution« in Mexiko bereits in die Cárdenas-Zeit oder erst in die 40er Jahre fallen, wird in der Literatur unterschiedlich beurteilt. Während z. B. Vernon, S. 87-94, Wilkie, S. 264 f., Medin, S. 118-123, oder Luis González, *Historia 15*, S. 265 ff. in diesen Jahren einen starken Industrialisierungsschub konstatieren, relativieren die bei Reynolds, S. 166, aufgeführten Zahlen das industrielle Wachstumstempo. Der Anteil der verarbeitenden Industrie am Bruttosozialprodukt stieg zwischen 1930 und 1940 z. B. von 16,7 % auf 18 % ; Reynolds, S. 61.

123 Medin, S. 115. Derselbe Autor erwähnt, S. 118, eine Zunahme der industriellen Unternehmen zwischen 1935 und 1940 von 6916 auf 13 510. Daß Cárdenas in dieser neu entstehenden Klasse kleinerer und mittlerer Industrieunternehmer, die für den nationalen Markt produzierten und von Cárdenas' Wirtschaftspolitik profitierten, politische Unterstützung fand, erwähnt auch Anatol Shulgovski, *México en la encrucijada*, S. 190.

124 Vgl. Lorenzo Meyer, Los límites de la política cardenista: la presión externa, in *Revista de la Unversidad de México, XXV/5*, Mai 1971, S. 1-8.

125 Vgl. Luis Medina, Del cardenismo al avilacamachismo, *Historia de la Revolucion mexicana, 18*, Período 1940-1952, México 1978, S. 19.

126 González, *Historia 15*, S. 155; einen ausgezeichneten Überblick über die allgemein polarisierenden Effekte der cardenistischen Reformpolitik auf wirtschaftlichem, sozialem, kurlturellem und politischem Gebiet gibt Medina, *Historia 18*, S. 15-47.

127 Zum *cedillazo* vgl. González, *Historia 15*, S. 195-199, S. 216.

128 Vgl. González, *Historia 15*, S. 139-142; Vicente Fuentes Díaz, *Los partidos*, S. 314 ff.

129 Die Angaben über die zahlenmäßige Stärke der *sinarquistas* schwanken. Jaime González Graf und Alicia Ramírez Lugo, Partido Acción Nacional, in A. Delhumeau A., *México: realidad de sus partidos*, S. 155-203, sprechen, S. 162, von »Tausenden von Mitgliedern«, während Albert L. Michaels, Las elecciones de 1940, in *Historia Mexicana, XXI/1*, 1971, S. 80-134, von einem raschen Anstieg der Anhängerschaft auf »500 000 Mitglieder« spricht (S. 101). Allgemein zum sinarquismo: Jean Meyer, *El sinarquismo, un fascismo mexicano?* México 1979.

130 González, *Historia 15*, S. 199, 256; Medina, *Historia 18*, S. 43.

131 Medina, S. 25-30.

132 Die Gründung des PAN (Partido Acción Nacional) im Jahre 1939 durch Manuel Gómez Morín, einen prominenten Exponenten der Callesregierung in den 20er Jahren (vgl. oben, Kap. III/1. S. 393) war ein Versuch, die katholische Mittel- und Oberklasse parteipolitisch zu organisieren. Die Partei war damals aber noch recht schwach und unterstützte deshalb, wenn auch ohne großen Enthusiasmus, Almazán; vgl. Michaels, S. 102 f.; allgemein zum PAN vgl. González Graf/Ramírez Lugo, *Partido Acción Nacional*. – »Die nordmexikanischen Unternehmer betrachteten den General (Almazán) als einen der ihren und finanzierten wahrscheinlich

zum größten Teil die Opposition während der Wahlen von 1940«, Michaels, S. 109.

133 Vgl. Michaels, S. 103, sowie Jesús Silva Herzog, The Revolution is Now a Historical Fact, in Stanley R. Ross, *Is the Mexican Revolution Dead?*, S. 99-109, über den wachsenden Druck der alten und neuen (d. h. »revolutionären«) Bourgeoisie auf das Cárdenas-Regime nach 1938, S. 104-106.

134 Charakteristisch etwa die heftige Attacke des ehemaligen Zapata-Beraters Antonio Díaz Soto y Gama: Revolución mexicana y comunismo ruso, in »El Universal«, 22. 2. 1939.

135 In der Opposition fanden sich so gegensätzliche Figuren wie Díaz Soto y Gama und Luis Morones, Anhänger von Calles und der berühmte Muralist Diego Rivera wieder, vgl. Michaels, S. 122 f. Zur Entwicklung der Opposition in den Jahren 1939 und 1940 vgl. Medina, *Historia 18*, S. 98-116, sowie den Aufsatz von Michaels.

136 Zur Karriere Almazáns vgl. Medina, S. 98-100; Michaels, S. 106-111.

137 Michaels, S. 123-126.

138 Formal war es der PRM mit seinen vier Sektoren, welcher den Kandidaten nominierte. Auch konnte Cárdenas natürlich nicht selbstherrlich seinen Nachfolger bestimmen, sondern mußte dabei die wichtigsten Strömungen innerhalb der Armee, unter den Gouverneuren und im Kongreß berücksichtigen.

139 Michaels, S. 83-90.

140 Vgl. oben, Kap. II/5.

141 Avila Camacho war 1897 in einem Dorf des Staates Puebla geboren worden. Als junger Buchhalter hatte er sich den nördlichen Revolutionstruppen angeschlossen und es bis 1920 zum Obersten in Sonora gebracht. Seine militärische Karriere war wenig spektakulär, weshalb er von seinen Gegnern auch als »unbekannter Soldat« und »jungfräuliches Schwert« bezeichnet wurde. Seine Verdienste lagen in seinem vermittelnden Wesen und im administrativen Bereich, wo er als loyaler Gefolgsmann von Cárdenas das Kriegsministerium verwaltete, vgl. Michaels, S. 91-94.

142 Avila Camacho hatte allerdings auch unter den politisch einflußreichen Gruppen innerhalb des Regimes einen stärkeren Anhang als Múgica. Dies galt sowohl für die Armee als auch für zahlreiche Staatsgouverneure, vgl. Michaels, S. 97-99. Auch die CTM unter Vicente Lombardo Toledano unterstützte die Kandidatur des gemäßigten Avila Camacho gegenüber jener des radikalen Múgica. Dabei mochte zwar eine Animosität zwischen Lombardo Toledano und Múgica eine gewisse Rolle spielen, weil letzterer sich mit Erfolg für die Gewährung des Asyls an Leo Trotzki eingesetzt hatte, entscheidend aber war die Furcht der linken Gewerkschaftsführer vor einem möglichen Vormarsch der faschistischen Kräfte und einem Abfall der Armeeführer, vgl. Michaels, S. 90, 96 f. Vgl. zu diesem »Dilemma der Linken« auch Medina, *Historia 18*, S. 46.

143 Eine gute Darstellung dieser Entwicklung gibt Hernández Chávez, *Historia 16*, S. 106-112: El Partido y la burocratización del Ejército.

144 Vgl. Medina, S. 111.

145 Zum Programm Almazáns und Avila Camachos vgl. Medina, S. 108 ff und 89 ff. Ein wichtiger Anziehungspunkt für die Mittelschichten war die Absage an die »sozialistische Erziehung«, die bei Almazán offen, bei Avila Camacho verhüllt ausgesprochen wurde.

146 Die konservativere Politik der Regierung zeigte sich vor allem auch in einer Abnahme der Streiktätigkeit durch eine stärkere Kontrolle der Gewerkschaften von oben, wie Luis González feststellt: »Die Gewerkschaftsagitation wurde immer mehr auf ein Sportereignis von Defilees und Erinnerungsmärschen reduziert, welches zum hauptsächlichen Sonntagsvergnügen für die gewerkschaftlich nicht organisierte Bevölkerung werden sollte«, *Historia 15*, S. 216. Auch das Tempo der Landverteilung wurde reduziert und gewisse wirtschaftsnationalistische Projekte, wie etwa jenes einer stärkeren Staatskontrolle über den Bergwerkssektor, aufgegeben, vgl. Meyer, *Los límites*, S. 6.

147 Medina, S. 204 ff., relativiert zwar – zu Recht – die »konservative Wende« von 1938/39, aber unverkennbar zeichnete sich damals zumindest ein politischer Klimawechsel ab, wie auch nordamerikanische Diplomaten und Journalisten klar erkannten. Vgl. Meyer, *Los límites*, S. 5; Michaels, S. 115. Vgl. auch Córdova, S. 194 ff.

148 Vgl. Meyer, *Los límites*, S. 4.

149 Zu den Wahlen und ihren Auswirkungen vgl. González, *Historia 15*, S. 301-307, Michaels, S. 131-134; Medina, *Historia 18*,. S. 117-131.

150 Medina, S. 127.

Schlußbemerkungen

Die in der vorliegenden Studie beschriebenen Ereignisse und Entwicklungen haben das Gesicht Mexikos zwischen dem letzten Drittel des 19. Jahrhunderts und dem 2. Weltkrieg nachhaltig verändert. Sie sollen an dieser Stelle allerdings nicht mehr zusammenfassend rekapituliert werden, sind sie doch in ihren Grundzügen in den Einführungen zu den drei Teilen dieses Bandes festgehalten.

Dagegen stellt sich abschließend die Frage nach den Auswirkungen dieser Entwicklung, die sich nach 1940 im Rahmen des sogenannten *milagro mexicano*, d. h. einer im lateinamerikanischen Kontext außergewöhnlichen Kombination von hohem wirtschaftlichem Wachstum und ausgeprägter politisch-gesellschaftlicher Stabilität, fortgesetzt hat. Auf eine – selbst skizzenhafte – Darstellung dieser Entwicklung muß in dieser historisch ausgerichteten Studie allerdings verzichtet werden. Lediglich einige Stichworte zur postrevolutionären Entwicklung seien hier angeführt, da sie den Hintergrund für jene historischen Neuinterpretationen der mexikanischen Revolution abgibt, an die im zweiten Teil dieser Schlußbemerkungen angeknüpft wird.[1]

Besondere Beachtung hat in den meisten Arbeiten über das nachrevolutionäre Mexiko die wirtschaftliche Entwicklung gefunden, deren Wachstumsraten zwischen dem 2. Weltkrieg und den frühen 70er Jahren im Mittel mehr als 6% pro Jahr erreichten und damit die lateinamerikanischen Durchschnittswerte um fast die Hälfte überstiegen. Dieses ausgeprägte Wirtschaftswachstum war sowohl auf die exportorientierte Landwirtschaft und die dynamische Entwicklung des Tourismus, vor allem aber auf die seit dem 2. Weltkrieg beschleunigte Industrialisierung zurückzuführen. So stieg der Anteil der verarbeitenden Industrie zwischen 1936 und 1967 von 16,4% auf 26,5% des Sozialprodukts, während der Anteil der Land- und Viehwirtschaft – bei beträchtlichem absolutem Zuwachs – von 27,7% auf 15,9% zurückging und jener des Dienstleistungssektors von 43,4% auf 47,4% leicht anstieg. Allein zwischen 1963 und 1971 verdoppelte sich die mexikanische Industrieproduktion nahezu. Bis Ende der 60er Jahre hatte die mexikanische Industrie nicht nur bei Konsumgütern einen Substitutionsgrad von 90% erreicht, auch von den Investitionsgütern konnten 60% im eigenen Land produziert werden.[2]

Eine wichtige Voraussetzung dieses wirtschaftlichen Wachstums war der gleichzeitige Ausbau der Infrastruktur, d. h. die Verbesserung der Verkehrs- und Kommunikationssysteme, der Wasser- und Energieversorgung, usw. Wie schon vor 1940 beschränkte sich der Staat allerdings nicht auf infrastrukturelle Investitionen, sondern dehnte auch seine unmittelbare Kontrolle über wichtige Wirtschaftssektoren weiter aus, so etwa im Bereich der Petrochemie, der Stahlproduktion, des Maschinen- und Apparatebaus, der Nahrungsmittelindustrie, des Versicherungswesens, usw. Zwischen 1940 und 1967 lag denn auch der staatliche Anteil an der Gesamtkapitalbildung nie unter 30%. Das Ergebnis dieser Entwicklung war die Entstehung einer »gemischten Wirtschaft«, wie sie noch heute für Mexiko charakteristisch ist.

Der Anteil des Staates am wirtschaftlichen Aufschwung der Nachkriegszeit erschöpfte sich allerdings nicht in seiner unmittelbaren Beteiligung an den erwähnten Wirtschaftssektoren. Vielmehr schuf er darüber hinaus besonders günstige politisch-gesellschaftliche Rahmenbedingungen für dieses Wachstum, indem er die politisch und sozial destabilisierenden Effekte, wie sie häufig aus raschem wirtschaftlichen Wachstum resultieren, auf ein Minimum beschränkte. Eine zentrale Rolle fiel dabei der 1938 von Cárdenas reorganisierten Revolutionspartei zu, die 1946 ihre noch heute gültige Bezeichnung PRI (Partido Revolucionario Institucional) erhielt. Es waren vor allem die wirksamen Mechanismen der Kontrolle über die der Partei eingegliederten großen gesellschaftlichen Verbände, insbesondere die Bauernorganisationen und die Gewerkschaften, welche, zusammen mit einem ausreichenden Angebot billiger Arbeitskräfte, einen besonders wachstumsfreundlichen sozio-politischen Kontext für eine rasche »nachholende« Industrialisierung hervorbrachten.[3]

Unter der Oberfläche des *milagro mexicano* machten sich allerdings seit den 60er Jahren zunehmend Krisenherde bemerkbar, die zunächst am Beispiel der postrevolutionären Agrarentwicklung aufgezeigt werden sollen. Dabei sind auch kurz einige Fragen wieder aufzunehmen, die im Kapitel über die Cárdenas-Zeit aufgeworfen wurden.

So kritisch von vielen Autoren die Durchführung der mexikanischen Agrarreform auch beurteilt wird, insbesondere der Aspekt der zunehmenden politischen Kontrolle und Manipulation der

Bauern durch den Staat, so unverkennbar trug die Agrarreform zumindest in den zwei Jahrzehnten nach der cardenistischen Landverteilung zur erwähnten politisch-gesellschaftlichen Stabilität bei.[4] Einmal, indem sie durch die Bindung der Ejidatarios an ihre Parzelle eine vorzeitige Landflucht bremste und so eine allzu rasche, den urbanen wirtschaftlichen Absorptionsmöglichkeiten weit vorauseilende Verstädterung mit all ihren sozial destabilisierenden Auswirkungen anfänglich verzögerte. Zum anderen, indem sie auch die Regimeloyalität der begünstigten Bauern verstärkte, also jene politische Identifizierung der Bauern mit dem aus der Revolution hervorgegangenen Staat begünstigte, die sich in demoskopischen Umfragen als »diffuse System-Unterstützung« äußert.[5] So prekär nämlich in vielen Fällen auch die wirtschaftliche Lage der durch die Landverteilung begünstigten Kleinbauern blieb, der Schritt zum Ejidatario wurde zumindest subjektiv doch oft als eine soziale Statusverbesserung empfunden. So wollte z. B. von den von Nathan L. Whetten in den 40er Jahren befragten Ejidatarios der Laguna »keiner zum Hacienda-System zurückkehren«. Alle Ejidatarios brachten zum Ausdruck, »daß sie nun über eine größere individuelle Freiheit verfügten als sie sie als *peones* genossen hatten. Selbst die am meisten enttäuschten Ejidatarios bekundeten, daß ihre Situation besser sei als zur Zeit der Haciendas.«[6] Ähnliche Ergebnisse zeitigten Umfragen unter Ejidatarios, welche Mitarbeiter des »Centro de Investigaciones Agrarias« in den 60er Jahren durchführten.[7]
Seit den 60er Jahren begannen sich allerdings die Zeichen einer erneuten sozialen Krise auf dem Lande immer deutlicher abzuzeichnen.[8] Zwei Hauptursachen waren dafür verantwortlich. Erstens das starke Bevölkerungswachstum, das seit den 60er Jahren jährliche Raten von über 3 % erreichte und das zu einer zunehmenden Fragmentierung der Kleinbetriebe und einem markanten Anstieg der Zahl landloser *jornaleros agrícolas* führte. Zweitens die Neuorientierung der staatlichen Wirtschaftspolitik nach 1940, die vor allem auf eine rasche Industrialisierung ausgerichtet war und die in der Agrarpolitik landwirtschaftlichen Produktionssteigerungen Priorität vor sozialen Zielsetzungen einräumte. Dafür aber sahen die nachcardenistischen Regierungen die größeren Chancen im Bereich der privaten Großlandwirtschaft als im Ejidalsektor. Obwohl auch nach 1940 die Landverteilung mit wechselnder Intensität fortgesetzt wurde, war doch unübersehbar, daß der Staat kein vorrangiges Interesse

an der Förderung der Ejidos, insbesondere auch der zunehmend als systemfremd empfundenen *ejidos colectivos*, mehr hatte. Entsprechend vernachlässigt blieben die Ejidatarios und die privaten Minifundisten hinsichtlich ihres Zugangs zu staatlichen Agrarkrediten, zu technischer Unterstützung, zu staatlichen Vermarktungshilfen, usw.
Unter diesen Bedingungen erfolgte unter den nachrevolutionären Regierungen eine neue Polarisierung auf dem Lande, zwischen der privaten und ejidalen Kleinlandwirtschaft und einem eigentlichen *neolatifundismo*, der zum einen auf den nicht enteigneten Restbeständen der alten Haciendas, zum anderen (und vor allem) auf den neuentstandenen Großbetrieben in den nördlichen Bewässerungsgebieten beruht, deren Eigentümer sich zu einem hohen Anteil aus ehemaligen Revolutionsführern, ihren Nachkommen und Protégés wie auch aus postrevolutionären Politikern rekrutieren. Unzweifelhaft hatten diese Betriebe großen Anteil an den hohen landwirtschaftlichen Produktionssteigerungen der Nachkriegszeit, durch ihre Tendenz zu kapitalintensiver Bewirtschaftung haben sie aber nur wenig zur Lösung der durch den demographischen Druck enorm verschärften Beschäftigungsprobleme im Agrarbereich beigetragen. Diese äußerten sich nicht nur in einer wachsenden Unterbeschäftigung in den Klein- und Kleinstbetrieben, die 1970 zusammen über 80% aller landwirtschaftlichen Produktionseinheiten ausmachten, sie kamen vor allem auch im rasanten Anstieg der Zahl landloser Tagelöhner zum Ausdruck. Schon 1960 machten die mehr als 3 Millionen *jornaleros agrícolas* über die Hälfte aller landwirtschaftlich Beschäftigten aus und übertrafen damit beträchtlich die Zahl landloser *peones* vor 1930.
Die sich zuspitzende soziale Krise im Agrarbereich, verschärft durch die außerordentlich ungleiche Einkommensverteilung zwischen Stadt und Land und große Einkommensdisparitäten innerhalb des ländlichen Sektors selber, ließen in den 60er und 70er Jahren die anfänglich durch die Landreform gebremste Landflucht voll zum Durchbruch kommen, wie der markante Rückgang des Anteils der landwirtschaftlich Beschäftigten an der gesamten aktiven Bevölkerung während der 60er Jahre zeigt. War dieser Anteil in den zwei Jahrzehnten zwischen 1940 und 1960 relativ langsam von 65,4% auf 54,1% gesunken, so kam es zwischen 1960 und 1970 mit einem Rückgang auf 39,5% zu einem eigentlichen Einbruch in diesem Sektor.[9] Entsprechend

schnell wuchsen nun die städtischen Elendsgürtel an, da nur eine Minderheit der abwandernden Campesinos eine ausreichende Beschäftigung im städtischen Industrie- und Gewerbebereich fand, der größere Teil aber in vorwiegend unproduktive Tätigkeiten des aufgeblähten Tertiärsektors abgedrängt wurde.
Die hier am Beispiel der Agrarentwicklung angedeuteten sozialen Verzerrungen beschränkten sich allerdings keineswegs auf diesen Bereich. Vielmehr waren sie Ausfluß eines umfassenderen Krisensyndroms, das sich – nach Manfred Mols – sowohl auf der Ebene der Distribution, der Partizipation und Legitimation wie auch der Dependenz, d. h. der außenwirtschaftlichen Abhängigkeit, äußerte.[10]
Die Distributionskrise manifestierte sich, wie erwähnt, am schärfsten hinsichtlich der ländlichen Unterschicht, die zum überwiegenden Teil der wirtschaftlich und sozial am meisten benachteiligten Bevölkerungsgruppe, den *marginados*, zugerechnet werden muß. Aber auch gesamtgesellschaftliche Daten, wie etwa die statistischen Erhebungen zur Einkommensverteilung, zeigen eine wachsende soziale Polarisierung an. Zwar nahmen zwischen 1950 und 1969 auch die Realeinkommen der untersten Schichten in geringem Umfang zu, deutlich langsamer indessen als jene in den oberen Rängen der Sozialpyramide, was die ohnehin schon sehr ungleiche Einkommensverteilung während dieser zwei Jahrzehnte noch verschärfte. Der Anteil der unteren 50% der Familieneinkommen ist in diesem Zeitraum kontinuierlich gesunken, von 18,1% im Jahre 1950 auf 16,7% im Jahre 1958 und 15% im Jahre 1969. Demgegenüber stieg der Anteil der obersten 20% der Familieneinkommen von 59,8% im Jahre 1950 auf nicht weniger als 64% im Jahre 1969[11]. Von einem Ausgleich der schroffen sozialen Gegensätze, wie sie von einem programmatisch-rhetorisch auf soziale Gerechtigkeit ausgerichteten Regime eigentlich hätte erwartet werden müssen, konnte also keine Rede sein.[12] Die geringe soziale Transformationsleistung der revolutionären und nachrevolutionären Regierungen wird auch durch Schätzungen über den langfristigen Wandel des mexikanischen Schichtungsgefüges erhärtet, wie sie z. B. Arturo González Cosío vorgelegt hat.[13] Danach nahm der Anteil der Unterschicht an der Gesamtbevölkerung zwischen 1900 und 1970 lediglich von gut 90% auf 80% ab, während der Anteil der Oberschicht von 0,6% auf 2% anstieg und einzig das Anwachsen der Mittelschicht von etwa 8% auf 18% der Gesamtbevölkerung eine

deutliche Veränderung gegenüber den vorrevolutionären Verhältnissen markiert.[14]

In der Partizipationskrise kommen die zahlreichen ungelösten Probleme von Mexikos postrevolutionärem politischen System zum Ausdruck, dessen autoritärer Charakter auch nach 1940 keineswegs abgebaut wurde.[15] Zwar ist unbestritten, daß dieses politische System, wie es aus der Revolution hervorgegangen ist, viel offener ist als das vorrevolutionäre Regime, ja, daß es durch die periodische Neuwahl des Präsidenten und die damit verbundene beträchliche Ämterrotation wichtige soziale Mobilitätskanäle freigelegt und damit maßgeblich zur Stabilität der »institutionalisierten Revolution« beigetragen hat. Ein Gutteil des angeführten Anwachsens der Mittelschicht und der Aufnahme neuer Elemente in die Oberschicht dürfte auf diese »mobility via politics« (Hansen) zurückzuführen sein. Auch war dieses System rein wirtschaftlich gesehen, wie erwähnt, ausgesprochen wachstumsfreundlich, indem es über die staatlich domestizierten Gewerkschaften, die »captive unions« (Hansen), Arbeits- und Verteilungskämpfe auf ein Minimum reduzierte. Gleichzeitig aber begünstigte es jene sozialen Verzerrungen und gesellschaftliche Polarisierung, auf die weiter oben hingewiesen wurde. Daraus resultierender sozialer und politischer Protest konnte zwar immer wieder durch punktuelle Reformleistungen entschärft werden, breitere Demokratisierungsbewegungen, wie sie in einzelnen Gewerkschaften oder unter Teilen der akademischen Jugend in militanterer Form auftraten, wurden allerdings mit Einsatz von Gewalt unterbunden. Hier zeigte sich eine generelle Reformunfähigkeit des PRI-Regimes, nämlich die Weigerung, über eine begrenzte »apertura política« hinaus eine umfassendere Demokratisierung des Partei- und Regierungssystems einzuleiten.[16]

Schließlich wurde in den 60er Jahren auch die Dependenzkrise, d. h. die erneute Zunahme der wirtschaftlichen Abhängigkeit des Landes von außen, wiederum akut. Sie äußerte sich nicht nur in einem rasch wachsenden Anteil des Auslandskapitals an den Brutto-Inlandinvestitionen von 7,6% im Jahre 1956 auf 14,2% im Jahre 1970, sondern in einem generellen Unvermögen des Landes, »seine Entwicklungsprobleme ökonomisch, finanziell, auch sozial, kulturell, technologisch mit größerer Selbständigkeit in die Hand zu nehmen«.[17]

Alle diese Krisen bewirkten Ende der 60er Jahre eine allgemeine

Legitimationskrise, »eine Entfremdung breiter Volksschichten von ihrem Regierungssystem«, die ihren Höhepunkt in der blutigen Niederschlagung einer Studentendemonstration in Tlatelolco mit Hunderten von Toten fand.[18]

Vor diesem Hintergrund kann es nicht erstaunen, daß sich Ende der 60er, Anfang der 70er Jahre eine Neubewertung der mexikanischen Revolution und ihrer Auswirkungen abzuzeichnen begann. Von den Sozialwissenschaftlern, die sich mit Mexikos postrevolutionärem System befaßten, wurde der paradigmatische Charakter des mexikanischen Entwicklungsmodells unter Verweis auf die nicht mehr zu übersehenden politischen und gesellschaftlichen Strukturdefekte der »institutionalisierten Revolution« zunehmend in Frage gestellt. Aus der »bevorzugten Revolution«, als welche der mexikanische Entwicklungsweg insbesondere in den nordamerikanischen Arbeiten der 50er und frühen 60er Jahre häufig dargestellt worden war, wurde mehr und mehr die »verzerrte Revolution«, wie sie schon früher von kritischen mexikanischen Sozialwissenschaftlern diagnostiziert worden war.[19]

Auch für die Historiker war die Kluft zwischen revolutionären Verheißungen und postrevolutionärer Wirklichkeit Anlaß, sich mit geschärftem Blick der Revolution und ihren Voraussetzungen zuzuwenden. Verbunden mit der erstmals auf breiterer Ebene einsetzenden und auf neuerschlossene Primärquellen abgestützten wissenschaftlichen Beschäftigung mit der Revolutionsentwicklung in all ihrer Vielfalt und Gegensätzlichkeit, resultierte daraus, gegenüber dem älteren Revolutionsbild, eine Neuinterpretation der Revolution, die von partiellen Korrekturen bis zu globalen Umdeutungen ihrer Genesis und Fortentwicklung reichte.[20] Dabei konnte an eine erste Periodisierungsdiskussion über die mexikanische Revolution in den 40er Jahren angeknüpft werden, welche mit dem Ende des *cardenismo* auch das Ende der Revolution konstatiert hatte.[21] Daß dabei die Präsidentschaft von Cárdenas als integraler Bestandteil der Revolution, ja in gewissem Sinne als ihr Kulminationspunkt verstanden wurde, war an sich wenig strittig. Auch in der vorliegenden Studie wurde ja ein enger inhaltlicher Konnex zwischen der Revolution im engeren Sinne, also der Bürgerkriegsphase zwischen 1910 und 1917/20, und der Cárdenas-Zeit unterstellt.[22] Debattiert wurde nun allerdings vermehrt die Frage nach der Tiefe des durch die Revolution bewirkten Traditionsbruchs. Zwar war etwa aus der Perspektive der frühen 70er Jahre der in den 40er Jahren einsetzende politische Kurswechsel unübersehbar, ob er aber eine so scharfe Zäsur gegenüber der »revolutionären« Entwicklung bis 1940 darstellte, wie er damals vielen Zeitgenossen erschien, war doch fraglich geworden. Denn viele konstitutive Merkmale der Entwicklung nach 1940 schienen weniger einem scharfen Bruch oder gar einer eindeutigen Abkehr von der revolutionären Tradition entsprungen, als vielmehr von Anfang an in den dominanten Strömungen dieser Revolution angelegt gewesen zu sein. Jüngere Untersuchungen, die sich nun vermehrt mit den Revolutionsbewegungen des Nordens, mit der Rolle der Mittelschichten, der sonorensischen Herrschaft in den 20er und frühen 30er Jahren usw. befaßten, bestätigten dieses Bild, in welchem auch die Cárdenas-Zeit vor allem als politische, soziale und wirtschaftliche Konsolidierung des spätrevolutionären Systems erschien, wie es in seinen Grundzügen unter den Sonorensern angelegt worden war und wie es unter Cárdenas' Nachfolgern die Basis für das Regime der »institutionalisierten Revolution« abgab.

Die Kontinuitätsproblematik wurde allerdings in einem noch umfassenderen Sinne aufgeworfen. Wie in der Einleitung angedeutet, wurde der durch die Revolution bewirkte Bruch in der Entwicklung des modernen Mexiko seit der Mitte des 19. Jahrhunderts überhaupt in Frage gestellt, indem das Augenmerk nun auf die fundamentalen Kontinuitätslinien zwischen vorrevolutionärem Porfiriat, Revolution und nachrevolutionärer Gegenwart gelenkt wurde. Diese Kontinuität wurde vor allem in der steten Ausweitung der Staatsmacht, in ihrem unverändert autoritäten Charakter, in der ungehinderten Entwicklung des kapitalistischen Wirtschaftssystems und schließlich auch im triumphalen Aufstieg der nationalen Bourgeoisie gesehen.[23] Gegenüber diesen langfristigen und grundlegenden Entwicklungstendenzen verlor die Revolutionsperiode, ungeachtet aller politischen Oberflächenbewegung, ihren Charakter als tiefgreifende Zäsur, büßte sie ihre spezifische historische Identität innerhalb des säkularen politisch-gesellschaftlichen Wandlungsprozesses seit dem Beginn des Porfiriats weitgehend ein.

Es braucht nicht daran erinnert zu werden, daß auch die vorliegende Studie eine Fülle von Belegen für ungebrochene Kontinuitätslinien seit dem 19. Jahrhundert im wirtschaftlichen, sozialen, politischen und kulturellen Bereich enthält. Eine umfassende Neuordnung der Gesellschaft durch die mexikanische

Revolution ist zweifellos nicht erfolgt. Aus diesem Grunde kann sie auch nicht auf eine Stufe mit jenen Revolutionen der ersten Hälfte des 20. Jahrhunderts gestellt werden, die – wie die Umwälzungen in Rußland und China – tatsächlich einen radikalen Traditionsbruch herbeiführten. So ähnlich in mancher Beziehung die Ausgangslage der Revolutionen in Rußland, China und Mexiko auch war und so viele Parallelen sich im einzelnen im Revolutionsverlauf dieser drei Länder auch beobachten lassen, grundlegende Unterschiede in den Führungsgruppen und der Ideologie, den Trägerorganisationen und den Außenbeziehungen dieser Revolutionen, erzeugten eine sehr ungleiche Tiefenwirkung und Dauerhaftigkeit des revolutionären Wandels.[24] In Mexiko war er sowohl inhaltlich als auch zeitlich begrenzt; schon Anfang der 60er Jahre konnte denn auch ein kritischer Beobachter wie Daniel Cosío Villegas konstatieren, daß Mexiko gleichsam an seinen vorrevolutionären Ausgangspunkt zurückgekehrt sei.[25]

Heißt dies nun, daß der spezifische Einfluß der Revolution auf die mexikanische Gegenwartssituation überhaupt vernachlässigt werden kann, daß das Land ohne seine Revolution heute also kaum anders aussehen würde? Diese Frage läßt sich m. E. kaum eindeutig beantworten. Unverkennbar ist, daß sich auch Mexiko den allgemeinen lateinamerikanischen Entwicklungstrends des 20. Jahrhunderts nicht hat entziehen können. Dies gilt sowohl hinsichtlich seines ausgesprochen ungleichgewichtigen wirtschaftlichen Wachstums, der damit verbundenen ausgeprägten gesellschaftlichen Polarisierung und auch der zunehmenden Auslandsabhängigkeit, ungeachtet seiner relativ unabhängigen Außenpolitik.

Seit der zweiten Hälfte der 70er Jahre hat sich dieser Trend noch verschärft: extreme Außenverschuldung, Wirtschaftskrise, rasches Absinken des Lebensstandards breiter Bevölkerungsschichten sind Probleme, mit denen sich Mexiko heute wie viele andere lateinamerikanische Staaten in besonders akuter Form konfrontiert sieht.

Dennoch bliebe diese Bilanz der langfristigen Revolutionsauswirkungen einseitig. Zumindest in einer Hinsicht ist Mexiko nämlich bisher dem südamerikanischen Trend nicht gefolgt: in der Aufrechterhaltung seines zivilen Regierungssystems, das – ungeachtet seines autoritären Charakters – dem Land immerhin die systematische Repression südamerikanischer Militärregimes erspart hat. Diese Stabilität der politischen Institutionen aber ist zweifellos eines der Hauptergebnisse der mexikanischen Revolution.[26] Auch wenn diese Stabilität heute in hohem Maße auf dem Fehlen politischer Alternativen zum Regime der »institutionalisierten Revolution« mit ihren erwähnten Kontrollmechanismen beruht, so war ihre Herausbildung eben doch nur möglich im Rahmen einer politisch-gesellschaftlichen Entwicklung, die sich nachhaltig von jener in anderen lateinamerikanischen Ländern unterschied. Dies wird deutlich, wenn man die Entwicklung Mexikos bis 1940 etwa mit jener in Brasilien unter Vargas oder in Argentinien unter Perón vergleicht, die ja ebenfalls als »Revolutionen« bezeichnet wurden.[27] Lediglich in Mexiko kam es zu einer revolutionären Massenbewegung, nur hier kam es zu einer dauerhaften politischen Verdrängung der Oligarchie und zur Elimination der alten Armee und nur in Mexiko kam es auch zu einer Landreform, die, im Gegensatz zu Brasilien und Argentinien, auch ein breites Segment der kleinbäuerlichen Landbevölkerung erfaßte und ins politische System integrierte. Insofern war hier der politisch-gesellschaftliche Wandel eben doch wesentlich tiefgreifender als in den »Revolutionen von oben« Brasiliens und Argentiniens, die schließlich beide – über eine Phase markanter nachrevolutionärer Instabilität – in offene Militärregimes mündeten. Ob allerdings das mexikanische politische System auch die tiefe Krise der frühen 80er Jahre unverändert überstehen wird, muß heute (1983) eine durchaus offene Frage bleiben.

1 Zur Entwicklung des nachrevolutionären Mexiko vgl. vor allem die problemorientierte Arbeit von Roger D. Hansen, *The Politics of Mexican Development*, sowie die breitangelegte und fundierte Studie von Manfred Mols, *Mexiko im 20. Jahrhundert.*

2 Ich beschränke mich hier auf die Zeit bis Anfang der 70er Jahre. Zur Wirtschaft vgl. Hansen, S. 41ff; Mols, S. 124ff; Leopoldo Solís, *La realidad*, S. 220.

3 Die eingehende Erörterung des Zusammenhangs von sozio-politischem System, wirtschaftlichem Wachstum und ungleicher Verteilung der »welfare benefits« steht im Zentrum von Hansens Studie. Die »Eigenart des mexikanischen Entwicklungsmodells« unter dem Aspekt des Strukturtyps »autoritärer Herrschaft« (Juan Linz) und korporatistischer Gesellschaftsmodelle diskutiert auch eingehend Mols, S. 409-423.

4 Vgl. dazu allgemein François Chevalier, *Ejido et stabilité au Mexique.*

5 Vgl. Mols, S. 192.

6 Nathan L. Whetten, *Rural Mexico*, S. 239.

7 Sergio Reyes Osorio u. a. (CIA), *Estructura agraria*, S. 400ff.
8 Ausführlicher dargestellt ist die Agrarentwicklung zwischen 1940 und 1970 bei H. W. Tobler, Bauernerhebungen und Agrarreform, in Mols/Tobler, *Mexiko*, S. 161-170. Dort auch ausführliche Literaturverweise zu dieser Problematik.
9 Zahlen für 1940 und 1960 aus Hansen, S. 43, für 1970 aus *IX Censo General de Población 1970*, Secretaría de Industria y Comercio, México 1970, S. XIX.
10 Vgl. Mols, S. 113.
11 Mols, S. 153.
12 Dieses Urteil stützt sich nicht nur auf die erwähnten Einkommensdisparitäten, sondern ebenso auf eine sehr ungleiche Partizipation der verschiedenen Bevölkerungsgruppen an der medizinischen Versorgung, der Teilhabe an modernen Sozialversicherungsleistungen, usw. Vgl. dazu Hansen, S. 71-95; Mols, S. 156-159.
13 Arturo González Cosío, *Las clases medias en México*, México 1975, S. 25.
14 Zur langfristigen sozialen Entwicklung Mexikos vgl. Mols, S. 145-152, der auch die hier wiedergegebenen Zahlen im Vergleich mit abweichenden Schätzungen, etwa jenen von Howard F. Cline, kritisch erörtert.
15 Vgl. z. B. Lorenzo Meyer, *El estado mexicano contemporáneo; Continuidades e innovaciones en la vida política mexicana del siglo XX*.
16 Darauf hat immer wieder Manfred Mols mit Nachdruck verwiesen, der darin auch eine mögliche Quelle destabilisierender Tendenzen für die Zukunft erblickt: »Ich sehe Mexikos Grundprobleme darin, daß sein politisches System, also seine politischen Institutionen, die Art des Ablaufs des politischen Prozesses, sein politischer Stil usw. im Verhältnis zur wirtschaftlichen und sozialen Entwicklung des Landes zurückgeblieben sind, vielleicht deshalb, weil es im großen und ganzen zu »seiner Zeit«, und das sind nach meinem Verständnis die dreißiger, vierziger und in etwa noch die fünfziger Jahre, einigermaßen funktioniert hat. Inzwischen haben sich in Mexiko und in Mexikos internationaler Entwicklung Wandlungen vollzogen, die vom politischen System nicht ausreichend aufgearbeitet sind, so daß im Hinblick auf die Sicherung politischer Stabilität Bewährtes an bekannter Effektivität einbüßt.«, Mols, S. 406. Vgl. auch sein Schlußkapitel »Ist die ›Verzerrte Revolution‹ politisch korrigierbar?«, S. 424-434.
17 Mols, S. 110, 113.
18 Mols, S. 113, 111.
19 Vgl. dazu vor allem Manfred Mols, Zur sozialwissenschaftlichen Analyse der »Institutionalisierten Revolution«: die Jahre nach 1940, in Mols/Tobler, *Mexiko*, S. 49-114. – Der Ausdruck »preferred revolution« wurde von Stanley Ross geprägt, um die in den 50er- und frühen 60er Jahren in den USA vorherrschende positive Einschätzung der mexikanischen Entwicklung zu signalisieren; auf mexikanischer Seite sprach man gleichzeitig vom »milagro mexicano«, dem mexikanischen (Wirtschafts-)Wun-

der. Unter den frühen kritischen Analysen mexikanischer Autoren sind zu erwähnen: Moisés González Navarro, Mexico, The Lop-Sided Revolution, in Claudio Veliz (Hg.), *Obstacles to Change in Latin America*, London 1965, S. 206-229; Pablo González Casanova, *La democracia en México*, México 1965, sowie die Arbeiten der marxistisch orientierten Sozialwissenschaftler aus dem Kreis um Alonso Aguilar und Fernando Carmona, insbesondere Fernando Carmona, u. a., *El Milagro Mexicano*, México 1970.

20 Ausführlicher sind diese Fragen behandelt bei H. W. Tobler, *Zur Historiographie der mexikanischen Revolution, 1910-1940*, und insbesondere *La rivoluzione messicana.*

21 Vgl. Stanley Ross (Hg.), *Is the Mexican Revolution Dead?*

22 Dies hauptsächlich aus drei Gründen: erstens setzte sich auch die cardenistische Elite vornehmlich aus Veteranen der Bürgerkriegszeit zusammen; zweitens basierten die cardenistischen Reformen vollumfänglich auf den Mandaten der Revolutionsverfassung von 1917 und ihre späte Verwirklichung verlieh der Revolution auch erst ihre soziale Dimension; drittens schließlich konnten die cardenistischen Reformen, wie zahlreiche Gegenbeispiele aus anderen lateinamerikanischen Ländern zur Genüge zeigen, überhaupt nur verwirklicht werden, weil die alte Armee als Instrument einer reformfeindlichen Oligarchie in der Bürgerkriegszeit endgültig ausgeschaltet worden war.

23 Vgl. etwa – neben den Arbeiten von Córdova – die Beiträge von Albert L. Michaels/Marvin Bernstein und Jean Meyer auf dem IV. Internationalen Kongreß für mexikanische Geschichte in Santa Monica, Oktober 1973. Albert L. Michaels und Marvin Bernstein, The Modernization of the Old Order: Organization and Periodization of Twentieth-Century Mexican History; Jean Meyer, Periodización e Ideología, in Wilkie (Hg.), *Contemporary Mexico*, S. 687-710; S. 711-722.

24 Einige Hinweise zu Ähnlichkeiten und Unterschieden in den drei Revolutionen bei H. W. Tobler, *»Modernisierung« und Revolution im 20. Jahrhundert: Rußland, China, Mexiko.*

25 Daniel Cosío Villegas, *The Mexican and Cuban Revolution Compared*, Lincoln 1961, S. 25.

26 Ausführlich erörtert werden »Stabilitätsfaktoren und Stabilitätsgefährdungen« des politischen Systems in einem veränderten gesellschaftlich-wirtschaftlichen Umfeld bei Mols, S. 399-408.

27 Vgl. Revolution und Reformen in Lateinamerika, in *Geschichte und Gesellschaft II/2*, 1976, insbesondere S. 234-240.

Nachwort

Wie im neuen Vorwort zu dieser Taschenbuchausgabe ausgeführt, sind seit dem Erscheinen der deutschen Ausgabe meines Buches im Jahre 1984 zahlreiche – hier nicht mehr berücksichtigte – Monographien, aber auch einige weitgefaßte Überblicksdarstellungen zur Geschichte und Vorgeschichte der mexikanischen Revolution erschienen. Auf drei dieser letzteren Werke – aus der Feder von François-Xavier Guerra, Alan Knight und John Hart – soll an dieser Stelle noch etwas näher eingegangen werden.[1] Aufschlußreich sind sie nicht nur wegen ihrer z. T. neuen empirischen Befunde, sondern vor allem auch wegen ihrer theoretisch-methodischen Orientierung und ihrer typologisch-komparativen Ansätze, die auch für die vorliegende Arbeit einen allgemeinen Interpretationsrahmen abgeben, der im folgenden etwas eingehender erörtert werden soll.

Nur teilweise – hinsichtlich der Entwicklung im Porfiriat und der ersten Anfänge der maderistischen Revolution – betrifft die Studie von *Guerra* den Inhalt der vorliegenden Arbeit. Während ein Großteil der Untersuchungen der 70er und 80er Jahre zum Porfiriat der Wirtschafts- und Sozialgeschichte, insbesondere auch der Entwicklung der Agrarverhältnisse gewidmet ist, gilt Guerras Interesse vornehmlich der politischen Entwicklung, ideologisch-kulturellen Faktoren, Fragen der *mentalités*. Guerra sieht denn auch die mexikanische Entwicklung im 19. und frühen 20. Jahrhundert vor allem in der Perspektive einer Dichotomie von traditioneller – »holistischer« – Gesellschaft »kollektiver« Akteure (*pueblos*, Familienclans, Haciendas usw.) und modernisierender, westlich-individualistisch orientierter Eliten. Damit werden Spannungsfelder zwischen diesen beiden »Welten« ins Zentrum gerückt, die für ein vertieftes Verständnis des porfiristischen Mexiko und damit auch für die Krise des porfiristischen Regimes zweifellos von großer Bedeutung sind. Insbesondere Guerras Darstellung der politischen Entwicklung, d. h. vor allem des staatlichen Zentralisierungsprozesses, der einen sukzessiven Abbau lokaler und regionaler Autonomien zur Folge hatte (was im ersten Teil der vorliegenden Arbeit als politische »Modernisierungskrise« angesprochen wird) deckt einige zentrale *causes*

lointaines der Revolution auf; auch ist Guerra zuzustimmen, daß sich dieser Prozeß vor allem in der zweiten Hälfte der porfiristischen Herrschaft unter dem bestimmenden Einfluß der Científicos verstärkte und – zusammen mit der sich ebenfalls verschärfenden Agrarkrise – jene Entwicklung hervorbrachte, die er als Bruch jenes »Sozialpaktes« interpretiert, auf dem er die anfängliche Stabilität des porfiristischen Regimes gegründet sieht.
Die langfristigen Einflüsse der USA auf das porfiristische Mexiko werden allerdings von Guerra stark unterschätzt, und vor allem tritt die soziale Krise, insbesondere die Agrarkrise des späten Porfiriats, als zentraler Revolutionsfaktor viel zu wenig in Erscheinung. Guerras Kritik an den agrarstatistischen Grundlagen und an ihrer Interpretation in vielen älteren Werken (im Anhang, Band II) ist zwar in manchen Punkten nicht unbegründet, was aber keineswegs bedeutet, daß die spätporfiristische Agrarproblematik nicht außerordentlich brisant gewesen wäre oder daß der porfiristische Paternalismus die Aufstandsbereitschaft vieler Bauern hätte unterbinden können.
Für ein Verständnis der politischen und kulturellen Entwicklung Mexikos im 19. und frühen 20. Jahrhundert und damit auch für die Entstehung gewisser, durchaus revolutionsträchtiger Konstellationen wird man dagegen auf Guerras Studie künftig nicht mehr verzichten können. Ich sehe sie allerdings vor allem als Ergänzung (hin und wieder auch als Korrektiv) jener vielen ausgezeichneten wirtschafts- und sozialhistorischen Forschungen, die in den letzten Jahren vor allem die strukturellen Probleme der wirtschaftlich-gesellschaftlichen Entwicklung erhellt, den Einfluß ausländischer (vor allem nordamerikanischer) Wirtschaftsexpansion nachgezeichnet oder politische Herrschaftsformen im Kontext wachsender Klassengegensätze analysiert haben. Für sich allein genommen scheint mir Guerras stark von den revisionistischen Revolutionshistorikern Frankreichs beeinflußter, einseitig die politisch-kulturelle Dimension privilegierender Ansatz jedenfalls kein überlegenes Erklärungsmodell für die Entstehung einer revolutionären Situation in Mexiko anbieten zu können.

Einen zentralen Teil der vorliegenden Arbeit, die *revolución armada* zwischen 1910 und 1920, deckt dagegen Alan *Knights* breitangelegte Studie ab. Dieses Werk besticht gleichermaßen durch die mikroskopische Erfassung der äußerst vielgestaltigen und facettenreichen historischen Realität als auch durch den Versuch, die minutiös beschriebenen historischen Phänomene typologisch zu strukturieren, theoretisch zu erfassen und zu erklären und schließlich in einen komparativen Rahmen zu stellen. In der Tat ist Knights solide dokumentierte Arbeit nicht nur die bisher umfassendste Gesamtdarstellung des Revolutionsverlaufs zwischen 1910 und 1920; Knight ist auch jener Autor, der sich in seinen methodischen, theoretischen und historisch-komparativen Reflexionen am gründlichsten und differenziertesten mit dem Charakter dieser Revolution auseinandergesetzt hat.[2] Unabhängig vom oft polemischen Ton seiner Auseinandersetzung mit anderen historischen Positionen und unabhängig von der Tatsache, ob und wie weit man gewissen Prämissen, Aussagen und Schlußfolgerungen Knights zustimmen mag, ist sein Buch nicht nur empirisch äußerst ergiebig, auch theoretisch-methodisch hat es neue Maßstäbe gesetzt. Zusammen mit Friedrich Katz' »The Secret War in Mexico« (1981) gehört es zweifellos zu den bahnbrechenden Studien der 80er Jahre.

Knights Werk ist in mancher Beziehung ein »revisionistisches« Werk, in gewissem Sinn aber auch eine Synthese von älteren und jüngeren Revolutionsdeutungen. »Revisionistisch« (bzw. antirevisionistisch, im Sinne einer Reaktion auf den Revisionismus der 70er und frühen 80er Jahre) ist es hinsichtlich der in den 70er Jahren verstärkt formulierten Relativierungen der mexikanischen Revolution als einer genuin popularen, primär agrarisch motivierten Bauernbewegung. Für Knight hat sich – entgegen diesen »revisionistischen« Arbeiten der 70er Jahre – letztlich doch Tannenbaums frühere Vision der mexikanischen Revolution bestätigt.[3] Revisionistisch ist sein Werk aber auch in seinem Grundansatz, ähnlich wie Guerra politisch-kulturelle Faktoren gegenüber klassenspezifischen Besonderheiten zu privilegieren, ja die Fruchtbarkeit einer Klassenanalyse im Kontext der damaligen mexikanischen Gesellschaft überhaupt in Frage zu stellen, auch wenn er Fragen der wirtschaftlichen Entwicklung oder der gesellschaftlichen Struktur als solche keineswegs vernachlässigt.

Ausfluß von Knights Kritik an einer klassenspezifischen Perspektive ist die Einführung des »serrano movement« als einer neuen analytischen Kategorie.[4] Wie die primär agrarisch motivierten Bauernbewegungen weist Knight auch die »serrano movements« den »popular movements« zu. Ihre besondere

Charakteristik ergab sich allerdings weniger aus zentralen bäuerlichen Reformanliegen als vielmehr aus ihrer peripheren Lage – oft in den *sierras* (Berggebieten; deshalb auch die Bezeichnung »serrano«) – und ihrem Widerstand gegen die zentralistischen Tendenzen des Nationalstaates. Eine klassenübergreifende soziale Zusammensetzung zeichnete deshalb diese »serrano movements« häufig aus, vor allem aber besondere sozio-kulturelle Eigenschaften, die sie – wie die Agrarbewegungen – zu Trägern einer »parochialen« politischen Kultur machten und sie damit in einen fundamentalen Gegensatz zu den »national« orientierten, städtisch verankerten revolutionären Koalitionen wie den Konstitutionalisten nach 1915 rückten. Die Fruchtbarkeit dieser Kategorie zur Erfassung zahlreicher lokaler oder regionaler Aufstände gegen die zentrale Gewalt im Bürgerkriegsjahrzehnt von 1910 bis 1920 möchte ich keineswegs in Frage stellen. Ob allerdings die von Knight ins Zentrum gerückten sozio-kulturellen Faktoren – ländlich-traditionale, in der »patria chica« verwurzelte Werte gegenüber urban-modernen, auf den Nationalstaat ausgerichteten Normen – etwa auch als zentrale Unterscheidungsmerkmale zwischen dem als »serrano«-Bewegung verstandenen Villismo und dem Carranzismo wirklich tragfähig sind, erscheint im Lichte von Katz' Forschungen über die Villa-Bewegung doch als fragwürdig. Geht man nämlich von »Kern-Villismo« der Jahre 1913/14 und nicht von den unter villistischer Flagge operierenden losen Kriegskoalitionen von 1915/16 aus, so hat Katz für die Villa-Bewegung doch eine gegenüber dem Carranzismo deutlich unterschiedliche gesellschaftliche Basis, eine viel stärker auf die Unterschichten ausgerichtete Sozialpolitik und eine ganz andere Haltung in der Frage der Rückgabe »intervenierter« Haciendas an ihre alten Besitzer festgestellt. Schließlich hat bei Katz der villistische Widerstand gegen den zentralistischen Staat auch eine eminent soziale Dimension, wurde er doch vor allem von der »Mittel- und Unterschicht« getragen.[5] Erst künftige, vertiefte Arbeiten über die Villa-Bewegung, wie sie vor allem von Katz' Forschungen zu erwarten sind, werden die analytische Fruchtbarkeit, vermutlich aber auch die Grenzen der Erklärungskraft der Kategorie der »serrano«-Bewegungen aufzeigen können.

Knight sieht die Revolution vor allem »von innen« heraus, als Ineinanderwirken einer Unzahl von lokalen und regionalen Bewegungen, deren detaillierte Darstellung zu den großen Vorzügen dieses Buchs gehört. Die entscheidenden Triebkräfte der Revolution sind für Knight endogener Natur; exogenen Faktoren, selbst der Rolle der USA, kommt dabei nur sekundäre oder tertiäre Bedeutung zu. Aus der Dynamik dieser lokalen und regionalen Bewegungen erklärt sich letztlich der spezifische Verlauf dieser Revolution auf nationaler Ebene, weit stärker als aus den konkurrierenden gesellschaftlich-politischen Programmen der verschiedenen (nationalen) Revolutionsflügel und ihrer sozial unterschiedlich geprägten Führungen. Von daher auch das große Gewicht, das in diesem Werk der Periode zwischen 1910 und 1914 zugemessen wird, als einer Periode umfangreicher Massenmobilisierung und tiefgreifenden sozialen und politischen Konflikts, dessen langfristige und indirekte Auswirkungen viel wichtiger waren als die von oben erlassenen formalen Reformen, die in dieser Periode z. T. in die Wege geleitet, z. T. verhindert wurden. Zu Recht versteht Knight die Revolution vor allem als *Prozeß* und weniger als eine Reihe von bestimmten politischen Ereignissen oder hervorstechenden legislativen Maßnahmen. Dabei kam vor allem auch der Eigendynamik, der »Logik« der Revolution, eine zentrale Bedeutung zu, die bewirkte, daß ursprüngliche Absichten bestimmter Personengruppen, z. B. der maderistischen Führung, und tatsächliche Ergebnisse der von ihnen eingeleiteten Prozesse oft weit auseinanderklafften. Dieser Ansatz macht schließlich auch plausibel, wie sich in ihrem zeitlichen Verlauf »Revolution von unten« und »Revolution von oben« gegenseitig verflochten, wie schließlich die (erfolgreichen) Domestizierungsbemühungen von oben die ursprünglichen Reformimpulse von unten überlagerten, ohne diese aber als Gestaltungskräfte der spät- und postrevolutionären Entwicklung gänzlich ausschalten zu können. Es ist evident, daß diese Perspektive gerade für eine Darstellung wie die vorliegende von zentraler Bedeutung ist, welche ja die Revolution als einen letztlich jahrzehntelangen Prozeß versteht, dessen Abschluß nicht 1917 und auch nicht 1920 oder 1924, sondern erst Ende der 30er Jahre gesehen wird.

Auch wenn ich Knight im Kern durchaus zustimme, daß die Revolution zentral aus ihren inneren Triebkräften heraus zu verstehen ist, so scheint er mir doch den Einfluß exogener Faktoren zu stark zu relativieren. Wie Friedrich Katz in »The Secret War in Mexico« aufgezeigt hat, konnten die – oft gegenläufigen – Einwirkungen ausländischer Mächte und Interessengruppen den Verlauf und den Ausgang dieser Revolution zwar letztlich nicht bestimmen, aber doch nachhaltig beeinflussen. Dies gilt natürlich vor allem für die Rolle der USA, deren Bedeutung bei Knight – in kritischer Auseinandersetzung mit den Verfechtern der gegenteiligen These – aber ebenfalls sehr stark heruntergespielt wird. Dies mag zwar – zumindest teilweise – gerechtfertigt sein hinsichtlich der direkten diplomatisch-militärischen Einflußnahme, kaum aber in bezug auf die mehr indirekten Beziehungen, die sich 1914 zwischen den nördlichen Revolutionsbewegungen und den USA als Absatz- und Versorgungsmarkt für Waffen und Ausrüstung ergaben. Der besondere Charakter der nordmexikanischen Kriegswirtschaft mit ihrem dafür unabdingbaren nordamerikanischen *counterpart* machte erst die spezifischen Finanzierungsmechanismen der nördlichen Revolutionsbewegungen und damit auch die Transformation ursprünglicher Guerrillatruppen in eine weitgehend professionalisierte Armee möglich, die wiederum eine der entscheidenden Ursachen der von Knight zu Recht betonten »Eigendynamik« der Revolution bezeichnen. Wertet man exogene Einflußfaktoren in diesem umfassenden Sinne und in einer Perspektive der »Verflechtung von Sozialgeschichte und Außenbeziehungen« (Katz), so wird man diesen zwar sicher nicht dieselbe Bedeutung beimessen können wie etwa in der russischen oder gar der chinesischen Revolution, aber man wird sie auch nicht so stark in den Hintergrund rücken dürfen, wie Knight dies tut.[6]

Eine in vieler Hinsicht zu Knight gegensätzliche Position vertritt John M. *Hart* in seinem Werk »Revolutionary Mexico – The Coming and Process of the Mexican Revolution«. Zwar sieht auch Hart – im Gegensatz zu einigen revisionistischen Arbeiten der späten 60er und 70er Jahre – die Revolution als eine echte Massenbewegung, aber in der kausalen Herleitung dieser Massenbewegung, in der Identifizierung ihrer wichtigsten Trägergruppen und in deren typologischen Unterscheidung vertritt er oft eine geradezu antithetische Position zu Knight. Hart versteht die mexikanische Revolution in erster Linie als nationalistische Reaktion auf die imperialistische Durchdringung Mexikos, insbesondere durch die USA, ja in gewissem Sinne als »ersten Aufstand der Dritten Welt gegen nordamerikanische wirtschaftliche Penetration und Kontrolle«. Entsprechend sieht er in den heftigen Attacken von Bauern und Arbeitern auf amerikanischen

Besitz, »in der gewalttätigen Vertreibung von Amerikanern« während der Revolution das zentrale Charakteristikum dieser Volkserhebung, die ohne dieses – in der bisherigen Forschung vernachlässigte, entscheidende Merkmal – durchaus im Sinne von Ramón E. Ruíz lediglich als »great rebellion« zu charakterisieren wäre.[7]

Es ist deshalb nicht erstaunlich, daß Hart die mexikanische Revolution weniger als ein singuläres historisches Phänomen versteht, als vielmehr versucht, sie in eine Reihe anderer Umbrüche des frühen 20. Jahrhunderts einzuordnen, die – in Rußland und im Iran 1905, in China 1911/12 – letztlich alle durch dieselben, global wirkenden Triebkräfte – den westlichen Imperialismus mit seinen zerstörerischen Auswirkungen – verursacht worden seien. Die spezifische Entwicklung Mexikos im Ancien Régime wird bei Hart zwar breit (und z. T. bis ins frühe 19. Jahrhundert zurück) dargestellt, aber letztlich sind es die weltweiten Ursachen (»global causation«) (S. 187ff.) all dieser Revolutionen, mithin auch der mexikanischen, welche den besten Schlüssel zu ihrer Erklärung abgeben. In Mexiko (wie in den anderen Revolutionen) sind es vier Gruppen revolutionärer Akteure, die im Zentrum stehen und in ihrem komplizierten Zusammenwirken das Ancien Régime zu Fall bringen: die Bauernschaft; die städtische und industrielle Arbeiterschaft; die dem politischen Machtzentrum entfremdeten provinziellen Eliten und das Kleinbürgertum, das in Mexiko – verkörpert in den Exponenten der sonorensischen Führungsgruppe – schließlich siegreich aus der Revolution hervorgeht und den spät- und postrevolutionären Staat nach seinen spezifischen Interessen gestaltet.

Es ist zweifellos ein Verdienst von Hart (wie auch von Knight), die mexikanische Revolution in eine komparative Perspektive zu rücken, um so vermeintliche Singularitäten Mexikos zu relativieren, Kontraste hervorzuheben, aber auch überraschende Parallelen aufzudecken. Im Unterschied zu Knights meist sehr spezifischen intertemporalen und interregionalen Vergleichen bezieht sich Harts komparatives Bezugssystem allerdings auf ausgesprochene Makrophänomene; die zentrale Triebkraft – der Imperialismus – ist gar ein Faktor globaler Dimension, der zwar – in einem sehr weiten Sinne – sicherlich eine ähnliche Strukturkonstellation in den vier genannten Ländern hervorbrachte, allerdings keineswegs nur dort, wo dann tatsächlich revolutionäre

Umbrüche stattfanden. Diese Makroperspektive vermag indessen die jeweiligen nationalen Besonderheiten nicht so differenziert zu erfassen, daß aus der Wechselwirkung von externer Penetration und interner Reaktion tatsächlich eine schlüssige und allgemeingültige Erklärung für die Entstehung revolutionärer Konstellationen in den angeführten Fällen resultieren würde. Zwar wird man etwa sowohl in Rußland 1905 wie in Mexiko 1910 von einer tiefgreifenden Agrarkrise sprechen können; im einzelnen unterschieden sich diese Krisen aber beträchtlich, war doch in Rußland z. B. – im Unterschied zu Mexiko – das starke Bevölkerungswachstum ein zentraler Faktor, während sich der adlige Großgrundbesitz, ganz im Gegensatz zur mexikanischen Hacienda, nach 1861 nicht nur nicht ausweitete, sondern sogar zurückbildete. Daß auch das spätzaristische Rußland, ähnlich wie Mexiko, von ausländischem Kapital durchdrungen wurde, ist ebenfalls nicht zu bestreiten, andererseits war ein entscheidender Auslöser der Revolution von 1905/6 gerade der verlorene Krieg gegen Japan, der auch auf russischer Seite klar imperialistischen Motiven entsprungen war, eine Konstellation, für die es in Mexiko keinerlei Entsprechung gibt. Wiederum steht außer Zweifel, daß es im weiteren Vorfeld der chinesischen Revolution von 1911/12 mit dem Boxeraufstand von 1900 zu einer heftig xenophoben Reaktion auf das Eindringen ausländischer wirtschaftlicher, politisch-militärischer und kultureller Einflüsse kam; daraus aber gleichsam ein allgemeingültiges, nicht nur auf die spezifische Situation Chinas bezogenes Verhaltensmuster ableiten zu wollen, dessen mexikanische Entsprechung Hart im virulenten Antiamerikanismus der mexikanischen Revolution zu erkennen glaubt, erscheint doch als äußerst problematisch. Daß es – wie Hart nachweist – nicht wenige punktuelle Angriffe auf nordamerikanisches Eigentum gegeben hat und daß Ausländerfeindlichkeit (nicht nur gegen die »schwachen« Ausländergruppen wie Spanier und Chinesen) phasenweise eine beträchtliche Rolle in einzelnen Revolutionsbewegungen spielte, ist nicht zu übersehen; daß dies allerdings, wie von Hart behauptet, das zentrale Charakteristikum der mexikanischen Revolution gewesen sein soll, hat gerade Knight in seinen Arbeiten überzeugend widerlegt. Zwar spielt Knight, wie erwähnt, den Einfluß der USA wohl zu stark herunter, daß aber der Einfluß der USA für den Verlauf der mexikanischen Revolution »entscheidend« und die amerikanische Besetzung von Veracruz 1914 für ihren Ausgang »ausschlaggebend« gewesen sein soll, läßt sich auch im Lichte der besten Untersuchung der Außenbeziehungen der mexikanischen Revolution, Friedrich Katz' »The Secret War in Mexico«, nicht aufrechterhalten.[8] Ebensowenig wird man Hart in seiner Beurteilung der angeblich zentralen Rolle der industriellen und städtischen Arbeiterschaft in der mexikanischen Revolution zustimmen können. Auch in dieser Beziehung hat Knight frühere Forschungen, welche die Bedeutung dieser Arbeiterkategorien (im Unterschied vielleicht zu den stärker handwerklich geprägten Gruppen) deutlich relativierten, bestätigt. Daß schließlich in der »Veränderung der Besitzverhältnisse infolge der Ablösung ausländischer durch mexikanische Eigentümer und fremder durch lokale Kontrolle« (S. x) das zentrale Ergebnis der Revolution (in der Periodisierung, wie bei Ruíz, von 1910 bis 1924) gesehen wird, ist ein erstaunliches Fazit, für das Hart in seiner Arbeit die Belege weitgehend schuldig bleibt.

1 François-Xavier Guerra, *Le Mexique – De l'Ancien Régime à la Révolution*, Paris 1985; Alan Knight, *The Mexican Revolution*, Cambridge 1986; John M. Hart, *Revolutionary Mexico, The Coming and Process of the Mexican Revolution*, Berkeley 1987.

2 Einerseits in den beiden Bänden von *The Mexican Revolution*, andererseits in dem ebenso anregend-herausfordernden wie streitbaren Aufsatz The Mexican Revolution: Bourgeois? Nationalist? Or just a ›Great Rebellion‹?, in *Bulletin of Latin American Research*, 4/2, 1985, S. 1-37.

3 Vgl. Knight, *The Mexican Revolution*, I, S. 78f. und Knight, *The Mexican Revolution: Bourgeois? Nationalist? Or just a »Great Rebellion«?*, S. 9f. – Es ist zweifellos ein großes Verdienst von Knight, durch seine so stark auf lokale und regionale Entwicklungen ausgerichtete Arbeit die Existenz einer Vielzahl autonomer Bauernbewegungen nachgewiesen und so die Vorstellung korrigiert zu haben, dieser Typus von Bauernbewegung sei letztlich auf Morelos beschränkt gewesen. Die in der vorliegenden Arbeit aufgeworfenen Fragen hinsichtlich der Stärke und der Verbreitung autonomer Bauernmobilisierung in der Revolution sind durch Knights Befunde sicher weitgehend beantwortet worden, in dem Sinne, daß künftig diese bäuerliche Komponente der Revolution wieder stärker zu betonen ist. Ganz gewiß sind durch Knights Ergebnisse jene Interpretationen widerlegt worden, die auch für die Zeit von 1910 bis 1920 den Bauern – im Vergleich mit anderen gesellschaftlichen Gruppen, etwa der Mittelschicht – nur noch eine marginale Rolle zubilligen wollten. Dennoch wird man insgesamt, d.h. bei einem Versuch der Gesamterfassung dieser Revolution, auch die

agrarrevolutionäre Komponente und die Stärke autonomer bäuerlicher Mobilisation nicht überbewerten dürfen. Verbreitete bäuerliche Passivität während der Revolution ist ebenso belegt wie die Existenz caudillistischer Mobilisierungsmechanismen in bäuerlichen Bewegungen oder das Fehlen echter agrarrevolutionärer Strömungen wie etwa im *mainstream* der sonorensischen Revolution. Das differenzierte Bild einer sehr heterogenen, durch gegenläufige Strömungen, unterschiedliche gesellschaftliche Kräfte, divergierende ideologische Motive und konkurrierende politische Zielsetzungen, durch Aufstände von unten und Kontrolle von oben geprägten mexikanischen Revolutionsentwicklung, wie es ja gerade auch Knight sehr nuanciert vertritt, scheint mir jedenfalls angemessener als jene frühere, u. a. auf Tannenbaum und Silva Herzog zurückgehende Vorstellung der Revolution, die diese primär als Bauernerhebung und Agrarrevolution verstand.

4 Zur Kritik an der Verwendung traditioneller Klassenkategorien und zur Verwendung alternativer sozio-kultureller Kategorien vgl. Knight, *The Mexican Revolution II*, S. 225-233. – Zuweilen strapaziert Knight m. E. allerdings seine an sich durchaus gerechtfertigte Kritik am pauschalen und unspezifischen Gebrauch von Klassenkategorien, wie etwa jener des »Kleinbürgertums«, wenn er dabei, S. 230, schließlich Obregón und Zapata gleichermaßen als »kleine Landwirte« identifiziert und ihre ebenfalls in beiden Fällen angeblich gleichartige Gefolgschaft, »vorwiegend bäuerliche Truppen« (!), hervorhebt.

5 Friedrich Katz, *The Secret war in Mexico – Europe, the United States and the Mexican Revolution*, Chicago 1981, S. 260-265.

6 Mit russischer und chinesischer Revolution sind hier die Entwicklungen in Rußland seit 1917 und in China seit den 20er Jahren, insbesondere der Einfluß der japanischen Aggression auf China von 1937, gemeint; vgl. dazu auch: Hans Werner Tobler, La Revolución mexicana: algunas particularidades desde un punto de vista comparativo, in *Revista mexicana de Sociología*, 2/89, S. 151-159.

7 Hart, *Revolutionary Mexico*, S. 18, x.

8 Hart, S. 367. Die Frage, ob externe Faktoren allenfalls das Kräfteverhältnis innerhalb der mexikanischen Revolution, zwischen »radikalen« und »konservativen« Flügeln beeinflußten, wie dies in Rußland zwischen 1917 und 1920, vor allem aber ganz entscheidend in China zwischen 1937 und 1945 der Fall war, ist natürlich auch für Mexiko von großer Bedeutung. Auch ich sehe in diesem Zusammenhang einen gewissen nordamerikanischen Einfluß, der letztlich das »konservative« Lager begünstigte, aber weniger in den angeblich entscheidenden Waffenlieferungen der Wilson-Administration an die »durch die Oberschicht geführten Kräfte«, also die Konstitutionalisten, als vielmehr in gewissen indirekten wirtschaftlichen und politischen Auswirkungen, einerseits der Bündniskonstellation zwischen den USA und der nördlichen Revolutionsbewegung von 1914, andererseits der mexikanisch-amerikanischen Konfrontation von 1916/17, vgl. dazu: Tobler, *La Revolución mexicana; algunas particularidades*, S. 154 ff.

Quellen- und Literaturverzeichnis

I Archive

Archivo General de la Nación, México D.F. (AGN)
Ramo Presidentes, Obregón-Calles (AGN, O.C.)
Ramo Presidentes, Portes Gil (AGN, Portes Gil)
Ramo Presidentes, Abelardo L. Rodríguez (AGN, ALR)
Centro de Estudios de Historia de México, Condumex, México D.F.
Archivo del General Jenaro Amezcua, Movimiento Zapatista
Archivo de Venustiano Carranza
Instituto Nacional de Antropología e Historia: Departamento de Etnología y Antropología, México D.F.
Programa de Historia Oral (PHO)
frühere Bezeichnung: Archivo sonoro
National Archives Washington, Washington D.C. (NAW)
Records of the Department of State Relating to Internal Affairs of Mexico, 1910-1929. Diese Serie wurde mikroverfilmt als Microcopy, 274, 243 Rollen (NAW, M 274)
Record Group 84: Records of American Foreign Service Posts
Record Group 165: War Department, General Staff
Vereinzelte Dokumente stammen aus: Archivo del Departamento Agrario, México D.F.; Archivo General de la Nación, México D.F.: Secretaría de Fomento/Departamento de Trabajo; Schweizerisches Bundesarchiv, Bern; Schweizerisches Wirtschaftsarchiv, Basel.

II Gedruckte Quellen

Im folgenden werden insbesondere Regierungspublikationen, Parlamentsberichte, Statistiken, Memoiren, Quellenpublikationen u. ä. aufgeführt. Auch zeitgenössische Publikationen, soweit sie in der vorliegenden Arbeit vornehmlich als Primärquellen verwendet wurden, finden sich im nachstehenden Abschnitt.

Aguirre, Amado, *Mis memorias de campaña, Apuntes para la Historia*, México 1953.
Almada, Pedro J., *Mis memorias de Revolucionario*, México 1928.
–, *Con mi cobija al hombro*, México 1936.
Alvarado, Salvador, *Mi actuación revolucionaria en Yucatán*, México 1918.
Arnold, Channing und Frost, J. T., *The American Egypt*, London 1909.
Baerlein, Henry, *Mexico, the Land of Unrest*, Philadelphia 1913.

Barrera Fuentes, Florencio, *Crónicas y debates de la soberana Convención revolucionaria*, 3 Bde, México 1964-65.

Boletín de la Dirección General de Agricultura, Parte II; Revista de Economía Rural y Sociología, Nr. 4, México, Abril 1912.

Boletín de la Cámara Central Agrícola de México, Nr. 1, Juli 1920.

Bulnes, Francisco, *El verdadero Díaz y la Revolucíon*, México 1967.

Busto, Emiliano, *Estadística de la República mexicana*, Anexo núm. 3 a la Memoria de Hacienda del año económico, de 1877 a 1878, México 1880, Bd. III.

Cabrera, Luis, La reconstitución de los ejidos de los pueblos como medio de suprimir la esclavitud del jornalero mexicano. Discurso pronunciado en la Cámara de Diputados el 3 de diciembre de 1912, in Jesús Silva Herzog, *La cuestión de la tierra, II*, S. 279-310.

Cárdenas, Lázaro, *Mensaje a la nación*, November 1936.

–, *Obras I, Apuntes 1913-1940*, México 1973.

Chávez Orozco, Luis, *Orígenes del Agrarismo en México, Documentos para la historia económica de México*, Bd. X, México 1935.

Daniels, Josephus, *Shirt-sleeve Diplomat*, UP of North Carolina, Chapel Hill 1947.

de la Huerta, Adolfo, *Memorias de Don Adolfo de la Huerta, según su propio dictado. Transcripción y comentarios del Lic. Roberto Guzman Esparza*, México 1957.

Diario de los debates del Congreso Constituyente, 1916-1917, 2 Bde, México 1917, Neuauflage 1960.

Estadísticas sociales del Porfiriato, 1877-1910, (hg. von Moisés González Navarro), México 1956.

Estadísticas Económicas del Porfiriato. Comercio Exterior, (hg. von El Colegio de México), México 1960.

Estadísticas Económicas del Porfiriato. Fuerza de trabajo y actividad económica por sectores, (hg. von El Colegio de México), México o. J.

Evans, Rosalie und Daisy Caden Pettus, *The Rosalie Evans Letters from Mexico*, Indianapolis 1926.

Fabila, Manuel, *Cinco siglos de legislación agraria (1492-1940)*, México 1941.

Gobierno de México, *El petróleo de México: Recopilación de documentos oficiales del conflicto de orden económico de la industria petrolera, con una introducción que resume sus motivos y sus consecuencias*, México 1940.

Kaerger, Karl, *Landwirtschaft und Kolonisation im spanischen Amerika, II*, Leipzig 1901.

Limantour, José Y., *Apuntes sobre mi vida pública, 1892-1911*, México 1965.

Madero, Francisco I., *La Sucesión Presidencial en 1910 – El Partido Nacional Democrático*, San Pedro (Coahuila), Dezember 1908 (Neuauflage México 1960).

Memoria de la Secretaría de Fomento, Colonización e Industria, 1905-1907, México 1909.

Memoria de la Secretaría de Fomento, 1911-12 und 1915, México o. D.
Memoria de la Secretaría de Gobernación, 1913-1916, México 1916.
Memoria del Departamento Agrario, 1935/36, México 1936.
Memoria del Departamento Agrario: Apéndice Estadístico, 1936-1937, México o. D. (hektographiert).
Molina Enríquez, Andrés, *Los grandes problemas nacionales*, México 1964 (1908).
Murray, Robert H., *Mexico before the World: Public Documents and Addresses of Plutarco Elías Calles*, New York 1927.
Obregón, Alvaro, *Ocho mil Kilómetros en Campaña*, México 1917 (hier verwendete Neuauflage México 1959).
–, *El problema agrícola y agrario.* Conferencia dada en la Cámara Agrícola Nacional Jalisciense, el día 18 de noviembre de 1919, Guadalajara 1919.
–, *El problema agrario.* Versión taquigráfica del cambio de impresiones tenido por el presidente electo con un numeroso grupo de diputados al Congreso de la Unión, Octubre de 1920, México o. D.
–, *Campaña política del C. Alvaro Obregón, candidato a la presidencia de la República, 1920-1924*, Bd. V, México 1923.
Orozco, Wistano L., *Legislación y jurisprudencia sobre terrenos baldíos*, 2 Bde, México 1895.
Palavicini, Felix F., *Mi vida revolucionaria*, México 1937.
Pani, Alberto J., *La cuestión internacional mexicano-americana durante el gobierno del General Don Alvaro Obregón*, México 1924.
–, *Apuntes Autobiográficos, II*, México 1950.
Peust, Otto, *Mexico und die Landarbeiterfrage*, México 1912.
Partido Nacional Revolucionario, *La Democracia social en México. Historia de la Convención Nacional Revolucionaria – Constitución del PNR*, México 1929.
–, *Memoria de la Segunda Convención Nacional Ordinaria del Partido Nacional Revolucionario*, efectuado en la Ciudad de Querétaro del 3 al 6 de diciembre de 1933, México 1934.
–, *La gira del general Lázaro Cárdenas, Sintesis ideológica*, México 1934.
Portes Gil, Emilio, *Quince años de política mexicana*, México 1954.
Reed, John, *Insurgent Mexico*, New York 1914 (hier verwendete Neuauflage New York 1969).
Rodríguez, Abelardo L., *Autobiografía*, México 1962.
Rouaix, Pastor, *Genesis de los artículos 27 y 123 de la Constitución política de 1917*, Puebla 1945 (hier verwendete Neuauflage México 1959).
Sáenz, Aarón, *La política internacional de la Revolución: estudios y documentos*, México 1961.
Secretaría de Gobernación, *Seis años de gobierno al servicio de México, 1934–1940*, México 1940.
Secretaría de Economía Nacional, *Primer Censo Ejidal 1935*, México 1937.
–, *Segundo Censo agrícola-ganadero de los Estados Unidos Mexicanos 1940*, México 1951.

Secretaría de Industria y Comercio, *IX Censo General de Población 1970*, México 1970.
Sherwell, G. Butler, *Mexico's Capacity to Pay. A General Analysis of the Present International Economic Position of Mexico*, Washington 1929. (MS, hektographiertes Exemplar aus dem Banco de México).
Silva Herzog, Jesús, *La cuestión de la tierra*, 4 Bde, México 1960-1962.
Southworth, John R., *The Official Directory of Mines and Estates of Mexico*, México 1910.
Sterrett, Joseph E. und Davis, Joseph S., *The Fiscal and Economic Condition of Mexico – Report submitted to the International Committee of Bankers on Mexico*, 1928.
Turner, John K., *Barbarous Mexico*, Chicago 1911.
United States Senate Documents, Foreign Relations Committee, *Investigation of Mexican Affairs. Report and Hearings*, 2 Bde, 66th Congress, 2nd Session, Senate Document Nr. 285, Washington D.C. 1920.
Urquizo, Francisco L., *Memorias de Campaña*, México 1971.
Valenzuela, Clodoveo und Chaverri Matamoros, Amado, *Sonora y Carranza*, México 1921.
Vasconcelos, José, Qué pasa en México?, in *»paris-madrid«* vom 10. November 1927.
Viadas, Lauro, El problema de la pequeña propiedad, in Jesús Silva Herzog, *La cuestión de la tierra, I*, México 1960, S. 109-163.

Verwendete Zeitungen

Diario de Yucatán
Excelsior
El Nacional
Novedades
El Universal

III Fachliteratur

Im folgenden werden nur Arbeiten aufgeführt, die für die vorliegende Studie verwendet und in den Anmerkungen erwähnt wurden. Systematisch erfaßt wird die ältere Literatur in den nachstehenden Bibliographien: Roberto Ramos, *Bibliografía de la Revolución mexicana*, 3 Bde, México 1959; Luis González u. a., *Fuentes de la Historia contemporánea de México – Libros y Folletos*, 3 Bde, México 1961/62; Stanley R. Ross, *Fuentes de la Historia contemporánea de México – Periódicos y revistas*, 2 Bde, México 1965/69. Für die Agrarfrage vgl. Jorge Martínez Rios, *Tenencia de la tierra y desarollo agrario en México (Bibliografía selectiva y comentada: 1522-1968)*, México 1970. Für die neuere Literatur vgl. die nachstehend aufgeführten historiographischen Aufsätze von David C. Bailey, Barry Carr und Hans Werner Tobler.

Vgl. auch die jährlich erscheinende *Bibliografía Histórica Mexicana*, herausgegeben vom Colegio de México.

Aguilar Camín, Héctor, *La frontera nómada: Sonora y la Revolución mexicana*, México 1977.
–, The relevant tradition: Sonoran leaders in the revolution, in Brading, *Caudillo and Peasant*, S. 92-123.
Alanís Patiño, E., La Economía Ejidal de Morelos, in *Sociedad Agronómica de México*, Primer Ciclo de Conferencias (Oct./Nov. 1937), México 1938, S. 63-81.
Alcántara Ferrer, Sergio, *El proceso de cambio económico-social en Taretan, Mich.*, unveröffentlichtes MS im Centro de Investigaciones Agrarias.
Almada, Francisco R., *La Revolución en el Estado de Chihuahua*, 2 Bde, México 1964.
Anderson, Rodney D., Díaz y la crisis laboral de 1906, in *Historia Mexicana XIX/4*, 1970, S. 513-535.
Ankerson, Dudley, Saturnino Cedillo: A traditional caudillo in San Luis Potosí 1890-1938, in Brading, *Caudillo and Peasant*, S. 140-168.
Ashby, Joe C., *Organized Labor and the Mexican Revolution under Lázaro Cárdenas*, Chapel Hill 1963.
Atkin, Ronald, *Revolution! Mexico 1910-20*, London 1969.
Bailey, David C., Revisionism and the Recent Historiography of the Mexican Revolution, in *Hispanic American Historical Review 58*, 1978, S. 62-79.
Barragán R., Juan, *Historia del Ejército y de la Revolución Constitucionalista*, 2 Bde, México 1946.
Barrera, Carlos, *Estampas de un Caudillo*, México 1957.
Bassols Batalla, Narciso, *El pensamiento político de Alvaro Obregón*, México 1967.
Bazant, Jan, *Historia de la deuda exterior de México (1823-1946)*, México 1968.
–, *Los bienes de la Iglesia en México (1856-1875) – Aspectos económicos y sociales de la Revolución liberal*, México 1971.
–, Peones, arrendatarios y aparceros en México, 1851-1853, in *Historia Mexicana, XXIII/2*, 1973, S. 330-357.
–, Peones, arrendatarios y aparceros en México, 1868-1904, in *Historia Mexicana, XXIV/1*, 1974, S. 94-121.
–, *Cinco Haciendas mexicanas*, México 1975.
Beyme, Klaus von, (Hg.), *Empirische Revolutionsforschung*, Opladen 1973.
Bellingeri, Marco, L'economia del latifondo in Messico. L'hacienda San Antonio Tochatlaco dal 1880 al 1920, in *Annali della Fondazione Luigi Einaudi*, vol. X, 1976, Torino, S. 287-428.
Benítez, Fernando, *Lázaro Cárdenas y la Revolución Mexicana*, 3 Bde, México 1977-78.
Bernstein, Marvin D., *The mexican mining industry, 1890-1950*, New York 1964.

Beteta, Ramón, *Camino a Tlaxcalantongo*, México 1961.
Brading, David A., (Hg.), *Caudillo and Peasant in the Mexican Revolution*, Cambridge UP, Cambridge 1980.
–, Introduction: national politics and the populist tradition, in Brading, *Caudillo and Peasant*, S. 1-16.
Breceda, Alfredo, *Don Venustiano Carranza, rasgos biográficos escritos en 1912*, México 1930.
Bryan, Anthony, *Mexican Politics in Transition, 1900-1913: The Role of General Bernardo Reyes*, unveröffentlichte Diss., University of Nebraska, 1970.
Buve, Raymond T. J., Peasant movements, caudillos and Landreform during the Revolution (1910-1917) in Tlaxcala, Mexico, in *Boletín de Estudios Latinamericanos y del Caribe*, Amsterdam, 18, 1975, S. 112-152.
–, State governors and peasant mobilisation in Tlaxcala, in Brading, *Caudillo and Peasant*, S. 222-244.
Cabrera, Luis, *Un ensayo comunista en México*, México 1938.
Calderón, Francisco R., La república restaurada. La vida económica, *Historia moderna de México*, México 1965.
Calvert, Peter, *The Mexican Revolution 1910-1914, The Diplomacy of Anglo-American Conflict*, Cambridge UP 1968.
Capetillo, Alfonso, *La rebelión sin cabeza*, México 1925.
Carmona, Fernando u. a., *El Milagro Mexicano*, México 1970.
Carr, Barry, *The Peculiarities of the Mexican North, 1880-1928: An Essay in Interpretation*, Occasional Papers No. 4, University of Glasgow, Institute of Latin American Studies, 1971.
–, *El movimiento obrero y la política en México, 1910-1929*, 2 Bde, México 1976.
–, Recent Regional Studies on the Mexican Revolution, in *Latin American Research Review XV, Nr. 1*, 1980, S. 3-14.
–, *Anticlericalism during the Mexican Revolution, 1910-1930*, unveröffentlichtes MS.
Ceceña, José L., *México en la órbita imperial. Las empresas transnacionales*, México 1975.
Cervantes, Federico M., *Francisco Villa y la Revolución*, México 1960.
Chevalier, François, *La formation des grands domaines au Mexique (Terre et société aux siècles XVI et XVII)*, Paris 1952.
–, Un facteur décisif de la révolution agraire au Mexique: Le soulèvement de Zapata (1911-1919), in *Annales S.E.C. 1*, 1961, S. 66-85.
–, Ejido et stabilité au Mexique, in *Revue Française de Science Politique, XVI/4*, 1966, S. 717-752.
Clark, Marjorie, *Organized Labor in Mexico*, UP of North Carolina, Chapel Hill 1934.
Cline, Howard F., *The United States and Mexico*, New York 1960.
Coatsworth, John H., Railroads, Landholding and Agrarian Protest in the Early Porfiriato, in *Hispanic American Historical Review 54/1*, 1974, S. 48–71.

–, *El impacto económico de los ferrocarriles en el Porfiriato*, 2 Bde, México 1976.
Cockcroft, James D., *Intellectual Precursors of the Mexican Revolution, 1900-1913*, UP of Texas, Austin 1968.
Colegio de México (Hg.), *Extremos de México – Homenaje a don Daniel Cosío Villegas*, México 1971.
Conrad, Alfred H. und Meyer, John R., *The Economics of Slavery and other Studies in Econometric History*, Chicago 1964.
Córdova, Arnaldo, *La ideología de la Revolución mexicana – la formación del nuevo régimen*, México 1973.
–, *La política de masas del cardenismo*, México 1974.
Cosío Villegas, Daniel, (Hg.), *Historia moderna de México*, 9 Bde, México 1955-1972.
–, La República restaurada. La vida política, *Historia moderna de México*, México 1959.
–, El Porfiriato: La vida política exterior, 2 Bde. *Historia moderna de México*, México 1960-1963.
–, *The Mexican and Cuban Revolutions Compared*, Lincoln 1961.
–, El Porfiriato: La vida política interior, 2 Bde, *Historia moderna de México*, México 1970-1972.
Cossío Silva, Luis, La Agricultura, in Cosío Villegas, El Porfiriato: La vida económica I, *Historia moderna de México*, Bd. 7, México 1965, S. 1-133.
Couturier, Edith B., *Hacienda of Hueyapan: The History of a Mexican Social and Economic Institution, 1550-1940*, unveröffentlichte Diss., Columbia University 1965.
–, *La Hacienda de Hueyapan, 1550-1936*, México 1976.
Cronon, David E., *Josephus Daniels in Mexico*, UP of Wisconsin, Madison 1960.
Cumberland, Charles C., *Mexican Revolution, Genesis under Madero*, New York 1969.
–, *Mexican Revolution – The Constitutionalist Years*, Texas UP, Austin 1972.
Davies, James W., Eine Theorie der Revolution, in von Beyme (Hg.), *Empirische Revolutionsforschung*, S. 185-204.
Delgado, Oscar, (Hg.), *Reformas agrarias en la América Latina. Procesos y Perspectivas*, México/Buenos Aires 1965.
Delhumeau A., Antonio, (Hg.), *México: realidad política de sus partidos*, México 1970.
Delorme, Robert L., *The Political Basis of Economic Development: Mexico, 1884-1911, A Case Study*, unveröffentlichte Diss., University of Minnesota 1968.
Díaz Babio, Francisco, *Un drama nacional. La crisis de la Revolución*, México 1939.
Dillon, E. J., Mis encuentros con Alvaro Obregón, in *Crisol*, Juli 1929.
de Dios Bojorquez, Juan, *Crónica del Constituyente*, México 1938.
Djed Bórquez, Juan, *Obregón, Apuntes biográficos*, México 1928.

Dulles, John W. F., *Yesterday in Mexico, A Chronicle of the Revolution, 1919-1936*, Austin 1961.
Eckstein, Salomón, *El ejido colectivo en México*, México 1966.
Enríquez, Ignacio C., Errores de nuestro sistema agrario, in *Excelsior*, México 5. 10. 1970, 19 A.
Espartáco (Aníbal Pinto), Crítica del modelo político-económico de la »izquierda oficial«, in *El Trimestre Económico, XXXI/1*, 1964, S. 67-92.
Estrada, Roque, *Concentración antibolchevique*, México 1923.
Fabila, Gilberto, La producción ejidal frente a la producción agrícola privada, in *El Nacional*, 4. 8. 1934.
Falcón, Romana, *El Agrarismo en Veracruz – La etapa radical (1928-1935)*, México 1977.
Favre, Henri, *Cambio y continuidad entre los Mayas de México*, México 1971.
Fernández y Fernández, Ramón, Evolución económica del jornalero del campo, in *Crisol 25*, Januar 1931, S. 17-33.
Ferrer Mendiolea, Gabriel, *Historia del Congreso Constituyente de 1916-1917*, México 1957.
Florescano, Enrique (Hg.), *Haciendas, Latifundios y Plantaciones en América Latina*, México 1975.
Fowler, Heather, *The Agrarian Revolution in the State of Veracruz, 1920-1940: The Role of Peasant Organizations*, unveröffentlichte Diss., The American University, Washington D.C. 1970.
–, Revolutionary caudillos in the 1920s: Francisco Múgica and Adalberto Tejeda, in Brading, *Caudillo and Peasant*, S. 169-192.
Frank, André G., *Kapitalismus und Unterentwicklung in Lateinamerika*, Frankfurt 1969.
Friedrich, Paul, *Agrarian Revolt in a Mexican Village*, Englewood Cliffs 1970.
Fuentes, Carlos, *La muerte de Artemio Cruz*, México 1964.
Fuentes Díaz, Vicente, *México, 50 años de Revolución, Bd. III: La Política*, México 1961.
–, *Los partidos políticos en México*, México 1972.
Fuentes Mares, José, *Y México se refugió en el desierto. Luis Terrazas: Historia y destino*, México 1954.
Furtak, Robert K., *Revolutionspartei und politische Stabilität in México*, Hamburg 1969.
Gámez, Atenedoro, *Monografía historica sobre la genesis de la Revolución en el Estado de Puebla*, México 1960.
Gaxiola, Francisco J., *El Presidente Rodríguez (1932-1934)*, México 1938.
Gerhardt, Raymond C., *England and the Mexican Revolution, 1910-1920*, unveröffentlichte Diss., Texas Tech University 1970.
Gibson, Charles, *The Aztecs under Spanish Rule. A History of the Indians of the Valley of Mexico*, Stanford UP 1964.
Glantz, Susana, *El Ejido colectivo de Nueva Italia*, México 1974.
Gómez, Marte R., *La Reforma Agraria de México – su crisis durante el período 1928-1934*, México 1964.

–, *La Reforma agraria en las filas villistas*, México 1966.
Gómez Robledo, Antonio, *The Bucareli Agreements and International Law*, México 1940.
Gónzález, Luis, u. a., La República restaurada. La vida social, *Historia moderna de México*, México 1956.
–, La hacienda queda a salvo, in *Historia Mexicana VI/1*, 1956, S. 24-38.
–, *Pueblo en vilo, Microhistoria de San José de Gracia*, Mexico 1968.
–, Tierra caliente, in El Colegio de México (Hg.), *Extremos de México – Homenaje a don Daniel Cosío Villegas*, México 1971, S. 115-149.
–, Los artífices del cardenismo, *Historia de la Revolución Mexicana 14*, México 1979.
–, Los días del presidente Cárdenas, *Historia de la Revolución Mexicana 15*, México 1981.
González Casanova, Pablo, *La democracia en México*, México 1965.
González Cosío, Arturo, *Las clases medias en México*, México 1975.
González Graf, Jaime und Ramírez Lugo, Alicia, Partido Acción Nacional, in Antonio Delhumeau A., *México: realidad de sus partidos*, S. 155-203.
González Navarro, Moisés, El Porfiriato. La vida social, *Historia moderna de México*, México 1957.
–, La huelga de Río Blanco, in *Historia Mexicana VI/4*, 1957, S. 510-533.
–, Mexico, The Lop-Sided Revolution, in Claudio Veliz (Hg.), *Obstacles to Change in Latin America*, London 1965.
–, Zapata y la Revolución agraria mexicana, in *Caravelle 9*, 1967.
–, La tenencia de la tierra en México, in *Caravelle 12*, 1969, S. 115-134.
–, *La Confederación Nacional Campesina. Un grupo de presión en la reforma agraria mexicana*, México 1977.
González Ramírez, Manuel, *Los llamados tratados de Bucareli*, México 1939.
González Roa, Fernando, *El aspecto agrario de la Revolución mexicana*, México 1919.
González Roa, Fernando und Covarrubias, José, *El problema rural de México*, México 1917.
Grieb, Kenneth J., Standard Oil and the Financing of the Mexican Revolution, in *California Historical Society Quarterly, 1*, 1971, S. 59-71.
Griewank, Karl, *Der neuzeitliche Revolutionsbegriff*, Weimar 1955.
Gruening, Ernest, *Mexico and its heritage*, New York 1928.
Guerra, François-Xavier, *Le Mexique – De l'Ancien Régime à la Révolution*, 2 Bde., Paris 1985.
Gurr, Ted R., *Rebellion, Eine Motivationsanalyse von Aufruhr, Konspiration und innerem Krieg*, Düsseldorf 1972.
Guzmán, Martin L., *El Aguila y la Serpiente*, México [10]1970.
Hale, Charles A., *Mexican Liberalism in the Age of Mora, 1821-1853*, New Haven 1968.
Haley, P. Edward, *Revolution and Intervention: The Diplomacy of Taft and Wilson with Mexico, 1910-1917*, MIT-Press, Cambridge (Mass.) 1970.
Halperin Donghi, Tulio, *Historia contemporánea de América Latina*, Madrid 1969.

Hamill, Hugh M., *The Hidalgo Revolt*, Gainesville 1966.
Hamon, James und Niblo, Stephen R., *Precursores de la revolución agraria en México – Las obras de Wistano Luis Orozco y Andrés Molina Enríquez*, México 1975.
Hamuy, E., Consideraciones sociológicas sobre la Reforma Agraria, in O. Delgado (Hg.), *Reformas Agrarias en la América Latina. Procesos y Perspectivas*, S. 243-249.
Hansen, Roger D., *The Politics of Mexican Development*, Baltimore/London 1971.
Hansis, Randall G., *Alvaro Obregón, the Mexican Revolution and the Politics of Consolidation, 1920-1924*, unveröffentlichte Diss., University of New Mexico 1971.
Harris, Charles H., *A Mexican Family Empire. The Latifundio of the Sánchez Navarro Family, 1765-1867*, UP of Texas, Austin 1975.
Hart, John M., *Revolutionary Mexico. The Coming and Process of the Mexican Revolution*, Berkeley 1987.
Helguera R., Laura u. a., *Los campesinos de la tierra de Zapata, I: Adaptación, cambio y rebelión*, México 1974.
Hernández, Gustavo A., *La movilidad política en México, 1876-1970*, hektographierte Lizentiatsarbeit, Ciencias sociales UNAM, 1968.
Hernández Chávez, Alicia, La mécanica cardenista, *Historia de la Revolución Mexicana 16*, Período 1934-1940, México 1979.
Holt, Robert und Turner, John E., *The Political Basis of Economic Development*, Princeton 1966.
Hu-Dehart, Evelyn, Development and Rural Rebellion: Pacification of the Yaquis in the Late Porfiriato, in *Hispanic American Historical Review 54/1*, 1974, S. 72-93.
Huizer, Gerrit, *La lucha campesina en México*, México 1970.
Iturriaga, José E., *La estructura social y cultural de México*, México 1951.
Jacobs, Ian, Rancheros of Guerrero: The Figueroa brothers and the revolution, in Brading, *Caudillo and Peasant*, S. 76-91.
Jaeggi, Urs und Papcke, Sven, *Revolution und Theorie I – Materialien zum bürgerlichen Revolutionsverständnis*, Frankfurt a. M. 1974.
Jäger, Wolfgang, (Hg.), *Partei und System. Eine kritische Einführung in die Parteiforschung*, Stuttgart 1973.
Jänicke, Martin, (Hg.), *Herrschaft und Krise*, Opladen 1973.
Johnson, Chalmers, *Revolutionstheorie*, Köln 1971.
Joseph, Gilbert M., Caciquismo and the revolution: Carrillo Puerto in Yucatán, in Brading, *Caudillo and Peasant*, S. 193-221.
Kahle, Günter, *Militär und Staatsbildung in den Anfängen der Unabhängigkeit Mexikos*, Köln/Wien 1969.
Katz, Friedrich, Plantagenwirtschaft und Sklaverei – Der Sisalanbau auf der Halbinsel Yucatán bis 1910, in *Zeitschrift für Geschichtswissenschaft, 7*, 1959, S. 1002-1027.
–, Mexiko und die Erdölpolitik in den Jahren 1876 bis 1913, in *Lateinameri-*

ka zwischen Emanzipation und Imperialismus, 1810-1960, Berlin 1961.
–, *Deutschland, Díaz und die mexikanische Revolution – Die deutsche Politik in Mexiko 1870-1920*, Berlin 1964.
–, Labor Conditions on Haciendas in Porfirian Mexico: Some Trends and Tendencies, in *Hispanic American Historical Review 54/1*, 1974, S. 1-47.
–, Agrarian Changes in Northern Mexico in the Period of Villista Rule, 1913-1915, in James W. Wilkie, (Hg.), *Contemporary Mexico*, Berkeley 1976, S. 259-273.
–, *La servidumbre agraria en México en la época porfiriana*, México 1976.
–, Pancho Villa and the Attack on Columbus, New Mexico, in *American Historical Review, 83*, 1978, S. 101-130.
–, Innen- und außenpolitische Ursachen des mexikanischen Revolutionsverlaufs, in *Jahrbuch für Geschichte von Staat, Wirtschaft und Gesellschaft Lateinamerikas, 15*, 1978, S. 95-101.
–, *The Secret War in Mexico – Europe, The United States and the Mexican Revolution*, Chicago UP, Chicago 1981.
–, Mexico: Restored Republic and Porfiriato, 1867-1910 in *Cambridge History of Latin America*, Leslie Bethell (Hg.), Bd. V, Cambridge 1986, S. 3-78.
–, *Die mexikanische Oberschicht und die Revolution, 1910-1920*, MS.
–, *Mexico, 1867-1910*, MS.
–, *Peasant Movements in the Mexican Revolution of 1910*, MS.
Keesing, Donald B., Structural Change Early in Development. Mexico's Changing Industrial and Occupational Structure from 1895 to 1950, in *Journal of Economic History, 29*, 1969, S. 716-738.
Kemmerer, Edwin W., *Inflation and Revolution: Mexico's Experience of 1912-1917*, Princeton 1940.
Keremitsis, Dawn, *La industria textil mexicana en el siglo XIX*, México 1973.
Knight, Alan S., *Nationalism, Xenophobia and Revolution: the place of Foreigners and Foreign Interests in Mexico, 1910-1915*, Diss. Oxford University 1974, MS.
–, Peasant and caudillo in revolutionary Mexico, 1910-1917, in Brading, *Caudillo and Peasant*, S. 17-58.
–, The Mexican Revolution: Bourgeois? Nationalist? Or just a »Great Rebellion«? in *Bulletin of Latin American Research*, 4/2, 1985, S. 1-37.
–, *The Mexican Revolution*, Bd. 1: *Porfirians, Liberals and Peasants*, Bd. 2: *Counter-Revolution and Reconstruction*, Cambridge 1986.
–, Mexico, c. 1930-1940 in *Cambridge History of Latin America*, Leslie Bethell (Hg.), Bd. VII, Cambridge 1990, S. 3-82.
Kossok, Manfred, (Hg.), *Studien zur vergleichenden Revolutionsgeschichte, 1500-1917*, Berlin 1974.
–, *Vergleichende Geschichte der neuzeitlichen Revolutionen – Methodologische und empirische Forschungsprobleme*, Berlin 1981.
Krauze, Enrique, Meyer, Jean und Reyes, Caetano, La reconstrucción económica, *Historia de la Revolución Mexicana 10*, México 1977.

Laclau, Ernesto, Feudalism and Capitalism in Latin America, in *New Left Review 67*, 1971, S. 19-38.

Landsberger, Henry und Hewitt, Cynthia N., *Preliminary Report on a Case Study of Mexican Peasant Organizations*, unveröffentlichtes MS, Centro de Investigaciones Agrarias, México D.F.

Langle Ramírez, Arturo, *El Ejército Villista*, México 1961.

Leal, Juan F., El Estado y el bloque en el poder en México: 1867-1914, in *Historia Mexicana XXIII/4*, 1974, S. 700-721.

Lerner, Victoria, La educación socialista, *Historia de la Revolución Mexicana 17*, Período 1934-1940, México 1979.

Lerner Sigal, Bertha, Partido Revolucionario Institucional, in Antonio Delhumeau A. (Hg.), *México: realidad política de sus partidos*, México 1970.

Liehr, Reinhard, Entstehung, Entwicklung und sozialökonomische Struktur der hispano-amerikanischen Hacienda, in Hans-Jürgen Puhle (Hg.), *Lateinamerika. Historische Realität und Dependencia-Theorien*, Hamburg 1977, S. 105-146.

Lieuwen, Edwin, *Mexican Militarism, The Political Rise and Fall of the Revolutionary Army, 1910-1940*, UP of New Mexico, Albuquerque 1968.

Link, Max, *Die Ursachen des industriellen Aufstiegs Mexikos*, Zürich 1970.

López Cámara, Fernando, *La estructura económica y social de México en la época de la Reforma*, México 1967.

López Portillo y Rojas, José, *Elevación y caída de Porfirio Díaz*, México 1920.

Lozoya, Jorge A., *El Ejército mexicano (1911-1965)*, México 1970.

–, El Ejército mexicano, in Centro de Estudios Internacionales, *Lecturas de política mexicana*, México 1977, S. 355-376.

Maria y Campos, Armando de, *Múgica, crónica biográfica*, México 1939.

–, *La vida del General Lucio Blanco*, México 1963.

Martínez Múgica, Apolinar, *Primo Tapia, semblanza de un revolucionario michoacano*, México 1946.

McBride, George McCutchen, *The Land Systems of Mexico*, New York 1923.

Mc Cullagh, F., *Red Terror in Mexico*, New York 1928.

Medin, Tzvi, *Ideología y praxis política de Lázaro Cárdenas*, México 1972.

Medina, Luis, Del cardenismo al avilacamachismo, *Historia de la Revolución Mexicana 18*, Período 1940-1952, México 1978.

Mena Brito, Bernardino, *Ocho diálogos con Carranza*, México 1933.

Mendieta y Nuñez, Lucio, *El problema agrario de México*, México [10]1968.

Meyer, Georg P., Revolutionstheorien heute – ein kritischer Überblick in historischer Absicht, in Hans Ulrich Wehler (Hg.), 200 Jahre amerikanische Revolution und Revolutionsforschung, Sonderheft 2 von *Geschichte und Gesellschaft*, 1976, S. 122–176.

Meyer, Jean, Los obreros en la Revolución mexicana: Los »Batallones Rojos«, in *Historia Mexicana XXI/1*, 1971, S. 1–37.

–, *La Cristiada*, 3 Bde, México 1973ff.

–, *La révolution mexicaine*, Paris 1973.
–, *Problemas campesinos y revueltas agrarias (1821–1910)*, México 1973.
–, Les Français au Mexique au XIXe siècle, in *Cahiers des Amériques latines, 9-10*, 1974, S. 43-86.
–, Periodización e Ideología, in *Contemporary Mexico, Papers of the IV International Congress of Mexican History*, October 1973, Santa Monica, James W. Wilkie u. a. (Hg.), Berkeley 1976, S. 711-722.
–, Krauze, Enrique und Reyes, Caetano, Estado y sociedad con Calles, *Historia de la Revolución Mexicana 11*, México 1977.
–, *El sinarquismo un fascismo mexicano?*, México 1979.
–, Mexico: revolution and reconstruction in the 1920s in *Cambridge History of Latin America*, Leslie Bethell (Hg.), Bd. V, Cambridge 1986, S. 155-194.
Meyer, Lorenzo, *México y Estados Unidos en el conflicto petrolero (1917-1942)*, México 1968.
–, Los límites de la política cardenista: la presión externa, in *Revista de la Universidad de México XXV/5*, Mai 1971, S. 1-8.
–, El estado mexicano contemporáneo, in El Estado político mexicano, *Historia* Mexicana XXIII/4. 1974, S. 722–752.
–, Continuidades e innovaciones en la vida política mexicana del siglo XX. El antiguo y el nuevo régimen, in *Foro Internacional XVI/1*, 1975, S. 37-63.
–, Segovia, Rafael und Lajous, Alejandra, Los inicios de la institucionalización: La política del Maximato, *Historia de la Revolución Mexicana 12*, México 1978.
–, El conflicto social y los gobiernos del Maximato, *Historia de la Revolución Mexicana 13*, México 1978.
Meyer, Michael C., *Mexican Rebel – Pascual Orozco and the Mexican Revolution, 1910-1915*, UP of Nebraska, Lincoln 1967.
–, Huerta. *A Political Portrait*, UP of Nebraska, Lincoln 1972.
Mesa A., Manuel, Der landwirtschaftliche Kredit in Mexiko, in *Annalen der Gemeinwirtschaft, 15. Jg., 2*, 1939, S. 236-258.
Michaels, Albert L., Las elecciones de 1940, in *Historia Mexicana XXI/1*, 1971, S. 80-134.
–, und Bernstein, Marvin, The Modernization of the Old Order: Organization and Periodization of Twentieth-Century Mexican History, in Wilkie (Hg.), *Contemporary Mexico*, S. 687-710.
Mörner, Magnus, The Spanish American Hacienda: a survey of recent research and debate, in *Hispanic American Historical Review 53/2*, 1973, S. 183-216.
Mols, Manfred, Parteien und Entwicklung in der Dritten Welt – Theoretisch-methodologische Überlegungen; illustriert am Beispiel des mexikanischen »Partido Revolucionario Institucional«, in Wolfgang Jäger (Hg.), *Partei und System. Eine kritische Einführung in die Parteiforschung*, Stuttgart 1973.
–, Zur sozialwissenschaftlichen Analyse der »Institutionalisierten Revolution«: die Jahre nach 1940, in Mols/Tobler, *Mexiko*, S. 49-114.
–, und Tobler, Hans Werner, *Mexiko – Die institutionalisierte Revolution*,

Köln/Wien 1976.
–, *Mexiko im 20. Jahrhundert. Politisches System, Regierungsprozeß und politische Partizipation*, Paderborn 1981.
Monroy Durán, Luis, *El último caudillo. Apuntes para la historia de México, acerca del movimiento armado de 1923 en contra del gobierno constituido*, México 1924.
Moore, Barrington, *Soziale Ursprünge von Diktatur und Demokratie*, Frankfurt a. M. 1969.
Moore, Wilbert E., *Industrialization and Labor: Social Aspects of Economic Development*, Ithaca 1951.
Morales Hesse, José, *El General Pablo González, Datos para la Historia, 1910-1916*, México 1916.
Moreno, Daniel, *Los partidos políticos del México contemporáneo (1916-1971)*, México 1971.
Moreno Toscano, Alejandra und Florescano, Enrique, El sector externo y la organización espacial y regional de México (1521-1910), in *Contemporary Mexico. Papers of the IV International Congress of Mexican History*, October 1973, Santa Monica, James W. Wilkie u. a. (Hg.), Berkeley 1976, S. 62-96.
Naranjo, Francisco, Los millonarios de la Revolución, in *Diario de Yucatán*, 3., 4., 5. September 1948.
Nickel, Herbert J., Zur Immobilität und Schuldknechtschaft mexikanischer Landarbeiter vor 1915, in *Saeculum XXVII/3*, 1976, S. 289-328.
–, Soziale Morphologie der mexikanischen Hacienda, Wiesbaden 1978.
–, *Landarbeiter in der mexikanischen Revolution (1910-1940)*, Universität Bayreuth, Lehrstühle Geowissenschaften, Forschungsmaterialien 6, 1982.
Nicolson, Harold, *Dwight Morrow, Finanzmann und Diplomat in USA*, Berlin o. J.
Niemeyer, Eberhardt V., *El General Bernardo Reyes*, Monterrey 1966.
–, *Revolution at Querétaro – The Mexican Constitutional Convention of 1916-1917*, Texas UP, Austin/London 1974.
Nun, José, *Latin America, The Hegemonic Crisis and the Military Coup*, Berkeley 1969.
Olwer, Luis d', u. a. El Porfiriato. La vida económica, 2 Bde, *Historia moderna de México*, México 1965.
–, Las inversiones extranjeras, in *El Porfiriato. La vida económica II*, S. 973-1185.
Palavicini. Felix F., *Historia de la Constitución de 1917*, México 1938.
Peña, Moisés de la, *El pueblo y su tierra – Mito y realidad de la Reforma agraria en México*, México 1964.
Phipps, Helen, *Some Aspects of the agrarian question in Mexico*, Austin 1925.
Pletcher, David M., México, campo de inversiones norteamericanas: 1867-1880, in *Historia Mexicana II/4*, 1953, S. 564-574.
–, The Fall of Silver in Mexico, 1870-1910, and its Effects on American

Investments, in *Journal of Economic History 18*, 1958, S. 33-55.
Pohl, Hans und Müller, Wolfgang, Grundzüge der industriellen Entwicklung Mexikos im 19. Jahrhundert, in *Vierteljahreshefte für Sozial- und Wirtschaftsgeschichte 4*, 1974, S. 458-504.
Pohl, Hans und Mertens, Hans-Günther, Die Entwicklung der mexikanischen Landwirtschaft während des Porfiriats, in *Ibero-Amerikanisches Archiv, NF 1*, 1975, S. 61-103.
Powell, T. G., *El liberalismo y el campesinado en el centro de México (1850 a 1876)*, México 1974.
Puhle, Hans-Jürgen, (Hg.), *Lateinamerika. Historische Realität und Dependencia-Theorien*, Hamburg 1977.
–, »Revolution« von oben und Revolution von unten in Lateinamerika, in Revolution und Reformen in Lateinamerika, *Geschichte und Gesellschaft II/2*, 1976, S. 143-159.
Quirk, Robert E., *La Revolución mexicana. La Convención de Aguascalientes*, México 1962. (amerikanische Originalausgabe, Bloomington 1960).
–, *An Affair of Honor: Woodrow Wilson and the Occupation of Vera Cruz*, Lexington 1962.
–, *The Mexican Revolution and the Catholic Church, 1910–1929*, Indiana UP, Bloomington 1973.
Quirós Martínez, Roberto, *Alvaro Obregón, su vida y su obra*, México 1928.
Raby, David L., *Educación y revolución social en México (1921-1940)*, México 1974.
Ramírez, Alfonso F., *Historia de la Revolución mexicana en Oaxaca*, México 1970.
Restrepo, Iván und Sánchez Cortés, José, *La Reforma Agraria en cuatro regiones*, México 1972.
Reyes Osorio, Sergio, Stavenhagen, Rodolfo, Eckstein, Salomón, Ballesteros, Juan u. a., *Estructura agraria y desarollo agrícola de México*, México 1974.
Reynolds, Clark W., *The Mexican Economy – Twentieth-Century Structure and Growth*, Yale UP, New Haven und London, 1970.
Rippy, Merrill, *Oil and the Mexican Revolution*, Leiden 1972.
Roeder, Ralph, *Hacia el México moderno: Porfirio Díaz*, 2 Bde, México 1973.
Romano, Ruggiero, Sottosviluppo economico e sottosviluppo culturale, in *Studi storici 1*, 1971, S. 205-210.
Rosenzweig H., Fernando, El desarollo económico de México de 1877 a 1911, in *El Trimestre Económico, XXXII/3*, 1965, S. 405-454.
Ross, Stanley R., *Francisco I. Madero, Apostle of Mexican Democracy*, Columbia UP, New York 1955.
–, Dwight Morrow and the Mexican Revolution, in *Hispanic American Historical Review 4*, 1958.
–, (Hg.), *Is the Mexican Revolution Dead?*, New York 1966.
Rott, Renate, *Die mexikanische Gewerkschaftsbewegung. Eine Untersuchung ihrer Entstehung und Entwicklung unter besonderer Berücksichtigung der*

abhängigen Industrialisierung, Kronberg 1975.
Ruíz, Ramón E., *Mexico. The Challenge of Poverty and Illiteracy*, San Marino (California) 1963.
–, *Labor and the Ambivalent Revolutionaries, Mexico 1911-1923*, John Hopkins UP, Baltimore 1976.
–, *The Great Rebellion, Mexico 1905-1924*, New York 1980.
Rutherford, John, *Mexican Society during the Revolution, A Literary Approach*, Oxford 1971.
Sánchez Lamego, Miguel A., *Historia militar de la Revolución constitucionalista*, México 1956-60.
Schieder, Theodor, Theorie der Revolution, in Schieder (Hg.), *Revolution und Gesellschaft*, Freiburg 1973, S. 13-45.
Schmitt, Karl M., *Mexico and the United States, 1821-1973: Conflict and Coexistence*, New York 1974.
Scholes, Walter V., *Mexican Politics during the Juárez Regime, 1855-1872*, New York 1957.
Schryer, Frans J., *The Rancheros of Pisaflores. The History of a Peasant Bourgeoisie in Twentieth-Century Mexico*, Toronto UP, Toronto 1980.
Scott, Robert E., *Mexican Government in Transition*, Illinois UP, Urbana 1964.
Secrest, Louis J., *The End of the Porfiriato: the Collapse of the Díaz Government, 1910-1911*, unveröffentlichte Diss., University of New Mexico, 1970.
Senior, Clarence, *Land Reform and Democracy*, Florida UP, Gainesville 1958.
Shulgovski, Anatol, *México en al Encrucijada de su Historia*, México 1968. (Sowjetische Originalausgabe Moskau 1967).
Sierra, Justo, *Evolución política del pueblo mexicano*, México 1957.
Silva Herzog, Jesús, *La Révolution mexicaine*, Paris 1968. (Spanische Originalausgabe México 1960).
–, *El Agrarismo mexicano y la Reforma agraria. Exposición y crítica*, México 1964.
–, The Revolution is Now a Historical Fact, in Stanley R. Ross, *Is the Mexican Revolution Dead?*, S. 99-109.
Simpson, Eyler N., *The Ejido, Mexico's Way Out*, UP of North Carolina, Chapel Hill 1937.
Sims, Harold D., Espejo de caciques: los Terrazas de Chihuahua, in *Historia Mexicana XVIII/3*, 1969, S. 379-407.
Smith, Peter H., La política dentro de la Revolución: El Congreso Constituyente de 1916-1917, in *Historia Mexicana XXII/3*, 1973, S. 363-395.
–, *Labyrinths of Power. Political Recruitment in Twentieth-Century Mexico*, Princeton UP, Princeton 1979.
Smith, Robert F., The Morrow Mission and the International Committee of Bankers on Mexico: The Interaction of Finance Diplomacy and the New Mexican Elite, in *Journal of Latin American Studies I/2*, 1969, S. 149-166.
–, *The United States and Revolutionary Nationalism in Mexico, 1916-1932*,

Chicago UP, Chicago 1972.
Solís, Leopoldo, *La realidad económica de México: retrovisión y perspectivas*, México 1970.
Sotelo Inclán, Jesús, *Raíz y razón de Zapata. Anenecuilco, Investigación histórica*, México 1943.
Stavenhagen, Rodolfo, Aspectos sociales de la estructura agraria en México, in Rodolfo Stavenhagen u. a., *Neolatifundismo y explotación – de Emiliano Zapata a Anderson Clayton & Co.*, México 1968.
–, Reflexiones sobre el proceso político actual, in El sistema mexicano, *nueva política I/2*, 1976, S. 15-22.
Stein, Stanley und Barbara, *The Colonial Heritage of Latin America – Essays on Economic Dependence in Perspective*, Oxford UP, New York 1970.
Stepan, Alfred, *The State and Society – Peru in Comparative Perspective*, Princeton UP, Princeton 1978.
Stone, Lawrence, Revolutionstheorien, in Jaeggi/Papcke, *Revolution und Theorie I*, S. 259-278.
Tannenbaum, Frank, *The Mexican Agrarian Revolution*, Hamden 1968 (1929).
Taylor, William B., *Landlord and peasant in Colonial Oaxaca*, Stanford UP, Stanford 1972.
Thompson, George F., *From Political Decay to Political Development: An Etiological Study of the Mexican Revolution* (unveröffentlichte Diss.) Claremont Graduate School, 1972.
Tilly, Charles, Revolutions and Collective Violence, in *Handbook of Political Science, Bd. 3*, Reading 1975.
Tobler, Hans Werner, Las paradojas del Ejército revolucionario – su papel social en la Reforma agraria mexicana, 1920-1935, in *Historia Mexicana XXI/1*, 1971, S. 38-79.
–, Alvaro Obregón und die Anfänge der mexikanischen Agrarreform. Agrarpolitik und Agrarkonflikt, 1921-1924, in *Jahrbuch für Geschichte von Staat, Wirtschaft und Gesellschaft Lateinamerikas 8*, 1971, S. 310-365.
–, Zur Historiographie der mexikanischen Revolution, 1910-1940, in Mols/Tobler, *Mexiko*, S. 4-48.
–, Bauernerhebungen und Agrarreform in der mexikanischen Revolution, in Mols/Tobler, *Mexiko*, S. 115-170.
–, Die Mexikanische Revolution zwischen Beharrung und Veränderung, in Revolution und Reformen in Lateinamerika, *Geschichte und Gesellschaft II/2*, 1976, S. 188-216.
–, Rivoluzione messicana, in Marcello Carmagnani (Hg.), *Il mondo contemporaneo VI, Storia dell'America Latina*, Firenze 1979, S. 369-392.
–, Conclusion: peasant mobilisation and the revolution, in Brading, *Caudillo and Peasant*, S. 245-255.
–, »Modernisierung« und Revolution im 20. Jahrhundert: Rußland, China, Mexiko – Einige Aspekte des Revolutionsvergleichs, in *Geschichte in der*

Gegenwart, Festgabe für Max Silberschmidt, hg. von J. S. Krulis-Randa, R. Schneebeli und H. Siegenthaler, Zürich 1981, S. 137-155.
–, Revolutionsgeneräle als »businessmen«: Zur Entstehung und Rolle der revolutionären Bourgeoisie in Mexiko, 1910-1940, in *Dritte Welt: Historische Prägung und politische Herausforderung – Festschrift zum 60. Geburtstag von Rudolf von Albertini*, hg. von P. Hablützel, H. W. Tobler und A. Wirz, Wiesbaden 1983, S. 195-213.
–, La Revolución mexicana: algunas particularidades desde un punto de vista comparativo in *Revista mexicana de Sociología*, 2/89, S. 151-159.
–, Peasants and the Shaping of the Revolutionary State, 1910-1940 in Friedrich Katz (Hg.), *Riot, Rebellion, and Revolution. Rural Social Conflict in Mexico*, Princeton U. P., Princeton 1988, S. 487-518.
Townsend, William C., *Lázaro Cárdenas, Mexican Democrat*, Ann Arbor 1952.
Ulloa, Berta, *La Revolución intervenida: Relaciones diplomáticas entre México y Estados Unidos (1910-1914)*, México 1971.
Urquizo, Francisco L., *Origen del Ejército Constitucionalista*, México 1964.
Valadés, José C., *El porfirismo: historia de un régimen*, 2 Bde, México 1941/48.
Vanderwood, Paul J., Los Rurales: Producto de una necesidad social, in *Historia Mexicana XXII/1*, 1972, S. 34-51.
Vasconcelos, José, *Don Evaristo Madero (Biografía de un patricio)*, México 1958.
Vera Estañol, Jorge, *Historia de la Revolución mexicana: orígenes y resultados*, México 1967.
Vernon, Raymond, *Le dilemme du Mexique – les rôles respectifs du secteur public et du secteur privé dans le développement*, Paris 1966. (Amerikanische Originalausgabe Harvard UP 1963).
Villarello Velez, Ildefonso, *Historia de la Revolución Mexicana en el Estado de Coahuila*, México 1970.
Waldmann, Peter, Stagnation als Ergebnis einer »Stückwerkrevolution«: Entwicklungshemmnisse und -versäumnisse im peronistischen Argentinien, in *Geschichte und Gesellschaft II/2*, 1976, S. 160-187.
–, Caudillismo als Konstante der politischen Kultur Lateinamerikas? in Peter Waldmann (Hg.), *Gewalt in Lateinamerika*, Köln-Wien 1978, S. 191–206.
–, (Hg.), *Gewalt in Lateinamerika*, Köln-Wien 1978.
Warman, Arturo, ... *Y venimos a contradecir – Los campesinos de Morelos y el estado nacional*, México 1976.
Wasserman, Mark, Oligarquía e intereses extranjeros en Chihuahua durante el Porfiriato, in *Historia Mexicana XXII/3*, 1973, S. 279-316.
Waterbury, Ronald, Non-revolutionary Peasants: Oaxaca compared to Morelos in the Mexican Revolution, in *Comparative Studies in Society and History 17*, 1975, S. 410-422.
Watkins, Holland D., *Plutarco Elías Calles: El Jefe Máximo of Mexico*, unveröffentlichte Diss., Texas Technological College 1968.

Wehler, Hans Ulrich, (Hg.), *Imperialismus*, Köln 1970.
–, *Das deutsche Kaiserreich, 1871-1918*, Göttingen 1973.
–, *Modernisierungstheorie und Geschichte*, Göttingen 1975.
Whetten, Nathan L., *Rural Mexico*, Chicago UP, Chicago 1948.
Wilkie, James W., *The Mexican Revolution: Federal Expenditure and Social Change since 1910*, California UP, Berkeley 1967.
–, u. a. (Hg.), *Contemporary Mexico. Papers of the IV International Congress of Mexican History*, October 1973, Santa Monica, Berkeley 1976.
Williams, William A., *The Tragedy of American Diplomacy*, New York 1962.
Wolf, Eric, *Peasant Wars of the Twentieth Century*, New York 1969.
Womack, John, *Zapata y la Revolución mexicana*, México 1969; deutsch: *Sterben für die Indios – Zapata und die mexikanische Revolution*, Zürich 1972.
–, L'économie mexicaine pendant la Révolution, 1910-1920: Historiographie et analyse, in *Etudes mexicaines 3*, 1980, S. 117-142.
–, The Mexican Revolution, 1910-1920 in *Cambridge History of Latin America*, Leslie Bethell (Hg.), Bd. V, Cambridge 1986, S. 79-183.
Zea, Leopoldo, *El positivismo en México 1943*.
Zevada, Ricardo J., *Calles – El Presidente*, México 1971.

Register

Vorwort, Einleitung, Anmerkungsteil und Literaturverzeichnis wurden nicht berücksichtigt. Als Ergänzung zu diesem summarischen Register sei auf die einführenden Zusammenfassungen zu den drei Teilen dieses Bandes verwiesen: Teil I, S. 23-33; Teil II, S. 137-149; Teil III, S. 367-379.

Agrarkonflikte
im Porfiriat 72, 86
unter den Sonorensern 524 ff
Agrarpolitik
unter Madero 181 ff
unter Carranza 343 ff
unter den Sonorensern 515, 522 ff
im Maximat 547 ff
unter Cárdenas 586
nach 1940 619 f
Agrarreform
in Morelos 183 ff, 278 ff, 517-519
villistische 220 ff
zapatistische 230 f
in Einzelstaaten 234 f
unter den Sonorensern 376 f, 516-547
in Yucatán 520
in Michoacán 520, 535 f
in Veracruz 521, 537, 551 f
unter Cárdenas 585-594
in der Laguna 588 ff, 593, 619
nach 1940 618-620
Agua Prieta
Plan von 354 f
Bewegung von 380
Aguascalientes 75
Aguilar, Cándido 381, 390
Aguilar, Héctor 205, 210, 212, 231
Aguirre, Amado 403
Ahumada, Miguel 105
Alanís Patiño, E. 518
Almada, Pedro J. 465 f
Almazán, Juan Andreu 413, 574 f, 601 ff
Alvarado, Salvador 207, 211 f, 292 f, 354, 390, 520, 534
Amaro, Joaquín 405 f, 410, 413, 461, 467, 601
American Smelting and Refining Company 60
Angeles, Felipe 190, 244, 268
Antiklerikalismus 38 f, 43, 189, 273, 311, 396 f, 572
Arbeiterschaft 56 f, 121, 141, 145 (s. auch Gewerkschaften)
Arbeitskonflikte 57, 120 f, 290 ff, 490 f, 579 (s. auch Gewerkschaften)
Arenas, Domingo 347
Armee
im Porfiriat 35 f, 40, 44 ff, 86, 156 ff
unter Madero 165, 178, 191 ff
unter Huerta 201 ff, 220, 226, 242 ff
unter Carranza 354 ff
unter Obregón 367 f, 370 f, 373 f, 389 ff
unter Calles 400 f, 405
im Maximat 407 ff
unter Cárdenas 573, 603
Verwandlung d. Revolutionstruppen in die neue Armee 454-468
Verhalten in d. Agrarreform 463, 527 ff (s. auch Revolutionsarmee)
Auslandsinvestitionen
im Porfiriat 49 ff, 103 ff
im Maximat 412
in den 20er Jahren 482 f
nach 1940 622
nordamerikanische 50, 103, 483 f
deutsche 50

französische 50, 103
englische 50, 103, 483 f
Avila Barrera, Andrés 230
Avila Camacho, Manuel 603 f
Ayala
Plan von 184 ff, 267, 270, 279 f, 348

Banco
de México 393 f, 487, 502
Mexicano 106
Minero de Chihuahua 106
Nacional de Crédito Agricola 394
Baja California 414
Bassols, Narciso 553
Bauern 82 ff, 96, 180 ff, 234 ff, 368, 594, 596, 619 f
(s. auch Ejidatarios, Pächter, *peones, peones acasillados)*
Bauernaufstände 86, 137 f, 162, 185 ff, 224, 233 f
Bazant, Jan 78, 82
Bernstorff, Graf 193
Blanco, Lucio 226 f
Bonilla, Manuel 168, 175
Bonillas, Ignacio 352 f
Borah, William 436
Bourgeoisie 59 ff, 102 ff, 120, 180
(S. auch Científicos, revolutionäre Bourgeoisie)
Bryan, William S. 240
Bucareli-Konferenz 372, 387, 427, 432 ff
Bulnes, Francisco 58, 101 f
Buve, Raymond T. 594

Cabral, Juan 207, 211
Cabrera, Luis 125, 148, 165, 182, 191, 241, 270, 356, 409, 515
cacicazgos/caciques 43, 96, 98, 105, 415
Calles, Plutarco Elías 207 f, (Biographie), 354, 367, 371 f, 380, 388 ff, 392 ff (Präsident), 405 ff *(jefe máximo)*, 413 ff, 500 ff (Geschäfte), 548 f, 555 (Agrarvorstellungen), 573 f (Konflikt mit Cárdenas), 575 (Exilierung)
Caloca Larios, Pedro 219
Campeche 182
Caraveo, Marcelo 460
Cárdenas, Lázaro 367, 369, 413, 416, 418, 472, 552 f, 568-571 (Biographie), 570 (Gouverneur in Michoacán), 573 f (Konflikt mit Calles), 577 f (und Gewerkschaften), 586-593 (Agrarpolitik), 595-605
Carranza, Jesús 226
Carranza, Venustiano 142, 162, 165, 176, 204 ff (Biographie), 220, 225 ff, 261 ff, 265 ff, 290 ff, 342 ff (und Gewerkschaften), 343 ff (Agrarpolitik), 356 (Ermordung)
Carrillo Puerto, Felipe 520
Casa del Obrero Mundial 179 f, 269 ff, 289 ff, 341 f
Cedillo, Saturnino 413 f, 472, 552 f, 574 f, 600
CGOCM (Confederación General de Obreros y Campesinos de México) 494, 577
CGT (Confederación General de Trabajo) 490, 596
Chevalier, François 189f
Chiapas 117
Chihuahua 75, 104 ff, 137 f, 141 f, 151 ff, 161, 168, 176 ff, 205 ff, 215 ff, 278
Científicos 54, 60 f, 99 ff, 126, 487, 504 (s. auch Bourgeoisie)
Clark, J. Reuben 440
Clark, Marjorie 179, 490
CNC (Confederación Nacional Campesina) 378
Coahuila 59, 123, 137, 142, 168, 201, 204 ff, 225
Coatsworth, John H. 51, 83
Cockcroft, James D. 77, 119, 125
Comte, Auguste 99

comunidades 71 ff, 82 ff
CONCAMIN (Confederación de Cámaras Industriales) 597
CONCANACO (Confederación de Cámaras Nacionales de Comercio) 597
Confederación Campesina Mexicana 553
Continental Rubber Company 59 f
Córdova, Arnaldo 596
Corral, Ramón 108, 123, 127, 164
Cosío, Francisco 101
Cosío Villegas, Daniel 41 f, 101, 625
Couturier, Edith 77
Covarrubias, José 178
Creel, Enrique 105 ff, 220
Cristeros 371, 396 ff, 401
Cristiada 396 ff, 400 f
CROM (Confederación Regional de Obreros Mexicanos) 342 f, 353, 375, 384, 392, 479, 488 ff, 572, 575 ff, 596
CTM (Confederación de Trabajadores de México) 378, 575 ff, 580, 589, 595
Cuellar, Tiburcio 460
Cusi, Dante 77

Daniels, Josephus 440, 584
Davis, Joseph S. 479, 484 f
de la Barra, León 164 f, 168, 175, 184, 192
de la Huerta, Adolfo 207, 218, 354 f, 380 ff, 432
de la Huerta-Rebellion 387 ff, 434
de la Vega, Agustín 460
Deutschland (Verhältnis zu Mexiko) 238, 287, 336 f, 426
(s. auch Auslandsinvestitionen)
Díaz, Felix 192 ff, 346 f, 350, 381
Díaz, Porfirio 40 ff, 95 ff, 99 ff, 150 ff, 164, 204
Díaz Soto y Gama, Antonio 125 f, 271, 279, 386, 469, 471 f, 518, 529
Diéguez, Manuel 381
División del Norte 215 ff, 243 f, 265, 277 f
Doheny-Gesellschaft 117
Durango 153

Eckstein, Salomón 592
Eisenbahnen 50 ff, 69
und Agrarkonflikte 72
Nationalisierung 115, 580
Ejidatario s. Ejido
Ejido
allgemein 181 f, 270, 320, 538-547, 592 f, 620
Wirtschaft 539 ff, 545 f
soziale Verhältnisse 543
politische Verhältnisse 543
unter Cárdenas 588, 591-593
(s. auch Agrarreform)
ejido colectivo 587-590, 592 f, 620
El Aguila Oil Company 106, 117
England s. Großbritannien
Enríquez, Ignacio C. 523
Erdölgesellschaften (Nationalisierung) 529, 580-585, 599
Erdölkontroverse 294, 338 ff, 395, 410, 430, 435 f, 438, 581 ff
Erdölwirtschaft 52, 116 f, 239, 293, 318 f, 417, 480 f
Erziehungswesen 383, 394
Escandón, Pablo 150, 158
Escobar, J. Gonzalo 532
Escobar-Rebellion 407 f
Espejel, General 530
Espinoza Mireles, Gustavo 342
Estrada, Enrique 391 f
Estrada, Vicente 456 f, 464

Fabila, Gilberto 553, 555
Fall, Albert B. 340
Figueroa, Rómulo 183, 527, 529
Fierro Villalobos, Roberto 219
Finnigan-Brown Company 222
Fletcher, Henry P. 337, 340, 430
Flores, Angel 392
Flores Magón, Brüder 121, 177

Ford Motor Company, 436
Frankreich (Verhältnis zu Mexiko)
39 f, 426, 440
(s. auch Auslandsinvestitionen)
Friedrich, Paul 82, 235, 535 f
Fuentes Díaz, Vicente 384

Gamboa, Federico 240
Galván, Ursulo 521, 551
García, Ernesto 531
García Pimentel, Luis 517, 519
Garrido Canabal, Tomás 572
Gasca, Celestino 470
Gaxiola, Francisco Javier 473
Gewerkschaften
im Porfiriat 57, 121
unter Madero 178 ff
unter Carranza 270 ff, 290 ff, 341 ff
unter den Sonorensern 417, 486 ff
unter Cárdenas 572, 575 ff
(s. auch CROM, Casa del Obrero Mundial, CTM usw.)
Gómez, Abundio 460
Gómez, Arnulfo 404 f
Gómez, Marte R. 553
Gómez Morín, Manuel 393, 486
González, Abraham 152, 163, 175 ff, 217
González, Luis 83, 235, 536, 554, 600
González, Manuel 42, 60
González, Pablo 226, 267, 288, 290, 345, 347 f, 352 f, 381
González Cosío, Arturo 621
González Garza, Federico 162
González Garza, Roque 277
González Roa, Fernando 98, 178, 187, 320
good neighbor policy 370, 411
Gramsci, Antonio 446
Großbritannien (Verhältnis zu Mexico) 39, 238 f, 426, 440, 583
(s. auch Auslandsinvestitionen)
Gruening, Ernest 404
Guadalupe
Plan von 204 f, 265
Guajuardo, Jesús M. 349
Guanajuato 176, 187, 234, 282, 400
Guerrero 183, 187, 229, 244
Gutiérrez, Eulalio 267 f, 276 f, 532

Hacendados
s. Haciendas
Haciendas
im Porfiriat 69-86
1910-1920 142 f, 158 f, 182 f, 186 ff, 223, 232 ff, 236, 314 ff, 344 f
unter den Sonorensern 513 ff
unter Cárdenas 586 ff
(s. auch Agrarpolitik, Agrarreform, revolutionäre Bourgeoisie, Ejidos, Pächter, *peones, peones acasillados, peonaje*)
Hale, William B. 240
Hansen, Roger D. 622
Harding, Warren G. 387, 428, 430
Harriman-Konzern 115
Hearst, William Randolph 430
Hernández, Rafael 166, 168, 175, 182
Hernández Enríquez, Gustavo Abel 98, 450
Hidalgo 229, 282
Hill, Benjamín 207, 211, 288, 500 f
Hintze, Admiral von 193, 242
Huerta, Victoriano 140 ff, 176 ff, 184, 191 ff, 201 ff, 216, 228 f, 238 ff
Hughes, Charles Evans 427
Hull, Cordell 583 f

Ibarra, José Morales 456
Independencia 34 ff, 71
Industrie
im Porfiriat 51 ff
unter den Sonorensern 480 ff
unter Cárdenas 598
nach 1940 617 ff

International Committee of Bankers on Mexico 372, 394, 429, 431 f, 437, 439 f, 479
International Harvester Company 69, 107, 293, 520
Iturriaga, José E. 99
IWW (International Workers of the World) 271, 490
Izábal, Rafael 108, 127

Jalisco 83, 187, 235, 400
Japan 115
jefes políticos 43 f, 96, 100, 107
Jiménez, Epigmenio 458
Juárez, Benito 38, 40 ff, 98, 104
Jurado, Field 392

Kaerger, Karl 70
Katz, Friedrich 78, 81, 139, 189, 193, 215, 219, 221, 223, 237, 243, 263, 286, 468
Kautsky, Karl 490
Kellogg, Frank B. 395, 435 f
Kirche 35 f, 39, 396 ff
(s. auch Cristeros, Antiklerikalismus)
Kirchlicher Grundbesitz 71, 73
Knight, Alan 264
Knox, Philander C. 193
Kommunistische Partei 493
Konstituante von Querétaro 146, 292, 306-325
Konstitutionalismus 145, 201 ff, 205 ff, 225 ff, 261 ff, 284 ff
Konvention von Aguascalientes 265 ff, 277
Konventionisten 145, 262 ff, 270, 276 ff

La Follette, Robert M. 436
Lamont, Thomas W. 387, 429, 431 f, 437
Landwirtschaft 49, 68 ff, 118 f, 231, 481, 539, 588 ff, 593, 617, 619 f
(s. auch Haciendas, Ejidos, Agrarreform)
Lansing, Robert 285, 340, 497
Leal, Juan Felipe 97
León, Luis 550
León Toral, José de 406
Lerdo de Tejada, Miguel 40
Lerdo de Tejada, Sebastián 41
Ley de desamortización (Ley Lerdo) 71
Leyes de Reforma 39
Leyva, Patricio 158
Liberale 38, 40 ff, 71
Lieuwen, Edwin 454
Liga Nacional Campesina 551
Limantour, José Yves 60, 100 f, 120, 122, 157, 164, 166
Lind, John 240
Lombardo Toledano, Vicente 494, 577
López Jara, Adalberto 464
López Portillo, José 100, 116
Luna, Cecilio 456

Mac Nab, Alexander 439
Macías, Victoriano 218
Madero, Alberto 222
Madero, Ernesto 166, 168, 175
Madero, Evaristo 59 ff
Madero, Francisco I. 59, 123 ff (Biographie), 140 ff, 150 ff, 162 f, 165 ff, 175 ff (Präsident), 191 ff (Ermordung), 217
Madero, Gustavo 162, 193
Maderistische Bewegung 124, 127 f, 150 ff, 160 ff
Magaña, Gildardo 347, 349, 355, 517
Manrique, Aurelio 471
Manzo, Francisco R. 409 f
Marquez Parada, Santos 218
Martínez, Paulino 127
Mata, Filomeno 127
Maximat 407 ff, 493
Maximilian von Habsburg 39, 104

Maya-Indianer 237
Maycotte, Fortunato 354, 391, 530
Maytorena, José Maria 127, 154, 162, 166, 176, 206 ff, 226, 228
Medin, Tzvi 598
Mendez, Luis 272
Mendoza López Schwerdtfeger, Miguel 279
Mexican Petroleum Company 117
México (Gliedstaat) 187, 229
Meyer, Jean 271, 399 ff, 403, 426, 487
Meyer, Lorenzo 321, 438, 445, 492, 544
Meyer, Michael 152
Michoacán 83, 144, 176, 229, 243 (s. auch Agrarreform)
Mittelschicht 55 f, 58, 112 f, 119 f, 125 ff, 206 ff, 217, 495, 621 f
Molina (Familie) 107
Molina Enríquez, Andrés 76
Moneda, Eduardo 470
Monroy Durán, Luis 468
Montaño, Otilio 187, 279, 347
Montes, Avelino 107
Montes de Oca, Luis 437, 439, 550
Morales, Gebrüder 207
Morelos, 84 ff, 137, 142, 158 ff, 183 ff, 228 ff, 234, 278 ff, 346 ff (s. auch Agrarreform)
Morones, Luis 342, 397, 402 f, 405 f, 470, 472, 490, 575 ff
Morrow, Dwight W. 372, 396, 402, 409 f, 411, 428, 430, 434, 437 ff
Múgica, Francisco J. 311, 313, 322, 520, 534, 536, 602 f

Napoleon III. 39
Naranjo, Francisco 96
Nationalismus 292, 321, 337 f, 394 f, 412, 428 f, 486, 598
Navarro Angulo, Manuel 529
Nayarit 400
Neff, Pat M. 429
Nickel, Herbert J. 77, 78, 81, 534 f
Niemeyer, Eberhardt V. 309

Oaxaca 144, 187, 229, 236 (s. auch Agrarreform)
Oberschicht s. Oligarchie, Científicos, Bourgeoisie, revolutionäre Bourgeoisie
Obregón, Alvaro 144 ff, 208 ff (Biographie), 265 ff, 278, 350 ff (Präsidentschaftskandidat), 367, 380 ff (Präsident), 383 f, 402 ff, 405 ff (Ermordung), 495 ff (Geschäfte)
Obregón, Esquivel 127
Oligarchie (im Porfiriat) 95 ff, 104 ff (s. auch Científicos)
open-door policy 114, 239, 372
Orozco, Pascual 141, 152, 161, 176 ff, 215 f
Orozco, Wistano L. 76, 78
Orozquisten 152, 176 ff, 209
Ortiz Rubio, Pascual 407, 413 ff, 493, 548 ff, 571, 573

Pächter 79, 82 ff 186 (s. auch Bauern)
Page, W. H. 240
Palafox, Manuel 279, 282, 347
Palavicini, Felix F. 126 f, 175, 311
Pani, Alberto J. 393, 436 f, 473
Parrés, José G. 518, 525
Parteien 97 f, 374, 385, 404, 407 f, 468 ff, 596 f, 600, 603 f, 618 (s. auch unter den einzelnen Parteien)
Partido Liberal Mexicano 121, 177
Paula Morales, Francisco de 127, 167
Pearson, Weetman (Lord Cowdray) 52, 106, 116 ff
PEMEX (Petróleos Mexicanos) 585, 598
peonaje
im Porfiriat 78 ff

Aufhebung in Yucatán 293
Aufhebung in der Verfassung 312 f, 320
nach der Aufhebung 533 f
(s. auch *peones acasillados*, Haciendas)
peones 74, 78 ff, 118, 619
(s. auch Bauern)
peones acasillados 76, 78 ff, 81 ff, 184, 186 f, 224, 232 ff, 533 ff, 555, 588 f
(s. auch *peonaje*, Haciendas)
Peláez, Manuel 294, 339, 350, 353, 480
Pershing-Expedition 146, 278, 286 f
Pérez Medina, Alfredo 576
Pérez Treviño, Manuel 418, 550, 554
Pesqueira, Ignacio L. 211
Pino Suárez, José Maria 162, 194
PLC (Partido Liberal Constitucionalista) 350, 353, 385
PLM (Partido Laborista Mexicano) 353, 406, 469 f, 488, 490 ff
PNA (Partido Nacional Agrarista) 469, 471, 550
PNC (Partido Nacional Cooperatista) 385, 388
PNR (Partido Nacional Revolucionario) 374, 407 ff, 413, 418, 471-473, 555 f, 570 f, 575, 596
Politisches System
im Porfiriat 43 f, 95 ff, 100 ff
unter den Sonorensern 368 ff, 373, 404 f, 417, 445-449, 468 ff, 486 ff
unter Cárdenas 595 ff
nach 1940 618, 622
(s. auch Parteien, Gewerkschaften, Armee, Oligarchie, Científicos)
Portes Gil, Emilio 374, 406, 413, 448, 472, 548 ff, 574 f
PRM (Partido de la Revolución Mexicana) 596 f, 601 ff
PRI (Partido Revolucionario Institucional) 618, 622
Prieto Laurens, Jorge 388 f
Puebla 187, 229
pueblos 84 ff, 185 ff, 224
Puig Casauranc, J. M. 550

Querétaro 101
(s. auch Konstituante)
Quiroga, Pablo 467

Ranchos/Rancheros 73 f, 84
Reed, John 222
Reforma 42 ff, 71 f
Revolutionäre Bourgeoisie 369, 487, 494-504, 530-533
(s. auch Revolutionselite)
Revolutionsarmee 138, 142 ff, 148, 154 f, 165 ff, 202 ff, 212 ff, 227 f, 243 ff, 275 ff, 288 f, 346 ff, 381 f, 454-468
(s. auch Armee, Villa-Bewegung, División del Norte, zapatistische Bewegung, Orozquisten, Revolutionselite)
Revolutionselite 138, 161 f, 202 ff, 209 ff, 222 f, 380, 411, 449-453
(s. auch Revolutionäre Bourgeoisie)
Reyes, Bernardo 96, 123 ff, 192, 194, 204
Reyistische Bewegung 123 ff, 126
Reynolds, Clark 485, 588, 591 ff
Robles, Gonzalo 393
Robles, Juvencio 140, 228 f
Robles Donínguez, Alfredo 127, 163
Rodríguez, Abelardo L. 414, 495, 502 f, 571
Rojas, Luis M. 311
Romero, Rafael 207
Romero Rubio, Manuel 99 f
Roosevelt, Franklin D. 370, 411, 584
Roosevelt, Theodore 114

Ross, Stanley 119
Rouaix, Pastor 321
rurales 41 f, 72, 156, 167 f, 177, 234

Sáenz, Aarón 436, 502 f, 550
Sánchez, Graciano 553, 555
Sánchez, Guadalupe 390, 528
San Luis Potosí 77, 117, 119, 121, 243
Santa Anna, Antonio López de 36, 38
Schuldknechtschaft s. *peonaje*
Serdán, Aquiles 150
Serrano, Francisco 403 ff
Sheffield, James R. 395, 435, 437
Sherwell, Butler G. 483
Shulgovski, Anatol 446 f
Silva Herzog, Jesús 76
Simpson, Eyler N. 538 ff, 554 f
Smith, Peter 309 ff, 323, 450 ff
Smith, Robert F. 337, 431, 437
Solís, Jesús 460
Sommerfeld, Felix 222
Sonora 56, 73, 108, 120, 127, 137 f, 142, 162, 168, 201, 205 ff, 354, 380
Sonorensische Revolutionsführer 148, 206 ff, 450, 452, 486 ff (s. auch Revolutionselite, Revolutionäre Bourgeoisie, Sonora)
Southern-Pacific-Bahn 119
Southworth, John R. 75
Sowjetunion (Verhältnis zu Mexiko) 440
Spencer, Herbert 99
Standard Oil Company 117, 193
Sterrett, Joseph E. 479, 484 f
Streiks s. Arbeitskonflikte
Suárez, Rogelio 107
Summerlin, George T. 429

Tabasco 117
Taft, William H. 193, 201
Tamaulipas 117, 225 ff
Tannenbaum, Frank 76 f
Tapia, Primo 520, 535 f
Tejeda, Adalberto 415, 472, 521, 528, 537, 551 f
Terrazas, Luis (und Familie) 87, 101, 104 ff, 150 ff, 217, 220, 222 f
Texas Oil Company 430, 434
tienda de raya 78, 81, 313
Tlaxcala 187, 229
Torres, Luis E. 108, 127
Treviño, Jerónimo 96
Treviño, Ramón 392
Turner, John Kenneth 78
Tuxtepec, Revolution von 41 f, 98 f, 105

Unión Nacional Sinarquista 600
Urbina, Tomás 222 f
Urquizo, Francisco L. 226, 456
USA (Verhältnis zu Mexiko) 36, 163, 191 ff, 221, 238 ff, 284 ff, 337 ff, 381, 387, 391, 395 f, 408 f, 426-440, 583 ff
(s. auch Auslandsinvestitionen, Bucareli-Konferenz, Erdölkontroverse)

Vasconcelos, José 125, 127, 383, 408
Vázquez Gómez, Emilio 127, 162, 168
Vázquez Gómez, Francisco 127, 162, 168
Velázquez, Fidel 576
Veracruz 117, 120
(s. auch Agrarreform)
Vera Estañol, Jorge 242, 309, 334
Verfassung von 1917 s. Konstituante
Villa, Francisco 142, 152 f (Biographie), 161, 177, 215 ff, 261 ff, 278, 284 f, 382, 388 (Ermordung)
Villa, Hipólito 222
Villa-Bewegung 138, 205 ff, 215 ff, 263, 382
Villareal, Antonio I. 390
Vizcaíno, Jorge 463, 528

Wangenheim 51, 116
Warman, Arturo 523
Waters-Pierce Oil Company 117
Whetten, Nathan L. 619
Wilkie, James 485
Wilson, Henry Lane 141, 156, 191 ff, 201, 238 ff
Wilson, Woodrow 201, 239 f, 284, 327, 340 f
Wirtschaftsentwicklung 49 ff, 53 ff, 95 f, 103 ff, 115 f, 117 ff, 206, 393 f, 411 f, 416 f, 479 ff, 597 f, 617 f
(s. auch Landwirtschaft, Industrie, Erdölwirtschaft, Auslandsinvestitionen)
Wiseman, William 480
Wolf, Eric 232
Womack, John 164, 280, 483

Yaquis 73, 79, 86, 151, 231, 237, 403
Yucatán 73, 78, 107, 182, 236 f, 292 f, (s. auch Agrarreform)

Zacatecas 400
Zapata, Emiliano 85, 137, 141, 159 f (Biographie), 161, 176, 183 ff, 216, 261, 349 (Ermordung)
Zapata, Eufemio 347
Zapatistische Bewegung 143 f, 183 ff, 189 f, 228 ff, 263 ff, 279 ff, 288 ff

Die meisten der in diesem Band wiedergegebenen Fotografien stammen von den Fotografen Agustín Víctor Casasola und Hugo Brehme. Die dem Band »Fotografie Lateinamerika von 1860 bis heute«, Kunsthaus Zürich, 1981, entnommenen Fotografien wurden mit freundlicher Genehmigung von Frau Dr. Erika Billeter reproduziert.